LE CHERCHE MIDI
Siège social : 92, avenue de France
75013 PARIS - Tél : 01 42 22 71 20
SIRET 311 945 604 00073
Code APE 5811Z

# LA VIE EFFRÉNÉE DE SALVADOR DALÍ

IAN GIBSON

# LA VIE EFFRÉNÉE DE SALVADOR DALÍ

Traduit de l'anglais (Irlande)
par Christophe Mercier

le cherche midi

Titre original : *The Shameful Life of Salvador Dalí*
Éditeur original : Faber & Faber

Les extraits de *Lettres à Gala, 1924-1948*, de Paul Eluard,
ont été reproduits avec l'autorisation des © Éditions Gallimard.

L'équipe du Cherche Midi tient à remercier particulièrement ses fabricantes, Marie-Cécile Clarens et Lise Le Briquer.

Conception graphique : Quentin Hourie
Mise en pages : Nord Compo
Dépôt légal : novembre 2024
ISBN : 978-2-7491-8103-5

Vous pouvez consulter notre catalogue général
et l'annonce de nos prochaines parutions sur notre site :
www.cherche-midi.com


92, avenue de France, 75013 Paris
serviceclients@lisez.com

*Au souvenir affectionné de Rafael*
*et Maite Santos Torroella,*
*phares de cette biographie.*
*Et, comme toujours,*
*pour Carole, Tracey et Dominic.*

# Sommaire

# Avant-propos à l'édition française

Ce livre fut publié, dans sa version anglaise originale, par Faber and Faber, à Londres, en 1997, c'est-à-dire il y a vingt-sept ans. Quelle horreur ! Le fait qu'il sorte aujourd'hui en France – merci aux éditions du Cherche Midi et à son excellent traducteur, Christophe Mercier – me rend très heureux. Heureux parce que j'aime la France, sa langue et sa culture, qui sont une partie essentielle de moi-même. Je n'oublierai jamais mes jours d'investigation à Paris (principalement à la bibliothèque littéraire Jacques-Doucet) sur la relation de Dalí avec André Breton, ni mes longues conversations à propos du groupe surréaliste avec des collègues hispanisants français – je pense surtout à Claude Couffon, Marie Laffranque et André Belamich, tous les trois, hélas, déjà partis.

Je me presse d'affirmer que nulle biographie n'est complète, elle est plutôt une approximation, plus ou moins réussie, d'une vie. Alors même que nous n'avons qu'une idée très fragmentaire des rêves qui traversent nos propres nuits, comment espérer pénétrer l'inconscient d'autres personnes ? On fait quand même ce qu'on peut, poussé par la nécessité impérieuse d'acquérir le plus de savoir possible sur les objets de sa fascination. Dans mon cas, Federico García Lorca, Luis Buñuel, Antonio Machado (le grand poète mort exilé à Collioure en 1939) et l'artiste catalan qui étonna le monde.

Ian Gibson,
Madrid, août 2024.

Des fourmis peuvent faire irruption dans les pages de ce livre. Les amateurs de Dalí n'en seront pas surpris : elles processionnent ici comme dans ses rêves et dans son œuvre.

# Introduction

Salvador Dalí n'est pas une source d'informations fiables à son sujet. Depuis son adolescence, il a sciemment entrepris de devenir un mythe, et il a continué à œuvrer à être Dalí même après qu'il a atteint son but. Une étape vitale de ce processus a été *La Vie secrète de Salvador Dalí*, écrite en français et publiée dans sa traduction anglaise, pour le marché américain, en 1942, alors qu'il avait trente-huit ans. Quelles que soient ses qualités par ailleurs, *La Vie secrète* ne se préoccupe pas de vérité autobiographique. Au contraire, elle s'emploie à la déformer, et devient ainsi pour le biographe un terrain miné. Dalí n'en a jamais publié la suite, et son journal plein de vantardises, *Journal d'un génie* (1964), qui cherche à prouver que la vie quotidienne d'un génie est fondamentalement différente de celle des autres mortels, n'en est qu'un médiocre substitut. Il a cependant continué à élaborer son propre mythe en encourageant d'autres écrivains, en particulier Louis Pauwels et André Parinaud, à publier des récits de leurs conversations. *Les Passions selon Dalí* (1968), de Pauwels, et *Comment on devient Dalí* (ou *Les Aveux inavouables*) (1973), de Parinaud, sont, à leur façon, des sources encore moins fiables que *La Vie secrète*, car la manière dont les textes ont été assemblés et le degré d'intervention de leurs auteurs n'ont jamais été clairement établis. Même si aucun biographe de Dalí ne peut éviter de se servir de ces quatre livres, en particulier de *La Vie secrète* – qui, en dépit de ses distorsions, contient entre les lignes quelques indices significatifs –, ils ne peuvent être utilisés qu'avec scepticisme et vigilance. C'est ce que j'ai essayé de faire.

Dalí, ce qui est compréhensible, n'aimait pas les biographes, à commencer par sa sœur, et, à en croire sa réaction à *Life with Picasso*, de Carlton Lake et Françoise Gilot, il est presque certain qu'il les craignait. Peut-être *La Vie secrète* était-elle une première tentative de devancer les curieux ? Peut-être Dalí espérait-il que, si lui-même dévoilait ses prétendus « secrets », personne ne prendrait la peine de chercher plus loin ? Si tel était le cas, il s'est trompé. On a vivement envie de connaître les véritables secrets d'un artiste qui, à sa meilleure période, a agité et défié les imaginations de son époque. De plus, vers la fin de sa vie, un Dalí malade a laissé percevoir le désir de mettre au clair, au moins au regard d'une personne, les faits biographiques.

En janvier 1986, grâce à son ami Antoni Pitxot, le peintre m'a fait demander d'aller le voir à Figueres – enfin. Dalí, a-t-on appris, voulait désespérément me persuader que son grand ami Federico García Lorca l'avait aimé « sexuellement », et pas simplement de façon « platonique », et s'assurer que je le dise clairement dans le deuxième volume de ma biographie du poète. Malgré son état physique déplorable, ses difficultés à articuler et son désespoir évident, il m'a fourni des détails étonnants à propos de cette relation, détails que je n'ai pu que partiellement inclure dans le volume en question, et qui sont donnés pour la première fois dans le présent livre. Je n'en croyais pas mes oreilles.

Je m'en suis voulu de ne pas avoir cherché à rencontrer Dalí plus tôt, quand il était encore dans un état de santé raisonnable, et me suis promis de retourner le voir. Mais, avec mon livre sur Lorca à finir et le déclin rapide du peintre, je n'en ai jamais eu l'occasion. Trois ans plus tard, Dalí était mort. J'ai alors compris que, depuis cet après-midi de janvier 1986, j'envisageais, sans vraiment m'en rendre compte, d'écrire une biographie du peintre. Il a fallu attendre encore deux ans pour voir ce projet se cristalliser. Maintenant, le travail est fait, et seuls les autres peuvent juger de la réussite de l'entreprise.

Il reste à voir si ma vision de Dalí comme d'une personnalité marquée par la honte sera admise. Ce qui est sûr, c'est que, huit ans après sa mort, l'homme, son œuvre et son univers nécessitent une réévaluation urgente. Mon espoir est que ce livre soit considéré comme une contribution utile à une telle réévaluation.

Ian Gibson
Restábal (Grenade)
22 juin 1997

Les termes en italique et suivis d'un astérisque sont en français dans le texte original.

# I. Catalogue

## LES SORCIÈRES DE LLERS

14● Les rochers du cap de Creus ont en partie inspiré à Dalí son *Grand Masturbateur*. (Voir cahier couleur page VII.)

Les ruines de la petite ville castillane de Llers se tiennent sur une colline qui domine la plaine de l'Alt Empordà, dans le nord-est de l'Espagne. Ce sont les lugubres vestiges de la guerre civile féroce qui se déchaîna à partir de juillet 1936, et fit rage pendant près de trois ans. En février 1939, Llers débordait de soldats républicains et de milliers de réfugiés fuyant le général Franco. Quand il devint évident que tout était perdu, les militaires donnèrent l'ordre aux civils de s'en aller et mirent le feu à la poudrière, installée dans l'église de la paroisse, avant de se hâter de partir pour traverser la frontière française au Perthus, à une heure de marche. Derrière eux, la terrible explosion emporta jusqu'au ciel la plus grande partie de la ville[1].

Llers avait eu, autrefois, la réputation d'être infesté de sorcières. Peut-être, comme le laissent entendre ironiquement des gens du cru, leur influence maligne fut-elle responsable du terrible destin de la ville, à peine compensé par la construction, après la guerre, d'un nouveau quartier, en bas de la colline. Aujourd'hui, Llers n'est plus que l'ombre de ce qu'il était.

Les ancêtres paternels de Salvador Dalí étaient des laboureurs de Llers, ce que le peintre ne mentionne jamais dans son autobiographie, trompeusement intitulée *La Vie secrète de Salvador Dalí*, ni nulle part ailleurs dans son œuvre. Il ne fait cependant aucun doute qu'il ait été au courant de ses antécédents, et en 1925 il illustra un livre de son ami, le poète empordain Carles Fages de Climent, intitulé *Les bruixes de Llers* (« Les sorcières de Llers »).

Les registres paroissiaux de Llers, qui, par chance, ont survécu à la guerre civile, nous permettent de suivre les ancêtres de Dalí, pas à pas, jusqu'à la fin du XVII^e^ siècle, mais pas plus loin[2]. Des renseignements antérieurs sont apparus aux Archives historiques de Gérone, la capitale de la province. Ils nous apprennent que, alors qu'un recensement mené en 1497 ne mentionne aucun Dalí à Llers, un protocole notarial daté du 12 avril 1558 parle d'un certain « Pere Dalí » parmi les habitants de la cité. Il se peut que cet homme ait été le père de Joan Dalí qui, selon un document écrit en latin au XVII^e^ siècle et conservé dans les mêmes archives, acheta en 1591 une maison avec patio à Llers, maison dont hérita son fils Gregori, et après lui son petit-fils, qui portait le même nom. Ce dernier, qui vendit le patio en 1699, est le premier Dalí à apparaître dans les archives encore conservées à Llers[3].

Le nom « Dalí » n'est pas espagnol ni catalan, et a quasiment disparu de la péninsule Ibérique. Le peintre répétait continuellement que ses ancêtres – et donc son nom de famille – étaient d'origine arabe. « Dans mon arbre généalogique, mon ascendance arabe, qui remonte à l'époque de Cervantes, a été établie de façon presque sûre », se vante-t-il dans *La Vie secrète*. D'autres remarques montrent qu'il avait en tête le tristement célèbre Dalí Mamí, un pirate du XVI^e^ siècle qui lutta contre les Turcs et fut responsable, entre autres réussites douteuses, de la captivité de Cervantes en Algérie. Mais il n'y a pas la moindre preuve suggérant que l'artiste soit un descendant de cet aventurier[4].

En insistant sur cette « ascendance arabe », il est arrivé une fois à Dalí de la faire remonter bien avant le XVI^e^ siècle, affirmant que ses ancêtres descendaient des Maures, qui envahirent l'Espagne en 711. « De ces origines, ajoutait-il, viennent mon amour de tout ce qui est doré et excessif, ma passion du luxe et mon goût pour les vêtements orientaux[5]. » On le voit sans cesse insister sur cet « atavisme ». En une occasion, il attribue à ces origines une soif dévorante qu'il ressent l'été ; en une autre, le « désert africain » qui apparaît dans ses toiles *Perspectives* (1936-1937)[6]. Une toile postérieure donne lieu à ce commentaire : « Je peins toujours pareilles étendues de sable qui vont d'un bout à l'autre de l'horizon. Je ne sais pas pourquoi ; je ne suis jamais allé en Afrique du Nord. Je suppose qu'il s'agit de mon atavisme arabe[7]. » Dalí aimait aussi à penser que la propension de sa peau à devenir presque noire au soleil était un autre trait dû à son ascendance arabe[8].

Il semble que Dalí ait eu raison de se réclamer d'un sang arabe – ou, tout au moins, maure. Le nom de « Dalí » apparaît fréquemment dans le monde musulman, et l'on trouve de nombreux Dalí dans les annuaires tunisien, marocain et algérien (le nom étant orthographié indifféremment « Dalí », « Dallagi », « Dallai », « Dallaia », « Dallaji » et particulièrement « Daly »[9]). Curieusement, le peintre ne semble pas avoir fouillé plus profondément dans ses antécédents. S'il l'avait fait, il aurait pu découvrir que, dans la langue catalane locale de la région de l'Èbre, il subsistait une trace intéressante du passé musulman de l'Espagne dans le nom « Dalí », du mot arabe signifiant « guide » ou « meneur » qui désignait une sorte de bâton manié par le *daliner*, ou « patron », des hommes employés pour remorquer des embarcations depuis la rive[10]. Il aurait pu lui apparaître aussi que des mêmes racines arabes proviennent le catalan *adalil* et l'espagnol *adalid*, des termes pas si courants, dans les deux langues, pour désigner le « meneur » (qui ont donné naissance au nom arabe « Dalil » assez fréquent en Afrique du Nord). Dalí se plaisait à dire que le fait qu'il ait été prénommé « Salvador » prouvait qu'il était destiné à être le « sauveur » de l'art espagnol. S'il s'était aperçu que son nom de famille très inhabituel correspondait au mot arabe signifiant « guide » ou « meneur », il en aurait sans doute informé le monde entier, de même qu'il aimait dire que ce nom correspondait phonétiquement au catalan *delit*, « délice ». Tel qu'il était, il se plaisait énormément à son extrême rareté, insistant sur son « l » en pressant énergiquement sa langue contre son palais, et la faisant retomber sèchement sur le « i » accentué. « Salvador Dalí » n'aurait pu être un nom plus rare, ou plus coloré, et il lui procurait un plaisir infini[11].

Il se peut, eu égard à ce qu'on vient de dire, que les premiers Dalí à s'installer à Llers au XVe siècle aient été des *moriscos*, le terme péjoratif pour désigner les Espagnols musulmans qui choisirent la conversion forcée au christianisme plutôt que l'expulsion après la reddition de Grenade à Ferdinand et Isabelle, en 1492, événement qui marqua la fin de la prétendue « reconquête » de l'Espagne et inaugura des siècles d'une dure répression religieuse et raciale. Mais, si tel est le cas, nous ignorons d'où ils venaient. Dans les registres encore existants de Llers, on découvre que la famille est citée pour la première fois en 1688, quand Gregori Dalí, décrit dans le document en latin de Gérone déjà mentionné comme « *laborator Castri de Llers* » (« paysan de la forteresse de Llers ») et dans le registre, en catalan, comme « *jove trebellador* » (« jeune paysan »), épousa Sabina Rottlens, fille d'un charpentier de la ville proche et beaucoup plus grande de Figueres, aujourd'hui capitale de l'Alt Empordà[12]. Comme Gregori Dalí et son père avant lui, les générations suivantes de Dalí sont inscrites presque invariablement dans les archives comme « paysans », même si quelques-uns, parmi lesquels l'arrière-arrière-grand-père du peintre, Pere Dalí Raguer, né à Llers aux alentours des années 1780, étaient forgerons[13]. Au milieu des ruines de la ville se trouve un mur avec une porte maçonnée dont les autochtones affirment qu'il s'agit de l'entrée de la forge Dalí, Can Dagué (« la maison du fabricant de dagues »). Ils font remarquer aussi l'emplacement d'une solide maison de pierre érigée par un autre Dalí – uniquement l'emplacement, parce que Can Dalí (« la maison des Dalí ») a sauté lors de l'explosion de 1939[14].

Au commencement du XIXe siècle, pour des raisons inconnues, Silvestre Dalí Raguer, le frère aîné de Pere, le forgeron, quitta Llers pour le village de pêcheurs isolé de Cadaqués, à soixante kilomètres de l'autre côté des montagnes bordant la mer.

Il apparaît pour la première fois dans le registre paroissial de Cadaqués en 1804, lorsque fut enregistré le baptême de son fils Felipe[15]. La profession de Silvestre n'est pas indiquée. Après avoir perdu sa première épouse à Llers, Pere Dalí suivit son frère à Cadaqués où, en 1817, il épousa une fille du cru, Maria Cruanyes[16]. Plusieurs mentions dans le registre paroissial le disent « forgeron », on peut donc sans trop s'avancer affirmer que, à son arrivée à Cadaqués, il avait continué à exercer la profession qui était la sienne à Llers. Pere Dalí et Maria Cruanyes eurent trois fils : Pere, Cayetano et, en 1822, Salvador, le futur arrière-grand-père du peintre[17]. En 1843, Salvador épousa Francisca Vinas, dont le père, selon le certificat de mariage, était un « paysan[18] », quoiqu'un autre document le dise « marin[19] ». Selon les rumeurs transmises des années plus tard à l'écrivain catalan Josep Pla, Salvador Dalí Cruanyes et sa femme menèrent une vie commune turbulente et demandèrent le divorce, sans succès[20].

## CADAQUÉS

Port Lligat avant que Dalí n'achète sa cabane de pêcheur.

Cadaqués, célèbre grâce aux œuvres de Salvador Dalí, est séparé de la plaine de l'Alt Empordà par une barre montagneuse dominée par la bosse menaçante, couverte de maquis, du mont Pení, qui s'élève jusqu'à six cent seize mètres. En dépit des tournants et de l'étroitesse de la route, il ne faut qu'une quarantaine de minutes pour y arriver, en roulant tranquillement, depuis Figueres. Dans les années 1800, c'était une tout autre histoire, et le voyage ne pouvait s'effectuer en une seule journée. Ce n'est qu'au début du XX$^{e}$ siècle que fut construite une route correcte, menant du village à Roses, puis à Figueres. Pour Cadaqués, le bout du monde de l'Espagne orientale, la mer ne représentait pas seulement le gagne-pain, mais aussi le moyen d'arriver et de partir. Les autochtones ne se sentaient pas empordains, avaient peu de temps pour la sardane – la danse nationale en Catalogne – et parlaient leur propre version du catalan, connue sous le nom de *salat*. À la différence des habitants de la plaine de l'Empordà, ils aimaient s'habiller de couleurs vives. Par essence, ainsi que l'affirmait Josep Pla, cet endroit était une île[21].

La baie de Cadaqués, orientée au sud-est, est la plus profonde de la dangereuse Costa Brava, et la plus protégée des éléments. Là, alors qu'à l'extérieur la mer fouette furieusement, les bateaux peuvent rester à l'ancre, en paix. Grâce à une belle baie naturelle, Cadaqués a pu s'enorgueillir d'une flotte marchande importante jusqu'aux premières années du XX$^{e}$ siècle, et maintenir un commerce florissant avec la Méditerranée et l'Amérique du Sud. Nombreux sont les hommes de Cadaqués qui ont été à Cuba ou en Afrique – mais jamais à Figueres –, et il arrivait souvent aux marins de rester absents de chez eux plusieurs mois d'affilée.

Au cours des siècles, Cadaqués a fourni des soldats aussi bien que des marins et, à chaque fois que la Couronne d'Aragon (qui, à partir de 1137, engloba la Catalogne) s'embarquait dans une nouvelle entreprise en Méditerranée, les Cadaquesencs étaient là, comme cela se passa en 1228-1229, quand le roi Jacques I$^{er}$ prit Majorque aux

● Cadaqués aujourd'hui, vu de l'autre côté de la baie.

Maures. Résultat de cette conquête, la langue catalane parlée à Majorque tient beaucoup du *salat*.

Terriblement exposé aux attaques venues de la mer, ne pouvant compter sur un secours venu de l'intérieur des terres, Cadaqués fut très tôt fortifié par les comtes d'Empúries, les seigneurs de la région, contre les incursions des Maures et des Turcs. Ses remparts massifs n'empêchèrent cependant pas la cité d'être souvent mise à sac : par les Maures en 1444, quand ses archives furent détruites ; par Barberousse en 1534 ; et à nouveau plusieurs fois dans les quelques siècles qui suivirent. Même au début du XVIIIe siècle, quand l'Espagne avait encore un pouvoir avec lequel il fallait compter, les pirates maures continuèrent de menacer la côte. Tout cela, à quoi il faut ajouter les dangers de la pêche dans cette zone, fit que les gens de Cadaqués développèrent un caractère dur et indépendant. Pour Josep Pla, leur ténacité légendaire se traduit dans les murs d'ardoise (*parets seques*) patiemment édifiés – on en a recensé près de deux mille kilomètres[22], dont ils ont fait des terrasses sur le flanc des collines afin de les protéger de l'érosion ; seuls des gens armés d'une intense détermination, affirmait Pla, ont pu apprivoiser l'hostilité d'un tel environnement, et le rendre productif[23].

Au XIXe siècle, Cadaqués tirait essentiellement sa subsistance du vin et du poisson salé. Ses fameux anchois étaient très demandés à Rome. Du corail ramassé par des plongeurs du cap de Creus, tout proche, était aussi exporté avec profit. De Civitavecchia et de Gênes, les bateaux rapportaient du bois pour fabriquer des tonneaux pour le vin et les poissons, et au milieu du XIXe siècle la population était raisonnablement prospère. Mais le désastre survint lorsque, en 1883, l'épidémie de phylloxéra qui avait déjà ravagé la France et, l'année précédente, la plaine de l'Empordà atteignit Cadaqués. Les flancs de coteau soigneusement terrassés perdirent leurs vignes. La dévastation accrut la pauvreté, provoqua l'exil de nombreuses familles, et la population passa de deux mille cinq cents à mille cinq cents habitants[24].

Le phylloxéra eut une autre conséquence : l'augmentation de la contrebande. Les habitants de Cadaqués avaient toujours été versés dans la contrebande, une activité encouragée par les innombrables îlots et grottes de la Costa Brava, idéaux pour dissimuler des embarcations. Maintenant, cette propension bénéficiait d'un nouvel élan, et le village coupé du reste du pays par sa barrière de montagnes, mais situé à quelques kilomètres, par la mer, de la frontière française, se transforma en version empordaine de Gibraltar. Le sel, très demandé à Cadaqués pour traiter le poisson, était le premier objectif, car on pouvait faire de grosses économies en évitant de payer les taxes du gouvernement. Avant longtemps, cependant, les autorités comprirent la raison de la chute sèche des recettes dans ce domaine, et organisèrent les répressions[25]. La soie, le café, l'essence de parfum et les feuilles de tabac étaient aussi importés en grande quantité. Ces dernières étaient furtivement roulées en cigares et en cigarettes, avant d'être réexportées. « *Cadaqués, tabaques, contrabandistes, bons mariners i lladres* », comme l'affirmait le dicton attribué au village voisin et rival, El Port de la Selva : « Cadaqués, marchands de tabac, contrebandiers, bons marins et voleurs. » C'était une description très juste de la façon dont ces gens gagnaient leur vie.

## UN PARANOÏAQUE DANS LA FAMILLE

Salvador Dalí Cruanyes et Francisca Vinas eurent deux enfants, Aniceto Raimundo Salvador, né en 1846[26], et Gal Josep Salvador, né le 1er juillet 1849[27]. Gal, qui fut nommé ainsi en l'honneur de saint Gall, que l'on fêtait le 1er juillet, vivait, à l'âge de vingt ans, avec une femme mariée de Roses, Teresa Cusí Marcó, de huit ans plus âgée que lui, et la fille de cette dernière, Catalina Berta Cusí, née en 1863[28]. Le 25 juillet 1871, Teresa donna naissance à la fille de Gal, Aniceta Francisca Ana, qui mourut l'année suivante[29]. Puis, le 25 octobre 1872, elle devint la mère d'un fils, Salvador Rafael Aniceto, le père du futur peintre[30] et, le 23 janvier 1874, de son dernier enfant, Rafael Narciso Jacinto[31]. Deux mois plus tard, son mari dont elle était séparée, Pedro Berta, mourut, et elle épousa Gal[32]. Le fait que Salvador et Rafael soient nés en dehors des liens du mariage fut caché aux membres à venir de la famille : les Dalí avaient tendance à se montrer discrets[33].

Concernant leur existence au cours de ces premières années, nous ne savons presque rien. Le père de Salvador Dalí naquit, lui dit-il en 1921, « dans une maison blanche à côté de l'église ». Lors de la même conversation, il se rappelait les jours heureux, avant que le phylloxéra ne touche les vignes et, apparemment, l'amena à croire, à tort, que son grand-père, Gal Dalí, était un médecin[34]. En fait, comme nous l'apprend un document au registre cadastral de Roses, il était *taponero*, c'est-à-dire fabricant de bouchons de bois ou de liège pour les fûts, une profession relativement lucrative à Cadaqués, étant donné l'exportation florissante de poissons, d'olives et, jusqu'à l'apparition du phylloxéra, de vin. Le même document décrit la petite maison à un étage dont Gal hérita à la mort de sa mère, en 1870. Située au 321, Calle del Cal, elle se trouve apparemment dans un état lamentable. C'est probablement la maison blanche à côté de l'église où naquirent le père et l'oncle de Dalí[35].

Gal Dalí, plus tard, se lança dans le transport, et dirigea un « bus » tiré par des chevaux entre Cadaqués et Figueres. À en croire une anecdote dont on se souvient vaguement à Figueres, il avait peint à l'arrière de la carriole un grand « G » et un grand « T ». Les lettres représentaient « Gal » et « Teresa », sa femme, mais signifiaient aussi « *Gràcies i torneu* » (« merci et à bientôt »). C'était un sacré caractère[36].

Aux alentours de 1881, Gal Dalí s'installa à Barcelone. Selon la tradition familiale, la principale raison de cette décision, c'était qu'il ne pouvait plus supporter la tramontane. Pour croire au violent vent du nord, aussi inséparable de l'Alt Empordà que la pluie l'est de Londres, il faut en avoir fait l'expérience. Sec et d'un froid mordant en hiver, il rugit et souffle à travers les passes des Pyrénées (d'où son nom de *tramontane*, « à travers les montagnes »), balayant les nuages du ciel et, en frappant l'Empordà, il met les cyprès à genoux, fracasse les pots de fleurs, arrache les antennes de télévision et couvre les falaises du cap de Creus du sel fouetté par les vagues. La tramontane souffle régulièrement à plus de cent trente à l'heure, et elle a la réputation de retourner les convois ferroviaires et de jeter des voitures dans la mer. À Portbou, sur la frontière française, elle peut se montrer violente au point que les membres de la Garde civile demandaient une dispense spéciale pour regagner leurs quartiers à l'étage à quatre pattes – une position qui aurait été considérée comme particulièrement indigne de la part d'une force de l'ordre réputée pour son machisme[37].

Le long de la côte de l'Alt Empordà, la tramontane entre souvent en collision avec le libeccio (ou *garbi*), un vent du sud-ouest qui souffle d'Afrique. Dans les mots d'un historien local, la région est « un impressionnant laboratoire météorologique », un « champ de bataille incessant entre deux grands vents[38] ».

La tramontane peut affecter les émotions aussi brutalement que la mer et le paysage, et elle est un sujet de conversation constant dans la région. Les Empordains sont connus pour leur intransigeance (les Dalí ne faisaient pas exception), et quelqu'un qui fait autorité dans leur région a attribué cela au fait qu'ils aient dû constamment pousser contre le vent[39]. Quiconque est un peu cinglé dans cette partie du pays, ou qui a tendance à s'enflammer soudain, court le risque d'être qualifié d'*atramuntanat* (« sensible à la tramontane »), et dans le passé les *crimes passionnels*[40] commis quand le vent faisait rage étaient à moitié pardonnés. Quant aux dépressifs, ils peuvent être menés au désespoir absolu par un coup de vent prolongé – et les coups de vent peuvent durer pendant huit ou dix jours, surtout en hiver. On suggère même que la tramontane est responsable de suicides, en particulier à Cadaqués. Le protagoniste de la nouvelle de Gabriel García Márquez intitulée « Tramontane » (dans *Douze contes vagabonds*) est l'une de ses victimes. Il est fort possible que Gal Dalí ait craint, s'il restait dans ce village, de courir un danger mortel.

Pour les gens constitués plus normalement, cependant, la tramontane peut être vivifiante, et pendant longtemps on a été persuadé qu'elle jouait un rôle de désinfectant. En 1612, la fin brutale d'une sévère épidémie de fièvre à Figueres coïncida avec un épisode de vent particulièrement énergique. Les citoyens reconnaissants organisèrent un pèlerinage à l'église rurale de Notre-Dame-de-Requesens, considérée comme appropriée car elle se trouve au nord de la ville, au pied des monts Albères, d'où le vent balaie la plaine. La procession devint un événement annuel, qui se mettait en route le premier dimanche de juin et revenait quelques jours plus tard. Elle dura jusqu'aux premières années du XX^e^ siècle, quand les progrès de la médecine rendirent moins nécessaires les vertus prétendument prophylactiques du vent[41].

Quand la tramontane est calmée, le ciel de l'Empordà acquiert une luminosité scintillante, et son paysage les contours nettement définis que Salvador Dalí a souvent fixés dans ses toiles. Ce sont ces qualités que l'ami de l'artiste Carles Fages de Climent a évoquées dans son *Oración al Cristo de la tramontana* (« Prière au Christ de la tramontane ») :

Les bras tendus contre le Bois saint,
Seigneur ! Protège la bergerie et le champ semé.
Donne le vert exact à nos prairies
et mesure la juste tramontane
qui sèche l'herbe sans gâcher le blé.

*Braços en creu damunt la pia fusta*
*Senyor! Empareu la cleda i el sembrat.*
*Doneu el verd exacte a nostre prat*
*i mesureu la tramuntana justa*
*que exugui l'herba i no ens espolsi el blat*[42].

Si la tramontane était devenue une réelle menace pour sa santé, Gal avait une autre bonne raison de partir à Barcelone avec sa famille : en septembre 1882, il serait temps pour son fils Salvador, alors âgé de dix ans, d'entamer les études menant au baccalauréat, qui n'étaient possibles que dans un *official instituto* (école secondaire). En théorie, il aurait pu faire déménager sa famille à Figueres, où se trouvait un des instituts les plus anciens d'Espagne ; mais la capitale de l'Alt Empordà souffre de la tramontane autant que Cadaqués, et il se peut que Gal se soit dit que mieux valait effectuer une franche rupture, et aller à Barcelone, où le vent ne soufflait pas. Peut-être aussi, ce qui est le plus important, estimait-il avoir plus de chances de gagner de l'argent dans la capitale.

Montserrat Dalí, petite-fille de Gal, apprit tout enfant comment, en jurant de ne jamais retourner à Cadaqués, son ancêtre avait rassemblé sa famille et ses biens et pris le chemin de la gare de Figueres, emportant avec lui un sac rempli de pièces d'or et, pour le protéger, emmenant deux gardes à ses frais, munis de tromblons. Le magot provenait-il d'une activité complémentaire liée à la contrebande, une activité dans laquelle de si nombreux Cadaquesencs étaient impliqués d'une façon ou d'une autre ? Montserrat Dalí, qui n'avait pas entendu parler du « bus » de Gal, était encline à le penser, mais il n'en existe aucune preuve. La source du trésor de Gal reste un mystère[43].

## BARCELONE

Lorsque Gal Dalí Vinas arriva à Barcelone, en compagnie de sa famille, aux alentours de 1881, la ville comptait environ deux cent cinquante mille habitants, sur les un million sept cent mille que comptait la Catalogne dans son ensemble. En 1865, la destruction des murs qui enserraient la cité médiévale était achevée, l'audacieux nouveau district Eixample (dont le nom signifie « extension ») était presque terminé, et la population montait en flèche (treize ans plus tard, plus de la moitié de la population catalane habiterait la ville). Les usines de coton de Barcelone, qui avaient tant impressionné l'hispanisant Richard Ford quarante ans plus tôt, connaissaient un boom ; grâce à l'épidémie de phylloxéra qui avait dévasté les vignobles français, et devait bientôt frapper le sud des Pyrénées, le prix des vins et des eaux-de-vie de Catalogne s'était envolé, et nombre de riches Catalans étaient revenus de Cuba et d'autres régions d'Amérique du Sud, consacrant leur fortune à l'industrie ou à la construction de maisons extravagantes. Depuis sept ans, la cité se livrait à une frénésie de crédit sans précédent, connue sous le nom de *febre d'or*, « fièvre d'or ». Seize nouvelles banques s'ouvrirent en 1881 et 1882, années d'apogée de la fièvre, et d'immenses fortunes se fondèrent en Bourse. L'appétit du lucre s'était emparé des Catalans, habituellement cloués au pilori par les autres Espagnols pour leur pingrerie et leur goût de la thésaurisation (il y a plus de comptes bancaires en Catalogne que dans tout le reste de l'Espagne). « Les gens rassemblaient leurs économies et les versaient dans la Llotja (la Bourse), écrit Robert Hughes dans son livre magnifique sur Barcelone. Les plans pour s'enrichir s'épanouissaient comme des chardons, comme des bulles, comme des ballons. Le destin de toute chose était de croître. Pendant plusieurs années, les Catalans perdirent tout le crédit qui pouvait leur être accordé pour leur vertu cardinale de *seny*[44]. »

Le *seny* (le bon sens, la prudence) semblait, de fait, avoir été mis de côté – y compris par l'impétueux Gal Dalí. Le chant des sirènes de l'argent facile résonnait doucement à ses oreilles, et il décida d'investir dans la Bourse son argent caché. Gal resta cependant assez raisonnable pour s'assurer, d'abord, que ses enfants bénéficient d'une bonne éducation. En septembre 1882, Salvador entra dans un des collèges privés de la ville, le collège de San Antonio, tenu par les Pères piaristes (*escolapios*) de Ronda de San Antonio, et fut aussi admis à l'*instituto* (lycée) pour la première année de son *bachillerato*, voie royale conduisant à l'université[45]. Deux ans plus tard, son frère Rafael suivit ses pas. Tous deux travaillaient dur, mais Rafael se révéla un meilleur étudiant[46].

Gal Dalí était un homme à litiges[47] et, selon sa petite-fille, passait sa vie à entrer et à sortir des tribunaux. Son avocat, Gonçal Serraclara Costa, jouissait en ville d'une excellente réputation et appartenait à la bande de Catalans de plus en plus bruyants qui, las de leur asservissement au lointain Madrid, voulaient que l'Espagne soit restructurée en république fédérale. Au cours des années 1860, il avait représenté Barcelone au Parlement de Madrid, mais en 1869, injustement accusé de visées anti-monarchistes, il avait été forcé de s'exiler en France. Quand, en 1872, il avait été autorisé à rentrer chez lui, il avait choisi de se retirer de la politique. Il n'avait joué aucun rôle au cours de la brève existence de la République fédérale (1873-1874) – majoritairement portée par les Catalans – et s'était consacré à l'office juridique familial, qui sous sa direction acquit dans la ville un prestige considérable[48].

Josep Maria Serraclara, le jeune frère de Gonçal, travaillait avec lui et était un Catalan nationaliste tout aussi passionné. Il devint célèbre comme avocat de la défense lors des procès politiques et fut plus tard député-maire de Barcelone. Il épousa en 1883 Catalina Berta, fille du premier mari de Teresa, la femme de Gal Dalí. Gal avait maintenant beaucoup de relations, mais il bénéficiait en plus de conseils gratuits. Il en avait besoin, ayant acquis une tendance paranoïaque à gifler de ses injonctions des gens haut placés dont il avait l'impression qu'ils le persécutaient[49].

La Bourse de Barcelone prenait maintenant un cours funeste – le boom avait fait long feu –, et Gal Dalí perdit soudain des sommes considérables, dont une partie ne lui appartenait pas. Il souffrait déjà aussi d'une forme de manie de la persécution, et son revers de fortune lui porta un coup terrible. Aux premières heures du 10 avril 1886, il apparut au balcon de l'appartement qu'il louait au deuxième étage de la Rambla de Cataluña, hurlant que des voleurs voulaient lui dérober son argent et le tuer. Mais il n'y avait pas de voleurs. Cet après-midi-là, il réussit presque à se jeter dans la rue, mais la police l'en empêcha. Six jours plus tard, cependant, il termina proprement le travail, atterrissant sur la tête dans un patio. Il mourut sur le coup. Selon un journal, le « malheureux fou » devait être interné le même jour en asile psychiatrique. Il n'avait que trente-six ans[50].

Le suicide fut caché (le nom de Gal n'apparut pas dans les journaux), et le certificat de décès officiel, reprenant une déclaration de son avocat et gendre Josep Maria Serraclara, disait, par euphémisme, que Gal Dalí était mort d'un « traumatisme cérébral ». Gal, malgré son suicide, eut droit à un enterrement catholique dans le cimetière de l'Est[51].

Josep Maria Serraclara (alors âgé de vingt-trois ans) et sa femme, Catalina Berta, accueillirent la famille endeuillée. Teresa Cusí, la veuve de Gal, vécut avec eux jusqu'à sa mort, en 1912, et Salvador et Rafael jusqu'à la fin de leurs études.

Le suicide de Gal devint un sujet tabou dans la famille, et la fin choisie par le grand-père fut soigneusement dissimulée à la génération suivante. « En Angleterre, on dit que chaque famille cache un "squelette dans son placard", eh bien, dans notre famille, c'était le squelette de notre grand-père, se rappelait en 1992 Montserrat Dalí, la cousine et l'exacte contemporaine du peintre. Quand j'ai découvert ce qui s'était passé, j'étais déjà adulte, et ça a été un choc terrible. C'est Catalina Berta qui me l'a dit, et elle a ajouté : "Pas un mot de ça à ton père." Salvador apprit les faits à peu près à la même époque[52]. » On peut supposer que cette révélation affecta profondément le peintre, qui ne parle jamais de ce suicide dans son abondant journal d'adolescent ni dans les œuvres qu'il a publiées et, pour autant qu'on puisse le savoir, n'en a jamais dit un mot à ses proches amis[53]. Au cours de son enfance, Dalí avait dû entendre parler de personnes s'étant suicidées à Cadaqués sous l'influence de la tramontane ; et maintenant il apprenait que son propre grand-père, qui avait fui Cadaqués par crainte de ce vent maudit, avait été incapable d'échapper à son destin. Il est donc peu étonnant que, quelques années après, sans mentionner aucun nom, il ait affirmé que les Cadaquesencs étaient « les plus grands paranoïaques produits par la Méditerranée » : touché une fois par la tramontane, touché à jamais[54]. Au vu de ce traumatisme familial non reconnu, nous inclinons à affirmer qu'il existe un lien entre le silence obstiné de Dalí concernant Gal, sa fameuse insistance à répéter que lui-même était sain d'esprit (« La seule différence entre moi et un fou, c'est que je ne le suis pas ») et l'élaboration de sa méthode « paranoïaque-critique » au cours des années 1930. De plus, la crainte de la famille Dalí d'avoir hérité de cette paranoïa (et de cette dépression) était justifiée : des années plus tard, Rafael, le père de Montserrat, essaya de se supprimer exactement de la même façon que son père, et ne fut sauvé que par la brusque apparition d'une domestique[55].

Il est possible que la grandeur et la décadence de Gal Dalí aient pu inspirer un roman célèbre, *La febre d'or* (*La Fièvre de l'or*), de Narcís Oller, qui se déroule au moment du boom du crédit en 1880-1881, et fut publié dix ans plus tard après son effondrement. Oller, un disciple de Zola persuadé qu'un bon roman doit être basé sur une observation scrupuleuse de la vraie vie, déclara à Benito Pérez Galdós, le romancier le plus respecté de son époque, qu'il avait tout fait pour dissimuler l'identité des personnages du livre, dont le protagoniste, un ancien charpentier devenu spéculateur, s'appelle Gil Foix. La ressemblance entre les prénoms « Gil » et « Gal » attire l'œil. Il existe d'autres coïncidences frappantes, dont la moindre n'est pas la réaction de Gil à sa spectaculaire banqueroute. Il est vrai qu'à la différence de Gal, il n'a pas sauté d'un balcon. Mais il s'est mentalement suicidé, se retirant dans ce que les médecins appellent une « neurasthénie » et souffrant, comme Gal, de l'illusion que les gens essayaient de le voler. Quiconque connaissait le triste cas du fabricant de bouchons de Cadaqués parti mener la grande vie à Barcelone n'aurait pas manqué de noter le parallèle. Mais on ne sait absolument pas si les deux fils de Gal Dalí, ou quelque autre membre de la famille, ont été mis au courant, ni comment ils ont réagi[56].

## LES FRÈRES DALÍ ET LA CATALOGNE

Salvador Dalí Cusí, le père de l'artiste, obtint le *bachillerato* en octobre 1888 et entra, l'hiver de la même année, à la faculté de droit de Barcelone[57]. Son frère, Rafael, deux ans plus tard, entra en faculté de médecine[58]. Les deux frères se ressemblaient, par leur personnalité comme par leur physique : des hommes corpulents et passionnés qui aimaient discuter religion et politique, capables de s'embraser dans des accès de férocité soudains. Salvador, en particulier, était réputé pour ce caractère qu'il ne perdit jamais[59]. Sans aucun doute influencés par les Serraclara, Salvador et Rafael furent rapidement convertis à la cause fédéraliste catalane (ils détestaient intensément la monarchie bourbonienne centraliste) et furent des défenseurs farouches de la langue catalane qui, depuis le XVIIIe siècle, avait été systématiquement exclue de la vie publique à Madrid. Salvador était un tel soutien de la cause catalane que, peu après avoir été diplômé, il donna une série de conférences sur le sujet à un public de travailleurs au Centre fédéraliste-républicain de Barcelone[60]. Lui et Rafael étaient des athées anticléricaux véhéments, et Salvador devait le rester pendant quarante ans – jusqu'à ce que les excès de la guerre civile de 1936-1939 le conduisent à reconsidérer sa position. C'est alors qu'il devint un catholique aussi virulent que l'avait été le libre-penseur. Salvador Dalí Cusí défendait son opinion, quelle qu'elle soit, avec un zèle de missionnaire (un « militant permanent », l'appelait Josep Pla), et il avait transmis à son fils Salvador sa capacité à effectuer une volte-face rapide mais soigneusement argumentée[61].

Les frères Dalí communiquèrent cette ferveur catalane à leurs descendants : Rafael à sa fille unique Montserrat, et Salvador au futur peintre et à sa sœur Anna Maria Dalí. Jusqu'à sa mort, en 1993, à l'âge de presque quatre-vingt-dix ans, l'éloquence de Montserrat Dalí sur le sujet des abus commis par Madrid envers la Catalogne ne se tarit jamais. Son obsession principale était la *Nueva Planta*, l'« Ordre nouveau » imposé à la Catalogne par le premier roi bourbon espagnol, Philippe V, en 1714, après que les Catalans avaient commis l'erreur de soutenir le prétendant des Habsbourg, l'archiduc Charles, lors de la guerre de Succession d'Espagne (le dernier roi habsbourg était mort en 1700 sans descendant direct).

Il est vrai que le 11 septembre 1714, le jour de la reddition de Barcelone aux troupes des Bourbons, marqua un tournant essentiel dans l'histoire de la Catalogne. Un tiers de la ville fut rasé en répression, et il y eut des exécutions de masse. Sous l'« Ordre nouveau », les institutions catalanes, y compris la Généralité (la *Generalitat*) et les universités, furent fermées, tandis que, ce qui était le plus choquant, l'espagnol était imposé comme langue officielle de l'administration. Cette dernière clause signifiait que les documents officiels, comme les certificats de naissance ou de décès, auparavant rédigés en catalan, devaient maintenant l'être en espagnol, avec le changement des noms chrétiens que cela impliquait : l'espagnol « Pedro » remplaçait le catalan « Pere », par exemple, ou « Narciso » pour « Narcís ». Mais même si des efforts concertés furent faits pour ébranler l'usage du catalan dans d'autres domaines, le peuple, riche et pauvre à la fois, ne cessa jamais de parler sa langue natale. C'était son principal mode de résistance à l'oppresseur. L'asservissement de la Catalogne au lointain Madrid était symboliquement exprimé par la citadelle inaccessible dont le détesté Philippe V ordonna l'érection juste en dehors des murs de la ville. Comment, ne cessait de se demander Montserrat Dalí, pouvait-on s'attendre à ce que les Catalans éprouvent autre chose que de la répulsion pour Madrid, pour la langue espagnole et pour une monarchie centralisée ? Se représente-t-on que, lorsqu'elle et son cousin Salvador, le peintre, étaient à l'école, on n'y enseignait toujours pas le catalan ? Qu'encore aujourd'hui les ignorants sont persuadés que le catalan est un « dialecte » espagnol, comme s'il n'était pas une langue en soi, avec une belle littérature ? N'est-il pas vrai que les ennemis de la Catalogne se moquent de la façon qu'ont les Catalans d'« aboyer » leur langue plutôt qu'ils ne la parlent ? Pensez seulement, ajoutait-elle, que la Catalogne, qui auparavant s'étendait jusqu'à la France et fut autrefois copartenaire du royaume d'Aragon, avec un empire en Méditerranée, avait été réduite par les Bourbons à un statut provincial, en dépit du fait que sa capitale était aussi peuplée que Madrid, plus riche et plus civilisée ! Comparez les deux villes, disait-elle : à Barcelone, il y avait une fierté civique, la vie était bien organisée, les gens aimaient passionnément leur ville, les bâtiments de Gaudí, l'Eixample ; Madrid était chaotique, sale, bruyant. Tandis qu'elle parlait, les narines sensibles de Montserrat Dalí palpitaient, ses yeux lançaient des éclairs. « En Catalogne, on appelle ça *fet diferencial*, s'exclamait-elle. Nous sommes différents, nous ne sommes pas comme les autres Espagnols. » Et naturellement, insistait-elle, son cousin Salvador ressentait exactement ce qu'elle ressentait sur le fait d'être catalan. Dans leur famille, on ne parlait jamais espagnol, car l'espagnol était associé à l'école, à la répression. C'était un langage imposé, et eux, et leurs parents avant eux, en étaient venus à lui en vouloir profondément, et ils l'évitaient autant qu'ils le pouvaient. Et c'était comme ça[62].

## LE NOTAIRE PUBLIC EN HERBE

Salvador Dalí Cusí, le père du peintre, avait connu une carrière universitaire solide, mais pas extraordinaire, et avait été diplômé en droit en 1893[63]. Pendant les quelques années suivantes, il avait préparé des actes notariés dans un bureau du cadastre et avait travaillé, à temps partiel, pour les Serraclara[64].

Pendant un court moment, il se trouva exposé au regard du public. Le 7 juin 1896, une bombe fut jetée sur la queue d'une procession du Corpus Christi à Barcelone, faisant douze victimes. Cette agression fut attribuée aux anarchistes, qui proliféraient alors dans la capitale catalane. Il se peut cependant qu'elle ait été organisée par un « agent provocateur » payé par la police (ce qui expliquerait qu'il n'y ait eu aucun notable parmi les victimes). Quoi qu'il en soit, les autorités réagirent avec une grande brutalité. Les anarchistes suspects furent encerclés et conduits dans la tristement célèbre prison militaire des pentes de Montjuïc, la montagne située aux abords de Barcelone et qui domine la mer, et, en bien des cas, soumis à d'épouvantables tortures destinées à les faire avouer. Plusieurs suspects moururent, et l'un d'eux devint fou. Cinq hommes, très probablement innocents, furent garrottés ; et, parmi les acquittés, soixante-cinq furent envoyés au terrible pénitencier du Río de Oro, dans le Sahara espagnol. Les procès de Montjuïc, qui se tinrent en décembre 1896, montrèrent l'autre visage d'un pays qui, huit ans plus tôt, lors de l'Exposition universelle de Barcelone, avait essayé d'impressionner le monde par sa modernité[65].

Parmi les suspects anarchistes jetés dans les geôles après l'explosion de la bombe se trouvait un jeune avocat du nom de Pere Coromines. Quoique républicain modéré, Coromines fut jugé complice des anarchistes. Appelé comme témoin de la défense, Salvador Dalí Cusí, décrit au tribunal comme un ami intime de l'accusé, insista sur le fait que ce dernier était réputé pour son patriotisme et avait été loué par le *Diario de Barcelona*, le quotidien le plus conservateur et le plus furieusement anti-anarchiste de la ville. Il était absolument impossible qu'il puisse être impliqué dans l'affaire de la bombe[66]. Coromines, bien défendu par un avocat militaire, fut acquitté et devint un célèbre directeur de journal, écrivain et commentateur politique[67]. Reconnaissant du soutien de son ami Dalí, il ne manqua presque jamais de lui rendre une visite annuelle[68].

À l'époque des procès de Montjuïc, et désireux désormais d'être son propre maître, Salvador Dalí Cusí décida de consacrer ses efforts à l'obtention d'un diplôme de *notario*, fonctionnaire habilité à rédiger des contrats, des actes notariés et des testaments, et à être témoin de signatures, en échange de confortables honoraires. Pour devenir *notario*, il fallait apprendre par soi-même après avoir terminé ses études de droit (il n'existait pas de diplôme professionnel) et se présenter à l'examen public du ministère de la Justice quand une charge se libérait. Une fois qu'on s'était vu attribuer une *notaría* – une étude –, et à condition de bien faire son travail, on la conservait à vie. Le système reste en grande partie le même aujourd'hui. Il est significatif que Salvador Dalí Cusí et son frère se soient dirigés vers des professions leur garantissant de bons revenus et une position solide dans la société (les Serraclara usèrent de leur influence pour que Rafael soit nommé médecin de la brigade des pompiers de Barcelone, et il ne changea jamais de travail). Après ce qui était arrivé à leur père, ils prendraient aussi peu de risques que possible – malgré leur enthousiasme pour les causes progressistes.

En 1898, Salvador Dalí Cusí commença à postuler sans succès pour diverses *notarías*, décidant l'année suivante de concentrer ses efforts sur la ville de Figueres. Il fut encouragé dans cette décision par un ami proche qu'il s'était fait au lycée de Barcelone, Josep (« Pepito ») Pichot Gironés. Leur amitié s'était poursuivie à l'université de Barcelone, où Pichot avait abandonné ses études de droit au bout de deux ans, en 1892, sans avoir passé le moindre examen[69], et il semble probable que Dalí Cusí ait fréquenté l'appartement, au premier étage, de la famille Pichot au 21, Carrer de Montcada, un domaine caverneux situé au cœur du vieux Barcelone, à quelques mètres de la plus belle église de la ville, Santa María del Mar, un vertigineux miracle gothique de grâce et de symétrie. Le père de Josep Pichot, Ramon Pichot Mateu, s'était frayé un chemin jusqu'au sommet de la firme de Vidal i Ribas, spécialisée en médicaments et produits chimiques, et sa mère riche et très introduite, Antonia Gironès Bofill, passionnément intéressée par la peinture, était la fille d'un homme de Cadaqués qui avait réussi, Antonio Gironès. Cette dernière circonstance n'était pas indifférente à l'ami de leur fils Dalí Cusí, puisque lui-même était un Cadaquesenc[70].

Au moment où Barcelone était devenu l'un des centres de l'art et de l'architecture d'avant-garde les plus excitants d'Europe, à la suite de l'Exposition universelle de 1888 qui avait apporté une nouvelle confiance à la ville, le salon Pichot était célébré pour son hospitalité, son style et sa verve. Dans le même bâtiment plein de coins et de recoins, au deuxième étage, habitait le jeune écrivain Eduardo Marquina dont le père, comme celui des Pichot, travaillait pour Vidal i Ribas. Marquina, qui devint un dramaturge fameux mais aujourd'hui presque oublié, avait épousé Mercedes, la plus jeune des sept enfants Pichot, en 1903[71]. Un de ces derniers, Ramon, était peintre, et à la fin des années 1890 il était un proche de Pablo Picasso, de neuf ans son cadet. Il est possible que Salvador Dalí Cusí ait rencontré Picasso dans l'appartement des Pichot, à Carrer de Montcada, ou bien au café Els Quatre Gats (« les quatre chats »), fondé par les peintres Santiago Rusiñol et Ramon Casas en 1897, et immortalisé par l'illustration du menu, due à Picasso. Mais même si une telle rencontre n'eut pas lieu, Dalí Cusí était sûrement au courant de la vie de bohème menée par Picasso et Ramon Pichot à Barcelone et, immédiatement après le tournant du siècle, à Paris.

L'une des fêtes les plus originales organisées par Josep Pichot, l'ami de Dalí Cusí, fut son mariage avec sa tante Angela, dite « Angeleta », la sœur de sa mère. Il eut lieu en 1900. Il avait trente ans et elle vingt-huit. Angela Gironès avait hérité une maison à Figueres, sans doute de son père, qui semble y avoir eu des intérêts (sa sœur Antonia était née à Figueres[72]), et le couple décida de s'y installer[73]. Selon la tradition familiale des Dalí et des Pichot, Josep joua un rôle crucial en persuadant Salvador Dalí Cusí de persévérer à postuler pour la *notaría* de Figueres. De cette façon, les deux amis pourraient continuer à se voir régulièrement. De plus, est-ce que Figueres n'avait pas la *notaría* la plus proche de Cadaqués[74] ? Il en fallut peu pour convaincre Salvador. À la différence de son frère Rafael, à qui son père avait transmis la crainte de la tramontane, il se souvenait de sa ville natale avec beaucoup d'affection, et l'idée d'avoir la possibilité d'y retourner souvent l'excitait[75]. Il échoua en 1899 à obtenir la *notaría* de Figueres, mais lorsqu'elle se trouva de nouveau vacante en avril 1900, il réussit à être mandaté par le ministère de la Justice, après la traditionnelle *oposición* (examen public), le 27 avril 1900. Il reçut ses certificats du Collège des notaires de Barcelone le 31 mai 1900, grâce à des fonds prêtés par les Serraclara pour la caution, et prit officiellement possession de son poste le 7 juin[76]. Dalí Cusí ne perdit pas de temps pour se mettre au travail et, entre le 24 juin et le 30 août 1900, il fit passer des annonces à la une du quotidien local, *El Regional*.

## FELIPA DOMÈNECH

S'étant assuré du poste tant désiré, Salvador Dalí Cusí, maintenant âgé de vingt-huit ans, était en position d'épouser sa fiancée, Felipa Domènech Ferrés, une sage et jolie Barcelonaise de deux ans sa cadette (elle était née en 1874). Ils s'étaient rencontrés à Cabrils, un charmant village dans les collines, à une trentaine de kilomètres au nord de la ville, derrière la station balnéaire de Vilassar de Mar, où Salvador passait des vacances dans la maison d'été des Serraclara[77]. Anselm Domènech Serra, le père de Felipa, était mort en 1887, âgé de quarante-sept ans, alors qu'elle en avait treize. Importateur de mercerie, il avait énormément voyagé à travers la France[78]. Sa mère, Maria Anna Ferrés Sadurni, qui à la différence de son mari devait vivre jusqu'à un très grand âge, était une femme douce et sensible avec un tempérament artistique hérité de son père, Jaume Ferrés. Ce dernier, artisan très habile, tenait un établissement familial spécialisé dans la fabrication d'*objets d'art**, et Maria Anna Ferrés raconta à Anna Maria Dalí, la sœur du peintre, que son père avait été le premier en Catalogne à travailler la carapace de tortue. Plusieurs objets de la famille Domènech, d'origine ou retravaillés, devinrent l'héritage familial des Dalí : boîtes, cannes de marche, éventails, urne, peignes destinés à fixer une mantille lors des processions de la semaine de Pâques, et même un livre recouvert d'une carapace de tortue. Maria Anna fabriquait d'habiles découpages de papier qui devaient, plus tard, faire les délices de ses petits-enfants. Sa sensibilité artistique devait se manifester aussi dans le fait que, peu avant sa mort, elle se mit soudain à réciter, avec une mémoire sans défaut, des poèmes du XVII^e^ siècle de Luis de Góngora. Aucun de ses proches n'avait soupçonné pareille familiarité avec la versification compliquée de l'auteur de *Soledades*[79].

La grand-mère Maria Anna parlait facilement, et elle aimait raconter que, encore enfant, elle avait voyagé avec son père sur le premier chemin de fer espagnol – de Barcelone à Mataró, à cinquante kilomètres sur la côte – et qu'ils avaient pu boire un verre d'eau sans – miracle des miracles – en répandre une goutte[80].

À la mort de son père, Maria Anna Ferrés avait hérité l'affaire. Elle était située dans le Call, l'ancien ghetto de Barcelone, juste à côté de la Plaza de San Jaime. Ses descendants sont persuadés que la famille Ferrés était d'ascendance juive[81].

Felipa Domènech, le premier enfant de Maria Anna, aidait sa mère à l'atelier, et devint très habile dans la fabrication d'objets artistiques. Elle était douée de ses mains, et elle dessinait bien. Les délicates figurines de cire qu'elle prenait plaisir à façonner à partir de bougies de couleur devaient, quand il était enfant, ravir le futur peintre[82].

Felipa fut suivie par Anselm (né en 1877) qui, encore adolescent, commença à travailler dans la plus célèbre librairie de Barcelone, la librairie Verdaguer, qui était aussi une maison d'édition. Fondée en 1835 par Joaquim Verdaguer, elle était passée à son fils Àlvar, le beau-père et parrain d'Anselm, et avait été une force agissante de la « Renaixença », le renouveau littéraire catalan. Le fils d'Àlvar Verdaguer mourut encore enfant, et ses trois filles manifestèrent peu d'intérêt pour l'entreprise. Il était donc naturel qu'Anselm finisse par devenir partenaire associé, ce qui arriva en 1915[83].

La librairie Verdaguer se trouvait presque en face de l'opéra Liceu, sur la Rambla, le célèbre boulevard de Barcelone, et était un lieu de rencontres apprécié des écrivains et des artistes. Anselm s'y trouvait dans son élément, et avant ses vingt ans il était profondément impliqué dans la vie artistique et littéraire de Barcelone. Il aimait en particulier la musique et devait fonder l'association Wagner de Barcelone et, avec Amadeu Vives et Lluís Millet, l'Orfeo Catalá (une société musicale spécialement consacrée à la tradition folklorique catalane). Anselm Domènech allait être amené à jouer un rôle important dans le développement artistique de son neveu Salvador Dalí[84].

Quant à Catalina (née en 1884), la sœur de Felipa et d'Anselm, le dernier enfant d'Anna Maria Ferrés, elle devint modiste à domicile, avec un certain succès[85].

Le 29 décembre 1900, Salvador Dalí Cusí et Felipa Domènech se marièrent à Barcelone, dans l'église de Nostra Senyora de la Mercé. Ils avaient pour témoins Àlvar Verdaguer, le libraire, et un avocat connu ami du marié, Amadeu Hurtado[86]. On ignore où le couple passa son voyage de noces. On sait seulement que Felipa, quelques semaines après son mariage, et maintenant installée dans sa nouvelle maison de Figueres, était déjà enceinte.

# II. Premiers jours

[1904-1916]

## FIGUERES

En 1900, quand Salvador Dalí Cusí reprit la *notaría*, Figueres était une ville florissante de près de onze mille habitants (aujourd'hui, sa population a quadruplé). Situé à la lisière de la magnifique et fertile plaine de l'Alt Empordà, à cinq kilomètres de Llers, la terre natale des Dalí, Figueres était la capitale indiscutable de la région, une position gagnée au fil des années sur la ville proche de Castelló d'Empúries, le siège des comtes d'Empúries au Moyen Âge.

30● L'un des œufs daliniens géants qui surplombent la maison du peintre à Port Lligat, près de Cadaqués.

Jusqu'à la signature de la paix des Pyrénées, en 1659, Figueres se trouvait loin de la frontière française. Selon le nouveau traité, cependant, quand l'Espagne perdit le Roussillon et Perpignan au profit de la France, la ville s'éveilla pour découvrir que la frontière n'était plus qu'à vingt-trois kilomètres (ce qui est encore le cas aujourd'hui). Une telle proximité et les hostilités continuelles entre la France et l'Espagne firent de la plaine de l'Empordà une zone frontalière sensible et conduisirent à la construction, au milieu du XVIII^e siècle, d'une forteresse massive en contrebas de Figueres. Le fort de Saint-Ferdinand était la réplique espagnole de celui de Bellegarde, du côté français de la frontière, au col du Perthus. C'était aussi un moyen de rappeler que la Catalogne restait dépendante du gouvernement central de Madrid. Tenue par la garnison du régiment de Saint-Quentin, nommé ainsi en hommage à la victoire de Philippe II sur la France, à Saint-Quentin, en 1557, la forteresse joua un rôle vital dans le développement social et économique de Figueres. Elle fournit du travail à des centaines de maçons, stimula le commerce local et créa une forte demande pour les loisirs, depuis la prostitution jusqu'à l'opéra[87].

Un périmètre de trois kilomètres autour du château offre des vues saisissantes sur les Pyrénées orientales, dominées par la masse enneigée du pic du Canigou (deux mille sept cent quatre-vingt-quatre mètres). Situé juste de l'autre côté de la frontière, le Canigou est, avec Montserrat, l'une des deux montagnes sacrées de la Catalogne, et un objet de vénération pour les Catalans de France comme d'Espagne. Juste au nord, un autre sommet, le pic du Néoulous (mille deux cent cinquante-sept mètres) est le point le plus élevé du massif des Albères, qui sépare l'Alt Empordà de la France. Derrière la montagne, à un jet de pierre de la forteresse, l'autoroute A-7 accélère maintenant la circulation jusqu'à la frontière au col du Perthus, nettement visible à l'horizon. Du côté maritime de la plaine se trouve la ville de Roses, une des stations balnéaires les plus célèbres d'Espagne (et le lieu de naissance de la femme de Gal Dalí, Teresa Cusí), tandis que juste hors de vue, à l'extrémité sud de la large baie, se trouvent les vestiges d'Empúries, qui donne son nom à la région.

Chaque écolier espagnol connaît Empúries (« Ampurias » en castillan) et sait qu'il s'agissait d'un comptoir commercial grec (*emporium*) et, plus tard, en 218 avant Jésus-Christ, de l'endroit où les Romains prirent pied pour la première fois sur la péninsule Ibérique. Ils étaient venus repousser la menace carthaginoise et, y étant parvenus, décidèrent de rester. Voilà pourquoi, à la notable exception des Basques, les Espagnols parlent la forme moderne du latin.

Au tournant du XIX^e siècle, Figueres était devenu la ville la plus vivante de Catalogne sur le plan politique, et fut un véritable foyer de républicanisme et de fédéralisme (couronnés d'anticléricalisme). Une opposition intense (mais minoritaire) venait des soutiens monarchistes et catholiques du statu quo voulu par Madrid. La ville avait ses propres périodiques, à la fois conservateurs et progressistes, de nombreux clubs et centres mondains, une arène inaugurée en 1894, des sociétés musicales, un théâtre visité régulièrement par les compagnies théâtrales et les compagnies d'opéra les plus importantes d'Espagne, et un marché, le jeudi, riche des produits de la campagne environnante, et animé par les costumes traditionnels et colorés des paysans. Depuis 1877, Figueres est relié par le chemin de fer à Barcelone, et éclairé depuis 1896 à l'électricité. En août 1898 est apparu le premier véhicule à moteur, arrivé tout pétaradant de France[88]. Le mouvement moderniste en architecture commençait tout juste à surgir, et quelques beaux bâtiments Art nouveau se construisaient. Le dimanche, des orchestres locaux donnaient des concerts sur la Rambla – l'occasion de se reluquer entre militaires et filles du pays. En ce qui concernait le développement humain, Figueres pouvait se targuer d'une tradition artistique, littéraire et scientifique respectable, et se montrait particulièrement fier de Narcís Monturiol (1819-1885), champion socialiste des droits des femmes et des travailleurs et, plus mémorablement, pionnier des sous-marins (l'Espagne, de façon caractéristique, n'a pas réussi à exploiter le potentiel commercial du prototype). Pep Ventura (1817-1875), créateur de la version moderne de la sardane, la danse nationale de Catalogne, était aussi une figure locale célèbre, même si, en réalité, il était né en Andalousie. Figueres a aussi vu naître quelques politiciens notables, parmi lesquels le chantre du fédéralisme espagnol, Abdó Terrades (1812-1856), et, au cours de l'infortunée République fédérale, pas moins de trois ministres : Francesc Sunyer y Capdevila, Joan Tutau et le général Ramon Nouviles. Après la restauration des Bourbons, en 1874, la ville avait souvent envoyé à Madrid des députés républicains. Loin d'être un coin perdu provincial, elle était élégante, prospère, et fortement influencée en raison de la proximité de la frontière par la culture française et l'Europe.

Il n'est donc pas étonnant que Salvador Dalí Cusí s'y soit rapidement senti chez lui, ni qu'il soit très vite devenu un membre important du Sport Figuerense, le club le plus libéral de la ville et son centre de débats politiques. Là, le soir, il se joignait à Pepito Pichot et à de nombreux nouveaux amis pour discuter des problèmes du jour. Dalí Cusí devint bientôt fameux pour la véhémence avec laquelle il défendait la cause du fédéralisme catalan, si chère aux cœurs de nombreux Figuerencs[89].

## LES DEUX SALVADOR

Les pièces occupées par le notaire débutant se trouvaient au rez-de-chaussée d'une belle maison au 20, Calle Monturiol, en plein cœur de la ville, à cinquante mètres de la Rambla bordée de platanes, un lieu à la mode, et presque en face du « Sport ». Au-dessus de son bureau, au premier étage, Dalí Cusí loua un appartement spacieux.

Le premier enfant de Salvador et Felipa naquit le 12 octobre 1901. Le certificat de naissance, rédigé en espagnol ainsi que l'exigeait la loi, et non en catalan, dit que l'enfant fut nommé Salvador Galo Anselmo : « Salvador » d'après son père, son arrière-grand-père paternel et d'autres ancêtres Dalí, « Galo » en mémoire de son malheureux grand-père paternel, et « Anselmo » en hommage à son grand-père maternel, Anselm Domènech, et au fils de ce dernier[90]. On ne sait presque rien de ce premier Salvador, qui mourut vingt-deux mois plus tard, le 1er août 1903, victime, selon son certificat de décès, d'une « gastro-entérite infectieuse[91] ». La presse locale exprima ses condoléances conventionnelles aux parents de l'enfant, qui l'enterrèrent dans un caveau acheté à la hâte dans le cimetière de Figueres[92].

Des années plus tard, Dalí raconta à son mécène américain Reynolds Morse que sa mère avait été si déprimée de la perte de son premier enfant que son père l'emmena au lac de Requesens. C'était un lieu isolé à quelque vingt-cinq kilomètres au nord de Figueres, dans les montagnes au pied des Pyrénées, où les habitants de la ville faisaient un pèlerinage annuel afin d'implorer la tramontane de continuer à souffler sur la plaine de l'Empordà pour la garder à l'abri de la maladie. Peut-être la señora Dalí voulait-elle prier dans la petite église pour que son prochain enfant soit en bonne santé ; ou peut-être voulait-elle prendre les eaux ferrugineuses pour lesquelles l'endroit était célèbre. Quoi qu'il en soit, Dalí dit à Morse qu'elle fut si touchée par la beauté des lieux (que lui-même visita plus tard) qu'elle éclata en sanglots. Dalí semble se rappeler cet épisode dans sa toile *Lac de montagne*, intitulée aussi *Scène de plage avec téléphone* (1938), où le lac prend la forme d'une baleine échouée – peut-être une allusion au museau de cétacé géant que dessinent les collines arborées et leur reflet dans l'eau vitreuse[93].

Neuf mois et dix jours après la mort de son frère, comme s'il avait été conçu dans l'urgence du chagrin, le « vrai » Salvador Dalí vint au monde. Cet événement marquant se produisit dans l'appartement familial, à 8 h 45, le 11 mai 1904[94]. Le 20 mai, il fut baptisé Salvador Felipe Jacinto dans l'église paroissiale de San Pedro. Son parrain était son oncle Anselm Domènech, le libraire de Barcelone, et sa marraine Teresa Cusí, sa grand-mère maternelle[95]. L'enfant ne fut pas prénommé « Salvador » en mémoire de son frère mort, comme cela a souvent été dit, mais pour la même raison que ce dernier : la tradition familiale. En Catalogne, comme dans le reste de l'Espagne, il était courant que les prénoms soient transmis de génération en génération : ç'avait aussi été le cas pour Anselm Domènech, oncle et maintenant parrain de Dalí. Il aurait certainement été de mauvais goût d'écraser le nouveau fils avec les deuxième et troisième noms de son frère mort, et évidemment les Dalí n'ont pas fait une chose pareille. « Felipe » fut sans aucun doute choisi comme étant la forme masculine de « Felipa », prénom de la mère de l'enfant, tandis que « Jacinto » était un geste en direction de Rafael Dalí Cusí, le frère de don Salvador, qui s'appelait Rafael Narciso Jacinto.

Dans les journaux d'adolescence retrouvés de Dalí, il n'y a aucune mention de son frère mort, mais bien sûr il pouvait être évoqué dans les journaux manquants. Les références qu'il y fait dans ses écrits ultérieurs sont criblées de déformations et de fantasmes, et il est impossible d'y faire la part de la volonté et de l'ignorance de l'écrivain. Dans *La Vie secrète*, Dalí affirme que son frère avait deux ans à sa mort, et non pas vingt-deux mois, et que son décès (à la suite d'une méningite, dit-il, en contradiction flagrante avec le certificat de décès) se produisit trois ans avant sa naissance à lui, au lieu de neuf mois. Il écrit aussi que son frère avait « un faciès de génie » montrant des signes d'« inquiétante précocité[96] ». Plus tard, dans *Comment on devient Dalí*, Dalí proclama que ses parents avaient commis un « crime inconscient » en lui donnant le même nom que son frère, le forçant ainsi à vivre en direction d'un idéal impossible, un crime aggravé par le fait qu'ils conservaient dans une armoire de leur chambre une photo de l'enfant mort, posée, ainsi que Dalí veut nous le faire croire, à côté d'une reproduction du *Christ* de Vélasquez[97]. Cette photographie est sans doute celle qui resta dans les affaires d'Anna Maria Dalí à sa mort. Même si l'enfant est beau (plus beau, c'est évident, que Salvador 2, et d'apparence angélique), rien dans sa mine ne suggère qu'il avait un « faciès de génie » ni l'« inquiétante précocité » dont parle le peintre. Pas plus que ne le montre un autre portrait de l'enfant, assis, l'air quelque peu hébété, sur les genoux de son père, tout fier. Quant au *Portrait de mon frère mort* (1963), il a été exécuté à partir de la photo d'un autre enfant, considérablement plus âgé que le défunt de vingt-deux mois[98].

Tout ce que Dalí raconte à propos de son frère apparaît comme une comédie destinée à fournir aux curieux une justification saisissante, mais fallacieuse, de la conduite excentrique de l'artiste. C'est aussi, peut-être, un faux-fuyant imaginé pour égarer les biographes que Dalí craignait – à juste titre. À cet égard, on doit admettre qu'il n'a que trop bien réussi[99].

## 20, CALLE MONTURIOL

Dans sa *Vie secrète*, et ailleurs dans ses écrits autobiographiques, Dalí n'évoque que rarement l'appartement spacieux du 20, Calle Monturiol où il passa ses dix premières années à Figueres. Nous avons cependant la chance que cette faille ait été partiellement comblée par les souvenirs que sa sœur Anna Maria Dalí gardait de leur première résidence, que la famille quitta en 1914, alors qu'elle n'avait que six ans.

La maison est toujours là – il s'agit aujourd'hui du numéro 6 –, bordée de part et d'autre d'immeubles modernes. L'appartement des Dalí, au premier étage, donnait au nord sur la Carrer Monturiol même (là où est située l'entrée principale), au sud sur la Carrer Caamaño, qui lui est parallèle, et à l'ouest sur un jardin délicieux appartenant à une aristocrate locale, la *marquesa* de la Torre, dont le palais, à l'extrémité du terrain, donnait sur la Rambla. La vaste terrasse commune, en haut du 20, Calle Monturiol, où l'on faisait le lavage, permettait une meilleure vue qu'aujourd'hui. De cette terrasse, les Dalí pouvaient voir une large bande de la plaine de l'Empordà, avec au bout les montagnes de la chaîne côtière de Sant Pere de Rodes.

Une longue galerie courait sur toute la longueur de l'appartement, côté jardin. Anna Maria Dalí, plus tard, y repensait avec une grande nostalgie. Elle était décorée de jardinières de nards (qui devaient rester la fleur préférée de Salvador) et de lys, et Felipa Domènech, ardente amatrice d'oiseaux, avait installé à une extrémité une volière, où elle élevait des canaris et des colombes (Dalí mentionne brièvement les canaris dans une page de sa *Vie secrète*[100]). Les châtaigniers du jardin effleuraient le balcon, ce qui favorisait l'intimité. Dans un texte d'adolescence, écrit après le déménagement de la famille, Dalí a évoqué le « palais » de la *marquesa* de la Torre « baigné de lune, avec un rossignol qui chantait dans les branchages de l'énorme eucalyptus et les grenouilles qui coassaient dans la mare[101] ». Si, la nuit, le balcon était magique, le jour, selon Anna Maria Dalí, il était « du pur impressionnisme » (oiseaux, ombres, fleurs, robes longues), avec une « touche flamande » ajoutée par la présence sereine de la grand-mère Maria Anna Ferrés, drapée dans ses voiles de veuve et tricotant en silence[102].

Maria Anna Ferrés, ainsi que sa fille de vingt-six ans Catalina, s'étaient installées chez les Dalí en 1910, quand Dalí avait six ans et Anna Maria Dalí deux, occupant un petit appartement au dernier étage de l'immeuble. Leur arrivée devait avoir des conséquences importantes pour toute la famille[103].

L'appartement au-dessous de celui des Dalí, en mezzanine (et pas au-dessus de chez eux, comme l'écrit Dalí dès la première page de *Vie secrète*), était occupé par la famille Matas. Les parents, Pedro et Maria, étaient de la province de Barcelone, et avaient émigré à Buenos Aires. Ils étaient revenus en Espagne avec trois enfants, Ursula, Antonia et Dionisio, et s'étaient installés à Figueres. Pedro, selon le recensement de 1906, était un « homme d'affaires[104] ». Les deux familles devinrent amies, et Anna Maria Dalí affirme se rappeler les filles Matas, leur mère et tante Catalina apparaissant sur le balcon inférieur tandis qu'ils buvaient leur maté (thé du Paraguay), et bavardant[105]. Le balcon, aujourd'hui regrettablement écourté par le nouveau bâtiment adjacent, était plus large que celui des Dalí et flanqué d'une imposante balustrade qui n'existe plus. Bien des années plus tard, Dalí raconta à Amanda Lear que, enfant, il était jaloux de cette balustrade, beaucoup plus distinguée et « grand bourgeois », pensait-il, que la rambarde en fer forgé longeant *leur* appartement[106]. Salvador était impressionné par le style de vie de la famille Matas, et il se rappelait qu'Ursula, de quatorze ans son aînée, lui paraissait le summum de l'élégance, « l'archétype de la beauté 1900 ». Quant au confortable salon, avec ses meubles capitonnés, sa cigogne empaillée, l'accumulation de son bric-à-brac et son petit tonneau de maté orné d'un portrait de Napoléon (l'idole de Salvador), il exprimait, nous dit-il, ses aspirations sociales les plus profondes. Il fut souvent reçu dans ce salon, buvant quantité de maté consommé à l'aide d'une paille en argent qui passait de bouche en bouche, et cette assiduité lui donna sa vie durant le goût de fréquenter « les plus riches appartements ». Hélas, cette existence s'acheva en 1911, quand la famille Matas partit s'installer à Barcelone[107].

Selon Anna Maria Dalí, les premiers dessins de Dalí furent faits sur le balcon du 20, Calle Monturiol : de minuscules canards, ou de minuscules cygnes obtenus en grattant la peinture rouge du dessus de la table, révélant ainsi la surface blanche en dessous. Le plaisir que faisaient à Felipa Domènech les efforts de son fils s'exprimait par une phrase souvent répétée inscrite dans la mémoire familiale : « Quand il dit qu'il dessine un cygne, il dessine un cygne, et quand il dit qu'il va dessiner un canard, il dessine un canard[108] », disait-elle joyeusement. Elle a sans doute ressenti une satisfaction toute personnelle à la révélation des talents artistiques de Salvador, car cette femme d'une « tendresse angélique » était capable, selon Dalí, de dessiner « avec des crayons de couleur des images étonnantes d'animaux fantastiques sur une longue bande de papier » qui, soigneusement repliée, « pouvait constituer un petit livre qui se dépliait comme un accordéon[109] ».

Felipa Domènech Ferrés, la mère de Dalí, en 1910.

Llúcia Gispert de Montcanut, leur nourrice, affectueusement évoquée dans *La Vie secrète* et les Mémoires d'Anna Maria Dalí, eut une grande influence sur leurs vies. Dalí se souvient que Llúcia et sa grand-mère, Anna Maria Ferrés, « étaient les deux vieilles les plus propres, les plus ridées et les plus fines que j'aie jamais vues[110] ». Alors qu'Anna Maria Dalí insiste sur la gentillesse, la patience infinie et le nez bulbeux de Llúcia, objet de beaucoup d'affection et de taquineries constantes[111], Salvador se souvient surtout de ses longs récits. Llúcia l'endormait avec des berceuses traditionnelles catalanes et lui racontait beaucoup d'histoires, dont deux sont incorporées au récit de *La Vie secrète*[112]. Dalí réalisa un beau portrait de Llúcia, en 1917 ou 1918, et jusqu'à la fin de ses jours se rappela ses chansons et ses anecdotes[113].

Si Llúcia avait le folklore catalan dans le sang, doña Felipa et sa sœur Catalina, des filles de la ville, l'avaient consciencieusement acquis à Barcelone, où toutes deux fréquentaient l'Orfeo Catalá, que leur frère Anselm avait contribué à créer. Elles s'étaient constitué un large répertoire de chansons traditionnelles, qu'elles aimaient chanter dans la maison et, surtout, quand venait le moment de faire dormir Salvador. Anna Maria Dalí nous donne les paroles d'une charmante berceuse catalane, adressée à l'ange du sommeil, qu'elle utilisait dans ces occasions, et qui lui avait peut-être été transmise par Llúcia[114]. Le père, lui aussi, aimait la musique, et Anna Maria Dalí se souvient de lui vautré dans son rocking-chair et écoutant l'*Ave Maria* de Gounod ou des passages de *Lohengrin* sur un gramophone à l'énorme pavillon. Don Salvador aimait passionnément la sardane, la danse nationale catalane, et son grand redécouvreur, Pep Ventura, et était le fier propriétaire de la *tenora* de ce dernier, la version catalane du hautbois. Il lui arrivait d'organiser une séance de sardane sur la Rambla préalablement arrosée. Alors, une odeur caractéristique de parterres mouillés remplissait l'air[115].

## LE COQ DE LA BASSE-COUR

Salvador Dalí était un cas chronique de ce qu'en France, en Angleterre ou aux États-Unis, on appelle un « enfant gâté », une espèce peu connue en Espagne. Ses parents, qui s'en voulaient peut-être de la mort de leur premier fils, surprotégeaient le second, et apparemment ils le laissaient en général faire ce qu'il voulait, encourageant un penchant qui devait durer toute sa vie. Dès le jour de sa naissance, on devait obéir à son moindre caprice, et il se rendit compte rapidement que s'il faisait montre de ce que sa sœur Anna Maria Dalí appelle « son terrible caractère », ses parents se pliaient toujours à ses vœux. Selon elle, la famille découvrit rapidement que le seul moyen de calmer Salvador était de ne jamais le contrer ouvertement, mais de le pousser subrepticement à demander quelque chose de plus raisonnable[116]. Dalí lui-même se rappelait que chaque matin, à son réveil, sa mère le regardait avec amour et prononçait la formule traditionnelle : « *Cor què vols? Cor què desitges?* » (« Mon cœur, que veux-tu ? Mon cœur, que désires-tu ? »). Souvent, quand il fut plus grand, il répondait que ce qu'il voulait, c'était qu'on l'emmène au cinéma[117].

Au commencement, l'amour du cinéma avait été stimulé chez Salvador par les séances organisées à la maison par sa mère, qui manipulait le projecteur manuel. Il se rappelait deux titres : *La Chute de Port-Arthur* (un court-métrage documentaire sur la guerre russo-japonaise) et un film intitulé *L'Étudiant amoureux*. Selon Anna Maria, leur mère leur projetait aussi des films avec Charlie Chaplin et Max Linder. Et il y avait de plus les merveilleux spectacles de lanterne magique. Après l'ouverture de la Sala Edison, le premier véritable cinéma de Figueres, Salvador put voir autant de films qu'il voulait[118].

La politique d'apaisement que ses parents employaient à l'égard de Salvador eut des conséquences désastreuses pour son développement. Têtu comme une mule dans la poursuite de ses propres intérêts, adoré, cajolé, choyé, bien mis, câliné, élégamment vêtu, il était l'incontestable coq de la basse-cour avant l'arrivée d'Anna Maria Dalí en janvier 1908. Ni dans *La Vie secrète* ni dans ses autres écrits autobiographiques, Dalí ne s'arrête pour analyser l'impact possible de l'arrivée d'Anna Maria sur son sens de la suprématie. La façon dont il raconte l'épisode de l'apparition de la comète de Halley, cependant, suggère que leur compétition lui causait un grand ressentiment. Ce soir-là, il n'a peut-être pas frappé Anna Maria Dalí à la tête, alors qu'il avait six ans et elle deux, mais il en avait certainement très envie[119].

Le récit par Dalí de la façon dont il utilisait ses fonctions excrétrices pour manipuler ses parents est extrêmement drôle, mais déposait-il vraiment ses crottes dans les endroits les plus inaccessibles ou les plus inattendus de la maison, pour tirer le bénéfice maximal de l'angoisse familiale à propos de ses intestins[120] ? Ou, à huit ans, mouillait-il encore son lit pour humilier son père, qui lui avait promis un tricycle rouge s'il cessait de le faire[121] ? L'allégeance de Dalí aux analyses de Freud est si connue que l'on ne peut accorder toute créance à son récit de ses exploits sur le pot. Néanmoins, quiconque observe ses toiles surréalistes ne peut manquer de remarquer son obsession pour les excréments.

## ÉCOLE PRIMAIRE ET DÉCOUVERTE DE LA HONTE

« Quand j'eus sept ans, mon père décida de me mettre à l'école » : c'est ainsi que Dalí commence le spirituel quatrième chapitre de sa *Vie secrète*. Le chapitre est intitulé « Faux souvenirs » : un avertissement pour les gens méfiants. Dans ce chapitre, Dalí se rappelle – en affabulant – son expérience à l'école primaire municipale de Figueres, dirigée à l'époque par un professeur excentrique et novateur, Esteban Trayter Colomer (1851-1920). Dalí reproduit une photo de classe, prise le 15 septembre 1908 (ainsi que l'atteste le tampon), qui prouve clairement combien il se moque de l'exactitude chronologique. On y voit Trayter, porteur d'une barbe divisée en deux pointes tout à fait étonnantes lui descendant quasiment jusqu'à la taille, qui se tient fièrement debout derrière ses pupilles, au nombre d'environ quatre-vingts, en début d'année scolaire. Là, au quatrième rang, presque contre le coude du maître, on voit Salvador Dalí. Mais il a quatre ans, et pas sept. Et il a l'air vraiment timide.

Dans *La Vie secrète*, Dalí affirme catégoriquement qu'il n'a fréquenté qu'un an l'école de Trayter[122]. Il le croyait peut-être lorsque, trois décennies plus tard, il s'est assis pour écrire son autobiographie. Mais la preuve est faite qu'il est resté une année supplémentaire chez Trayter, jusqu'à ce que, à l'été 1910, l'été de la comète de Halley, il entre, âgé de six ans, dans son école suivante.

● Salvador Dalí Cusí, le père du peintre, en 1910.

Pourquoi, demande Dalí, son père, un notaire digne et respecté, a-t-il envoyé son fils à l'école primaire municipale, destinée aux enfants pauvres, alors qu'il aurait pu l'inscrire dans une institution privée, plus appropriée aux gens de leur classe sociale ? Répondant à sa propre question, Dalí explique que, en tant que libre-penseur aux sympathies anarchistes, son père ne pouvait envisager de soutenir une des autres écoles, toutes catholiques[123]. Il est aussi probable que don Salvador était impressionné par la personnalité et la réputation de Trayter. Homme aux multiples intérêts, Trayter dessinait magnifiquement, collectionnait les chapiteaux romans et les sculptures gothiques (une tendance que Dalí évoque dans *La Vie secrète*) et était un francophile ardent, qui allait régulièrement à Paris, dont il rapportait de si merveilleux présents à ses nombreux enfants qu'ils le surnommaient « M. Lafayette », d'après le nom du magasin où il faisait habituellement ses achats. Son seul défaut, apparemment, était qu'il avait de fréquentes sautes d'humeur[124].

En 1952, Dalí revint sur Trayter, qu'il décrivit comme un athée militant :

> Mon premier professeur, Trayter, quand j'étais très jeune, ne fit que me répéter que « Dieu n'existe pas » et que « la religion est faite pour les femmes ». Dès le départ, cette idée me plut énormément. En même temps, j'en trouvai une confirmation empirique au sein même de ma famille, dans laquelle les femmes fréquentaient l'église, mais jamais mon père, qui était

> libre-penseur. De plus, il embellissait sa conversation succulente et pittoresque des plus grands blasphèmes[125].

Le prosélytisme de Trayter en faveur de l'athéisme n'est pas attesté par des sources plus fiables, et paraît extrêmement improbable en raison du grand nombre d'honneurs officiels qui s'amassèrent sur lui au cours de sa longue carrière, et de son intimité avec un prêtre bien connu à Figueres, le père Callis[126]. Qu'il n'ait pas pensé de façon orthodoxe d'un point de vue catholique est cependant prouvé par le fait qu'il était un disciple si fervent de Darwin qu'il appela une de ses filles « Darwina »[127]. Mais même si Trayter enseignait l'athéisme à ses pupilles, cela ne servait qu'à renforcer l'incessant endoctrinement anti-catholique que Salvador, à la maison, recevait de son père, et qui se prolongea durant toute son enfance et son adolescence[128].

L'affirmation de Dalí selon laquelle, à l'école primaire municipale, la conscience qu'il avait d'être plus riche que les autres élèves avait accru sa « tendance naturelle à la mégalomanie » doit sans doute être prise au sérieux. Impeccablement vêtu par sa mère aux petits soins, il devait avoir une apparence contrastant vivement avec celle des autres garçonnets moins favorisés[129].

Deux ou trois anecdotes rapportées par Dalí au sujet de Trayter ont un relief particulier. L'une d'elles concerne les occasions lors desquelles le professeur l'invitait chez lui, après la classe, pour lui montrer ses trésors. (Trayter et sa grande famille ne vivaient qu'à quelques mètres des Dalí dans une maison remplacée plus tard par le musée de l'Empordà, à l'angle de la Rambla.) Le repaire du maître était un antre magique, « pour moi l'endroit le plus mystérieux de ceux qui peuplent mes souvenirs. La chambre où Faust travaillait devait ressembler à cette pièce étrange. » Les lieux étaient dominés par une bibliothèque géante dans laquelle de gros livres poussiéreux se bousculaient avec un assortiment d'« objets hétéroclites et mystérieux ». Trayter montrait un rosaire démesuré acheté à Jérusalem pour sa femme, dont les perles étaient sculptées dans du bois d'olivier venu du mont des Oliviers, ou sortait une statuette de Méphistophélès au bras mobile agitant un trident de diable, lumineux. Une grenouille desséchée, indicateur infaillible de la météo, pendait à un fil ; il y avait aussi des objets divers, « probablement des instruments d'expérimentation physique » dont « l'aspect précis et logique m'effrayait[130] ».

Au tournant du siècle, l'Europe avait été balayée par une vague d'enthousiasme pour les images stéréoscopiques. Pas une famille de la classe moyenne n'échappa à cette folie, et les Trayter ne faisaient pas exception à la règle. La *pièce de résistance** de la collection de merveilles du professeur consistait en un gadget dont Dalí se souvenait comme d'une grande boîte carrée contenant une espèce de « théâtre optique » :

> Je n'ai jamais su à quoi il ressemblait exactement : dans mon souvenir, on voyait la scène de ce théâtre comme au travers d'un stéréoscope ou d'un laser qui se colorait successivement selon toutes les nuances de l'arc-en-ciel. Les images étaient comme des suites de pointillés illuminés par-derrière et dont le dessin mouvant faisait songer à ces phantasmes hypnagogiques qui naissent du premier sommeil. C'est dans le théâtre optique de Mr Trayter que je vis, pour la première fois, la silhouette bouleversante de la petite fille russe[131].

Il devait s'agir du stéréoscope français qui avait été préservé par les descendants de Trayter, ainsi que certaines boîtes de diapositives fabriquées à Paris par la firme B.K. Photographie. Peut-être le professeur excentrique les avait-il achetées aux Galeries Lafayette lors de l'une de ses fréquentes visites dans la capitale française. Les boîtes de diapositives correspondent presque exactement au souvenir de Dalí : les minuscules trous qui perforent les bords laissent passer la lumière à travers des plaques de celluloïd de différentes couleurs et, quand elles sont éclairées par-derrière, elles illuminent véritablement des scènes projetées en relief par des « irisations les plus variées[132] ».

Dalí nous raconte que, quand il regardait dans le « théâtre optique » de Trayter, il était immanquablement attiré par une série de paysages de Russie, enneigés, piquetés de coupoles, et, surtout, par une jolie petite fille russe sur un traîneau, enveloppée de fourrures et poursuivie par des loups aux yeux phosphorescents :

> La fillette me regardait fixement, et son expression, d'une fierté intimidante, m'oppressait le cœur. Ses narines étaient aussi vives que ses yeux et lui donnaient l'aspect d'un petit animal de la forêt. Cette vivacité contrastait d'autant plus avec le reste du visage qu'elle avait des traits aussi harmonieux que ceux des Madones peintes par Raphaël. Gala ? Je suis sûr que c'était déjà elle[133].

Dalí voyait-il vraiment la petite fille russe dans le stéréoscope de Trayter, ou s'agit-il d'un « faux souvenir » inventé plus tard pour faire plaisir à Gala, son épouse russe, et pour donner du poids au mythe selon lequel leur union était prédestinée ? Aucune scène de ce genre ne se trouve dans les diapositives préservées par les descendants du professeur, ce qui ne prouve rien, mais le fait qu'il y ait parmi elles d'autres scènes de Russie nous suggère que nous aurions tort d'écarter l'affirmation de Dalí, ou de douter du fait que, dans son « théâtre optique », il ait vu des images qui devaient le bouleverser pour le restant de ses jours. De plus, qu'il y ait eu là ou non un présage de Gala, un fait demeure : la révélation de ce monde magique a posé la base de la fascination de Dalí pour les visions stéréoscopiques et les illusions d'optique de toutes sortes qui devait caractériser toute sa vie.

Lorsque Dalí évoque le temps passé à l'école de Trayter, il parle beaucoup de ses relations avec un garçon nommé Butchaques. Blond aux yeux bleus et nettement plus grand que Salvador, celui-ci savait depuis longtemps qu'il était le garçon le plus beau de l'école. Il l'observait furtivement, nous affirme-t-il, et quand un jour leurs regards se croisèrent, il sentit son sang se figer. Un jour, Butchaques arriva derrière lui, et posa doucement les mains sur ses épaules. « Je sursautai, avalant ma salive de travers, pris d'une quinte de toux salutaire qui justifia une rougeur inattendue de mon visage, raconte Dalí. Je venais de découvrir l'identité de Butchaques dans l'enfant qui se manifestait ainsi à moi[134]. »

La honte est une émotion rare en Espagne, où l'on permet aux enfants d'exprimer plus librement qu'en Angleterre leur agressivité et leur tendresse, où on les pousse à montrer leurs sentiments. En conséquence, le vocabulaire de la honte est moins subtil qu'en Angleterre. L'espagnol, par exemple, ne fait pas véritablement de différence entre rosir de honte et rougir de colère, et un livre comme *Keats and Embarrassment*, de Christopher Ricks, serait difficile à traduire fidèlement en espagnol. Il y a très peu de descriptions de la honte dans le roman ou la poésie espagnols du XIXe siècle (alors qu'elles abondent dans la littérature anglaise), et *La Vie secrète* de Dalí, dans laquelle l'écrivain développe le thème du sentiment de honte qu'il a éprouvé enfant, est unique dans les annales de l'autobiographie espagnole.

Plus loin, dans le même chapitre, Dalí raconte comment, après une anormale tempête de neige à Figueres, il rencontra la version locale de la fillette russe qu'il avait vue dans le « théâtre magique » de Trayter. Soudain, assise à côté d'une fontaine juste en dehors de la ville, la voilà ! Submergé par une « honte mortelle », il est trop troublé pour tenter une approche directe de l'enfant, que pour les besoins de sa narration il nomme « Galuchka » (car il insiste sur le fait qu'elle préfigure Gala[135]). Quand il la revoit, à Figueres cette fois, il est saisi d'une « insurmontable honte » et décide d'attendre la tombée de la nuit pour lui faire des avances : « Dans l'obscurité je n'aurai plus honte, je pourrai regarder Galuchka sans qu'elle me voie rougir[136]. » L'expérience d'une honte soudaine est celle de l'*exposition* au regard critique des autres, prêts à vous ridiculiser, ainsi que nombre d'écrivains l'ont remarqué[137]. Il n'est donc pas étonnant que Dalí utilise ce mot dans sa description de cette émotion pénible. Le regard de Galuchka est si perçant qu'il semble pénétrer le corps d'une nourrice derrière laquelle Salvador se cache pour y échapper, « m'exposant sans rémission à ce regard dévorant ». Ce regard le précipite dans une situation nouvelle, « celle de me sentir exposé, regardé par Galuchka[138] ».

Dans beaucoup d'autres passages de *La Vie secrète*, Dalí laisse soupçonner, plus qu'il ne le dit ouvertement, que la peur de rougir (éreutophobie) et sa honte d'avoir honte ont été des éléments majeurs dans la formation de sa personnalité, l'écartant de ses compagnons et le menant à la solitude. Dans *On Shame and the Search for Identity*, sans doute le livre le plus pénétrant jamais écrit sur la honte, Helen Merrell Lynd a consacré des pages mémorables à l'« incommunicabilité » de la honte, la honte en tant qu'émotion qu'il est littéralement impossible d'exprimer verbalement car « l'expérience de la honte est en elle-même isolante, aliénante et incommunicable[139] ». Comme l'explique Lynd, quelqu'un qui fait l'expérience de la honte est incapable de communiquer à quiconque ce qui lui arrive, car l'adrénaline libérée dans le sang le pousse à s'échapper et à se cacher. Tout ce qu'on peut y faire, c'est « faire bonne figure », dissimuler autant que possible, faire comme s'il ne se passait rien. Si l'on en croit *La Vie secrète*, il semble que Dalí, dès l'âge de sept ou huit ans, ait développé une phobie à propos d'un rougissement qui lui rendait extrêmement difficile de garder des relations normales avec les gens qui l'entouraient, y compris ses camarades d'école, et l'obligeait à trouver des moyens de cacher sa mortification.

Il est bon de remarquer que, en nous parlant de son béguin pour le blond Butchaques aux yeux bleus, Dalí insiste sur le fait qu'il était surtout fasciné par les fesses de l'enfant :

> Butchaques me paraissait beau comme une petite fille, malgré ses gros genoux et ses fesses serrées dans un pantalon trop étroit. Cependant une curiosité invincible me poussait à regarder ce pantalon tendu, chaque fois que, à la suite d'un mouvement brusque, il semblait prêt à craquer[140].

Les fesses de Butchaques sont à nouveau mentionnées quelques pages plus loin, comme la marque de l'objet de son amour précoce[141]. Tout cela serait à peine une anecdote si la peinture de Dalí ne confirmait son obsession pour les fesses. Dans l'une de ses toiles les plus dérangeantes, *Le Jeu lugubre* (1929), dont l'analité explicite choqua même les surréalistes, la culotte courte et les genoux noueux de l'enfant rappellent inévitablement la description par Dalí de son camarade de classe.

Dalí nous demande de croire que Butchaques et lui se caressaient sans cesse, et qu'à chaque séparation ils échangeaient un long baiser sur la bouche. Cela doit être très exagéré, car si leur affection avait été si ouvertement exprimée, on imagine bien que Trayter aurait réagi par la répression. Malheureusement, Joan Butchaques, qui devint plombier, n'a jamais donné son point de vue sur le sujet. Quand il avait environ soixante-dix ans, il dit que quelqu'un l'avait informé qu'il était dans un livre de Dalí. Mais il emporta dans la tombe ses souvenirs de l'artiste[142].

## RETOUR À BARCELONE

Après son installation à Figueres, Salvador Dalí Cusí était resté proche de la famille Serraclara, et il écrivait régulièrement à sa mère, Teresa Cusí, pour lui en donner des nouvelles[143].

Cela devint bientôt une coutume pour les Dalí de passer Noël et le nouvel an avec les Serraclara. Cette réunion annuelle occasionnait pour Salvador un excitant voyage en train, une pluie d'affection et de cadeaux à l'arrivée, l'agitation d'une grande ville, des distractions merveilleuses, et le frisson d'être conduit au Parque Güell de Gaudí, cette extravagance de mosaïques aux couleurs brillantes, de lignes ondulantes et de colonnes tordues dont les arbres artificiels, faits en pierre, lui donnaient, ainsi qu'il l'écrivit plus tard (en se rappelant une visite avec Ursula Matas), « une inoubliable sensation d'angoisse[144] ». Salvador attendait Noël avec impatience et, comme de bien entendu, ce séjour lui fournissait une occasion idéale pour des accès de colère. Lors des voyages à Barcelone, il était « si excité qu'il n'arrêtait pas de pleurer et de piquer des crises de nerfs », raconte Anna Maria Dalí, qui parlait sans doute par ouï-dire, car les visites prirent fin en 1912, quatre ans après sa naissance. « Ils lui offraient tant de cadeaux qu'il finissait par en devenir fou furieux. Recevoir des cadeaux devait devenir pour Dalí une addiction, sa vie durant. En général, il s'abstenait d'en faire[145]. »

Un jour, Salvador voulut un chapelet en sucre en forme de têtes d'ail suspendu dans un magasin qui était fermé. La crise qui suivit fut si excessive, selon Anna Maria Dalí, que Felipa Domènech, sur la douceur de qui tout le monde s'accorde, faillit devenir folle[146].

En plus de la réunion de Noël à Barcelone, les Dalí passaient quelques semaines chaque été dans la charmante villa des Serraclara à Cabrils, un village au nord de la capitale, près de Vilassar de Mar, où Salvador avait rencontré Felipa Domènech[147]. Rafael Dalí et sa famille étaient du voyage, et il existe une merveilleuse photo de Salvador et de sa cousine Montserrat qui se tiennent par la main, à l'âge de trois ou quatre ans.

Deux scènes de *La Vie secrète* se passent à Cabrils, quand Dalí avait cinq ans, dit-il. Dans la première, il aurait poussé depuis un petit pont un enfant plus jeune, juste pour le plaisir[148]. La seconde est plus intéressante. Dalí raconte qu'il observait une femme magnifique urinant dans la campagne. Pris sur le fait, il continua à regarder, pétrifié, la cascade écumante, tandis qu'« une honte mortelle m'envahit avec le flux et le reflux de mon sang affolé[149] ». Cette « honte mortelle » rappelle les scènes avec Butchaques et Galuchka, et montre une fois de plus que, chez le jeune Dalí, le regard sexuel est rapidement devenu l'objet d'une douloureuse répression.

## CADAQUÉS ET LES PICHOT

● Salvador Dalí enfant, vers 1906.

La maison de Pepito et d'Angeleta Pichot, à Figueres, se trouvait Carreró de la Barceloneta, une impasse située non loin du quartier mal famé de Garrigal, connu pour ses prostituées et ses gitans. C'était l'endroit rêvé pour attirer un bohème, et le jovial Pepito se fit de grands amis parmi ses habitants, en particulier chez les gitans. Leur forte présence à Figueres depuis le XVIIIe siècle s'explique par l'érection de l'énorme forteresse de Saint-Ferdinand, abritant des centaines de chevaux qui exigeaient une attention constante. La maison Pichot était un édifice biscornu, spacieux, qui avait presque un air anglais, avec un grand jardin et un patio entouré de murs. Donnant libre cours à sa vocation de floriculteur, Pepito accomplissait des merveilles. Le patio était devenu un verger, la version figuerenca de l'*hortus conclusus* de la Bible, et le jardin un fouillis de roses. Le jeune Dalí le visitait fréquemment. « Ce fut l'un des endroits les plus merveilleux de mon enfance[150] », a-t-il écrit.

Les Pichot étaient frustrés dans leur désir d'avoir une famille (Angeleta fit de nombreuses fausses couches) et finirent par adopter une fille, Julia, qui devait jouer un rôle dans les fantasmes adolescents de Dalí[151]. Pepito adorait Salvador, qui le fascinait, et Dalí, dans *La Vie secrète*, dit combien il l'appréciait. Si tous les Pichot étaient doués, « Pepito était peut-être le plus artiste de tous, sans avoir cultivé des beaux-arts en particulier[152] ».

La mère du nombreux clan Pichot, Antonia Gironès, était très entreprenante, un trait de caractère qu'elle transmit à ses sept enfants, et spécialement à Pepito. Au début du siècle, elle avait loué une pension d'été à Cadaqués, à la Punta d'en Pampà, à quelques mètres de la minuscule plage de Sa Cueta[153]. La famille trouvait Cadaqués si agréable qu'avant longtemps Antonia avait décidé d'y acquérir des terres, et y avait acheté un promontoire nu, en basse altitude, Es Sortell, sur la côte sud-est de la baie. Le cadastre le décrit comme un *yermo*, une terre en friche[154]. Ce fut un choix inspiré, malgré le scepticisme des gens du cru. Pepito, l'étudiant en droit raté devenu un mordu d'horticulture, fut chargé de transformer le promontoire en jardin exotique et y réussit brillamment, contre toute attente. La maison en « L » originale, construite selon la conception du peintre Miquel Utrillo, ami de Ramon Pichot, était un modeste bâtiment de plain-pied, qui s'agrandit au fil des années[155].

Il existe une belle photo de groupe des Pichot, prise à Es Sortell, en 1908 ou légèrement plus tard. Il n'y manque que Pepito, le photographe. Debout près de la porte se tient Ramon, le peintre, l'ami de Picasso, que Gertrude Stein rencontra à Paris en 1907 (« C'était un personnage magnifique, il était grand et mince comme l'un de ces Christs primitifs qu'on voit dans les églises espagnoles, et quand il faisait une danse espagnole, ce qu'il fit plus tard lors du fameux banquet offert à Rousseau, il y avait en lui quelque chose de profondément religieux[156] »). À côté de Pichot se tient sa femme, Laure Gargallo, que ses amis appelaient « Germaine ». C'est la beauté pour laquelle Casagemas, l'ami impuissant de Picasso, s'était suicidé en 1901, et avec laquelle l'insatiable peintre aurait eu une aventure[157]. L'écrivain Eduardo Marquina, le mari de Mercedes Pichot, qui regarde l'appareil d'un air assuré depuis son fauteuil, son fils de quatre ans, Lluís, à côté de lui, est lui aussi impressionnant. La carrière littéraire de Marquina était alors en pleine ascension, et il allait bientôt connaître ses premiers succès au théâtre. Quand la photo fut prise, trois des Pichot étaient en train de devenir musiciens professionnels. Derrière Marquina, un sourire éblouissant aux lèvres, on voit Ricard, qui à l'âge de dix-sept ans avait remporté le premier prix de violoncelle au conservatoire de Paris et était l'élève préféré de Pau Casals. Douze ans plus tard, alors que Ricard était devenu un musicien connu, Dalí devait en peindre un portrait impressionniste à Es Sortell[158]. Lluís, le violoniste, le frère de Ricard, est l'homme élégant sur la droite de l'image, avec la pipe et le chapeau de pêcheur blanc, à la mode de Cadaqués. Quelques années plus tard, Ricard, lui et le pianiste figuerenc Lluís Bonaterra fondèrent le Trio Hispania, qui se produisit avec succès en Europe et à travers l'Espagne. Pour finir, à côté de Marquina et levant les yeux vers son frère Ricard se trouve Maria. Connue professionnellement sous le nom de « Maria Gay » (du nom de son mari, le pianiste Joan Gay), et surnommée « Nini » en famille, Maria fut une grande chanteuse d'opéra, destinée à la gloire comme l'une des meilleures Carmen de tous les temps[159].

En 1908, le potentiel d'Es Sortell comme station d'été était visible. Doña Antonia Gironès était ravie de son succès, et bientôt Cadaqués devint la Mecque pour le large assortiment d'amis bohèmes des Pichot, qui arrivaient à Figueres par le train, et prenaient une *tartana* (un buggy couvert) pour Cadaqués. C'était un voyage fatigant de neuf heures, mais à son terme on trouvait l'un des plus jolis villages de la Méditerranée, un village où les maisons n'avaient pas de robinets, et où les femmes continuaient à porter l'eau pour la maison dans un pichet qu'elles tenaient sur leur tête[160].

Étant donné l'intimité entre don Salvador Dalí et Pepito Pichot, sa femme et lui devinrent bientôt des hôtes d'Es Sortell. Il ne fallut pas longtemps au notaire pour éprouver le désir de louer ou d'acheter une propriété dans le village où il avait passé les neuf premières années de sa vie. Il discuta de la question avec Pepito, qui accepta de lui louer une étable transformée appartenant à sa sœur Maria, située sur la petite plage d'Es Llané (ou Llaner), à quelques centaines de mètres d'Es Sortell, côté Cadaqués[161]. Tout près se trouvait une extravagante maison basse, peinte en rose, et surnommée par les villageois « Es Tortell » (« la maison en pâtisserie »), car elle donnait l'impression qu'elle n'attendait que d'être mangée. De l'autre côté de l'étable transformée, un peu plus loin le long de la plage, Pepito Pichot louait une autre maison à son ami Juan Salleras, de Figueres, dont la fille Rosa Maria, de six ans plus jeune que Salvador, devait être « adoptée » par ce dernier après qu'il eut essayé en vain de l'acheter à sa mère contre les économies de sa tirelire. Pendant de nombreuses années, ce furent les seules propriétés à Es Llané[162].

Derrière la plage s'étendaient des vergers et des champs d'oliviers enfermés dans l'ardoise sèche pour laquelle Cadaqués est célèbre, et parcourus par des sentiers qui se fraient un chemin vers le haut de la colline, tandis que de l'autre côté d'Es Sortell on trouvait un grand nombre de criques menant au phare, Cala Nans. Tel était le paradis d'enfance de Salvador Dalí, qui allait bientôt s'agrandir pour embrasser tout Cadaqués et ses environs immédiats. Il en arriva à aimer le village avec l'intensité d'un fanatique, et pendant ses années d'école à Figueres, il ne cessait de rêver aux prochaines vacances à Es Llané.

Parmi les merveilles de Cadaqués que Salvador commença à explorer enfant, le cap de Creus, qui se trouve juste au nord-est, était la plus belle. Cette massive pointe de terre est, ainsi que Dalí nous le rappelle dans *La Vie secrète*, « le point exact où les monts des Pyrénées rejoignent la mer, dans un grandiose délire géologique[163] ». Et grandiose, certes, il l'est, ce délire. Il est aussi sombre et menaçant, car c'est le lieu de courants mortels et d'innombrables naufrages. Et au printemps, brièvement, c'est le paradis des botanistes. Dalí aimait rappeler que le cap de Creus se trouve à la pointe est de la péninsule Ibérique, et que l'île qui est juste à côté du cap accueille les premiers rayons de soleil en Espagne.

Justement nommée « Massa d'Or » (« masse d'or »), elle est plus connue sous le nom de « la Rateta » (« la souris »).

● Quand on se promène au cap de Creus, on ne sait jamais à quoi s'attendre. Le « paysage mental » de Dalí, ainsi qu'il le dit un jour, ressemblait aux rochers « protéens et fantastiques » du cap. Lorca et Buñuel en furent grandement impressionnés.

Dentelés d'innombrables criques aux noms plus évocateurs les uns que les autres, les falaises et les escarpements de Creus sont faits essentiellement de micaschiste à texture d'ardoise, une roche métamorphique résultant de compressions formidables, et qui consiste en couches successives de mica et de quartz. Il arrive souvent que le sombre micaschiste soit parcouru d'épaisses veines de quartz pur, et les gens du cru affirment qu'à partir des milliards de minuscules plaques d'argent incrustées dans le roc, le soleil projette des rayons scintillants visibles loin dans la mer. Au fil des siècles, les pluies et la tramontane, chargée de sel et de sable, ont sculpté des formes étranges dans le tendre micaschiste : l'« Aigle », le « Chameau », la « Femme morte », le « Rhinocéros », le « Moine », et ainsi de suite. À Creus, n'importe quel visiteur se met rapidement à voir des choses bizarres, à percevoir des images étranges, qui n'ont pas plus tôt pris la forme de, disons, un animal ou un oiseau fantasmagorique qu'elles se transforment en un profil humain ridé, en un palais féerique ou en un buisson de végétation tropicale, tandis qu'on s'en approche depuis la mer. Creus est un immense théâtre d'illusions d'optique, et la contemplation prolongée de ses métamorphoses a renforcé l'obsession de Dalí pour les « trucs » visuels, notamment pour l'image à double sens. Son « paysage mental », dit-il un jour, ressemblait « aux rochers prométhéens et fantastiques du cap de Creus », ces rochers dont certains étymologistes pensent qu'ils ont donné leur nom à Cadaqués (« cap » + *quer*, « rocher »)[164]. En une autre occasion, Dalí a expliqué qu'il se sentait être une incarnation humaine de ce paysage primitif, qu'il personnifiait son « noyau vivant[165] ». Il n'était cependant pas le premier artiste à se sentir profondément bouleversé par ces lieux, et il fut impressionné quand il apprit que, comme il s'en doutait, le « sublime Gaudí », l'architecte de la grande église inachevée de la Sagrada Família, à Barcelone, avait visité Creus au cours de son adolescence, et avait été « nourri par les rochers tendres et baroques, durs et gothiques, de ce lieu divin[166] ». Il n'est donc pas étonnant que Dalí ait fini par s'installer dans le minuscule village de Port Lligat, au pied du cap de Creus, ni que Creus ait été l'un des lieux privilégiés de sa peinture.

Salvador devint bientôt un ami intime de Lluís, le fils d'Eduardo Marquina et de Mercedes Pichot, de quinze jours plus jeune que lui, et de Pepito, le fils de Maria et de Joan Gay. Tout au long de l'été, les enfants n'arrêtaient pas d'entrer et de sortir les uns de chez les autres[167]. À Es Sortell, Salvador voyait quotidiennement les toiles de Ramon Pichot, et entendait souvent Ricard, Lluís et Maria pratiquer leurs instruments. Parfois, la famille organisait des concerts nocturnes surréalistes *avant la lettre**, tirant avantage du phénomène connu là-bas sous le nom de *calma blanca*, quand la baie de Cadaqués devient d'un calme plat et reflète le village avec une précision spectrale. En de telles occasions, en particulier quand la pleine lune illuminait l'événement, un piano à queue était installé sur le large pont du bateau des Pichot, qui s'éloignait de la plage d'Es Sortell. Les musiciens, en tenues de soirée, se mettaient à jouer, l'atmosphère magique accrue par la présence de deux cygnes apprivoisés flottant comme sur un lac. Quand la nouvelle se répandait qu'il allait y avoir un concert, les habitants de Cadaqués se rassemblaient en silence sur la plage et attendaient que cette musique de sirènes arrive par bouffées à travers l'eau plate[168].

● La famille Dalí sur la plage d'Es Llané, à Cadaqués. De gauche à droite : une servante, la mère et le père de l'artiste, Salvador, Caterina, Anna Maria et la grand-mère maternelle du peintre.

Les Pichot n'étaient pas seulement des artistes créatifs, mais des bohèmes flamboyants et qui avaient beaucoup voyagé. Le contact, été après été, avec des gens comme eux et leurs amis internationaux devait être excitant pour Salvador, qui passait de l'enfance à l'adolescence. Il est même possible qu'à Es Sortell un Dalí de six ans ait croisé son futur rival Picasso quand, l'été 1910, invité par Ramon Pichot à visiter Cadaqués, l'artiste vint au village avec son amie de l'époque, Fernande Olivier. Le jeune Dalí entendit souvent parler de ce séjour, qui resta unique, et apprit que Picasso (dont le cubisme atteignait alors des sommets d'abstraction) avait produit, durant son séjour, des toiles importantes sur Cadaqués. Dalí aimait à rappeler une anecdote sur ce séjour. Maria Pichot, la chanteuse d'opéra, était à cette époque importunée par un ténor insistant, qui, désespéré, dévasta un jour la chambre de la jeune femme. Picasso la vit s'enfuir par la fenêtre en criant : « *En juliol, ni dona ni cargol* » (« En juillet, pas de femme ni d'escargot ») – un dicton populaire local. Plus tard dans sa vie, Dalí aimait rappeler cet incident à Picasso en lui envoyant, chaque mois de juillet, un télégramme portant ce conseil énigmatique et coloré de l'Empordà[169].

Il existe une belle photo de la famille Dalí à Cadaqués, prise à peu près à l'époque de la visite de Picasso. On y voit les Dalí groupés sur la plage devant leur maison d'Es Llané, en compagnie d'« El Beti », un pêcheur qui les emmenait faire le tour de la baie, appuyé sur ses rames juste derrière eux. Cette photo a certainement été prise par Pepito Pichot. Les Dalí venaient d'être rejoints à Figueres par la mère de Felipa Domènech, Maria Anna Ferrés, et par sa sœur Catalina, qui l'avait accompagnée. Cette dernière, flanquée de Salvador et d'Anna Maria Dalí, semble le bonheur personnifié. Les enfants l'adoraient et, très vite, elle fut connue affectueusement par son diminutif catalan, la « Tieta », « tantine ». Le surnom devait lui rester toute sa vie.

## LES FRÈRES DES ÉCOLES CHRÉTIENNES

En 1910, à la fin de la seconde année que Salvador Dalí passa avec Esteban Trayter, son père prit une décision qui devait avoir une grande influence sur l'avenir du garçon. En cet automne, il l'inscrivit au collège inauguré à Figueres l'année précédente par les Frères des écoles chrétiennes, l'ordre français fondé au XVIII<sup>e</sup> siècle par Jean-Baptiste de La Salle. En 1904, une nouvelle loi interdit à l'ordre de tenir des écoles en France (d'où les Jésuites avaient déjà été proscrits), ce qui eut pour conséquence que les Frères des écoles chrétiennes commencèrent d'opérer à l'étranger. La Catalogne fut l'un de leurs premiers objectifs[170].

Le collège de Figueres était une extension en Espagne de l'Institut des Frères des écoles chrétiennes de Béziers, un internat prestigieux. Au départ, presque tous les professeurs de Figueres venaient de l'école mère, de même que la majorité des cent vingt élèves. Les cours étaient donnés uniquement en français, ce qui plaisait énormément au francophile qu'était don Salvador Dalí. Une excellente occasion se présentait

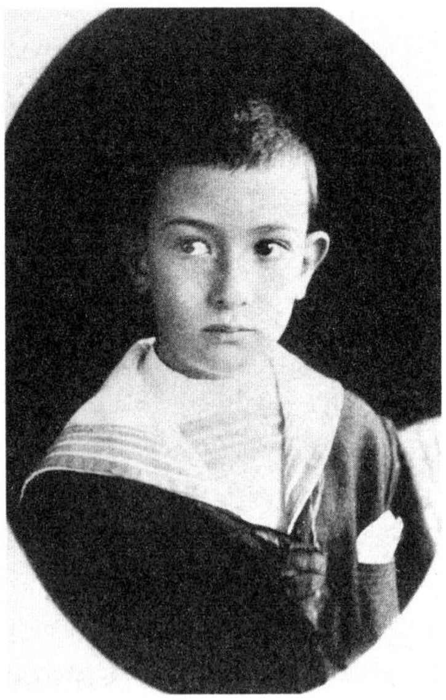

Salvador Dalí enfant, vers 1910.

de permettre à son fils d'apprendre le français, et semblait justifier qu'il abandonne ses préjugés anticléricaux : il décida de passer outre. À cet égard, don Salvador ne se montrait pas moins pragmatique que son frère Rafael, qui, mettant de côté son hostilité envers l'Église, avait confié, pour les mêmes raisons, sa fille Montserrat à des religieuses françaises de Barcelone. Quand ils étaient chez les Piaristes, les deux frères avaient bien réussi en français. Il se peut que leur amour de la langue française ait eu un rapport avec leur admiration pour la Révolution française[171].

Le splendide complexe érigé en 1909 par les Frères des écoles chrétiennes dans la banlieue de Figueres, juste à côté de la voie de chemin de fer, s'appelait officiellement « Collège hispano-français de l'Immaculée Conception Béziers-Figueres » mais fut rapidement connu sous le nom d'« Els Fossos » (« les trous ») à cause des creux caractérisant le terrain vague autour de l'école.

L'insistance sur le français était telle, à Els Fossos, que si on entendait un élève parler sa propre langue, il risquait une punition, pas trop sévère cependant[172]. Pour faciliter la transition pour ces garçons, un frère espagnol parlant français donnait des cours spéciaux[173].

En conséquence des six ans que Dalí passa dans cette école, il remplit les aspirations de son père, et acquit un excellent français oral, avec un accent catalan marqué. L'orthographe non phonétique, cependant, resta hors de sa portée, et jamais il ne la maîtrisa. Et il n'apprit jamais non plus à écrire correctement le catalan et l'espagnol. Comme la plupart des petits Espagnols, il avait des difficultés avec les « B » et les « V », qui se prononcent de la même façon, et avec le « H » (qui en espagnol traditionnel n'est pas aspiré, et souvent incorrectement inséré ou omis). Et le fait que le « O » écrit en catalan se prononce « U », et que le « E » se prononce « A » ne faisait qu'empirer les choses. Le français, l'espagnol, le catalan, tout ça combiné rendit Salvador mauvais en orthographe dans les trois langues.

Une autre réflexion s'impose : si, dans l'école municipale d'Esteban Trayter, l'enseignement ne se faisait qu'en espagnol (ce qui était exigé dans toutes les institutions officielles de Catalogne, où la langue régionale faisait l'objet d'une répression de la part de Madrid), entre six et treize ans, Dalí parla et entendit le français beaucoup plus souvent que l'espagnol, qu'il n'utilisait quasiment pas, étant donné qu'à la maison, comme avec ses camarades en dehors de l'école, on parlait généralement catalan. Quand il quitta Els Fossos pour entrer au lycée, la balance se mit à pencher du côté de l'espagnol, mais le français était fortement ancré dans son inconscient, ce qui explique le plaisir que Dalí, adolescent, devait prendre à la lecture de la littérature française. Mais il s'agit d'une circonstance jamais mentionnée dans les « vrais souvenirs » du collège racontés dans *La Vie secrète*, où Dalí donne l'impression qu'il a passé deux ans, et pas six, chez les Frères des écoles chrétiennes (dont il ne précise même pas qu'ils étaient français), qu'il n'y a absolument rien appris, et qu'il n'est jamais monté dans la classe supérieure.

Il n'existe pas de dossier scolaire permettant d'évaluer le degré d'exactitude de ce que dit Dalí de son passage à Els Fossos. Pendant ses quatre premières années de collège, c'est vrai, il resta en « huitième », mais ça ne prouve pas qu'il ne fit pas chaque année des progrès, car il y avait dans la même classe des élèves de six à dix ans. Il passa ses deux dernières années en « septième », mais, une fois de plus, l'unique document subsistant ne nous dit rien de ce qu'il apprit, ni avec quel succès. Tout ce dont on peut être certain, c'est que, durant ces six ans, les Frères des écoles chrétiennes ont fait le maximum pour lui donner une large éducation générale[174].

Que l'art ait été au programme est attesté par un court article publié par Dalí en 1927, dans lequel il fait l'éloge du « bon sens » de l'un de ses professeurs à Els Fossos. Cet homme, dont on ne connaît pas le nom, aimait à distribuer à ses élèves des dessins faits par lui-même à l'aide d'une règle, puis il leur demandait de les colorier soigneusement à l'aquarelle. Son conseil était simple : « Bien les peindre, bien peindre en général, consiste à ne pas dépasser la ligne. » Dalí, dont les meilleures toiles sont remarquables par l'attention minutieuse au moindre détail qu'elles traduisent, avait sans doute une vraie dette envers ces premières leçons, et il se rappela le conseil du frère, plus tard, dans ses *50 secrets magiques*. Il est dommage que nous n'en sachions pas plus sur ce « simple maître » qui, sans connaître la théorie esthétique, était cependant capable d'observer une « norme de conduite » artistiquement probe[175].

Dalí commence le cinquième chapitre de *La Vie secrète*, intitulé « Véritables souvenirs d'enfance » (par opposition aux « faux souvenirs » du chapitre précédent), par une évocation de la vue, en hiver, depuis la salle de classe n° 1 du collège, une vue dominée par deux cyprès dont les couleurs changeantes, à la tombée de la nuit, retenaient son attention, tandis que montait l'ombre de l'architecture rectiligne du bâtiment. Quelques secondes plus tard, quand sonnait l'angélus, toute la classe se levait, « et toute la classe répétait en chœur la prière récitée à voix basse par le supérieur aux mains jointes[176] ».

Aujourd'hui, la salle de classe n'a pas beaucoup changé, mais, même si on voit encore un bouquet de cyprès depuis ses grandes fenêtres ceintrées à côté du terrain de sport, des bâtiments coupent maintenant le panorama jusqu'alors immaculé sur la plaine de l'Empordà. Au temps de Dalí, le couloir devant la salle de classe était bordé d'armoires contenant une splendide collection de minéraux, de papillons tropicaux, d'oiseaux, de fossiles avec, au-dessus, une série de seize images religieuses rapportées de Béziers, et aujourd'hui dispersées[177]. Si Dalí, dans *La Vie secrète*, oublie les armoires, il se rappelle distinctement certaines des images et des reproductions. L'une d'elles représentait « une tête de renard émergeant d'une grotte, une oie morte pendant entre ses mâchoires ». L'autre était une reproduction de *L'Angélus* de Millet [cahier couleur, page IX], une œuvre destinée à avoir une grande influence sur sa production[178].

## 24, CALLE MONTURIOL

Au début de juillet 1912, alors que son fils effectuait sa deuxième année chez les Frères des écoles chrétiennes, don Salvador Dalí Cusí publia à la une du journal local, *La Veu de l'Empordà*, qu'il venait de déménager, bureau et domicile au 24, Calle Monturiol, l'annonce encadrée rappelant celles qu'il avait passées dans la presse locale lorsque, douze ans plus tôt, en 1900, il s'était installé[179].

Il n'est pas fait mention de ce déménagement dans *La Vie secrète*, où Dalí écrit comme s'il avait passé les vingt-cinq premières années de sa vie dans le nouvel appartement. Anna Maria Dalí, elle, parle beaucoup de la perte de son paradis d'enfance. Disparu pour toujours le balcon magique avec ses oiseaux, ses jeux et son nard, disparue la vue sur les jardins de la *marquesa* de la Torre, dont la destruction, en vue du développement urbain, était la principale raison du déménagement[180].

Le deuxième appartement des Dalí se trouvait au dernier étage d'un immeuble neuf extravagant, œuvre de l'architecte alors le plus célèbre de Figueres, Josep

Azemar i Pont. Il dominait la Plaza de la Palmera, où se tenaient le marché du jeudi et la foire annuelle de printemps. Et, comme il convenait au notaire maintenant bien lancé, les lieux étaient plus spacieux et plus luxueux que l'appartement précédent. Le bureau, comme avant, était au rez-de-chaussée. Le bâtiment, qui porte aujourd'hui le numéro 10, a été classé et n'a pas connu de changement significatif depuis 1912. Il fait presque face à l'est et à un escalier central faisant office de puits de lumière qui mène à un toit-terrasse semblable à celui du 20, Calle Monturiol, mais avec une vue beaucoup plus large. La toile de Dalí *Jeune fille de Figueres*, peinte vers 1926, restitue justement une partie du paysage de la ville tel qu'on le voyait de cet appartement, avec les collines mauves de la chaîne côtière de Sant Pere de Rodes, au bord de la plaine de l'Empordà, qui montent à l'horizon et, en arrière-plan, le collège des Sœurs dominicaines françaises, avec son beffroi caractéristique. La toile ne le montre pas, mais de la terrasse on pouvait aussi apercevoir la ravissante baie de Roses, à seize kilomètres.

● 24, Calle Monturiol, la deuxième maison des Dalí à Figueres, dans laquelle ils s'installèrent en 1912. Dalí y improvisa son premier atelier dans la buanderie, sur le toit. Il avait une vue, au-delà de la plaine de l'Empordà, sur les montagnes qui flanquent la Méditerranée.

Le toit-terrasse du 24, Calle Monturiol est l'un des lieux clés de l'enfance rappelés dans *La Vie Secrète*. Il y avait alors là-haut, comme aujourd'hui, deux buanderies abandonnées qui servaient d'entrepôts, et Dalí affirme qu'on lui en libéra rapidement une, comme atelier. Il ne donne aucune date, mais l'évidence interne du récit suggère qu'il avait neuf ans quand la pièce lui fut cédée. Elle était minuscule, avec tout juste la place nécessaire pour abriter un lavoir en ciment sur le sol, et pour que la domestique puisse marteler le linge sale. Mais c'était plus que suffisant pour le premier atelier d'un artiste en fleur. Salvador installa une chaise dans le bac en ciment, nous raconte-t-il, la planche à laver posée en travers lui servant de table de travail et, quand il faisait très chaud, il se déshabillait, allumait le robinet et s'asseyait dans l'eau jusqu'à la taille tout en peignant. « C'était un peu comme la baignoire de Marat », remarque-t-il (un dessin plutôt banal de l'artiste dans son bac, sans doute fait spécialement pour *La Vie secrète*, accompagne cette affirmation[181]).

En dehors d'Anna Maria Dalí, il n'y avait pas d'autre enfant dans la maison (les Vinas, qui habitaient en dessous, n'en avaient pas), et visiblement elle-même n'avait pas accès au repaire de son frère. Salvador avait le lieu entièrement pour lui. À cet âge, dit-il, il adorait s'habiller en petit roi, avec une cape d'hermine, une couronne et un sceptre dont un de ses oncles de Barcelone lui avait fait cadeau. On ne sait plus si cet oncle était Rafael Dalí ou Anselm Domènech. Mais qui que ce fût, il alimenta, peut-être sans le vouloir, une fascination pour le déguisement, qui fut l'une des « plus grandes passions » de Salvador enfant. Ainsi attifé, se souvient-il, il aimait tourner en rond sur sa terrasse, imaginant des discours passionnés adressés à ses sujets imaginaires. Plus tard, il affirma que son désir de se hisser sur les hauteurs – et d'y demeurer – venait de son enfance, où il était le seul maître d'un royaume en hauteur perché au sommet d'un des immeubles les plus modernes de Figueres[182].

Des objets importants furent installés par Dalí dans son premier atelier : une collection des livres d'art Gowans, qui commencèrent à paraître en 1905, édités, en anglais et en français, par Gowans and Gray, Ltd., à Londres et à Glasgow. Chaque volume comprenait soixante reproductions en noir et blanc des grands maîtres nés avant 1800, « offrant des exemples des différents caractères de l'œuvre de l'artiste », ainsi que l'affirment les textes de présentation. La série devint rapidement très populaire, et on en trouve des volumes dépareillés chez les libraires d'occasion. Il paraît probable que le père de

Salvador commença à acquérir la collection dès ses débuts, ou peu après. Peut-être s'était-il inscrit pour une commande régulière. Quoi qu'il en soit, don Salvador n'a pu posséder la collection complète qu'en 1913, quand parut le dernier volume (numéro 52), consacré à Lawrence. La coïncidence entre cette date et l'installation des Dalí dans leur deuxième foyer signifie qu'à l'âge de neuf ans Salvador a très bien pu installer toute la série, avec ses trois mille cent vingt reproductions en noir et blanc, dans son nouvel atelier-blanchisserie sur le toit du 24, Calle Monturiol. Dans *La Vie secrète*, il évoque cette collection avec gratitude :

> J'avais apporté dans ma buanderie toute la collection « Art Gowans » dont en me faisant cadeau mon père ne se doutait pas qu'elle influencerait si fortement mon destin. Je connaissais par cœur toutes ces images de l'histoire de l'art qui me sont familières depuis l'enfance. Les nus, surtout, m'attiraient. *L'Âge d'or* et *La Source* d'Ingres me paraissaient les plus belles images du monde[183].

Dans un manuscrit d'adolescence, Dalí avait déjà exprimé, de façon plus graphique, sa dette envers ces petits livres :

> La collection Gowans est liée de très près à mon enfance. Depuis mon tout premier âge, je revois cette collection dans notre maison, et je regardais avec délices les reproductions. J'adorais les nus sensuels de Rubens, et les scènes domestiques flamandes.
> Il m'arrive aujourd'hui de devoir faire un effort pour séparer un incident réellement vécu de l'une de ces reproductions. Souvent, les événements vécus et les images se mêlent dans ma mémoire. Quand je feuillette à nouveau ces pages, j'ai le sentiment que j'ai vraiment *vu* tout ça, et que j'ai connu ces gens intimement, pendant une éternité. Je suis certain que j'ai pique-niqué un jour dans cette lumière ombreuse de Watteau ou que, quand j'étais petit, ma gouvernante était cette câline et rieuse fille de Teniers. Je me suis promené au clair de lune près d'une fontaine, dans un jardin, avec un bâtiment Renaissance, à travers un de ces paysages que Titien utilisait comme arrière-plan à ses Vénus à la chair d'or étendues sur les plis de robes somptueuses, etc. Mais toutes ces reproductions sont si mêlées à d'autres souvenirs qu'il est souvent très difficile pour moi de savoir où commence la réalité et où commence la farce [*sic*]. Ainsi, par exemple, les Claude Lorrain et les Watteau se confondent avec mes premières promenades à « la Forêt » avec les « Frères ». Les bâtiments Renaissance du Titien se mêlent complètement à celui de la *marquesa* de la Torre, qui était lui aussi d'un style Renaissance et se trouvait en face de notre appartement[184].

Si les livres d'art Gowans étaient d'un format minuscule, ils n'en constituaient pas moins une collection très complète[185]. Habitués comme nous le sommes aujourd'hui aux reproductions en couleurs, nous ne pouvons qu'imaginer comment des planches de petit format, et en noir et blanc, ont pu avoir eu un tel impact sur le jeune Dalí. Cependant, une fois qu'on a dépassé ses préjugés, on comprend immédiatement la fascination qu'elles exerçaient. De taille et d'épaisseur réduites (15 × 10 cm), ces monographies très portatives entraient dans les plus petites poches. C'était le genre de volumes avec lesquels on faisait ami-ami, et il est très probable que Dalí en profitait aussi hors de sa tour d'ivoire en haut de la maison, et les emportait lors de ses promenades dans la campagne luxuriante autour de Figueres. Et ainsi, à l'âge d'environ dix ans, le futur artiste était familier de l'œuvre de presque tous les grands maîtres de la peinture européenne.

Le déménagement au 24, Calle Monturiol coïncidant avec la découverte de la collection presque complète des livres d'art Gowans fut suivi presque immédiatement par un deuil qui bouleversa la famille Dalí : le 5 octobre 1912, Teresa Cusí, la mère depuis longtemps veuve de don Salvador, mourut à Barcelone. Elle fut enterrée dans un caveau récemment acquis dans le cimetière de Poble Nou, où l'on ramena les restes de son malheureux mari, Gal, le suicidé, depuis sa première sépulture, dans un autre coin du cimetière, pour qu'il repose auprès d'elle. La mort de Teresa Cusí marqua la fin des visites de Noël et du nouvel an chez les Serraclara, à Barcelone : la fin d'une ère, pour Salvador et Anna Maria Dalí[186].

## PREMIERS PAS DANS LA PEINTURE

Si le meilleur ami de don Salvador Dalí Cusí était Pepito Pichot, on n'a pas de témoignage sur une intimité particulière avec Ramon, le frère de ce dernier, le peintre, qui passait à Paris la plupart de son temps. Mais il connaissait et admirait son travail, et lorsque l'artiste exposa quelque soixante aquarelles, pastels et huiles dans la salle de la Sala Edison de Figueres, en mai 1913, il acheta une nature morte intitulée *Magranes* (« Grenades »). Il est difficile de croire que Salvador n'a pas vu cette exposition, qui comprenait nombre d'œuvres inspirées par Cadaqués[187].

Ramon Pichot n'était pas l'unique artiste contemporain avec qui la famille Dalí avait des relations amicales. Anna Maria Dalí affirmait que la première boîte de couleurs de son frère lui avait été donnée par un peintre allemand du nom de Siegfried Bürmann (1890-1980), qui apparut à Cadaqués en 1914, fuyant le Maroc français après qu'avait éclaté la Première Guerre mondiale[188]. Selon Dalí, Bürmann « passa toute la période de la guerre à Cadaqués, apprenant aux dames les pas du tango argentin et chantant des chansons allemandes, accompagné par une guitare[189] ». Bürmann avait étudié avec Max Reinhardt au Deutsches Theater, à Berlin, se spécialisant dans les décors de scène, et était un artiste de talent[190]. S'il donna une boîte de couleurs au jeune Dalí, ce qui est possible, ce ne peut pas être avant août 1914, le mois où commença la guerre, époque où Salvador, apparemment, s'était déjà mis à peindre. Il est aussi possible qu'Anna Maria Dalí se trompe, et ait confondu Bürmann avec leur voisin à Es Llané, Juan Salleras, dont la fille Rosa Maria avait été « adoptée » par un Salvador de six ans. Artiste des dimanches dans le style anglais, travaillant à l'huile et à l'aquarelle, Salleras aimait peindre Cadaqués pendant ses vacances au village. D'après Rosa Maria, Salvador était autorisé à aider son père à porter son équipement, et passait des heures à le regarder travailler, tout en le bombardant de questions sur ce qu'il faisait. Un jour, selon cette version, Salleras, touché par l'enthousiasme du jeune garçon, lui offrit une boîte de peintures, et l'encouragea à l'essayer lui-même[191].

Peut-être Bürmann et Salleras ont-ils été tous les deux importants pour Dalí. Mais il ne fait aucun doute que l'influence initiale majeure sur son développement artistique fut celle de Ramon Pichot, dont l'œuvre fut complètement redécouverte des années plus tard.

Les tableaux les plus anciens que l'on connaisse de Dalí, une série de cinq minuscules paysages non datés, semblent avoir été peints quand il avait dix ou onze ans, peu après l'installation au 24, Calle Monturiol. On ne s'accorde pas sur celui qui fut peint le premier. Albert Field, une autorité sur Dalí, propriétaire d'une huile sur carton intitulée *Paysage*, insiste sur le fait que Dalí a toujours affirmé qu'il s'agissait de sa première peinture[192]. Elle peut difficilement avoir été exécutée aussi tôt que 1910, comme on le dit souvent, et 1913 ou 1914 paraissent plus probables. La peinture montre un chemin traversant un champ vert, et menant à un groupe de bâtiments abrités par un écran de cyprès. L'un d'eux a une grande cheminée, qui a l'air industrielle. Derrière, deux pics montagneux montent en flèche vers des hauteurs brumeuses, leur altitude soulignée par la présence (contre l'étroite bande de ciel en haut du coin droit) de deux grands oiseaux de proie, dont les larges ailes en « V » suggèrent qu'il ne s'agit pas d'aigles, mais de vautours. Une des montagnes – sans doute le géant Canigou – est couverte de neige. Si ce paysage est vraiment la première peinture de Dalí, il est touchant de le voir commencer sa carrière sous le vent de la montagne qui est, après Montserrat, la plus sacrée pour les Catalans[193].

Une autre peinture de cette série, faite à la gouache sur une carte postale, s'intitule *Vilabertran*. Selon son propriétaire, le capitaine Peter Moore, elle date de 1913. Elle montre un chemin qui mène, à travers des champs de coquelicots, à une maison au milieu d'arbres sombres, au crépuscule[194]. Vilabertran, un tout petit hameau au nord-est de Figueres, est tapi autour d'une jolie église romane, Santa Maria de Vilabertran, dont le clocher à trois étages, datant du XII^e^ siècle, était visible depuis la salle de classe de Dalí chez les Frères des écoles chrétiennes. Le village, avec son église et son étang entouré d'arbres (surnommé « le Lac »), était l'une des promenades préférées de la famille. À mi-chemin, il y avait une cascade, la Font del Soc (« fontaine tronc d'arbre »), un endroit ombragé idéal pour une halte. Pour faire bonne mesure, le lieu avait une note convenablement révolutionnaire, car c'est là que, en 1843, Abdó Terrades, le fédéraliste catalan que don Salvador Dalí admirait certainement beaucoup, avait tenu un meeting en plein air dont on se souvenait[195].

## L'APPROCHE DE L'ADOLESCENCE

La vie de Salvador Dalí de 1912 à 1916, entre Cadaqués et Figueres, est peu connue. Aucun document fiable n'a été conservé dans les archives des Frères des écoles chrétiennes, en dehors de celui qui a été mentionné. Aucun de ses professeurs ne semble avoir mis par écrit le moindre souvenir de la future célébrité mondiale, et il n'a pas été possible de retrouver la trace de ses condisciples de l'école, dont la plupart étaient français. Quant aux archives familiales, dont a hérité à la mort d'Anna Maria Dalí son ancienne compagne et gouvernante, leur contenu, à quelques exceptions près, est toujours secret. Le récit que, dans *La Vie secrète*, Dalí a fait plus tard de ces années est si chaotique, si incomplet, si inexact qu'il est quasiment inutilisable pour le biographe, tandis que le portrait qu'Anna Maria Dalí fait de son frère à cette époque, quand elle avait de quatre à huit ans, est vicié par sa lecture de *La Vie secrète* (parue en 1944 en Argentine), qui a rempli sa tête de « faux souvenirs » par un total manque de recherches, et par un mépris de la chronologie presque aussi patent que celui de son frère.

La situation du côté Domènech de la famille n'est pas moins affligeante, car beaucoup de papiers et la plus grande partie de la correspondance ont été perdus au cours de la guerre civile. C'est une tragédie, car le jeune Dalí aimait particulièrement le libraire Anselm Domènech, son oncle et son parrain, qui, se délectant des promesses artistiques de l'enfant, sortait de son rôle en l'encourageant lors de ses visites à Barcelone. Alors qu'aucune lettre d'Anselm à son neveu n'existe apparemment plus, une lettre ancienne de Salvador, adressée à sa femme et à lui, datée du 12 avril 1915, a survécu à la destruction. Dans cette lettre, il les remercie pour leur envoi de gâteaux de Pâques. Cette lettre nous apprend que la fille d'Anselm, Carmen, séjournait à cette époque chez les Dalí – une nouvelle preuve des liens entre les deux familles. Contrairement à ce à quoi on aurait pu s'attendre étant donné l'écriture chaotique de Dalí, la calligraphie de cette brève missive est parfaite (même si l'orthographe ne l'est pas !) et tend à confirmer ce que dit Salvador – qu'il a reçu un jour à Els Fossos le premier prix dans cette matière[196].

Du côté de sa mère, Dalí avait une cousine éloignée qu'il semble avoir beaucoup aimée. Elle se nommait Carolina Barnadas Ferrés, c'était la fille de la sœur de sa grand-mère, Carolina. « Carolineta », ainsi qu'on l'appelait affectueusement dans la famille, est morte d'une méningite, à Barcelone, le 22 décembre 1914. Elle avait trente-quatre ans, et était célibataire. Dalí avait dix ans à cette époque. Des années plus tard, il parla à son mécène Edward James de l'arrivée du fatal télégramme bleu, alors qu'ils finissaient de dîner. Quand le notaire l'avait ouvert, et avait annoncé que Carolina était morte, la grand-mère Maria Anna avait émis un terrible cri, et toute la famille s'était mise à gémir. Cette mort avait marqué Dalí, qui devait, dans deux toiles situées sur la plage de Roses, et dans de nombreux dessins, faire revivre le spectre délicat, presque raphaélesque, de Carolina[197].

L'image plutôt floue qui émerge des rares documents concernant Salvador à cette époque est celle d'un enfant hautement impressionnable, rêveur, extrêmement timide et désespérément dépourvu d'esprit pratique, à qui la plus simple opération mécanique posait des problèmes insurmontables, et pour qui le rêve et la réalité étaient inextricablement mêlés. Dalí se rappelait que son père disait qu'il était comme « le garçon de Tonyà », un lourdaud légendaire d'un village au bord de la plaine de l'Empordà. Il semble que le père ait été une figure distante et effrayante, quoique très admirée, qui n'accordait que peu de temps à son petit garçon, occupé qu'il était à son travail pendant la journée, et, le soir, à pérorer dans son club, le Sport[198].

Si Dalí admirait énormément son père puissant et irascible, il arriva un jour à celui-ci de le décevoir au point que cela fournit au futur peintre un thème obsessionnel. En tant qu'homme public, don Salvador ne pouvait pas passer tout l'été à Cadaqués avec sa famille. Lorsqu'il devait travailler, il les rejoignait le week-end, et son arrivée était impatiemment attendue par les enfants, d'autant qu'il apportait parfois des cadeaux. Un jour, il était en retard, et leur hâte était encore plus grande que d'habitude. Finalement, un taxi s'arrêta devant la maison et la famille se précipita dehors. « Je me suis chié dessus », annonça d'une voix forte, à la cantonade, le pilier de la société de Figueres en se pressant d'entrer dans la maison, non seulement sans essayer de cacher ce qui s'était passé mais, au contraire – c'est du moins l'impression qu'eut Salvador –, cherchant à le montrer. Dalí raconta plus tard qu'il s'était senti vraiment humilié par l'insistance de son père pour transformer la situation en « tragédie grecque » alors qu'il aurait facilement pu se glisser à l'intérieur sans rien dire. Cet incident, qui se produisit, selon lui, quand il avait dix ou douze ans, l'avait « complètement changé » et avait marqué un « tournant » dans sa vie.

Pour un enfant déjà complexé et timide, avec une obsession des excréments bien ancrée, la révélation publique, et impudente, par son père, de la raison de son retard fut un véritable traumatisme. Cet incident devait inspirer *Le Jeu lugubre* (1929)[199].

Ce n'est pas la seule fois que le notaire fit honte à son fils. Un jour, selon Rosa Maria Salleras, il gronda publiquement Salvador depuis le balcon d'Es Llané, « comme Mussolini s'adressant à la foule ». Rosa Maria décida bientôt qu'elle n'aimait pas cet homme violent, dominateur, imprévisible et parfois grossier, capable de jeter un client à la porte. Dalí raconte qu'il vit un jour son père, vêtu d'un simple pyjama, se battre dans la rue devant leur maison avec un propriétaire importun. Quand les adversaires tombèrent sur le sol, le pénis du notaire apparut, rebondissant sur le trottoir « comme une saucisse ». « Quand mon père se mettait en colère, se rappelle Dalí, toute la Rambla de Figueres arrêtait de respirer. Sa voix sortait de l'étude comme un torrent d'orage qui emportait tout sur son passage[200]. »

Salvador eut bien de la chance d'avoir, virtuellement, un deuxième père en Pepito Pichot. L'étudiant en droit raté devenu horticulteur amateur, politicien local et *bon vivant**, continua à s'intéresser à lui, et était toujours disponible pour des excursions et des visites dans des lieux de divertissement. Un exemple : quand le pilote français Henri Tixier se rendit à Figueres, à l'été 1912, pour faire une démonstration acrobatique, c'est en compagnie de Pepito que Salvador, vêtu d'un costume sur mesure, fut photographié sur le terrain d'aviation improvisé en dehors de la ville au Camp dels Enginyers[201]. En 1912, Pichot et Salvador étaient quasiment inséparables, et leur amitié s'approfondit au cours des années que Dalí passa chez les Frères des écoles chrétiennes.

Ces années touchaient maintenant à leur fin. Les Frères ne préparaient pas les garçons au *bachillerato* d'État, les six années d'études conduites dans des lycées officiels à travers toute l'Espagne, et qui commençaient normalement à dix ans. Sans le *bachillerato*, il était impossible d'entrer à l'université, et par conséquent d'accéder aux professions libérales. Il était donc naturel que don Salvador Dalí Cusí, très ambitieux pour son fils, se montre inflexible : Dalí devait commencer ces études (s'il n'avait pas été désespérément mauvais en mathématiques, il l'aurait sans doute fait deux ans plus tôt[202]). Alors qu'approchait l'été 1916, Salvador savait qu'il devrait bientôt passer l'examen d'entrée au lycée de Figueres. Il redoutait sans doute d'avoir à quitter les Frères des écoles chrétiennes, car il semble qu'il ait été heureux, désinvolte, à Els Fossos. Tout cela allait changer.

En juin 1916, alors qu'il venait d'avoir douze ans, Salvador réussit l'examen d'entrée au lycée, malgré une crise de nerfs. Alors il partit passer chez Pepito Pichot des vacances dont il avait bien besoin[203].

S. DALI

# III. Adolescence et vocation [1912-1922]

## LE MOLÍ DE LA TORRE

54● Une vue de Cadaqués sous le fusain du jeune Salvador Dalí. Vers 1917.

Pepito Pichot pouvait satisfaire son amour des fleurs en entretenant le jardin entouré de murs de sa maison de Figueres et en s'occupant d'Es Sortell, à Cadaqués, mais il lui fallait des terres plus grandes pour réaliser ses projets d'agriculture. Il eut l'opportunité d'en obtenir en 1911, quand sa riche sœur, Maria, la chanteuse d'opéra, acheta des parts d'un domaine et une splendide maison de campagne, sur les rives de la rivière Manol, juste en dehors de Figueres. Le domaine s'appelait le « Molí de la Torre » (le « moulin de la tour[204] »). Pepito fut chargé d'administrer la nouvelle acquisition, et trois ans plus tard, en 1914, il fit passer une annonce dans l'*Empordà Federal* pour chercher un meunier, ce qui nous indique son désir de rendre le Molí rentable[205].

L'apparence extérieure de l'élégant édifice, bâti en 1853 et plein de coins et de recoins, a peu changé aujourd'hui. Une partie de l'intérieur a été modernisée, cependant, et le bief du moulin n'actionne plus la roue.

C'est dans cette retraite délicieuse que Salvador, qui venait d'avoir douze ans, fut conduit par Pepito Pichot, dans une calèche à cheval, au début de juin 1916, pour se remettre du stress de l'examen d'entrée au lycée et de la dure réalité de son avenir scolaire immédiat. Dalí consacre nombre de pages de *La Vie secrète*, et de ses écrits ultérieurs, au temps qu'il passa au Molí de la Torre, mais elles sont passées au filtre de l'imagination, des inexactitudes et de la volonté d'impressionner le lecteur. Un récit antérieur, et plus fiable, de ce séjour d'un mois, écrit six ans après, en 1922, est inséré dans l'un de ses journaux d'adolescence. Il est intitulé *Les cançons dels dotze anys. Versus em prosa i em color*[206].

Ces pages évoquent un jeune Dalí affecté par la présence au Molí de la Torre de Julia, la fille adoptive de Pichot, âgée d'environ seize ans, dont le corps en fleur retient son attention. Un après-midi, sur une impulsion, alors qu'elle s'éveille de sa sieste dans le jardin, il lui agrippe la poitrine. Julia rit. Une autre fois, Julia et une amie à elle vont cueillir des fleurs de tilleul, appuyant des échelles contre le tronc des arbres lourdement chargés. L'éclair d'un sous-vêtement blanc et de cuisses nues le met en feu. Un soir que Salvador la tourmente pour apprendre le nom de son « beau », Julia finit par exploser, et il « devient écarlate dans l'ombre ». Ce détail confirme que les nombreuses allusions à des hontes de son enfance racontées plus tard dans *La Vie secrète* ne sont pas de simples inventions.

Mais plus encore que le corps attirant de Julia, c'est le travail de Ramon Pichot qui, pour Salvador, fut une révélation lors de son séjour au Molí de la Torre. « Parfois, à la lumière diffuse qui pénètre par les interstices des volets, je regarde la grande toile *pointilliste** de Ramon Pichot, et m'émerveille des couleurs de l'eau dans la crique », écrit-il dans le même récit. La toile en question est peut-être *Cala Nans*, du nom d'un endroit que, plus tard, Dalí lui-même peindra. Ou peut-être s'agit-il de la représentation d'une autre crique, cette fois près du cap de Creus, Cala Jugadora, une toile dont on ne sait où elle se trouve aujourd'hui. Dalí dit plus tard que Pichot avait été si impressionné par les rochers à Jugadora qu'il avait incrusté dans sa toile des éclats de mica. Tôt le matin ils scintillaient, éblouissant Dalí, au sens littéral du terme comme à son sens figuré[207]. L'épiphanie que fut pour lui l'œuvre de Pichot est évoquée plus en détail dans *La Vie secrète* :

> Mes petits déjeuners signifièrent mon introduction à l'impressionnisme. Cette école est, en effet, celle qui m'a le plus impressionné dans ma vie. Elle représente mon premier contact avec une esthétique anti-académique et révolutionnaire. Je n'avais pas assez de mes deux yeux pour

contempler ces taches de peinture, épaisses et informes, qui idéalisaient la toile de la manière la plus capricieuse, jusqu'à ce qu'un recul d'un mètre ou un clignotement des yeux rendissent par miracle leurs formes à ces visions tumultueuses. L'air, la distance, un instantané de lumière, le monde entier jaillissaient du chaos. Le plus ancien des tableaux de M. Pichot rappelait la manière de Toulouse-Lautrec. L'érotisme de ces allusions littéraires à la mode de 1900 brûlait au fond de ma gorge comme une goutte d'armagnac avalée de travers. Je me souviens surtout d'une danseuse de Tabarin faisant sa toilette : elle avait un visage d'une perversité maladive et des poils rouges aux aisselles.
Les tableaux qui me remplissaient le plus d'admiration étaient ceux où l'impressionnisme finissait par adopter franchement la formule pointilliste. La juxtaposition systématique de l'orange et du violet créait en moi une sorte d'illusion et d'allégresse sentimentale semblable à celle que me procuraient les choses vues à travers un prisme et colorées par un arc-en-ciel. Il y avait précisément dans la salle à manger un bouchon de carafe en cristal à travers lequel tout devenait impressionniste. Je l'emportais dans ma poche et le sortais à tout propos pour voir les choses sous l'« angle impressionniste »[208].

Salvador avait porté sa boîte de peintures au Molí de la Torre, et sous l'influence des toiles de Pichot, s'appliqua avec énergie à devenir un peintre impressionniste. Son journal de 1922 montre que le crépuscule (qui était déjà un de ses sujets favoris) semblait se prêter particulièrement bien à ses nouvelles expériences :

> Ce matin j'ai peint les oies, sous le cerisier, et j'ai beaucoup appris sur la manière de peindre les arbres, mais ce que je préfère, ce sont les crépuscules, c'est à ce moment-là que j'aime le plus peindre, me servant du cadmium directement sorti du tube pour border les nuages mauves et bleus. De cette façon, ils ont une épaisse couche de peinture, nécessaire parce qu'il est si difficile d'éviter qu'un crépuscule ne ressemble à une estampe colorée.

Quelques lignes plus loin, son assurance grandit :

> Je sais maintenant ce qu'il faut faire pour être un impressionniste. Il faut utiliser du cadmium pour les endroits touchés par le soleil. Pour l'ombre, du mauve et du bleu, sans térébenthine, et avec une épaisse couche de peinture. Les coups de pinceau doivent aller de haut en bas et de bas en haut, et latéralement pour le ciel. Il est important aussi de peindre le soleil brillant sur le sable et, surtout, de ne pas se servir de noir, car le noir n'est pas une couleur.

« Pourquoi ne te sers-tu pas de térébenthine ? » lui demanda Pepito Pichot, perplexe. « Parce que je suis un impressionniste », répondit Dalí, sûr de lui[209].

Compte tenu de son amour pour les lieux élevés, Salvador passa la plus grande partie de son séjour chez les Pichot dans la tour carrée qui donne son nom à la propriété. Dans *La Vie secrète*, il raconte les jeux et les idées fantasques qu'il s'y permettait.

Il exagère involontairement, cependant (le miroir déformant du temps a fait son œuvre), la hauteur de la tour, et oublie de mentionner que l'une de ses premières peintures à l'huile, que l'on peut sans doute dater de cette époque, était une tentative de capturer la vue magnifique que l'on a de là-haut sur la luxuriante plaine de l'Empordà, avec la chaîne côtière de Sant Pere de Rodes, et la baie de Roses au bord – et, au-delà, Cadaqués qui se profilait[210]. Dalí se souvient d'une imaginative peinture de cerisiers, effectuée sur un panneau d'une vieille porte du Molí de la Torre, dans laquelle il avait incorporé de vraies tiges de cerises et des vers vivants. Le fait que Pepito Pichot se soit exclamé « C'est un véritable génie ! » quand il a vu l'œuvre est confirmé par la tradition familiale[211].

Le mois passé au Molí affecta profondément le garçon de douze ans, inspirant non seulement ses premiers travaux impressionnistes, mais, aux alentours de 1920, un roman qui devait s'intituler *Après-midi d'été*, dont le héros, Lluís, est un jeune peintre romantique qui évoque immanquablement Salvador. Quant à Julia, affectueusement surnommée « Julieta » dans sa famille, elle est réapparue sous le nom à peine déguisé de « Dulita » dans « Rêverie », une fantaisie franchement masturbatoire qui offusqua les puritains du Parti communiste français quand elle fut publiée dans *Le Surréalisme au service de la révolution*, la revue d'André Breton.

Il ne reste aucun témoignage concernant les vacances d'été de Salvador, à Cadaqués, après son séjour avec Pichot, mais on peut être certain qu'une fois rentré dans son bien-aimé refuge près de la mer, il continua à s'appliquer à la tâche de devenir un peintre impressionniste.

## LE LYCÉE, LES FRÈRES MARISTES ET L'ÉCOLE MUNICIPALE DE DESSIN

Non content d'avoir vu son fils accepté au lycée de Figueres pour l'automne 1916, Salvador Dalí Cusí l'inscrivit simultanément au collège des Frères maristes, sur la Rambla (les lieux sont occupés aujourd'hui par la Banco Hispanoamericano, au n° 21)[212]. Fondé en 1906, le collège complétait l'*enseñanza oficial*, l'« enseignement officiel », dispensé par le lycée. On revoyait les leçons, on résolvait les difficultés. Il y avait aussi de l'instruction religieuse, avec des messes tôt le matin, le rosaire, et des homélies approfondies. La double fréquentation d'un collège d'État et d'une école privée était une pratique largement admise en Espagne par des parents de la classe moyenne décidés à faire entrer leur fils à l'université.

Les parents de Dalí ont dû être contents de ses progrès au lycée. Il se mit bien au travail, et en mai 1917 passa brillamment tous ses examens de fin de première année (il est impossible de jauger à quel point il y fut aidé par les Maristes). L'examen portait sur l'espagnol (« Bien »), la géographie générale et européenne (« Excellent »), des notions d'arithmétique et de géométrie (« Bien »), la religion première année (« Excellent ») et la calligraphie (« Excellent »)[213].

Le lycée avait la chance d'avoir un excellent professeur de dessin, Juan Núñez Fernández (1877-1963), un Andalou d'Estepona, près de Malaga. Núñez était diplômé de l'Académie royale des beaux-arts de San Fernando de Madrid, plus connue sous le nom d'« Académie San Fernando », où il s'était spécialisé dans la gravure, et avait remporté deux prix. En 1899, il était allé en Italie pour poursuivre ses études à la Real Academia de España in Roma, puis s'était installé à Paris en 1903. Il avait pris son poste à Figueres en 1906. Grand et bel homme, discret, avec des manières quelque peu militaires héritées de son père, lieutenant-colonel dans l'armée espagnole, Núñez était, de l'avis général, un enseignant charismatique, qui allait droit au but, avec une véritable vocation pour son métier.

Ceux des grands maîtres que Núñez admirait le plus étaient Rembrandt et, par-dessus tout, Vélasquez[214]. Graveur de grand talent, il remporta en 1919 une médaille à l'Exposition nationale pour sa belle gravure du *Baiser de Judas*, de Van Dyck, qui se trouve aujourd'hui à Madrid, à l'Académie royale des beaux-arts, ainsi que pour une gravure originale du roi Alphonse XIII[215]. Il était également doué pour le dessin au fusain, sa spécialité d'enseignant, et parfois (mais avec moins de succès) il travailla à la peinture à l'huile. Ses paysages, inspirés par les impressionnistes et par le Catalan Joaquim Mir, son peintre moderne préféré, ont un charme considérable, mais il ne les exposa jamais, peut-être de crainte des critiques. Lorsqu'on découvrit parmi ses papiers des poèmes et des nouvelles non publiées, on apprit, à sa mort, que Núñez était, en secret, un écrivain[216].

Núñez ne se contentait pas d'enseigner au lycée mais, peu après son arrivée à Figueres, il fut nommé directeur de l'École municipale de dessin, où étaient dispensés des cours du soir. Le père de Salvador, enfiévré, l'y inscrivit à l'automne 1916, trois ans avant qu'il commence à assister aux cours de *bachillerato* de Núñez au lycée.

Núñez comprit immédiatement que, avec le fils du notaire, on lui avait confié un élève exceptionnel, tandis que Salvador, de son côté, semblait avoir saisi qu'il s'agissait du professeur dont il avait besoin. On se demande si Dalí parla à Núñez du frère qui, au collège de Figueres, avait insisté pour qu'il ne « dépasse pas la ligne » en coloriant ses dessins. C'est un conseil que Núñez, lui-même un maniaque de la précision, aurait sans aucun doute approuvé. Salvador progressait si vite qu'à la fin de sa première année à l'École municipale de dessin, qui coïncidait avec son succès en première année au lycée et avec son treizième anniversaire, il reçut un diplôme d'honneur (*diploma de honor*) . Le document, daté de juin 1917, fut signé par Núñez et par le populaire maire de Figueres, Marià Pujulà, proche ami du père de Dalí et de Pepito Pichot[217].

Selon Anna Maria Dalí, leur père était si content des progrès de Salvador qu'il organisa dans l'appartement familial une exposition de tous ses travaux récents. Les invités furent conviés à partager une *garotada* (une salade d'oursins), le plat des grandes occasions chez les Dalí, sur la terrasse dominant la Plaza de la Palmera[218].

Núñez resta six ans le professeur de Dalí, à l'École municipale et au lycée, et exerça sur son élève une influence totalement bénéfique. Dalí lui-même le reconnaît dans *La Vie secrète* (en exagérant, bien entendu, le nombre d'élèves avec qui il était en compétition) :

> Il me distingua parmi la centaine d'élèves dans la classe, et m'emmenait chez lui pour m'expliquer les mystères du clair-obscur et des rayures sauvages d'une gravure originale de Rembrandt qu'il possédait et maniait avec une profonde vénération. Je sortais de chez M. Núñez exalté et stimulé, les joues enfiévrées par les plus grandes ambitions artistiques, plein d'un respect quasi religieux envers l'Art[219].

Trois ans plus tard, Dalí alla encore plus loin dans ses louanges, disant que, de tous ses professeurs, Núñez était celui qu'il respectait le plus, et celui qui lui avait le plus appris[220].

Il est probable que Núñez évoquait avec ses élèves la collection de quinze toiles du Prado qui se trouvaient au lycée de Figueres depuis la fin du XIX^e^ siècle (et se trouvent aujourd'hui au musée de l'Empordà). Il y avait parmi elles quelques toiles valables de Mengs et de Juan de Arellano, un choix de toiles assez mineures de l'école flamande, et d'autres de l'école de Ribera. Le fait même de bénéficier d'un prêt du Prado donnait un coup de fouet à l'enseignement au lycée, et rappelait en permanence que l'Espagne possédait l'une des plus belles galeries d'art du monde[221].

À l'École municipale de dessin et au lycée, Dalí devint l'ami d'un autre artiste en herbe, Ramon Reig Corominas (1903-1963), d'un an plus âgé que lui. Considéré aujourd'hui comme l'un des premiers aquarellistes de Catalogne, il écrivit, à la mort de Núñez, une émouvante nécrologie. Il y exprimait la vénération qu'il avait pour son maître, et rappelait que, « quand, crayon en main, il commentait notre travail, il se permettait de commenter spirituellement nos erreurs et, avec un goût infaillible, effectuait sur la feuille les modifications nécessaires. D'un coup de crayon, sans la moindre hésitation, rapidement, il introduisait un angle ou une ligne qu'il aurait été impossible d'améliorer. » Reig poursuivait en disant que Núñez avait laissé une marque indélébile chez ses élèves, en imposant la discipline d'une minutieuse attention au détail[222].

Núñez était un si bon professeur qu'on pourrait presque dire qu'il a créé une « école de Figueres », une réalisation difficile au vu du tempérament anarchique des Empordains. Un autre élève subit son influence : Marià Baig, de deux ans plus jeune que Dalí, et dont la carrière prometteuse fut brisée quand il perdit la vue, à l'âge de quarante ans. Baig fit quelques natures mortes de miches de pain si pareilles à celles de Dalí que la seule explication en réside dans l'enseignement de Núñez[223].

Dans *La Vie secrète*, Dalí mélange ses souvenirs de trois établissements qu'il a fréquentés de 1916 à 1922 (les Maristes, l'École municipale de dessin et le lycée), rendant souvent impossible l'attribution de tel détail à l'un ou à l'autre. Et non seulement ça, mais il lui arrive de situer un événement survenu après 1916 à une période antérieure de son développement, peut-être pour nous impressionner par sa précocité. Un bon exemple en est l'anecdote, souvent reprise, selon laquelle il voyait des choses au plafond de l'école primaire d'Esteban Trayter, qu'il fréquenta entre quatre et six ans :

> Le haut plafond voûté qui dominait les quatre murs sordides de la salle de classe était décoloré par de larges taches de moisissure brune, dont les contours irréguliers furent pendant longtemps ma seule consolation. Au cours de mes rêveries, interminables et épuisantes, mes yeux suivaient infatigablement les vagues irrégularités de ces silhouettes moisies, et, de ce chaos aussi informe que des nuages, je voyais monter progressivement des images concrètes, qui se trouvaient progressivement dotées d'une personnalité de plus en plus précise, détaillée et réaliste.
>
> De jour en jour, après un certain effort, je parvenais à retrouver chacune des images que j'avais vues la veille, et ensuite je continuais à perfectionner mon travail hallucinatoire. Quand, par la force de l'habitude, une des images découvertes me devenait trop familière, elle perdait peu à peu son intérêt émotif, et se trouvait immédiatement transformée en « autre chose », si bien que le même prétexte formel se prêtait à être interprété successivement par les représentations les plus diverses et contradictoires, et ça durait à l'infini.

> Ce qu'il y a d'étonnant dans ce phénomène (qui devait devenir la clé de ma future esthétique), c'est qu'ayant vu une des images une fois, je pouvais toujours la revoir par ma simple volonté, et non seulement sous sa forme originale, mais presque toujours corrigée et augmentée de telle façon que ces améliorations étaient automatiques et instantanées[224].

Dalí enfant a peut-être vu des images dans les taches au plafond de la salle de classe de Trayter, mais, à un si jeune âge, elles peuvent difficilement avoir été sujettes au processus d'interprétation qu'il décrit. Une entrée du journal de Dalí pour l'année 1920 suggère que, dans *La Vie secrète*, il attribue à l'école de Trayter des souvenirs d'une autre salle de classe, chez les Maristes : « Appuyé sur la table vernie, je fixais les rayures sur les murs nus, formant des doigts de ma main gauche des images et des gribouillages allégoriques. Là, juste en dessous de la table, l'une ressemblait à une ballerine. Plus haut, il y avait un soldat romain[225]. » Rien ne prouve qu'en 1920 Dalí ait lu le *Traité de la peinture* de Léonard de Vinci, dans lequel l'artiste parle des images diverses, de paysages, de personnages et même de scènes de bataille, qu'on peut faire naître en regardant fixement une tache sur un mur, des cendres dans une cheminée, des nuages ou de la fumée. Quand, plus tard, Dalí fit la même chose, il se rappela sans aucun doute sa propre expérience d'écolier, et avec le recul il y vit la « clé » de sa future esthétique, un précédent, en fait, de l'image à double sens « paranoïaque ». Il y eut évidemment un autre précédent : la découverte des métamorphoses rocheuses du cap de Creus[226].

On trouve un exemple précoce et frappant d'image à double sens parmi les centaines de dessins et de griffonnages dont Dalí illustrait ses cahiers d'école, et parmi lesquels on voit des voitures de course, des filles nues (l'une d'elles participe à des saturnales), des travailleurs en grève, des soldats romains, des toréadors, des caricatures de professeurs et de camarades de classe, des animaux étranges, et Dalí lui-même en compagnie de femmes aux jambes minces, sublimement élégantes. Dans le dessin en question, Dalí a transformé un perroquet sur son perchoir en nez d'une tête monstrueuse, dans le style d'Arcimboldo, imitant si bien le style de l'original que le travail à l'encre n'est pas distinguable des lignes du dessin imprimé. Cette application suggère que Dalí, fasciné par les « trucs » optiques depuis qu'il avait regardé pour la première fois à travers le stéréoscope d'Esteban Trayter, avait été récemment marqué non seulement par des images apparaissant sur les murs, mais par des reproductions des étonnantes fantaisies de l'Italien du XV$^{e}$ siècle[227].

Le dossier officiel concernant les études de Dalí au lycée de Figueres montre que, même si, plus tard, il se plaisait à proclamer qu'il avait été un élève médiocre, il réussissait bien. Même en admettant la possibilité que certains professeurs aient pu se montrer trop indulgents, ou aient été forcés de l'être par la pression de son père (qui connaissait bien plusieurs d'entre eux), les notes, dans l'ensemble, ne pouvaient être truquées. Après avoir réussi son examen de première année (1916-1917), Dalí obtint les résultats suivants au cours des années ultérieures :

> 1917-1918 Latin première année (« Excellent »), géographie espagnole (« Bien »), arithmétique (« Passable »), religion deuxième année (« Excellent »), gymnastique première année (« Passable »).

1918-1919 Latin deuxième année (« Passable »), histoire espagnole (« Bien »), géométrie (« Passable »), français première année (« Excellent »), religion troisième année (« Excellent »), gymnastique deuxième année (« Passable »).

1919-1920 Théorie littéraire (« Excellent »), histoire universelle (« Bien »), algèbre et trigonométrie (« Passable »), français deuxième année (« Bien »), dessin première année (« Excellent »).

1920-1921 Psychologie et logique (« Excellent »), histoire littéraire (« Bien »), physique (« Bien »), physiologie et hygiène (« Excellent »), dessin deuxième année (« Excellent »).

1921-1922 Éthique et loi (« Bien »), histoire naturelle (« Passable »), chimie générale (« Passable »), agriculture et technologie agraire (« Passable »).

Parmi les quatorze « Excellent » de Dalí, il y avait cinq *matrículas de honor*, c'est-à-dire des points permettant d'obtenir une bourse pour les droits d'inscription de l'année suivante. C'était une belle performance[228].

Les « Passable » que Dalí obtint en arithmétique, en géométrie et en algèbre et trigonométrie n'avaient été obtenus qu'au prix d'un effort immense, et peut-être avec un peu d'indulgence de ses professeurs. Il trouvait ces matières complètement hors de sa portée, ainsi que le répètent ses journaux avec une insistance pénible, et redoutait, en classe, d'être interrogé sur elles[229]. Jaume Miravitlles, un des meilleurs amis de Dalí à la fois chez les Frères maristes et au lycée, lui avait, à la demande de don Salvador Dalí Cusí, donné des cours particuliers en arithmétique, en géométrie, en physique et en chimie, sujets dans lesquels « Met », comme il était affectueusement surnommé, excellait. La tâche était insurmontable. Miravitlles, en exagérant quelque peu, sans doute, a dit plus tard qu'il avait fini par réussir à apprendre à Dalí à additionner et à soustraire, mais qu'il n'avait jamais réussi à intégrer la division et la multiplication[230].

## SAUTS ET CRIQUETS

À l'approche de l'adolescence, la timidité de Dalí s'accrut, ainsi que ses efforts frénétiques pour la dissimuler. « À cette époque j'étais extrêmement timide, et à la moindre attention qu'on me portait, je rougissais jusqu'aux oreilles », écrit-il dans *La Vie secrète*. « Je passais mon temps à me cacher, et j'étais solitaire. » Dix ans plus tard, dans une entrée de 1953 du *Journal d'un génie*, Dalí réfléchit plus profondément sur le sentiment de honte qui le mortifiait dans son enfance :

> J'ai apprécié le moindre instant de ma journée, plongé dans le sujet suivant : je suis la même personne que l'adolescent qui avait peur de traverser la rue ou la terrasse de ses parents, tellement il était dominé par la honte ! Je rougissais si furieusement en présence d'hommes ou de femmes que j'estimais élégants que, très fréquemment, je me trouvais si gêné que j'étais sur le point de m'évanouir[231].

Quand son apparition en public devenait inévitable, Dalí se livrait aux méthodes de compensation dans lesquelles il était passé maître. Si on l'interrogeait en classe, il feignait une crise pour masquer son embarras, se protégeant de son bras comme pour s'abriter d'un danger, ou s'évanouissant à sa table. Le stratagème le plus spectaculaire consistait à se jeter du haut d'un escalier sous les yeux de ses camarades, et à se relever intact.

Si, et c'est compréhensible, les contemporains de Dalí avaient du mal à savoir quand il était « sérieux » et quand il « jouait », ils étaient certains d'une chose : les sauterelles le terrorisaient.

Selon l'artiste, dans un article paru en 1929, il avait aimé les capturer jusqu'à l'âge de sept ou huit ans, et admirer leurs ailes avant de les relâcher. Il les appelle *llagostas de camp* (« criquets de campagne »). Il existe un autre terme local pour cette créature, *llagosta de rostoll* (« criquet du chaume »). Dans le manuscrit original en français de *La Vie secrète*, Dalí employait le mot « sauterelle », mais ce n'était pas le terme approprié. Aucune sauterelle française ne peut être confondue avec la *llagosta de camp* catalane, qui peut faire plusieurs centimètres, et dont le nom scientifique est *Anacridium aegyptium*, le « criquet des arbres égyptien ». De plus, les sauterelles sautent, comme leur nom le dit bien, alors que les criquets rampent[232].

Un jour, nous dit Dalí, il prit un tout petit poisson dans une piscine de rocher, devant leur maison à Es Llané. À sa grande horreur, il s'aperçut que le poisson avait le visage d'un criquet. Ce fut le début d'une phobie qui dura toute sa vie. « Depuis, les criquets me font éprouver une terreur absolue, écrivit-il. Une terreur qui me revient avec la même intensité chaque fois que je vois une de ces créatures. Le simple fait d'y penser produit sur moi une impression d'extrême angoisse[233]. » Dans *La Vie secrète*, Dalí ajoute que ce petit poisson visqueux à la face de criquet qui, enfant, lui donna un tel choc est courant à Cadaqués, où il est connu sous le nom de *babosa* (« limace »). Rosa Maria Salleras, la voisine des Dalí à Cadaqués, gardait un souvenir particulièrement vif de la phobie du peintre à l'égard des criquets. « Quand on voulait le taquiner, on lui envoyait un des plus jeunes enfants avec un criquet, en lui disant que Salvador l'avait demandé, se rappelait-elle. Ça le rendait fou. C'était la panique totale. Quand on était gosses, on les laissait nous marcher sur le visage, et ça faisait une drôle d'impression de chatouille. Mais il était arrivé à détester ça, surtout leurs pattes[234]. »

Jaume Miravitlles assista à une scène suscitée par cette phobie au collège des Frères maristes de Figueres, où les copains de Dalí aimaient sortir soudain un de ces insectes, pour s'amuser. Un jour, se rappelait « Met », « pour en éviter un, Dalí se jeta par la fenêtre du premier étage, et manqua de se tuer[235] ». D'autres témoins de l'époque se souviennent de scènes semblables[236], et Dalí lui-même y fait brièvement allusion dans l'un de ses journaux d'adolescence[237]. *La Vie secrète* confirme que les camarades de classe de Dalí étaient impitoyables lorsqu'il s'agissait d'exploiter sa terreur, et tiraient parti du fait qu'à Figueres les criquets étaient plus gros et plus terrifiants qu'à Cadaqués, avec de lourdes têtes de cheval. Pour échapper à pareil tourment, nous raconte Dalí, il inventa un « contre-criquet », persuadant ses bourreaux que ce dont il avait *vraiment* peur, c'étaient les oiseaux de papier. Il simulait si bien la terreur quand ces substituts pleuvaient sur lui qu'il ne fallut pas longtemps à ces Torquemada en culottes courtes pour oublier les criquets[238].

Mais Dalí ne les oublia pas, et il n'est pas étonnant, étant donné la violence de sa phobie, qu'*Anacridium aegyptium* prolifère dans les toiles de sa première période surréaliste, en même temps que les incarnations de ses autres peurs et obsessions.

## PREMIÈRES INITIATIVES ARTISTIQUES

Les Fires i Festes de la Santa Creu (« foire et fête de la Sainte Croix »), la première manifestation du printemps à Figueres, commençaient chaque année le troisième jour de mai, après des mois de préparation. Elles duraient une semaine, et étaient l'occasion non seulement de faire la fête, de fraterniser, d'assister à des corridas, d'arranger des mariages et de danser la sardane sur la Rambla, mais aussi de vendre et d'échanger toutes sortes de produits et d'animaux. Les paysans arrivaient en masse de toute la région, en vêtements colorés. Les hôtels et les pensions de famille étaient bondés. Les bourgeois et les gens de la campagne se mêlaient librement. Et les enfants vivaient la grande vie, avec des divertissements pour tous les goûts, de la femme à barbe et du cirque de puces à la lanterne magique et au squelette dansant. Cependant, progressivement, avec l'apparition d'appareils modernes (y compris l'automobile), les Fires i Festes commencèrent à perdre leur caractère, et aujourd'hui elles ont peu de ressemblance avec celles de l'enfance et de l'adolescence de Dalí[239].

Les Fires de 1918 furent particulièrement mémorables parce qu'à l'agitation habituelle s'ajouta l'inauguration, sur la Rambla rénovée, d'un monument impressionnant au célèbre fils de Figueres, Narcís Monturiol, pionnier des sous-marins et socialiste utopiste. Il était question du monument depuis des années : on avait ouvert une souscription populaire, et des articles en parlaient dans la presse. Maintenant, le rêve était enfin devenu réalité. La sculpture surmontant le socle raffiné était due à Enric Casanovas, et représentait une femme en pied, aux seins nus et aux larges hanches, s'élevant de la mer, un rameau d'olivier dans la main. Profitant de l'occasion, un journaliste local, Josep Puig Pujades, propriétaire-éditeur de l'*Empordà Federal*, publia un livre sur Monturiol, *Vida d'heroi* (*La Vie du héros*), qui fut lancé lors d'un banquet auquel assistait, parmi d'autres personnalités, le père de Dalí[240].

Dalí fut si impressionné par la sculpture de Casanovas qu'elle modifia la façon dont, à cette époque, il représentait le corps humain, complétant l'influence exercée sur lui par des reproductions des fresques de Puvis de Chavannes[241].

Les Fires virent, cette année-là, un autre événement important. Organisée par la nouvelle Société de concerts, une exposition d'artistes empordains réunit pour la première fois au Teatro Principal l'œuvre de peintres contemporains. Dalí n'en faisait pas partie. Le critique d'art de l'*Empordà Federal* exprima quelque déception devant le traditionalisme de la large majorité des peintres exposés, dont seul un petit nombre manifestaient qu'ils avaient conscience des tendances modernes en Europe. Parmi les exceptions il citait Ramon Reig, le camarade d'école de Dalí, dont quatre toiles surprirent le critique, qui prédit une grande carrière au jeune peintre[242].

Peut-être la louange récoltée par son ami Reig fut-elle pour Dalí un stimulant, et le décida-t-elle à exposer son travail à la première occasion. En attendant, au cours de l'automne 1918, gonflés d'optimisme par la fin de la Grande Guerre et par la possibilité d'un nouvel ordre international basé sur la paix et la coopération, Dalí et quatre camarades d'études du lycée se préparèrent à lancer un petit magazine scolaire, *Studium*. L'éditeur et l'âme de cette initiative était Joan Xirau Palau, âgé de quinze ans, le plus jeune des quatre fils d'une famille de Figueres très impliquée dans la politique de gauche. C'est le père de Xirau qui donna l'argent pour le projet[243]. Xirau était soutenu avec enthousiasme par Dalí, par un nommé Joan Turró (qui devait devenir un médecin célèbre), par Ramon Reig, et par le politiquement précoce Jaume Miravitlles, un révolutionnaire-né[244].

En décembre 1918, juste avant la parution du magazine, Dalí exposa officiellement pour la première fois, partageant cette occasion avec deux autres peintres de Figueres, Josep Bonaterra Gras et Josep Montoriol Puig. L'exposition se tenait dans les locaux de la Société de concerts, là où, le printemps précédent, Bonaterra et Montoriol avaient tous deux participé à l'exposition des peintres de l'Empordà. Bonaterra, qui avait vingt ans de plus que Dalí, finit par être un peintre assez connu en Catalogne, sinon ailleurs ; Montoriol ne tint pas ses promesses, et aujourd'hui il est presque oublié. Le critique d'art de l'*Empordà Federal*, qui signait sous le pseudonyme de « Puvis » (sans doute Josep Puig Pujades, le propriétaire-directeur), se montra emphatique dans ses louanges du fils du notaire. « Salvador Dalí sera une révélation pour beaucoup », écrivait-il, ajoutant :

> La personne qui a à l'intérieur de lui ce que révèlent les toiles exposées à la Société de concerts est déjà *quelque chose de grand*, au sens artistique du terme... Nous n'avons pas le droit de parler du jeune Dalí, parce que ledit jeune est déjà un homme. Nous n'avons pas le droit de dire qu'il *promet*. Nous devrions plutôt dire que ces promesses, *il les tient déjà*.
> La personne qui expérimente sur la lumière comme le fait Dalí Domènech, qui frissonne en présence de l'élégance innée d'un pêcheur, qui ose, à seize ans, risquer les coups de pinceau chauds et sucrés du *Buveur* [cahier couleur, page I], qui a un sens décoratif aussi raffiné, comme le révèlent ses dessins au fusain (et parmi eux, en particulier, celui d'Es Baluard) est déjà un artiste qui laissera une vraie trace et qui peindra des toiles excellentes, même s'il s'entête à produire des toiles aussi peu artistiques que *Le Débiteur*, par exemple. Nous saluons le nouvel artiste, et nous sommes tout à fait certain que dans l'avenir nos mots (des mots humbles, comme il sied) auront valeur de prophétie : Salvador Dalí sera un grand peintre[245].

Le dessin au fusain d'Es Baluard (« le bastion »), la proue fortifiée de Cadaqués, est presque certainement celui qui appartient aujourd'hui au musée Salvador Dalí de Floride[246]. « Puvis » avait raison de le signaler, et Dalí lui-même écrivit en 1922 qu'il lui semblait « génial[247] ».

« Puvis » avait raison aussi de souligner l'originalité du *Buveur*, dont on peut penser qu'il s'agit de la toile intitulée *L'Homme au porron*[248], gouache de 50 × 32 cm, remarquable pour son usage audacieux de la couleur et sa technique quasiment expressionniste dans la représentation du visage joyeux du buveur tandis qu'il soulève sa jarre en verre – le *porró* dont on se servait généralement pour boire en Catalogne[249].

La reconnaissance de « Puvis » a dû faire très plaisir à Dalí. Mais ce qui lui a fait peut-être encore plus plaisir, ce fut le geste du grand ami de son père, Joaquim Cusí Furtunet, propriétaire des florissants Laboratorios del Norte de España, spécialisés dans les produits ophtalmologiques. Cusí, qui ne devait pas tarder à devenir millionnaire, était originaire de Llers, le fief des Dalí, et était un capitaliste éclairé, un type plus courant en Catalogne que dans le reste de l'Espagne. Selon Anna Maria Dalí, Cusí acheta deux toiles de son frère, « les premières qu'il ait vendues[250] ». La circonstance vaut la peine qu'on s'y étende : dès le début de sa carrière, Dalí fut choyé par la presse locale, très soutenu par sa famille, et encouragé par un riche ami de sa famille. Doté qu'il était d'un talent naturel impressionnant et d'une remarquable capacité de travail, il ne pouvait à l'évidence échapper au succès. Tout ce qu'il avait à faire, c'était de continuer à peindre.

Le 1er janvier 1919, alors que l'exposition s'achevait, parut le premier numéro de *Studium*, le petit magazine édité par Dalí et ses amis. C'était un journal modeste, seulement six pages imprimées sur un papier chiffon gris, mais il avait du style. On est surpris d'y lire des articles en espagnol, et pas en catalan, à quelques rares exceptions près. La raison de ce choix était un désir louable d'atteindre, au-delà de la communauté étudiante, le reste de l'État. La ferveur catalane se lisait cependant entre les lignes et, dans le troisième numéro, un poème est dédié, entre autres, « au Catalan enthousiaste, et fervent amoureux des lettres catalanes, Salvador Dalí Domènech ».

On peut affirmer sans risque de se tromper que le contenu de ce petit magazine était âprement discuté. Dalí écrivait chaque mois un article sur un grand peintre, pour fournir la page plus littéraire, et contribuait aux illustrations. Xirau s'était lancé dans un long essai, étalé sur plusieurs numéros, sur « L'Empordà au cours des âges », tandis que Miravitlles poursuivait son obsession habituelle dans une série sur les inventions scientifiques au service de l'humanité. En ce qui concerne les contributeurs extérieurs, il fut décidé de donner dans chaque numéro un choix de vers par des « poètes ibères », pas par des « poètes espagnols », pas par des « poètes catalans », mais par des « poètes ibères », ce qui confirme l'idéalisme tourné vers l'extérieur de toute l'entreprise. Les poètes furent le Catalan Joan Maragall, le Nicaraguayen Rubén Darío, le Portugais Guerra Junqueiro, l'Andalou Antonio Machado, un autre Catalan, Jacint Verdaguer, et, pour finir, le Castillan Enrique de Mesa. Les notes sur la section poésie étaient dues à Ramon Reig, dont les commentaires les plus intéressants sont peut-être ceux qu'il a consacrés à Rubén Darío. « Ses vers sont imprégnés d'un esprit cosmopolite que l'on ne trouve jamais autant que chez Rubén Darío[251] », écrivit-il.

Darío (1867-1916) a révolutionné la poésie espagnole au début du XXe siècle, et marqué profondément la sensibilité d'une nouvelle génération de lecteurs. Avec son intégration des thèmes et des innovations de la poésie française *fin de siècle**, sa sexualité raffinée, sa musicalité, son panthéisme, son exotisme, son œuvre avait fait irruption avec la puissance d'un renouveau religieux dans une Espagne où la poésie était devenue académique, banale et hors de propos. Il n'est pas étonnant que Dalí et ses compagnons l'aient énormément admiré.

Les six notes de Dalí sur des artistes fameux (chacune d'environ quatre cent cinquante mots) parurent dans des numéros successifs, sous le titre général « Les grands maîtres de la peinture ». Les maîtres choisis étaient Goya, le Greco, Dürer, Léonard de Vinci, Michel-Ange et Vélasquez. Dans chaque cas étaient données en supplément deux reproductions en noir et blanc, dont la majorité avait sans doute été copiée à partir de la collection des livres d'art Gowans que possédait Dalí. Les notes de Dalí confirment qu'il avait passé des années penché sur ces livres, se délectant de leurs moindres détails. En 1919, il n'avait pas vu les originaux des œuvres reproduites, mais il donne l'impression de les connaître intimement.

Les brefs articles, écrits dans une prose bien supérieure à celle de ses collègues, expriment le profond respect du jeune Dalí pour les peintres en question. Il vaut la peine de noter ce qu'il trouve à louer en chacun d'eux.

Goya l'attire par sa curiosité pour tous les aspects de la vie, pour son ouverture au monde qui l'entoure, et Dalí souligne le contraste entre les tapisseries et les toiles joyeuses (avec leurs *majas* folâtres et leurs toréadors) et les œuvres de la « période noire », peintes à la Quinta del Sordo. Il est d'accord avec l'affirmation selon laquelle Goya exprime « les désirs et les aspirations de son peuple ». L'art doit avoir une utilité.

Si Goya est l'homme de la terre, de ses joies et de ses tourments, le Greco est pure spiritualité. Dalí n'a pas de temps à perdre avec ceux qui pensent que ses formes allongées résultent d'un défaut de vision. Bien sûr que non ! Elles expriment exactement ce que le Greco ressentait, et elles sont là pour ça : l'art véritable n'obéit pas à des règles, mais est l'expression sincère d'un sentiment.

Dürer, comme Goya, exprime les croyances et les coutumes de son peuple, et Dalí trouve son art remarquable par sa profondeur. Il est intéressant de voir l'écolier de seize ans insister, comme dans le cas du Greco, sur la « vie infatigable » et sur le « travail incessant » de Dürer. La capacité de Dalí à remarquer cela surprit tous ceux qui le connaissaient.

En ce qui concerne Léonard de Vinci, Salvador rappelle au lecteur qu'il était le prototype de l'« homme de la Renaissance ». En tant que tel, il exige du jeune Dalí une allégeance sans conditions : « Par-dessus tout c'était une âme passionnée, amoureuse de la vie. Il étudiait et analysait tout avec la même ardeur et le même plaisir. Tout dans la vie lui semblait positif et attirant. » Les peintures de de Vinci sont exemplaires par le « travail réflexif, constant, aimant » qui est passé en elles. Léonard de Vinci luttait sans cesse, « avec amour, avec la fièvre du créateur, résolvant les problèmes extrêmement difficiles qui donnèrent à l'art un élan formidable ».

La note sur Michel-Ange est plus courte que les autres. Son éloge manque de conviction et donne l'impression d'avoir été écrit rapidement pour satisfaire une commande.

Pour Vélasquez, au contraire, l'admiration de Dalí est visiblement sincère. C'est « l'un des plus grands peintres espagnols, peut-être le plus grand, et l'un des plus grands du monde », et Dalí trouve que dans sa répartition et son placement des couleurs il semble être parfois un impressionniste *avant la lettre**. La ferveur de Dalí pour Vélasquez ne devait jamais le quitter.

En plus de ses commentaires sur les grands peintres, Dalí contribua aussi au magazine par plusieurs illustrations, dont la vignette du titre, et par deux textes littéraires, les premiers qu'il ait publiés : un petit morceau de prose poétique intitulé « Crépuscule », et un poème sur un thème lui aussi crépusculaire. Les deux textes nous rappellent que Dalí admirait les couchers de soleil de Modest Urgell. Ils suggèrent aussi qu'il s'était plongé dans les premiers poèmes de Juan Ramón Jiménez, d'Antonio Machado, et probablement des symbolistes français qui les avaient inspirés, en particulier Verlaine. Dans « Crépuscule », tandis que deux amants passent devant lui et sont enveloppés par la nuit, le narrateur ressent sa solitude et regrette de ne pouvoir « sourire comme eux ». Dans le poème, les amants réapparaissent :

Quand le silence se fait

Reflets dans un lac
Un beffroi romanesque
La paix des mourants

Le soir... Le mystère
De la nuit qui tombe... tout
S'endort, perd ses contours...
Maintenant, sous la pâle
Lumière d'une étoile
À la porte d'une vénérable
Maison ils parlent à
Voix basse et alors tous les bruits
S'arrêtent et la fraîche
Brise de la nuit, agitant
Les acacias dans le jardin
Fait qu'une pluie de fleurs blanches
Tombe sur les amants[252]...

L'amour de l'art, le besoin passionné d'être quelqu'un dans la vie, l'appel des désirs érotiques : tout est là dans *Studium*, ouvertement ou entre les lignes. Mais ce qui est le plus frappant, c'est l'intérêt que ces adolescents portent à la société. Ils veulent changer le monde.

## LE REBELLE

Anna Maria Dalí s'est rappelé comment, alors que Salvador étudiait pour son *bachillerato*, son père et son frère ne cessaient de discuter pendant les repas, tandis que les femmes écoutaient, impressionnées, sans oser intervenir. Parfois, la discussion devenait si animée que don Salvador en oubliait de traverser la rue, comme chaque soir, pour se rendre au Sport, où il était attendu par son groupe de copains habituels[253]. Le père de Dalí, qui adorait les livres, possédait « une volumineuse bibliothèque », qui avait laissé très tôt sa marque sur Salvador, en grande partie parce qu'elle contenait une collection, reliée cuir, de *La Ilustració catalana*, un des plus jolis magazines illustrés de la fin du XIX^e^ siècle, dont les images fascinaient l'enfant[254]. Selon *La Vie secrète*, le livre qui marqua le plus Dalí était le *Dictionnaire philosophique* de Voltaire, en raison de son anticléricalisme revendiqué et très raisonné[255]. *Ainsi parlait Zarathoustra* l'impressionna aussi, faisant écho à son besoin d'être un surhomme artistique, et l'amenant à mettre en question l'athéisme de son père :

> Quand j'ai ouvert Nietzsche pour la première fois, j'ai été profondément choqué car, comme s'il s'agissait d'une simple question de noir et blanc, il avait le culot d'écrire : « Dieu est mort ! » Quoi ? Je venais juste d'apprendre que Dieu n'existait pas, et maintenant quelqu'un me disait qu'il était mort. Je devins immédiatement suspicieux. Zarathoustra m'apparut comme un héros grandiose, avec une force spirituelle que j'admirais, mais en même temps il se trahissait lui-même par des puérilités que j'avais déjà laissées derrière moi. Un jour, je serais plus grand que lui[256] !

Dalí aimait aussi plonger dans Kant, même s'il dit qu'il n'en comprenait pas un mot, et dans Spinoza, « dont, à l'époque, la façon de penser me passionnait vraiment ». Il ne fait aucun doute que ces livres, et d'autres, étaient passionnément discutés par le père et le fils, le fait de devoir tenir bon chaque jour aiguisant la tendance de Dalí à dogmatiser, ce qui devint plus tard un élément de son personnage public.

Don Salvador Dalí Cusí, tout en continuant à soutenir la cause du fédéralisme catalan, avait progressivement mis de l'eau dans son vin politique alors que son cabinet prospérait, canalisant ses anciens penchants quasi anarchistes dans la promotion de l'espéranto, qui avait commencé à l'intéresser après son arrivée à Figueres. Mais ses tendances radicales avaient déjà été transmises avec succès à son fils, qui était devenu un fervent partisan de la « révolution rouge »[257].

Quelques mois après que *Studium* avait pris son envol, Dalí commença à tenir un journal en catalan, intitulé *Mes impressions et souvenirs intimes*. Les seuls volumes qui sont réapparus jusqu'à maintenant sont les numéros 2 (du 10 au 20 novembre 1919), 3 (du 21 novembre au 6 décembre 1919), 6 (du 7 janvier au 1er février 1920), 9 (du 11 avril au 5 juin 1920), 10 (du 5 juin à l'automne 1920) et 11 (du 10 octobre à décembre 1920). À l'exception du volume 6, qui appartient au musée Salvador Dalí de Floride, ces journaux sont conservés à la Fondation Gala-Salvador Dalí, à Figueres, ainsi qu'un volume ultérieur, intitulé *Ma vie en ce monde* (qui relate ce qui s'est passé dans la vie de Dalí en 1920 et 1921), un mince carnet contenant dix pages d'impressions jetées en octobre 1921 et un volume datant de 1922, avec des souvenirs d'enfance de Dalí et de sa vie d'écolier. On peut ajouter à ça un manuscrit inédit de seize pages intitulé *Griffonnages. Essais sur la peinture. Un catalogue de mes toiles avec des notes* (*Ninots. Ensatjos sobre pintura. Catalec dels cuadrus em notes*), écrit en 1922, qui contient des informations sans prix sur les progrès de Dalí en tant qu'artiste[258].

Malgré la lacune de cinq volumes, le journal fournit un compte rendu détaillé de la vie de Dalí à Figueres entre ses quinze et ses dix-sept ans. Mais pas de ses longues vacances à Cadaqués, où chaque été, après avoir aspiré au village toute l'année, l'écrivain laissait la place au peintre, oubliant le journal. À Figueres et à Barcelone, Dalí éprouve une nostalgie poignante pour Cadaqués, dont il parle au féminin (« *l'hermosa Cadaqués* », « la merveilleuse Cadaqués »), et auquel il lui arrive de songer en s'endormant. Tandis qu'il bataille avec ses matières scolaires, en particulier avec la « stupide et détestable » algèbre, ses pensées ne cessent de revenir aux jours bénis de l'été passés dans l'atelier de Cadaqués qu'il a hérité du peintre Ramon Pichot. Une lettre écrite après l'été 1919 à son oncle Anselm Domènech, et qu'il a transcrite dans son journal, pose la scène :

> J'ai passé un été délicieux, comme toujours, à Cadaqués, village idéal, de rêve. Près de la mer latine, je me suis rassasié de lumières et de couleurs. J'ai traversé les journées de canicule à peindre frénétiquement, m'efforçant de traduire l'incomparable beauté de la mer, de la plage ensoleillée.
> Plus j'avance et plus je découvre que l'art est difficile. Mais plus j'avance et plus j'y prends plaisir. J'admire toujours les grands impressionnistes français, Manet, Degas et Renoir. J'espère qu'ils me guideront avec fermeté sur la voie. J'ai changé de technique, mes gammes sont beaucoup plus claires. J'ai abandonné les rouges et les bleus foncés qui contrastaient (sans harmonie) avec la clarté et la luminosité des autres couleurs.
> Je ne m'occupe plus du dessin, je passe outre. Je mets tous mes efforts dans la couleur et le sentiment. Peu m'importe qu'une maison soit plus ou moins haute. C'est la couleur et la gamme qui donnent la vie et l'harmonie.

> Je pense que le dessin est une partie très secondaire de la peinture, qui s'acquiert machinalement, par l'habitude ; qui par conséquent ne demande ni études poussées ni grands efforts.
> Je m'intéresse de plus en plus au portrait, bien que je le traite techniquement comme un paysage ou une marine.
> J'ai bien reçu le livre et je t'en remercie. Très intéressant, très belle édition.
> J'aimerais que tu viennes, ne serait-ce qu'une journée. Nous échangerions nos impressions, et tu verrais mes derniers et modestes « bonshommes ».
> Je t'envoie un texte court, *Soleil du soir*[259].

Cette lettre peut s'insérer à côté d'une entrée de l'essai de Dalí *Griffonnages* (*Ninots*), écrit en 1922. En se retournant sur le travail qu'il a produit au cours de l'été 1919, il écrivait qu'à cette époque il était possédé « par un impressionnisme incontrôlable ». Si, en 1918, il avait énormément aimé les peintres José Mongrell, Eduardo Chicharro et Eugenio Hermoso (aujourd'hui presque oubliés), il trouvait maintenant les deux premiers « insupportables », et le troisième « à peine passable ». Tout son enthousiasme actuel le menait aux impressionnistes français[260].

Le jeune Dalí qui s'esquisse dans les pages de son journal d'adolescent lit minutieusement deux quotidiens (*La Publicitat*, de Barcelone, publié en catalan, et *El Sol*, de Madrid, le quotidien libéral le plus répandu en Espagne), tout en jetant un œil sur des hebdomadaires illustrés de Madrid, comme *Mundo Gráfico* et *Blanco y Negro*. Il suivait avec attention les débats au Parlement central, les remous de l'agitation sociale à Madrid, Paris ou Barcelone ou du couvre-feu prolongé dans la capitale catalane, la grève de la faim du maire de Cork, les signaux de danger envoyés par une Allemagne avide de revanche et de réarmement, la question de la reconnaissance par les Alliés de la Russie soviétique et, par-dessus tout, les avancées de l'Armée rouge. Dalí se voit comme un communiste, s'identifie aux travailleurs, déteste le capitalisme et est un ennemi inflexible du statu quo en Espagne, avec la censure de la presse et une armée prête à organiser à tout moment un coup d'État militaire. Quant au roi Alphonse XIII, Dalí prétend qu'il ne s'intéresse qu'à la chasse et aux régates[261].

Dalí était amèrement déçu par l'Espagne, et cette déception virant à la colère avait été alimentée par la lecture d'un roman pessimiste, *Les Chemins du monde*, de Pío Baroja, un des principaux représentants de la prétendue « génération de 1898 », ainsi nommée parce que cette année-là l'Espagne avait perdu ses dernières colonies en Amérique, Cuba et Porto Rico, sans oublier les Philippines, à la suite d'une confrontation honteuse avec les États-Unis. Pour la « génération de 1898 », l'Espagne souffrait d'un manque de confiance et d'une crise d'identité. Qui sommes-nous ? Qu'avons-nous mal fait ? Comment avons-nous réussi à perdre l'un des empires les plus grands que le monde ait jamais vus ? Comment redevenir forts et, d'ailleurs, comment comprenons-nous le mot « fort » ? En ce qui concerne le Dalí de ces journaux, il n'y a qu'un seul remède pour la maladie dont souffre son pays : une révolution sanglante. Le 12 novembre 1919, il écrit qu'il l'attend « les bras grands ouverts, et avec le cri de "Longue vie à la République des soviets". Et si, pour parvenir à une vraie démocratie et à une république vraiment sociale, une tyrannie est d'abord nécessaire, eh bien, vive la tyrannie[262] ! » Quelques jours plus tard, commentant un formidable tapage qui vient de se produire aux Cortes, il s'exclame : « Ça vous donne envie de lancer une bombe dans le Parlement pour détruire une bonne fois pour toutes une telle farce, de tels mensonges, tant d'hypocrisie ! » Dans la capitale catalane, où le couvre-feu se prolonge, la violence va en augmentant. Le 24 novembre 1919, on lit dans son journal : « À Barcelone ils ont posé une nouvelle bombe ! De nouveau le terrorisme ! Et c'est tant mieux[263] ! » Le jeune Dalí est convaincu que la révolution espagnole tant désirée est juste au coin de la rue. Trotski, le sauveur de la révolution, n'a-t-il pas dit que l'Espagne suivrait l'exemple de la Russie ? Si même à Figueres, une ville amicale, la lutte des classes gagne en vigueur, écrit-il le 6 décembre 1919, imaginez ce que ce sera dans les grandes villes[264] !

Si rien ne prouve que Dalí adolescent ait cherché à rejoindre le Parti communiste espagnol, il était néanmoins prêt à affirmer en public ses idéaux révolutionnaires et, si nécessaire, à se dresser devant l'autorité. En novembre 1919, le préfet des études du lycée de Figueres décida de séparer les garçons des quelques filles qui suivaient les cours, en enfermant ces dernières dans la bibliothèque. Dalí conduisit le mouvement de protestation, persuada les filles de rompre leur confinement, et réussit à restaurer la situation telle qu'elle était. Le préfet pensait-il que l'enseignement mixte était immoral[265] ?

Dalí et ses amis utilisaient le mot *putrefactes*, « putrescent », pour dénigrer les gens comme le préfet des études. Un juge nommé pour enquêter sur la conduite de l'un des professeurs était immédiatement traité de *putrefacte*, et le groupe se lançait souvent dans des séances de repérage de *putrefactes* sur la Rambla, qui alternaient avec des discussions sur le communisme. Le mot fit fureur.

Dans sa ferveur révolutionnaire, Dalí était secondé par son ancien collègue au *Studium*, « Met » Miravitlles, dont le père, Joan Miravitlles Sutrá, avait été mêlé aux troubles anarchistes à Barcelone dans les années 1890, à l'époque où Pere Coromines, l'ami de Salvador Dalí Cusí, avait été jugé. Le 7 janvier 1920, Dalí eut une conversation avec Miravitlles père lors de funérailles à Figueres : « Il était dans la prison de Montjuïc. Il s'est battu à deux reprises avec la police, à coups de bouteille. Ce sont des gestes qui vous honorent (de nos jours tout homme intellectuellement honnête est sous les verrous). Ça m'a beaucoup intéressé et j'ai beaucoup appris sur le syndicalisme à cette époque… Quand il parlait du despotisme bourgeois, les yeux du père brillaient de haine[266]. »

L'adhésion précoce de Jaume Miravitlles au marxisme n'était pas une conséquence uniquement de l'exemple de son père, mais aussi de son amitié avec un communiste passionné, Martí Vilanova, qui influença aussi Dalí, même s'il n'y est pas fait allusion dans ses journaux existants[267]. Martí faisait partie d'un groupe d'intellectuels plus âgés, qui se retrouvaient dans un lieu appartenant à Josep Soler Grau, un des professeurs de Dalí au lycée, 4, Carrer Muralla. Parmi ses membres, il y avait Pelai Martínez Patricio, qui devint un des plus jeunes architectes diplômés d'Espagne, et l'écrivain Antoni Papell Garbí. De leurs interminables discussions à propos d'art et de politique sortit un magazine satirique, *El Sanyó Pancraci* (« M. Pancraci »), ainsi nommé à cause d'un excentrique local bien connu. Alors qu'à l'origine il était destiné à être bimensuel, il n'eut que trois numéros, qui parurent de façon sporadique. Aujourd'hui, les exemplaires sont si rares qu'apparemment personne ne possède celui du deuxième numéro. Le premier numéro parut le 15 août 1919, le dernier le 15 février 1920.

Peu après que le magazine a capoté, Dalí loua, pour en faire son atelier, l'appartement de la Carrer Muralla. Les lieux étaient couverts de graffitis, et dans un état de délabrement épouvantable. Il les nettoya et les décora de peintures murales, de jarres et d'assiettes peintes, et d'un portrait imaginaire de Pancraci, dans le style de Goya. Une des jarres peintes de Dalí a survécu, mais on n'a que des photos des peintures murales, qui ont été effacées[268].

Le poète et philosophe majorquin Gabriel Alomar (1873-1941), chef du département de littérature à l'*instituto* depuis 1912, et brièvement préfet des études en 1918[269], eut aussi une grande influence sur Dalí à cette époque. Alomar était un personnage énigmatique et fascinant. En 1904, il s'était assuré une niche obscure dans l'histoire de l'art et de la littérature en inventant le terme « futurisme », qui, peu après, fut accaparé, redéfini et lancé dans le monde entier (sans qu'on lui en reconnaisse la paternité) par F. T. Marinetti, quand il fonda le mouvement du même nom[270]. Deux ans plus tard, en 1906, Alomar rencontra le grand poète nicaraguayen Rubén Darío (célébré, comme nous l'avons vu, dans *Studium*) et l'invita à Majorque. Ils devinrent intimes, et Alomar est l'un des personnages du roman inachevé de Darío *El oro de Mallorca*, inspiré par l'idylle majorquine de George Sand avec Chopin, dans lequel il apparaît sous le surnom transparent de « Futuriste[271] ». Fédéraliste républicain passionné, Alomar devint rapidement populaire à Figueres, ce qui le renvoya au Parlement de Madrid en juin 1919[272], et ses livres et ses conférences étaient fréquemment discutés dans les pages de l'*Empordà Federal*. Dalí, comme Jaume Miravitlles, fut sans aucun doute influencé par ce remarquable individu, auprès de qui il avait étudié la langue espagnole lors de sa première année au lycée. Si l'on en croit « Met », c'est Alomar qui perçut le premier le talent littéraire de Dalí, et ce pourrait bien être la vérité[273]. Alomar avait des relations d'amitié avec Pepito Pichot et le père de Dalí qui, selon le peintre, aimait citer un des dictons du Majorquin pour justifier son goût des jurons : « Le blasphème constitue le plus bel ornement du langage catalan[274]. » Apparemment, pourtant, Alomar et Salvador Dalí Cusí cessèrent de bien s'entendre. Et ce dernier fut vexé quand, en 1931, l'ancien professeur rappela que, si Salvador s'était révélé un âne dans sa classe au lycée de Figueres, il l'était cent fois plus maintenant qu'il était surréaliste[275].

## NATURE ET ART

En même temps que la profonde colère de Dalí envers les philistins, et que son identification avec le prolétariat, lui vint un goût de la nature qui frise le panthéisme. Ses descriptions de l'Empordà bordée par la mer, en particulier quand le soleil se couche, sont d'une extrême sensibilité et révèlent ses dons pour l'observation détaillée. C'est cette empathie avec la nature, se souvient-il, qu'il cherche à exprimer dans ses peintures. Un passage se détache en particulier. Les examens redoutés se sont heureusement terminés (on est en mai 1920), et il s'apprête à peindre. Sous peu viendront les vacances annuelles à Cadaqués :

> Dès que je me sens prêt, j'ouvre le tiroir de ma chambre. J'en tire les boîtes avec précaution. Je les ouvre. Ce sont les tubes de peinture. Ces tubes nets et brillants contiennent un tas d'espérances pour moi. Je les regarde, je les caresse de mes mains tremblantes d'émotion, comme doivent le faire les amoureux. Je me vois déjà jouir de la peinture, jouir en pensant aux jours heureux où, après un an d'épreuves, d'émotions et de mensonges, je pourrai commencer le travail en toute conscience, le travail sacré de celui qui crée. Et je vois les couleurs très pures couler des tubes sur la palette, et mes

> pinceaux les recueillir avec amour. Je vois mon œuvre avancer. Souffrir dans la création. M'extasier et me perdre dans le mystère de la lumière, de la couleur, de la vie. Mon âme fusionnée avec celle de la Nature. Chercher toujours plus, toujours plus loin... Plus de lumière, plus de bleu... plus de soleil... m'abstraire dans la Nature, en être un élève.
> Soumis... Oh, je deviendrais fou ! Ah, je ne serai heureux que le jour où je pourrai extérioriser tout ce que j'ai imaginé, tout ce que j'ai senti, pensé pendant toute une année passée à penser, à voir, à garder, contenir, réprimer mes angoisses créatrices[276] !

En parallèle de son journal et de ses peintures, Dalí travailla aussi à son roman, *Après-midi d'été*, dont on ne connaît que vingt pages. Brièvement mentionné un peu plus tôt, en rapport avec ses séjours, à l'âge de douze ans, au Molí de la Torre, *Après-midi d'été* raconte l'histoire d'un jeune peintre, Lluís, calqué sur Dalí tel que nous le montrent ses journaux :

> Son tempérament passionné faisait qu'il peignait avec son cœur plus qu'avec son intelligence et, ébloui par la sublimité de la Nature, il passait des heures et des heures à rechercher la bonne lumière, à obtenir tantôt une couleur, tantôt une autre. Lluís mettait dans cet effort tous ses sentiments, toute son âme. Il aimait la souffrance de la création.
> Il jouissait de la souffrance de la création. Il faisait les plus grands efforts pour exprimer les mouvements de son cœur, ce que la Nature lui murmurait, ce que lui disait le magnifique cerisier baigné de soleil. Infatigablement assoiffé d'art, ivre de beauté, il regardait de tous ses yeux la Nature souriante, la Nature imprégnée de soleil et de joie, et il tombait brièvement en extase[277].

*Après-midi d'été* puise dans l'amour de Dalí pour Vilabertran, le village à côté de Figueres où, enfant, il s'était souvent promené avec ses parents et où la famille de son ami à l'École municipale de dessin Ramon Reig avait hérité d'une maison charmante. Elle apparaît sous le nom de « Horta Fresca », une allusion aux jardins fleuris, ou *hortas*, pour lesquels le village et ses alentours sont célèbres à Figueres. Lieu romantique, refuge préféré des amoureux, le « lac » de Vilabertran comportait un bateau à rames et était le lieu rêvé pour les pique-niques. Le reflet d'un beffroi romantique dans un lac, évoqué dans « Quand le silence se fait », le premier poème publié par Dalí, cité plus haut, est sans le moindre doute une allusion à ce *locus amoenus*, dont les huiles de Dalí *Le Clocher de Vilabertran* (1918-1919) et *Le Lac de Vilabertran* (1920) donnent l'équivalent visuel. Comme Dalí, Ramon Reig aimait peindre l'étang et ses environs[278]. Leur professeur Juan Núñez en faisait autant : on lui doit une peinture de cet endroit, en 1919, inférieure aux deux toiles de Dalí, qui montre le bateau à rames à l'arrière-plan[279].

Des années plus tard, Dalí y plaça une scène du film qu'il projetait de tourner, *La Brouette de chair*. À vrai dire, il tenta même, en vain, d'acheter le « lac » et ses environs. Et quand, en 1973, Amanda Lear l'accompagna à Vilabertran, il lui dit qu'il envisageait de construire une imitation de l'étang à côté de sa maison de Port Lligat. La mélancolie du lieu, ajouta-t-il, lui rappelait une toile de Modest Urgell, *El mateix de sempre*[280]. Le titre était une allusion taquine à l'obsession récurrente, chez Urgell, du crépuscule, des cimetières et des ruines, des thèmes chers au cœur de Dalí adolescent, dont la peinture en question donnait une variante de plus[281].

Aujourd'hui, le bateau à rames a disparu et l'étang, étouffé par la végétation, est caché derrière une barrière infranchissable. Il ressemble plus au bourbier de *Psychose* qu'à un élément du paradis perdu de Dalí.

Le journal de Dalí en 1919-1920 montre que, adolescent, il était loin d'être indifférent à la musique, même si plus tard il devait la mépriser, et qu'il prenait un plaisir intense aux concerts qui se tenaient souvent à Figueres. Il admirait particulièrement Mozart. Il est aussi probable qu'à Figueres il ait entendu ses premières *zarzuelas*, les opéras-comiques d'Espagne, montés au Teatro Principal par les compagnies les plus fameuses du pays[282].

À la mi-avril 1920, alors que l'année scolaire finissait, don Salvador Dalí décida, à sa façon autoritaire habituelle, que lorsque son fils aurait passé son *bachillerato*, il entrerait à l'Académie royale des beaux-arts à Madrid. C'est certainement la décision la plus importante prise jusque-là pour son avenir. À Madrid, se promit-il à lui-même, il travaillerait « comme un fou » pendant trois ans avant de remporter un prix qui lui permettrait d'étudier à Rome pendant encore quatre ans, après quoi, triomphant, il rentrerait en Espagne, et « à mon retour je serai un génie, et le monde m'admirera. Peut-être serai-je méprisé, incompris, mais je serai un génie, un grand génie, parce que j'en suis certain[283]. » Il est frappant de s'apercevoir que, à l'âge d'environ seize ans, plus de deux ans avant qu'il arrive à Madrid, Dalí avait forgé ses plans, et de façon si précise, pour la décennie suivante, et qu'il parlait de lui-même en des termes aussi exaltés.

D'autres passages du journal révèlent que, dès 1920, le moindre mouvement de Dalí, le moindre de ses gestes était soigneusement mesuré pour produire l'effet maximal sur le public, comme c'était le cas pour ses vêtements et sa coiffure, dont il prenait le plus grand soin. À seize ans, Dalí était un dandy, et il devait le rester toute sa vie. (« La façon de se vêtir est vitale pour le succès, écrivit-il en 1952. Je me suis rarement abaissé à me vêtir d'habits civils. Je sors toujours en uniforme de Dalí. ») Imitant l'autoportrait de son idole, Raphaël (reproduit en frontispice du volume des livres d'art Gowans consacré au maître), il laissa ses cheveux pousser jusqu'à ce qu'ils soient aussi longs que ceux d'une fille, et leur ajouta des rouflaquettes flamboyantes. Il portait un chapeau noir à large bord, une grosse cravate flottante, et avait l'habitude de jeter son pardessus sur ses épaules comme une cape (encore une pratique de macho espagnol, destinée à impressionner). « Dès que cela me fut possible, écrit-il dans *La Vie secrète*, je voulus me distinguer, faire de ma tête un chef-d'œuvre. »

Heureusement pour lui, il avait une tête impressionnante. Le futur génie, adolescent, était bronzé, avec des cheveux denses d'un noir de jais, un nez fin, des yeux bleus, son seul trait irrégulier consistant en de petites oreilles pointues, que ses cheveux longs étaient peut-être destinés à recouvrir. Avec son mètre soixante-dix, Dalí était plus grand qu'un Espagnol moyen de l'époque. Il était mince, avait presque l'air d'un athlète, et son journal montre que ni lui ni les filles n'avaient aucun doute sur le fait qu'il était d'une beauté frappante (elles lui faisaient toujours de l'œil). La conscience de sa beauté a, on l'imagine, aidé à compenser son « habituelle timidité ».

## « CELA » ET « EUX »

Dans *La Vie secrète*, Dalí se montre très spirituel au sujet de « cela », qui commença à l'occuper peu après son entrée au lycée de Figueres. « Cela », c'était la masturbation :

> J'étais tout à fait en retard en ce qui concerne le « plaisir solitaire », que mes amis pratiquaient régulièrement. J'entendais leurs conversations semées d'allusions, d'euphémismes et de sens cachés, mais en dépit des efforts de mon imagination, j'étais incapable de comprendre en quoi « cela » consistait : je serais mort de honte plutôt que d'oser demander comment on faisait « cela », et même d'aborder le sujet indirectement, car je craignais que l'on ne s'aperçoive que je ne savais absolument rien de « cela ».
> Un jour, j'arrivai à la conclusion qu'on pouvait faire « cela » tout seul, et qu'on pouvait aussi se le faire mutuellement, et même à plusieurs, pour voir qui allait le plus vite[284].

« Cela » finit par se passer, dans les toilettes du lycée, ainsi que le raconte le journal d'adolescence de Dalí. Dans les années 1920, l'habitude de se masturber était non seulement invétérée, mais teintée d'anxiété. Dans une entrée du 17 janvier 1920, on lit : « L'après-midi, mes appétits et ma volonté se sont opposés. Les premiers ont eu le dessus, me laissant abattu. J'ai pris une ferme résolution[285]. » En mai suivant, il écrit : « Je me sentais excité sexuellement. J'ai été aux toilettes. J'ai pris un plaisir extraordinaire. En sortant, je me suis senti abattu et dégoûté de moi-même. Comme d'habitude, j'ai décidé de ne pas recommencer. Mais cette fois je suis vraiment sérieux. Je suis persuadé que ça fait perdre du sang. Et je n'ai pas besoin de ça. »

On se demande ce que Dalí voulait dire, ou pensait vouloir dire, par « perdre du sang ». Peut-être lui avait-on dit, ou avait-il entendu dire, que la masturbation répétée, en plus d'être moralement répréhensible, le rendrait faible, impotent, homosexuel, ou même fou. C'était la vision orthodoxe de la médecine au XIX^e^ siècle (William Acton, Krafft-Ebing), et elle a perduré jusqu'au XX^e^ siècle, comme Alex Comfort l'a montré avec les sarcasmes mortels de *The Anxiety Makers*[286]. Mais quelles qu'aient été les craintes de Dalí à propos de cette habitude, il n'y a jamais renoncé. De son propre aveu, et si l'on en croit nombre de gens qui l'ont bien connu, ce fut virtuellement, sa vie durant, le seul moyen pour lui d'arriver à l'orgasme. Il n'était cependant pas décidé à avouer qu'il s'agissait d'une tragédie, et il devint, dans toute l'histoire de l'art, le seul peintre à faire de la masturbation un thème majeur de son œuvre. Il est aussi le seul mémorialiste espagnol à avoir admis ouvertement que la masturbation a dominé sa vie. Dans un pays connu jusqu'à une date récente pour son machisme, c'était un accomplissement considérable.

Dalí dit plus tard que ses fantaisies onanistes se déroulaient généralement dans des beffrois superposés, la raison en étant qu'adolescent il se masturbait sur son toit-terrasse de Figueres, en regardant le soleil éclairer le clocher de Sant Pere, l'église où il avait été baptisé. Il s'aperçut alors que le clocher ressemblait à la tour de Sant Narcís, à Gérone, et au clocher de Delft représenté dans une toile de son bien-aimé Vermeer (peut-être la *Vue de Delft* reproduite dans le livre d'art Gowans)[287]. « Il faisait une fixation sur les clochers, selon Nanita Kalaschnikoff, une de ses plus proches amies. Il juxtaposait les beffrois dans son imagination et quand tout était exactement au point, que tout était correct jusqu'au moindre détail, il éjaculait. » Les tours, avec des connotations érotiques, devaient fréquemment figurer dans ses toiles à partir de sa période surréaliste[288].

À cette époque, Dalí lisait des romans étrangers, et recommandait à Jaume Miravitlles Anatole France et « les Russes », en même temps que Pío Baroja, qu'il admirait[289]. Il plongeait aussi dans les érotiques français (bien supérieurs, il faut le dire, aux érotiques espagnols). En décembre 1919, il écrit dans son journal qu'il vient de lire *Gamiani*, le court roman anonyme d'Alfred de Musset. « Plus que tout, explique-t-il, cette œuvre sensuelle a éveillé en moi de l'aversion pour la grossière et vulgaire sensualité que l'auteur érotique français décrit avec tant de justesse et de naturel[290]. »

Que Dalí ait eu du mal à accepter sa propre sexualité est évident à la lecture de nombre de remarques éparpillées dans son journal et ses Mémoires publiés. Dans *Comment on devient Dalí*, il décrit ses difficultés adolescentes dans les termes suivants :

> J'avais alors deux hantises qui me paralysaient. Une peur panique des maladies vénériennes. Mon père m'avait inculqué la peur du microbe. Cette angoisse ne m'a jamais quitté, elle a même provoqué en moi des accès de démence. Mais surtout, j'ai éprouvé longtemps le grand trouble de me croire impuissant. Nu et me comparant à mes camarades, je trouvais mon sexe petit, triste et mou. J'ai conservé en mémoire le souvenir d'un roman pornographique où don Juan mitraillait les ventres avec une allégresse féroce, en déclarant qu'il aimait entendre les femmes craquer comme une pastèque. Et cette faiblesse me rongeait. Je dissimulais cette anomalie, mais j'étais souvent pris de crises de rire inextinguibles, jusqu'à l'hystérie, qui étaient comme la preuve des mouvements qui m'agitaient en profondeur[291].

Les angoisses de Dalí concernant la petite taille de son pénis n'étaient pas exagérées et, ainsi que l'a confirmé un de ses amis, le suivirent plus tard dans sa vie[292]. Quant au récit qu'il fait de la façon dont il tentait de « dissimuler l'anomalie », il illustre un cas d'école.

> « La perception que les êtres humains ont de leur corps, les images qu'ils en retiennent, a beaucoup à voir avec la honte, écrit Helen Merrell Lynd dans *On Shame and the Search for Identity*. Certains traits du corps de chacun sont inaltérables, incontrôlables. Ils sont, d'une certaine façon, *soi*. Le fait de les montrer soudain… ou de ne pas réussir à les contrôler… ou la conscience de la différence entre la façon dont on voit son propre corps et la façon dont les autres le voient – toutes ces expériences sont celles de la honte profondément associées avec l'éjaculation précoce, avec la propre identité de chacun. » En écrivant cela, Lynd aurait presque pu avoir Dalí en tête[293].

Quelques années plus tard, Dalí ajouta que l'auteur du livre avec le don Juan déchaîné était El Caballero Audaz (le pseudonyme de José María Carretero), l'auteur bien connu de romans semi-pornographiques, et qu'il avait été soulagé de découvrir que les scènes érotiques en question ne parlaient pas de fornication, mais de sodomie. Dalí fit une autre révélation sur sa sexualité : « Ça paraissait plus facile, même s'il faut avoir une érection très raide pour pouvoir pénétrer. Et mon problème, c'est que j'ai toujours été un éjaculateur précoce. À tel point qu'il suffit parfois d'un regard pour que j'aie un orgasme[294]. »

Comment Salvador Dalí Cusí était-il parvenu à inculquer à son fils une telle peur des maladies vénériennes ? Dalí affirma plus tard que son père, estimant qu'il était temps qu'il apprenne les choses de la vie, avait laissé un livre de médecine posé sur le piano. Il contenait des photos illustrant les « terribles conséquences » de ces maladies. Le père soutenait, ajoutait le peintre, que ce volume devait être exposé dans toutes les maisons bien tenues, comme un avertissement pour les jeunes. À première vue, il paraît peu probable que Dalí Cusí ait eu recours à une méthode aussi crue et insensible pour maintenir son fils dans le droit chemin. Mais il se peut qu'il l'ait fait. Ou peut-être l'épisode mentionné dans le livre était-il un « faux souvenir » défensif inventé plus tard par Dalí comme une explication rationnelle à sa crainte de tenter de copuler, ou à son impuissance[295].

Les journaux montrent que Dalí s'intéressait maintenant beaucoup aux filles. La première à apparaître dans ces pages, en novembre 1919, est une certaine Estela (« la merveilleuse Estela »), dont Dalí fit la connaissance à l'École municipale de dessin. Il y eut des *billets doux**, des coups d'œil amoureux, et le traditionnel poème d'amour écrit par le peintre. De brèves rencontres sur la Rambla sous l'œil vigilant de la grand-mère de la fille. Et de la jalousie quand Dalí apprit qu'Estela avait été courtisée par un officier de Barcelone[296].

Peu après, Dalí s'intéressa à une autre fille, Carme Roget Pumerola, dont le père était propriétaire de l'un des cafés les plus populaires de la Rambla, l'Emporium, qui existe encore aujourd'hui. Carme, née en 1902, avait deux ans de plus que Salvador, et était élève du collège privé dirigé par les Dominicaines françaises, juste à côté de la Plaza de la Palmera, et visible depuis le balcon des Dalí. Elle dit à Salvador qu'elle se souvenait de lui, petit enfant, en train de jouer avec Anna Maria Dalí sur la plage d'Es Llané : un lien de plus entre eux. Elle était grande, belle, blonde et progressiste, avec de grands yeux que Salvador admirait beaucoup, et c'était une bonne nageuse. Comme Dalí, elle assistait aux cours du soir à l'École municipale de dessin[297].

Carme avait une amie proche, sa confidente, qui s'appelait Maria Dolors Carré, connue sous le nom de « Lola », qui était dans le même niveau que Dalí au lycée. Très vite, Dalí et certains de ses camarades, en particulier les dénommés Sala, Peix et son ami peintre Ramon Reig, fréquentèrent beaucoup les filles. Maria Dolors était complexée par son long nez (« Le nez de Lolita revient de Barcelone aujourd'hui, et elle rentre demain », plaisantait dans son dos une de ses amies), mais ça ne l'empêchait pas d'être très drôle. Ils faisaient des excursions en dehors de la ville, allaient au cinéma (apprécié pour les occasions que l'obscurité fournissait aux « initiations amoureuses[298] »), parlaient interminablement et chahutaient beaucoup. On échangeait des mots et des lettres. Ils s'inventaient mutuellement des surnoms – la « Comtesse », le « Baron », la « Marquise » –, se munissaient des cartes de visite requises, faisaient semblant d'être riches et, un jour, annoncèrent qu'ils allaient entreprendre un voyage en Italie. Reig précisa que personnellement il s'embarquerait pour Venise depuis le « lac » de Vilabertran. Plus réaliste, Dalí estimait qu'il serait merveilleux de voguer sur une des petites goélettes qui, à cette époque, naviguaient entre Cadaqués et l'Italie, et de se diriger vers Rome. Pour lire, ils emporteraient Rubén Darío. Dalí imagina même, ainsi qu'il le dessina, de visiter Washington pour récupérer l'héritage d'un oncle fortuné : au milieu d'une excitation intense, le « Baron des huit chandelles cassées » est reçu par un groupe de millionnaires américains qui donnent en son honneur une grande réception au palais de la princesse Ragadora[299].

Puisque, selon les strictes conventions de l'époque, Carme Roget ne pouvait recevoir chez elle de lettres de son admirateur, Maria Dolors Carré jouait le rôle d'intermédiaire. Peu à peu leur amitié s'approfondit et, en mai 1920, Carme était amoureuse de Salvador, et fière de sa célébrité croissante. Dalí, cependant, s'amusait, observant le moindre geste et la moindre humeur de Carme (et ses gestes et ses humeurs à lui) d'une façon détachée, littéraire, et notant dans son journal l'évolution de leur histoire. À la mi-mai 1920, sous le titre « Combien l'amour est mensonge et tromperie », il commente : « Je me rends compte de quel cynique je suis. Je ne suis pas amoureux de Carme, mais j'ai quand même fait semblant de l'être, et j'ai dit à Sala que je l'étais[300]. » Quand il la revoit, il « feint admirablement » d'être amoureux. Un soir, ils vont marcher au crépuscule. « Je vois le soleil se coucher dans les yeux de Carme, qui sont presque humides d'émotion[301] », note-t-il dans son journal.

Quand Dalí alla à Barcelone rendre visite à ses oncles, il écrivit régulièrement à Carme, envoyant ses lettres à son amie Lola Carré, et parfois les adressant aux deux. Souvent, comme lui-même le reconnaît dans son journal, ces missives sont ridiculement insincères et exagérées. Le 1^er^ juin 1920, il écrivit une parodie de lettre dans laquelle il prétendait être déjà arrivé à Barcelone :

> Chers amis :
>
> Je profite de cette opportunité pour vous demander de m'excuser de ne pas vous avoir dit au revoir, mais c'était impossible.
> Me voilà si loin de vous que c'est terrible... Ces crépuscules remplis de poésie me manquent terriblement... En haut du Passeig Nou... les rouges du soleil teintaient les nuages de jolies couleurs, et dans le ciel les constellations étaient hésitantes [*sic*] et commençaient à scintiller... là, sous une canopée de feuilles, nous restions jusqu'à la nuit... dans les roseaux les grenouilles croassaient... plus loin un criquet... les étoiles se reflétaient dans vos yeux...
> Et dans le vague du crépuscule je rêvais de choses toujours impossibles... Ne riez pas, je vous en prie... Ici à Barcelone, où tout n'est que prose, j'aime me souvenir de vous, la pensée de vous est poésie[302]...

En septembre de la même année, les deux filles reçurent une lettre de la même veine. Salvador s'excusait d'avoir interrompu leur conversation sur la Rambla, et continuait par ses plaintes habituelles sur le fait qu'il soit incapable de trouver l'amour :

> Tout change, même la façon de penser, quand on finit par croire à l'amour... Moi aussi, un jour, j'ai cru à l'amour... Mais pour moi il s'est montré cruel... J'ai toujours été amoureux de l'impossible... Je suis amoureux de l'art et l'art est impossible pour moi parce que je dois étudier. Je suis amoureux d'une fille plus belle que l'art, mais hélas plus impossible encore.
> Et les feuilles commencent à tomber... et la vie est triste, vivre sans foi, vivre sans amour, aimer pour rien, en silence[303]...

Au milieu de ces jeux amoureux, Dalí remporta le premier prix de l'École municipale de dessin, et griffonna dans son journal un récit de la cérémonie de remise des prix :

> « Salvador Dalí ! »
> « Présent ! » Je me suis ouvert un passage pour accéder à l'estrade. Alors le maire a dit avec solennité : « C'est avec une grande satisfaction que je vous remets le premier prix. Celui-ci fait honneur à la famille Dalí, mais aussi à cette académie dont on pourra dire plus tard qu'elle a formé un artiste célèbre. »
> « Merci beaucoup. »
> J'ai retiré le prix, le *premier prix*, en dissimulant mon envie de rire, c'était d'un comique. Ensuite sur la Rambla, puis à la maison, où la famille souriait de satisfaction d'avoir un tel rejeton (qui fait honneur à la famille et à l'Académie, selon les paroles d'un vrai maire[304]).

Carme Roget, qui était présente à la cérémonie, comme le précise la même entrée du journal, devait être très fière de la réussite de Salvador. Leur relation continuait, et l'une de ses réponses à une lettre du peintre a survécu. Dalí l'avait harcelée pour savoir pourquoi elle l'aimait, et elle lui répondit le 28 décembre 1920 :

> Très cher Salvador :
> Ta longue lettre m'a rendue immensément heureuse parce que tu me dis pourquoi tu m'aimes, et d'autres choses que j'avais envie d'entendre. Comme je serais heureuse si j'étais près de toi, très près, sans que personne nous écoute, cette société stupide qui nous entoure et nous espionne et nous écoute... et nous critique, alors que tout ce qu'on veut, c'est passer inaperçus, qu'on nous laisse tranquilles et qu'ils nous oublient !
> Tu veux que je te dise pourquoi je t'aime, et j'en suis incapable, parce que je ne sais pas moi-même, tout ce que je peux te dire c'est que je t'aime très, très fort, plus qu'aucun être humain a jamais aimé. Nous avons les mêmes idéaux, tu penses comme moi, tu veux être différent des autres, comme moi. Je ne sais comment te convaincre que je t'aime, peut-être qu'un jour je serai moins bête que maintenant, où je suis incapable de décrire ce que ressent mon cœur, mon pauvre cœur enchaîné par mon amour pour toi, et qui bat comme un fou quand je te vois, quand je suis avec toi et que je te regarde. Comme je serais toujours heureuse à tes côtés et, si notre rêve pouvait devenir réalité, au bord de la mer, dans une jolie maison rien que pour nous, notre petit nid d'amour, près des vagues, toi peignant et moi assise sur le sol à côté de toi, à regarder, les yeux grands ouverts, le chef-d'œuvre qui t'apportera la gloire, une gloire que le monde t'offrira mais qui pour moi serait terrible – pour ta Carme, qui veut que tu sois un artiste, non par fierté d'être la bien-aimée d'un artiste, mais de façon que tu réussisses à mener à bien ton plan, pour que ton rêve artistique devienne réalité, parce que, franchement, pour moi, moins tu auras de succès, plus je pourrai croire que tu es mien, parce que j'ai peur que si tu deviens un grand artiste tu oublies celle qui t'aimera toujours et qui t'aime très, très fort.

> Je sais que tu n'as pas envie que je te dise ça, mais ne sois pas fâché contre moi, je te l'ai dit sans en avoir l'intention, ou peut-être à cause de doutes que je viens maintenant d'écarter pour de bon.
> Dis-moi pourquoi tu as envie de moi, et si quand je serai plus âgée je t'aimerai autant que maintenant. Tu veux que je te dise que je t'ai toujours aimé et que je t'aimerai toujours, c'est ça ? Et si d'autres garçons veulent mon amour je leur dirai que je ne crois pas à l'amour et je me moquerai d'eux et j'aimerai l'amour qui pour moi sera toi. Ne sois pas jaloux de quiconque tu verras me parler, même si je lui réponds, mes pensées et mon cœur seront toujours avec toi, comme ils l'étaient avant que tu ne m'aimes et que je priais toujours la Vierge pour que tu m'aimes et mon vœu a été exaucé.
> Écris-moi une longue réponse et quand tu n'es pas avec moi pense beaucoup à moi et peins beaucoup et étudie beaucoup et de temps en temps repose-toi, pose tes pinceaux ou ton livre pour penser à ta bien-aimée qui pense toujours à son Salvador et tombe de sommeil le soir en pensant à toi et se réveille avec la même pensée, et prends ce baiser que loin de toi t'envoie ta Carme.
> Excuse mon écriture. J'ai écrit très vite. Essaie d'être avec moi samedi et dimanche parce que tu me manques beaucoup, et que sans toi je meurs de désir[305].

« On n'oublie jamais son premier amour », rêvait Carme Roget en 1993, peu avant sa mort, en insistant sur le fait que, pour Salvador aussi, ç'avait été la première fois :

> J'étais sa seule petite amie, et nous avons continué jusqu'à ce qu'il parte à Madrid. Nous n'étions que des enfants ! En ce temps-là l'amour était différent, nous avions une relation romantique, maintenant les gens tombent amoureux en quelques secondes, sautent aussitôt dans leur lit, et ont deux ou trois histoires chaque année. Nous étions si innocents ! Notre amour était romantique, romantique. Une fois, quand il m'a embrassée, je savais à peine ce qui se passait et j'ai couru le dire à mes amies ! Salvador était beau, avec de longues rouflaquettes, et avant tout il était très affectueux et très drôle. Quand j'étais avec lui, j'étais toujours morte de rire[306] !

La version de l'histoire donnée dans *La Vie secrète*, où Carme, qui n'est pas mentionnée par son nom, est la petite amie de l'« idylle de cinq ans », suggère qu'évidemment il n'était pas question de sexe (le sexe était restreint à « cela »). Dalí se peint comme un inlassable sadique, qui tourmentait son amante par sa froideur, son refus de l'aimer, et jouissait de la réduire à une position d'abjecte servilité : « Je savais, et elle savait, que je ne l'aimais pas. Je savais qu'elle savait que je ne l'aimais pas. Elle savait que je savais qu'elle savait que je savais que je ne l'aimais pas. Ma solitude demeurait intacte, et je pouvais quand même exercer mes "principes d'action sentimentale" sur un être très beau[307]. »

Le père de Carme n'avait pas une grande estime pour le peintre, et il y a toujours, à Figueres, des gens qui se rappellent qu'un soir, sur la Rambla, il a giflé sa fille parce qu'elle fréquentait un jeune homme d'aussi mauvaise réputation. Carme, elle aussi, en arriva à comprendre que Salvador n'était pas son compagnon idéal. Quand il se fut installé à Madrid, en 1922, elle mit fin à leur relation (« Il s'attendait à ce que je lui écrive tous les jours, mais comment aurais-je pu le faire ? Je lui ai dit que nous ne pouvions plus continuer ») et trouva un nouveau soupirant, un bel homme d'affaires du nom de « Prat », qui était un bon footballeur et que Dalí méprisait de toute son âme – ce qu'il dit à Carme. De façon caractéristique, Dalí, après avoir perdu la fille qu'il ne pouvait pas aimer, devint d'une jalousie morbide, suivant le couple partout et les espionnant. Carme Roget, en 1928, finit par épouser son homme d'affaires[308].

## DALÍ ET L'*AVANT-GARDE**

Le 4 décembre 1919, Dalí avait rendu compte, dans son journal, de la mort de Renoir, « un des meilleurs impressionnistes français si ce n'est le meilleur », ajoutant : « C'est un jour de deuil pour tous les artistes, pour tous ceux qui aiment l'art et s'aiment eux-mêmes[309]. » Le journal ainsi que les toiles prouvent que, au moins jusqu'en 1920, l'admiration de Dalí pour l'impressionnisme français était restée inébranlable. Elle fut même renforcée lors d'un séjour à Barcelone au cours de l'été 1920, quand il visita pour la première fois, accompagné de sa famille et de parents, le Palacio de Bellas Artes, et qu'il fut si impressionné par les paysages de Joaquim Mir (1873-1940), le peintre admiré par son professeur Juan Fernández Núñez, qu'apparemment il ne remarqua même pas les toiles cubistes d'André Lhote[310]. Au tournant du siècle, Mir avait fait partie, avec Ramon Pichot, Isidre Nonell et d'autres, de la Colla del Safrá, ou « groupe de Safran », ainsi nommé d'après les couleurs jaunâtres de leur travail à l'époque. Plus tard, ses toiles devinrent cependant plus criardes, et ce sont celles qui attiraient maintenant l'œil de Dalí : « D'autres salles, encore d'autres salles... Enfin une qui est un refuge spirituel, un lieu où l'on peut passer des heures et des heures. Celle où est exposée la peinture de Mir, monsieur Mir. Eaux dormantes aux transparences diaboliques, arbres dorés, des ciels rutilants aux couleurs d'insomnie... Mais tout cela, eaux dormantes, couchers d'or, jardins ombragés, de la couleur, c'est couleur, couleur, couleur ! Mir est le génie de la couleur et de la lumière. On peut le mettre à la hauteur des grands impressionnistes français, dont il est un fervent disciple[311]. » Au moins l'une des toiles exécutées par Dalí à Cadaqués après cette rencontre montre l'impact sur lui de la palette extravagante de Mir, comme lui-même le reconnaissait[312].

Mais un changement se préparait. C'est sans doute au début de 1921 que Pepito Pichot apporta à Salvador un cadeau de la part de son frère Juan, à Paris, qu'il lui tendit avec à peu près ces mots : « Pour te montrer qu'il n'y a plus beaucoup de vapeur dans l'impressionnisme. » Le cadeau était une publication futuriste somptueusement illustrée, qui sonnait avec énergie le glas de l'impressionnisme. Publiée à Milan en 1914, elle comprenait le « Manifeste du futurisme », d'autres textes futuristes enflammés, et une abondante anthologie de reproductions d'œuvres futuristes de Boccioni, Carrà, Russolo, Balla, Severini et Soffici[313]. Aux environs de 1927, Dalí dit à Sebastià Gasch, le critique d'art catalan, que ce livre avait provoqué son enthousiasme et l'avait convaincu que le futurisme était l'authentique successeur de l'impressionnisme[314]. De plus, Ramon Pichot, l'homme qui avait poussé Dalí à être un peintre impressionniste, était aussi celui qui cherchait à le détourner de ce mouvement et à lui désigner le chemin à suivre désormais. Pour montrer qu'il avait compris, Dalí tenta un dessin futuriste en regard d'une reproduction de Carrà dans le volume. Quarante ans plus tard, il se rappelait que, pendant quatre mois, il avait peint sous l'influence de Boccioni, qui était « non seulement le plus grand sculpteur du futurisme, mais aussi son peintre le plus important[315] ».

Dans son éloignement de l'impressionnisme, Dalí fut aussi encouragé par deux amis légèrement plus âgés, Joan Subias Galter et Jaume Maurici Soler, de véritables mines d'informations sur la peinture et la littérature contemporaines.

Subias Galter (1897-1984), qui devait devenir un professeur distingué d'art et d'histoire et publier plus de quarante livres, apparaît souvent dans les journaux adolescents de Dalí parmi le groupe d'amis qui fréquentait Carme Roget et son amie Lola. Comme Dalí et Juan Núñez, c'était un admirateur de Joaquim Mir[316]. Dans un article publié à Figueres en mai 1921, Subias louait les affiches à la gouache que Dalí avait faites pour les récentes fêtes de Santa Creu. Plusieurs critiques avaient remarqué que ces gouaches, et d'autres œuvres de la même veine, devaient à l'évidence beaucoup au peintre Xavier Nogués i Casas (1873-1941), connu pour avoir célébré la vie dans la campagne catalane. Les couleurs brillantes de Dalí, cependant, comme lui-même l'écrivit en 1922, le distinguaient du peintre plus âgé. Subias appréciait cette originalité et jugeait les affiches excellentes[317]. *Foi dans la Sainte-Croix* (1921) donne une bonne idée de ce à quoi elles ressemblaient.

Maurici Soler (1898-1981), poète de talent, avait, à l'âge précoce de dix-neuf ans, fondé l'hebdomadaire *Alt Empordà*, qui paraissait à Figueres, et dont chaque numéro contenait une excellente page littéraire (tenue par Maurici lui-même), ainsi qu'une page sur l'art. Le journal était d'esprit intensivement procatalan[318]. Début 1920, Maurici consacra une de ses pages littéraires à la nouvelle poésie européenne. Elle contenait des extraits de la conférence d'Apollinaire, « L'Esprit nouveau et les poètes » (1917), des traductions en catalan de Pierre Reverdy, de Philippe Soupault, d'Albert-Birot, de Paul Dermée et de Marinetti, et un intéressant « poème futuriste » (en fait, un calligramme) par l'un des grands rebelles littéraires du moment en Catalogne, Joan Salvat-Papasseit, un poète qui, pendant des années, avait été parmi les préférés de Dalí[319]. Elle contenait aussi quelques provocations du « Manifeste futuriste », dont l'une, exaltant un « saut périlleux », a dû retenir l'attention de Dalí[320]. Maurici et Dalí devinrent de bons amis, et en 1921 Salvador effectua des dessins charmants pour les couvertures de plusieurs de ses livres[321].

À Barcelone, Dalí avait un allié puissant, nous le savons, en la personne de son oncle Anselm Domènech, propriétaire de la librairie Verdaguer, qui le fournissait en livres et en magazines récents, et le tenait précisément informé de l'actualité de l'art contemporain dans la capitale catalane. En ville, le *sanctus sanctorum* de l'art moderne était la galerie tenue par un des amis de Domènech, Josep Dalmau (1867-1937), né dans la ville industrielle de Manresa. Lui-même peintre, il avait été, jeune homme, profondément influencé par l'Art nouveau et avait organisé une exposition à succès (la seule qu'il ait organisée en tant qu'artiste) au café Els Quatre Gats, à Barcelone, en 1898. Comme la plupart de ses compères *modernistes**, Dalmau adorait la France et passa à Paris les années 1901 à 1906. Comprenant qu'il n'était pas taillé pour être un peintre professionnel, il rentra à Barcelone et s'installa comme antiquaire et marchand d'art. Il débuta Carrer del Pi puis, en 1911, déménagea dans un espace plus vaste, au 18, Carrer Portaferrissa, juste à côté de la Rambla. C'est là que, en 1912, il monta une exposition sur l'art cubiste, la première en Espagne. Il y exposa des œuvres de Marie Laurencin, d'Albert Gleizes, de Jean Metzinger, de Juan Gris, de Le Fauconnier et de Marcel Duchamp, dont le *Nu descendant un escalier, numéro 2* fut le clou de l'exposition[322].

Pendant la Grande Guerre, Dalmau devint l'ami de plusieurs artistes étrangers qui s'étaient réfugiés en Espagne, un pays neutre, et exposa leurs œuvres. En 1916, il monta l'une des premières expositions au monde d'art abstrait, avec Serge Charchoune en vedette. Et la même année il choisit Albert Gleizes pour une exposition en solo. En 1917, il patronna la publication d'un magazine d'avant-garde, *391*, dirigé par le peintre franco-cubain Francis Picabia. En 1918, il organisa une exposition de Joan Miró (qui avait été très influencé par l'exposition cubiste) et, en octobre-novembre 1921, il monta une abondante exposition de l'avant-garde (essentiellement française) qui, parmi les quarante artistes représentés, montrait des œuvres de Braque, de Gris, de Lipchitz, de Léger, de Metzinger, de Miró, de Gleizes, de Derain, de Lhote, de Matisse, de Picasso, de Van Dongen, de Diego Rivera et de Severini[323]. L'énergie que mettait Dalmau à promouvoir l'art contemporain était sans limite. « Si Barcelone a une place dans l'histoire de l'avant-garde, a écrit le critique Jaume Vidal Oliveras, c'est grâce à sa mission solitaire[324]. »

Il semble peu probable que le jeune Dalí ait vu une exposition de Dalmau avant ou pendant la guerre, et ses journaux d'octobre et novembre 1920 ne mentionnent pas l'exposition de l'avant-garde française qui se tenait alors à la galerie. Le 17 octobre 1920, cependant, il eut une conversation passionnée avec Joan Subias, qui venait de rentrer de Barcelone. « On a parlé du Greco, de la révolution russe et de Picasso, et de métaphysique et de cubisme », se rappelle-t-il dans son journal. Comme l'exposition d'avant-garde de Dalmau venait de s'ouvrir, il est difficile d'imaginer que Subias, en amateur d'art qu'il était, ne l'ait pas visitée. Il en montra peut-être même à Dalí le luxueux catalogue, qui contenait nombre d'illustrations[325].

Dans le journal d'adolescence existant, il n'y a pas d'autres allusions à Picasso, jusqu'à l'été 1922, quand Dalí euphorique d'avoir terminé ses études note que le grand artiste est désormais l'un de ses « pairs[326] » ce qui fut confirmé par le travail dont Dalí s'occupait activement, abandonnant complètement derrière lui sa période impressionniste.

## UNE TRAGÉDIE FAMILIALE : L'APPEL DE MADRID

Un matin, début février 1921, Carme Roget rencontra Salvador, Anna Maria Dalí et Catalina Domènech se rendant à la messe. Elle fut sous le choc quand elle apprit que la mère du peintre venait d'être hospitalisée d'urgence dans une clinique de Barcelone, où elle devait subir une importante opération. La famille était consternée, et s'apprêtait à prier pour sa guérison. Mais Felipa Domènech ne se remit pas et mourut d'un cancer de l'utérus le 6 février 1921, à l'âge de quarante-sept ans, après avoir été opérée à la clinique Ribas i Ribas, dans la capitale catalane (390, Calle Valencia). Même si Anna Maria Dalí affirma plus tard que la tragédie avait été brutale, un des avis d'obsèques parus dans les journaux dit que la mort est survenue « après une longue et douloureuse maladie », ce qui semble plus probable. Felipa Domènech fut enterrée au cimetière de Poble Nou, dans le même caveau que Gal Dalí et Teresa Cusí[327].

L'impact de la mort de Felipa fut tel que sa sœur Catalina, la « Tieta », fit une dépression nerveuse, et que Salvador Dalí Cusí l'envoya en convalescence chez son ami de Barcelone Joaquim Cusí Furtunet, le nabab de la pharmacie. Il fallut presque un an pour qu'elle se remette et puisse regagner Figueres[328].

Dans *La Vie secrète*, Dalí dit que la mort de sa mère fut le choc le plus dur qu'il ait dû encaisser, un coup qui le détermina à obtenir le succès à n'importe quel prix : « Les dents serrées, je me jurai que j'arracherais ma mère de la mort et du destin, dussé-je employer les épées de lumière qui, un jour, brilleraient sauvagement autour de mon nom glorieux[329] ! »

La mère de Dalí venait à peine de mourir quand il connut une nouvelle perte. Rien n'avait laissé penser que Pepito Pichot était en mauvaise santé. Mais en juillet 1921, à l'âge de cinquante-deux ans, il mourut brutalement. Le journal de Dalí concernant ce mois n'a pas été conservé, mais il ne fait aucun doute qu'il ressentit profondément la perte de son ami et allié[330].

Une entrée de dix pages du journal de Dalí en octobre 1922 confirme que, une fois qu'il eut encaissé le choc de la mort de sa mère, il travailla avec une énergie nouvelle à la construction de sa réputation et de son image publique. Il y fut aidé par le roman de Ramón María del Valle-Inclán, *Sonata de estío*, dont le protagoniste doté d'un individualisme forcené ne pouvait que le fasciner. « Au moins, je connais le marquis de Bradomín. Je le trouve très séduisant », écrit-il. Dans une section du journal qui a pour titre « Pensées sur moi-même », Dalí avoue : « Il ne fait aucun doute que je suis d'un type complètement théâtral, qui ne vit que pour "poser"... Je suis un "poseur" dans ma façon de m'habiller, dans ma façon de parler, et même, parfois, dans ma façon de peindre. » Et d'ailleurs, peut-être le fait même d'admettre qu'il est un *poseur** est-il une « pose » ! Son atelier est mal rangé, mais il ne faut pas s'y tromper : pour que ses visiteurs voient qu'il lit Pío Baroja, ses romans sont laissés dans un endroit où on peut les voir, ainsi que *Don Quichotte* et des volumes sur le futurisme et le cubisme. En même temps qu'un « poseur », Dalí se considère aussi maintenant comme un « égotiste raffiné », mais « ce n'est peut-être pas apparent », car « autant qu'égotiste, je suis parfois naïf, et j'imagine que c'est ce qu'on remarque le plus ». Une de ses principales préoccupations (« en plus d'autres aspirations, parfaitement nobles et artistiques ») était que les gens le trouvent intéressant, différent : « C'est pour ça que je me laisse pousser les cheveux, et que j'ai des rouflaquettes. » Pour se prouver, à lui et aux autres, qu'il est vraiment différent, il s'occupe activement à gagner les faveurs d'une bohémienne qu'il appelle la « Reine » : « En peu de temps, j'ai fait de grands progrès en ce qui concerne la farce et la tromperie », écrit-il, ajoutant qu'il s'est rapidement habitué « à être un grand acteur dans cette comédie encore plus grande qu'est la vie, la vie farcesque dans notre société ». En dépit du fait qu'il est toujours en représentation, même lorsqu'il est seul, sa plus grande ambition reste d'ordre artistique, « et c'est plus important que tout ». La dernière phrase de cette confession est la suivante : « Je suis follement amoureux de moi-même[331]. »

Ces pages d'octobre 1921 montrent aussi que, depuis la mort de Felipa Domènech, Dalí est devenu non seulement plus narcissique, mais aussi plus marxiste. Il vient de s'abonner à *L'Humanité*, le journal marxiste français, car, ainsi qu'il l'explique, « je suis maintenant plus communiste que jamais ». Mais on s'aperçoit qu'il commence à perdre l'espoir que les Espagnols parviennent à faire la révolution attendue. En 1920, il avait écrit que l'Espagne était un pays dans lequel tout bouge si lentement qu'il ne fallait pas se hâter à mettre en branle une chose aussi importante que la révolution[332]. Maintenant, un an plus tard, il en est arrivé à la conclusion que « l'Espagne est de la merde, à la fois le gouvernement et le peuple », ce dernier parce qu'il continue à accepter « l'une des tyrannies les plus honteuses de l'humanité ». Le gouvernement tyrannique en question avait mené des opérations militaires au Maroc, avec des résultats catastrophiques (à la grande joie de Dalí). Le 10 octobre 1921, quand arriva la nouvelle que l'armée espagnole avait repris à Abd el-Krim le mont Gourougou, près de Melilla, il fait le commentaire suivant : « Ils nous ont repris le Gourougou, mais quelle différence entre *notre* retraite et celle des Espagnols ! » Dans une note, il explique : « Je me considère comme complètement maure[333]. »

Au cours de l'automne 1921, Dalí, Martí Vilanova, Rafael Ramis et Jaume Miravitlles organisèrent ce que ce dernier, dix ans plus tard, appelait « le premier "soviet" d'Espagne », un groupe nommé « Rénovation sociale », accompagné d'un périodique éphémère du même nom. Selon « Met », il s'agit « de la période la plus romantique et la plus généreuse de la vie de Dalí », inspirée par la foi brûlante de Vilanova en la révolution[334].

Le premier – et apparemment le seul – numéro de *Renovació Social* parut le 26 décembre 1921, précédé par un manifeste adressé « à l'opinion publique de Figueres ». Le journal était sous-titré « Porte-parole bimensuel d'un groupe de socialistes de cette ville », et tous les contributeurs de ces quatre pages écrivaient sous pseudonymes – peut-être une idée heureuse, car les représentants locaux du gouvernement de Madrid refusèrent au groupe la permission de s'inscrire comme parti politique. Les articles témoignent d'un marxisme ardent, en faveur de la lutte des classes et de la dictature du prolétariat, et l'un d'eux, signé « Jak », porte le cachet de l'ironie acerbe de Dalí que l'on retrouve dans ses journaux : les Soviétiques sont des barbares, les bolcheviques tuent des femmes et des personnes âgées et mangent des bébés, Lénine est un tyran et un sadique, et les écrivains qui soutiennent le régime (Wells, Anatole France, Gorki) sont moralement dégénérés. Alors, comme c'est étrange que les Russes, malgré la tourmente révolutionnaire et le manque de vivres, soient occupés, en ce moment, à installer, à Moscou, en plus, un musée des toiles impressionnistes, prises à leurs propriétaires millionnaires[335] !

Dalí peignait aussi dur qu'il prêchait. En janvier 1922, son travail fut montré pour la première fois à Barcelone, où il envoya six toiles pour une exposition ambitieuse organisée dans la prestigieuse galerie de Josep Dalmau par l'Association des étudiants catalans. Comme son ami Ramon Reig y prenait part aussi, on peut supposer que c'est leur professeur Juan Núñez qui les encouragea à y participer.

Cent vingt-quatre œuvres de quarante étudiants étaient exposées. Les toiles exposées par Dalí étaient *La Vénus qui sourit*, *Oliviers à Cadaqués*, *Le Déjeuner sur l'herbe*, *La Fête à l'ermitage*, *Marché*, *Crépuscule* et *Salomé*. Carlos Costa, directeur du quotidien barcelonais *La Tribuna*, un ami proche de la famille Dalí, fit l'éloge de ces toiles à la une du journal, signalant particulièrement *Marché* et *Crépuscule*. Il rappela à ses lecteurs qu'un an plus tôt il avait prédit au jeune artiste une renommée rapide, une prédiction maintenant réalisée[336]. D'autres journaux de Barcelone firent aussi l'éloge de Dalí[337], et un magazine illustré, *Catalunya Gráfica*, publia une reproduction en noir et blanc de *Marché*. Cette œuvre, dont on ignore où elle se trouve aujourd'hui, était exécutée à la détrempe, et représentait sans doute le marché du jeudi à Figueres, que Dalí appréciait tant. Selon Rafael Santos Torroella, elle manifestait clairement l'influence de Ramon Pichot[338]. Un jury distingué accorda à Dalí le Prix du Recteur de l'université de Barcelone pour cette toile. À Figueres, l'*Empordà Federal*, annonçant fièrement la nouvelle, remarqua que toutes les toiles exposées par Dalí avaient été vendues[339].

Le triomphe de Salvador à Barcelone et ses répercussions dans la presse doivent avoir réconforté son père en deuil. Ce succès se répéta lorsque, en juillet, Dalí prit part à l'Exposition des artistes empordains, qui se tenait maintenant chaque année à Figueres, et qui avait lieu cette année-là au Casino Menestral. Dalí, écrivait « Puvis » (qui, un an et demi plus tôt, avait prédit qu'il serait un grand peintre), « est une poudrière dotée de la plus grande énergie et des plus solides qualités[340] ». Il était largement admis, à la fois à Barcelone et à Figueres, que Dalí avait un potentiel artistique hors du commun, et était destiné à la gloire[341].

En avril 1920, comme on l'a vu, Dalí Cusí avait décidé qu'après avoir obtenu son *bachillerato*, son fils irait étudier, en vue d'un diplôme en art, à l'Académie royale des beaux-arts de Madrid. Juin 1922, la date de l'examen final de Salvador à Figueres, approchait rapidement, et étant donné ses bons résultats, il n'y avait pas de raison de douter qu'il serait reçu. Le chemin de Madrid était presque ouvert.

Quand la décision fut prise d'envoyer Salvador à l'Académie, la recommandation de Juan Núñez se révéla sans doute vitale, étant donné que lui-même en était diplômé. Un autre conseil penchant pour Madrid vint d'Eduardo Marquina, le dramaturge marié à Mercedes Pichot, qui était en bons termes avec Alberto Jiménez Fraud, directeur de la très fameuse Résidence des étudiants, la plus éclairée d'Espagne. À la Résidence, raisonnait sans doute Marquina, Salvador ne bénéficierait pas seulement d'une compagnie agréable et d'une atmosphère cosmopolite, mais connaîtrait une émulation pour se lancer à fond dans sa carrière. Les arguments en faveur de Madrid paraissaient concluants à tous et lorsque, comme prévu, Salvador obtint son *bachillerato*, une entrevue avec Albert Jiménez Fraud fut organisée pour début septembre.

● Le jeune Dalí élégant des premières années à la Résidence des étudiants, à Madrid.

À peu près à cette époque-là, Dalí eut une discussion avec le peintre Marià Llavanera, de quatorze ans son aîné. Llavanera lui dit que son idéal esthétique était de mêler le meilleur de l'art classique au meilleur de la peinture moderne : le savoir-faire et la rigueur de la Renaissance avec la lumière, les couleurs et les effets atmosphériques de l'impressionnisme – une nouvelle synthèse entre Michel-Ange et Cézanne. Dalí était fortement en désaccord. « Je suis persuadé que la peinture, comme tous les arts, est presque instinctive », écrivit-il dans ses *Griffonnages* (*Ninots*) quelques jours plus tard sous le titre « Doctrine anarchique » :

> Devoir suivre un chemin préconçu est une pure torture... Je suis persuadé qu'il faut peindre sans doctrine esthétique, peindre pour le plaisir de peindre, n'accepter aucune restriction, suivre les impulsions de la sensibilité la plus libre, peindre romantiquement sans penser qu'on peint de façon raisonnable. Quel rapport entre la logique et la peinture ? Peindre est une affaire de sens, l'essentiel pour un peintre est l'absence de dogmes, de doctrines, de méthodes, un peintre ne peut cartographier sa carte sans faire violence à sa sensibilité[342].

C'est dans un état d'esprit « anarchique » que Dalí s'installa à Cadaqués pour les mois d'été. Il écrivit plus tard dans son journal que, en dépit de ses tentatives pour se montrer désagréable, il avait reçu les faveurs des femmes. Il supposait qu'elles avaient lu quelque chose sur lui dans le journal et avaient été impressionnées, à juste titre[343]. Avant de partir, il écrivit un adieu quelque peu ampoulé à Andrea, une fille du pays pour qui il avait du goût :

> Adieu, Cadaqués, adieu oliviers et chemins pleins de tranquillité. Adieu marins, maîtres de la belle vie, je m'en vais bien loin pour m'appliquer à des choses dont je n'ai pas besoin. Pour étudier, pour voir le Prado.
> Et toi, au regard de statue gothique, toi qui es jeune, avec deux seins comme deux fruits sous ta robe blanche, toi qui peut-être te rends compte que tu me plais et que je t'aime, adieu aussi, petite[344] !

Dalí pouvait bien vouloir affecter une indifférence blasée concernant sa présence prochaine à l'Académie San Fernando. Cela correspondait à l'image du peintre romantique, qui n'a pas de temps à perdre en préoccupations terrestres. Il ne fait pas de doute néanmoins que, cet été-là, il a pensé sans cesse à son arrivée dans la capitale espagnole. Après tout, comme il l'avait prédit dans son journal deux ans plus tôt, ce serait le pas suivant, et vital, sur le chemin de son but suprême : la reconnaissance internationale.

¡Ideas en maravilloso fin como ligatista!

Al señor: La mía poesía verdaderamente desinfectada. Es la poesía de los burros podridos.

Yo estoy completamente antiartístico y preparo un manifiesto titulado así Manifiesto antiartístico, lo firmaran, sostres motoristas, bailarines, banqueros, cineastas, maniquís, artistas de music-hall, aviadores y burros podridos. Dalí

Me dedico a escribir y mis cosas producen grandes escándalos, sobre todo poesías, te mando unas para que estés contento, me parece te gustarán. Dalí algodor

escribes cositas

¡Háblame!

Contestarme

# IV. Les années madrilènes [1922-1926]

## PREMIERS PAS À LA « RÉSI » ET À L'ACADÉMIE

La Résidence des étudiants était un surgeon de l'Institución Libre de Enseñanza (Institution libre d'enseignement), un lycée progressiste ouvert à Madrid en 1876 par Francisco Giner de los Ríos et d'autres professeurs d'université qui voyaient loin. « Libre » signifiait la liberté, d'abord vis-à-vis de l'Église qui, pendant des siècles, avait étranglé l'éducation dans le pays – et menaçait de recommencer maintenant que les Bourbons venaient d'être restaurés. Et, ensuite, liberté vis-à-vis des interférences de l'État. Dès le départ, l'Institution libre d'enseignement eut bien des ennemis, mais contre toute attente elle survécut. Cherchant à produire des individus équilibrés dédiés à la construction d'une Espagne « européenne », elle devait avoir sur la vie intellectuelle, morale et politique de la nation un impact énorme[345].

**88●** L'un des dessins de la série des *Putrefactos*, projet de publication avorté de Lorca et Dalí, 1927, encre sur papier, 20,8 × 16,5 cm.

Alberto Jiménez Fraud (1883-1964), le jeune directeur de la Résidence des étudiants, avait enseigné trois ans à l'Institution libre d'enseignement et était profondément marqué par l'éthique libérale qui imprégnait l'école. L'obsession des progrès de l'Espagne qui était celle de Giner de los Ríos, son humanité et sa conviction que seule la création d'une minorité choisie d'hommes et de femmes cultivés à la vision européenne pouvait amener un changement dans le triste destin du pays exercèrent une profonde influence sur Jiménez. Entre 1907 et 1909, il passa plusieurs mois en Angleterre, où il admira le système de tuteurs à Oxbridge. Lorsque, en 1910, Giner de los Ríos l'invita à devenir le directeur d'une résidence d'étudiants expérimentale à Madrid, il releva le défi avec enthousiasme. Il avait vingt-six ans[346].

La première Résidence des étudiants n'avait que quinze chambres et abritait dix-sept étudiants : un commencement peu prometteur pour l'une des expériences d'enseignement les plus excitantes dans l'histoire de l'Espagne moderne. À l'époque, rien dans le pays ne correspondait à un collège-résidence anglais ni à une résidence universitaire, et les étudiants de province n'avaient normalement d'autre choix que de vivre dans des trous sordides. La Résidence commença, à petite échelle, à corriger cette tendance. Le plan était de fournir une combinaison de logements confortables, de tutorat non officiel et d'atmosphère interdisciplinaire. Dès le commencement, Jiménez Fraud sélectionna soigneusement les étudiants pour assurer un équilibre entre les « deux cultures ». Il insistait sur l'importance des efforts communs et de la responsabilité personnelle, et une austérité marquée apparaissait dans la tenue – et la décoration – de la maison. Le directeur et ses collaborateurs étaient ce que V. S. Pritchett, qui visita les lieux en 1924, appelait « des puritains ensoleillés ». Ils se voyaient comme des missionnaires au service d'une Espagne nouvelle. La frivolité était taboue, et quand on s'amusait, ça devait rester de bon goût[347].

La Résidence eut un succès immédiat, et le grand nombre de demandes d'admission l'obligea à déménager en des lieux plus spacieux. Un nouveau complexe s'érigea en 1915, sur un groupe de collines à l'extrémité nord du Paseo de la Castellana, la grande avenue rectiligne qui coupe Madrid, et qui à l'époque se perdait sur l'actuelle Plaza San Juan de la Cruz. Le site, sur le flanc est de l'avenue et presque en pleine campagne, offrait une vue étonnante sur la Sierra de Guadarrama, couverte de neige en hiver, et était à vingt minutes de tram du centre de la capitale, qui était alors une petite ville de quelque six cent mille habitants.

Les pavillons de brique de la nouvelle Résidence étaient conçus dans le style néomudéjar, inspiré par l'architecture des constructeurs musulmans qui, des siècles plus tôt, avaient travaillé sous les chrétiens. Étroits, légers, aérés, ils étaient très pratiques, et dotés de nombreuses douches et salles de bains. Le poète Juan Ramón Jiménez contribua à dessiner les jardins, et quand Dalí arriva à l'automne 1922, les peupliers plantés le long du

● Dalí avec sa classe à l'Académie spéciale de San Fernando, Madrid, vers 1920-1924.

petit canal qui courait devant les bâtiments se développaient. L'endroit était une véritable oasis aux abords de la ville, là où Madrid se fondait dans la plaine desséchée de Castille.

À l'intérieur, les bâtiments étaient austères, comme il convenait à l'esprit quelque peu spartiate de la maison. Les meubles en pin étaient la règle (à l'exception des assez inconfortables chaises cannées), et les seules touches de couleur venaient des peintures, des carreaux émaillés et des poteries traditionnelles. Les chambres étaient d'apparence légèrement monastique, et, afin de faciliter la concentration des étudiants, il était strictement interdit de faire du bruit tard le soir. Les lieux étaient immaculés, et malheur à celui qui laissait tomber un mégot de cigarette sur le sol.

Une fois terminés les cinq pavillons, la Résidence put accueillir cent cinquante étudiants, un chiffre qui resta quasiment constant jusqu'en 1936, et rendait possible à tous les étudiants de se connaître de vue, sinon de nom. C'était une communauté de taille idéale[348].

Une majorité des résidents étaient des étudiants en médecine, attirés par les laboratoires et par l'enseignement supplémentaire qui leur y était gratuitement donné, grâce au « système de soutien » de Jiménez Fraud pour les étudiants de premier cycle. Les étudiants en médecine étaient suivis de près par les ingénieurs industriels, dont la faculté se trouvait dans une aile du musée d'Histoire naturelle tout proche. Quant à l'accusation parfois adressée à la Résidence de pratiquer un « élitisme social », il est vrai que la très grande majorité des étudiants venait de la classe moyenne, ce qui était inévitable étant donné que l'éducation secondaire était entièrement limitée à ce milieu. Mais le conseil d'administration était très au fait de cette circonstance et luttait pour laisser des places aux moins privilégiés[349].

Un des principaux efforts d'Alberto Jiménez Fraud consistait à persuader des gens distingués, hommes et femmes, Espagnols et étrangers, de donner des conférences à sa communauté. À cette fin furent créées deux organisations : le Comité hispano-anglais, en 1923, et l'année suivante la Society for Courses and Lectures. Cette dernière était soutenue par un comité constitué par la *crème de la crème** des femmes de Madrid, et obtint un énorme succès. Parmi ceux qui donnèrent des conférences, on remarque H. G. Wells, G. K. Chesterton, Albert Einstein, Louis Aragon, Paul Valéry, l'égyptologue Howard Carter, Max Jacob, José Ortega y Gasset, Salvador de Madariaga, Roger Martin du Gard, Hilaire Belloc, Leo Frobenius et, plusieurs fois, l'écrivain et critique d'art catalan Eugenio d'Ors, qui devait devenir l'un des plus ardents soutiens du premier Dalí. Pere Coromines, le vieil ami de son père, avait donné des conférences quelques années avant l'arrivée de Dalí.

On faisait aussi de la musique à la Résidence, et de grande qualité. Manuel de Falla et le guitariste Andrés Segovia étaient souvent là, et on vit la claveciniste Wanda Landowska, le pianiste Ricardo Viñes et les compositeurs Darius Milhaud, Igor Stravinsky, Francis Poulenc et Maurice Ravel.

Dans un pays où les bibliothèques modernes manquaient cruellement, la Résidence en avait une excellente, et en constante expansion, avec nombre de journaux et magazines étrangers. Elle restait ouverte tard le soir, on encourageait les étudiants à parcourir les livres, qu'ils pouvaient emporter dans leur chambre. La Résidence se mit aussi à publier, et produisit des livres qui sont aujourd'hui des pièces de collection, parmi lesquels la première édition des poésies complètes d'Antonio Machado (1917) et les sept volumes d'essais du philosophe Miguel de Unamuno, qui venait fréquemment.

La « Rési », ainsi qu'elle était affectueusement appelée, avait pour emblème un médaillon inspiré de la tête de la sculpture athénienne du Ve siècle avant Jésus-Christ. connue sous le nom de l'*Ephèbe blond*, qui représente un beau jeune homme, apollonien, aux cheveux frisés. Il ne fait aucun doute que don Alberto et ses collaborateurs estimaient que cette tête exprimait l'idéal du « citoyen parfait ». *Mens sana in corpore sano* : si telle n'était pas la devise officielle de la maison, c'en était la devise en pratique. Football, tennis, course à pied, bains de soleil, hockey – la Résidence équilibrait son sérieux intellectuel par sa dévotion pour le sport, inspirée par ce que don Alberto avait vu en Angleterre. On est presque surpris qu'il n'y ait pas eu une équipe de cricket. La grande quantité de thé consommée dans les chambres (l'alcool était interdit et le vin, ignoré en Espagne, n'était pas servi aux repas) était un autre signe de l'influence anglaise[350].

John Brande Trend, qui devait devenir professeur d'espagnol à Cambridge, était ravi par l'ambiance de la Résidence et, dans son livre *A Picture of Modern Spain* (1921), insistait sur l'influence exercée sur Alberto Jiménez Fraud et sur ses collègues par le système anglais de « tuteurs ». « Oxford et Cambridge à Madrid » : c'est ainsi que Trend appelait cette expérience, expliquant que le principal souci de la Résidence était d'« éveiller la curiosité (une faculté qui manque à beaucoup d'Espagnols) », et de susciter à la fois le désir d'apprendre et « la capacité à se former un jugement personnel au lieu d'accepter les idées reçues ». Trend oubliait de le mentionner, mais il n'y avait pas de chapelle à la Résidence, une absence que ses détracteurs catholiques jugeaient infamante, mais symbolique de sa détermination de rester aussi libre que possible vis-à-vis des interférences de toutes sortes[351].

Quand Dalí y arriva, en septembre 1922, accompagné de son père et de sa sœur, la Résidence s'apprêtait à entamer la période la plus brillante de son histoire.

Plus tard, dans son livre *Salvador Dalí vu par sa sœur*, Anna Maria Dalí raconta leur arrivée, et rappela l'impact qu'eut sur les Madrilènes l'apparence excentrique de son frère : les cheveux presque jusqu'aux épaules, des rouflaquettes bizarrement longues, une cape qui frôlait le sol, une canne dorée. Tous les trois devaient certainement constituer un groupe inhabituel, tandis qu'ils exploraient la capitale, se parlant avec animation dans leur catalan de l'Empordà, la flamboyance de Salvador complétée par la beauté plantureuse de sa sœur de quatorze ans, et par le dandinement des formes corpulentes du notaire, sa tête chauve et massive frangée de touffes des cheveux les plus blancs qui soient[352].

L'Académie royale des beaux-arts de San Fernando – où l'on imagine que Dalí se précipita pour tout inspecter – avait été fondée en 1742 par Philippe V, le premier monarque bourbon d'Espagne, et s'était ouverte en 1752. Des institutions similaires furent créées plus tard à Valence, à Séville et à Saragosse, mais pas à Barcelone. « L'idée était d'améliorer le niveau des architectes et des artistes, avait écrit un responsable, et d'élever le niveau des arts en Espagne à la hauteur de ce qu'ils étaient dans les autres pays européens[353]. » Les Académies étaient à la fois des sociétés d'enseignement et de normalisation et reposaient sur l'hypothèse sous-entendue que l'esthétique néoclassique inspirée par la France devait être imposée en Espagne. La politique, évidemment, n'y était pas étrangère : les Académies devaient être une expression du pouvoir des Bourbons, de leur discipline et de leurs lumières, un instrument destiné à éduquer au bon goût l'Espagne barbare.

L'Académie de peinture, sculpture et gravure, le département d'enseignement de l'Académie royale, se trouvait au même endroit que cette dernière, dans un beau bâtiment au commencement de la Calle de Alcalá, juste à côté de la Puerta del Sol, le Piccadilly Circus de Madrid. Étant donné le standing de l'Académie, il s'agissait évidemment de l'école d'art la plus prestigieuse du pays. Ce qui ne signifie pas qu'elle était particulièrement bonne. Si l'on en croit ce qu'écrivait en 1924 Eugenio d'Ors, elle s'était à cette époque tellement dégradée qu'on y avait perdu tout respect pour la tradition et la discipline. L'école était une « farce écœurante, molle, incohérente ». Mais peut-être s'agissait-il d'un jugement excessif[354].

Il n'est pas étonnant que don Salvador Dalí Cusí, au lieu d'envoyer son fils à l'école des beaux-arts locale, ait décidé de l'inscrire à la vénérable institution de la capitale, dont les diplômes étaient la meilleure garantie d'un solide poste d'enseignant. Il devait être également persuadé que le Prado tout proche serait pour son fils une université inestimable, indépendamment de ses progrès à l'Académie.

Le 11 septembre 1922, Dalí passa l'examen d'entrée[355]. *La Vie secrète* nous fournit un compte rendu extrêmement drôle de l'événement, mais il est impossible de vérifier son exactitude. Si l'on en croit Dalí, le test passé en septembre consistait en un dessin d'après un moulage du *Bacchus* de Jacopo Sansovino. Les candidats avaient six sessions d'une heure (une par jour) pour terminer leur dessin, qui devait être conforme aux mesures exactes. Dalí étant ce qu'il était, son dessin se refusait obstinément à respecter les dimensions exactes, et à mi-parcours il était beaucoup trop petit. Après beaucoup de gommages et de recommencements, le résultat final était encore plus petit[356].

Dalí, tout en attendant les résultats, écrivit tout excité à son oncle Anselm Domènech à Barcelone, lui disant que Madrid lui plaisait énormément. À cette date, son expérience la plus bouleversante avait été de voir les Vélasquez du Prado. Certain qu'il serait reçu à l'Académie (dont il avait déjà remarqué le bas niveau), il demanda à Anselm de basculer à Madrid son abonnement à *L'Humanité*, le journal communiste français. Il lui demanda aussi de prendre un abonnement en son nom à *L'Esprit nouveau*, le porte-parole parisien du purisme d'Amédée Ozenfant et de Le Corbusier[357]. Comme d'habitude, Anselm fit ce qu'il lui demandait, et fidèle à lui-même Dalí s'assura que les Madrilènes le voient avec, sous le bras, *L'Esprit nouveau* et une autre publication d'avant-garde, le *Valori Plastici* de Milan. En 1928, il dit que *L'Esprit nouveau* lui avait ouvert les yeux sur « la beauté simple et émouvante du miraculeux monde mécanico-industriel », avec ses objets standardisés libres de toute prétention artistique[358].

Comme Dalí l'avait prévu, il réussit son examen d'entrée à San Fernando, malgré la petite taille de son dessin, et don Salvador et Anna Maria Dalí, qui avaient été malades d'anxiété, repartirent pour Figueres avec un grand soupir de soulagement, après l'avoir recommandé aux bons offices de Josep Rigol Formaguera, un Catalan étudiant à l'école[359].

Le 30 septembre, Salvador s'inscrivit aux options qu'il souhaitait suivre au cours de sa première session à l'école : perspective, modelage, anatomie, histoire de l'art (Antiquité et Moyen Âge) et dessin de statues.

Dalí semble avoir à peine communiqué avec d'autres étudiants de la Résidence au cours de ses premières semaines à Madrid. Mené par l'ambition que l'on voit dans ses journaux d'adolescence, et profondément timide, il se consacrait avec un zèle sans faille à ses cours à l'Académie, s'enfermant dans sa chambre quand il rentrait à la « Rési », ne dépensant pas d'argent, et passant ses dimanches matin au Prado[360].

Mais, progressivement, il commença à sortir de sa coquille. Il y fut encouragé par l'un des locataires les plus aimables de la Résidence, José (« Pepín ») Bello Lasierra dont Dalí, dans *La Vie secrète*, affirme que c'est lui qui l'a « découvert » :

> Un jour, en mon absence, la femme de ménage ayant laissé ma porte ouverte, Pepín Bello, qui passait dans le couloir, aperçut mes deux toiles cubistes. Il rapporta immédiatement sa découverte au groupe qui me connaissait seulement de vue. J'étais même l'objet d'un humour caustique, les uns m'appelant « le musicien », ou « l'artiste », les autres « le Polonais ». Mon accoutrement si peu européen m'avait fait mépriser et considérer comme un quelconque résidu romantique, plus ou moins pouilleux. Mon allure studieuse, mon visage sans trace d'humour me définissaient à leurs yeux comme un individu lamentable, mentalement déficient, et tout au plus pittoresque. Rien ne pouvait contraster plus violemment avec leurs complets et pantalons de golf britanniques que mes vestes de velours, ma cravate lavallière et mes molletières. Ils se coupaient les cheveux très court et je gardais les miens longs comme ceux d'une fille. Et surtout, au moment où je les connus, ils étaient possédés par une sorte de complexe de l'élégance et du cynisme qu'ils maniaient avec un dandysme expert. En un mot, ils m'intimidaient et longtemps je craignis – au point de frôler l'évanouissement – leur entrée dans ma chambre[361].

● Dalí, Lorca et Pepín Bello, d'humeur affectueuse, à la Résidence des étudiants. Daté de 1926 par Luis Buñuel.

Ce récit semble très exact. Des années plus tard, José Bello répétait que ce qui le frappait le plus chez Dalí était son extrême timidité. Le Salvador des premiers temps à la « Rési », se rappelait-il, était « littéralement malade de timidité », la personne la plus complexée qu'il ait connue. Il rougissait fréquemment, et semblait totalement indifférent aux filles[362]. L'un des contemporains de Dalí à l'Académie, le sculpteur Cristino Mallo, avait la même impression : « À l'époque, ce qu'il y avait de plus étonnant chez Dalí, qui fit plus tard tant de choses scandaleuses, c'est qu'avant tout il manquait totalement d'assurance[363]. » « Le Dalí de cette période ressemblait à Buster Keaton, se rappelait un autre ami, Rafael Sánchez Ventura. Il était d'une timidité morbide – exactement à l'opposé de ce qu'il fut plus tard[364]. »

José Bello, lui, était tout sauf timide. Il était né le 9 mai 1904, deux jours avant Dalí, dans la ville aragonaise de Huesca, où son père, un ingénieur civil distingué, construisait un réservoir. Il était arrivé à la Résidence en 1915, juste avant qu'elle déménage. En 1921, quand il entra à la faculté de médecine de Madrid, il y revint après une courte absence, et se vantait d'être un de ses plus vieux pensionnaires. « Pepín », ainsi qu'on le surnommait toujours à la Résidence, avait ce que les Espagnols appellent le *don de gentes*, l'art de gagner l'amitié des gens. Il était *muy simpático*, d'un abord très facile, un oiseau de nuit (depuis son enfance, il souffrait d'insomnies) et, à la différence de la plupart des Espagnols, il savait très bien écouter, et avait une profonde curiosité pour les gens. Malgré son intérêt pour la médecine, il ne devint jamais médecin. Malgré ses capacités artistiques et littéraires, il ne produisit qu'une poignée d'esquisses et de poèmes. Mais il avait un don extraordinaire pour la fantaisie, pour l'inventivité et, par-dessus tout, pour l'amitié[365].

À l'époque où Dalí arriva à la « Rési », à l'automne, Pepín Bello venait de se faire un ami pour la vie d'un autre étudiant originaire d'Aragon : le futur cinéaste Luis Buñuel. Né en 1900 dans la petite ville de Calanda, non loin de Teruel, dans la province de Saragosse, Buñuel était le fils d'un riche entrepreneur qui, à la cinquantaine, revenant de Cuba, avait épousé la plus belle fille de la localité, de vingt ans plus jeune que lui, et s'était organisé une vie tranquille. Comme Dalí, Luis, l'aîné de cinq enfants, était le coq de la basse-cour domestique, et bénéficiait de l'indulgence inconditionnelle de sa jeune mère, belle et remplie d'adoration. Cette dernière fut vivement soulagée quand, après avoir soigneusement visité les sordides pensions de Madrid, elle fut aiguillée sur la Résidence présidée par Alberto Jiménez Fraud. Là, avait-elle immédiatement décidé, son garçon chéri serait entre de bonnes mains[366].

Son garçon chéri, qui entra à la Résidence à l'automne 1917, était un rebelle-né. Luis Buñuel correspondait plus que Pepín Bello à l'idée que les autres Espagnols se font des Aragonais : têtus et indépendants. Dur, fier de sa beauté et de son physique avantageux, Buñuel était un maniaque de la culture physique. Chaque matin à la « Rési », quel que soit le temps, on le voyait courir, sauter, faire des pompes, frapper un punching-ball ou lancer son javelot. Il aimait pratiquer ces activités pieds nus. La force des muscles de ses bras et de ses abdominaux lui apportait une satisfaction infinie (il passait son temps à s'allonger et à demander aux gens de lui sauter sur le ventre), et il se voyait particulièrement en boxeur même si, en dépit de l'image de combattant qu'il travaillait tant à donner, il manquait un peu de courage physique, ainsi qu'il devait l'admettre plus tard. La détermination de Buñuel à prouver ses capacités sur les terrains de sport et sur le ring égalait, si l'on en croit ses Mémoires, son assiduité aux principaux bordels de Madrid qui à l'époque, c'est du moins ce qu'il nous dit, étaient les meilleurs du monde. Face à un exemple aussi déconcertant de prouesses masculines et, apparemment, à une telle confiance en soi, ses compagnons de la Résidence surnommèrent Buñuel « Tarquin le Superbe », ce qui lui allait bien[367].

Buñuel avait entamé son cursus académique varié en s'inscrivant au département de l'ingénierie agricole à l'université de Madrid. Ce sujet ne soulevant pas son enthousiasme, il avait changé pour les sciences naturelles, et se consacra pendant un an à l'étude de l'entomologie, dans laquelle il était absorbé quand Dalí fit son apparition à la Résidence (les insectes devaient toujours fasciner Buñuel, et sa phobie des araignées était aussi forte que celle de Dalí des criquets). Finalement, en 1924, il fut diplômé d'histoire[368].

Luis Buñuel, comme Pepín Bello, était un grand bavard et un noctambule, et Madrid, la ville de la nuit la plus amicale et la plus loquace, offrait la possibilité de s'abandonner tout son saoul à ces deux tendances. Quand Dalí arriva à la « Rési », Buñuel connaissait par cœur la capitale espagnole. Il entreprit immédiatement d'initier Salvador et, dans ses Mémoires, il affirme, ce qui est possible, mais aussi peu fiable que ce que dit Dalí, que c'est lui, et pas Bello, qui a « découvert » Dalí[369].

Buñuel, très sociable, appartenait à plusieurs *tertulias* (« cénacles ») de la ville. La *tertulia*, réunion régulière d'amis partageant les mêmes centres d'intérêt, dans le but essentiel de s'affirmer par la conversation, était à Madrid une activité florissante. Il en existait des centaines, dont les membres se rencontraient à la même heure chaque jour ou chaque soir, dans le même café, autour de la même table. La plupart des cafés les plus fameux étaient groupés le long de la section de la Calle de Alcalá qui va de la Puerta del Sol à la Plaza de Cibeles, et seulement à quelques pas de l'Académie San Fernando. Politiciens, poètes, toréadors, médecins, acteurs, avocats – tous avaient leurs repaires favoris, et les gens bien informés qui étaient de passage à Madrid savaient qu'en entrant un soir par exemple au Granja del Henar, ils étaient sûrs de rencontrer un choix des meilleurs experts de la littérature ou de la politique. L'absence quasiment complète de femmes à ces réunions ne surprenait personne, car les femmes espagnoles n'avaient même pas commencé à se libérer (il faudrait attendre pour ça la Deuxième République, en 1931). C'était essentiellement un univers d'hommes, et les seules femmes qui en franchissaient le seuil étaient des demi-mondaines, ou des étrangères curieuses.

Buñuel avait des aspirations littéraires, et se considérait comme un anarchiste. Deux ans après son arrivée à Madrid, il était associé aux écrivains et artistes d'avant-garde qui, en 1919, se regroupaient sous la bannière d'un nouveau mouvement, Ultra, inspiré par les plus récentes tendances en Europe. Parmi les contributeurs du magazine du groupe, typographiquement innovant et qui portait le même nom, on trouve le poète Guillermo de Torre (né en 1900, comme Buñuel), qui était en train de devenir rapidement une autorité en art et littérature contemporains (« C'est notre Marinetti[370] », disait Dalí), le poète argentin Jorge Luis Borges (né en 1899) et sa sœur Norah, peintre, et le prolifique écrivain madrilène Ramón Gómez de la Serna. Et, en février 1922, Buñuel lui-même[371].

Les héros d'Ultra étaient des gens comme Apollinaire, Pierre Reverdy, Jean Cocteau, Pablo Picasso, Juan Gris, Diaghilev (qui avait visité le pays avec ses Ballets russes en 1916 et 1917), Marinetti (dont Ramón Gómez de la Serna avait été le premier à publier en Espagne le « Manifeste du futurisme ») et le poète chilien de Paris Vicente Huidobro, qui avait passé cinq mois à Madrid en 1918.

Les *ultraístas* dévoraient les magazines littéraires français, méprisaient le sentimentalisme (devenu tabou après les horreurs de la Grande Guerre) et étaient convaincus que l'art devait maintenant exprimer l'esprit d'une époque incarnée par la tour Eiffel, les machines, les patinoires, les dynamos, le ragtime et le fox-trot, les voitures aérodynamiques, la radio et le cinéma, les aéroplanes, le télégraphe, les transatlantiques, les filles minces sur les plages, et Kodak. Les *ultraístas* font mentir le cliché selon lequel, en Espagne, seul Barcelone pouvait se targuer à l'époque d'être une scène d'avant-garde. En réalité, même si Madrid était plus coupé de Paris que Barcelone, et n'avait pas de galerie d'art comme Dalmau, elle avait plus de contacts avec l'Europe qu'on ne pourrait le penser. Dalí en fut rapidement conscient, et écrivait à son ami Joan Xirau, avec qui il avait collaboré au magazine scolaire *Studium* :

> À Madrid, à la différence de Barcelone, non seulement la peinture d'avant-garde n'a pas de répercussions, mais elle est inconnue, excepté par le groupe de poètes et d'écrivains dont je vais te parler. Néanmoins, en ce qui concerne la littérature et la poésie, il y a toute une nouvelle génération qui a suivi chaque nouveau développement, avec ses joies et ses inquiétudes, de Rimbaud à Dada[372].

Le gourou reconnu de cette génération était l'infatigable Ramón Gómez de la Serna (1888-1963). Romancier, poète, fondateur compulsif de petits magazines, essayiste, homme d'esprit et mondain, Gómez de la Serna était à la tête de la plus célèbre *tertulia* littéraire de

Madrid, connue sous le nom de « Pombo », qui se réunissait chaque samedi soir au sous-sol d'un café à côté de la Puerta del Sol. « Ramón », ainsi que tout le monde l'appelait dans le Madrid d'avant la guerre civile, qui avait beaucoup voyagé et était très sociable, suivait de très près ce qui se passait en Europe. Pendant la guerre, il avait été en Suisse et en France. Il connaissait personnellement Tristan Tzara et les autres membres du mouvement dada, et pouvait raconter à leur sujet des histoires passionnantes. Il était en bons termes avec Picasso, qui était arrivé impromptu au Pombo en 1917, quand il visitait Madrid avec Diaghilev et ses Ballets russes. Et il était l'inventeur de la *greguería*, une définition concise, qui se servait d'une tactique de choc métaphorique pour se faire comprendre, et avait un grand succès. Ce genre de choses :

> « Conférences : les adieux les plus longs. » « La femme me regardait comme si j'étais un taxi vide. » « L'arc-en-ciel, c'est le ruban que met la Nature après s'être lavé les cheveux[373]. »

« Ramón, a écrit Luis G. de Candamo, annonçait les modes d'expression futuristes, insistant avant tout le monde sur les intuitions des rêves et les méandres de l'inconscient (la logique de l'absurde, en un mot[374]). » Avant tout le monde à Madrid, faut-il préciser. La présence de Ramón était la touche de légèreté qui manquait à la quelque peu puritaine Résidence des étudiants, et on n'est pas surpris d'apprendre que Luis Buñuel devint rapidement un habitué du Pombo, un ami personnel de Ramón, et un adepte des *greguerías* :

> On arrivait, on se saluait, on s'asseyait, on demandait à boire – la plupart du temps du café et beaucoup d'eau (les garçons n'arrêtaient pas d'apporter de l'eau). Après quoi commençait une conversation vagabonde, commentaire littéraire des dernières publications, des dernières lectures, parfois des nouvelles politiques. On se prêtait des livres, des revues étrangères. On disait du mal des amis absents. Quelquefois il arrivait qu'un auteur lût à haute voix un de ses poèmes ou un de ses articles, et Ramón donnait son avis, toujours écouté, parfois discuté. Le temps passait vite. Un petit groupe d'amis se retrouvaient parfois errant dans les rues, au milieu de la nuit, parlant toujours[375].

Il est vraisemblable que Dalí, avant de rentrer à Figueres pour les vacances de Noël, ait fait quelques visites au Pombo[376]. En tout cas, il accompagnait certainement Buñuel lors de ses expéditions dans le Madrid nocturne. On en a une preuve, en l'absence de journaux et de correspondance, avec *Songes noctambules* (*Somnis noctàmbuls*), une remarquable peinture à l'encre et aquarelle faite par Dalí à cette époque [cahier couleur, page II]. Le critique d'art et spécialiste de Dalí Rafael Santos Torroella a démontré que cette peinture manifeste clairement l'influence du peintre uruguayen Rafael Pérez Barradas, un ami proche de Dalí, de Buñuel, de Pepín Bello et d'autres membres de leur groupe, qui contribuait régulièrement à *Ultra* et à des publications similaires de l'époque[377]. En 1913, à l'âge de vingt-trois ans, Barradas avait quitté son Montevideo natal et avait navigué jusqu'en Italie, où il était entré en contact avec le futurisme. Il s'était alors installé à Paris, et avait fréquenté les cubistes. Un an plus tard, il était à Barcelone, où il devint l'ami proche de Josep Dalmau qui, en 1917, monta une exposition de son travail, qu'il est peu probable que Dalí ait vue, mais dont il a pu entendre parler. Puis, en 1918, déçu par l'absence de succès public de ses toiles dans la capitale catalane, Barradas s'était installé à Madrid, où sa chance commença à tourner, quoique brièvement (il retourna ensuite à Barcelone et mourut chez lui, à Montevideo, en 1929[378]). Barradas était fasciné par les cafés et la vie de la rue, en harmonie avec ses amis *ultraístas*, et adorait les objets mécaniques de la société urbaine contemporaine. Il appelait « vibrationniste » le style dans lequel il tentait d'exprimer ce dynamisme. Il tenait à la fois du cubisme et du futurisme, mais l'usage de couleurs vives et le sens du mouvement étaient vraiment propres à Barradas lui-même.

*Songes noctambules* est constitué par une série de vignettes simultanées évoquant une déambulation peu éclairée dans le vieux Madrid aux petites heures du matin. Non seulement la dette de Dalí envers Barradas est manifeste, mais il se peut que l'Uruguayen soit la silhouette chapeautée sur la gauche du groupe de quatre, debout sous la lumière d'un réverbère, en bas au centre du tableau. Barradas, vêtu d'un imperméable, est flanqué, ainsi que l'a démontré Santos Torroella, par un Buñuel aux larges épaules, qui évoque un gangster de Chicago. Sur sa droite on voit un Dalí très ressemblant, et une de ses compagnes de l'Académie, la peintre Maruja Mallo, une étudiante libérée dans la société misogyne de l'époque. Comme Barradas n'apparaît dans aucune autre scène nocturne de la toile, Santos Torroella en déduit que la promenade commence là, avec l'Uruguayen disant adieu à ses amis[379]. Plus haut, légèrement décalé sur la droite, on voit le groupe à un autre moment de son excursion, avec Buñuel sur la gauche, Dalí sur la droite et Maruja Mallo en dessous, tandis que, en haut à gauche, on voit Dalí et Maruja se dirigeant vers une croix austère (peut-être sont-ils entrés dans une église). Et on voit à nouveau Dalí en bas à gauche, la tête de Maruja posée sur son épaule. Derrière eux, on en a du moins l'impression, il y a Buñuel, accompagné par une bande de chats en maraude.

*Songes noctambules* est le chef-d'œuvre d'une série d'aquarelles entamée à Figueres peu avant l'arrivée de Dalí à Madrid[380]. Elles manifestent son intérêt nouveau pour la vie urbaine nocturne, et notamment pour les prostituées et les bordels. On y voit des ivrognes titubant au clair de lune, des couples qui se hâtent de rentrer chez eux, des hommes qui montent furtivement d'étroits escaliers, un client corpulent en train de se déshabiller devant une prostituée qui l'attend nue sur un lit, un homme qui caresse les seins d'une fille dans un cabaret et, dans une peinture intitulée *Les Premiers Jours du printemps*, Dalí lui-même espionnant de derrière un arbre un couple d'amoureux assis sur un banc à Figueres. Dalí pensait manifestement beaucoup à l'amour et à la chair[381].

## UN MARIAGE DANS LA FAMILLE

Le 9 octobre 1922, quelques semaines seulement après l'installation de Dalí à la Résidence des étudiants, sa grand-mère maternelle, Maria Anna Ferrés, mourut à Figueres, à l'âge de quatre-vingts ans. Elle fut enterrée dans le caveau qui contenait les restes du premier Salvador[382]. Selon Anna Maria Dalí, ses derniers mots furent : « Mon petit-fils est à Madrid. Mon petit-fils sera un grand peintre. Le meilleur peintre de Catalogne[383]. » Sa mort fut un nouveau coup pour sa fille Catalina, la « Tieta », pas encore tout à fait remise du choc de la mort de sa sœur Felipa, l'année précédente.

Salvador Dalí Cusí décida alors qu'il serait approprié que Catalina et lui se marient. Elle était sans doute d'accord. Selon le droit canon de l'époque, il leur était cependant impossible de le faire sans une dispense du pape, étant donné que Catalina était la sœur de l'épouse défunte de don Salvador (un empêchement que l'Église intitule « premier degré d'affinité selon une lignée collatérale »). Le 15 novembre, dans un document adressé par le prêtre de la paroisse de Figueres aux autorités ecclésiastiques de Gérone, siège de l'évêché, Dalí Cusí exposait les raisons pour lesquelles Catalina et lui estimaient devoir se marier. Ces raisons étaient que 1) ils vivaient déjà sous le même toit ; 2) ils avaient le même amour pour les enfants ; 3) tous deux venaient de familles honorables ; 4) Catalina était libre de le faire. La machinerie de l'Église fonctionna rapidement, et la dispense papale fut accordée le 29 novembre 1922. Le 22 décembre, le couple se maria dans l'église paroissiale de Sant Jaume Apòstol, à Barcelone. Le notaire avait cinquante ans, et Catalina trente-huit[384].

Selon Montserrat Dalí, Anna Maria Dalí et Salvador approuvaient ce mariage, étant donné la place que Catalina tenait dans la famille comme leur « seconde mère », même si Salvador dit ne pas comprendre pourquoi c'était vraiment nécessaire (« *Papá, no hi veig la necessitat*[385]*!* »). Un biographe a allégué qu'il avait découvert la liaison de don Salvador et de Catalina avant la mort de Felipa Domènech, et ne le lui avait jamais pardonné[386]. Mais il n'y a pas la moindre preuve de cette affirmation. Étant donné la profession de Dalí Cusí, et sa position à Figueres, où tout le monde connaissait les affaires des autres, la présence de Catalina dans la maison après la mort de son épouse aurait certainement donné matière à commérages. Et le notaire de plus en plus conservateur n'avait pas besoin des commérages. Montserrat Dalí, qui n'était pas présente au mariage, avait le sentiment que le mariage avait eu lieu loin de Figueres pour éviter la publicité[387]. Le côté Domènech de la famille doit aussi avoir approuvé cette union, car Anselm, le frère de Catalina, propriétaire de la librairie Verdaguer, était l'un des témoins[388]. Si Dalí avait estimé que son père, en épousant Catalina, trahissait sa première femme, ou qu'il avait eu une liaison avec elle avant la mort de sa mère, il l'aurait sûrement dit clairement, tôt ou tard, dans ses écrits autobiographiques. Mais il ne l'a jamais fait. Il s'agissait d'un mariage fondé sur l'affection, la nécessité sociale, et peut-être, au vu des morts et des malheurs récents, sur un besoin émotionnel d'affirmer la cohésion de la famille.

Il se peut que le mariage ait eu lieu fin décembre pour permettre à Salvador d'être présent à la cérémonie après avoir terminé son premier trimestre à l'Académie. Mais rien ne prouve qu'il y ait assisté, ni d'ailleurs sa sœur Anna Maria Dalí. Tout ce qu'on sait, c'est qu'à la fin du mois Dalí était de retour à Figueres pour les vacances de Noël, car ce retour fut attesté par la presse locale, qui annonça aussi qu'il faisait partie du jury qui décernerait les prix pour les meilleures lampes flottantes et lanternes lors de la procession des Trois Rois mages, le 6 janvier, le jour où la tradition veut que les petits Espagnols reçoivent leurs présents[389].

À Figueres, Dalí fit étalage du dernier numéro de *L'Esprit nouveau*, écrivant dans son journal que Carme Roget, dûment impressionnée, « pencha humblement la tête, dans une attitude attentive, sur les toiles cubistes ».

## BRETON ET PICABIA À BARCELONE

À Figueres, sinon à Madrid, Dalí avait sûrement entendu parler de la visite d'André Breton à Barcelone, au mois de novembre, afin de donner une conférence à l'Ateneu Barcelonès, le pivot de la vie intellectuelle de la ville, et d'assister à l'ouverture d'une exposition de son ami Francis Picabia à la galerie Dalmau. La préface de Breton au catalogue de l'exposition et sa conférence étaient toutes les deux en français (dans la préface, il avouait qu'il ne connaissait pas l'espagnol, et était totalement ignorant de la culture du pays). La conférence, « Caractères de l'évolution moderne et ce qui y participe », fut donnée le 17 novembre 1922. Écrite dans un style complexe plus adapté à un essai qu'à une causerie, en particulier pour un public non francophone, elle eut cependant un impact considérable[390].

Les principales propositions de la conférence étaient assez simples : le cubisme, le futurisme et Dada exprimaient tous des aspects d'un « mouvement plus général » qu'il était encore impossible de définir précisément. Dada (auquel Breton lui-même avait si incontestablement participé) avait fait son temps. Et un nouveau mouvement révolutionnaire allait apparaître. Deux ans plus tard, Breton devait donner le nom de « surréalisme », un terme inventé par Apollinaire en 1917, à ce mouvement « encore latent » en 1922[391].

Dalí doit avoir vu, et peut-être même possédé, un exemplaire du catalogue de l'exposition Picabia préfacé par Breton, grâce à son oncle Anselm Domènech. Et il devait sûrement déjà connaître les toiles de machines de Picabia, mises en valeur à l'exposition Dalmau. Plusieurs d'entre elles avaient été reproduites dans les quatre numéros de la revue *391*, publiée par Picabia lors de son séjour à Barcelone en 1917[392]. Il avait sûrement été frappé par le mépris de Breton pour Cézanne, qui transparaissait dans le catalogue comme dans la conférence, et qui devait trouver un écho chez lui quelques années plus tard quand Cézanne devint l'une de ses *bêtes noires**. Pour Breton, le mérite des toiles de machines de Picabia était précisément que, à la différence de Cézanne, elles étaient « dénuées de toute intention de représenter quelque chose ». Dalí devait avoir aussi noté l'affirmation de Breton selon laquelle Picasso était l'artiste « à qui nous devons le plus[393] ». Le « nous » signifiait la nouvelle vague de jeunes peintres et écrivains de Paris associés au magazine *Littérature*, fondé en 1919 par Breton, Philippe Soupault et Louis Aragon. C'est là que Breton et Soupault avaient publié, en 1920, des extraits de leurs *Champs magnétiques*, le texte inaugural de ce qui devait devenir bientôt le mouvement surréaliste. Un des messages subliminaux des interventions de Breton à Barcelone était qu'à Paris, et seulement à Paris, l'« esprit moderne » était courageusement forgé. C'était une conviction à laquelle Breton et ses amis devaient bientôt donner une véritable substance.

## FEDERICO GARCÍA LORCA

Durant ses trois premiers mois à la Résidence, Dalí avait dû être touché par ce qu'il entendait à propos de son hôte le plus charismatique, même s'il n'était pas là tout le temps, et qui à ce moment-là était rentré chez lui en Andalousie.

Federico García Lorca, de six ans plus âgé que Dalí, était né dans le village de Fuente Vaqueros, près de Grenade, en 1898. En 1918, son père, propriétaire terrien, avait financé son premier livre, *Impressions et paysages*, principalement un récit de voyages à travers la Castille et le nord de l'Espagne. En 1919, il était entré à la « Rési », deux ans après Buñuel, officiellement pour poursuivre ses études à l'université de Madrid. En 1920, il avait monté sa première pièce, *Le Maléfice de la phalène*, mal reçu par le public de Madrid. En 1921, son premier recueil de poèmes, *Livre de poèmes*, était paru dans la capitale, et avait bénéficié d'un article louangeur en première page du principal journal progressiste espagnol, *El Sol* (où Dalí, qui lisait avidement ce journal, a pu le voir). L'été 1922, il avait aidé son ami Manuel de Falla à organiser un festival de flamenco à l'Alhambra. En ce même automne, son retour était impatiemment attendu à la « Rési ».

Dalí, avec son besoin de briller, a peut-être tremblé à l'idée de devoir se mesurer à Lorca, car le *granadino* n'était pas seulement un poète et dramaturge très prometteur, mais aussi un excellent pianiste, un causeur fascinant, un conteur envoûtant et, avant tout, un ménestrel moderne, qui n'était jamais aussi heureux que lorsqu'il récitait son œuvre en public, ou qu'il chantait des morceaux folkloriques en s'accompagnant. Pour couronner le tout, Lorca dessinait bien et avait un étonnant *don de gentes.*

Mais il avait un problème : il était homosexuel, un fait que, même dans l'Espagne d'aujourd'hui, certains de ses quelques amis survivants refusent d'admettre. José Moreno Villa, le bras droit d'Alberto Jiménez Fraud à la Résidence, était au courant de la vérité – une vérité que le poète essayait de tenir cachée, car même à la Résidence, le centre culturel le plus libéral d'Espagne, l'homosexualité était taboue. Moreno Villa (1887-1955), poète, peintre et critique d'art d'un talent considérable, ami de Dalí, Buñuel et Lorca, fut l'un des rares contemporains à faire allusion, après l'assassinat de Lorca par les fascistes en 1936, à l'aspect inavouable de sa personnalité multiple. Dans son autobiographie, *Vida en claro* (publiée au Mexique en 1944), Moreno Villa évoque les jours magiques de la Résidence, et fait ce commentaire sur Lorca : « Tous les étudiants ne l'aimaient pas. Certains avaient flairé son défaut [*sic*] et l'évitaient. Cependant, quand il ouvrait le piano et se mettait à chanter, ils baissaient leur garde[394]. »

Tel était le jeune Andalou éblouissant que Dalí rencontra au début de 1923, quand Lorca revint à la « Rési » après sa longue absence. Tous les deux avaient beaucoup en commun : ils partageaient l'amour de la France et de la poésie de Rubén Darío (tous deux, pendant la guerre, avaient été germanophobes) ; une enfance bercée de musique (en particulier de chansons folkloriques) avait joué un grand rôle dans leur vie ; ils étaient passionnément concernés par l'injustice sociale ; et ils avaient des problèmes avec leur sexualité. Apparemment, ils devinrent immédiatement amis. Trois ans plus tard, Dalí dit au critique d'art barcelonais Sebastià Gasch que leur « grande amitié » se caractérisait par la violente opposition entre « l'esprit éminemment religieux » du poète et sa propre animosité contre la religion, qui conduisait à de constantes discussions tard dans la nuit[395]. Ça pourrait bien avoir été le cas. Quoi qu'il en soit, Dalí fut fortement marqué, comme il l'a écrit dans *La Vie secrète* :

> Même si je me suis rendu compte immédiatement que mes nouveaux amis me prendraient tout sans être capables de me donner quoi que ce soit en retour – car à la vérité ils ne possédaient rien dont je n'eusse deux fois plus, trois fois plus, cent fois plus –, d'un autre côté, la personnalité de Federico García Lorca produisit sur moi une impression énorme. Le phénomène poétique dans son entièreté, et « à l'état brut », apparut soudain devant moi en chair et en os, gêné, rouge sang, visqueux et sublime, frémissant de mille feux d'obscurité et de biologie souterraine, comme toute matière dotée d'une originalité à elle[396].

Plus loin dans son récit, Dalí se confesse d'une façon unique dans l'autobiographie espagnole :

> À cette époque je connaissais plusieurs femmes élégantes sur lesquelles mon détestable cynisme broutait encore plus de fourrage moral et érotique. J'évitais Lorca et le groupe, qui devenait de plus en plus son groupe. C'était le point culminant de son irrésistible influence personnelle – et le seul moment de ma vie où j'ai entraperçu la torture de l'envie. Parfois nous marchions, tout le groupe, le long du Paseo de la Castellana, pour aller au café où nous tenions nos réunions littéraires habituelles, et où je savais que Lorca brillerait comme un diamant fou et ardent. Soudain, je partais en courant, et personne ne me revoyait pendant trois jours[397].

Connaissant les difficultés de Dalí avec ses sentiments de honte, on n'est pas étonné que le fabuleux succès social de Lorca lui ait fait prendre conscience de sa propre incapacité. Un soir, Pepín Bello, Lorca et Dalí se trouvaient dans un café, où se déroulait une discussion animée sur la peinture. Bello et Lorca s'y joignirent énergiquement mais Dalí resta silencieux. « Dis quelque chose, nom de Dieu, le pressa Bello, ou ils vont penser que tu es stupide. » Finalement, Dalí se leva et murmura, les yeux baissés : « Moi aussi, je suis un bon peintre », avant de se rasseoir à la stupéfaction de toute la compagnie. En racontant cet incident, Bello éclatait de rire[398].

Dalí a dû être présent un certain nombre de fois quand Lorca donnait à la « Rési » une de ses séances impromptues de folklore. Parfois, ainsi que le poète andalou Rafael Alberti le raconte dans ses Mémoires, Federico organisait des compétitions :

> « D'où vient celle-là ? Voyons si quelqu'un le sait », demandait le poète en chantant et en s'accompagnant :
>
> Les gars de Monleon
> Partirent labourer tôt
> Hélas ! Hélas !
> Partirent labourer tôt.
>
> À cette époque, quand il y avait de plus en plus de recherches, et une ferveur nouvelle pour les vieilles, très vieilles ballades, il n'était pas difficile de savoir leur origine.
> « De la région de Salamanque », répondait quelqu'un à peine avait-il commencé la ballade tragique.
> « Exact, c'est bien », disait Federico, à la fois sérieux et burlesque, et il ajoutait, d'un ton pédagogique : « Et le curé don Dámaso Ledesma l'a mise dans son recueil de chansons[399]. »

L'une des préférées de Lorca était une chanson bohémienne de Grenade intitulée « El zorongo gitano », qui, avant qu'il ne l'harmonise et ne l'adapte pour sa performance, avait déjà été citée par Albéniz et Manuel de Falla (qui la trame dans *Nuits dans les jardins d'Espagne*). Dalí n'oublia jamais l'interprétation qu'en fit Lorca. En décembre 1966, trente ans après l'assassinat du poète, la BBC réalisa à New York un documentaire sur Dalí. À un moment donné, il marche dans la rue en chantant tout seul. Soudain, se tournant vers la caméra, il récite le couplet le plus frappant de la chanson :

*La luna es un pozo chico,*
*las flores no valen nada,*
*lo que valen son tus brazos*
*cuando de noche me abrazas.*

La lune ? Juste un minuscule puits de lumière !
Les fleurs ? Elles comptent pour rien !
Ce qui compte, ce sont tes bras
Quand tu me serres la nuit contre toi.

« C'est de García Lorca », explique Dalí en s'engouffrant dans l'embrasure d'une porte[400]. À Paris en 1922, Dada était peut-être mort, comme l'avait affirmé Breton dans sa conférence à Barcelone, mais les jeux dans le style dada faisaient fureur parmi les éléments les plus joueurs de la « Rési », avec Lorca en tête. Bientôt, même Dalí, en général rétif aux activités de groupe, s'y joignait du mieux qu'il pouvait. Lors d'une des réunions, on se rappela que la veille au soir, dans les jardins, un rêveur romantique avait récité du Verlaine. À ce moment-là, Guillermo de Torre, un des meneurs du mouvement Ultra, avait surgi dans la pièce et, selon l'entrée du journal de Dalí, s'était exclamé :

> « La haine universelle de la lune ! » dit Marinetti. C'est ce que j'ai entendu ? Un fragment de Verlaine ? Fils indignes de l'an 1923 ! À quoi vous a servi d'être nés sous les ailes des aéroplanes ? Et vous osez encore vous appeler avant-gardistes, alors que vous ne savez même pas que le moteur à combustion sonne mieux que n'importe quel décasyllabe ? Je m'en vais ! Je m'en vais immédiatement parce que je crains que le contact avec vous ne me transforme en créature antédiluvienne, et surtout parce que ma sensibilité ne me permet pas de rester immobile. J'ai besoin d'un constant reflet de couleurs, d'images diverses. Votre ridicule sentimentalisme est compréhensible parce que vous passez toutes vos journées à parler et à parler sans bouger de cette pièce. Les *tertulias* d'avant-garde devraient être dynamiques, elles n'ont de sens que liées à la vitesse ! Les canapés en peluche du café Platerias se transforment en vieillards. Ce soir même je vais me renseigner pour acheter un bus pour nos réunions[401].

Torre fit de son mieux pour enrôler Dalí et Lorca dans les rangs des *ultraístas*, dont lui et Buñuel étaient des militants. Il n'eut que peu de succès, même si le poète fut certainement intéressé par l'insistance sur la primauté de l'image. En ce qui concerne Dalí, le message iconoclaste de Torre et de ses amis le marqua, et son esprit de rébellion fut encore accru par son contact avec le groupe.

Les récits publiés par Dalí et Buñuel sur leurs années passées à la Résidence sont très incomplets et souvent inexacts, et Lorca fut assassiné avant d'en avoir écrit un. Nous disposons de quelques lettres échangées entre les trois amis, mais il y a des lacunes béantes (ni Buñuel ni Dalí ne conservaient leurs documents). La plupart des lettres de Dalí à Lorca, à partir de 1925, ont été conservées, mais parmi celles de Lorca à Dalí, seules deux ou trois nous sont parvenues – alors qu'il y en avait des dizaines. Quant aux dossiers de la Résidence, qui devaient contenir des informations sur les chambres que les amis ont occupées à différentes époques, ainsi que d'autres détails intéressants, ils ont disparu au cours de la guerre civile. En conséquence, il est presque impossible de reconstituer le développement de l'amitié passionnée qui unissait trois des génies les plus créatifs du XXe siècle. Cette amitié était vécue avec une grande intensité, et à toute vitesse. En lisant les récits de Buñuel et de Dalí, on voit, rétrospectivement, que le temps linéaire était effacé, ne laissant dans la mémoire qu'une mosaïque, un bric-à-brac d'instants lumineux. Ils rappellent une remarque de Picasso à Gertrude Stein : « Tu oublies que quand nous étions jeunes, il se passait en un an énormément de choses[402]. »

## UNE VISITE DU ROI ALPHONSE XIII, ET AUTRES DISTRACTIONS

Le jeune Dalí que nous montrent ses journaux adolescents éprouvait un profond mépris envers Alphonse XIII. Quand on annonça que le 3 mars 1923 le roi visiterait l'Académie de peinture, sculpture et gravure pour inaugurer la bibliothèque, il décida donc d'agir. Il enrôla son camarade Josep Rigol, qui écrivit plus tard :

> Dalí, qui était très anti-monarchiste, me dit très sérieusement « On va mettre une bombe. » Comme j'étais habitué à ses façons, je répondis : « D'accord, on va faire ça. Mais comment on va la fabriquer ? » « C'est très simple, expliqua Salvador. On trouve un pot de lait vide, on le remplit de poudre, on y met une mèche et voilà. » « Et où on va trouver la poudre ? » ai-je insisté. « C'est facile, répondit-il. Je vais acheter des cartouches dans un magasin d'armes, parce que ce sera une bombe de protestation, pas une bombe pour tuer. »
> Le roi devait monter un grand escalier. Le long de la rambarde se trouvaient quelques urnes de pierre, et on a mis la bombe dans l'une d'elles. Le moment venu, on a allumé la mèche, mais l'engin n'est pas parti. Personne n'a jamais rien su de notre tentative manquée, c'est resté un grand secret entre Dalí et moi. Si la bombe avait été découverte, lui et moi, « les Catalans », aurions été immédiatement accusés, car c'était nous qui organisions toutes les manifestations. Dans la salle de réunion, Dalí a fini par se battre avec un étudiant monarchiste, qui le critiquait parce qu'il se moquait du roi[403].

On ne peut dire jusqu'à quel point ce récit est exact, même s'il est en partie corroboré par un autre étudiant, Cristino Mallo, l'un des meilleurs amis de Dalí à l'époque. Soixante ans plus tard, il raconta que Dalí et Rigol arboraient, le jour de la visite, des rubans rouges (la couleur du marxisme) à leur boutonnière, et se parlaient d'un côté à l'autre du hall dans un catalan vociférant[404].

Dans le long récit que Dalí fait de la visite du roi dans *La Vie secrète*, il n'évoque pas la tentative d'attentat. Il se souvient d'un incident en particulier :

> La visite terminée, une photo devait être prise du roi avec les élèves. On donna l'ordre d'aller chercher un fauteuil mais, lui, prévenant le geste, le plus naturellement du monde, s'assit par terre. Puis, prenant le mégot

> inachevé de sa cigarette, il le projeta d'une pichenette de l'index et du pouce à plus de deux mètres dans un crachoir. Des rires enthousiastes accueillirent ce geste caractéristique des *chulos* madrilènes. Le roi venait de flatter avec sûreté les sentiments des élèves et surtout des domestiques présents, qui n'auraient jamais osé faire une pareille chose devant les professeurs, ni même devant nous[405].

Alphonse XIII était connu pour les gestes de ce genre, il se peut donc bien que l'exploit de *chulo* rapporté par Dalí ait eu lieu. Mais que faire du commentaire qui suit ?

> C'est à ce moment-là que j'eus la preuve que le roi m'avait distingué des autres. En effet, d'un bref coup d'œil, il chercha à voir ma réaction. Ce regard incisif – j'en eus la certitude – montrait sa crainte que quelqu'un ait pu découvrir dans son geste une flatterie démagogique. Je rougis et le roi, me regardant de nouveau, dut s'en apercevoir.
> Après la photo, le roi prit congé de chacun de nous. Je fus le dernier à lui serrer la main, et aussi l'unique qui s'inclina avec respect, posant un genou par terre. Quand je relevai la tête, j'aperçus un presque imperceptible tic d'émotion sur sa fameuse lèvre inférieure de Bourbon. Nous nous étions reconnus[406] !

● José María Hinojosa, Dalí, Luis Buñuel, María González, José Moreno Villa et Pepín Bello, à Tolède en 1924.

On ne peut *que* douter qu'Alphonse XIII ait « reconnu » Dalí. Mais il n'y a aucun doute sur l'impact qu'il a eu ce jour-là sur l'étudiant qui avait comploté de l'effrayer avec une bombe artisanale. Le 3 mars 1923 marque le commencement de la conversion progressive de Dalí au monarchisme, et, plus tard, il ne cessa de rappeler la visite du roi et, notamment, son impressionnante « prouesse » avec le mégot de cigarette[407].

C'est à peu près à cette époque que Luis Buñuel (qui détestait Alphonse XIII) fonda l'« ordre de la Noble Tolède », une ville pour laquelle il avait une passion galopante. Buñuel soulignait que l'idée de l'ordre lui était venue comme une vision, et qu'il était décidé à ce que ses amis en deviennent membres. Parmi les cofondateurs se trouvaient Lorca, son frère Francisco et Pepín Bello. Buñuel, naturellement, se nomma grand maître. Les autres grades allaient de chevalier à écuyer, et au rôle le plus subalterne d'« hôte des hôtes des écuyers ». Dalí était chevalier ; le peintre Manuel Ángeles Ortiz et le poète José María Hinojosa étaient écuyers, et Buñuel nomma José Moreno Villa « chef des hôtes des écuyers ». Les conditions d'admission à l'ordre étaient minimalistes : il fallait aimer Tolède d'un amour inconditionnel, avoir passé au moins une nuit, ivre, à arpenter les rues étroites et pentues célébrées dans tant d'œuvres littéraires espagnoles. Quiconque affligé de la pathétique habitude de se coucher tôt ne pouvait espérer s'élever au-dessus d'un abject servage[408].

Buñuel, depuis son enfance, était fasciné par les déguisements, comme Lorca et Dalí, et leur enthousiasme à tous les trois était contagieux. Les membres de l'ordre apparaissaient dans Tolède dans les tenues les plus variées, et parfois les plus extravagantes. Buñuel se laissait complètement aller à son besoin compulsif de se déguiser en prêtre (un besoin qui ne le quitta jamais totalement), et on pouvait toujours faire confiance à Dalí pour imaginer un personnage flamboyant lors de leurs visites dans la vieille cité. Il existe quelques photographies amusantes de ces expéditions, qui se poursuivirent pendant plusieurs années. L'une d'elles, prise le 18 janvier 1925, juste avant le départ de Buñuel pour Paris, montre Dalí avec son habituelle pipe (qu'il n'allumait jamais) et la coupe de cheveux stricte qui était maintenant la sienne, car il avait, peu après son arrivée à Madrid, renoncé aux boucles de bohémien qui lui tombaient aux épaules et à ses rouflaquettes. Sur la photo, à côté de Buñuel et de Dalí, on voit Pepín Bello, José Moreno Villa, José María Hinojosa, Juan Vicéns et sa pétulante fiancée, María Luisa González. María Luisa, qui se préparait à une carrière de bibliothécaire, était devenue, à travers Vicéns, très amie avec Buñuel, Dalí et Lorca, et allait souvent les voir à la « Rési ». Des années plus tard, elle se rappelait que l'historien Américo Castro leur prêtait régulièrement, pour le week-end, sa maison de Tolède. Dalí, disait-elle, était toujours très amusant lors de ces sorties[409].

Le poète Rafael Alberti, qui lui aussi appartenait à l'ordre, a rappelé que dans l'auberge qu'ils fréquentaient à Tolède, la Venta del Aire (qui existe encore aujourd'hui), Dalí avait réalisé une peinture murale qui représentait les principaux membres, et qui, selon une version de l'histoire, fut retirée après la guerre civile par un groupe d'Américains, suivant les instructions du peintre. On n'en a plus entendu parler depuis[410].

Si Dalí amusait la galerie à Tolède, il était aussi dans son élément lorsque lui, Lorca, Buñuel et José Bello passaient à l'élégant Rector's Club du Palace Hotel, qui était désormais à la mode grâce à l'arrivée à Madrid des Jackson Brothers, un groupe de jazz noir de New York[411]. Dalí devint bientôt un amateur fervent de jazz, et une partie de ses revenus, comme de ceux de Buñuel, passait dans l'achat des derniers disques. Dans *La Vie secrète*, il se rappelle les nuits folles au Palace, les copieuses libations, les femmes superbes. Leur amitié avec les membres du groupe devint si étroite que Dalí dessina un décor de fond pour eux, représentant, dit-il à sa famille, « le paradis des Noirs » (« *el paraíso de los negros* »), un titre que Lorca s'appropria pour l'un de ses poèmes de New York[412].

Dalí fut contaminé aussi par la folie du charleston et devint un bon danseur, prenant des leçons à Cadaqués. Il maîtrisa aussi l'art difficile du tango. La passion des amis pour le jazz était telle que Buñuel tenta de convaincre Alberto Jiménez Fraud, à la tête de la Résidence, de permettre aux Jackson d'y donner un concert. Mais Jiménez refusa : cette musique était incompatible avec l'esprit de la maison, où même les chiens étaient interdits, de peur qu'ils n'aboient la nuit et ne dérangent leurs étudiants plongés dans leurs livres[413].

Jiménez Fraud avait raison de se méfier, car la version madrilène des « Roaring Twenties » valait le coup d'œil. Dalí, Buñuel et Lorca en profitaient au maximum, et on a l'impression qu'ils ne passaient pas leurs nuits à étudier. Comme Dalí l'écrivit plus tard, ils dilapidaient l'argent gagné par le labeur de leurs pères « avec une munificence et une générosité magnifiques[414] ». Beaucoup de cet argent allait aux cafés, le plus fréquenté par le trio étant l'Oriente, près de la gare d'Atocha, au sud du Prado. Ils en dépensaient encore plus en théâtres, surtout en *zarzuelas*, les opérettes populaires en Espagne, pour lesquelles Madrid était particulièrement réputé. L'une d'elles, *La Cour de Pharaon*, une réécriture amusante de l'histoire de Joseph et de la femme de Putiphar, amusa beaucoup Dalí et Lorca. Putiphar vient de rentrer d'une campagne victorieuse en Syrie, lors de laquelle, ce que tout le monde ignore, il a été gravement blessé par une flèche dans les testicules. Il est, ce qui est compréhensible, horrifié quand pharaon insiste pour qu'il épouse immédiatement la belle et passionnée Lota (« J'avais bien besoin de ça », marmonne-t-il en aparté). Après une nuit de noces à écouter les histoires de guerre de Putiphar, et sans qu'il se passe rien, Lota conclut qu'il n'est pas l'homme qu'il lui faut, et porte son attention vers Joseph. Ce dernier, comme il est dit dans la Bible, est séduisant mais honorable, et refuse de succomber. Sa chanson à double sens à propos de tumescence et de détumescence déclenchait toujours les rires du public :

*Cuando te miro el cogote,*
*el nacimiento del pelo,*
*se me sube, se me sube, se me baja*
*la sangre por todo el cuerpo…*

Quand je regarde la base de ton cou,
là où commencent tes cheveux,
mon sang monte, monte, et redescend,
dans tout mon corps…

Des dizaines d'années plus tard, se rappelant ses années d'études à Madrid, Dalí promit à Amanda Lear de l'emmener voir *La Cour de Pharaon* à Barcelone. Et en 1979, il chanta la chanson de Joseph lors d'une interview à la télévision espagnole. Lorca, affirmait-il, la trouvait « sublime[415] ».

## ÉVICTION INJUSTIFIÉE

Dalí, en dépit du plaisir et des jeux à Tolède et de sa découverte du Madrid nocturne, travailla énormément au cours de sa première année à l'Académie, si dur qu'il ne concocta pas d'excuses pour retourner à Figueres en mai 1923 afin de participer au festival de printemps, les Fires i Festes. À la place, il envoya à l'*Empordà Federal* un morceau lyrique, dans lequel il évoquait les plaisirs d'un événement qu'il manquait pour la première fois. Son imagerie était un hommage aux *greguerías* de Ramón Gómez de la Serna[416].

Environ un mois plus tard il passa ses examens finaux en perspective, anatomie et dessin de statues, remporta un prix en histoire de l'art et n'échoua qu'en modelage. Si l'on considère qu'il était en même temps engagé dans son combat personnel pour devenir lui-même un artiste, ses résultats étaient mieux qu'acceptables. Au cours de l'année, à la fois à Madrid et de retour chez lui pour les vacances de Noël et de Pâques, il avait peint avec autant d'assiduité que d'habitude, et son art se développait simultanément dans deux voies très différentes. D'une part, il avait poursuivi ses expériences avec le cubisme et ses dérivés, influencées essentiellement par Juan Gris et les « métaphysiques » italiens (qu'il avait connus par la revue *Valori Plastici*) ; d'autre part, il avait fait des toiles et des dessins dans une veine plus « réaliste » inspirée par sa sœur Anna Maria Dalí, qui devait être le sujet d'une série d'au moins douze portraits entre 1923 et 1926[417]. L'été 1923, quand il reprit possession de son atelier de Cadaqués, Dalí dut avoir le sentiment que sa première année à Madrid s'était déroulée selon ses plans. Mais son parcours scolaire devait connaître un revers provisoire.

Une fois passées les vacances d'été, Dalí retourna à Madrid pour repasser son examen de modelage, qu'il réussit[418]. Le 29 septembre, il s'inscrivit aux options qu'il désirait étudier pour sa deuxième année à l'Académie : étude de la préparation des couleurs, histoire de l'art (moderne et contemporain), dessin de natures mortes et gravure sur cuivre (*grabado calcográfico*)[419]. Puis arriva quelque chose d'inattendu. Le commencement de l'année académique coïncidait avec l'organisation de l'élection d'un nouveau professeur de peinture en plein air pour succéder au titulaire précédent, Joaquín Sorolla, qui était mort au mois d'août. Il y avait quatre candidats : trois artistes inconnus, Lloréns, Zaragoza et Labrada, et un quatrième, Daniel Vázquez Díaz, qui avait une certaine célébrité en Europe. Les œuvres montrées par les quatre pour appuyer leur candidature furent exposées en public plusieurs semaines avant l'élection. La presse s'intéressait à l'affaire, et les étudiants étaient persuadés que seul Vázquez Díaz méritait le poste. Ils étaient soutenus par *El Sol* où, le 10 octobre, le critique d'art Francisco Alcántara écrivit que Vázquez Díaz représentait le neuf contre le vieux, et aurait déjà dû être nommé pour ses mérites[420].

Le jury était composé de cinq membres de l'Académie San Fernando : l'historien de l'art Elías Tormo, les peintres Cecilio Pla, José Moreno Carbonero, Rafael Domènech Gallissà et Enrique Simonet Lombardo. L'élection eut lieu en public le soir du 17 octobre 1923, dans la salle de réunion de l'Académie, remplie de journalistes, des amis et des familles des artistes, d'autres peintres et d'étudiants de l'Académie.

Les journaux du lendemain racontèrent le tapage suivant les résultats[421]. Le récit le plus imagé d'un témoin est celui de Dalí. Il apparut, peu après l'événement, dans une longue lettre à son compère Josep Rigol, temporairement absent de Madrid :

> Les membres du tribunal arrivent. Silence, attente. Le vote par noms commence.
> Domènech : « Je m'abstiens ! » Murmures de désapprobation. Cecilio Pla : « Señor Vázquez Díaz. » Applaudissements, une énorme ovation. Elías Tormo, président du tribunal : « Señor Vázquez Díaz ! » Énorme ovation. Moreno Carbonero : « Je m'abstiens ! » Tumulte. Simonet : « Je m'abstiens ! » Nouveau tumulte. Là-dessus Tormo annonce : « La chaire reste vacante ! » Gros tumulte, on jette des cannes en l'air, cris, insultes adressées au tribunal. « Vive untel », « À bas untel », vacarme, confusion (et tous les autres ingrédients nécessaires).
> Tormo et Cecilio Pla reçurent encore des ovations tandis que les autres s'enfuyaient dans la salle de natures mortes et appelaient la police, qui arriva immédiatement. Je ne participai pas au brouhaha parce que je suis ami avec Vázquez Díaz, et que je ne le quittai pas de tout ce temps, lui parlant de l'injustice commise envers lui. Sans ça, j'aurais certainement été parmi ceux qui criaient le plus.

Si l'on en croit Dalí, une foule de Madrilènes curieux, attirés par le chahut, se pressaient maintenant dans la Calle de Alcalá pour voir ce qui se passait. La police fut huée, et la multitude ne se dispersa que lorsqu'elle menaça de charger. Après le tumulte, les étudiants se rendirent dans les bureaux de différents journaux pour donner leur version des événements et leur remirent une note explicative, qui fut publiée le lendemain matin[422].

Dans sa lettre à Rigol, Dalí dit que les étudiants exprimèrent leurs protestations en tant que corps, spontanément, sans qu'il y ait eu de meneur ni de plan préconçu. Mais les autorités de l'Académie ne l'entendaient pas ainsi. Le lendemain, Dalí et d'autres étudiants furent convoqués à un conseil de discipline pour l'unique raison que, comme Dalí l'écrivit à Rigol, « ils ont toujours été au courant de nos idées ». Dalí fut interrogé par Miguel Blay, le directeur, qui dit que selon certaines rumeurs il avait été l'un des principaux participants au chahut. Dalí récusa cette accusation, précisa ses raisons, et dit que, s'ils pouvaient apporter une preuve, il se plierait à leur verdict. Mais il n'y avait aucune preuve. Blay demanda à Dalí les noms des principaux meneurs, Dalí répondit qu'il les ignorait et que, même s'il les avait sus, il n'aurait pas trahi ses camarades. Il n'était pas un vulgaire mouchard. Cette dernière remarque « leur causa à tous une grande irritation ». Finalement, selon Dalí, Blay lui demanda s'il avait un intérêt personnel dans l'issue de l'élection, et il répondit : « Selon moi, personne n'a le droit de se mêler de mes opinions. Mais dans le cas présent, oui, je suis en faveur de Vázquez Díaz, et j'ai raison. » On lui demanda alors de sortir.

Ce soir-là, continuait la lettre de Dalí à Rigol, il apprit que lui et cinq autres étudiants étaient suspendus pendant un an. Le soutien promis par les étudiants réunis ne vint pas, car ils avaient peur que Blay n'exécute sa menace de représailles s'ils refusaient de retourner en cours. En dehors de l'Académie, l'un des étudiants évincés, Calatayud Sanjuan, frappa Rafael Domènech, qui s'était abstenu de voter. « C'était la seule chose à faire », écrit Dalí. Plus tard, lui et les autres victimes allèrent officiellement déposer une plainte au ministère de l'Éducation publique, l'administration de tutelle de l'Académie[423].

La suspension de Dalí lui fut confirmée par une lettre officielle datée du 22 octobre. Non seulement il était renvoyé pour un an, mais la lettre disait formellement qu'il ne pourrait se présenter aux examens de fin de session pour les matières auxquelles il s'était inscrit en septembre. Cela signifiait qu'il devrait tout refaire au cours de l'année 1924-1925 s'il voulait continuer à l'Académie[424].

Le père de Dalí, convaincu de l'innocence de son fils, profita d'un voyage à Madrid pour d'autres raisons pour mener sa propre enquête. Le directeur, Miguel Blay, lui dit que Salvador était « un bolchevique en matière d'art ». Dalí père s'adressa aussi à différents étudiants, professeurs et même concierges. Cristino Mallo se rappelait clairement la visite de don Salvador. Fidèle à son tempérament irascible, le notaire avait agrippé l'un des professeurs par le revers de sa veste, et avait failli le frapper[425]. Il arriva à la conclusion que le plus à blâmer de ce qui s'était passé était Rafael Domènech, dont il estimait qu'il souffrait de la manie de la persécution[426]. Il rédigea alors une pétition attribuée à Salvador, qui fut envoyée au ministère de l'Éducation publique. Elle était datée du 21 novembre 1923 à Figueres :

> L'étudiant soussigné à l'Académie royale de peinture, sculpture et gravure a été puni injustement et arbitrairement par un comité de discipline.
> Mon excellente conduite, à la fois au lycée de Figueres au cours de mon *bachillerato*, et à l'Académie elle-même, devrait me permettre d'obtenir en accord avec l'ordonnance royale du 3 juin 1909, un pardon ou une modification de la peine qui m'a été imposée, si celle-ci était juste. Mais comme la punition est injuste, il ne m'est pas permis de bénéficier des dispositions de l'ordonnance, car l'article 10 exige comme indispensable pour qu'un tel

> pardon soit accordé par le ministère que, en le demandant, on reconnaisse franchement la justesse de la punition qu'on a subie, chose que je ne peux absolument pas faire, étant donné ma conviction d'être absolument innocent. D'après ce que j'ai dit, il est clair que l'ordonnance royale en question donne aux parties coupables la possibilité de voir leur punition réduite, voire annulée, mais ne fournit aux innocents aucun moyen de faire entendre leur réclamation. C'est pour cette raison que, puisque la loi ne me donne aucun moyen de défense, je n'ai d'autre choix que d'accepter avec résignation une punition arbitraire. Je souhaite que ce qui m'est arrivé serve à amener des modifications à l'ordonnance royale, afin que dans l'avenir l'innocent n'ait pas moins de droits que le coupable[427].

Le père de Dalí envoya à Miguel Blay une copie de ce document très mesuré accompagnée d'une courte lettre, datée du 23 novembre 1923 :

> Cher Monsieur. Ayant parlé aux étudiants, professeurs et autres employés de l'Académie, je suis arrivé à une conclusion entièrement favorable à mon fils. Comme nous ne pouvons pas être d'accord avec la décision du conseil de discipline, nous n'avons d'autre choix que d'accepter cette punition avec résignation, et d'attendre septembre prochain pour réinscrire notre fils. La conduite et l'application de celui-ci seront dès lors, et jusqu'à la fin de ses études, si impeccables que vous regretterez de l'avoir si sévèrement puni[428].

Plus tard, dans *La Vie secrète*, Dalí raconta ce qui s'était passé au moment de cette élection scandaleuse. Il dit qu'à l'énoncé du verdict il s'était levé et avait quitté la salle avant que le président du jury ait terminé son discours. Selon lui, le tollé des étudiants s'était passé après son départ, et n'avait rien à voir avec lui. Ce récit semble moins exact que celui qu'il écrivit à Josep Rigol aussitôt après l'événement[429].

On sait d'après sa lettre que juste après son éviction, il rentra à Figueres. On ne sait quasiment rien de ses activités une fois de retour chez lui, car à la fois l'*Alt Empordà* et l'*Empordà Federal*, nos principales sources d'information concernant la vie politique et culturelle de la ville, avaient cessé de paraître après le *coup d'État** réussi du général Primo de Rivera au mois de septembre (un coup d'État accepté par le roi Alphonse XIII, et qui marqua le début de sept ans de dictature modérée), et il semble qu'il n'existe plus d'archives complètes du journal conservateur *La Veu de l'Empordà*, qui aurait pu nous donner quelques renseignements. On sait cependant qu'au cours des mois qui suivirent Dalí reprit contact avec son professeur de peinture du lycée, Juan Núñez, et lui demanda de lui apprendre la gravure, un procédé qui maintenant le fascinait. Son père lui acheta une presse, qui fut installée dans l'appartement, et Núñez venait les après-midi. Dalí affirma plus tard que grâce à Núñez il devint bientôt « familier de toutes les techniques, et en avait même inventé quelques-unes ». Il ne reste qu'une survivante de ces expériences : la gravure de la tête d'une jeune femme, signée et imprimée par Dalí en 1924[430].

Il semblerait qu'à un moment, au cours de son éviction, Dalí retourna à Madrid où, selon une source, il s'inscrivit dans une école privée de peinture, l'Académie libre, dirigée par le peintre catalan Julio Moisés Fernández. Mais aucune information concernant cette période n'a émergé[431].

Quelles qu'aient pu être les assurances données par Dalí Cusí à Miguel Blay, Salvador était désormais décidé à se venger de l'Académie et de ses professeurs, pour lesquels il éprouvait une colère sans bornes. Il se savait soutenu par de nombreux amis et admirateurs, parmi lesquels l'influent directeur de théâtre et critique Cipriano Rivas Cherif, qui publia en mars 1924 un article intitulé « Le cas de Salvador Dalí » dans l'un des principaux journaux intellectuels du pays, *España* (que Dalí lisait depuis au moins octobre 1919). Dalí, écrivait-il, n'a joué aucun rôle dans les troubles survenus à l'Académie. Mais il était un « indésirable », et en tant que tel, il s'est attiré la colère des professeurs conventionnels. « Peut-être leur dureté aidera-t-elle à tester la ténacité d'un artiste qui a pour vocation de créer librement, sans obstacles », suggérait Rivas. Là, il voyait juste[432].

## UN SÉJOUR EN PRISON

Le 15 mai 1924, le roi Alphonse XIII fit une visite officielle à Gérone et, après le déjeuner, décida soudain d'inspecter l'importante garnison de Figueres, tout proche. Selon une note parue dans *ABC*, le quotidien monarchiste, Figueres, en dépit de sa réputation de « berceau du fédéralisme », fournit une participation massive et fit au roi l'accueil le plus chaleureux qu'il ait reçu en Catalogne[433].

Il est peu probable que tel ait été le cas. Alphonse XIII n'avait jamais été populaire dans la ville, et l'était encore moins maintenant qu'il soutenait la dictature de Primo de Rivera. Les autorités avaient été plongées dans la consternation en apprenant l'arrivée imminente du roi et, craignant des troubles, avaient rapidement consulté leurs listes de perturbateurs potentiels, dont certains furent emprisonnés.

Après la visite du roi, la rafle continua. Dalí, ainsi que deux de ses amis les plus proches, les militants communistes Martí Vilanova et Jaume Miravitlles[434], furent parmi les gens arrêtés, et placés à l'isolement à Figueres le 21 mai. Le 30 mai, Dalí fut transféré dans la prison de Gérone, où il resta en détention jusqu'au 11 juin, quand il fut libéré par le juge militaire sans qu'aucune charge soit retenue contre lui[435].

Les dossiers de la prison ne donnent pas les raisons de l'arrestation de Dalí[436]. Apparemment, elle avait surtout pour but d'intimider son père, qui, en avril 1923, quelques mois avant le coup d'État de Primo de Rivera, avait entamé une procédure légale en rapport avec une fraude électorale perpétrée par les droites à Figueres[437]. Pas facile à écarter, le notaire têtu avait continué à maintenir ses charges sous la dictature, à la grande irritation des représentants de Primo de Rivera dans la province. Au retour de la démocratie, en 1931, Dalí Cusí devait jurer que, lors d'un interrogatoire au commissariat de police de Figueres, il avait vu une liste des gens « très susceptibles de causer des troubles » affichée, bien en vue, sur un placard. En tête venait le nom de son fils. Selon le notaire, avant l'arrestation de Salvador, la Garde civile (la police rurale paramilitaire en Espagne) avait fouillé les pièces de l'appartement familial, sans rien trouver de suspect. Dalí Cusí affirmait aussi que le gouverneur civil de Gérone, le principal représentant en province du gouvernement de Madrid, lui avait dit que s'il abandonnait ses accusations de fraude électorale, son fils serait libéré. Il ne fait aucun doute que la droite a essayé de punir le père à travers le fils, même si les positions marxistes et anti-monarchistes de Dalí étaient bien connues des autorités locales, qui ont pu se rappeler que, lorsqu'il était au lycée, il avait été accusé (injustement, selon *La Vie secrète*) d'avoir participé à l'autodafé d'un drapeau espagnol[438].

Dalí exploita au maximum l'honneur d'avoir été prisonnier de la dictature de Primo de Rivera, tristement connu pour son hostilité envers la Catalogne, et jusqu'à la fin de ses jours, il devait prendre plaisir à se rappeler le temps qu'il avait passé derrière les barreaux. Dans sa version des événements, les trois semaines devinrent bientôt un mois, et les restrictions de la vie carcérale étaient rappelées comme un stimulus agréable pour l'imagination. À Gérone, il avait été fêté par les vrais prisonniers politiques et leurs amis. Il se moquait des autorités militaires qui lui avaient rasé les cheveux (que Martí Vilanova avait gardés, pour qu'un jour il puisse les faire avaler aux responsables), et à sa libération il fut accueilli comme un héros et reçut « une véritable ovation » dans les rues de Figueres (étant donné la censure de la presse, il est impossible de savoir si c'est vrai ou non)[439]. Dalí a dû se délecter de sa réputation croissante cet été-là à Cadaqués. Et plus encore de l'idée de rentrer en triomphe à Madrid et de se réinscrire à l'Académie. Ce qu'il fit en septembre 1924, quand il s'inscrivit aux quatre examens que son éviction injuste l'avait empêché de passer l'année précédente[440].

Dalí commençait maintenant à se dépouiller d'une partie de sa timidité, suffisamment en tout cas pour qu'il lui soit possible de participer à une représentation, préparée par Luis Buñuel à la Résidence des étudiants, de *Don Juan Tenorio*, une pièce traditionnellement montée dans toute l'Espagne le soir de la Toussaint. La version de Buñuel était intitulée *La Profanation de don Juan*. Lui-même interprétait, naturellement, le rôle du héros, et Dalí celui de son rival, don Luis. Il n'est pas resté de compte rendu contemporain de la soirée, mais il en existe une photographie. Trente ans plus tard, Dalí devait dessiner le décor d'une importante production commerciale de *Don Juan Tenorio* à Madrid, et toute sa vie il prit plaisir à réciter des vers de la célèbre pièce. En ce qui concerne Buñuel, il y a dans sa filmographie des allusions déchirantes à *Don Juan*. Comme Lorca avait participé à une version antérieure de la mise en scène de Buñuel, c'était aussi une histoire de complicité. La pièce de Zorrilla représente un autre fil dans la toile dense de l'amitié entre les trois hommes[441].

## L'ÉPIPHANIE DE FREUD ET L'OMBRE DE MALDOROR

Au printemps de 1922, quelque quatre mois avant l'arrivée de Dalí à Madrid, la maison d'édition Biblioteca Nueva avait entamé la publication des *Œuvres complètes* de Freud en espagnol, grâce, dans une large mesure, à l'intérêt et au soutien du philosophe José Ortega y Gasset, l'un des rares lecteurs espagnols de Freud dans sa langue originale. Les premiers volumes eurent un tel impact que *Revista de Occidente*, la revue d'Ortega (la principale revue intellectuelle espagnole, radicalement eurocentrée comme le dit son nom), put parler en octobre 1923 de l'« avidité » avec laquelle Freud était « dévoré » en Espagne[442]. Freud lui-même fut surpris qu'un éditeur de Madrid soit le premier au monde à entreprendre la tâche ardue de traduire ses œuvres complètes. Le 7 mai 1923, il écrivit au traducteur Luis López-Ballesteros y de Torres pour lui expliquer que, jeune étudiant, il avait appris l'espagnol tout seul, parce qu'il voulait lire *Don Quichotte* dans la langue de Cervantès. Il se sentait donc compétent pour juger sa traduction. Il la trouvait excellente : l'interprétation de sa pensée était tout à fait exacte, et son style élégant. Ce fait lui semblait d'autant plus remarquable que López-Ballesteros n'était ni médecin ni psychiatre[443].

Lorsque Dalí s'était inscrit à l'Académie en septembre 1922, Biblioteca Nueva avait publié les deux premiers volumes des *Œuvres complètes* : *Psychopathologie de la vie quotidienne*, parue en mai 1922[444], et, peu après, *La Théorie sexuelle et autres essais*, qui contenait *Trois essais sur la théorie sexuelle*, *Cinq leçons sur la psychanalyse*, *Sur le rêve* et *Au-delà du principe de plaisir*.

José Ruiz-Castillo Franco, le propriétaire de Biblioteca Nueva, était un ami de la Résidence des étudiants. Mais même si tel n'avait pas été le cas, ces volumes auraient été très vite lus attentivement par cette communauté civilisée, qui se définissait avant tout par sa curiosité intellectuelle, et dont l'un des membres était Gonzalo R. Lafora, qui fut peut-être le premier à pratiquer la psychanalyse en Espagne[445].

Luis Buñuel faisait partie de ceux qui « dévoraient » Freud à cette époque, et dans ses Mémoires il parle de l'impression que fit sur lui *Psychopathologie de la vie quotidienne*. « Freud et la découverte de l'inconscient signifiaient beaucoup pour moi dans ma jeunesse », admet-il laconiquement[446]. Il se peut que Buñuel ait lu le livre avant l'arrivée de Dalí à la Résidence, qu'il lui en ait parlé et l'ait encouragé à le lire. Quoi qu'il en soit, Dalí avait à peine mis le pied à Madrid qu'il s'immergea dans Freud, comme le rappelait José Moreno Villa en 1944[447].

Le deuxième volume eut un impact encore plus grand à la Résidence, en particulier les *Trois essais sur la sexualité* qui, selon James Strachey, responsable de la traduction de la *standard edition* de Freud en anglais, reste, avec *L'Interprétation du rêve*, « l'apport le plus important de Freud à la connaissance humaine[448] ». Depuis leur parution en 1905, les trois essais avaient non seulement convaincu l'Occident d'admettre l'existence d'une sexualité infantile, mais aussi de sa survivance dans les prétendues perversions sexuelles. Et on était de plus en plus prêt à accepter la thèse de Freud selon laquelle la maladie mentale en général a des racines sexuelles qui remontent à l'enfance. Il n'était donc pas surprenant qu'étant donné la vitalité intellectuelle de Madrid en ce temps-là, la publication des essais en espagnol ait été un événement d'une importance majeure.

Le deuxième volume des *Œuvres complètes* comprenait *Sur le rêve*, et mit en circulation en Espagne une série de concepts freudiens qui sont aujourd'hui des lieux communs, mais étaient extrêmement novateurs à l'époque : la différence entre un contenu *latent* et un contenu *manifeste* ; le rôle de la *répression* dans la transformation en symboles de choses dérangeantes ; les mécanismes de *déplacement* et de *condensation* ; et, par-dessus tout, la conviction solidement défendue par Freud que les rêves sont presque toujours l'expression de désirs (surtout inavoués), quelle que soit leur apparence, même si elle entre en contradiction avec ces désirs.

L'ajout au volume d'*Au-delà du principe de plaisir*, qui n'avait été publié en allemand que deux ans auparavant, donna aux lecteurs espagnols la possibilité de comprendre très tôt les raisonnements sur lesquels se basait une autre conviction de Freud, que la psyché lutte toujours pour opposer le « principe de plaisir » au « principe de réalité » (reporter le plaisir dans l'intérêt de la durée, de la sécurité, du devoir, etc.).

Dans ses écrits autobiographiques, Dalí donne l'impression qu'à la Résidence il n'avait lu que *L'Interprétation du rêve*, qui ne fut publiée qu'en 1924[449]. Ce livre, écrit-il dans *La Vie secrète*, « fut pour moi l'une des découvertes les plus importantes de ma vie, et je fus saisi par le vice de l'auto-interprétation, non seulement de mes rêves, mais de tout ce qui m'arrivait, même si au premier regard c'était purement fortuit ». Nous savons que Dalí acheta les volumes de la Biblioteca Nueva dès leur parution, ou peu après, et il est donc largement possible qu'en 1924 il ait été familier des deux premiers. Peut-être avait-il aussi lu, ou du moins parcouru, ceux qui suivirent immédiatement, *Le Mot d'esprit et sa relation à l'inconscient* et *Introduction à la psychanalyse*[450]. Au cours des années 1920, Dalí lut et relut sans cesse Freud, et souligna de nombreux passages dans son exemplaire de *L'Interprétation du rêve*. Si l'impressionnisme de Ramon Pichot l'avait ébloui en 1916 comme une révélation, et avait changé sa façon de voir la nature, Freud révolutionna son attitude envers lui-même et envers la société[451].

L'édition de Biblioteca Nueva de *L'Interprétation du rêve* parut peu avant la publication, en octobre 1924, du *Manifeste du surréalisme*, d'André Breton[452]. En décembre, il fut intelligemment analysé dans le *Revista de Occidente*, où était soulignée sa dette envers Freud[453]. Étant donné que le journal d'Ortega y Gasset était très lu et commenté à la Résidence, Dalí avait sûrement vu l'article, et lu peu après le *Manifeste* lui-même. Quoi qu'il en soit, au début de 1925, il s'abandonna à une orgie d'autoanalyse freudienne (à vocation thérapeutique, peut-on supposer) et commença à prendre conscience du mouvement initié par André Breton. Il fallut pourtant des années pour que l'impact de Freud et de Breton transparaisse dans son œuvre, et pour que son talent de peintre puisse être mis au service de l'inconscient.

À peu près à cette époque, un autre écrivain affecta Dalí presque autant que Freud, et stimula sa recherche de la liberté intérieure : Isidore Ducasse, dit « comte de Lautréamont », dont *Les Chants de Maldoror* étaient révérés par les surréalistes. Né à Montevideo en 1846, Isidore Ducasse était mort à Paris, pauvre et malade, en 1870, à l'âge de vingt-quatre ans, un an après la publication de son livre[454]. Il n'avait pas marqué les lecteurs, et ne fut sauvé de l'oubli que cinquante ans plus tard lorsque, en 1920, *Les Chants de Maldoror* furent réimprimés avec une préface de Rémy de Gourmont[455]. Quant aux *Poésies* de Ducasse, dont l'unique copie était conservée à la Bibliothèque nationale, elles furent imprimées en 1919 par Breton dans la revue *Littérature*, et parurent sous forme de livre en 1920. D'un jour à l'autre, Lautréamont devint une figure culte de l'avant-garde à Paris, et Breton y faisait référence dans sa conférence à Barcelone en 1922 comme peut-être à la force la plus libératrice de l'imagination poétique. « Pour nous, confirma-t-il trente ans plus tard, aucun génie ne pouvait rivaliser avec Lautréamont. Nous avions le sentiment qu'un grand signe de l'époque résidait dans le fait que son heure n'était pas encore venue, alors que pour nous il était indiscutable[456]. »

La « redécouverte » de Lautréamont fut remarquée à Madrid, où une fois de plus ce fut Biblioteca Nueva qui prit l'initiative, en publiant une traduction des *Chants de Maldoror* par Julio Gómez de la Serna, accompagnée d'une introduction enthousiaste et bien informée de son fameux frère Ramón qui, en 1909, avait été le premier à publier un extrait du livre en Espagne[457]. La préface montre le profond respect de Gómez de la Serna à l'égard de Ducasse : pour son courage, pour sa dignité, pour son scepticisme radical, pour sa rébellion envers le Dieu de l'Ancien Testament et pour son horreur de l'inhumanité de l'homme envers l'homme. Et aussi pour l'extraordinaire originalité de son style, et pour son inventivité. L'apostrophe de Ramón à Lautréamont donne la mesure de son admiration :

> Il faut l'intense énergie de vos chants pour nous rendre capables du scepticisme mêlé de dignité qui est votre marque. Votre terrible fierté, votre insistante fierté – telle est la qualité qui peut apporter la paix et l'ordre à l'humanité. Nous devons être aussi fiers que vous : cela signifierait que personne ne prendrait rien à personne, que chacun vivrait aussi indépendant que possible, découvrirait les moyens, sans servilité ni machinations, de

vivre de ses propres ressources. De cette façon, même de condition inférieure, ce serait la propre condition de chacun, organisée par lui-même, et dont lui aussi serait fier.

Votre chant, si profus verbalement, si personnel, n'a rien de dangereux. Au contraire, il ouvre le chemin d'une éthique personnelle qui méprise le mal, la paresse, l'hypocrisie et la vanité stupide, et encourage la maturité de l'individu décent, conscient de son but dans la vie, qui n'interfère jamais avec son voisin, ne le méprise pas pour rien et ne lui vole rien. Par haine de ces procédés, vous avez refusé de prendre quoi que ce soit à personne. Vous avez respecté les possessions de chacun, et pour cette raison vous avez méprisé l'idée de vous les approprier. Ça a fait de vous un original dans un monde où l'homme fier trahit de l'orgueil, ce qui signifie qu'il vit aux dépens des autres en les volant.

Dans sa préface, Gómez de la Serna fait référence à un texte chantant les louanges de Lautréamont du grand poète nicaraguayen Rubén Darío, si admiré par Dalí et ses amis au lycée de Figueres. Le texte de Darío est repris dans *Los raros*, publié en 1896, une collection de portraits consacrés par Darío à des écrivains français bohèmes et « décadents », principalement de la fin du XIXe siècle : Camille Mauclair, Leconte de Lisle, Paul Verlaine, Villiers de l'Isle-Adam, Jean Richepin, Rachilde. Pour faire bonne mesure, il y avait aussi quelques étrangers : Edgar Poe et le Portugais Eugénio de Castro. Trente ans avant que les surréalistes découvrent les remarquables rapprochements de Ducasse, Darío avait été frappé par sa comparaison de la beauté d'un adolescent avec « la rencontre fortuite sur une table de dissection d'une machine à coudre et d'un parapluie ! », ou de celle d'un scarabée avec « le tremblement des mains d'un alcoolique ».

Federico García Lorca, comme Dalí, était dans sa jeunesse un fervent admirateur de Darío, et avait écrit à propos de son texte sur Lautréamont dans son premier livre, *Impressions et paysages* (1918), avec une évocation de seconde main de la description par Ducasse de chiens aboyant à la lune[458]. Il se peut que Dalí ait aussi connu *Los raros*, et soit arrivé à Lautréamont par Darío. Si ce n'est pas le cas, peut-être Lorca lui avait-il parlé du livre. Ce qui est sûr, c'est qu'il avait lu *Les Chants de Maldoror*, dans la traduction de Julio Gómez de la Serna, à la Résidence des étudiants (où José Bello, encouragé par le poète Rafael Alberti, avait emprunté l'exemplaire de José Moreno Villa[459]), et que pour lui Lorca, le tentateur, était inséparablement associé avec le héros rebelle éponyme du livre. « À cette époque, l'ombre de Maldoror planait sur ma vie, écrit Dalí, de façon énigmatique, dans *La Vie secrète*, et c'est précisément à cette époque que, pour la durée d'une éclipse, une autre ombre, celle de Federico García Lorca, se profila et obscurcit la virginale originalité de mon âme et de ma chair. »

Au début de 1925, Lorca était de plus en plus fasciné par le peintre. Dalí a dû se trouver devant un dilemme car, s'il était extrêmement flatté de son attention, il se refusait férocement à admettre que lui aussi était peut-être homosexuel, ou qu'il avait des tendances homosexuelles, et il a pu craindre que si leur amitié allait plus loin, il courait le risque de succomber. Mais à ce moment-là, il n'était pas question de lâcher Maldoror-Lorca. Au contraire, Dalí encourageait nettement le poète, et l'invita à passer la semaine sainte à Cadaqués. Quinze jours avant leur départ, Salvador demanda à Eduardo Marquina, son « protecteur » à Madrid, qu'il lui prête cent pesetas pour lui permettre, ainsi qu'à Federico et à d'autres amis, de faire la « dernière visite » de la saison aux pics neigeux des monts Guadarrama, au nord de Madrid. Une fois ce rite accompli, lui et Lorca montèrent dans un train pour la Catalogne[460].

## AVEC LORCA À CADAQUÉS

En 1925, la semaine sainte commençait le 5 avril. Quelques jours plus tôt, Salvador Dalí Cusí, sa femme, Catalina, et Anna Maria Dalí étaient descendus à Cadaqués afin de préparer la maison d'Es Llané, fermée depuis l'été précédent, pour l'arrivée de l'invité d'honneur. Le soleil brillait et les montagnes de Pení et le bord de mer étaient une explosion d'herbes aromatiques et de fleurs sauvages. Le taxi qui amenait Salvador et Lorca de Figueres arriva à Cadaqués à midi, et quelques minutes plus tard Anna Maria Dalí, maintenant âgée de dix-sept ans, faisait la découverte étonnante du poète, plus volubile et charismatique que jamais. Le déjeuner fut servi sur la terrasse, à l'ombre des eucalyptus, au bord de la plage, à quelques mètres de la mer. « Le temps que nous en soyons au dessert, nous étions si bons amis qu'on avait l'impression que nous nous connaissions depuis toujours », se rappelait Anna Maria Dalí[461].

Lorca adora Cadaqués, les processions de la semaine sainte, les pâtisseries, le fabuleux retable baroque de l'église paroissiale, la famille de Dalí et les gens du cru, parmi lesquels une délicieuse excentrique, Lídia Noguer, dont la mère, Dolors Sabà (connue sous le nom de la « Sabana »), était réputée avoir été sorcière[462]. Lídia avait hérité le don de sa mère pour prononcer des oracles, avait un visage expressif avec des yeux exorbités qui, selon Anna Maria Dalí, lui donnaient l'aspect d'un crabe, et pimentait sa conversation de métaphores étranges[463]. Comme don Quichotte, Lídia paraissait parfaitement saine d'esprit en parlant de la plupart des sujets, mais devenait soudain complètement folle si quelqu'un abordait l'une de ses obsessions. D'âge indéterminé, mais ayant sans doute la cinquantaine quand Lorca fit sa connaissance, elle tenait une pension à Cadaqués quand elle était jeune femme. C'est là que Picasso et Fernande avaient logé en 1910 lors de leur visite à Ramon Pichot. Légèrement plus tôt, elle avait logé l'écrivain et critique d'art Eugenio d'Ors, alors adolescent, pour lequel Lídia conçut une passion qui devait durer jusqu'à sa mort, en 1946. Quand elle perdit la tête, peut-être après la mort de son pêcheur de mari, Nando, au cours d'une tempête, son imagination, qui avait toujours été vive, se libéra des contraintes de la raison, bourgeonna de façon extravagante, et elle se convainquit qu'elle était Teresa, la majestueuse Catalane héroïne de *La ben plantada* (« La belle plante »), paru en 1911. De plus, Lídia en vint à se persuader que d'Ors communiquait régulièrement avec elle, entre les lignes, dans les colonnes d'un journal de

● Salvador avec Lorca à Es Llané, dans la maison d'été des Dalí, printemps 1925.

● Le peintre avec sa sœur, Anna Maria, à Es Llané, été 1927.

Madrid, qu'elle lisait attentivement, avec avidité, et qu'elle commentait dans les lettres dont elle bombardait le célèbre écrivain[464]. Dalí, pour qui Cadaqués était l'endroit le plus intensément paranoïaque de Méditerranée[465], et qui en 1925 avait probablement appris que son grand-père Gal s'était suicidé sous l'influence d'illusions paranoïaques, ne pouvait manquer d'être fasciné par Lídia :

> À part le mien, je crois n'avoir jamais connu de cerveau plus merveilleusement paranoïaque que celui de Lídia qui était capable avec le maximum de cohérence de tout rattacher à ce qui l'obsédait. Et cela au détriment du reste de sa vie qu'elle organisait autour de ces jeux d'une subtilité affolante et presque convaincante, même si l'on savait l'absurdité initiale de ces divagations. Elle était capable d'interpréter un article de critique d'art avec une telle suite d'idées dans les coïncidences et les jeux de mots, que l'on ne pouvait que s'émerveiller de cette perpétuelle confusion d'esprit. Les plus incroyables coïncidences surgissaient au fil de sa correspondance amoureuse, et je les ai souvent prises pour modèles dans mes propres écrits[466].

● Autre photographie avec le poète andalou à Es Llané, printemps 1925.

Ce passage suggère fortement que la fameuse « méthode paranoïaque-critique », que Dalí développa après son adhésion au surréalisme, devait énormément à Lídia Noguer. Une photographie confirme le plaisir avec lequel il écoutait ses élucubrations sur la terrasse d'Es Llané. Une autre photographie, un portrait de Lídia, est encore plus intéressante, car elle a écrit, au dos : « Cette femme est la sorcière responsable de toute l'affaire Dalí, et de bien des choses encore[467]. » Quant à Lorca, il fut si captivé par l'étrange créature que, plus tard, Dalí consacra un poème, « Poisson poursuivi par des grappes de raisin », à une « conversation entre Federico et Lídia[468] ».

Lorca, qui avait besoin d'encouragements, lut sa pièce encore non représentée, *Mariana Pineda*, aux Dalí et à quelques amis. Anna Maria Dalí se rappelait avoir fondu en larmes à la fin, et que son père rayonnait d'enthousiasme. Quant à Salvador, il arborait un visage triomphant, comme pour dire : « À quoi vous attendiez-vous[469] ? »

Parfaitement chez lui à Es Llané, et maintenant désespérément amoureux de Salvador, Lorca déploya au cours de ce bref séjour la riche tapisserie de ses talents nombreux et variés. Il y eut des récitals poétiques improvisés, des anecdotes, des mimiques, des tours, des passages par le piano d'Es Sortell, la résidence d'été des Pichot, juste à côté, et même, de temps en temps, pour faire bonne mesure, des accès de bouderie. La famille de Dalí devint une famille de fans inconditionnels de Lorca[470].

Dalí souhaitait vivement que Lorca voie le cap de Creus, et organisa une excursion en bateau. Elle produisit sur le poète, terrifié à l'idée de se noyer, un mélange de délices et d'appréhensions et, plus tard, dans une lettre à Anna Maria Dalí, il rappelait « le véritable danger de faire naufrage » qu'ils avaient couru, et le délicieux lapin assaisonné de sel et de *sable* qu'ils avaient mangé sur la plage de Tudela, sous le rocher surnommé l'« Aigle »[471].

Lorca apprécia les festivités de la semaine sainte à Cadaqués, s'empiffrant des délicieuses friandises fabriquées pour l'occasion et suivant les processions. Un jour, Dalí l'emmena à Gérone afin de voir les cérémonies de Pâques pour lesquelles la cathédrale est renommée. Quant au paysage de l'Alt Empordà, Lorca dit que, après sa plaine de Grenade natale, il n'avait pas vu de plus bel endroit dans toute l'Espagne. Dalí le conduisit aussi aux fameuses ruines grecques et romaines d'Empúries, l'ancien port de commerce qui donne son nom à la région. Lorca les trouva fascinantes, en particulier une grande mosaïque représentant le sacrifice d'Iphigénie, qui lui inspira d'écrire immédiatement sur elle.

À la fin de la semaine sainte, les Dalí rentrèrent à Figueres, où le notaire organisa une deuxième lecture de *Mariana Pineda*, et un récital de poésie. Les deux eurent un grand succès. En un dernier geste d'hommage, don Salvador accueillit un spectacle de sardane sur la Rambla en l'honneur du poète. C'était la première fois que Lorca voyait la danse nationale de Catalogne, et il en fut impressionné. Une fois les festivités terminées, Federico et Dalí prirent le chemin de Barcelone, où ils passèrent quelques jours avec Anselm Domènech avant de rentrer à Madrid[472].

## LE SURRÉALISME À MADRID ET LES « IBÉRIQUES »

Lorca et Dalí ratèrent de peu la conférence sur le surréalisme donnée par Louis Aragon à la Résidence des étudiants le 18 avril 1925. Ils durent cependant en avoir un long compte rendu par leurs amis présents, peut-être par Alberto Jiménez Fraud lui-même, et l'ont même peut-être lue, car il était habituel que les intervenants extérieurs laissent une copie de leur conférence au directeur. Quoi qu'il en soit, les principaux extraits de la conférence furent publiés peu après, dans le numéro de juin 1925 de *La Révolution surréaliste*, qui arriva presque certainement à la Résidence.

Aragon, prenant le « ton insolent » que, ainsi qu'il l'expliqua au public, il aimait employer en ces occasions, avait lancé une attaque féroce contre la société occidentale contemporaine, contre « les grands pouvoirs intellectuels (universités, religions, gouvernements) qui se partagent le monde et séparent, dès l'enfance, l'individu de lui-même, selon un plan sinistre préétabli ». Il avait assuré à ses auditeurs que « la vieille ère chrétienne » était terminée, et qu'il était venu à Madrid prêcher la bonne nouvelle de l'avènement du surréalisme, « l'arrivée d'un nouvel esprit de rébellion, un esprit déterminé à tout attaquer » :

> Nous réveillerons partout les germes de la confusion et du malaise. Nous sommes les agitateurs de l'esprit. Toutes les barricades sont bonnes, toutes les entraves à vos bonheurs maudits. Juifs, sortez des ghettos. Qu'on affame le peuple, afin qu'il connaisse enfin le goût du pain de colère ! Bouge, Inde aux mille bras, grand Brahma légendaire. À toi, Égypte. Et que les trafiquants de drogue se jettent sur nos pays terrifiés. Que l'Amérique au loin croule

de ses buildings blancs au milieu des prohibitions absurdes. Soulève-toi, monde. Voyez comme cette terre est sèche, et bonne pour tous les incendies. On dirait de la paille[473].

Apparemment, aucun journal de Madrid ne parla de la conférence d'Aragon, ni n'en publia d'extraits. Elle avait été donnée en français, comme celle de Breton quelques années plus tôt à Barcelone. Il est cependant un fait indéniable : le surréalisme, en la personne de l'un de ses plus fervents défenseurs, avait fait ses débuts dans la capitale espagnole, et non sans provocation (selon Buñuel, pour faire bonne mesure, Aragon choqua Alberto Jiménez Fraud en demandant s'il y avait en ville des pissotières intéressantes[474]). Que cet événement se soit produit à la Résidence des étudiants prouve une fois de plus qu'il s'agissait du principal lieu de la culture contemporaine en Espagne.

La visite d'Aragon coïncida avec la création à Madrid d'une nouvelle association, la Société ibérique des artistes, le mot « ibérique » insistant sur l'inclusion du Portugal. Dans leur manifeste, signé entre autres par Manuel de Falla, Daniel Vázquez Díaz, le critique musical Adolfo Salazar, et Guillermo de Torre, les « Ibériques » expliquaient que la raison principale de la création de la Société était l'absence, dans la capitale espagnole, d'un forum consacré à l'art moderne, dans lequel des peintres de tendances différentes pourraient montrer leurs œuvres et se sentir acceptés[475].

Le 27 mai 1925, l'exposition inaugurale de l'association s'ouvrit au palais Vélasquez, dans le parc du Retiro, à Madrid. Sur la photographie de l'événement parue en couverture d'*ABC*, un timide Dalí est debout à côté d'Eugenio d'Ors, d'Eduardo Marquina, du ministre de l'Éducation et des Beaux-Arts et du sculpteur Victorio Macho. La présence de Marquina à ce qui semblait être une cérémonie officielle s'explique sans doute par le fait que l'exposition comprenait deux salles consacrées à l'œuvre de son beau-frère Ramon Pichot, qui venait de mourir à Paris, à la grande consternation de son ami Picasso[476].

Avant l'ouverture de l'exposition, certains des « Ibériques » le plus bruyamment iconoclastes distribuèrent des brochures expliquant leurs objectifs[477]. En raison de ses attaques caustiques contre l'Académie San Fernando et son école, l'une d'elles a été attribuée à Dalí :

Les artistes soussignés, tous exposés en ce moment au Salon des artistes ibériques, tiennent à souligner :

1. Que nous sommes stimulés par l'effort et abrutis par la bonne volonté du public.
2. Que nous abhorrons la peinture officielle.
3. Et la comprenons parfaitement.
4. Que nous trouvons horrible la peinture de Valence.
5. Que nous respectons et trouvons magnifique la peinture des Grands Maîtres : Raphaël, Rembrandt, Ingres, etc.
6. Que ceux qui semblent le moins respecter l'art classique sont précisément les gens de l'Académie San Fernando, qui commencent à être bouleversés par leur découverte des premiers impressionnistes français falsifiés par l'incompréhension des peintres de Valence qui, comme Muñoz Degrain, stupéfient maintenant l'Académie. De notre part, nous sommes persuadés

que peu de gens ont fait autant de mal aux jeunes que Sorolla et ceux qui le suivaient.
7. Que nous admirons notre époque et les peintres de notre époque et espérons que notre travail exprime notre admiration pour : Derain, Picasso, Matisse, Juan Gris, Severini, Picabia, [De] Chirico, Soffici, Lhote, Kisling, Gleizes, Léger, Ozenfant, Togores, Friesz, etc.[478].

José Moreno Villa était l'un des plus de quarante « Ibériques » exposés, et écrivit énormément dans la presse à propos de l'exposition. Elle était éclectique mais, soulignait-il, le vocabulaire utilisé par ses camarades pour parler de leur travail était extrêmement homogène. Il était beaucoup question de « couleurs denses, stables » ou de « couleurs lourdes, compactes », de « matériel bien travaillé », de « plasticité » (ou de « valeur plastique »), de « poids », de « volume », de « clarté », de « rythmes soigneusement calculés » et de « sensibilité linéaire ». Personne apparemment n'envisageait même la possibilité que les toiles *signifient* quelque chose : les toiles ne *signifiaient* pas, elles étaient en elles-mêmes des objets soigneusement construits, et rien de plus. L'art espagnol, Moreno Villa en était persuadé, venait d'entrer dans une ère nouvelle[479].

L'exposition lança triomphalement Dalí à Madrid. Il y montra onze toiles, sept dans son style cubiste et quatre – *Baigneur* (1924), *Portrait de Luis Buñuel* (1924), *Jeune fille assise vue de dos* (1924), *Femme nue* (1925) – dans une veine plus « réaliste[480] ». L'une des toiles cubistes, *Nature morte* (connue aussi sous le nom de *Siphon et bouteille de rhum*), attira particulièrement l'attention du public et des critiques [cahier couleur, page III]. Elle doit beaucoup aux « métaphysiciens » italiens, notamment à Morandi, dont Salvador avait commencé à admirer le travail dans *Valori Plastici*[481]. Elle ne fit cependant pas l'unanimité. « Elle représente en fait un repas après qu'il a été mangé », observait la revue satirique *Buen Humor*. « Les poires abandonnées étaient trop vertes pour être mangées – regardez la toile. Et s'il ne reste qu'une demi-bouteille, c'est qu'ils ont bu le reste. » Lorca envoya l'article à Dalí, qui était retourné en Catalogne, avec le commentaire : « J'ai l'impression que l'article est de Manuel Abril. Ce n'est pas drôle du tout[482]. »

● Lorca fièrement assis sous *Nature morte* (ou *Siphon et bouteille de rhum*), que Dalí lui avait offert. (Voir cahier couleur page III.)

Une autre des toiles cubistes exposées, *Portrait* (1923-1924), marque presque certainement la première apparition de Lorca dans le travail de Dalí, et le montre donnant une conférence à la Résidence des étudiants. Comme on peut penser que Lorca était la personne qui, à l'époque, suivait de plus près le travail de Dalí, on peut voir dans cette peinture un hommage rendu non seulement au poète, mais au critique compréhensif[483]. Quelques mois plus tard, Dalí alla plus loin et donna à Lorca *Femme nue* et *Siphon et bouteille de rhum*, et il existe une magnifique photographie représentant le poète assis fièrement sous la seconde.

José Moreno Villa connaissait Dalí, l'homme et son œuvre, plus que tout autre critique de Madrid, car tous deux vivaient à la Résidence des étudiants, et il ne laissait à ses lecteurs aucun doute sur le fait que le Catalan était le peintre le plus original de toute l'exposition. Plus qu'un homme de Figueres, écrivait-il, Dalí était un produit de Cadaqués, où avant lui Picasso et Derain avaient exécuté des œuvres cubistes. Étant donné cette circonstance, Dalí ne pouvait manquer d'être « un partisan de la tendance picturale architectonique, constructiviste et formelle[484] ».

D'autres critiques importants louèrent le travail de Dalí. Manuel Abril, à qui Lorca attribuait, sans doute à tort, l'article satirique de *Buen Humor*, nota que chez Dalí alternaient deux tendances, l'une cubiste, l'autre plus « réaliste », en soulignant qu'elles étaient strictement contemporaines. Dans *Siphon et bouteille de rhum*, écrivait-il, « la construction musicale de la toile atteint toute son exactitude limpide et son harmonie triomphante[485] ». Dalí a dû être ravi de l'hommage d'Eugenio d'Ors, sans doute le connaisseur en matière d'art le plus respecté du pays[486], et, en ce qui concerne la réaction internationale, de la brève mention de l'hispanisant Jean Cassou dans le *Mercure de France*, qui disait de lui et de Benjamín Palencia qu'ils étaient des « esprits clairs, bons géomètres[487] ».

Le succès de Salvador à Madrid fut dûment rapporté par les journaux de Barcelone, de Gérone et de Figueres[488]. Son père était content, mais ça ne l'empêcha pas d'écrire, à peu près à la même époque, à l'un des enseignants de son fils à l'Académie, le peintre Cecilio Pla, pour lui demander des nouvelles de ses succès scolaires. Pla lui répondit que Salvador était un bon élève, ajoutant cependant – ce qui était un euphémisme – qu'« il lui arrive de ne pas être présent en cours[489] ».

Une telle absence en cours paraissait sans importance. Dalí passa facilement ses examens de fin d'année, et réussit particulièrement en étude des couleurs préparatoires et histoire de l'art (moderne et contemporain), passant moins brillamment ceux de dessin de natures mortes et de gravure[490].

## DALMAU

Au cours de l'été, Lorca et Dalí correspondirent énormément, et le poète, qui travaillait activement à une ode sur son ami, essayait désespérément de le persuader de lui rendre visite à Grenade. Sans résultat. Dalí avait été invité par Josep Dalmau à faire une exposition en solo dans sa célèbre galerie à l'automne, et peignait frénétiquement. Rien ne pouvait se mettre en travers de son chemin, pas même le *Livre des cochons putrides*, que lui et Lorca projetaient d'écrire[491].

Dalí et ses amis de Figueres appliquaient le terme *putrefacte* aux philistins de la ville. Le mot *putrefacto* existait aussi en espagnol et, probablement sous l'influence de Dalí, devenait courant à la Résidence pour désigner tout ce qui était conventionnel, bourgeois, démodé, ou artistiquement nul. Dalí dépeignait les *putrefactos* sous une grande variété de formes et de tailles, et ses dessins pleins d'esprit de l'espèce étaient très prisés à la « Rési ». « Certains portaient des écharpes, toussaient beaucoup et restaient assis solitaires sur les bancs des rues », se rappelait le poète Rafael Alberti.

> D'autres étaient élégants, avec une fleur à la boutonnière, avaient une canne, et étaient accompagnés par une petite bestiole. Il y avait les *putrefactos* membres de l'Académie, et les *putrefactos* qui étaient *putrides* sans appartenir à l'Académie. Ils étaient de tous les sexes – masculins, féminins, asexués, hermaphrodites. Et de tous les âges[492].

À de rares exceptions près, les professeurs de l'Académie San Fernando étaient sans le moindre doute des *putrefactos*, et à ce stade Dalí ne les supportait plus. Son exposition prévue chez Dalmau semblait une bonne excuse pour ne pas retourner à l'Académie durant l'année 1925-1926. Son père accepta à la condition que Dalí profite de cette année sabbatique pour effectuer son service militaire obligatoire. En septembre, juste avant le commencement du trimestre d'automne, Dalí Cusí informa l'école que son fils ne reviendrait pas ce trimestre. Salvador, expliquait-il, serait cette année-là un « étudiant libre », se préparerait seul à Figueres, et ne se réinscrirait qu'au printemps 1926 pour passer ses examens[493].

En fait, Dalí ne commença pas comme prévu son service militaire cet automne-là. Il ne fit pourtant pas l'effort de retourner à Madrid pour la session 1925-1926. Libéré de l'Académie, il commença par consacrer son énorme énergie à faire en sorte que son exposition à la galerie Dalmau soit un immense succès. Il était stimulé par les cartes postales encourageantes qu'il recevait de ses amis de Paris, parmi lesquels Buñuel, José María Hinojosa et Juan Vicéns, qui, avec sa femme María Luisa González, s'apprêtait à ouvrir une librairie espagnole dans la capitale française[494].

L'exposition Dalí chez Dalmau dura du 14 au 27 novembre. Vingt-deux œuvres (dix-sept toiles et cinq dessins) y furent montrées : une de 1917, trois de 1924, et dix-huit de 1925. Il était évident que le jeune artiste avait travaillé dur. Anna Maria Dalí, qui avait posé pour huit portraits, était une présence dominante dans l'exposition. Don Salvador, avec sa silhouette massive, affrontait aussi le visiteur. Le catalogue soigneusement imprimé incluait trois citations judicieusement placées d'Ingres, que Dalí admirait depuis qu'il avait fait sa connaissance, dans son enfance, à travers les livres d'art Gowans[495]. Les citations, extraites des *Pensées* du peintre français – un des livres de chevet de Dalí à l'époque –, élevaient Ingres au statut de génie tutélaire de l'exposition. La première, peut-être afin de justifier les influences visibles dans l'exposition (Picasso, Morandi, Ingres lui-même), était : « Celui qui ne voudra mettre à contribution aucun autre esprit que le sien se trouvera bientôt réduit à la plus misérable de toutes les imitations, c'est-à-dire celle de ses propres ouvrages. » La deuxième, peut-être en hommage au conseil donné par le professeur de dessin de Dalí chez les Frères chrétiens, « ne pas dépasser la ligne », était : « Le dessin est la probité de l'art. » La troisième, qui s'appliquait certainement aux portraits d'Anna Maria Dalí, était pareillement dogmatique : « Les belles formes, ce sont des plans droits avec des rondeurs. Les belles formes sont celles qui ont de la fermeté dans la plénitude, où les détails ne compromettent pas l'aspect des grandes masses. »

L'exposition fut un triomphe, à la fois critique et commercial, comme Dalí se hâta d'en informer Lorca en lui envoyant le seul article négatif, avec la remarque « Les autres sont si inconditionnellement enthousiastes qu'ils sont sans intérêt », et ajoutant qu'on avait donné en son honneur un banquet à l'hôtel España à Barcelone le 21 novembre, suivi d'un autre à Figueres le 5 décembre[496]. Parmi les toiles les plus admirées se trouvaient *Siphon et bouteille de rhum*, déjà exposé chez les « Ibériques » à Madrid quelques mois plus tôt, et que Dalí devait bientôt donner à Lorca, la splendide *Vénus et un marin (Hommage à Salvat-Papasseit)*, et *La Jeune Femme à la fenêtre*, sur laquelle Anna Maria Dalí, vue de dos, contemple depuis la fenêtre de la salle à manger à Es Llané les vagues qui ondulent à la surface de la baie de Cadaqués [cahier couleur, page III]. Jusque-là, aucune trace de surréalisme[497].

Dans *La Vie secrète* et ses écrits autobiographiques ultérieurs, Dalí affirma que Picasso était passé à l'exposition, et avait été très frappé « par la peinture du dos de la jeune fille » (sans doute *La Jeune Femme à la fenêtre*), et l'avait encensée à son retour à Paris[498]. Mais rien ne prouve que Picasso ait vu l'exposition, ni même qu'il ait été à Barcelone pendant cette quinzaine. De plus, comme Dalí, même s'il n'était pas sur les lieux pendant toute la durée de l'exposition, pouvait facilement s'y rendre, il est inconcevable que, si Picasso avait fait une apparition, et exprimé son admiration, il ne se soit pas immédiatement précipité pour le rencontrer, et tirer le maximum de publicité de l'occasion avant d'en parler abondamment par la suite.

Le déluge d'articles provoqué par l'exposition fit que le père de Dalí décida de coller dans un album tous les articles sur la carrière en fleur de Salvador, afin de faire passer le récit complet de son ascension à la postérité. Le dernier jour de l'année, Dalí Cusí écrivit pour cet album une préface détaillée. Elle nous en apprend beaucoup sur les forces et sur les faiblesses du notaire – et montre quel formidable problème il constituait pour son fils :

> Salvador Dalí Domènech, Apprenti Peintre
>
> Après vingt et un ans de soins, d'anxiété et de gros efforts, je peux enfin voir mon fils presque en position d'affronter les nécessités de la vie, de se nourrir lui-même. Les devoirs d'un père ne sont pas si faciles qu'on le croit parfois. Il doit constamment faire certaines concessions, et il y a des instants où ces concessions et ces compromis balaient presque entièrement les plans qu'il a formés et les illusions qu'il a nourries. Nous, ses parents, ne désirions pas que notre fils se consacre à l'art, une vocation pour laquelle, depuis son enfance, il a montré de grandes aptitudes.
> Je persiste à penser que l'art ne devrait pas être un moyen de gagner sa vie, qu'il devrait n'être qu'une relaxation de l'esprit à laquelle on ne doit se consacrer que lorsque le mode de vie de chacun le lui permet. De plus, nous, ses parents, étions convaincus de la difficulté qu'il y a à atteindre la suprématie en art, ce que ne peuvent faire que les héros authentiques capables de vaincre tous les obstacles. Nous connaissions l'amertume, le chagrin et le désespoir de ceux qui échouent. Et c'est pour ces raisons que nous avons fait tout notre possible pour pousser notre fils à exercer une profession libérale, scientifique, ou même littéraire. Lorsque notre fils a obtenu son baccalauréat, nous étions déjà convaincus de la futilité de faire de lui autre chose qu'un peintre, la seule profession pour laquelle il s'était toujours sincèrement et obstinément senti une vocation. Je ne crois pas avoir le droit de m'opposer à une vocation si décidée, surtout qu'il était nécessaire de prendre en considération le fait que mon fils aurait perdu son temps dans toute autre discipline, à cause de la « paresse intellectuelle » dont il souffrait aussitôt hors du cercle de ses prédilections.
> Quand on en arriva à ce point, je proposai à mon fils un compromis : qu'il devait s'inscrire à l'Académie royale de peinture, sculpture et gravure à Madrid, qu'il devait suivre tous les cours nécessaires pour obtenir

officiellement le titre de professeur de peinture, et que, une fois son titre obtenu, il devait passer le concours lui permettant de se servir de son titre de professeur dans un centre pédagogique officiel, afin de lui assurer un revenu indispensable aux nécessités de la vie, et qui lui permettrait de se consacrer autant qu'il voudrait à l'art durant le temps libre que lui laisserait son devoir d'enseignant. De cette façon, il aurait l'assurance de ne jamais manquer de moyens de subsistance, et en même temps la porte qui lui permettrait d'exercer ses dons d'artiste ne lui serait pas fermée. Au contraire, il pourrait faire ça sans risquer le désastre économique qui rend encore plus amère la vie d'un homme qui ne connaît pas le succès.
C'est le point que nous venons d'atteindre. J'ai tenu ma parole, m'assurant que mon fils ne manque de rien de ce qui peut être nécessaire à son éducation artistique et professionnelle. L'effort que ça a impliqué pour moi est grand, si l'on considère que je ne possède pas de fortune personnelle, ni grande ni petite, et que je dois faire face à toutes les obligations à l'aide des seuls gains honorables et honnêtes de ma profession, qui est celle de notaire, et que ces gains, comme ceux de toutes les charges de notaire à Figueres, sont modestes. Pour l'instant mon fils continue de remplir ses devoirs à l'Académie, rencontrant quelques obstacles dont je tiens l'élève moins responsable que la déplorable organisation de nos centres de culture. Mais ses progrès officiels sont bons. Mon fils a déjà terminé deux certificats complets, et a reçu deux prix, un en histoire de l'art et l'autre en apprentissage général de la peinture en couleurs. Je parle de « progrès officiels », car le garçon devrait faire mieux en tant qu'élève de l'Académie, mais sa passion de la peinture le détourne plus qu'elle ne le devrait de ses études officielles. Il passe la plus grande partie de son temps à peindre de son côté des tableaux qu'il envoie à des expositions, après les avoir soigneusement sélectionnés. Le succès que ses toiles ont eu est encore plus grand que moi-même j'aurais pu le croire possible. Mais, comme je l'ai déjà dit, j'aurais préféré qu'un tel succès arrive plus tard, quand il aura fini ses études et trouvé un poste de professeur. Car il n'y aurait alors plus de risques que mon fils ne remplisse pas ses promesses.
En dépit de tout ce que j'ai dit, je ne serais pas sincère si je ne disais pas que les succès présents de mon fils me remplissent de joie, car il est possible que mon fils ne parvienne pas à obtenir un poste de professeur, mais on m'a dit que l'orientation artistique qu'il prend n'est pas totalement dénuée de sens, et que même si tout tourne mal, quoi qu'il puisse arriver d'autre serait un désastre encore plus grand, car mon fils a un don pour la peinture, et uniquement pour la peinture.
Cet album contient la collection de tout ce que j'ai vu publier dans la presse sur le travail de mon fils durant le temps de son apprentissage de peintre. Il contient aussi d'autres documents relatifs aux incidents qui se sont passés à l'Académie, et à son emprisonnement, ce qui devrait permettre qu'on juge mon fils en tant que citoyen, c'est-à-dire en tant qu'homme. Je collectionne, et continuerai de collectionner, tout ce qui le mentionne, que ce soit en

> bien ou en mal, quand j'en aurai connaissance. De la lecture de tous ces articles, on pourra apprendre quelque chose de la valeur de mon fils, en tant qu'artiste et en tant que citoyen. Que celui qui aura la patience de tout lire le juge avec impartialité[499].

À première vue, il semble raisonnable que don Salvador Dalí Cusí ait préféré le succès académique de son fils à sa renommée précoce en tant qu'artiste indépendant. Mais les événements devaient bientôt balayer toutes ces considérations.

## PARIS, ENFIN

En janvier 1926, l'un des journaux les plus progressistes d'Espagne, le *Heraldo de Madrid*, organisa une exposition sur l'art moderne catalan au Club des beaux-arts, qui venait d'être inauguré Calle de Alcalá, juste à côté de la Puerta del Sol. Dalí y envoya deux toiles, qui toutes deux avaient été montrées pour la première fois quelques mois plus tôt lors de l'exposition chez Dalmau à Barcelone, *La Jeune Femme à la fenêtre*, qui représente sa sœur Anna Maria Dalí, et *Vénus et un marin*. Cette dernière suscita un grand intérêt, provoqua un télégramme de félicitations de Lorca, et fut achetée par le peintre Daniel Vázquez Díaz (la cause involontaire du renvoi de l'Académie San Fernando de Dalí en 1923)[500]. Cipriano Rivas Cherif, qui en 1924, dans le journal *España*, avait soutenu Dalí contre l'Académie, dit, dans un article, le plus grand bien de *Vénus et un marin*. Il terminait ainsi : « Salvador Dalí sait ce qu'il fait. Et il connaît ses classiques. Dieu protège sa vue et le préserve[501]. »

On ne sait pas si Dalí fit le voyage de Figueres pour l'exposition. À l'époque, il était obsédé par Barcelone et par Paris, surtout par Paris, car Luis Buñuel, qui faisait ses premiers pas dans le monde du cinéma, le poussait à lui rendre visite[502]. Salvador n'avait pas besoin d'être encouragé. À la mi-mars, il était plongé dans *Le Bal du comte d'Orgel*, le roman de Raymond Radiguet, et il communiqua son enthousiasme à Lorca. Situé dans le monde qui devait devenir celui de Dalí, et pétri de son obsession pour l'aristocratie, ce *roman à clé** brillant a sans l'ombre d'un doute stimulé sa détermination à conquérir Paris et à pénétrer dans les cercles les plus fermés de la société française[503].

À cette époque, de plus, Dalí avait mis sur le tapis auprès de son père le sujet d'un séjour à Paris, et il avait réussi, car le 14 mars 1926 Josep Dalmau lui donna deux lettres de recommandation : l'une pour Max Jacob et la seconde pour André Breton lui-même. Ces lettres confirment l'importance de Dalmau comme lien entre Barcelone et l'avant-garde parisienne[504].

Il n'était pas question que le notaire permette à son fils de voyager en France seul : il pourrait se perdre, il pourrait dilapider son argent, il pourrait se faire écraser en traversant la rue – tout pouvait arriver, car Salvador, comme tout le monde le savait, n'avait aucun sens pratique. Mais qu'il voie le Louvre semblait une très bonne idée : Dalí Cusí ne pouvait dire le contraire. Et avec son esprit de décision habituel, il ordonna que, durant les vacances de Pâques, sa femme et Anna Maria Dalí accompagnent Salvador pour un bref séjour dans la capitale française.

Le 11 avril 1926, le petit groupe tout excité s'embarqua dans le train à Figueres. Luis Buñuel devait les accueillir à la gare à Paris, sans doute accompagné par le peintre Manuel Ángeles Ortiz, ami proche de Lorca, comme lui originaire de Grenade, et qui vivait dans la capitale française depuis 1922[505]. Sachant qu'Ortiz bénéficiait d'un accès privilégié à Picasso, dont il suivait de près – de trop près, selon Dalí[506] – le travail cubiste, Salvador avait persuadé Lorca de le prévenir du voyage, et de lui demander d'organiser une entrevue avec le grand homme. Ortiz s'était obligeamment prêté à ce projet[507]. Quand Dalí arriva à l'appartement de l'artiste, rue La Boétie, avec sous le bras *Jeune fille de Figueres* [cahier couleur, page IV], dont il était très fier[508], il était aussi ému, nous raconte-t-il dans *La Vie secrète*, que s'il devait être reçu par le pape :

> « Je viens chez vous avant de visiter le Louvre, lui dis-je.
> — Vous n'avez pas tort », répondit-il[509].

Que Dalí ait été intimidé est compréhensible, étant donné sa grande admiration pour Picasso, et son désir de l'égaler. Dans le même récit, très bref, il affirme que Picasso examina soigneusement *Jeune fille de Figueres*, mais sans rien dire, pendant un quart d'heure[510].

Une fois terminé son examen, Picasso passa deux heures, à en croire Dalí, à sortir ses propres toiles, « se donnant un travail fou pour moi seul[511] ». On ne sait de quelles toiles il s'agissait mais, grâce à un article publié en juin 1926, peu après la visite de Dalí, par Christian Zervos, éditeur des *Cahiers d'art*, nous pouvons du moins identifier quelques toiles exposées dans l'atelier de Picasso à cette époque[512]. Il y avait parmi elles, en même temps que des collages récents, des exemples de deux tendances caractéristiques de sa production entre 1923 et 1926 : des travaux d'inspiration classique, comme *Les Trois Grâces*, et toute une série de natures mortes de sa période cubiste. D'après les travaux produits par Dalí immédiatement après son séjour à Paris, nous pouvons conclure que ces dernières l'impressionnèrent profondément, en particulier *Studio avec tête en plâtre*, qui se trouve maintenant à New York au Museum of Modern Art.

Picasso montra-t-il à Dalí *Les Trois Danseurs* (1925), dans laquelle, ainsi qu'il l'expliqua plus tard à Roland Penrose, le visage triste souligné de noir est celui de son ami et conseiller Ramon Pichot, qui venait de mourir[513] ? Étant donné la peine que la mort de Pichot fit à Picasso, ses souvenirs de son séjour à Cadaqués en 1910 et l'influence décisive de Pichot sur Dalí, il est peu probable que les deux hommes n'aient pas parlé du défunt.

Si Picasso semble avoir vite oublié la visite de Dalí à son atelier, ce fut pour Salvador une expérience d'une importance cruciale et durable[514]. Il avait maintenant rencontré l'une de ses deux idoles contemporaines – Freud devait encore attendre – et pouvait se vanter (ce qu'il fit) non seulement d'avoir fait la connaissance de Picasso, mais de ce que le grand peintre avait admiré son travail. Avril 1926 est un moment clé dans sa vie.

Anna Maria Dalí, qui avait tout oublié de la visite à Picasso, se rappelait plus tard que, comme « leur seul but » à Paris était de visiter le Louvre, ils avaient passé des heures et des heures dans le musée. Léonard de Vinci, Raphaël et Ingres enthousiasmèrent particulièrement son frère, nous dit-elle : il était « littéralement en extase[515] ». Anna Maria Dalí oublie également qu'ils avaient visité aussi le musée Grévin, boulevard Montmartre (l'intérêt de Dalí pour les célèbres figures de cire avait été stimulé par le poème de Cocteau « Tour du secteur calme »)[516], et Versailles, et passe sur le fait que la découverte par Salvador de la vie de café parisienne avait été presque aussi excitante que sa rencontre avec Picasso.

Cette vie, en ce qui concerne le petit groupe d'artistes espagnols résidant à Paris, était centrée autour des célèbres cafés de Montparnasse – la Rotonde, le Select et le

Dôme –, alors au sommet de leur renommée (c'était l'époque de Kiki de Montparnasse). Dalí était à peine arrivé qu'Ortiz et Buñuel l'amenèrent à la Rotonde et le présentèrent à des membres de la communauté des peintres espagnols. Elle comprenait Hernando Viñes, Apel·les Fenosa, Francisco Bores, Joaquín Peinado et un autre ami de Lorca, Ismael González de la Serna, né à Grenade, et qui avait réalisé la couverture de son premier livre, *Impressions et paysages*. Tous étaient influencés par le cubisme, et n'avaient été jusque-là que peu touchés par le surréalisme[517].

Ce qui n'était pas le cas d'un autre résident de Paris, Joan Miró, catalan comme Dalí, associé de près au surréalisme depuis 1924 – il avait été profondément marqué par le premier manifeste de Breton. « Il m'a changé, en ce sens que je voulais retrouver son esprit », se rappelait-il en 1977[518]. Ainsi « changé », Miró avait abandonné son style réaliste et commencé à peindre sous l'influence d'hallucinations provoquées par la faim (il était extrêmement pauvre) et par sa lecture obsessionnelle de la poésie moderne que les surréalistes lui avaient fait connaître[519]. En juin 1925, il avait exposé à la galerie Pierre, qui appartenait à son vendeur, Pierre Loeb, et à la fin de l'année il avait participé à l'exposition collective *La Peinture surréaliste*, organisée au même endroit[520]. À cette époque, Miró était très respecté par Breton, qui écrivit plus tard que son « entrée tumultueuse » dans le mouvement, en 1924, « avait marqué une étape importante dans le développement de l'art surréaliste[521] ». Dalí ne rencontra pas Miró lors de son bref séjour à Paris, mais il se peut qu'il ait vu certaines de ses toiles. Juste un mois plus tôt, le 10 mars 1926, la Galerie surréaliste s'était ouverte au quartier général du mouvement, au cœur du Quartier latin, au 16 de la minuscule rue Jacques-Callot, qui relie la rue de Seine à la rue Mazarine, et qui est, encore aujourd'hui, une Mecque de la peinture[522]. Miró était l'un des artistes de la galerie, avec Masson, Tanguy, De Chirico, Man Ray, Marcel Duchamp, Picabia, Malkine, Picasso et Ernst[523]. Selon Roland Penrose, les peintures les plus récentes de Miró étaient toujours en vue à la Galerie surréaliste à cette époque et à la galerie Pierre (près de là, rue Bonaparte)[524].

● Joan Miró, *Le Chasseur* (ou *Paysage catalan*), 1923-1924.

Rien ne prouve que Dalí ait visité l'une ou l'autre galerie durant ses quelques jours à Paris, mais on a du mal à imaginer qu'il ne l'ait pas fait, étant donné son intérêt passionné pour tout ce qui se passait dans la capitale française. Quoi qu'il en soit, les membres de la communauté espagnole ont dû souvent parler de Miró en sa présence. Et comme Picasso était la grande obsession de Dalí, Miró, son aîné de onze ans, et pas de vingt-trois, devait sans doute, à ce stade, lui sembler un modèle plus accessible. Dalí devait aussi savoir que Miró, un rebelle comme lui, s'était enfui à Paris après qu'une exposition de ses toiles à la galerie Dalmau n'avait pas soulevé le même enthousiasme qu'à Barcelone. Et il était sûrement au courant de l'attachement passionné de Miró pour la ferme de ses parents à Mont-roig, près de Tarragone, un attachement qui n'avait d'égal que l'amour obsessionnel de Dalí pour Cadaqués. De fait, ils avaient beaucoup en commun. De plus, Dalí ne peut qu'avoir remarqué les quatre Miró reproduits à cette époque dans *La Révolution surréaliste : Maternité* et *Le Chasseur* (plus connu sous le titre de *Paysage catalan*) dans la quatrième livraison (15 juillet 1925) ; *La Terre labourée* et *Le Piège* dans la cinquième livraison (15 octobre

1925). Très peu après, l'influence du surréaliste Miró devait commencer à se faire sentir dans le travail de Dalí, de même que celle des Picasso vus rue La Boétie.

Au cours de son trépidant séjour à Paris, Dalí renoua avec ses amis de Madrid, Juan Vicéns et María Luisa González qui, maintenant mariés, venaient de reprendre la Librairie espagnole León Sánchez Cuesta, une succursale de la maison mère, à Madrid. Située au 10, rue Gay-Lussac, à quelques mètres du jardin du Luxembourg, elle devait devenir l'un des principaux repaires de la communauté espagnole dans la capitale et, en 1930, Buñuel immortalisa sa vitrine dans *L'Âge d'or*. L'exubérante María Luisa González fut ravie de retrouver Dalí doué d'aussi peu de sens pratique que d'habitude, et incapable de traverser les rues de Paris sans se cramponner au bras de sa belle-mère (un détail que se rappelait aussi Buñuel, dont les souvenirs de la visite de Dalí sont désopilants)[525].

Il est probable que Dalí ait vu aussi à Paris son ami de Malaga le poète José María Hinojosa, membre, comme Vicéns et María Luisa González, de l'ordre de Tolède créé par Buñuel, pour le *Poema del campo* de qui il avait, l'année précédente, dessiné une couverture et deux illustrations. Hinojosa venait de publier son deuxième recueil de vers, *Poesía de perfil*, illustré par Manuel Ángeles Ortiz. Alors que son premier recueil était parsemé de dédicaces aux membres du groupe de la « Rési », c'étaient les Espagnols de Paris qui étaient maintenant distingués. Ce changement est typique de l'attraction que le Paris du milieu des années 1920 exerçait sur les jeunes écrivains et peintres espagnols.

Après avoir passé quatre ou cinq jours à Paris, Dalí, Anna Maria Dalí et Catalina Domènech prirent le train pour Bruxelles, afin que Salvador puisse admirer les peintres flamands dont les toiles reproduites dans la série des livres d'art Gowans avaient enflammé son imagination enfantine. Il est presque certain qu'ils firent un petit saut à Bruges. Curieusement, il n'y a dans *La Vie secrète* aucune allusion à la visite à Bruxelles. Mais Anna Maria Dalí s'en souvient dans son livre. Le principal objectif, dit-elle, était Vermeer. Quelques mois plus tard, Dalí affirma à Lorca que Vermeer était « le plus grand peintre qui ait jamais vécu[526] ».

La visite en Belgique fut cependant très rapide : Pepín Bello reçut une carte postale de Dalí postée de Bruxelles le 26 avril, et Lorca une autre postée deux jours plus tard de Cadaqués (déjà à l'époque les trains français étaient remarquablement efficaces[527]). À peine rentré chez lui, Dalí écrivit un mot à son oncle Anselm à Barcelone. Le voyage, disait-il, « avait été un succès sur tous les plans, à la fois spirituel et matériel », et il aurait beaucoup de choses à lui raconter quand il le reverrait[528].

## ADIEU À MADRID

Peu après, Dalí retourna à Madrid pour se présenter à l'examen dans les quatre matières qu'il avait bûchées seul en tant que « candidat libre ». Dans la capitale, il tomba sur Buñuel, qui revenait de Paris pour une brève visite, et sur Lorca. Tous les trois furent photographiés ensemble dans les jardins d'agrément au bord de la rivière Manzanares, accompagnés par José Moreno Villa et par José Rubio Sacristán, un autre camarade de la Résidence.

Depuis sa visite à Cadaqués en 1925, Lorca avait travaillé à son « Ode à Salvador Dalí », dont il envoyait des extraits au peintre avec une certaine réticence[529]. Le poème fut enfin publié dans le numéro d'avril du *Revista de Occidente* de José Ortega y Gasset, et fut immédiatement reconnu comme une réussite de première importance.

● La dernière photo connue de Lorca, Dalí et Buñuel ensemble, accompagnés de José Moreno Villa et de José Rubio Sacristán, Madrid, dans un parc, près de la rivière Manzanares, 1926.

Le poème, un des plus beaux péans à l'amitié en langue espagnole, célèbre l'asepsie de Dalí en tant qu'artiste et en tant qu'homme, louant son « désir d'éternité limitée » et notant la détermination de son « âme hygiénique » à s'envoler de la « brume impressionniste » et de « l'obscure selve des formes incroyables ». Lorca, plus émotif que Dalí, était tout à fait conscient du besoin compulsif de loi et d'ordre de Dalí, de son amour pour « tout ce qui peut être expliqué », de sa « peur de l'émotion » qui l'attendait « dans la rue » :

En prenant ta palette, dont l'aile est trouée d'un coup de feu,
Tu demandes la lumière qui anime la coupe renversée de l'olivier.
Large lumière de Minerve, constructrice d'échafaudages,
Lumière où ni le songe, ni sa flore inexacte n'ont place.

Tu demandes la lumière antique qui reste sur le front,
Qui ne descend ni à la bouche, ni au cœur de l'homme.
Lumière que craignent les vignes poignantes de Bacchus
Et la force désordonnée qui porte l'eau courbe[530].

Dalí fut très flatté par le poème, et d'autant plus qu'en juillet, dans le *Mercure de France*, l'hispanisant Jean Cassou le signala comme un exemple extraordinaire de ce qu'il appelait « une sensibilité absolument nouvelle en Espagne », résultat de l'influence des peintres modernes français, et pour la première fois collectivement reconnue par l'exposition au Salon des Ibériques à Madrid. L'article de Cassou, dans la même revue, était enthousiaste, et disait de Dalí et de Benjamín Palencia qu'ils étaient des « esprits clairs, bons géomètres[531] ».

C'est sans doute au cours du mois de mai de cette année-là que Lorca tenta de séduire Dalí, susceptible de se montrer un peu plus complaisant maintenant que l'ode était parue – et dans une publication si distinguée. En 1955, Dalí dit à Alain Bosquet que le poète, par deux fois, avait tenté de le sodomiser, mais que rien ne s'était passé parce que lui, Dalí, n'était pas un « pédéraste » et que, de plus, « ça faisait mal » :

> Mais je me sentais fort flatté au point de vue du prestige. C'est que, au fond de moi-même, je me disais qu'il était un très grand poète et que je lui devais un peu du trou du cul du Divin Dalí ! Il a fini par s'emparer d'une jeune fille, et c'est elle qui m'a remplacé dans le sacrifice. N'ayant pas obtenu que je mette mon cul à sa disposition, il m'a juré que le sacrifice obtenu de la jeune fille se trouvait compensé par son sacrifice à lui : c'était la première fois qu'il couchait avec une femme[532].

La fille, ainsi que Dalí le révéla lors d'une interview en 1986, s'appelait Margarita Manso et étudiait aussi à l'Académie. Elle était très mince, dit-il, très enfantine (« Elle n'avait pas de poitrine »), très libérée sexuellement et fascinée à la fois par Lorca et par lui[533]. D'autres contemporains, parmi lesquels l'ami de Lorca, le peintre et décorateur Santiago Ontañón, furent frappés par le charme de la fille et par son insouciance sexuelle. « Elle était à la fois très jolie et très moderne, et à cette époque ça la rendait doublement intéressante », se rappelait-il en 1987[534].

Le dossier de Margarita Manso à l'Académie nous apprend qu'elle était née en 1908 à Valladolid, où sa mère était couturière. Elle entra à l'Académie à l'âge de quinze ans, en 1925, et y resta jusqu'à la fin de l'année scolaire 1926-1927, passant tous ses examens sans se distinguer. On ne sait trop quand Dalí la rencontra, mais on peut supposer que ce fut en mai 1926 car, comme nous le savons, il n'était pas à Madrid pour le début du trimestre, quand Margarita Manso commença à assister aux cours[535].

Margarita a dû connaître Lorca peu après son entrée à l'Académie, peut-être par le petit ami exotique du poète, le sculpteur Emilio Aladrén, qui étudiait aussi à l'Académie. Avec la compagne de Dalí et Lorca à l'Académie, Maruja Mallo, elle participa au lancement d'une nouvelle mode « par défaut », qui prit très vite à Madrid. Elle consistait, simplement, à ne pas porter de chapeau (à l'époque, tout le monde en portait scrupuleusement). Elles baptisèrent ce mouvement le *sinsombrerismo* (le « non-chapeauïsme »). « Les gens nous trouvaient complètement immorales, comme si nous avions été nues, et nous agressaient presque dans les rues », se rappelait Maruja Mallo en 1979, ajoutant que Margarita, Lorca et elle étaient toujours ensemble à l'époque[536].

Quand Dalí revint à Madrid, il se joignit immédiatement au groupe des *sinsombreristos*, malgré son penchant pour les chapeaux élégants. Ils décidèrent un jour de visiter le monastère bénédictin de Santo Domingo de Silos, en Vieille Castille, célèbre pour son chant grégorien et son cloître roman. Quand les filles voulurent entrer dans l'église, les

Dalí, « Le Poète sur la plage d'Empúries », 1927. Dimensions inconnues. Le poète, c'est Lorca, qui visita pour la première fois les ruines grecques et romaines d'Empúries avec le peintre, en 1925. Noter l'assemblage d'épaves, typique du Dalí de cette époque, qui rapprochent ce dessin de la splendide toile de grandes dimensions, aujourd'hui perdue, *Le miel est plus doux que le sang* (1927). (Voir page 154.)

moines intervinrent par la force. « Pas de jupes ici ! » leur dit-on sèchement. Maruja Mallo et Margarita Manso résolurent le problème en enfilant en guise de pantalon les vestes de Lorca et de Dalí (comment elles effectuèrent la transformation, Maruja n'est jamais parvenue à l'expliquer de façon satisfaisante) et en cachant leurs cheveux sous des casquettes. Ainsi attifées, elles réussirent à se glisser dans l'abbaye sans être découvertes. « Ça devait être la première fois que des travestis-à-l'envers entraient à Santo Domingo de Silos », s'amusait encore des années plus tard Maruja Mallo, qui en même temps se demandait ce qu'il était advenu de Margarita Manso après la guerre civile : elle s'était volatilisée[537].

Apparemment, Dalí avait dans la tête la scène sexuellement chargée de Margarita Manso en compagnie de Lorca lorsque, dans une lettre au poète au cours de l'été 1926, il écrivait : « Je n'ai pas du tout réussi à comprendre Margarita non plus. Est-ce qu'elle était idiote ? Folle[538] ? » Le propos suggère que Lorca, dans sa lettre précédente, avait exprimé sa perplexité. Il faisait peut-être allusion au même épisode quand il encadra un poème écrit à cette époque, « Remansos », par la question énigmatique, entre guillemets et en italique : « *Margarita, qui suis-je ?* » Il parut en couverture du magazine murcien *Verso y Prosa* en avril 1927, accompagné, ce qui n'est sûrement pas un hasard, d'un superbe dessin à la plume de Dalí représentant sa tête et celle de Lorca côte à côte sur la plage de Cadaqués. Et on a l'impression qu'il existe une relation entre le titre du poème, « Remansos », et le nom de famille de Margarita, « Manso ».

En 1927, Dalí fit une allusion à Margarita Manso dans une lettre à Lorca, qui à ce moment-là passait par Madrid. « Rappelle-moi au souvenir de Margarita. Ça doit être une grande fille, maintenant[539] », écrit-il. Un an plus tard, lorsque Lorca publia son *Romancero Gitano*, Dalí lui dit qu'à son avis le poème « Thamar et Amnon », avec son « petit parfum d'inceste » et le vers « murmure d'une rose emprisonnée », était l'un des meilleurs du livre[540]. Ce commentaire était une autre allusion à la scène partagée entre Margarita, Dalí et Lorca, car, ainsi que Dalí l'expliqua des années plus tard, Lorca, après avoir fait l'amour à Margarita, la berça dans ses bras en lui murmurant à l'oreille le quatrain qui contenait les vers cités – c'est-à-dire le quatrain dans lequel Amnon, sur le point de violer sa sœur, s'exclame :

*Thamar, en tus pechos altos*
*hay dos peces que me llaman,*
*y en la yema de tus dedos*
*rumor des rosa encerrada.*

Thamar, dans tes hauts seins
Il y a deux poissons qui m'appellent
Et au bout de tes doigts
Le murmure d'une rose emprisonnée[541].

La scène avec Margarita Manso avait profondément impressionné Dalí. De plus, il avait dû remarquer que la ballade de Lorca « Muerto de amor » lui était dédiée. Dans les années à venir, Dalí devait prendre plaisir à citer les vers de ce poème évoquant la lumière étrange et changeante du croissant de lune :

*Ajo de agónica plata,*
*la luna menguante, pone*
*cabelleras amarillas*
*a las amarillas torres.*

Bouquet d'ail à l'éclat mortel,
La lune mourante tresse
des nattes blondes autour
Des tours blondes[542].

En juin 1926, Dalí commença son examen de fin d'année à l'Académie. Sa feuille de notes officielle montre qu'il échoua en couleur et composition, objets mouvants peints au naturel, et ne se présenta pas pour la théorie des beaux-arts et l'étude des formes architecturales[543].

Dalí, échouer en couleur et composition et en objets mouvants peints au naturel ? Ça paraît impossible. Mais derrière les résultats enregistrés dans les dossiers, il y a des événements qui, avant peu, devaient acquérir un statut mythique.

Dalí avait été convoqué devant le jury d'examen le 11 juin pour montrer ses connaissances en théorie des beaux-arts et étude des formes architecturales. Selon les autorités de l'Académie, il ne se présenta pas, et téléphona pour demander l'autorisation de passer son examen lors d'une « seconde session ». Sa requête fut exaucée, et la date fixée au matin du 14[544]. Salvador Dalí Cusí n'acceptait pas cette version des événements. Il en était arrivé à la conclusion que son fils s'était bien présenté le 11 juin, et que c'était le jury qui n'était pas venu[545].

L'Académie avait un système d'examens oraux de type aléatoire, qui se tenaient en public. L'étudiant devait tirer d'un tambour une ou plusieurs boules portant un numéro correspondant à un thème en relation avec le sujet étudié. On lui demandait alors de développer celui de ces thèmes qu'il préférait. Dalí refusa de tirer la boule. Selon le rapport, rédigé sur-le-champ, il dit : « Non. Comme tous les enseignants de l'Académie San Fernando sont incompétents pour me juger, je ne tire pas. » Le jury, et c'est compréhensible, fut indigné[546].

Le geste de Dalí, malgré le récit qu'il en fit dans *La Vie secrète* et ailleurs, semble avoir été soigneusement prémédité[547]. Son ami Josep Rigol se rappelait que, pour l'examen, il s'était vêtu d'une veste aux couleurs criardes, avec un gardénia à la boutonnière, et qu'il s'était enfilé une grande absinthe juste avant d'entrer dans la salle – pour l'inspiration, dit-il, mais plus probablement parce qu'il en avait besoin pour fouetter son audace[548]. Le 23 juin 1926, un conseil extraordinaire des professeurs fut organisé afin de juger la conduite de Dalí. Son dossier depuis son entrée à l'Académie fut examiné par le directeur, Miguel Blay, qui rappela son renvoi en 1923-1924, et fit allusion à des rumeurs selon lesquelles Dalí aurait fait courir à Barcelone le bruit qu'il avait été la victime de l'un des professeurs, Rafael Domènech. Les professeurs prirent rapidement la décision unanime de l'expulser pour de bon. Dalí, ou à défaut son père, devait en être immédiatement informé, et l'ordre d'expulsion devait être affiché sur le panneau de l'école[549].

Une lettre écrite par Dalí à sa famille peu après qu'il avait fait injure non seulement à ses examinateurs, mais à tout le personnel de l'Académie expliquait que c'était son indignation d'avoir échoué dans les deux autres matières qui l'avait amené à se conduire de cette manière. « C'était la seule façon de réagir avec *dignité* à leur attitude lamentable, toute autre réaction aurait été accepter une injustice, et il est complètement inepte que des gens ignorants osent me juger. » L'après-midi suivant, dit Salvador, il partait pour Barcelone. La bonne nouvelle, c'était que le comte Edgar Neville (célèbre écrivain espagnol) lui avait commandé une peinture de la Vierge, et lui avait demandé de dire son prix. « Ainsi, je suis riche, terminait Salvador. Dès mon arrivée à Cadaqués je me mettrai à peindre[550]. » Cette promesse ne devait pas être une grande consolation pour son père. Mais Dalí, au cours de l'été, parvint néanmoins à le persuader qu'il avait, une fois de plus, été injustement traité par le corps enseignant.

Il y eut un post-scriptum paternel au renvoi de Dalí de l'Académie. Le 12 novembre 1926, l'expulsion fut officiellement confirmée dans le *Bulletin du ministère de l'Éducation publique et des Beaux-Arts*. Don Salvador colla le décret dans son album, et dans sept pages pleines de colère il disserta sur « la détestable Académie de peinture, sculpture et gravure, dont on pourrait dire qu'elle représente bien notre malheureuse Espagne ». Manque de connaissance de ses propres règles, absentéisme fréquent des professeurs, arbitraire dans les résultats des examens, histoire de l'art enseignée par ce Domènech, « un des pédagogues les plus ineptes de toute l'Espagne ». En ce qui concerne l'enseignement de la gravure, son fils avait eu la chance d'avoir pour professeur l'excellent Juan Núñez au lycée de Figueres... En bref : un désastre. Pas étonnant que Salvador se soit mis à dos une institution aussi détestable et corrompue[551].

Seize ans plus tard, Dalí en vint à évoquer plus honnêtement son expulsion, et admit tacitement qu'il avait trompé son père dans l'intérêt de sa carrière de peintre :

> N'importe quel comité de professeurs, dans n'importe quel pays du monde, aurait agi de même en se sentant ainsi insulté. Les motifs de mon acte étaient simples : je voulais en finir une bonne fois pour toutes avec l'Académie des beaux-arts et la vie orgiaque que je vivais à Madrid. Je voulais être forcé à échapper à tout ça et revenir travailler à Figueres pendant un an, après quoi j'essaierais de convaincre mon père de me laisser continuer mes études à Paris. Une fois là-bas, avec le travail que j'y amènerais, je prendrais définitivement le pouvoir[552].

On se demande si, à ce moment-là, Dalí se souvenait de l'entrée de son journal, le 19 avril 1920, quand son père lui avait annoncé qu'après son *bachillerato*, il irait à l'Académie royale de Madrid. Exalté par ce projet, il avait prévu qu'« après avoir travaillé comme un fou à l'école pendant trois ans, [il] poursuivrai[t] ses études à Rome pendant encore quatre ans, puis reviendrai[t] en Espagne devenu un génie[553] ». Ça ne s'était pas passé tout à fait comme ça, mais ça ne s'était pas si mal passé non plus. Avec sa brève expérience parisienne comme stimulus, et l'Académie derrière lui, Dalí se mit alors à produire les œuvres qui permettraient sa fuite définitive pour la capitale française. Il avait la vision, le talent et l'énergie. Mais il allait lui falloir encore trois ans d'un effort intense pour que le rêve devienne réalité.

En ce qui concerne Madrid, Dalí dit en 1970 que c'était la ville d'Europe qui comptait le plus pour lui. « Les lieux où a peint Vélasquez et les souvenirs les plus importants de ma vie – les années avec Lorca, Buñuel et les *ultraístas*. Pour moi, Madrid, c'est ça », dit-il à un journaliste.

C'est sans doute l'une des déclarations les plus sincères qu'il ait jamais faites[554].

# V. Saint Sébastien et le Grand Masturbateur [1926-1927]

## LORCA ET SAINT SÉBASTIEN

En juillet 1926, quelques secondes seulement après son éviction de l'Académie royale, Dalí reçut la visite du critique de théâtre Melchor Fernández Almagro, un grand ami de Lorca. Fernández Almagro fut surpris de trouver Cadaqués si isolé (il lui avait fallu deux heures pour y arriver, en car, depuis Figueres), et très impressionné par la beauté du village et de ses environs spectaculaires. Maintenant que Ramon Pichot était mort, Dalí était le peintre « officiel » de la localité, dit-il à ses lecteurs, en décrivant sa maison d'Es Llané, en bord de mer, et faisant remarquer que la fille de *La Jeune Femme à la fenêtre*, que les Madrilènes avaient pu admirer quelques mois plus tôt, était la sœur du peintre. Elle avait « la beauté crépusculaire d'une jeune Vénus de l'Empordà[555] ».

134● Dalí, dessin de saint Sébastien, patron de Cadaqués, fait en 1927. Une des obsessions du peintre, partagée par Lorca.

Ce que Fernández Almagro ne pouvait savoir, c'était qu'Anna Maria Dalí, dont Dalí avait effectué au moins douze portraits depuis 1923, avait été supplantée dans son œuvre par la présence obsessionnelle de Lorca[556]. Au cours de la visite très mouvementée du poète à Cadaqués au printemps 1925, Dalí avait commencé quelques esquisses préliminaires d'un portrait de lui mimant sa mort et sa putréfaction. Il s'agissait d'une performance macabre que Lorca mettait en scène dans sa chambre à la Résidence des étudiants, se rappelait Dalí : « Une fois au lit, il trouvait encore le moyen de prolonger indéfiniment les conversations poétiques les plus transcendantales qui aient eu lieu en ce siècle[557]. » Dalí décrivit au moins deux fois cette cérémonie en français[558], mais la description qu'il en fait en anglais au poète Gerard Malanga est plus vivante :

> S'il y a une chose certaine à propos de Lorca, c'est son obsession de la mort. Il parlait tout le temps de la mort, de sa mort à lui – par exemple, chaque soir, Lorca ne pouvait s'endormir avant que chacun de ses amis ne soit venu dans sa chambre. Je me souviens qu'un matin Lorca fit le mort. Il dit : « C'est le deuxième jour de ma mort », et décrivit « mon cercueil passant dans les rues de Grenade », et le « Ballet des Morts à l'intérieur du cercueil ». Tout le monde est venu, et tout le monde s'est trouvé angoissé par cette imitation – et Lorca s'est mis à rire à cause de l'impression de terreur dans le regard des gens, s'est détendu, a été très heureux, et a très bien dormi. Il lui était nécessaire, chaque soir, de donner une représentation de sa propre mort[559].

Sur la base de ses dessins de l'étrange rituel de Lorca, et d'une photographie prise par Anna Maria Dalí du poète « faisant le mort » sur la terrasse d'Es Llané en 1925, Dalí commença une toile intitulée *Nature morte (Invitation au sommeil).* Terminée en 1926, elle constitue apparemment le premier exemple de ce que Rafael Santos Torroella a appelé la « période Lorca » de Dalí. On reconnaît les contours de la tête de Lorca, et dans la toile comme sur la photo on trouve la table ronde qui était toujours posée sur la terrasse. À côté de la tête de Lorca, Dalí a placé un des *aparells*, ces appareils qui apparaissent fréquemment dans ses peintures à partir de 1926. Avec leur orifice central rond et leurs jambes comme des allumettes, suggérant un pas chancelant, ces appareils ont-ils pour fonction de représenter la sexualité féminine redoutée à la fois par Lorca et par Dalí ? À l'arrière-plan, derrière la tête du poète, et entre les deux rails parallèles qui conduisent à une vue sur la mer, il y a un aéroplane – allusion à la précision et à l'aseptisation de l'âge de la machine, maintenant aussi cher à Dalí qu'il l'avait été au Marinetti du « Manifeste futuriste ».

Dans la substantielle série de dessins et de toiles constituant la « période Lorca » de Dalí, on peut compter sans le moindre doute *Académie néo-cubiste*, intitulé plus tard *Composition aux trois personnages (Académie néo-cubiste)*. Achetée par un ami proche de Dalí, Joaquim Cusí Furtunet, lorsqu'elle fut exposée pour la première fois en 1927, la toile n'a plus jamais été revue en public, et n'est même pas disponible pour les chercheurs. Cependant ce chef-d'œuvre, en dehors de sa beauté intrinsèque, est indispensable pour comprendre le développement de Dalí en tant qu'artiste, et ses relations avec le poète[560].

Dans la terminologie de l'art espagnol, le mot « académie » correspond en gros à *academy figure* en anglais, et fait référence à une peinture ou à un dessin de nu effectué plus pour la pratique, pour l'instruction, que pour faire une œuvre d'art. Dans le cas présent, ce terme fait sans doute une allusion ironique à la très rassise Académie royale de Madrid dont Dalí venait juste de se faire expulser, et où le cubisme, qu'il soit « néo » ou autre, n'était encore virtuellement pas admis.

Rafael Santos Torroella a montré que le personnage central de la composition, vu depuis une fenêtre de la maison d'Es Llané, est une représentation de saint Sébastien, le patron de Cadaqués, en marin. Cela est indiqué par la branche posée sur la mer calme, sur sa gauche (symbole du poteau sur lequel, selon quelques représentations, il fut attaché par ses bourreaux) ; par le fait que son bras droit semble lié derrière son dos ; et par la veine exposée à son poignet gauche, qui apparaît sur différents dessins de saint Sébastien effectués par Dalí à cette époque[561].

Lorca et Dalí avaient commencé à être fascinés par saint Sébastien avant que Dalí ne soit expulsé de l'Académie. Au cours de l'été 1926, le poète travailla à une série de trois conférences sur le martyr, qui devaient être illustrées par des diapositives et par diverses reproductions de peintures et de sculptures qui le représentaient. Lorca, notamment, pria son ami le poète Jorge Guillén, alors à Valladolid, de lui procurer une photographie de la petite sculpture de Pedro Berruguete représentant Sébastien conservée dans le fameux musée de la ville. Elle montre le saint comme un beau jeune homme languide étrangement ressemblant au lord Alfred Douglas d'Oscar Wilde[562]. On ne peut douter que Lorca et Dalí aient été au courant de la tradition artistique bien établie qui a fait de saint Sébastien, de la Renaissance à nos jours, le patron non officiel des homosexuels et des sadomasochistes. Comme l'a écrit Cécile Beurdeley, selon cette tradition, il est impossible de dire ce qui est le plus important, de l'« ambiguïté sexuelle » du saint ou de son « masochisme extatique[563] ».

Méditant sur la prédilection des homosexuels et des sadomasochistes pour saint Sébastien, Alberto Savinio, frère de Giorgio De Chirico et essayiste admirateur de Dalí, conclut que, au-delà de la jeunesse du saint et de son « corps d'éphèbe », il y a une tentation érotique. « La raison pour laquelle les invertis sont si attirés par saint Sébastien, écrit-il, peut se trouver dans l'analogie entre certains détails sexuels et les flèches qui lacérèrent le corps nu du jeune parent de Dioclétien. » En d'autres termes, les flèches sont des symboles phalliques[564].

Dalí aurait été d'accord, et, ainsi qu'il le savait sans doute, Freud aussi[565]. Dans une lettre écrite apparemment en septembre 1926, Dalí rappelait à Lorca que saint Sébastien était le patron de Cadaqués et lui demandait s'il avait remarqué que, dans les représentations du martyr, il n'est jamais suggéré que les flèches percent ses fesses – une allusion taquine, sans doute, au sexe anal et aux tentatives du poète de le posséder[566].

La même lettre montre qu'à cette époque Dalí voyait avant tout en Sébastien une incarnation de l'objectivité à laquelle il était arrivé à croire que devait aspirer l'art contemporain. La passivité du saint, sa sérénité, son détachement, tandis que les flèches déchirent sa chair, étaient les qualités que le peintre cherchait maintenant à exprimer à travers sa vie et son œuvre :

> Laisse-moi te reparler de saint Objectivité, qui est aujourd'hui appelé saint Sébastien.
> Cadaqués est un « fait suffisant », et toute tentative de transcendance serait excessive, un péché véniel ; une profondeur excessive serait même encore pire, pourrait tourner à l'extase. Personnellement, je n'apprécie rien de ce qui est intense, j'évite tout ce qui pourrait me mettre en extase, comme les motos. L'extase est une menace pour l'intelligence.
> Sept heures, quand je finis de peindre, c'est le moment où le ciel accomplit ses étranges et dangereuses prouesses, et c'est le moment où, au lieu de contempler le spectacle presque insupportable de la nature, je vais prendre ma leçon de charleston chez les Salisach ; c'est une danse très appropriée, qui appauvrit parfaitement l'esprit.
> Comme je me sens bien ! Je connais une complète résurrection ! C'est merveilleux de ne plus sentir la nécessité de se plaire à tout, le cauchemar d'être englouti dans la *nature*, ce qui signifie dans le mystère, dans l'imprécis, dans ce qui est impalpable ; c'est merveilleux d'être enfin centré, limité à quelques vérités et préférences simples, claires, ordonnées, suffisantes à ma sensualité spirituelle.
> Ton professeur, évidemment, dira : mais la nature a aussi son ordre, ses lois, ses proportions *supérieures*.
> « Supérieur », c'est un mot dangereux. Il signifie supérieur à *nous*, un ordre que nous ne pouvons pas saisir, des lois et des proportions mystérieuses, et ensuite, évidemment, tu n'es pas religieux et on entre dans les principes de la foi et de l'occulte et de Papini qui jeûne et qui veut écrire une encyclopédie.
> Mais grâce à Dieu aujourd'hui on sait clairement où commence l'art et où commence le « naturisme ».
> Goethe, qui pensait si clairement, dit que la nature et l'art sont deux choses différentes. Le Corbusier connaît ça, lui aussi – comme il connaît l'amour[567].

Il était inutile que le peintre rappelle à Lorca sa crainte de perdre le contrôle : il n'en était que trop conscient, comme l'avait déjà montré son « Ode à Salvador Dalí ».

La toile *Composition aux trois personnages (Académie néo-cubiste)* doit beaucoup à *Studio avec tête en plâtre* de Picasso, que Dalí avait vu à Paris lorsqu'il avait rendu visite à l'artiste[568]. Nombre d'éléments dans la nature morte de Picasso – peut-être elle-même une interprétation des *Attributs des arts*, de Chardin[569] – passèrent entièrement dans la toile de Dalí. La branche près du flanc gauche du saint est presque identique à celle de Picasso ; Dalí a emprunté la tête de plâtre, et l'ombre qu'elle projette est si pareille à celle de Picasso qu'on pourrait presque l'y substituer. Le cadre autour de la fenêtre est un écho à celui de Picasso ; les deux œuvres montrent des nuages pointus, allongés ; toutes deux comportent un livre ouvert ; et le rouleau fermement tenu par le bras coupé dans le Picasso réapparaît dans la main gauche du Sébastien de Dalí.

● Pablo Picasso, *Tête et bras en plâtre*, 1925. Dalí vit cette toile quand il visita l'atelier parisien du peintre en 1926. L'influence en est évidente dans une œuvre comme *Vénus et un marin*. (Voir cahier couleur page III.)

Désormais, le rouleau n'est plus *juste* un rouleau. Santos Torroella suggère qu'il s'agit d'une crosse ou d'un sceptre, et y voit une allusion au *Porte-lance* de Polyclète[570]. Mais ça n'explique pas le trou ellipsoïde, reste d'un objet qui apparaît dans une toile peinte par Dalí l'année précédente, *Pierrot jouant de la guitare*, interprétée par le même critique comme un portrait de Lorca. Dans cette œuvre qui, comme *Composition aux trois personnages (Académie néo-cubiste)*, est située dans la maison de Dalí à Es Llané et montre des nuages similaires, dans le style de Mantegna, l'instrument posé sur le sol à côté de l'as de cœur ressemble à une simple flûte rustique[571]. Peut-être Sébastien porte-t-il le même instrument, emblème de la musique et de la poésie ? Il peut être, aussi, significatif que, à droite de sa tête quand on regarde le tableau, Dalí a introduit ce qui ressemble à une cheville. On peut y voir une autre allusion à Lorca qui, dans le tableau antérieur, joue d'une guitare avec deux chevilles similaires.

La présence de Lorca dans la toile devient explicite dans la tête de plâtre empruntée à Picasso, dont Santos Torroella a montré qu'elle représente les visages mêlés de Lorca et de Dalí, avec Dalí au centre et les traits de Lorca sur la droite[572].

Les deux personnages de femmes qui dominent le premier plan de la toile sont une preuve de plus de l'impact du travail de Picasso sur l'art de Dalí à cette époque, quand on les compare avec les grosses femmes qui apparaissent dans des toiles « néoclassiques » de l'aîné, comme *La Source* (1921), *Grande Baigneuse* (1921), *Femmes au bord de la mer* (1921) et *Deux femmes courant sur la plage* (1922). Dalí était si impressionné par cette dernière qu'il en avait une reproduction en couleurs épinglée aux murs de son atelier, ainsi que d'autres hommages rendus à Picasso[573].

La femme dans le coin en bas à gauche de *Composition aux trois personnages (Académie néo-cubiste)* réapparaît dans d'autres Dalí de cette période, comme *Personnage sur les rochers*[574], et appartient à la catégorie que le peintre surnommait crûment *trossos de cony* (des « morceaux de con »). La tunique transparente est soulevée, révélant la moitié inférieure de son ample corps, l'ombre qui enveloppe ses parties génitales soulignant un érotisme signalé par ses seins fermes. Il n'est pas étonnant que Santos Torroella voie en elle « Vénus, ou peut-être le Désir[575] ». Elle regarde en direction du saint, ses poings serrés traduisant peut-être son émotion devant son apparition inattendue. La tête projette une ombre noire, et établit un parallèle avec celle jetée par la placide femme assise sur la droite, plongée dans son livre, et en qui Santos Torroella voit « la Vertu, ou la Réflexion », quelque peu hiératique, mais très humaine dans son repli sur soi-même[576].

Aucune analyse par Dalí lui-même de ses intentions en peignant *Composition aux trois personnages (Académie néo-cubiste)* n'a vu le jour. Tout ce qu'on sait, c'est qu'il était en extase devant sa toile, dont il a envoyé une photo à Lorca en vue d'une publication dans le magazine d'avant-garde de Grenade *Gallo* (« jeune coq ») accompagnée du commentaire : « Académie néo-cubiste (si tu voyais l'originale) (elle mesure deux mètres sur deux)[577]. »

## À L'ASSAUT DE BARCELONE

En octobre 1926, Dalí exposa deux toiles au Salon d'automne annuel de Barcelone, qui se tenait aux Établissements Maragall (dans la Sala Parés) : *Jeune fille cousant* (1925 ?)[578]

et *Personnage sur les rochers*, récemment exécuté, qui montre Anna Maria Dalí, monumentale et néoclassique façon Picasso, en train de sommeiller au soleil sur les falaises broussailleuses du cap de Creus, son profil à l'ombre de son bras droit, avec la mer qui scintille au loin en contrebas[579].

En même temps que le Salon d'automne, Josep Dalmau monta une exposition ambitieuse dans son nouveau local, Passeig de Gràcia. Elle était laborieusement intitulée *Exposition de modernisme pictural catalan comparé avec une sélection des travaux des artistes avant-gardistes étrangers*. Dalí était représenté par trois toiles tout droit sorties du chevalet : *Nature morte au clair de lune*, *Mannequin de Barcelone* – tous deux traduisant son obsession de Lorca – et une toile non identifiée intitulée *Figure*[580].

Les toiles de Dalí avaient attiré l'œil d'un critique d'art prometteur, Sebastià Gasch, avocat très combatif des principes du purisme et du cubisme, nourri par le journal maintenant défunt d'Ozenfant et Jeanneret, *L'Esprit nouveau*. De sept ans plus âgé que Dalí (il était né en 1897 à Barcelone), Gasch avait publié son premier morceau de critique d'art en décembre 1925. En mai 1926, il débuta une chronique régulière dans un nouveau magazine délicieusement illustré, *L'Amic de les Arts*, entièrement en catalan, dans la charmante petite ville de Sitges, juste au sud de Barcelone. Dans sa première contribution, Gasch rapporta la présence d'un jeune Dalí discrètement accroché dans un coin de la galerie Dalmau. Son enthousiasme pour la toile (que, malheureusement, il n'identifie pas) est sans limites :

> La toile de Salvador Dalí réussit pleinement à satisfaire nos yeux, notre intelligence et notre sensibilité. Ce petit chef-d'œuvre, sculptural, architectural et d'une structure classique, dans lequel rien ne résulte du caprice, du hasard ou de l'intuition, dans lequel tout est soigneusement organisé, ne peut qu'augmenter la solide réputation de ce pur artiste, qui est maintenant, sans aucun doute, l'un de nos meilleurs peintres[581].

Gasch avait évidemment une piètre opinion des peintres catalans contemporains, et parlait dans un de ses articles de « l'état putrescent de notre scène artistique[582] ». Mais Dalí constituait une exception glorieuse, et Gasch avait entrepris d'informer le public de ses progrès. Dans *L'Amic de les Arts*, il publia une critique du Salon d'automne à la Sala Parés, qu'il estimait extrêmement faible, « un rassemblement putrescent ». Mais Dalí était dans une autre catégorie, la vedette de l'exposition, et Gasch s'enthousiasmait pour sa *Jeune fille cousant*, dont il reproduisait une esquisse, sans doute fournie par l'artiste, qui révélait la structure géométrique responsable de ce qu'il appelait « l'eurythmie définitive de l'œuvre, sa claire harmonie, sa parfaite unité[583] ». Gasch avait aussi fait un saut à l'exposition de Dalmau, qu'il estimait très supérieure au Salon d'automne. Il trouvait que les trois toiles exposées par Dalí constituaient une avancée par rapport à son cubisme précédent. Moins « froides, raisonnées, implacablement méthodiques », elles avaient laissé place, disait Gasch, à « un cubisme plus sensible dans lequel l'instinct joue un rôle aussi important que la raison, ou même un rôle plus important ; c'est le cubisme actuellement pratiqué par Picasso[584]. »

Dans un autre magazine d'art de premier plan, *La Gaseta de les Arts*, Gasch tenta une comparaison frappante entre le rythme pictural qu'il voyait dans la production actuelle de Dalí et un disque récent du Southern Syncopated Orchestra, un orchestre noir de jazz américain[585]. Dalí fut enchanté. Il écrivit à Gasch, qu'il n'avait encore jamais rencontré :

> Votre article dans la *Gaseta de les Arts* m'a énormément intéressé pour la relation qu'il établit entre mes toiles et une de mes plus grandes passions, le jazz, cette fantastique musique anti-artistique. « Artistique » – mot horrible qui ne sert qu'à désigner des choses qui manquent totalement d'art. Le spectacle artistique, la photographie artistique, la publicité artistique, les meubles artistiques. Horreur ! Horreur ! Alors que tout ce que nous aimons, à l'opposé, c'est l'objet purement industriel, les salles de danse, et la poésie quintessentielle du chapeau de Buster Keaton[586].

Cette lettre marqua le début d'une grande amitié qui devait durer cinq ans et donner lieu à toute une correspondance sur l'art contemporain. Le cubisme et le purisme militants de Gasch égalaient ceux de Dalí, de même que son insistance sur le fait que l'art n'a pas à imiter la nature, tandis que sa détermination à *épater le bourgeois** poussa le peintre à une attitude encore plus provocatrice. Son style de prose en catalan – agile, incisif, ironique – plaisait aussi beaucoup à Dalí. Gasch devint rapidement la personne qui, après Lorca, comptait le plus pour Dalí – et d'autant plus qu'il assurait avec le plus grand plaisir la couverture professionnelle des activités du peintre.

Des années plus tard, après que leur amitié avait cessé brusquement, Gasch se rappelait le Dalí qu'il avait rencontré en 1926 :

> Dalí avait l'allure d'un *sportsman*. Il portait une veste marron toute simple – un tissu grossier et chaud – et un pantalon beige. L'ensemble était ample et donnait de l'espace aux mouvements de son corps ferme, aux muscles d'acier, fibreux et flexibles. C'était vraiment une sorte d'uniforme. Dalí ne le quittait jamais quand il était à Barcelone, et il en émanait l'odeur éventée d'un bazar provincial. Il avait les cheveux noir de jais, coiffés très droit, aplatis par une bonne dose de brillantine. Son visage, à la peau aussi tendue qu'un tambour, aussi brillante que de la porcelaine émaillée, était brune, et donnait l'impression que le maquilleur d'un théâtre ou d'un studio de cinéma venait de s'en occuper. Une infime moustache – la ligne la plus fine, presque imperceptible au premier coup d'œil, comme tracée par le bistouri d'un chirurgien – protégeait sa lèvre supérieure. Dans ce visage de cire, enfantin, dur, inexpressif et raide, brillaient, avec une extraordinaire intensité, deux yeux minuscules, fébriles, terribles, menaçants. Terrifiants, les yeux d'un fou. La sonorité de sa voix était rude et rauque. On aurait cru qu'il souffrait d'un enrouement chronique. Il était loquace à l'extrême. Les mots jaillissaient de sa bouche, qui, lorsqu'il souriait de son sourire sinistre – Dalí ne riait jamais franchement, à gorge déployée –, révélait de petites dents aussi tranchantes que des objets coupants. Ses mots se précipitaient de façon trépidante, mais ce qu'il disait était d'une logique implacable. Tout ce qu'il disait était soigneusement articulé, cohérent, convaincant. Il donnait l'impression d'être un homme qui, après avoir résolu avec de grandes difficultés une série de problèmes moraux et esthétiques, avait réussi à évoluer jusqu'à une vue particulièrement claire des choses humaines et divines, et était capable de l'exprimer avec une parfaite clarté.

Quand il repensait à son amitié avec Dalí, Gasch insistait sur l'ironie naturelle du peintre – qui, à son avis, avait son origine dans l'Empordà –, affirmant qu'elle l'avait attiré par son « incroyable cruauté », à la fois glaciale, impassible et parfaitement tranquille :

> Le fait est que tout ce que Dalí disait et faisait révélait un complet manque de cœur. En lui, la sensibilité était totalement absente. Mais d'autre part il avait une intelligence privilégiée et d'une lucidité dévastatrice. Dans toutes ses actions, dans tout ce qu'il faisait, et naturellement dans ses toiles, ce qu'on trouve avant tout, c'est l'homme cérébral[587].

Gasch, quelque exacte que soit sa description du Dalí de surface, ne cherchait pas à percer les apparences de la cruauté du peintre, à en scruter les raisons, à remonter à la source de sa personnalité. S'il l'avait fait, s'il avait tiré plus des centaines de lettres qu'il avait reçues du peintre, le travail du biographe serait grandement facilité. Mais Gasch est mort sans avoir publié plus que des échantillons de cette correspondance, et sa veuve a constamment refusé tout accès aux chercheurs. Lorsque ces lettres seront accessibles – si jamais elles le sont un jour –, elles enrichiront sans aucun doute notre connaissance du Dalí de cette période.

La présence de Dalí dans les deux expositions collectives à Barcelone en cet automne était un prélude à sa deuxième exposition en solo chez Dalmau, qui dura du 31 décembre 1926 au 14 janvier 1927. Vingt-trois toiles et sept dessins étaient exposés, répartis dans deux sections de la galerie selon qu'ils appartenaient à la tendance « cubiste » ou « objective » de l'artiste[588]. Le premier objet du catalogue était *Composition aux trois personnages (Académie néo-cubiste)*, accroché dans la position la plus en vue, dans l'intention affichée d'être la *pièce de résistance** de l'exposition. Au moins trois autres ouvrages étaient des variations sur les têtes mêlées : *Nature morte (Invitation au sommeil)*, *Table devant la mer* (renommé plus tard *Hommage à Erik Satie*) et *Arlequin* (connu par la suite sous le nom de *Tête d'amibe*). Il est probable que l'une des trois toiles, intitulée *Nature morte*, impossible à identifier avec certitude, était la peinture inspirée par Lorca, plus tard appelée *Nature morte au clair de lune* (1926). L'inclusion de ces tableaux dans l'exposition est une forte indication de la place que tenait Lorca dans l'esprit de Dalí à cette époque. « J'ai passé un mois à Barcelone pour l'exposition, écrivait-il au poète à la mi-janvier, et maintenant je suis heureux d'être de retour à Figueres, avec un nouveau stock de disques pour mon gramophone, et une infinité de choses à lire, anciennes et nouvelles. Et beaucoup de peintures *au bout de mes doigts*, pas dans ma tête[589]. »

Pendant ce temps, à *L'Amic de les Arts*, Sebastià Gasch était devenu un membre permanent de l'équipe et était occupé à faire la promotion de Dalí, dont deux dessins illustraient un *Conte de Noël* de J. V. Foix – qui devait bientôt devenir un allié important pour Dalí – dans le numéro de décembre 1926. Dalí savait qu'il pouvait compter sur Gasch pour parler avec enthousiasme de son exposition chez Dalmau. À la fin janvier, le magazine mit en première page une reproduction de *Composition aux trois personnages (Académie néo-cubiste)*, annonça des articles à venir signés par Gasch et par un autre critique, Magí Cassanyes, et publia une imaginative « Introduction à Salvador Dalí », par Foix. Cette dernière était illustrée par un dessin représentant les têtes mêlées de Dalí et de Lorca, significativement intitulé par le peintre *Autoportrait*. Foix avait été très impressionné par l'exposition. « J'avais la certitude absolue d'être témoin de l'instant exact de la naissance d'un peintre », écrivit-il en sous-entendant l'adjectif « grand[590] ».

La livraison de février de *L'Amic* contenait le compte rendu par Gasch de l'exposition Dalí, illustré par des reproductions de *Mannequin de Barcelone* et de *Personnages couchés sur le sable.* On ne sait où se trouve cette toile aujourd'hui, mais à en juger par les reproductions en noir et blanc, les quatre Anna Maria Dalí prostrées sur la plage faisaient de cette toile un des plus remarquables « morceaux de con » de Dalí[591]. L'article de Gasch était une version augmentée des commentaires sur Dalí qu'il avait publiés dans des numéros antérieurs du magazine. Il remarquait la composition méticuleuse des toiles, et en donnait pour exemple l'organisation triangulaire des personnages de *Composition aux trois personnages (Académie néo-cubiste)* ; maintenait, comme il l'avait déjà fait, que les travaux les plus récents de Dalí montraient plus de sensibilité que les anciens ; et suggérait que Dalí se laissait peut-être influencer par le Picasso « néoclassique » – Dieu, notait Gasch, n'avait pas réussi à donner à Dalí la profonde vie intérieure et la richesse instinctive de Picasso et de Joan Miró. On ne sait ce que Dalí pensa de cette dernière remarque, mais on peut supposer qu'il en fut irrité[592].

Cette réaction générale des critiques à son exposition ravit Dalí, ainsi que son père, qui s'empressa de coller les articles dans son album de coupures de presse, qui s'étoffait considérablement. Au moment de la fin de l'exposition, Dalí devait sentir que le but suprême de sa vie, la conquête de Paris, était à portée de main.

## PRÉMONITIONS DE TANGUY ET DE MIRÓ

Pendant ce temps, à Paris, un nouveau jeune peintre, remarquable, donnait un nouvel élan au mouvement surréaliste. Né en 1900 de parents bretons, Yves Tanguy avait trouvé sa vocation de façon inattendue lorsque, en 1923, regardant depuis un bus rue La Boétie, il avait aperçu *Le Cerveau de l'enfant*, de De Chirico, dans la vitrine de la galerie Paul Guillaume. Au risque de se casser le cou, il avait sauté du véhicule en marche et était revenu sur ses pas pour bien observer la toile. Elle avait été prêtée par son propriétaire, André Breton, qui, par une coïncidence extraordinaire, l'avait vue lui aussi dans la même vitrine, quelques années plus tôt, depuis la plate-forme d'un bus. Comme Tanguy, Breton avait été si troublé par cette apparition qu'il avait mis pied à terre pour la voir de plus près, et avait décidé sur-le-champ qu'il devait en devenir le propriétaire. Si la découverte du *Cerveau de l'enfant* avait profondément marqué Breton, elle avait positivement transformé Tanguy, qui apparemment n'avait jamais tenu un pinceau de sa vie. Il se mit alors au travail, fiévreusement, pour rattraper le temps perdu, et en 1926 il était devenu l'un des principaux artistes du mouvement surréaliste[593].

Que connaissait Dalí de la production de Tanguy avant de peindre, sans doute à la fin de 1925, l'étude du grand œuvre intitulé énigmatiquement *Le miel est plus doux que le sang*, exécuté l'été suivant ? On n'a pas la preuve que Dalí ait rencontré Tanguy lors de la semaine à grande vitesse passée à Paris en avril 1926. Mais s'il avait visité la Galerie surréaliste récemment inaugurée, ce qui est sans doute le cas, il avait très probablement vu certains de ses travaux. Quoi qu'il en soit, peu après, *L'Anneau d'invisibilité* (1925) fut reproduit dans *La Révolution surréaliste* (n° 7, 15 juin 1926) et, six mois plus tard, ce fut le tour d'*Animaux perdus* (n° 8, 1er décembre 1926).

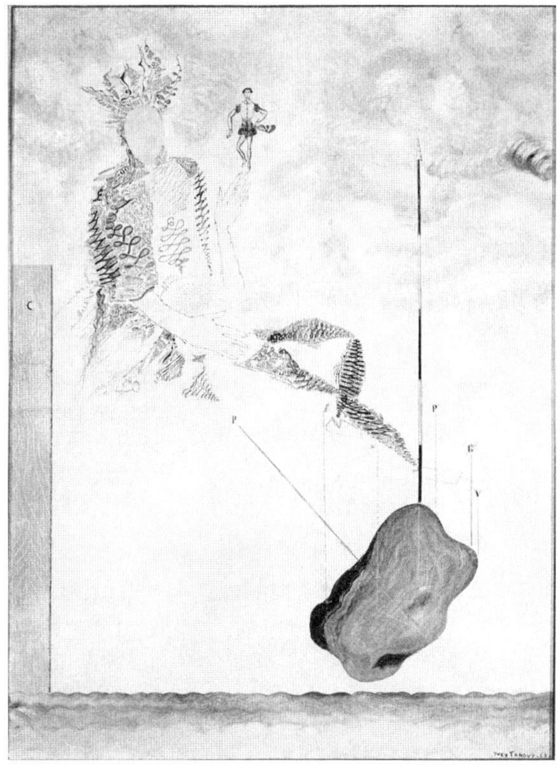

● Yves Tanguy, *L'Anneau d'invisibilité*, 1926, 99 × 72 cm.

*L'Anneau d'invisibilité* fit forte impression à Dalí, même si la reproduction ne rendait pas justice à l'original. L'immense gratte-ciel évoqué par la toile, relié à la mer par la règle verticale, dans le style de De Chirico, sur la gauche, peut bien lui avoir donné l'idée de réaliser une version de la scène dans le style de Cadaqués. Et il est certain que les silhouettes et les objets mystérieux qui peuplent la toile de Tanguy ont un lien avec ceux qui apparaissent dans l'étude pour *Le miel est plus doux que le sang*[594].

En ce qui concerne *Animaux perdus*, il est difficile de faire le lien entre la plage austère (à moins qu'il ne s'agisse d'un désert ?), avec sa division nette entre terre et ciel, et la rive spectrale qu'on voit dans cette étude de Dalí. De plus, le poisson qui compose la tête de la forme étrange sur la gauche est, de façon frappante, similaire à celle vers laquelle l'âne se dresse dans *Appareil et main*, terminé au cours de l'été 1927 ; on peut aussi être tenté de voir un rapport entre cette toile et la tête-poisson de saint Sébastien dans un dessin de la même époque.

Santos Torroella a suggéré que, dans l'étude pour *Le miel est plus doux que le sang*, la tête posée sur la ligne qui relie la rive au ciel est une vision idéalisée de celle de Lorca. Il est difficile de ne pas être d'accord, étant donné que dans la toile achevée, les traits du poète sont évidents[595]. En ce qui concerne les ombres noires et raides jetées par les appareils et objets divers de Dalí, le clin d'œil à De Chirico, dont plusieurs toiles avaient été à l'époque reproduites dans *La Révolution surréaliste*, semble évident : pareilles ombres devaient, à partir de ce moment-là, devenir un trait distinctif de Dalí. Il y a aussi l'âne en putréfaction, le premier d'une longue série dans l'œuvre de Dalí. Il venait apparemment de souvenirs d'enfance de Buñuel et de Pepín Bello, dont on parlait beaucoup à la Résidence des étudiants[596]. Quelques années plus tard, Georges Bataille soutenait que l'âne en putréfaction de Dalí exprimait le sentiment d'inadaptation sexuelle du peintre, l'animal, « symbole d'une sexualité grotesque et puissante », étant volontairement représenté « mort et décomposé ».

L'étude pour *Le miel est plus doux que le sang* est aussi d'un grand intérêt pour avoir marqué la première apparition d'un objet qui devait revenir encore et encore dans les toiles de Dalí à cette époque : l'étrange cylindre posé devant la tête de Lorca. Dans *Le Mythe tragique de « L'Angélus » de Millet* (1933), Dalí affirmait qu'il s'agissait d'une « image de délire », la première à se présenter spontanément à lui, et qui avait suscité en lui une angoisse inexplicablement liée à la célèbre toile de Millet. Cette apparition s'était produite, écrivit-il, alors qu'il ramait furieusement à Cadaqués. L'image consistait en « une forme cylindrique blanche, éclairée par le soleil, étirée, aux extrémités arrondies et dotée de plusieurs irrégularités. La forme était posée sur le sol d'un brun violet. Sur toute sa circonférence, elle se hérissait de petites tiges blanches suspendues dans toutes les positions possibles, comme des cannes volantes. » Dalí, à qui il ne faut jamais se fier en ce qui concerne les dates, situait cet incident en 1929, mais la présence de cette image hallucinatoire dans l'étude pour *Le miel est plus doux que le sang* prouve qu'elle lui est venue au moins trois ans plus tôt[597].

Si l'influence de Tanguy sur l'étude est palpable, celle de Joan Miró l'est aussi ; Dalí avait peut-être vu ses toiles à la Galerie surréaliste, reproduites pour cinq d'entre elles en décembre 1926 dans *La Révolution surréaliste*. La dernière, *Le Carnaval d'Arlequin*, est, selon Miró, le produit d'hallucinations dues à la faim[598]. Il est aussi possible qu'à cette époque Dalí ait pu voir un Miró à la galerie Dalmau, à Barcelone, et son ami et allié Sebastià Gasch, qui connaissait personnellement Miró, avait dû lui fournir des informations sur l'artiste. Ce qui est évident, c'est que les paysages de Miró, avec leurs divisions nettes entre le ciel et la terre, leur méticulosité dans le détail et leur lumière cristalline, beaucoup plus vive que celle de Tanguy, plaisaient beaucoup à Dalí. Miró aimait peindre des plages et, comme Tanguy, avait tendance à les peupler, ainsi que le ciel, d'un grand nombre d'objets et de créatures. Ceux qui apparaissent dans des toiles comme *Le Chasseur (Paysage catalan)* et *Le Carnaval d'Arlequin* ont plusieurs points communs avec l'étude pour *Le miel est plus doux que le sang* – les cônes de Dalí, par exemple, sont modelés sur ceux de Miró – et en ont encore avec la toile achevée, peuplée d'une foule. La sexualité troublante et l'atmosphère de cauchemar de l'étude et de la toile terminée, cependant, sont bien de Dalí.

## CASTOR ET POLLUX

« Aujourd'hui, 1er février 1927, à six heures du matin, le garçon est monté jusqu'au château de Figueres pour commencer son service militaire » : c'est une entrée dans l'album de Salvador Dalí Cusí consacré à la carrière de son fils. À première vue, nul n'aurait dû être moins fait pour le service militaire que « le garçon » (*el noi*), comme l'appelait encore son père. Mais le fait est que Dalí se vit épargner les rigueurs du régiment : rien n'indique qu'il ait dû creuser, apprendre à manier un fusil, conduire un camion ou autres indignités. On peut supposer qu'il passait la plus grande partie de ses journées à distraire les autres conscrits, jusqu'à ce qu'arrive le moment de rentrer chez lui, le soir. Il semble avoir pris plaisir à vivre cette expérience, et surtout, étant donné son obsession anale, à curer les latrines[599]. Selon un de ses récits, il faisait semblant d'avoir des crises, afin d'éviter les gardes de nuit : « Le subterfuge réussit. On m'exempta alors que je me portais volontaire. *Mon aptitude à la ruse se vérifiait une fois de plus*[600]. »

Au début du mois de mars, Dalí envoya à Lorca un dessin représentant un jeune coq, pour un projet de couverture de *Gallo*, la revue que le poète projetait de créer, et lui annonçait que maintenant, il était avant tout un soldat. « Pas de voyages pour le moment, écrivait-il. Mais cet été nous allons passer au moins trois mois à Cadaqués. » Dalí était en train d'écrire un « article » sur saint Sébastien, disait-il, et il ajoutait quelques considérations taquines sur le saint, emblème de leurs relations. La lettre se terminait (avant de continuer par un post-scriptum) par ces mots : « *Mon cher !* Je veux une très longue lettre de toi... Dans mon "Saint Sébastien" je pense beaucoup à toi et parfois je pense que c'est toi... On verra s'il s'avère que tu es saint Sébastien !... Mais pour l'instant permets-moi de signer cette lettre de son nom. Une grosse étreinte de ton SAINT SÉBASTIEN. » Une partie de la lettre est écrite au dos d'une carte kitsch de vœux amoureux, sur laquelle une sirène ailée, dont le haut du corps est pudiquement voilé, présente un grand bol de fruits. Sous le dessin sont imprimés quelques vers de mirliton :

À mon bien-aimé

Je ne t'ai pas donné signe
De mon amour et de mon amitié,

À vrai dire mon amour
Je parais à peine attentive.
Aie donc la bonté
D'accepter mon offre :
L'âme, la vie, le cœur.
Avec une affection sans égale
Un amour large et sans fin
Je ne suis heureuse
Que quand je suis à tes côtés.

Dalí avait modifié le vers « Un amour large et sans fin », soulignant les mots « large » et « sans », et ajoutant à « sans » : « Au lieu de "sans", il faut lire "avec", signé saint Sébastien. » Ces modifications personnelles ont sans doute intrigué, et peut-être troublé, Lorca. Dalí exprimait-il son rejet de la notion romantique de l'amour au-delà de la mort, tout en suggérant en même temps que tôt ou tard, et peut-être plus tôt que plus tard, leur relation devrait se terminer car il ne pouvait accepter les exigences du poète ? On ne peut l'affirmer, mais il semble que les ajouts de Dalí, de même que le ton badin de la lettre dans son ensemble, avaient pour but d'avertir Lorca de ne pas trop insister[601].

Une deuxième visite du poète était imminente. Après avoir lutté en vain pendant des années pour faire représenter sa *Mariana Pineda*, il avait fini par convaincre la grande actrice catalane Margarita Xirgu de la prendre. La première devait avoir lieu à Barcelone, et Lorca rappela immédiatement à Dalí qu'il avait promis de dessiner les décors. Dalí répondit en donnant quelques indications générales, et exprima le souhait d'avoir le temps d'effectuer de vrais dessins. Ce qu'il fit[602].

Lorca arriva à Barcelone fin avril ou début mai, et prit presque aussitôt le chemin de Figueres pour passer quelques jours avec Dalí. C'était la première fois qu'ils se revoyaient depuis l'expulsion de Salvador de l'Académie, presque un an plus tôt, et on peut imaginer la débauche d'énergie libérée. Dalí, qui enfourchait maintenant agressivement son nouveau cheval de bataille de la « nouvelle objectivité », semble avoir blessé Lorca par quelques commentaires concernant son volume de poèmes, *Chansons*, qui venait d'être publié. Après que Lorca fut revenu à Barcelone pour sa *Mariana Pineda*, Dalí essaya de s'expliquer dans une lettre :

> Voici ce que je pense. Aucune ère précédente n'a connu la perfection qui est la nôtre. Jusqu'à l'invention de la machine il n'y avait aucun objet parfait, et l'humanité n'a rien vu de si *magnifique* ou de si *poétique* qu'un appareil plaqué de nickel. La machine a tout changé. Notre époque, comparée aux autres, est PLUS différente que la Grèce du Parthénon l'est du gothique. Il suffit de penser aux objets mal faits et hautement laids produits avant la mécanisation. Nous sommes entourés par une beauté nouvelle, parfaite, qui produit de nouveaux états poétiques.
> Nous lisons Pétrarque, et nous voyons qu'il est le produit de son époque – mandolines, arbres remplis d'oiseaux, draperies anciennes. Il a recours au matériau de son temps. Quand je lis ton « orange et citron », je ne sens pas la bouche peinte des mannequins de tailleur[603]. Quand je lis Pétrarque, alors oui, je sens ces grosses poitrines matelassées de dentelle.

> Quand je regarde Fernand Léger, Picasso, Miró, etc., je sais qu'il y a de nouvelles machines et de nouvelles découvertes en histoire naturelle.
> Tes poèmes sont Grenade sans trams, sans aéroplanes pour l'instant ; une antique Grenade sans éléments naturels, bien éloignée d'aujourd'hui, purement traditionnelle et *constante*. Je sais que tu vas dire : « Constante, évidemment ! », mais le constant, ou l'éternel, comme tu l'appelles, prend à chaque période une saveur qui est la saveur préférée par ceux qui puisent à la même constance, mais d'une façon nouvelle.

Pour conclure, Dalí, transformé en critique poétique, ajoutait en post-scriptum :

> Autre chose. L'époque des troubadours était faite pour des chansons accompagnées de mandolines. Aujourd'hui, les chansons doivent être composées pour le jazz, et doivent être écoutées avec le meilleur instrument : le gramophone. Notre époque a ses propres chansons, les seules possibles à notre époque[604].

Comment Lorca réagit à ces attaques, nous n'en savons rien car, à quelques exceptions près, ses lettres à Dalí n'ont pas été retrouvées. Mais il n'a pu manquer d'être impressionné par la perspicacité critique du peintre.

Peu après, Dalí, au cours de ses trois mois de vacances d'été, rejoignit Lorca à Barcelone, où Margarita Xirgu se préparait à la première de *Mariana Pineda* au théâtre Goya. Dalí tendit ses dessins pour le décor et les costumes, et quand Lorca et lui ne supervisaient pas l'installation, ou n'assistaient pas aux répétitions, ils fréquentaient les cafés les plus vivants de la ville, en compagnie d'autres jeunes artistes et écrivains.

L'un d'eux, le journaliste Rafael Moragas, tomba au milieu de la répétition générale de *Mariana Pineda*, et fut plus qu'impressionné par la contribution de Dalí, dont il prédit qu'elle créerait la sensation[605]. En réalité, le décor et les costumes provoquèrent à peine plus qu'un mouvement d'admiration lors de la première, le 24 juin. Au moins l'un des critiques éprouva le sentiment que leur modernité radicale était quelque peu contradictoire avec le ton romantique de la pièce[606]. Cependant, les représentations eurent suffisamment de succès pour permettre à Lorca de faire un grand pas en avant. Margarita Xirgu entreprit de jouer la pièce dans toute l'Espagne lors sa tournée d'été imminente, et d'ouvrir avec elle sa saison d'automne à Madrid. L'euphorie du poète était compréhensible. Dalí, de même, était ravi, et pas seulement pour Lorca : *Mariana Pineda* était une bonne publicité pour lui aussi[607].

La joie de Lorca s'accrut quand il s'aperçut qu'il était pris au sérieux comme artiste par Sebastià Gasch. « Fougueux, véhément, intensément passionné, une torche en flammes, Lorca fait une énorme impression[608] », écrivit-il dans *L'Amic de les Arts*. Comme tous ceux qui rencontrèrent Lorca, Gasch fut étonné qu'un seul individu pût avoir autant de talents si divers. Poète, dramaturge, raconteur, pianiste, acteur – ça paraissait impossible. Mais quand Lorca lui mit entre les mains un porte-documents rempli de dessins en couleurs, Gasch s'aperçut qu'il en avait encore à découvrir. Il n'en crut pas ses yeux[609]. Gasch comprit que Lorca avait très envie d'exposer ses œuvres. Où mieux que chez Dalmau ? Étant donné l'amitié de Gasch et de Dalí avec le célèbre galeriste et promoteur de l'art moderne, Lorca estimait que tous deux pouvaient peut-être parler en sa faveur. Dalmau regarda les dessins, et donna son feu vert. L'exposition, qui montrait vingt-quatre dessins en couleurs, ne fit pas de vagues à Barcelone, mais Lorca fut satisfait. Cette exposition servit entre autres à afficher son amitié avec Dalí, dont l'influence, de plus, était clairement visible sur nombre des dessins exposés. L'un d'eux, *Le Baiser* [cahier photo, page IV], est une allusion à la « série Lorca » de Dalí. Il s'agit d'un autoportrait burlesque sur lequel est superposé le contour de la tête de Salvador, leurs lèvres à tous les deux se rencontrant dans le baiser qui en est le titre. L'ombre de la tête de Lorca, en rouge, est une citation directe de *Femme de Barcelone* et de *Nature morte au clair de lune* de Dalí, deux toiles dans lesquelles les têtes du peintre et de Federico se mêlent, et Lorca a dû s'amuser que la signification du dessin échappe à tout le monde, sauf à Salvador et à lui[610]. Au moins un portrait de Dalí par Lorca était exposé. Dans un autre, qui date presque certainement de cet été-là et qui a peut-être été exposé aussi, Lorca représentait Dalí assis au pied d'une haute tour, sous un croissant de lune jaune, vêtu d'une cape blanche en forme d'œuf, sa palette dans la main droite (un doigt très clairement phallique émergeant du trou), un petit poisson rouge accroché à l'extrémité de chaque doigt de la main gauche et, au centre de sa poitrine, dirigé vers le haut, un gros poisson vertical. « Lorca voyait en moi l'incarnation de la vie, avec une coiffure pareille à celle des Dioscures. Chaque doigt de ma main droite a été transformé en chromosome de poisson », commentait Dalí. À l'évidence, l'idée que Dalí et Lorca étaient des âmes sœurs, comme Castor et Pollux, leur est venue[611].

Que Dalí et Lorca, au cours de cet été, aient fait quelques dessins où on les voit ensemble n'est pas surprenant. On en a un exemple avec *Le Baigneur*, qui se trouve maintenant au musée Salvador Dalí de Floride, et qui, même s'il est signé par Dalí, témoigne nettement de l'intervention de Lorca. Dalí s'apprêtait à commencer à écrire dans *L'Amic de les Arts*, et un jour Gasch et lui se rendirent à Sitges en compagnie de Lorca, afin que le poète rencontre l'équipe responsable du magazine. Sur une photo de groupe, historique, prise à la station balnéaire, Dalí, vêtu de la veste et du pantalon amples que, selon Gasch, il portait habituellement, tient nonchalamment un magazine qui, à l'observation, se révèle être le numéro de juin 1927 du journal new-yorkais *Science and Invention*. Dalí était fasciné par les avancées de la technologie et par la perfection croissante des machines modernes, le choix de sa lecture est donc logique. Le choix de sa *lecture* ? Dalí, à l'époque, ne parlait pas encore anglais, mais la publication était largement illustrée, et de toute façon comprendre le titre des articles exigeait peu d'efforts : « Television Perfected at last » (en 1927 !), « Metropolis – a Movie Based on Science », « The Month's Scientific News Illustrated », « New Inventions in the Camera's Eye », « Motor Hints », « New Phonograph Pick-up », « One-tube Radio and Cabinet », etc. C'était bien la manière de Dalí, dont l'intérêt pour la science ne ferait que croître avec les années, de faire étalage du magazine (comme il l'avait fait plus tôt de *L'Esprit nouveau*). L'avoir sous le bras lui donnait une allure de dilettante cosmopolite, et faisait partie de son jeu.

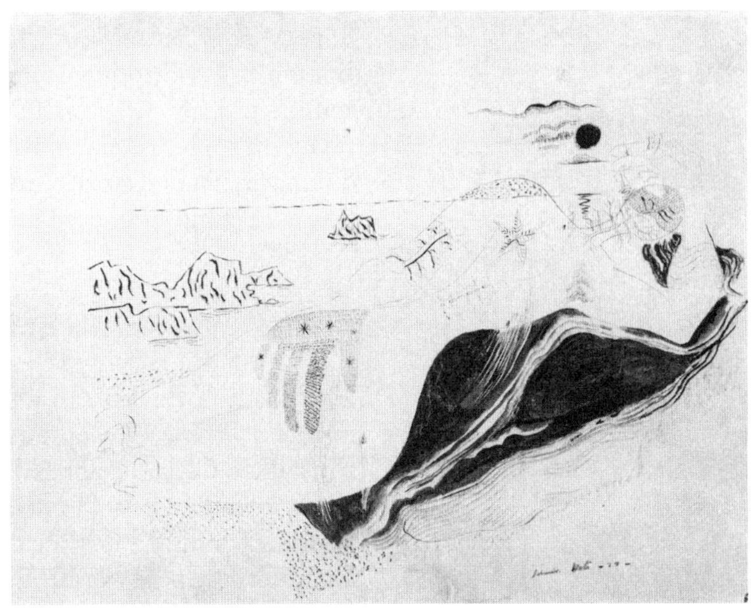

● Salvador Dalí, *Le Baigneur*, 1927, dessin à l'encre.

Lorca laissa une impression indélébile à Sitges, où, chez le directeur et rédacteur en chef de *L'Amic de les Arts*, Josep Carbonell, il improvisa l'une des séances folkloriques pour lesquelles il était devenu célèbre à la Résidence des étudiants, en s'accompagnant lui-même au piano[612]. Ce jour-là, parmi la compagnie se trouvait Lluís Montanyà. Né à Barcelone en 1903, Montanyà, autorité autodidacte en littérature française contemporaine, écrivait régulièrement dans *L'Amic de les Arts*. Étant donné sa connaissance de ce qui se passait en France, Dalí et lui devaient avoir beaucoup à se dire, surtout à propos des surréalistes que Montanyà, globalement, n'appréciait pas, désapprouvant avec véhémence le nouveau roman de Crevel, *La Mort difficile*, au motif douteux qu'il s'agissait d'un roman ouvertement homosexuel[613]. Montanyà, qui semble n'avoir pas soupçonné que Lorca était gay, fut aussi impressionné par le poète andalou que Gasch lui-même l'avait été peu de temps auparavant. « Tout en lui disait "Sud", avec sa peau d'un brun sombre, ses yeux étincelants, intensément vivants, ses épais cheveux noirs et ses manières à la fois cordiales, véhémentes et énergiques », s'émerveilla-t-il dans *L'Amic*[614].

Dalí était fier de l'impact que la personnalité et les dons multiples de Lorca avaient sur tous ceux qu'il rencontra en Catalogne, un impact célébré par Gasch dans *L'Amic*. Son article se plaignait de la mentalité des petits Catalans pour qui le reste de l'Espagne, et à plus forte raison l'Andalousie, était un livre fermé, et pour qui tout ce qui venait d'au-delà de l'Èbre (frontière de la Catalogne) était une abomination[615]. De façon appropriée, il y avait sur la même page une brève sur Diaghilev et son *Roméo et Juliette*, dont Max Ernst et Joan Miró avaient peint les décors. Quand le ballet avait été donné à Barcelone, la critique comme le public avaient montré la plus grande indifférence[616]. Il semble probable que Dalí l'avait vu et avait même rencontré Diaghilev, car ailleurs dans la revue on apprend que, suivant les pas de Miró, il venait d'être invité à dessiner les décors d'une version de *Carmen* montée par les Ballets russes. Le projet n'aboutit pas, mais l'invitation a dû stimuler encore plus Dalí dans son désir d'acquérir une célébrité internationale[617].

## « SAINT SÉBASTIEN »

L'exposition de Lorca chez Dalmau coïncida avec le bref temps de représentation de *Mariana Pineda*. Quand l'excitation de ces jours et de ces nuits intenses se fut calmée, il s'installa à Cadaqués chez les Dalí, où il passa tout le mois de juillet. Il y eut des excursions, comme en 1925 ; de la musique, de la poésie, et des disques de jazz sur la terrasse dominant la mer ; des jeux sur la plage en contrebas ; et, du moins en ce qui concerne Dalí, beaucoup de travail. Du travail consistant d'abord à apporter rapidement les dernières touches à son morceau de prose, « Saint Sébastien », dont il avait parlé à Lorca au mois de mars, lui disant qu'en s'y employant il pensait souvent au poète, et se demandait même si le poète et le saint n'étaient pas la même personne. « Saint Sébastien », qui marqua la véritable arrivée de Dalí sur la scène littéraire catalane, expose avec imagination son esthétique de l'époque de « Sainte Objectivité » et d'asepsie, la façon dont il évite rigoureusement la sentimentalité et la « putrescence ». Il devait énormément (sans que cela soit reconnu) aux descriptions d'objets de l'un des écrivains qu'il admirait le plus, Raymond Roussel, dans *Impressions d'Afrique*. Dalí, quand il parut dans la livraison de juillet de *L'Amic de les Arts*, dédia « Saint Sébastien » à Lorca, ce qui n'est pas surprenant, car le poète, comme Dalí l'avait laissé entendre au mois de mars, apparaît obliquement dans le texte comme

« quelqu'un de très connu » dont la tête rappelle celle du saint. Une allusion de plus, et également cachée, se voit dans le Sébastien dessiné par Dalí pour accompagner le morceau. Il avait été fait récemment, et montrait la tête du saint en forme de poisson plat. Comme Dalí avait parlé de Lorca comme d'une sole (*lenguado*) dans une lettre récente concernant Sébastien, ce qu'implique la tête de poisson plat est évident[618].

« Saint Sébastien » marque une date si importante dans la vie et la carrière de Dalí qu'il est naturel de le reproduire intégralement dans ce récit :

Saint Sébastien

*Ironie*

Héraclite, dans un fragment cité par Thémistios, nous dit que la Nature aime se dissimuler. Alberto Savinio est persuadé que le fait qu'elle se dissimule est une expression de sa modestie. C'est une question d'éthique, nous dit-il, car cette modestie vient des relations entre la Nature et l'Homme. Et il découvre là la raison principale qui engendre l'ironie[619].

Enriquet, le pêcheur de Cadaqués, m'a exprimé les mêmes choses dans son langage à lui, un jour, alors que, regardant une de mes peintures représentant la mer, il m'a dit : « Tu l'as exactement saisie. Mais c'est meilleur dans la peinture parce qu'on peut compter les vagues[620]. »

L'ironie pourrait aussi commencer dans une telle préférence, si Enriquet avait pu passer de la physique à la métaphysique.

L'ironie, comme je l'ai dit, réside dans la nudité[621] ; elle est dans le gymnaste qui se cache derrière la souffrance de saint Sébastien. Et elle est aussi cette souffrance, parce qu'on peut la compter[622].

*Patience*

Il y a de la patience dans la façon qu'a Enriquet de ramer, qui est une forme sage de l'inaction ; mais il existe aussi une patience qui est une forme de passion, l'humble patience de la maturation des toiles de Vermeer de Delft, qui est la même patience que celle des fruits en cours de maturation.

Et il existe encore une autre forme : une forme qui se situe entre l'inaction et la passion, entre la façon de ramer d'Enriquet et la peinture de Vermeer, et qui est une forme d'élégance. Je pense à la patience et aux affres de la mort, infinis, de saint Sébastien.

*Description de la statue de saint Sébastien*

Je me suis rendu compte que je me trouvais en Italie à cause des dalles de marbre blanches et noires sur la volée de marches. Je les ai gravies. À l'extrémité, il y avait saint Sébastien, attaché au tronc d'un vieux cerisier. Il avait les pieds posés sur un chapiteau brisé[623].

Plus j'observais son visage, plus il me semblait étrange. J'avais pourtant l'impression de l'avoir connu toute ma vie, et la lumière aseptique du

matin révélait le moindre détail avec une telle clarté, une telle pureté, qu'il m'était impossible de me sentir mal à l'aise.
La tête du saint était divisée en deux parties : l'une était faite d'une matière pareille à celle d'une méduse et maintenue par un cercle de nickel extrêmement fin ; l'autre était occupée par la moitié d'un visage qui me rappelait quelqu'un de très connu ; du cercle formé par ce dernier émergeait un support de plastique très blanc qui semblait être la colonne dorsale de la statue. Toutes les flèches portaient une indication de leur température et une petite inscription gravée sur acier : « Invitation à la Coagulation ». Sur certaines parties du corps, les veines apparaissaient à la surface, avec leur bleu profond à la Patinir[624], et effectuaient des courbes voluptueusement douloureuses sur le corail rose de la peau.
Quand ils atteignaient les épaules du saint, les mouvements de la brise étaient imprimés comme sur une plaque sensible.

*Alizés et contre-alizés*

En touchant son genou, la brise ténue s'arrêta net. Le halo du martyr apparut fait de cristal de roche, dans le whisky solidifié duquel fleurissait une étoile de mer rouge et rugueuse. Sur le sable couvert de coquillages et de mica, des instruments de précision relevant d'une physique inconnue projetaient leurs ombres explicatives, et offraient leurs cristaux et leur aluminium à la lumière désinfectée. Quelques lettres tracées par Giorgio Morandi disaient : « Objets distillés ».

*La brise marine*

À chaque instant arrivait l'odeur de la mer, structurée et anatomique comme les parties d'un crabe.
J'inspirai. Rien n'était plus mystérieux. La souffrance de saint Sébastien était un simple prétexte à une esthétique de l'objectivité. J'inspirai de nouveau, et cette fois je fermai les yeux, pas par mysticisme, pas pour voir plus clairement à l'intérieur de moi – platoniquement, pourrait-on dire – mais pour la simple sensualité de la physiologie de mes paupières.
Plus tard je lus lentement les noms des objets, les indications lapidaires écrites dessus ; chaque annotation était le point de départ de toute une série de délectations intellectuelles, et une nouvelle échelle de précisions de normalités jusqu'alors inconnues.
Sans explications, je compris intuitivement l'usage de chacun, et le plaisir de chacune de leurs exactitudes suffisantes.

*Héliomètre pour sourds-muets*

L'un des objets portait l'indication « Héliomètre pour sourds-muets ». Ce nom était déjà une indication de son rapport avec l'astronomie, mais c'était, avant tout, sa forme qui le prouvait. Il s'agissait d'un instrument

d'une grande poésie physique constituée par les distances et les rapports entre ces distances ; ces relations étaient exprimées géométriquement dans certaines parties, et arithmétiquement dans d'autres ; au centre, un simple mécanisme indicateur servait à mesurer les affres de peur du saint. Le mécanisme était constitué d'un petit cadran de plastique gradué, au centre duquel un caillot de sang rouge, pressé entre deux cristaux, servait de baromètre sensible à chaque nouvelle blessure.
Dans la partie supérieure de l'héliomètre se trouvait la loupe de saint Sébastien.
Elle était à la fois concave, convexe et plate. Gravé sur le cadre de platine de ses cristaux nets, précis, on pouvait lire : « Invitation à l'astronomie » ; et en dessous, en lettres qui semblaient en relief : « Sainte Objectivité ». Sur un bâtonnet de cristal numéroté, on lisait : « Mesure des distances apparentes entre les pures valeurs esthétiques » et, sur un côté, sur une très fragile éprouvette, cette annonce subtile : « Distances apparentes et mesure arithmétique entre les pures valeurs sensuelles ». L'éprouvette était à demi remplie d'eau de mer.
L'héliomètre de saint Sébastien ne produisait pas de musique et n'avait pas de voix et, en certaines parties, était aveugle. Ces parties aveugles de l'objet étaient celles qui correspondaient à son algèbre sensible et celles destinées à rendre concret ce qui est le plus insubstantiel et miraculeux.

*Invitation à l'astronomie*

J'ai mis l'œil sur la loupe, le produit d'une lente distillation à la fois numérique et intuitive.
Chaque goutte d'eau, un numéro. Chaque goutte de sang, une géométrie.
Je commençai à regarder. Au début, je sentis la caresse de mes paupières contre la surface. Puis je vis une succession de vues bien nettes, perçues en un arrangement si nécessaire de mesures et de proportions que chaque détail m'apparaissait comme un organisme architectural simple et eurythmique.
Sur le pont du paquebot blanc une fille dépourvue de seins apprenait à des marins baignés par le vent du sud à danser le *black bottom*. À bord d'autres navires, les danseurs de *charleston* et de *blues* retrouvaient chaque matin Vénus au fond de leurs *gin cocktails*, à l'heure de l'apéritif.
Tout ça était à l'exact opposé du vague, tout était clairement visible, avec la clarté d'une loupe. Quand je fixais les yeux sur le moindre détail, le détail grossissait, comme un gros plan au cinéma, acquérant la qualité plastique la plus aiguë.
Je vois la fille qui joue au *polo* dans le phare plaqué de nickel d'une Isotta Fraschini. Je dirige mon regard uniquement sur son œil, qui maintenant occupe le champ visuel maximal. Cet œil, soudain élargi et qui devient tout ce qu'il y a à voir, représente toute la profondeur et toute la surface d'un océan, dans lequel naviguent toutes les suggestions poétiques, et où sont stabilisées toutes les possibilités plastiques. Chaque cil représente une nouvelle direction et une nouvelle quiétude ; le *mascara*, gras et doux, forme, dans son grossissement

microscopique, des sphères précises à travers lesquelles on peut voir la Vierge de Lourdes ou la *Nature morte évangélique* (1926) de Giorgio De Chirico[625].
Quand je lis les lettres tendres du biscuit

*Supérieur*
*Petit Beurre*
*Biscuit**

mes yeux sont remplis de larmes.
Une flèche d'indication, et dessous : « Adresse Chirico ; En direction des limites de la métaphysique ».
La fine ligne de sang représente un plan ample et muet du sous-sol. Je ne veux pas continuer avant d'avoir atteint la vie du *leucocyte* radiant. Les ramifications rouges se transforment en une petite tache, qui passe rapidement par tous les stades de la décroissance. Je vois l'œil qui retrouve sa taille d'origine dans les profondeurs du miroir concave du phare, comme un organisme singulier dans lequel nagent les poissons précis des reflets dans leur médium aqueux et lacrymal.
Avant de continuer à regarder, j'ai marqué une nouvelle pause pour étudier les détails du saint. Saint Sébastien, libre de tout symbolisme, était un *fait* dans sa présence simple et singulière. Ce n'est qu'avec une telle objectivité qu'il est possible d'observer avec calme un système stellaire. J'ai renouvelé ma vision héliométrique. J'étais tout à fait conscient de me déplacer à l'intérieur de l'orbite anti-artistique et astronomique de la Movietone Fox.
Les spectacles se succèdent, de simples faits donnant naissance à de nouveaux états lyriques.
La fille au bar joue « Dinah[626] » sur son petit gramophone, tout en préparant des gins pour les automobilistes, inventeurs de mixtures subtiles de jeux de hasard et de magie noire dans les mathématiques de leurs engins.
Sur le circuit de Portland, les Bugatti de course bleues, vues depuis un aéroplane, acquièrent les mouvements rêveurs d'hydroïdes descendant en spirale vers le fond de leur aquarium avec leurs parachutes ouverts.
Le rythme de Joséphine Baker au ralenti coïncide avec la croissance la plus pure et la plus lente de fleurs produites par l'accélérateur cinématographique.
De nouveau une brise cinématographique. Les gants blancs et les clés noires de Tom Mix[627], aussi purs que les dernières étreintes amoureuses des poissons, des cristaux et des étoiles de Marcoussis[628].
Adolphe Menjou[629], dans une atmosphère anti-transcendantale, fournit une nouvelle dimension à la *dinner-jacket* et à l'ingénuité (maintenant acceptable uniquement si elles s'accompagnent de cynisme).
Buster Keaton – voilà la Vraie Poésie, Paul Valéry ! –, des avenues d'après l'âge des machines, la Floride, Le Corbusier, Los Angeles. La Splendeur et l'eurythmie des instruments standardisés les plus simples, aseptiques, anti-artistiques, concrets, humbles, vivants, joyeux, clartés réconfortantes, qui s'opposent à un art putrescent, sublime, déliquescent, amer...
Laboratoire, clinique.

La clinique blanche fait silence autour de la pure chromolithographie d'un poumon.
À l'intérieur des cristaux de la boîte de verre, le scalpel chloroformé dort comme une Belle au bois dormant dans l'étui de nickel et d'émail, quand les étreintes sont impossibles.
Les magazines américains offrent à nos yeux *Girls, Girls, Girls*[630] et, sous le soleil d'Antibes, Man Ray obtient le pur *portrait* d'un magnolia, plus efficace pour notre chair que les créations tactiles des futuristes[631].
Une boîte de verre avec des souliers au Grand Hôtel.
Les mannequins de tailleur. Des mannequins calmes dans la splendeur électrique des vitrines, avec leur sensualité mécanique et neutre et leurs articulations troublantes. Des mannequins vivants, doucement stupides, qui marchent au rythme alternatif et insensible de leurs hanches et de leurs épaules, et portent dans leurs artères la physiologie nouvelle, réinventée, de leurs costumes.
Les bouches des mannequins. Les blessures de saint Sébastien[632].

*Putréfaction*

L'autre côté de la loupe de saint Sébastien correspond à la putréfaction. Tout, vu à travers elle, était angoisse, obscurité et même tendresse – tendresse à cause de l'exquise absence d'âme et de naturel.
Précédée par je ne sais plus quelles lignes de Dante, j'ai vu la totalité du monde des philistins putrescents : l'artiste larmoyant et transcendantal, loin de toute clarté ; les cultivateurs de tous les germes, ignorant la précision du double décimètre gradué ; la famille qui achète des « objets d'art » pour poser sur le piano ; les employés des travaux publics ; le membre du comité des avocats ; le professeur de psychologie... Je n'ai pas voulu continuer. La fine moustache d'un clerc de billetterie m'a ému. J'ai ressenti au fond de mon cœur toute sa poésie exquise, franciscaine, intensément délicate. Mes lèvres souriaient malgré mon envie de hurler. Je me suis allongé sur le sable. Les vagues s'approchaient de la rive avec le murmure silencieux de la *Bohémienne endormie* d'Henri Rousseau.

« Saint Sébastien » a été une révélation pour tous ceux qui, à la différence de Lorca et de Gasch, étaient aussi ignorants de l'allégeance fanatique de Dalí au culte de la « Sainte Objectivité » et de son rejet du sentimentalisme qu'ils l'étaient de ses capacités littéraires. Seul Lorca pouvait interpréter le message caché dans ce morceau, qui a dû lui sembler, à un niveau, comme une réplique, ou une repartie, à sa maintenant fameuse ode au peintre, dans laquelle il avait remarqué la terreur de Dalí devant l'implication émotionnelle. La justification par Dalí de son allégeance au culte de l'objectivité et de l'asepsie a dû apparaître à Lorca comme une confirmation de sa détermination à rester distant, du moins suffisamment pour éviter tout rapport sexuel avec le poète.

Le rédacteur en chef de *L'Amic de les Arts*, Josep Carbonell, fut si impressionné par « Saint Sébastien » qu'il ouvrit les colonnes de son magazine à Dalí, qui à partir de ce moment-là y écrivit régulièrement. Dans les années qui suivirent, Dalí devait déprécier la contribution de *L'Amic de les Arts* à la culture contemporaine, affirmant qu'il ne s'en était servi que pour sa propre promotion[633]. Mais, en vérité, il avait pris très sérieusement ses relations avec le magazine et, grâce au stimulus qu'il lui avait fourni, publia dans ses pages élégantes quelques-uns de ses morceaux de critique les plus valables.

Dalí, comme d'habitude, éclatait d'idées et de projets. Quelques mois plus tôt, Gasch et lui avaient décidé que le moment était venu de rédiger un manifeste contre la stagnation, la prétention et la putrescence, à leurs yeux, de la scène artistique catalane. Les deux amis, à qui se joignit bientôt Lluís Montanyà, décidèrent d'intituler le manifeste qu'ils projetaient d'écrire le « Manifeste anti-arts ». Lorca enchaîna les suggestions, et Anna Maria Dalí, toujours prête à sortir son Kodak, les photographia, au cours d'une séance de transmission de pensées sur la terrasse d'Es Llané. Leurs fronts sont reliés par le cordon de la robe de plage blanche du poète, elle-même connectée à une tour Eiffel précaire, faite de verres de vin, érigée sur la table ronde qui les sépare. Leurs stylos sont prêts. Lorca était si fier de cette photographie que, deux ans plus tard, il la donna à un petit magazine de New York, *Alhambra*, pour qu'il la publie, ainsi que d'autres prises à Cadaqués à la même époque. La légende était : « En train d'écrire un Manifeste avec le peintre Dalí. »

## *LE MIEL EST PLUS DOUX QUE LE SANG*

● Dalí, *Le miel est plus doux que le sang*, 1927. Il s'agit de l'une des œuvres clés de la « période Lorca » de Dalí. Elle contient la main et la tête coupées du poète posées non loin de celle de Dalí et ce qui semble être le corps momifié de Luis Buñuel.

À peu près au même moment, Dalí dit à Gasch qu'il avait commencé deux nouvelles toiles, *Le Bois des appareils* et *La Naissance de Vénus*[634]. Peu après, la première fut rebaptisée *Le miel est plus doux que le sang*. La seconde fut rapidement renommée *Efforts stériles*, et, pour finir, *Petites cendres* [cahier couleur, page VI]. On ignore où se trouve *Le miel est plus doux que le sang*, et ses dimensions. La toile n'a jamais été reproduite en couleurs, et ce qu'on en sait provient d'une photo contemporaine en noir et blanc. *Petites cendres* marcha mieux, et c'est aujourd'hui une des vedettes de la collection Dalí du Musée national centre d'art Reine Sofía à Madrid.

Au cours de l'été 1927, *L'Amic de les Arts* informa ses lecteurs que Dalí travaillait dur à deux toiles, et exprima l'idée qu'elles « susciteraient des discussions enflammées[635] ». Le 12 août, Dalí dit à Josep Maria Junoy, rédacteur en chef de *Nova Revista*, que *Le miel est plus doux que le sang* inaugurait « une nouvelle orbite, équidistante du cubisme et du surréalisme d'un côté et de l'autre de l'art primitif d'un Brueghel[636] ».

Les deux toiles, ainsi qu'*Appareil et main* [cahier photo, page V], peint à la même époque, confirment presque certainement qu'au cours de cet été quelqu'un montra à Dalí – ou lui donna – le catalogue de l'exposition *Yves Tanguy et objets d'Amérique*, qui s'était tenue à la Galerie surréaliste, à Paris, du 27 mai au 15 juin. Le catalogue, accompagné d'une préface de Breton et d'un texte d'Éluard, reproduisait deux des vingt-trois toiles exposées : *Il faisait ce qu'il voulait* (1927) et *Extinction des lumières inutiles* (1927), ainsi qu'un détail de *Vite ! Vite !*. Dalí a dû être amusé par les titres arbitraires et loufoques, et par le commentaire de Tanguy selon lequel toutes les toiles pourraient s'intituler *Quand on me fusillera*, d'après le titre de l'une d'elles[637].

Dawn Ades, pour qui l'influence de Tanguy sur Dalí à cette époque est « primordiale » (elle estime que celles d'Ernst et de Miró le sont moins), est persuadée que *Le miel est plus doux que le sang* et *Appareil et main* prouvent que Dalí connaissait bien *Il faisait ce qu'il voulait*, qui a « le même genre de silhouettes éparpillées de façon ambiguë à travers le ciel et la terre, et Dalí emprunte les formes fantomatiques dans le ciel, qui, chez Tanguy, sont grattées à travers la peinture ». On ne peut que tomber d'accord avec elle[638]. José Pierre, auteur de l'introduction au catalogue de l'exposition *Yves Tanguy. Rétrospective 1925-1955* qui s'est tenue à Paris en 1982, parle, non sans agacement, de ce qu'il appelle l'« hypertanguysation systématique » de Dalí à partir de 1926, et répertorie les éléments de Tanguy que, selon lui, le Catalan s'est « appropriés » en les « confisquant ». Il s'agit des silhouettes « en lévitation », de l'usage de chiffres et de lettres (comme dans *Appareil et main* et *Petites cendres*), de formes ectoplasmiques, de doigts phalliques et de tourbillons de fumée[639]. Que Dalí ait emprunté ces éléments ainsi que d'autres (y compris les nombreuses mains et ombres d'*Extinction des lumières inutiles*) est évident, mais il a ajouté nombre d'éléments qui lui sont propres, comme une paire de seins volants, des bras et des têtes coupés, des mannequins décapités, des ânes en putréfaction et, bien sûr, les « appareils » eux-mêmes. Enfin, par-dessus tout, c'est la *lumière* des toiles de Dalí inspirées par Tanguy qui les distingue de celles du Français : les tons sourds des « plages mentales » de Tanguy, ainsi que Pierre les appelle, qui viennent peut-être des vacances qu'il passait, enfant, en Bretagne, sont remplacés, chez Dalí, par la lumière brillante, de haute précision, de l'Empordà parcourue par la tramontane, qui à son tour donne vie aux ombres d'une raideur à la De Chirico que Dalí devait bientôt exploiter[640].

Plus tard dans son existence, Dalí ne devait plus faire mystère de tout ce qu'il devait à Tanguy. Selon Meryle Secrest, il avoua un jour à Agnès Tanguy, la nièce du peintre : « J'ai tout piqué à Tonton Yves. » On ne saura jamais si ce furent ses mots exacts, mais il est clair qu'il reconnaissait sa dette[641].

Lorca, qui était présent lorsque Dalí travaillait à *Le miel est plus doux que le sang*, était fasciné par la plage spectrale, aux angles abrupts, avec ses alignements d'« appareils » et de débris de la mer, peints avec une précision de cauchemar. Dans ses études pour la toile, comme nous l'avons vu, Dalí a inclus une version stylisée de la tête de Lorca parmi les débris qui jonchent la plage. Il la rendit plus réaliste, dans l'esprit du dessin *La Plage*, publié au mois d'avril précédent, et peut-être à la demande du poète, car, selon la reproduction de la légende de *Le miel est plus doux que le sang* qui se trouve dans *La Vie secrète*, Lorca écrivit à Dalí : « Inscris mon nom sur la toile, pour que mon nom représente quelque chose au monde[642]. » La tête du poète est dans l'ombre de Dalí, comme dans d'autres œuvres de la « période Lorca », et se trouve à moitié enfouie dans le sable entre un mannequin de femme décapité penché vers son sang répandu et un âne en putréfaction infesté de mouches. Tout près, on voit une autre tête tranchée, presque certainement celle de Dalí, séparée de celle du poète par un bras coupé de son corps. Il a été suggéré qu'il pourrait s'agir de celui de Luis Buñuel, avec qui Dalí correspondait régulièrement à cette époque, et qui tentait activement de le séparer de Lorca. Des bouches de Dalí et du poète s'écoulent deux filets de sang[643].

À la fin du mois, sur le chemin de son retour à Grenade, Lorca écrivit à Dalí une lettre émouvante de Barcelone, dans laquelle il faisait allusion à *Le miel est plus doux que le sang* et à « Saint Sébastien » :

> De là où je suis, j'entends (comme ça me rend triste, très cher ami !) le sang s'écouler silencieusement de la Belle au bois dormant du *Bois des appareils*, et le craquement de deux petites bestioles comme le bruit d'une pistache écrasée par les doigts de quelqu'un. La femme décapitée est le plus beau poème imaginable sur le thème du sang, et il a plus de sang que tout celui qui a été répandu au cours de la Grande Guerre, qui était du sang *chaud* sans autre but que d'*irriguer* la terre et d'apaiser une soif symbolique d'érotisme et de jeunesse. Le sang que tu as peint, et tout le concept tactile de ton esthétique physiologique en général, a un air si concret, si équilibré, une telle qualité logique et authentique de pure poésie, qu'il atteint à la catégorie de *ce dont nous avons absolument besoin pour vivre.*
> On peut dire : « J'étais fatigué et je me suis assis dans l'ombre et la fraîcheur de ce sang », ou « Je suis descendu de la montagne et j'ai couru le long de la plage jusqu'à ce que je trouve la tête de la mélancolie à l'endroit où les bestioles délicieusement craquantes, si utiles pour la digestion, se rassemblent ».
> Je me rends compte maintenant combien je perds en te quittant.

La « tête de la mélancolie » était sans doute celle du poète. À la fin de la lettre, soudain, Lorca admet ses torts : « Je me suis conduit envers toi comme un imbécile indécent, toi qui es la meilleure chose que j'aie. À chaque instant je le vois plus clairement et je suis profondément désolé. Mais ça ne fait qu'accroître mon affection pour toi et mon identification avec tes idées et ton intégrité humaine[644]. » Rafael Santos Torroella est persuadé que Lorca fait référence à une seconde et sans doute très récente tentative de la part du poète de faire l'amour avec Dalí. Quoi qu'il en soit, il paraît certain que, à la fin des vacances de Lorca à Cadaqués, le peintre était sérieusement perturbé par l'intensité croissante de leurs relations. Essayant désespérément de prouver sa masculinité et d'affirmer son indépendance, Dalí a pu sentir qu'il se trouvait maintenant en danger de céder à ses pulsions homosexuelles.

Si c'est Lorca qui proposa pour *Le miel est plus doux que le sang* le titre alternatif strictement descriptif, mais qui fut rapidement écarté, de *Bois des appareils*[645], le titre définitif de la toile s'appropriait une expression sibylline qu'aimait Lídia Noguer, et qu'elle avait coutume de prononcer dans des occasions particulièrement solennelles[646]. Dalí était encore vierge, et, ainsi que nous le savons par la lecture de *La Vie secrète* et de ses écrits autobiographiques plus tardifs, et par ses déclarations, un masturbateur compulsif. Il se peut que, dans le titre *Le miel est plus doux que le sang*, il y ait aussi une allusion au thème de la masturbation, qui devait bientôt devenir un leitmotiv de la peinture de Dalí. La preuve se trouve dans *La Vie secrète*, lorsque Dalí raconte un autre acte de masturbation : « Une fois de plus je tirai de mon corps ce familier plaisir solitaire, plus doux que le miel, tout en mordant le coin de mon oreiller éclairé par un rayon de lune, y plongeant les dents jusqu'à les faire pénétrer dans le tissu trempé de salive[647]. » Si la masturbation est un plaisir plus doux que le miel, on peut se demander si le sang, dans le contexte de la toile, ne représente pas l'acte sexuel (et la peur de l'acte sexuel), « le miel est plus doux que le sang » signifiant alors « se masturber est plus doux que baiser ». Dans l'*Ode à Walt Whitman*, écrite deux ans plus tard par Lorca à New York, une strophe donne du poids à cette interprétation, et contient même peut-être une allusion, consciente ou non, à *Le miel est plus doux que le sang* – une toile qui, on le sait, représentait énormément pour le poète :

*Porque es justo que el hombre no busque su deleite*
*en la selva de sangre de la mañana proxima.*
*El cielo tiene playas donde evitar la vida*
*y hay cuerpos que no deben repetirse en la aurora.*

Car il est légitime pour un homme de ne pas chercher son plaisir
dans la jungle de sang du petit matin.
Le ciel a des plages où l'on peut échapper à la vie
et il existe des corps qui ne doivent pas se répéter à l'aube[648].

Le mépris de Dalí pour l'appareil génital féminin et pour la « jungle de sang » (métaphore utilisée par Lorca pour désigner l'acte sexuel) était aussi fort que celui du poète, et devait durer toute sa vie ; la masturbation devait rester son principal mode de satisfaction sexuelle.

En 1950, Dalí déclara qu'il considérait *Le miel est plus doux que le sang* comme l'une de ses toiles les plus importantes, et expliqua qu'elle contenait « toutes les obsessions de mon entrée dans le surréalisme[649] ». Ces obsessions apparaissaient aussi dans l'autre toile sur laquelle il travaillait en même temps, *La Naissance de Vénus* (plus tard *Efforts stériles*, et enfin *Petites cendres*). Depuis les recherches de Santos Torroella, on considère généralement que les deux têtes de *La Naissance de Vénus* représentent celle de Lorca (sur le rivage) et celle de Dalí (à l'arrière-plan). Cette œuvre présente un des plus beaux nus féminins de Dalí, vu de derrière et, comme dans *Le miel est plus doux que le sang*, décapité. Dalí, qui avouait son culte pour le postérieur féminin, a toujours insisté sur le fait qu'il détestait les gros seins autant que l'appareil génital féminin, et affirmait, parmi les orifices du corps, sa prédilection pour l'anus[650]. Dans *La Naissance de Vénus*, la tête de Lorca est, une fois de plus, représentée les yeux fermés. Est-ce qu'il joue sa propre mort ? Est-ce qu'il rêve ? Ou les yeux fermés suggèrent-ils la sereine indifférence du poète aux tourments qui parcourent Dalí quand il contemple les fesses bien moulées de la femme ? Tout ce qu'on peut dire, c'est que cette toile, comme le suggère son deuxième titre, *Efforts stériles*, semble une nouvelle expression des conflits sexuels et émotionnels qui affectaient alors les deux amis.

Il faut mentionner brièvement une autre toile de l'été 1927. *Appareil et main* va plus loin que le tableau dont nous avons parlé en exposant les problèmes sexuels de Dalí. Le décor de la toile, comme pour *Nature morte (Invitation au sommeil)*, est une version stylisée de la terrasse devant la maison des Dalí à Cadaqués. Mais que faire de l'« appareil » chancelant et anthropomorphique dressé sur la terrasse, couronné par une main rouge pustuleuse avec le motif de la veine qui apparaît sur d'autres toiles ? Pour Paul Moorhouse, l'« appareil » est un autoportrait qui montre Dalí en « automate en proie à l'obsession onaniste », avec une main tumescente et masturbatoire en guise de cerveau. Autour de la silhouette, on voit les causes de son obsession : une élégante baigneuse de vingt ans dans un costume transparent, une paire de seins volants, un torse de femme nue décapitée, diverses formes fantomatiques, un des ânes en putréfaction de Dalí avec une arête à l'intérieur de la tête et, pourrions-nous ajouter, apparemment sodomisé par la pointe d'un hexagone tandis qu'il essaie de grignoter un poisson (symbole de l'appareil génital féminin, si l'on en croit le même critique)[651].

Il est difficile de ne pas être d'accord avec Moorhouse lorsqu'il souligne le thème de la toile. La rougeur de la main (dont il ne parle pas) a sûrement un rapport avec la honte, la culpabilité et l'anxiété suscitées par la masturbation compulsive de Dalí, et peut-être avec la peur d'être pris sur le fait avec « la main rouge ». Rendu par la honte incapable d'arriver à la satisfaction sexuelle dans le monde extérieur, inquiet de se laisser aller à ce que les dictionnaires anglais, jusque dans les années 1960, appelaient le « plaisir solitaire », Dalí se trouvait devant un douloureux dilemme. *Appareil et main* est la première d'une longue série de toiles, de dessins et de textes sur la masturbation. En dehors de ses autres réussites, Dalí a été le premier artiste sérieux à faire de l'onanisme un des principaux thèmes de son œuvre.

## « LE NÉFASTE GARCÍA »

Pendant ce temps, Luis Buñuel, inquiet de l'intimité croissante entre Dalí et Lorca, écrivait des méchancetés à leur sympathique ami mutuel à tous trois, Pepín Bello. Buñuel, évidemment, ne le reconnaissait pas, mais, si on lit entre les lignes, sa jalousie était évidente. « J'ai reçu une lettre dégoûtante de Federico et de son acolyte Dalí, écrivait-il d'Angleterre le 27 juillet 1927. Il fait de lui [Dalí] son esclave[652]. » L'adjectif espagnol utilisé par Buñuel pour décrire la lettre était *asquerosa*, qui, à son grand amusement, comme il l'écrivit le 5 août dans une autre lettre à Pepín, était aussi le nom du village où, à Grenade, le père du poète avait une maison. Le ton de la plaisanterie cache mal le venin :

> *Dalí me escribe cartas asquerosas.*
> *Es un asqueroso.*
> *Y Federico dos asquerosos,*
> *Uno por ser de Asquerosa y otro porque es un asqueroso.*
>
> Dalí m'écrit des lettres dégoûtantes.
> Il est dégoûtant.
> Federico est doublement dégoûtant.
> D'abord parce qu'il est *de* Dégoûtant [Asquerosa], et ensuite parce qu'il *est* dégoûtant[653].

Aucune des lettres de Buñuel à Dalí datant de cette époque, ni aucune réponse de Dalí, n'a été retrouvée. On peut supposer que Buñuel a fait tout son possible pour miner les sentiments de Dalí pour Lorca. Le 5 septembre 1927, écrivant une fois de plus à José Bello, il revenait à la charge :

> Federico me reste en travers de la gorge. Je trouvais le petit ami [Dalí] putrescent, mais maintenant je comprends que l'autre est encore pire. C'est son horrible esthétisme qui l'a détaché de nous. Son narcissisme extrême était déjà suffisant pour rendre impossible toute pure amitié avec lui. Bref, c'est un problème. L'ennui, c'est que son travail risque d'en souffrir.
> Dalí est complètement sous son influence. Il se croit un génie, à cause de l'adoration que Federico a pour lui. Il m'a écrit : « Federico est meilleur que jamais. Il est *le* grand homme, il y a du génie dans ses dessins. Je fais un travail

> étonnant, etc. » Et puis, bien sûr, le succès lui est venu si facilement à Barcelone. Comme j'aimerais le voir ici, et qu'il se libère de l'influence du néfaste García ! Parce que, c'est un fait, Dalí est un vrai mâle, et très talentueux[654].

Cette lettre nous donne un aperçu de Buñuel à cette époque. Sachant les doutes de Dalí concernant sa virilité, il lui était facile de susciter l'inquiétude du peintre à propos de Lorca. Cependant, en dépit de ses efforts, Dalí et le poète continuèrent à s'écrire jusqu'en 1929 (ils ne se revirent qu'en 1934), et suivirent avec admiration et fierté leurs carrières respectives. Dalí n'était pas un sentimental. Quand, des années plus tard, il dit que Lorca avait été le plus grand ami de sa jeunesse, on peut affirmer qu'il n'exagérait pas.

EL CASAMIENTO DE BUSTER KEATON

Y así lo hizo. Puso el siguiente telegrama a Nueva York para Natalia Talmadge:
*La ámo. ¿Quiere usted ser mi esposa?*

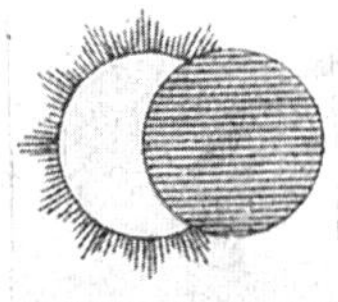

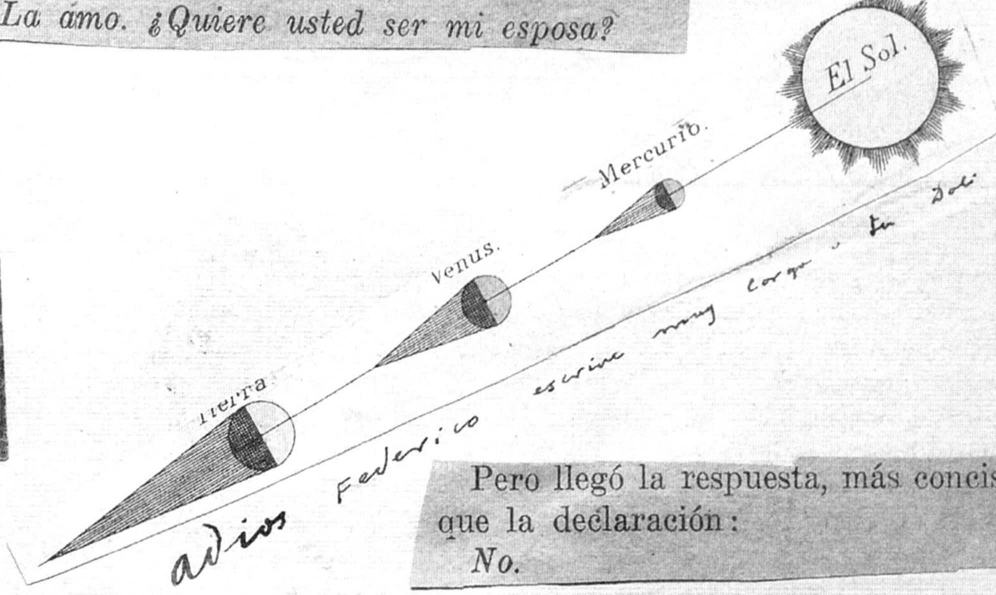


adios Federico escribe muy largo a tu Dalí Salvador ...

Pero llegó la respuesta, más concisa todavía que la declaración:
*No.*

*¿Por qué?*

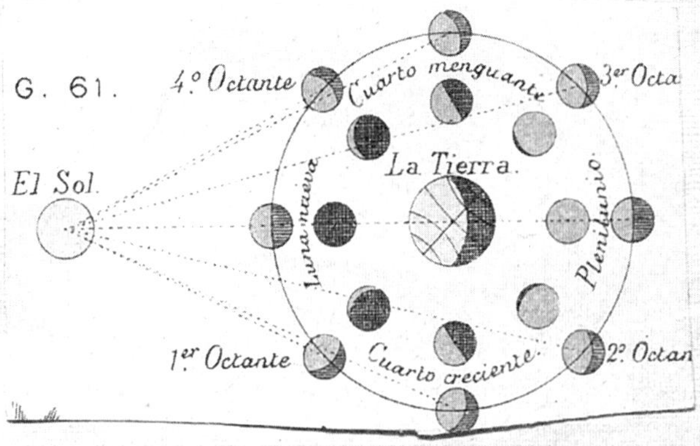

Y esta vez el silencio más absoluto fué la contestación.

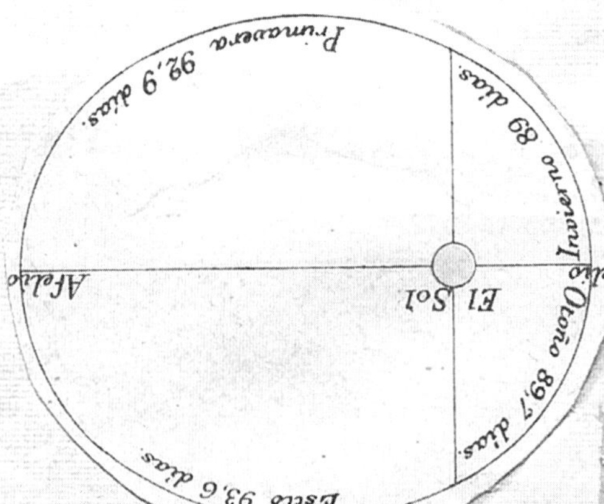


Buster se resignó...

.... pasó tiempo ....

Y envió un telegrama que decía:
*Natalia, ¿puedo ir a verla?*

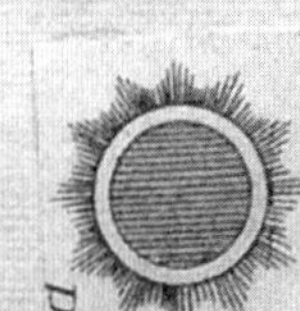

*Venga inmediatamente, pues cuando regresemos a Nueva York, Natalia quiere ser ya la señora de Buster Keaton.*

I BUSTER I NATALIA RECIBIERON LA BENDICION NUPCIAL

# VI. Vers le surréalisme

[1927-1928]

## UNE VISITE DE JOAN MIRÓ

Joan Miró était, autant que Dalí, un Catalan fanatique et, chaque été, revenait de Paris à son bien-aimé Mont-roig, près de Tarragone. Le 21 août 1927, il écrivit, de chez lui, à Sebastià Gasch pour lui dire que son galeriste, Pierre Loeb, lui rendrait visite début septembre. Miró expliquait qu'il aurait aimé que Loeb voie le travail de Dalí, ainsi que celui de Francesc Domingo et de tout autre jeune peintre catalan que le critique lui recommanderait. Tout cela devait rester secret. « J'écrirai à Dalí, disait-il, pour lui demander la permission de lui amener cet *ami à moi* (inutile qu'il sache qu'il s'agit de Pierre !) et pour lui permettre de s'assurer qu'il a suffisamment de choses à nous montrer pour nous donner une idée de sa production[655]. »

Miró n'avait encore jamais rencontré Dalí, ni, apparemment, vu aucune de ses toiles. Gasch lui donna l'adresse de Dalí à Figueres et Miró, comme promis, prit contact avec lui. Dalí lui répondit avec déférence le 1er septembre 1927. Il serait ravi de voir Miró et son ami, écrivit-il, ajoutant qu'il venait de terminer deux toiles qui, selon lui, inauguraient une nouvelle phase « beaucoup plus représentative de ma façon de voir que tout ce que j'ai produit jusque-là[656] ».

Miró et Loeb arrivèrent à Figueres mi-septembre. Après leur départ, Dalí écrivit à Gasch :

> Avant-hier ton ami Miró et son compagnon sont venus me voir. Ils ne sont pas restés longtemps. Miró, en tant que personne, m'a fait une grande impression, il est inutile de dire que nous avons à peine échangé un mot. Ce qui l'a le plus intéressé, ce sont mes deux toiles récentes : *Le Bois des appareils* [*Le miel est plus doux que le sang*] et *Appareil et main*. Tous deux ont eu l'impression que des parties de ces toiles rappellent Yves Tanguy, mais avec une technique bien meilleure, avec beaucoup plus de *naturel*, et infiniment plus de plasticité. En ce qui concerne les toiles dans la ligne de la Nouvelle Objectivité, ils ont regardé le portrait d'Anna Maria Dalí, et m'ont dit qu'ils le trouvaient meilleur que Severini. La seule chose que m'ait dite l'ami de Miró, c'est qu'il souhaitait rester en contact avec moi[657].

Cette dernière remarque prouve que, malgré sa volonté de secret, Miró avait révélé l'identité de Loeb, et suggère que Dalí fut déçu que le galeriste ne le fasse pas signer sur-le-champ. Dalí, tout excité, écrivit à Lorca pour lui raconter la visite de Miró, et cette lettre laisse entendre que tous deux, au cours de l'été, avaient parlé du peintre :

> Je suis très content que tu aimes Miró. Miró a dit des choses qui vont au-delà de Picasso[658]. Je ne sais plus si je t'ai dit que je suis maintenant en contact avec Miró, qu'il est venu à Figueres, et qu'il reviendra bientôt à Cadaqués pour voir ma production la plus récente. C'est un être d'une grande Pureté, avec un grand cœur. Il trouve que je suis bien meilleur que tous les jeunes peintres de Paris réunis, et il m'a écrit pour me dire que j'ai tout pour obtenir un grand succès. Comme tu dois le savoir, *lui* a obtenu ici un grand succès financier.

**160●** Collage extraordinaire de Dalí envoyé à Lorca en 1926, titré *Le Mariage de Buster Keaton*. Il s'agit de la « traduction » d'un prétendu télégramme de Buster, en anglais, à sa fiancée Nathalia Talmadge. Pour Dalí, Lorca et leurs amis, Keaton était un héros de la modernité :
« LE MARIAGE DE BUSTER KEATON
Et il l'a fait. Il a envoyé le télégramme suivant à New York pour Natalia Talmadge :
*Je vous aime. Voulez-vous être ma femme ?*
Mais la réponse est arrivée, plus concise encore que la déclaration :
— *Non*
— *Pourquoi ?*
Et cette fois, le silence le plus absolu fut la réponse.
Buster s'est résigné
... le temps a passé...
Et il a envoyé un télégramme qui disait :
— *Natalia, puis-je venir vous voir ?*
— *Venez immédiatement, ainsi quand nous retournerons à New York, Natalia veut déjà être l'épouse de Buster Keaton.*
ET BUSTER ET NATALIA ONT REÇU LA BÉNÉDICTION NUPTIALE. »

Dalí ajouta une note explicative au mot « Pureté » : « J'utilise ce terme dans un sens tout contraire à celui que lui donnent Juan Ramón [Jiménez], Benjamín Palencia et les autres gros PORCS. Miró peint des poulets avec des poils et des bites, etc.[659]. » La présence d'éléments explicitement sexuels dans les œuvres de Miró agit rapidement sur Dalí comme une force libératrice, et nombre de ses toiles et de ses dessins des années 1927-1928 ont une dette indéniable envers son aîné.

Peu après la visite de Miró, Dalí lui envoya des photographies de ses œuvres, l'informa qu'il en avait aussi expédié un choix à Loeb. Miró lui répondit chaleureusement le 31 octobre, promettant de le prévenir à temps de son départ pour Paris, afin que Dalí puisse lui envoyer plus de toiles à montrer aux gens de là-bas[660].

Dès l'instant où le peintre respecté qu'était Miró le prit sous son aile, Dalí ne laissa passer aucune occasion de faire ses louanges dans les articles qu'il commençait à envoyer régulièrement à *L'Amic de les Arts*. Son article « La photographie, pure création de l'esprit », publié dans le numéro du 30 septembre 1927, était une mise au point importante. Dans la lignée de ses vues sur la « Sainte Objectivité », Dalí y exprimait son appréciation du potentiel de l'appareil photo pour donner une vision exacte du monde extérieur, qui avait définitivement libéré la peinture de cette lourde charge. Donc, écrivait-il, si quiconque voulait peindre une méduse, il « lui serait absolument nécessaire de représenter une guitare ou un Arlequin jouant de la clarinette[661] ».

Dawn Ades a fait remarquer que la vision que, à cette époque, Dalí avait de la photographie devait beaucoup au livre sur l'école du Bauhaus *Peinture. Photographie. Film* (1925), de László Moholy-Nagy, et qu'il avait rapidement saisi ce qu'impliquaient pour sa peinture les « distorsions ou les agrandissements de la réalité » rendus possibles par la caméra (gros plans, ralentis, surimpressions, fondus, fondus enchaînés, montage, rayons X, etc.), dont on voyait quelques indices dans *Le miel est plus doux que le sang* et *Petites cendres*[662].

## DALÍ EST-IL SURRÉALISTE ?

Pendant ce temps, encouragé par la réaction positive de Miró à *Le miel est plus doux que le sang* et *Appareil et main*, Dalí avait envoyé les deux toiles au Salon annuel d'automne à Barcelone. L'exposition avait lieu à la Sala Parés du 8 au 21 octobre, et ces toiles, comme l'avait prédit *L'Amic de les Arts* au cours de l'été, provoquèrent beaucoup de discussions, et lancèrent le débat sur l'appartenance ou non de Dalí au mouvement surréaliste[663].

Rafael Benet était au premier rang des critiques affirmant que Dalí avait rejoint les surréalistes, alors que ses amis et collègues de *L'Amic de les Arts*, Gasch et Montanyà, soutenaient fermement l'opinion contraire. Gasch était hostile au surréalisme depuis plus d'un an, disant des surréalistes, en octobre 1926, qu'ils constituaient « un minuscule groupe stérile d'amoureux sinistres du scandale pour le scandale[664] ». En septembre 1927, il déclara que son attitude envers le surréalisme était « franchement négative[665] », ajoutant en octobre, avec une référence narquoise à Freud, qu'il était complètement opposé à l'« immoralité » sexuelle de certaines toiles surréalistes[666]. Gasch était donc prédisposé à interpréter comme un refus les hésitations de Dalí envers le mouvement. Dans le numéro d'octobre de *L'Amic de les Arts*, qui coïncidait avec l'exposition à la Sala Parés, il alla jusqu'à soutenir que Dalí était « l'anti-surréaliste typique ». « Personne ne méprise le surréalisme autant que Dalí », pontifiait-il, avant d'ajouter : « L'amitié fraternelle qui nous unit m'autorise à le dire avec confiance. » C'était une déclaration très inappropriée[667].

Bientôt, sans explication, Gasch changea momentanément de disque, et affirma que la peinture contemporaine devait idéalement être une combinaison de purisme et de surréalisme, selon la ligne (il s'en rendait maintenant compte) suivie par Dalí. Mais ce ne fut que momentané. Son hostilité aux doctrines de base du mouvement devait se faire plus véhémente au cours de l'année 1928[668].

Tandis que la critique se chamaillait pour savoir si Dalí était ou non surréaliste, ses deux toiles exposées au Salon d'automne provoquèrent beaucoup de consternation et d'amusement. Un dessin spirituel publié dans *La Veu de Catalunya* proposa une explication imaginative des membres tronqués dans *Le miel est plus doux que le sang* : les accidents de la circulation augmentaient.

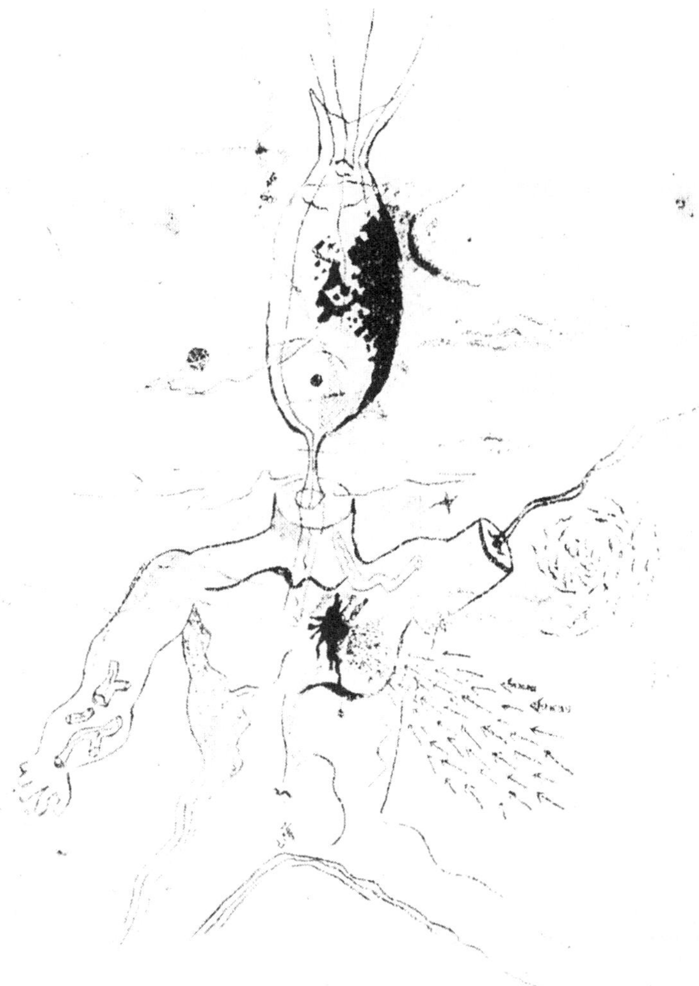

● Salvador Dalí, *Saint Sébastien à la tête de sole*, 1927. Original et dimensions inconnus. Publié dans *L'Amic de les Arts*, Sitges, 31 juillet 1927. Une autre allusion à Lorca.

Dalí exprima son opinion sur le sujet dans une feuille spéciale insérée dans *L'Amic de les Arts*. Son argument était, en substance, qu'alors que la peinture « artistique » ne peut avoir de sens que pour les *cognoscenti*, sa production récente appelait directement à l'inconscient et pouvait être comprise instantanément par les simples d'esprit (les enfants ou, disons, les pêcheurs de Cadaqués), mais certainement pas par la race bornée des critiques d'art. Les gens avaient perdu la capacité de voir clairement le monde objectif, soutenait Dalí : ils ne se servaient pas de leurs yeux, ils trouvaient « ordinaires » les choses ordinaires, alors qu'elles sont en fait des miracles. « Voir, c'est inventer », déclarait-il emphatiquement, citant ce qu'il venait d'écrire dans son article sur la photographie. Était-il alors, ainsi que certains critiques semblaient le penser, un surréaliste ? Dalí botte en touche :

> Ce que j'ai dit doit être plus que suffisant pour faire clairement comprendre la distance qui me sépare du surréalisme, en dépit de l'intervention, dans ce qu'on pourrait appeler le phénomène de la « transposition poétique », du subconscient le plus pur et l'instinct le plus libre. Mais cela me conduirait trop loin, et de toute façon, c'est aux critiques d'analyser et de clarifier ces considérations[669].

Ce n'est pas la réponse de quelqu'un qui « méprise » le surréalisme. Elle montre plutôt que Dalí était de plus en plus conscient du rapport du surréalisme avec sa vie et son travail. Pendant tout ce temps-là, selon différentes sources, il s'était constamment rendu compte que le surréalisme, à la différence de l'impressionnisme et du cubisme, n'était pas seulement une nouvelle tendance artistique, mais un mouvement subversif, révolutionnaire, qui visait à changer le monde en enregistrant et en libérant les forces latentes dans la psyché. Étant donné le tempérament de Dalí, étant donné sa lecture de Freud, et bien sûr étant donné ses problèmes personnels, comment aurait-il pu y être indifférent ? Des années plus tard, en repensant à *Le miel est plus doux que le sang*, il déclara catégoriquement que le tableau exprimait « toutes les obsessions de mon entrée dans le surréalisme[670] ».

Si Gasch et Montanyà étaient des critiques, et pas des écrivains, Dalí avait à *L'Amic de les Arts* un autre collègue qui combinait avec élégance les dénominations variées de poète, d'essayiste, de romancier, de critique et de journaliste. Né à Barcelone en 1893 (la même année que Miró), Josep Vicenç Foix avait publié ses premiers vers en 1917 et était rapidement devenu très investi dans l'avant-garde de Barcelone, dirigeant la revue *Trossos* au cours des derniers mois de l'existence éphémère de cette dernière. Non seulement Foix avait de la sympathie pour le surréalisme, mais, selon Gasch et Montanyà, il était lui-même un authentique surréaliste[671]. À en juger par les morceaux extrêmement inventifs, quasi surréalistes, qu'il avait publiés dans *L'Amic de les Arts* depuis sa création en 1926, sa proximité avec les positions de Breton et de son groupe était indéniable. Dalí admirait énormément ce *littérateur** sèchement spirituel, dont la famille possédait une pâtisserie à Barcelone, dans le quartier de Sarriá, et il illustra plusieurs de ses morceaux dans *L'Amic*. Il paraît impossible que Dalí et Foix n'aient pas discuté du surréalisme. Dans tous les cas, l'appui de Foix était, à ce stade, important pour Dalí, notamment par le soutien enthousiaste qu'il apportait au peintre dans les colonnes de *La Publicitat* de Barcelone, auquel il contribuait régulièrement. Guettant toujours son premier grand succès, Dalí avait de plus en plus tendance à choisir des amis qui pouvaient lui être utiles. Foix en était un très bon exemple.

## LE PEINTRE EN TANT QUE POÈTE

Depuis ses premiers vers, publiés, alors qu'il était adolescent, dans le journal *Studium*, Dalí semblait avoir perdu le goût de la poésie. Mais à l'automne 1927 il était persuadé de l'avoir retrouvé, et au mois d'octobre il écrivait à Lorca : « N'es-tu pas d'accord avec moi pour dire que les seuls poètes, les seuls à produire une poésie profondément nouvelle, c'est nous, les peintres ? Si ! » Et pour le prouver il joignait à sa lettre une traduction en espagnol d'un poème qu'il venait d'écrire rapidement en catalan :

Poème des petits objets

Il y a un joli petit objet qui me regarde, en souriant.
Je suis heureux, heureux, heureux, heureux.
Les aiguilles à tricoter se fichent avec douceur dans les petits nickels mous.
La main de mon amie est en liège pleine de dentelle parisienne.
Les genoux de mon amie sont faits de fumée.
Le sucre se dissout dans l'eau, est teinté de sang rouge et saute comme une puce.
Mon amie a une montre en pâte à modeler.
Les seins de mon amie : l'un une guêpe qui bourdonne comme une folle, [l'autre un oursin silencieux.
Les petits oursins, les petits oursins, les petits oursins, les petits oursins, [les petits oursins, les petits oursins.
L'œil de la perdrix est rouge vif.

Petits objets, petits objets, petits objets, petits objets, petits objets,
Petits objets, petits objets, petits objets, petits objets, petits objets,
Il y a encore d'autres objets, comme une miche de pain.

Dalí demanda à Lorca s'il aimait son poème, espérant visiblement qu'il répondrait oui. Et il le lui redemanda dans sa lettre suivante. On ne sait ce que répondit le poète. Peut-être ne donna-t-il jamais son opinion à Dalí, mais il semble juste de supposer qu'il ne l'a pas considéré comme un chef-d'œuvre de la poésie moderne, même s'il était sans aucun doute moderne, et intéressant pour des éléments incorporés plus tard dans la peinture de Dalí, dont la montre-bracelet en pâte à modeler, qui annonce ses célèbres montres molles des années 1932[672].

Dalí envoya aussi le poème à Pepín Bello, lui demandant ce qu'il en pensait, et lui fournissant son avis à lui au cas où. « Combien c'est différent, s'exclamait-il, de l'extase imbécile, sentimentale et anti-poétique de Juan Ramón Jiménez, par exemple ! Juan Ramón, le Chef des Philistins Putrescents Espagnols[673] ! »

Dans une autre lettre à Bello, datée du 24 octobre 1927, Dalí lui annonçait qu'il allait bientôt publier un article sur le cinéma dans *La Gaceta Literaria*, la revue culturelle espagnole la plus ambitieuse et la plus largement distribuée, éditée bimensuellement à Madrid par l'écrivain Ernesto Giménez Caballero, qui devait devenir le principal théoricien du fascisme espagnol.

À la différence de *L'Amic de les Arts*, qui ne publiait que des articles en catalan, *La Gaceta Literaria*, avec son grand format, atteignait la totalité du « monde ibérique », comme le proclamait fièrement son titre complet : *La Gaceta Literaria iberica: americana: internacional*. Au cours des six premiers mois de sa publication (le premier numéro parut le 1er janvier 1927), la revue imprima sa marque des deux côtés de l'Atlantique. Dalí avait rencontré le dynamique Ernesto Giménez Caballero à Madrid, et était en bons termes avec le secrétaire et assistant rédacteur en chef de la revue, Guillermo de Torre, l'un des meneurs du mouvement Ultra dans les années 1920, comme nous l'avons vu. À l'automne 1927, Lorca, Gasch et Montanyà participaient tous à *La Gaceta*, tandis que Buñuel avait été nommé correspondant à Paris pour le cinéma. Il n'est donc pas surprenant que Dalí, qui jouait maintenant à fond le jeu de la renommée, se soit tourné vers la revue de Giménez Caballero pour ajouter à son autopromotion. Sa première contribution consista en un dessin du philosophe de Figueres Joaquim Xirau, qui parut le 1er septembre 1927.

L'article de Dalí sur le cinéma promis à *La Gaceta Literaria*, « Film artistique, film anti-artistique », parut quinze jours plus tard et était dédié à Buñuel. Comme s'y attendaient tous ceux qui suivaient ses réflexions récentes, Dalí attaquait tous les films suivant une ligne de narration traditionnelle, comme le célèbre *Metropolis* de Fritz Lang, que le peintre faisait mine de mépriser. « Les possibilités de la photographie et du cinéma résident dans les possibilités infinies nées des choses elles-mêmes, insistait Dalí (c'était la thèse qu'il avait tenté d'illustrer avec son « Poème des petits objets »). Le cinéaste anti-artistique filme un gâteau blanc, une chambre simple et anodine, la cabine d'un conducteur de train, l'étoile du policier, un baiser dans un taxi. Quand le film est montré, il s'avère que tout un monde de conte de fées d'une immanquable poésie a été enregistré. » Du même coup, étant donné les possibilités de la caméra, un morceau de sucre peut être le plus grandiose paysage urbain, et être plus fascinant[674].

Dalí, avant longtemps, devait s'apercevoir que le documentaire était le véhicule idéal pour capturer la réalité du monde extérieur, car aux vertus de l'image immobile s'y ajoutent celles du mouvement. Dalí, en particulier, était fasciné par la capacité du film à montrer une métamorphose immédiate, une chose qui se fond dans une autre. Alors que de nos jours ça ne surprend personne, dans les années 1920 ça relevait presque du miracle. Le surréalisme, déterminé qu'il était à puiser dans l'inconscient, comprit très vite l'extraordinaire potentiel du cinéma pour simuler de pareilles transformations et les changements de perspective, souvent stupéfiants par leur originalité et leur aspect inattendu, caractéristiques du langage des rêves. Le film de Dalí et Buñuel, *Un chien andalou*, devait procéder de cela.

Pendant ce temps, Miró continuait de faire des efforts pour Dalí à Paris, montrant des photos des œuvres de l'artiste, parlant à des galeristes, stimulant leur intérêt et, on peut le supposer, tentant de persuader Pierre Loeb de le signer. Le 7 décembre, ce dernier remercia Dalí pour les photos qu'il lui avait envoyées, l'encouragea à lui en envoyer d'autres, et lui disant prudemment qu'il « envisageait maintenant » la possibilité de le prendre à bord – enfin, quand Dalí cesserait de sauter d'un style à l'autre, et développerait une forte personnalité bien à lui. « Je suis persuadé que vous trouverez bientôt votre propre *direction*, écrivait Loeb. Et avec votre talent je suis convaincu que vous ferez une grande carrière de peintre. » Venant de Pierre Loeb, ce compliment était important[675].

Une semaine plus tard, Dalí eut des nouvelles de Pierre Rosenberg, le galeriste de Picasso, qui lui rappelait qu'il avait pris contact avec lui après son exposition chez Dalmau (en janvier 1927). Il s'étonnait que Dalí ne lui ait pas répondu. Rosenberg avait vu des photos du travail récent de Dalí, et lui demandait de venir le voir à son arrivée à Paris. Étant donné l'importance de Rosenberg dans le monde de l'art, il s'agissait aussi d'une excellente nouvelle[676].

Puis il reçut une lettre de Miró, datée du 17 décembre 1927, qui montre le rôle vital qu'il jouait maintenant dans les progrès de la carrière de Dalí. Il s'apprêtait à partir pour Paris.

> Cher Dalí,
> Très heureux d'avoir reçu vos dessins.
> Il ne fait aucun doute que vous êtes un homme de talent, et qu'une brillante carrière vous attend *à Paris*.
> Pierre aussi m'a écrit, très impressionné et, apparemment, bien disposé envers vous. Il m'avait déjà écrit pour me dire qu'il avait donné quelques-unes de vos photographies à Christian Zervos, des *Cahiers d'art*.
> Je pense que tout est prêt, et qu'il ne reste plus maintenant qu'à *insister* constamment.
> Avez-vous envoyé à Pierre vos dessins les plus récents ? J'aimerais que vous le fassiez. Je préfère garder ceux que vous m'avez donnés, afin de pouvoir les montrer en personne.
> Avant de vous quitter, je vous demanderai de m'envoyer des photographies d'autres choses de différentes périodes, ou exprimant d'autres états d'esprit. Je pense qu'il est très important qu'on les connaisse aussi. Pour finir, continuez à pousser vous-même, mais sans impatience. En vous espérant en forme, je suis ravi d'être votre ami et compatriote. Bien à vous, Miró[677].

Au cours de ces mois, tandis que des lettres s'échangeaient entre Dalí et Miró, et que *L'Amic de les Arts* rapportait que Dalí était en contact avec « deux des plus célèbres galeristes parisiens[678] », Luis Buñuel, envieux et déloyal, suivait avec une fascination cynique les efforts de Salvador pour réussir une percée dans la capitale française. Dans une longue lettre à Pepín Bello datée du 8 novembre 1927, il écrivait qu'il n'avait publié l'article de Dalí sur le cinéma dans *La Gaceta Literaria* que par pitié, car il n'y disait rien que lui, Buñuel, n'ait déjà écrit dans les *Cahiers d'art*. « Dalí est un suiveur, écrivait-il en jubilant. Je sais comme certain qu'il envoie des photographies aux galeristes d'ici. Rosenberg a dit qu'il ne dessinait pas mal, et Pierre – tu sais, le galeriste surréaliste – dit qu'il est influencé par Miró. Ils ne lui ont rien acheté, et voilà tout ce qu'il a réussi. D'autre part, en Espagne, tout le monde dit qu'"il a du génie !", qu'"il est très moderne !". C'est un suiveur, je te le dis, et c'est la faute de Federico. » Buñuel continuait en disant combien il était content de l'échec de *Mariana Pineda*, de Lorca, à Madrid au mois d'octobre[679]. En fait, la pièce n'avait pas été le désastre critique absolu à Madrid que Buñuel envisageait avec plaisir ; et Lorca n'était pas non plus responsable de quelque recul que ce soit dans la production de Dalí. Mais le poète était homosexuel et cela suffisait à faire ricaner Buñuel.

Dalí avait écrit à Lorca peu après la représentation à Madrid de *Mariana Pineda*. La lettre montrait l'emprise que le surréalisme avait maintenant sur lui, quoi qu'il affirmât le contraire en public. Après avoir décrit avec enthousiasme les toiles sur lesquelles il travaillait alors, et qui « le tuaient de joie », il exprimait sa satisfaction particulière de l'invention de « seins perdus » (*pechos extraviados*), à ne pas confondre, insistait-il, avec la variété *volante* déjà apparue dans son œuvre. Puis le ton se faisait plus intime. « *Hola señor* », taquinait-il le poète,

> Tu dois être riche, maintenant. Si j'étais avec toi je serais ton petit prostitué qui te toucherait et te volerait tes billets que je mouillerais (cette fois avec de la pisse d'âne). Je suis tenté de t'envoyer un morceau de mon pyjama couleur homard, ou plutôt « couleur rêve de homard » pour voir si, de ta position d'opulence, tu as pitié de moi et m'envoies de l'argent.

Dalí entreprit alors d'attaquer Margarita Xirgu, qui ne lui avait jusque-là rien payé pour les décors de *Mariana Pineda*, lui faisant remarquer qu'avec cinq cents pesetas Lorca et lui pourraient rédiger leur « Manifeste anti-arts » et entamer une campagne sans merci contre les valeurs « putrescentes » qu'ils détestaient[680].

Il est facile d'imaginer que le badinage libidineux de Dalí dans cette lettre ne servit qu'à augmenter le malheur qu'éprouvait le poète à être séparé de lui. Telle était peut-être son intention. Pendant ce temps, à l'arrière-plan, Buñuel redoublait d'efforts pour s'assurer que la séparation serait aussi définitive que possible.

## ARP, BRETON

Dalí admirait le peintre allemand Jean (ou Hans) Arp, quoiqu'il ne connût son travail qu'à travers des photographies. Le 21 novembre 1927, une grande exposition des œuvres récentes d'Arp s'ouvrit à Paris, à la Galerie surréaliste. Dalí obtint – ou on

Jean Arp, *Montagne, table, ancres*, 1925, gouache sur carton avec découpe, 75,2 × 59,7 cm.

le lui montra – un exemplaire du catalogue. Il y découvrit une préface d'André Breton qui l'impressionna. De plus, l'exposition coïncidait avec la publication, dans *La Révolution surréaliste*, d'un extrait substantiel du long essai de Breton *Le Surréalisme et la peinture*, qui paraissait sporadiquement dans le magazine depuis 1925[681]. La preuve que Dalí a lu cet extrait, ainsi que la préface de Breton au catalogue d'Arp, se trouve dans un long article qu'il écrivit pour *L'Amic de les Arts*, « Les nouvelles limites de la peinture », dont la première partie parut le 29 février 1928. Quinze jours plus tôt, Salvador Dalí Cusí avait noté dans son album que son fils venait de terminer son service militaire[682].

Le thème principal des « Nouvelles limites de la peinture » est que, grâce au surréalisme, la peinture et la poésie avaient été définitivement libérées de l'obligation de représenter la nature conventionnelle des objets dans le monde extérieur. Dalí assure à ses lecteurs qu'un « changement de sensibilité » est en train de s'opérer. L'art basé sur les sensations n'est plus valide. L'artiste scrute maintenant à l'intérieur de lui-même. L'article montre que Dalí avait été frappé par le paragraphe suivant concernant *Montagne, table, ancres*, de Jean Arp, dans la préface de Breton au catalogue de l'exposition :

> L'heure de la distribution, avec Arp, est passée. Le mot « table » était un mot mendiant : il voulait qu'on mange, qu'on s'accoude ou non, qu'on écrive. Le mot « montagne » était un mot mendiant : il voulait qu'on contemple, qu'on escalade ou non, qu'on respire. Le mot « ancre » est un mot mendiant : il voulait qu'on s'arrête, que quelque chose rouille ou non, puis qu'on reparte. En réalité, si l'on sait maintenant ce que nous voulons dire par là, un nez est parfaitement à sa place à côté d'un fauteuil, il épouse même la forme du fauteuil. Quelle différence y a-t-il *foncièrement* entre un couple de danseurs et le couvercle d'une ruche ? Les oiseaux n'ont jamais mieux chanté que dans cet aquarium[683].

Dans « Les nouvelles limites de la peinture », Dalí commentait ainsi ce paragraphe :

> Pour nous, la place d'un nez, loin de devoir se trouver nécessairement sur un visage, semble plus justifiée sur le bord d'un fauteuil ; et il n'y a plus de problème si le même nez se trouve soutenu par une bouffée de fumée. Yves Tanguy n'a pas lancé en vain ses délicats *messages**... Tout ça est si évident qu'il n'est pas nécessaire d'insister là-dessus depuis le jour (un jour qui appartient de droit au surréalisme) où l'autonomie poétique des choses et des mots a commencé, et où ces derniers ont cessé d'être (selon les termes d'André Breton) des *mots mendiants**[684].

La toile de Tanguy *Second message* avait été reproduite récemment dans *La Révolution surréaliste* (n[os] 9-10, 1er octobre 1927), mais Dalí faisait clairement allusion aussi aux « messages » contenus dans ses peintures plus anciennes, des messages auxquels lui, Dalí, n'avait pas été indifférent[685].

Sous l'influence de l'article de Breton sur Arp, la notion d'« autonomie poétique des choses et des mots », déjà élaborée par Dalí dans ses écrits théoriques, devenait rapidement pour lui un nouvel article de foi, et il devait le brandir avec son fanatisme habituel dans ses lettres et ses articles pendant toute l'année 1928, sans toujours en faire crédit à Breton. C'est ainsi que nous retrouvons le couple dansant et les guêpes de ce dernier, et sa phrase soulignée « en réalité », sans remerciement, dans l'article de Dalí « Réalité et surréalité[686] ». Et Dalí écrivait dans une lettre à Lorca : « En réalité, il n'y a aucun rapport entre deux danseurs et un nid de guêpes, sauf la relation entre Saturne et le petit ver qui dort dans sa chrysalide, ou sauf du moins si en réalité il n'y a aucune différence entre le couple qui danse et un rayon de miel[687]. »

De la même façon, du commentaire de Breton sur Ernst dans *Le Surréalisme et la peinture*, Dalí tira la notion de la possibilité pour un objet de modifier la forme de son ombre – s'il en avait envie[688]. Mais tous ses exemples n'étaient pas uniquement des emprunts. Dans « Les nouvelles limites de la peinture », il accorde son autonomie à l'œil (pourquoi les yeux dépendent-ils des têtes ?), et insiste sur le fait que les aiguilles d'une montre doivent avoir leur vie propre. Il revient à cette dernière idée dans la lettre à Lorca que nous venons de citer :

> Les aiguilles d'une montre (ne t'en fais pas pour mes exemples, je n'essaie pas d'en trouver de particulièrement poétiques) commencent à avoir une vraie valeur à partir du moment où elles cessent de dire l'heure et où, perdant le rythme *circulaire* et la mission arbitraire auxquels notre intelligence les a soumises (dire l'heure), elles s'échappent de la montre et occupent l'endroit qui correspond aux organes sexuels de petites miettes de pain[689].

Pour s'assurer que son admiration pour Breton ne passait pas inaperçue, Dalí, dans la deuxième partie des « Nouvelles limites de la peinture » (publiée le 30 avril 1928), cite un autre paragraphe de sa préface au catalogue de l'exposition d'Arp : « Tout ce que j'aime, tout ce que je pense et ressens, m'incline à une philosophie particulière de l'immanence, d'après laquelle la surréalité serait contenue dans la réalité même, et ne lui serait ni supérieure ni extérieure », écrivait Breton :

> Et réciproquement, car le contenant serait aussi le contenu. Il s'agirait presque d'un vase communicant entre le contenant et le contenu. C'est dire si je repousse de toutes mes forces les tentatives qui, dans l'ordre de la peinture comme de l'écriture, pourraient avoir pour conséquence de soustraire la pensée de la vie, aussi bien que de placer la vie sous l'égide de la pensée. Ce qu'on cache ne vaut ni plus ni moins que ce qu'on trouve. Et ce qu'on se cache, que ce qu'on permet aux autres de trouver. Une rupture, dûment constatée et soufferte, une seule rupture atteste à la fois notre commencement et notre fin[690].

« Naturellement », commentait Dalí immédiatement après la citation. « Les nouvelles limites de la peinture », avec ses appréciations positives envers Tanguy et Ernst aussi bien que son admiration explicite pour Breton, montre qu'au début de 1928 Dalí se rapprochait encore plus du surréalisme. Dans la troisième partie de son essai, publiée dans *L'Amic de les Arts* le 31 mai 1928, il dissertait sur la récente recommandation de Miró selon laquelle le moment était maintenant venu d'« assassiner l'art » :

> L'assassinat de l'art, quel parfait compliment ! Les surréalistes se sont voués, avec toute leur sincérité, à cette mission. Je suis loin de partager leur opinion, mais pouvons-nous encore douter que seuls ceux qui donnent tout dans ce but jouiront de toute la joie de la nouvelle intelligence qui est en train d'apparaître ? Les surréalistes posent leur cou sur le billot pendant que tous les autres continuent à jouer les coquettes, et que nombreux sont ceux qui gardent une pomme dans leur poche en cas de soif soudaine[691].

L'impact de la préface de Breton au catalogue Arp a pu être renforcé par l'inclusion de ce texte à la fin du *Surréalisme et la peinture*, publié par Gallimard en février 1928[692]. Il est probable que Dalí obtint rapidement un exemplaire de cette plaquette abondamment illustrée, peut-être de son oncle Anselm Domènech à Barcelone[693], peut-être de Miró. De toute façon, il a pu avoir accès à l'exemplaire de Sebastià Gasch[694]. Il ne fait aucun doute qu'il a été frappé par la page de titre, où étaient énumérés les peintres choisis pour les entretiens : Ernst, De Chirico, Miró, Braque, Arp, Picabia, Picasso, Man Ray, Masson et Tanguy. Dalí, sur le point de se déclarer un surréaliste inconditionnel, a pu décider qu'il s'assurerait de se trouver inclus dans les éditions ultérieures du livre. Si tel était le cas, il avait tout à fait raison. Mais il devrait attendre 1945.

## LE « MANIFESTE ANTI-ARTS »

Le « Manifeste anti-arts », auquel Dalí travaillait déjà au cours de l'été 1927 lorsque Lorca était chez lui à Cadaqués, avait subi d'interminables transformations, et entrait maintenant dans la phase finale de sa rédaction. Lorca l'avait abandonné (ou en avait été évincé, car il s'agissait d'une affaire strictement catalane), et Dalí, en octobre, avait dit à Pepín Bello que le manifeste serait signé par « des tailleurs, des automobilistes, des danseurs, des banquiers, des metteurs en scène de cinéma, des artistes de music-hall, des aviateurs et des ânes pourris[695] ». Les seuls cosignataires devaient maintenant être Sebastià Gasch et Lluís Montanyà. Au cours du mois menant à la fin de son service militaire, Dalí envoya chaque jour à ce dernier des lettres « vastement longues » à propos du manifeste, suggérant de minuscules modifications, ou insistant dessus, coupant, réécrivant, réorganisant. Gasch et Montanyà lui rendaient souvent visite à Figueres, où se déroulaient des discussions interminables ; et parfois des télégrammes haletants arrivaient à Barcelone avec une modification de dernière minute[696].

Le manifeste était dirigé principalement contre la stagnation du monde de l'art catalan. Les trois artistes, selon Gasch, étaient particulièrement remontés contre ce qu'ils appelaient le « faux hellénisme » de certains écrivains catalans. Dans l'une de ses lettres à Gasch, Dalí lance une furieuse attaque contre une danseuse du nom d'« Aurea » :

> Aurea ! Aurea ! Une pure question de ventre ; on ne peut réagir contre tout ça qu'en le trouvant *ouvertement insultant*. Quel intérêt a la Fondation Bernat Metxe si elle ne peut faire la différence entre Grèce et Aurea[697] ? Pour nous,

> la Grèce se trouve dans les plis antiseptiques d'un pull de golf de femme ; pour eux, elle représente les plis répugnants qui drapent le corps d'Aurea, répugnants de gaze et de clinquants ! Il nous faut DÉNONCER tout cela, ça ne fait aucun doute. Sinon, il ne sera pas clair que nous n'avons absolument RIEN en commun avec ces porcs chevelus et ces intellectuels de Catalogne... Quand arrivera le jour où nous pourrons publiquement imprimer « LE GRAND PORC CHEVELU ET PUTRESCENT ÀNGEL GUIMERÀ »[698] ?

Le dramaturge Àngel Guimerà (1845-1924), surtout connu pour son drame rural *Tierra baixa* (1897), était l'une des vaches sacrées de la culture catalane, et Gasch et Montanyà, plus modérés que Dalí, durent le dissuader d'utiliser cette phrase dans le manifeste que, après tout, ils devaient signer aussi. Tous deux se sentaient obligés de calmer l'« impétuosité » de Dalí à cette époque, ce qui n'était pas facile[699]. Dalí remit son assaut contre Guimerà à plus tard. En ce qui concerne Aurea, les censeurs barcelonais du général Primo de Rivera (le dictateur devait rester encore deux ans au pouvoir) firent en sorte que son nom soit supprimé du document, remplacé par les mots inoffensifs « danseuses pseudo-classiques[700] ».

Le « Manifeste anti-arts » parut en mars 1928, et fut bientôt surnommé le « Papier jaune », d'après la couleur de la feuille sur laquelle il était imprimé. Gasch s'occupa de sa distribution, s'assurant que quiconque avait un nom dans la littérature, l'art, le commerce ou le journalisme catalans en reçoive un exemplaire. Le document, dans son dernier avatar, son avatar public, exprimait leur indignation envers ce que Dalí, Gasch et Montanyà appelaient « le grotesque et pathétique spectacle de la vie intellectuelle contemporaine en Catalogne, fermée sur elle-même dans une atmosphère close et putrescente ». Les signataires insistaient, comme l'avaient fait huit ans plus tôt les *ultraístas* de Madrid, sur le fait que la société était définitivement entrée dans l'ère post-machines et qu'un nouvel état d'esprit était maintenant prédominant, symbolisé par l'aéroplane, le cinéma, le jazz, le gramophone, les paquebots transatlantiques, etc. C'était le devoir de l'artiste d'exprimer cet état d'esprit, et aucun autre. À la fin du manifeste était ajoutée une liste des artistes, écrivains et poètes qui l'approuvaient : Picasso, Gris, Ozenfant, De Chirico, Miró, Lipchitz, Brancusi, Arp, Le Corbusier, Reverdy, Tzara, Éluard, Desnos, Aragon, Maritain, Maurice Raynal (le critique), Christian Zervos (rédacteur en chef des *Cahiers d'art*), Breton et, son nom figurant entre ceux de Cocteau et Stravinsky, rien moins que García Lorca. Il ne fait pas de doute qu'il y ait eu beaucoup de marchandages pour parvenir à cette sélection éclectique de personnalités. Lorca, à des kilomètres de là, à Grenade, dut se sentir flatté de s'y trouver inclus, mais lorsqu'il reproduisit le manifeste dans sa revue *Gallo*, il s'assura que son nom y était modestement omis. Selon Gasch, il n'y eut aucun journal ou magazine de Barcelone, aucune feuille de banlieue ou de province, qui n'ait commenté le « Manifeste anti-arts », les réactions allant de l'indulgence à la colère. La vérité de cette déclaration est confirmée par l'album de Salvador Dalí Cusí, dans lequel les coupures d'articles liés au manifeste occupent plusieurs pages[701].

L'évaluation la plus négative venait du critique d'art Rafael Benet dans une lettre privée à Gasch, qui mit Dalí en fureur. Le manifeste, disait-il, était tout au plus un ressassement futuriste, et en plus il était snob. Et, pire que tout, il n'avait choqué personne[702]. Avec du recul, on peut dire que l'accusation de ressassement, qui était largement fondée, passait à côté du but du manifeste, qui était de mettre les artistes catalans au défi de laisser tomber la couleur locale et de regarder sérieusement le monde moderne. Il n'avait peut-être pas totalement atteint ce but – mais il est certain qu'il avait servi à augmenter la renommée de Dalí.

## CONFÉRENCES ET PEINTURE

Le 13 mai 1928, Dalí et deux de ses collègues de *L'Amic de les Arts*, Josep Carbonell, le rédacteur en chef, et J. V. Foix, donnèrent une conférence au Sitges Ateneu, « El Centaure », sur « les tendances artistiques et littéraires les plus récentes[703] ». La courte causerie de Dalí était un modèle de clarté et d'esprit. Dans la lignée du « Manifeste anti-arts », il attaquait la « patine » de l'art catalan contemporain, se demandait pourquoi le Quartier gothique de Barcelone n'avait pas encore été démoli, rappelait à ses auditeurs que le Parthénon était une nouveauté étincelante et pas une ruine lors de sa construction, et adressait à « ceux qui se préoccupaient de la civilisation » un programme de dix commandements :

1. Abolir la sardane[704].
2. En d'autres termes, rejeter tout ce qui est typique, régional, local, etc.
3. Mépriser les bâtiments qui ont plus de vingt ans.
4. Propager le fait que nous vivons dans un âge post-machines.
5. Propager le fait que le béton armé existe vraiment.
6. Qu'il existe aussi quelque chose qui s'appelle l'électricité.
7. Qu'il est nécessaire, pour l'hygiène, de prendre des bains et de porter des sous-vêtements propres.
8. Qu'il est nécessaire d'avoir un visage propre, sans patine.
9. Qu'il faut se servir d'objets modernes, de notre époque.
10. Reconnaître que les artistes sont un obstacle à la civilisation.

Dalí terminait son discours par une jolie fanfaronnade :

> Messieurs. Par respect pour l'art, pour le Parthénon, pour Raphaël, pour Homère, pour les pyramides d'Égypte et pour Giotto, permettez-moi de me prononcer de nouveau contre l'art. Quand nos artistes prendront un bain quotidien, pratiqueront un sport, vivront sans patine, il sera temps de s'occuper à nouveau de l'art. C'est tout[705].

Par coïncidence, une série de conférences sur l'art se tenait à l'époque à Figueres, au Casino Menestral, afin d'accompagner une exposition de peintres locaux à laquelle Dalí participa par neuf œuvres, dont quatre de sa « période Lorca » : *Nature morte (Invitation au sommeil)*, *Appareil et main*, *Le miel est plus doux que le sang* et *Arlequin*. Parmi les intervenants se trouvaient deux critiques d'art adverses, Joan Sacs et Rafael Benet, avec qui Dalí avait déjà eu plusieurs fois des mots auparavant. Dalí devait clore le cycle de conférences le 21 mai, avec une causerie concernant les plus récentes tendances de la peinture moderne, et la salle était bondée de Figuerencs avides d'entendre leur peintre controversé. On ne connaît pas le texte de la conférence de Dalí, mais un journal rapporte qu'il s'est conduit de son mieux : cette fois, avec sa famille dans le public, pas de scandale. Clairement et précisément, avec l'aide de nombreuses diapositives, Dalí dressa un tableau du développement de la peinture moderne du cubisme au surréalisme, exprima sa sympathie pour ce dernier mouvement et disserta, en l'approuvant, sur la théorie de l'inconscient freudien « qui obéit à des lois totalement différentes de celles de l'esprit éveillé ». L'assistance semble avoir beaucoup apprécié la conférence, qui fut suivie par la lecture, faite Puig Pujades, un ami de Dalí, d'extraits du livre le plus récent de J. V. Foix, la prose quasiment surréaliste de *Gertrudis*[706].

Le populaire maire de Figueres, Ramon Bassols, se leva alors pour faire un bref discours. Au cours de celui-ci, plusieurs membres de l'assistance remarquèrent sa pâleur croissante, attribuée à l'émotion du moment. Quand Bassols quitta la scène, il titubait – et tomba raide mort dans les bras de Puig Pujades. Cet événement fut largement couvert par la presse, à la fois locale et barcelonaise[707]. « Les revues humoristiques clamèrent que ce sont les énormités prononcées durant ma conférence qui l'ont tué », raconta Dalí dans *La Vie secrète*. Quoiqu'il n'ait pas prononcé de telles énormités, cet incident contribua à accroître sa réputation d'avoir une langue dangereuse quand il parlait en public[708].

Arrivé avec succès à la fin de sa tournée de conférences, Dalí se retira à Cadaqués afin de se concentrer sur sa propre peinture. Parmi les œuvres produites cet été-là se trouve une série de paysages de plage avec du vrai sable (ou des galets), des coquillages et des fragments de bouchons de pêcheurs lavés par la mer à Es Llané, ou à Es Sortell[709]. Il s'agit d'une technique qu'il avait commencé à expérimenter vers la fin de 1927, sous l'influence d'André Masson et de Picasso[710]. Dans ces œuvres, les éléments collés sont en général fixés sur un fond quasiment incolore, et servent souvent à la mise en scène d'activités si évidemment érotiques que seuls pouvaient ne pas les comprendre les gens très obtus, les hypocrites, ou les gens très refoulés. Comme dans *Le miel est plus doux que le sang* peint l'été précédent, on y trouve un occasionnel âne en putréfaction, tandis que les oiseaux et les vaches spectrales prouvent que Dalí a soigneusement observé Max Ernst.

L'une des toiles le plus sexuellement provocatrices peintes cet été-là était *Dialogue sur la plage*, dont le titre beaucoup plus tardif, *Désirs insatisfaits*, clarifie le thème. La main sur la gauche, avec son doigt furieusement phallique, est celle de Dalí, masturbateur compulsif, et avait été esquissée un an plus tôt dans *Petites cendres.* Mais il s'agit aussi de l'appareil sexuel masculin lui-même : l'index représente un pénis en érection, le majeur et l'annulaire les testicules. Quant à l'orifice cerclé de rouge, aux poils noirs, situé entre le pouce et l'index, il suggère immanquablement un vagin. Le doigt phallique pointe en direction de l'autre interlocuteur, qui est évidemment une femme, dont la main est séparée par un espace gris neutre, comme si les personnages se trouvaient sur des îles et tentaient en vain de communiquer par-dessus une étendue de mer infranchissable. La forme rouge, pareille à un ruban, près de l'orifice féminin fait écho à celle qui surmonte le pouce au sommet de la forme spectrale, tanguyesque, montant en spirale vers le ciel, que Santos Torroella interprète comme la représentation des « désirs insatisfaits » du second titre de la toile[711] ; les deux formes attirent l'œil vers l'espace peint dans le même rouge, au centre de la main masturbatoire. *Dialogue sur la plage*, qui montre l'influence formelle de Miró, peut être vu comme l'expression du désespoir de Dalí devant la solitude sexuelle à laquelle son incapacité à trouver une partenaire le conduisait, et à laquelle la seule issue était la honteuse masturbation. La main masturbatoire apparaît sur de nombreuses autres toiles de cet été-là, notamment *Beigneuse* (*sic*), intitulé aussi *Nu féminin*, et très visiblement inspiré aussi par Miró[712]. Dans une autre toile sur un thème similaire, *Silhouette d'homme et silhouette de femme sur une plage*, que l'on ne connaît plus aujourd'hui que par une photo contemporaine en noir et blanc, la main est juxtaposée à des idéogrammes représentant des seins qui doivent beaucoup à Arp. Dalí, nous l'avons vu, admirait énormément l'artiste allemand et d'autres toiles de cette époque, notamment le groupe de pêcheurs et de femmes sur la plage de Cadaqués, sont ouvertement arpiennes.

## ROMANCERO GITANO

Pendant ce temps, fin juillet 1928, le *Romancero Gitano* de Lorca fut publié à Madrid. Son succès fut instantané et extraordinaire. Un critique distingué affirma que Lorca avait forgé « l'instrument le plus personnel et singulier de l'expression poétique en espagnol depuis les grandes innovations de Rubén Darío[713] ». C'était le plus beau compliment que l'on pouvait prodiguer au poète. Les autres critiques se montrèrent pareillement laudateurs. Ces ballades, avec leur fusion hautement originale de tradition et d'éléments modernes, ont plu non seulement aux critiques, mais au grand public, et la première édition fut rapidement épuisée. À trente ans, Lorca, presque du jour au lendemain, devint le jeune poète le plus célèbre et le plus admiré d'Espagne : un classique vivant.

La publication du *Romancero Gitano* coïncida avec une crise personnelle dans la vie de Lorca, à laquelle il fit des allusions cryptées dans des lettres à divers amis. Dalí était au courant de la relation tourmentée du poète avec le jeune sculpteur Emilio Aladrén, qui était dans sa classe à l'Académie San Fernando, et dans sa réponse à une lettre malheureuse de Lorca, il lui écrivit ce qui semble, sur la base de l'unique fragment conservé, une de ses lettres les plus sensibles. Nous ne la connaissons que par la citation qu'en fait Lorca lui-même dans une lettre à un jeune ami colombien, Jorge Zalamea. Dalí avait donné des conseils au poète :

> Tu es un ouragan chrétien et tu as besoin de mon paganisme. Au cours de ton dernier séjour à Madrid tu as cédé à quelque chose à quoi tu n'aurais jamais dû céder. Je vais aller te voir et t'emmener prendre une cure de mer. On sera en hiver et on allumera le feu. Les pauvres animaux seront frigorifiés. Tu te souviendras que tu es l'inventeur de choses merveilleuses, et nous vivrons avec un appareil pour prendre des photos[714].

Un Lorca tout excité dit à Zalamea que Dalí allait venir le voir à Grenade en septembre. Mais la visite tant souhaitée n'eut jamais lieu. Sans doute, une fois de plus, Dalí prétendit-il qu'il était trop occupé par son travail.

Au mois d'août, il s'assit avec le *Romancero Gitano*, et soumit les dix-huit poèmes (dont nombreux étaient ceux qu'il devait déjà connaître par cœur) à une attention scrupuleuse. Début septembre, il écrivit à Lorca une longue lettre dans laquelle il formulait ses objections aux ballades, tout en affirmant en même temps qu'elles contenaient « la substance poétique la plus fabuleuse qui ait jamais existé ». Comme Lorca devait s'y attendre, étant donné le « Manifeste anti-arts » et les récents articles de Dalí, le peintre les trouvait trop traditionnelles, trop imprégnées de couleur locale, trop anecdotiques, trop liées aux « normes lyriques du passé » en dépit de leur prétention à la modernité. Même les métaphores les plus frappantes de Lorca, Dalí les jugeait stéréotypées et conformistes. Mais son principal reproche était que le poète ne se soit pas abandonné aux exigences de l'inconscient. En d'autres termes, que Lorca ne soit pas encore surréaliste. De fait, la plupart des ballades avaient été écrites quelques années plus tôt.

Dalí ne pouvait s'empêcher de sermonner son ami en des termes qui rappellent ses commentaires à la préface d'André Breton au catalogue Arp :

> Tu manipules des clichés usés, anti-poétiques. Tu parles d'un cavalier, et tu supposes qu'il est sur un cheval et que ce cheval galope ; c'est *aller très loin*, parce qu'en réalité *il serait utile de dire* si le cavalier est juché dessus, si les rênes ne sont pas en fait une continuation organique des mains elles-mêmes, et si en réalité les poils sur les couilles du cavalier ne se déplacent pas plus vite que le cheval, et si le cheval, en fait, n'est pas immobile, ancré au sol par de grosses racines, etc. Il nous faut laisser les choses *libres* des idées conventionnelles auxquelles notre intelligence les a soumises. Alors ces douces petites choses se conduiront automatiquement selon leur véritable nature, leur nature *consubstantielle*. Laissons-les décider elles-mêmes de la direction où leurs ombres sont projetées !

Dalí informait Lorca qu'il avait développé ces idées dans un article de *La Gaceta Literaria*, qui lui était dédié. Intitulé « Réalité et surréalité », il parut le 15 octobre 1928 sans la dédicace promise, mais il répétait presque mot pour mot les idées contenues dans la lettre au poète[715].

Cette lettre manifestait un intérêt sincère pour un aspect de la personnalité poétique de Lorca que, de fait, celui-ci trouvait lui-même obsolète. Dalí s'était rarement montré aussi admiratif de son ami, et presque aussi tendre :

> Je t'aime pour ce que ton livre révèle de toi, et qui est presque le contraire de ce que les philistins putrescents ont répandu à ton sujet, l'idée d'un Lorca bohémien bronzé aux cheveux noirs, avec l'âme d'un enfant, etc. Toi, petite bestiole, avec tes petits ongles, avec ton corps parfois à demi aux prises avec la mort, dans lequel la mort gonfle de tes ongles à tes épaules dans les efforts les plus stériles ! J'ai bu la mort contre ton épaule dans ces moments où tu abandonnais tes grands bras, qui étaient devenus pareils à deux gaines vides et froissées des plis insensibles et inutiles des tapisseries repassées à la Résidence. Le jour où tu n'auras plus peur et où tu chieras sur les Salinas[716] qu'il y a dans le monde, où tu renonceras à la Rime – en gros, à l'art tel que le comprennent les porcs – tu produiras une poésie spirituelle, horrifiante, intense, telle qu'aucun autre poète n'en a jamais été capable.

La lettre se terminait par une exposition directe de la position actuelle de Dalí envers le surréalisme :

> Le surréalisme est l'un des moyens de l'Évasion. Mais c'est l'Évasion en elle-même qui est importante. Je commence à avoir mes propres modes d'évasion en dehors du surréalisme, mais celui-ci est quelque chose de vivant. Comme tu le vois, je n'en parle plus comme autrefois, et je suis ravi de pouvoir dire que mes vues ont considérablement changé depuis l'été dernier. Pas mal, hein[717] ?

Lorca n'avait pas besoin d'être poussé pour s'embarquer dans l'aventure proposée par Dalí, une aventure qui devait l'amener sur le seuil du surréalisme. Les œuvres qu'il produisit immédiatement après la réception de la lettre, dont il dit à Sebastià Gasch qu'elle était « intelligente et arbitraire[718] », témoignent du respect qu'il avait pour l'acuité du peintre ; comme ce sera le cas avec *Poète à New York* et *Le Public*. Il est difficile de croire que Lorca n'ait pas répondu à la lettre de Dalí, mais on ne connaît pas sa réponse.

## LE GRAND SCANDALE DU SALON D'AUTOMNE

Au début d'août 1928, Dalí accepta la proposition d'une exposition au Salon d'automne de Barcelone, qui se tenait chaque année à la Sala Parés, de Joan Maragall, et entreprit en même temps de donner une autre conférence. Quelques semaines plus tard, quand son vieil ami Josep Dalmau l'invita à participer à la prochaine exposition collective dans sa célèbre galerie, Dalí lui parla de son engagement précédent, et lui dit qu'il espérait que sa présence dans les deux expositions serait possible[719].

Les deux toiles que Dalí fit parvenir à Maragall étaient le scandaleux *Dialogue sur la plage* et *Pouce, plage, lune et oiseau pourri*, une scène de plage, agrémentée de sable collé, que personne ne pouvait trouver répréhensible[720]. Maragall jugeait *Dialogue sur la plage* épouvantable, et écrivit à Dalí début septembre pour lui dire, aussi diplomatiquement que possible, qu'il ne pouvait pas exposer la toile. S'il le faisait, expliquait-il, ça entacherait la réputation de sa galerie, et ça choquerait gravement le public. De plus, ça n'aiderait pas à accroître la réputation de Dalí. Il le supplia de retirer la toile volontairement[721]. Dans sa réponse furieuse, datée du 4 septembre 1928, Dalí lui dit que sa peinture était le produit de son inspiration, des « éléments les plus purs et les plus sincères de son âme ». De plus, si, comme on ne cessait de le répéter, des œuvres de ce type étaient « incompréhensibles », comment le public pouvait-il en être choqué ? Quoi qu'il en soit, au regard de l'attitude de Maragall, il avait décidé de retirer les *deux* toiles. Il espérait que Maragall savait ce qu'il faisait. Ne fermant pas complètement la porte à toute collaboration, Dalí terminait en disant que, si le galeriste ne changeait pas *immédiatement* d'avis, les deux toiles seraient montrées ailleurs[722].

Le même jour, Dalí écrivit à Dalmau, et joignit une copie de la lettre de Maragall et de sa réponse. Il dit au galeriste que, en fait, il était ravi des objections de Maragall, car elles prouvaient que la peinture pouvait toujours posséder « la valeur subversive d'horrifier et de traumatiser le public ». Il demandait l'avis de Dalmau sur la question, en toute franchise, et s'il serait prêt à exposer ces œuvres, ajoutant en post-scriptum que, si Dalmau montrait *Dialogue sur la plage*, il serait bon de souligner dans le catalogue que la toile avait été refusée au Salon d'automne. Visiblement, Dalí essayait de tirer le maximum de publicité de la situation[723].

Dalmau ne répondit pas avant le 6 octobre (peut-être n'était-il pas chez lui à ce moment-là). Pendant ce temps, Dalí était arrivé à un compromis avec Maragall. Il lui vendit *Pouce, plage, lune et oiseau pourri*, accepta que le marchand d'art le montre de sa propre initiative, et ratifia sa promesse de donner une conférence pendant l'exposition[724].

Lorsque Dalmau reçut la lettre de Dalí, le Salon d'automne venait juste de débuter. Il avait vu le catalogue, qui comprenait *Pouce, plage, lune et oiseau pourri*. Il aurait eu grand plaisir à exposer les deux toiles, disait-il à Dalí, mais il était maintenant trop tard. Il n'aurait pas été professionnel d'exposer seulement la toile refusée[725].

Le 6 octobre 1928, le jour même où Dalmau répondait à Dalí, la presse de Barcelone publia une note du comité de la Sala Parés, expliquant qu'ils s'étaient vus forcés de refuser une des toiles de Dalí qui, malgré ses mérites artistiques, « n'était pas adaptée à l'exposition dans une galerie généralement visitée par un public nombreux peu préparé à certaines surprises ». Rien n'indiquait la nature de cette surprise. Sous la note, le journal reproduisait la réponse de Dalí : en raison de la non-admission de la toile choquante, il avait décidé de retirer les deux peintures. Le fait que la seconde soit montrée n'avait rien à voir avec lui : elle appartenait maintenant à une collection privée[726].

Pour rendre service à Dalí, Dalmau décida de reporter l'inauguration de sa propre exposition jusqu'au lendemain de la fermeture du Salon d'automne, le 28 octobre, et lui demanda de lui envoyer non seulement *Dialogue sur la plage*, mais aussi deux autres peintures de son choix[727]. Entre-temps, le 16 octobre, Dalí fit la conférence promise face à un vaste public curieux qui, attiré par la controverse et par la réputation naissante de conférencier incendiaire du peintre, avait commencé à envahir l'étroite Carrer Petritxol, où se trouvait la Sala Parés, bien avant l'ouverture des portes. Les deux salles étaient bondées. Il avait été annoncé que le public était invité à entrer dans le débat avec Dalí, et la soirée s'annonçait prometteuse. Lorsque le peintre apparut sur l'estrade, accompagné par Joan Maragall, il était, comme d'habitude, vêtu pour l'occasion d'une « magnifique » veste de sport en laine, d'un « chic » convenable, mettant en valeur ses cheveux d'un noir de jais soigneusement calamistrés, et le brun sombre de son visage bronzé[728].

Cette conférence de vingt-cinq minutes, intitulée « L'art catalan aujourd'hui en relation avec les plus récentes expressions de la jeune intelligence », tendait à montrer, comme on pouvait s'y attendre, que la plus grande partie de l'art catalan contemporain était bon à jeter, « putrescent », un simple prolongement de l'impressionnisme, comme si Picasso et son mécanisme de haute précision n'avaient jamais existé. Seul Miró, « une des valeurs les plus pures de notre époque », était épargné par l'holocauste. Répétant, parfois presque mot pour mot, la substance de ce qu'il avait écrit à Lorca un mois et demi plus tôt et qu'il venait de régurgiter dans *La Gaceta Literaria*, Dalí argumenta avec concision et beaucoup d'esprit, et son exagération habituelle, que le seul art maintenant viable aujourd'hui était celui qui exprimait « l'instinct et l'intuition de l'artiste », l'art qui osait s'aventurer jusqu'au fond « des chemins inexplorés de l'esprit, de la surréalité ». Encore et encore, il utilisa le mot « réel » dans le sens que lui donne Breton dans le *Manifeste du surréalisme* (« le fonctionnement réel de la pensée »), sa thèse reposant explicitement sur l'hypothèse freudienne qu'en fin de compte ce qu'il y a de vraiment « réel » chez un être humain, c'est le processus de ses pensées subliminales, les « éléments les plus profonds dans l'esprit humain ». La courte conférence s'acheva par une diatribe passionnée « anti-arts[729] ».

Un des grands talents de Dalí était sa capacité à exagérer sa position, quelle qu'elle soit, avec un visage si immobile, à la Buster Keaton, avec une telle intensité, avec une telle logique apparente, que ses opposants potentiels se trouvaient souvent réduits au silence ou à des bafouillages incohérents. C'est ce qui se passa lorsqu'il eut terminé sa conférence et que Maragall demanda au public s'il y avait des objections. On entendit quelques protestations timides, bien sûr, mais comme Dalí lui-même le fit remarquer quelques jours plus tard, « les artistes et les intellectuels ne sont pas montés sur le ring », préférant l'attaquer de loin dans la presse[730].

La conférence, qui fut imprimée dans *La Publicitat*, donna lieu à une bonne quantité d'articles, adverses et favorables. Dalí apprécia sans doute particulièrement les observations de Josep Pla, un des écrivains les plus célèbres et les plus populaires de Catalogne et, comme Dalí, né en Empordà. Pla soulignait que la conférence avait été tout à fait convaincante, et exprimait sa satisfaction de voir Dalí remplir la mission de tout authentique fils de l'Empordà, une région connue pour ses excentriques, en visite à Barcelone : laisser les spectateurs bouche bée[731].

Quelques jours après sa conférence, Dalí demanda à Dalmau de récupérer *Dialogue sur la plage* à la Sala Parés, et lui fit parvenir *Nu féminin* et *Silhouette d'homme et silhouette de femme sur une plage* pour l'accompagner dans l'exposition qui allait s'ouvrir[732]. Pendant ce temps, derrière son dos, son père avait décidé d'intervenir et avait écrit à Dalmau le 21 octobre pour lui demander de trouver un moyen de dissuader Salvador (peut-être en prenant le risque d'une intervention de la police ?) d'exposer la toile discutée[733]. À partir de ce moment-là, la situation devint de plus en plus farcesque : Dalmau, maintenant presque aussi inquiet que Maragall avant lui, suggéra à Dalí, le 26 octobre (sans mentionner la lettre du notaire), de dissimuler les parties choquantes de la toile. Dans le cas contraire, disait-il, sa galerie se trouvait en danger d'être fermée par les autorités, avec les risques afférents pour son affaire[734]. Dalmau prévoyait sans doute la réaction de Dalí. La réponse arriva le même jour. Recouvrir la toile, de quelque manière que ce soit, dit Dalí, serait se conduire de façon pire que Maragall. C'était impensable. « Convaincu maintenant qu'il m'est impossible d'exposer à Barcelone, je jette l'éponge », terminait Dalí[735]. *Dialogue sur la plage* ne fut pas montré chez Dalmau, remplacé par *Silhouette d'homme et silhouette de femme sur une plage.* Ainsi que nous l'avons vu, la peinture avait un thème similaire à celui de la toile rejetée, mais n'avait pas une charge sexuelle aussi flagrante.

Dans aucune lettre Dalí ne concéda que *Dialogue sur la plage* pouvait être jugé obscène. C'était pourtant l'essentiel du problème. Il est difficile de ne pas être d'accord avec Santos Torroella quand il écrit que cet épisode illustre la tendance au double jeu innée chez Dalí[736].

Si Dalí était maintenant le sujet de conversation à Barcelone, on avait peu parlé dans la presse madrilène de ses progrès depuis qu'il avait quitté la ville, en 1926. En conséquence du scandale à la Sala Parés, cependant, la situation commença à changer. Le 6 novembre 1928, un des hebdomadaires illustrés les plus populaires de la capitale, *Estampa*, publia une interview du peintre. Dalí y stigmatisait tous les artistes espagnols contemporains, à l'exception de Picasso et de Miró, les qualifiant de « putrescents ». Il disait son admiration pour Ernst, Tanguy et Arp. Et, pour la première fois, il s'affirmait lui-même surréaliste. Le passage le plus intéressant de l'interview se trouve à la fin, lorsque le journaliste lui pose trois questions pertinentes : « Pour finir, quel est l'objectif moral de votre travail ? Quel est votre principal but en peignant ? À quoi aspirez-vous le plus profondément dans votre vie ? » Dalí répondit :

> Je vais vous répondre, méthodiquement. Premièrement, le premier objectif est d'être fidèle à la réalité de ma vie intérieure ; deuxièmement, mon but principal en peignant est de contribuer à l'extinction du phénomène artistique et d'acquérir un prestige international ; troisièmement, mon aspiration définitive est toujours d'exprimer un état d'esprit vivant. Je déteste la putrescence des philistins[737].

La photographie de Dalí accompagnant l'interview, prise à Barcelone, place de Catalogne, montre le peintre au faîte de sa détermination. Vêtu de son habituelle veste de sport, il fixe l'appareil avec un regard de fanatique. Il ne lui restait plus qu'à conquérir Paris. Un heureux hasard était sur le point de le rapprocher plus rapidement qu'il ne l'espérait de la réalisation de cet objectif suprême.

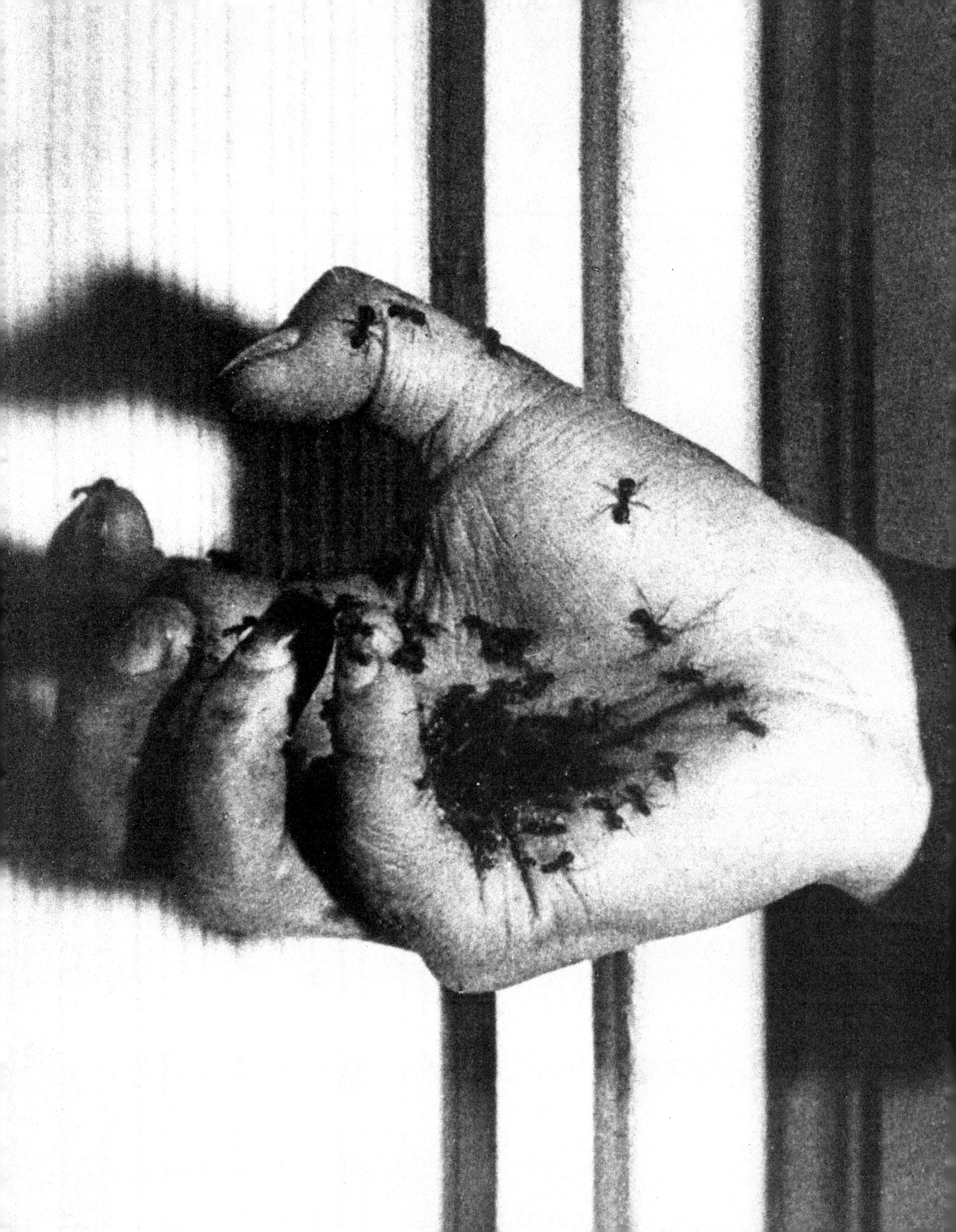

# VII. Dans le tourbillon surréaliste [1929]

*UN CHIEN ANDALOU*

**180●** La fascination de Dalí pour les fourmis s'apprécie encore une fois dans *Un chien andalou* (1929), film surréaliste issu de la collaboration de l'artiste et Luis Buñuel.

Le 29 décembre 1929, Dalí écrivit de Figueres à Pepín Bello pour lui dire qu'il s'apprêtait à lancer un magazine surréaliste, avec des contributions de Luis Buñuel et de « notre groupe catalan ». Il posait à Pepín quelques questions, auxquelles il devait répondre « avec la sincérité la plus brutale ». Ses réponses seraient publiées dans la nouvelle revue. Les questions étaient les suivantes :

> J'aime par-dessus tout les jambes des... (exemples) poules, ânes, chenilles.
> La musique de...
> Les livres de...
> Les paysages de...
> Les vêtements de...
> Les moustaches de...
> Les fesses de...
> Les toiles de...
> Les voitures de...
> Les fauteuils de[738]...

Pepín lui répondit immédiatement. Dalí fut satisfait de ses réponses, spécialement « J'aime les fesses des seigneurs jésus » (« *Me gustan los culos de los santocristos* »), et ravi par le calligramme non sollicité au sujet du club libéral, mais maintenant plutôt guindé, de Madrid L'Ateneo[739].

Le projet de revue surréaliste ne se concrétisa pas. À la place, Dalí s'appropria ce qui devait être le dernier numéro de *L'Amic de les Arts*. Mais avant sa parution, une nouvelle entreprise, encore plus excitante, était mise en route.

Luis Buñuel, comme nous l'avons vu, admirait énormément Ramón Gómez de la Serna ; il avait assidûment participé à son cénacle littéraire, le Pombo, quand il était à la Résidence des étudiants. À l'automne 1928, Buñuel préparait un film tiré d'une série de petites histoires racontées par Gómez de la Serna concernant la vie de la ville. « Pour les relier, se rappelait-il, il me vint à l'esprit de montrer, sous la forme d'un documentaire, les différentes étapes de la production d'un quotidien » :

> Un homme, dans la rue, achète un quotidien, et s'assoit sur un banc pour le lire. Puis les histoires de Gómez de la Serna apparaissent, une par une, dans les différentes sections du journal : un reportage sur un accident ou sur un crime, un événement politique, un article de sport, etc. Je pense qu'à la fin l'homme se levait, repliait le journal, et le jetait[740].

Buñuel persuada sa mère de financer le film, qui devait s'appeler *Caprichos*, mais Gómez de la Serna ne rédigea pas le scénario promis[741]. Buñuel en communiqua les grandes lignes à Dalí qui, les jugeant « extrêmement médiocres », l'informa que lui-même venait d'écrire un scénario très court et « génial, totalement en contradiction avec le cinéma contemporain[742] ». Dalí raconta plus tard qu'il avait noté le scénario comme il lui venait (probablement en catalan) sur le couvercle d'une boîte à chaussures[743].

Buñuel fut impressionné par le plan de Dalí, et à la mi-janvier 1929, on le retrouve écrivant, de Paris, à Pepín Bello pour le prévenir qu'il se préparait à venir passer une quinzaine à Figueres, où Dalí et lui allaient travailler ensemble sur « quelques idées très cinématographiques » qu'ils avaient en commun. Même si le monde s'écroulait autour d'eux, disait Buñuel, le tournage commencerait au mois d'avril. La lettre montre que Dalí et lui avaient déjà longuement discuté de leur projet. Mais il n'existe malheureusement aucun enregistrement de leurs conversations, et apparemment aucune correspondance n'a émergé[744]. Le scénario original de Dalí n'a pas non plus réapparu, même s'il ne fait aucun doute qu'il y en avait un, car dans une lettre au peintre écrite peu après la projection d'*Un chien andalou*, six mois plus tard, Buñuel reconnaissait « sa participation à la *conception* du film[745] ».

Comme prévu, Buñuel se rendit à Figueres, et au bout d'une semaine le scénario était prêt. Un soir, les deux amis tombèrent sur Josep Puig Pujades, journaliste et écrivain, un des plus fervents supporters de Dalí dans la ville, et l'invitèrent à l'entendre. Buñuel, qui se chargea de le lire, dit à Puig Pujades que le film s'intitulait *Dangereux de se pencher en dedans* – une réécriture facétieuse du célèbre avertissement affiché sous les fenêtres des compartiments des trains français (leur première idée, à Dalí et à lui, avait été *La Sœur mariste avec une arbalète*)[746]. Dans un journal local, Puig Pujades raconte :

> Tout le film consiste en une série d'événements normaux qui donnent une impression d'anormalité. Il ne s'agit pas d'événements arbitraires, car chacun d'eux a sa *raison d'être**, mais la façon dont ils sont reliés entre eux et dont ils sont coupés est profondément dérangeante... On se rend compte qu'on doit être surpris par chacun d'eux, si banal et ordinaire soit-il, ou par aucun.

Qu'espéraient réussir Buñuel et Dalí ? « L'objectif est de produire une chose absolument nouvelle dans l'histoire du cinéma », dit Buñuel à Puig Pujades, avant d'ajouter : « Nous espérons rendre visibles certains états subconscients dont nous sommes persuadés que seul le cinéma peut les exprimer. » Le film était inclassable, sans précédent, « aussi différent du film d'objets sous forme de rêves que du "film absolu" ». Il y aurait un peu de son, et plutôt que la simple mise en commun de leurs sentiments, à Dalí et à lui, il s'agissait du résultat « d'un certain nombre de coïncidences violentes » qui les avaient occupés pendant un certain temps. Confirmant sa lettre à Pepín Bello, Buñuel dit qu'il espérait finir de tourner en mai. La première du film aurait lieu au Studio des Ursulines, à Paris, avant qu'il soit montré au Cineclub à Madrid, et dans des « salles spécialisées » à Berlin, Genève, Prague, Londres et New York.

En ce qui concerne l'élaboration du scénario, Buñuel raconta à Puig Pujades que Dalí et lui avaient travaillé en parfaite harmonie. « On pourrait imaginer impossible une collaboration aussi intime et totale, reconnaissait-il, mais alors que nous rejetions mutuellement nos idées, ou suggérions d'autres idées, d'autres concepts, c'était exactement comme si nous avions pratiqué l'autocritique[747]. »

Un demi-siècle plus tard, Buñuel devait se montrer plus explicite à propos de leur travail en commun :

> Nous étions si en harmonie l'un avec l'autre qu'il n'y avait aucune discussion. Nous écrivions en acceptant les premières images qui nous venaient, en rejetant systématiquement celles qui venaient de la culture ou de l'éducation. Il devait s'agir d'images qui nous surprenaient, et que nous acceptions tous

> deux sans discussion. Uniquement ça. Par exemple : la femme agrippe une raquette de tennis pour se protéger de l'homme qui veut l'attaquer. Puis il regarde autour de lui à la recherche d'un objet pour contre-attaquer et (maintenant je m'adresse à Dalí) : « Que voit-il ? » « Un crapaud volant. » « Mauvais ! » « Une bouteille de cognac. » « Mauvais ! » « Eh bien alors, deux cordes. » « Bien, mais après les cordes, quoi ? » « Il les tire et il tombe, parce qu'elles sont attachées à quelque chose de très lourd. » « Ah, alors c'est bien fait pour lui qu'il tombe. » « Avec les cordes il trouve deux grosses courges sèches. » « Quoi d'autre ? » « Deux frères maristes. » « C'est ça, deux frères maristes ! Ensuite ? » « Un canon. » « Mauvais ! » « Un fauteuil luxueux. » « Non, un piano à queue. » « Superbe, et sur le piano un âne... non, deux ânes en train de pourrir. Fantastique ! » En fait, nous encouragions les images irrationnelles à affluer, sans explications[748].

La méthode, telle qu'elle est évoquée par Buñuel, a une ressemblance frappante avec la pratique de l'écriture automatique, développée au départ par Breton et Soupault dans *Les Champs magnétiques*. Il n'est donc pas étonnant que lorsqu'il publia le script dans *La Révolution surréaliste*, à la fin de 1929, Buñuel ait pu déclarer : « *Un chien andalou* n'existerait pas si le surréalisme n'existait pas[749]. »

Buñuel, à la différence de Dalí, savait se servir d'une machine à écrire, et avait pris soin d'en apporter une avec lui à Figueres. On ne sait s'ils tapaient leurs idées dès qu'ils étaient d'accord, car les brouillons du script ne sont pas réapparus. Il est cependant plus probable qu'ils les jetaient sur le papier, à la main, quand elles leur venaient, et qu'après chaque séance Buñuel effectuait à la machine une copie propre de ce qu'ils avaient produit, en discutant au fur et à mesure avec Dalí des nouvelles possibilités auxquelles il pensait[750].

Dans la version finale, quelles idées ont été suggérées par Dalí, et quelles autres par Buñuel ? Ce dernier informa Pepín Bello, le 10 février 1929, peu après son retour de Figueres, que « tous leurs trucs » à la Résidence des étudiants se trouvaient dans le film[751]. Il exagérait à peine : lui, Dalí, Bello, Lorca et d'autres amis de la « Rési » partageaient un fonds d'images assimilées et élaborées au cours de leurs années communes à Madrid, et il est en général impossible d'identifier les premières sources de ce matériau. L'affaire est rendue encore plus compliquée par l'absence de brouillons et d'informations concernant le processus de montage du film (nous ne disposons que de la version française finale du scénario publiée par Buñuel en 1929) et par les revendications contradictoires faites plus tard par les deux auteurs.

Prenons la fameuse séquence d'ouverture de l'œil tranché. En 1929, peu après la réalisation du film, Buñuel dit à Georges Bataille qu'il s'agissait d'une idée de Dalí : le peintre avait vu un nuage long et étroit fendre la lune, et ça l'avait troublé[752]. Dans le portrait de Buñuel par Dalí en 1924, qui place son ami dans le décor de la Résidence des étudiants, un nuage similaire est représenté près de l'œil droit de Buñuel[753], et dans un morceau de prose de 1927 Dalí parle de l'œil d'une fille menacé par un rasoir – l'instrument qui tranche l'œil dans le film[754]. L'un dans l'autre, il est probable que Buñuel ait été cité exactement par Bataille, même si dans les années 1960 il revendiquait la paternité de la scène[755]. Le problème est encore compliqué par le fait que José Moreno Villa, l'ami de Buñuel et de Dalí à la Résidence, avait, apparemment, annoncé un matin, autour du petit déjeuner, qu'il venait de faire un rêve dans lequel il se coupait accidentellement l'œil avec un rasoir en se rasant[756]. Si l'on ajoute à tout ça le fait que le nuage qui tranche l'œil fait aussi écho à une toile du Prado très admirée par Buñuel, Dalí et Lorca, *La Mort de la Vierge*, de Mantegna, on peut voir qu'ici, du moins, il y a un « truc » de la Résidence dans le film[757].

Dans les années 1960, Buñuel réclama aussi la paternité de la main coupée qui est poussée dans la rue par un androgyne distrait, et des fourmis qui sortent d'un trou dans la paume du protagoniste masculin. Plus tard, il se contredit lui-même à propos des fourmis : elles étaient une idée de Dalí[758]. En ce qui concerne le bras coupé, il faut encore une fois mettre en question la mémoire de Buñuel, car des bras et des mains coupés apparaissaient dans le travail de Dalí en 1929 (l'étude pour *Le miel est plus doux que le sang*) et pullulaient au cours des trois années suivantes. Ils étaient aussi apparus dans la poésie et les dessins de Lorca et, de fait, étaient à l'époque un topos de la peinture et de la littérature européennes, qui alors évoquaient déjà à l'occasion l'œil tranché[759].

Buñuel expliqua à Bataille que les ânes en putréfaction posés sur le piano à queue relevaient d'une « obsession partagée » par Dalí et lui[760]. C'était vrai. Comme nous l'avons vu plus tôt, Dalí affirmait en avoir vu un dans son enfance, et en avoir été très affecté. Pepín Bello aussi. Mais, une fois de plus, Dalí avait été le premier à les faire participer à son œuvre, dans l'étude pour *Le miel est plus doux que le sang*[761].

Si la Résidence des étudiants est une clé qui nous aide à comprendre *Un chien andalou*, le cinéma en lui-même en est une autre. Dalí était aussi passionné de cinéma que Buñuel et, à en juger par ce que tous deux écrivirent sur le sujet, ils ont dû avoir des discussions énergiques sur ce qu'ils aimaient ou n'aimaient pas dans les films récents. Le film est à ce point semé d'allusions à Chaplin, à Keaton, à Harold Lloyd, etc., qu'Agustín Sánchez Vidal, le grand spécialiste de Buñuel, a remarqué qu'il y avait dans *Un chien andalou* à peine une image qui ne fasse pas allusion à un autre film[762].

Étant donné l'intérêt passionné que Dalí et Buñuel portaient aux théories freudiennes, il ne fait guère de doute que la brutale séquence d'ouverture d'*Un chien andalou*, avec un Buñuel athlétique dans le rôle d'un barbier sadique, a pour intention d'illustrer la formule de Freud, dans *L'Interprétation du rêve*, selon laquelle « l'aveuglement, dans la légende d'Œdipe, aussi bien qu'ailleurs, signifie la castration[763] » (de plus, en 1947, Buñuel admit que la seule bonne façon d'interpréter les symboles du film serait, « peut-être », la méthode psychanalytique[764]). Intitulée « Prologue » dans le scénario, la séquence de l'œil tranché, qui a toujours le pouvoir de faire s'évanouir celui qui n'y est pas préparé, introduit un cauchemar narratif dont le protagoniste masculin, de caractère très efféminé, est tourmenté par l'angoisse et l'aliénation sexuelles. Lorca en arriva à la conclusion qu'il était le modèle de ce personnage et, en 1930, dit à un ami, à New York (si l'on en croit Buñuel) : « Buñuel a fait un petit film merdique appelé *Un chien andalou* – et le chien, c'est moi[765]. » Même si Buñuel rejetait cette accusation[766], l'indignation du poète n'était pas injustifiée : les gens du Sud, à la Résidence, étaient parfois appelés, pour plaisanter, des « chiens d'Andalous[767] » ; Lorca, leur principal représentant, était le poète andalou le plus célèbre du moment ; Lorca n'était que trop conscient du fait que Buñuel et Dalí trouvaient son homosexualité déplaisante ; et la scène dans laquelle le protagoniste masculin du film se matérialise soudain sur le lit et « se met à vivre » évoque la représentation par le poète, à la Résidence, de sa mort et de sa résurrection. Comment Lorca aurait-il pu ne pas relever les allusions ?

Le poète a pu être particulièrement frappé par la scène, que Buñuel attribue à Dalí[768], dans laquelle le protagoniste masculin roule précautionneusement à vélo dans une rue de Paris, vêtu en femme de chambre, et tombe dans le caniveau. « L'aspect féminin de ses fanfreluches suggère qu'il a été castré, donnant un équivalent du sadisme infantile qui se déploie dans le prologue », a commenté une autorité sur Buñuel[769]. Cet épisode, comme Lorca l'a sans doute immédiatement compris, est une allusion directe à son minuscule « dialogue », *La Balade de Buster Keaton*, écrit en juillet 1925 peu après son premier séjour à Cadaqués[770]. Dalí admirait tellement ce morceau que, début 1926, il avait suggéré au poète de l'intégrer au *Livre des cochons putrescents*[771] qu'ils projetaient d'écrire. Il fut publié pour la première fois au printemps 1928 dans la revue de Lorca, *Gallo*, où Dalí, en tant que contributeur, a bien pu le relire. Dans ce bref ouvrage, truffé d'allusions au cinéma, un Buster Keaton efféminé non seulement tombe de sa bicyclette, comme le personnage masculin d'*Un chien andalou*, mais échoue misérablement lors de deux rencontres hétérosexuelles. En un mot, il est impuissant – comme Buñuel affirmait que l'était Lorca[772]. Le rapport entre les deux œuvres est suggéré aussi par le fait que les boîtes mystérieuses que le personnage mâle d'*Un chien andalou* serre contre sa poitrine et sa cravate sont toutes deux ornées du même motif rayé que les chaussettes portées par l'une des filles dans le texte de Lorca. Dalí devait avoir parfaitement conscience que le Keaton de Lorca incarnait les difficultés sexuelles du poète. Citer *La Balade de Buster Keaton* était donc particulièrement malveillant de sa part et de celle de Buñuel[773].

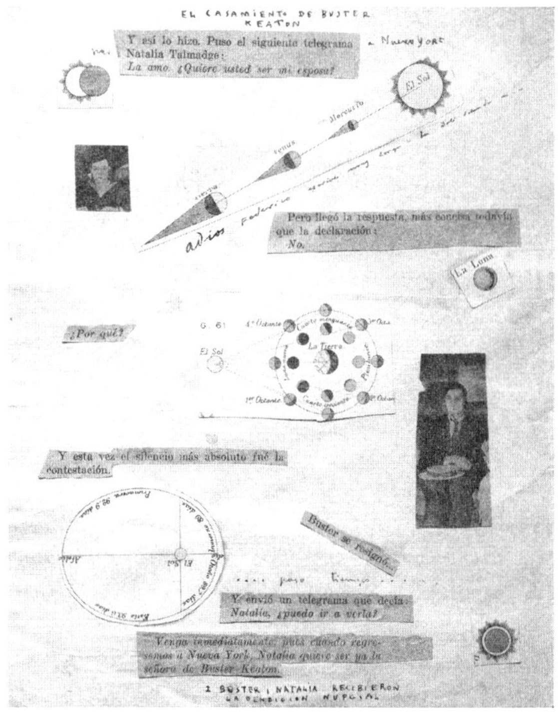


● Salvador Dalí, *Le Mariage de Buster Keaton*, vers 1925. Le délicieux collage de Dalí *Le Mariage de Buster Keaton*, qu'il envoya à Lorca après avoir découvert que l'acteur qu'ils admiraient tous les deux avait épousé Natalia Talmadge (en 1921). Sur le recto de la lettre, Dalí écrit en français « Sainte Vierge Marie / René [*sic*] du ciel / Priez pour nous ! ». Ce « nous » se réfère à Lorca et lui. Au bas de la page, le peintre a relié deux fragments d'une carte de l'Espagne indiquant leurs sièges d'opération respectifs : Grenade et Cadaqués.

Lorca a pu soupçonner un autre clin d'œil à son intention dans les extraordinaires premières secondes, hautement érotiques, de la tentative de séduction de la fille par le protagoniste masculin, ainsi décrites dans le script du film :

> Gros plan de mains lubriques sur les seins de la fille. Ils émergent de sous son tricot. Maintenant on voit une expression d'angoisse terrible, presque mortelle, traverser le visage de l'homme. Une salive sanglante dégouline de ses lèvres sur le sein nu de la fille.
> Les seins disparaissent pour devenir des cuisses que le personnage touche toujours. Son expression a changé. Ses yeux luisent de cruauté et de désir. Sa bouche, qui était entrouverte, se ferme et devient minuscule, comme si elle était rétrécie par un sphincter[774].

L'angoisse sur le visage du protagoniste masculin à l'apparition des seins nus peut refléter le mépris de Lorca pour les seins, que Dalí rappelait des années plus tard[775], tandis que le désir qu'il éprouve en caressant les fesses (pas les cuisses) de la fille se veut sûrement une allusion supplémentaire à l'homosexualité suggérée par la bouche serrée comme un sphincter décrite dans le script. Quant au sang, il sort du coin de la bouche du protagoniste presque exactement comme il le fait de la tête coupée du poète dans *Le miel est plus doux que le sang*. Les yeux des deux têtes, de plus, ont le même regard fixe. Buñuel n'oublia jamais cette séquence, disant qu'elle exprimait le « constant lien secret » entre la copulation et la mort qui avait été imprimé en lui dans son enfance en Aragon, un pays primitif[776].

L'un dans l'autre, il paraît impossible de douter qu'en créant leur personnage masculin, Buñuel et Dalí ont vraiment pensé à Lorca. Qu'il en ait été ainsi prouve une nouvelle fois à quel point leurs trois vies étaient mêlées, et à quel point chacun était influencé par le travail et la personnalité des autres.

Dalí était fasciné par la capacité du cinéma d'animer, au moyen des fondus et du montage, les étranges métamorphoses qui sont le langage du rêve, et qu'il avait essayé d'exprimer dans ses toiles depuis 1927. Parmi les tentatives les plus réussies du film sur ce plan, on voit la transformation d'une aisselle de femme en oursin (« Les poils de l'aisselle d'une femme se fondent en piquants d'oursin », peut-on lire dans le script). Une telle technique, comme le dit plus tard l'artiste, lui donna l'opportunité de produire « un tableau de Dalí en mouvement[777] ».

L'excitation de Dalí à propos de leur projet commun, à Buñuel et à lui, qui n'avait pas encore son titre définitif, était intense enfin et surtout parce qu'il espérait qu'il lui apporterait la notoriété là où il en avait le plus besoin : dans la capitale française. Au cours des semaines qui suivirent, tandis que Buñuel, à Paris, travaillait sur le script, Dalí et lui ont dû rester constamment en contact. Mais, encore une fois, leur correspondance s'est perdue.

Buñuel et Dalí voulaient tous les deux un maximum de publicité pour leur effort commun. Non contents de la reproduction dans un journal barcelonais de l'interview de Puig Pujades[778], ils décidèrent de répandre la bonne nouvelle dans le magazine artistique le plus influent de l'époque, *La Gaceta Literaria* de Madrid, dans laquelle tous deux écrivaient. Le 1^er^ février, le rédacteur en chef, Ernesto Giménez Caballero, lui-même amateur de cinéma (et réalisateur), reproduisait obligeamment l'essence de ce que Buñuel avait dit à Puig Pujades[779]. Bientôt, tout le monde intellectuel espagnol avait entendu parler du film prévu. De Paris, Buñuel écrivit à Pepín Bello le 10 février 1929 pour le tenir au courant. Dalí et lui étaient « plus proches que jamais », disait-il, et avaient travaillé sur le scénario « en collaborant intimement ». Le film serait « vraiment quelque chose d'énorme ». La lettre montre que Buñuel avait un volume de poèmes du même titre prêt à être imprimé. Lorsque Dalí et lui avaient trouvé ce titre, *Le Chien andalou*, ils en avaient « pissé de rire », racontait-il à Bello. Buñuel ajoutait : « Je dois te dire qu'il n'y a pas un seul chien andalou dans tout le livre[780]. »

Mais même s'il se vantait de la parution imminente de ce volume de poèmes, Buñuel ne le publia jamais. Peu après il en adapta le titre pour le film, probablement avec l'approbation de Dalí, changeant l'article défini pour l'article indéfini, et une nouvelle séance de rires suivit (cette fois aux dépens de Lorca).

## ANDRÉ BRETON, BENJAMIN PÉRET

Pendant que Buñuel se préparait frénétiquement à commencer le tournage d'*Un chien andalou*, Dalí, assisté de Sebastià Gasch et de Lluís Montanyà, s'occupait du dernier numéro, « surréaliste », de *L'Amic de les Arts*. Selon *La Gaceta Literaria* du 1^er^ février, ce « violent numéro » de la revue de Sitges devait attaquer l'art en général (Chaplin, la peinture, la musique, l'architecture, l'imagination, « etc., etc. »), défendre les activités anti-artistiques (les objets surréalistes, les machines, les films idiots, les textes surréalistes, la photographie, le gramophone) et comprendre des contributions de Pepín Bello, Sebastià Gasch, Buñuel, J. V. Foix et Dalí. Le numéro serait illustré de photographies et de reproductions d'œuvres récentes de Picasso, de Miró et de Dalí. Il y aurait aussi un extrait d'une lettre de Lorca (adressée sans doute à Dalí)[781].

La livraison parut à la mi-mars et Dalí en envoya immédiatement un exemplaire à Buñuel, qui la déclara « fantastique[782] ». En dehors de l'absence de Picasso et de l'extrait promis de la lettre de Lorca, son contenu était à peu près celui annoncé par *La Gaceta Literaria*. Les neuf dixièmes du numéro étaient l'œuvre de Dalí, dont l'alignement avec les postulats du surréalisme était explicite dans toute la revue, plusieurs références approbatrices à Breton donnant du poids à un commentaire de Jaume Miravitlles, daté de novembre 1928, à Paris, affirmant qu'il était le seul auteur qui intéressait maintenant Dalí[783].

Non seulement Dalí suivait le travail de Breton avec une grande attention, lorsqu'il apparaissait dans *La Révolution surréaliste*, mais il se procurait ses livres, parmi lesquels son *Introduction au discours sur le peu de réalité*, publié par Gallimard en 1928, et sur lequel Dalí avait écrit un article enthousiaste dans le dernier numéro de *L'Amic de les Arts*. Dire que Breton était le seul écrivain français occupant l'attention de Dalí à cette époque serait cependant une exagération. Il était aussi intéressé par Benjamin Péret, dont il recommandait *Le Grand Jeu* aux lecteurs de *L'Amic*, l'appelant « le poète français le plus authentique de notre époque ». Un poème de Péret, tiré de *Dormir, dormir dans les pierres*, était publié dans la revue, dans son français original, introduit avec ravissement par « D.G.M. » (Dalí, Gasch, Montanyà) : « Nous opposons Benjamin Péret, l'un des plus authentiques représentants de la poésie de notre époque et l'un des personnages les plus SCANDALEUX de notre temps, à notre poésie indigène [ ?] et à notre conventionalité. » Cette référence au scandale était sans doute une allusion à la célèbre photographie publiée dans *La Révolution surréaliste* en 1926, sur laquelle on voit le poète français, vêtu d'une veste de sport, injuriant un curé en soutane et portant un chapeau. La légende disait : « Notre collaborateur Benjamin Péret insultant un prêtre[784]. » Selon Buñuel, la photographie fit une grande impression sur lui, et il est vraisemblable qu'il en fut de même pour Dalí[785].

Buñuel admirait la poésie de Péret autant que Dalí, et il se peut évidemment que ce soit lui qui la lui ait fait lire. Dans une longue lettre à Pepín Bello, datée du 17 février 1929, il disait que Péret était leur « idole », à Dalí et à lui, et qu'il préparait pour *La Gaceta Literaria* un essai sur lui, accompagné de citations. Il proposait qu'il soit signé par Pepín, par Dalí et par lui-même. Pour faire plaisir à Bello, il joignait à la lettre sa propre traduction de trois poèmes du *Grand Jeu* : « J'irai veux-tu », « Les Morts et leurs enfants » et « Testament de Parmentier »[786]. Dans ses Mémoires, Buñuel se rappelait :

> Benjamin Péret représentait pour moi le poète surréaliste par excellence : liberté totale d'une inspiration limpide, coulant de source, sans aucun effort culturel, et recréant tout aussitôt un autre monde. En 1929, avec Dalí, nous lisions à voix haute quelques poèmes du *Grand Jeu*, et nous tombions par terre de rire[787].

Le jazz, le fox-trot et la musique moderne en général sont portés aux nues dans le dernier numéro de *L'Amic de les Arts* (le critique des disques aimait particulièrement « Show Me the Way to Go Home » et « What! No Spinach? ») et, en ce qui concerne le cinéma, l'attention de Dalí se concentrait sur le potentiel du documentaire, avec sa capacité à représenter la réalité objective. Il imagine un film racontant « la longue vie des poils dans une oreille », ou fournissant « un récit au ralenti de la vie d'une gorgée », et affirme qu'il n'y a pas de différence essentielle entre ce genre de film et le surréalisme. Au contraire, ils se complètent.

Le magazine reproduisait les réponses de Buñuel à un questionnaire sur le cinéma imaginé par Dalí. Buñuel y exprimait son aversion pour Chaplin, qui selon lui s'était maintenant vendu aux artistes et aux intellectuels, déclarait ses affinités avec les surréalistes et, de plus, révélait que le récit de Breton *Nadja*, paru au cours de l'été 1928, était l'un des préférés de Dalí[788]. D'après l'article de ce dernier, « La donnée photographique », paru un mois auparavant, on sait qu'il appréciait les photos accompagnant le texte, qui selon lui conféraient « une valeur de témoignage » que n'auraient pu donner des peintures. On peut imaginer que ces photographies ont dû aiguiser son appétit de visiter le Paris des surréalistes[789].

Dalí avait lu de la première à la dernière ligne la récente livraison de *La Révolution surréaliste* (n° 11, mars 1928), et la recommandait maintenant aux lecteurs de *L'Amic de les Arts*, insistant particulièrement sur les résultats de l'« Enquête sur le sexe ». Fruits de deux soirées d'intenses questionnements mutuels entre les surréalistes, ces échanges avaient été marqués par une exceptionnelle franchise, et évoquaient une variété de sujets allant de la fellation, du soixante-neuf ou de la désirabilité ou non d'un orgasme simultané au sexe anal (homosexuel et hétérosexuel), à la masturbation mutuelle, aux fantaisies durant le coït, aux premières expériences sexuelles et à la prostitution. Dans ses Mémoires, Buñuel se rappelle à quel point ce rapport l'avait fasciné, même s'il était depuis deux ans à Paris où il avait rapidement découvert que, en matière de sexe et d'amour, les Français mettaient les choses dans un ordre différent, et se montraient désinhibés lorsqu'il s'agissait de manifester en public une inclination amoureuse[790]. La publication de pareil document aurait été aussi impensable en Espagne à l'époque (toujours sous le joug du général Primo de Rivera, quoique plus pour très longtemps) qu'en Angleterre, et on peut facilement imaginer l'enthousiasme de Dalí.

Dalí s'était aussi échauffé sur la célébration par la revue du « centenaire » de l'hystérie. Et il avait dû aussi être excité par le poème d'Aragon, « Angélus », qui représentait une charge féroce contre les pères bourgeois – du genre de ceux pour qui un peu de sexe sale est compatible avec le fait de rejeter leurs fils :

> Ce sont nos pères Messieurs nos pères
> Qui trouvent que nous ne leur ressemblons pas
> Honnêtes gens qui
> Eux ne se sont jamais fait sucer qu'en dehors du foyer conjugal...

Le refrain du dernier numéro, « violent », de *L'Amic de les Arts* était que seul le surréalisme pouvait exprimer pleinement la sensibilité d'un âge qui avait découvert l'inconscient. Sa publication montra que Dalí se considérait maintenant comme un adepte du mouvement révolutionnaire qui avait déclaré la guerre à la famille, à la religion et à la patrie. Il n'aurait pu emporter avec lui meilleur passeport à Paris, où on peut supposer qu'il avait l'intention de le soumettre à Breton.

Il semble que, de plus, Dalí et Buñuel avaient pour projet, à l'époque, de publier dans la capitale française leur propre magazine surréaliste. Au moment du départ de Dalí pour rejoindre Buñuel, *La Gaceta Literaria* écrivait :

> On parle beaucoup de l'apparition immédiate d'une revue hautement intellectuelle. Elle sera publiée à Paris par Salvador Dalí et Luis Buñuel. Cette revue sera l'organe d'un groupe très restreint, plus ou moins apparenté au groupe surréaliste. Mais avec un sens de la clarté, de la précision et de l'exactitude absolues. Et d'inspiration franchement anti-française. Au « charme » de l'Île-de-France, la revue opposera l'intensité des races de Cadaqués, de Mont-roig[791] et de l'Aragon.
> ... Par sa vigueur, sa vitalité et son asepsie, cette revue se situera aux Antipodes de la délicatesse, du parfum et du lyrisme de Paul Éluard, par exemple[792].

La revue ne parut jamais, son esprit « anti-français » trouvant un exutoire dans *Un chien andalou*, dont Buñuel était presque prêt à commencer le tournage.

## UN CATALAN À PARIS

Tandis que Dalí s'apprêtait à rejoindre Buñuel s'ouvrit à Madrid une exposition majeure de *Peintures et sculptures d'Espagnols résidant à Paris*. De façon significative, les organisateurs (la Société de cours et de conférences à la Résidence des étudiants) avaient invité Dalí et deux autres artistes espagnols qui n'étaient pas installés en France : Benjamín Palencia et le sculpteur Alberto. La présence des trois hommes, expliquait le catalogue de l'exposition, se justifiait « par la relation intime, idéologique, technique aussi bien que fraternelle, qui les liait aux autres[793] ». Peut-être les organisateurs étaient-ils aussi au courant du départ imminent de Dalí pour Paris.

Deux des cinq toiles exposées par Dalí avaient des rapports avec Lorca : *Efforts stériles* (intitulé plus tard *Petites cendres*) et *Le miel est plus doux que le sang*, qui fut acheté par la duchesse de Lerma, et qu'on n'a jamais revu[794]. L'œuvre intitulée *Femme nue* choqua les critiques les plus traditionnels : un morceau de liège, vaguement façonné en forme de torse, avec, au centre, une fente très visible, était attaché par des ficelles à une planche sur laquelle, à la façon de Jean Arp, Dalí avait peint, à l'huile, un profil recourbé[795]. *Silhouette d'homme et silhouette de femme sur une plage* contenait des allusions phalliques dans le style de la toile refusée par la Sala Parés en 1928 et, comme *Le miel est plus doux que le sang*, fut acheté par une aristocrate, la duchesse de Peñaranda[796]. *Appareil et main*, au thème masturbatoire, complétait la contribution de Dalí à l'exposition.

C'était une contribution éblouissante, comme le souligna la critique, et le père de Dalí colla les articles dans son album de coupures de journaux. Le notaire et son fils avaient été tous les deux particulièrement contents de l'article paru dans *Blanco y Negro*, le journal phare espagnol lu par la haute société, qui disait que Dalí, « l'iconoclaste bien connu », était la « principale surprise » de l'exposition, et donnait des reproductions d'*Efforts stériles*, d'*Appareil et main*, et du *Miel est plus doux que le sang*[797].

Pendant ce temps, le 22 mars, Buñuel écrivit à Dalí pour lui dire qu'il commençait à tourner le 2 avril. Il lui demanda d'apporter quelques fourmis, introuvables à Paris. « Fais bien attention de les attraper le jour où tu viens, l'avertissait-il. À l'instant où tu arrives à Paris, apporte-les au studio, et je les filmerai aussitôt. Tu as tout le temps de les repérer, et tu as jusqu'au 9 avril pour venir. Après, ça sera trop tard. Le fait que je doive mettre des chenilles, des mouches ou des lapins dans la paume de la main dépend de toi. » Buñuel ajoutait des instructions précises sur la façon dont les fourmis devaient être prises et transportées vivantes[798].

Trois jours plus tard, Buñuel écrivit à Pepín Bello, regrettant que celui-ci ne puisse venir à Paris pour jouer un rôle dans le film et, en même temps, « pour baiser la star, qui est chaude, qui a du corps, avec des gros nichons, idiote et pas laide[799] ». Simone Mareuil, certes, avait de l'allure, et le corps décrit par le scénario. En ce qui concerne le personnage masculin, Buñuel avait choisi Pierre Batcheff, qu'il avait connu et apprécié alors qu'il travaillait avec Henri Étiévant sur *La Sirène des tropiques*, avec Joséphine Baker[800]. Batcheff, qui devait mourir quelques années plus tard, convenait parfaitement au rôle : Dalí, dans *La Vie secrète*, se rappelait qu'il « avait exactement le physique rêvé pour mon héros[801] ». La femme de Batcheff, Denise Tual, se souvenait, des années plus tard, que Dalí et Buñuel avaient sérieusement modifié le script en accord avec son mari, à la suite de beaucoup d'allées et venues, de portes claquées et de discussions excitées dont elle était exclue, même si tout se passait chez elle[802].

Le tournage semble avoir débuté, comme prévu, le 2 avril, aux studios de Billancourt, en dehors de Paris. Le directeur de la photo de Buñuel était Albert Duverger que, comme Pierre Batcheff, il avait connu en travaillant avec Henri Étiévant, et avait admiré. Dalí arriva quelques jours plus tard et resta quelque deux mois, financé sans doute par son père, même si ses deux ventes à l'exposition de Madrid avaient dû lui procurer quelques fonds. Il vivait, nous raconte-t-il, dans « une chambre d'hôtel immensément prosaïque » de la rue Vivienne, qui mène de la Bibliothèque nationale au boulevard Montmartre, où avait logé son héros Isidore Ducasse, auteur des *Chants de Maldoror*[803].

Un journaliste de Barcelone, Pere Artigas, débarqua sur le plateau à la fin du tournage des intérieurs, qui dura une semaine, et interviewa Dalí (Buñuel était trop occupé à diriger le film pour lui parler). Dalí, confiant dans le succès du projet, dit à Artigas qu'il s'agissait de « la première transposition du surréalisme au cinéma », *L'Étoile de mer* de Man Ray et Robert Desnos n'étant « rien d'autre qu'une conception artistique de plus n'ayant rien à voir avec le surréalisme » – ce qui était vrai. *Un chien andalou*, disait Dalí, « appartient à la tendance pure, automatique, de Benjamin Péret ».

Artigas vit Buñuel filmer la scène dans laquelle Dalí et Jaume Miravitlles jouent deux frères maristes traînés sur le plancher par un Pierre Batcheff devenu fou, le long de deux pianos à queue surmontés d'ânes en train de pourrir. Les animaux morts avaient été méticuleusement installés par Dalí, expert en ânes putrescents, qui avait appliqué de la colle liquide sur leurs orbites pour donner l'impression de sang qui coule. Selon un témoin, la puanteur des carcasses était pestilentielle[804]. La présence des frères maristes était une allusion hilarante au fait que Dalí, Miravitlles et Buñuel avaient tous les trois étudié quelques mois chez eux. Dalí, qui roulait des yeux pour simuler la terreur, était particulièrement efficace dans son rôle abject. L'article d'Artigas se terminait ainsi : « En allant à Billancourt, nous étions prêts à tout. Mais le spectacle a dépassé toutes nos attentes. Mon Dieu ! Mon Dieu ! À quoi va ressembler *Un chien andalou*, de Buñuel et Dalí[805] ? »

Le monde n'allait pas tarder à le savoir. Buñuel travaillait vite, ce qui serait aussi le cas pour ses films ultérieurs. Dalí, qui écrivit qu'il avait pu « participer à la mise en scène par des conversations que nous avions chaque soir[806] », accompagna Buñuel au Havre pour la séquence de plage à la fin du film, et il paraît véritablement radieux sur une photographie de groupe qui le montre avec son pull en « V » préféré, les cheveux coupés court.

En l'absence de lettres à sa famille ou à des amis datant de cette époque, notre unique source d'information strictement contemporaine à propos du séjour de Dalí dans la capitale française nous vient d'une série de six articles que lui avait commandés, avant son départ de Barcelone, le journal *La Publicitat*, sans doute par l'entremise de son ami J. V. Foix. Intitulés « Documentaire-Paris-1929 » (dans le dernier numéro de *L'Amic de les Arts*, Dalí s'était déclaré lui-même en faveur des « documents littéraires »), ces articles sont parus de façon sporadique entre le 26 avril et le 28 juin et offrent, en dépit de l'intention déclarée de Dalí de ne pas raconter de manière conventionnelle ce qu'il faisait à Paris, une vue inestimable sur ce qu'il avait en tête à l'époque.

Convaincu comme il l'était par le dogme de Freud selon lequel ce qui passe en général pour des détails insignifiants est en fait signifiant, le « documentaire littéraire » en six parties de Dalí se concentre sur des broutilles, comme les moustaches et les vestes de smoking à la mode à Paris ; sur des « faits divers » prétendument pris au hasard dans les journaux, y compris les conditions météo et le nombre de morts et de naissances enregistrées dans la capitale ; note exactement ce qu'il voit sur les tables des cafés La Coupole, Le Perroquet ou Le Select ; et consigne, parmi d'autres détails, les recettes de nouveaux cocktails. En ce qui concerne les arts, Benjamin Péret est proclamé, une fois de plus, le plus grand héros littéraire du moment, et le documentaire note (le mot « note » ne cesse de revenir) que René Magritte vient juste de donner une toile représentant une pipe, et portant le titre *Ceci n'est pas une pipe* – en fait, le titre en était *La Trahison des images* –, une autre appelée *Les Fleurs de l'abîme*, et une troisième qui est sans doute *Le Miroir vivant*. Dalí prend un café au Dôme avec le metteur en scène d'origine russe Eugène Deslaw, dont il a peut-être vu, à Madrid, le film *Les Nuits électriques* (Deslaw, qui avait toujours une caméra sur lui, réalisait alors un documentaire sur Montparnasse). Buñuel a des difficultés pour trouver à Paris des fourmis pour *Un chien andalou* (ce qui laisse à penser qu'il n'en a pas rapporté de Cadaqués ou n'a pas réussi à les garder vivantes). Il y a une référence oblique à un ami de Dalí du temps de la Résidence, Juan Vicéns, qui tient la Librairie espagnole avec sa femme María Luisa González. Le libraire s'intéresse-t-il au surréalisme ? Certainement, « dans la mesure où il s'agit du seul mouvement vivant de l'âme ». Dalí va voir boxer Joan Miró, fréquente des clubs de jazz, et dans l'appartement de Robert Desnos écoute des disques de tango et de rumba que le poète vient de rapporter de Cuba. Dans la chambre, à côté d'un « objet surréaliste » de De Chirico, une étoile de mer flotte dans l'alcool, rappelant que c'est Desnos qui a écrit le scénario de *L'Étoile de mer* de Man Ray. Dalí a aussi l'occasion de voir la chambre à coucher de Joan Miró, où un oiseau fait d'un fragment de chaise de Max Ernst est suspendu au plafond par une ficelle. René Clair, géniteur du remarquable film d'avant-garde *Entr'acte*, est en train de réaliser un documentaire sur un concours de beauté. Dalí a vu *Ombres blanches*, de W. S. Van Dyke et Robert Flaherty, le premier film parlant diffusé en Europe : on entend le bruit de la mer se brisant sur un récif de corail et les palmiers bruissant dans le vent. Nous sommes informés du grand potentiel, en particulier pour les documentaires, que ses amis et lui voient dans le film parlant. Bref, quelle que soit sa prétention à l'objectivité, on sent l'enthousiasme de Dalí pour Paris, le fabuleux Paris de la fin des années 1920, imprégner ces articles.

Au moment où les articles commencèrent à paraître à Barcelone, *Un chien andalou* était quasiment prêt à être montré. À Figueres, Buñuel avait dit à Puig Pujades que le film serait d'abord projeté au Studio des Ursulines, la principale salle d'art et d'essai parisienne. Il devait donc en avoir la garantie avant même que le scénario soit terminé. Plus tard, dans ses Mémoires, il donnera des événements une version quelque peu différente. Un jour, il aurait rencontré, dans les bureaux des *Cahiers d'art* de Christian Zervos, le critique d'art E. Tériade, qui était l'ami des peintres espagnols de Paris. Tériade l'avait présenté à Man Ray, qui venait de terminer pour le vicomte Charles de Noailles, le mécène, un court-métrage intitulé *Les Mystères du château du Dé*. Ray avait besoin d'un autre film pour gonfler l'affiche de la première, et il demanda à Buñuel de lui faire voir *Un chien andalou*. Quelques jours plus tard, Buñuel le lui montra, ainsi qu'à Louis Aragon, au Studio des Ursulines. Ils furent estomaqués, et répandirent la nouvelle parmi leurs camarades surréalistes. Peu après, Buñuel fut convoqué pour rencontrer le groupe au Cyrano, place Blanche, à quelques mètres de l'appartement de Breton, 42, rue Fontaine. Selon Buñuel étaient présents Ernst, Breton, Éluard, Tzara, René Char, Pierre Unik, Yves Tanguy, Jean Arp, Maxime Alexandre et René Magritte. La rencontre marqua un tournant dans sa vie. *Mon dernier soupir*, le récit peu documenté de Buñuel, ne fait aucune allusion à la présence de Dalí[807]. Trente ans plus tard, Dalí raconta qu'il avait été présenté à Breton par Miró lors de son deuxième séjour à Paris, et que ça l'avait profondément marqué. On cite ses paroles :

> Il fut immédiatement à mes yeux un nouveau père. Je pensais alors qu'il m'était accordé une seconde naissance. Le groupe surréaliste était pour moi une sorte de placenta nourrisseur, et je croyais au surréalisme comme aux Tables de la Loi. J'assimilais avec un appétit incroyable et insatiable toute la lettre et tout l'esprit du mouvement, qui d'ailleurs correspondait si exactement à ma nature profonde que je l'incarnais avec le plus grand naturel.

Dalí ne devait jamais plus reconnaître avec tant de dignité la quasi-vénération qu'il éprouvait pour Breton aux premiers temps de leur relation[808].

Les souvenirs que gardaient les surréalistes de leur première rencontre avec Dalí sont extrêmement vagues en ce qui concerne la chronologie, mais tous sont d'accord sur la timidité du peintre. Maxime Alexandre affirmait se rappeler que Joan Miró, un jour, était arrivé au Cyrano accompagné d'un « petit jeune homme timide, très effacé, vêtu d'un costume et d'un col dur comme un commis de magasin, et le seul d'entre nous à porter moustache[809] ». Louis Aragon remarqua aussi le malaise de Dalí en société[810]. De même Georges Sadoul, qui devenait rapidement une autorité en matière de cinéma. Dalí, se souvenait-il, « avait les grands yeux, la grâce et la timidité d'une gazelle[811] ». De tels récits rappellent celui de l'étonnement que les manières de Dalí avaient causé à ses nouveaux compagnons à la Résidence des étudiants, sept ans plus tôt, et concordent avec le récit déchirant que le peintre, dans *La Vie secrète*, fait de cette visite à Paris, quand il se souvient de sa honte face à une telle sophistication, lorsqu'il pleurait en espionnant les amants dans le jardin du Luxembourg et se masturbait frénétiquement dans sa chambre d'hôtel en rêvant misérablement aux orgies sexuelles qui se déroulaient autour de lui. Dalí, à l'époque, était si exhibitionniste qu'il ne pouvait pas se masturber sans se regarder :

> De retour dans ma prosaïque chambre d'hôtel, devant l'armoire à glace, j'accomplissais le sacrifice solitaire que j'essayais de prolonger le plus longtemps

possible, pour rappeler une à une les images entrevues dans la journée, et les forcer à venir me montrer ce que j'avais tant désiré de chacune d'elles[812].

*La Vie secrète* ajoute un ou deux détails pittoresques sur les deux mois que le peintre passa dans la capitale française. Nous apprenons, par exemple, que Dalí avait avec lui ses *Premiers Jours du printemps* (huile et collage), récemment terminés, dans lesquels le plaisir libidineux était décrit « sous forme de symboles d'une surprenante objectivité », et que Robert Desnos, avec qui il semble que Dalí commençait à avoir des rapports très amicaux, était frustré de ne pouvoir acheter (« Ça ne ressemble à rien de ce qu'on fait à Paris ! »). Plus tard, Dalí dit qu'il avait peint cette toile, « un véritable délire érotique », par rancune envers les organisateurs du Salon d'automne de Barcelone, pour leur puritanisme envers lui, quelques mois plus tôt.

*Les Premiers Jours du printemps* [cahier couleur, page VII] inaugurèrent une série d'œuvres dans lesquelles, décidé à se montrer plus surréaliste que les surréalistes eux-mêmes, Dalí élabora un langage symbolique afin de décrire, avec une précision microscopique, ses obsessions érotiques. Ils méritent donc d'être soigneusement examinés. Une des clés de la peinture se voit sur la droite, où un vieil homme à la barbe blanche, sobrement vêtu, rejette ce qui semble être une bourse offerte par une petite fille en sarrau (même si l'ombre de sa main sur la plage ressemble à une érection, ce qui est surprenant). On reconnaît généralement que ce personnage est Freud, et que sa présence justifie une interprétation psychanalytique de la toile. Un autre indice qu'il s'agit de l'intention de Dalí réside dans la photographie collée qui le représente, lui, enfant, et qu'il a placée stratégiquement sur les marches au milieu de l'image. Les marches, les escaliers, les échelles sont souvent considérés par Freud, comme Dalí devait le savoir, comme des symboles de l'acte sexuel. Le regard de l'enfant est attentif, vif et il semble stupéfait, raison pour laquelle Dalí, sans doute, a choisi cette photo[813].

À droite de la photographie, nous voyons apparaître la première des icônes qui devaient bientôt proliférer dans les œuvres de Dalí : une tête de cire aux yeux fermés, avec de longs cils, un long nez et une sauterelle géante collée à la place de la bouche. La forme de la tête, qui représente Dalí en masturbateur compulsif, était inspirée par un rocher sur l'îlot de Cullaró, au cap de Creus[814], et devait bientôt trouver son expression maximale dans *Le Grand Masturbateur* [cahier couleur, page VII], commencé au cours de l'été 1929. En ce qui concerne les sauterelles, nous savons déjà qu'elles terrifiaient Dalí. Cette présence obsessionnelle dans les toiles de cette période fait peut-être référence à la peur qu'avait le peintre du contact sexuel et à son impuissance, tandis que les yeux fermés indiquent que le masturbateur, qui oublie la réalité extérieure, n'est intéressé que par les fantasmes érotiques qui se jouent dans le théâtre de son esprit. Un de ses fantasmes a sans doute un rapport avec l'enfant aux joues rebondies et à l'air oriental qui nous regarde depuis l'intérieur du crâne du masturbateur. Un flash-back vers les rêveries occasionnées par le stéréoscope d'Esteban Trayter, dans lequel Dalí avait vu la petite fille russe sur un traîneau ? Peut-être. Et le visage est-il peint, ou s'agit-il d'un collage ? Même de très près, il est impossible d'en être certain (et encore moins sur une reproduction). Le doute est évidemment volontaire.

La nature infantile des fantasmes du masturbateur est indiquée par les images contenues dans une espèce de ballon qui sort de sa tête. La biche fait référence aux décalcomanies qui ravissaient Dalí enfant[815]. C'est peut-être aussi le cas du motif d'oiseaux répété en dessous, tandis que le crayon pourrait avoir un rapport avec le flash-back dans la salle de classe d'*Un chien andalou*. Et l'homme élégant qui jette une ombre raide ? Il s'agit peut-être du confident masculin que le masturbateur rêve d'incarner.

À la droite de la tête du masturbateur, nous voyons apparaître pour la première fois une autre image qui, chez Dalí, devait devenir une icône : la tête du peintre moulée dans une amphore, un symbole freudien, pour sa réceptivité, de la sexualité féminine[816]. Sa prolifération dans les toiles de Dalí à cette époque indique peut-être que l'artiste, obsédé par son impuissance, craignait de plus en plus d'être homosexuel. Le motif de l'amphore est répété de façon moins explicite au premier plan, au centre, relié à la tête de poisson rouge déjà apparue dans d'autres toiles et qui, selon Moorhouse, symbolise pour Dalí les organes génitaux féminins[817].

L'image la plus évidemment érotique de la toile apparaît au premier plan gauche où sur un fond collé représentant des frasques (printanières ?) à bord d'un bateau de croisière, Dalí a mis en scène les activités d'un couple grotesque. Des mouches émergent d'un vortex suggérant des organes sexuels, au centre du visage rouge de la femme. L'homme servilement appuyé à son épaule est bâillonné et apparemment il éjacule dans un seau d'où sort un doigt phallique. Ce seau (au cas où on aurait raté le message) se trouve au-dessus d'un trou et d'une paire de testicules, et s'apprête à pénétrer un vagin dédoublé entre les mains du personnage, et qui fait écho à celui qui est peint sur la cravate de la femme.

Deux hommes sur un moyen de transport muni de roues et ressemblant à un traîneau se trouvent sur la droite de l'escalier ; l'un d'eux est quasiment à califourchon sur le dos de l'autre. L'homosexualité qu'implique cette position est évidente. Un père et son enfant, de loin, se dirigent vers eux (un autre motif qui devait devenir obsessionnel pour Dalí) tandis que, de l'autre côté des marches, une silhouette solitaire, assise, regarde vers l'horizon, tournant le dos aux activités printanières que nous avons contemplées, comme si elle avait choisi de s'en tenir à l'écart. C'est le seul personnage de la toile qui ne jette pas d'ombre. Est-il collé, ou peint, ou les deux ? Il est impossible de le dire. Une fois de plus, comme pour la tête de la petite fille, Dalí brouille volontairement nos perceptions.

Il n'est pas étonnant que Robert Desnos ait admiré cette variation intensément troublante sur le thème du printemps comme aphrodisiaque. Il était maintenant clair pour Dalí qu'en combinant symboles freudiens et symboles personnels il avait trouvé une formule originale, à la fois subjective et objective, pour exprimer ses anxiétés et ses désirs les plus profonds. Cette découverte le conduisit directement à l'une des périodes les plus riches de sa carrière.

Pendant ce temps, Joan Miró faisait tous les efforts possibles pour introduire Dalí dans la bonne société. Un soir, il l'accompagna pour dîner chez la duchesse de Dato, fille du Premier ministre espagnol, Eduardo Dato, qui avait été abattu en 1921 par des anarchistes, à Madrid. Mécène distinguée du monde artistique, Isabel Dato vivait habituellement à Paris, mais elle avait aussi un salon à Madrid. Carlos Morla Lynch, un diplomate chilien, trouvait que, parée de son tricorne favori, elle ressemblait au chevalier Des Grieux de *Manon Lescaut*[818]. Elle devait avoir entendu parler de Dalí avant de le rencontrer, car elle avait été l'une des aristocrates qui avaient acheté une toile à l'exposition des Espagnols résidant à Paris, qui s'était tenue à Madrid quelques mois plus tôt[819]. Le soir où Miró y amena Dalí, il y avait parmi les hôtes de la duchesse la comtesse « Tota » Cuevas de Vera, une autre aristocrate madrilène amie des arts, et une femme du monde qui, quelques années plus tard, devait devenir une amie proche du peintre. En rencontrant ces femmes de haute volée au sang bleu, Dalí a dû se dire qu'il se trouvait enfin introduit dans le bon cercle social, même si pour l'instant son extrême timidité l'empêchait de briller dans la conversation.

Les services de Miró ne se bornaient pas à l'emmener dîner dans les appartements luxueux de nobles dames espagnoles. Il lui rendit un service encore plus grand en le présentant au marchand d'art belge Camille Goemans, qui vivait dans son quartier, rue Tourlaque, à quelques mètres du cimetière de Montmartre[820].

Camille Goemans était né à Louvain en 1900. Ex-fonctionnaire d'État, écrivain et poète surréaliste, il avait quitté Bruxelles pour Paris en 1927, et y avait tenu pendant deux ans la galerie Jacques Callot, à quelques mètres de la Galerie surréaliste. Goemans était un ami proche de René Magritte, qui l'avait suivi à Paris, et était devenu le principal représentant du peintre dans la capitale française. Lorsque Miró présenta Dalí à Goemans, ce dernier venait juste d'ouvrir sa propre galerie, la galerie Goemans, au 49, rue de Seine, inaugurée par une exposition de collages de Picasso, d'Arp, d'Ernst et de Magritte[821]. Goemans apprécia le travail de Dalí et, le 14 mai, lui signa un contrat stipulant qu'entre le 15 mai et le 15 novembre toute la production du Catalan devait lui être confiée. En retour, Dalí recevrait mille francs par mois à partir de la date du contrat. Goemans entreprendrait d'organiser une exposition Dalí au cours de la saison 1929-1930.

Apparemment, Dalí discuta avec son père, par téléphone, des conditions du contrat qui devait le faire percer, car deux jours après la signature Dalí Cusí écrivit à Miró, lui demandant de lui dire franchement ce qu'il pensait des chances de son fils. Le peintre, avec sa prudence habituelle, lui répondit, le 20 mai, qu'il faisait tout son possible pour pousser la carrière de Salvador et que, même si ce ne serait pas facile, cela finirait par marcher maintenant qu'il était pris en main par Goemans[822]. Le 22 mai, l'un des principaux journaux catalans de Barcelone, *La Veu de Catalunya*, parla de la signature du contrat. Le notaire colla la coupure dans son album, où elle fut rejointe peu après par le contrat lui-même. Don Salvador Dalí Cusí avait toutes les raisons d'être satisfait : la conquête de Paris par son fils se déroulait comme prévu.

Dans l'appartement de Goemans, Dalí rencontra René Magritte, dont il avait parlé favorablement dans ses articles « documentaires » pour *La Publicitat*. David Sylvester, le biographe de Magritte, affirme que Dalí n'a pas visité l'atelier de Magritte, en dehors de Paris, au cours de son séjour, et qu'il ne connaissait sans doute son travail qu'à travers des photographies[823]. Mais Magritte devait avoir l'habitude de porter des toiles chez Goemans, et on peut supposer que Dalí en avait vu quelques-unes lors de ses visites rue Tourlaque. De plus, une autre allusion à Magritte dans la série pour *La Publicitat* laisse penser que Dalí avait des informations confidentielles, qu'il tenait peut-être de Magritte lui-même, sur l'évolution de son aîné. « Le peintre surréaliste belge, écrivait-il, vient d'imaginer la large rue d'une ville remplie d'une multitude de gens de toutes sortes, tous à cheval, mais les chevaux ne vont nulle part, et ils se déplacent à l'intérieur d'un minuscule rayon[824]. » Il semble aussi probable qu'au cours de ses semaines parisiennes, Dalí ait montré certaines de ses œuvres à Magritte, et que le Belge ait été impressionné. Comment expliquer sinon sa décision de rendre visite à Dalí à Cadaqués cet été-là, en compagnie de Goemans, de Buñuel et de Paul Éluard ?

Selon *La Vie secrète*, Dalí avait été présenté à Éluard par Goemans, un soir, au Bal Tabarin. Comme toujours, le beau poète était en compagnie féminine, « une femme semée de paillettes noires ». « C'est Éluard, le poète surréaliste, lui confia Goemans à l'entrée du couple. Il est très important à Paris, et en plus il achète des tableaux. Sa femme est en Suisse, et la fille qui l'accompagne est sa petite amie[825]. » Cette rencontre a dû avoir lieu en avril 1929, car Éluard, qui ne cessait de bouger, quitta Paris à la fin du mois, et n'y revint pas avant le retour de Dalí en Espagne[826]. Dans *La Vie secrète*, Dalí se rappelle : « Éluard me parut être un personnage de légende, buvant calmement, et s'absorbant dans la contemplation des jolies femmes autour de nous. Avant de nous quitter, il promit de venir l'été suivant à Cadaqués[827]. »

Il est difficile de croire qu'Éluard ait fait à Dalí une telle promesse lors de leur première rencontre. Il est probable qu'ils se sont revus au cours du mois. Quoi qu'il en soit, Dalí était un fervent admirateur de la poésie d'Éluard, citant *152 proverbes mis au goût du jour*, d'Éluard et Benjamin Péret, dans sa série d'articles pour *La Publicitat*.

## *UN CHIEN ANDALOU* À PARIS

Dalí rentra à Figueres avant la première d'*Un chien andalou*, et se rendit brièvement à Cadaqués le 2 juin[828]. Dans ses écrits autobiographiques, le peintre ne parle pas du processus éditorial du film, et ne dit pas avoir été en salle de montage pour voir Buñuel au travail. Mais il est inconcevable qu'il ait quitté Paris avant de voir le produit fini[829]. Ce que Dalí nous dit dans *La Vie secrète*, c'est qu'il se sentait mal vers la fin de son séjour, ayant contracté « une violente inflammation des amygdales », suivie d'une angine. Qu'il ait attrapé quelque chose est confirmé par la prescription d'un médecin collée dans l'album de Salvador Dalí Cusí. Datée du 23 mai 1929, elle mentionne diverses poudres, y compris de l'aspirine, du bromhydrate et du citrate de caféine. Peut-être Dalí était-il fatigué nerveusement[830].

Le 6 juin 1929 eut lieu, au Studio des Ursulines, la première d'*Un chien andalou*. Buñuel avait accepté de partager l'affiche avec *Les Mystères du château du Dé*, qui fut projeté en premier[831]. En ce qui concerne le film de Buñuel, ce fut une soirée mémorable. Le pugiliste en herbe avait rempli ses poches de cailloux en cas de réactions hostiles. Mais il n'avait pas de souci à se faire. Le film de Man Ray ne fut pas apprécié par le public, qui le jugea d'une avant-garde conventionnelle, alors que le *tour de force** de dix-sept minutes de l'Espagnol électrifia la salle. Nombre de spectateurs furent violemment frappés par la scène d'ouverture, l'œil tranché[832]. Selon Buñuel, la « fine fleur » de la société parisienne se trouvait là : « Une poignée d'aristocrates, quelques peintres et écrivains déjà célèbres (Picasso, Le Corbusier, Cocteau, Christian Bérard, le compositeur Georges Auric) et bien sûr, le groupe surréaliste au complet[833]. » La mémoire de Buñuel n'est jamais fiable. On a cependant la chance d'avoir le compte rendu contemporain d'un journaliste catalan présent lors de cette soirée mémorable. Il écrivit peu après que parmi l'assistance en émoi se trouvaient, en même temps que le mécène de Man Ray, le vicomte de Noailles, et Man Ray lui-même, Fernand Léger, Constantin Brancusi, Robert Desnos, Jean Arp, Max Ernst, Tristan Tzara, Joan Miró, Christian Zervos, Jacques Lipchitz, Charles Vildrac, André Breton, Louis Aragon, Le Corbusier, René Clair et E. Tériade[834].

Les critiques, dans leur ensemble, furent intrigués. L'un d'eux, André Delons, écrivit quelques semaines plus tard dans la revue belge *Variétés* que c'était :

> la première fois, et je dis bien la première fois, que des images, pénétrées de nos terribles gestes humains, portent leurs désirs jusqu'à leur dernière

> extrémité, et parviennent à leur but ultime à travers tous les obstacles prédestinés... On a l'impression d'assister à un authentique retour de la réalité, de la réalité mise à nu... Il est clair, par exemple, pour qui a des yeux pour voir, qu'un divertissement comme *Entr'acte*, après ça, n'est plus valable aujourd'hui[835].

Pour J. Bernard Brunius, des *Cahiers d'art*, Buñuel avait détruit d'un coup de rasoir les prétentions de ceux pour qui l'art était affaire de sensations plaisantes. Il avait brillamment capté « la logique absurde, mais implacable, du rêve ». En authentique Espagnol, il avait démontré qu'il était conduit par « cette force vivante qui attire les hommes véritables vers les problèmes les plus angoissants[836] ». Il y eut aussi une critique généreuse de Robert Desnos, qui écrivit :

> Je ne connais aucun autre film qui agisse aussi directement sur le spectateur, aucun film qui soit aussi spécialement pour lui, qui engage la conversation avec lui, dans un rapport intime. Mais qu'il s'agisse de l'œil tranché par un rasoir, et dont un liquide cristallin suinte vicieusement, ou de l'assemblage de prêtres espagnols et de pianos à queue chargés d'ânes morts, il n'y a rien là-dedans qui ne participe de l'humour et de la poésie, intimement liés[837].

L'article le plus éblouissant de tous, cependant, était celui de l'écrivain Eugenio Montes, l'un des amis de Dalí et de Buñuel à la Résidence des étudiants, que *La Gaceta Literaria* avait envoyé à Paris pour l'occasion. Après la projection, Montes entendit Fernand Léger, Tristan Tzara et Tériade, parmi bien d'autres, affirmer que le film ferait date dans l'histoire du cinéma. Dalí fut si excité par cet article, qui parut à la une de *La Gaceta* le 15 juin 1929, qu'il en reproduisit plus tard une partie dans *La Vie secrète*. Montes avait insisté sur l'essence typiquement espagnole du film, faisant allusion (pour les initiés, et en inversant les termes) à la toile de Dalí *Le miel est plus doux que le sang*, et adressant plus d'un pied de nez aux Français :

> La beauté élémentaire et barbare du désert – la lune, la terre – où « le sang est plus doux que le miel » reparaît aux yeux du monde. Non ! Ne cherchez pas là les roses de la France. L'Espagne n'est pas un jardin, et les Espagnols ne sont pas des jardiniers. L'Espagne est une planète. Dans le désert, les roses sont des ânes en putréfaction. Mais pas d'« esprit ». Rien de décoratif. L'Espagne va à l'essentiel, pas au raffiné. L'Espagne ne raffine pas. Ne falsifie pas. L'Espagne ne sait pas comment peindre des tortues, ni recouvrir les ânes de verre au lieu de poils. En Espagne, les statues du Christ saignent. Et quand on les emmène dans les rues lors des processions, la Garde civile les escorte[838].

Globalement, lorsque Dalí affirma plus tard qu'*Un chien andalou* « ruina en une soirée dix ans d'avant-garde pseudo-intellectuelle d'après-guerre », il n'avait pas tort.

Le 24 juin, Buñuel écrivit à Dalí. Tout se passait bien pour le film et Mauclaire, qui dirigeait le Studio 28, arrangeait les choses pour que la censure n'intervienne pas quand il commencerait, à l'automne, à passer le film dans son cinéma (il espérait le passer pendant deux mois). En attendant, il devait être projeté trois jours dans une luxueuse station balnéaire. Charles de Noailles, le mécène, manifestait un grand intérêt pour le film, et l'avait loué pour une séance spéciale dans sa salle privée au début du mois de juillet, proposant à Buñuel de lui prêter les lieux pour ses propres invités le lendemain (Picasso avait dit qu'il voulait venir). Buñuel avait maintenant rencontré « tous » les surréalistes, qui avaient dit leur admiration pour le film, en particulier Queneau, Prévert, Morise et Naville. Artaud et Vitrac venaient de le revoir au Studio 28, accompagné d'un film d'Eugène Deslaw. *Un chien andalou* fut accueilli avec enthousiasme, alors que le film de Deslaw fut hué. Tous les magazines demandaient des photos, et Buñuel disait à qui voulait bien l'entendre de garder en tête « que Dalí était son collaborateur dans la *conception* du film » :

> Comme vous le savez, jusqu'à maintenant, il y a au cinéma une tendance à ne mentionner que le metteur en scène ou les acteurs. Auriol, Desnos, Brunius, etc., mettront nos noms côte à côte, ce qui est important pour que nous paraissions comme une équipe. L'article de Montes n'est pas mal, mais je regrette qu'il ait mentionné la vile *jota*, et le dégoûtant fleuve Èbre[839]. Chaque jour ils me présentent à des gens qui veulent nous connaître[840].

Charles et Marie-Laure de Noailles avaient été littéralement renversés par *Un chien andalou* – et par Luis Buñuel, à qui ils avaient été présentés, apparemment, par Christian Zervos, rédacteur en chef des *Cahiers d'art*, probablement le soir de la première[841]. Buñuel fut rapidement invité à dîner[842]. Les Noailles lui proposèrent de l'aider de toutes les façons possibles afin que le film puisse être projeté en public, ce qui arriva à la fin du mois de juin[843], et le 3 juillet ils diffusèrent le film, en présence de Buñuel, dans leur salle privée. C'était la plus perfectionnée de Paris et elle était déjà équipée pour le son[844]. Le prudent Aragonais, d'abord sur ses gardes avec ces aristocrates, fut rapidement conquis par ce couple enthousiaste et éclairé. Bien des années plus tard, il dit à Max Aub : « Je n'ai jamais connu de mécènes aussi généreux qu'eux. Ils étaient d'une discrétion exemplaire, avaient de la grâce, du bon goût, de la considération[845]. » Au cours des semaines suivantes, les Noailles organisèrent plusieurs séances pour leurs amis, pour des critiques, et selon les mots du vicomte, pour des « gens utiles ».

Parmi les invités se trouvaient Jean Hugo, Cocteau, Francis Poulenc, le comte Étienne de Beaumont, le cinéaste danois Carl Theodor Dreyer, René Crevel et le poète Léon-Paul Fargue[846]. Noailles, en parfait gentleman, faisait en sorte que Buñuel soit largement récompensé pour ces projections.

En grande partie grâce à Noailles, la renommée d'*Un chien andalou* s'étendit rapidement. En ce mois de juillet, il fut vu, lors d'un festival de courts-métrages à Paris, par le critique anglais Oswell Blakeston. Il trouva difficile de « suivre consciemment la trame qui a pour but de faire appel à notre subconscient », remarqua que le film touchait à l'homosexualité, et affirmait qu'il « avait un sens individuel ». Il espérait avoir l'occasion de le revoir encore et encore[847].

Charles de Noailles (1891-1981) était le fils du prince de Poix, descendant d'une vieille et riche famille qui comptait parmi ses ancêtres Chateaubriand et Saint-Simon, et qui, depuis des générations, était faite d'amateurs et de collectionneurs d'art. Noailles s'intéressait particulièrement à l'architecture, et plus tard dans sa vie il devint une autorité internationale en matière de botanique et de jardins. Son épouse Marie-Laure était la fille d'un banquier juif américain immensément riche, Maurice Bischoffsheim, et d'une Française distinguée, Mme de Croisset, qui descendait du marquis de Sade et dont la mère, la comtesse Laure de Chevigné, était l'un des modèles de la princesse de Guermantes dans *À la recherche du temps perdu* de Proust[848]. Marie-Laure, qui avait été élevée entourée de livres et de gens intéressants, développa très vite le goût de la poésie et de la peinture et, encore adolescente, devint une amie et une admiratrice passionnée de Jean Cocteau. Lorsqu'en 1923, à l'âge de vingt ans, elle épousa Charles de Noailles, elle avait hérité l'énorme fortune de son père. Avec sa silhouette frappante, dotée d'un grand nez aquilin, elle ressemblait un peu à Louis XIV. Elle devait se montrer « aussi autocratique que lui avec ses amis et ses amants[849] ».

Charles et Marie-Laure de Noailles, quand Buñuel les rencontra, étaient les principaux mécènes de l'art et de la littérature en France. Il y avait autour d'eux une aura de Renaissance. « Leur fortune était si grande qu'elle les mettait à l'abri des fluctuations des économies nationales comme de la panique des crises internationales », a écrit James Lord, le biographe de Giacometti (un autre de leurs protégés). « La seule limite de leur rôle était leur goût, qui s'avérait aussi catholique que clairvoyant. » À Paris, le couple habitait et recevait au 11, place des États-Unis, dans l'hôtel particulier somptueux que Marie-Laure avait hérité de son banquier de père. Son mari et elle réunirent une collection fabuleuse d'art contemporain, y compris des œuvres représentatives de tous les peintres importants vivant à Paris[850]. Le prince Jean-Louis de Faucigny-Lucinge, qui connaissait intimement les Noailles, se rappelait que Marie-Laure avait « vraiment un bon œil pour la peinture », son goût inné ayant été chaleureusement salué par un connaisseur tel que Bernard Berenson[851]. Elle remplaça bientôt une Misia Sert sur le déclin comme hôtesse la plus brillante de la capitale française (si l'on n'assistait pas aux soirées de Marie-Laure, on n'existait pas), et devint le centre de l'attention.

Le tourbillon social dans lequel les Noailles vivaient à Paris était complété par les divertissements qui se déroulaient dans leur villa méditerranéenne, sur les hauteurs de Hyères, dont l'atmosphère fut fixée pour la postérité par le film qu'ils commandèrent à Jacques Manuel, *Biceps et bijoux*, et par *Les Mystères du château du Dé*, de Man Ray. La construction de la villa, commencée en 1924, avait été confiée à l'architecte Robert Mallet-Stevens, après des consultations auprès de Gropius et de Le Corbusier. Elle s'esquissa comme « une petite maison moderne, agréable à vivre » et se termina en folie cubiste occupant près de deux mille mètres carrés au sol, avec d'interminables corridors et des chambres toutes destinées à recevoir le maximum de lumière, ainsi qu'une piscine intérieure, un gymnase, un solarium, un court de squash (les Noailles étaient fous d'athlétisme), un jardin cubiste (dont les terrasses étaient décorées de sculptures de Giacometti, de Laurens, de Lipchitz et de Zadkine), un mobilier ultra-moderne et, partout, des tableaux : De Chirico, Klee, Picasso, Braque, Miró, Chagall, Masson, Ernst...

À la mort de Marie-Laure de Noailles, en 1970, la maison et le grand parc furent achetés par la mairie de Hyères, et restaurés. Même si l'atmosphère est maintenant gâchée par le grondement des avions qui partent de l'aéroport en contrebas, il n'est pas difficile, tandis qu'on parcourt les lieux, de comprendre pourquoi les gens réclamaient à cor et à cri d'y être invités au cours des années 1920 et 1930.

Les Noailles aimaient s'entourer d'hommes et de femmes créatifs auxquels leur donnaient accès leur immense fortune ainsi que leur charme et leur talent personnel. Il faudrait des pages pour établir la liste de ceux qui profitèrent, à Paris comme à Hyères, de leur mécénat et de leur hospitalité. Selon quelqu'un qui les connaissait bien, Pierre Bergé, le couple avait le goût de la subversion, et « trouvait son propre équilibre en exerçant sur les autres une influence déstabilisante[852] ».

L'initiative de financer le film suivant de Buñuel et de Dalí revint à Marie-Laure, qui avait été frappée par la supériorité d'*Un chien andalou* sur *Les Mystères du château du Dé*[853] de Man Ray. Buñuel reçut l'assurance qu'il aurait complète liberté pour faire ce qu'il voudrait, et accepta aussitôt[854]. Dalí se trouvait alors en Espagne, mais dans le dernier article de sa série pour *La Publicitat*, écrit avant son départ de Paris, il annonçait que le prochain projet de Buñuel était un documentaire sur Cadaqués et sa côte, « qui traiterait des gros orteils des pêcheurs locaux jusqu'aux sommets des falaises du cap de Creus, *via* les ondulations de toutes sortes de plantes et d'herbes sous-marines[855] ». Comme il avait déjà été prévu que Buñuel rende visite cet été-là à Dalí à Cadaqués, en même temps qu'Éluard, le couple Magritte et Goemans, on peut supposer que Buñuel suggéra à Dalí de travailler là-bas avec lui, au mois d'août, au scénario du nouveau film.

Peu après son retour en Catalogne, et une fois réinstallé à Cadaqués, Dalí connut une espèce de régression vers l'enfance, nous dit-il, souffrant de fous rires incontrôlables et voyant des « images infinies que je ne parvenais pas à localiser précisément mais dont je savais avec certitude que je les avais vues dans mon enfance ». L'une de ces images était celle d'une biche tirée des décalcomanies avec lesquelles sa sœur et lui aimaient tant s'amuser (et qui était déjà apparue dans *Les Premiers Jours du printemps*). Quant aux autres :

> D'autres images affluèrent, souvent plus compliquées : une tête de lapin, dont l'œil était aussi l'œil d'un perroquet, et un poisson avec une sauterelle dans sa gueule. Si je ramais, je voyais surgir autour de moi une multitude de petites ombrelles multicolores[856].

Dalí décida d'incorporer ces images, et d'autres similaires, à une toile, en ne suivant que les incitations de son subconscient. Le résultat fut *Le Jeu lugubre*.

*Le Jeu lugubre* contient une véritable anthologie de toutes les obsessions sexuelles auxquelles, à l'époque, seules la masturbation compulsive et la peinture en elle-même servaient d'exutoire. Dans cette toile, il a mis, nous dit-il, « son corps et son âme ». Cette petite toile (44,4 × 30 cm) mérite d'être observée de près. La tête de perroquet aux couleurs criardes, à laquelle Dalí fait référence dans le passage cité, est aisément situable au milieu et, émergeant par-dessous, la biche. Il faut un certain temps pour distinguer la tête de lapin enfermée dans celle du perroquet. Quand elle apparaît soudain, certains connaissent l'expérience d'une petite illumination. L'avant de la tête de lapin, comme Dalí nous l'indique, est aussi faite pour être celle d'un poisson – une ressemblance qui devient plus apparente si on retourne l'image. L'intérieur sombre des oreilles du lapin paraît incongru, ce qui indique de façon infaillible que nous sommes en présence d'une image à double sens. Une chose est sûre : comme l'a remarqué Paul Moorhouse, l'oreille est aussi une vulve[857].

Un tourbillon brumeux de ces fantaisies ou, selon le terme de Georges Bataille, de ces « objets de désir » émane de la tête du lapin[858]. Pour Dawn Ades, il s'agit d'une « image directement empruntée à un certain type de dessins de médium, qui montre, de façon similaire, la "vision" du médium qui s'élève de son propre front[859] ». Le bras droit et les seins nus de la fille à la tête faite de collages sont en même temps un doigt désirable et des testicules. Le premier est prêt à s'insérer entre deux fesses rebondies dans un anus dont le bord grouille de fourmis (qui rappellent *Un chien andalou*). À la droite du sein gauche, l'extrémité d'une cigarette phallique est placée à l'entrée d'un autre orifice, en parallèle avec l'activité d'un doigt qui s'active sur la tête du masturbateur.

À cette époque, Dalí était obsédé par la pénétration anale, que ce soit par un phallus ou par un doigt. Tandis qu'il travaillait à cette toile, Dalí écrivit à Pepín Bello, disant qu'il était toujours fatigué après son séjour à Paris, et l'invitant à Cadaqués. Il terminait ainsi : « Alors, je t'attends. Je serai ravi que tu viennes, et j'aurai (comme toujours) mon doigt fiché dans ce fameux trou, qui est le trou du cul, et aucun autre[860]. »

Sur la gauche du doigt phallique, Dalí a placé un calice surmonté d'une hostie verticale, selon un arrangement fréquent dans l'iconographie de l'Église catholique (et que Dalí a pu voir pour la première fois, enfant, dans *La Vierge adorant l'hostie*, d'Ingres, qui se trouvait dans le volume correspondant de la collection de livres d'art Gowans)[861]. La juxtaposition du calice avec l'hostie et d'un anus prêt à se faire pénétrer par un doigt nous montre à quel point Dalí était maintenant décidé non seulement à appliquer à la lettre la proscription de la religion par le surréalisme, mais à attaquer tout ce qu'elle représentait. Dans ce jeu, il avait le soutien actif de Buñuel qui, en février, dit à Pepín Bello que Dalí et lui avaient l'intention d'écrire ensemble un volume de poèmes, cet été-là, à Cadaqués. Ils envisageaient comme titre *Mules fuyant une hostie consacrée*, *Bataille entre fourmis et hosties consacrées*, *Hostie consacrée avec moustache et pénis* et *Hosties consacrées sortant du cul d'un papillon et saluant*[862]. Le blasphème, incitant Dieu à se montrer sous son pire jour, attirait beaucoup Dalí et Buñuel à cette époque, et l'hostie était une de leurs principales cibles. Dans cet esprit, nous devons garder en tête la tendance des Espagnols à mêler dans leurs jurons le sacré et le profane, comme l'a découvert avec délices Ernest Hemingway. Une expression d'irritation courante est « Je chie sur l'hostie ! » (« *Me cago en la hostia!* »), et on entend fréquemment « Je chie sur le calice ! » (« *Me cago en el copón!* »). De telles expressions, il est inutile de le souligner, sont jugées extrêmement choquantes par les catholiques des autres pays.

Les vagins, pour Dalí les orifices les plus terrifiants, abondent dans cette peinture. Se mêlant à la tête de la femme, on voit celle d'un homme dont la bouche a été transformée en organe féminin rouge sang. Les chapeaux ont des fentes qui ressemblent à des vulves, et au-dessus de l'anus, au centre du vortex tourbillonnant, un autre vagin répond à l'intérieur sombre de l'oreille de lapin en dessous[863].

Voici quelques-uns des petits détails. Si l'on recule pour avoir une vue d'ensemble de cette toile pleine d'action, d'autres éléments apparaissent. On se rend compte, par exemple, que la tête du masturbateur et le magma d'objets qui se trouvent en dessous, s'étendant jusqu'aux jambes coupées de la silhouette aux fesses roses, dessinent la forme d'une tête d'âne (oui, encore un âne !), dont les oreilles pointent au-dessus de la nuque du masturbateur.

En ce qui concerne le couple dans le coin en bas à droite, nous avons déjà vu qu'il se rapporte à un soir traumatisant à Cadaqués, quand le père de Dalí était arrivé chez lui et avait annoncé qu'il avait chié dans son pantalon, faisant honte à Salvador, mais apparemment sans gêne pour lui-même. La silhouette du père ici regarde fixement, et avec délices, quelque chose, peut-être les fesses (sans doute celles d'une femme), et tient dans sa main droite ce qui semble être un outil pointu entortillé dans un linge ensanglanté. La silhouette pathétiquement appuyée sur son épaule est nue, et visiblement elle est à l'agonie. Que s'est-il passé ? Presque certainement, l'homme barbu représente l'« autorité parentale » et il a imposé la castration (punition adéquate pour la masturbation) au personnage, sans doute son fils, qui se colle à lui tandis que son doigt s'insère dans un orifice en forme de vagin qu'il a dans la tête. Cela nous rappelle que la honte blesse comme un couteau, et qu'elle est une sorte de castration émotionnelle[864].

Et la silhouette au sommet du monument, qui cache son visage et tend une main exagérément grossie ? Pour Ades, le fait que le visage soit caché indique, une fois de plus, la honte, et la main grotesque désigne la cause de cette honte : la masturbation. Je pense qu'on doit adhérer à cette interprétation, car la main est très semblable à d'autres mains qui apparaissent dans des œuvres de Dalí sur le thème de la masturbation[865]. Une silhouette jeune est assise, qui représente peut-être Dalí lui-même. Elle tend quelque chose à la statue. Ades a sans doute à nouveau raison quand elle voit en cet objet « un organe sexuel agrandi[866] ». Il est significatif, de plus, que le vieil homme avec une canne qui lève les yeux sur le gigantesque monument ressemble beaucoup à Salvador Dalí Cusí, que l'on retrouve dans d'autres toiles peintes cet été-là, notamment *Le Grand Masturbateur*.

Dans les toiles de Dalí de cette époque, les lions tendent à symboliser la rage et des désirs terrifiants. Ici, le fauve avec la patte sur un boulet de canon fait directement allusion à ceux qui gardent l'entrée du Parlement espagnol, à Madrid. Les parlements, comme les pères sévères, légifèrent, disent la loi. Et la masturbation est une activité honteuse et interdite. Nous avons vu un peu plus tôt que, dans un journal d'adolescence, Dalí racontait ses tentatives pour cesser de se masturber, craignant que cette pratique ne lui fasse « perdre du sang », c'est-à-dire de la puissance. Ce danger est sans doute indiqué ici par l'objet placé près du coin en bas à gauche, dans lequel Ades identifie « une bougie molle qui se consume », symbole de rêve freudien de l'impuissance. Cette interprétation est renforcée par la présence de l'escalier qui pour la même critique exprime, par sa « taille oppressante », la peur de l'acte sexuel[867].

Pour finir, quel est le thème de cette toile, dans laquelle, comme Georges Bataille a été le premier à le remarquer, on voit qu'a été infligée une castration[868] ? Quel est le crime qui a mérité un aussi terrible châtiment ? Une étude au crayon pour la toile augmente la probabilité que le péché originel ne soit pas uniquement la pratique de la masturbation, mais le voyeurisme : le regard concupiscent, la curiosité sexuelle. Dans l'étude, la figure parentale porte des pantalons longs, et son visage paraît plus vieux. Une main tient un revolver, et on voit des silhouettes nues s'adonner à diverses activités sexuelles (y compris la masturbation mutuelle entre femmes) dont le personnage plus jeune a honte (à la différence de l'homme), ce qui explique qu'il se cache le visage[869]. En 1929, Dalí n'était que trop conscient que, quel que soit le mode de vie qu'il choisirait, quelle que soit la réussite de la ruse de son exhibitionnisme, il n'appartiendrait jamais au joyeux groupe des gens sexuellement désinhibés. La honte qui tue le désir, dans l'explosion de Swinburne contre « le Mal suprême, Dieu », a bien fait son travail[870]. C'était un *outsider* impuissant, ayant désespérément envie de s'unir, mais incapable de le faire. Et aucune peinture ne le montre plus clairement que *Le Jeu lugubre*. Les membres de la famille de Dalí, et c'est compréhensible, ne furent pas enthousiasmés tandis que cette toile prenait forme sous leurs yeux. Anna Maria Dalí, vingt ans plus tard, écrivit que les toiles peintes par Dalí cet été-là étaient « horriblement dérangeantes », de véritables cauchemars, et en rendait responsables les nouveaux amis de son frère, les surréalistes. *Le Jeu lugubre* était la toile la plus représentative du changement radical qu'ils avaient suscité chez Dalí[871].

## GALA, ÉLUARD

Au début d'août 1929, les Magritte, accompagnés de Goemans et de sa compagne, Yvonne Bernard, arrivèrent comme prévu à Cadaqués, où ils avaient loué un appartement pour un mois[872]. Quelques jours plus tard, ils furent rejoints par Éluard, sa femme Gala et leur fille Cécile, qui s'installèrent à l'hôtel Miramar (aujourd'hui Résidence de l'Académie). La présence d'un groupe de visiteurs aussi inhabituels ne pouvait passer inaperçue. Le 15 août, le journal bimensuel local, *Sol Ixent*, annonça que le « bien connu » marchand d'art parisien Goemans, le « très distingué » peintre belge Magritte et le « grand » poète français Éluard, « accompagnés par leurs familles respectives », passaient l'été à Cadaqués. Il n'est pas fait mention de Buñuel, ce qui laisse à penser qu'il arriva après la parution de l'article[873].

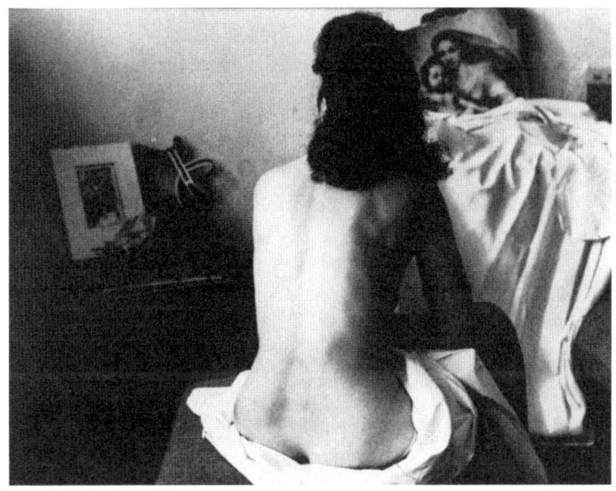

● Gala nue et de dos en 1945, qui inspira à Dalí l'un de ses tableaux.

Paul Éluard aimait faire des photographies de Gala nue, et il se peut qu'il en ait montré quelques-unes à Dalí à Paris, avec des observations pertinentes[874]. Au cours de son séjour en France, Dalí avait beaucoup entendu parler de Gala par d'autres gens, et à son retour en Espagne il avait déjà commencé à penser à elle comme à la femme qu'il attendait[875]. La partenaire d'un don Juan comme Éluard devait être très spéciale. Mais quand Dalí vit Gala en maillot de bain sur la plage, à Es Llané, il vit que la réalité dépassait ce qu'il avait imaginé. La *petite** Russe transformée en Parisienne exotique était son rêve de corps personnifié ; celle même (quoique décapitée) qu'il avait, deux ans plus tôt, peinte de dos dans *Petites cendres*, avec ses cuisses et ses jambes aux formes parfaites, et ses fesses délicatement courbées mises en valeur par une taille de guêpe. Sur la toile, les seins de la femme sans tête, cachés, sont de taille modeste par rapport au reste du corps. Pour Dalí, les seins devaient être petits mais magnifiques, et les grosses poitrines lui répugnaient. Les seins de Gala étaient exactement comme il fallait, « si doux à manger[876] », lui avait écrit Éluard. Dalí ne manquait jamais de dire à qui le lui demandait que lui-même aimait les fesses. Six ans avant de rencontrer Gala, il avait peint une scène *pointilliste** représentant des baigneuses, tendant les fesses tandis qu'elles se hissaient dans des bateaux ou s'amusaient dans l'eau [cahier couleur, page II]. Maintenant, après une attente aussi angoissée, une Vénus callipyge réelle venait de se matérialiser sous ses yeux dans les lieux qu'il aimait le plus au monde : la plage d'Es Llané, qu'il avait découverte enfant ; sur laquelle, en 1925 et 1927, il avait gambadé avec Lorca et où, dans *Composition aux trois personnages (Académie néo-cubiste)*, il avait visualisé saint Sébastien, patron de Cadaqués, arpentant paisiblement le rivage. Le lieu était idéal, le physique parfait. Ce fut une passion au premier regard :

> Son corps avait une complexion enfantine, ses omoplates et ses muscles lombaires cette tension athlétique un peu brusque des adolescents. En revanche le creux du dos était extrêmement féminin et liait avec grâce le torse énergique et fier aux fesses très fines que la taille de guêpe rendait encore plus désirables[877].

Parmi les autres charmes physiques de Gala, il y avait des bras ravissants, des jambes galbées et des chevilles fines. Elle marchait d'un air résolu, avec élasticité, et quand elle passait près d'eux dans la rue, les gens se retournaient[878]. Peu après l'avoir rencontrée, Dalí lut la *Gradiva* de Jensen et l'analyse par Freud de cette nouvelle remarquable. Il décida immédiatement que Gala était la réincarnation de Gradiva, l'héroïne énigmatique, élancée, dont le nom latin signifie « la fille splendide quand elle marche » et qui ramène à ses sens l'archéologue illusionné, Norbert Hanold, et l'épouse. Gala devint donc la *Gradiva rediviva* de Dalí, qu'il appelait parfois « Celle qui avance ».

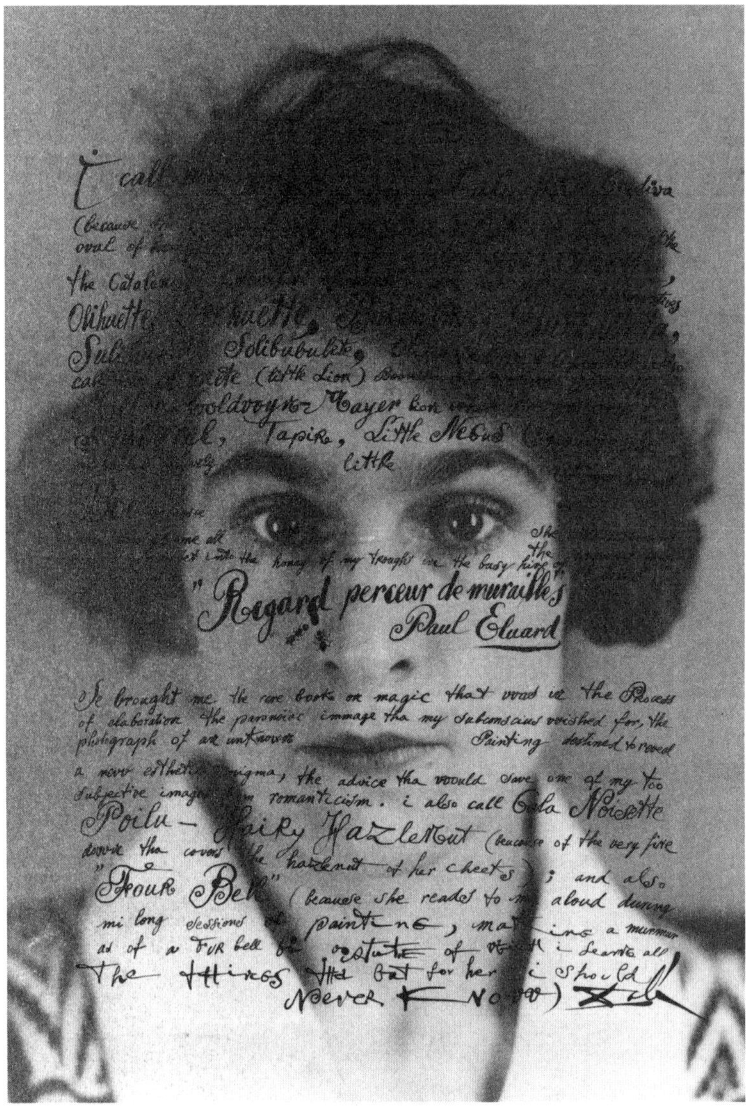


● Portrait de Gala par Max Ernst, qui, comme Dalí et Éluard, était fasciné par ses yeux, 1927. Dalí liste sur ce portrait les différents surnoms qu'il donne à sa femme.

On peut difficilement dire du visage de Gala qu'il était très beau, mais il était envoûtant et, quand elle avait décidé de jouer de son charme, il était même joli. Comme il avait la forme d'une olive, Dalí la surnomma plus tard « Oliva », ou du diminutif catalan « Oliveta » (avec sûrement en tête les délicieuses petites olives de Cadaqués). Son long nez droit était cependant un peu trop allongé, et ce nez et ces petits yeux noirs rapprochés lui donnaient parfois l'air d'un oiseau de proie, quand elle était de mauvaise humeur, ce qui lui arrivait souvent. Dalí dit un jour qu'il aimait « son visage agressif et désagréable[879] ». L'animal auquel Gala ressemblait le plus était le chat : elle était ondoyante, gracieuse et potentiellement vicieuse. Son regard, en particulier quand elle le fixait sur d'autres femmes, avait une intensité féroce capable, ainsi qu'Éluard l'écrivit un jour, de « percer des murailles[880] ». Pour l'amie de Dalí du temps de la Résidence, María Luisa González, elle avait d'étroits yeux de rat capables de voir au fond de l'âme[881].

Quand Gala était de bonne humeur, cependant, elle rayonnait et ses yeux semblaient s'ouvrir plus grands, comme sur le portrait photographique que Max Ernst a fait d'elle en 1925. Une autre photo, qui la montre à Port Lligat au début des années 1930, rend justice à son allure. Bref, il n'y a aucun doute là-dessus : Gala *avait du chien**, une qualité très appréciée par les Français[882].

Elena Ivanovna Diakonova (« Gala » était son diminutif, chez elle, en Russie) n'était pas aussi jeune que le suggérait sa silhouette souple ; car elle était née le 7 septembre (date grégorienne) 1894, à Kazan. En fait, elle avait exactement trente-cinq ans quand elle fit la connaissance de Dalí, de dix ans plus jeune qu'elle[883]. On sait très peu de choses sur son enfance. Son père, Ivan, était un fonctionnaire civil d'un rang élevé, et sa mère, Antonina, une femme cultivée qui fréquentait un cercle d'écrivains et d'artistes, et avait publié une série de livres pour enfants. Dalí insistait toujours sur le fait que Gala avait du sang juif. Si tel était le cas, ça lui venait sans doute de sa mère[884].

L'appartement d'Antonina et d'Ivan était plein de livres. Enfant, Gala dévorait les romans de la comtesse de Ségur, alors très populaires en Europe, et s'identifiait aux fillettes françaises vêtues de crinolines. Elle commença à apprendre la langue avec sa gouvernante française à l'âge de sept ans[885]. Cette découverte précoce de la France était pareille à celle de Dalí, et dès qu'ils se rencontrèrent ils communiquèrent en français – ce qu'ils devaient continuer à faire. Chez elle, Gala avait aussi appris l'allemand, une langue à laquelle elle se remit dans les années 1920 lorsqu'elle reçut une éducation pour adultes dans une institution parisienne[886].

Gala avait environ dix ans lorsqu'elle perdit son père. Selon une version, il mourut en Sibérie, alors qu'il prospectait de l'or pour le tsar[887] ; selon une autre, il abandonna Antonina, probablement pour une autre femme. Quelle que soit la vérité, Antonina dut affronter des conditions difficiles pour élever quatre enfants – Gala avait une sœur, Lidia, de sept ans plus jeune qu'elle, et deux frères adolescents, Nikolai et Vadim[888]. Femme de caractère, et peu conventionnelle, elle s'installa très vite avec un riche avocat du nom de Gomberg. Ce beau-père non officiel déplaisait apparemment à tous les enfants, sauf à Gala[889].

Depuis son enfance, Gala souffrait d'une mauvaise santé (peut-être un problème au niveau des ganglions), et elle passa beaucoup de temps dans les hôpitaux moscovites[890]. À l'école, ses camarades se moquaient de sa stature si peu athlétique[891]. Elle s'intéressait passionnément à la littérature et lisait avec voracité, une habitude qu'elle garda toute sa vie. En tant que femme elle ne pouvait suivre les cours de l'université de Moscou, et fréquenta l'Institut féminin M. G. Brukhonendo, y réussit honorablement et reçut des autorités un agrément lui permettant d'enseigner chez elle à des enfants[892].

En 1912, alors qu'elle avait dix-huit ans, ses médecins, craignant que Gala ne contracte la tuberculose, lui recommandèrent un séjour dans le célèbre sanatorium de Clavadel, près de Davos, en Suisse. Elle y resta deux ans, et c'est à Clavadel qu'elle rencontra le jeune poète français Eugène Grindel, et tomba amoureuse de lui. Peu après il adopta le nom de plume de « Paul Éluard ». Plus jeune que Gala d'un an et demi, il souffrait d'une forme bénigne de tuberculose. En 1914, juste avant que la guerre éclate, Gala rentra en Russie et Éluard à Paris, où il était mobilisé. Ils correspondirent régulièrement et, en 1916, Gala traversa l'Europe pour retrouver et épouser son amant.

Une trentaine de lettres de Gala à Éluard, écrites pendant la guerre alors qu'elle vivait à Paris avec la mère dominatrice du poète, ont été préservées. Elles révèlent un tempérament passionnément érotique, parfois à la limite de l'hystérie. Éluard a toujours soutenu que Gala et lui s'étaient mariés vierges, en 1917, et apparemment ce fut le cas. Les lettres montrent que Gala était religieuse, obsédée par la pureté (elle avait été élevée dans la religion orthodoxe russe, mais était devenue catholique pour épouser Éluard) et qu'elle luttait pour refréner ses « *qualités putainesques** » ainsi qu'elle les appelait[893], lesquelles dérangeaient Éluard, qui dans quelques-unes de ses premières lettres parle de sa *saleté**, apparemment choqué par la franchise de ses caresses.

Cette correspondance révèle que Gala, en Russie, avait été très courtisée par les hommes (elle avait déjà pleinement conscience de son charisme sexuel), et montre qu'elle était complètement déterminée à mener sa vie à sa guise, allant jusqu'à ordonner à Éluard de se tenir à l'écart du front pour lui faire plaisir, quitte à se sentir un lâche (c'est la « question délicate » qui ne cesse d'apparaître dans ces lettres)[894]. Recommandation typique : « Fais bien les pansements tu es très doux très bon et capable, tu peux rendre service aux malheureux mieux à ta place que dans les tranchées maudites. N'agis pas contre moi. Sois bien av[ec] le docteur qu'il te réserve près de lui[895]. » Une autre : « Fais tout ton possible pour être remis en auxiliaire et jamais aller au feu, dans les tranchées. Je t'assure que la guerre sera finie dans moins d'un an. Tu dois faire tous les efforts possibles pour sortir vivant de ce cauchemar[896]. » En attendant le retour d'Éluard, Gala lisait énormément, comme toujours, assistait à des cours de français (elle avait décidé d'obtenir le *brevet**, qui lui permettrait d'enseigner la langue), se montrait inapte aux tâches ménagères et parlait à Éluard des vêtements affriolants qu'elle avait achetés « uniquement pour lui[897] ». Ses lettres se terminent généralement sur des variations à partir de la phrase : « Je t'embrasse sur la bouche et partout. » Un jour, elle écrivit : « Je te baise partout av[ec] la plus douce et la plus forte "violence"[898]. » Gala, c'est très clair, était un volcan érotique arrivé au point d'éruption :

> Ne pense pas que je suis coquette vicieusement vraiment je te le dis crois le moi. C'est uniquement pour toi. Il me semble quand on retourne du front de saleté on est heureux de voir chez soi sa femme joliment habillée et parfumée (parceque, ne sois pas faché, j'ai acheté du parfum aussi mais je te le promets de ne pas le mettre avant que tu sois ici tu le verras la bonbe elle sera pleine). Ne sois pas triste ni fâché. Crois-moi, tout ça est pour toi[899].

Le cours de la vie de Gala avec Éluard avant sa rencontre avec Dalí en 1929 peut être brièvement retracé. Leur seule fille, Cécile, naquit en mai 1918, six mois avant l'armistice, et n'était presque certainement pas prévue (dans les lettres qu'on a conservées d'elle adressées à Éluard durant la guerre, Gala ne dit jamais son désir d'avoir un bébé une fois mariée). Gala ne devait pas se montrer une mère aimante, et elle décida rapidement que Cécile représentait un encombrement insupportable. Elle l'abandonna à la mère de son mari. Éluard, heureusement pour sa fille, se montra un père gentil et attentif. Alors que la réputation de poète d'Éluard grandissait, Gala se trouva attirée avec lui dans le monde de la littérature et de l'avant-garde parisiennes, annoncées par la création, en 1919, de la revue de Breton, Aragon et Soupault, *Littérature*, à laquelle Éluard collabora rapidement. Dada et son esprit de rébellion violente venaient d'atteindre Paris, et des expériences, des manifestes et des ferments qui suivirent sortit la première tentative, par Breton et Soupault, d'écriture automatique, *Les Champs magnétiques* – et le surréalisme. Gala, intensément superstitieuse, était au cœur des événements, et son intérêt pour l'occulte était à la hauteur de celui des surréalistes pour des phénomènes comme l'hypnotisme, les rêves et la transmission de pensées.

Si Gala était restée vierge jusqu'à son mariage, à partir de là, à l'âge de vingt-trois ans, elle ne tarda pas à rattraper son manque d'expérience et, comme le montrent ses lettres à Éluard, apprit à donner libre cours à ses *qualités putainesques**. Son appétit pour le sexe était tel qu'il frisait la nymphomanie. Elle eut très vite besoin d'amants. Ça ne posait aucun problème : le couple, qui devenait de plus en plus conscient de son charme et de l'abondance de partenaires possibles, adopta un mode de vie dans lequel l'amour libre était la règle, et où la possessivité était taboue. Une des premières conquêtes post-maritales de Gala fut Max Ernst, qu'Éluard et elle rencontrèrent, et aimèrent immédiatement, à Cologne, en 1921. En 1922, quand Ernst, l'une des étoiles les plus scintillantes de Dada, arriva à Paris, sur les talons de Tristan Tzara, il s'installa chez les Éluard, qui vivaient alors à Eaubonne, en dehors de Paris. Avant peu, le beau peintre allemand fabuleusement inventif partageait leur lit. Des années après, se rappelant ce remarquable *ménage à trois**, Gala exprima apparemment le regret qu'un quelconque « problème anatomique » l'ait empêchée d'être simultanément baisée et sodomisée par les deux hommes[900].

Ernst se mit alors à dessiner compulsivement Gala. Elle est aussi l'un des « amis » qui apparaissent dans la toile *Au rendez-vous des amis* (1922), debout à droite dans la dernière rangée, le dos à l'assemblée et la main droite pointant dans une autre direction

– peut-être une indication de son caractère insoumis et de son absence d'esprit d'équipe[901]. Ernst la représenta nue sur une autre toile de la même période, *La Belle Jardinière*, qui fut exposée en 1923 et reproduite en 1925 dans *La Révolution surréaliste*[902]. Une série de plus de cent dessins du visage de Gala destinés à illustrer un mince recueil de poèmes d'Éluard, *Au défaut du silence*, publié anonymement en 1925, montre la muse sous une lumière moins flatteuse : sur une très large majorité d'entre eux, elle apparaît non seulement laide, mais positivement diabolique. Ce qui nous rappelle le surnom cruel que lui avait trouvé Philippe Soupault, « Gala la Gale »[903].

Les nombreuses photographies de Gala dans les années 1920 (dans des bals, dans des stations thermales, allongée sur des plages...) témoignent d'une séduction croissante au fil des années. Elle était certainement formidablement sexy[904] – et trop heureuse de révéler son corps nu à l'œil de l'appareil. À cette époque, Éluard gagnait bien sa vie en travaillant avec son père dans l'immobilier et en spéculant sur l'art. Il pouvait se permettre d'offrir à Gala l'existence élégante dont elle avait toujours rêvé, et il le put d'autant plus que son père mourut en 1927. Selon Jean-Charles Gateau, le biographe d'Éluard, le couple, laissant la mère du poète élever Cécile, dépensa entre cette date et l'été 1929 l'équivalent de deux millions de francs de 1988. Au moment où Gala rencontra Dalí, cependant, l'héritage d'Éluard s'était considérablement rétréci, au point qu'il avait de sérieux problèmes financiers[905]. Gala aussi était inquiète, la diminution de leur fortune ressuscitant ses peurs d'enfance de la pauvreté et de l'insécurité[906].

En 1946, Éluard détruisit les lettres de Gala (seules celles qui précédaient leur mariage survécurent à l'holocauste), et il lui demanda de faire de même avec les siennes, afin de priver la postérité de toute trace de leur « vie intime[907] ». Heureusement pour nous, Gala ne lui obéit pas, et garda intactes les lettres d'Éluard. Ses épanchements et ses réactions à ce qu'elle lui disait, ou ne lui disait pas, constituent une source d'informations précieuse sur leur vie, et fournissent bien des aperçus sur la personnalité de cette femme hautement énigmatique que les premiers surréalistes appelaient la « Tour », à cause de son goût du secret, et que Patrick Waldberg surnomma un jour la « sibylle des Steppes »[908].

Une grande promiscuité marqua ces années de luxe, de voyages, de palaces et d'autosatisfaction, comme si Gala et Éluard se sentaient obligés de prouver sans cesse leur attrait sexuel et leur indépendance. Il y avait aussi énormément de voyeurisme, en particulier de la part d'Éluard, et ils suivaient leurs conquêtes respectives avec une complicité amusée (à un moment donné, Éluard écrivit : « Comprends et fais-lui comprendre que je voudrais que nous te possédions parfois ensemble, comme c'était convenu[909] »). Gala détestait la laideur physique et les difformités, quelles qu'elles soient, et ses amants devaient être beaux. Elle allait partager avec Dalí cette obsession d'être entourée de gens beaux[910]. Éluard apparaît souvent dans ces lettres comme la vanité personnifiée, et se prenait lui-même très au sérieux (il n'y a ici aucun humour, et peu de pensées altruistes) : « Ma Gala, je fais ici l'amour très souvent, trop. Mais que ne donnerais-je pour passer une nuit avec toi. Tout[911] » ; « Je suis ici très élégant, très beau. Tout le monde m'adore[912] » ; « Le livre est dans toutes les librairies. Je me suis commandé un beau costume gris[913] ». Les femmes sont prises et rejetées. Un merveilleux dentifrice lui permet d'avoir les dents « blanches comme neige[914] » et, en ce qui concerne le fait de faire l'amour avec Gala, il ne cesse de lui répéter de ne pas venir tant qu'elle a ses règles : la saleté gâcherait le plaisir[915].

Le plaisir comprenait la masturbation mutuelle, et le fait que Gala n'ait rien contre cette pratique a dû grandement soulager Dalí, le Grand Masturbateur incarné. Ce qui transparaît aussi dans les lettres d'Éluard, c'est qu'arrivé l'été 1929 Gala était si déterminée à obtenir ce qu'elle voulait que même Éluard en était choqué. Elle venait de séjourner au Parksanatorium à Arosa, en Suisse, et elle avait eu un autre amant, un certain Baer, en compagnie duquel elle figure sur des dizaines de photographies conservées à la Fondation Gala-Salvador Dalí, à Figueres. Elle manquait, lui disait-il, énormément à Éluard, malgré la liaison de celui-ci avec une belle Berlinoise, Alice Apfel (la « Pomme »). Il pensait beaucoup à l'argent (le marché de l'art s'était effondré), il avait dû vendre plus d'actions, et pour la première fois depuis des années ils ne pouvaient apparemment se permettre que des vacances d'été économiques. « Je me rends compte que rien ne peut t'arrêter, que tu es sans pitié », écrivait Éluard à Gala le 30 juillet, craignant de perdre son influence sur elle. Quelques jours plus tard ils se retrouvèrent à Leysin, la station thermale près de Montreux où René Crevel, un des amis les plus proches de Gala, était traité pour la tuberculose. Puis ils se mirent en route avec leur fille pour aller chez Dalí[916].

## GALA, DALÍ

Ce qui se passa à Cadaqués prouva que les craintes d'Éluard concernant Gala n'étaient que trop justifiées. Depuis sa relation adolescente avec Carme Roget, rien n'indique que Dalí ait eu le moindre rapport avec une représentante de l'autre sexe. Selon ce qu'il en dit lui-même, il vivait dans un état de privation érotique permanente, que seule soulageait la masturbation. Maintenant qu'il avait rencontré la femme de ses rêves, aussi sexuellement libérée que lui était coincé, il se trouvait devant un terrible dilemme. Comment pourrait-il l'intéresser ? Il n'y a aucun moyen de confirmer les bouffonneries auxquelles, selon *La Vie secrète*, il eut un recours maniaque dans ses tentatives de susciter l'attention de la sensationnelle Russe (parfum au crottin de chèvre, tenues voyantes, aisselles ensanglantées, collier de perles, géranium rouge derrière l'oreille, accès de fous rires...). Gala, très secrète sur sa vie privée, ne raconta jamais sa version de l'histoire, et le livre d'Anna Maria Dalí sur son frère ne contient aucune information sur ces étranges parades nuptiales.

Il est juste possible qu'avant d'arriver à Cadaqués Gala ait déjà été curieuse du peintre. « Éluard me parlait sans cesse de ce beau Dalí. J'avais l'impression qu'il me poussait presque dans ses bras avant que je le voie[917] », aurait-elle dit un jour. De son côté à elle aussi, il se peut qu'il y ait eu une prédisposition. Quoi qu'il en soit, encouragée ou pas par Éluard, elle flirta rapidement avec le peintre[918].

Buñuel, qui était maintenant arrivé à Cadaqués et habitait à Es Llané avec Dalí et sa famille, vit ce qui se passait. « Du jour au lendemain, Dalí n'était plus le même », se souvient-il dans ses Mémoires. Il devint soudain impossible de travailler comme prévu au scénario du prochain film. « Il ne cessait de parler de Gala, répétait tout ce qu'elle disait. C'était une totale transformation[919]. » Buñuel, plus tard, utilisa les termes « transfiguré », « déséquilibré », « ensorcelé » pour décrire l'état de Dalí[920]. Pour une fois, le récit de Dalí recoupe celui de Buñuel : Luis était « déçu, car il était venu à Cadaqués pour travailler avec moi à un nouveau scénario et moi, de plus en plus soucieux de contenir ma folie, je n'avais d'égards, d'attentions et de pensées que pour Gala[921] ».

Le fait que Buñuel, qui scrutait Gala sur la plage, avait découvert ce qui était à ses yeux un défaut répugnant – elle avait les cuisses trop écartées – n'arrangeait pas les choses. Comme il le dit plus tard à Max Aub : « Je détestais les femmes dont les parties génitales faisaient une sorte de coin entre deux jambes séparées[922]. » Des photographies prises à l'époque, cependant, montrent que, quoi qu'il ait pu penser plus tard, Buñuel, au commencement, était tout heureux de poser entre les deux amants au début de leur amour.

Comment le reste du groupe réagit-il à ce qui se passait ? On ne sait ce qu'en pensait Goemans, mais des années plus tard Georgette Magritte se rappelait qu'Éluard ne semblait pas jaloux, et redoutait juste que les tourtereaux n'aient un accident au cours de leurs longues marches. Peut-être le poète craignait-il qu'ils ne tombent du haut d'une falaise, tant ils étaient absorbés[923].

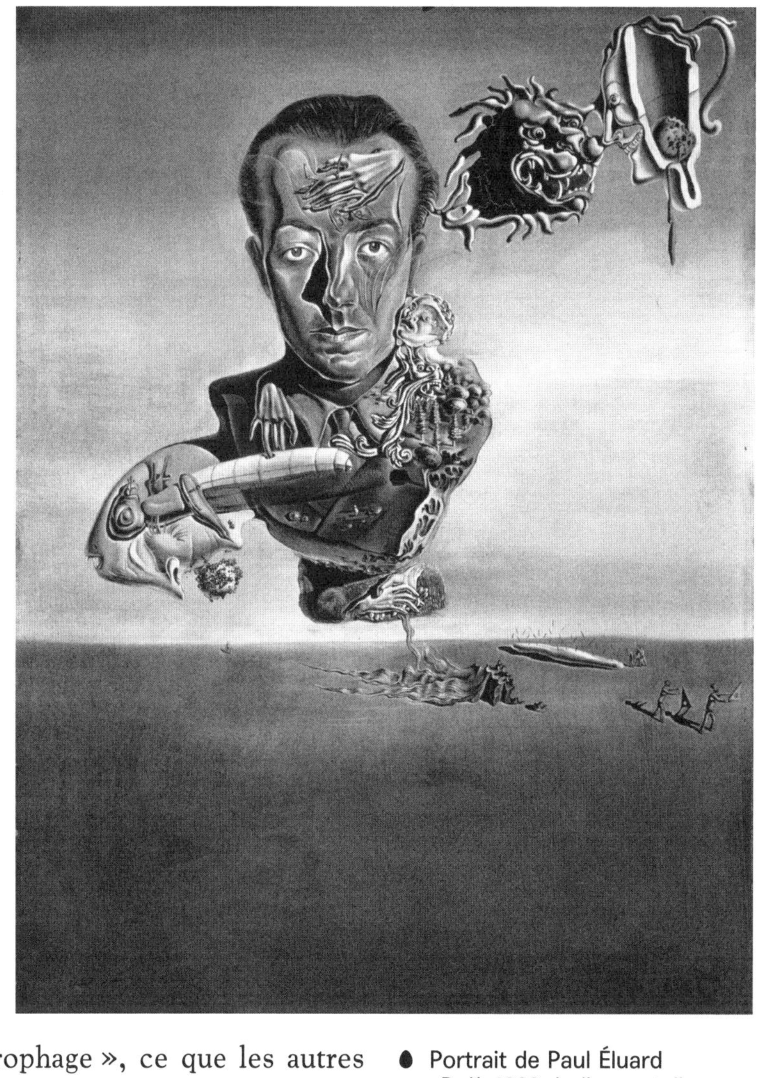

● Portrait de Paul Éluard par Dalí, 1929, huile sur toile, 33 × 25 cm.

Alors que Dalí et Gala étaient de plus en plus amoureux, le reste du groupe explorait Cadaqués et ses environs. Il ne fait aucun doute qu'ils évoquèrent le séjour de Picasso dans le village, en 1910, en compagnie de Fernande Olivier, et il est difficile d'imaginer que Dalí ait manqué de les présenter aux Pichot, et à leur monde de bohème à Es Sortell. Magritte peignit quelques toiles, dont la plus célèbre est *Le Temps menaçant*, sur laquelle un torse de femme nue, un cor d'harmonie et une chaise catalane sont suspendus, juxtaposés comme des fantômes au-dessus de la baie de Cadaqués et de la côte échancrée qui s'étend vers le sud en une série de promontoires bleus en direction du cap Norfeu. Sur la « palette d'un bleu mécanique » de la toile, David Sylvester voit un témoignage du fait que, dans le même temps, Dalí travaillait au *Jeu lugubre*[924]. Pour Rafael Santos Torroella, *Le Temps menaçant* tente de capter l'instant où la tramontane se déchaîne sur la baie, la voix précipitée du vent étant symbolisée par le cor d'harmonie[925]. Les vagues de Magritte peuvent aussi s'interpréter comme un hommage à celles de Dalí sur son célèbre portrait d'Anna Maria Dalí à la fenêtre d'Es Llané, qu'il avait dû voir en rendant visite à la famille. Magritte avait été très frappé par Anna Maria Dalí, et lui offrit une toile, *La Naissance des fleurs*, dans laquelle Sylvester voit aussi l'influence de la « technique polie » de Dalí dans *Le Jeu lugubre*[926].

Si cette technique impressionna Magritte lors de son séjour à Cadaqués, ce fut le contenu de la toile qui marqua le plus les autres membres du groupe, et surtout ses éléments anaux et scatologiques. Dalí rappelle que Gala fut envoyée pour lui demander s'il était « coprophage », ce que les autres soupçonnaient. S'ils lui avaient demandé s'il était coprophile, il aurait eu plus de mal à le nier. « Je vous jure que je ne suis pas coprophage, affirme-t-il avoir répondu à Gala. J'ai autant d'horreur que vous pour ce genre d'égarement. Mais je considère les éléments scatologiques comme terrorisants, au même titre que le sang ou que ma phobie pour les sauterelles. » Son explication fut acceptée[927].

Selon Dalí, c'est Éluard qui lui fournit le titre du *Jeu lugubre*[928]. De cette précision, et du fait que Dalí s'embarqua dans un portrait d'Éluard, on peut conclure que tous deux se virent beaucoup au cours du bref séjour du poète à Cadaqués. Le portrait répète nombre de motifs du *Jeu lugubre* : la tête du masturbateur, le terrifiant criquet, avec un doigt onaniste qui pénètre dans un trou qu'il a dans l'estomac, un maelstrom de fourmis infestant ce qui semble une hostie consacrée devant la bouche absente du masturbateur, des coquillages et des rochers dentelés qui signalent Cadaqués (accompagnés cette fois, pour faire bonne mesure, par un morceau de micaschiste qui constitue la base du buste).

Il est impossible de résister à la tentation de chercher des allusions à Gala. Il est peut-être significatif que le criquet n'ait plus de pattes inférieures ni postérieures, et que les premières poussent à travers les doigts de la délicate main féminine sur le front d'Éluard, dont on peut supposer qu'ils écrasent l'insecte redouté en même temps que le papillon de nuit. Cela suggère-t-il que Dalí sent que Gala pourrait l'aider à surmonter ses peurs sexuelles ? On remarque aussi les deux mains qui se serrent, apparemment avec affection, au bas du portrait, reliées par des cheveux flottants aux rochers du cap de Creus. À côté, une poignée de cheveux suggère une jeune fille. Une allusion, peut-être, aux promenades en bord de mer de Dalí et de Gala, à leur intimité croissante, aux espoirs, pour Dalí, de puissance sexuelle et de libération.

Les silhouettes sur la plage transmettent aussi un message poignant. Près de l'horizon, un homme marche avec un petit enfant, comme dans *Les Premiers Jours du printemps*, le dos tourné à l'apparition d'Éluard qui plane sur la plage. Leur présence dans le lointain semble indiquer que Dalí sent l'imminence d'une rupture avec son père. De l'autre côté de l'image, un groupe de trois personnages se tient debout près de l'un des objets blancs allongés, surmonté par un fatras de manches à balai aéroportés, qui apparaissaient déjà dans l'étude pour *Le miel est plus doux que le sang*, et se mirent ensuite à proliférer. Ainsi qu'on l'a noté plus tôt, Dalí expliqua qu'il s'agit de la première « image de délire » qui lui vint à l'esprit, alors qu'il ramait à Cadaqués, et qu'elle lui procura une sensation d'angoisse qui n'était pas sans rapport avec *L'Angélus* de Millet[929]. Ici, il est certain qu'elle crée de l'angoisse. L'un des hommes se cache le visage dans ses mains, et un autre s'appuie sur l'épaule d'un personnage aux testicules démesurés. Pendant ce temps, plus près, un couple d'individus barbus écartent deux des « appareils » (*aparells*) triangulaires fréquents dans l'œuvre de Dalí à l'époque, qui symbolisent presque certainement les parties génitales féminines.

Éluard, de plus en plus inquiet de sa situation financière, quitta Cadaqués avant les autres pour reprendre son métier de brasseur d'affaires dans le monde de l'art. Gala et Cécile restèrent au Miramar, et y demeurèrent après le départ pour Paris des Magritte, de Goemans et de sa compagne, début septembre. Éluard retrouva ces derniers à la gare de Paris, où ils lui donnèrent une lettre de Gala. Dans sa réponse, il lui expliquait qu'il était occupé à préparer leur nouvel appartement, à Montmartre, juste au-dessous du Sacré-Cœur, au 7, rue Becquerel, dont il espérait qu'il serait prêt début octobre. Il faisait à Paris une chaleur de four, et il était inutile qu'elle se presse de rentrer. Deux lettres se suivirent rapidement. Éluard disait à Gala qu'il avait racheté la « magnifique toile » de Dalí au vendeur d'art Charles Ratton (on ne sait pas vraiment de quelle toile il s'agit), et qu'il pensait tout le temps à elle. Il voulait qu'elle soit « suprêmement élégante » à Paris ; lui demandait d'écrire à Goemans « une lettre vraiment gentille » ; délirait sur ses charmes sexuels ; et la suppliait de faire l'impossible – de rapporter *Le Jeu lugubre* à Paris, ainsi que le portrait de lui par Dalí, et deux autres toiles non précisées. Cette lettre donne à Gala le rôle d'entremetteuse commerciale, et l'on peut se demander s'il ne s'agissait pas de son rôle initial : séduire Dalí, comme elle avait séduit De Chirico, avec à la clé un accès plus facile à son œuvre[930].

Un jour, des dizaines d'années plus tard, Buñuel dit que Gala, Dalí et lui avaient fait une promenade en bateau en compagnie de Lídia, l'amie paranoïaque de Dalí, jusqu'au cap de Creus. Là, Buñuel, qui ne connaissait rien à la peinture, observa que le paysage grandiose lui rappelait Sorolla, le peintre de Valence, une des bêtes noires de Dalí. Salvador, qui s'identifiait passionnément avec Creus, était furieux, car aucune remarque n'aurait pu être plus inappropriée. « Quoi ? Pourquoi ? Tu es aveugle ? C'est la Nature. Quel rapport ça a avec… ? » Gala, alors, nota : « Voilà que vous recommencez, tous les deux. On dirait des chiens en chaleur. » Selon Buñuel, Gala, jalouse de leur amitié, continua à les asticoter pendant le pique-nique, au point qu'il sauta sur ses pieds et menaça de l'étrangler tandis que Dalí, à genoux, le suppliait de l'épargner[931].

La scène, dont Dalí ne parle pas dans ses Mémoires, semble s'être passée à peu près ainsi que Buñuel l'a racontée. Des années plus tard, Cécile Éluard se rappelait avoir toujours une vague image d'un Buñuel imposant, aux yeux exorbités, qui étranglait sa mère. Elle pensait qu'il s'agissait d'un cauchemar, mais lorsque parut l'autobiographie de Buñuel, rédigée avec l'aide de Jean-Claude Carrière, elle se rendit compte que l'agression s'était réellement produite[932].

Si Gala était jalouse de Buñuel, on peut supposer que l'Aragonais, profondément sensible en dépit de son apparence rude, fut dévasté en découvrant que cette femme ne s'interposait pas seulement entre lui et Salvador, mais interrompait leur travail commun.

Dans *La Vie secrète*, Dalí nous fait un récit saisissant d'une scène d'amour cruciale avec Gala, qui eut lieu « dans l'un des endroits les plus sauvagement déserts et minéraux de Cadaqués ». Selon lui, il demanda à Gala, avec insistance, tandis que leur passion allait croissant : « Que veux-tu que je fasse ? » Elle finit par répondre : « Je veux que tu me tues ! » (dans la langue originale du texte de Dalí, le français : « Je veux que vous me fassiez crever ! »)[933]. Dalí interpréta littéralement cette demande, et nous dit que Gala lui révéla alors que, depuis son enfance, elle souffrait d'une « horreur insurmontable » de l'instant de la mort, et qu'elle voulait qu'elle la prenne par surprise. Il ne laisse pas penser que, en utilisant le mot « crever », ce que Gala pouvait avoir suggéré pour couronner leur scène d'amour parmi les rochers était une copulation énergique. Mais elle ne fut ni tuée ni pénétrée. Il est dommage que nous n'ayons pas sa version à elle de l'événement.

Dalí était frappé par la similarité entre le nom de Gala et celui de son grand-père paranoïaque, Galo (Gal en catalan), le suicidé dans le placard à squelettes de la famille, et d'autant plus qu'elle avait elle-même tendance à se mouvoir « entre les deux extrêmes de la lucidité et de la folie ». Cette coïncidence n'est pas mentionnée dans ses œuvres publiées mais, des années plus tard, au cours d'une conversation, il interpréta rétrospectivement cette coïncidence onomastique comme l'un des « signes prémonitoires » que Gala était sa partenaire prédestinée[934]. Il se peut qu'il ait été impressionné aussi par le fait que, en réalité, elle s'appelait Hélène, en particulier quand il se rendit compte qu'il s'apprêtait à ravir cette superbe créature à son mari, dans un acte de hardiesse épique.

L'amour de Dalí pour Gala suscita immédiatement la guerre dans la famille du peintre. À cette époque, dans l'Empordà conservatrice, sortir avec une Française était à peu près l'équivalent de fréquenter une prostituée. Et, pour empirer les choses, cette Française-là était mariée, sexy et impudente, et bien vite les langues du village s'activèrent (elles devaient s'activer encore plus quand les voisins découvrirent que, en fait, elle était russe). Rien n'aurait pu être plus consternant pour don Salvador Dalí Cusí, de plus en plus réactionnaire, qui bientôt se mit à parler de Gala en l'appelant la « Madame ». Son réflexe immédiat fut de modifier son testament, ce qu'il fit le 26 septembre 1929. La propriété revenait maintenant à Anna Maria Dalí et n'était plus partagée équitablement entre les enfants, ce qui était le cas auparavant, et Salvador reçut le strict minimum requis par la loi, que le notaire estima à quinze mille pesetas (environ un million et demi de pesetas de 1997).

Il n'était pas forcé de rembourser l'argent dépensé pour son éducation. Mais il n'aurait pas une pierre de la maison familiale d'Es Llané, sauf si Anna Maria Dalí mourait la première, et il était précisé que, si pour quelque raison sa sœur ne pouvait hériter, Salvador ne pourrait jouir de plein droit de la maison avant la mort de sa belle-mère Catalina (la « Tieta »). Le testament changeait aussi radicalement la situation de cette dernière, ce qui laisse à penser que, à la différence d'Anna Maria Dalí, hostile à Gala depuis le départ, Catalina Domènech avait pris le parti de Salvador, ou lui avait du moins manifesté quelque intérêt : elle avait le droit d'habiter une chambre à Es Llané jusqu'à sa mort, mais rien de plus. L'intention principale de ce testament, en accord avec le tempérament violent de Dalí Cusí, était clairement d'humilier son fils autant que la loi le lui permettait. En pratique, si ce n'est techniquement, le peintre se trouvait déshérité[935].

Il est probable, à la vue du nouveau testament, que Dalí Cusí et Salvador aient eu une formidable dispute à propos de Gala. La famille poussa peut-être un soupir de soulagement quand elle quitta Cadaqués avec Cécile, sans doute fin septembre, afin de prendre à Figueres un train pour Paris. Gala emportait avec elle *Le Jeu lugubre*, comme Éluard le lui avait demandé, et peut-être quelques autres toiles[936].

Une fois Gala partie, Dalí se concentra, avec une rage furieuse, sur la peinture, en vue de son exposition chez Goemans, et termina bientôt le *Portrait de Paul Éluard*, *Le Grand Masturbateur* et *Les Accommodations des désirs*[937].

La tête représentée dans *Le Grand Masturbateur*, inspirée par le rocher de Cullaró, avait fait sa première apparition dans *Les Premiers Jours du printemps*. Pour la représenter sur cette toile beaucoup plus grande, Dalí avait ajouté, en même temps que le lion, la sauterelle et d'autres éléments présents dans nombre d'autres toiles de cette époque, une allusion à la fellation, un autre de ses désirs secrets. Selon l'artiste, le visage placé à côté des énormes organes génitaux de la silhouette de l'homme aux genoux ensanglantés était inspiré par l'image d'une femme respirant un lis, et « mêlé de souvenirs de Cadaqués, de l'été, des rochers du cap de Creus[938] ». L'érotisme intense de la scène est souligné par l'aspect très phallique de la spathe de l'arum et de la langue du lion. Le thème de la fellation devait réapparaître dans les toiles peintes au cours des mois suivants, et l'on ne peut qu'en conclure que, en ce domaine, Gala donnait à Dalí ce qu'il voulait, ou avait promis de le faire.

La fin du séjour marqué par l'arrivée de Gala dans la vie de Dalí, et auquel faisait allusion, dans *Le Grand Masturbateur* (sous le ventre de la sauterelle effrayante) le couple en train de s'embrasser parmi les rochers du cap de Creus, ne signifie pas que le peintre était capable de renoncer à son autoérotisme, ni même qu'il le souhaitait. Au contraire, dit-il en 1979, Gala l'avait aidé à améliorer sa technique masturbatoire, afin de lui rendre plus facile d'obtenir de bonnes éjaculations ! Quant à la toile, elle reflétait « la culpabilité d'un visage totalement épuisé par une telle masturbation : le nez touche le sol et porte un horrible furoncle. Chaque fois que je perds une goutte de sperme, j'ai l'impression que je l'ai gâchée. Je me sens coupable. » Intimidés par la force de la personnalité de Dalí, rares sont les intervieweurs qui ont osé lui poser des questions précises concernant sa relation avec Gala. Mais l'écrivain et journaliste Lluís Permanyer représenta une exception.

Dalí a-t-il fait l'amour à Gala au cours de leurs premières semaines ensemble à Cadaqués ? Non, répondit Dalí. Il leur fallut environ trois mois[939].

Dans *La Vie secrète*, Dalí explique que *Les Accommodations des désirs* exprimaient son angoisse des rapports sexuels avec Gala : « De ma vie je n'avais jamais *fait l'amour*. Cet acte me paraissait comme une terrible violence disproportionnée par rapport à ma vigueur physique – "ce n'était pas pour moi"[940]. » Mais Dalí rationalise. Plus tard, dans *Comment on devient Dalí*, il se rapprocha de la vérité. Sur la toile, dit-il, « les gueules des lions traduisent mon effroi devant la révélation de la possession d'un sexe de femme qui va aboutir à la révélation de mon impuissance. Je me préparais au choc en retour de la honte[941]. »

Dalí, habité par la honte, sollicité par une Gala désinhibée, craignait, le moment venu, de ne pouvoir avoir une érection, ou de ne pouvoir la faire durer. Dans cette optique, on comprend le sens du groupe en haut de la toile. Une fois de plus, on y trouve un homme adulte sur l'épaule duquel s'appuie un jeune homme angoissé à l'aspect efféminé, comme dans *Le Jeu lugubre*, sous les yeux d'un lion. L'adulte mastique la délicate main du plus jeune avec un plaisir apparent. En dessous, nous trouvons le motif récurrent d'un individu la tête entre les mains. Pour Moorhouse, cette silhouette, c'est celle de Dalí se cachant le visage « par honte et culpabilité[942] ». Par honte, c'est certain. À la gauche du groupe, on trouve une minuscule vignette de Dalí Cusí, corpulent, les cheveux blancs, qui agite la main pour dire adieu : une indication certaine que l'artiste savait maintenant inévitable une rupture avec sa famille.

Dalí, à ce moment-là, termina, ou exécuta en partant de zéro, les autres toiles pour son exposition chez Goemans : *L'Énigme du désir*, *Les Plaisirs illuminés* et *Homme d'une complexion malsaine écoutant le bruit de la mer*. Elles poursuivent l'exploration de ses anxiétés sexuelles, et ont bien des points communs avec les autres toiles dont nous venons de parler : des collages si habilement réalisés qu'il est impossible de dire si l'on a sous les yeux une chose qui est collée, ou une nouvelle preuve du talent de Dalí comme miniaturiste ; et une profusion de lions, de jarres aux têtes idiotes, de doigts dressés, de têtes honteuses, de sauterelles et de « Grands Masturbateurs », sur une plage spectrale avec des allusions aux falaises et aux rochers du cap de Creus.

*L'Énigme du désir* montre un changement particulièrement significatif dans le motif du masturbateur. Tous les détails habituels de la tête de l'onaniste sont présents, mais cette fois, au lieu du tourbillon de fantasmes érotiques lui sortant de la nuque, nous trouvons un micaschiste typique de Creus, dans les trous ou les alvéoles duquel, comme des niches dans un cimetière espagnol, le peintre a inscrit la légende obsessionnelle « Ma Mère ». À travers un interstice dans le roc on voit, au loin, un torse de femme nue. La rareté des références de Dalí à sa mère morte rend cette toile intéressante : elle représente une exception à la règle. Pourquoi fait-elle une apparition aussi poignante à ce moment de la vie de Dalí ? Peut-être Dalí sent-il que Gala s'apprête à prendre la place de Felipa Domènech, à remplacer la mère qu'il a perdue huit ans plus tôt. En parlant du groupe dans la partie gauche de la toile, Dalí a dit à Robert Descharnes qu'il le représente « en train d'embrasser son père[943] ». Comme la scène renferme aussi une référence évidente à la castration, sous la forme du couteau, la présence terrifiante du poisson ubiquiste, de la sauterelle et du lion suggère sûrement la culpabilité œdipienne et sa punition[944].

*Les Plaisirs illuminés* sont l'une des œuvres de Dalí qui se prêtent le mieux à une analyse freudienne. Il semble même que le vieux gentleman qui assiste intensément la femme terrorisée aux mains couvertes de sang, au premier plan, ne soit nul autre que

Freud lui-même, figuré ici en une variation de la représentation du fondateur de la psychanalyse dans *Pietà ou la Révolution la nuit*, de Max Ernst, que Dalí a bien pu, comme la toile appartenait à Éluard, avoir admiré à Paris[945].

Avec leurs emprunts à De Chirico (les images à l'intérieur de l'image dans les boîtes, les ombres menaçantes, le « biomorphe céphalique » avec son postiche à l'horizon)[946], *Les Plaisirs illuminés* mériteraient à eux seuls une monographie. Nous ne pouvons ici que les envisager brièvement.

Qui est la femme aidée par la silhouette freudienne au premier plan ? Il semble évident qu'elle fait allusion à Gala en Vénus émergeant des flots – le visage, avec son grand nez, la suggère immédiatement. Le corps, pourtant, avec ses gros seins, est beaucoup plus lourd que le sien. Le personnage est un mélange de la mère de Dalí et de Gala. Ses mains couvertes de sang montrent qu'elle vient de commettre un acte terrible, sans doute à l'aide du couteau représenté sur la gauche, tenu par une main de femme retenue par une main d'homme. Une fois de plus, l'acte perpétré ne fait aucun doute d'un point de vue freudien : il s'agit d'une castration[947]. Cette supposition est renforcée par le fait que, ainsi que l'a fait remarquer Dawn Ades, l'ombre au centre au premier plan jetée par un personnage hors champ est la même que celle jetée par la silhouette paternelle sur l'épaule de laquelle s'appuie le fils castré dans *Le Jeu lugubre*[948]. La scène rappelle à quiconque, finalement, ce que Dalí affirmait dans *Le Mythe tragique de « L'Angélus » de Millet* : aux premiers stades de leur relation, Gala a pris la place de la mère menaçante, et lui a permis de surmonter peu à peu sa peur panique de l'acte sexuel[949].

On voit d'autres allusions à la famille dans le groupe au milieu du panneau central, dans lequel Dalí, encore une fois sous la forme d'une jarre, est accompagné cette fois par sa sœur, sous la même forme. Le lion, d'habitude un symbole de désir sexuel dans les toiles de cette époque, représente sans doute aussi Dalí Cusí, le père en colère. On a du mal à imaginer que ce puisse être le tableau d'une famille heureuse.

Et qu'en est-il du personnage, d'une apparence décidément efféminée, debout, la tête contre la droite du panneau central ? Il semble être une combinaison de voyeur et de la silhouette honteuse et douée d'ubiquité des toiles de cette époque, Dalí ayant astucieusement organisé une image à double sens de façon que l'ombre de sa tête représente également un trou dans le mur. La main paraît légèrement teintée de sang rouge, la couleur emblématique de la culpabilité et de la honte. L'indice, une fois encore, est sûrement que la silhouette est en pleine activité masturbatoire.

En ce qui concerne le groupe de cyclistes dans la boîte sur la droite, les pierres qu'ils ont sur la tête représentent, selon Dalí, des versions agrandies des galets qu'ils aimaient ramasser sur la petite plage de Confitera, de l'autre côté de la baie, en face de leur maison de Cadaqués. *Confitera* signifie « confiseuse », et les galets, qui donnent sans doute son nom à la plage, ressemblent à des amandes sucrées. Ils reviennent dans d'autres toiles de cette période, et Dalí a dit qu'ils symbolisaient pour lui « le désir solidifié ». Il se peut donc que les cyclistes pédalent à la recherche d'un accomplissement sexuel[950].

*Les Plaisirs illuminés*, comme la plupart des toiles de cette période, à l'exception du *Grand Masturbateur* et de *L'Énigme du désir*, rassemblent une quantité étonnante de détails précis sur un tableau de petite taille (il ne mesure que 24 × 23,5 cm). Il en va de même pour la dernière toile de Dalí pour l'exposition Goemans, *Homme d'une complexion malsaine écoutant le bruit de la mer*, qui, comme *Les Plaisirs illuminés*, doit beaucoup à De Chirico et met en scène, encore une fois, le jeune éperdu appuyé sur l'épaule de l'homme adulte au sourire maniaque, représenté ici sous la forme d'une jarre[951].

Pendant que Dalí, à Figueres, travaillait fiévreusement à ces toiles se tint à Paris la première officielle d'*Un chien andalou* au Studio 28 de Jean-Placide Mauclaire (28, rue Tholozé, à Montmartre), un cinéma d'art et d'essai de quatre cents places. Les huit diffusions du film au Studio 28 eurent lieu entre le 1er octobre et le 23 décembre 1929. *Un chien andalou* partageait l'affiche avec *The Cop*, un thriller de Donald Crisp avec William Boyd, Alan Hale et Robert Armstrong. Les deux films étaient projetés en alternance avec un autre double programme, il serait donc inexact d'affirmer qu'*Un chien andalou* « passa pendant des mois ». Il n'en est pas moins vrai qu'il laissa sa marque, et que, dans l'esprit du public intéressé par le cinéma d'avant-garde, les noms de Buñuel et de Dalí se trouvèrent liés[952].

On ne pouvait rêver meilleur lever de rideau pour le retour imminent de Dalí dans la capitale française ; mais, de façon caractéristique, ni lui ni Buñuel n'étaient ravis du succès d'*Un chien andalou*. Comment un film supposé subversif, s'attaquant aux fondations mêmes de la société bourgeoise, pouvait-il avoir un tel succès ? C'était vexant ! Dans un article publié par le magazine barcelonais *Mirador*, le jour de la première projection du film, le 24 octobre, dans la capitale catalane (le *Mirador*, comme *La Gaceta Literaria* à Madrid, possédait un ciné-club), Dalí écrivit que les spectateurs parisiens qui faisaient profession d'aimer le film se contentaient de manifester leur snobisme, leur respect pathétique du nouveau pour le nouveau. « Les spectateurs n'ont pas saisi l'aspect moral du film, insistait-il, qui est dirigé directement contre *eux* avec une violence et une cruauté totales. » Dalí terminait en disant que le seul succès qu'il acceptait était la louange du film par Eisenstein au récent Congrès du cinéma indépendant, qui s'était tenu en Suisse, à La Sarraz, et le fait qu'un contrat de distribution venait d'être signé en Union soviétique[953].

*Un chien andalou* fut très discuté dans la presse de Barcelone, et y accrut énormément la réputation de Dalí. Même les opposants catalans au surréalisme, menés par Sebastià Gasch, étaient forcés de reconnaître que le film était irrésistible par son impact émotionnel. Pendant des semaines après qu'il l'avait vu, il avait été hanté par ses images dérangeantes[954]. Quelques jours après la projection, à laquelle apparemment Dalí n'assista pas, le peintre prit le train pour Paris, une fois ses toiles pour l'exposition Goemans emballées selon ses exigences par le patient ébéniste de Figueres[955].

## SUCCÈS À PARIS

De retour à Paris, Dalí vit Buñuel et, reprenant leurs efforts déçus de l'été précédent, ils travaillèrent un peu ensemble au scénario du nouveau film financé par Marie-Laure et Charles de Noailles. La correspondance de Buñuel avec le vicomte montre que le projet se développa rapidement dans une pure continuation d'*Un chien andalou*, le rapport étant indiqué par son premier titre, *La Bête andalouse* – cette fois l'animal est au féminin –, qui devait être remplacé tardivement, au cours du tournage, par *L'Âge d'or*[956]. Notre connaissance de l'élaboration du scénario est lamentablement incomplète car, comme pour *Un chien andalou*, les premières versions en sont inconnues, et ni Buñuel ni Dalí ne donnèrent plus tard un compte rendu détaillé de leur collaboration. Il est cependant évident que tous deux étaient complètement d'accord sur le thème de la suite de leur premier film commun – la bataille à mort entre l'instinct sexuel et les forces répressives de la société bourgeoise (Église, Famille, Patrie) – et qu'ils avaient lu le marquis de Sade.

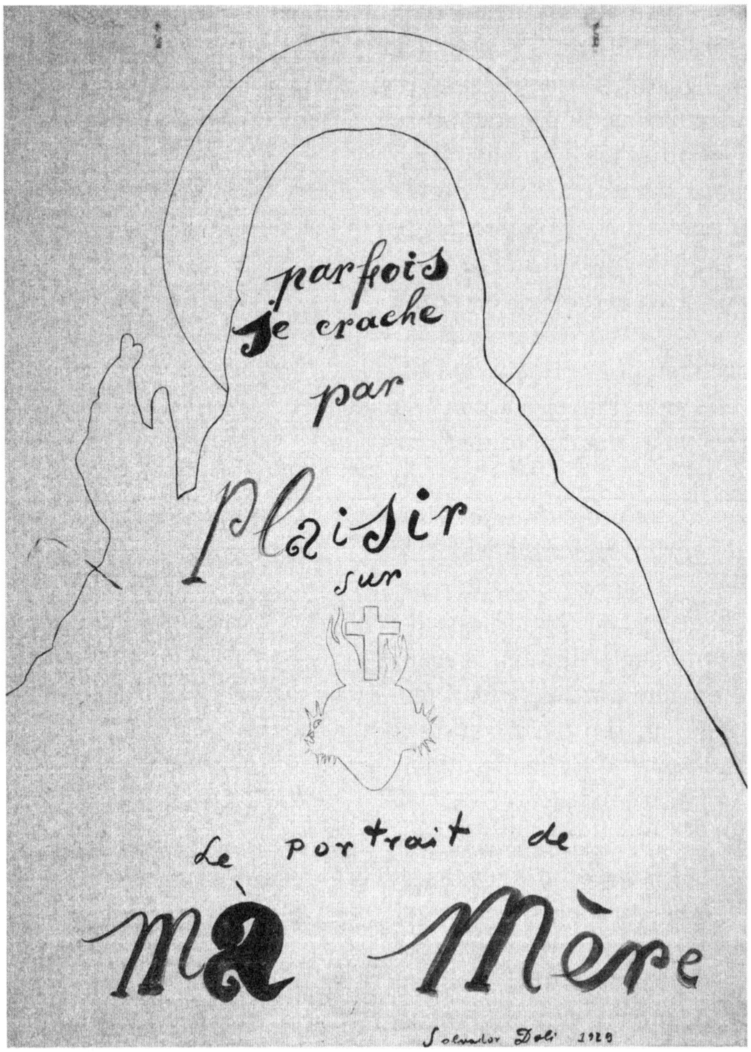


● *Parfois je crache par plaisir sur le portrait de ma mère,* 1929. Le peintre nomma d'abord cette œuvre *Le Sacré-Cœur.*

Marie-Laure de Noailles n'était pas seulement une descendante de Sade, elle avait aussi acheté le manuscrit des *120 Journées de Sodome*, l'un des livres les plus censurés d'Europe, à l'une des grandes autorités sur le divin marquis, Maurice Heine[957]. María Luisa González, l'amie libraire parisienne de Buñuel et de Dalí, se rappelait la fascination que la relation de parenté de Marie-Laure avec Sade et son manuscrit (un long rouleau couvert d'une écriture minuscule) exerçaient sur tout le groupe des Espagnols, Buñuel en tête, dans la capitale française[958]. Buñuel avait lu avidement *Les 120 Journées de Sodome*, mais pas sur le manuscrit : sur l'exemplaire qu'avait Roland Tual de la rare édition de Berlin, empruntée aussi par Proust[959]. Le roman – sans doute le catalogue le plus complet jamais réuni des pratiques sexuelles – impressionna profondément Buñuel, « plus encore que Darwin ». Il s'employa alors à se procurer les autres œuvres principales de Sade, dont aucune n'était en vente libre : *Justine*, *Juliette*, *La Philosophie dans le boudoir*, *Dialogue entre un prêtre et un moribond*. Ces lectures constituèrent pour lui, dit-il, une véritable « révolution culturelle ». Et on peut tenir pour certain qu'il en discuta avec Dalí[960].

Dalí, dans ses Mémoires, ne se rappelle pas sa première rencontre avec Charles et Marie-Laure de Noailles, mais il est probable, étant donné sa collaboration au scénario du nouveau film de Buñuel, qu'à l'automne 1929 il fréquentait déjà leur somptueux hôtel particulier, place des États-Unis. Et il est difficile d'imaginer qu'à l'époque il ne s'était pas plongé dans l'exemplaire du livre emprunté par Buñuel, surtout parce que ce dernier avait décidé de terminer le film sur une scène montrant le duc de Blangis et ses trois complices de luxure sortant du château de Selliny après la plus grande orgie sexuelle de l'histoire de la littérature.

Pour Dalí, l'époque était excitante, non seulement à cause du succès continu d'*Un chien andalou* au Studio 28 et de la progression du nouveau film, mais parce qu'il semblait que les toiles de l'exposition Goemans avaient toutes été vendues : avant le début de l'exposition, le vicomte de Noailles avait acheté *Le Jeu lugubre* (sans doute par l'entremise d'Éluard) et André Breton *Les Accommodations des désirs*. D'autres toiles avaient aussi été vendues avant le vernissage[961]. Pour couronner le bonheur de Dalí, ses retrouvailles avec Gala se passèrent bien, et elle décida de l'accompagner en Espagne pour de courtes vacances une fois que les toiles auraient été accrochées à sa convenance. Dalí dut avoir l'impression que le vent tournait enfin en sa faveur : non seulement son travail se vendait bien, mais il avait trouvé la femme qu'il recherchait[962].

Le catalogue de l'exposition Goemans, qui dura du 20 novembre au 5 décembre, énumérait onze toiles, dont toutes sauf les deux dernières dataient de 1929. Il y avait quelques œuvres graphiques non précisées. *Le Jeu lugubre*, qui portait le numéro 1, était suivi par *Les Accommodations des désirs*, *Le Sacré-Cœur*, *L'Image du désir* (intitulée aussi *L'Énigme du désir*), *Visage du Grand Masturbateur* (c'est-à-dire *Le Grand Masturbateur*), *Les Premiers Jours du printemps*, *Homme d'une complexion malsaine écoutant le bruit de la mer* et *Portrait de Paul Éluard*. L'ensemble était complété par deux des meilleures toiles peintes par Dalí en 1927 : *Efforts stériles* (plus tard appelé *Petites cendres*) et *Appareil et main*, acheté plus tôt par Éluard.

*Le Sacré-Cœur*, une encre sur toile, fut presque sans doute exécuté par Dalí après son retour à Paris. Quelques mois plus tôt, dans *La Gaceta Literaria*, il avait publié un « poème » intitulé « Je ne peux rien voir dans le paysage, rien ». Le fourre-tout d'éléments que l'auteur *pouvait* voir dans le paysage était plutôt inoffensif. Mais on voyait aussi, à travers un anus, une série d'images semblables à celles contenues à l'intérieur de la tête du masturbateur dans *Le Jeu lugubre*. Parmi elles, on trouve « une photographie très nette d'un jeune homme bien vêtu crachant par plaisir sur le portrait de sa mère[963] ». Rien ne suggérait que Dalí était le jeune homme en question. Mais voilà que maintenant, dans ce qui semblait être une provocation délibérée, il incluait cette phrase dans *Le Sacré-Cœur*, écrivant de façon éhontée : « Il m'arrive de cracher par PLAISIR sur le portrait de ma mère. » Ce geste avait-il l'intention de montrer que Dalí était aussi opposé que Breton à la religion et à la famille ? Peu après, il affirma qu'il avait simplement suivi ce que lui dictait son subconscient, soulignant qu'il nous arrive, dans les rêves, de traiter de façon horrible ceux que nous aimons le plus – même quand ils sont morts[964].

Le fait qu'André Breton ait non seulement acheté *Les Accommodations des désirs* avant l'ouverture de l'exposition mais écrit la préface du catalogue prouve à quel point le fondateur du surréalisme prenait maintenant au sérieux Dalí, de huit ans son cadet. « Dalí est ici comme un homme qui hésiterait (et dont l'avenir montrera qu'il n'hésitait pas) entre le talent et le génie, on eût dit autrefois entre le vice et la vertu. » Pour Breton, l'œuvre actuelle de Dalí apporte une contribution dévastatrice à l'attaque des surréalistes contre les valeurs de la société contemporaine et contre la réalité conventionnelle. Dalí est un libérateur : « C'est peut-être, avec Dalí, la première fois que s'ouvrent toutes grandes les fenêtres mentales, et qu'on va se sentir glisser vers la trappe du ciel fauve. » L'œuvre de Dalí a la vertu de nous aider à voir au-delà des apparences des choses, de nous aider à développer notre capacité à ce que Breton appelle l'« hallucination volontaire ». Ça ne fait aucun doute : « L'art de Dalí, jusqu'à ce jour le plus hallucinatoire qu'on connaisse, constitue une véritable menace. Des êtres absolument nouveaux, visiblement mal intentionnés, viennent de se mettre en marche[965]. »

Si l'exposition fut un succès financier, la réception critique fut moins unanimement appréciative qu'on aurait pu s'y attendre après le coup de chapeau initial de Breton, et les articles, en général, étaient brefs. Dalí a dû être particulièrement irrité par le commentaire dédaigneux d'E. Tériade dans *L'Intransigeant*. Remarquant que Dalí était venu de Catalogne dans l'intention de conquérir la capitale française, Tériade trouvait l'exposition pire que provinciale – elle était le fait d'« un provincial qui cherche désespérément à se montrer au goût du jour ». Il conseillait à Dalí, qui possédait un talent évident, de cesser de faire confiance aux qualités qu'il étalait dans ses tableaux. Si on lit entre les lignes, on comprend que l'article était dirigé autant contre le surréalisme en général que contre l'Espagnol en particulier[966].

D'autres critiques se montrèrent plus indulgents. « Le Rapin », dans *Comœdia*, trouvait les peintures de Dalí « étranges, brueghelienne, extrêmement intéressantes ».

L'article le plus sensible était celui de « Flouquet », dans *Monde*, l'hebdomadaire d'Henri Barbusse[967]. Il s'enthousiasmait de l'« étonnant pouvoir » de ces toiles, de leur assaut contre la logique et le « bon goût ». Dalí était plus adepte qu'un Persan du détail minutieux, plus sûr de ses fins qu'un Japonais. « Semeur de malaise », le Catalan, concluait Flouquet, « exprime toute la poésie, à la fois douce et terrible, du freudisme ». Dalí envoya la coupure, ainsi qu'une invitation au vernissage, à son ami barcelonais J. V. Foix, qui reproduisit les deux documents dans *La Publicitat*. Il envoya aussi la brève, ainsi que d'autres articles, à son père, qui les colla consciencieusement dans son album[968].

## BANNISSEMENT

Persuadés que l'exposition Goemans serait un succès financier, Dalí et Gala quittèrent Paris juste avant l'ouverture, en route vers l'Espagne pour un « voyage d'amour[969] ». Ils se rendirent d'abord à Barcelone. Ils passèrent ensuite quelques jours idylliques sur la côte, dans la station balnéaire de Sitges (foyer du défunt *L'Amic de les Arts*), qui leur proposait « ses plages maintenant désertes sous le soleil scintillant de la Méditerranée ». Le 24 novembre, un périodique local informa ses lecteurs que Dalí séjournait au parc-hôtel Terramar, un splendide établissement neuf à l'extrémité de la promenade, au milieu de jardins luxuriants, et garantissant une tranquillité absolue. Aucune référence n'était faite à la personne qui l'accompagnait, sans doute par discrétion[970].

Une fois terminé leur « voyage d'amour », Gala rentra à Paris, tandis que Dalí se rendait à Figueres. Là, selon *La Vie secrète*, son père l'interrogea à propos de Goemans et de son contrat. Plus tard, il dit que Dalí Cusí lui posa des questions sur sa relation avec Gala : il en était arrivé à la conclusion qu'elle était droguée, et qu'elle avait fait de Salvador un trafiquant. Sans cela, à quoi attribuer les revenus substantiels de l'artiste ?

À la fin du mois, Buñuel descendit à Figueres pour continuer à travailler avec Dalí au nouveau scénario. Dans ses Mémoires, dictés des dizaines d'années plus tard, il dit qu'en arrivant il entendit des cris de rage :

> Le père ouvre violemment la porte, au comble de la colère, et jette son fils à la porte en le traitant de misérable. Dalí riposte et se défend. Je m'approche, le père me dit en montrant son fils qu'il ne veut plus de ce cochon-là dans sa maison. La raison (compréhensible) de la fureur paternelle : sur un de ses tableaux, au cours d'une exposition à Barcelone, Dalí avait écrit à l'encre noire, en lettres maladroites : « Parfois je crache par plaisir sur le portrait de ma mère. »[971]

Les souvenirs de Buñuel ne sont pas souvent fiables, mais ce récit est globalement assez exact, en dehors du fait qu'il confond Paris et Barcelone. Il est cependant clair qu'à la fin novembre, don Salvador avait eu vent de ce que son fils avait inscrit dans le *Le Sacré-Cœur*, ce que lui, sa fille et sa seconde femme interprétèrent comme une insulte à la mémoire de Felipa Domènech, la mère du peintre. « Salvador avait publiquement renié le socle fondamental de sa vie », écrivit Anna Maria Dalí dans son livre sur son frère[972]. Les dégâts furent aggravés lorsque, le 15 décembre, Eugenio d'Ors publia dans *La Gaceta Literaria* un article accompagné d'une reproduction du *Jeu lugubre*, dans lequel, tout en reconnaissant la vocation de Dalí à être « l'un des plus authentiques et heureux représentants de notre peinture moderne », il lui reprochait son obscénité, son désir de choquer et, par-dessus tout, son inscription injurieuse, qu'il citait mal (« J'ai craché sur ma mère »)[973].

À Figueres, le récit populaire veut que, au moment de l'expulsion, on ait entendu le notaire gronder une prophétie qui était à peu près : « Comme tu n'as pas obéi à ton père, tu seras toujours un pauvre miséreux ! Tu finiras dans la pauvreté, dévoré par les mouches, sans un ami... ! Et tu auras de la chance si ta sœur t'apporte un bol de soupe ! » Une telle prophétie sinistre, qui frise la malédiction, aurait bien correspondu au caractère de Salvador Dalí Cusí, mais le peintre lui-même n'y fit jamais allusion dans son œuvre publiée, ni, pour autant qu'on le sache, dans une conversation[974].

Dalí père, un an plus tard, dans une lettre à Lorca, donna sa propre version des faits :

> Je ne sais pas si vous savez que j'ai chassé mon fils de la maison. Ça a été extrêmement douloureux pour nous tous, mais au nom de la dignité il était essentiel de prendre une décision aussi extrême. Dans l'une des toiles de son exposition parisienne, il a commis une action vile. Il a écrit ces mots insolents : « Je crache sur ma mère ! » Imaginant qu'il était ivre en écrivant ça, je lui ai demandé de s'expliquer. Mais il n'en a rien fait et nous a tous insultés à nouveau. Sans commentaire. Il est pathétique, ignorant, c'est un incomparable pédant, et il n'a pas la moindre honte. Il croit qu'il sait tout, mais il ne sait pas lire ni écrire. De toute façon, vous le connaissez mieux que moi.
> Il s'est abaissé jusqu'à accepter l'argent et la nourriture que lui donne une femme mariée qui, avec le consentement de son mari, le nourrit jusqu'à ce qu'elle ait trouvé mieux. Vous pouvez imaginer combien nous sommes malheureux de tout ça[975].

● Salvador Dalí, posant pour Luis Buñuel, un oursin en équilibre sur son crâne rasé, en 1929.

Au moment de jeter Salvador dehors, Dalí Cusí l'autorisa à se rendre avec Buñuel dans la maison familiale de Cadaqués, peut-être dans l'espoir de le voir se rétracter, mais il n'en fit rien. Depuis le village, Buñuel écrivit fébrilement à Noailles le 29 novembre, lui disant que le nouveau film serait peut-être même mieux qu'*Un chien andalou*, et qu'il ne partirait pas avant qu'il soit complètement élaboré, huit ou dix jours plus tard. Malgré ce que Buñuel devait écrire ensuite, et en dépit de ce qui venait de se passer à Figueres, aucun témoignage d'époque ne laisse entendre que Dalí et lui n'aient pas travaillé harmonieusement sur leur seconde aventure commune[976].

Avant le départ de Buñuel, vers le 6 décembre[977], Dalí reçut une lettre de son père le condamnant au « bannissement irrévocable » de la maison familiale et, peut-on imaginer, l'informant qu'il avait déjà été virtuellement déshérité par le nouveau testament déposé chez le notaire[978]. Étant donné le succès de son exposition à Paris et des débuts de sa relation avec Gala, et fort peut-être du souvenir des résultats positifs de son éviction autosuscitée de l'Académie San Fernando trois ans plus tôt, Dalí a pu penser que le cours nouveau que prenaient les événements était plus positif que négatif, tout au moins au départ – comme un stimulant nécessaire au succès et à sa libération personnelle. La réception de la lettre le poussa à se couper les cheveux et à les enterrer sur la plage d'Es Llané : un acte non de contrition, mais d'affirmation symbolique qu'il était prêt à s'embarquer dans une nouvelle existence. Insatisfait de son geste, il se rasa le crâne et demanda à Buñuel de le photographier avec un oursin sur la tête, première allusion à la légende de Guillaume Tell qui devait devenir un leitmotiv de son travail.

Le 14 décembre, de Saragosse, Buñuel écrivit à Noailles. Il lui disait que le nouveau scénario était complètement terminé et que, ainsi qu'il l'avait prévu, il était très supérieur à celui du premier film[979].

Dalí resta quelques jours seul à Cadaqués après le départ de Buñuel. Puis, gorgé d'oursins, il prit un taxi pour la gare, en route vers Paris – et vers Gala. C'est un départ qu'il n'oublia jamais :

> La route de Cadaqués au col de Pení monte en lacets. Chaque tournant me ramène la vue du village et de la baie. Au dernier tournant, depuis mon enfance je tournais la tête pour m'emplir encore les yeux de ce paysage de mon cœur. Mais ce jour-là, dans le taxi, au lieu de tourner la tête pour recueillir ma dernière image, je continuai de regarder droit devant moi[980].

Dans l'appartement familial de Figueres, Dalí laissa derrière lui la plus grande partie de ses possessions personnelles, y compris une dizaine de toiles, peut-être des centaines de dessins, de nombreux livres parmi lesquels ses bien-aimés livres d'art Gowans, ses volumes de la Biblioteca Nueva de Freud et des tonnes de lettres. Il devait se passer cinq ans avant qu'il reparle à son père, et une grande partie de ce matériau inestimable ne lui a jamais été rendue. Le fait qu'il n'ait pas obtenu qu'on le lui restitue devait être une des causes majeures des conflits futurs entre le peintre et sa famille.

L'AGE D'OR
de luis bunuel
scénario de
luis bunuel et salvador dali
interprété par
gaston modot · lya lys
caridad de làberdesque
lionel salem · max ernst
madame noizet · liorens artryas
duchange · ibanez

# VIII. Paris, Gala et *L'Âge d'or*

[1930]

222● La bise passionnée de Lya Lys que reçoit, bafoué, le vieux chef d'orchestre dans *L'Âge d'or* (1930), le scandaleux second film de Dalí et Buñuel.

## LE *SECOND MANIFESTE DU SURRÉALISME*

Lorsque Luis Buñuel rentra à Paris, le 30 décembre 1929, Dalí était déjà là, « conséquence de certains événements, écrivait Buñuel à Charles de Noailles, dont je vous parlerai quand nous nous verrons ». Avec Dalí à Paris, le travail sur le scénario du nouveau film pouvait de nouveau avancer rapidement, assurait Buñuel à son cordial mécène[981].

Le retour de Dalí coïncida avec la publication de ce qui devait être le dernier numéro de *La Révolution surréaliste*, qui marqua l'entrée officielle de Dalí et de Buñuel dans le mouvement. Le numéro bien rempli commençait par le *Second manifeste du surréalisme* de Breton, et comprenait des reproductions des *Accommodations des désirs* et des *Plaisirs illuminés*, ainsi que le scénario d'*Un chien andalou*, auquel Buñuel avait ajouté une brève et mordante introduction :

> La publication de ce scénario dans *La Révolution surréaliste* est la seule que j'autorise[982]. Elle exprime, sans aucun genre de réserve, ma complète adhésion à la pensée et à l'activité surréalistes. *Un chien andalou* n'existerait pas si le surréalisme n'existait pas. Un film à succès, voilà ce que pense la majorité des personnes qui l'ont vu. Mais que puis-je contre les fervents de toute nouveauté, même si cette nouveauté outrage leurs convictions les plus profondes, contre une presse vendue ou insincère, contre cette foule imbécile qui a trouvé *beau* ou *poétique* ce qui, au fond, n'est qu'un désespéré, un passionné appel au meurtre[983] ?

Dalí entra dans le surréalisme à un moment où le mouvement était en crise, et Breton apprécia énormément l'enthousiasme revigorant, et même le fanatisme, du nouvel adepte. « Durant trois ou quatre années, Dalí incarnera l'esprit surréaliste et le fera briller de tous ses feux comme seul pouvait le faire quelqu'un qui n'avait en rien participé aux épisodes, parfois ingrats, de sa gestation[984]. » Il venait d'y avoir des expulsions et des défections, et le problème des relations entre le surréalisme et le Parti communiste notamment causa bien des déchirements. Le *Manifeste* posait au Parti des questions précises. Breton affirmait que le surréalisme et le matérialisme dialectique étaient non seulement compatibles, mais devaient être complémentaires, et exprimait le regret que le Parti communiste, ainsi que lui-même, en tant que membre dudit parti, l'avait appris de sa douloureuse expérience, s'entête à ne pas comprendre le but du mouvement. Le surréalisme, insistait-il, était indissolublement lié au « processus de la pensée marxiste » :

> Comment admettre que la méthode dialectique ne puisse s'appliquer valablement qu'à la résolution des problèmes sociaux ? Toute l'ambition du surréalisme est de lui fournir des possibilités d'application nullement concurrentes dans le domaine conscient le plus immédiat. Je ne vois vraiment pas, n'en déplaise à quelques révolutionnaires d'esprit borné, pourquoi nous nous abstiendrions de soulever, pourvu que nous les envisagions sous le même angle que celui sous lequel ils l'envisagent – et nous aussi – la Révolution : les problèmes de l'amour, du rêve, de la folie, et de l'art et de la religion[985].

Mais où le surréalisme se situait-il sur un sujet qui, à ce moment-là, divisait les meneurs de l'Internationale, la position de Trotski et des autres dissidents à l'intérieur du Parti ?

Même si Breton, diplomatiquement, suggérait que les différences qui se faisaient jour étaient purement « tactiques », le document ne nous laisse aucun doute sur son allégeance à Trotski. Étant donné l'engagement de Breton pour la liberté de l'homme, et son horreur des esprits étroits, il ne pouvait en aller autrement.

Le *Manifeste* révèle en son auteur, une fois de plus, un moraliste rigide, maintenant engagé dans la « discipline rigoureuse de l'esprit auquel nous sommes déterminés à tout soumettre ». Rien d'autre qu'une révolution totale de cet esprit ne pourrait satisfaire le surréalisme. L'art, la littérature, la poésie, tout cela était secondaire par rapport au but suprême, qui était de provoquer une « crise de conscience » générale. Le surréalisme, cinq ans après sa création, en était encore à son stade initial. Breton informait ses lecteurs, non sans rappeler la Bible, que : « peu des artistes qui s'en revendiquent appartiennent réellement au surréalisme ». La méthode pour parvenir à cette crise de conscience consistait, comme toujours, à maîtriser le subconscient :

> Rappelons que l'idée de surréalisme tend simplement à la récupération totale de notre force psychique par un moyen qui n'est autre que la descente vertigineuse en nous, l'illumination systématique des lieux cachés et l'obscurcissement progressif des autres lieux, la promenade perpétuelle en pleine zone interdite[986].

Le *Second manifeste* de Breton marqua considérablement Dalí, qui dessina le frontispice de son édition en volume, à la fin du mois de juin, et signa une déclaration commune de quinze surréalistes pour soutenir les fondateurs du mouvement, qui se trouvaient alors sous le feu des dissidents[987].

Peu après qu'il eut rejoint les rangs des surréalistes, et inspiré par l'insistance de Breton sur l'importance des activités de groupe, Dalí écrivit le scénario d'un documentaire de cinq minutes, destiné à expliquer le surréalisme au grand public. Ce commentaire admirablement clair doit beaucoup à Breton, et insiste sur le fait que l'exploration par Freud du subconscient est la véritable base de la pensée du mouvement. Le film commence par montrer une fille lancée dans l'écriture automatique. Puis le dessin animé d'un arbre illustre les interrelations du conscient (le tronc, les branches, le fruit) et de l'inconscient (les racines, les tubercules), une interrelation conditionnée, ainsi que l'explique le commentaire, par les tensions freudiennes entre le principe de plaisir (les profondeurs de l'esprit, les rêves, les fantaisies, etc.) et le principe de réalité (la vie éveillée, la logique, la pratique, la moralité, etc.). Les surréalistes sont vus comme engagés dans une collaboration avec un collaborateur endormi, qui descend dans le métro de Paris (image de l'inconscient), exécutant un *cadavre exquis**[988] en se servant de collages pour transformer les images banales en véhicules énigmatiques et en « désorientation poétique », et fabriquant des objets surréalistes. En montrant un diagramme illustrant les différentes interprétations de sa toile *Dormeuse, cheval, lion invisibles*, Dalí cherche à démontrer combien le « délire paranoïaque », qu'il considère comme l'activité normale de l'esprit qui rêve, peut être imité par des images du monde éveillé. Le film se termine par des paroles optimistes d'André Breton concernant l'énorme potentiel du surréalisme.

Alors que le scénario cite la scène de meurtre d'*Un chien andalou*, il n'y est fait aucune référence à *L'Âge d'or*, ce qui laisse supposer qu'il a été écrit avant le début du tournage. Peut-être Dalí espérait-il faire le documentaire après qu'il eut fini de travailler avec

André Breton, Salvador Dalí, René Crevel et Paul Éluard en réunion de travail à la Centrale surréaliste, 1935.

Buñuel sur leur second projet. Si c'est le cas, ses espoirs furent déçus. Aucune référence au film n'est apparue ailleurs[989].

Les retrouvailles à Paris de Gala et Dalí ont dû bien se passer, car trois semaines plus tard le couple fuyait la ville, Dalí, dans *La Vie secrète*, se rappelant son besoin urgent de s'éloigner afin de se concentrer sur une idée de toile qui lui était venue lors de son récent séjour à Cadaqués : le portrait d'un « homme invisible[990] ». Gala avait choisi le lieu de leur escapade : l'hôtel du Château à Carry-le-Rouet, une petite station thermale à vingt-cinq kilomètres de Marseille, dominant la mer, près de Martigues. Les amants s'y installèrent le 11 janvier 1930.

Éluard décida aussitôt qu'il ne pouvait vivre sans Gala, et promit de la rejoindre à Marseille la semaine suivante – si une vente de tableaux qu'il envisageait se passait bien[991]. Ce ne fut pas le cas, et ses lettres se firent de plus en plus misérables :

> J'ai tant envie de toi. J'en deviens fou. Je meurs à l'idée de te retrouver, de te voir, de t'embrasser. Je veux que ta main, ta bouche, ton sexe ne quittent mon sexe. Nous nous branlerons dans les rues, dans les cinémas, la fenêtre ouverte. Ce matin je me suis magnifiquement branlé en pensant à toi. Et mon imagination n'est pas lasse. Je te vois partout, en tout, sur tout. Je t'aime à en mourir. Ton sexe couvre mon visage, il mange le mien, me recouvre de ta beauté, de ton génie. Tout est beau en toi : tes yeux, ta bouche, tes cheveux, tes seins, tes poils, tes fesses, ton sexe, tes jambes, ton sexe, tes mains qui ne lâchent plus ce qu'elles branlent, cet espace qui

> est entre tes cuisses, près de ton sexe, tes épaules. Je me saoule de penser à chaque partie de ton corps[992].

Dalí et Gala restèrent à Carry-le-Rouet jusqu'au mois de mars. Dalí écrivit plus tard que ce furent des mois de merveilleuse initiation sexuelle[993]. Un dessin de leur chambre, fait par la suite pour *La Vie secrète*, montre le couple enlacé sur le sol, entouré d'un tas de petit bois, et c'est peut-être à cette époque que Dalí écrivit à Buñuel une lettre de six pages sur les joies de l'amour physique[994]. Dalí affirma aussi que Gala et lui n'avaient pas quitté l'hôtel pendant deux mois. Tandis qu'il travaillait à sa toile, *L'Homme invisible*, qui avançait dans la douleur, Gala scrutait ses cartes de tarot qui, selon Dalí, ne cessaient d'annoncer « une lettre d'un homme brun, et de l'argent », et répondait de temps en temps aux lettres frénétiques d'Éluard[995].

La lettre annoncée par les cartes arriva comme prévu. Son auteur n'était pas un homme brun, mais le vicomte de Noailles (qui avait le teint pâle et devenait chauve). Le récit que fait *La Vie secrète* de cet épisode est légèrement inexact. Ce qui s'est vraiment passé, c'est que Noailles, informé par Buñuel le 8 février que la galerie de Camille Goemans s'apprêtait à fermer (sa femme l'avait quitté pour un autre homme), lui demandait de dire à Dalí qu'il était prêt à reprendre provisoirement les murs de la galerie, et assurerait les paiements mensuels que l'artiste aurait perdus. Buñuel transmit à Dalí la bonne nouvelle[996].

Il se trouve que Salvador recevait régulièrement à cette époque des messages de Lídia, son amie folle de Cadaqués, qu'il conservait et analysait comme « des documents paranoïaques de premier ordre ». Sur la rive du minuscule village de Port Lligat, juste à côté de Cadaqués, au pied du cap de Creus, les fils de Lídia possédaient une baraque qui tombait en ruine, au toit effondré, où ils gardaient leur matériel de pêche. « Avec le caprice qui caractérise toujours mes décisions, écrit Dalí dans *La Vie secrète*, ça devint instantanément le seul endroit où je voulais vivre, où je pouvais vivre. Gala ne voulait que ce que je voulais. » Une lettre fut envoyée à Lídia, qui répondit que ses fils étaient d'accord pour lui laisser la maison[997]. Ainsi encouragé, et assuré que Noailles était prêt à l'aider, Dalí lui écrivit. Il lui dit qu'il venait d'apprendre de Paris que la galerie Goemans allait rouvrir – une nouvelle rassurante, prometteuse de nouvelles ventes. Puis, rappelant à Noailles qu'il lui avait proposé son assistance si besoin était, Dalí eut l'audace de lui demander s'il était prêt à lui avancer l'argent nécessaire pour qu'il s'installe à Cadaqués. Avec vingt mille francs, affirmait-il, il pouvait acheter la baraque et la rendre habitable. En échange, son mécène recevrait une toile, de la taille qu'il voudrait, de la future production de Dalí. Alors, était-il prêt à l'aider[998] ? Le 3 mars, Noailles lui répondait, envoyant un chèque de vingt mille francs, et l'informant, enthousiaste, que Buñuel avait commencé, le 24 février, à Paris (studios de Billancourt) le tournage des intérieurs du nouveau film[999].

Quoi qu'il en dise dans *La Vie secrète*, Dalí ne rendit pas visite à Noailles à Hyères. En recevant le chèque, il lui écrivit avec effusion :

> Merci infiniment pour le chèque de 20 000 francs, que je viens de recevoir. Je vous dois donc un tableau, que vous pourrez choisir parmi ce que je ferai l'année prochaine. Je suis ravi de cette maison de Cadaqués, qui apporte la meilleure solution possible à mes problèmes.
> Je vous tiendrai au courant de ce que je fais, et vous enverrai des photos de la baraque.

> J'ai déjà pris ma réservation sur le bateau qui part pour Barcelone samedi prochain.
> J'ai essayé en vain d'encaisser le chèque, mais j'espère le faire rapidement à Marseille lundi prochain. Si je n'y parviens pas, je vous renverrai le chèque par lettre recommandée, et vous demanderai à la place un mandat, si cela vous est possible et facile.
> Encore une fois mes sincères remerciements, cher Monsieur Noailles, et je vous prie de me rappeler au bon souvenir de Madame Noailles[1000].

Pour sa générosité, Noailles devait recevoir *La Vieillesse de Guillaume Tell.*

## L'ÂGE D'OR

De Carry-le-Rouet, Dalí avait bombardé Buñuel de suggestions de dernière minute pour améliorer le script de *La Bête andalouse*, comme le film s'appelait alors[1001]. Il était particulièrement obsédé par la scène d'amour (qui se passe dans le jardin pendant que les invités écoutent l'orchestre qui joue *Tristan et Isolde*), et ses propositions d'améliorations étaient accompagnées de dessins précis :

> Dans la scène d'amour, il pourrait embrasser la pointe de ses doigts et lui arracher un ongle avec ses dents [dessin indiqué par une flèche], nous pourrons apprécier cet horrible déchirement en utilisant la main d'un mannequin dans laquelle on aura glissé un ongle en papier, de cette façon on pourrait voir le déchirement en direct [dessin indiqué par une flèche], et à ce moment-là elle peut pousser un cri perçant, bref, haut perché, à donner la chair de poule, et ensuite tout continuera normalement comme avant – *je trouve vraiment terrifiant* cet élément d'horreur, beaucoup plus fort que l'œil tranché [dans *Un chien andalou*], je ne voulais pas vraiment utiliser un élément d'horreur mais, maintenant que nous avons celui-ci, qui est *supérieur* au précédent, nous devons nous en servir (chose que nous n'aurions jamais faite s'il avait été simplement d'une intensité égale, ou inférieure) et par-dessus tout dans *cette* scène d'amour il est vraiment pertinent !

Buñuel était aussi obsédé que Dalí par la scène en question et dit à Noailles que, s'il la réussissait, elle serait à elle seule « beaucoup plus forte que la totalité d'*Un chien andalou*[1002] ». Il décida d'intégrer l'amélioration suggérée par Dalí sous une forme modifiée : dans le film, les amants se sucent mutuellement les doigts avec avidité, puis l'homme caresse le visage de la femme d'une main qu'un gros plan révèle dépourvue de doigts (pour ce plan, on utilisa la main mutilée d'un paralytique)[1003].

Dans la même lettre, Dalí continuait par des suggestions sur la façon de filmer « la chatte que tu as toujours rêvé de montrer au cinéma » :

> Dans la scène d'amour elle a la tête penchée comme ça pendant un moment [dessin indiqué par une flèche] (à cet instant je vois l'éventail de lady Windermere[1004]). Il la regarde et on s'aperçoit que les lèvres de la femme

> tremblent – pour ça il y a deux solutions – 1. le visage recule légèrement et les lèvres sont légèrement superposées [dessin indiqué par une flèche] jusqu'à ce qu'on voie les deux véritables lèvres d'une chatte rasées pour mieux ressembler aux précédentes, ou, sinon 2. les lèvres sont en gros plan entourées par l'arrière-plan blanc du visage. Contre cet arrière-plan de la peau faciale et *autour des lèvres* commencent à apparaître vaguement en surimpression quelques plans d'un boa en plumes (les poils de la chatte) qui encadrent la fente (même arrière-plan blanc que le visage précédent qui a servi d'arrière-plan à la bouche) ; la surimpression continue jusqu'au moment où on voit l'image en gros plan (la tête et la bouche de la femme disparaissent alors de l'image), sa poitrine se soulevant à un rythme accéléré comme ça [indiquée par une flèche]... Les plumes sont doucement agitées par la brise [indiquées par une flèche]. Les seins palpitent [indiqués par une flèche]. Qu'il s'agisse du trou d'une chatte-bouche, etc., sera évident et impossible à couper, car l'une des deux images sera une véritable bouche et l'autre une fente entourée de véritables plumes [dessin, indiqué par une flèche, en dessous duquel vient l'explication aussi indiquée par une flèche]. À l'instant de la surimpression, la bouche, humide et *baveuse*, devra être à moitié ouverte, laissant la langue visible, mais *pas les dents*... Dans la scène d'amour *elle* est presque nue, on doit voir une bonne partie de ses seins et une bonne partie de son *cul*, je visualise sa fente comme ça et ses épaules complètement nues [indiquées par une flèche].

Buñuel ne suivit pas l'ingénieuse suggestion du « trou de la chatte » de Dalí, qui indique une fois de plus qu'il était à l'époque obsédé par l'image multiple. Et il ne suivit pas Dalí pour la nudité du rôle principal féminin, sans doute parce qu'il savait qu'une telle crudité aurait rebuté les censeurs.

Dalí terminait sa lettre par une liste d'autres suggestions :

> Un train aux fenêtres *remplies de Français* passe en un éclair, très très vite. Mais c'est pour un autre film
>
> Quelqu'un peut avoir sa braguette légèrement *déboutonnée* (juste un peu !), la chemise est visible si bien que les gens penseront que ce n'est *pas intentionnel*, et sans désir de susciter de la gêne. Ce personnage apparaît pas mal, et de temps en temps s'approche de la caméra
>
> [Dans la marge gauche] Si tu filmes bien la scène elle pourrait être incroyablement érotique, tu ne crois pas. Je l'adore vraiment.
>
> TRÈS BON
>
> Dans la scène d'amour et avant qu'on n'éteigne la lumière on *doit* entendre quelqu'un qui pisse et le bruit du bidet, un long jet, suivi de deux ou trois plus courts, et *après ça* on entend le baiser, etc., tout ça avec une femme superbe et excitante et le jardin, etc., etc., aura une poésie formidablement excitante.

> [Dans la marge gauche] un bruit très *caractéristique* que personne ne manquera, et avant elle peut dire quelque chose qui le rende complètement évident, « attends une minute, je reviens dans un instant », ou « je suis à vous dans une seconde »[1005].

Buñuel intégra l'homme à la braguette déboutonnée (une des images qui susciteront plus tard la colère de la censure), et apprécia énormément la suggestion de Dalí concernant le bidet-urinoir que, en y ajoutant une touche de scatologie, il utilisa dans une autre scène.

Dalí était maintenant dans un état de grande excitation inventive à propos du film. Dans une autre lettre à Buñuel, il proposa d'autres idées et d'autres dessins, suggérant cette fois qu'il intègre des sensations tactiles. En tête de la première page se trouve le dessin d'un appareil à la Dalí, qui transmettrait au public les sensations idoines. Une flèche est pointée sur des poils, une autre sur de l'eau chaude qui jaillirait sur les doigts du public quand on entendrait un bidet. Dalí explique :

> Je fais beaucoup de réflexions sur le cinéma tactile, ça serait facile et fantastique si l'on pouvait s'en servir pour notre film, comme une simple illustration. Les spectateurs posent la main sur une table sur laquelle diverses matières apparaissent, synchrones avec le film. Sur l'écran un personnage caresse la peau de quelqu'un, et sur la table il y a de la peau, etc., ça ferait des effets absolument surréalistes et terrifiants. Un personnage effleure un cadavre et sur la table les doigts se plongent dans de la pâte à modeler, si nous pouvions utiliser six ou sept synchronisations tactiles bien choisies… On pourrait du moins y penser, pour plus tard sinon pour maintenant. Le public serait fou furieux.

Au bas de la page, au cas où Buñuel n'aurait pas compris, Dalí ajoute des dessins de spectateurs en état d'érection flagrante, tandis qu'ils regardent un « téton » caressé sur l'écran, et fouillent d'un doigt lubrique les seins artificiels qui se sont matérialisés sur les tables devant eux[1006].

Une dernière page de suggestions fut prise en considération par Buñuel lorsqu'il finalisa le script définitif :

> De même qu'il y a un homme couvert de poussière, il peut y avoir un homme horriblement ensanglanté, qui marche avec indifférence parmi les passants – ou bien alors que les protagonistes vieillissent ou rajeunissent, il peut avoir un visage ensanglanté juste une seconde (très bon, ça).
>
> D'une façon ou d'une autre, il faut que nous ajoutions au dialogue de la scène d'amour, comme si tous deux parlaient d'une chose qu'ils savent, cette petite phrase : « J'ai toujours souhaité la mort de mes enfants » (la phrase « mon amour »), à cet instant il peut dire « mon amour » avec le visage couvert de sang.
>
> Quand ils sont dans la boue *elle* hurle *comme s'ils lui ouvraient la gorge.* Avant qu'on ne commence à jeter les affaires par la fenêtre, on entend à l'intérieur de la pièce un piano qui joue très lentement la valse des vagues, comme si

> allait commencer une scène nostalgique, lente et sentimentale. Et par-dessus tout, insiste sur les ânes et les pianos !
>
> Un petit détail, lors de la soirée : une femme se lève de son siège avec les fesses ensanglantées. On le remarque à peine – quelque part dans un coin de la pièce.
> Dans le petit documentaire sur la rue un petit type, un petit type qui boite, tombe, se relève et continue son chemin, mais perdu parmi beaucoup d'autres.
>
> Un petit détail de l'homme dans la scène d'amour, un plan sur sa main qui se contracte, etc., identique, le même, que le plan un instant plus tard du chef d'orchestre avant qu'il ne se mette à pleurer[1007].

Buñuel rejeta la suggestion de Dalí concernant la femme aux fesses ensanglantées, et aucun âne ni piano n'accompagne, sur la musique de valse, le pin brûlant, la girafe, l'archevêque et les restes du bric-à-brac lancé par la fenêtre par l'homme furieux. Mais il incorpora le dialogue amoureux, en voix off, et fit en sorte que les beaux traits de Gaston Modot soient largement tachés de sang :

> Elle : Tellement longtemps que je t'attendais. Quelle joie ! Quelle joie d'avoir assassiné nos enfants !
> Lui : Mon amour, mon amour, mon amour, mon amour, mon amour, mon amour[1008].

Dans *Mon dernier soupir*, Buñuel minimisait la contribution de Dalí au scénario de *L'Âge d'or*, laissant entendre au lecteur qu'il n'avait accepté que l'une de ses suggestions : la scène dans laquelle un homme marche dans un jardin public avec une pierre sur la tête et passe devant une statue coiffée de la même façon[1009]. Les lettres citées, cependant, ainsi que les modifications du script apportées par Buñuel au crayon, montrent que Dalí travailla en étroite collaboration avec lui jusqu'au commencement du tournage, début mars, et que Buñuel pesait soigneusement chacune de ses propositions. Cela est confirmé, de plus, par une lettre de Buñuel à Pepín Bello, le 11 mai 1930, dans laquelle il écrit : « Comme pour *Un chien andalou*, j'ai imaginé l'intrigue avec Dalí[1010]. » Une fois de plus, on s'aperçoit que, consciemment ou non, Buñuel, rétrospectivement, ne rendait pas justice à Dalí.

Buñuel avait consciencieusement tenu Noailles au courant de sa préparation au tournage, lui disant, enthousiaste, le 28 février, que Sergueï Eisenstein, rien de moins, l'avait supplié d'avoir un petit rôle dans le film. « C'est vraiment la gloire », lui répondit le vicomte[1011]. Le tournage débuta le 3 mars 1930, le jour même où le généreux Noailles postait à Dalí le chèque grâce auquel il pourrait acquérir la maison de pêcheur qu'il désirait à Port Lligat[1012].

## PORT LLIGAT ET LA PARANOÏA

Dalí avait été invité à donner une conférence sur le surréalisme à l'Ateneu Club, à Barcelone, et informa Breton de son départ immédiat pour la Catalogne. La carte postale, représentant la plage de Carry-le-Rouet, avait été transformée par le peintre en un commentaire sur l'étude de Seurat pour *Un dimanche après-midi à l'île de la Grande Jatte*. Pour un critique, cet *objet trouvé** est la preuve de la proximité déjà notable entre Breton et son nouvel acolyte volcanique[1013].

Dalí et Gala prirent la mer pour se rendre à Barcelone, s'embarquant à Marseille le 10 mars[1014]. De la capitale catalane, ils allèrent à Cadaqués pour sceller le marché avec Lídia. Là, sur les instructions du père de Dalí, outragé d'avoir appris que son fils comptait s'installer à Port Lligat, l'hôtel Miramar refusa de les recevoir. Ils durent donc séjourner dans une petite pension de famille, où l'une des anciennes servantes de Dalí à Es Llané fit de son mieux pour leur rendre les lieux confortables. Lídia les aida aussi[1015].

La cabane de plain-pied sur la rive de Port Lligat, qui avait été vendue à Dalí par les fils pêcheurs de Lídia[1016], Bienvenido Costa Noguer, mesurait vingt-quatre mètres carrés au sol. Quel que fût l'état de la propriété, elle était certainement extrêmement primitive, sans électricité ni eau courante, et il est difficile d'imaginer que Gala, habituée à la belle vie à Paris, ait été enthousiasmée par cette acquisition, qui avait coûté au peintre deux cent cinquante pesetas. Mais elle voyait peut-être son potentiel[1017].

Si, en 1930, Cadaqués était encore isolé, Port Lligat, à vingt minutes environ à pied, par un chemin cahoteux qui passait devant le cimetière, pouvait être considéré comme le bout du monde. Plus accessible par bateau que par tout autre moyen, Port Lligat n'avait pour habitants qu'une dizaine de pêcheurs taciturnes qui exerçaient leur métier dans les eaux trompeuses du cap de Creus. Mais Dalí était revenu chez lui, dans cet endroit dont il n'avait cessé de répéter que c'était celui qu'il préférait au monde, et il ne devait jamais regretter sa décision. Port Lligat, qui s'était appelé « Ithaca » et « Omphalos », devint rapidement le centre de son univers, et il fut ravi de découvrir que dans la baie qui arrivait presque à sa porte, fermée par l'île noire et dentelée de Sa Farnera, l'empereur du Saint-Empire romain Charles Quint s'était ancré au début du XVI^e siècle. C'était pour lui un présage illustre. « Port Lligat » signifie « port enfermé », et la baie ressemble en effet plus à un lac intérieur qu'à un passage vers la mer. Cela aussi plaisait à Dalí. Ici, il sentait qu'il serait en sécurité. Ici, il construirait son foyer, et étendrait sa propriété au fur et à mesure que grandirait sa fortune. Et c'est ainsi que les choses se passèrent.

Après une semaine occupée à organiser quelques remises à neuf de la baraque, Dalí et Gala retournèrent à Barcelone où, le 22 mars 1930, le peintre donna sa conférence, « La position morale du surréalisme » à l'Ateneu Club. Le titre était bien adapté pour une causerie dans ce que Jaume Miravitlles, l'ami de Dalí, appela « la plus prestigieuse tribune morale » de Catalogne[1018]. C'était la première fois que Dalí entreprenait de parler en tant que membre officiel du mouvement de Breton – et cela se sent dans le texte. Le lecteur de biographies ne s'attend pas à lire le texte d'une conférence. La raison pour laquelle je l'invite à le faire maintenant est que cette causerie nous donne une idée exacte de ce qu'était Dalí à ce moment crucial de sa vie. Le sérieux moral du *Second manifeste* de Breton imprègne le texte de Dalí, et il est évident aussi que Dalí a de nouveau regardé *L'Interprétation du rêve*, a relu *Au-delà du principe de plaisir* et a parcouru, peut-être pour la première fois, *Totem et tabou* :

> Pour commencer, permettez-moi de condamner l'action éminemment vile qui consiste à donner une conférence, et, pire encore, à en écouter une. Ce n'est qu'avec les excuses les plus sincères que je fais une fois de plus pareille chose, sans aucun doute la plus éloignée de l'acte le plus pur de tous

les actes surréalistes, qui consiste, ainsi que Breton l'a dit dans son *Second manifeste*, à descendre dans la rue et à ouvrir le feu sur la foule.
Néanmoins, sur un certain plan de relativité, l'acte ignoble de faire une conférence peut être utilisé dans des buts hautement démoralisants et créant la confusion. Créant la confusion car, en plus du processus [de démoralisation[1019]] (qui doit être considéré comme bon à chaque fois qu'il a pour but de démolir les idées de famille, de patrie et de religion), nous nous intéressons également à tout ce qui peut contribuer à ruiner et à discréditer le monde des sens et de l'intellect qui, dans le procès que nous menons contre la raison, peut se condenser dans la détermination rageusement paranoïaque de systématiser la confusion, la confusion qui est taboue pour la pensée occidentale (et qui a fini par être bêtement réduite au « rien » de la spéculation, du vague et de l'idiotie).
Un snobisme ignoble a rendu triviales les découvertes de la psychologie moderne, les frelatant jusqu'à les utiliser pour orner les conversations mondaines, ou pour donner une sotte apparence de nouveauté à l'immense cloaque du roman et du théâtre modernes. À la vérité, bien sûr, les mécanismes identifiés par Freud sont plutôt peu recommandables et, par-dessus tout, complètement inaptes à amuser la société contemporaine.
En réalité, ces mécanismes ont jeté une lumière crue, aveuglante, sur la conduite humaine.
Regardez les affections domestiques.
Prenez l'abnégation : une femme très amoureuse de son mari s'occupe de lui pendant les deux ans que dure une longue et cruelle maladie ; elle veille sur lui jour et nuit avec une abnégation qui dépasse les limites de la tendresse et du sacrifice. Naturellement, conséquence de tant d'amour, le mari en question va mieux ; et aussitôt la femme fait une grave dépression nerveuse. Les gens, évidemment, imaginent que c'est la suite de l'épuisement nerveux. Mais rien ne pourrait être plus éloigné de la vérité. Les gens heureux ne souffrent pas d'épuisement nerveux. La psychanalyse et l'interprétation soigneuse des rêves de la patiente confirment le désir très intense, mais inconscient (et donc inconnu d'elle), qu'elle a de se débarrasser de son mari. C'est pourquoi le fait que son mari recouvre la santé provoque sa névrose. Le désir de mort se retourne contre elle. Son abnégation extrême lui sert de défense contre son vœu inconscient[1020].
Une veuve se jette sur la tombe de son mari. Qui comprend une chose pareille ? Les hindous la comprennent, et essaient de devancer les désirs mauvais de leurs femmes par une loi ordonnant que les veuves soient brûlées.
J'en reviens à l'abnégation – à l'abnégation hautement désintéressée qu'on trouve parmi les parents [ ?[1021]]. Une statistique a montré qu'au cours de la Grande Guerre il y avait énormément de sadisme chez les sœurs de la Croix-Rouge. Et notamment parmi celles qui faisaient le plus preuve d'abnégation et qui, abandonnant leurs belles maisons bourgeoises privilégiées, s'en allaient en masse sur les champs de bataille – où on les surprenait souvent à couper sans nécessité avec leurs ciseaux de longs centimètres de chair, par pur plaisir. De nombreux cas de véritables martyres ont été enregistrés.

Une telle cruauté devait se justifier par un plaisir intense. Sauf si, comme c'est probable, le mécanisme mental de ces charmantes infirmières était encore compliqué par l'attirance du masochisme.
La révision des prétendus grands sentiments humains serait interminable à la lumière de la nouvelle psychologie. Mais une telle révision exhaustive ne nous est pas absolument nécessaire pour suggérer comment, sur le plan moral que la crise de conscience surréaliste est persuadée qu'elle devrait avant tout provoquer, un personnage comme celui du marquis de Sade apparaît aujourd'hui avec la pureté d'un diamant, alors que, par exemple – pour faire référence à un de nos écrivains locaux de Catalogne –, rien ne peut nous paraître plus bas, plus ignoble, plus digne d'opprobre que les « beaux sentiments » de ce gros porc, de ce grand pédéraste, de cette immense putréfaction poilue, Àngel Guimerà[1022].
J'ai inscrit il y a peu de temps, sur une de mes toiles représentant le Sacré-Cœur, la phrase « J'ai craché sur ma mère[1023] ». Eugenio d'Ors (que je considère comme un con absolu) vit dans ladite inscription une simple insulte privée, une simple manifestation de cynisme. Je n'ai pas à dire que cette interprétation est incorrecte, et ôte à l'inscription ce qu'elle a de véritablement subversif. Tout le problème, au contraire, est centré sur un conflit moral très pareil à celui qu'on voit dans les rêves, quand on assassine une personne bien-aimée, et il s'agit d'un rêve très courant. Le fait que les impulsions du subconscient paraissent souvent très cruelles à notre conscience est une raison de plus pour que les amoureux de la vérité ne les cachent pas.
La crise du monde des sens, l'erreur et la confusion systématique que le surréalisme a provoquées dans les sphères des images et de la réalité sont d'autres moyens possibles de démoraliser les gens. Et si aujourd'hui je peux dire que l'Art nouveau, qui est exceptionnellement bien représenté à Barcelone, est le plus proche de ce que nous pouvons aimer sincèrement en ce moment, c'est bien la preuve de notre répugnance et de notre totale indifférence envers l'art, la même répugnance qui nous amène à considérer la carte postale comme le document le plus vital sur la pensée populaire contemporaine, une pensée souvent si profonde qu'elle défie la psychanalyse (je pense en particulier aux cartes postales pornographiques).

***

La naissance des nouvelles images surréalistes doit être considérée avant tout comme la naissance d'images de démoralisation. Il est nécessaire d'insister sur l'extrême perspicacité, reconnue par n'importe quel psychologue, de la paranoïa, une forme de maladie mentale qui consiste à organiser la réalité de façon qu'elle serve au contrôle d'une construction imaginaire. Un paranoïaque qui pense qu'il a été empoisonné découvre dans tout ce qui l'entoure, jusque dans le détail le plus imperceptible et le plus subtil, les préparatifs de sa mort. Récemment, par un processus complètement paranoïaque, j'ai obtenu l'image visuelle d'une femme dont la position, les ombres et la morphologie sont en même temps, sans altérer ou déformer le moins du monde sa véritable apparence, celles d'un cheval[1024]. On peut imaginer qu'obtenir une troisième image, une cinquième et une trentième ne dépend que de l'intensité de la paranoïa. En ce cas, il serait intéressant de savoir ce que cette image représente réellement, et qui est la vérité, et ensuite s'élève la question de savoir si les images que nous avons de la réalité ne sont en fait qu'un produit de notre faculté paranoïaque.

Mais ce n'est qu'un petit exemple. Il reste encore les vastes systèmes des états plus répandus et mieux connus : l'hallucination, le pouvoir de l'hallucination volontaire, l'avant-sommeil, l'illumination, le rêve éveillé (car nous rêvons sans interruption), l'aliénation mentale et bien d'autres états non moins significatifs et importants que le prétendu état normal de l'énormément normal porc putrescent en train de boire son café.

Malgré la « normalité » des gens qui peuplent les rues, leurs actions pratiques trahissent un douloureux automatisme. Chacun est douloureusement tordu, déformé et agité et mû par des systèmes qu'il croit logiques et normaux. Néanmoins, toutes leurs actions, tous leurs gestes sont guidés inconsciemment par le monde de l'irrationnel et des conventions, les images entraperçues dans les rêves, puis perdues. C'est pourquoi, quand ils tombent sur des images qui ressemblent à ces dernières, ils sont persuadés qu'il s'agit d'amour et ils disent que leur seule vue les fait rêver.

Le plaisir est l'aspiration la plus légitime de l'humanité. Dans la vie humaine le principe de réalité se dresse contre le principe de plaisir. Il relève du devoir de notre intelligence de se lancer dans une défense enragée de tout ce qui – en dépit de la nature horriblement mécanique de la vie pratique, en dépit des ignobles sentiments humanitaires, en dépit des jolies phrases (l'amour du travail, etc., etc.) que nous, surréalistes, nous couvrons de merde – peut conduire à la masturbation, à l'exhibitionnisme, au crime, à l'amour.

Le principe de réalité contre le principe de plaisir : la véritable position du véritable désespoir intellectuel est précisément la défense de tout ce qui, *via* le chemin du plaisir et des prisons mentales de toutes sortes, peut détruire la réalité, une réalité chaque jour plus sujette, plus sujette de façon humiliante, à la violente réalité de notre esprit.

La révolution surréaliste est avant tout une révolution d'ordre moral ; cette révolution est vivante, c'est la seule qui, dans la pensée occidentale contemporaine, ait un contenu spirituel.

La révolution surréaliste a défendu l'écriture automatique, le texte surréaliste, les images d'avant-sommeil[1025], les rêves, l'aliénation mentale, l'hystérie, le rôle du hasard, les sondages concernant le sexe, les insultes, les agressions antireligieuses, le communisme, la transe hypnotique, les objets primitifs, les objets surréalistes, la carte postale.

La révolution surréaliste a défendu les noms du comte de Lautréamont, de Trotski, de Freud, du marquis de Sade, d'Héraclite, d'Uccello, etc.

Le groupe surréaliste a provoqué des mêlées sanglantes à la brasserie des Lilas, au cabaret Maldoror, dans des théâtres et dans la rue.

> Le groupe surréaliste a publié divers manifestes insultant Anatole France, Paul Claudel, le maréchal Foch, Paul Valéry, le cardinal Dubois, Serge Diaghilev et d'autres.
> Je m'adresse personnellement aux nouvelles générations de Catalogne, et j'annonce qu'une crise morale de premier ordre a été provoquée, et que ceux qui persistent dans l'amoralité des idées décentes et raisonnables ont le visage couvert de mes crachats[1026].

La conférence offensa gravement certains spectateurs et, selon Jaume Miravitlles, conduisit à la démission forcée de Pere Coromines, président de l'Ateneu et grand ami du père de Dalí[1027]. L'un des plus outragés fut Sebastià Gasch qui, des dizaines d'années après, se rappelait que les mots et les gestes de Dalí ce soir-là l'avaient gravement affecté, car « il attaquait de la façon la plus violente mes convictions les plus intimes ». Étant donné l'animosité déclarée de Gasch envers le surréalisme, une telle réaction était sans doute inévitable[1028].

La conférence de Dalí fut à peine couverte par les journaux, car elle coïncidait avec l'arrivée à Barcelone d'un fort contingent d'intellectuels madrilènes, parmi lesquels le philosophe José Ortega y Gasset, l'historien Américo Castro, le philologue Ramón Menéndez Pidal et l'écrivain Manuel Azaña (futur président de la Deuxième République). Ils étaient venus exprimer leur soutien à la culture catalane et, en conséquence, occupèrent presque toute l'attention de la presse. La conférence de Dalí n'aurait pu être plus mal programmée. De fait, elle n'obtint qu'une notule laconique dans *La Publicitat* : « Il s'est étendu dans des considérations sur la guerre déclarée par le surréalisme à la morale, à la patrie, à la religion et à la famille. Il a parlé de problèmes domestiques et privés et a insulté la mémoire d'un illustre Catalan défunt. Il n'y a pas eu d'incident[1029]. »

Dalí a dû être furieux, non seulement de l'absence de couverture journalistique, mais de ce que le public de l'Ateneu n'ait pas réagi à ses provocations. Douze ans plus tard, il devait réécrire l'histoire, et raconter que la conférence s'était brusquement terminée lorsque, après qu'il avait insulté Àngel Guimerà, on avait jeté des chaises sur lui, et que la police avait dû l'escorter hors de la salle[1030].

L'un des aspects les plus intrigants de la conférence de Dalí, c'est l'intérêt, déjà esquissé dans son scénario inédit, qu'il y révèle pour la paranoïa. Dans un texte théorique, « L'âne pourri », publié au mois de juillet dans le nouveau journal de Breton, *Le Surréalisme au service de la révolution*, il alla plus loin dans l'exploration du sujet, affirmant que la paranoïa offrait de grandes possibilités au surréalisme :

> Je suis persuadé que le moment est arrivé où, en exploitant la paranoïa et les composants actifs de nos mécanismes de pensée, il sera possible (en même temps que par les procédés automatiques et autres états passifs) de systématiser la confusion et de contribuer à la totale discrimination du monde de la réalité.

Exploitation, systématisation : la concession en direction des « procédés automatiques et autres états passifs » ne sert qu'à souligner que maintenant Dalí préfère la mise en ordre de l'inconscient à l'autonomie en roue libre prônée par Breton dans son premier manifeste.

L'intérêt de Dalí pour la paranoïa, comme le montre la conférence, et comme le confirme « L'âne pourri », est inséparable de son intérêt pour les images doubles et multiples. Au moment où il écrivait « L'âne pourri », Dalí venait d'ajouter une troisième image, celle d'un lion, au tableau mentionné dans la conférence. Finalement intitulée *Dormeuse, cheval, lion invisibles*, cette toile, ainsi qu'il l'affirma plus tard, lui avait été inspirée par la contemplation des rochers du cap de Creus, dont les formes fantastiques et les métamorphoses le fascinaient depuis son enfance[1031]. Les efforts de Dalí pour provoquer chez le spectateur un état voisin de la paranoïa tandis qu'il observe la toile ne sont cependant pas totalement un succès, et les membres de la femme et du cheval subissent de considérables distorsions au cours du processus consistant à les accommoder au procédé de l'image double. Dans *L'Homme invisible*, qui date de la même époque, la tête de l'homme et la forme générale de sa silhouette assise sont beaucoup plus immédiatement visibles que Dalí n'en avait l'intention (il n'« apparaît » pas soudain, comme le lapin dans *Le Jeu lugubre*), et son bras droit, par exemple, peut ne pas être perçu comme tel, mais comme une femme nue vue de dos (dans une position identique à celle de la femme à la fin d'*Un chien andalou*), de même que sa main gauche peut n'être perçue que comme une main. La main droite, cependant, a un aspect plus hallucinatoire, comme la femme-cheval venue de *Dormeuse, cheval, lion invisibles*, à l'arrière-plan gauche, derrière le motif devenu ubiquiste de la jarre représentant un Dalí à l'air idiot et sa sœur Anna Maria Dalí (le lion en colère qui apparaît au premier plan est probablement une allusion au père de Dalí).

À l'été 1930, Dalí avait inventé ce qu'il appela « la pensée paranoïaque-critique », dans laquelle la double image jouait un rôle essentiel[1032]. Le mot « méthode » ne remplaça pas le mot « pensée » avant 1932[1033]. C'était une *trouvaille** brillante, qui suggérait qu'il existait une technique pour provoquer et éprouver le type de phénomène qui intéressait Dalí. Mais si l'expression « méthode paranoïaque-critique » devint rapidement célèbre (Dalí fit ce qu'il fallait pour ça), la « méthode » en elle-même restait extrêmement insaisissable – si insaisissable que Dalí dit, plus tard : « Je ne sais pas en quoi elle consiste mais... elle marche très bien[1034]. » Quant au *but* de la « méthode », cependant, c'était autre chose, comme Dalí devait l'expliquer dans *Journal d'un génie*. « D'une façon générale, il s'agirait de la systématisation la plus rigoureuse des phénomènes et des matériaux les plus délirants, dans l'intention de rendre tangiblement créatives mes idées les plus obsessivement dangereuses[1035]. »

Dalí ne précisa jamais quelles étaient ces idées dangereusement obsessionnelles, et ne laissa jamais entendre que, à partir de 1930, s'il était de plus en plus fasciné par la paranoïa, c'était parce qu'il avait découvert que son grand-père paternel, Gal, avait souffert d'accès de paranoïa tels qu'il s'était suicidé. Il est difficile de croire que cette découverte, confirmée, nous l'avons vu, par sa cousine Montserrat, ne l'ait pas profondément bouleversé, non seulement parce qu'un squelette inattendu venait de surgir du placard de la famille mais parce que, en réfléchissant à la conduite de son père et de son oncle Rafael, parfois aussi visiblement délirante que celle de leur instable géniteur, il a dû se demander si lui-même n'avait pas hérité d'une tendance paranoïaque. On peut soutenir que c'est afin de réduire cette possibilité, afin de désamorcer sa peur, que Dalí élabora une « méthode » qui, en confrontant la paranoïa à ses simulations, cherchait à mettre sous contrôle l'impact possible de la maladie.

Que savait vraiment Dalí, dans les années 1930, de la paranoïa (mot qui, en grec classique, signifie « esprit désordonné » et que la psychiatrie au XIX^e^ siècle s'était approprié pour désigner la folie délirante et, en particulier, cette manie de la persécution dont souffrait apparemment le grand-père de Dalí)[1036] ? Il était sûrement tombé sur des passages faisant référence à ce phénomène dans *L'Interprétation du rêve*, mais, plus important, il avait pu lire – ou en avoir entendu parler – *Introduction à la psychanalyse*, dans lequel Freud réitère sa conviction que la paranoïa « monte régulièrement dans une tentative pour repousser des impulsions homosexuelles excessivement fortes[1037] ». Sachant la crainte qu'avait Dalí d'être homosexuel, on peut facilement supposer qu'il s'est arrêté sur cette phrase. Peut-être sa « méthode paranoïaque-critique », en même temps qu'une tentative pour brider la paranoïa et maîtriser l'inconscient, était-elle destinée à être une défense délibérée contre une tentation sexuelle qui le mettait au supplice.

« L'âne pourri » fut lu avec une attention fascinée par un jeune psychanalyste français, Jacques Lacan, qui à l'époque écrivait une thèse sur la psychanalyse. Il semblait à Lacan que Dalí avait raison de chercher à museler l'énergie de la paranoïa dans un but positif, et il contacta le peintre[1038]. Apparemment, Lacan n'a pas écrit sur cette rencontre, et le récit amusant qu'en fait Dalí dans *La Vie secrète* est peut-être quelque peu exagéré[1039]. Mais il ne fait aucun doute que « L'âne pourri » et la rencontre avec son auteur influencèrent le développement de la pensée de Lacan sur la paranoïa, même s'il ne voulut jamais l'admettre.

## ENCORE DALÍ CUSÍ

Le père de Dalí n'était pas resté inactif depuis que, à sa grande stupeur, il avait découvert que Salvador avait acheté une baraque à Port Lligat, et qu'il projetait d'y vivre dans le péché avec la Russe, femme adultère de Paul Éluard. Quand Dalí et Gala retournèrent à Cadaqués après la conférence de Barcelone, pour voir comment avait avancé le travail sur leur petite propriété, ils furent harcelés par la Garde civile, cette incarnation traditionnelle de la répression en Espagne, à l'instigation du redoutable notaire. Dalí, en 1972, se rappelait que son père avait fait de son existence et de celle de Gala un enfer. « Pour voir les Pichot, nous devions prendre un bateau pour ne pas passer devant la maison de mes parents à Es Llané », qui pour lui était devenue « un morceau de sucre trempé dans le fiel[1040] ».

Dalí et Gala ne restèrent alors que peu de temps à Port Lligat. Une lettre de don Salvador Dalí Cusí, envoyée à Buñuel peu après leur départ, nous donne la véritable mesure du père avec lequel Dalí devait se confronter :

> Mon Bon Ami : je suppose que vous avez maintenant reçu la lettre que je vous ai envoyée samedi dernier.
> Si vous gardez votre amitié à mon fils vous pourriez faire quelque chose pour moi. Je ne lui écris pas à lui directement parce que je n'ai pas son adresse. Hier, m'a-t-on dit, il a traversé Figueres, avant d'aller à Cadaqués avec la « Madame ». Il n'a pu rester que quelques heures à Cadaqués parce que le soir la Garde civile, obéissant à mes ordres, lui a rendu visite. Ça lui a épargné une belle peur parce que s'il était resté dormir à Cadaqués, il aurait passé un sale moment.
> Il est parti hier après-midi ou hier soir pour Paris, où je pense qu'il va passer huit jours. Vous devez savoir où vit la « Madame » et vous pourriez lui dire de l'informer qu'il ne doit pas essayer de retourner à Cadaqués, pour la simple raison qu'il ne sera pas autorisé à rester dans ledit village, ne fût-ce que pour deux ou trois heures. Et alors les choses deviendront si compliquées pour lui qu'il ne pourra même pas retourner en France.

Tous les frais de justice nécessaires devront être payés par mon fils, comme j'espère que vous l'en avertirez.
Mon fils n'a pas le droit de me compliquer la vie. Cadaqués est mon refuge spirituel, et la paix de mon esprit est dérangée par la présence de mon fils dans le village en question. De plus, il s'agit de l'endroit où repose ma femme et il sera détruit si mon fils, avec sa conduite indécente, le profane.
Je ne suis pas prêt à plus souffrir. C'est pourquoi je me suis laissé aller à toutes ces longueurs pour m'assurer qu'il ne me dérangera pas au cours de l'été.
Pour l'instant la mesure que j'ai prise est suffisante pour empêcher mon fils de nous souiller cet été. Quand cette mesure ne sera plus suffisante, j'aurai recours à tout ce qui sera à ma disposition, y compris la violence physique. Mon fils ne viendra pas à Cadaqués, il ne doit pas y venir, il ne peut pas y venir.
Ni cet été ni le prochain, car j'ai d'autres mesures pour l'empêcher de me déranger ; mais lorsque les mesures dont je dispose en ce moment ne seront plus suffisantes, nous nous battrons et on verra bien qui l'emporte et je peux vous dire que puisque je veux gagner quel qu'en soit le prix je ferai tout mon possible pour m'assurer la victoire, je prendrai des gens pour m'aider à le tabasser, ou je chercherai l'opportunité de distribuer les coups moi-même sans en recevoir aucun. Ce n'est pas infâme parce que j'avertis la victime à l'avance de mes intentions et donc, s'il veut venir à Cadaqués, il peut prendre toutes les précautions qu'il veut pour se défendre ou se protéger (comme il veut).
Ses théories m'ont parfaitement convaincu. Il est persuadé que la chose la plus importante du monde est de faire le plus de mal possible, et maintenant j'en suis persuadé aussi. Personne ne peut lui faire mal spirituellement parce qu'il est complètement dévergondé, mais je peux lui causer des dommages physiques parce qu'il a encore de la chair et des os.
Meilleures pensées de votre ami, Salvador Dalí[1041].

Il paraît peu probable que Dalí, de retour à Paris et momentanément à l'abri des violences paternelles, ne se soit pas précipité pour voir Buñuel, qui termina le tournage des dernières scènes intérieures du film du 24 au 26 mars 1930, et, le 31 mars et le 1er avril, des scènes intérieures parlantes. Le 4 avril, Buñuel et son équipe arrivèrent au cap de Creus pour filmer les scènes des bandits, l'arrivée des « Majorquins » (la « putrescente » hiérarchie catholique représentée par les archevêques marmonnant, transformés en squelettes fossilisés) et la fondation de la Rome impériale. Max Ernst était à la tête des bandits, parmi lesquels des membres de la colonie espagnole de Paris, et le surréaliste anglais Roland Penrose[1042].

Dalí avait décidé de ne pas accompagner Buñuel à Cadaqués, sans doute afin d'éviter son père, mais aussi, et c'était plus important, parce qu'il s'inquiétait pour la santé de Gala. Avant de quitter Paris avec elle pour l'emmener se reposer à Malaga, où ils avaient été invités par le poète José María Hinojosa, il a probablement visité l'exposition de collages organisée par Camille Goemans, qui avait réussi à relancer momentanément sa galerie. Elle s'ouvrit le 28 mars 1930, et montra des œuvres d'Arp, de Braque, de Duchamp, d'Ernst, de Gris, de Miró, de Magritte, de Man Ray, de Picabia, de Picasso, de Tanguy et de Dalí, représenté par *Les Premiers Jours du printemps*. Ce fut la dernière exposition de Goemans, et peu après la galerie ferma définitivement[1043].

Dalí eut rapidement des nouvelles du tournage de Buñuel à Cadaqués. Quand l'équipe arriva, il faisait mauvais temps, mais le lendemain le ciel s'éclaircit et le tournage se déroula avec succès à Tudela, la crique isolée du cap de Creus dont Dalí avait montré l'été précédent à Buñuel les étranges formations de micaschiste et où, en 1925, Lorca et lui avaient pris plaisir à mastiquer leurs sandwiches après leurs terreurs imaginaires du voyage en bateau depuis Cadaqués[1044]. L'excitation monta à Cadaqués lorsque Buñuel recruta des figurants parmi les villageois. Quand tout fut terminé, le journal local, *Sol Ixent*, le 3 mai, commenta :

> Nos lecteurs peuvent imaginer ce que c'était que de voir les vieux grands-pères Firmo, Enrique de la Maula, Mario Coll et quelques autres jouer le rôle d'évêques, coiffés de mitres, sur la plage de Tudela. Les filles de Manuel de la Maula et d'Enriquet en nonnes. Josep Albert en cardinal, etc., etc. Nos lecteurs nous diront si nous n'avons pas raison d'affirmer que Cadaqués est une espèce de petit Hollywood, plein de stars capables de rivaliser avec John Gilbert, Chaney, les Barrymore, Mary Pickford, etc.[1045].

Avant de partir, Buñuel filma quelques courtes séquences silencieuses de Dalí Cusí et de sa seconde femme Catalina, la « Tieta », à Es Llané. Nous voyons la silhouette massive du notaire engloutissant des oursins avec un énorme plaisir, arrosant le jardin si patiemment gagné sur la falaise rocheuse derrière la maison, fumant son inséparable pipe, se balançant sur son rocking-chair... et regardant la caméra en face d'un air confiant. Ainsi apparaissait aux yeux du monde le notaire à l'âge de cinquante-huit ans ! Tel était le personnage effrayant qui, dans les portraits de Dalí, donne l'impression de posséder Cadaqués ! En voyant après soixante ans ces images sauvées, il ne faut que peu d'efforts pour saisir le problème que Dalí Cusí posait à son fils, ce qui est sans doute la raison pour laquelle Buñuel les a filmées. S'agitant autour du notaire, le nourrissant, la « Tieta », qui a douze ans de moins que lui, a plus l'apparence d'une servante soumise que celle d'une épouse. Ce n'est pas une beauté, certes. Dalí Cusí était si content du travail de Buñuel qu'il fit projeter le film par le cinéma local[1046].

Pendant ce temps, Dalí avait peint la première œuvre majeure dans laquelle il faisait directement allusion à sa relation avec Gala, partiellement responsable de sa rupture avec son père. *Monument impérial à la femme-enfant* est en général daté de 1929, mais il fut sans doute exécuté à Paris début 1930. Ainsi que Dalí l'expliqua plus tard, la femme-enfant du titre est Gala. Le « monument » est basé sur les fantasmagories de micaschiste du cap de Creus, là où a commencé leur amour, et exprime « toutes les terreurs puériles » de son enfance et de son adolescence, qu'il offrait maintenant en sacrifice à Gala. « Je voulais que cette peinture montre une aube dans le style de Claude Lorrain, continuait-il (faisant allusion à *L'Embarquement de sainte Paule à Ostie*, qui se trouve au Prado), avec la morphologie du Modern Style correspondant au summum du mauvais goût de Barcelone[1047]. »

La peinture n'exprime peut-être pas *toutes* les « terreurs puériles » de Dalí (il n'y a, par exemple, aucun signe de la sauterelle redoutée), mais on peut y voir une anthologie abondante de ses motifs obsessionnels de l'époque. On retrouve les lions rugissants, les visages de jarres idiots de Dalí et de sa sœur Anna Maria (dont les yeux communs rendent impossible de les voir tous les deux en même temps), une tête minuscule du Grand Masturbateur, le regard fixe et maniaque du père agressif, un doigt masturbateur tenant une cigarette (comme dans *Le Jeu lugubre*), et, par deux fois, deux visages qui se cachent, sous le coup de la honte ou de la terreur. L'un d'eux, de façon significative, couronne tout l'édifice. Il y a aussi des éléments nouveaux. La toile renferme la première référence au couple en prière dans *L'Angélus* de Millet, qui devait bientôt devenir une autre obsession de Dalí. Napoléon, le héros de l'enfance de Dalí, occupe une niche du monument, de même que Mona Lisa. On note une apparition remarquable en bas à gauche : un couple adulte brutalement éjecté de son lit par une planche poussée par une voiture dont les phares baignent la scène d'une étrange lumière verte (une attaque contre le mariage conventionnel ?).

En ce qui concerne Gala, qui a inspiré le monument et apparaît dans la silhouette agenouillée dans le coin en bas à droite, elle est suggérée à la fois par les fesses de femme au centre de la toile, et par le buste sur la gauche. Là, la femme, quoique superbe, paraît épuisée – peut-être une allusion à la pleurésie dont Gala souffrait à l'époque, et qui inquiétait à la fois Dalí et Éluard (ce dernier dit à Gala que ses cheveux en devenaient blancs)[1048]. « Sa maladie la faisait paraître si fragile, se rappelait Dalí, que quand on la voyait avec sa chemise de nuit rose elle ressemblait à une de ces fées dessinées par Raphael Kirchner, qui semblaient sur le point de mourir du simple effort de respirer un de ces gardénias décoratifs deux fois plus gros et plus lourds que leur tête. » Il était évident que Gala avait besoin de vacances – mais hors d'atteinte de l'atrabilaire notaire de Figueres. Ce dernier est sans doute la silhouette qui, tenant un enfant par la main, apparaît en dessous du monument, sur la droite, pointant du doigt un rocher très phallique baigné dans la lumière d'une aube à la Claude Lorrain. La crevasse dans le roc, comme dans tant de toiles de Dalí à l'époque, renferme des clés et des fourmis, suggérant la peur de la sexualité.

## INTERLUDE À MALAGA

La revue de Malaga *Litoral*, qui parut de façon sporadique entre novembre 1926 et juin 1929, était l'un des magazines littéraires espagnols les plus élégants et les plus influents. Parmi ses contributeurs réguliers, *Litoral* comptait les poètes Manuel Altolaguirre, Emilio Prados (ses fondateurs), Luis Cernuda, Rafael Alberti, Vicente Aleixandre et Lorca, l'ami de ce dernier, Manuel Ángeles Ortiz (le peintre qui, à Paris, avait présenté Picasso à Dalí), le peintre et poète José Moreno Villa (le bras droit d'Alberto Jiménez Fraud à la Résidence des étudiants) et un autre poète de Malaga, José María Hinojosa, pour le *Poema del campo* (1925) duquel Dalí avait dessiné une couverture et un frontispice. Dalí lui-même avait envoyé un dessin pour le numéro spécial du tricentenaire de la mort de Góngora, publié en octobre 1927, et le magazine était souvent évoqué en bien dans *L'Amic de les Arts*[1049].

Hinojosa, qui avait rejoint l'équipe éditoriale de *Litoral* en mai 1929, avait de l'argent personnel, et était le principal soutien financier de la revue. En mars 1930, il se trouvait à Paris, et quand il y vit Dalí et Gala à leur retour de Barcelone, il les invita à passer quelques semaines à Malaga, à ses frais, à Pâques. En échange, il devait recevoir une toile. Comme il semblait que quelques semaines au bord de la mer pourraient aider Gala à guérir de sa pleurésie, Dalí et elle acceptèrent l'invitation, et partirent pour l'Espagne début avril[1050].

Le couple commença par passer quelques jours à Barcelone, où Éluard inonda Gala d'un déluge de lettres et de télégrammes[1051]. Puis ils partirent pour Malaga

– trois jours dans un train infesté de mouches, en troisième classe. Le 15 avril, un journal local de Malaga disait que Dalí, « le grand peintre catalan », séjournait à Torremolinos, qui était alors un minuscule village de pêcheurs avec à peine un touriste[1052]. Hinojosa installa les amants au « château de l'Anglais » (*El Castillo del Inglés*), qui se trouvait sur une falaise basse dominant la petite crique de La Carihuela. Cette charmante propriété avait appartenu à un excentrique philanthrope anglais, et venait juste d'être transformée en ce qui a été décrit comme « le premier hôtel de la Costa del Sol », le Santa Clara[1053]. Dans *La Vie secrète*, l'hôtel, qui avait une annexe, devient « la villa de pêcheur qui domine un champ d'œillets au bord d'une falaise qui tombe abruptement dans la mer[1054] ».

Cette année-là, la semaine sainte commençait le 14 avril, et Gala et Dalí se rendirent à Malaga pour la procession. C'était la première fois que Dalí visitait la ville natale de Picasso, et il imagina qu'il voyait de tous côtés des types physiques ressemblant à ceux de son grand rival.

La vie à Torremolinos d'avant le boom était adaptée à un « mangeur de lotus ». « Gala, avec son corps de garçon, brûlé par le soleil, se promenait seins nus dans le village », se rappelait Dalí onze ans plus tard. Les pêcheurs, de mœurs très libres (ils étaient anarchistes), ne manifestaient aucune désapprobation devant la semi-nudité de la nonchalante Russe. Le poète José Luis Cano, alors âgé de dix-huit ans, et qu'Emilio Prados amena pour qu'il rencontre le couple flamboyant, en fut plus affecté. « Le regard de Gala me frappa par sa force, se rappelait Cano. Ses yeux lançaient des éclairs comme s'ils avaient voulu brûler ce qu'ils regardaient. Elle ne portait pour vêtements qu'une petite jupe rouge, et ses seins nus, très bruns et pointus, étaient exposés au soleil avec un parfait naturel[1055]. » Un autre jeune poète de Malaga, Tomás García, se rappelait aussi les seins nus de Gala – et son choc quand elle dit que son mari lui manquait, et bondit pour lui envoyer le télégramme suivant : « Paul, mon amour, je t'aime[1056]. » José Luis Barrionuevo, un ami de Hinojosa, a raconté que Gala ne cessait d'envoyer à Éluard des télégrammes « extrêmement affectueux[1057] ».

Le groupe de *Litoral* ne put s'empêcher de remarquer l'amour passionné de Dalí pour Gala. Cette dernière, plus parisienne que les Parisiens, n'était pas gênée pour embrasser un homme en public, une pratique inconnue en Espagne, et ne renonça pas à cette habitude à Malaga. De telles attentions renforçaient l'ego de Dalí et il y répondait de façon aussi ardente que possible, étant donné sa timidité, s'attirant la colère d'un participant à l'une des processions de Pâques qui lui siffla qu'il devrait « attendre » pour cela d'être rentré à Madrid (en province, la capitale espagnole, même si elle était fade selon les normes de Paris, était perçue comme un haut lieu du libertinage)[1058]. Manuel Altolaguirre se rappelait aussi les étreintes sans fin, qui étaient considérées comme des agressions quand elles ne suscitaient pas jalousie ou colère. Altolaguirre travaillait à l'office de tourisme, et disait aux curieux que le couple vêtu de couleurs criardes qu'il promenait dans Malaga était un couple d'Égyptiens. Lors d'une visite à Torremolinos, il trouva Dalí et Gala en train de se baigner complètement nus, et déçus de ne pas attirer de voyeurs[1059].

Un soir – c'était le 18 mai 1930 –, Emilio Prados leur proposa d'exécuter tous ensemble un *cadavre exquis** surréaliste. Gala et Dalí étaient d'accord. Gala dessina la tête, Dalí le cou, Darío Carmona (un autre membre du groupe *Litoral*) les bras et la poitrine, José Luis Cano le ventre et les parties génitales, Prados les jambes. Le résultat était charmant[1060].

Des années plus tard, Darío Carmona se rappelait la timidité de Dalí lors de leur visite à Torremolinos (« Ça peut paraître ridicule, mais Dalí était un peu timide »), et sa terreur des sauterelles (s'il en voyait une sur le chemin de la plage, il retournait à la maison). Un jour, il rencontra Gala et Dalí à Malaga. Ils étaient noirs de soleil. Dalí, en hippie avant la lettre, portait une veste ouverte qui laissait voir sa peau douce et bronzée et le collier de perles de verre vertes qu'il arbora pendant tout son séjour. Ses cheveux longs étaient d'un noir de jais. « Mohamed, un penny, Mohamed, un penny », psalmodiaient en anglais les petits mendiants[1061].

Prados et Altolaguirre demandèrent à Dalí de se joindre à eux pour créer un magazine surréaliste, destiné à devenir le haut-parleur espagnol du mouvement. Le poète surréaliste Vicente Aleixandre, né à Malaga, qui devait remporter le prix Nobel de littérature, apportait aussi son soutien[1062]. Mais Hinojosa, qui apparemment avait été le premier à en avoir l'idée, devenait de plus en plus catholique et de droite, et il fut gêné par l'« aspect révolutionnaire » que Dalí et Prados se proposaient de donner à la publication. Il retira son soutien financier. Le projet fut abandonné[1063].

Au cours des cinq semaines que le couple passa à Torremolinos, Dalí travailla infatigablement à *L'Homme invisible*[1064]. C'est sans doute à ce moment-là qu'il ajouta la silhouette féminine dont le ventre semble exploser dans une efflorescence de roses sur le seuil du bâtiment à arcades sur la droite. Il s'agissait presque certainement d'une allusion à un problème gynécologique douloureux qui commençait à affecter Gala, et qui ne fut résolu que par une opération qui la rendit stérile, l'été suivant. Dalí, désespérément inquiet pour Gala, fit une autre toile cette année-là, *Les Roses sanglantes*, dont le personnage féminin était maintenant la protagoniste. Attachée à une colonne, comme saint Sébastien, elle se tord de douleur tandis que le sang des roses sur son ventre s'écoule le long de ses cuisses[1065].

Éluard était aussi inquiet que Dalí à propos de Gala. Elle lui manquait désespérément (seule une collection de photos de Gala nue pouvait le consoler), il sentait qu'il la perdait, et il était écrasé par des problèmes financiers. Gala, obsédée qu'elle était par l'argent et la sécurité, n'avait surtout pas envie d'entendre parler de cela. Tous ses efforts n'avaient maintenant qu'un seul but : que Dalí ait du succès[1066].

Le départ de Dalí de Malaga fut annoncé dans la presse locale le 22 mai 1930[1067]. Le couple revint à Paris en passant par Madrid, où ils s'attardèrent quelques jours et furent filmés par le dynamique Ernesto Giménez Caballero, propriétaire et rédacteur en chef de *La Gaceta Literaria*, sur le toit de son imprimerie. La séquence qui a survécu, qui ne dure que quelques secondes, montre Gala radieuse et séduisante. Quand elle souffle un baiser effronté à la caméra, on comprend pourquoi tant d'hommes la trouvaient irrésistible. Dalí, debout à côté d'elle dans un état second, a l'air de ne pas croire à sa chance. Plus tard, Giménez Caballero raconta qu'il avait trouvé Gala, qu'il n'avait encore jamais rencontrée, « tendue et arachnide ». Peut-être l'intimidait-il (Giménez Caballero pouvait, de fait, se montrer très intimidant), mais il n'y a dans ces précieuses images de bonheur aucun signe de tension, et on ne voit pas de femme-araignée[1068].

Le sculpteur Cristino Mallo, qui avait été à l'Académie avec Dalí, le trouva changé. « Il était très différent et avait une petite moustache. Je me souviens qu'il m'espionnait dans la rue. Il était dans un taxi avec Gala. Il m'a appelé et me l'a présentée[1069]. » Dalí emmena Gala voir la Résidence des étudiants, où il est difficile d'imaginer qu'ils ne parlèrent pas de Lorca (qui venait d'arriver à Cuba après huit mois passés à New York). Natalía Jiménez de Cossío, la femme d'Alberto Jiménez Fraud, se rappelait leur visite, et Gala persuada José Moreno Villa de lui faire présent d'une toile de Dalí qui lui avait été donnée par l'artiste quelques années plus tôt. Dalí lui promit de lui en envoyer une autre pour la remplacer – mais il n'en fit rien[1070].

Quelques jours plus tard, Dalí et Gala étaient de retour à Paris, où Buñuel apportait les dernières touches à son film que, ainsi qu'il le dit à Pepín Bello, il avait rebaptisé *À bas la Constitution !*, même s'il n'avait rien à voir avec une quelconque constitution, passée ou présente[1071]. On ignore qui eut l'idée du titre définitif, *L'Âge d'or*, que le film reçut peu après et qui contient probablement une allusion ironique à la fameuse scène de *Don Quichotte* dans laquelle le chevalier errant fait une harangue à un troupeau de chèvres en parlant des joies d'une vie simple[1072]. On ne sait pas non plus si Dalí se rendit en salle de montage, ni s'il fit encore une suggestion de dernière minute. Buñuel, dans ses Mémoires, dit que Dalí « adora » *L'Âge d'or* quand il le vit pour la première fois, et s'exclama que « c'était comme un film américain ». Tout ça est possible, mais on n'a aucun document contemporain pour le prouver[1073].

Pendant ce temps, le 21 juin, alors que Camille Goemans était définitivement hors course, Dalí signa avec un nouveau marchand, Pierre Colle, que lui avait recommandé le toujours attentif Charles de Noailles[1074].

Le 30 juin 1930, la version finale, sonorisée, de *L'Âge d'or* fut projetée pour la première fois dans la salle privée des Noailles. En raison de quelques problèmes techniques, la première ne fut pas une totale réussite. Au cours des dix jours suivants, sans anicroches, les Noailles projetèrent le film pour des amis et des critiques choisis. Le vicomte était ravi. « J'ai l'impression qu'en ce moment on ne parle de rien d'autre dans Paris », écrivait-il le 10 juillet à Buñuel qui, comme Dalí, était rentré en Espagne au début du mois[1075].

## ÉTÉ À PORT LLIGAT

À Port Lligat, Dalí et Gala trouvèrent leur cabane de pêcheur splendidement améliorée. Salvador se hâta d'envoyer des photos à Noailles, qui, en réponse, blagua que s'il arrêtait la peinture, il pourrait tourner son énergie vers l'architecture[1076].

Le retour du couple à Port Lligat, où il resta jusqu'à l'automne, coïncida avec la parution du premier numéro du *Surréalisme au service de la révolution*, qu'Éluard envoya immédiatement à Dalí, en disant à Gala qu'ils devaient le lire avec soin, en entier[1077]. On peut imaginer que la première chose que fit Dalí fut de vérifier que « L'âne pourri », fièrement dédié à « Gala Éluard », avait été bien imprimé.

*Le Surréalisme au service de la révolution* était édité de façon encore plus sobre que son prédécesseur, *La Révolution surréaliste*, et affichait sur sa couverture verte un emblème énigmatique qui, ainsi qu'Éluard l'expliqua à Gala, symbolisait la conjonction de Saturne et d'Uranus (qui, étrangement, avait présidé à sa naissance, à celle de Breton et à celle d'Aragon[1078]). Le numéro inaugural du nouveau journal exprimait clairement de quelle façon le surréalisme estimait qu'il pouvait maintenant servir la cause de la révolution, et disait son mépris pour le colonialisme français (en Indochine) autant que pour le drapeau français, l'armée française, « La Marseillaise », la chrétienté en général, et l'Église catholique en particulier. Mais en ce qui concerne l'œuvre des artistes créateurs, Breton insistait sur la distance qu'il gardait avec le Parti communiste : l'artiste doit, avant tout, rester fidèle à son inspiration. Une telle attitude ne devait pas tarder à mener à une friction avec le Parti, pour finir par une rupture de leurs relations.

Le numéro du journal contenait une « Déclaration » dans laquelle les fidèles de Breton faisaient allégeance à leur chef :

> Déterminés à user, et même à abuser tout le temps de l'autorité conférée à nous par la pratique consciente et systématique des modes d'expression écrits ou autres, en accord à tous égards avec André Breton et résolus à *appliquer* les conclusions de notre lecture du *SECOND MANIFESTE DU SURRÉALISME*, les soussignés, sans illusions concernant l'efficacité des « revues artistiques et littéraires », ont décidé d'apporter leur soutien au périodique qui, sous le titre de :
> *LE SURRÉALISME AU SERVICE DE LA RÉVOLUTION*
> permettra non seulement de répondre instantanément à la lie qui prétend penser, mais préparera le tournant définitif des énergies intellectuelles vivantes aujourd'hui au profit de l'inévitable révolution.

Buñuel et Dalí signèrent ce document, ainsi que Maxime Alexandre, Louis Aragon, Joë Bousquet, René Char, René Crevel, Paul Éluard, Max Ernst, Marcel Fourrier, Camille Goemans, Georges Malkine, Paul Nougé, Benjamin Péret, Francis Ponge, Marko Ristić, Georges Sadoul (qui avait des problèmes avec les autorités pour avoir écrit une lettre d'insultes à un militaire), Yves Tanguy, André Thirion, Tristan Tzara et Albert Valentin.

Le premier numéro de la nouvelle revue rendit fiers à la fois Buñuel et Dalí, en publiant en même temps « L'âne pourri » et trois pages de photos de *L'Âge d'or*, qui chacune montrait l'héroïne féminine, Lya Lys, au bord de l'orgasme, une photo attribuée à Buñuel représentant un archevêque ganté caressant une belle femme, avec la légende « Est-ce que vous avez froid ? », et deux reproductions de *L'Homme invisible* de Dalí, inachevé.

De tout le numéro, comme du *Second manifeste* de Breton, se dégageait un grand sérieux, et tout l'humour qu'il pouvait contenir était dirigé, avec un mépris amer, contre la société bourgeoise – et contre quiconque n'adhérait pas au surréalisme. Le groupe qui venait de se ranger aux côtés de Breton, après l'expulsion des dissidents, était décidé à jouer son rôle dans la destruction de ce qu'il considérait comme un système infâme et dans la création d'un ordre nouveau. Il ne fait aucun doute que Dalí était prêt à participer de tout son cœur à cette aventure.

En attendant, il s'installa à Port Lligat pour son premier été de travail et de plaisir. En dépit de ses menaces, son père ne pouvait rien faire pour empêcher son fils de s'installer dans les environs, et on n'a pas trace d'autres tentatives d'intimidation. Parmi les délices de l'été, qui tenaient avant tout et surtout au miracle qu'était Gala, il y avait la visite promise par René Char et Éluard, accompagné par sa nouvelle conquête. Maria Benz, dite « Nusch », était une femme magnifique, fragile, aux longues jambes, que le poète avait aperçue au mois de juin sur le boulevard Haussmann, et dont il s'était immédiatement approché. Nusch avait bientôt succombé, et peu après Éluard avait écrit à Gala pour lui demander s'il pouvait l'emmener à Cadaqués[1079]. Gala n'y voyait aucune objection, et peut-être était-elle soulagée d'apprendre que son mari avait rencontré quelqu'un d'autre. Mais Éluard continuait à être persuadé que rien n'était changé entre eux. De Cannes, où il séjournait avec Nusch, il écrivit à Gala qu'il rêvait d'elle chaque nuit : « J'ai ici la chambre que nous avions l'année dernière. Je ne suis pas comme toi, je suis sensible à nos souvenirs. Je te vois nue dans cette chambre et je pleure sur ces trois semaines si heureuses passées ici avec toi. » On ne connaît pas les réponses de Gala[1080], mais le poète les trouvait rassurantes. Il était particulièrement satisfait de sa description vivante (« la Gala authentique ») de tableaux, probablement de Dalí[1081].

Le 13 août, Éluard, Nusch et René Char embarquèrent à Marseille sur un cargo italien, le MN *Catalani*, en route pour Barcelone. De là, ils se rendirent chez Dalí et Gala et s'installèrent à l'hôtel Miramar, exactement comme Éluard, Gala et leur fille Cécile l'avaient fait l'année précédente. Apparemment, ils n'y restèrent que quelques jours. On peut supposer que Dalí Cusí dut être outragé d'apprendre qu'Éluard, que Gala avait abandonné pour son fils, avait osé revenir à Cadaqués avec une autre femme, comme si de rien n'était. À Port Lligat, Char prit une photo mémorable des deux couples, tous deux radieux. On se demande s'il n'avait pas l'impression de tenir la chandelle au milieu d'une telle absorption amoureuse[1082].

Au cours de l'été, Dalí continua de se colleter avec les problèmes techniques posés par *L'Homme invisible*, et écrivit deux textes, « La chèvre sanitaire » et « Le Grand Masturbateur », tous deux inclus à la fin de l'année dans son petit livre *La Femme visible*, que Gala l'aida à éditer. Le premier de ces textes (daté du 13 août 1930) est une excursion quasi impénétrable, soulignée par un titre arbitraire, sur la « crise de la pensée poétique contemporaine ». Il ne pouvait, affirmait Dalí, qu'être fortifié par une injonction de sa propre « pensée paranoïaque-critique », de son « délire de l'interprétation paranoïaque ». En ce qui concerne « Le Grand Masturbateur », il décrit d'une façon précise une scène, peut-être inspirée par *Locus Solus* de Raymond Roussel, dans laquelle deux têtes du Grand Masturbateur sont accompagnées, dans une allée bordée par une fontaine, par des statues de Guillaume Tell, devenu à l'époque une représentation compulsive de son père. Dans l'ombre des deux plus grandes statues de Guillaume Tell, deux personnes essaient de faire l'amour mais ne réussissent qu'à s'uriner mutuellement dessus. Les images scatologiques pullulent, ce qui suggère que Dalí, malgré l'épiphanie de sa rencontre avec Gala, est encore obsédé par les excréments. Il y a aussi toute une liste de créatures en état de putréfaction, et notamment des ânes, bien entendu. Dans d'autres allées de ce jardin improbable sont assemblées des montagnes de bric-à-brac, comprenant des hosties consacrées, de la morve séchée, des objets Art nouveau et « divers types d'animaux en chaleur », parmi lesquels la statue d'un couple en train de pratiquer la coprophagie[1083].

Dalí n'avait toujours pas digéré l'absence de réaction à sa conférence de l'Ateneu en mars, largement due, selon lui, à l'arrivée à Barcelone, au même moment, d'un groupe d'intellectuels madrilènes influents. Il laissa aller sa colère dans une note parue dans le numéro d'octobre du *Surréalisme au service de la révolution* :

> Je suis persuadé qu'il est absolument impossible qu'existe sur terre (avec l'exception, évidemment, de l'infâme région de Valence) un lieu qui ait produit quelque chose d'aussi abominable que ce qu'on connaît habituellement sous le nom d'intellectuels de Castille et de Catalogne. Ces derniers sont de vrais porcs ; leurs moustaches sont en général pleines de vraie merde, de merde authentique, et la plupart d'entre eux, de plus, se torchent le cul avec du papier au lieu de se laver les fesses *comme il faut**, et comme ça se fait dans les autres pays, pendant que les poils de leurs couilles et de leurs aisselles sont complètement remplis par une infinité purulente de minuscules et furieux « Maîtres Millet » et « Àngel Guimerà ». Parfois ces intellectuels

> affectent d'organiser des réunions polies et mutuelles en l'honneur les uns des autres, concédant mutuellement que leurs langues respectives sont très belles, et dansant des danses vraiment fabuleuses comme la sardane, par exemple, qui à elle seule suffirait à couvrir de honte et d'opprobre tout un pays, s'il n'était, comme ça se passe en Catalogne, impossible d'ajouter un aspect honteux de plus à ceux déjà constitués par le paysage, les villes, le climat, etc., de cet ignoble pays[1084].

Dalí et Gala retournèrent à Paris en octobre pour assister à la première de *L'Âge d'or*, et s'installèrent dans l'appartement qu'Éluard avait loué rue Becquerel et où sa place était maintenant usurpée par le « petit Daris » pour lequel il continuait d'avoir une grande affection[1085].

## LE SCANDALE DE *L'ÂGE D'OR*

Le matin du 22 octobre 1930, Charles et Marie-Laure de Noailles organisèrent une projection privée de *L'Âge d'or* au cinéma du Panthéon, à laquelle ils convièrent la *crème de la crème** de la société parisienne. Un plan d'organisation de la salle montre que parmi les trois cents invités se trouvaient Pierre Colle, Gertrude Stein, Nancy Cunard, Picasso, Julien Green, André Gide, Brancusi, André Malraux, Darius Milhaud, Paul Morand, Giacometti, Robert Desnos, Blaise Cendrars, Carl Dreyer, Duchamp, Pierre Batcheff (d'*Un chien andalou*) et Fernand Léger. Les surréalistes, naturellement, étaient en force. Dalí et Gala étaient placés devant Yves Tanguy et Maurice Heine, à quelques sièges d'Éluard et de Breton[1086].

Le grand absent était Buñuel, qui n'arriva à Paris que quelques jours plus tard. Là, son ami Juan Vicéns, directeur de la Librairie espagnole León Sánchez Cuesta, lui raconta la projection en détail. Il lui dit que beaucoup des invités aristocratiques furent si choqués par le film qu'ils quittèrent le cinéma sans adresser un mot à leurs hôtes, et en refusant d'assister à la réception que les Noailles donnaient ensuite place des États-Unis[1087]. Le lendemain, *Paris-Soir* décrivait la projection privée, sous le titre « La vicomtesse de Noailles patronne *L'Âge d'or* ». Comme Marie-Laure était connue comme étant d'origine juive, son geste, aux yeux de l'extrême droite française, équivalait à financer la subversion « bolchevique[1088] ». Quelques semaines plus tard, Cocteau, grand ami de Marie-Laure, bondit à son secours dans *Le Figaro*, qui publia un article éclatant sur son film *Le Sang d'un poète*, lui aussi financé par les Noailles : ces derniers, disait-il, étaient moqués, ridiculisés et insultés par ceux de leur propre classe sociale pour la générosité sans égale avec laquelle ils s'étaient préparés à soutenir des aventures artistiques nouvelles. Cocteau faisait aussi beaucoup d'éloges du nouveau film de Buñuel :

> Des scènes comme celles de la vache ou du chef d'orchestre dans *L'Âge d'or* sont des événements d'une importance capitale, l'apparition du *gag tragique*. Je ne doute pas qu'elles ne soient huées. Il n'en reste pas moins qu'elles existent et que rien ne peut retenir le sombre courant dont elles sont la source[1089].

Entre-temps, Buñuel, repéré par la Metro-Goldwyn-Mayer, avait été invité à Hollywood. Alors qu'à Paris on ne parlait que de *L'Âge d'or*, il s'embarqua le 28 octobre au Havre, sur le *Leviathan*, direction New York, où il arriva le 3 novembre[1090]. Avant de continuer jusqu'à Los Angeles, il vit Angel del Río, l'ami de Lorca à l'université Columbia, qui lui dit que le poète était persuadé que le « chien andalou » du premier film de Buñuel n'était autre que lui. Malgré les dénégations ultérieures de Buñuel, Lorca n'était pas loin de la vérité[1091].

Lorca, à cette époque, rentré en Espagne après avoir séjourné à New York et à Cuba, fut estomaqué d'apprendre que Dalí avait une femme dans sa vie. « C'est impossible ! s'exclama-t-il auprès du poète Rafael Alberti. Il n'arrive à avoir une érection que si on lui met un doigt dans l'anus. » Lorca connaissait son homme – mais il ne connaissait pas Gala[1092].

*L'Âge d'or* avait été autorisé par la censure, et sa projection devait débuter au Studio 28 début novembre. La première fut retardée par des difficultés techniques et n'eut lieu que le 28 novembre. Des peintures d'Arp, de Dalí, d'Ernst, de Tanguy et de Man Ray étaient exposées dans le foyer, ainsi que des photographies et d'autres documents. Celles de Dalí étaient *L'Hostie dans l'anneau*, *La Naissance du jour*, *La Fenêtre* et *Dormeuse, cheval, lion invisibles*[1093].

En l'absence de Buñuel, Dalí avait fourni au Studio 28 une note rédigée à la hâte et un synopsis du film, qui étaient en vente[1094] :

> L'ÂGE D'OR
>
> Ma grande idée en écrivant avec Buñuel le scénario de *L'Âge d'or*[1095] était de montrer la ligne droite et pure de la « conduite » d'un individu à la poursuite de l'amour malgré les ignobles idéaux humanitaires et patriotiques, et les autres misérables mécanismes de la réalité.
>
> Salvador Dalí.
>
> *Le scénario*
>
> Des scorpions vivant au milieu des rochers. Perché sur un des rochers, un bandit observe un groupe d'archevêques qui chantent, assis dans un paysage minéral. Le bandit se met à courir pour prévenir ses amis de la présence des Majorquins (les archevêques)[1096]. Arrivé dans la cabane, il trouve ses amis dans un étrange état de faiblesse et de dépression. Ils prennent leurs armes et s'en vont, à l'exception du plus jeune, qui n'arrive même pas à se lever. Ils s'installent au milieu des rochers ; mais, l'un après l'autre, épuisés, ils tombent par terre. Puis c'est le chef des bandits qui s'effondre aussi, tout espoir perdu. De là où il est tombé, il entend le bruit de la mer et il voit les Majorquins, qui sont maintenant des squelettes, éparpillés au milieu des rochers.
>
> Une grande foule venue de la mer fait escale dans ce lieu solitaire et accidenté. La foule comprend des prêtres, des militaires, des nonnes, des ministres et quelques civils. Tous s'approchent de l'endroit où reposent les restes des Majorquins. Comme les autorités qui mènent le cortège funéraire, la foule retire son chapeau.
>
> Le but, c'est de fonder la Rome impériale. La première pierre vient d'être posée quand des cris perçants distraient les spectateurs. Dans la boue, à deux pas de là, un homme et une femme sont en train de faire l'amour. On les sépare. L'homme est bloqué, et emmené par des policiers.

> Cet homme et cette femme seront les héros du film. L'homme, grâce à un document qui révèle son importance et la haute mission humanitaire et patriotique que lui a confiée le gouvernement, est libéré rapidement. À partir de ce moment-là, tous ses efforts sont tournés vers l'amour. Au cours d'une scène d'amour non consommé présidée par la violence d'actes de frustration, le héros masculin est appelé au téléphone par l'autorité haut placée qui lui a confié la mission en question. Le ministre l'accuse. Comme il a abandonné sa tâche, des milliers de vieillards et d'enfants innocents ont péri. Le héros masculin du film accueille cette accusation avec des insultes et, refusant d'en entendre plus, retourne vers sa bien-aimée juste à l'instant où une coïncidence inexplicable réussit à les séparer de façon encore plus définitive. Après ça, on le voit jeter par une fenêtre un pin enflammé, puis un énorme instrument agricole, un archevêque, une girafe et des plumes. Tout ça au moment précis où les survivants du château de Selliny s'en vont en franchissant le pont-levis couvert de neige. Le comte de Blangis est très visiblement Jésus-Christ. La dernière séquence est accompagnée par un paso doble[1097].

Les gardiens autoproclamés de la société bourgeoise si vicieusement mise au pilori dans *L'Âge d'or* ne furent pas longs à percevoir la nature intensément subversive du film. Les notes de programme de Dalí leur fournissaient toutes les munitions supplémentaires qu'ils pouvaient désirer. À l'automne 1930, le fascisme gagnait du terrain à Paris, et plusieurs incidents violents avaient déjà eu lieu. Dès que la projection du film eut commencé, il y eut des rumeurs selon lesquelles des activistes d'extrême droite prévoyaient d'attaquer le Studio 28. Ce qui arriva le soir du 3 décembre, quand des membres de deux groupes extrémistes, la Ligue des patriotes et la Ligue antisémite, interrompirent le film au moment précis où un autel est sorti d'un taxi pour faciliter la descente d'une femme élégante aux jambes moulées par une tenue de soie, et jeté dans la rue (à cette époque, Buñuel et Dalí faisaient tout leur possible pour ridiculiser l'hostie). En entonnant « Nous vous montrerons qu'il y a encore des chrétiens en France ! » et « Mort aux Juifs ! », les voyous jetèrent de l'encre violette sur l'écran, et intimidèrent le public à l'aide de battes. Puis ils lancèrent des fumigènes et des boules puantes pour obliger les spectateurs à sortir dans la rue et, en guise de bouquet final, saccagèrent dans le foyer tout ce sur quoi ils pouvaient mettre la main, lacérant les peintures, déchirant (ou volant) les livres surréalistes, et coupant le téléphone. *Dormeuse, cheval, lion invisibles* de Dalí fut presque totalement détruit (il en fit rapidement deux nouvelles versions), mais ses trois autres toiles s'en tirèrent presque sans dommages. La police mit une demi-heure à intervenir – un délai peut-être intentionnel, selon la rumeur. Une fois l'écran rafistolé, la projection reprit sous les applaudissements du public, et plus de soixante spectateurs signèrent avant de partir une protestation collective[1098].

Le lendemain, Dalí écrivit à Charles de Noailles, à Hyères. Il voulait avant tout éclaircir un point concernant les notes de programme :

> Après ma dernière visite, j'ai appris que dans une lettre à M. Mauclaire[1099] vous avez dit que vous étiez gêné par le fait que, dans les notes du programme de *L'Âge d'or*, le comte de Blangis soit explicitement identifié au Christ. Comme c'est moi qui ai écrit le synopsis du film, je me sens obligé, avec

> la plus grande franchise possible, de vous donner une explication que je regrette profondément de n'avoir pu vous donner en personne, à cause de la nature des lettres, toujours incomplètes et terriblement peu communicatives. Le synopsis du film me fut demandé (comme ça se passe toujours dans un cas pareil) dans la précipitation. Ça ne m'aurait pas empêché de vous consulter si je n'avais pas été persuadé de votre approbation totale, étant donné que dans ce synopsis de *L'Âge d'or* je ne fais que décrire des scènes acceptées dans le film où, naturellement, elles prennent un aspect encore plus directement subversif.
>
> Il est vrai que j'aurais pu éviter d'insister sur certaines scènes du film, étant donné que le public peut parfaitement saisir le sens de ces scènes en voyant le film, mais ça aurait créé un sérieux problème, car les notes du programme ne visent pas seulement les spectateurs, mais un grand nombre de gens qui ne verront peut-être jamais le film. C'est pour cette raison que nous avons pris la décision d'envoyer de nombreux exemplaires de ces notes à l'étranger et en Espagne (par exemple), où Buñuel et moi-même avons une certaine importance. Si j'avais supprimé l'allusion au Christ, j'aurais, de façon évidente, trahi l'idée de Buñuel (car c'est Buñuel qui m'a suggéré la totalité de la scène alors que je me trouvais à Carry-le-Rouet, et j'ai été entièrement d'accord, moi aussi – Buñuel était décidé à inclure cette séquence).
>
> En bref, d'une part je savais que Buñuel aurait été très mécontent d'une telle mutilation du scénario, et d'autre part je ne pensais pas que vous en seriez gêné, car cette scène se trouve déjà dans le film, et de façon encore plus puissante et violente, avec le détail de la fille qui se trouve sacrifiée, etc.
>
> J'espère, cher monsieur, que vous êtes maintenant à même d'apprécier la nature précise du rôle que j'ai joué dans la préparation des notes de programme en question, dont je regrette profondément qu'elles vous aient semblé excessives, mais quoi qu'il en soit j'ai tenté d'agir de façon correcte[1100].

Au cours des jours et des semaines qui suivirent, il n'y eut à Paris aucun journal ni périodique qui ait manqué de rendre compte, de commenter, d'attaquer ou de louer *L'Âge d'or* qui, si *Un chien andalou* avait commencé de faire connaître à la capitale française les noms de Buñuel et de Dalí, les catapultait maintenant vers la gloire. Des nouvelles du scandale atteignirent aussi l'Espagne, l'Angleterre et les États-Unis. Les Noailles envoyèrent des tas de coupures d'articles à Buñuel, et, ainsi que celles reçues d'autres sources, il les colla dans un album aujourd'hui conservé dans les archives Noailles au Centre Georges-Pompidou. Leur lecture est fascinante.

Les articles publiés dans la presse de droite ne laissent aucun doute quant à la férocité des répresseurs dans une ville où, si la littérature et le théâtre étaient (pour l'instant) libres de toute censure, le cinéma faisait l'objet d'un examen minutieux et inquisitorial par les autorités municipales, en particulier les films suspects de tendances marxistes. Plus tôt dans l'année, la police avait empêché Eisenstein, excusez du peu, de projeter *La Ligne générale* à la Sorbonne après une conférence sur le cinéma russe contemporain, et il y avait eu d'autres violations patentes du droit à la liberté d'expression dans le monde du cinéma[1101]. Parmi les principaux journaux conservateurs, *Le Figaro* fut le plus véhément dans sa condamnation de *L'Âge d'or*, et soutint ouvertement les groupuscules ayant violemment protesté contre un film « bolchevique » qui non seulement attaquait la religion, la famille et la patrie, mais qui par-dessus le marché était choquant et pornographique. Le but de *L'Âge d'or* était de corrompre, et il fallait l'interdire ! Paul Ginisty, à la tête du département de censure au ministère des Beaux-Arts, fut sollicité pour mutiler le film, alors même qu'il avait été validé par la commission de censure le 1er octobre. Et à Dalí, dont les notes de programme scandalisaient la droite presque autant que le film lui-même, on fit comprendre que la France pouvait se passer de lui[1102].

*L'Ami du Peuple* (version populiste du *Figaro*) lança aussi de furieuses diatribes contre le film, et suggéra spirituellement, dans l'une de ses attaques, qu'au lieu d'être intitulé *L'Âge d'or*, il aurait dû être intitulé *L'Âge d'ordure*. Sans nommer Buñuel ni Dalí, l'article traitait de « métèques » les responsables d'une telle ordure excrémentielle. Le fascisme *à la française** montrait le bout de son nez[1103].

Pendant ce temps, les principaux critiques de cinéma de la capitale louaient unanimement le film. Pour Jean-Paul Dreyfus, de *La Revue du cinéma*, le film visait à faire clairement comprendre le message implicite d'*Un chien andalou* : en un mot, que Dalí et Buñuel méprisaient la bourgeoisie et sa détermination à réprimer la vie des instincts. De plus, comme le sous-titre de *L'Âge d'or* affirmait qu'il s'agissait d'un film surréaliste, il fallait le juger comme tel – et pas comme autre chose. Avec une grande finesse, Dreyfus trouvait dans le contenu blasphématoire du film la preuve que Buñuel était obsédé par la religion qu'il affirmait abhorrer : il avait passé trop de temps sous la férule des Frères maristes. Il estimait aussi que le film manifestait un humour angoissé et subtil sans rapport avec tout ce qui avait pu se faire jusqu'alors au cinéma. Il était persuadé que *L'Âge d'or* sortirait de leur torpeur des centaines et des centaines de spectateurs[1104].

Quelques jours plus tard, dans le quotidien communiste *L'Humanité*, Léon Moussinac écrivait que jamais, dans l'histoire du cinéma, la bourgeoisie et ses « accessoires » – la police, la religion, l'armée, la morale, la famille, l'État – n'avaient reçu une telle volée de bois vert. Il ne faisait aucun doute que le film servait la cause de la révolution. Mais l'attaque contre la bourgeoisie était menée avec un art consommé :

> Même s'il s'agit d'un film intellectuel, plein de littérature, nous subissons sans difficulté la violence directe de la plupart des images, des images qu'on ne peut paraphraser. Si l'on dit, par exemple, qu'elles montrent un aveugle jeté par terre, une vieille femme giflée, un archevêque jeté par une fenêtre, un fils tué par son père, Jésus-Christ comme s'il rentrait d'une orgie, on a du mal à verbaliser leur véritable signification[1105].

Un autre critique clairvoyant, Louis Chavance, remarqua les séquences documentaires innovantes de Buñuel (les scorpions au début du film et la coulée de lave insérée dans la séquence des toilettes) : il s'agissait d'une tentative pour adapter les collages en termes cinématographiques. Chavance avait été frappé par le fait que, à la différence d'*Un chien andalou*, *L'Âge d'or* ne baignait pas dans une atmosphère de rêve. La raison en était que, cette fois, Buñuel voulait que le public ne puisse pas s'évader et qu'il soit forcé d'affronter les misères de la répression émotionnelle telle qu'elle existe dans le monde réel[1106].

La campagne montée contre *L'Âge d'or* par la presse d'extrême droite allait croissant, et recevait maintenant un puissant soutien de l'ambassade d'Italie, qui protesta contre le fait que le film contenait une parodie insultante du roi Victor-Emmanuel et de sa reine beaucoup plus grande que lui, et que son titre même était une allusion au régime fasciste de Mussolini. L'ambassade ne manquait pas de remarquer que la cérémonie hilarante au début du film, la fondation de la Rome impériale, est explicitement datée de 1930, et se plaignait de ce que « le caractère purement révoltant de certains passages [...] rend d'autant plus pénible pour les Italiens le fait que nombre des scènes du film se passent à Rome[1107] ».

Le préfet de police de Paris, Jean Chiappe, que les surréalistes détestaient, et dont un critique américain dit plus tard qu'il s'agissait de « l'équivalent français de J. Edgar Hoover », se trouva submergé de demandes d'interdiction du film. Il ne se fit pas prier. Le 5 décembre 1930, le Studio 28 reçut l'ordre de couper les deux séquences des archevêques ; le 8 septembre, de retirer des notes du programme la phrase « Le comte de Blangis est très visiblement Jésus-Christ » ; le 9, d'apporter le film au bureau de la censure, où son autorisation devait être rediscutée. Le 10 décembre, le film fut interdit. Le 11, une action légale fut entamée contre Jean-Placide Mauclaire, propriétaire du Studio 28. Et le 12 la police saisit deux copies du film, une au cinéma, et l'autre au domicile de Mauclaire[1108].

*Le Figaro* fut ravi du succès de sa campagne et se répandit en éloges du préfet Chiappe, qui y présentait comme son devoir de préserver « l'atmosphère non pas puritaine, mais élégante et vigoureuse qui constitue le charme de Paris[1109] ».

Charles de Noailles, qui avait financé le film, fut exclu par les snobs du Jockey Club, évité par les cercles aristocratiques auxquels il appartenait de naissance, et même, semble-t-il, menacé d'excommunication. Les lettres qu'il envoya à Buñuel, à Hollywood, montrent qu'il n'avait plus qu'une envie, celle de se retirer. Il le suppliait de faire tout son possible pour tenir son nom à l'abri du scandale. Buñuel, qui admirait profondément Noailles et sa femme, promit de tout prendre sur lui[1110].

Les surréalistes, indignés par ce qui s'était passé, dans quoi ils voyaient une preuve manifeste que le fascisme était en train de gagner la France, se mirent immédiatement à l'action. Ils publièrent une brochure de quatre pages, « L'affaire de *L'Âge d'or* », dans laquelle ils fournissaient un compte rendu complet des événements, y compris des citations des journaux, et une « revue-programme » détaillée dans laquelle ils revendiquaient le contenu révolutionnaire de *L'Âge d'or*, dont ils interprétaient le thème comme le combat entre la sexualité et l'instinct de mort faisant rage dans la psyché de l'homme moderne à une époque où la société capitaliste « putrescente », sur le point de s'effondrer, essayait de « survivre en ayant recours aux prêtres et policiers comme uniques soutiens[1111] ».

Buñuel ne pardonna pas au chef de la police Chiappe d'avoir été le fer de lance de l'interdiction de son film, qui ne fut plus montré en public pendant un demi-siècle. Au temps pour le succès commercial sur lequel il avait compté ! Trente ans plus tard, il prit sa revanche avec *Le Journal d'une femme de chambre* (1964), dans lequel un groupe d'extrême droite court dans les rues de Paris, en criant « Vive Chiappe ! À bas les Juifs ! »[1112].

## LA FEMME VISIBLE

Les nouvelles du scandale entourant *L'Âge d'or* atteignirent immédiatement l'Espagne, où le quotidien monarchiste *ABC* répandit la rumeur selon laquelle Buñuel était maintenant méprisé par les surréalistes parce qu'il avait « fui » aux États-Unis avant la première du film, pour éviter les ennuis[1113]. Intrigué et incrédule, Ernesto Giménez Caballero, toujours alerte, se rendit en toute hâte à Paris pour poser la question à

Dalí. Là, il fut satisfait d'apprendre que l'on ne racontait pas que Buñuel avait pris la fuite. Giménez Caballero fut épaté par l'appartement de la rue Becquerel (« magnifique et impressionnant »), où il fut accueilli par une domestique raisonnablement élégante, et par la nouvelle que Dalí cohabitait toujours avec « Mme Éluard ». Giménez Caballero commençait à l'époque à tracer les grandes lignes du fascisme espagnol, et dit son plaisir devant l'« action directe » des voyous qui avaient saccagé le Studio 28, une action qu'il décida de considérer comme hautement subversive et surréaliste. Il conseilla alors à Dalí et à ses amis de s'entendre avec la canaille : ils pourraient ainsi unir leurs énergies subjectives respectives ! Dalí nia qu'il y ait des dissensions parmi les surréalistes. S'alignant sur le *Second manifeste* de Breton, il expliqua à Giménez Caballero que, pour des raisons d'« hygiène », il y avait eu des *expulsions*, mais pas de divergences, et exprima sa totale loyauté au courant surréaliste dominant, « le seul groupe authentiquement vital et subversif de la pensée contemporaine[1114] ».

Le 15 décembre 1930, les Éditions surréalistes publièrent *La Femme visible*, la luxueuse plaquette de Dalí. La « femme visible », c'était Gala, dont le regard à percer les murs nous assaille depuis la couverture et le préfrontispice du livre, qui reproduit le portrait du même titre, combinant dessin et photographie, réalisé par Max Ernst en 1925. La présence de Gala imprègne ce premier livre de Dalí, qui contient trois textes déjà mentionnés – « L'âne pourri », « La chèvre sanitaire » et « Le Grand Masturbateur » – ainsi qu'un quatrième, crucial, « Amour ». Trois dessins crûment érotiques illustrent des passages du texte (l'un d'eux, le frontispice, est reproduit en héliogravure), et le livre comporte une reproduction en noir et blanc de *Dormeuse, cheval, lion invisibles*. Deux photographies – un bâtiment Domènech et Muntaner, à Barcelone, et une maison à Figueres – confirment l'admiration de Dalí pour l'architecture catalane Art nouveau.

« Amour », le plus cohérent des quatre textes, explore les relations entre les rêves, la sexualité et la mort. « Les osmoses sanglantes entre le rêve et l'amour occupent toute la vie d'un homme », affirme le peintre dans une phrase mémorable. « Amour » est une preuve de plus que Dalí est un adepte de Freud. Il voit par exemple dans la répugnance une défense contre le désir, et l'amour sincère (là, il va plus loin que son maître) consisterait à manger les excréments du partenaire, ainsi qu'il l'avait déjà suggéré dans un morceau précédent, « Le Grand Masturbateur ». Dans la mesure où le besoin de sommeil peut être interprété comme un désir de mort, Dalí s'intéresse aux positions des gens endormis. Il serait utile de réaliser un documentaire sur le sujet, suggère-t-il, et les amants devraient, idéalement, s'endormir dans la position « soixante-neuf », ou dans celle de la cérémonie au cours de laquelle, après le rapport sexuel, la mante religieuse femelle dévore le mâle. Dalí avait entendu, enthousiaste, parler de cette cérémonie dans *La Vie des insectes* de Fabre (qui avait aussi inspiré à Buñuel l'idée de la séquence du scorpion au début de *L'Âge d'or*).

Dalí avait fourni une illustration de couverture et un frontispice convenablement choquant à *L'Immaculée Conception* de Breton et Éluard, publiée en novembre, et un texte de présentation appréciatif dans lequel il disait que les textes, dans leur simulation de divers états de folie, exprimaient le « contenu latent » du rêve surréaliste[1115]. Il était maintenant très proche des deux hommes, qui lui rendirent la politesse, en donnant sur *La Femme visible* un texte de présentation dans lequel ils soulignaient l'importance de la contribution de Dalí au surréalisme :

> Il appartient, en 1930, à Dalí plus qu'à tout autre, d'extraire l'homme de cette caverne de mensonges qu'avec la complicité d'innombrables pouvoirs publics il élève autour de lui, de le rendre à sa conscience première et dernière d'être venant du non-être et y retournant sans bassesse inutile envers un état organique passager.
> Des très grands moyens de Dalí – moyens définis sur le plan artistique – dépendent aujourd'hui la liquidation d'une formule surannée qui est, qu'on s'en persuade, celle du monde bourgeois réduit à utiliser pour toute arme défensive celle de plus en plus aiguisée, par suite de plus en plus brisable, de la censure.
> La pensée dialectique conjuguée à la pensée psychanalytique, l'une l'autre se couronnant de ce que Dalí appelle, d'une manière saisissante, la pensée paranoïaque-critique, est le plus admirable instrument qui ait encore été proposé pour faire passer dans les ruines immortelles la fantôme-femme au visage vert-de-gris, à l'œil riant, aux boucles dures qui n'est pas seulement l'esprit de notre naissance, c'est-à-dire le Modern Style, mais le fantôme toujours plus attirant du *devenir*[1116].

À Figueres le père de Dalí vit un exemplaire de *La Femme visible* par l'entremise de Josep Puig Pujades, à qui on peut penser que le peintre l'avait envoyé, et fut si dégoûté qu'il écrivit immédiatement un nouveau testament dans lequel il déshéritait complètement son fils. Dans ce testament, pour se justifier, il faisait référence à la toile sur laquelle l'artiste, en 1929, avait écrit « J'ai craché sur ma mère » (l'erreur dans la citation provenant de l'article d'Eugenio d'Ors dans *La Gaceta Literaria*), et reproduisait (de façon légèrement inexacte) la phrase d'« Amour » qui parle des « chambres parentales, pas aérées le matin, et qui laissent échapper des odeurs d'acide urique, de mauvais tabac, de bons sentiments et de merde ». On ne sait si le notaire prévint son fils qu'il était déshérité, mais son caractère l'a sans doute poussé à le faire[1117].

L'année s'acheva pour Dalí sur une note positive, malgré ses problèmes avec son père. On aurait du mal à en dire autant du mouvement surréaliste, même si Breton appréciait l'apport que constituaient l'énergie nouvelle et les idées suggérées par le peintre. La tension politique montait, centrée sur les relations du mouvement avec le Parti communiste. La seconde Conférence internationale des écrivains révolutionnaires, qui se tint à Kharkov du 6 au 11 novembre 1930, avait choisi à propos de Freud et de Trotski une ligne dure, qui troublait profondément Breton, lequel, avec André Thirion, lança l'idée de monter, comme une alternative, une « Association des écrivains et artistes révolutionnaires » (AEAR), ayant pour but de travailler à un « rapprochement » de la psychanalyse et du marxisme. Quelques jours plus tard, le 1er décembre, Aragon et Georges Sadoul, qui avaient participé à la conférence de Kharkov avec l'ordre de Breton de défendre les positions surréalistes, signèrent une lettre d'« autocritique » dénonçant le « freudisme » et le « trotskisme » des surréalistes, Aragon disant son désaccord avec le *Second manifeste*, et s'alignant sur le Parti. Ce document laissait présager la future rupture[1118].

Dalí, pour sa part, était, à l'époque, heureux de collaborer avec les communistes. À la demande de Thirion, il dessina deux affiches pour célébrer le dixième anniversaire de la fondation du Parti en France. L'une d'elles, qui rappelle certains croquis prosoviétiques effectués à Figueres quelques années auparavant, montre un drapeau rouge portant les lettres « URSS » flottant au-dessus d'un feu de camp sur lequel ont été entassés les symboles de la bourgeoisie haïe, y compris des calices. Sous le croquis, il avait indiqué, avec une modestie inhabituelle : « Je crois que le motif des flammes ainsi que le mouvement du drapeau sont des choses que Tanguy pourrait faire particulièrement bien, sans doute mieux que moi[1119]. »

C. P.
777

# IX. La grande percée

[1931-1935]

## LE NOUVEAU RÉGIME EN ESPAGNE

En 1930, le général Primo de Rivera, après sept ans au pouvoir, était parti en exil à Paris. Depuis, une succession de gouvernements intérimaires, composés encore en grande partie de militaires, avait promis d'organiser des élections générales – mais ils traînaient les pieds. Le 12 avril 1931, des élections municipales eurent lieu en Espagne, pour la première fois depuis 1923, date à laquelle elles avaient été abolies par Primo de Rivera. Les résultats montrèrent que la majorité des votants n'était pas prête à pardonner à Alphonse XIII d'avoir soutenu une dictature, et qu'elle voulait une République. Suivant l'exemple de Primo de Rivera, le roi partit sans encombre pour Paris, espérant peut-être empêcher une guerre civile, mais il n'abdiqua pas. Les leaders monarchistes eux-mêmes n'étaient plus prêts à plaider en sa faveur, et l'opinion générale était qu'il n'aurait pas dû pouvoir quitter le pays. Le 14 avril 1931, deux jours après les élections municipales, la Deuxième République fut proclamée. Cet événement fut accueilli avec joie par les Espagnols démocrates, et avec une hostilité prévisible par l'Église catholique. Quelques semaines plus tard seulement, le 7 mai, le cardinal Segura, primat d'Espagne, dans une lettre pastorale arrogante, attaqua les réformes proposées par le gouvernement provisoire, parmi lesquelles la légalisation du divorce et de la prostitution, un partage plus équitable des terres et la sécularisation de l'éducation. Le 11 mai, à Madrid, on mit le feu à six couvents et à un bâtiment des Jésuites. Des incidents similaires eurent lieu ailleurs, et l'opposition des catholiques à la jeune République se durcit rapidement[1120].

256● Ward Kimball, lauréat d'un Oscar et pionnier de l'évolution des films d'animation, conduit Salvador Dalí autour du domaine de Disney à bord du chemin de fer miniature « Carolwood Pacific ».

Les surréalistes, et Dalí au premier chef, suivirent avec fascination et un intérêt profond ce qui se passait en Espagne. Peu après que les couvents eurent été brûlés à Madrid, ils publièrent un tract d'une extrême violence, « Au feu ! », dans lequel, perdant toute mesure, ils exprimaient leur soutien aux incendiaires et affirmaient que la République était déjà devenue une farce bourgeoise orchestrée par l'Église et les grands propriétaires terriens. Le gouvernement provisoire trahissait le peuple. Pour l'Espagne, la seule solution était une sanglante révolution marxiste : brûler les chapelles serait une juste compensation pour les feux de chair humaine autrefois allumés par le clergé espagnol ; les trésors de l'Église devaient être saisis afin de financer l'achat des armes nécessaires pour transformer la « révolution bourgeoise » en « révolution prolétarienne ». Quant aux prêtres, ils devaient être pourchassés dans leurs repaires et leurs maisons, et les symboles devaient être détruits. « Quand il est question de religion, ou de Dieu l'épouvantail, ou des prêtres parasites, tonnait le document, tout ce qui n'est pas violence équivaut à pactiser avec l'innommable vermine du christianisme, qui doit être exterminé. » Les surréalistes étaient écœurés qu'Alphonse XIII ait été autorisé à se réfugier à Paris, où il recevait les accolades de la droite française, et encore plus écœurés par l'arrivée en France de prêtres espagnols fuyant « le magnifique poudroiement d'étincelles visible par-dessus les Pyrénées ». Le roi devait être renvoyé en Espagne pour être jugé par le peuple, et les athées français, les révolutionnaires et les travailleurs, continuer à se battre jusqu'au jour où Dieu serait balayé de la surface du globe. Le tract était signé par Benjamin Péret, René Char, Yves Tanguy, Louis Aragon, Georges Sadoul, Georges Malkine, André Breton, René Crevel, André Thirion, Paul Éluard, Pierre Unik, Maxime Alexandre et Luis Buñuel[1121].

## COLLE ET LEVY

Tout ça se passait à la veille de l'importante exposition de Dalí à la galerie Pierre Colle, située juste à côté de la rue La Boétie, au 29, rue Cambacérès, qui dura du 3 au 15 juin 1931. Les seize toiles exposées (dont onze venaient de collections privées) étaient *L'Homme invisible*, inachevé (1929-1931), *Efforts stériles* (ensuite appelé *Petites cendres*) (1927), *Personnage crépusculaire* (1928), *Le Jeu lugubre* (1929), *Les Accommodations des désirs* (1929), *Portrait de Paul Éluard* (1929), *Dormeuse, cheval, lion invisibles* (1930), *Aube* (1930), *Guillaume Tell* (1930), *La Mémoire de la femme-enfant* (1931), *La Persistance de la mémoire* (1931), *Ensemble masochiste* (1931), et trois œuvres récentes non datées dans le catalogue : *Moment de transition*, *La Profanation de l'hostie* et *Sentiment funéraire*. Sept pastels étaient également exposés, ainsi qu'une sculpture en cuivre, *Gradiva*, tous datant de 1930, et « trois objets Modern Style » commentés dans les notes du catalogue par Dalí, à qui « l'ornementation Art nouveau délirante et magnifique » des bouches de métro à Paris semblait « le parfait symbole de la dignité spirituelle[1122] ».

La toile qui suscita le plus d'intérêt dans l'exposition fut *La Persistance de la mémoire* (1931), dans laquelle la « montre molle » faisait ses débuts [cahier photo, page VIII]. Dalí décrit dans *La Vie secrète* l'épiphanie de cette montre unique, suggérant que son apparition n'était pas due à l'ingestion d'un morceau de camembert trop dur :

> Je me levai et me rendis dans mon atelier pour donner selon mon habitude un dernier coup d'œil à mon travail. Le tableau que j'étais en train de peindre représentait un paysage des environs de Port Lligat, dont les rochers semblaient éclairés par une lumière transparente de fin de jour. Au premier plan, j'avais esquissé un olivier coupé et sans feuilles. Ce paysage devait servir de toile de fond à quelque idée, à quelque image surprenante, mais je ne la trouvais pas. J'allais éteindre la lumière et sortir, lorsque je « vis » littéralement la solution : deux montres molles dont l'une pendrait lamentablement à la branche de l'olivier[1123].

Dalí, immédiatement, s'était remis au travail avec une énergie renouvelée. À son retour du cinéma, Gala fut estomaquée par sa nouvelle invention. « Personne ne peut l'oublier après l'avoir vu », s'exclama-t-elle selon lui[1124]. Dalí avait produit une de ses images les plus énigmatiques, et bientôt la montre molle se mit à proliférer dans son œuvre, presque autant que la tête du Grand Masturbateur l'avait fait depuis 1929.

Plusieurs tableaux exposés faisaient référence au reniement de Dalí par son père, et à l'opposition de ce dernier à sa relation avec Gala. *Guillaume Tell* représente une déclaration particulièrement forte, et semble reposer fondamentalement sur le sentiment de honte engendré par la comparaison avec l'autoritaire, sensuel et parfois violent Dalí Cusí – des émotions exacerbées par le bannissement du peintre de la maison familiale. C'est l'une des toiles les plus crues sexuellement jamais exécutées par Dalí, l'énorme et répugnant pénis de Tell (auquel fait écho celui du cheval) suscitant chez les gens lors de l'exposition de l'œuvre l'envie de se détourner, de gêne ou de dégoût. Ainsi que l'a écrit Paul Moorhouse, il est impossible d'ignorer les allusions à la castration dans cette toile :

> Le héros est devenu un père barbu maniant une paire de ciseaux, et son intention est rendue apparente par la répétition obsessionnelle, dans la toile, de références phalliques. Son propre pénis et celui du cheval sont entièrement exposés, et trouvent leur écho dans le motif en forme de coquetier sur le socle et dans les œufs dans le nid. Les parties génitales du jeune homme sont cachées par une feuille, on ne sait donc pas si la castration est imminente ou si elle a déjà eu lieu. L'eau qui jaillit du trou dans le mur suggère cependant qu'elle a déjà eu lieu[1125].

La présence du piano à queue avec son âne en putréfaction est une allusion évidente à *Un chien andalou*, et nous rappelle peut-être que Dalí en voulait à son père de son impuissance, car il avait posé sur le piano familial, quand Dalí était enfant, un livre sur les maladies vénériennes, qui le détourna pour la vie des parties génitales féminines[1126]. La tête du pianiste est aussi celle de Guillaume Tell, comme on peut le voir dans d'autres toiles de la série. Il a chié dans son pantalon aussi nonchalamment que la figure du père dans *Le Jeu lugubre*, le symbole récurrent du lion renforçant l'association avec la figure paternelle. La taille énorme du pénis, soulignée dans d'autres œuvres de la série de Guillaume Tell, est peut-être un souvenir du membre du bien doté Dalí Cusí, protubérant, comme une saucisse, tandis qu'il roulait par terre en tabassant un client qui l'avait rendu furieux, à Figueres[1127].

Une autre toile exposée chez Colle, *La Mémoire de la femme-enfant*, réalisée après *Guillaume Tell*, rappelle *Monument impérial à la femme-enfant*, et le titre nous indique que Gala en est de nouveau la protagoniste. Le buste placé au milieu de la partie centrale (une nouvelle variation sur les rochers du cap de Creus) représente sans aucun doute Guillaume Tell, car la tête est l'équivalent exact de celle du pianiste dans *Guillaume Tell*. Cette fois, cependant, il saigne des deux yeux, ce qui suggère une intensification de la peur de la castration. L'un des aspects les plus intéressants de la peinture est le fait que sur la poitrine de Guillaume Tell poussent les seins attribués à Gala dans *Les Roses sanglantes* (allusion renforcée par la présence des mêmes fleurs rouges). Dalí suggère-t-il que son père, qui avait vu Gala sur la plage d'Es Llané au cours de l'été 1929 et avait été témoin du début de leur relation, n'était pas indifférent à son corps ? Des toiles ultérieures de la série laissent soupçonner qu'il en était ainsi et que Dalí, humilié comme il l'était par la puissance de son père et par sa virilité triomphante, avait commencé à fantasmer qu'entre lui et son père, le meilleur choix pour Gala aurait été son père.

Les inscriptions dans les alvéoles du rocher (en général illisibles sur les reproductions) jettent un peu de lumière sur le thème de la toile. Le trou sur la gauche contient la clé ubiquiste dont, comme Freud, Dalí se sert obsessionnellement comme d'un symbole phallique. Sa présence constante dans les toiles et les dessins de cette époque suggère une anxiété extrême de l'impuissance et sa peur de ne pouvoir pénétrer Gala. Dans le trou en haut à droite, il a écrit, dix fois, les mots « Ma Mère », répétant le motif qui occupait toute la place dans *L'Énigme du désir*. Cela peut suggérer que Gala est devenue pour lui la mère qu'il a perdue à seize ans. Le trou du milieu contient les mots « Fantaisie diurne », titre d'une autre toile de la même série. Dans le trou du bas, Dalí a écrit « Le gran chienalie chanasie », « Le gran masturbateur », « Guillaume Tell » « Olivette Olivette Olivette » et « concrétion nostalgique d'une clé ». La première légende, qui ne paraît guère plus qu'un non-sens, est peut-être une référence à Lorca, *via Un chien andalou*, et « Olivette » était un des surnoms que Dalí donnait à Gala. Elle serait donc une allusion aux amours et aux angoisses de Dalí. Il y en a une aussi qui suggère un intérêt pour le sadomasochisme : à la gauche du médaillon qui recouvre le ventre de Tell, et, encore une fois, quasiment invisible même sur les meilleures reproductions, deux femmes nues, juxtaposées à des fourmis, à un Grand Masturbateur, au motif de la jarre et à une clé, sont en train de pratiquer la flagellation[1128].

*La Profanation de l'hostie*, exposée pour la première fois chez Colle, est l'une des peintures les plus sacrilèges de Dalí (même si plus tard il essaya de s'en exonérer en affirmant qu'il s'agissait d'une toile « d'essence catholique »)[1129]. Bien qu'il ait pu la commencer en 1929, date qui lui est généralement attribuée, elle ne fut certainement pas terminée avant 1930, après que Dalí a été chassé par son père. La peinture développe un motif qui avait fait sa première apparition dans *Le Jeu lugubre*, où la profanation de l'hostie consistait à la placer à côté d'un anus sur le point d'être pénétré par un doigt. Dans l'œuvre en question, l'hostie et le calice sont posés devant la bouche du Grand Masturbateur, d'où un liquide mêlé de sang coule dans le calice. Santos Torroella a suggéré que ce liquide serait du sperme symbolisé par la salive, possibilité renforcée par la présence de sang, qui chez Dalí est souvent associé à la masturbation (dans son journal d'adolescence, ainsi que nous l'avons vu, il craignait qu'un onanisme excessif ne lui fasse « perdre du sang »)[1130]. Le même critique a attiré notre attention sur une autre source possible de ce motif, une anecdote contée dans *Yo, inspector de alcantarillas* (« Moi, inspecteur des égouts », 1928), le livre d'Ernesto Giménez Caballero, dans laquelle un vieux jésuite se rappelle comment un de ses camarades de classe se vantait d'avoir éjaculé dans le calice, s'exclamant : « Je me souille au-dessus de Dieu, de la Vierge, sa mère, et du calice. » Dalí était proche de Giménez Caballero en 1928, publiant régulièrement dans sa *Gaceta Literaria*, et il se peut qu'il ait été frappé par ce texte audacieux. De fait, la provocation dans la toile du Sacré-Cœur de Jésus qui l'a fait chasser de chez lui (« Il m'arrive de cracher par plaisir sur le portrait de ma mère ») a pu être calquée sur cette même phrase[1131].

Dalí avait aussi peut-être en tête le retable de Paolo Uccello, intitulé *Le Miracle de l'hostie profanée*, dont l'un des panneaux montre une hostie saignante après que des Juifs ont tenté en vain de la détruire par le feu[1132]. Il est possible aussi qu'il ait connu le *Manuel secret des confesseurs*, de Mgr Bouvier (un recueil vilipendé par Max Ernst dans son article « Danger de pollution » publié dans le numéro de décembre 1931 du *Surréalisme au service de la révolution*), l'éjaculation dans le saint calice étant considéré comme un péché particulièrement odieux[1133].

La construction tournoyante occupant le milieu de la partie basse de l'œuvre avec des éléments Art nouveau en relation avec *Le Grand Masturbateur* contient quatre têtes d'onanistes, chacune avec une sauterelle dans la bouche. Pour faire croître la terreur, il y a aussi des fourmis. Depuis la plage, tout en bas, une femme à la beauté sculpturale et apparemment énorme regarde fixement, hautaine, en direction des masturbateurs, indifférente aux silhouettes qui l'entourent (notamment celle d'un homme nu juste derrière elle). Mais c'est dans l'arrière-fond sombre, non ensoleillé, que se situe la plus grande partie de l'action. On y retrouve une fois de plus la tête de lion, suggérant le père en colère, juxtaposée au jeune mâle adulte et lascif, au regard idiot, maintenant équipé de l'énorme pénis qu'on connaît depuis *Le Jeu lugubre*. Un jeune homme s'incline, honteux, et s'appuie sur son épaule, comme dans *Le Jeu lugubre*, et on voit sur sa droite une jeune fille dans une position similaire. Le blanc scintillant d'un œil de femme suggère l'excitation. Des fesses et des seins nus se reflètent voluptueusement dans la semi-pénombre. C'est là que *ça* se passe, quoi que puisse être *ça*.

Une fois qu'il avait une bonne idée de toile, Dalí avait tendance à en rajouter. Une fois qu'il eut imaginé sa tête de Grand Masturbateur, il en produisit des centaines. La montre molle fut rapidement suspendue au-dessus de nombreux accessoires, ou drapée dessus. Et maintenant son hostie et son calice profanés, avec les Grands Masturbateurs en officiants, commencèrent à apparaître dans des dizaines de toiles et de dessins effectués au cours des mois et des années suivants[1134].

L'exposition Colle marqua l'apparition dans la vie de Dalí d'un jeune New-Yorkais bouillonnant d'idées, Julien Levy, qui s'apprêtait à ouvrir une galerie d'art contemporain sur Madison Avenue. Levy, dont la femme, Joella, était la fille du peintre et poète anglais Mina Loy, parlait bien français, s'intéressait à la photographie, faisait un peu de cinéma, et était un ami proche de Marcel Duchamp, qui lui avait fait connaître Paris en 1927. Il y rencontra nombre d'artistes et d'écrivains expatriés, parmi lesquels, *via* Duchamp, Man Ray et les surréalistes. Deux ans plus tard, en 1929, il vit son premier Dalí, *Les Plaisirs illuminés*, dans la vitrine de la galerie de Camille Goemans. Maintenant, en 1931, il était de retour à Paris, à la recherche de toiles surréalistes pour sa propre galerie. Il venait de rencontrer Pierre Colle, « un homme plus jeune que moi, magnétique et brûlant d'enthousiasme ». Ils devinrent immédiatement amis[1135].

Levy était intrigué par l'exposition Dalí (même s'il avait de légères craintes concernant ce qu'il considérait comme la versatilité du Catalan) et acheta *La Persistance de la mémoire* au prix de deux mille cinq cents dollars, plus qu'il n'avait jamais payé pour un tableau. Il le montra à son père, qui passait par Paris. Il l'approuva (il estimait cependant que le titre devait en être changé pour *Les Montres molles*), et Levy fut certain que s'il aimait cette peinture, toute l'Amérique l'aimerait aussi. Il avait raison. L'Amérique allait l'adorer[1136].

Il n'est pas certain, à la lecture de l'éblouissante autobiographie de Levy, *Memoir of an Art Gallery*, qu'il rencontra personnellement Dalí cet été-là. Mais si tel ne fut pas le cas, ce dut être peu après :

> Dalí, quand je l'ai vu pour la première fois, ne m'apporta aucune confirmation de mon idée préconçue selon laquelle il devait être mielleux ou complaisant. Ce qui me troubla. Il n'a jamais cessé d'être ainsi, non pas en raison de son ambiguïté, mais plutôt à cause de son intensité obsessionnelle et de sa franchise. Il me fixa de ses yeux noirs[1137] perçants, il se colla contre moi, tripotant ma manche ou mon revers de costume de ses mains impatientes, ou les agitant avec emphase tout en m'expliquant sa plus récente théorie dalinienne révolutionnaire, son plus récent travail que personne n'avait encore jamais vu, et peut-être même pas encore accompli, mais qui trouvait maintenant sa réalité dans ma tête[1138].

Levy et Colle s'entendirent si bien qu'ils se mirent d'accord pour que Levy soit le premier marchand d'art à organiser une exposition Dalí à New York. La ville n'était pas encore le centre artistique majeur qu'elle devait devenir, et on n'y connaissait pas la peinture européenne contemporaine. Levy se rendit compte, à son grand étonnement et pour son grand plaisir, qu'il allait lui revenir d'y remédier. Cependant, l'exposition Dalí dut attendre deux ans. Dans l'intervalle, Levy s'embarqua pour New York avec *La Persistance de la mémoire* (« 10 × 18 pouces de dynamite Dalí »), qui fut montrée pour la première fois au public au mois de décembre suivant, au Wadsworth Atheneum à Hartford, dans le Connecticut.

Le jeune marchand y joignit généreusement son exposition de groupe *Surrealism: Paintings, Drawings and Photographs*, avant qu'elle ouvre dans sa propre galerie au mois de janvier.

Pour accompagner *La Persistance de la mémoire*, il y avait deux autres Dalí provenant de collections privées : *Solitude* et *Bord de la mer*. Étaient aussi suspendus des ouvrages de Picasso, Max Ernst, Pierre Roy, Duchamp, Man Ray, Jean Cocteau, Joseph Cornell et un choix de photos d'Eugène Atget, Man Ray, Moholy-Nagy et autres. L'exposition connut un énorme succès. « Une agréable folie règne dans la nouvelle et intéressante galerie de Julien Levy, écrivait *Art News*, avec son bric-à-brac de peintures, de dessins, de photos surréalistes, et que sais-je encore. M. Levy s'est donné beaucoup de mal pour nous révéler que ces artistes ultramodernes sont à la hauteur, et il faut le féliciter de cette exposition bien équilibrée du camp surréaliste[1139]. » « Les historiens d'art contemporain, se plaisait à dire Levy plus tard, ne me convaincront jamais que la première exposition surréaliste en Amérique n'était pas la mienne. » *La Persistance de la mémoire* fut abondamment discutée et reproduite. « On en trouvait des dessins dans les plus sinistres tabloïdes, se rappelait Levy. Les journalistes, de la côte est à la côte ouest, parlaient des "montres molles"[1140]. »

Dalí dut être informé qu'à New York un vaste public attendait ses œuvres. Levy, de son côté, était maintenant persuadé qu'il pouvait promouvoir avec succès l'œuvre de Dalí en Amérique, et peu après il racheta à Paul Éluard *Les Plaisirs illuminés*, le premier Dalí qu'il ait vu, et à André Breton *Les Accommodations des désirs*[1141].

Levy n'était pas le seul mordu d'art à avoir apprécié l'exposition Dalí chez Pierre Colle à l'été 1931. Elle avait été vue aussi par Alfred Barr, le premier directeur du Museum of Modern Art de New York, qui s'était ouvert en 1929, et l'un des professeurs de beaux-arts de Levy à Harvard. Barr et Dalí se rencontrèrent lors d'un dîner donné par Charles et Marie-Laure de Noailles. Le directeur du MOMA, se rappelait Dalí, « était jeune, pâle et avait très mauvaise mine. Ses gestes saccadés ressemblaient à ceux des oiseaux qui picorent. En fait, il picorait des valeurs contemporaines et séparait judicieusement le bon grain de l'ivraie. Sa connaissance de l'art moderne me parut incroyable. » La femme de Barr prophétisa à Dalí un énorme succès en Amérique, et l'encouragea à y venir. À partir de 1931, de fait, New York ne fut jamais loin des pensées de Dalí[1142].

## LA FEMME STÉRILE, CREVEL ET LE COMMUNISME

Pendant ce temps, les soucis gynécologiques de Gala, qui avaient commencé à l'inquiéter l'été précédent, avaient empiré. Elle découvrit avec horreur qu'elle avait développé un kyste. Les dossiers médicaux ne sont pas connus, mais il semble que le spécialiste consulté, le docteur René Jacquemaire, ait décidé que la tumeur devait être retirée sans délai. Quand Ernesto Giménez Caballero vit Dalí à Paris, aux alentours du 20 juillet 1931, le peintre lui apprit que Gala venait de subir « une terrible opération », et ajouta qu'il s'apprêtait à l'emmener en convalescence dans les Pyrénées françaises. Dalí précisa que Gala ne pourrait plus avoir d'enfants. Il se peut donc qu'elle ait subi une hystérectomie. « Gala la femme stérile qui fertilise et adoucit l'art de Dalí, écrivit Giménez quelques semaines plus tard dans *La Gaceta Literaria*. Dalí pense que son amour pour elle est pervers, parce qu'elle est la femme d'un ami et parce qu'elle est stérile et violente. » La définition de Gala par Dalí comme une femme stérile et violente devait être consacrée par Éluard et Breton dans leur *Dictionnaire abrégé du surréalisme*, publié en 1938.

Dalí parla à Giménez Caballero du plan qui se tramait de monter une exposition d'objets surréalistes et lui annonça qu'il prévoyait de créer un parc de loisirs surréaliste, où se trouverait un globe creux donnant aux visiteurs l'illusion de repénétrer dans le ventre maternel. Giménez Caballero en déduisit avec justesse que ce projet (qui ne fut jamais mené à bien) était pour Charles et Marie-Laure de Noailles[1143].

L'endroit choisi pour la convalescence de Gala était Vernet-les-Bains, une charmante station thermale des Pyrénées dominée par le Canigou, le pic montagneux révéré par les Catalans des deux côtés de la frontière. Elle y arriva le 21 juillet, accompagnée par René Crevel, qui était maintenant un de leurs meilleurs amis, à Dalí et à elle. Dalí, qui avait été retenu à Paris, les rejoignit deux jours plus tard, ainsi qu'Éluard brièvement[1144]. Dalí réussit à alléger l'humeur du névrosé Crevel et, lorsqu'il ne peignait pas, ils avaient tous les deux de longues discussions. « Mes conversations avec Dalí portent sur l'absence de philosophie contemporaine, sur le désir, sur la détermination de chacun de façonner une telle philosophie », écrivait Crevel à Marie-Laure de Noailles[1145].

Le 30 juillet, tous trois (Éluard était reparti) descendirent à Port Lligat, et le journal de Figueres *Empordà Federal* annonça le 15 août que Dalí, « le formidable artiste et le grand communiste », venait d'arriver de Vernet et s'était installé dans sa maison près de la mer[1146]. Crevel fut extrêmement heureux avec le couple, et très impressionné par le paysage du cap de Creus. « Je connais enfin Cadaqués, je vis ici et j'écris ici, dit-il à Marie-Laure. La peinture et l'écriture de Dalí ne cessent de nous surprendre. Il compose un poème sur Guillaume Tell et travaille sur *L'Homme invisible.* » (Le poème, annoncé quelques mois plus tard dans *L'Amour et la Mémoire*, ne fut jamais publié.) La cabane de pêcheur, qui avait été très améliorée, lui semblait « confortable dans le style maison de poupée ». En ce qui concerne Cadaqués, Crevel estimait le village « incroyablement arriéré », pauvre et illettré. Les gens du pays les regardaient, estomaqués, en particulier quand Gala apparaissait en pyjama, et Dalí en short et chemise Lacoste rouge. Salvador travaillait à un portrait de Marie-Laure, commencé à Paris. « Quelle chance vous avez d'inspirer les artistes », observait Crevel[1147].

Au cours de son séjour, Crevel travaillait à *Dalí ou l'Anti-obscurantisme*, un essai publié au mois de novembre suivant (l'essai le plus intelligent écrit sur Dalí jusque-là), gambadait avec Gala dans le jardin, s'émerveillait avec Salvador sur les métamorphoses du micaschiste du cap de Creus, et participa à la séance de photos truquées avec un drap que Dalí cita dans *La Vieillesse de Guillaume Tell.* André Thirion fut durablement marqué par cette toile et d'autres de la même époque, dans lesquelles il voyait un hommage passionné à Gala, que Dalí craignait de ne pas voir survivre à son opération[1148]. Apparemment, le peintre expliqua plus tard que *La Vieillesse de Guillaume Tell* exprimait son rejet, et celle de Gala, par Dalí Cusí[1149]. Mais ce n'est qu'une partie de l'histoire. Derrière le drap, « des choses innommables », comme l'a dit un biographe, sont faites à Tell par deux femmes (il s'agit sans doute de masturbation ou de fellation), tandis que le couple constitué par Dalí et Gala s'éloigne, honteux ou dégoûté[1150]. Une des femmes regarde les parties génitales de Tell avec un désir dévorant. La scène est vue par le lion ubiquiste, dont l'ombre menaçante tombe sur le drap. Contre la colonne de gauche est appuyée une silhouette qui rappelle la Gala vulnérable de *Monument impérial à la femme-enfant*, tandis qu'à l'arrière-plan on voit le corps nu de Gala orné des mêmes fleurs rouges que dans *L'Homme invisible* et *Les Roses sanglantes*. Elle enlace la silhouette d'un homme qui est probablement Dalí.

*Dalí ou l'Anti-obscurantisme* de Crevel montre à quel point il avait été profondément marqué par *La Femme visible*, par les théories de Dalí sur la paranoïa et, en particulier, par le plaidoyer du peintre pour l'Art nouveau. Crevel désirait voir lui-même les bâtiments de Gaudí qui avaient enflammé l'imagination de son ami, enfant, ces « réalisations de désirs solidifiés », dont Dalí affirmait maintenant le génie à Paris. Dalí l'accompagna à Barcelone, et un Crevel enthousiaste écrivit à Marie-Laure de Noailles et au prince Jean-Louis de Faucigny-Lucinge pour leur raconter le déchaînement « incroyable » de l'Art nouveau dans la ville[1151].

Crevel leur parla aussi de l'excitation et de la misère du fameux « Red Light District » de Barcelone, près du port, le Barri Xinès (où Dalí avait aussi emmené Lorca quelques années plus tôt), et disait qu'il était très impressionné par la ferveur politique des jeunes militants de gauche qu'il rencontrait en ville[1152]. Parmi eux, l'ancien ami de Dalí à Figueres, Jaume Miravitlles, maintenant l'un des leaders d'un jeune Parti communiste non stalinien, le Bloc Obrer i Camperol (Front ouvrier et paysan), fusion de deux groupes qui avaient fait sécession avec la Deuxième Internationale[1153]. « Met », qui jusqu'à sa mort devait prendre plaisir à rappeler qu'il était l'un des frères maristes traînés sur le sol dans *Un chien andalou*, était en train de se jeter avec sa vigueur habituelle dans le combat pour empêcher la République de perdre son élan révolutionnaire, et s'intéressait à la relation entre surréalisme et communisme. À la suite de ses discussions avec Dalí et Crevel, il les invita à donner une conférence à Barcelone, lors d'une réunion spécialement organisée du Front ouvrier et paysan.

L'événement se tint le 18 septembre 1931. Miravitlles présidait, et ouvrit la réunion en disant à une salle comble de travailleurs et d'étudiants (avec une pincée d'intellectuels de la classe moyenne) que, juste après la révolution russe, lui, Dalí, Martí Vilanova et Rafael Ramis avaient organisé à Figueres l'équivalent du premier soviet en Espagne. On pouvait donc faire confiance à Dalí : son histoire avec la révolution remontait à son adolescence. Néanmoins, insista Miravitlles, il existait des différences fondamentales entre surréalisme et communisme, notamment la relative importance donnée aux questions économiques : les surréalistes voulaient une révolution de l'intérieur, un changement radical de l'homme intérieur, alors que le communisme était convaincu que seule une nouvelle structure économique pouvait modifier la société. En dépit de cette divergence, cependant, il y avait un puissant dénominateur commun : la haine de la bourgeoisie et la détermination à la détruire[1154].

Crevel parla le premier, en français, avec un traducteur. À en juger par le synopsis catalan, suivre sa pensée a dû être difficile pour le public. Il insista sur le fait que le surréalisme était un mouvement et pas une école, et qu'il donnait le primat à l'action collective sur l'action individuelle. Il s'était opposé à la guerre du Rif menée par la France contre Abd el-Krim. Il soutenait la révolution en Espagne. Crevel attaqua l'establishment intellectuel, dans lequel il voyait un instrument complaisant de la bourgeoisie, s'étendit sur la question du racisme et de l'antisémitisme, et exprima sa haine de l'Église catholique. Il termina en citant la fameuse définition du surréalisme par Breton : « Automatisme psychique pur par lequel on se propose d'exprimer, soit verbalement, soit par écrit, soit de toute autre manière, le fonctionnement réel de la pensée. Dictée de la pensée en l'absence de tout contrôle exercé par la raison, en dehors de toute préoccupation esthétique ou morale. » Crevel eut l'impression que la conférence s'était bien passée[1155].

Puis ce fut le tour de Dalí. Sa conférence était intitulée « Le surréalisme au service de la révolution », comme le périodique du mouvement. Il commença par attaquer l'establishment culturel catalan, comme il l'avait fait à l'Ateneu en 1930, et demanda aux journalistes « bourgeois » de l'assistance de partir. Certains le firent. Puis il entreprit de soutenir que le surréalisme avait développé une méthode pour pénétrer ce qu'il appelait « les zones souterraines et prolétariennes de l'esprit ». La « surréalité » était en opposition ouverte avec la « réalité » capitaliste, avec les conventions de la pensée capitaliste. Il visait à démoraliser la société bourgeoise. Sa réussite sur ce terrain était claire, étant donné les attaques auxquelles il était maintenant soumis. Dalí continuait en disant que, quoique les surréalistes soient communistes, le besoin de concilier Marx et Freud se heurtait souvent au « crétinisme des représentants officiels de la littérature prolétarienne ». Henri Barbusse était un cas concret. Dalí expliqua qu'il ne soutenait pas que le surréalisme serait l'« état d'esprit » du prolétariat dans l'avenir, mais dit qu'il estimait que c'était le seul mouvement contemporain viable compatible avec le communisme. À une époque où le gouvernement provisoire espagnol donnait clairement à entendre qu'il était fondamentalement anti-révolutionnaire, il recommandait aux communistes d'entreprendre la révolution morale. Le synopsis de sa conférence se termine ainsi :

> Il invita le public, au nom des surréalistes, à revenir au mot d'ordre subversif du surréalisme. « Au diable les 25 000 écoles prévues, au diable les Ortega y Gasset et les Marañón d'Espagne. Ces gens gardent l'idée ignoble de patrie et de famille. En un temps où on tire dans le dos des prisonniers, le silence des intellectuels fait d'eux des complices... » Il recommanda de mettre de côté le sentimentalisme, de cracher sur le drapeau de la patrie, de menacer les parents avec des revolvers, et de revenir à la subversion. Il dit que le groupe politique convenant à la jeunesse catalane, c'étaient les communistes, et que le seul exemple qu'il valait la peine de suivre était celui des syndiqués, qui avaient lutté dans cette même rue (la Carrer dels Mercaders). Il termina par : « Longue vie aux syndicats de la construction ! »[1156]

L'identification de Dalí au Front ouvrier et paysan fut ratifiée dans les numéros suivants du journal du Parti, *L'Hora*, qui reproduisit nombre de dessins anti-bourgeois qu'il avait faits dans les années 1920. Ils furent plus tard inclus, avec une seule exception, dans le livre de Miravitlles *El ritme de la Revolució* (« Le rythme de la Révolution », 1933).

En ce qui concerne *L'Hora*, Dalí était maintenant complètement membre du Front ouvrier et paysan. Mais certains membres de l'organisation n'étaient pas convaincus de son total engagement dans la cause. Même Miravitlles avait des doutes, comme on peut le voir dans son pamphlet *Contra la cultura burguesa* (« Contre la culture bourgeoise »), publié peu après. « Met » appréciait l'efficacité des attaques subversives de Dalí, et du surréalisme en général, contre les valeurs bourgeoises. Mais ça ne signifiait pas que le surréalisme était la réponse aux problèmes du prolétariat. Aucun travailleur digne de ce nom ne pouvait suivre les conseils de Dalí de « revenir aux sources primitives du crime, de l'exhibitionnisme et de la masturbation », écrivait « Met », irrité, car le crime, l'exhibitionnisme et la masturbation « ne sont que des éléments de la décadence incrustée dans le capitalisme[1157] ».

Aucune autre information n'est apparue concernant les relations de Dalí avec Miravitlles et avec le Front ouvrier et paysan, à cause principalement de la destruction ou de la dispersion des archives au cours de la guerre civile. Pour suivre le développement de l'implication et de la pensée politiques de l'artiste, notre unique source est la correspondance (incomplète) de Breton, aujourd'hui partagée entre Paris et, de façon surprenante, Édimbourg.

## DALÍ ET L'OBJET SURRÉALISTE

L'objet surréaliste était l'une des créations les plus originales du mouvement, et l'aboutissement d'expériences remontant au cubisme analytique. En révélant les structures cachées ou secrètes d'objets familiers, comme des guitares, des journaux, des bouteilles, des tables, des maisons, et ainsi de suite, ces expériences avaient donné naissance à une nouvelle façon, fraîche et révolutionnaire, de regarder le monde extérieur. Bientôt le besoin s'était fait sentir de libérer l'objet des structures imposées par le fait de peindre sur une surface plane, et à cet égard les surréalistes n'avaient pas hésité à reconnaître en Marcel Duchamp leur prédécesseur avec son invention de ce qu'il appelait l'« objet tout fait », dont le premier exemple avait été une roue de bicyclette posée sur une chaise (1913). Deux ans plus tard, à New York, il avait substitué le mot américain *ready-made* au terme français d'origine. Son essai le plus célèbre dans le genre reste *Fontaine*, exposé en 1917 : un urinoir en porcelaine muni d'un bec phallique[1158].

Les « ready-made » de Duchamp plaisaient énormément à Dada, déterminé à secouer la société occidentale d'après-guerre de sa léthargie et de son conventionnalisme, et *Cadeau* (1921) de Man Ray – un fer à repasser avec une ligne verticale de pointes de métal le rendant impropre à l'usage – était un maillon brillant et spirituel dans la chaîne menant à l'objet surréaliste. Le surréalisme hérita de Dada la fascination pour les « ready-made », et se lança dans une expérimentation plus rigoureuse, sentant rapidement le potentiel du genre pour exprimer les impulsions de l'inconscient. Le premier numéro de *La Révolution surréaliste* (1er décembre 1924) montra le chemin en illustrant sa préface d'une photographie par Man Ray d'un objet dérangeant non identifié emballé dans un sac de toile, noué par une ficelle[1159].

La même année, dans un rêve, Breton se vit manipuler un livre inhabituel. Son dos consistait en un gnome en bois avec une longue, très longue barbe taillée à l'assyrienne qui lui descendait jusqu'aux pieds, et ses pages étaient faites d'une épaisse laine noire. « J'aimerais mettre en circulation quelques objets de cet ordre, dont le sort me paraît éminemment problématique et troublant », écrivit-il dans son *Introduction au discours sur le peu de réalité*, une *plaquette** publiée par Gallimard en 1927[1160]. Bientôt, lui et les autres membres du groupe s'occupèrent activement des objets inspirés par les rêves. En 1928, Breton publia dans *La Révolution surréaliste* la photo d'un objet fait par lui et Aragon. Intitulé *Ci-gît Giorgio De Chirico*, il consistait en une boîte contenant un étrange assemblage d'objets miniatures, parmi lesquels la tour penchée de Pise et une machine à coudre[1161].

Un article de Dalí dans le dernier numéro « surréaliste » de *L'Amic de les Arts* (31 mars 1929), juste avant sa deuxième visite à Paris, montre qu'il avait lu *Introduction au discours sur le peu de réalité* de Breton, et en avait été énormément impressionné. Sous le titre « Objets surréalistes. Objets oniriques », Dalí écrivait :

> En même temps que les *Objets surréalistes* déjà inventés et définis, Breton a proposé la fabrication de nouveaux objets qui, répondant aux besoins du fétichisme humain, représentent un lyrisme particulier qui correspond au lyrisme de l'objet surréaliste comme le texte surréaliste est en relation avec le texte onirique.
>
> Ces objets nouveaux, qui peuvent être considérés comme des *objets oniriques*, satisferaient, ainsi que le dit Breton, le perpétuel désir de vérification ; il serait

> nécessaire, ajoute-t-il, de fabriquer autant que possible des objets qu'on ne peut toucher que dans les rêves, et qui paraissent également indéfendables, que ce soit du point de vue du plaisir comme de celui de l'utilité[1162].

Dans ses peintures de la fin des années 1920, Dalí avait inondé ses scènes de plage de représentations en deux dimensions d'objets méritant le qualificatif de « surréalistes », les deux appareils, grêles, qui prolifèrent dans *Le miel est plus doux que le sang* en étant l'exemple le plus évident. Et on pourrait soutenir que la boîte dans laquelle se trouve placée la main coupée dans *Un chien andalou* était le premier objet surréaliste à apparaître dans un film.

L'une de ses premières tentatives fut *Planche d'associations démentielles (Feux d'artifice)* (1930-1931), dans laquelle il s'appropria une boîte exquisément travaillée de chandelles romaines, de fusées, de pétards de toutes sortes, de feux de Bengale et d'appareils pyrotechniques variés. Chaque objet était soigneusement étiqueté, comme si toute la boîte était un musée, Dalí y ajoutant des peintures méticuleuses de ses icônes obsessionnelles du moment : des chaussures de femme à talons hauts (dont l'une avec une bouteille de lait verticale à l'intérieur, une autre en train de frotter un clitoris), Guillaume Tell aux yeux saignants, une colonie de fourmis, de Grands Masturbateurs (dont l'un a la sauterelle redoutée collée à la bouche), le motif en forme de jarre de Dalí en imbécile, une copulation imaginative (la femme est au-dessus), l'homme adulte au regard horriblement lubrique et, sur le plus gros feu d'artifice de toute la collection d'explosifs, portant l'étiquette « Volcan sifflant », une femme aux bas noirs qui lève une jambe pour montrer son sexe.

En 1931, Breton demanda à Dalí et à André Thirion de lui faire des propositions pour intensifier les activités du groupe surréaliste. Thirion, encouragé par Aragon, poussait vers l'action anticléricale, et Dalí vers la prolifération des objets surréalistes[1163]. Les deux propositions furent acceptées. L'anticléricalisme devint virulent dans les pages du *Surréalisme au service de la révolution*, avec Georges Sadoul comme principal interprète, et Breton y annonça, en décembre 1931, qu'il demandait à ses amis de mettre en œuvre la suggestion de Dalí de fabriquer « des objets animables, ouvertement érotiques, je veux dire destinés à procurer, par des moyens indirects, une émotion sexuelle particulière[1164] ».

Dans le même numéro de la revue, Dalí publia un article, « Objets surréalistes », qui contient un « catalogue général » du genre : *Objets à fonctionnement symbolique* (origine automatique) ; *Objets transsubstantiés* (origine affective) ; *Objets à lancer* (origine onirique) ; *Objets enveloppés* (rêves éveillés) ; *Objets machines* (fantaisies expérimentales) ; et *Objets moulés* (origine hypnagogique). Puis il procédait à l'analyse de la première catégorie, annonçant que dans les articles qui suivraient il se consacrerait aux cinq autres (ce qu'il n'a jamais fait). Les « objets fonctionnant symboliquement », expliquait-il, se prêtent à un minimum d'opérations mécaniques et sont basés sur les « fantaisies et représentations enclines à survenir quand on se laisse aller à des actes inconscients ». Ces actes inconscients, Dalí ne doutait pas qu'il s'agissait de rêves érotiques de nature essentiellement perverse. Dalí reconnaissait que pour ses *Objets à fonctionnement symbolique*, il était parti de *Boule suspendue* (1930-1931), de Giacometti, reproduit dans le même numéro du *Surréalisme au service de la révolution*. Il le décrivait ainsi : « Une boule de bois avec une fente féminine est accrochée à une fine corde de violon au-dessus d'une forme en croissant dont le tranchant touche presque la fente. Le regardeur a tendance instinctivement à faire glisser la boule sur le croissant, mais la longueur de la corde ne lui permet pas d'y arriver complètement. »

La seule objection de Dalí à l'objet de Giacometti était qu'il devait encore trop à la sculpture (comme le disait Crevel dans le même numéro, c'était une « sculpture animée[1165] »). L'authentique objet surréaliste devait être totalement libre de préoccupations formelles de la part de l'artiste. Les exemples d'objets à fonctionnement symbolique décrits par Dalí, et illustrés dans le même numéro de la revue sont la *Main gantée de rouge*, subtilement érotique, de Valentine Hugo[1166], *Selle-sphère et feuillage* de Breton[1167], un objet fait par Gala, *Éponges et bol de farine*, qui prouve qu'elle n'était pas sans flair créatif, et le *Soulier et verre de lait*, de Dalí (plus tard rebaptisé *Objet au fonctionnement symbolique scatologique*). Il décrit ce dernier comme suit :

> Un soulier de femme, à l'intérieur duquel a été placé un verre de lait tiède, au centre d'une pâte en forme ductile et de couleur excrémentielle. Le mécanisme consiste à placer un sucre sur lequel a été peinte l'image d'un soulier, afin d'observer la désagrégation du sucre et donc de l'image du soulier dans le lait. Plusieurs accessoires (poils du pubis collés à un sucre, petite photo érotique) complètent l'objet qu'accompagnent une boîte de sucres de rechange et une cuiller spéciale qui sert à agiter des grains de plomb à l'intérieur du soulier.

À la suite des rêveries de Breton à propos de la ville du futur dans *Introduction au discours sur le peu de réalité*, Dalí envisageait un monde prêt à se faire inonder par des objets révolutionnaires qui en altéreraient radicalement la perception :

> Les musées se rempliront bientôt d'objets dont l'inutilité, la taille et le grand nombre nécessiteront la construction, dans les déserts, de tours spéciales pour les contenir. Les portes de ces tours seront astucieusement effacées, et à leur place coulera une fontaine ininterrompue de vrai lait, qui sera avidement absorbé par le sable chaud[1168].

● Dalí et Gala dans leur atelier parisien à la villa Seurat. On devine la silhouette de leur ami Brassaï dans le miroir, à gauche.

Même si cette vision n'est jamais devenue réalité, des centaines d'objets surréalistes, infiniment variés, et subvertissant tous la réalité conventionnelle, furent produits au cours des dix années suivantes. Dalí lui-même en fabriquait et théorisait à leur sujet. Au printemps 1932, il dit à J. V. Foix qu'une exposition « très complète » d'objets surréalistes devait bientôt se tenir à Paris (elle fut repoussée), insistant sur le fait que, lorsqu'ils étaient authentiques, de tels objets étaient totalement libres d'une intervention consciente de l'artiste[1169]. En septembre 1932, il publia ses élucubrations sur les « objets comestibles[1170] », et un mois plus tard il informa Breton qu'il travaillait sur les « objets liquides » et sur les « objets aveugles », et qu'il écrivait un article sur « le cannibalisme des objets » pour Edward W. Titus, rédacteur en chef de la revue anglaise *This Quarter*, publiée à Paris[1171]. Le numéro de mai 1933 du *Surréalisme au service de la révolution* faisait connaître ses suggestions pour la création d'une nouvelle catégorie, les « objets psycho-atmosphériques-anamorphiques[1172] », qui devaient être élaborés complètement dans le noir (peut-être s'agissait-il des « objets aveugles »). Certains des objets de Dalí allaient avoir énormément d'influence, à la fois sur le public et sur ses collègues surréalistes, notamment *Le Buste de femme rétrospectif* (1933) et *Le Veston aphrodisiaque* (1936).

## COMMENT CHOQUER LE PC FRANÇAIS

En décembre 1931, Dalí publia *L'Amour et la Mémoire*, présentés comme un « poème » dans le colophon, même si une telle désignation est discutable. Le texte oscille entre clarté et opacité, comme c'est souvent le cas avec Dalí, et constitue essentiellement un hommage à Gala, au changement que son apparition a suscité dans la vie du peintre. Pour souligner la profondeur de ce changement, Dalí insiste sur le contraste entre sa muse et la femme qui occupait le plus son cœur avant que la première le prenne d'assaut, sa sœur Anna Maria Dalí :

L'image de ma sœur
l'anus rouge
de sanglante merde
ma verge
à demi gonflée
appuyée avec élégance
contre
une immense
lyre
coloniale
et personnelle
le testicule gauche
à demi plongé
dans un verre
de lait tiède
le verre de lait
placé
à l'intérieur
d'un soulier de femme.

Quatre sections suivent, chacune commençant par le vers « L'image de ma sœur » et révélant d'autres aspects intimes de son anatomie. Anna Maria Dalí apparaît ici comme un étrange objet surréaliste. Puis vient le tour de Gala :

Loin de l'image de ma sœur
Gala
ses yeux ressemblant à son anus
son anus ressemblant à ses genoux
ses genoux ressemblant à ses oreilles
ses oreilles ressemblant à ses seins
ses seins ressemblant aux grosses lèvres de ses parties génitales
les grosses lèvres de ses parties génitales ressemblant à son nombril

son nombril ressemblant au doigt de sa main
le doigt de sa main ressemblant à sa voix
sa voix ressemblant à l'orteil de son pied
l'orteil de son pied ressemblant aux poils de ses aisselles
les poils de ses aisselles ressemblant à son front
son front ressemblant à ses cuisses
ses cuisses ressemblant à ses gencives
ses gencives ressemblant à ses cheveux
ses cheveux ressemblant à ses jambes
ses jambes ressemblant à son clitoris
son clitoris ressemblant à son miroir
son miroir ressemblant à sa démarche
sa démarche ressemblant à ses cèdres.

Le texte offre une vision appréciable des qualités de tempérament que Dalí appréciait chez sa muse. La femme qu'il aime « intégralement »

me donne les notions dégradantes
de l'égoïsme
d'un absolu manque de pitié
d'une cruauté désirable.

L'obsession de Dalí pour Gala est si dévorante, nous dit-il, que la torture la plus atroce subie par son meilleur ami susciterait chez lui plus rapidement une érection que des sentiments de pitié. La réaction de Breton à ce texte n'est pas connue mais peut facilement être imaginée, car il était profondément intéressé lorsque, en d'autres occasions, Dalí exprima des vues similaires en sa présence.

*L'Amour et la Mémoire* montrent à quel point Dalí aimait Anna Maria Dalí avant l'arrivée de Gala, et suggèrent qu'il y avait un élément fortement incestueux dans leur relation. Vit-elle un exemplaire du texte ? Ça semble peu probable, sauf si Dalí, en un acte d'une suprême cruauté, lui en a envoyé un lui-même. S'il a fait ça, on peut supposer qu'Anna Maria Dalí en fut bouleversée.

La publication de *L'Amour et la Mémoire* coïncida avec la parution d'un autre morceau provocateur, « Rêverie », dans le quatrième numéro du *Surréalisme au service de la révolution* (décembre 1931). Composé, selon Dalí, à Port Lligat le 17 octobre 1930, juste après sa sieste habituelle, le texte se veut un document, au détachement clinique, sur une rêverie masturbatoire semée de méditations sur l'effrayante *Île des morts* de Böcklin, une toile qui fascinait Dalí et qu'il prévoyait d'analyser dans un livre qu'il projetait d'écrire, *La Peinture surréaliste à travers les âges*. La rêverie, qui commence à Halloween et dure plusieurs jours, mêle deux lieux importants dans la jeunesse de Dalí : le moulin des Pichot en dehors de Figueres où, comme nous l'avons vu, il avait passé un mois de convalescence au cours de l'été 1916, et la « Font del Soc », la source entourée de cyprès entre Figueres et Vilabertran où la famille aimait aller se promener quand Salvador était enfant. Quant à la voluptueuse Dulita de onze ans, l'objet du désir de la rêverie, elle s'inspire de Julieta, la fille adoptive de Pepito Pichot, dont le charme érotique était rappelé par Dalí dans son journal de 1922 et, plus tard, dans *La Vie secrète*.

Avec la scrupuleuse attention au détail qui le caractérise, Dalí régale le lecteur d'indications précises concernant chaque étape de son plan pour sodomiser Dulita sur le sol de l'étable du moulin. Pour l'initiation de Dulita, il engage sa mère veuve, Matilde (le masochisme la pousse à obéir car elle est amoureuse de Dalí), et une vieille prostituée, Gallo, qui lui montre un album de cartes postales pornographiques. Dalí étant amateur de fesses, Dulita en est copieusement dotée. Des érections à divers degrés de tumescence vont et viennent au fil de la rêverie, Dalí constamment occupé de son pénis (le « mobilisant », l'écartant, le ressortant). Et, alors que la pénétration va avoir lieu enfin, au bout de six longues pages, Dulita, surprise, se transforme en Gala[1173].

Ce qu'il y a peut-être de plus intéressant dans « Rêverie » est la qualité obsessionnelle de la rêverie, dont le texte note « les détails et les nuances les plus microscopiques » : pour que l'orgasme ait lieu, tout doit être organisé avec une précision sans défaut, sinon aucune éjaculation n'est possible.

« Rêverie » était certes obsessionnel. Il était aussi choquant, et surtout pour les communistes orthodoxes. Le 3 février 1932, Aragon, Unik, Sadoul et Maxime Alexandre, les seuls surréalistes à être inscrits au Parti communiste français à l'époque, furent convoqués au siège du Parti, au 120, rue La Fayette, pour répondre de la publication du texte coupable. « Tout ce que vous voulez, c'est compliquer les relations simples, saines, entre hommes et femmes », pontifia un officiel, ainsi qu'Aragon le raconta à Breton. Selon Alexandre, l'exhortation à abjurer le surréalisme fut accueillie par un « refus tumultueux[1174] ».

Il est évident qu'Aragon, quoi qu'il ait pu dire en cette occasion, commençait à avoir à l'époque de sérieux doutes concernant Dalí. Salon André Thirion, qui le connaissait bien, Aragon était revenu de Kharkov en novembre 1930 avec la conviction que Freud était un contre-révolutionnaire, et il avait presque perdu son fameux sens de l'humour. La déification de Freud par Dalí et l'étalage de sa vie intérieure agacèrent de plus en plus Aragon au cours de l'année 1931. Et Thirion dut passer beaucoup de temps à le persuader que non seulement le Catalan était vital pour le surréalisme, mais qu'il fallait lui laisser une certaine liberté, à la condition qu'il ne devienne pas complètement envahissant. Les restrictions du Parti concernant « Rêverie » n'étaient donc pas tombées dans l'oreille d'un sourd[1175].

Début mars 1932, Breton publia *Misère de la poésie*, une défense passionnée et très raisonnée du poème rageusement communiste et anti-impérialiste « Front rouge » qu'Aragon avait publié en janvier, et qui avait à ce point offensé l'armée française que son auteur, accusé d'encourager la désobéissance militaire et le meurtre, encourait cinq ans de prison[1176]. Mais si Breton désapprouvait l'establishment politique français, qu'il affirmait « profasciste », il déplorait également la campagne menée contre le trotskisme et le surréalisme par le Parti communiste. Le 9 février 1932, une diatribe dans *L'Humanité* avait évoqué avec mépris le « révolutionnarisme » des surréalistes, qu'elle accusait d'être « purement verbal[1177] ». Breton était outragé. Dans une note en bas de page qui frappait fort, il disait sa colère devant le puritanisme sexuel des communistes et leur rejet des « magnifiques découvertes » de Freud. Ils s'étaient montrés incapables, écrivait-il, de voir au-delà du « contenu manifeste » de la « Rêverie » de Dalí, qu'il jugeait personnellement « très belle[1178] ».

Lorsque parut *Misère de la poésie*, Dalí se trouvait en Catalogne. Il écrivit de là à Breton, commentant avec colère la popularité ridicule des films soviétiques, avec leur idéalisme naïf, auprès de la bourgeoisie de Barcelone. Plus important, il joignait à sa lettre une copie de ses réponses au questionnaire sur le désir que faisait circuler alors un groupe de surréalistes yougoslaves[1179]. Les questions portaient sur les convictions les plus profondes de Dalí. Ses réponses furent publiées en juin suivant dans le journal surréaliste de Belgrade, *Nadrealizam danas i ovde* (« Le surréalisme ici et aujourd'hui »)[1180] :

> 1. Quelle importance attachez-vous aux désirs de l'homme et à ses besoins les plus immédiats, à vos propres désirs et besoins ?
> J'attache une très grande importance aux désirs de l'homme, et la plus grande importance à mes propres désirs.
>
> 2. Pensez-vous que vos désirs et besoins peuvent entrer en conflit avec votre vocation et votre obligation (aux sens les plus larges de ces termes) ? Si c'est le cas, quels sont ces désirs, ces besoins et ces obligations ? Comment résolvez-vous ce conflit de façon théorique, et comment de façon pratique ?
> Je ne peux concevoir ma vocation ( !) ou mes obligations séparément de mes désirs, parce que ma vocation et mes obligations sont la réalisation de mes désirs.
>
> 3. Avez-vous des désirs secrets du genre généralement considérés comme répréhensibles ou immoraux ou inférieurs, ou des désirs que vous considérez vous-même comme vils, infâmes, révoltants ? Si c'est le cas, que faites-vous ? Luttez-vous contre eux, ou les contentez-vous dans votre imagination ? Ou même dans la réalité ? Quel rôle attribuez-vous alors à votre volonté ? Et à votre conscience ?
> Je n'ai pas le moindre problème à rendre publics mes désirs les plus honteux, ce qui ne signifie pas que j'ai complètement réussi à le faire jusque-là, malgré mes tendances exhibitionnistes très considérables. J'ai des désirs cachés, et même cachés à moi-même, car j'en découvre constamment de nouveaux. Je suis persuadé que nos désirs secrets représentent un véritable potentiel, et aussi qu'une véritable culture de l'esprit ne peut résider que dans nos désirs. Aucun désir n'est répréhensible, la seule erreur est de les réprimer. Tous mes désirs sont « vils, infâmes, révoltants », etc. J'accorde une grande importance à la volonté, la poussant aux limites du « délire paranoïaque » au service de la réalisation de mes désirs.
>
> 4. Avez-vous des idéaux élevés ? Que faites-vous pour les mettre en pratique ? Quels sont les désirs que vous trouvez les plus nobles ?
> Je n'ai pas de prétendus « idéaux élevés ». Ceux que je tiens pour les plus nobles sont ceux que je considère comme « les plus humains », ce qui ne veut pas dire « les plus pervers ».
>
> 5. Pensez-vous que le mot « désir » est justifié dans tous les cas où il est généralement employé ? Pensez-vous que nous devrions peut-être faire la distinction entre les différents besoins généralement appelés « désirs » ?

Pensez-vous, par exemple, qu'il y a une différence essentielle entre les besoins sensoriels (le besoin d'écouter de la musique) ? Quelle importance et quel rôle attachez-vous à chacun d'eux ?
Le terme de « désirs » me semble justifié dans tous les cas où s'y attache la libido, c'est-à-dire en général dans tous les cas. Pas de différence fondamentale (voir la « sublimation »).

6. Estimez-vous, d'autre part, que certaines distinctions sont établies par erreur, qu'elles devraient être supprimées et la notion rendue plus précise ? Considérez-vous, par exemple, que la passion ou l'ambition sont différentes du désir ?
C'est la même chose pour tous les concepts généraux.

7. Quel rôle attribuez-vous aux parents et aux professeurs en relation avec le désir ? Quels dangers voyez-vous dans les misérables méthodes d'éducation, si elles existent, et quel est l'usage des bonnes, dans le cas contraire ? Quelle est votre opinion sur les méthodes d'éducation couramment en usage, ou que vous avez vu utiliser dans différents pays et à différentes périodes, concernant les désirs fébriles de la jeunesse ?
D'éveiller autant de désirs que possible, de fortifier le principe de plaisir (l'aspiration la plus légitime de l'homme) contre le principe de réalité. La conséquence de la méthode opposée (la fortification du principe de réalité contre le principe de plaisir) est une dégradation morale. Sade : le seul éducateur parfait pour les fébriles désirs de la jeunesse[1181].

Les réponses de Dalí sont au cœur des convictions surréalistes concernant la nature humaine et son rejet de la morale chrétienne (considérée comme une aberration monstrueuse dont le but non avoué est de réduire l'homme en esclavage). Fidèle à son tempérament fanatique, et maintenant encouragé par une partenaire qui depuis des années vivait au maximum selon ses désirs, Dalí était décidé à laisser une bonne fois pour toutes la honte derrière lui. Mais ça ne devait pas être aussi facile à faire qu'à dire.

Cependant, la présence de Gala, qui ne semble jamais avoir été tentée de l'abandonner, ni avoir jamais douté de son succès futur, était le socle de Dalí, au milieu de cette grande incertitude. Par Julien Levy, nous savons que, quand il s'agissait du travail de Dalí, elle se conduisait « comme un tigre défendant son petit ». Levy, qui se considérait comme motivé par l'enthousiasme plus que par la cupidité, devait toujours trouver Gala difficile à vivre[1182].

Quinze jours après avoir reçu la lettre de Dalí, et alors qu'à Paris la controverse faisait rage à propos de la défection récente d'Aragon, Breton, accompagné de sa maîtresse du moment, la peintre Valentine Hugo, rendit une visite éclair à Dalí et Gala à Port Lligat avant d'aller voir Éluard à Grimaud, dans le Var. Des années plus tard, Valentine Hugo se rappelait que Breton avait trouvé Port Lligat décrépit, et avait été gêné par les mouches. Mais de tels bémols ne l'empêchèrent pas de participer à un *cadavre exquis** qu'ils envoyèrent au poète et essayiste Marko Ristić, à Belgrade. Quelques jours plus tard arriva René Crevel. Comme d'habitude, Dalí tint son ami J. V. Foix au courant des événements, lui disant son intention de transformer Port Lligat en « centre surréaliste », et qu'il se proposait de publier un livre de vulgarisation sur le mouvement. Foix fit ce qu'il avait à faire, et répandit la bonne nouvelle dans *La Publicitat*[1183].

Sebastià Gasch, qui détestait toujours autant le surréalisme, décida de publier une diatribe contre le mouvement. Et de le faire dans *La Publicitat*, que Dalí, grâce à Foix, en était venu à considérer comme sa chasse gardée. Le communisme des surréalistes, ricanait Gasch, était une « farce solennelle », car ils publiaient leurs effusions dans des éditions de luxe, pour le plaisir des riches et des snobs. Et les travailleurs, alors ? Quant à la peinture de Dalí, elle s'était dégradée jusqu'à en arriver au niveau de celle d'un « Mantegna en décomposition[1184] ». Dalí blêmit, et envoya à Gasch une lettre au vitriol, qui commençait par « Gasch, imbécile » :

> Le fait que ça fait un certain temps que tu as laissé tomber tes articles idiots d'avant-garde pour le journalisme le plus abject et le plus stupide que le monde ait jamais vu ne fait que corroborer l'opinion que j'ai toujours eue de ta personne de raté insignifiant, à savoir que tu es un misérable balourd. L'article sans précédent dans *La Publi* révèle une ignorance *totale* et un *total* manque de compréhension et, de plus, me prouve ce que tu penses du surréalisme, ce qui en soi serait suffisant pour te dire que je te considère comme un bâtard absolu. Je dois t'avertir que si tu continues de t'occuper de ces affaires (la musique devrait sûrement suffire à te distraire) tu seras puni dans quelques jours à mon retour à Barcelone[1185].

Même si la menace de punition ne fut pas mise à exécution, l'amitié qui s'était manifestée dans des centaines de lettres écrites à l'époque de *L'Amic de les Arts* (et qui sont toujours interdites de publication) prit brutalement fin[1186].

Le 11 mai 1932, Dalí était de retour à Paris où sa deuxième exposition chez Pierre Colle commença le 26 du mois, et dura jusqu'au 7 juin[1187]. Le catalogue, qui s'ouvre avec le poème d'Éluard « Salvador Dalí », donne une liste de vingt-sept œuvres en tout, dont quinze inconnues ou dont on a perdu la trace aujourd'hui, y compris une intitulée *La Jeunesse de Guillaume Tell*, qui nous en dirait sans doute plus sur la place de ce mythe dans le travail de Dalí à l'époque.

*La Vieillesse de Guillaume Tell* (qui appartint à Charles de Noailles) était la première toile du catalogue, et sa première place nous indique à quel point le père de Dalí était encore présent dans l'esprit du peintre. Les objets surréalistes étaient très en évidence, deux en tant que tels (*Montre hypnagogique* et *Horloge basée sur la décomposition des corps*) et d'autres représentés dans les toiles : *Objet anthropomorphique indiquant la perte de la mémoire*, *Objet emballé et objet hypnagogique*, *Objets de délire systématisé* et *Objets surréalistes indicateurs de la mémoire instantanée*.

C'est *Hallucination. Six images de Lénine sur un piano* (1931) qui fit le plus d'effet sur le public (Dalí expliqua plus tard que l'image des halos phosphorescents entourant la tête de Lénine qui jaillissent des touches blanches lui était venue alors qu'il s'endormait[1188]). L'encre de Chine *Métamorphoses paranoïaques du visage de Gala*, cependant, frappe aujourd'hui par sa plus grande originalité. Il montre Gala à son plus vulnérable, bien loin du portrait en harpie de Max Ernst. De toutes les toiles et tous les dessins de Dalí représentant Gala, c'est sûrement la création la plus subtile. Parmi les objets (dont la plupart sont érotiques) participant aux deux métamorphoses de la tête de la muse, on ne peut manquer de remarquer l'encrier et le crayon : ils indiquent clairement que, si le père de Dalí continuait à l'obséder, il n'était jamais loin non plus des pensées de Gala.

En même temps que l'exposition Colle, les surréalistes de Belgrade publièrent l'enquête sur le désir à laquelle Dalí, Éluard, Breton et Crevel avaient participé, ainsi qu'un petit fragment du « roman surréaliste » de Dalí, *Longue vie au surréalisme !*. Au mois de février précédent, Dalí en avait parlé à Foix, lui annonçant qu'il avait pour personnages Gala, Dulita (connue par « Rêverie »), André Breton, Marlene Dietrich, René Crevel, Buster Keaton, Kaerguiski (?) et divers objets surréalistes. Aucun d'eux n'apparaît dans le fragment de Belgrade, qui ressemble moins à un roman qu'à un essai sur le surréalisme. Dalí annonçait la publication imminente de l'œuvre pour l'été, mais elle n'est jamais parue. Et le manuscrit n'est jamais réapparu. Santos Torroella a suggéré que certains épisodes ont pu en être incorporés aux passages les plus fantaisistes de *La Vie secrète*, mais on n'en a aucune preuve[1189].

## *BABAOUO*

Depuis le printemps 1930, Gala et Dalí vivaient au 7, rue Becquerel, juste sous le Sacré-Cœur. Début juillet 1932, ils déménagèrent de l'autre côté de Paris, dans un modeste studio au 7, rue Gauguet, un cul-de-sac tranquille non loin du parc Montsouris, qui tourne le dos à un autre cul-de-sac, la villa Seurat, célèbre pour sa colonie de peintres et d'écrivains. Le « bâtiment moderne et fonctionnel » qui abritait le studio était « une de ces punitions inventées par les architectes pour les pauvres. Et nous étions pauvres ! » écrivit Dalí. Mais Gala y mit bientôt sa marque :

> Ne pouvant posséder de commodes Louis XV, nous optâmes pour les larges baies ouvertes à la lumière, des tables chromées, des miroirs partout. Gala avait le don de faire tout briller dès son arrivée. Mais cette sévérité presque monacale réveillait mes goûts luxueux. Je me sentais comme un cyprès poussant dans une salle de bains[1190].

Le déménagement coïncida avec la publication de *Babaouo. C'est un film surréaliste*, de Dalí. D'où la couverture. Sur la page de titre, on lisait : « Babaouo, scénario inédit, précédé d'un abrégé d'une histoire critique du cinéma et suivi de *Guillaume Tell*, ballet portugais. » Dalí, en 1978, écrit que lorsque *Babaouo* parut, les gens pensèrent qu'il en était lui-même le protagoniste éponyme[1191]. Cette supposition était justifiée à la fois par le scénario et par le ballet (dont il est dit explicitement qu'il est « extrait » du film), car les deux sont semés de références autobiographiques, et empruntent aux toiles que Dalí peignait à l'époque (montres molles, œufs au plat frits « sans le plat », cyclistes avec des pierres sur la tête, etc.). La femme qui, désespérément amoureuse, convoque Babaouo au château de Portugal au début du film (dont l'action se passe en 1934 « au cours d'une guerre civile dans peu importe quel pays d'Europe ») s'appelle Matilde Ibáñoz, une fille que Dalí avait connue à Barcelone (« Matilde », comme nous l'avons vu, est aussi le nom de la mère de Dulita dans « Rêverie »[1192]). La référence à la transformation de certaines pièces de l'ancienne Chambre agricole de Figueres semble un clin d'œil caché au premier professeur de Dalí, Esteban Trayter, dont l'appartement était dans le pâté de maisons qui avait fait place au bâtiment en question. Le paysage décrit dans le ballet est immanquablement celui du cap de Creus, avec ses rochers de micaschiste, et la vieille femme et ses deux fils pêcheurs, tous deux quelque peu excentriques, nous rappellent immédiatement Lídia et ses malheureux rejetons (qui ont fini dans un asile de fous). Il y a aussi constamment des allusions à *Un chien andalou* et à *L'Âge d'or*. L'orchestre interrompu dans ses tentatives de jouer l'ouverture de *Tannhäuser* sur la plate-forme du métro, par exemple, nous rappelle les tentatives frustrées des amants pour consommer leur passion dans le second film (sur fond du climax de *Tristan et Isolde*) ; la foule qui passe, indifférente, au milieu des musiciens impassibles, ou qui les traverse pour se précipiter vers le train, rappelle la scène, également dans *L'Âge d'or*, de la voiture qui bringuebale à travers le salon, ignorée par les invités ; le tango *Renacimiento* (« Renaissance ») qui est joué tout au long du scénario rappelle les deux tangos dans *Un chien andalou* ; le bruit étrange qui accueille Babaouo à son arrivée au château de Portugal, et s'avère être la mer s'écrasant sur les rochers, fait sûrement allusion au battement de cœur durant la séquence du château de Selliny à la fin de *L'Âge d'or*. Et ainsi de suite. On a l'impression que Dalí a cherché à souligner le fait que sa contribution aux deux films était aussi fondamentale que celle de Buñuel (un fait qu'il signale dans le synopsis de l'histoire du cinéma qui ouvre le volume). Et il apparaît qu'il soupçonnait déjà Buñuel (qui avait pris ses distances, en 1932, avec le groupe de Breton[1193]) de vouloir minimiser cette contribution. Ce soupçon allait croître au cours des deux années suivantes.

Si Dalí a vraiment tenté de faire porter *Babaouo* à l'écran, on n'en sait rien. Le scénario avait du potentiel, il y a quelques scènes mémorables (la ville fantôme vue du quatrième étage du théâtre vide, par exemple), des effets sonores intéressants, et une séquence remarquable qui passe brusquement du noir et blanc à la couleur. Si Dalí avait connu un riche bailleur de fonds, il aurait pu en faire quelque chose. Mais il n'en avait pas, Charles de Noailles, le meilleur candidat, s'étant retiré de la scène après l'embarras social causé par *L'Âge d'or*.

*Babaouo* était le deuxième d'une longue série de projets de film frustrés. En ce qui concerne *Guillaume Tell*, le « ballet portugais », Dalí dit à Noailles qu'il l'avait lu à Léonide Massine et que, au contraire de ce qu'il attendait, ce dernier avait exprimé son désir de le réaliser. Mais ce projet-là non plus ne mena à rien[1194].

Après avoir récupéré les premiers exemplaires de *Babaouo* (l'achevé d'imprimer est du 12 juillet 1932), Dalí et Gala partirent pour l'Espagne, J. V. Foix rapportant dans *La Publicitat* du 28 juillet que le peintre venait d'arriver à Port Lligat, où il comptait passer trois mois. Une fois installés, Gala et Dalí reçurent une fois de plus la visite de René Crevel, suivi par Breton et Valentine Hugo. Breton venait de terminer *Les Vases communicants* alors qu'il était avec Éluard à Castellane, et apparemment il était de bonne humeur (en dépit des mouches) ; il dit qu'il appréciait *Babaouo*. Buñuel reçut lui aussi une invitation à Port Lligat, mais ne put y répondre. Il dit à Noailles que Dalí lui avait envoyé *Babaouo*. Certains passages lui paraissaient « amusants », et la partie théorique « plutôt bizarre[1195] ».

Après le départ de Breton et de Valentine Hugo, Dalí passa quelques jours à Barcelone, accompagné par Crevel. Il y vit Foix (qui, le 2 septembre, avait annoncé dans son journal la parution de *Babaouo*, et fourni une traduction du prologue en espagnol)[1196], Zdenko Reich, un dissident surréaliste yougoslave, et son vieil ami Jaume Miravittles, qui n'était pas moins déprimé que Dalí par la tactique et la conduite présentes des communistes. Dalí écrivit à Breton début octobre, pour lui dire qu'il était de plus en plus persuadé de la bêtise des bureaucrates du Parti qui répétaient de façon stéréotypée les ordres « abstraits et incompréhensibles » qu'ils recevaient de Moscou : la Troisième Internationale s'était totalement éloignée de la vie, de ce qui se passait vraiment dans le monde. Un bon exemple de cet éloignement, estimait-il, était le film russe, d'un idéalisme naïf, *Le Chemin de la vie* (1931), sur la rééducation des jeunes délinquants, et qui, au grand dam de Dalí, devait être projeté à Barcelone... aux membres de l'Organisation de la jeunesse catholique. Dalí dit à Breton que la principale raison de sa visite à Barcelone consistait à essayer de lancer deux magazines surréalistes : l'un inspiré par le *This Quarter* parisien (qui venait de publier un numéro spécial sur le surréalisme), l'autre par *Les Vases communicants*, dont quelques extraits parus dans *Le Surréalisme au service de la révolution* l'avaient grandement impressionné. Aucun de ces deux projets ne devait réussir. Dalí dit à Breton que la presse barcelonaise montrait quelque intérêt pour le surréalisme, et qu'il y avait des chances pour qu'un nouveau groupe théâtral appelé « Anticipation » produise une pièce surréaliste et l'amène à Madrid (ce qui ne s'est pas fait). Quant à son propre travail, il élargissait le champ des objets surréalistes, et venait d'imaginer un type d'« objets liquides » et un autre d'« objets aveugles ». Il ramènerait à Paris de nouvelles toiles, une partie d'un roman et, surtout, un désir impérieux d'être utile au surréalisme[1197].

Foix reçut à peu près à la même époque un compte rendu plus complet sur les « objets aveugles », et reproduisit dans *La Publicitat* la lettre de l'artiste, avec quelques observations ironiques[1198]. Dalí lui envoya aussi un exemplaire du numéro surréaliste de *This Quarter* contenant la traduction de plusieurs de ses « poèmes », ainsi qu'un long texte théorique, « The Objects as Revealed in Surrealist Experiments[1199] ». Comme d'habitude, Dalí était décidé à tirer le maximum de bénéfices de la position dominante de son ami dans l'un des principaux journaux de Catalogne. En ce qui concerne Paris, il semble qu'il avait, à l'époque, déjà fait la connaissance d'une femme entreprenante dont l'influence sur sa vie devait déterminante.

## AMÉRICAINS À PARIS

Caresse et Harry Crosby étaient un jeune couple de riches Américains aux aspirations littéraires, qui s'étaient joints au début des années 1920 au rush sur Paris consécutif à la Première Guerre mondiale. En 1927, l'année où ils fondèrent leur Black Sun Press, les Crosby étaient des personnages importants de la colonie d'expatriés anglo-saxons dans la capitale française. Caresse (un surnom : elle était née en 1892 avec un nom plus banal, Mary Phelps Jacob) raconta sa version de l'histoire dans un livre séduisant, *The Passionate Years* (1955), beaucoup moins connu que *Paris est une fête* de Hemingway, mais donnant du Paris des « Roaring Twenties » un récit tout aussi passionnant. Les Crosby, comme le suggère le titre du livre de Caresse, vivaient leur vie à fond. Ils étaient beaux, sexuellement libérés, créatifs et immensément généreux avec leur argent. Ils étaient très riches grâce aux relations de la famille de Harry avec la banque Morgan and Company. Caresse ressemblait à une beauté Kodak des peintures de Dalí du milieu des années 1920 : elle avait une poitrine accueillante, sculpturale (peut-être est-ce la raison pour laquelle elle inventa les soutiens-gorge), avec de longues jambes à une époque où les jambes faisaient fureur, exsudait l'énergie, et se voyait comme « la femme qui n'a jamais dit non ». Un des hommes à qui elle n'a pas dit non était Manuel Ángeles Ortiz, l'ami de Lorca, le jeune peintre andalou qui avait présenté Picasso à Dalí en 1926. Ortiz, qui apparemment avait fait croire à Caresse qu'il était « un Bohémien espagnol au sang bleu », a fait d'elle un excellent dessin[1200]. Quant à Harry, sa beauté dans le style Royal Air Force, sa santé, son attitude de casse-cou, ses voitures de course (il avait une Bugatti) et sa poésie intensément romantique faisaient de lui un homme couvert de femmes. Et son esprit rebelle n'y était pas pour rien. Pourquoi préférait-il ne pas vivre en Amérique ? « Parce que je ne veux pas me consacrer à une hypocrisie perpétuelle... parce que j'aime les bouteilles de vin... parce que je suis un ennemi de la société et qu'ici je peux courir en compagnie d'autres ennemis de la société... parce que je ne suis pas coprophage[1201]... »

La Black Sun Press fait aujourd'hui partie de la mythologie du Paris des années 1920, et ses publications sont devenues des pièces de collection qui sont rapidement vendues quand elles apparaissent dans les catalogues, notamment l'édition qu'a faite le couple d'une partie du *Work in Progress* de James Joyce, dont *The Passionate Years* fait un récit amusant[1202].

L'hospitalité des Crosby était proverbiale, en particulier quand ils recevaient dans le vieux moulin qu'ils avaient découvert en 1927, près de Senlis, au nord de Paris. Il se trouvait sur les terres du château d'Ermenonville, propriété de leur ami le comte Armand de La Rochefoucauld, l'un des jeunes gens les plus riches et les mieux cotés d'Europe. Le moulin avait appartenu à Jean-Jacques Rousseau quand il était amoureux de la duchesse de Montmorency, et à Giuseppe Balsamo, l'alchimiste qui, comme l'écrivit plus tard Caresse, « avait imaginé ses formules magiques à côté du ruisseau du moulin ». L'endroit avait une tour et dix chambres. C'était le refuge idéal. Harry, fidèle à ses manières, l'acheta sur-le-champ, et Caresse le rebaptisa « Moulin du Soleil », en référence au culte qu'elle vouait au Soleil. Mais Harry ne devait profiter du moulin que deux saisons. En décembre 1929, lui et sa maîtresse se suicidèrent dans un hôtel de New York, sans laisser d'explications[1203].

Caresse, cruellement blessée mais toujours indomptée, continua à recevoir somptueusement, au cours des années suivantes, au Moulin du Soleil – « des fêtes dignes de Lucullus », dira-t-elle plus tard. Parmi les hôtes réguliers, on compte D. H. Lawrence, Hart Crane, André Breton, René Crevel, Max Ernst, la bande des écrivains américains, anglais et irlandais associés à la revue *Transition*, et Julien Levy, qui arrivait armé de sa caméra Bell & Howell 16 mm. « Cette réunion de femmes attirantes et d'hommes brillants dans le luxueux décor du *moulin** rappelait celle que Marie-Antoinette aurait pu rassembler dans sa bergerie. Ainsi que le rappelaient les querelles et les flirts enchevêtrés qui s'allumaient et faisaient long feu[1204]. »

Dans *La Vie secrète*, Dalí affirme que c'est René Crevel qui les présenta à Caresse, Gala et lui, en les amenant déjeuner dans son appartement parisien un jour d'été (presque certainement en 1932). Dalí voudrait nous faire croire que, ce jour-là, tout était blanc dans la pièce, hormis la nappe et la porcelaine : les plats, les boissons (du lait), les rideaux, les téléphones, la moquette, les vêtements de Caresse, ses boucles d'oreilles, ses chaussures et ses bracelets[1205]. Dans ses Mémoires, Caresse Crosby dit que c'est faux. Mais quoi qu'il en soit, ils s'entendirent très bien. Caresse devint l'une des meilleures amies parisiennes du couple, et avant longtemps ils se mirent à passer des week-ends au Moulin du Soleil. À ce moment-là, Dalí était devenu un habitué des salons de l'aristocratie parisienne, dans lesquels il commençait à se sentir moins timide (même s'il devait encore avoir recours à l'alcool), mais chez Caresse, c'était différent :

> On prenait les repas dans les écuries semées de peaux de tigre et de perroquets empaillés. Au premier étage, il y avait une bibliothèque sensationnelle. Des seaux de glace débordaient de bouteilles de champagne dans tous les coins. Les invités étaient toujours nombreux : surréalistes qui sentaient que c'était là qu'il se « passait quelque chose ». Un phono jouait sans arrêt *Night and Day* de Cole Porter. Les premiers numéros du *New Yorker* et de *Town and Country* me tombèrent dans les mains. J'aspirai chaque image venue d'Amérique avec, pour ainsi dire, la volupté avec laquelle on reçoit les premières fragrances d'un repas sensationnel qu'on s'apprête à partager[1206].

Caresse encouragea Dalí à exposer à New York, et renforça la pression déjà exercée par Julien Levy, Pierre Colle et Alfred Barr. Elle était certaine qu'il aurait du succès. Au départ, le peintre ne voulait pas traverser l'Atlantique, ce qui le terrifiait presque autant que ça avait terrifié Lorca quelques années plus tôt. Mais peu à peu sa conviction l'emporta qu'à New York, où l'exposition surréaliste de Levy avait eu un grand succès en janvier 1932, non seulement il serait reçu à bras ouverts, mais, plus important, il gagnerait de l'argent.

## LE ZODIAQUE

À l'époque, l'argent était un énorme problème. Malgré la notoriété croissante de Dalí, Gala et lui continuaient à batailler : le contrat avec Pierre Colle se terminait, et le marchand n'était pas suffisamment solide financièrement pour le renouveler ; le marché pour Dalí était très limité ; et les maigres économies du couple seraient bientôt épuisées[1207].

Mais le bout du tunnel était proche. Ils sont plusieurs à prétendre avoir trouvé la solution. L'aristocrate admirateur du peintre, le prince Jean-Louis de Faucigny-Lucinge, déclara plus tard qu'un jour Gala, après lui avoir confié que pour elle et Salvador la vie était très difficile, proposa une solution pour empêcher Salvador « d'être forcé de se commercialiser ». Douze riches amateurs d'art, un pour chaque mois de l'année, devaient se laisser persuader de faire chaque année un paiement à l'artiste en échange du tableau de leur choix. Ils tireraient leur mois au sort. « Ainsi, dit Gala, nous n'aurions plus de difficultés et Dalí pourrait travailler tranquillement. » Faucigny-Lucinge accepta de participer et proposa de chercher d'autres donateurs, et ainsi naquit le « Zodiaque »[1208]. L'écrivain franco-américain Julien Green, cependant, a toujours maintenu que c'est Anne, sa sœur, qui avait eu cette idée, après que Dalí (et pas Gala) l'avait suppliée de l'aider, la tirant dans sa chambre et, à la grande surprise d'Anne, fermant la porte à clé derrière lui. « Anne, nous n'avons pas d'argent », dit-il. Selon Green, l'idée du Zodiaque vint en un éclair à sa sœur, très sensible. Il n'y a aucun moyen de savoir quelle version, celle de Green ou celle de Faucigny-Lucinge, est exacte[1209].

Alors qu'Anne Green connaissait Dalí depuis deux ans, son frère le rencontra pour la première fois le 24 novembre 1932, quand Christian Bérard, leur ami peintre, les emmena voir la troisième exposition du Catalan chez Pierre Colle, qui se tint entre le 22 novembre et le soir de leur visite. Onze œuvres étaient exposées : *Portrait inachevé de Gala*, *La Naissance des désirs liquides*, *La Situation archéologique-liquide*, *La Nostalgie du cannibale*

*(Image instantanée)*, *Œufs sur le plat (sans le plat)*, *Guillaume Tell est mort (Pressentiment hallucinatoire)*, *Complexe de la rose* (dessin) et *Étude (Naissance des désirs liquides)*[1210].

Les Green adorèrent l'exposition et quelques jours plus tard, le 28 novembre, ils rendirent visite à Dalí et à Gala dans leur atelier de la rue Gauguet. Le fait qu'ils soient arrivés trop tôt, et aient apparemment dérangé leur sieste, ne gâcha pas l'après-midi : Gala et Dalí furent charmants. « Gala a peut-être trente ans. Figure grave et belle », écrivit le soir Green dans son *Journal*, ce qui montre une fois de plus qu'elle ne faisait pas son âge (elle avait trente-huit ans). Quant aux peintures de Dalí : « Je me perds dans ce monde merveilleux où l'esprit est attiré au plus loin des rêves de l'enfance. Impression étrange que donne cet univers extraordinaire mais *possible* ; il semble en quelque sorte *propager le silence*, il se développe dans le silence comme une plante dans un flot de lumière. » Les Green achetèrent deux toiles, et l'écrivain trouvait la sienne « belle comme un de ces grands papillons bleu et noir qu'on met sous verre ». Il n'en rappelle pas le titre dans son *Journal*, mais il écrivit plus tard qu'elle s'appelait *La Persistance du crépuscule*. On ne sait où elle se trouve aujourd'hui[1211].

La visite rue Gauguet marqua le début d'une amitié entre Dalí et Green qui devait demeurer intacte, selon ce dernier, cinquante-sept ans. En ce qui concerne le Zodiaque, le projet fut rapidement mis en branle, et Dalí, le 26 décembre, écrivit à Charles de Noailles, qui avait accepté de se joindre au groupe des donateurs, pour lui dire que les onze autres membres avaient été trouvés beaucoup plus rapidement qu'il ne s'y attendait. Dalí en fit la liste de un à onze, dans ce qui n'est peut-être pas la chronologie de leur inscription : Caresse Crosby, l'architecte Emilio Terry, Julien et Anne Green, la marquise Margaret (« Tota ») Cuevas de Vera[1212] (petite-fille de John D. Rockefeller et épouse du mécène chilien Jorge de Piedra Blanca de Guana, marquis Cuevas de Vera), l'illustrateur André Durst (« Je l'ai rencontré, il est sincèrement intéressé par mon travail »), la comtesse Anna Laetitia Pecci-Blunt, René Laporte (« éditeur des *Vases communicants* de Breton, etc. »), le prince de Faucigny-Lucinge, Félix Rolo (« Je ne le connais pas, c'est Boris Kochno qui nous a mis en contact »), et l'ami intime de Julien Green, le diplomate Robert de Saint Jean. Dans la même lettre, Dalí informait le vicomte de Noailles que, lors du premier tirage au sort, Anne Green avait tiré janvier 1933, le premier mois de l'opération de sauvetage de Dalí[1213].

Février revenait à Julien Green, qui retourna à l'appartement de Dalí pour y prendre sa toile :

> J'ai le choix entre une grande toile dont le fond est un admirable paysage de rochers, mais dont le premier plan est occupé par une espèce de général russe à favoris, nu et la tête tristement inclinée pour faire voir les coquilles et les perles dont son crâne est truffé, et une petite toile d'une tonalité merveilleuse, gris et lilas, plus deux dessins. Je choisis la petite toile. Dalí me parle de Crevel, malade mais « stoïque ». Il s'étend longuement sur la beauté de sa propre peinture et m'explique avec soin le sens de mon tableau qu'il appelle *Transformation géologique* et qui représente un cheval en train de se transformer en rocher au milieu d'un désert. Il part pour l'Espagne et parle avec effroi des formalités de la douane et des mille petits ennuis d'un voyage en *ferrocarril*, car il est un peu comme un enfant à qui la vie fait peur[1214].

Green ne précise pas qu'à l'arrière-plan de la peinture, mieux connue sous le titre *Le Devenir géologique*, on voit un personnage masculin tenant un petit garçon par la main. Le nombre de fois où ce motif revient dans les toiles de 1932 et 1933 indique l'intensité des ruminations de Dalí sur son rejet par son père[1215].

Le Zodiaque fut un grand succès. En repensant à 1933, Julien Green écrivit que les toiles ainsi acquises exposées sur « les murs les plus regardés de Paris » firent un tel effet que, en moins d'un an, Dalí était célèbre[1216]. C'est peut-être exagéré, mais il est vrai que cet arrangement procura à l'artiste, maintenant au summum de sa créativité, toute une année de sécurité financière quand il en avait besoin – une sécurité lui permettant de peindre et de se faire de la publicité, ainsi qu'à ses marchandises. Il se consacra à ces tâches avec l'énergie qui le caractérisa sa vie durant.

## *MALDOROR* ET *L'ANGÉLUS* DE MILLET

Le 28 janvier 1933, Dalí écrivit à Charles de Noailles, gardant pour la fin de sa lettre la « grande nouvelle » : il allait signer ce soir-là un contrat avec Albert Skira, qui lui commandait quarante gravures pour illustrer *Les Chants de Maldoror* de Lautréamont. Skira était un jeune éditeur d'art suisse installé à Paris en 1928. Son petit bureau au 25, rue La Boétie était à côté de chez Picasso, qui lui envoyait des messages, depuis son atelier du sixième étage, avec une trompette d'enfant[1217]. En 1933, Skira avait une réputation internationale. Comme Dalí le rappelait à Noailles, il venait récemment de faire une édition magnifique des *Métamorphoses* d'Ovide, illustrée par Picasso, et une des poèmes de Mallarmé illustrés par Henri Matisse. Dalí exultait de se trouver en une telle compagnie, et il avait douze mois pour fournir son travail[1218]. En 1948, Skira déclara que c'était René Crevel qui l'avait poussé à engager Dalí pour illustrer *Maldoror*[1219]. Dalí aurait donc menti en affirmant qu'il avait eu la commande grâce à l'intervention de Picasso[1220].

Le contrat dûment signé, Dalí et Gala se hâtèrent de retourner à Port Lligat en février. Deux jours après leur arrivée, Gala écrivit à Skira pour lui demander de leur envoyer les plaques de cuivre stockées dans leur appartement, car Dalí voulait se mettre immédiatement au travail. Dalí ajouta un post-scriptum à la lettre : il avait déjà commencé les dessins, et il était content de ce qu'il avait fait jusque-là. Il bouillonnait d'idées, disait-il, et était ravi de « leur » livre. Gala et lui s'empiffraient d'oursins « phénoménaux ». Pour rendre leur bonheur complet, Skira pouvait-il verser sur leurs comptes les *petits sous** qu'il leur devait[1221] ?

Le 10 mars 1933, Dalí n'avait pas encore reçu les plaques (ni l'argent) et commençait à s'impatienter[1222]. Peu après, les plaques arrivèrent, et Gala put écrire à Skira que Dalí s'était mis immédiatement à graver[1223]. Puis Dalí en personne lui écrivit. Il travaillait toute la journée depuis cinq heures du matin, disait-il, et jusque-là il était très satisfait des résultats. Il voulait que l'éditeur lui envoie d'autres plaques et s'assure que le règlement du mois suivant arrive à temps, car Gala et lui commençaient « à être fauchés ». Ils devaient donc avoir déja bien dépensé l'argent fourni par le Zodiaque, peut-être pour de nouvelles améliorations de la maison[1224].

Au cours des mois de mars et d'avril, donc, Dalí grava à Port Lligat sur les plaques de cuivre envoyées par Skira, se servant de ce qu'il avait appris de Juan Núñez à Figueres. On ne sait où il en était avant son retour à Paris. On ignore aussi les progrès de son travail durant le reste de l'année. Mais la brillante enquête de Rainer Michael

Mason a montré que, à un moment donné, en 1933, les dessins de Dalí furent gravés par d'autres mains, comme ça avait été le cas pour son frontispice de *La Femme visible* (1930) et pour ses illustrations (une chacun) de *L'Immaculée Conception* (1930) de Breton et Éluard, pour *Artine* (1930) de René Char, et pour *Le Revolver à cheveux blancs* (1932) de Breton. Les plaques de *Maldoror* furent préparées dans l'atelier de Roger Lacourière, le graveur de Skira à Paris, selon le procédé de l'héliogravure qui avait rendu son établissement célèbre. Malgré la page de titre du *Maldoror* de Skira, qui précisait que les illustrations étaient des « eaux-fortes originales » de Dalí, elles n'étaient pas originales selon les termes de la définition donnée par la Chambre syndicale de l'estampe, du dessin et du tableau de Paris en 1937 (« Des eaux-fortes, des estampes et des lithographies sont qualifiées d'originales quand les épreuves, en noir et en couleurs, sont effectuées à partir d'une ou de plusieurs plaques entièrement conçues et exécutées à la main par le même artiste, quelle que soit la technique employée, et à l'exclusion de tout procédé mécanique ou photomécanique »). Mason insiste sur le fait que, même si Dalí a retouché les plaques préparées par une autre main, ça n'en ferait pas pour autant des gravures originales, et il rapporte que, de toute façon, personne ne semble l'avoir vu travailler sur les plaques dans l'atelier parisien de Lacourière[1225].

Si Dalí était prêt à affirmer que c'était Picasso qui avait suggéré à Skira de lui passer commande pour *Maldoror*, il dit aussi que Picasso et lui, à cette époque, ont gravé des plaques ensemble. « Dalí est le seul peintre avec lequel Picasso était prêt à collaborer », a déclaré l'artiste dans une interview en 1977. « C'est maintenant prouvé, parce qu'on vient de retrouver une gravure que nous avons faite à deux. J'ai dessiné des œufs au plat, je lui ai passé le dessin et il a ajouté un fauteuil, il me l'a rendu et j'ai dessiné une planche à repasser, et ainsi de suite[1226]... » Une épreuve à la mine de plomb du travail en question se trouve au musée Picasso de Paris, attribuée à Dalí et à son grand rival[1227]. Mais, une fois de plus, Mason a prouvé que, sans que l'artiste le plus âgé le sache, Dalí avait fait des additions à une épreuve antérieure de Picasso (*Trois baigneuses II*), et ainsi fut lancée une autre légende sur leur collaboration. Qui était le responsable de cette démonstration de l'obsession de Dalí envers Picasso, et de son désir d'être considéré comme son ami et son égal ? Mason suggère que c'est le fait de Dalí et d'Éluard, et que le travail fut exécuté dans l'atelier de Roger Lacourière[1228]. La gravure en résultant était une escroquerie, tout comme, à strictement parler, les eaux-fortes « originales » de *Maldoror*. Un précédent dangereux avait eu lieu, et il devait être suivi plus tard dans la vie de Dalí par des abus beaucoup plus graves.

Les illustrations de Dalí pour *Les Chants de Maldoror* ont plus de rapport avec ses obsessions personnelles qu'avec le texte de Lautréamont, et surtout avec son obsession pour *L'Angélus* (1857-1859) de Jean-François Millet, l'image populaire d'un couple de paysans entonnant un « Je vous salue Marie » tandis que le soleil se couche sur les champs qui les entourent.

Enfant, au collège La Salle, à Figueres, Dalí avait été profondément ému par une reproduction de *L'Angélus* suspendue au mur du couloir menant à la salle de classe. Cette peinture produisait en lui une « obscure angoisse » si poignante que le souvenir des deux silhouettes immobiles le poursuivit pendant plusieurs années avec le « malaise constant produit par leur présence continuelle et ambiguë ». Le crépuscule et *L'Angélus* devinrent intimement associés dans l'esprit de Dalí. Puis le souvenir conscient de la toile s'effaça, mais revint en 1929 quand il vit une autre reproduction de l'œuvre et fut « violemment saisi par le malaise et le même tourbillon émotionnel[1229] ».

En conséquence de cette résurgence de la mémoire, les « deux silhouettes immobiles » de *L'Angélus* se virent introduites la même année dans *Monument impérial à la femme-enfant*, le premier des tributs picturaux de Dalí à Gala. Puis, en juin 1932, une « image délirante » de *L'Angélus* se présenta à lui, apparemment tellement puissante qu'il se sentit obligé de l'explorer non seulement dans de nombreuses toiles et dessins, mais dans un long essai, *Interprétation paranoïaque-critique de l'image obsessionnelle de « L'Angélus » de Millet*[1230]. Dalí dit à Foix en février 1933, au moment de la commande de *Maldoror*, que l'essai était presque terminé et paraîtrait dans un volume contenant quelque trente « documents photographiques ». Il s'agissait d'une « anticipation », disait-il, de son livre *La Peinture surréaliste à travers les âges*, un projet ambitieux fréquemment mentionné par l'artiste, mais jamais publié et sans doute jamais fini[1231]. La publication imminente d'*Interprétation paranoïaque-critique de l'image obsessionnelle de « L'Angélus » de Millet* était annoncée parmi les publicités du sixième et dernier numéro du *Surréalisme au service de la révolution* (15 mai 1933). Mais, pour des raisons inexpliquées, le livre ne parut pas. Ce qui parut, dans le premier numéro luxueusement illustré du magazine d'Albert Skira, *Minotaure*, qui sortit un mois plus tard, était le « prologue » de l'essai. Intitulé « Nouvelles considérations générales sur le mécanisme du phénomène paranoïaque du point de vue surréaliste », il était accompagné de photographies de *L'Angélus* et d'autres œuvres de Millet.

Le prologue reconnaît le goût de Dalí pour la thèse de Jacques Lacan *De la psychose paranoïaque dans ses rapports avec la personnalité*, publiée en 1932. Non seulement cette lecture avait stimulé Dalí dans ses investigations sur la paranoïa, mais elle l'avait confirmé dans son sentiment d'être sur la bonne voie. On n'a pas de preuve que Lacan et Dalí se soient revus après leur première rencontre, mais il ne tient sûrement pas au hasard que, dans *Minotaure*, l'article de Dalí soit suivi par un article du psychiatre[1232]. Dans l'esprit de ceux qui s'intéressaient à l'évolution du surréalisme, Dalí et Lacan se trouvaient maintenant associés.

En ce qui concerne le manuscrit de l'essai inédit, abandonné en 1940 lors de l'invasion allemande, il a refait surface vingt ans plus tard. Dalí le fit paraître, sans révisions, en 1963, se contentant d'y ajouter un nouveau prologue rendant compte de ses investigations récentes et un éparpillement de commentaires marginaux. Il avait pour titre définitif *Le Mythe tragique de « L'Angélus » de Millet. Une interprétation paranoïaque-critique*[1233].

Cet essai est sans aucun doute la contribution critique la plus remarquable de Dalí. Il est aussi profondément révélateur de ses conflits intérieurs au début des années 1930. Affinant la technique de la prétendue autoanalyse utilisée dans le controversé « Rêverie », et avec en mémoire *Un souvenir d'enfance de Léonard de Vinci*, de Freud, Dalí tente de retrouver les racines de la fascination qu'exerce sur lui depuis son enfance la toile apparemment banale de Millet. L'immense popularité de cette image, soutient-il, n'a qu'une seule explication, qui s'accorde avec les théories freudiennes : que son contenu *manifeste* dissimule un contenu *latent* beaucoup plus important. Et ce contenu latent, conclut Dalí, a un rapport avec l'anxiété œdipienne : le désir qu'a l'enfant mâle de sa mère, et sa peur simultanée. Observez, demande Dalí, que le mari de la peinture est légèrement plus petit que sa femme (qui, à en juger par son profil massif, pourrait bien être enceinte) ; il a les yeux baissés car il prie, bien sûr, mais il a un regard un peu honteux, n'est-ce pas ? Pourquoi ? Parce qu'il dissimule une érection. La fourche fichée en terre est une allusion évidente au rapport sexuel, ainsi qu'à l'engloutissement. Et la brouette ? Est-ce qu'elle ne symbolise pas une sexualité hésitante, qui *avance avec efforts* ? En fait, l'homme ne ressemble-t-il pas à un fils plus qu'à un mari ? À un fils qui désire sa mère ?

L'essai rassemble des histoires entendues par Dalí enfant (des contes peuplés d'une faune et d'une flore exotiques dans un crépuscule de l'ère tertiaire) et des lieux visités au cours de ses premières années : une colline couverte de fossiles à côté de Figueres, les rochers de Creus (avec leurs étranges transformations), un marécage près de Port Lligat habité par des grenouilles, des sauterelles et des... mantes religieuses. Lorsque, sans doute à Madrid, Dalí a lu dans *La Vie des insectes* de Fabre (un livre que Buñuel adorait) son texte sur la mante religieuse, il avait été étonné d'apprendre que non seulement la femelle tue le mâle après la copulation, mais il arrive qu'elle le fasse *pendant l'acte*. La femme de *L'Angélus* ne se tient-elle pas dans une position pareille à celle de la mante religieuse, n'est-elle pas prête à pincer ? Le soupçon devient une conviction : la scène de *L'Angélus* est la « variante maternelle de l'immense et atroce mythe de Saturne, d'Abraham, du Père éternel avec Jésus-Christ, et de Guillaume Tell, dévorant leurs propres enfants[1234] ».

Dalí explique qu'il souffre d'« une fixation œdipienne d'un caractère extrêmement important et déterminant ». Nous le savions déjà. Mais la révélation suivante vient comme un choc, car il affirme maintenant que sa mère lui fit éprouver, enfant, la terreur du sexe, « en suçant, en dévorant » son pénis. Dalí concède qu'il s'agit peut-être d'un « faux souvenir », plutôt que de la remémoration d'un véritable événement de son enfance mais, quoi qu'il en soit, il veut nous faire croire que son impuissance était le fait de sa mère[1235] ; cette impuissance était si tenace que seule Gala a pu l'alléger, « les ressources de son amour surpassant en intuitions vitales les plus subtiles avancées du traitement analytique[1236] ». Aucune mention de Dalí Cusí, du livre sur les maladies vénériennes posé sur le piano familial : Dalí remonte plus loin dans le temps, remonte, virtuellement, jusqu'au sein maternel. Apparemment, il n'a pas répété en public la charge contre sa mère responsable de la perte de sa virilité, mais l'accusation est exprimée ici avec une telle vigueur qu'il est difficile de croire qu'elle a été portée à la légère.

Dans la mesure où Dalí avait décidé que *L'Angélus* reflétait ses peurs et ses frustrations les plus profondes, il n'est pas surprenant que ce thème reparaisse compulsivement dans des dizaines de toiles et de dessins en 1933 et 1934, mais *L'Angélus* devait, de façon sporadique, resurgir dans son œuvre tout le reste de sa vie.

Parmi les toiles, *Méditation sur la harpe* (1932-1934) est sans doute celle qui en dit le plus long. Ici, la figure masculine est manifestement en état d'érection, réagissant à la femme nue, assez dodue, qui lui passe les bras autour du cou. À leurs pieds, sa tête couverte placée près des parties génitales de l'homme, est agenouillée une monstrueuse créature masquée, dont le cerveau-phallus (le sexe dans la tête ?) est soutenu par une béquille. Peut-être le masque prend-il la place des mains qui, sur d'autres toiles, couvrent le visage, dissimulant la honte provoquée par le fait d'assister à une scène de sexe. Dalí, contrairement à son habitude, n'a apparemment pas « expliqué » la toile, mais sa signification œdipienne est suffisamment claire.

Le thème de *L'Angélus* est un constituant majeur des dessins fournis par Dalí au *Maldoror* de Skira car, affirma astucieusement l'artiste lorsque le livre parut, en 1934, la toile de Millet était l'équivalent exact du fameux commencement de Lautréamont. La terre labourée joue le rôle de table à dissection, la fourche qui y est plongée le rôle du scalpel, l'homme et la femme ceux du parapluie et de la machine à coudre. Le parapluie est un symbole sexuel mâle « flagrant » (avec son imitation de la tumescence et de la détumescence), ainsi que Dalí l'avait appris de Freud, et la machine à coudre représente, de façon tout aussi visible, la femelle castratrice. Avec son aiguille, la femelle « vide » le mâle de la même manière que la mante religieuse tue son amant, forçant le pénis-parapluie à disparaître. Conclusion : *L'Angélus* de Millet, comme l'adolescent de Lautréamont, est « aussi beau que la rencontre fortuite sur une table de dissection d'une machine à coudre et d'un parapluie ». La thèse était brillante, et argumentée avec le fanatisme logique pour lequel Dalí commençait à devenir célèbre[1237].

Cinq ou six des illustrations de *Maldoror* font directement allusion à *L'Angélus*. Parmi les autres, la plus frappante développe le thème du cannibalisme que Dalí était persuadé d'avoir découvert dans la toile de Millet, en nous proposant de réfléchir à l'image répétée d'un corps déformé soutenu par des béquilles et occupé à couper des parties de lui-même, une fourchette prête dans son autre main. Sur une autre plaque, un personnage masculin mange un enfant dont la cervelle a été percée par une machine à coudre. Partout, évoquant une échoppe de boucher, on voit des formes molles, viscérales, ainsi que des os et des côtelettes. Les encriers abondent, rappelant l'étude de Dalí Cusí à Figueres et, faisant contraste avec les horreurs qui prennent place au premier plan, on peut observer sur six plaques, dans le lointain, un père et un fils main dans la main : une image compulsive de temps plus apaisés[1238].

Dans les illustrations de *Maldoror*, nous trouvons aussi la présence d'un Dalí légèrement plus âgé, le même enfant qui, dans *Le Spectre du sex-appeal* [cahier photo, page VIII], regarde fixement, son cerceau à la main, l'apparition horrible qui vient de se matérialiser sur les berges du cap de Creus. Cette toile, achevée en 1934 (et pas en 1932, comme on le dit souvent), est aujourd'hui l'un des trésors du théâtre-musée Dalí à Figueres. De petites proportions (17 × 13 cm), elle était définie par l'artiste comme un « boogie érotique de premier ordre ». En la contemplant en 1995, Nanita Kalaschnikoff, une des plus proches amies de Dalí, se rappelait la façon dont la voix du peintre se modifiait au moindre danger d'intimité sexuelle. « La sexualité, pour lui, a toujours représenté un monstre, et il n'a jamais surmonté l'anxiété qu'elle suscitait en lui. C'était une tragédie », dit-elle[1239].

## DE NOUVEAU COLLE ET LEVY

Entre le 7 et le 18 juin 1933, une exposition du groupe surréaliste se tint à la galerie de Pierre Colle. On pouvait y voir des sculptures, des objets, des toiles et des dessins de vingt-deux artistes. La surprise résidait dans quelques œuvres de Picasso, brièvement attiré à l'époque par le mouvement de Breton. Parmi les huit œuvres exposées par Dalí, il y avait deux de ses objets surréalistes les plus réussis, le déjà ancien *Planche d'associations démentielles (Feux d'artifice)* et son récent *Buste de femme rétrospectif*[1240].

L'exposition fut immédiatement suivie par la quatrième (et dernière) exposition Dalí dans la même galerie, qui dura du 19 au 29 juin. Le catalogue s'ouvrait par une lettre alambiquée et très drôle de Dalí à Breton, dans laquelle, après avoir fourni une longue liste de ses obsessions actuelles (de Louis II de Bavière, le roi fou, au *trompe-l'œil**), l'artiste entreprenait de justifier le fait qu'en ce moment il appréciait Ernest Meissonier (1815-1891), un peintre tombé dans un oubli presque complet, mais dont la technique académique méticuleuse lui semblait maintenant « le médium le plus complexe, le plus intelligent et le plus extra-pictural pour les délires à venir d'une exactitude irrationnelle auxquels le surréalisme me semble destiné dans l'immédiat ». Dalí maintenait que De Chirico, si admiré par les surréalistes, avait utilisé des moyens académiques pour obtenir sa « révolution de l'anecdote ». Pourquoi n'en ferait-il pas autant ? Il terminait en priant Breton de croire en son « inaltérable loyauté au surréalisme ».

Vingt-deux peintures, douze dessins et deux objets étaient répertoriés dans le catalogue. Parmi eux, sept toiles et deux dessins avaient déjà été exposés par Colle au mois de novembre. Plusieurs œuvres avaient été prêtées par des membres du Zodiaque, ou d'autres amis (Julien Green, André Durst, « Tota » Cuevas de Vera, Robert de Saint Jean, Emilio Terry, le prince Jean-Louis de Faucigny-Lucinge, René Laporte et le comte Étienne de Beaumont). À une exception près, les dessins et les objets chez Pierre Colle sont impossibles à identifier aujourd'hui, et c'est vrai aussi pour six des toiles. Étant donné que Dalí venait de travailler à son essai sur Millet, on ne sera pas surpris de voir le thème de *L'Angélus* figurer à la première place d'au moins trois œuvres explosées : *La Harpe invisible, fine et moyenne* (1932), *Méditation sur la harpe* – les premières œuvres de la liste – et *Gala et « L'Angélus » de Millet précédant l'arrivée imminente des anamorphoses coniques*[1241].

Dans *Beaux-Arts*, le critique Georges Hilaire a remarqué l'extrême attention de Dalí au détail. Le Catalan était un rêveur en quête d'une précision totale, de traits tranchants et géométriques. Aucun mystère, aucune ambiguïté. Les choses en elles-mêmes, sans explications, nettement individualisées. Dalí était un « paranoïaque au tempérament géométrique ». La définition était bonne[1242].

Après l'exposition, Dalí et Gala retournèrent passer l'été à Port Lligat, d'où, fin juillet, l'artiste écrivit de nouveau à Breton, mais il s'agissait cette fois d'une lettre privée. Dans sa lettre, Dalí se disait que si l'objet était devenu une spécialité surréaliste, il devait en aller de même pour la politique. Par « politique », il entendait l'attitude du mouvement envers Hitler (qui, le 30 janvier 1933, s'était vu accorder les pleins pouvoirs, dont il se servait maintenant pour écraser l'opposition). Le phénomène nazi méritait une attention sérieuse et urgente d'un point de vue surréaliste, disait Dalí, d'autant plus que les communistes, qui auraient dû être perceptifs, ne parvenaient absolument pas à comprendre ce qui était en train de se passer. Il les avait entendus répéter constamment que la révolution de Hitler était sans importance, ne signifiait rien, ne tarderait pas à partir en vrille. Comment pouvaient-ils être aussi aveugles ? Et l'Occident aussi idiot, à chercher le compromis ? Il relevait du devoir du surréalisme de clarifier le sujet Hitler, et de le faire avant que Georges Bataille, dont on disait qu'il préparait un panégyrique du leader nazi, ne leur coupe l'herbe sous le pied. Aussi, à l'automne, quand ils seraient tous de nouveau à Paris, Dalí estimait-il que les surréalistes devaient publier un manifeste collectif sur la question allemande, d'autant plus que le mouvement venait de se faire exclure de l'Association des écrivains et artistes révolutionnaires, qu'il avait aidé à fonder[1243].

Apparemment, c'était la première fois que Dalí faisait allusion à Hitler dans une lettre à Breton. La lettre n'indique pas d'admiration pour le Führer, mais laisse apparaître une certaine fascination. Avant longtemps, Breton devait commencer à trouver que l'intérêt du peintre pour le personnage de Hitler devenait excessif.

Le 13 septembre 1933, J. V. Foix annonça dans *La Publicitat* que Man Ray venait d'arriver en Catalogne afin de photographier le cap de Creus et les bâtiments Art nouveau de Barcelone en vue de l'article de Dalí dans *Minotaure* (« De la beauté terrifiante et comestible de l'architecture Modern'Style[1244] »). Exalté par la découverte que Gaudí, adolescent, avait visité Creus, Dalí était maintenant convaincu que son architecture

Dalí par Man Ray en 1933.

était influencée par le délire géologique du cap. Une des photos de Man Ray montre une section typique de micaschiste avec les alvéoles caractéristiques que Dalí avait reproduites dans ses toiles et ses dessins, les remplissant de clés, de fourmis et autres présences symboliques. L'artiste écrivit pour la photo une légende spirituelle dans *Minotaure* : « Une tentative d'Art nouveau géologique, sabotée comme tout ce qui vient directement de la Nature, sans imagination[1245]. »

En octobre, après avoir visité à Barcelone une exposition de Modest Urgell, le peintre des cimetières, des ruines et des crépuscules[1246], qu'il admirait, Dalí était de retour à Paris, et Gala apporta sans doute à Breton les « au moins six » pipes qu'elle avait dit, en septembre, lui avoir acheté, ce qui prouve les excellentes relations existant à ce moment-là entre le couple et le leader surréaliste[1247]. De nouveau installés dans l'appartement de la rue Gauguet, ils dînèrent le 21 octobre avec Julien Green, qui remarqua que Dalí parlait de Freud « comme un chrétien parle des Évangiles ». Green demanda à Dalí si la lecture des œuvres du Maître avait rendu sa vie plus simple. « Il me dit que tout lui a été facilité par "la solution des conflits" », écrit Green. Green en conclut que l'œuvre de Freud avait aidé le peintre à se libérer[1248].

À cette époque, les préparatifs pour la première exposition de Dalí à New York chez Julien Levy, au 602 Madison Avenue du 21 novembre au 8 décembre 1933, étaient bien en cours. Levy était toujours en excellents termes avec Pierre Colle, qui agissait au nom de l'artiste et expédia généreusement les toiles, sans versement de liquide, sans ventes garanties, et avec frais de transport prépayés[1249]. Vingt-six œuvres furent exposées chez Levy, dont dix venaient de l'exposition de l'été précédent, chez Pierre Colle. Il était évident que Dalí avait travaillé très dur au cours de l'automne. Et, de fait, sa production était si réussie que Rafael Santos Torroella la considère comme l'une des plus étonnantes explosions créatrices qui aient jamais été, et la plus impressionnante si l'on tient compte du fait qu'en même temps il écrivait *La Peinture surréaliste à travers les âges*[1250].

C'était la première fois non seulement que les New-Yorkais pouvaient voir une sélection substantielle des toiles de Dalí, mais qu'ils se trouvaient exposés à ses titres pleins de fantaisie, peu faits pour faciliter la compréhension des œuvres. En ce qui concerne le Bosch mentionné à la fin du catalogue de l'exposition, on peut simplement supposer qu'il a été placé là pour souligner le lien entre le surréalisme et des expressions plus anciennes de la même tendance, ou d'expressions similaires, en art[1251].

Le public adora l'exposition, qu'il trouva embarrassante et dérangeante, et à en croire Julien Levy tout fut vendu[1252]. La presse aussi fut bonne. Lewis Mumford, écrivant dans le *New Yorker*, remarqua que les paysages rêvés de Dalí avaient un aspect précis, dur, tout à fait différent de la sentimentalité et du vague avec lesquels on a tendance à représenter le rêve. Il les appelait des « cauchemars gelés[1253] ». Dalí fut ravi des articles, et en informa rapidement Foix[1254]. Il a sans doute pensé que, si ses toiles marchaient si bien à New York en son absence, une visite personnelle serait un immense succès.

En même temps que l'exposition chez Julien Levy, Josep Dalmau, le vieil ami de Dalí, qui avait dû fermer sa galerie, organisa une exposition des œuvres du peintre à la Galerie d'art catalan, à Barcelone (aujourd'hui 3, Ronda de Sant Pere), à laquelle Dalí assista. Y furent montrés *Naissance des désirs liquides*, *L'Énigme de Guillaume Tell* (à ne pas confondre avec la toile beaucoup plus grande du même nom, sur laquelle on voit Lénine), des photographies par Man Ray de six autres toiles clés de Dalí, trois dessins, un objet surréaliste et vingt-sept gravures, dont vingt-cinq représentaient les premiers états de l'édition faite par Skira des *Chants de Maldoror*[1255].

Le critique Magí A. Cassanyes, un ami de Dalí de l'époque de *L'Amic de les Arts*, fut enthousiasmé par l'exposition, en particulier par *L'Énigme de Guillaume Tell* et par les gravures de *Maldoror*. On ne sait où se trouve aujourd'hui la première qui, selon Cassanyes, était minuscule. Reproduite dans le cinquième numéro de *Minotaure* (février 1934), où elle accompagne l'article de Dalí « Les nouvelles couleurs du sex-appeal spectral », c'est un pendant au *Spectre du sex-appeal*. Une fois de plus, Dalí se représente en enfant, vêtu d'un costume marin et muni d'un cerceau. Mais cette fois une côtelette est posée sur sa tête et il regarde fixement non pas une apparition monstrueuse sur la plage, mais une étrange matérialisation anthropomorphique formée par des nuages dans le ciel. À côté de lui est assise sa nurse, les yeux baissés, tandis qu'à sa droite deux hommes couchés, eux aussi indifférents à ce qui se passe dans le ciel, sont plongés dans une conversation. Cassanyes se disait certain que la toile était un nouvel exemple du courage de Dalí pour sonder ses angoisses[1256]. Quant aux gravures de *Maldoror*, il voyait en elles des « documents sismographiques » d'une telle honnêteté implacable, d'une telle puissance, que seul un homme de la plus grande intégrité morale et artistique pouvait être capable de les exécuter. Et cet homme était Salvador Dalí. « Si, comme nous le pensons sincèrement, les rêves et les aspirations inavouables expriment la partie la plus vraie, la plus pure et la plus authentique de nous-même, écrivait Cassanyes, il n'est pas surprenant qu'aujourd'hui, alors que la médiocrité autosatisfaite rend à chaque instant plus conscient de sa totale futilité, la route vers un nouveau monde de surprises, de révélations et de digressions qu'est le surréalisme mérite seule notre intérêt et notre attention[1257]. »

Évidemment, tout le monde n'était pas d'accord. Les nombreux visiteurs de l'exposition étaient plus attirés par le sensationnalisme attaché au nom de l'artiste, ricanait le critique Just Cabot, que par la valeur intrinsèque des œuvres exposées, qu'il jugeait médiocre. Dalí, pour Cabot, était « le pseudo-génie de Figueres[1258] ».

Au cours de son bref séjour à Barcelone, Dalí fit une conférence dont il raconta le succès à Breton. Dans sa réponse, ce dernier faisait les louanges de « De la beauté terrifiante et comestible de l'architecture Modern'Style », qui venait de paraître dans *Minotaure*, et informait Dalí qu'une énorme exposition surréaliste était prévue galerie de Paris, une « villa » située immédiatement en face de l'entrée du Grand Palais. Pour cette raison, et pour d'autres, lui et le reste du groupe attendaient le retour de l'artiste avec « une impatience croissante[1259] ».

Breton ne se trompait pas en louant l'article de Dalí, l'un des meilleurs qu'il ait écrits jusque-là. Il résultait d'une fascination pour Gaudí et l'Art nouveau (que Dalí appelait « Modern Style ») remontant à l'enfance de l'artiste et à ses visites à Barcelone, où il avait été transporté par le parc Güell, avec ses colonnes « molles » et tordues, ses grottes et ses mosaïques violemment colorées. Plus tard était survenu l'impact des bâtiments de Gaudí dans le Passeig de Gràcia, en particulier « La Pedrera » (embellie par des balcons en fer forgé traduisant « l'écume de la mer ») et, évidemment, de sa grande église inachevée, la Sagrada Família.

Dans son article, Dalí rappelle qu'en 1929, avec *La Femme visible*, il avait peut-être été le premier peintre de sa génération à considérer l'architecture Art nouveau comme « le phénomène le plus original et extraordinaire dans l'histoire de l'art ». Depuis, il était arrivé à la conclusion que l'Art nouveau émanait du monde des rêves. Dans les lignes sinueuses d'une seule fenêtre Art nouveau, affirme-t-il, on voit le gothique se métamorphoser en style hellénique, oriental et même Renaissance. De plus, l'Art nouveau, comme le rêve, exprime le désir sexuel. Dalí a entendu des gens dire, en regardant un bâtiment Art nouveau : « On pourrait le manger. » Pour lui, cela résume bien la situation. Et comme lorsqu'on aime quelqu'un on veut le manger, il s'ensuit que l'architecture Art nouveau est intensément érotique. Dans les réverbères au-dessus des bouches de métro parisiennes, Dalí a trouvé la preuve que l'Art nouveau traduit l'urgence de manger l'être aimé : personne n'a remarqué qu'il s'agit de mantes religieuses ! La photographie qui accompagne l'article, prise par le Hongrois Brassaï (qui avait rencontré Gala et Dalí dans l'atelier de Picasso l'année précédente, et avait pris d'eux des photos frappantes dans leur appartement de la rue Becquerel), oblige, pour une fois, à être d'accord avec la vision « paranoïaque-critique » de Dalí[1260].

Dalí conclut en décortiquant la fameuse formule de Breton, « La beauté sera convulsive ou ne sera pas ». « Le nouvel âge surréaliste du "cannibalisme des objets" justifie également la conclusion suivante : la Beauté sera *comestible* ou ne sera pas », affirme-t-il.

Il s'agissait d'un *tour de force** remarquable, et Breton ne pouvait qu'être impressionné. Et il n'était pas le seul. Dans *La Nouvelle Revue française*, le critique Jean Wahl avait été frappé par la contribution de Dalí à ce numéro de *Minotaure*, qui contenait aussi ses commentaires sur les toiles d'E. Tériade, un bref article sur le phénomène de l'extase (accompagné d'un collage de photos prises par lui-même), un dessin (*Le Cavalier de la mort*), et quatre gravures de l'édition encore à paraître des *Chants de Maldoror* chez Skira. Dalí, écrivait Wahl,

> est un découvreur et une découverte, sans aucun doute le surgeon le plus authentique du surréalisme. Ses commentaires sur Tériade à propos de l'objectivité et du délire, sa poursuite d'images capables de nous jeter dans l'extase, ses louanges (en accord avec Breton) de l'Art nouveau « convulsif-ondulatoire », « terrifiant et sublime », son idée de l'espace du rêve qui devrait être le domaine de l'artiste, sa formule, si baudelairienne, selon laquelle « la beauté est la somme de la conscience de nos perversions »... tout cela est dérangeant et excitant.

Une telle reconnaissance dans une telle publication était la preuve, si besoin en était, qu'en 1934 l'establishment littéraire et artistique parisien considérait Dalí comme un des surgeons les plus authentiques et originaux du surréalisme[1261].

## LE DALÍ DE GERTRUDE STEIN

Gertrude Stein se vantait d'être en relation avec quiconque à Paris en valait la peine, mais jusque-là elle n'avait pas encore rencontré Dalí. Picasso lui annonça donc qu'il lui amènerait Dalí et Gala pour qu'ils fassent sa connaissance. Le couple arriva comme prévu, mais Picasso ne vint pas. Les souvenirs de Stein sur cette rencontre, publiés dans *Autobiographie de tout le monde* (1937), non seulement sont drôles, mais donnent un aperçu pointu sur la personnalité de Dalí. Stein était allée en Espagne et, nous l'avons vu, connaissait et appréciait Ramon Pichot, le grand ami de Picasso, mort en 1925. Elle avait une vue très juste sur le pays et ses habitants. Les véritables Espagnols, par exemple, « n'ont aucun sens du temps » ; ils sont « très brutaux, pas brutaux, mais insensibles aux émotions humaines » ; et, évidemment, ils n'écoutent jamais rien : « Ils n'entendent pas ce que vous dites et ils n'écoutent pas non plus, mais se servent de ce qu'ils n'entendent pas pour ce qu'ils veulent faire. » Dalí, c'est certain, n'était pas quelqu'un qui écoute, mais c'était égal à Stein, éblouie qu'elle était par sa moustache, « la plus belle moustache parmi tous les Européens et il ne fait aucun doute que cette moustache est sarrasine et c'est une moustache magnifique sans aucun doute[1262] ».

Stein avait été intéressée d'apprendre que Dalí était le fils d'un notaire, et ses observations sur le rôle joué par ces fonctionnaires, si caractéristiques de la vie en France comme en Espagne, sont extrêmement perspicaces. De plus, elle percevait que, en ce qui concerne l'art, les fils de notaire, dans les deux pays, correspondent plus ou moins à ce que sont les fils de ministres du culte en Amérique et en Angleterre, ce qui est probablement vrai : ce sont des rebelles. D'après ce récit, il apparaît que Dalí lui-même raconta à Stein avoir été jeté dehors par son père, et lui parla du tableau qui avait suscité cette brouille. Mais il se peut aussi que Stein ait su cela par Picasso, qu'on voyait assez souvent en compagnie de Dalí et de Gala à cette époque. Quoi qu'il en soit, Stein est compréhensive :

> Il connaissait Freud, et il avait la révolte d'un fils de notaire, et d'un homme dont la mère est morte quand il était enfant. Peindre cette toile avec cette légende lui était donc naturel et faisait de lui le plus grand peintre surréaliste. Masson avait cessé de chercher, Miró avait trouvé ce qu'il voulait peindre et peignait toujours la même chose, et donc lorsque Dalí est arrivé, il a été connu de tout le monde[1263].

Stein aurait pu préciser qu'une autre raison, et peut-être plus importante, de l'impact soudain de Dalí était que le travail d'Yves Tanguy ne produisait plus autant d'excitation que le voulait le surréalisme en 1929-1930. Brassaï, qui prit les photos parisiennes de Dalí pour son article dans *Minotaure* sur l'Art nouveau, vit cela clairement. « Les plages de planètes mortes et désolées de Tanguy exerçaient un charme fantasmagorique », mais il leur manquait la « beauté convulsive » qui obsédait alors Breton et Éluard. Dalí, de son côté, était « le peintre de rêves qu'ils rêvaient depuis longtemps ». Il ne pouvait échouer dans sa conquête[1264].

## PRESQUE UNE AUTRE ÉVICTION

En 1934, si Breton était toujours impressionné par l'art de Dalí et l'appréciait comme ami, il était de plus en plus gêné par certains de ses points de vue et attitudes. Le 23 janvier, il lui écrivit longuement. Depuis des années, disait-il, il avait essayé de prêter à l'artiste une oreille attentive, même si certaines de ses opinions étaient inacceptables (comme l'affirmation selon laquelle ses accidents de train préférés étaient ceux dans lesquels les passagers de troisième classe souffraient le plus). Dalí s'était justifié en disant qu'il était victime d'une perversion sexuelle qui lui était si particulière qu'exprimer des idées pareilles ne pouvait être dangereux. Mais Breton n'avait pas été convaincu. Les opinions de Dalí, estimait-il, avaient causé des dommages irrémédiables au surréalisme. Son « anti-humanitarisme », en particulier, révoltait son aîné. Comment pouvait-il dire que les mésaventures de ses amis le ravissaient ? Breton, jusqu'à une époque récente, avait pensé que Dalí réservait à ses compagnons surréalistes les « opinions paradoxales et délirantes » que lui inspirait Hitler. Mais le jeudi précédent il l'avait entendu faire l'éloge en public du gouvernement nazi « pour ses pires exactions ». Dalí et lui pouvaient-ils continuer à se considérer du même côté ?

Breton avait également été outragé d'entendre Dalí défendre la peinture académique, et désapprouver l'« art moderne ». Comment pouvait-il adopter une telle position, et exiger le retour à Meissonier, quand l'art moderne était violemment attaqué aussi bien par les nazis que par la Russie communiste ? Dalí prêchait aussi en faveur de « la profonde réalité de la famille » et du besoin de l'autorité paternelle. Cette dernière, concluait Breton, expliquait sa foi dangereuse en Hitler. Breton n'en doutait pas : Dalí était devenu réactionnaire. Le surréalisme impliquait avant tout une certaine rigueur morale, un certain besoin d'intégrité. Il ne pouvait ni ne devait abandonner ses principes, sa croyance dans la nécessité d'une révolution prolétarienne. Dalí voguait maintenant dans une autre direction.

Il y avait aussi le problème de *L'Énigme de Guillaume Tell*. Breton était consterné par cette toile gigantesque, qui montre Guillaume Tell en Lénine souriant, avec des fesses nues grotesquement allongées et déformées soutenues par une béquille. Il la jugeait académique et « ultra-consciente », et estimait qu'elle relevait très peu du surréalisme. Et que dire de la récente exposition privée de peintures de Dalí dans son atelier ? Quel rapport avec le surréalisme ? Breton y avait été invité, et avait été choqué par les concessions faites par Dalí à la « société ». Le peintre cherchait la flatterie. Il voulait être désiré. Ce qui était incompatible avec la nature même du surréalisme.

Puis arrivait l'essentiel de la lettre. Dalí était-il prêt à signer une promesse, qui serait publiée dans le premier numéro de la nouvelle revue surréaliste montée par Breton, selon laquelle il niait apprécier le fascisme allemand ? Le texte devait aussi dire clairement qu'il n'y avait aucune différence fondamentale entre les vues de Dalí et l'espoir des surréalistes en une révolution prolétarienne. Et Dalí serait-il assez bon pour renoncer à attaquer systématiquement les réussites artistiques des soixante dernières années ? En particulier maintenant que les artistes allemands étaient forcés de quitter leur pays ? Breton terminait en insistant pour que Dalí réponde par écrit, immédiatement et explicitement, à ses questions. Il dépendait de ses réponses qu'ils puissent rester ensemble, une chose que Breton souhaitait énormément[1265].

Dalí s'assit aussitôt et, avec l'aide de Gala, rédigea une réponse de quatre-vingts pages, reprenant un par un les points soulevés par Breton.

Sur la question de son prétendu « anti-humanitarisme », sa position était prévisible. Oui, de fait, il se réjouissait des mésaventures de ses amis. Dans le cas d'amis proches, ce plaisir était explicitement sexuel, et il lui donnait même une érection. Il s'agissait d'une perversion sexuelle, il voulait bien l'admettre, mais était-ce sa faute ? De plus, il se contentait de suivre les instructions de Sade, son guide en matière morale (comme l'avaient clairement prouvé ses réponses à l'enquête des Yougoslaves).

L'art moderne ? Dalí rappelait à Breton qu'il avait déjà expliqué ses positions dans la lettre ouverte qu'il lui avait envoyée en vue d'une impression dans le catalogue de la dernière exposition chez Pierre Colle, et dont Breton avait fait la louange. Les opinions de Dalí n'avaient pas changé depuis. Néanmoins, pour mémoire, il voulait maintenant dire clairement qu'il parlait uniquement de l'art moderne produit hors de l'orbite du surréalisme.

Pour être précis, il était en faveur de Tanguy, d'Ernst, de De Chirico, de Magritte, etc., et contre des artistes comme Utrillo, Mondrian, Vlaminck, Kisling, Derain, Ozenfant, Chagall et Matisse. Les premiers puisaient dans l'inconscient, les seconds étaient des « intellectuels ». Il exceptait de son anathème Gris, Braque et le côté expérimental du cubisme, et Picasso, évidemment, « un phénomène vital qui dépasse très souvent les prévisions les plus ambitieuses du surréalisme ». Dalí concluait cette partie de sa longue lettre en insistant sur le fait que seule la technique académique (qu'on peut trouver indéfendable d'un point de vue esthétique) était capable de reproduire les visions et les images de l'inconscient, du « nouveau monde de délire auquel nous commençons à avoir accès ». En bref, Böcklin était plus surréaliste que Matisse. En ce qui concerne l'accusation d'hitlérisme, peu de livres seraient plus facilement condamnés aux flammes, à la fois par les nazis et par les communistes, que *La Femme visible*, *L'Amour et la Mémoire*, et qu'un poème qu'il venait d'écrire (non identifié). De ça, écrivait Dalí, Breton avait bien conscience. Le peintre révélait alors qu'il avait écrit une « vaste étude » sur le racisme germanique, qui prouvait que Hitler était une nourrice aux testicules et au prépuce particulièrement puants, aussi compressés que les parties génitales de Napoléon. Il était sûr que de telles considérations « paranoïaques-critiques » passeraient mal dans le Troisième Reich ! Et ses peintures seraient aussi mal vues que ses écrits, que ce soit en Russie ou dans l'Allemagne nationale-socialiste. Dalí niait franchement être en faveur de Hitler, mais insistait sur son droit à interpréter le phénomène à sa façon, étant donné que les communistes étaient incapables de le faire. L'hitlérisme, disait-il, secouait ses convictions intellectuelles dans le domaine politique, et devait en faire autant sur quiconque n'était pas la proie d'un « mysticisme frénétique ». Il était de son devoir d'essayer de pénétrer les causes cachées de ce phénomène.

Dalí poursuivait en disant que, dans la mesure du possible, il subordonnerait toujours ses idées personnelles aux exigences des activités surréalistes. Quant à *L'Énigme de Guillaume Tell*, quelle différence y avait-il entre l'exposer dans son atelier ou chez Pierre Colle, où il l'aurait certainement montrée si la galerie n'avait été fermée ? Avec son travail, il essayait toujours de déranger autant de gens que possible. *L'Énigme de Guillaume Tell* ne faisait pas exception, d'autant plus que le protagoniste en était son père qui voulait le dévorer, et que le morceau de viande posé sur les fesses représentait les testicules paternels. Il aurait pu ajouter, comme il le fit trente ans plus tard, qu'il était lui-même l'enfant que Tell le cannibale berçait dans ses bras, et que, à regarder attentivement, on voyait que la minuscule couille à côté du pied gauche de Tell était un berceau contenant Gala, et qui allait être écrasé par le monstre. Dalí Cusí, sous la forme de Guillaume Tell, s'apprête à tuer non seulement son fils unique, mais sa partenaire, cette menace étant accrue par la taille immense de son corps, soulignée par la taille de la toile elle-même (201,9 × 146 cm). En 1974, l'artiste rappela que la toile reflétait un des « moments les plus dangereux » de sa vie[1266].

En ce qui concernait la palinodie exigée par Breton, Dalí était prêt à signer un manifeste surréaliste collectif dans cette ligne, à condition que cela ne le force pas à désavouer quoi que ce soit qu'il ait écrit jusque-là. Mais pas plus. Il terminait en demandant à Breton de faire confiance à son « surréalisme inconditionnel », et en lui disant qu'il contrôlait la situation[1267].

Peut-être par manière d'antidote à ce harcèlement, Dalí et Gala décidèrent de se marier. Du reste, depuis un an Éluard poussait Gala à le faire, l'avertissant que dans le cas où Dalí mourrait elle risquait de se retrouver sans ressources, dans la mesure où son père l'avait déshérité, et où il ferait probablement saisir toutes ses toiles à Cadaqués[1268]. La cérémonie eut lieu à la mairie du 14e arrondissement de Paris, le matin du 30 janvier 1934. Éluard n'était pas présent – peut-être aurait-il eu trop de peine. Les témoins étaient Yves Tanguy – ce qui prouve qu'à l'époque Dalí avait avec lui des relations très amicales – et un certain André Gaston, présenté, ainsi que Tanguy, comme un « artiste-peintre ». Il habitait dans le même bâtiment que les Dalí, au 7 de la rue Gauguet[1269].

Dalí n'avait pas la même notion que Breton du fait de « contrôler la situation », et le leader surréaliste lui gardait une autre mauvaise surprise en réserve. Le 2 février 1934, l'exposition du cinquantième anniversaire du Salon des indépendants ouvrit au Grand Palais. Les surréalistes avaient décidé de ne pas y participer, mais Dalí défia la discipline de groupe et choisit d'envoyer, parmi toutes ses toiles, *L'Énigme de Guillaume Tell* (ainsi qu'un dessin inoffensif, *Le Cannibalisme des objets*), disant à Charles de Noailles qu'il espérait permettre à son travail de toucher un large public[1270]. Pour Breton, ce fut la goutte d'eau qui faisait déborder le vase. Le jour de l'inauguration, une résolution fut adoptée par lui, Victor Brauner, Ernst, Jacques Hérold, Georges Hugnet, Meret Oppenheim, Péret et Tanguy. Elle stipulait que Dalí, coupable de « plusieurs actes contre-révolutionnaires tendant à la glorification du fascisme hitlérien », était exclu du mouvement surréaliste en tant qu'« élément fasciste », et combattu par tous les moyens. Il était aussi proposé que Pierre Yoyotte, accusé d'aider et de soutenir Dalí dans ses « activités contre-révolutionnaires », soit suspendu jusqu'à ce qu'il ait révisé ses vues[1271]. Roger Caillois, qui partit avant la fin de la réunion, proposa par écrit que Dalí soit chassé du mouvement parce que sa vision du conflit racial (dont le peintre soutenait qu'il était par essence différent de la lutte des classes) était incompatible avec l'adhésion du surréalisme à la cause du prolétariat[1272]. Ces surréalistes furieux, menés par Breton, allèrent alors visiter l'exposition, avec l'intention d'endommager la toile choquante. Mais ils découvrirent à leur grand dam qu'elle était suspendue si haut sur le mur qu'elle était hors de portée de leurs bâtons[1273].

Le lendemain, la résolution d'exclure Dalí fut communiquée à tous les membres du groupe, et une réunion spéciale pour discuter de son cas fut convoquée pour le 5 février. Crevel, Éluard, Giacometti et Tzara, qui n'étaient pas à Paris à ce moment, furent invités à donner leur opinion par écrit[1274]. Quant à Dalí lui-même, il reçut une courte lettre de Breton, qui le réprimandait de n'avoir pas assisté aux réunions des 2 et 3 février, lui parlait de la résolution, et lui enjoignait d'être bien présent le 5 février. Alors qu'il avait écrit la moitié de sa lettre, Breton reçut un pneumatique de Dalí, dans lequel apparemment celui-ci plaidait sa cause avec éloquence. Mais Breton ne fut pas touché, disant que, tout en éprouvant réellement de l'admiration et de l'affection pour le peintre, il était de son devoir le plus élémentaire de mettre de côté ses sentiments, afin de garder au mouvement surréaliste sa pureté révolutionnaire. Si Dalí n'agissait pas de façon décisive pour clarifier sa position à la satisfaction du groupe, il serait considéré comme représentant un déviationnisme particulièrement dangereux[1275].

Aucun compte rendu véritablement contemporain de la réunion du 5 février n'a vu le jour. D'autres, plus tardifs, y compris celui de Dalí, se contredisent et, souvent, semblent reprendre des anecdotes concernant les réunions précédentes. Quoi qu'il en soit, la version la plus détaillée est celle d'Hugnet, qui est largement ratifiée par celle de Marcel Jean. Apparemment, Dalí, qui était enrhumé et était venu équipé d'un thermomètre et de plusieurs couches de vêtements chauds, qu'il ne cessait de quitter et de renfiler, transforma le procès en une quasi-farce. Même Breton eut du mal à garder son sérieux, il y eut des éclats de rire, et Dalí parvint à se tirer d'affaire – provisoirement[1276].

On comprend mieux l'extrême malaise que produisait sur Breton l'attitude de Dalí envers Hitler quand on constate qu'à l'époque, la France était rongée de dissensions politiques et que le 6 février 1934, le lendemain du « procès » de Dalí, les fascistes provoquèrent à Paris une émeute qui fit douze morts. Moins d'une semaine après, la grève générale était déclarée et Édouard Daladier, qui n'était président du Conseil que depuis quelques jours, fut forcé de démissionner. La Troisième République semblait en péril[1277].

Paul Éluard aussi s'inquiétait de voir Dalí obsédé par le Führer. Tzara et lui avaient écrit à Breton pour se plaindre des attaques du groupe subies par le peintre, avait-il dit à Gala. Mais il devait reconnaître que l'« attitude hitlérienne-paranoïaque » de Dalí aurait, si elle persistait, « des conséquences quasi insurmontables ». « *Il est absolument nécessaire* que Dalí trouve un autre sujet de délire[1278] », recommandait-il.

Ayant évité de peu son éviction du mouvement, Dalí retourna à Port Lligat, où début mars Gala et lui reçurent une lettre charmante et diserte de Breton. Il travaillait à une nouvelle édition du *Surréalisme et la peinture*, et s'étonnait que Dalí (qui devait y être inclus) n'ait pas envoyé les illustrations promises. En conséquence, la publication du livre allait être retardée jusqu'au retour du peintre à Paris, mais Breton n'en semblait pas le moins du monde irrité. Le cinquième numéro de *Le surréalisme au service de la révolution* était en cours, et il souhaitait que Dalí écrive quelque chose sur les fantômes, les mannequins de tailleur, etc. Il pensait que ce serait une bonne occasion d'utiliser les jolies photographies prises par Man Ray à Cadaqués, y compris celle montrant Dalí avec une miche de pain sur la tête. Dalí obéit, et envoya « Les nouvelles couleurs du sex-appeal spectral ». Breton parlait de sa détermination à monter de nouveau des actions de groupe efficaces (qui restaient l'un des principaux fers de lance surréalistes), et terminait en exprimant l'espoir fervent que Gala et Dalí oublieraient les « difficultés récentes », dont il était persuadé qu'elles n'avaient été que momentanées. Il tenait à les assurer de sa profonde affection. De la part de Breton, il s'agissait vraiment d'une lettre chaleureuse, presque fraternelle. Dalí y répondit avec la même affabilité, mettant sur le dos d'une domestique la perte des photos demandées. Après la tempête, le soleil semblait briller à nouveau[1279].

L'euphorie de la réconciliation continua à flotter sur leur correspondance au cours des mois suivants. Le 11 avril, alors que Julien Levy exposait à New York ses plaques de *Maldoror* et ses dessins[1280], le peintre donna une conférence sur le surréalisme à l'Ateneu Enciclopèdic Popular à Barcelone, saisissant cette occasion, ainsi qu'il le dit à Breton, de remettre les pendules à l'heure à propos de sa prétendue conversion à l'hitlérisme. À la fin de la conférence, dit-il, il fut interrompu par un groupe de communistes qui avaient momentanément réussi à retourner le public contre lui, mais c'est lui qui finit par l'emporter. Le seul récit paru dans la presse qui ait resurgi suggère cependant que Dalí ne parvint pas à convaincre tout le monde de son innocence. « Dalí a été bien près de se déclarer nazi », commentait *La Publicitat*[1281].

Par une coïncidence extraordinaire, Federico García Lorca débarqua à Barcelone le matin de la conférence de Dalí, après six mois triomphants à Buenos Aires. Une interview du poète fut publiée quelques jours plus tard à la une de *La Publicitat*. Maintenant très célèbre, Lorca exprimait son insatisfaction du théâtre espagnol contemporain, et disait clairement qu'il ferait de son mieux pour le révolutionner[1282]. Dalí et lui ne se rencontrèrent pas à Barcelone (Lorca partit à Madrid le soir même), mais on peut être certain que le peintre lut l'interview (il considérait *La Publicitat* comme son journal à Barcelone) – et qu'il fut impressionné par l'accession météorique de son vieil ami à la célébrité internationale. Quelques jours plus tard, Dalí lui envoya une carte postale de Cadaqués :

> Je suis sûr que nous aimerions nous revoir. En as-tu envie ? Tu as traversé Barcelone, quelle honte que tu ne sois pas venu à Cadaqués où je passe quelques mois ! À partir du 2 mai, je vais passer un mois à Paris. J'ai un grand projet pour un opéra fondé sur des personnages importants : Sacher-Masoch, Louis II de Bavière, Wagner [ ?], etc. Je pense que nous pourrions faire quelque chose ensemble. Si tu venais me voir, nous serions maintenant d'accord sur beaucoup plus de choses. Gala meurt d'envie de faire ta connaissance.

● Couverture de l'un des premiers numéros de la revue *Minotaure* composée par André Derain en 1933.

Et Dalí continuait, Federico avait-il vu le dernier numéro de *Minotaure* (n$^{os}$ 3-4, publié au mois de décembre précédent) ? Il aurait voulu qu'il lise son article sur l'architecture Art nouveau. Ainsi que le morceau d'Éluard sur les cartes postales illustrées, et que la *mise au point** de Breton au sujet de la communication. Ce dernier, affirmait Dalí à Lorca, était très, très important. Signant « Ton Bouddha » (comme il l'avait déjà fait quelquefois au temps de la Résidence des étudiants), Dalí lui ordonnait d'écrire immédiatement. Le poète n'aurait pu recevoir une invitation plus pressante à reprendre leurs relations. Mais s'il répondit (et il est difficile d'imaginer qu'il ne le fit pas), sa lettre n'a pas été retrouvée[1283].

Étant donné son obsession de Sade et des déviations sexuelles en général, la découverte par Dalí de Sacher-Masoch était inévitable, et il y a dans ses dessins de l'époque de nombreuses allusions à l'auteur de *La Vénus à la fourrure*. Quant à Louis II, le roi fou de Bavière, protecteur de Wagner et fondateur du festival de Bayreuth, il était en train de devenir rapidement une autre obsession de Dalí, en grande partie pour les excès érotiques qui lui étaient imputés. Comme il venait de lire que Lorca avait l'intention de révolutionner le théâtre espagnol, Dalí, à juste titre, sentait qu'un projet impliquant des personnages si peu conventionnels pourrait attirer le poète-dramaturge-musicien. Mais la collaboration désirée n'eut pas lieu.

## EXPOSITIONS À BRUXELLES, LONDRES, PARIS

Dalí et Gala étaient de retour à Paris début mai, et ils pensaient surtout à Bruxelles, où s'apprêtait à paraître un numéro consacré au surréalisme de la revue *Documents 34*, coïncidant avec l'exposition sur *Minotaure* organisée par Albert Skira. Le numéro était vivement anti-fasciste (les rédacteurs avaient toujours en tête les morts de Paris en février), mais ce ton ne se reflète pas dans le texte de Dalí, « Les nouvelles modes d'excitation intellectuelle pour l'été 1934 », notable uniquement parce que c'était la première fois que le peintre parlait de lui-même publiquement à la troisième personne, une pratique qui devait bientôt lui devenir habituelle. « Si vous voulez être aussi "bien anachroniquement préservé" et désirable que possible, faites très attention aux idées et aux systèmes de Salvador Dalí, dont quelques-uns vont suivre », écrivait-il. Tous les lecteurs devaient se lancer dans l'« activité paranoïaque-critique » telle que définie par son fondateur (« une méthode spontanée de "connaissance irrationnelle" basée sur l'objectivisation critique et systématique d'associations et d'interprétations délirantes »), et qui avait déjà montré son utilité dans *Le Mythe tragique de « L'Angélus » de Millet*. Ce morceau, l'un des plus faibles articles de Dalí, suggère qu'une telle obsession de la paranoïa commençait à être révélatrice de sa relation avec le monde qui l'entourait[1284].

Dalí fit le voyage de Bruxelles pour l'exposition sur *Minotaure* (12 mai–3 juin 1934), et envoya une invitation à Foix. Parmi ses contributions, il y avait *Le Grand Masturbateur* (que toute sa vie il refusa de vendre), une toile non identifiée représentant Gala au bord de la mer, et un grand dessin, *Le Cannibalisme des objets*. Breton prêta *Guillaume Tell*[1285].

L'exposition de Bruxelles coïncidait avec l'exposition « Bores, Beaudin, Dalí », qui se tint à Londres, à la galerie Aragon, du 14 mai au 2 juin 1934. Le catalogue de l'exposition indique cinq dessins de Dalí non identifiés, et une gravure, *Fantaisie*, d'une « édition à 100 exemplaires signés » non répertoriée par Michler et Löpsinger dans leur travail exemplaire sur les œuvres graphiques de Dalí. Le catalogue expliquait que, comme les gravures de Dalí pour *Les Chants de Maldoror* n'étaient pas arrivées à temps, elles seraient montrées plus tard. Il est presque certain que Dalí et Gala se rendirent à Londres pour l'exposition, et restèrent quelques jours chez un nouvel ami, Edward James, dans sa luxueuse résidence de Wimpole Street[1286].

Edward James était un ami de Charles et Marie-Laure de Noailles, et c'est par cette dernière qu'il était entré dans le monde parisien du ballet et de la musique, et avait commencé à financer de jeunes compositeurs, comme Darius Milhaud, Poulenc et Henri Sauguet. Il raconta plus tard qu'il avait entendu parler de Dalí alors qu'il était à Hyères, chez les Noailles, en 1932, et qu'il y avait vu un portrait frappant de Marie-Laure. On ne sait exactement quand il rencontra pour la première fois Dalí, mais il semble que ce soit à Hyères au cours de l'été 1933, et que cette rencontre fut suivie par une autre qui eut lieu quelques semaines plus tard, au Mas Juny, la villa spectaculaire appartenant au peintre Josep Maria Sert à Palamós, sur la Costa Brava, en descendant la côte à quatre-vingts kilomètres de Cadaqués. James s'intéressait au surréalisme et contribuait depuis le début à financer le *Minotaure* d'Albert Skira.

Étant donné la passion de Dalí pour les aristocrates, en particulier s'ils étaient riches, et sa recherche fervente de mécènes, Edward James a dû lui sembler la réponse à ses rêves les plus paranoïaques. Né en 1907, trois ans après Dalí, James, filleul d'Édouard VII, avait hérité, à sa majorité, une fortune de son père industriel. C'était un bel homme, sensible, affable, excentrique, un conteur charmant qui aimait la poésie et la peinture, et semblait destiné au succès et au bonheur. Mais derrière la façade de ce petit homme tiré à quatre épingles, il y avait un petit garçon en manque affectif et profondément perturbé qui avait été à jamais blessé par le rejet de son bas-bleu de mère, Evelyn Forbes (« hôtesse la plus admirée de la période édouardienne »)[1287], et qui avait souffert dans son école privée, puis à Eton, puis à Oxford, des brutalités d'usage en Angleterre. Vers la fin de sa vie, dans un poème justement intitulé « La Somme », il écrivait succinctement :

> La destinée m'a donné une fortune
> de fermes et de châteaux et de champs et de collines
> puis, avec ça, dans sa méchante ruse
> elle a mélangé le fléau d'une faible volonté malade.
>
> Pour cet enfant riche et affamé, il n'y avait pas
> que l'argent ; pour que des tensions apparaissent
> la Destinée ajouta même le don de la musique :
> mais il ne donna pas l'amour. Telle est ma somme[1288].

Quand James divorça de la ballerine Tilly Losch, en 1934, elle déclara au tribunal qu'il était homosexuel. Ses biographes ont tendance à être d'accord alors que, même s'il était gay, James n'en faisait pas étalage (ainsi que l'avait résumé brillamment George Melly en imitant la voix aiguë de James, « Edward était et *n'était pas* homosexuel »)[1289]. James était évidemment très secret concernant sa vie privée. Dalí, toujours fasciné par l'ambiguïté sexuelle, a dû découvrir le côté caché de son nouvel ami, aussi attirant que sa fortune[1290]. James n'était pas encore le mécène de Dalí, mais il était sur le point de le devenir, et il paraît probable que c'est lui qui a attiré sur l'artiste l'attention de Zwemmer.

C'était la première fois que le travail de Dalí était montré à Londres. Le jeune poète David Gascoyne, qui s'apprêtait à se joindre aux surréalistes à Paris, avait du mal à contenir son enthousiasme. « Salvador Dalí est le peintre littéraire vivant le plus important », écrivit-il dans le *New English Weekly*[1291].

Pendant ce temps, les préparatifs se poursuivaient pour le lancement de l'édition Skira des *Chants de Maldoror*, qui eut lieu le 13 juin à la librairie des Quatre-Chemins (99, boulevard Raspail). Les quarante-deux gravures de Dalí reproduites dans le livre étaient exposées, ainsi que trente dessins sur les mêmes thèmes. Dans le catalogue, nous l'avons vu, Dalí prenait le temps de justifier ses allusions à *L'Angélus* de Millet, qui figurait dans tant des œuvres exposées.

La galerie de Pierre Colle avait fermé, et pour son exposition de fin de saison Dalí passa cette année-là à la galerie Jacques Bonjean, toute proche, au 3, rue d'Argenson. L'exposition, très variée, dura du 20 juin au 13 juillet, et bénéficia d'un article louangeur de Louis Chéronnet dans *Art et Décoration*[1292]. Le catalogue commençait par un bref texte de Dalí, dans lequel il déclarait que les œuvres exposées constituaient « des instantanés artisanaux en couleurs d'images subconscientes, surréalistes, extravagantes, paranoïaques, hypnagogiques, extra-picturales, phénoménales, surabondantes, surfines, etc., de l'Irrationalité Concrète ». L'insistance sur la photographie s'accordait avec les déclarations que Dalí faisait partout à l'époque : l'art surréaliste, tout au moins son art surréaliste *à lui*, consistait à noter méticuleusement, de façon académique, les images qui montaient des profondeurs de son inconscient.

Quarante peintures et dessins étaient exposés, ainsi que deux sculptures, quatre objets surréalistes et un choix d'illustrations pour l'édition Skira des *Chants de Maldoror*. Parmi les peintures et les dessins, dix-sept venaient de collections privées, surtout de membres du Zodiaque. La petite toile *Le Spectre du sex-appeal* était sans aucun doute la plus réussie de celles qui n'étaient pas montrées pour la première fois, et *Squelette atmosphérique sodomisant un piano à queue* (1934) la plus calculée pour arrêter les visiteurs. Si Rafael Santos Torroella dit vrai, cette toile, qui a pour cadre la plage de Port Lligat, fait allusion aux tentatives de Lorca de sodomiser le peintre et montre que, malgré ses affirmations du contraire, il était peut-être homosexuel, après tout[1293].

Après l'ouverture de l'exposition, les Dalí retournèrent à Port Lligat, où, au mois d'août, Gala apprit d'Éluard qu'il allait épouser Nusch le lendemain, et qu'il était étonné de se trouver plongé dans la mélancolie. Éluard continuait à rêver de Gala nue, elle lui manquait de plus en plus, et il était persuadé qu'un jour ils se retrouveraient[1294].

Mais il était trop tard : tous les efforts de Gala visaient maintenant à assurer la réputation de Dalí, et leur fortune conjointe. Cela voulait dire, entre autres choses, organiser l'aspect pratique de la vie du peintre et assurer un rôle social éblouissant à ses côtés à Paris, à Barcelone et dans la villa de Josep Maria Sert, à Palamós, où le couple se rendait de nouveau cet été-là, peut-être accompagné par Edward James[1295]. En ce qui concernait le pactole, Gala devait être persuadée, à l'été 1934, qu'ils le décrocheraient – s'ils devaient le décrocher – en Amérique, où Julien Levy préparait pour l'automne une nouvelle exposition Dalí. Elle serait différente de la précédente : cette fois, Dalí informa Foix qu'il comptait y assister en personne[1296].

Foix continuait à être le principal allié de Dalí à Barcelone, en grande partie parce que le peintre savait pouvoir compter toujours sur la publicité gratuite de la bien nommée (en ce qui le concernait) *Publicitat*. Il y avait cependant une pomme de discorde : au mois d'août, lorsque *L'Âge d'or* avait été projeté dans un ciné-club, l'annonce du film dans *La Publicitat* n'avait pas mentionné le nom de Dalí comme coscénariste. La colère de Dalí montre bien à quel point il prenait au sérieux sa participation au film controversé, qui avait accédé à un statut mythique. Dalí demanda à Foix d'intervenir, mais comme l'annonce avait été insérée par le ciné-club, et pas par le journal, il ne pouvait pas faire grand-chose. Buñuel était-il en quoi que ce soit responsable de l'omission du nom de Dalí ? Le peintre le soupçonnait. Lorsqu'il fut de retour à Paris, à l'automne, sa crainte se trouva confirmée lorsqu'il s'aperçut que son nom avait été retiré des crédits d'*Un chien andalou*, qui était de nouveau projeté au Studio 28. Il envoya une longue lettre à Buñuel, dont la réponse, qui n'est pas réapparue, ne le satisfit pas. Dalí lui écrivit à nouveau, plus violemment cette fois. Et il commença bientôt à penser à la vengeance[1297].

## RÉVOLUTION À BARCELONE

Depuis 1931, les surréalistes parisiens, Crevel en tête, suivaient avec beaucoup d'attention et de préoccupation la fortune et les infortunes de la Deuxième République espagnole. La révolution d'extrême gauche qu'ils avaient souhaitée n'avait pas eu lieu, c'était certain, mais de grands progrès avaient été accomplis entre 1931 et 1933 pour tirer le pays vers le XX^e^ siècle. Le champ de bataille le plus violent avait été l'éducation primaire et secondaire, qui pendant des siècles avait été sous le contrôle de l'Église. En 1931, sur une population de 25 millions d'habitants, 32,4 % des Espagnols étaient illettrés, et on estimait que 27 150 nouvelles écoles étaient nécessaires. En trente ans de monarchie, seules 11 128 avaient été construites, mais en 1934 la République en avait créé 13 570[1298].

Le zèle réformateur de la République, largement modelé par l'esprit des Instituts de libre enseignement, et par son surgeon, la Résidence des étudiants, ne se limitait pas à l'éducation. Parmi les mesures controversées prises avant la victoire de la droite aux élections de 1933, il y avait le divorce, la sécularisation des cimetières et des hôpitaux, la réduction des ordres religieux et une timide aspiration à la réforme agraire, qui était vitale pour satisfaire les paysans sans terre[1299].

Ça n'avait pas été facile. Dès la mise en place de la République, l'Église catholique avait commencé à attaquer la démocratie nouvelle et les monarchistes mécontents à conspirer pour l'abattre. À l'été 1932, un soulèvement militaire contre le gouvernement avait été réprimé sans difficulté, mais les complots se poursuivaient en cachette. Les conspirateurs voyaient leurs plans facilités par les républicains eux-mêmes, qui à l'automne 1933, déchirés par les divisions internes, n'étaient pas parvenus à constituer un front commun pour les élections. En conséquence, la droite, encouragée par l'avancée du fascisme en Europe, remporta une victoire retentissante. Au cours des deux années suivantes, une grande partie des lois progressistes obtenues pendant deux ans furent annulées, et la réforme agraire complètement arrêtée. La peine de mort fut restaurée. Le Parti catholique de José María Gil-Robles, le plus important groupe de droite dans le pays, se fit immédiatement plus militant, et donna naissance à une vaste organisation de jeunesse quasiment fasciste. Pendant ce temps, le parti fasciste en lui-même, la Phalange, avait de plus en plus recours aux brutalités hitlériennes. Le spectre de la guerre civile planait.

La situation prit un tournant décisif vers le pire à l'automne 1934. Le 1er octobre, un remaniement du cabinet eut lieu, lors duquel le Parti catholique obtint les trois ministères principaux : Agriculture, Travail et Justice. La réaction de la gauche fut de supposer que ces nominations marquaient le commencement d'une prise en main fasciste sur le modèle de celle qui avait catapulté Hitler au pouvoir l'année précédente. Les syndicats réagirent immédiatement, appelant à une grève révolutionnaire le 4 octobre.

La grève fut soutenue massivement au Pays basque, dans la région minière des Asturies et en Catalogne. À Barcelone, le 6 octobre, fut proclamée la « République catalane au sein de la République fédérale espagnole ». Ce pari osé et dangereux ne dura que dix heures avant que la rébellion ne soit réprimée par l'armée, globalement sans trop de sang. Le soulèvement dans les Asturies dura plus longtemps, et ne fut écrasé que le 15 octobre par des unités de l'Armée espagnole d'Afrique, avec des pertes considérables. Des milliers de prisonniers politiques encombraient désormais les geôles espagnoles. C'était un pas de plus vers la guerre civile[1300].

Dalí était arrivé de Port Lligat à Barcelone quelques jours avant le soulèvement pour assister à une exposition de ses toiles les plus récentes à la Llibreria Catalònia et pour donner une conférence intitulée « Le mystère surréel et andophénoménal de la table de chevet ». L'exposition était prévue du 2 au 4 octobre. Elle ne comprenait que cinq toiles, toutes de petite taille : *Le Sevrage du meuble aliment*, *Cardinal, cardinal*, *Image médiumnique-paranoïaque*, *Matérialisation de l'automne (À sept heures il fait déjà nuit)* et *Image hypnagogique de Gala*[1301]. Dalí ne put donner sa conférence le 5 octobre, alors que les rideaux de fer tombaient soudain dans le centre de Barcelone et que les Catalans descendaient dans la rue pour défier le gouvernement central. On ne pouvait en attendre autant de Dalí. Si l'on en croit le récit hautement coloré et spirituel qu'il donne de cet épisode dans *La Vie secrète*, Gala et lui s'enfuirent au triple galop vers la frontière française, le 6 octobre, dans un taxi conduit par un anarchiste, et n'échappèrent que de peu à la mort. Dans son livre, Dalí ne fait pas mention de ses retrouvailles, la veille, à Barcelone, avec son vieil ami J. V. Foix, dont parle longuement Santos Torroella, ni de l'importante interview qu'il accorda au critique d'art Just Cabot, le même qui, un an auparavant, avait violemment attaqué son exposition à la Llibreria Catalònia[1302].

Dalí lut à Cabot la conférence que les circonstances l'avaient empêché de donner. Il s'agissait plus d'un poème que d'une causerie ; il y analysait un objet banal, une table de nuit, en termes de différentes notions d'espace, allant d'Euclide à Einstein. La nature exigeante d'un tel thème, dit Cabot, était justement allégée par une insolence occasionnelle ou par une allusion scatologique sans lesquelles Dalí n'aurait pas été lui-même. L'artiste, excité par son voyage imminent à New York, dit que les Américains étaient mûrs pour le voir de près, et qu'il pensait que le surréalisme s'apprêtait à décoller de l'autre côté de l'Atlantique. Pour renforcer le processus, il emportait un projet de film : une réécriture en termes cinématographiques du projet d'opéra qu'il avait proposé à Lorca, et qui mettait en scène Wagner, Sacher-Masoch et Louis II de Bavière.

En ce qui concerne ce qu'il tentait d'exprimer dans ses toiles surréalistes, Dalí ne s'était encore jamais expliqué aussi clairement dans une interview. Les gens étaient étonnés, commentait Cabot, par les détails quasi « calligraphiques » de ces œuvres. Dalí lui dit :

> Mon ambition est de donner au monde de l'imagination le même degré d'objectivité et de réalité qu'au monde de tous les jours. Ce que le surréalisme révolutionne avant tout, ce sont les thèmes de l'art, et pour les exprimer j'utilise les moyens que j'ai toujours utilisés. Ce sont ces thèmes, qui viennent du freudisme, qui sont nouveaux. De cette façon, en utilisant les moyens les plus habituels, les plus traditionnels, les images sont plus efficaces et convaincantes. L'abstraction a mené au décorativisme, tandis que ma méthode remonte aux grandes sources de la peinture. Maintenant je regarde les tableaux de Vermeer, de Léonard, etc., etc., et je me concentre (autant que sur leur technique) sur leur côté énigmatique, que nous devons examiner d'un œil neuf, différemment. En un mot, nous devons réécrire l'histoire de la peinture.

Dalí expliquait qu'il avait conscience que l'application à l'art des théories freudiennes pouvait mener à l'incompréhension. Par exemple, avec cette toile qui avait été, de façon irresponsable, interprétée comme une insulte à sa famille (celle avec le Sacré-Coeur de Jésus portant l'inscription « Il m'arrive de cracher par plaisir sur le portrait de ma mère »). Comment quiconque peut-il encore croire qu'il voyait cela comme une insulte ? « J'ai toujours eu le plus grand amour pour ma mère et pour mon père, expliquait Dalí. Dans l'affaire en question, tout ce que je voulais montrer, de la façon le plus spectaculaire possible, c'était la contradiction, la rupture traumatisante, entre le conscient et l'inconscient. Qu'une telle rupture existe est démontré par le rêve fréquent, raconté à maintes reprises, dans lequel on assassine quelqu'un qu'on aime[1303]. »

## UNE TENTATIVE DE RÉCONCILIATION FAMILIALE

À cette époque, Dalí tentait énergiquement de persuader son père d'accepter son retour au sein de la famille, il est donc significatif qu'il ait soulevé en parlant avec Cabot le problème de la toile coupable. Il avait écrit directement à son père à ce sujet, mais son plus grand espoir résidait en son oncle Rafael Dalí, qui le soutenait et qui envoya à Figueres une lettre brève et passionnée :

> Mon cher frère,
> Je viens de recevoir une lettre recommandée de ton fils, que je joins à la mienne. Ne la perds pas, et rends-la-moi quand nous nous verrons. Moi qui ne garde jamais rien, j'ai tout gardé de ton fils depuis son enfance, et j'ai des dessins et des peintures de quand il avait quatre ans, ce qui montre que j'étais déjà complètement certain qu'un jour il serait un artiste célèbre. Toi et moi ne sommes plus qu'à dix ans de la mort. Je suis certain que ton fils se repent sincèrement.
> Tout dépend de toi, et j'espère que tu me diras quoi faire. Étant donné ta vie exemplaire et ton austérité, je n'hésiterai pas à accepter ta décision[1304].

Le fait que le peintre avait soumis une nouvelle fois le problème à Rafael avant de quitter Barcelone paraît évident à la lecture de la lettre de Dalí Cusí à son frère, datée du 17 octobre (le « ils » du premier paragraphe fait référence, on le suppose, à Dalí et Gala) :

> J'ai reçu ta lettre. Je te suis reconnaissant de tes bons sentiments, mais je dois te dire qu'ils ont profité de ta générosité.
> Tu as réagi trop vite. Tu n'aurais pas dû pardonner à ce garçon[1305] sans les conditions que j'ai imposées, et qui sont :
> Un : de faire amende honorable au souvenir de sa mère, si criminellement insultée.
> Deux : un entretien avec le garçon auquel tu dois assister car au cours de cet entretien je porterai de telles accusations que si le garçon conserve encore quelques rudiments de dignité il sera forcé de rougir en les entendant. Prenant ces accusations comme base, j'imposerai des conditions pour l'avenir.
> Ainsi tu considères le problème comme réglé alors qu'il ne l'est pas. Il semble que tu sois incapable de comprendre combien prématurée serait la conversation téléphonique que tu me demandes, sans doute dans ton propre désir profond qu'il y ait une réconciliation.
> Si seulement tu réalisais qui serait de retour dans ta famille avec ta fille et ta femme tu tremblerais.
> Je ne peux écrire ce que je dois te dire en face.
> Je te verrai à Barcelone afin que nous puissions parler tranquilles.
> J'ai reçu une lettre du garçon à Paris. Comme d'habitude j'ai refusé de répondre car s'il doit y avoir une réconciliation je veux régler correctement les choses et souligner le moindre point et la moindre virgule.
> Ne dis rien au garçon de cette lettre ni rien de ce que je pourrai expliquer dans l'avenir. Je veux qu'il entende tout ça directement de moi si nous réussissons à avoir un entretien auquel tu devras assister.

Dalí Cusí avait ajouté un post-scriptum : « Garde cette lettre soigneusement dans tes papiers. Il se peut qu'un jour tu aies à la lire à voix haute en ma présence[1306]. »

Rafael Dalí n'était pas homme à renoncer facilement. Il continua de harceler son frère, et peu avant le départ du peintre pour New York il put l'informer qu'ils avaient parlé au téléphone. Le notaire avait promis de les voir tous les deux ensemble au retour de Salvador. Dalí jubilait, interprétant la réaction de son père, quelque peu prématurément, comme une « réconciliation[1307] ».

Les événements d'octobre 1934, et la peur qu'il éprouvait à Barcelone, semblaient avoir convaincu Dalí qu'une guerre civile en Espagne était vraiment possible. À l'époque, rares étaient ceux qui ne partageaient pas cette conviction. Déjà, au mois de mai, Dalí avait effectué des dessins préliminaires pour une toile ambitieuse montrant des gens en train de se mettre en pièces. Contrairement à ce qu'il affirme dans *La Vie secrète*, cependant, la toile n'était pas commencée au retour de Dalí à Paris à l'automne, mais le fut début 1936, quand la possibilité d'une guerre civile en Espagne s'était transformée en probabilité. Le grand œuvre, un des plus réussis de Dalí à cette période, fut d'abord intitulé *Construction molle avec des haricots bouillis*, avant d'être renommé, avec opportunisme, *La Prémonition de la guerre civile*. Il montrait, écrivit Dalí, « un immense corps humain se brisant en excroissances monstrueuses de bras et de jambes tirant à hue et à dia dans une autostrangulation délirante[1308] ».

Dans *La Vie secrète*, Dalí ne mentionne pas que, le 24 octobre 1934, quinze jours avant que Gala et lui ne s'embarquent pour l'Amérique, sa première exposition en solo à Londres s'était ouverte à la galerie Zwemmer. Elle dura jusqu'au 10 novembre et comprenait seize toiles, vingt dessins (dont dix-sept ne sont pas identifiés dans le catalogue), seize plaques des *Chants de Maldoror* et la gravure *Fantaisie*, inconnue aujourd'hui. Sur les seize toiles énumérées dans le catalogue, seules deux sont identifiables avec certitude : *Métamorphose végétale* (acheté par Cecil Beaton) et *Œufs sur le plat (sans le plat)*.

L'exposition a laissé une trace modeste, sans plus. Dans le *Listener*, Herbert Read trouva des parallèles entre l'inspiration de Dalí et celle de Jérôme Bosch, dont *Le Couronnement d'épines* venait d'être acheté par la National Gallery ; tous deux puisaient dans l'inconscient[1309]. Douglas Goldring, dans le *Studio*, était frappé par « les curieuses affinités » entre Dalí et les préraphaélites, en particulier *Le Bouc émissaire* et *La Fuite en Égypte*, de Holman Hunt, et *Sir Isumbras au gué*, de Millais. Dalí, comme les préraphaélites, était un « virtuose de la peinture », la différence résidant dans ses sujets « surprenants et révolutionnaires ». « Il n'y a, chaque année, pas tant d'expositions que je suis tenté de visiter une deuxième fois. Mais celle-ci, je dois l'avouer, a exercé sur moi une fascination particulière » ; ainsi Goldring terminait-il sa courte note[1310]. Anthony Blunt était moins convaincu. Gêné par les visons cauchemardesques de Dalí, il recommandait la prudence dans le *Spectator* : tant de peintres « se sont eux-mêmes condamnés au second rayon par leur refus de prendre la réalité matérielle comme fondation de leur travail ». Pour Blunt, la peinture surréaliste appartenait plus au royaume de « l'exhibition » qu'à celui de l'art, et il jugeait l'idiome de Dalí si personnel que « même ceux qui ont de la sympathie pour le sujet auront du mal à trouver la satisfaction[1311] ». Clive Bell, apparemment, ne visita pas l'exposition, mais il vit, quelques semaines plus tard, quelques toiles et dessins de Dalí à l'exposition Zwemmer du milieu de l'hiver. Il les détesta. « Ces peintures sont de vulgaires ordures destinées, je suppose, à piéger les petites mains qui veulent être à la mode, ce en quoi elles ont atteint leur but », tempêta-t-il dans le *New Statesman and Nation*. Les dessins de Dalí étaient aussi bidon que ses peintures. Son coup de pinceau, « ni nerveux ni expressif », était « tout au plus précis ». Il n'y avait rien qu'on puisse dire en sa faveur :

> Chaque année, à l'exposition d'été de la Royal Academy, il doit se trouver un tas de toiles mieux dessinées et mieux peintes que celles-là. Quant à leur apport littéraire, auquel les admirateurs paraissent attacher la plus grande importance, je ne vois pas quel message peut être transmis en applaudissant une petite lampe soigneusement dessinée à côté de parties génitales féminines soigneusement dessinées, mais je sais qu'une telle suffisance ne transformera pas un Meissonier de dixième rang en un Meissonier de cinquième rang. Non : si je dois m'ennuyer avec de mauvaises plaisanteries et de mauvais dessins, qu'on me donne *Punch*[1312].

Le mot de « surréalisme » n'apparaissait pas dans l'article de Bell, et le critique paraissait sincèrement l'ignorer. Mais il ne faudrait pas longtemps avant que le mouvement commence à faire des adeptes en Angleterre.

## NEW YORK

Le 7 novembre 1934, Dalí et Gala embarquèrent au Havre pour New York. Caresse, dont c'était la treizième traversée, était avec eux sur le *Champlain*[1313]. L'aimable inventeuse du soutien-gorge avait aidé Dalí et Gala à organiser leur voyage, et avait promis de les remettre sains et saufs aux mains de Julien Levy. Mais elle n'est pas remerciée dans *La Vie secrète*, ce qui donna à penser au lecteur que sa présence à bord était juste un hasard[1314]. La personne qui en retire le crédit est Picasso qui, selon Dalí, leur a prêté de l'argent pour leurs dépenses à New York[1315]. Était-ce la vérité ? Ce geste n'a jamais été confirmé et, sachant que Dalí était obsédé par Picasso, était peut-être une pure invention, comme leur collaboration sur une gravure.

Le récit que fait Caresse Crosby des préparatifs et de l'accrochage lui-même est presque aussi drôle que celui de Dalí, et sans doute plus exact. Il lui avait fallu toute sa détermination et son don de l'organisation pour convaincre l'artiste de faire le voyage, et une fois d'accord il s'installa dans le train des heures avant le départ :

> Dans un compartiment de troisième classe près du moteur, il était assis, comme un chasseur à l'affût, scrutant à travers les toiles entassées autour, au-dessus, en dessous et en face de lui. Chaque tableau était noué à une ficelle. Les ficelles étaient rattachées à ses vêtements ou à ses doigts. Il était très pâle et très nerveux. « Je suis près du moteur, disait-il, pour arriver plus vite. »[1316]

Les Dalí passèrent la plus grande partie du voyage sous le pont, n'apparaissant, emmitouflés jusqu'aux yeux, qu'au moment de manger ou pour participer avec une intensité nerveuse aux exercices de sécurité. Lorsque le *Champlain* accosta à New York, à midi, le 14 novembre[1317], Caresse Crosby organisa la première rencontre de Dalí avec les journalistes, les accompagna à la cabine du peintre et joua le rôle d'interprète. C'était l'introduction de Dalí à la presse new-yorkaise, et il adora ça :

> De fait, pour des yeux de commère, Dalí valait le détour, ses peintures de nouveau attachées à lui et lui attaché à elles. « Ils veulent voir quelques-unes de vos toiles », expliquai-je. « Ce sont les messieurs de la presse, lui sifflai-je en français. Ils peuvent vous adopter ou vous abandonner. » Il comprit immédiatement, se dégagea de son harnais et commença à dépouiller de son papier la plus grande et la plus lourde des toiles. « C'est important, dis-je. Laissez-moi vous parler un peu du surréalisme. » Je fis un petit topo et lorsqu'ils demandèrent à Dalí quel était son tableau favori, il répondit : « Le portrait de ma femme. » « Oui, acquiesçai-je, regardez, il l'a peinte avec des côtelettes d'agneau sur l'épaule. » Ils ont rugi : « Des côtelettes d'agneau ? » Ça a marché ! Les stylos ont commencé à s'agiter, les appareils photo à cliqueter[1318].

Caresse Crosby écrivit que, le lendemain, Gala et les côtelettes d'agneau eurent de grands articles « dans toutes les éditions du matin ». En réalité, ils commencèrent à apparaître dans les médias quelques heures à peine après l'arrivée du couple, le *New York Evening Journal*, abonné aux jeux de mots, publiant un article intitulé « Le peintre est arrivé une "côtelette" sur l'épaule », avec une photo de Dalí et Gala sous le titre « DES CÔTELETTES À L'ART ». Par l'intermédiaire de Caresse, Dalí avait essayé de dire à l'Amérique ce qu'était le surréalisme. Les journalistes n'avaient pas tout à fait compris, pas même quand Dalí leur avait donné un exemple : « Il pourrait peindre un piano, et ce piano pourrait ressembler à un piano. Mais il n'y serait pour rien. Ce qu'il recherche, c'est quelque chose de vraiment différent, quelque chose qui ressemblerait à un rêve. » Tandis que les stylos grattaient le papier avec excitation, Dalí l'homme de spectacle comprit immédiatement que l'Amérique au grand cœur, et quelque peu naïve, était faite pour lui.

Quelques journaux du matin, si ce n'est tous (ainsi que l'affirmait Crosby), publièrent aussi de brèves interviews avec le peintre, données au cours d'une conférence de presse improvisée dans sa suite. Celle qui parut en page 22 du *New York Times* était assez représentative. Elle était surmontée du titre « SALVADOR DALÍ ARRIVE ». Sous-titre : « Le peintre surréaliste apporte 25 de ses toiles pour les exposer ici. » Dalí avait parlé au reporter de son *modus operandi* :

> Je fais tout mon travail subconsciemment. Je ne me sers jamais de modèles, et je ne peins pas d'après nature, ni de paysages. Tout relève de l'imagination. C'est-à-dire, quand je travaille, je vois tout en rêve, et quand j'ai terminé une toile, je décide de ce que sera le titre. Parfois ça prend un certain temps avant que je n'arrive à comprendre ce que j'ai peint. Dans mon imagination toutes les scènes ont l'Espagne pour toile de fond – ma Catalogne, ou parfois le sud de l'Andalousie.

La référence à l'Andalousie ne pourrait être plus inattendue, car jamais Dalí n'a peint une toile inspirée par le sud de l'Espagne, à la seule exception du décor pour *Mariana Pineda* de Lorca, sept ans plus tôt. Cette remarque était-elle une allusion masquée au poète au moment où il mettait le pied à New York ? On peut imaginer que, en arrivant pour la première fois dans cette grande ville, Dalí se souvenait que cinq ans plus tôt il y avait été précédé par Lorca, dont il devait certainement connaître certains poèmes new-yorkais, profondément influencés par le surréalisme.

Caresse Crosby sous-estime à quel point Dalí avait préparé le terrain pour son arrivée à New York. Avec Julien Levy, il avait même préparé une brochure, « New York me salue », qui fut distribuée juste avant son débarquement. Précédée par la définition (retranchée de quelques mots) du surréalisme par Breton dans le premier *Manifeste* (« Automatisme psychique pur par lequel on se propose d'exprimer le fonctionnement réel de la pensée. Dictée de la pensée en l'absence de tout contrôle exercé par la raison, en dehors de toute préoccupation esthétique ou morale »), ce document faisait le portrait de Dalí en saint Jean Baptiste du surréalisme aux États-Unis[1319].

La publicité avancée pour l'exposition de Dalí à la galerie Julien Levy était plus qu'il n'aurait jamais pu espérer. Quelques jours avant l'ouverture de l'exposition, il écrivit à J. V. Foix à Barcelone, sachant que son ami publierait bien visiblement dans *La Publicitat* tout ce qu'il lui dirait. Il y avait eu « de longs articles et interviews » le soir même de leur arrivée, racontait-il, extasié (avec un peu d'exagération). Le Museum of Modern Art avait déjà acheté une toile. Il espérait faire un film. « New York est une ville totalement böcklinienne », affirmait-il à Foix, en faisant allusion à *L'Île des morts*. « Elle est pleine de tombes monumentales, de cyprès, de chiens et d'humidités fossiles[1320]. »

L'exposition Dalí à la galerie Julien Levy s'ouvrit le 21 novembre 1934 et dura jusqu'au 10 décembre. Le catalogue donne vingt-deux œuvres exposées. Il était introduit par les mêmes indications concernant les « instantanés artisanaux en couleurs » dont Dalí avait fait précéder ses notes à l'exposition à la galerie Jacques Bonjean l'été précédent. À son arrivée, il avait dit au *New York Times* que toutes les toiles exposées avaient été exécutées « au cours des deux mois précédents », ce qui n'était pas tout à fait vrai. Une dizaine avait déjà été montrée chez Bonjean. *Moi-même à l'âge de dix ans quand j'étais un enfant sauterelle* datait de 1933 et avait été vu lors de la première exposition Dalí chez Levy. L'artiste avait aussi apporté *Monument impérial à la femme-enfant* (1929) et *L'Homme invisible*, inachevé, commencé la même année. En fait, seules une minorité des toiles avaient été faites très récemment, parmi lesquelles *Le Sevrage du meuble aliment*, qui montre la silhouette devenue récurrente d'une nourrice assise sur la plage de Port Lligat, mais cette fois avec la différence qu'une fenêtre a été découpée au milieu de son ventre, permettant une vue sur la mer inhabituelle.

Les New-Yorkais adorèrent l'exposition, et Henry McBride, du *Sun*, en parla comme de l'exposition la plus chic à New York à l'époque, « très controversée et très difficile[1321] ». En général, la presse était bonne, et le doyen des critiques d'art de Manhattan, Edward Alden Jewell, du *New York Times* (surnommé le « Joyau de notre époque » par Peggy Guggenheim[1322]), exprima son enthousiasme : Dalí était « l'un des plus grands », un dessinateur magnifique qui était à son meilleur dans le détail[1323]. Le correspondant à New York du journal barcelonais *La Vanguardia*, Aurelio Pego, rapporta l'énorme succès de Dalí et remarqua que, depuis la première exposition chez Levy, les Américains avaient fait de grands progrès dans leur compréhension du surréalisme. *La Persistance de la mémoire*, avec ses montres molles, était maintenant célèbre à travers tout le pays (elle avait été montrée à l'Exposition universelle de Chicago), et deux mois plus tôt le peintre avait reçu une « mention honorable » à l'exposition annuelle d'art moderne qui se tenait au Carnegie Institute de Pittsburgh. Ça ne faisait aucun doute : Dalí, quelle que soit l'indifférence de Barcelone, était « l'ambassadeur parisien et catalan du surréalisme » en Amérique. Pego, qui avait affirmé trop vite que les visions rappelées dans les œuvres de Dalí étaient le produit de stimulations artificielles, avait eu la surprise de découvrir que le peintre ne buvait pas ni ne fumait. Il peignait ses obsessions pour rester sain d'esprit. Il n'avait pas besoin de l'aide de drogues. Son art était sa thérapie, et les drogues auraient pu endommager ce qu'il considérait comme « une faculté privilégiée[1324] ».

Dalí envoya une carte postale à son oncle Anselm Domènech à la fin de l'exposition pour lui dire que ç'avait été « un succès sans précédent ». Dix toiles avaient été vendues, parmi lesquelles une au Museum of Modern Art et deux au Wadsworth Atheneum. Gala et lui avaient prévu de rentrer en Europe un mois plus tard, et Dalí était impatient de se remettre à peindre, car il avait organisé une exposition à Londres pour le mois de juin suivant[1325].

Le 28 décembre 1934, André Breton reçut une lettre de Dalí qui l'intéressa tant qu'il y répondit le jour même, s'adressant à Salvador comme à son « très cher ami ». On ne connaît pas la lettre de Dalí, mais la réponse de Breton montre que le peintre lui avait assuré de faire tout ce qui était en son pouvoir pour répandre en Amérique la bonne nouvelle du surréalisme. Dalí avait essayé de persuader Breton de monter une plate-forme spécifiquement surréaliste sur les problèmes politiques. Breton lui disait qu'il était d'accord, soulignant que les différences qui avaient existé entre eux n'avaient jamais relevé que de la méthode. Cette lettre montre à quel point Breton était sensible, à cette époque, aux divisions entre les surréalistes. Peut-être la politique d'apaisement qu'il avait employée au cours des dernières années méritait-elle la critique, concédait-il, mais il avait été, et il était toujours, essentiel d'empêcher le mouvement de s'effondrer. Ainsi de *Minotaure* : étant donné que le surréalisme n'avait plus de périodique dédié, il était absolument nécessaire de garder le contact avec la publication de Skira ; mais, en conséquence, le numéro du moment contenait un texte réactionnaire de Paul Valéry aux côtés de textes surréalistes !

Breton continuait en se plaignant que Dalí et lui, à Paris, ne se voyaient plus que rarement, et que lorsque ça leur arrivait ils n'aboutissaient à rien d'utile. Quand Dalí reviendrait, il était vital qu'ils prennent le temps nécessaire pour mettre au point un plan précis d'action, qu'ils se jureraient de mener à bien scrupuleusement. Ils devaient en particulier organiser les séances publiques prévues avant les vacances d'été et qui n'avaient abouti à rien, et revitaliser les expériences du groupe surréaliste, qui languissaient, et auxquelles Dalí avait contribué de façon si positive. La prochaine exposition surréaliste, prévue pour la fin janvier 1935, devait être à la fois rigoureuse et brillante. Breton avouait ensuite avoir de sérieux problèmes financiers, et avoir dû vendre à Julien Levy sa dernière collection de *La Révolution surréaliste*. Est-ce que Dalí voudrait bien remercier Levy de sa lettre, et lui dire qu'il était désolé de ne pas avoir répondu, mais qu'il ne pouvait payer le timbre ? Breton terminait en donnant quelques nouvelles de l'activité surréaliste à Prague, et quelques ragots à propos de Paris. C'est une lettre touchante, qui montre que non seulement il aime bien Dalí, mais qu'il apprécie son dévouement à la cause surréaliste. Il lui parle comme à un ami, et comme un égal[1326].

Dalí écrivit aussi une lettre enthousiaste à Éluard pour lui faire part de l'immense succès de son exposition. Il avait été particulièrement frappé de sa couverture par la presse, « avec la plus grande variété du monde », des publications mondaines comme *Vanity Fair* aux journaux les plus populaires. L'« irrationalité complète » était à l'ordre du jour, et des pages entières avaient été consacrées au surréalisme, et même à Lautréamont ! L'expérience de Dalí à New York l'avait convaincu que pour faire passer dans les masses l'idée de surréalisme, il était nécessaire d'utiliser des tactiques chocs comme le *trompe-l'œil**, capables de faciliter l'objectivisation du monde surréaliste « de la façon le plus fétichiste et spectaculaire possible ». Il était maintenant persuadé que le surréalisme devait adopter une position idéologique d'une extrême rigueur de manière à capitaliser sur l'intérêt avide qu'il éveillait partout dans le monde. Cela impliquait la nécessité d'une plate-forme politique (ainsi qu'il pressait Breton d'en créer une depuis un moment) et le tracé d'une « religion anti-mystique, matérialiste, basée sur le progrès des connaissances scientifiques (en particulier des nouvelles idées sur l'espace, inaccessibles non seulement aux Grecs, mais à la chrétienté), une religion qui remplirait le vide de l'imagination causé par l'effondrement des idées métaphysiques à notre époque ». Dalí terminait en assurant Éluard qu'il faisait tout ce qui était en son pouvoir pour promouvoir les idéaux du surréalisme[1327].

Pour célébrer le succès de l'exposition, une fête fut donnée en l'honneur de Dalí le 10 décembre, à la Casa de las Españas, le principal lieu culturel espagnol à New York. Dalí fut présenté aux invités par Angel del Río, le professeur de littérature espagnole à l'université Columbia, qui, cinq ans plus tôt, avait beaucoup fréquenté Lorca durant son séjour, et avait entendu le poète se plaindre du *Chien andalou*. Dalí n'avait pas été invité à prendre la parole, mais puisque l'assistance manifestait un grand intérêt pour l'exécution de ses peintures surréalistes, il improvisa une petite causerie. Comme toujours à cette époque, il eut recours à la définition du surréalisme donnée par Breton dans le premier *Manifeste*, qu'il pouvait réciter par cœur, et expliqua que sa seule méthode de composition consistait à transcrire, sans intervention de la raison ni de considérations esthétiques ou morales, les images émises par son subconscient. Peindre de cette façon, dit-il, était pour lui une question de vie ou de mort, « une sorte de système curatif de façon à se libérer de l'obsession qui le dominait ». Son travail pouvait être comparé à celui de quelqu'un qui « communique les sensations produites par une vision pessimiste de la vie[1328] ».

Au moins trois fois au cours de son séjour Dalí donna une version plus élaborée de cette causerie improvisée sur le surréalisme. Le 18 décembre, il était présent au Wadsworth Atheneum, à Hartford, où, apparemment pour la première fois, il prononça la phrase qu'il devait répéter *ad nauseam* jusqu'au jour de sa mort : « La seule différence entre moi et un fou, c'est que je ne suis pas fou. » La conférence, illustrée de diapositives, fut précédée par la projection d'*Un chien andalou*[1329]. Le 7 janvier 1935, il était de nouveau à la Casa de las Españas, où il parla des rapports entre Lautréamont et Freud, et insista sur le fait que le surréalisme tendait à la complète révolution morale de l'individu et à la libération des instincts. La peinture n'était qu'un outil pour œuvrer à ce but. Parmi les diapositives projetées, il y avait *Dormeuse, cheval, lion invisibles*, avec ses multiples images « paranoïaques », deux peintures de Picasso, et *Sainte Anne, la Vierge et l'Enfant Jésus* de Léonard de Vinci, la toile analysée par Freud dans son essai célèbre qui avait fait une si profonde impression sur le peintre[1330]. Puis, le 11 janvier 1935, il donna une conférence au Museum of Modern Art. Cette fois, la conférence, donnée en français avec distribution d'un synopsis en anglais, était intitulée « Peintures surréalistes et images paranoïaques », et illustrée de diapositives d'œuvres d'Ernst, de Picasso et de lui-même, ainsi que de gravures du XVII^e^ siècle dans lesquelles Dalí était persuadé de voir des antécédents surréalistes. Il répéta qu'il était un disciple de Freud, et que dans ses peintures il se contentait de transcrire les images émises par son subconscient. La justification d'un tel procédé lui paraissait évidente :

> Le subconscient a un langage symbolique et est véritablement universel, car il ne dépend pas d'une habitude spéciale, d'un état de culture ou d'intelligence, mais s'exprime avec le vocabulaire des grandes constantes vitales,

> des instincts sexuels, des sentiments de mort, des notions physiques de l'énigme de l'espace – ces constantes vitales qui ont des échos universels dans chaque être humain. Pour comprendre une peinture *esthétique*, il faut être entraîné à apprécier, il faut une préparation culturelle et intellectuelle. Pour le surréalisme, il suffit d'être un être humain réceptif et intuitif.

Au cas où tout le monde n'aurait pas saisi son propos, Dalí insista sur l'idée que le simple fait que lui-même souvent ne parvienne pas à comprendre les images apparaissant dans son travail ne signifiait pas que ces images n'avaient pas de sens. Quoi qu'il en soit, son principal devoir en tant que peintre surréaliste était d'enregistrer, et pas d'interpréter[1331].

À la mi-janvier, Dalí écrivit à Foix (de l'hôtel St. Moritz, près de Central Park) pour lui parler du succès « colossal » de son exposition chez Levy. Il avait vendu douze toiles « à des prix très élevés », et était convaincu que « les tendances irrationnelles et poétiques du surréalisme [pouvaient] produire ici une authentique révolution spirituelle ». Le 19 janvier, Gala et lui repartiraient par l'*Île-de-France*, et prévoyaient de rester deux mois à Port Lligat pour se remettre de « la faramineuse excitation de ces deux mois ». Foix reproduisit soigneusement dans *La Publicitat* le contenu de la lettre[1332].

Caresse Crosby et Joella Levy décidèrent soudain de donner pour les Dalí une fête d'adieu qu'ils n'oublieraient jamais, et des invitations furent rapidement envoyées pour un « Bal onirique » au Coq rouge, le 18 janvier 1935. Les invités étaient priés de venir déguisés en leur rêve récurrent préféré[1333]. Dalí aida Caresse à dresser un décor surréel, qui comprenait une baignoire remplie d'eau qui, en équilibre sur l'escalier dominant la galerie, menacerait à tout instant de se vider sur les fêtards, et la carcasse d'un énorme bœuf de l'intérieur duquel un gramophone déverserait les chansons françaises à la mode. L'événement s'empara de l'imagination de la presse, et le gros titre de deux pages de l'édition du dimanche du *Sunday Mirror* disait : « La folle "trahison du rêve" par la société new-yorkaise lors de l'étonnante fête donnée en l'honneur de sa plus récente idole. Grande fête pour les élégants du gotha dans leur traditionnelle poursuite du dernier cri de l'absurdité, si folle qu'elle soit, Salvador Dalí, le "super-réaliste" qui peint ses cauchemars que les critiques applaudissent tandis que les mortels ont la nausée. » Le récit qui suivait du « Bal onirique » était plutôt spirituel :

> La société s'est surpassée en essayant de surpasser le peintre Dalí. Si vous aviez pu voir l'intérieur du Coq rouge le soir de la fête, vous auriez aperçu des femmes en robes blanches scintillantes avec des serpents verts émergeant de leurs têtes, un homme aux joues apparemment transformées en pelotes à épingles, un homme en queue-de-pie, mais sans pantalon, une femme complètement vêtue devant mais (au premier coup d'œil) nue à partir du postérieur, une femme donnant naissance à une poupée depuis le dessus de sa tête, et d'autres nouveautés également surprenantes.

Le *Sunday Mirror* donnait une photographie en couleurs de Dalí, Gala et Caresse Crosby, et une description de leurs déguisements. La tête de Dalí était soigneusement « entourée de mètres et de mètres de bandages de gaze, disait le journal. Sa chemise sévère était découpée en forme de coffret. Derrière la vitre du coffret était posé un objet de soie rose qui est l'un des fondements de la tenue féminine, et qu'on connaît sous le nom de soutien-gorge. »

Il ne fait aucun doute que l'étalage de Dalí était une allusion, et peut-être un hommage, à son hôtesse, Caresse Crosby. Quant à Caresse elle-même, elle était vêtue en « cheval blanc du rêve de désir », même si sur la photo du *Sunday Mirror* elle ressemble plutôt à un lapin blanc. Sur une autre photo, Gala est la femme qui donne « naissance à une poupée depuis le sommet de sa tête ». C'était une petite poupée aux bras grands ouverts, avec un homard enroulé autour de ses tempes. Dali dit plus tard que l'enfant était dévoré par les fourmis, mais on n'en voit rien sur la photo. Il oubliait aussi de mentionner le reste de la tenue de Gala : un pull-over moulant soulignant ses seins apparemment nus et une robe transparente en cellophane rouge lui descendant aux chevilles par-dessus une minijupe qui lui permettait de montrer le plus possible ses belles jambes. L'homme du *Sunday Mirror* demanda à Gala de lui expliquer ce que signifiait le « Bal onirique ». « Il s'agissait d'une expérience pour voir jusqu'où les New-Yorkais réagiraient à une occasion d'exprimer leurs propres rêves », aurait-elle répondu. « Ils ne furent pas plus d'une ou deux douzaines à y réussir. Les autres ont pu penser qu'ils s'exprimaient eux-mêmes mais, en réalité, ils se sont trahis. » La remarque était typique de Gala, dont la langue mortelle était toujours prête à fuser.

Caresse Crosby voudrait nous faire croire que « tous les journaux en ville » ont parlé du « Bal onirique » et en ont donné des images. Ce ne fut absolument pas le cas, mais cet événement délirant accrut la réputation de Dalí (et ses occasions de ventes) à New York[1334].

Quelques heures plus tard, le matin du 19 janvier 1935, Dalí et Gala, comme prévu, reprirent le chemin de l'Europe sur l'*Île-de-France*. À leur arrivée chez eux, ils s'aperçurent de l'effet secondaire inattendu du « Bal onirique ». Au même moment, un certain Hauptmann était jugé pour le kidnapping et le meurtre du bébé de Charles Lindbergh, l'aviateur, et d'Anne, sa femme. Les détails brutaux de ce meurtre sanglant avaient énormément choqué l'Amérique. Est-ce que la robe de Gala n'était pas une allusion provocante à cet événement horrible ? Selon Dalí, personne à New York n'avait songé à ça, avant que le correspondant du *Petit Parisien* n'envoie un câble à son journal avec cette « nouvelle sensationnelle ». Quoi qu'il en soit, ce fut vite oublié[1335].

Dalí avait eu un avant-goût de la belle vie à New York et avait commencé à gagner beaucoup d'argent, même si on ne sait pas exactement combien. Mais suffisamment pour aiguiser son appétit, et surtout celui de Gala, d'en avoir beaucoup plus. De plus, non seulement il avait établi d'excellentes relations avec la presse et compris le potentiel de celle-ci pour sa promotion à travers tous les États-Unis, mais il s'était mis d'accord avec *American Weekly* pour la publication de ses articles illustrés sur ses impressions « surréalistes » de New York, qui allaient paraître en 1935. Il devait sembler évident au couple qui reprenait le chemin de Paris et de Port Lligat que la gloire et le succès financier les attendaient maintenant au coin de la rue.

SOFT SELF PORTRAIT

# X. La consolidation de la gloire [1935-1940]

## UNE RÉCONCILIATION DIFFICILE

312 ● Le peintre exposant sa pièce intitulée *Autoportrait mou avec du lard grillé* à la galerie Julien Levy à New York, 1941. Et, toujours, la présence des fourmis, symbole cher à l'artiste.

L'une des premières choses que fit Dalí à son retour en Europe fut de répondre à la proposition de son père d'une discussion face à face en vue d'une possible réconciliation. Elle eut lieu à Figueres début mars 1935, en présence de Rafael Dalí et de sa femme María Concepción. Celle-ci, quelques jours plus tard, écrivit à sa fille Montserrat à propos de « cette confrontation très émouvante ». « L'affaire n'est pas encore complètement réglée, écrivait-elle, et il reste encore de nombreux points en suspens. Oncle Salvador est déchiré entre son cœur et sa tête parce que, malgré la clarté de celle-ci, je suis persuadée qu'il est encore plus gouverné par ses bonnes dispositions[1336]. » Montserrat Dalí entendit tous les détails au retour de ses parents à Barcelone : le notaire avait hurlé ses récriminations à son fils, Salvador avait éclaté en sanglots, et pour finir le père, le fils et l'oncle étaient tombés dans les bras les uns des autres, incapables de s'arrêter de pleurer. Apparemment, Anna Maria Dalí était revenue d'une promenade à Roses juste à temps pour assister au grand final des tempétueuses retrouvailles[1337].

Immédiatement après, Rafael Dalí et sa femme descendirent à Cadaqués avec Salvador, et Anna Maria Dalí passa quelques jours à Es Llané. Le carnaval battait son plein, le temps était splendide, mais un vent furieux gênait Rafael, lui rappelant peut-être la folie et le suicide de son père. « Mon village natal serait un paradis, s'il n'y avait la tramontane », écrivit-il à Montserrat. Rafael mourait d'impatience de voir la maison de Salvador, et dès son arrivée à Es Llané il se rendit à Port Lligat. Il dut être impressionné par les transformations effectuées, depuis 1930, dans la cabane de pêcheur que Salvador avait achetée aux fils de Lídia, car avec l'acquisition de quelques propriétés adjacentes l'endroit se développait comme un labyrinthe d'étroits passages, d'escaliers et d'espaces secrets qui reflétaient les sinuosités de la psyché complexe de Dalí[1338].

● La maison de Salvador Dalí à Port Lligat, à deux pas de Cadaqués, où Dalí vécut avec Gala à partir de 1930.

À la suite de l'entrevue tempétueuse de Figueres, et après mûre réflexion, Dalí Cusí décida de révoquer le testament par lequel il avait déshérité Salvador, en janvier 1931. Il en écrivit un nouveau en conséquence, signé le 6 avril 1935. La part du lion de la propriété revenait toujours à Anna Maria Dalí, avec une part importante réservée à la « Tieta ». Le droit légal de Dalí à la moitié des quatre parts de la succession (la *legitima*) fut réinstitué, mais son père lui fit signer un document, attaché au testament, dans lequel il admettait avoir déjà reçu, au fil des années, vingt-cinq mille pesetas et acceptait que cette somme tienne lieu de « part légitime ». Pour la « compléter », et comme « faveur spéciale », Dalí devait recevoir chaque mois un revenu de deux cents pesetas, dont le paiement était confié à Anna Maria Dalí. Ce testament montre que Dalí avait été réintégré dans la famille, mais que Dalí Cusí était décidé avant tout à assurer l'avenir de sa fille. En ce qui concerne le notaire, la réconciliation était prudente, mais c'était néanmoins une réconciliation[1339]. Un an plus tard, satisfait de l'évolution de leurs relations, Dalí Cusí écrivit un nouveau testament selon lequel le peintre devait recevoir le huitième de la succession, équivalent du paiement de la totalité de la *legitima*[1340]. Durant les quinze dernières années de sa vie, le notaire devait faire pas moins de neuf nouveaux testaments. Tous continuaient à favoriser Anna Maria Dalí, dont l'avenir était, chose compréhensible, sa préoccupation principale, mais en même temps ils s'adaptaient aux droits légitimes du fils prodigue[1341].

## LA MORT DE CREVEL

À l'été 1935, onze ans après la parution du premier *Manifeste* de Breton, le surréalisme était devenu une force avec laquelle il fallait compter en Europe. Au mois de mars, Breton et Éluard furent reçus à bras ouverts à Prague où, le mois suivant, fut publié le premier *Bulletin international du surréalisme*[1342]. Puis, au mois de juin, à Santa Cruz de Tenerife, se tint la Seconde Exposition surréaliste internationale. Breton espérait que Dalí accompagnerait le groupe de Parisiens dans cette île exotique, mais, pour des raisons inconnues, le peintre ne s'y rendit pas. Éluard, malade, n'y alla pas non plus, et René Crevel ne dépassa pas Madrid. Breton fut choqué de découvrir que, sous le gouvernement de droite alors au pouvoir en Espagne, la censure était encore plus répressive qu'en France : Péret et lui ne furent pas autorisés à projeter *L'Âge d'or*[1343].

À cette époque, David Gascoyne, âgé de dix-huit ans, venait d'arriver à Paris pour y effectuer des recherches en vue d'un court livre sur le surréalisme. Recommandé par Éluard, il avait entrepris de traduire le nouvel essai de Dalí, *La Conquête de l'irrationnel*. Pendant une semaine, il travailla chaque matin sur le texte, dans l'atelier du peintre, rue Gauguet, et eut l'occasion de parler à la fois avec Dalí et Gala. Gascoyne remarqua la timidité sous-jacente de Dalí et fut impressionné par Gala, qui était toujours vêtue à la mode – il se rappelait particulièrement son chemisier Schiaparelli, aux motifs de lettres imprimées. Un jour, Éluard vint déjeuner avec Cécile :

> « Connaissez-vous le plus beau poème d'amour que j'aie écrit ? » demanda-t-il, et nous avons tous répondu non. Il alla à l'étagère, sortit un exemplaire de "Nuits partagées", et en lut une page à voix haute, à table. C'était assez extraordinaire. Dalí était là, assis, jouant avec un morceau de pain, et Gala lui adressa un sourire reconnaissant. Je me suis rendu compte qu'elle avait cette espèce de pouvoir magnétique sur au moins deux hommes de génie[1344].

Le 20 juin 1935, en se présentant à l'atelier du peintre, Gascoyne trouva Dalí se précipitant hors de la maison. Il était arrivé une chose terrible à Crevel, dit-il, et il se rendait à l'hôpital. À son retour, il annonça que l'écrivain s'était suicidé. Gascoyne, qui ignorait l'amitié unissant Crevel, Dalí et Gala, fut témoin d'un grand chagrin ce jour-là rue Gauguet[1345].

Peu après, dans une lettre à Foix, Dalí concluait que si la raison immédiate du suicide de Crevel était sa certitude d'être toujours malade (il avait une tuberculose incurable), son désespoir de voir le refus constant du Parti communiste de s'adapter aux postulats du surréalisme avait aussi joué son rôle. Grâce en particulier aux efforts de Crevel, les surréalistes avaient été invités, à contrecœur, au Congrès des écrivains pour la défense de la culture, qui s'était ouvert à Paris le 25 juin. Mais les organisateurs avaient refusé de permettre à Breton et aux autres de parler. « L'antagonisme entre notre groupe et les communistes a atteint son sommet avec le suicide de Crevel », écrivait Dalí[1346].

Crevel avait ouvert le gaz après avoir épinglé sur sa veste une carte sur laquelle il avait écrit un seul mot : « Dégoût. » On trouva près de lui un petit attaché-case rempli de manuscrits et de lettres. Parmi les papiers figurait une longue lettre non datée de Dalí, dans laquelle il analysait un texte politique que Crevel lui avait soumis. Cette lettre montre que les deux hommes s'entendaient parfaitement, et étaient d'accord sur la stupidité de la ligne officielle des communistes vis-à-vis du surréalisme, et sur la « fossilisation dogmatique » qui immobilisait alors la pensée marxiste. Crevel, obsédé par la nécessité de réconcilier surréalisme et marxisme, estimait que l'entente souhaitée était encore possible. Mais Dalí avait perdu espoir. Il avait récemment assisté à deux réunions organisées par Breton dans le but de redéfinir la position politique du surréalisme. Elles avaient confirmé son scepticisme à propos des communistes, disait-il à Crevel. Il pensait qu'il était maintenant inévitable, et même nécessaire, de mettre fin à « la grande marmelade » : une nouvelle « période historique de type médiéval » pointait à l'horizon, avec son néoromantisme, son racisme (souligné) et toutes les « réalités vitales » sous-estimées par le marxisme et perçues par les seuls surréalistes. C'est-à-dire le fascisme. Dalí déconseillait à Crevel de soumettre son texte à Breton pour l'instant, et terminait en lui demandant de lui répondre avec la franchise qui avait toujours caractérisé leurs relations, et que lui-même venait de prouver dans ses commentaires. Il paraît probable qu'il s'agit de l'une des dernières lettres que Crevel ait reçues avant de décider de se tuer et, qui sait, elle a peut-être donné le coup final à ses espoirs[1347].

## AVEC EDWARD JAMES ET LORCA

Le temps était presque venu du séjour annuel à Port Lligat, mais il restait quelques problèmes à régler. Début juillet, Dalí se rendit à Londres pour organiser sa prochaine exposition, et logea sans doute chez Edward James à Wimpole Street. Puis, de retour à Paris, il envoya à l'impression *La Conquête de l'irrationnel*. Elle fut terminée le 20 juillet 1935 (mille deux cents exemplaires en français, mille en anglais pour Julien Levy à New York), et peu après Dalí et Gala prirent le chemin de la Catalogne[1348].

*La Conquête de l'irrationnel*, dix-neuf pages de petit format, est illustrée par un frontispice en couleurs de *L'Angélus de Gala*, et par trente-cinq reproductions en noir et blanc d'œuvres de Dalí. Il tente d'y établir la primauté, après l'insistance initiale du surréalisme sur les automatismes passifs, de la « méthode paranoïaque-critique » de Dalí. Pour ce faire, Dalí commence son essai par les mots de louange accordés l'année précédente par Breton : « Dalí a doté le surréalisme d'un instrument de tout premier ordre, en l'espèce la *méthode paranoïaque-critique*, qu'il s'est montré d'emblée capable d'appliquer indifféremment à la peinture, à la poésie, au cinéma, à la construction d'objets surréalistes typiques, à la mode, à la sculpture, à l'histoire de l'art et même, le cas échéant, à toute espèce d'exégèse[1349]. »

Le titre de l'essai, comme celui de la « méthode » elle-même, était une trouvaille, et résumait en un mot sa pensée du moment : irrationalité, oui, mais au lieu de laisser l'inconscient parler sans entrave, il devait maintenant être harnaché et mis au travail. Et il y avait du travail à faire parce que, selon Dalí, les gens avaient faim de la nourriture spirituelle qui était autrefois fournie par le catholicisme et ne pouvait maintenant être apportée que par le surréalisme... ou par le national-socialisme. Non pas que Dalí glisse ouvertement vers le nazisme. Mais les indices sont là, dans l'évocation de ses contemporains qui, « systématiquement crétinisés » par une foule de désordres sociaux et idéologiques, y compris « des faims d'affection paternelle de toutes sortes », la « vaine recherche de la douceur follement amoureuse et triomphale du dos potelé, atavique, tendre, militaire, de quelque nourrice hitlérienne ». L'analyse par Dalí de cette prétendue faim reprend des termes appartenant au fascisme (« faim de l'Empire », « conquêtes glorieuses », « ambiance territoriale ») et laisse entendre que son profond besoin de réconciliation avec son père, qu'il venait d'obtenir, avait un lien avec son approbation croissante de Hitler.

Il est certain que Dalí, à ce stade, envisageait sa propre quête en termes de conquête quasi fasciste : « Toute mon ambition dans le domaine pictural est de matérialiser des images d'irrationalité concrète avec la fureur d'une précision quasi impérialiste. » Pour arriver à ça, le *trompe-l'œil**, tous les autres trucs d'illusionniste qu'il avait sous la main et, bien entendu, « l'académisme le plus discrédité » étaient parfaitement légitimes. On pouvait tout accepter quand le but principal consistait à obtenir « la valeur objective, réelle, du monde délirant et inconnu de nos expériences irrationnelles ».

Breton a sûrement été gêné par cet essai, à la fois en raison de son fascisme sous-jacent et du témoignage qu'il donnait de la mégalomanie galopante de Dalí. Mais on ne possède aujourd'hui aucune preuve d'une réaction de sa part.

À la fin du mois de juillet, les Dalí descendirent voir les Sert au Mas Juny, à Palamós, où ils trouvèrent Edward James, déjà arrivé. Dalí était dans un de ses accès de fureur créatrice et, selon James, s'était mis à peindre des merveilles[1350]. Mais cette année-là le plaisir et les jeux avaient à peine commencé qu'ils allaient se terminer dans la tragédie. Le prince Alexis Mdivani, le frère de Roussy, la femme de Sert, séjournait dans la villa avec sa maîtresse, Maud von Thyssen-Bornemisza. Le 1er août, ils prirent sa Rolls-Royce pour se rendre à Perpignan. Ils n'y parvinrent jamais. À quelques kilomètres du Mas Juny, ils eurent un accident spectaculaire, et Mdivani fut tué sur le coup (sa maîtresse ne fut que légèrement blessée)[1351]. Après des funérailles déchirantes à Palamós, la plupart des invités, y compris Edward James, se dispersèrent, mais Dalí et Gala restèrent quelques jours. Être témoins du chagrin de leurs chers amis était déchirant, écrivit Dalí sur une carte postale adressée à James de Cadaqués. Dalí adorait Roussy Sert, dont le visage, ainsi qu'il l'écrivit plus tard, évoquait celui de la jeune fille dont le portrait par Vermeer se trouve à La Haye[1352]. La voir dans une si grande détresse était épouvantable, et il avait du mal à se remettre au travail. Néanmoins il était maintenant de nouveau immergé dans sa « ville imaginaire », qui était aussi celle de James[1353].

Il faisait référence à *Banlieue de la ville paranoïaque-critique*, une des toiles les plus réussies et les plus complexes de Dalí à l'époque, que James avait promis d'acheter. Le tableau fut commencé à Palamós juste avant la tragédie (Dalí dira plus tard qu'il avait été « peint » là)[1354] et emprunte à la ville deux éléments architecturaux : le grand portique du bâtiment sur la gauche (qui rappelle De Chirico) fait écho à celui du casino La Unión, et la coupole qui le couronne est une version stylisée du dôme qui surmontait l'imposante demeure Art nouveau de la famille Ribera. Les deux bâtiments furent démolis dans les années 1970[1355]. La toile, de modestes dimensions (46 × 66 cm), est presque une anthologie des motifs qui obsédaient Dalí à l'époque, et contient pléthore de détails précis. Sur la droite, une évocation dans le style carte postale de la Carrer del Call à Cadaqués montre que le village de Dalí constitue une partie intégrante de la « ville paranoïaque-critique » dans laquelle une Gala amicale, tendant des grappes de raisin noir, nous invite à pénétrer. Mais pourquoi Dalí a-t-il décidé de symboliser Cadaqués par cette rue ? Sans doute pas parce que, comme le dit son nom (*call* signifie « ghetto »), elle était autrefois au cœur du quartier juif. Et pas simplement en vertu de son aspect pittoresque (il y avait à Cadaqués nombre de coins et de perspectives charmants). Une raison plus probable est que, comme le savait Dalí, son grand-père paranoïaque, Gal Dalí, avait vécu à quelques pas de là. En haut du coffre, à l'arrière-plan, on voit une clé d'or, et dans le trou de la serrure on aperçoit l'image minuscule d'un enfant à laquelle fait écho la silhouette allongée sous l'arche au bout de la rue. Est-ce que ça ne suggère pas que Gala est la clé, ou l'une des clés, de la personnalité de Dalí ? L'hypothèse paraît raisonnable. Cadaqués, qui à en croire Dalí peut se vanter d'être « la plus grande paranoïa produite par la Méditerranée[1356] », était le lieu de naissance du malheureux grand-père qui, dans un accès de folie, s'était suicidé à Barcelone. Comment le peintre aurait-il pu l'oublier ? Comment aurait-il pu ne pas craindre d'avoir hérité de son ancêtre une tendance paranoïaque ?

Au portique effondré de la « ville paranoïaque », soutenu par une béquille et contenant un « truc » visuel emprunté à Magritte, fait écho la tour, derrière, avec sa cloche en forme de jeune fille. Apparemment, Dalí a toujours soutenu que la tour évoque celle de Vilabertran, le village à quelques kilomètres de Figueres que, adolescent, il avait souvent visité avec ses amis[1357]. Mais il est difficile de voir une quelconque ressemblance, car la tour en question est une tour romane. Quant à la fille-cloche, elle était inspirée du campanile de l'école-couvent d'Anna Maria Dalí, à Figueres, qui, comme le montre *Jeune fille de Figueres* (1926), était visible depuis la terrasse familiale. Elle a un fronton classique et une arche ronde, quoique dépourvue de fleuron, et a été détruite au cours de la guerre civile.

Nous avons vu que Dalí, en de multiples occasions, a raconté que ses rêves masturbatoires adolescents se passaient généralement dans trois beffrois superposés : ceux de Sant Pere, à Figueres, de Sant Narcís, à Gérone, et d'une église de Delft peinte par Vermeer. Le beffroi du couvent d'Anna Maria Dalí y a été ajouté plus tard, et on peut supposer que la fille-cloche qui se balance, si ubiquiste dans les peintures de l'artiste à partir de 1935, représente Dalí en masturbateur. Des années plus tard, Dalí offrit une cloche semblable à la petite chapelle de Sant Baldiri, qui garde l'entrée du cimetière de Cadaqués[1358].

Dans *Paysage avec une fille qui saute* (1936), les trois beffrois sont explicitement représentés. À l'arrière-plan, comme dans *Banlieue de la ville paranoïaque-critique* et dans tant de tableaux et de dessins effectués au cours des années suivantes, une jeune fille en robe blanche saute à la corde. Dalí a dit à Antoni Pitxot qu'elle représentait sa cousine Carolineta, dont nous avons vu qu'elle était morte en 1914 alors que Salvador avait dix ans, suscitant le chagrin de la famille[1359]. Carolineta est explicitement nommée dans plusieurs tableaux à partir des années 1933-1934, notamment dans les deux toiles intitulées *Apparition de ma cousine Carolineta sur la plage de Roses*. Comme elle est toujours associée avec l'été, on est tenté de conclure que cette parente, que le jeune Dalí voyait lors de ses visites à Barcelone, et qui a pu rendre visite à la famille à Figueres, a été l'une des premières femmes à éveiller sa curiosité sexuelle. Sur la foi de ces toiles et de ces dessins, il semble probable qu'elle est devenue une des actrices de ses rêves masturbatoires.

Nombre d'éléments de *Banlieue de la ville paranoïaque-critique* ont pour but de troubler délibérément celui qui regarde la toile. Aux grappes de raisin de Gala fait écho le dessin de l'arrière-train de cheval (et surtout de ses testicules) ; les orbites du crâne sur la table correspondent à l'espace entre les anses de l'amphore à côté ; le bâtiment avec son arche est répété en miniature sur le coussin en bas à gauche ; le trou de la serrure du tiroir au-dessus est l'équivalent de celui de la serrure du coffre en bas à droite ; les petites cloches ont un lien avec les silhouettes au sommet du bâtiment à arcade, etc. Si la paranoïa, selon la conception de Dalí, implique une « délirante association » d'images, on ne peut trouver meilleur exemple que celui-là de sa détermination à exprimer ce phénomène dans son art et, ce faisant, à provoquer chez celui qui regarde sinon un délire paranoïaque, du moins un *dérèglement des sens**.

James et les Dalí étaient maintenant en excellents termes, et avaient beaucoup de plaisir à se voir. À partir de la mort de Mdivani, ils ne cessèrent de s'écrire (toujours en français, que James parlait couramment) et abandonnèrent bientôt le « vous ». Après un voyage à Salzbourg, où il dit que la musique l'a aidé à accepter la tragédie, James descendit à Florence, prit un train pour Naples et ouvrit la maison de Ravello qu'il avait louée à lord Grimthorpe. La villa Cimbrone se dressait sur les falaises au-dessus de la ville et dominait Amalfi et la baie de Salerne. C'était une retraite idéale, et bientôt James pressa les Dalí de venir le voir au mois d'octobre. Il était si impatient de les retrouver qu'il décida qu'il ne pouvait attendre jusque-là, et sauta dans un train pour l'Espagne. Ils passèrent dix jours ensemble, la moitié à Cadaqués, la moitié à Barcelone[1360].

Edward James, toujours en mouvement, toujours impulsif et imprévisible ! Grâce à son incapacité à rester longtemps au même endroit, il était bien placé pour assister aux retrouvailles, cet automne-là, à Barcelone, de Dalí et Lorca, qui était alors au sommet de son succès comme jeune poète et dramaturge le plus populaire d'Espagne. Lorca était si ravi de retrouver Dalí qu'il fit une chose qui lui était très inhabituelle : il laissa tomber tous les autres. Le soir du 28 septembre, il aurait dû participer à un récital de poésie et de musique donné en son honneur. La salle était pleine, l'orchestre était prêt, le chœur aligné, l'excitation montait... mais les admirateurs de Lorca attendirent en vain. Le poète charismatique était descendu à Tarragone avec Dalí, sans donner d'explications[1361].

Lorca se trouvait à Barcelone pour une saison consacrée à ses pièces, et en ville on ne parlait que de lui. Lorsque le jeune journaliste Josep Palau i Fabre, qui devait devenir une autorité sur Picasso, obtint une interview, le poète ne cessa de parler du renouveau de son amitié avec Dalí. Ils allaient travailler ensemble à un projet, ils dessineraient les décors ensemble... « Nous sommes des âmes sœurs », disait-il. « Et en voilà la preuve : sept ans sans se voir, et pourtant nous sommes d'accord sur tout, comme si nous n'avions cessé de nous parler. Salvador Dalí est un génie, un génie[1362]. » L'observation du poète selon laquelle ils étaient des âmes sœurs rappelle le dessin qu'il avait fait du peintre en 1927, et dans lequel il le voyait (si l'on en croit Dalí) comme l'un des Dioscures, Castor et Pollux[1363].

Gala semble avoir été aussi fascinée par Lorca qu'il l'était par elle, la femme qui avait réussi non seulement à séduire Dalí, mais à le retenir. Selon le peintre, en 1952, elle était « estomaquée par ce phénomène totalement visqueux et lyrique », tandis que Lorca, pendant trois jours, stupéfait, ne fit que parler d'elle[1364]. Quant à Edward James, l'excitation le mettait hors de lui-même, et il écrivit à Diana Abdy qu'il avait rencontré à Barcelone beaucoup d'amis de Dalí, mais en particulier Lorca, qui avait lu pour eux durant une soirée entière. Il le considérait comme « un vrai grand poète », peut-être le premier qu'il ait rencontré[1365].

L'aspect et les manières de James avaient amusé Lorca. Selon Dalí, il était vêtu ce jour-là d'un costume tyrolien, avec culottes courtes (visiblement une culotte bavaroise) et chemise en dentelle à frous-frous, et Lorca vit en lui « un colibri vêtu comme un soldat du temps de Swift[1366] ».

James invita Lorca et les Dalí à l'accompagner à Ravello, mais le poète, étant donné la pression de sa saison à Barcelone et d'autres projets, ne put accepter. Dalí et lui ne devaient jamais se revoir.

Des années plus tard, volontairement ou involontairement, Dalí donna un récit très inexact de sa dernière rencontre avec « le plus grand ami » de sa jeunesse, soutenant qu'elle avait eu lieu juste avant la guerre civile espagnole. S'il avait suffisamment insisté, disait-il, Lorca l'aurait accompagné en Italie chez James – et aurait échappé au destin qui l'attendait peu après à Grenade. Mais il disait n'importe quoi, car c'est neuf mois plus tard que la guerre civile éclata et détruisit la démocratie avec laquelle Lorca s'était si bien identifié[1367].

De Ravello et de Rome, Dalí envoya à Foix des cartes postales enthousiastes (« L'Italie devient plus surréaliste que le pape lui-même »). Il est difficile de croire qu'il n'écrivit pas aussi à Lorca, après le renouveau de leur amitié unique, mais aucune correspondance n'a réapparu[1368]. Le séjour en Italie fut un succès. James dit à Edith Sitwell qu'il était maintenant très attaché à Dalí et à Gala, et qu'au cours de l'année passée le peintre avait accompli un grand pas, et mis de côté « les obsessions malheureuses et fatigantes » qui obéraient son travail. Il le considérait maintenant comme « l'homme le plus heureux et normal qu'il soit possible d'imaginer, plus du tout dominé par ses nerfs[1369] ».

Les Dalí, de leur côté, étaient ravis de connaître James. De retour rue Gauguet fin octobre, Dalí lui écrivit pour lui dire qu'il était fasciné par son « extraordinaire esprit poétique-critique », et profondément heureux de voir qu'ils s'entendaient si bien. Il assurait à James que Gala et lui l'aimaient vraiment beaucoup, et que son absence laissait un trou dans son dos comme celui des gouvernantes dans *Le Sevrage du meuble aliment*[1370].

Au mois de novembre, James invita les Dalí à Londres et présenta Salvador à l'architecte Hugh Casson, alors occupé aux rénovations de Monkton House, une maison d'Edwin Lutyens, près du Solent, qu'Edward James avait destinée à sa femme. Maintenant, après leur divorce, il avait décidé d'en faire sa retraite personnelle. La contribution de Dalí à la transformation de l'architecture consista à suggérer que les murs extérieurs soient repeints en couleur puce. Ils le furent. Mais les suggestions de Dalí pour un intérieur surréaliste furent jugées trop complexes pour pouvoir être réalisées[1371].

À cette époque, James était si persuadé du génie de Dalí qu'il avait décidé de devenir son mécène. En mars 1936, Dalí, qui était alors à Port Lligat et travaillait énormément, avait besoin de dix mille francs pour acheter une baraque adjacente à sa maison. James lui avança cinq mille francs sur sa « grande toile » et obtint de lord Berners qu'il complète la somme. Pouvait-il faire moins pour ses « très chers amis », ainsi qu'il les appelait maintenant ?

Dalí avait rencontré lord Gerald Berners à Paris aux concerts donnés par la princesse de Polignac, dont le vaste salon était décoré de « tempêtes d'embryons d'éléphants » de Josep Maria Sert[1372]. Compositeur et écrivain, Berners avait été associé aux Ballets russes. Il bénéficiait de moyens financiers presque aussi grands que James et était officiellement attaché à l'ambassade britannique à Rome. Il parcourait la ville dans une Rolls-Royce si spectaculaire que les Italiens le prenaient pour l'ambassadeur. Il était notoirement homosexuel, et dans sa maison de Faringdon, dans l'Oxfordshire, il menait une vie de « grand style » avec son amant Robert Heber-Percy. Apparemment, Dalí lui plut immédiatement[1373].

Le début du mécénat de James coïncida avec la dernière correspondance connue du peintre avec Lorca, une carte postale envoyée de Port Lligat au mois de mars. Dalí avait vu à Barcelone la récente reprise de *Yerma*, la pièce de Lorca :

> Mon cher Federico,
> Quel dommage que tu n'aies pas pu venir nous voir à Paris. Quel bon temps nous aurions passé ! Il faut qu'on fasse à nouveau des choses ensemble. *Yerma* est pleine d'idées sombres et surréalistes. Nous passons deux mois à Port Lligat pour mener à bien une cure d'analyse et d'objectivité, et pour manger ces choses extravagantes que PERSONNE ne connaît : des haricots

> bouillis de première classe, superfins et moelleux, fantastiques à regarder et qui sont les mystères d'Éleusis de la nourriture. *Dis-moi ce que tu fais et quels sont tes projets.* Nous serons toujours ravis de te voir chez nous. Tu te rappelles cette étrange structure de chair et de sang (mais qui paraissait impossible) appelée Max Aub ?
> Gala t'envoie son affection et je t'embrasse[1374].

Les Dalí restèrent à Cadaqués jusqu'à début juin, correspondant régulièrement avec Edward James, maintenant affectueusement surnommé « Petitou ». Ils lui dirent qu'ils n'avaient finalement pas pu acheter la cabane voisine et qu'à la place, un homme du coin (Emilio Puignau) ajoutait un étage au bâtiment existant. Ils pourraient bientôt le recevoir confortablement[1375]. Le temps était toujours épouvantable, et Dalí restait collé à son chevalet « comme le singe dans les toiles de Teniers ». Il écrivait aussi pour *Minotaure* un article sur les préraphaélites, et dessinait la prochaine couverture du magazine. Gala disait à James qu'en mai Dalí avait travaillé avec une frénésie qu'elle ne lui avait encore jamais vue, et qu'il était content de la toile qu'il venait de terminer. Sa prochaine exposition serait sans aucun doute la plus belle et la plus variée, avec une grande diversité. Elle devait se tenir chez Alex Reid et Lefèvre, à Londres, au mois de juin. Dalí ajouta un mot : James voulait-il bien leur prêter *Tête paranoïaque* (qui combinait l'image double d'un village africain découvert par Dalí sur une carte postale et une tête par Picasso) pour la prochaine exposition surréaliste à Londres ? James fut d'accord[1376]. Il n'avait plus qu'une idée en tête : décorer une des chambres de Wimpole Street de rochers du cap de Creus. Mais son architecte lui avait dit que la maison s'effondrerait. Que devait-il faire ? Dalí proposa d'effectuer pour lui, à la place, une peinture murale de Creus, lorsqu'il viendrait à Londres en juin : ce serait moins dangereux et plus efficace[1377].

Pendant ce temps, une *Exposition surréaliste d'objets* (à ne pas confondre avec une *Exposition d'objets surréalistes*) se tint à la galerie Charles Ratton, à Paris, entre le 22 et le 29 mai. Cette exposition fascinante comprenait objets naturels, objets naturels interprétés, objets naturels incorporés (deux objets de Max Ernst), objets perturbés, objets trouvés, objets trouvés interprétés, objets américains, objets océaniques, objets mathématiques, un ready-made et un ready-made assisté par Marcel Duchamp, et, pour finir, de véritables objets surréalistes : une sélection très variée de travaux d'Arp, Bellmer, Breton, Jacqueline Breton, Serge Brignoni, Claude Cahun, Calder, Dalí (*Le Veston aphrodisiaque* et *Monument à Kant*), Gala (*Escalier de l'Amour et Psyché*), Óscar Domínguez, Duchamp, Ernst, Ángel Ferrant, Giacometti, S. W. Hayter, Georges Hugnet, Marcel Jean, Magritte, Léo Malet, Man Ray, Ramón Marinel·lo, E. L. T. Mesens, Miró, Paul Nougé, Meret Oppenheim (le célèbre *Déjeuner en fourrure*), Wolfgang Paalen, Roland Penrose, Picasso, Louis Scutenaire, Max Servais et Yves Tanguy. Si besoin en était, la preuve était faite que les objets surréalistes avaient réussi[1378].

L'exposition chez Ratton, dont, dans une lettre à Foix, Dalí parlait comme de « la meilleure exposition collective surréaliste à ce jour[1379] », était accompagnée d'un numéro spécial des *Cahiers d'art* de Christian Zervos. Il comprenait l'article de Dalí « Honneur à l'objet ! » et ses propres commentaires sur la première incursion connue de Gala dans le monde de l'art, *Escalier de Cupidon et Psyché* (un modèle pour un appartement surréaliste), et sur son *Veston aphrodisiaque*, qui faisait partie des objets surréalistes les plus populaires en circulation. Dalí faisait remarquer que les petits miroirs recouvrant le veston contenaient du « Pippermint » (*sic*), une crème de menthe réputée pour ses puissantes propriétés aphrodisiaques. Entre les revers il avait fixé un minuscule soutien-gorge (en hommage à Caresse) en dessous duquel se trouvait la publicité du fabricant (« Diamond Dee Uplift »). Dalí estimait que le veston conviendrait pour les sorties lors de soirées calmes météorologiquement, mais lourdes d'émotions humaines, à condition que la personne qui le porte soit transportée dans une machine très puissante se déplaçant très lentement (pour ne pas troubler les liqueurs).

« Honneur à l'objet ! » contenait des élucubrations sur le symbolisme du svastiska et montrait la prise de plus en plus forte que le fascisme exerçait sur la pensée de Dalí. Dans sa conception « paranoïaque », le svastiska était un emblème signifiant la fusion de la gauche et de la droite, la résolution des « mouvements antagonistes ». Pour quiconque était versé dans la propagande fasciste à l'époque, il devait sembler clair que Dalí approuvait la prétention des nationaux-socialistes à proposer une nouvelle synthèse entre les forces de la révolution et de la réaction en les attelant au joug d'une action commune. Ernesto Giménez Caballero, l'ami de Dalí, avait posé les bases théoriques du fascisme espagnol dans *Genio de España* (1932), un livre que, en 1936, le peintre avait sûrement lu, et dont il avait peut-être même discuté avec son auteur. Dans son livre, Giménez Caballero expliquait sans honte que le fascisme était inséparable de l'impérialisme, que seul le mélange des énergies de la droite et de la gauche avait un sens dans la poursuite d'un but qui, pour le dire crûment, était la domination des faibles par les forts. Tout cela avait dû plaire à Dalí, aussi enragé dans la conquête de la célébrité internationale et le désir de se pousser en avant que l'était Hitler dans la conquête matérielle de l'Europe.

À la fin de son article, Dalí envisageait le développement des objets surréalistes en des termes qui le font passer pour le Führer du surréalisme : une nouvelle ère commence, et en conséquence l'objet surréaliste (grâce, évidemment, à Dalí) « réussira à imposer son hégémonie paranoïaque-critique ». Étant donné le programme de Dalí, consistant à obtenir la célébrité mondiale, et qu'il avait commencé à élaborer à l'âge de seize ans, il n'est pas surprenant que Hitler l'ait fasciné de plus en plus, notamment par sa petite taille et par ses origines apparemment humbles et banales. « Honneur à l'objet ! » montre combien Breton avait raison en mettant en doute la sympathie de Dalí pour la cause du prolétariat.

## L'EXPOSITION SURRÉALISTE DE LONDRES EN 1936 ; L'EXPOSITION ALEX REID ET LEFÈVRE

Le surréalisme faisait maintenant son chemin en Angleterre, où des artistes comme Roland Penrose, l'ami de James, « le fondateur et l'ambassadeur du surréalisme en Grande-Bretagne », Paul Nash, Henry Moore, Eileen Agar, John Banting, Humphrey Jennings, Julian Trevelyan et, plus tard, Conroy Maddox et Ithell Colquhoun, « avaient passé de longues périodes en France et comptaient sur une constante communication avec le continent[1380] ». Il manquait aux surréalistes britanniques un chef de la stature intellectuelle et de l'énergie d'André Breton (l'arrivée du Belge E. L. T. Mesens, en 1936, devait partiellement combler cette déficience). Néanmoins, en 1935, leur voix commençait à se faire entendre dans un pays beaucoup plus puritain que la France, et dans lequel les années 1920, à peine touchées par l'esprit rebelle de Dada, avaient été caractérisées, ainsi que se le rappelait Roland Penrose, par « une insularité et un conservatisme abrutissants[1381] ».

Le fascisme devenait de plus en plus virulent en Angleterre, comme en France ; nombre d'artistes étaient à la recherche de nouveaux modes d'expression, et le surréalisme, avec son engagement social passionné et son programme de libération personnelle, semblait offrir l'espoir d'un changement. De plus, dans le *Manifeste* de 1924, Breton rendait hommage à plusieurs écrivains anglais considérés comme précurseurs du surréalisme, en particulier à William Blake, comme le faisait remarquer David Gascoyne à des adeptes potentiels, dans son essai fondateur *A Short Survey of Surrealism* (novembre 1935). L'annonce qu'une grande exposition surréaliste se tiendrait à Londres au cours de l'été 1936 semblait donc tout à fait opportune. Comme le dit Penrose, lui et ses amis espéraient qu'elle « prouverait aux Londoniens qu'une révélation les attendait. Elle pourrait les libérer de la constipation de logique que la mentalité conventionnelle des collèges privés leur avait imposée[1382]. »

L'Exposition surréaliste internationale s'ouvrit aux New Burlington Galleries (Burlington Gardens) le 11 juin, et dura jusqu'au 4 juillet. Le comité organisateur anglais comprenait Hugh Sykes Davies, David Gascoyne, Humphrey Jennings, Rupert Lee, Diana Brinton Lee, Henry Moore, Paul Nash, Roland Penrose et Herbert Read (qui écrivit une brève introduction au catalogue). Du côté français, on trouvait André Breton, Éluard, Georges Hugnet et Man Ray ; E. L. T. Mesens représentait la Belgique, Dalí l'Espagne.

L'exposition fut ouverte par André Breton en présence de deux mille personnes. C'était une tentative ambitieuse, avec plus de quatre cents toiles, dessins, sculptures et objets présentés par soixante-six artistes, dont vingt-cinq Britanniques. En tout, quatorze nationalités étaient représentées. L'intérêt du public fut si grand que la circulation dut être interrompue dans Bond Street, et on calcula qu'il y eut vingt mille visiteurs[1383].

Dalí rata la cérémonie d'ouverture, et Gala écrivit à James qu'ils arriveraient le 21 juin et se rendraient directement à Faringdon avec lord Berners. Apparemment, James s'imposa et il y eut, avant Faringdon, une fête chez Cecil Beaton, à Ashcombe House, dans le Wiltshire. Quand les amusements furent terminés, les Dalí s'installèrent chez James au 35 Wimpole Street[1384].

Cinq conférences furent données au cours de l'exposition : Breton, « Limites non frontières du surréalisme[1385] » (en français, 16 juin) ; Herbert Read, « L'art et l'inconscient » (19 juin) ; Éluard, « Poésie surréaliste » (en français, 24 juin) ; Hugh Sykes Davies, « Biologie et surréalisme » (26 juin) et Dalí, « Authentiques fantaisies paranoïaques » (en français, 1er juillet). Il y eut un débat public sur le surréalisme, notable par une intervention d'Herbert Read sur les positions politiques du mouvement. Paul Éluard donna un récital de poésies de Lautréamont, Baudelaire, Cros, Jarry, Breton, Mesens, Péret, Picasso et lui-même (avec David Gascoyne et d'autres pour lire les traductions). À l'intérieur comme à l'extérieur de la galerie avaient lieu des discussions passionnées sur le mouvement qui touchait Londres pour la première fois, et la couverture dans les journaux et les magazines fut massive[1386]. La presse, selon Herbert Read, avait préparé « un arsenal de moqueries, de ricanements et d'insultes[1387] ». Et pas seulement la presse conservatrice. Le *Daily Worker*, l'équivalent communiste anglais de *L'Humanité*, exprima son profond mépris pour l'exposition et ses géniteurs. « L'impression générale qu'on en retire est celle d'un groupe de jeunes gens qui n'ont pas le courage de s'atteler au travail et tentent de se justifier par une escroquerie rationnellement élaborée », sermonnait le journal le lendemain de l'ouverture. La vision du Parti communiste fut énergiquement contestée par les surréalistes. Quant aux fascistes britanniques, ils menacèrent de saboter l'exposition, mais, finalement, ils n'en firent rien[1388].

Dalí contribua avec trois toiles – *Le Rêve* (prêté par Marie-Laure de Noailles), *Aube* (par Paul Éluard) et *Tête paranoïaque* (par Edward James) –, une gravure, *Fantaisie* (par la galerie Zwemmer), un dessin, *Le Cavalier de la mort* (par David Gascoyne), *Le Veston aphrodisiaque*, et quatre séries d'études à la plume pour *Les Chants de Maldoror* de Skira[1389].

Faber and Faber venait juste de sortir une brochure de Breton, *What Is Surrealism?*, éditée et traduite par David Gascoyne. Elle comprenait le texte de Breton sur l'exposition de Dalí chez Goemans, sa première à Paris, et Dalí était l'un des quatre peintres bénéficiant d'une illustration (son objet surréaliste *Le Buste de femme rétrospectif*). Plus importantes étaient les remarques de Breton sur les contributions de Dalí au surréalisme contenues dans l'essai principal du même nom que la brochure (une version légèrement révisée de sa conférence de 1934 publiée sous ce titre). Passant en revue les origines, les buts et les réussites du mouvement à ce jour, l'essai était généreux en louanges pour Dalí, dont « le "bouillonnement" intérieur exceptionnel a été pour le surréalisme, durant toute cette période, un ferment inestimable », écrivait Breton. Dalí, pour Breton, était non seulement un peintre surréaliste majeur, mais l'un des théoriciens les plus pertinents du mouvement. C'était un sacré compliment, et Dalí a dû être ravi de le voir imprimé à Londres, où il espérait des ventes lucratives lors de sa future exposition chez Alex Reid et Lefèvre[1390].

L'importance sous d'autres aspects de Dalí pour le mouvement était soulignée dans *Surrealism*, publié chez Faber and Faber, édité et introduit d'une façon combative par Herbert Read, paru peu après l'exposition, et qui connut bientôt une deuxième édition. Read avait remarqué l'intérêt du peintre pour les préraphaélites, et doutait qu'aucun Anglais puisse « approcher ces artistes avec la fraîcheur et la liberté que Salvador Dalí, par exemple, apporte à leur réévaluation[1391] ». D'après cette remarque, il semble évident que Read avait lu l'article de Dalí « Le surréalisme spectral de l'Éternel féminin préraphaélite », publié dans le huitième numéro de *Minotaure*. L'article montre que Dalí connaissait bien la collection de préraphaélites de la Tate Gallery, qu'il avait sans aucun doute visitée avec Edward James, et il est notable par l'affirmation selon laquelle il avait découvert le « surréalisme flagrant » du vieux mouvement, affirmation cohérente, après tout, avec sa défense de l'Art nouveau depuis 1929[1392].

En ce qui concerne Georges Hugnet, qui concocta une anthologie de textes surréalistes pour le volume édité par Read, la poésie de Dalí « était si incroyablement authentique qu'on n'y croyait pas. C'est une sorte de confession totale au cours de laquelle le poète décrit son amour, ses délires et ses obsessions. Libre et violente, elle adhère au mode d'expression le plus direct, l'externalisation des désirs. » Hugnet en donnait comme preuve un extrait du « Grand Masturbateur ». Un poème sur la masturbation, cette horreur entre les horreurs, pour la délectation des Anglais, même s'il ne s'adressait qu'à la minorité parlant français ! Il s'agissait du meilleur texte qui pût être donné comme soutien à la croyance surréaliste en « la plus totale libération des impulsions », en sa détermination de mettre fin aux entraves de la répression et de la censure sexuelles[1393].

Pour la promotion de Dalí à Barcelone, J. V. Foix était toujours son allié le plus sûr. Le peintre ne perdit donc pas de temps pour l'informer du succès de l'Exposition surréaliste. En ce qui concerne son exposition personnelle qui allait s'ouvrir chez Alex Reid et Lefèvre, sept des toiles les plus importantes avaient été vendues à l'avance. Dalí exultait. « Le surréalisme prend magnifiquement à Londres », disait-il à son ami, paraphrasant les mots d'Herbert Read dans le catalogue de l'exposition, « car il éveille les atavismes latents dans la tradition anglaise de W. Blake, Lewis Carroll, les préraphaélites, etc. ». Peu après,

Foix donnait dans *La Publicitat* les dernières nouvelles du surréalisme à Londres, avec Dalí en vedette[1394]. Chez Alex Reid et Lefèvre, Dalí exposa vingt-neuf toiles et dix-huit dessins. Dans le catalogue, une page conçue par l'artiste énumérait les œuvres exposées :

*SNAPSHOTS IN COLOUR AND PROMPTED BY DREAMS*

*OBJECTIVE AND SUBJECTIVE PHANTOMS*
*DIURNAL FANTASIES*
*IMAGES IN HALF-SLEEP*
*OVERWHELMING OBJECTS*
*OBJECT-BEINGS*
*MORPHOLOGICAL SPECTRES*
*LILLIPUTIAN UNEASINESS*
*PARANOIAC ASSOCIATIONS*
*EXPERIMENTAL ONEIRISM*
*CAPRICES WITHIN THE WOMB*
*DRAWERS OF FLESH*
*MALLEABLE WATCHES*
*VERY HAIRY APARTMENTS*
*SUBCONSCIOUS IMAGES*
*IMAGES OF CONCRETE IRRATIONALITY*[1395]

La confiance de Gala en l'exposition était pleinement justifiée, car elle comprenait nombre de toiles remarquables, notamment le *Faubourg* (ou plutôt *Banlieue*) *de la ville paranoïaque-critique* d'Edward James. Le numéro 5 du catalogue aurait dû être intitulé *Construction molle avec des haricots bouillis*, et non pas *abricots bouillis* (on suppose que le traducteur a confondu « abricots » et « haricots », que Dalí avec son orthographe chaotique avait dû écrire sans « h »). On a déjà parlé de l'origine du tableau, qui date de mai 1934. Il s'agit sans aucun doute de l'une des toiles les plus réussies de Dalí à cette période, la suprême expression des thèmes du cannibalisme, de l'anthropophagie et de l'automutilation qui dominaient tant d'œuvres tourmentées des quatre années précédentes. Après que la guerre civile espagnole eut éclaté, en juillet 1936, Dalí se mit à prétendre que son œuvre était prophétique, et il la sous-titra *La Prémonition de la guerre civile.* Mais on n'a aucune preuve, contrairement à ce que dit plus tard le peintre, qu'il ait eu l'idée du nouveau titre avant que les généraux espagnols rebelles ne se soulèvent contre la République. Et, ce qui est significatif, le sous-titre ne figure ni sur le catalogue d'Alex Reid et Lefèvre, ni dans le numéro du 15 juin 1936 de *Minotaure*, dans lequel fut publiée la première reproduction de la toile[1396].

L'exposition chez Alex Reid et Lefèvre, comme l'espérait Dalí, le plaça au centre de la scène de l'art contemporain à Londres. Selon une source citée par *Star*, le jour de l'ouverture, à l'heure du déjeuner, il avait vendu dix toiles « bien au-dessus du prix moyen de 100 livres la toile », et cinq dessins qui allaient chercher dans les trente-cinq livres chacun[1397]. De façon générale, les articles étaient favorables. Dans le *Studio*, un rédacteur anonyme écrivit que, des nouveaux visages associés au surréalisme, « le plus accompli est Salvador Dalí, qui peint comme un préraphaélite devenu fou ». Il remarquait que les visiteurs de la galerie avaient particulièrement admiré les qualités que Dalí partageait « avec des figures éminemment respectables comme Holman Hunt ». Mais il y eut aussi

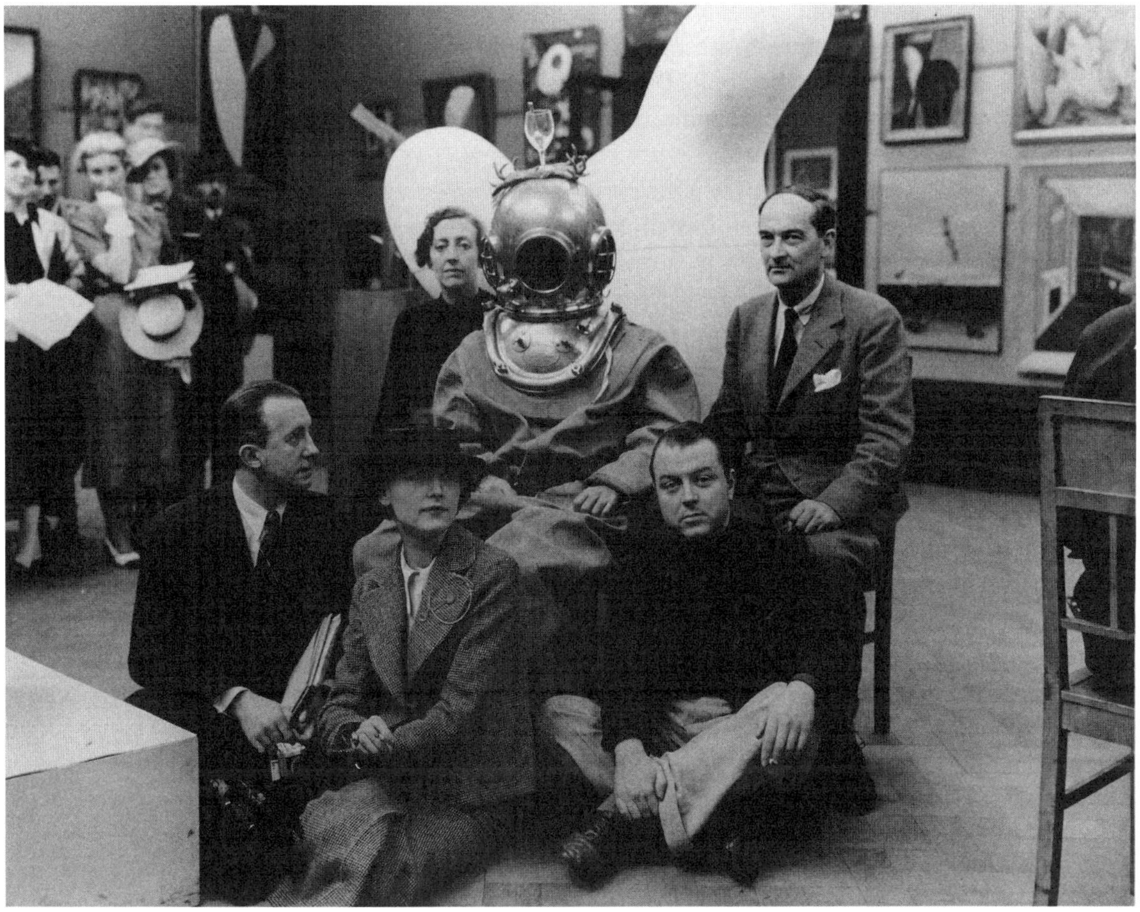

● Dalí, Paul et Nusch Éluard et quelques mécènes à l'Exposition surréaliste internationale à Londres en 1936. Le peintre, revêtu du scaphandre, s'apprête à donner une conférence sur les « profondeurs » du mouvement.

des moqueries, et des lettres irritées aux directeurs des journaux. Les sarcasmes du *Daily Telegraph* étaient assez typiques[1398] : « Ces images de l'inconscient révèlent un artisan si doué qu'on peut attendre avec intérêt le retour de l'artiste à une pleine conscience. »

Mais ni l'exposition chez Alex Reid et Lefèvre ni la participation de Dalí à l'Exposition surréaliste internationale ne frappèrent le public autant que sa conférence à Burlington Gardens, le 1er juillet. Comme la causerie était intitulée « Authentiques fantaisies paranoïaques », et qu'elle portait sur les bienfaits d'une immersion dans l'inconscient, Dalí avait décidé de donner sa conférence vêtu en conséquence. Le *Star* raconte :

> M. Dalí et un public de 300 personnes assistèrent à la conférence, et M. Dalí était vêtu pour son rôle.
> Il portait une tenue de plongée, décorée comme un arbre de Noël.
> Le casque du plongeur portait à son sommet un radiateur de voiture.
> Des mains en pâte à modeler étaient collées à la combinaison.
> Il avait autour de la taille une ceinture munie d'une dague.
> Il portait une queue de billard et était escorté par deux énormes chiens.
> Pour rendre le spectacle plus déconcertant il parlait en français, à travers des haut-parleurs.
> À la moitié de son bavardage, il commença à avoir chaud et demanda à quelqu'un de lui retirer son casque.

> Il était collé et une clé n'aurait servi à rien, mais la queue de billard se trouva faire un ouvre-boîte convenable.
> De temps en temps, le responsable des diapositives les glissait de travers, ou la tête en bas, mais il ne s'en apercevait ni n'en était gêné. « Le surréalisme, c'est comme ça. »
> Mais si quelqu'un pense que ces clowneries sont drôles... un instant : des gens achètent ces tableaux idiots.
> Rira bien qui rira le dernier.
> On demanda à M. Dalí pourquoi il portait une tenue de plongée. « Pour montrer que je plonge profondément dans l'âme humaine », a-t-il répondu[1399].

Dalí affirma plus tard qu'il était sur point d'étouffer quand l'aide était arrivée. Selon un journaliste, c'est Edward James (« l'ancien mari de miss Tilly Losch, la danseuse, qui jouait le rôle de l'hôtesse d'accueil très accueillante ») qui réussit à retirer le casque récalcitrant[1400]. David Gascoyne prétendit que c'était à lui qu'était revenu de trouver une clé – un objet peu courant dans Bond Street[1401].

James devait être préoccupé de la survie de Dalí, car à cette époque il était en train de forger un contrat qui lui donnait tout contrôle sur la production de l'artiste pour les deux années suivantes. Le 20 juin, son avocat parisien, Robert Bernstein, lui avait envoyé une proposition de contrat. Il se présentait sous la forme de l'accord de James, et de sa complète acceptation, avec les termes d'une lettre putative de Dalí. Dans cette lettre, l'artiste donnait son accord pour que tous les dessins, toiles et aquarelles qu'il produirait entre le 1er juillet 1936 et le 1er juillet 1938 soient la propriété du seul James, et pour qu'il lui soit interdit de vendre ou de soumettre à quiconque des travaux effectués au cours de cette période. Le nombre et la taille des travaux à produire devaient être précisés, et les sommes versées à Dalí tous les six mois. Si Dalí ne parvenait pas à fournir le nombre d'œuvres requis, les paiements seraient réduits en fonction[1402].

John Lowe, le biographe de James, a écrit que cette ébauche du contrat, « avec accord sur les détails », a été signée au cours de l'été 1936. Mais tel n'était pas le cas. Le document définitif donnant à James la totalité de la production de Dalí ne fut pas signé avant la fin de l'année et, comme nous le verrons, « n'entra en application que le 1er juin 1937[1403] ».

Ce que James obtint cet été-là, c'est un contrat alambiqué par lequel Dalí lui vendait sa toile *Portrait géodésique de Gala*. Signé par l'avocat de Dalí et de James à Londres le 31 juillet 1936, l'accord stipulait que l'artiste pouvait garder la toile, à ses risques et périls, jusqu'au 30 juillet 1939. Dalí reçut vingt mille francs à la signature, les cinq mille francs restants devant lui être payés à la livraison de la toile. Il s'agissait, de la part de James, d'un contrat très généreux. De fait, Dalí devait s'accrocher à la toile plus longtemps que ne le disait le contrat. James était furieux, ce qui est compréhensible. Aujourd'hui l'œuvre se trouve au musée d'Art de Yokohama[1404].

## LA MORT DE LORCA

Dalí et Gala se trouvaient chez James à Wimpole Street quand la nouvelle leur parvint qu'un coup de main longtemps attendu des fascistes venait d'avoir lieu en Espagne. James soutient dans une lettre écrite deux ans plus tard, et peut-être jamais envoyée, qu'à cette époque

Dalí avait exprimé l'espoir que la République l'emporterait, et réagissait avec enthousiasme chaque fois qu'arrivait la nouvelle d'un succès des communistes ou des anarchistes. Selon James, Dalí s'était même moqué d'une de ses amies, Yvonne de Casa Fuerte, qui, parce que catholique, était pro-Franco. Étant donné la sympathie croissante pour le fascisme de Dalí à ce moment, il est cependant difficile de croire à l'exactitude des souvenirs de James. À moins que Dalí, jouant son jeu favori des subterfuges, n'ait prétendu être républicain en attendant de voir ce qui allait se passer[1405].

Au mois d'août, James rejoignit les Dalí à Paris. Il avait préparé un nouveau plan pour aider la République. Il s'agissait d'obtenir de l'argent destiné à acheter des bombardiers en persuadant le gouvernement espagnol de lui prêter quelques Greco du Prado. Les toiles seraient exposées à Burlington House et les fonds générés par les entrées remis aux Espagnols. James prit contact avec sir Kenneth Clark, alors à la tête de la National Gallery, et il parut intéressé par sa proposition[1406]. James, par Dalí, se fit présenter Luis Buñuel, qui à l'époque travaillait à titre politique, et en partie secret, pour l'ambassade espagnole à Paris. Buñuel rappelle dans ses Mémoires qu'il communiqua la proposition de James au ministre des Affaires étrangères de la République, Álvarez del Vayo. Ce dernier aurait aimé accepter (le gouvernement avait sérieusement besoin de bombardiers), mais se sentit incapable de le faire : l'opinion internationale se serait montrée hostile à un échange de matériel de guerre contre des œuvres du Prado, quelles que soient les garanties apportées[1407].

À Paris, au mois de septembre, Dalí apprit que Lorca avait été exécuté par les fascistes dans son Grenade natal. Au commencement, les amis du poète ne crurent pas à la rumeur, mais peu à peu, alors que les rebelles ne parvenaient pas à prouver qu'il était encore vivant, et qu'étaient connus plus de détails sur la féroce répression à Grenade, la terrible vérité s'imposa. On ne sait quelle fut la réaction immédiate de Dalí à la nouvelle. Dans *La Vie secrète*, à l'époque où il réécrivait son histoire, il dit :

> Dès le début de la guerre, mon grand ami, le poète de *la mala muerte*, Federico García Lorca, mourut fusillé dans sa ville de Grenade par les franquistes. Les rouges s'emparèrent avidement de cet événement pour l'exploiter à leur compte. Quelle ignominie ! Lorca était par excellence le poète le plus apolitique de la Terre. Il mourut symboliquement comme la victime propitiatoire de la confusion révolutionnaire. On ne tua pas pour des idées pendant ces trois ans. On tua pour des raisons personnelles, pour des raisons de personnalité. Autant que moi, Lorca avait de la personnalité à revendre et à louer, assez pour être fusillé par n'importe quel Espagnol avant tous les autres. Le sens tragique de la vue qu'avait Lorca était marqué du même éternel tragique que la destinée de tout le peuple espagnol[1408].

Dalí n'était peut-être pas au courant de l'engagement politique de Lorca au cours des mois agités menant à la guerre : il avait apporté son soutien au Front populaire, signant des manifestes de gauche, condamnant publiquement le fascisme et même déclarant, dans une interview à un journal, que la droite grenadine représentait non seulement « la pire bourgeoisie d'Espagne », mais conspirait activement contre le gouvernement. Mais Dalí avait raison de soupçonner que des éléments d'inimitié personnelle avaient joué leur rôle dans l'assassinat du poète[1409]. Étant l'un des Espagnols les plus charismatiques, Lorca suscitait l'envie autant que l'admiration (comme Dalí le savait depuis Madrid). L'artiste, plus tard, affirma que, lorsqu'il avait appris la mort de Lorca, il s'était exclamé « Olé ! », utilisant ce terme dans le sens de l'admiration suscitée par une passe, au cours d'une corrida, brillamment exécutée. Lorca, obsédé par la mort, avait parfaitement réalisé son destin. Face à la perte du « meilleur ami de sa jeunesse », Dalí ne pouvait que se rappeler comment, à la Résidence, le poète avait essayé de compenser sa terreur de la mort en jouant compulsivement sa fin, ses funérailles et sa décomposition progressive, tandis que ses amis suivaient le rituel avec fascination et horreur[1410]. Maintenant que Lorca avait été sacrifié, à l'âge de trente-huit ans, Dalí comprit que quelque chose s'était brisé dans sa propre vie. Lorca devait l'accompagner durant le reste de son existence. Lorsque tout se passerait bien, il le remercierait de son aide ; la voix de Lorca, sa musique et sa poésie retentiraient constamment à ses oreilles, et se réfléchiraient à la fois dans sa peinture et sa poésie. Et il ne manquerait jamais d'évoquer fièrement l'« Ode à Salvador Dalí », dont la prescience tragique ne l'avait frappé qu'après la disparition du poète. Et il est aussi impossible de comprendre Dalí sans prendre en compte son amitié avec Lorca que de concevoir sa vie et son travail en l'absence de Gala. Mais dans le cas de ces deux relations, nos connaissances sont regrettablement déficientes.

Dans *La Vie secrète*, où il rationalise sa décision de ne pas retourner en Espagne et de se mêler de politique, Dalí affirme que la nouvelle de la mort de Lorca, et la « suffocante atmosphère partisane suscitée en France par la guerre civile espagnole », le décida à entreprendre un voyage dans l'Italie de Mussolini[1411]. Son récit de ce séjour est un tissu d'inexactitudes : il ne passa pas cet automne-là « une longue saison » avec Edward James à la villa Cimbrone[1412], et la visite de lord Berners à Rome (et brièvement en Sicile), lorsqu'il peignit *Impressions d'Afrique*, eut lieu en 1938, et pas en 1936. La seule bribe de vérité dans ces pages amusantes, c'est que Gala et lui passèrent quelque temps dans les Dolomites (où ils attendirent en vain que James les rejoigne), résidant à l'hôtel Tre Croci, à Cortina d'Ampezzo. De là, Dalí écrivit à Breton pour lui dire que les montagnes le stimulaient intellectuellement, à tel point qu'il ne parvenait pas à dormir et n'arrêtait pas d'avoir envie d'éclater de rire. Une autre raison de cette excitation, expliquait-il, était l'approche de l'exposition à New York. Il s'agissait d'une exposition sur l'Art fantastique, Dada et le surréalisme, organisée par Alfred Barr, qui devait s'ouvrir en décembre au Museum of Modern Art, coïncidant avec l'exposition Dalí chez Julien Levy. « On vous aime » : Dalí terminait ainsi sa brève missive insignifiante[1413].

Le 5 octobre 1936, après avoir été de Cortina d'Ampezzo à Florence[1414], Dalí et son épouse regagnèrent Paris. Le neuvième numéro de *Minotaure* venait de paraître, et contenait une reproduction en couleurs, détaillée, de *Construction molle avec des haricots bouillis*, maintenant opportunément renommé *Prémonition de la guerre civile*. Gala dit à James que Dalí travaillait furieusement à des toiles pour son exposition à New York. « Petitou » serait-il prêt à leur prêter *Visage paranoïaque*, *L'Automobile de la mort* et *Cité des tiroirs* pour l'exposition du MOMA ? Quelques jours plus tard, Dalí suppliait James d'envoyer aussi *Cannibalisme d'automne* et *Enfant regardant la lune*. James coupa la poire en deux, et expédia *Visage paranoïaque* et *Cité des tiroirs*.

Juste avant que Dalí et Gala embarquent pour New York, le peintre reçut une lettre peinée de Breton, datée du 22 novembre 1936, dans laquelle il se plaignait que Dalí ne lui ait pas renvoyé un livre et le tapuscrit d'un article de Gilbert Lely (les deux sans doute sur Sade) et l'exemplaire qu'il lui avait prêté d'*Ubu enchaîné*, de Jarry. Breton faisait la liste d'autres manquements de Dalí à sa parole, et lui rappelait le nombre de services qu'il lui avait rendus, notamment la correction de ses textes pour la publication (habituellement écrits, omettait-il poliment de dire, dans un français à l'orthographe abominable). Dalí devrait sûrement se montrer plus attentionné. Mais la lettre restait cependant amicale. Breton, simplement, se sentait mis de côté, et terminait en disant qu'entre eux il ne devait pas y avoir de place pour l'irrationalité[1415].

## AVEC JULIEN LEVY À NEW YORK

Le 7 décembre 1936, Dalí et Gala arrivèrent à New York à bord du *Normandie*, la fierté de la France. Le timing de leur visite, comme lors de la première exposition de Dalí, avait été soigneusement réglé par le toujours efficace Julien Levy de façon à coïncider avec l'ouverture de l'exposition de Barr sur l'Art fantastique, Dada et le surréalisme, au Museum of Modern Art. Levy avait confiance : Dalí, à New York, devait toucher le jackpot. Il avait vu Dalí et Gala dans leur atelier de la rue Gauguet l'été précédent, et avait été frappé par l'évolution du peintre, évolution de bon augure pour l'automne. « Dalí n'était plus l'étranger à moitié timide, à moitié malicieux, mais un homme expansif, élégant, tout à fait impressionnant », écrivit-il dans son *Memoir of an Art Gallery*. À cette occasion, Levy avait fait la connaissance d'Edward James, et été consterné de voir qu'il achetait « toutes » les meilleures toiles de Dalí. Mais ils s'étaient bien entendus et James avait promis de prêter des tableaux de Dalí pour l'exposition de New York. Il tint parole[1416].

Julien Levy avait veillé à ce que la Black Sun Press de Caresse Crosby, maintenant basée à Manhattan, édite son magnifique livre, *Le Surréalisme*, à temps pour les expositions Barr et Dalí. Cela signifiait encore plus de publicité pour Dalí (ainsi que pour Levy). Ce fut aussi le cas pour la publication new-yorkaise du livre paru chez Faber and Faber sous le même titre, édité par Herbert Read, qui avait si bien marché à Londres. Il était évident qu'il s'agirait de la grande saison surréaliste à New York, avec Dalí en tête de pont.

*L'Art fantastique, Dada et le surréalisme* s'ouvrit le 9 décembre 1936, et connut un énorme succès public et critique. Comme l'expliquait Barr dans le catalogue de l'exposition (réimprimé dans une édition très embellie et augmentée en juillet 1937), c'était la deuxième d'une série d'expositions « conçues pour présenter de façon objective et historique les principaux mouvements de l'art moderne » (la première, *Cubisme et art abstrait*, s'était tenue au printemps précédent). L'exposition, qui dura jusqu'au 17 janvier 1937 et attira un public massif, comprenait six œuvres de Dalí : *Les Plaisirs illuminés* (1929), *La Source* (1930), la désormais célèbre *Persistance de la mémoire* (1931), *Puzzle d'automne* (1935), et les deux œuvres prêtées par Edward James, toutes deux de 1936 : *Visage paranoïaque* et le dessin à l'encre *Cité des tiroirs*.

Barr avait commandé à Georges Hugnet deux articles historiques sur Dada et le surréalisme pour le catalogue de l'exposition. Dalí avait exécuté un frontispice convenablement érotique pour *Onan*, d'Hugnet, en 1931 et semble avoir été en bons termes avec le jeune écrivain, qui avait été admis dans les rangs surréalistes à peu près en même temps que lui. Il pouvait donc espérer un compte rendu appréciatif de sa contribution au mouvement. De fait, il fut particulièrement louangeur :

> En même temps que dans son *Second manifeste* Breton procède à une évaluation de l'esprit surréaliste, un nouveau peintre assume un rôle d'une

> importance capitale. Les contributions poétiques, picturales et critiques de Salvador Dalí ont tourné les recherches surréalistes dans une direction particulière et donné une forte impulsion à des expériences qui n'avaient été jusque-là que de timides tentatives. Son œuvre est comme une immense fleur carnivore qui s'épanouit au soleil surréaliste. Touché par l'expression lyrique de certaines œuvres d'Ernst et de Tanguy plutôt que gagné par leurs procédés plastiques, et portant à leurs ultimes conclusions certaines déclarations du premier *Manifeste*, il lâche complètement la bride aux rêves et aux hallucinations qu'il représente de la façon la plus fidèle et la plus méticuleuse. Il affirme son goût pour les chromolithographies, les imitations de la nature les plus colorées, les plus complètes et les moins accidentelles. Il dédaigne toutes les expériences sur les surfaces et tous les clichés habituels sur le métier du peintre. Il met sa « manière », son talent pictural, directement au service du délire. Son moyen, c'est le *trompe-l'œil**. Il crée un monde fiévreux dans lequel les simulations, les maladies mentales, les problèmes nerveux, les phénomènes sexuels, les inhibitions, jouent un rôle. Sans être incohérent, il va du collage au chromo, des objets ready-made à l'illusion parfaite, de De Chirico et Picasso à Millet et Meissonier – tout ça à travers la méthode des associations paranoïaques. Ses expériences, quoique remarquablement fructueuses, ne pourraient être vulgarisées avec succès. Sa conception du but de la peinture en dit assez sur sa tendance anti-artistique, sur son plaisir à faire des images doubles, et sur son désir de faire de ses peintures des « instantanés à la main ». Sa méthode de la critique subjective, son interprétation des œuvres d'art les plus familières comme d'obsessions récurrentes, son acceptation de toutes les aberrations, à la fois dans sa peinture et dans ses écrits, et son respect pour l'intégrité des rêves, aussi contradictoires qu'ils peuvent être, sont tous des contributions essentielles au surréalisme[1417].

Dalí, alors qu'il aurait dû être ravi de ce bilan, ne fut pas content de la dérive que marquait la préface d'Hugnet. Il dit à Breton que selon lui le texte était déficient d'un point de vue politique, et même d'un point de vue historique. Dada (qui avait eu droit à vingt pages, contre dix-huit au surréalisme !) aurait dû se voir consacrer « trois lignes historiques, comme à une chose vraiment éloignée ». Une presse crédule et un public ignorant étaient gravement mal orientés, et, pour aggraver les choses, Hugnet n'avait pas insisté sur la prééminence que le surréalisme donnait actuellement à l'« irrationnel », c'est-à-dire au désir d'exploiter l'énergie de l'inconscient plutôt que d'enregistrer passivement son fonctionnement (comme lors de la première phase du surréalisme). C'est Breton lui-même qui aurait dû écrire la préface[1418].

Le 10 décembre, le lendemain de l'ouverture de *L'Art fantastique, Dada et le surréalisme*, eut lieu l'ouverture privée de l'exposition Dalí chez Levy, et le 14 décembre, la veille de l'ouverture au public, l'artiste reçut l'accolade suprême lorsqu'une photo de Man Ray et lui parut en couverture de *Time*. « LE SURRÉALISTE SALVADOR DALÍ. Un pin en feu, un archevêque, une girafe et un nuage de plumes passèrent par la fenêtre », disait la légende. Un an plus tôt, *Time* avait parlé de la collaboration de Dalí à *L'Âge d'or* (sans mentionner Buñuel), et Dalí dut se sentir fier de cette nouvelle allusion au film devenu légendaire, qui avait été projeté « à huis clos » à Manhattan en 1932[1419]. Dans ses pages intérieures, *Time* parlait de l'exposition au MOMA et fournissait un scénario détaillé et louangeur de la carrière de Dalí jusqu'à ce jour. On pouvait lire : « Le surréalisme n'attirerait pas aujourd'hui autant l'attention aux États-Unis sans ce beau Catalan de 32 ans à la voix douce et à la moustache soigneusement taillée d'acteur de cinéma, Salvador Dalí. » C'était vrai. Le magazine ajoutait, en l'approuvant de façon évidente, que Dalí avait « un don pour la publicité qui devrait faire pâlir d'envie tout attaché de presse ». Si Breton vit l'article de *Time*, il dut être peiné[1420].

Dalí, qui ne parlait pas encore anglais, n'avait aucune idée du nombre de gens qui lisaient *Time*. Soudain, il s'aperçut qu'il ne pouvait plus traverser la rue sans qu'on le reconnaisse et qu'on lui demande de signer un autographe. Être connu à Figueres était une chose. Mais sur la 5e Avenue ! « La célébrité, se souvenait-il, m'intoxiqua comme un matin de printemps[1421]. »

Julien Levy et Dalí avaient imaginé un spectaculaire « catalogue-souvenir » (imprimé à Paris) pour la troisième exposition individuelle de l'artiste à New York. La couverture montrait un homme aux épaules couvertes de poils, un tiroir ouvert comme visage et des seins nus pendants en dessous, sur lesquels étaient fixés des boutons insérés dans les mamelons, que l'on pouvait tirer pour révéler des reproductions en miniature de certaines œuvres exposées. « Un écrin de petites reproductions en accordéon retenues par des fermoirs », ainsi Edward Alden Jewell décrivait-il ce nouvel objet dans le *New York Times*[1422]. Au-dessus de l'épaule gauche de la femme se trouvait imprimée une liste des caractéristiques des œuvres exposées copiée mot pour mot du catalogue de l'exposition de Dalí l'été précédent, à Londres, chez Alex Reid et Lefèvre. Sur la droite, le public, dans une calligraphie dalinienne, était informé, que l'artiste reproduisait « la force invisible de la nature ». Il y avait trois autres indications : « Images dérangeantes », « Les *épidermes** des orchestres » et « Canapés salivaires ». Chez Levy étaient exposés vingt toiles, douze dessins (pas identifiés dans le catalogue) et le populaire *Veston aphrodisiaque*[1423].

L'exposition fut un triomphe. Après avoir plaisanté sur l'audacieux catalogue, Edward Alden Jewell poursuit : « Du côté du métier, Dalí s'est surpassé. Sérieusement, il est capable de peindre comme un ange. Je pense qu'il n'a jamais peint aussi bien qu'il peint maintenant[1424]. » C'était sans doute vrai : le soutien d'Edward James avait permis à Dalí de produire un travail fabuleux. À tel point qu'*Art News*, qui n'était pas au courant de cette relation spéciale, était positivement stupéfait : « Il semble extraordinaire que Salvador Dalí puisse continuer à donner de tels tableaux avec une telle énergie et une telle joie sauvage[1425]. »

La toile qui attira le plus l'attention était *Construction molle avec des haricots bouillis*, maintenant sous-titrée *La Prémonition de la guerre civile*, qu'un critique estimait être non seulement le chef-d'œuvre de Dalí, mais « un incontestable chef-d'œuvre du surréalisme[1426] ». *Cannibalisme d'automne*, que Dalí venait de peindre, était un autre rappel de la guerre en Espagne – une guerre dans laquelle nombre d'Américains idéalistes devaient bientôt perdre la vie. Dalí, plus tard, commenta : « Ces Ibères qui se dévorent mutuellement en automne expriment le pathos de la guerre civile considérée (par moi) comme un phénomène d'histoire naturelle, à la différence de Picasso, qui y voyait un phénomène politique[1427]. »

Picasso, toujours perçu comme le grand rival ! Mais la remarque de Dalí, quoique rétrospective, souligne la différence entre son attitude et celle de Picasso concernant la guerre en Espagne. On recherche en vain la moindre déclaration de Dalí pour soutenir la République, ou condamner le honteux pacte de non-intervention signé par les gouvernements anglais et français tandis que l'Allemagne et l'Italie fournissaient à Franco des avions et d'autres équipements. Dalí observait le « phénomène d'histoire naturelle » de loin, et comme à ce stade de la guerre personne ne pouvait prévoir son issue, décidait de ne rien dire, du moins en public, pensant probablement qu'en conséquence il pourrait rentrer chez lui quel que soit le vainqueur. Rien ne pouvait être plus loin de cette attitude de spectateur que l'indignation et le besoin passionné de justice consignés jour après jour dans les journaux d'adolescence qu'il tenait vingt ans plus tôt.

Bonwit Teller, le fameux grand magasin sur la 5e Avenue, avait commandé des vitrines surréalistes à une série d'artistes, pour profiter de l'ouverture de l'exposition *L'Art fantastique, Dada et le surréalisme* au MOMA. Mais c'est la vitrine de Dalí qui marqua les esprits, le public restant debout dans la rue, bouche bée devant ses inventions. Son thème était « C'était une femme surréaliste, on aurait dit le personnage d'un rêve ». Un journaliste dit qu'il s'agissait du « titre le plus cohérent jamais collé jusque-là sur une composition de Dalí ». Sur fond de nuages en papier mâché était allongé un mannequin de femme en robe noire à la tête faite de roses : la femme surréaliste en personne. De longs bras rouges se tendaient vers elle depuis des fissures dans les murs écroulés, ou lui offraient des présents, mais aucun ne parvenait à la toucher. Sur une petite table à côté d'elle se trouvait le homard-téléphone rouge vif que Dalí avait conçu pour Edward James. « Nous avions pensé qu'à ce moment-là tout le monde connaissait le surréalisme, écrivait le même journaliste, Salvador Dalí, son avocat le plus connu, étant un publiciste-né qui ravale même un Harry Reichenbach au rang d'amateur. » Harry Reichenbach était un attaché de presse théâtral libertin bien connu à New York pour ses coups de pub[1428].

Julien Levy était lui aussi un bon publiciste. Son livre *Le Surréalisme*, sorti à point nommé, incluait une excellente anthologie de textes du mouvement, imprimés sur des papiers de différentes couleurs, et un bon choix de reproductions en noir et blanc. L'introduction était enthousiaste, et Levy ne tentait pas de dissimuler sa profonde admiration pour André Breton. Ni pour Dalí, qui, en tant que peintre en même temps qu'écrivain, avait droit à plus de place que tout autre membre du groupe : sept reproductions (*Le Sevrage du meuble aliment*, *Les Plaisirs illuminés*, *La Persistance de la mémoire*, *Banlieue de la ville paranoïaque-critique*, *Les Accommodations des désirs*, *Le Veston aphrodisiaque*, *Finis*) et une série de textes comprenant des extraits de *Babaouo*, « L'âne pourri », *L'Amour et la Mémoire*, et, ainsi que l'expliquait Levy, « une annonce écrite phonétiquement par Dalí pour être lue à voix haute lors de sa première visite à New York » :

Surrealism

aye av ei horror uv joks
Surrealism is not ei joke
Surrealism is ei strangue poizun
Surrealism is zi mosst vaiolent and daingeros
toxin for dsi imagineichon zad has so far
bin invented in dsi domein ouve art
Surrealism is irrezisteible and terifai-ingli

conteichios
Biuer ! Ai bring ou Surrealism
Aulredi meni pipoul in Nui York jave bin infectid
bai zi laifquiving and marvelos sors of Surrealism[1429]

Le commentaire de Levy montre qu'il ne savait pas grand-chose de la période de Dalí avant Paris, et que l'artiste lui avait raconté des histoires à dormir debout à propos de son enfance. « Enfant il allait à pied jusqu'à l'école à travers les vastes plaines morbides de Catalogne, affirmait Levy, les os blanchis des ânes morts, à droite et à gauche, toujours à ses côtés, sa terreur, son père, et toujours en lui cette énergie frénétique et réprimée, égale à l'énergie de la folie. » Dalí n'avait pas dû marcher plus de quelques mètres pour aller à l'école. Quant aux vastes plaines morbides de Catalogne, jonchées de squelettes d'ânes, elles ressemblent plus au Sahara qu'aux luxuriantes prairies de l'Alt Empordà. Mais l'allusion au père terrifiant de Dalí sonne juste[1430].

À la fin du mois de décembre, Gala et Dalí passèrent une semaine à Québec pour échapper à ce que, dans une lettre à Breton, le peintre appelait l'« agitation ininterrompue » de New York. Le succès de l'exposition *L'Art fantastique, Dada et le surréalisme* était encore plus grand même que celui de l'Exposition surréaliste de l'été précédent, à Londres, disait Dalí à Breton. Quant à sa propre exposition, elle marchait bien, et il allait donner quelques conférences dans lesquelles il ferait son possible pour montrer de la manière la plus claire le surréalisme d'aujourd'hui. À New York, le mot « surréalisme » était maintenant à la mode. Les gens disaient des choses comme : « Cette couleur-ci est plus surréaliste que celle-là. » Breton avait-il des nouvelles de Staline ? Ça faisait des siècles que Dalí n'avait pas entendu parler de lui. « Je fais de mon mieux pour notre activité », terminait-il[1431].

En tout cas, Dalí faisait de son mieux pour lui – et pour Gala. À cette fin, il passa un nouvel accord avec Edward James, qui venait d'arriver à New York pour participer aux chahuts surréalistes. Le 21 décembre 1936, les deux hommes signèrent le contrat définitif selon lequel James devait acheter toute la production de Dalí entre juin 1937 et juin 1938. Dalí était forcé de fournir pas moins de douze grandes toiles d'environ un tiers de mètre carré, dix-huit plus petites d'environ un dixième de mètre carré, et soixante dessins de la même taille. En retour, il recevrait la somme de deux mille quatre cents livres, payée par versements de deux cents livres par mois. Des clauses de pénalité étaient destinées à couvrir toute défaillance de la part de Dalí, et des provisions en cas de fluctuation des devises. C'était beaucoup d'argent, qui donnerait aux Dalí un an de stabilité financière qu'ils n'avaient jamais connue, même pas aux temps heureux du Zodiaque[1432].

## LE NOUVEAU MARXISME

Dalí en était arrivé à cette époque à la conclusion que Karl Marx était hors jeu et qu'on était à l'époque des Marx Brothers. Cela faisait des années qu'il appréciait leurs pitreries, et admirait particulièrement « la frénésie biologique, hystérique et cannibale » d'*Animal Crackers*[1433]. Selon lui, le plus surréaliste des frères était Harpo, qu'il avait brièvement croisé l'été précédent à Paris, et à qui il envoya pour Noël un présent dalinien : une harpe avec des cordes en barbelé. Elle était sans doute accompagnée d'un message annonçant son arrivée imminente à Hollywood. Harpo répondit par une photographie, qui le montrait avec les doigts bandés. Il dit à Dalí qu'il serait ravi d'être « barbouillé » par lui s'il venait dans l'Ouest, et se disait un grand admirateur de *La Persistance de la mémoire*[1434].

Dalí arriva à Hollywood, avec Gala, à la fin janvier 1937 et rendit rapidement visite à Harpo, avec qui il avait sans doute déjà décidé qu'il voulait faire un film. Il s'aperçut que les yeux de Harpo brillaient de la même lumière spectrale que ceux de Picasso et que, comme Dalí, il admirait Watteau[1435]. Ils s'entendirent comme larrons en foire, et le *Los Angeles Examiner* publia une photo de Dalí dessinant l'acteur en train de jouer de son instrument en barbelé. Il avait un homard sur la tête. Dalí souleva le sujet de leur collaboration sur un film, et apparemment Harpo exprima un intérêt initial[1436].

De Hollywood, Dalí écrivit à Edward James que non seulement il avait rencontré Harpo, mais Gala et lui avaient vu beaucoup de déserts et un nombre invraisemblable de blondes platine[1437]. À Breton, il raconta qu'il était en contact avec « les trois surréalistes américains » (les Marx Brothers), Cecil B. DeMille et Walt Disney. Il avait le sentiment qu'il les avait tous considérablement marqués, et qu'il y avait dans le cinéma de réelles possibilités pour le surréalisme. Il terminait en assurant à Breton, comme il l'avait déjà fait, qu'il faisait tout son possible pour la cause surréaliste[1438].

Au retour en Europe de Dalí et de Gala, au mois de mars, le film envisagé avec Harpo occupait beaucoup l'esprit du peintre. Depuis l'Arlberg-Wintersporthotel à Zürs, où le couple passa un mois à se détendre dans la neige, il écrivit une lettre dans laquelle il disait à Harpo qu'il était prêt à commencer le scénario d'un court-métrage dont lui, Harpo, serait le seul protagoniste. Il était absolument décidé à travailler avec lui, disait-il, maintenant qu'il avait découvert qu'ils se comprenaient si parfaitement et avaient des imaginations aussi similaires. Le décor serait extraordinaire. Peut-être Cole Porter pourrait-il faire la musique ? Il s'amuserait beaucoup, tout en révolutionnant le cinéma[1439] !

Le script n'est réapparu que récemment. C'est l'histoire d'un homme d'affaires espagnol du nom improbable de Jimmy, qui vit aux États-Unis. Il n'est pas heureux avec sa petite amie, Linda. Un soir, il rencontre une « superbe femme surréaliste », qui n'est jamais vue de face par le spectateur, et tombe amoureux d'elle. Leur ineffable histoire d'amour se veut une synthèse bretonienne du rêve et de la réalité, mais le scénario est au-delà du banal. Il est aussi très complaisant. Il est imprégné par les obsessions sexuelles de Dalí, et l'artiste prend soin de bien mettre en avant ses icônes personnelles, notamment les montres molles et le homard-téléphone. Un troupeau de cyclistes avec des miches de pain sur la tête sort tout droit de *Babaouo* ; les nuages qui passent en se reflétant dans le miroir de la femme surréaliste rappellent une scène de *L'Âge d'or* ; il en va de même pour la girafe (mais Dalí a franchi un pas de plus, et y a mis le feu). Il est visible que Dalí essayait encore de reprendre là où il en était resté avec Buñuel[1440].

Et il n'y réussissait encore pas. On ne sait si Harpo répondit positivement au scénario, ni même s'il le vit. On ne sait pas non plus s'il intéressa un producteur. Mais cela n'empêcha pas Dalí de proclamer qu'il allait faire un film avec les Marx Brothers. On n'a jamais pu accuser Dalí de modestie, et il a témoigné d'une ténacité quasi surhumaine dans la poursuite de ses intérêts.

## MÉTAMORPHOSE DE NARCISSE

À Zürs, tout en travaillant au scénario, Dalí se lança dans une nouvelle expérience : la composition, en français, d'un « poème paranoïaque, « Le Mythe de Narcisse », qui devait être illustré « mot à mot » par une peinture[1441]. Cette dernière, pour laquelle Dalí fit au moins deux études[1442], fut terminée à la mi-juin 1937, et peu après elle fut intitulée, ainsi que le poème, *Métamorphose de Narcisse* [cahier couleur, page X]. Le poème fut publié cet été-là par les Éditions surréalistes, avec en frontispice une reproduction en couleurs de la toile. Pour faire bonne mesure, deux détails en couleurs de l'œuvre furent ajoutés. La photo en noir et blanc de la couverture, due à Cecil Beaton, montrait Gala assise devant *Couple à la tête pleine de nuages* de Dalí. Une version anglaise du texte, par Francis Scarpe, parut en même temps chez Julien Levy à New York, suivant la pratique de la sortie simultanée en France et en Amérique inaugurée avec *La Conquête de l'irrationnel*. Les deux éditions étaient dédiées à Paul Éluard. Pour son épigraphe, Dalí citait encore une fois les mots par lesquels Breton avait loué sa « méthode paranoïaque-critique » en 1934.

Le sous-titre du poème expliquait que ce dernier constituait « une façon d'observer visuellement les étapes de la métamorphose de Narcisse », et affirmait que c'était la première fois qu'à la fois une peinture et un poème avaient été obtenus « entièrement par l'application intégrale de la méthode paranoïaque-critique ». Cette affirmation ne doit pas être prise trop au sérieux, mais la toile mérite d'être observée de près. L'intérêt de Dalí pour le mythe de Narcisse a pu être stimulé par l'édition par Albert Skira des *Métamorphoses* d'Ovide, illustrées par Picasso. Étant donné sa fascination pour sa propre personne, il n'est pas étonnant que ce mythe ait rencontré un écho chez Dalí. Il fut amplifié par les *Trois essais sur la sexualité* de Freud, et en particulier les « Notes psychanalytiques sur le récit autobiographique d'un cas de paranoïa ». Freud y utilise le terme de « narcissisme » (défini dans *L'Interprétation du rêve* comme « l'amour sans limites des enfants pour eux-mêmes[1443] ») pour désigner « une étape dans le développement de la libido qu'elle traverse pour passer de l'autoérotisme à l'objet d'amour », insistant sur le fait qu'il s'agit d'un moment où les fixations peuvent être facilement établies, et où on peut maîtriser les névroses et la paranoïa[1444]. Dalí a dû être frappé de découvrir que Freud interprète la paranoïa comme une défense contre l'homosexualité. Comme le peintre affirmait maintenant être non seulement le Grand Masturbateur, mais aussi le Grand Paranoïaque, représenté dans la toile du même titre peinte l'année précédente, il devait se rendre compte que, pour être cohérent, il aurait dû proclamer sa crainte de l'homosexualité, réelle ou imaginaire, comme un facteur important de sa personnalité. Mais, comme l'a fait remarquer Santos Torroella dans son analyse pénétrante de *Métamorphose de Narcisse*, Dalí n'a jamais été près, ni capable, de franchir ce pas[1445].

Dalí a dit que *Le Grand Paranoïaque* avait été conçu après une discussion avec Josep Maria Sert à propos d'Arcimboldo, et que le visage du protagoniste est modelé sur « celui des campagnards de l'Empordà, les plus paranoïaques de tous[1446] ». Cette œuvre remarquable suggère fortement que Dalí était maintenant convaincu que l'intense sentiment de honte qui l'avait toujours troublé était de nature paranoïaque. Le leitmotiv du personnage qui se cache la tête de honte apparut dans l'œuvre de Dalí en 1929, et revient entre 1929 et 1936 dans plus de trente peintures et dessins. Dans *Le Grand Paranoïaque*, il arrive à son expression la plus éloquente. Presque tous les personnages de la toile enfouissent leur tête dans leurs mains ou refusent de regarder, en particulier la femme assise dont les fesses forment le nez du protagoniste. Le postérieur ferme de Gala se

**337●** Dalí et Gala posant devant l'objectif de Cecil Beaton avec l'œuvre *Couple à la tête pleine de nuages*, 1936.

frotte contre ce nez-fesses ; sans doute Dalí laisse-t-il une fois de plus entendre que ses fantasmes érotiques honteux sont centrés sur cette partie du corps. La double figuration employée dans la délinéation de la tête du Grand Paranoïaque est aussi réussie que toutes celles qu'a élaborées le peintre, et elle est rendue peut-être encore plus frappante par la répétition du motif à l'arrière-plan à gauche, où l'arrière de la tête se mêle à un groupe de gens angoissés qui se cachent tous le visage ou s'enfuient.

En scrutant les détails de la peinture, on est frappé par le couple masculin au milieu des rochers juste derrière la tête du Grand Paranoïaque, dont l'un a une tache rouge inattendue sur la tête, comme si Dalí voulait qu'on le regarde de près. Cette silhouette, qui ordonne à un homme honteux de partir (comme Dieu chassant Adam du jardin d'Éden), ressemble indubitablement au père de Dalí. Il continuait visiblement à constituer un problème majeur.

Étant donné la peur de l'homosexualité de Dalí, qui se mêlait maintenant à la peur de la paranoïa, on n'est pas étonné de trouver dans « Métamorphose de Narcisse » – et, par extension, dans la toile du même nom – des allusions à Lorca. Une des sections du texte reconnaît explicitement que le poète pense à Lorca lorsqu'il écrit :

Narcisse, tu perds ton corps,
emporté et confondu par le reflet
millénaire de ta disparition
ton corps frappé de mort
descend vers le précipice des topazes aux épaves jaunes
de l'amour
ton corps blanc, englouti,
suit la pente du torrent férocement minéral
des pierreries noires aux parfums âcres
ton corps...
jusqu'aux embouchures mates de la nuit
au bord desquelles
étincelle déjà
toute l'argenterie rouge
des aubes aux veines brisées dans « les débarcadères
du sang ».

Une note de Dalí indique que l'expression « les débarcadères du sang » est de Lorca, mais n'en identifie pas la source. Elle apparaît dans le poème « Panorama aveugle de New York », qui ne fut publié que quatre ans après la mort de Lorca, mais qu'il avait sans doute récité à Dalí, à Barcelone, en 1935, lors de leur dernière rencontre (à moins qu'il ne lui en ait envoyé un exemplaire). Le passage dans lequel apparaît cette image mérite d'être cité, non seulement parce que Dalí le lui a directement emprunté, mais aussi parce qu'il montre que le nouveau style du poète, à la new-yorkaise, l'avait profondément influencé, du moins pour « Métamorphose de Narcisse ». Lorca exprime l'oppression presque ineffable que New York exerça sur lui lors de son arrivée, en 1929 :

C'est une capsule d'air où nous fait mal le monde entier,
c'est un petit espace vivant à l'unisson fou avec la lumière,

c'est une échelle indéfinissable où nuages et roses oublient
les cris incohérents qui grouillent dans le débarcadère du sang.
Moi maintes fois je me suis perdu
en cherchant la brûlure qui tient éveillées les choses
et je n'ai guère trouvé que des marins échoués sur les parapets
et de petites créatures du ciel ensevelies sous la neige[1447].

Presque dix ans plus tôt, lorsque Lorca avait publié son *Romancero Gitano*, Dalí avait critiqué ce qu'il considérait comme le régionalisme andalou vieilli du poème. Cela n'empêchait pas maintenant le peintre, dans « Métamorphose de Narcisse », de faire allusion à l'un des poèmes les plus émouvants dans ce receuil de Lorca. Cette évocation arrive lorsque Dalí évoque les danseurs à l'arrière-plan de la toile, dont il parle comme d'« un groupe hétérosexuel ». Le groupe des hommes est constitué d'un Hindou, d'un Catalan et d'un Allemand ; celui des femmes d'une Anglaise, d'une Russe, d'une Suédoise, d'une Américaine et de

la grande Andalouse ténébreuse
robuste de glandes et olivâtre d'angoisse

Il doit s'agir de Soledad Montoya, la protagoniste de la ballade de Lorca « Romance de la peine noire », qui cherche désespérément, comme tant de personnages de Lorca, l'amour qui lui est refusé. Sa présence ici nous indique à quel point Lorca, un an après son assassinat, continuait à hanter Dalí.

Santos Torroella a sûrement raison quand il concentre tout le sens du poème de Dalí, et donc de la toile, dans l'apparition de Gala à la fin[1448]. Plongé dans le nombrilisme, en danger, lorsque Lorca était vivant, de succomber à ses tendances homosexuelles, et peut-être encore en danger de le faire, son activité sexuelle réduite au monde fantaisiste de la masturbation, symbolisée par la monumentale main fossilisée en quoi Narcisse est transformé dans la toile : Dalí s'est vu offrir une chance de survie, sinon de guérison, par l'épiphanie de la muse qui est entrée dans sa vie, à Cadaqués, au cours de l'été 1929. Dans cette perspective, il est significatif que la scène se passe au cap de Creus, les collines bien-aimées dont on voit, sans erreur possible, l'arrière-pays au second plan, car c'est là que le couple avait découvert son amour. Gala n'apparaît pas directement dans la peinture, mais elle est symbolisée par le narcisse qui s'épanouit depuis la tête de l'homme perdu dans une autocontemplation désespérée, maintenant transformée en œuf :

Quand cette tête se fendra
quand cette tête se craquellera,
quand cette tête éclatera,
ce sera la fleur, le nouveau Narcisse,
Gala –
mon narcisse.

Pour José Pierre, *Métamorphose de Narcisse*, malgré l'affirmation de Dalí selon laquelle il s'agissait du premier tableau obtenu « entièrement par l'application intégrale de la méthode paranoïaque-critique », ne répond pas, et de loin, à une telle prétention. La double image était au cœur de l'esthétique paranoïaque de Dalí depuis le début des années 1930, mais là elle manque complètement, car l'image, plutôt que « double », est simplement « dédoublée », c'est-à-dire « reproduite à l'envers ». Pour Pierre, il ne fait aucun doute que la toile signale un déclin de l'investissement dans sa propre méthode, et donc dans le surréalisme au sens où l'entendait Breton. Ce diagnostic se trouve confirmé par sa production au cours des trois années suivantes[1449].

Tandis que Dalí travaillait à *Métamorphose de Narcisse*, toile et poème, il était constamment en contact avec Edward James, qui non seulement paya pour la photo en couleurs de l'œuvre pour le frontispice, ce qui était alors coûteux, mais solda aussi la lourde facture de l'imprimeur[1450]. James était-il amoureux de l'homme Dalí autant que de son art ? Le peintre ne fait jamais, dans son œuvre publiée, la moindre allusion à une relation homosexuelle entre son mécène et lui, mais les papiers laissés par James suggèrent qu'il leur est arrivé de toucher à une véritable intimité. Dans une note qui peut dater de 1936, il révèle que Gala était parfaitement au courant de sa « proximité » avec Dalí, et acceptait cet arrangement comme « fonctionnel », même si un soir, dans un hôtel de Modène, elle organisa une scène de jalousie. En cette occasion, se rappelait ou fantasmait James, Dalí était arrivé en larmes dans sa chambre, vêtu de son seul haut de pyjama, disant qu'il ne supportait plus de se faire asticoter par Gala à propos de Lorca ou de James. James en arriva à la conclusion que les accès de Gala étaient calculés surtout pour lui soutirer de l'argent et des cadeaux. Ce plan ne manquait jamais de fonctionner. Une fois, Dalí avait passé toute une nuit avec lui au Ritz, à Paris, avant de rentrer chez lui, James à sa suite, pour affronter Gala le menaçant de le quitter et de s'enfuir au Portugal. Mais James avait dans sa poche un magnifique cadeau de Noël pour la muse irritée : un coffret contenant, enchâssés, des cabochons de saphirs, de rubis et d'émeraudes dans une monture en or. Le Portugal fut oublié et bientôt une Gala joyeuse préparait des œufs brouillés dans la cuisine[1451]. Une autre fois, James, perspicace, écrivit à propos de Dalí :

> Ses véritables pulsions étaient, d'instinct, beaucoup plus homosexuelles qu'hétérosexuelles ; Gala essayait de croire qu'elle l'avait guéri de son homosexualité, mais au fond de son cœur elle savait que c'était loin d'être le cas. Mais cependant elle avait réussi à la garder « sublimée » (si on peut dire ça) en la canalisant dans des dessins érotiques et des images obscènes en possession de collectionneurs privés qui achètent de la pornographie... En ce qui concerne la vie sexuelle de Dalí avec sa femme, loin d'être jaloux de ses infidélités, il les avait facilitées. Un jour il m'avoua : « *Je laisse Gala prendre des amants quand elle veut. Actuellement* [sic] *je l'encourage, je l'aide, parce que cela m'excite**. »[1452]

Rien de tout ça ne suggère qu'il y ait eu quoi que ce soit d'ouvertement sexuel entre James et Dalí. Les biographes de James semblent s'accorder sur le fait que l'Anglais était aussi sexuellement inhibé avec les hommes qu'il l'était avec les femmes ; quant au Catalan, le fait d'être touché ou caressé, ne fût-ce que par Gala, le mettait dans un état de panique absolue. On peut donc conclure que, quelle qu'ait été l'attirance entre les deux hommes, elle n'eut pas d'issue physique.

À la fin de 1937, Dalí demanda à James la permission de montrer, lors de son exposition d'été à Paris, les peintures qu'il avait achevées depuis le 1er du mois, le jour de l'entrée en activité de leur contrat. James acquiesça. L'exposition se déroula du 6 au

30 juillet chez Renou et Colle (164, faubourg Saint-Honoré) et comprenait *Métamorphose de Narcisse*, *Portrait géodésique de Gala*, *Girafes en feu*, *Portrait de Harpo Marx*, *Amour frénétique*, *Meissonier*, *Invention des monstres*, *Épiderme de piano*, *Le Visage de Mae West pouvant être utilisé comme un appartement surréaliste*, *Dessins pour le cinéma* (destinés au projet de Dalí avec les Marx Brothers) ainsi que d'autres dessins[1453].

James suspectait que parmi ces derniers certains avaient été effectués après le 1er juin, date d'entrée en vigueur de leur contrat, et, au mois d'août, il rappela à Dalí que, lorsqu'il lui avait rendu visite à Paris le 29 mai, cinq grands dessins de l'exposition n'étaient même pas commencés. Ils ne pouvaient avoir été exécutés en deux jours ! Il se plaignit aussi que Dalí ait expédié un grand nombre de dessins au cours des semaines précédant l'entrée en vigueur du contrat – Dalí l'avait reconnu dans une lettre –, inondant ainsi le marché et réduisant la valeur de son travail qui était désormais *le sien*. James ne devait cesser d'avoir d'interminables problèmes contractuels avec Dalí, mais il supporta la situation parce qu'il aimait sincèrement le peintre, et Gala. Et il admirait sincèrement le talent de Dalí. Si tel n'avait pas été le cas, il n'aurait pas investi autant d'argent en lui. James était véritablement persuadé qu'avec un salaire régulier, et généreux, Dalí fournirait un travail bien meilleur que dans une situation moins confortable. Leur contrat, écrivit-il, était le meilleur moyen de permettre à l'artiste de produire des œuvres qui, n'ayant pas été peintes avec trop de hâte, marqueraient profondément l'histoire de la peinture. En cela il avait sans aucun doute raison[1454].

Dalí fut-il sollicité pour contribuer au Pavillon espagnol de l'Exposition internationale des arts et des techniques appliqués à la vie moderne de Paris, qui s'ouvrit fin mai 1937 ? Cela paraît probable, mais on n'a aucun document à ce sujet. Son absence fut certainement remarquée, étant donné que le Pavillon espagnol mettait l'accent sur l'aide à la République espagnole et sur la condamnation du pacte de non-intervention notamment avec le *Guernica* de Picasso. Si Dalí l'avait voulu, ou s'il s'en était soucié, il aurait été invité. Son abstention indiquait donc clairement qu'il n'était pas prêt à soutenir la République, et était plus que significative de ses véritables sympathies. Ce que fit Dalí, rompant encore une fois la discipline de groupe des surréalistes, c'est envoyer huit peintures à l'exposition *Origines et développement de l'art international indépendant* qui se tint au Jeu de Paume du 30 juillet au 31 octobre, et qui avait été snobée par Breton à cause de sa « sélection biaisée d'artistes[1455] ».

Fin août, juste avant que Dalí et Gala se mettent en route pour l'Autriche, la Hongrie et l'Italie, le peintre, de Paris, écrivit à Edward James pour lui dire qu'il venait de signer un contrat avec Léonide Massine pour un ballet, *Tristan Fou*. Sa grande amie, la couturière Elsa Schiaparelli, devait en faire les costumes. Dalí assurait James, qui avait été malade récemment, que, selon les termes de leur contrat, les dessins lui appartiendraient évidemment, et lui dit qu'il venait de commander à Schiaparelli une autre robe pour Gala, sur son compte. James n'avait-il pas dit qu'il voulait lui faire un cadeau ? James ne devait pas oublier ce culot. La lettre jette quelque lumière sur les problèmes que connaissait alors *Minotaure* (auquel James avait retiré son soutien financier). Le nouveau comité éditorial était composé de Breton, de Pierre Mabille, de Maurice Heine, d'Éluard et de Duchamp. Dalí n'avait pas été consulté. Cette exclusion, supposait-il, était due au fait qu'il était un ami proche de James. Il espérait que, malgré tout, on lui demanderait d'y collaborer. Et de fait on le lui demanda – mais pas pour longtemps[1456].

## PARIS ET ROME

À Paris, vers 1930, avec ses compagnons surréalistes : Paul Éluard, Jean Arp, Yves Tanguy, René Crevel, Tristan Tzara, André Breton, Salvador Dalí, Max Ernst et Man Ray.

Alors que la guerre faisait rage en Espagne, il n'était pas question que Dalí retourne en Catalogne où, estimait-il sans doute, tout pouvait lui arriver : interrogatoire à la frontière, arrestation, blessure, même la mort. Il devait déjà avoir été informé des assassinats à Cadaqués, des excès des anarchistes dans toute la région, des dénonciations, des exécutions sommaires, de la terreur galopante. Peut-être savait-on qu'il n'avait rien fait pour aider la République. Il n'avait donc d'autre choix que d'attendre la fin des hostilités, moment où, quel que soit le vainqueur, il parviendrait sans doute à se tirer des difficultés de toute nature qui pourraient survenir. En attendant il y avait la villa d'Edward James, la villa Cimbrone, à Ravello. Dalí et Gala y arrivèrent en septembre 1937, *via* Saint-Moritz et Nice. Éluard, généreusement, se montra content d'apprendre de Gala que Dalí avait aimé Nice – généreusement, car c'était l'un des endroits où il avait été le plus heureux avec elle. Quant à James, apparemment, il parlait toujours d'acheter un bombardier pour les républicains en échange du prêt de toiles du Prado[1457].

Au mois d'octobre, les Dalí étaient de retour à Paris et s'installèrent dans un appartement somptueux au 88, rue de l'Université, dans le hall duquel un énorme ours polaire en peluche offert par Edward James accueillait les visiteurs. Ils y reçurent Rosa Maria Salleras que, des années auparavant, Dalí avait voulu « acheter », enfant, à Cadaqués, lui promettant qu'il serait son « ange gardien ». Rosa Maria et sa famille étaient en exil à Sète, et elle avait écrit à Salvador pour lui demander de lui trouver du travail à Paris. Dalí s'était immédiatement occupé de tout. Il vint la chercher à la gare, Gala et lui dénichèrent un respectable petit hôtel (personne ne fut *jamais* autorisé à séjourner chez eux) et elle travailla une brève période chez Coco Chanel, l'amie de Dalí, avant d'être employée de façon plus durable au musée d'Ethnographie. Rosa Maria, alors âgée de vingt-cinq ans, vit beaucoup les Dalí à Paris, mangeait avec eux le dimanche, et put apprécier leur niveau de vie élevé. Gala se montra bonne pour elle, lui achetant des vêtements et l'emmenant en expéditions shopping. La jeune femme fut un témoin direct des efforts de Dalí pour aider sa famille. Il leur envoyait de l'argent par l'ambassade espagnole, et lorsque Rosa Maria rentra en Catalogne à la fin de la guerre, elle remporta pour ses parents une énorme valise remplie de vêtements. Il semble qu'Anna Maria Dalí ait été jalouse de Rosa Maria, et qu'elle ait écrit à Salvador pour lui demander de lui trouver du travail à Paris, à elle aussi. Mais Dalí refusa, disant que son devoir était de veiller sur leur père et leur belle-mère[1458].

Pendant ce temps, le 17 janvier 1938, une exposition unique du groupe surréaliste s'ouvrit à la galerie des Beaux-Arts (140, faubourg Saint-Honoré), avec Dalí cité comme l'un des « conseillers techniques ». Le propriétaire, Georges Wildenstein, avait donné aux surréalistes *carte blanche** pour imaginer le décor de leur choix, et Marcel Duchamp fut chargé de transformer les lieux spacieux en un cadre dans lequel les objets exposés se sentiraient complètement « chez eux ». Dans le hall, les visiteurs étaient accueillis par le *Taxi pluvieux* de Dalí (dont une réplique figure aujourd'hui à l'entrée du théâtre-musée du peintre, à Figueres). Marcel Jean s'en souvenait comme d'« une vieille guimbarde à l'intérieur de laquelle un ingénieux système de tubes produisait une averse violente qui trempait deux mannequins, l'un avec une tête de requin, sur le siège conducteur, l'autre, une blonde débraillée en robe du soir, assise à l'arrière au milieu de têtes de laitue et de chicorée sur lesquelles d'énormes escargots de Bourgogne vivifiés par le déluge traçaient leur route visqueuse ». Après le hall, on entrait dans la *Rue surréaliste*, un long et large passage flanqué d'une vingtaine de femmes en cire séduisantes à différents stades du déshabillage, dont certains étaient hautement suggestifs, par Man Ray, Ernst, Duchamp, Miró et des surréalistes plus jeunes. Le modèle de Dalí avait une tête de toucan, un œuf entre les seins et était orné de petites cuillers. *Le Grand Masturbateur* et *Girafe en feu* étaient exposés aussi. Les noms des rues évoquaient le surréalisme, et mêlaient le réel et l'inventé (la rue Vivienne, où Lautréamont avait vécu, le passage des Panoramas, la rue de la Glacière côtoyaient des rues imaginaires, la rue de Tous-les-Diables et la rue aux Lèvres). Le passage conduisait au hall central de la galerie, transformé par Duchamp en une vaste grotte jonchée de feuilles, une carrière souterraine, avec un bassin de nénuphars bordé de roseaux. Au centre du hall se dressait un énorme brasero, symbole de la fraternité surréaliste. Il y avait quatre lits immenses (représentant l'amour), et le plafond consistait en des centaines de sacs de charbon. Des objets s'allumaient avant de disparaître dans l'obscurité, et les œuvres graphiques étaient exposées sur des portes à tambour. Le public recevait des torches pour voir individuellement chaque œuvre et pour faire ses propres découvertes (l'expérience fut interrompue quand les torches se mirent à « disparaître »)[1459].

Le soir de l'inauguration, le grand événement fut une danse effectuée au bord du bassin par la ballerine Hélène Vanel vêtue en sorcière de *Macbeth.* Son entrée, à minuit, et sa chorégraphie surréaliste avaient été réglées par Dalí. Breton, « qui ne connaissait rien à la musique ni à la danse », avait renâclé, mais il avait fini par céder. Vanel, ce soir-là, dansa selon Dalí « avec une ferveur dionysiaque », plongeant dans la frénésie les invités qui ne s'y attendaient pas[1460].

« Toute la presse parla de l'événement, se rappelait Marcel Jean. À très peu d'exceptions près, ce fut un tollé : ricanements, insultes, récriminations, expressions de dégoût. Naturellement, le grand public se pressa dans la galerie des Beaux-Arts tout au long de l'exposition[1461]. » Dalí commenta plus tard que la plupart des œuvres exposées étaient « plutôt pauvres », peu d'entre elles étant capables d'émouvoir un Edgar Poe, un Baudelaire ou un Nietzsche[1462]. L'exposition a dû être amusante, même si Breton, manifestant une fois de plus son côté puritain, insista pour que les détails les plus ouvertement érotiques des modèles bordant la *Rue surréaliste* soient supprimés[1463].

Pour compléter l'exposition surréaliste, la galerie des Beaux-Arts publia un *Dictionnaire abrégé du surréalisme*, compilation anonyme due à Breton et à Éluard. Peut-être Breton pensait-il que, comme il avait donné du surréalisme une définition faussement sérieuse, dans le style d'un dictionnaire, en 1924, il était maintenant distrayant et utile d'étendre ce principe à tout le champ des activités surréalistes. Membres du mouvement depuis ses premiers jours, avec leurs multiples réussites, large choix de citations de textes surréalistes (avec une prédominance de Breton lui-même), reproductions des œuvres des principaux artistes surréalistes : le mince volume était un chef-d'œuvre de concision, et d'ironie dans son mode d'expression. Dalí, bien représenté avec des reproductions et des citations de son œuvre théorique, en une autodéfinition anonyme, se disait « le prince de l'intelligence catalane, colossalement riche[1464] ». Sa définition de Gala était elle aussi appropriée : « Femme violente et stérile. » D'autres entrées étaient dues à Dalí : « Anachronisme », « Béquille », « Extase », « Fantôme », « Modern Style », « Paranoïa », « Téléphone aphrodisiaque » et « Veston aphrodisiaque ». On voyait une photo de l'artiste en train de croquer Harpo, ainsi qu'une autre en « être-objet » déguisé en *Angélus* de Millet (avec un « début d'érection », précisa-t-il plus tard)[1465]. La section des reproductions était précédée d'une image de *L'Âge d'or* montrant les évêques marmonnant au cap de Creus. D'une façon générale, Dalí s'en sortait très bien : malgré leurs réserves concernant ses opinions politiques, il était évident que les auteurs le considéraient comme une figure majeure du mouvement.

Après l'exposition, Dalí et Gala se rendirent à Rome avec Edward James et restèrent deux mois dans le luxueux hôtel particulier de lord Gerald Berners, dominant le Forum. Ils firent un saut en Sicile, où l'artiste trouva « des réminiscences mêlées de la Catalogne et de l'Afrique » (peut-être fut-il surpris par la proximité de la Tunisie) et commença sa toile *Impressions d'Afrique*, ainsi nommée en hommage au livre de Raymond Roussel, un des préférés de Dalí, entre autres raisons parce que l'auteur n'avait jamais mis le pied en Afrique. De Taormine, Dalí écrivit à James pour lui dire qu'il était content du tableau, et travaillait « avec rage ». Il espérait le terminer à son retour à Rome chez Berners[1466].

La toile montre Dalí au travail sur un tableau qui nous est caché. Comme il gesticule, on peut présumer que le sujet en est une personne, très probablement Gala. Derrière lui, on voit un fouillis d'images doubles : les yeux d'une femme (si c'est Gala, la ressemblance est faible) sont les trous dans une arcade, le contour de l'ombre d'un prêtre est répété sur la tête d'un âne, l'entrée d'une grotte est aussi un arbre, les basses branches d'un pin parasol sont un oiseau de proie. La mer et les falaises au loin, ainsi qu'un groupe de paysans et de pêcheurs sur la droite, rappellent plus l'Empordà que l'Afrique. Dans le lointain, derrière le peintre, revient un motif qui, depuis 1929, est obsessionnellement apparu dans plus de cinquante toiles et dessins : la silhouette d'un père qui tient un enfant par la main[1467].

Si Dalí pensait souvent à son père, il pensait souvent aussi à deux figures paternelles : Picasso et Freud. Dalí ne cessait de se vanter que Picasso et lui étaient amis, ce qui était loin d'être le cas. Il en était maintenant à pouvoir satisfaire ce qui était peut-être son plus grand désir : rencontrer le génie qui lui avait appris que le véritable héros est le fils qui se rebelle contre son père, et en est le vainqueur. C'est comme si le peintre avait senti que tant qu'il n'aurait pas été en présence de Freud, ne l'aurait pas vu en face, ne l'aurait pas écouté, n'aurait pas été entendu par lui, il ne serait jamais libéré de Salvador Dalí Cusí, le notaire de Figueres.

## AVEC FREUD À PRIMROSE HILL

Le 11 mars 1938, les Allemands envahirent l'Autriche et une semaine plus tard on annonça, à Paris, que Sigmund Freud était arrêté. Breton ne perdit pas de temps pour exprimer publiquement sa colère, qui ne diminua qu'à peine lorsque l'on apprit que Freud était tout au plus maintenu sous surveillance par les nazis[1468]. Le 4 juin, Freud, sa femme et sa fille Anna s'enfuirent de Vienne, où il avait passé soixante-dix-neuf ans de sa vie. Ils traversèrent rapidement Paris et, le 6 juin, arrivèrent à leur destination, Londres, où ils furent réconfortés par la chaleur de l'accueil qui leur fut fait[1469]. Dalí, qui, apparemment, avait au fil des ans effectué maintes tentatives infructueuses pour voir Freud à Vienne[1470], demanda à Edward James l'adresse de Stefan Zweig, qu'il avait égarée. Zweig, un proche ami de Freud, juif comme lui, était lui aussi en exil à Londres, et admirait énormément le travail de Dalí. Tous deux avaient dû se rencontrer, mais aucun document ne le prouve. Dalí était certain que, par Zweig, il parviendrait à voir son idole[1471]. Il ne se trompait pas. Zweig écrivit en son nom trois lettres successives, et de plus en plus persuasives, au professeur souffrant, informant James de ses progrès. Comme les augures étaient bons, James fit venir Dalí à Londres. Zweig dit à Freud que, selon lui, Dalí était « le seul peintre de génie de notre époque, et le seul qui survivra ». On aurait dit que Zweig n'avait jamais entendu parler de Picasso. Dalí, de plus, était « le plus fidèle et le plus reconnaissant disciple de [ses] idées parmi les artistes ». La troisième et dernière lettre montre qu'à ce moment-là, Dalí était déjà arrivé à Londres : « Depuis des années, le désir de ce vrai génie est de vous rencontrer. Il dit que son art vous doit plus qu'à quiconque. Nous venons donc demain vous voir, avec lui et sa femme. » Zweig continuait :

> Il voudrait profiter de l'occasion, pendant que nous parlons, pour faire peut-être une esquisse – les vrais portraits, il les fait toujours de mémoire et en partant d'une forme intérieure. Nous vous apporterons, afin de le légitimer à vos yeux en vous la présentant, la dernière de ses œuvres, qui appartient à Mr Edward James. Je crois que personne n'a trouvé de telles couleurs depuis les maîtres anciens, et dans les détails, si symboliques qu'ils puissent paraître, je trouve une perfection à côté de laquelle tout ce qui se fait en peinture ces temps-ci me semble bien fade. Le tableau s'intitule *Narcisse*, et il est possible qu'il ait été conçu sous votre influence.
>
> Ceci à titre d'excuse que nous venions en petite caravane. Mais je crois qu'un homme comme vous doit rencontrer l'artiste qu'il a influencé plus que quiconque, que j'ai toujours considéré comme un privilège de connaître et d'apprécier. Il n'est venu de Paris que pour deux jours (il est catalan) et ne nous dérangera pas tous les deux. Je suis simplement heureux que vous fassiez la connaissance de celui qui est peut-être votre plus fervent adepte. Puissiez-vous ne pas trouver inconvenant ce véhément éloge. Le tableau vous surprendra peut-être dans un premier temps, mais je ne puis imaginer qu'il ne vous révèle pas la valeur de cet artiste.

Zweig ajouta, comme s'il n'y avait pensé qu'après : « Salvador Dalí aurait évidemment aimé vous montrer ses tableaux ici lors d'une exposition, mais comme nous savons que vous ne sortez pas volontiers, ou pas du tout, nous vous porterons à domicile, pour que vous le voyiez, son dernier opus qui, à mon sens, est aussi le plus beau[1472]. »

La visite eut lieu dans le logement provisoire de Freud, au 39 Elsworthy Road, Primrose Hill, le 29 juillet 1938. Edward James (qui espérait que Freud accepterait de le prendre en analyse) accompagnait Dalí et Zweig. On ne sait si Gala était présente. Comme Dalí ne parlait pas allemand, et qu'il parlait même encore à peine anglais, on peut supposer que Freud et lui échangèrent en français. Mais, étant donné ces circonstances, il est hautement improbable qu'ils aient pu avoir une véritable conversation, en particulier parce que Dalí passa la plus grande partie de son temps à faire des esquisses du maître.

● Portrait de Sigmund Freud par Dalí lors de leur rencontre à Londres en 1938. Encre et gouache sur papier.

Six années plus tôt, lorsque Breton avait envoyé à Freud un exemplaire des *Vases communicants*, Freud avait avoué son ignorance du surréalisme et de ses buts, donnant pour excuse son manque de connaissance de l'art contemporain[1473]. La lettre que Freud écrivit à Zweig le lendemain de la visite de Dalí montre qu'il n'avait qu'à peine progressé dans sa compréhension du mouvement. Accédant à la requête de Dalí, Freud avait non seulement regardé attentivement *Métamorphose de Narcisse*, mais avait fait quelques commentaires à son sujet à la compagnie rassemblée :

> Je dois vous remercier de m'avoir présenté vos visiteurs, hier. Jusque-là j'avais tendance à voir les surréalistes – qui semblent m'avoir adopté comme patron – comme des fous à cent pour cent (disons plutôt, comme pour l'alcool, à quatre-vingt-quinze pour cent). Ce jeune Espagnol, avec son regard de fanatique ingénu, et sa maîtrise technique sans aucun doute parfaite, m'a suggéré de revoir mon jugement. À vrai dire, il serait très intéressant d'explorer analytiquement la progression d'une pareille toile. D'un point de vue critique, on pourrait continuer à dire que l'Art par définition renâclerait à élargir si largement son faisceau, à moins que la relation quantitative du matériau inconscient et de l'élaboration consciente dût être maintenue dans certaines limites. Quoi qu'il en soit, d'un point de vue psychologique, ça pose de sérieux problèmes[1474].

Quant au plaisir que cette visite avait fait à Freud, le très excitable Edward James avait du mal à se contenir. Le lendemain, il écrivit à Christopher Sykes :

> Le docteur Sigmund Freud, âgé de quatre-vingt-deux ans, est adorable. Il est plein de vivacité, même s'il est parfois un peu amorti, car il vient de devenir quelque peu sourd. Il m'a longtemps parlé, pendant que Dalí le croquait rapidement, mais justement, dans un carnet de dessins. Salvador semblait si inspiré, ses yeux brillaient tellement d'excitation tandis qu'il croquait l'inventeur de la psychanalyse, que le vieil homme a murmuré en allemand... « Ce garçon a l'air d'un fanatique. Pas étonnant qu'ils aient une guerre civile en Espagne s'ils sont tous comme ça[1475]. »

Il est presque certain qu'avant que Dalí quitte Londres Zweig lui communiqua le contenu de la lettre de Freud. Peut-être lui donna-t-il même une traduction de l'allemand original. Quoi qu'il en soit, il ne fait aucun doute que ce que Freud avait dit de *Métamorphose de Narcisse* influa sur sa perception non seulement de la toile elle-même, mais du surréalisme en général. Quant à la remarque de Freud sur son fanatisme, il devait s'en réjouir pour le restant de ses jours.

Nous ne possédons malheureusement pas de récit de Dalí contemporain de sa visite. La première référence connue apparaît dans une lettre à Breton, début 1939. Elle donne des paroles de Freud une version que Dalí devait répéter sans fin : « Il remarqua (je lui avais montré une de mes toiles) que "dans les peintures des vieux maîtres on a toujours tendance à regarder l'inconscient, tandis que, quand on regarde une peinture surréaliste, on éprouve rapidement le besoin de regarder ce qu'il y a de conscient". » L'observation de Freud méritait de donner lieu à « un débat très vivant », estimait Dalí, et il avait écrit sur ce sujet « un petit article » qu'il promettait de montrer à Breton (le « petit article » est inconnu)[1476].

Le dessin de Freud par Dalí a été fortement influencé par l'idée, qu'il avait eue quelque temps plus tôt, que la tête du docteur ressemblait à celle d'un escargot. Quelle que soit l'exactitude de cette vision, le croquis représente un vieil homme très malade et fatigué, qui n'avait plus longtemps à vivre (en fait, juste un an). Zweig réussit à empêcher Freud de le voir, craignant qu'il ne lui cause un terrible choc[1477].

Quelques années plus tard, Dalí affirma que la « leçon de tradition classique » du grand âge de Freud lui avait montré « combien de choses trouveraient leur fin en Europe avec la fin imminente de sa vie », et il répéta ce qu'il avait dit un jour à Breton, à savoir que Freud, après avoir contemplé *Métamorphose de Narcisse*, avait dit : « Dans une peinture classique je recherche le subconscient et dans une peinture surréaliste, le conscient. » Dalí affirmait maintenant y avoir vu immédiatement « une sentence de mort du surréalisme en tant que doctrine, en tant qu'"isme" », en même temps qu'une confirmation de la validité du mouvement « en tant qu'état d'esprit[1478] ».

La rencontre, même si Dalí prit soin, plus tard, d'interpréter sa signification, fut sans aucun doute l'une des expériences les plus importantes de sa vie. Lui qui avait suivi l'enseignement de Freud depuis le temps de ses études, non seulement il l'avait maintenant rencontré en personne, mais, ainsi que le prouvait la lettre de Freud à Zweig, il l'avait impressionné. Le disciple pouvait se sentir immensément satisfait et, plus tard, ne devait pas laisser passer une occasion de proclamer que le fondateur de la psychanalyse s'était trouvé forcé, après leur rencontre, de réviser sa position sur le surréalisme.

Après leur visite à Londres, les Dalí séjournèrent brièvement à Florence, avant de s'installer, à l'automne, dans la villa de Coco Chanel, La Pausa, Roquebrune-Cap-Martin, où pendant quatre mois le peintre produisit frénétiquement en vue de sa prochaine exposition à New York. Il était inquiet de la situation en Europe où, à Munich, l'Angleterre et la France s'étaient laissées aller au jeu dangereux consistant à brosser dans le sens du poil un Hitler de plus en plus agressif. Les cartes de Gala prédisaient la guerre, quoique « pas encore », et les habitants de La Pausa vivaient l'oreille collée à la radio.

Parmi les invités se trouvait, à la grande joie de Dalí, le poète Pierre Reverdy, l'un des amis les plus proches de Chanel. Rédacteur en chef de la revue d'avant-garde *Nord-Sud* en 1917-1918, et très admiré par les premiers surréalistes, il avait vu sa définition de l'image poétique, qui était devenue fameuse, approuvée par Breton dans son premier *Manifeste*, où Dalí avait dû la lire : « L'image est une création pure de l'esprit. Elle ne peut naître d'une comparaison mais du rapprochement de deux réalités plus ou moins séparées. » Depuis, Reverdy était devenu catholique, mais d'esprit indépendant. Dans *La Vie secrète*, Dalí se rappelle qu'à Roquebrune-Cap-Martin son « catholicisme terriblement élémentaire et biologique » le frappa vivement : « Il est "massif", anti-intellectuel et le contraire de moi en tout. Ce fut une magnifique occasion de nous contredire et de renforcer nos propres idées. Nous combattions dialectiquement comme deux coqs catholiques, et nous appelions ça "travailler la question"[1479]. »

Dalí peignait alors *L'Énigme de Hitler*, une œuvre inspirée, nous dit-il, par des rêves survenus au moment des accords de Munich, même s'ils ont pu commencer plus tôt. Le tableau inaugurait une série de toiles lugubres faisant allusion à la guerre inévitable

Avec Coco Chanel en 1938.

et au dialogue rompu entre les grandes puissances, symbolisé par un téléphone délabré, dont le cordon est coupé, et qui est pendu au-dessus d'une assiette contenant le portrait de Hitler. La scène est une scène de plage familière à Dalí, et le calme vitreux de la mer grise suggère une tempête imminente. « La toile m'apparut comme une image prophétique. Le tableau annonçait nettement la période médiévale que l'Europe allait vivre. Le parapluie de Chamberlain apparaissait dans la toile sous l'aspect sinistre d'une chauve-souris, et me parut extrêmement angoissant alors même que je le peignais », commenta Dalí[1480].

En même temps qu'il préparait des œuvres pour son exposition à New York, Dalí dressa les grandes lignes du livre de souvenirs destiné à devenir *La Vie secrète*. Et, profitant de ce que les Ballets russes étaient basés à Monaco, tout proche, il commença à travailler avec Massine à la production de *Tristan fou*, qu'Edward avait promis de monter à Londres. Le ballet fut rapidement renommé *Venusberg*, et, peu après, définitivement baptisé *Bacchanale*[1481].

Le ballet était le résultat final du projet d'opéra auquel Dalí avait proposé à Lorca de se joindre en 1934, et dont le protagoniste était Louis II de Bavière, le roi fou. Vers 1938, Louis II était devenu l'une des obsessions de Dalí, notamment parce qu'il avait découvert que le jeune roi, protecteur de Wagner et fondateur du festival de Bayreuth, était un tel admirateur passionné du compositeur que, dans son délire, il se prenait pour Lohengrin ou un autre héros wagnérien. Dans *Bacchanale*, que Dalí sous-titra fièrement *Premier ballet paranoïaque*, Louis, qui incarne le héros éponyme de *Tannhäuser*, représente l'histoire du Venusberg de l'opéra, à laquelle participent aussi Léda et le cygne, Léopold von Sacher-Masoch et la maîtresse irlandaise de Louis I^er^, le grand-père de Louis II, une actrice qui se produisait sous le nom de scène de « Lola Montès ». Les notes de programme que Dalí écrivit plus tard pour le ballet sont intéressantes car elles commentent son admiration pour Wagner. En tant que natif de l'Empordà, expliquait-il, ses pieds étaient bien enracinés dans la plaine, mais il avait toujours été fasciné par les montagnes (il avait sans aucun doute en tête le Canigou). Wagner lui semblait être « la plus haute montagne », et il était donc naturel que le Venusberg ait été le « sommet » de sa « première ascension théâtrale ». Dalí ajoutait que le ballet avait été aussi conçu comme un hommage à la psychanalyse et à Freud. On n'en connaît pas le script[1482].

Que Lorca ait continué à être présent à l'esprit de Dalí tandis qu'il travaillait à *Bacchanale* est confirmé par une toile réalisée au cours des mois passés à La Pausa, *Le Grand Crétin borgne*, bientôt rebaptisé *L'Énigme sans fin*. Comme deux autres œuvres exécutées la même année, *Afghan invisible avec apparition sur la plage du visage de García Lorca en forme de compotier avec trois figues* et *Apparition d'un visage et d'un compotier sur une plage*[1483], cette toile, remarquable par son intrication d'images multiples (qui rappellent *Dormeuse, cheval, lion invisibles*, exécuté huit ans plus tôt), présente une « matérialisation » de la tête du poète sur la rive du cap de Creus, dont les falaises se reflètent sur une *calma blanca* vitreuse.

Pour le catalogue de sa prochaine exposition à New York, Dalí prépara un croquis démêlant un réseau d'images qui se chevauchent sur la toile. Il n'expliqua cependant pas pourquoi le « grand crétin borgne » en question était son cher ami défunt. Le fait que la toile concerne les relations de Dalí et de Lorca est confirmé par la tête de Gala, insérée à mi-hauteur sur la droite du tableau, comme si elle était exclue de ce qui se passe sur la plage. Ses yeux ont l'éclat maléfique de ceux de la Méduse, et selon Santos Torroella disent ses sentiments les plus intimes vis-à-vis de son ami assassiné, des sentiments qui mettent le peintre mal à l'aise... ce qui explique que Lorca ait été rabaissé au niveau d'un crétin[1484].

Début janvier 1939, depuis La Pausa, Dalí écrivit à Breton, et cette lettre montre qu'il n'y avait eu aucun contact entre eux depuis que le leader des surréalistes était revenu d'un séjour prolongé en Amérique du Sud au mois d'août précédent. Après avoir rapidement parlé à Breton de sa visite à Freud, Dalí expliquait qu'il travaillait depuis des mois au perfectionnement de sa « méthode paranoïaque-critique », et qu'il essayait de lancer une nouvelle revue intitulée *Paranoiakinesis*. Il estimait que ses recherches sur la paranoïa avaient effectué des progrès considérables, et il lui tardait d'en parler à Breton à son retour à Paris à la fin du mois. Dalí se sentait toujours partie intégrante du mouvement, et voulait tomber d'accord avec Breton sur les tactiques à employer au cours de sa prochaine visite en Amérique. Il était vital, disait-il, que, étant donné la réceptivité actuelle des Américains aux idées surréalistes, on ne laisse pas l'action s'éteindre.

Dalí continuait en commentant le manifeste publié au Mexique par Breton et Trotski au mois de juillet précédent, « Pour un art révolutionnaire indépendant », et la fondation de la Fédération internationale de l'art révolutionnaire indépendant (FIARI), dont Breton était le secrétaire général. Dalí ne pouvait se départir de son scepticisme, écrivait-il, concernant toutes les tendances des surréalistes à ce qu'il appelait une « organisation compulsive », un scepticisme qu'il avait déjà manifesté à propos de l'Association des écrivains et artistes révolutionnaires, et d'autres initiatives similaires. Il terminait en disant qu'il venait de relire *L'Amour fou*, qu'il admirait plus que jamais[1485].

Breton répondit immédiatement sur un papier à lettres de la FIARI. La lettre, qui commençait par « Mon cher Salvador Dalí », était polie, mais distante. Le temps de la cordialité était fini. Il aurait voulu en savoir plus sur la visite de Dalí à Freud, disait-il, et regrettait que Dalí ait l'habitude de l'informer de loin de ses pensées et de ses projets, sans presque jamais faire suivre sa communication par une visite. Il était persuadé que ce manque de contacts était très mauvais pour la santé du surréalisme. Une action commune devait être entreprise non seulement en Amérique mais ici, en Europe, et il avait maintes fois demandé à Dalí de s'en souvenir – en vain[1486].

Lorsqu'il rentra à Paris, Dalí rendit la visite promise à Breton, qui fut choqué de l'entendre exprimer des opinions racistes. On ne sait s'il s'agit vraiment du moment où Breton le répudia, mais dans « Des tendances les plus récentes de la peinture surréaliste », publié au mois de mai suivant dans le dernier numéro de *Minotaure*, il devait déclarer que tous ses liens avec Dalí avaient été rompus à ce moment-là :

> Dalí professe en février 1939 – c'est de lui-même que je le tiens et j'ai pris le temps de m'assurer que toute espèce d'humour était exclue de ces propos – que tout le malaise actuel du monde est *racial* et que la solution à faire prévaloir est, concertée par tous les peuples de race blanche, la réduction de tous les peuples de couleur à l'esclavage. Je ne sais quelles portes une telle déclaration peut faire ouvrir à son auteur en Italie et aux États-Unis, pays entre lesquels il oscille, mais je sais quelles portes elle lui ferme. Je ne vois pas, après cela, comment on pourrait encore tenir compte de son message dans les milieux indépendants[1487].

Dalí partit pour New York peu après sa rencontre avec Breton en février. Mais pas sans avoir organisé une exposition privée des œuvres qui devaient être montrées en Amérique. L'invitation dans les opulents locaux du 88, rue de l'Université indiquait que les invités pourraient voir, entre autres peintures et objets, *Le Grand Crétin borgne*, *Le Long Siphon* et *Violettes impériales*, qui était surmonté par une minuscule photographie stroboscopique d'une couronne (symbole des aspirations impériales de Dalí) formée par une goutte de lait explosant en heurtant une feuille de métal chauffée à blanc[1488].

## DE NOUVEAU L'AMÉRIQUE

Le séjour de Dalí à New York démarra de façon tapageuse avec la flambée de publicité suscitée par l'épisode Bonwit Teller. Le grand magasin de la 5$^{e}$ Avenue, se rappelant le succès de sa vitrine en 1936, lui en avait commandé deux autres pour la promotion de ses nouveaux tissus de printemps. Dalí décida d'illustrer le « Complexe de Narcisse », une vitrine le montrant dans un contexte de jour, une autre dans un contexte nocturne. Le jour était représenté par une baignoire à l'ancienne bordée d'astrakan noir et remplie d'eau à la surface de laquelle flottaient des narcisses. De l'eau émergeaient trois mains de cire qui tenaient des miroirs. Un mannequin de cire des années 1890, récupéré dans une brocante et portant maintenant un négligé de plumes vertes, s'apprêtait à entrer dans la baignoire. Elle avait des cheveux d'un roux flamboyant et était couverte de poussière et de toiles d'araignée. La nuit était représentée par un lit surmonté d'un baldaquin fait d'une tête de bison, un pigeon sanglant entre les mâchoires. Le lit reposait sur quatre pattes de bison. Sur les draps de satin était allongé un autre mannequin, apparemment indifférent aux charbons incandescents brûlant en dessous de lui. Dalí espérait que « ce manifeste de poésie élémentaire sortie de la rue » arrêterait les piétons et leur fournirait « une vision authentiquement dalinienne » pour compenser tous les effets faussement « surréalistes » qui faisaient alors des ravages à New York[1489].

Il ne fut pas déçu. Lorsque les vitrines furent montrées, au matin du 16 mars 1939, elles attirèrent rapidement des foules. La direction envoya des espions dans les rues pour recueillir les réactions des nombreux spectateurs. Elles étaient mitigées, mais apparemment il y avait un consensus sur un point : le mannequin au négligé transparent était vraiment osé. À midi, sans consulter Dalí, un mannequin assis avait été substitué au mannequin endormi, et au lieu du mannequin en négligé transparent se tenait un « mannequin standard » en costume sur mesure. Lorsque le « Surrealissimo » (c'est ainsi que *Time* surnommait maintenant Dalí) arriva ce soir-là sur place pour admirer son œuvre, il fut horrifié. « J'ai amené des amis voir les vitrines, raconta-t-il au *New York Post*, et j'ai découvert que cette silhouette d'un modernisme choquant avait remplacé ma délicieuse vieille silhouette au centre de la scène. Ça ôtait à l'ensemble toute signification. » Dalí exigea qu'on baisse les rideaux. La direction lui répondit qu'agir ainsi ruinerait la réputation du magasin. Il répondit que les laisser relevés ruinerait la sienne. « Alors j'ai foncé dans la vitrine pour tout déranger, de façon que mon nom, dont j'avais signé la vitrine, ne soit pas déshonoré. Je ne fus jamais aussi surpris que lorsque la baignoire défonça la vitrine quand je la poussai. J'étais tout à fait confus[1490]. »

Dalí se trouva catapulté avec la baignoire à travers la vitrine cassée et atterrit sur le trottoir miraculeusement indemne. Le public fut « ravi » de la performance[1491]. Quelques instants plus tard, Dalí fut arrêté par les agents et escorté au poste de police de la 115e Rue ouest. Là, Edward James intervint, fit jouer ses relations, et le magistrat de service, Louis B. Brodsky, se montra compréhensif. La réaction de Dalí avait sans doute été excessive, dit-il, mais un artiste avait le droit de défendre l'intégrité de son travail. Dalí reçut une condamnation avec sursis pour trouble à l'ordre public, et eut pour seule punition l'amende à payer pour les dégâts. Cet épisode spectaculaire eut droit à une immense couverture de presse, aux États-Unis comme en Europe, et le peintre fut ravi. Il y eut des photos de la vitrine fracassée et de l'arrestation. Dalí était content aussi des quelques heures qu'il passa dans une authentique cellule new-yorkaise, qui avaient dû lui rappeler son temps d'emprisonnement à Figueres et à Gérone, en 1924. Il exploita l'incident au maximum, et déclara plus tard qu'il s'agissait de « l'action la plus magique et la plus efficace » qu'il avait accomplie dans sa vie, prétendant avoir reçu des centaines de lettres d'artistes américains approuvant son geste énergique[1492].

L'incident chez Bonwit Teller offrit un magnifique lever de rideau à l'exposition chez Julien Levy, qui s'ouvrit deux jours plus tard et dura jusqu'au 18 avril.

Le catalogue, qui comprenait les schémas originels des images qui apparaissent dans *L'Énigme sans fin*, énumérait vingt et une toiles et cinq dessins, mais omettait quelques « objets » non spécifiés[1493].

Le catalogue était introduit par un texte, « Dalí ! Dalí ! », dans lequel l'artiste insistait sur le fait que l'image paranoïaque est « consubstantielle au phénomène humain de la vue », et la faisait remonter à la préhistoire et à l'homme des cavernes qui, sur les irrégularités des parois de son habitat primitif, avait une vision de « la silhouette précise, du profil truculent, de ses obsessions nutritives et magiques, des contours hallucinants de la véritable proie de son imagination, ces animaux qu'il grave en se contentant d'accentuer ou de redessiner certaines irrégularités "stimulantes" ». Aristophane dans *Les Nuées*, Léonard de Vinci dans son *Traité de la peinture*, Freud dans *Un souvenir d'enfance de Léonard de Vinci* : ce sont eux qui ont posé « la pierre angulaire épistémologique et philosophique du majestueux édifice de la "peinture paranoïaque" imminente ». Dalí affirmait aussi que son obsession de l'image double, qui remontait à dix ans, avait laissé sa marque sur le surréalisme et, à un moindre degré, sur le néoromantisme. Il n'y avait que dans son *Énigme sans fin* récemment terminée, cependant, qu'il s'était lancé dans l'« exploration systématique » du « phénomène paranoïaque ». Le message était clair : le public pouvait en espérer plus de lui dans cette direction.

Salvador Dalí sortant d'un poste de police à New York en mars 1939.

Le catalogue comprenait une anthologie de compliments faits à Dalí par des gens célèbres. Picasso, le premier de la liste, avait droit à la citation : « Dalí dévore les kilomètres. Son imagination m'effecte [*sic*] comme un moteur hors-bord continuellement en marche. » La justification par Breton de la « méthode paranoïaque-critique » était à nouveau brandie. Le panégyrique de Stefan Zweig, même si Dalí ne le précisait pas, était extrait de l'une des lettres dans lesquelles l'écrivain s'était battu pour persuader Freud de rencontrer le peintre. James Thrall Soby était particulièrement louangeur : « Seul Dalí est arrivé à quelque chose de nouveau en art, alors que les autres sont en grande partie de pâles imitations de Picasso. » *Life*, la veille de la fermeture, déclara qu'aucune exposition n'avait eu autant de succès à New York depuis celle du *Portrait de la mère de l'artiste* de Whistler, en 1934. Bouche bée, le public était resté pétrifié devant *Débris d'une automobile donnant naissance à un cheval aveugle mordant un téléphone* et *L'Énigme sans fin*. Quinze jours avant l'inauguration, révéla *Life*, Dalí (« l'un des jeunes peintres les plus riches du monde ») avait vendu vingt et une œuvres à des collectionneurs privés, pour plus de vingt-cinq mille dollars.

Seules deux d'entre elles n'étaient pas parties : *L'Énigme de Hitler* (à mille sept cent cinquante dollars) et, ce qui est surprenant au regard du fait que Dalí en faisait le clou de l'exposition, *L'Énigme sans fin* (à trois mille dollars)[1494].

Dalí découvrait comme jamais que le succès appelle le succès. Avant la fermeture, le 18 avril, de son exposition triomphale, une autre occasion unique d'autopromotion et de succès financier se présenta d'elle-même. Un groupe de travail grassement payé devait concevoir un pavillon surréaliste pour la zone de loisirs de l'Exposition universelle de New York, qui devait ouvrir le 30 avril. Julien Levy avait été impliqué dans le projet de l'extérieur, et en était arrivé à la conclusion que ça ne mènerait à rien si ça n'était pas lié au nom de Dalí. À ce moment-là, Edward James s'en mêla : il monta une société et lui fournit la moitié de l'argent nécessaire.

Le contrat d'embauche de Dalí était daté du 10 avril 1939, et il était établi dès le départ qu'il devrait travailler à une vitesse vertigineuse[1495]. Ce projet avait d'abord porté le nom incroyable de *Fonds de la mer*, mais Dalí le rebaptisa rapidement *Rêve de Vénus*. Son plan envisageait un palais en faux corail avec une piscine intérieure en « L » de verre transparent. Là serait donné le spectacle destiné à représenter le travail de l'inconscient, avec des montres molles, des « femmes-pianos », un divan ayant la forme des lèvres de Greta Garbo et de « splendides nageuses sous-marines » dont les girations seraient chorégraphiées de façon à exprimer les secrets intérieurs du rêve. Il y aurait aussi l'inévitable « taxi pluvieux », occupé cette fois par Christophe Colomb[1496].

Dalí rencontra rapidement des problèmes avec les organisateurs de l'Exposition et les co-investisseurs du pavillon (une usine de caoutchouc de Chicago), que dérangeait sa décision d'ériger en dehors du bâtiment une grande statue de la *Vénus* de Botticelli à tête de poisson. Le directeur de l'usine de caoutchouc envoya à son agent, William Morris, un télégramme irrité :

> NOTRE SHOW EST À SOIXANTE POUR CENT UN SHOW DE SIRÈNES SOUS-MARINES ET À QUARANTE POUR CENT UN SHOW SURRÉALISTE ALORS POURQUOI SA FAÇADE DEVRAIT-ELLE ÊTRE ENTIÈREMENT SURRÉALISTE ET NE PAS MONTRER LA PARTIE PRINCIPALE DE NOTRE SHOW... L'ENVIE QU'ONT LES GENS DE DÉPENSER UN QUARTER NE SERA PAS AUGMENTÉE PAR UNE FEMME AVEC UNE TÊTE DE POISSON MAIS PAR LA PRÉSENTATION AU SOMMET DU BÂTIMENT D'UNE SIRÈNE SUGGESTIVE... L'ENTRÉE DE DALÍ LES ARRÊTERA QUELQUES SECONDES ET ILS SECOUERONT LA TÊTE AVANT DE PASSER LEUR CHEMIN MAIS ON VEUT QU'ILS S'ARRÊTENT ET ENTRENT[1497].

Les dissensions succédèrent aux dissensions, avec une tension croissante des deux côtés, des modifications du projet et encore des récriminations[1498]. Le produit final, comme la vitrine de Bonwit Teller, était une caricature de la conception originale de Dalí. Gala et lui s'embarquèrent pour l'Europe le 6 juin sur le *Champlain* avant l'ouverture de l'exposition, laissant le bébé à Edward James. Le 21 juin, James écrivit un long câble à Dalí : la première avait été un désastre ; l'eau du bassin était sale ; des parties du décor s'étaient effondrées ; les journalistes n'avaient à boire que du whisky et du vermouth ; et en conséquence, alors même qu'ils avaient payé pour avoir de la publicité, le seul article avait été un article positif dans le *Herald Tribune*[1499] ; et pour empirer les choses, Julien Levy, complètement ivre, avait dit aux reporters que Dalí était parti avant l'ouverture à cause d'une « incitation subconsciente », et non pas parce qu'il devait reprendre son travail pour les Ballets russes. James décida de ne pas envoyer le télégramme, pensant qu'il pourrait bouleverser Dalí, et résolut plutôt de lui écrire[1500].

En dépit de tous ces problèmes agaçants, *Rêve de Vénus* obtint un succès considérable. Au bout de quelques jours, la presse se réveilla, se concentrant surtout sur le nombre de seins nus exhibés[1501]. Ce furent les sirènes presque nues, vivantes et à l'air très normal, gambadant au milieu de cet environnement morbide qui attirèrent l'attention du public, qui aimait, ainsi que l'écrivit un journaliste, épeler « Dalí » « Dolly[1502] ». La vaste zone de loisirs de l'exposition, commenta le *Time*, contenait « plus de nudité en public que tout autre lieu, en dehors de Bali ». *Rêve de Vénus* ne faisait pas exception, combinant astucieusement le surréalisme et le sexe, et prouvant une fois de plus que la folie de Dalí était faite de « beaucoup de méthodes de Broadway » :

> Sur un lit de satin rouge de trois mètres carrés appelé « La Couche ardente » est allongée une Vénus rêveuse et nue. Parmi ses quatre rêves désinhibés, le premier – une vision sous-marine intitulée « Le Château prénatal de Vénus, sous l'eau » – est celui qui attire le plus la foule. Une longue cuve de verre contient des objets sous-marins, tels qu'un foyer de cheminée, des machines à écrire aux touches pareilles à des champignons, des téléphones en caoutchouc, un homme fait de raquettes de ping-pong, une vache momifiée, une femme de caoutchouc étendue sur le dos, peinte pour ressembler aux touches d'un piano. Quoi que ça puisse signifier en termes d'art, les exposants n'ont pas fourni un travail « dalirant » là-dessus. Dans le bassin, ils ont plongé des filles en chair en os, nues jusqu'à la ceinture et vêtues de corsets à la mode des « Gay Nineties » et de bas transparents. Nageant, grimaçant, faisant le Susy Q[1503], la vache, jouant du « piano », ces Lady Godivers [*sic*], vues de près et légèrement magnifiées par l'eau, devraient convertir au surréalisme plus de gens qu'une dizaine d'expositions savantes[1504].

Avant de quitter New York, un Dalí courroucé avait rédigé un tract brillant intitulé « Déclaration de l'indépendance de l'imagination et des droits de l'homme à sa propre folie », dont des centaines d'exemplaires, selon Julien Levy, furent lâchés d'un avion au-dessus de New York. Dalí y déplorait l'attitude grossière des organisateurs de l'Exposition qui ne lui avaient pas permis d'ériger sa statue de la *Vénus* de Botticelli avec une tête de poisson, et poussait les artistes américains à se mobiliser pour défendre leurs droits contre le genre de médiocres capables de pontifier, littéralement, qu'« une femme avec la queue d'un poisson est possible, mais qu'une femme avec la tête d'un poisson est impossible ». Dalí émettait l'opinion (qu'il avait déjà formulée dans les années 1920) que le grand public comprend instinctivement beaucoup mieux l'art que les « courtiers de la culture » qui, avec leur air noble et leur bavardage supérieur, se mettent entre le créateur et le public.

Le tract montrait que Dalí aimait toujours se présenter comme un disciple loyal de Breton. Non seulement il employait un ton similaire à celui de Breton lui-même dans différents textes, mais il citait une fois de plus, comme un écrit sacré, la définition du surréalisme promulguée par le premier *Manifeste* : « Automatisme psychique pur par lequel on se propose d'exprimer, soit verbalement, soit par écrit, soit de toute autre manière, le fonctionnement réel de la pensée. Dictée de la pensée en l'absence de tout contrôle exercé par la raison, en dehors de toute préoccupation esthétique ou morale[1505]. »

## DEUX LETTRES À BUÑUEL

Quelles que soient ses protestations de loyauté envers Breton à cette époque, Dalí était maintenant emporté par une telle frénésie d'autopromotion que la révolution surréaliste était bien l'une des dernières choses qu'il avait en tête. De plus, la guerre civile espagnole venait de se terminer par la victoire de Franco, et Dalí avait décidé que ses sympathies allaient nettement du côté du Caudillo. Aucun document n'est plus révélateur de ses pensées et de ses obsessions à l'époque que les deux lettres envoyées à Buñuel au cours de la préparation de l'Exposition universelle.

Buñuel se trouvait alors à Hollywood, où les autorités du gouvernement républicain l'avaient expédié en 1938 comme conseiller sur des films évoquant la guerre civile. Même avant la victoire de Franco, en avril 1939, il avait perdu son boulot, et ses demandes à Chaplin, à René Clair et à d'autres pour un éventuel travail étaient restées vaines. Il commençait à désespérer – et se tourna vers Dalí[1506].

Dans sa première lettre (qui n'a pas été retrouvée), apparemment, Buñuel ne parlait pas de ses soucis financiers. Mais il mentionnait une rumeur selon laquelle Gala et Dalí étaient au bord du divorce. Dalí lui répondit de l'hôtel St. Moritz, semant selon son habitude sa lettre de mots emphatiquement soulignés :

> Cher Vieux,
> Je suis content des chansons dont tu me parles dans ta lettre. Je vais te répondre méthodiquement. Premièrement, pas question de divorcer de Gala, au contraire notre compréhension est *absolue*, et nous n'avons jamais été aussi heureux ensemble que nous le sommes maintenant, mais étant donné que j'ai passé quatre mois dans la maison de Chanel (avec Gala) à Monte-Carlo, il a dû y avoir les « rituels » cancans de la société.
> Tu sais déjà que je ne pense pas qu'il y aura une guerre mondiale. Même si nous connaissons quelques moments de « danger objectif », je suis convaincu qu'avant deux mois se produira soudain un changement (déjà préparé et décidé). La France et l'Italie se rabibocheront et une fois que « l'Axe » sera brisé Staline s'arrangera avec Hitler de façon que celui-ci puisse engloutir la bonne côtelette saignante de l'Ukraine. Quand ça arrivera avec les Japonais impérialistes qui se sentiront automatiquement menacés (par l'alliance russo-allemande), le conflit éclatera précisément aux États-Unis.
> Dans deux semaines je dois partir d'ici pour Monte-Carlo afin de voir mon spectacle, qui sera monté à l'Opéra de Paris en juin, puis à Londres.
> En principe je suis toujours intéressé par Hollywood mais comme ma situation financière s'améliore chaque jour, et que je n'ai pas besoin d'aller là-bas, *la chose la plus astucieuse à faire pour moi* est d'attendre et de refuser tous les projets jusqu'au moment (inévitable, étant donné l'accélération de mon *prestige* et de ma *popularité*) où ils me demanderont de venir comme *dictateur* – avec *autant de putains de dollars* que je voudrai pour mon film, et aussi vite que je le voudrai – c'est la seule base de contrat que *j'accepterai*, et ça serait impossible si j'acceptais quoi que ce soit *en attendant* – tu vois mon point de vue ?
> Ta nouvelle position me paraît beaucoup plus réaliste que ces *idéalismes marxistes*. Mon conseil en tant qu'ami, en tant que Dalí de l'époque de Tolède, est que tu prennes tes distances avec ces points de vue marxistes, car le marxisme, philosophiquement et à tous points de vue, est la théorie la plus imbécile de notre civilisation, elle est totalement fausse et Marx est sans doute le summum de l'abstraction et de la stupidité – il serait terrible

> pour toi d'abandonner le marxisme politique mais de continuer à penser en marxiste dans d'autres domaines, car le marxisme nous empêche de comprendre quoi que ce soit du phénomène de notre époque – à propos d'une jeune et matériellement merveilleuse science comme la « morphologie », de la rencontre entre la morphologie et la psychanalyse (plus ancienne, mais toujours magnifique, avec l'un des sourires les plus mélancoliques et intelligents du monde !).
> Bonne journée, écris-moi et si tu viens à New York, on se voit immédiatement, Dalí.

Dalí ajouta une note dans la marge à propos de la fin récente de la guerre civile en Espagne, évoquant les deux principaux leaders de la République, le docteur Juan Negrín (le dernier Premier ministre) et l'héroïne communiste La Pasionaria : « La fin des Negrín et des Pasionaria m'a rendu malade. Pourquoi ne se sont-ils pas laissé tuer ? Ou n'ont-ils pas fait la paix avant la chute de Tarragone ? Tout ça est l'apothéose de la médiocrité, la même vieille médiocrité qui n'abandonne jamais. » Ordonnant à Buñuel de tourner la page, il continuait :

> Autre chose : mon individualisme est devenu plus fort et chaque jour je fais les choses qui m'entrent dans la tête avec une furieuse intensité, à tel point qu'il me serait maintenant impossible de collaborer avec quelqu'un d'autre. Gala est la seule personne que j'écoute, parce qu'elle possède un don indéniable de médium – la CHANCE objective, l'interprétation paranoïaque d'événements fortuits de façon à suivre le fil de mes actions critiques frénétiques.
> Bonne journée, ici les choses les plus incroyables m'arrivent l'une après l'autre.

Au bas de la page et dans les marges, Dalí avait ajouté quelques notes et commentaires significatifs :

> Les rouges ont emprisonné pendant vingt jours ma sœur à Barcelone ! Ils l'ont torturée, elle est devenue folle, elle est à Cadaqués, ils doivent la nourrir de force, elle chie dans son lit, imagine la tragédie pour mon père à qui ils ont tout volé, il doit vivre dans une pension de famille à Figueres, naturellement je lui envoie des dollars, il est devenu un adepte fanatique de Franco, il le considère comme un demi-dieu, le « glorieux Caudillo », comme il l'appelle dans chacune de ses lettres délirantes (ils ont réussi à mettre toutes mes affaires en sécurité dans la maison de Cadaqués). La tentative révolutionnaire a été un tel désastre que tout le monde préfère Franco. Je reçois sur ce sujet des informations étonnantes. Des gens qui ont été catalanistes toute leur vie, des républicains fédéralistes, des anticléricaux acharnés – tous m'écrivent pour me dire leur enthousiasme à propos du nouveau régime[1507].

La lettre constitue le plus ancien document qui nous soit parvenu évoquant le changement de bord politique du père de Dalí, conséquence de l'expérience de la famille au cours de la guerre.

Buñuel, sans doute encouragé par la confirmation par Dalí de l'état florissant de ses finances, lui demanda alors un prêt. Dalí répondit :

> Cher Luis : Je ne peux rien t'envoyer du tout, et c'est une décision prise après de grandes hésitations et beaucoup de réflexion, que je vais t'expliquer. C'est pourquoi j'ai mis longtemps à te répondre, car en général je déteste que les gens attendent des réponses qui ont un rapport avec l'argent. Voici les grandes lignes de mon attitude (énormément abrégées, mais je sais que tu apprécies ma sincérité en ce domaine).
> Pendant trois ans je me suis passionnément occupé de tout ce qui concerne « *le hasard objectif* ». Le *Destin* – les rêves *prophétiques* – l'interprétation des *moindres* événements de la vie quotidienne de façon à agir *en conséquence* – la *chiromancie* – l'*astrologie* – (très important – la morphologie appliquée aux instants immédiats), etc., etc. Tout ça était inévitable en raison de mes sentiments presque inhumains d'« *égoïsme FRÉNÉTIQUE* », c'est-à-dire le besoin de *contrôler*, aussi longtemps que je vivrai, et avec le maximum d'*intensité*, chaque situation (le principe de plaisir de Freud).
> Toutes les prédictions et les expériences que j'ai eues récemment m'ont conseillé de ne pas te prêter d'argent. Avant que je reçoive ta lettre son arrivée m'avait été prédite par une médium suisse, une des plus importantes en ce moment à New York, qui me guide énormément (même si c'est moi qui décide si je suis convaincu ou non). Ma situation présente est comme suit : le fait de surmonter mon complexe de Guillaume Tell, c'est-à-dire la fin des hostilités avec mon père, la reconstruction de l'Idéal de la Famille, sublimée par des facteurs raciaux et biologiques, etc., etc. En conséquence, j'envoie tout ce que je peux envoyer à Cadaqués (tout ce que je peux faire dans ce sens contribuera à ma propre autoconstruction triomphante). En même temps il a été prédit que je serais assailli par tous les mythes de non-conformité de la famille, représentés par mes vieux amis.
> Car la pensée européenne de PARACELSE (il est très bon !) et de NOSTRADAMUS a été dans un état de décadence phénoménale. Que peut apporter un médecin humaniste comme Negrín comparé au PASSÉ, À ISABELLE LA CATHOLIQUE, aux hosties consacrées, aux melons, aux rosaires, aux indigestions truculentes qui précédent les corridas, aux tambours de Calanda[1508], aux sardanes dansées sur les plages de l'Empordà et tout ça – Negrín nous menait en direction d'une médiocrité socialiste nauséeuse qui a été totalement surpassée par les « Phalanges », par la réalité biologique espagnole – Si tu connaissais la position des étoiles, tu ne penserais pas qu'il va y avoir la guerre ! Combien loin es-tu de la vérité !
> Pour récapituler – ma vie doit maintenant être *orientée vers l'Espagne* et La Famille. La *destruction systématique* du *passé infantile* représenté par mes amis de Madrid, des images qui n'ont pas de *consistance réelle*. Gala, l'*unique réalité* parce qu'elle est incorporée dans un sens *constructif* à ma libido. Il me serait impossible de te parler plus FRANCHEMENT.

> Longue vie à l'*individualité* des requins (marquis de Sade) qui dévorent les faibles – NIETSCHE [*sic*] – et à l'Empordà, réaliste-surréaliste.
> Quelle merde est le marxisme, le dernier vestige de la merde chrétienne – je respecte beaucoup le catholicisme, c'est SOLIDE.
> Demande de l'argent à Noailles, il ne te le refusera pas (Dalí te le garantit) et ce sera dans la tradition : « Configuration STELLAIRE. »
> L'ESPAGNE EST *SÉRIEUSE*, DESTINÉE À L'« *HÉGÉMONIE SUR LE MONDE* ». UN « *ARRIBA ESPAÑA!* » SURRÉALISTE.
> Le manque d'imagination est la mort de tout. STALINE – le plus bestial des gens ANTI-IMAGINATIFS.
> Ici je dessine un pavillon surréaliste pour l'Exposition universelle avec de véritables girafes explosives.
> Bonjour de ton ami DALÍ – 1929[1509].

Dalí a-t-il délibérément écrit « 1929 » pour « 1939 » ? La possibilité que cette erreur soit intentionnelle est suggérée par une réflexion marginale dévastatrice : « Dans le passé notre collaboration a été mauvaise pour moi. Rappelle-toi que j'ai dû faire de gros efforts pour avoir mon nom sur *Un chien andalou.* » Dix ans avaient passé, presque jour pour jour, depuis la projection de leur premier film. Maintenant Dalí montait, et Buñuel descendait. Quelle bonne occasion pour une douce revanche ! Buñuel n'oublia jamais le refus de Dalí de l'aider, et ne le lui pardonna jamais. Selon son fils Juan Luis, il garda pendant des années la lettre dans son portefeuille[1510].

La lettre montre qu'aussitôt que Franco eut remporté la guerre, Dalí se mit à parler avec admiration du Parti phalangiste de José Antonio Primo de Rivera (le fils du dictateur), variété espagnole du fascisme italien, fondé en 1933. Primo de Rivera, bel homme charismatique, avait été exécuté par les républicains au début de la guerre, à l'âge de trente-trois ans, et Franco avait habilement promu sa mythification tout en détournant pour son compte l'énergie de la Phalange. « *Arriba España!* » était le slogan de la Phalange, et l'idée ridicule que l'Espagne était destinée à l'« hégémonie sur le monde » était aussi la sienne. Il est visible que Dalí était sous l'influence de la propagande phalangiste, dont le principal générateur était son vieil ami Ernesto Giménez Caballero, et pensait à un retour triomphal dans l'Espagne maintenant dirigée par Franco. Buñuel a dû être écœuré non seulement par le refus de Dalí de l'aider, mais par son adhésion à une idéologie politique sur laquelle le surréalisme avait porté l'anathème.

André Breton, lui aussi, était écœuré par Dalí. Lorsque l'artiste rentra à Paris, au mois de juin, il tomba sur l'article « Des tendances les plus récentes de la peinture surréaliste » paru dans le dernier *Minotaure*. Tout en parlant de la suggestion choquante de Dalí de régler le « problème racial », Breton y écrivait que son influence sur les nouveaux peintres marquait « un déclin très rapide » en France. Vicié par « une profonde, véritable monotonie », son travail était maintenant supplanté en importance par celui d'Yves Tanguy. Et comment pourrait-il en aller autrement, demandait Breton, étant donné le désir obsessionnel de plaire de Dalí, qui implique le besoin constant de se surpasser dans la propagation de ses paradoxes ?

> À force de vouloir raffiner sur sa méthode paranoïaque, on observe qu'il commence à verser dans un divertissement de l'ordre des *mots croisés*. Si, par contre,

l'étoile de Tanguy s'élève toujours davantage, c'est qu'il est idéalement intègre et intact, qu'il échappe par sa nature à toute espèce de compromission[1511].

Étant donné la dette significative de Dalí à Tanguy, et le fait que, dans une certaine mesure, il se voyait comme son rival, ces mots ont dû laisser leur marque. Ainsi que l'assertion de Breton selon laquelle les nouveaux peintres surréalistes (Domínguez, Paalen, Brauner, Matta, etc.) étaient plus attirés par l'automatisme du premier *Manifeste* que par le contrôle des pulsions inconscientes maintenant prôné par Dalí. Plus tard, glosant secrètement sur l'article, Dalí affirma qu'en arrivant à Paris il avait été consterné en s'apercevant qu'en son absence, le surréalisme avait régressé vers le concept daté d'automatisme, en niant les avancées obtenues par sa « méthode ».

Elle fonctionnait, si tant est qu'elle ait fonctionné, uniquement pour lui – et telle était son intention. Le retour à l'automatisme était inévitable car il s'agissait de la plus authentique contribution du surréalisme à la libération de la psyché. Mais pour l'admettre, Dalí aurait dû admettre qu'il avait tort. Et Dalí, pour autant qu'on sache, n'a jamais reconnu cela une seule fois dans sa vie. L'article de Breton dans *Minotaure* équivalait à l'expulsion définitive de Dalí du mouvement surréaliste. On ne sait si le peintre protesta, ni si les deux hommes se rencontrèrent ou communiquèrent par d'autres moyens, mais apparemment il n'y eut plus jamais de contact entre eux.

Dalí réagit à son expulsion avec la même attitude de défi que lorsqu'il avait été exclu de l'Académie San Fernando, et que lorsque son père l'avait chassé de la maison familiale en 1929. À partir de là, il irait son chemin tout seul et, s'appuyant sur tous ses dons connus pour l'autopublicité, propagerait le mythe selon lequel lui, Salvador Dalí, et lui seul, était l'unique surréaliste authentique. En Amérique, où Breton n'était connu que d'une infime minorité, mais où Dalí était déjà célèbre, il avait dû prévoir qu'il n'aurait aucune difficulté à persuader le public crédule de la vérité de son affirmation. Étant donné les nuages de la guerre qui s'amassaient sur l'Europe, Dalí était à présent plus convaincu que jamais que son avenir, et sa fortune, se trouvait de l'autre côté de l'Atlantique.

## LA GUERRE ET LA FUITE

Dalí était revenu en Europe pour superviser la production de *Bacchanale* par les Ballets russes, qui devait maintenant débuter à Covent Garden, et pas à Paris, à la mi-septembre. Début août, Gala et lui allèrent se reposer au Grand Hôtel de Font-Romeu, une station de sports d'hiver dans les Pyrénées françaises, non loin de la frontière espagnole, à Puigcerdà. De là, Gala répondit à la lettre d'Edward James concernant le triste destin de *Rêve de Vénus*. À la différence du pavillon, *Bacchanale* s'annonçait très bien, disait-elle, et Dalí travaillait fiévreusement aux derniers détails, soutenu par le prince Chernady. Elle espérait pouvoir séjourner chez lui à Wimpole Street pour la première[1512]. Mais le spectacle londonien n'eut jamais lieu. Le 1er septembre, Hitler envahit la Pologne, et l'Angleterre et la France déclarèrent la guerre au Troisième Reich. Les Ballets russes transférèrent leur saison au Metropolitan Opera House, à New York.

Les Dalí retournèrent en toute hâte à Paris. Là, ils reçurent le 10 septembre de New York un télégramme d'Edward James, très inquiet pour ses tableaux, que le couple avait stockés chez les transporteurs Tailleur et Fils, 91, rue du Cherche-Midi. Supposant qu'ils iraient à New York pour la première de *Bacchanale*, il leur demandait de prendre les toiles avec eux, ajoutant qu'il paierait pour le transport[1513].

Mais les Dalí avaient d'autres choses en tête. Après avoir rassemblé leurs biens les plus précieux, et prêts à tout pour fuir Paris, ils s'étaient précipités au bord de la mer, à Arcachon, près de Bordeaux, où ils louèrent une grande maison, la villa Flambergé (131, boulevard de la Plage). Dalí raconta plus tard qu'il avait choisi Arcachon parce que la ville était célèbre pour ses huîtres, pas loin de Bordeaux, ville de gastronomie, et suffisamment près de la frontière espagnole pour faciliter la fuite, si elle devenait nécessaire. Marcel Duchamp et la peintre Leonor Fini avaient déjà trouvé refuge près de là, et avant longtemps arrivèrent d'autres amis et artistes, parmi lesquels Coco Chanel[1514].

Le 2 octobre, Gala répondit au télégramme de James, qu'elle avait trouvé « bref et pas très amical ». Elle ne parlait pas des tableaux[1515]. Mais Dalí le fit, quelques jours plus tard. Il avait été impossible de les transporter à Arcachon, disait-il, mais ils avaient emporté *Portrait géodésique de Gala*. Dalí demandait à James de lui envoyer, en tant que « président » de *Rêve de Vénus* (qui continuait à tourner), une invitation pseudo-officielle à New York. Cela lui faciliterait l'obtention d'un visa. James lui obéit immédiatement[1516].

Leonor Fini, qui avait connu les Dalí à Paris, était amusante (« Quand c'est Fini, ça commence », disait Éluard)[1517]. Elle prouvait maintenant qu'elle était, de plus, utile, car elle avait un ami possédant une grosse voiture américaine que Gala réserva rapidement pour des balades dans la campagne, ou pour se rendre confortablement dans deux excellents restaurants de Bordeaux, Le Chapon Fin et Le Château Trompette. Fini remarqua que Gala souriait rarement, et quand elle le faisait, c'était pour exprimer la dérision[1518].

Il semble que Gala soit allée quelquefois à Paris superviser le stockage de leurs toiles, qu'elle avait confiées, comme celles de James, à Tailleur et Fils. À l'occasion de l'une de ces visites, elle vendit à Peggy Guggenheim *Naissance des désirs liquides*. Elle rapporta avec elle d'autres toiles, qu'elle stocka dans un entrepôt des environs de Bordeaux[1519].

Pendant ce temps, la production de *Bacchanale* au Metropolitan Opera House rencontrait des difficultés presque insurmontables. Coco Chanel, qui avait travaillé pendant des mois à Roquebrune sur des costumes exigeant des soins particuliers, refusa de les envoyer en Amérique si Dalí n'y allait pas pour tout superviser. Mais Gala était catégorique : en aucun cas le peintre ne traverserait l'Atlantique en temps de guerre. Edward James tenta de son mieux de se poser en médiateur. Le 25 octobre, il câbla à Dalí pour lui dire que Mme Karinska, une couturière connue à New York, pouvait faire les costumes en se servant des photographies de Dalí. Massine avait dit que si le ballet ne pouvait être monté en novembre, ce serait un flop. Dalí voulait-il que James s'assure que les dessins étaient bien exécutés ? Il craignait que les costumes ne soient commencés avant l'arrivée de Dalí, et il valait mieux qu'il soit là pour surveiller les travaux. James ajoutait qu'il serait heureux de trouver quelques nains pour le lit de Vénus, car il en connaissait certains personnellement – et des nains tout à fait charmants, en plus[1520]. La réponse de Dalí, le 28 octobre, était si fâcheuse que James ne devait jamais l'oublier. Il lui disait que, s'il tenait à leur amitié, il devait cesser de « se mêler » de cette « sinistre affaire ». Massine devait retarder la première[1521]. La réponse de James témoignait d'une irritation égale. Il remerciait Dalí de sa « jolie rhétorique », disait qu'il ne pouvait rien faire pour arrêter Massine, car il avait tous les droits, et insistait sur le fait que, s'il avait tenté d'intervenir, c'était afin de protéger le travail de Dalí et sa réputation. Mais, même blessé comme il l'était, James continuait à proposer son aide. Si Dalí le souhaitait, il enverrait son majordome, Thomas, d'Europe à New York pour accompagner les costumes de Chanel[1522].

D'autres communications chagrines suivirent entre eux, et James finit par accepter les ordres de Dalí de ne plus se mêler de la production du ballet. Puis il s'envola pour la campagne, afin d'échapper à ces ennuis. Les notes et les brouillons de lettres qu'il rédigea à cette époque montrent à quel point il avait été blessé par l'attitude de Dalí. N'avait-il pas été pour le peintre un ami fidèle ? L'avait-il jamais laissé tomber ? Comment pouvait-il le traiter de cette façon ? Et ainsi de suite. James commençait à apprendre que la gratitude était un sentiment inconnu à Dalí[1523].

Entre-temps, Chanel avait persisté à refuser de laisser ses costumes traverser l'Atlantique, et comme il ne restait que trois jours avant la première, le 9 novembre, les costumes de remplacement devaient être réalisés à une vitesse vertigineuse. Ainsi que James l'avait prévu, la première fut à peu près un fiasco, une frénésie d'improvisation sauvage, même si le public ne parut pas le remarquer jusqu'à une attente de quarante minutes entre la première et la deuxième scène. Nombre des costumes de Mme Karinska n'étaient pas terminés, les taxis faisaient des allers-retours entre son atelier et le Metropolitan tandis que le spectacle se déroulait, certaines ballerines n'arrivèrent jamais, et certaines de celles qui parurent sur la scène n'étaient vêtues que de collants. Vénus elle-même, jouée par Nini Theilade, portait une combinaison couleur chair qui fit sensation. Mais John Martin, le critique du *New York Times*, ne fut pas impressionné. « Prendre un tel ballet au sérieux du point de vue de la psychanalyse, ou le considérer comme une œuvre d'art importante, serait une erreur grossière », estimait-il[1524].

Dalí ne tint pas compte de l'irritation montante dans les communications d'Edward James, et à la fin de l'année il informa son mécène et souffre-douleur qu'il avait subi un changement radical, et éliminé toute trace de frivolité dans sa vie. La seule chose qui comptait maintenant, c'était de produire une œuvre qui s'imposerait d'elle-même à cause de « sa rigueur féroce, implacable et aveuglante ». En quatre mois, il avait été plus productif qu'en quatre ans. James ne devait pas oublier que Picasso avait inventé le cubisme pendant la dernière guerre. « À mon âge déjà avancé, plaisantait Dalí, c'est maintenant ou jamais. » Puis il se mettait à ratiociner sur l'échec de *Rêve de Vénus*, et maintenant de *Bacchanale*, laissant entendre que James l'avait mal conseillé et affirmant que lui, Dalí, ne se montrerait plus jamais si « faible ».

Dalí justifiait sa détermination nouvelle de se montrer fort en faisant référence à l'« Ode à Salvador Dalí » de Lorca. Dans les premiers vers du poème, Lorca avait parlé de la « brume impressionniste » évitée par les cubistes et, par extension, par Dalí. Le peintre disait maintenant à James que l'« horrible brouillard » de la confusion se trouverait banni de son existence. Puis il citait explicitement le vers « Âme hygiénique, tu vis sur des marbres nouveaux », dans lequel il voyait un appel au classicisme[1525]. Dans une lettre à un autre ami, il y avait aussi une allusion à l'« Ode ». Dalí et Gala vivaient dans leur villa une existence vraiment intra-utérine, racontait le peintre, et il avait entrepris une chose très sérieuse avec « une grande soif de limites, de contours et d'un réalisme parfait et désespéré ». Cette phrase faisait écho au vers de Lorca « Un désir nous gagne, de formes, de limites[1526] ». Cet emprunt, admis ou dissimulé, indique une fois de plus à quel point le grand poème de Lorca conditionnait maintenant la perception que Dalí avait de lui-même.

Au cours des mois suivants, James et les Dalí continuèrent à se lancer des piques à propos de *Rêve de Vénus* et de *Bacchanale*. James dit à Dalí de garder à l'esprit qu'il avait perdu dans le premier projet entre vingt-cinq mille et trente mille dollars[1527]. En mars 1940, Dalí l'informa qu'il avait peint d'authentiques chefs-d'œuvre (« Tu verras ! ») et que Gala et lui prévoyaient de se rendre aux États-Unis à l'automne. En ce qui concernait les tableaux de James chez Tailleur et Fils, Dalí lui recommandait de les faire envoyer en Amérique. Ils lui seraient utiles à lui aussi, car certains d'entre eux pourraient être montrés lors de sa prochaine exposition à New York. Dalí était rempli de joie à l'idée de retourner aux États-Unis, où sa « Déclaration d'indépendance de l'imagination et des droits de l'homme à sa propre folie » était maintenant reproduite même dans la presse provinciale[1528].

Alors que la pression des Allemands sur la France augmentait, James et Caresse Crosby étaient de plus en plus inquiets pour la sécurité de Dalí. Caresse avait promis de publier *La Vie secrète* à la Dial Press de New York (ils avaient dû en parler au cours de son dernier séjour) et voulait savoir où en était le manuscrit. Au mois de mai, elle écrivit :

> Je compte sur vous et sur Gala pour venir me voir à la campagne à Bowling Green, comté de Caroline, Virginie. Vos chambres sont prêtes et vous attendent... Vous pourrez y travailler tranquillement. J'ai appris que vous aviez rassemblé assez de matière pour commencer le livre de Mémoires que je pense publier cet été. Il est absolument nécessaire que vous soyez ici durant les mois d'été pour y travailler avec moi[1529].

Si les Dalí avaient encore besoin d'encouragements pour s'enfuir en Amérique, ils leur vinrent le 14 juin 1940, lorsque les Allemands occupèrent Paris, provoquant un exode massif vers le sud. Le couple était pris de panique, se souvenait Leonor Fini. Hitler maintenant ne semblait plus aussi pittoresque, sa tendre chair si alléchante. Salvador buvait beaucoup et avait fait construire un abri dans le jardin. Il se demandait aussi si une armure ne serait pas utile[1530]. Quand les nazis arrivèrent à Bordeaux, les Dalí effectuèrent une rapide retraite en Espagne, franchissant la frontière juste avant les troupes des envahisseurs qui brandirent le svastiska à Hendaye le 28 juin, et furent chaleureusement accueillis par un représentant du régime de Franco[1531]. Parmi les biens que le peintre laissa derrière lui à Arcachon se trouvait le manuscrit du *Mythe tragique de « L'Angélus » de Millet*, qui ne fut retrouvé que des années plus tard.

Tandis que Gala, qui avait toujours été dans leur couple celle qui avait l'esprit le plus pratique, se rendait à Lisbonne pour organiser leur passage en Amérique, Dalí traversa l'Espagne pour aller voir sa famille à Figueres. Il trouva ses proches brisés par ce qu'ils avaient subi pendant la guerre civile, et reçut un compte rendu détaillé des souffrances d'Anna Maria Dalí aux mains des communistes du Servicio de Información Militar ou SIM (Comité d'investigation militaire). Figueres avait été bombardé par Franco, et les républicains au cours de leur retraite avaient essayé en vain de faire sauter le fort, causant d'énormes dégâts. Une partie de la ville était en ruine.

Dalí fit un saut à Cadaqués et trouva Lídia, qui avait aimé la guerre, en bonne forme. Des graffitis avaient été gravés à la fois par les rouges et par les fascistes sur les murs de la maison de Port Lligat, selon les fluctuations des combats. Puis il se précipita à Madrid, où il séjourna au Palace Hotel, scène de tant de révélations avec Buñuel et Lorca. Là-bas, il vit deux vieilles connaissances qui faisaient maintenant partie des chefs phalangistes, les écrivains Eugenio Montes (auteur de l'article délirant sur *Un chien andalou* dans

*La Gaceta Literaria*) et Rafael Sánchez Mazas, une autorité sur la Renaissance italienne. Il rencontra aussi un autre phalangiste important, le poète et essayiste Dionisio Ridruejo[1532].

C'était une époque d'allégresse pour le régime de Franco, avec les journaux qui proclamaient que les alliés nazis de l'Espagne étaient sur le point d'écraser l'Angleterre. La chute de la France était regardée avec une grande satisfaction officielle, et il était clair pour le pays, avec un Hitler victorieux d'un côté et un Mussolini de l'autre, que l'Espagne allait participer à la création d'une Europe nouvelle, avec une expansion impérialiste en Afrique (et, naturellement, la récupération assurée de Gibraltar)[1533].

Dalí était prédisposé à apprécier son retour dans l'Espagne de Franco, comme l'avaient montré ses lettres à Buñuel, et il fut très marqué par l'enthousiasme des fascistes espagnols qu'il rencontra à Madrid et par la variété des rhétoriques euphoriques auxquelles ils s'abandonnaient. Ce groupe, écrivit-il à Caresse Crosby à la fin juillet, était certainement l'un des plus intelligents, inspirés et originaux de l'époque ! Il prophétisait que l'Espagne était sur le point de devenir le sauveur spirituel du monde[1534]. Dalí dit plus tard que les « illustres membres » de la Phalange l'avaient invité sérieusement à se joindre au parti, mais qu'il avait refusé[1535].

Dans *La Vie secrète*, Dalí devait écrire qu'après des années de guerre civile, il avait retrouvé son pays « couvert de ruines, noblement appauvri mais ressuscitant par sa foi en son destin, le deuil gravé au diamant dans les cœurs[1536] ». Dalí omet de remarquer que le deuil était gravé surtout dans les cœurs des Espagnols ordinaires – le deuil, le désespoir et l'humiliation ; et il ne mentionnait pas les exécutions en masse d'innocents qui avaient commencé à la fin de la guerre, et qui se poursuivaient. Quant à l'Espagne « ressuscitant par sa foi en son destin », c'était juste le type de charabia fasciste dont, au cours de l'été 1940, Montes, Sánchez Mazas, Ridruejo et leurs pareils remplissaient les colonnes de leurs journaux.

Edward James avait entendu la rumeur selon laquelle Dalí avait été arrêté en Espagne et, se rappelant le destin de Lorca, il était malade d'anxiété. Le 8 juillet 1940, il câbla à Franklin D. Roosevelt, rien de moins, pour lui demander que soit menée une enquête. Il fut informé que, selon l'ambassade américaine en Espagne, Dalí séjournait au Palace Hotel, et qu'on l'attendait à Lisbonne le 17 juillet. À ce moment-là, Gala avait déjà rassuré James : Dalí était à Madrid, sain et sauf, et il attendait son visa. Quand, peu après, le peintre s'envola pour Lisbonne, il câbla à James qu'il avait passé « un merveilleux séjour » en Espagne – et lui demanda cinq cents dollars. On imagine bien que James lui fit un virement immédiat[1537].

Il est peu fait mention dans la presse du fulgurant retour de Dalí en Espagne, mais on put lire une ou deux brèves à ce sujet. Dans l'hebdomadaire barcelonais *Destino*, le journaliste Carlos Sentís daubait sur les hordes de riches réfugiés qui traversaient Madrid pour rejoindre Lisbonne, et précisait que Dalí, « un Superman dans ce monde », en faisait partie[1538]. Le même journal ajoutait que Dalí s'était rendu au Prado, où il aurait déclaré qu'il était maintenant déterminé à « rectifier l'orientation et le style de sa peinture ». Il a pu faire croire à ses auditeurs que tel avait été sur lui l'impact du nouvel ordre qui régnait en Espagne[1539].

Sous la dictature d'Oliveira Salazar, Lisbonne bourdonnait de rumeurs et de contre-rumeurs tandis que de plus en plus de réfugiés arrivaient d'Europe. Dans *La Vie secrète*, Dalí se rappelle qu'on ne savait jamais sur qui on allait tomber. Parmi ces gens prêts à tout pour partir, il retrouva des amis comme Man Ray, Elsa Schiaparelli et Josep Maria

Sert. René Clair et sa femme venaient d'arriver, et Julien Green ne devait pas tarder à en faire autant. La ville ne manquait pas non plus d'espions, dont le duc de Windsor, qui travaillait secrètement pour les nazis (en vue de retrouver son trône). Il avait fait en Espagne une visite dont on avait beaucoup parlé, et s'apprêtait à s'embarquer pour son nouveau travail de gouverneur général des Bahamas, où le gouvernement anglais espérait qu'il serait assez loin pour cesser de conspirer[1540].

Les Dalí parvinrent à se procurer un passage sur l'*Excambion*, des American Export Lines, qui partait pour New York début août. Ils ne devaient pas remettre les pieds en Europe durant huit ans[1541].

# XI. America

[1940-1948]

*LA VIE SECRÈTE*

**364●** Madelle Hegeler présente à New York des bijoux de Dalí aux formes étranges.

Dalí était maintenant célèbre à New York, et avait plus que pris la mesure du pouvoir de la presse américaine. En traversant l'Atlantique pour la troisième fois, il a dû soigneusement peser ce qu'il allait dire aux reporters à son arrivée. Il n'était évidemment pas question de répéter plus ou moins les bouffonneries de ses précédents débarquements. Les énormes miches de pain ou les côtelettes stratégiquement placées avaient perdu de leur pouvoir choc. Donc, tandis que l'*Excambion* entrait au port, le 16 août 1940, Dalí, vêtu d'un costume à fines rayures immaculé, Gala sagement à ses côtés, savait exactement ce qu'il allait dire aux journalistes – et qu'il allait leur répéter encore et encore au cours des mois suivants[1542].

Il leur dit que le mouvement surréaliste était mort et que lui, son plus grand représentant, s'apprêtait à lancer le retour au classicisme. Il leur dit aussi que son autobiographie imminente serait comme un relevé graphique de sa transformation d'*enfant terrible** du surréalisme en sauveur de l'art moderne. Dalí savait que, quand il mettait publiquement son expérience au service de ses convictions du moment, les convertis potentiels et la couverture médiatique ne manquaient pas. Il savait aussi qu'il était vital de s'exprimer avec un maximum d'énergie, et il dut être satisfait lorsque, ainsi qu'il l'avait anticipé, les stylos se mirent à gratter furieusement le papier, et les flashes à crépiter[1543].

Les Dalí s'installèrent au St. Regis, et dix jours plus tard descendirent comme prévu en Virginie pour voir Caresse Crosby[1544]. Après avoir abandonné Paris, en 1936, elle avait parcouru le comté de Caroline à la recherche d'une version américaine du Moulin du Soleil. Elle savait exactement ce qu'elle voulait : une vieille maison de plantation avec des colonnes, des tas de chambres pour ses hôtes créatifs, un parc aux cerfs, une avenue d'ormes et un étang. Et, étant ce qu'elle était, elle le trouva. Hampton Manor se dressait sur un domaine de cent quatre-vingt-dix-sept hectares de bois et de champs, à quarante kilomètres au sud de Fredericksburg et à huit de Bowling Green. Bowling Green était une « minuscule ville, à peu près de la taille de deux terrains de base-ball », ainsi que le découvrit un reporter au mois de février suivant[1545]. Quand Caresse le repéra, le manoir était très délabré, mais en dehors de ça le domaine remplissait toutes les conditions. Et, pour faire bonne mesure, il s'agissait d'une demeure historique, car elle avait été construite en 1836 selon des plans de Thomas Jefferson, et était une sorte d'attraction touristique. Lorsque Dalí et Gala y vinrent, le manoir avait été restauré avec goût, et non seulement Caresse avait épousé son troisième mari, mais elle s'apprêtait à en divorcer[1546].

Dans sa première lettre à sa famille, Dalí dit à Anna Maria Dalí :

> Nous sommes installés depuis maintenant quelques semaines dans cet endroit tranquille au milieu d'une ancienne forêt. La maison est extraordinairement confortable, il y a une immense bibliothèque dans laquelle Gala et moi faisons des découvertes extraordinaires, cinq domestiques (tous noir anthracite), deux chevaux pour les balades, un lac pour se baigner, *et tout et tout**.

Dalí était impressionné par la taille de la propriété, et parla à Anna Maria Dalí des cabanes habitées par des Noirs qui passaient leur temps à chanter et à faire « des petits boulots ». Ils lui rappelaient l'homme le plus paresseux de Cadaqués, Ramon de la Hermosa.

Sa lettre avait pour but principal d'informer ses proches qu'il travaillait dur à son autobiographie. Dalí était certain que le livre serait un succès commercial, et demandait à Anna Maria qu'elle lui envoie des photos d'enfance. Puis venait une confidence :

> Tu sais aussi bien que moi que ma période scandaleusement anarchique est derrière moi. Dans mon livre je veux écrire sur ma famille précisément pour éradiquer une bonne fois pour toutes toutes mes erreurs et les incompréhensions qu'il a pu y avoir entre nous. De toute façon j'enverrai à père le passage dans lequel je parle de la famille de façon qu'il puisse l'approuver ou me faire des suggestions[1547].

Ainsi qu'il le reconnaît lui-même, Dalí réformé pensait beaucoup à sa famille tandis qu'il s'installait pour écrire les Mémoires projetés quelques années plus tôt chez Coco Chanel à Monaco. Il était clair qu'il allait se montrer très sélectif dans ce qu'il dirait d'eux.

Durant son séjour à Hampton Manor, en plus de travailler à son livre, Dalí peignit quatre ou cinq tableaux pour son exposition prochaine chez Julien Levy. Totalement plongé dans son travail, il sortait rarement dans le domaine, et encore moins dans la campagne environnante, dont il dit à un reporter qu'elle lui rappelait la Touraine[1548].

Anaïs Nin et Henry Miller étaient là à l'arrivée de Dalí et de Gala. Nin ne pensa pas grand bien de Gala, une opinion confirmée lors de rencontres ultérieures, mais elle apprit à apprécier Dalí, et Dalí à l'apprécier. Miller, qui à cette époque faisait des ajouts à la deuxième partie de *Tropique du Capricorne*, ne fut amusé ni par Dalí ni par Gala, et dit à Nin qu'il considérait l'œuvre du peintre comme « le Styx, le fleuve de la névrose qui ne coule pas ». Plus tard, en diariste maniaque, Nin rappelait son premier petit déjeuner avec Dalí et la muse :

> Tous deux de petite taille, ils étaient tout près l'un de l'autre. Tous deux étaient d'apparence banale, elle toute dans des tons modernes, un peu fanés, lui en anthracite comme un dessin d'enfant représentant un Espagnol, n'importe quel Espagnol, en dehors de l'incroyable longueur de sa moustache. Ils se tournaient l'un vers l'autre, comme pour chercher à se protéger, à se rassurer, ni ouverts, ni confiants, ni à l'aise[1549].

Gala fit rapidement comprendre que Dalí était l'hôte principal de la maison, et que le devoir de chacun était de le satisfaire. Elle (et certains des autres visiteurs) était mécontente que Nin et Dalí se parlent en castillan, et quand Nin prépara un plat espagnol, pensant que ça ferait plaisir au couple, Gala dit qu'elle n'aimait pas la cuisine espagnole. Le fait extraordinaire est que personne ne protesta – du moins au début. « Nous remplîmes donc chacun la tâche qui nous était dévolue. Mrs Dalí n'élevait jamais la voix, n'essayait jamais de séduire ni de charmer. Elle assumait calmement le fait que nous étions tous là pour servir Dalí, le grand, l'incontestable génie. » Mais rapidement Gala se mit à taper sur les nerfs de tout le monde[1550].

En septembre 1940, alors que Caresse Crosby était absente, son mari dont elle était séparée arriva un soir avec sa petite amie et, dans un accès de rage, menaça de détruire les peintures de Dalí. Dalí et Gala se hâtèrent de partir pour Washington et rendirent une rapide visite à Edward James qui était à Taos, au Nouveau-Mexique. Il les présenta à Frieda Lawrence que Gala traita dédaigneusement, remarquant le lendemain (selon Edward James) : « Pauvre Edward ! À quoi en êtes-vous arrivé ! Passer votre temps avec des restes ! » James fut profondément choqué. De plus, il était toujours en colère contre Dalí qui n'honorait pas les termes de leur contrat d'avant-guerre. Les Dalí allèrent alors à Hollywood, où il semble qu'ils aient revu James, et quelques mois plus tard ils retournèrent à Hampton Manor pour continuer de travailler à *La Vie secrète*[1551].

*La Vie secrète* était écrite dans un français tarabiscoté qui mit à rude épreuve Haakon Chevalier, bien connu en Amérique pour ses traductions de romans français, quand Caresse Crosby lui confia le texte l'été suivant[1552]. À ce stade, le tapuscrit avait été fait à partir d'une copie manuscrite due à Gala, investie de sa compétence vitale d'éditrice de la production littéraire de Dalí depuis *La Femme visible*, en 1930[1553]. La traduction de Chevalier se lit merveilleusement, mais police tant la prose de Dalí que ce n'est que lorsque sortit l'original en français qu'il fut possible de percevoir la saveur du livre[1554].

*La Vie secrète* constitue des Mémoires mégalomanes écrits en grande partie sans recours à la documentation, et avec l'exclusion délibérée ou la réécriture d'épisodes cruciaux de la vie de Dalí. Il n'y parle jamais de son marxisme virulent d'adolescent. Il ne précise pas les raisons de son rejet par son père en 1929 (aucune mention de la toile choquante représentant le Sacré-Cœur). Il n'évoque pas la révérence qu'il éprouvait pour Breton dans les années 1930, attestée par leur correspondance – à vrai dire, Breton est à peine nommé. Il nous demande de croire que, moins d'un an après avoir rejoint les rangs des surréalistes, Dalí avait rejeté l'automatisme, avait inventé le slogan « La conquête de l'irrationnel » (qui en fait fut formulé pour la première fois en 1935)[1555] et s'était lancé dans un plan secret pour prendre le contrôle du mouvement et rediriger son énergie[1556]. Dalí revendique entièrement la création des « objets surréalistes », sans référence à ses précurseurs ni aux indications explicites de Breton pour qu'ils se propagent[1557]. Il exprime son dédain pour l'engagement politique des surréalistes, qu'il avait lui-même partagé pendant un moment (« Personnellement, la politique ne m'a jamais intéressé », affirme-t-il, oubliant s'être mêlé au Front ouvrier et paysan, en Catalogne[1558]). Il fait reposer sur les épaules du seul Buñuel la responsabilité de l'anticléricalisme de *L'Âge d'or*, déclarant que dans les années 1930, à l'époque de la réalisation du film, il était déjà « troublé et obsédé par la grandeur et la somptuosité du catholicisme[1559] ». Il nous demande d'admirer leur refus stoïque, à Gala et à lui, d'avouer leur manque de moyens durant leurs premières années ensemble, ne parlant absolument pas du Zodiaque, monté explicitement pour répondre à leur demande de soutien. Il parle de Picasso comme d'un grand ami[1560]. En ce qui concerne la guerre civile espagnole, Dalí nie que Lorca, « par essence la personne la moins politique de la Terre », ait pu être tué par les fascistes autrement que comme « victime propitiatoire » exigée par une « confusion révolutionnaire[1561] ». Et ainsi de suite. Trahison après trahison : trahison d'anciens amis, trahison de ce que Dalí lui-même avait dit, écrit ou fait, trahison de la vérité, trahison de la promesse, effectuée au commencement du livre, que son travail serait « une tentative honnête d'autoportrait[1562] ».

Le principal but de *La Vie secrète* est de présenter Dalí comme un mélange d'enfant-ambitieux-révélé-à-trente-sept-ans (« Depuis ma toute petite enfance, j'ai lutté désespérément pour être "au sommet"[1563] »), de prophète de la guerre (à la fois de la guerre d'Espagne et de la guerre en Europe), de sauveur de l'art moderne (en écartant la peinture de l'abstraction, et en se réclamant pour elle de l'« éternelle tradition » de la Renaissance[1564]), et de catholique espagnol évangélique (il nous dit même que pareil à un serpent il a abandonné son « ancienne peau[1565] »). Et, lié à celui-là, il y a un autre but : créer le mythe de Gala comme muse prédestinée, maîtresse, psychothérapeute et épouse, ébauchée pendant l'enfance, aperçue à l'adolescence et incarnée sur la plage de Cadaqués en 1929. Il y a encore d'autres objectifs : flatter l'Amérique, envisagée comme la Terre promise après l'effondrement de l'Europe dans le chaos ; établir la plaine de l'Empordà, Cadaqués et Port Lligat comme les lieux les plus importants du monde ; préparer le terrain pour un éventuel retour de Dalí en Espagne ; et, évidemment, faire enfler sa réputation aux États-Unis et croître ses ventes à une période où le marché de l'art était au plus bas.

Avec ces intentions, Dalí tisse un tissu narratif dans lequel réalité et fiction, vérités et mensonges sont mêlés de façon inextricable, le problème étant encore compliqué, en ce qui concerne les premiers chapitres, par l'introduction de ce que Dalí appelle « faux souvenirs d'enfance », des souvenirs qui incluent même quelques « souvenirs intra-utérins » (dont on peut comprendre qu'ils soient flous) inspirés par *Le Traumatisme de la naissance*, d'Otto Rank.

À l'intérieur du cadre choisi par Dalí, la chronologie de ses Mémoires est aussi indéterminée que celle de l'anonyme *My Secret Life*, la saga érotique victorienne, qu'il a pu lire à Paris, et dont le titre a peut-être inspiré le sien. L'auteur affecte de posséder une réminiscence totale de sa petite enfance, jusqu'à être capable de reproduire des conversations, ou les couleurs exactes d'un crépuscule à l'âge de six ans, mais la chronologie des événements évoqués est souvent radicalement brisée. En ce qui concerne les années 1930, des épisodes séparés par quatre ou cinq ans sont reliés avec une allègre insouciance pour donner l'impression d'une continuité temporelle (« à peu près à cette période », « peu après », « À cette période je commençais à apparaître », « environ à cette époque », « à ce moment-là », etc.). Vers la fin du livre, la chronologie se fait encore plus chaotique.

Peut-être l'aspect le plus frappant de l'autobiographie de Dalí est-il cependant l'affirmation de l'auteur, dans les dernières pages, qu'il cherche la réconciliation avec l'Église catholique. Dans ces pages, Dalí ne parle pas d'Ernesto Giménez Caballero, propriétaire et rédacteur en chef de *La Gaceta Literaria* et le principal théoricien du fascisme espagnol, mais il est impossible de ne pas sentir l'influence sur elles du livre de ce dernier, *Roma madre*, publié à Madrid en 1939 juste après la fin de la guerre civile. Dalí a pu voir Giménez Caballero lorsqu'il est passé par la capitale au cours de l'été 1940, en route pour Lisbonne, ou peut-être l'un des phalangistes à qui il dit avoir parlé à cette occasion a-t-il attiré son attention sur le livre. Quoi qu'il en soit, l'exaltation de Dalí pour Rome, la Rome du Vatican, de la Renaissance, de la hiérarchie et maintenant de l'impérialisme, est presque la même que celle de Giménez Caballero, de même que son nouvel enthousiasme pour les vertus du catholicisme espagnol[1566].

Le Dalí qui ressort de *La Vie secrète* est un conteur de premier ordre, souvent très drôle, dont les phrases d'ouverture posent le ton, à la fois moqueur et sérieux, un ton maintenu durant tout le livre : « À six ans je voulais être cuisinière. À sept, Napoléon. Depuis, mon ambition n'a pas cessé de croître, comme ma folie des grandeurs[1567]. » Bien des passages restent en mémoire. Son récit de la monumentale orgie « de deux jours » à Madrid qui marqua pour lui le commencement des joies de la fête, par exemple ; ou celui de la fondation à Paris d'une société dalinienne destinée à causer une hystérie de masse internationale par le placement stratégique dans des villes du monde entier de miches de pain inexpliquées, et gigantesques. Ses descriptions de Lídia, de Cadaqués, sont brillantes, pénétrantes, et même touchantes ; et de temps en temps il trouve un apophtegme digne de Wilde (« Les cheveux des femmes élégantes doivent être pleins de santé ; c'est la seule chose qui chez elles doit être pleine de santé » ; « Les gens très riches m'ont toujours impressionné, les gens très pauvres, comme les pêcheurs de Cadaqués, m'ont, de même, toujours impressionné ; les gens moyens, pas du tout[1568] »).

## « LE DERNIER SCANDALE DE SALVADOR DALÍ »

Au milieu de son travail sur *La Vie secrète*, Dalí tint sa sixième (et dernière) exposition chez Julien Levy à New York, qui dura du 2 avril au 23 mai 1941. Le carton d'invitation commençait ainsi : « Salvador Dalí réclame le plaisir de votre compagnie pour son dernier scandale, le commencement de sa peinture classique[1569]. » Le luxueux catalogue, jouant le rôle de lever de rideau pour son autobiographie, était destiné à donner du poids à cette affirmation. La couverture montrait l'*Autoportrait mou avec du lard grillé* à l'intérieur de l'image d'une arche de Palladio ornée de scènes mythologiques inspirées par la Rome antique. En dessous, l'artiste avait apposé une plaque de cuivre avec son nom et des fioritures géométriques évoquant sa nouvelle obsession, le nombre d'or. L'intérieur contenait un morceau d'autopromotion burlesque, « Le dernier scandale de Salvador Dalí ». Attribuée à « Felipe Jacinto » (les deuxième et troisième prénoms de Dalí), son épigraphe établissait avec humour le ton de l'article : « Les deux choses les plus heureuses qui peuvent arriver à un peintre contemporain sont : d'abord d'être espagnol, et la deuxième de s'appeler Dalí. Les deux me sont arrivées. » « Felipe Jacinto » prétendait avoir rencontré Dalí à Paris une semaine avant la déclaration de la guerre, et l'avoir entendu discourir brillamment sur les conséquences des hostilités imminentes. L'« époque psychologique » arrivait à une fin brutale, lui avait dit Dalí. Sa place serait prise par une « ère morphologique » caractérisée par un retour à la forme, au contrôle et à la structure. « Felipe Jacinto » ne se maîtrisait quasiment plus : « Voyez quelle chance, quelle grâce, quel miracle c'est que dans cette année de stérilité spirituelle il puisse encore exister quelqu'un comme Dalí, capable de poursuivre la conquête de l'irrationnel simplement en devenant classique et en poursuivant cette recherche de la *divina proportione* interrompue depuis la Renaissance. »

Et ainsi de suite. Mais, en pratique, qu'est-ce que cela donnait ? Une note dans le catalogue indiquait que les œuvres étaient accrochées dans des « cadres antiques », sans doute pour signaler qu'elles étaient d'essence classique, mais les dix-neuf toiles exposées ne révélaient pas de rupture marquée avec ce que Dalí avait fait au cours des dernières années, pas plus la quinzaine exécutée en France avant la fuite du couple que la poignée peinte au cours du séjour en Virginie.

Fin mars, Dalí avait montré à un reporter du *Richmond Times-Dispatch* le tableau *Araignée du soir, espoir*, qui fut renommé peu après *Violoncelle mou, araignée, Grand Masturbateur*. Aujourd'hui, la toile est connue sous le titre moins satisfaisant de *Araignée du soir ¡ espoir ! (incluant : avion mou vomi par un canon, fourmis, victoire née d'une aile brisée, violoncelle de mastic blanc et un ange pleurnicheur)*. Le reporter se sentit flatté que Dalí, même s'il avait à peine mis le pied en dehors de Hampton Manor au cours de son séjour, ait incorporé dans sa peinture un bel exemple de l'entomologie de Bowling Green. La présence de l'insecte, cependant, était plus un rappel de l'Europe qu'une observation faite en Virginie car, ainsi que Dalí le rappela plus tard, une superstition française veut qu'une araignée aperçue le soir soit porteuse d'espoir[1570]. Dalí dit au reporter que l'objet mou vomi par le canon, à côté du cheval, était un aéroplane, dont était née la victoire aérienne : c'est la force aérienne qui déciderait du sort de la guerre en Europe. Il semble que le thème de la toile, cohérent avec les nombreuses déclarations de Dalí sur le retour du classicisme, soit que de la tourmente de la guerre (représentée par le canon emprunté à De Chirico) naîtrait un nouvel ordre.

Dalí, apparemment, n'avait pas expliqué au journaliste que la silhouette centrale de la toile, dont le cou se mêle à la silhouette d'une joueuse de violoncelle mou drapée sur une branche comme la montre molle de *La Persistance de la mémoire*, est le Grand Masturbateur (comme l'indique le nouveau titre de la toile). Les deux encriers placés sur le torse de la femme, qui suggèrent le père de Dalí dans ses fonctions de notaire, renforcent ce que l'on soupçonne : la scène fait allusion à la nostalgie de Dalí pour son pays natal et à son portrait de jeunesse de Lluís Pitxot en train de pratiquer à Es Sortell. Et l'ange, ou le Cupidon, dans le coin en bas à droite ? Il se cache le visage d'une main ; cela indique peut-être, si l'on pense aux nombreuses toiles antérieures évoquant le sujet, que la masturbation compulsive est encore pour Dalí une source de honte.

Rien dans la composition de la toile ne suggère un changement radical dans l'œuvre de Dalí. Dans *Famille de centaures marsupiaux* (1940), cependant, on peut voir que Dalí tente d'appuyer la théorie sur la pratique, le motif géométrique de l'image, qui rappelle le *Personnage sur les rochers* de 1926, étant souligné dans le catalogue de l'exposition, qui donne une reproduction d'une étude pour la toile. « Plus de dessin, plus d'équilibre et de précision technique », commenta Dalí dans le *New Yorker*[1571]. L'exposition comprenait aussi trois portraits (un avant-goût de l'une des directions dans lesquelles Dalí devait mettre son énergie au cours des deux années suivantes), quelques dessins non précisés (les mots d'Ingres, « Le dessin est la probité de l'art », déjà cités par Dalí dans son catalogue de 1927, refont surface), six bijoux exécutés sur des dessins de Dalí par le duc Di Verdura (qui avait brièvement rendu visite à l'artiste à Hampton Manor) et une coupe de cristal dessinée par Dalí et réalisée par Steuben Glass. Pour finir, le catalogue reproduisait une page du manuscrit de *La Vie secrète de Salvador Dalí*, avec une indication (trop optimiste) de la Dial Press, selon laquelle le livre devait paraître au mois de septembre, et quelques spirituels ajouts promotionnels de Dalí : « Peut-on se rappeler sa vie prénatale ? Expliqué dans le livre. Pourquoi ces horribles queues de chats sont-elles greffées sur des seins ? Expliqué dans le livre... »

Malgré la publicité, malgré la célébrité croissante de Dalí, malgré le catalogue, malgré le message de retour au classicisme, malgré la foi de Julien Levy dans les toiles exécutées depuis l'arrivée en août précédent[1572], l'exposition ne fut pas un immense succès. « En 1941, les affaires n'étaient pas simplement épouvantables, elles n'existaient pas », devait se rappeler Levy[1573].

La presse non plus n'était pas exceptionnelle, et rares étaient les critiques prêts à croire à la sincérité de la conversion de Dalí au classicisme. « Salvador Dalí est devenu classique, écrivait Henry McBride dans le *New York Sun*. Le saviez-vous ? C'est ce qu'il affirme. Mais on ne le remarque pas. Pour vous et moi, c'est toujours le même vieux Salvador[1574]. » Une attaque particulièrement virulente parut dans le numéro de juin du magazine *View*, sous la plume du poète Nicolas Calas, membre influent du groupe de surréalistes en exil à New York[1575]. Calas n'hésitait pas à traiter Dalí de renégat qui n'avait changé de camp que pour garantir sa survie personnelle. La redécouverte de l'Espagne, du catholicisme, de la pénitence et du classicisme – tout cela ne visait qu'à plaire aux « maîtres de la contre-révolution ». Dalí, à lui-même son pire ennemi, ne savait plus ce qu'il faisait. Il ressemblait à la paysanne qui imagine qu'en ajoutant un ruban au vieux bonnet de sa grand-mère, elle est au summum de la mode[1576]. Dans *La Vie secrète*, Dalí exprima sa gratitude envers cet article pour lui avoir fourni ses papiers d'identité d'« anti-surréaliste ».

Les Dalí passèrent l'été 1941 au luxueux Del Monte Lodge, à Pebble Beach, en Californie, qui au cours des années suivantes devait être leur Port Lligat américain, une illusion suggérée par la vague similarité de la côte du Pacifique et de la Costa Brava, et par les noms de lieux espagnols fréquents dans la région : Monterey, Carmel, Buena Vista, Santa Rita. La direction du Del Monte Lodge ne leur accorda pas seulement un traitement VIP, mais, sous la pression de Gala (« Dalí est bon pour les affaires »), leur fit payer un prix dérisoire. Près de là, à Carmel, on trouva pour le peintre un atelier avec un jardin ravissant, dans lequel il se mit, très vite, à travailler pendant des heures, selon son habitude[1577].

Il se peut que le Del Monte Lodge leur ait été conseillé comme retraite par Julien Levy qui, cet été-là, en réponse à la désastreuse chute du marché à New York, avait embarqué son exposition Dalí sur la route. La première destination de cette « caravane de l'art moderne » était Chicago, où l'exposition Dalí dura du 23 mai au 14 juin[1578]. Puis vinrent San Francisco et enfin Los Angeles, où la galerie Dalzell Hatfield accrocha les Dalí entre le 10 septembre et le 5 octobre 1941[1579].

Salvador Dalí, avec une de ses pièces créées en faveur des artistes réfugiés en Californie, 1941.

Le 2 septembre, au Del Monte, Dalí et Gala montèrent une très médiatisée « Nuit dans une forêt surréaliste », basée (sans le dire) sur le « Bal onirique » de Caresse Crosby en 1935 et sur l'étrange décor de l'exposition du groupe surréaliste qui s'était tenue à la galerie des Beaux-Arts trois ans plus tôt. Le but affiché était de collecter des fonds pour les artistes européens en exil aux États-Unis, mais en pratique il s'agissait d'établir Dalí et Gala comme des ajouts souhaitables à la société de la côte ouest. La liste des demandes de Dalí afin de transformer l'hôtel en « forêt surréaliste », comprenant la présence d'animaux du zoo local, horrifia la direction. Mais le projet suivit son cours. Clark Gable, Bob Hope, Bing Crosby et Ginger Rogers firent le voyage depuis Hollywood. Les Hitchcock et une poignée de millionnaires vinrent de New York. Une Gala radieuse présidait avec Dalí une longue table sur laquelle s'entassait un bric-à-brac prétendument surréaliste. Au plafond étaient suspendus des sacs censés donner l'impression d'une grotte. Et Bob Hope eut un choc quand des crapauds vivants couverts de sauce sautèrent sur lui depuis les plats. La fête plut à tout le monde mais, quand ce fut terminé, il ne restait pas d'argent dans la cagnotte pour les artistes européens en exil. Cependant, Dalí et Gala avaient imprimé leur marque en Californie, et s'installèrent à Manhattan satisfaits de la réussite de leur tentative[1580].

Ils y furent interviewés au St. Regis par une journaliste de l'*American Weekly*, qui nota que Dalí avait un « flair pour la publicité personnelle qui fait passer feu Barnum pour un amateur ». C'était vrai – son instinct pour la publicité était infaillible, aussi bien pour se la faire à lui-même que pour en tirer avantage gratuitement quand elle lui était servie par la grâce d'un « hasard objectif ». Il montra à l'*American Weekly* un fauteuil de deux mètres de haut posé sur le dos de quatre tortues (Dalí n'a jamais été très sensible au bien-être animal). C'est là-haut, près du plafond, que lui venaient ses meilleures idées.

Il en fit la démonstration. En bas, Gala expliquait que le « mouvement perpétuel » des tortues stimulait le pouvoir créatif du maître. La reporter pensait qu'elles avaient l'air mortes. « Elles sont juste endormies, elles ruminent dans leur propre inconscient », aboya Gala. Et l'argent ? Malgré la guerre, les « portraits surréalistes » de Dalí se vendaient comme des petits pains, assura Gala à la jeune femme, et il ne manquait pas de projets en cours[1581].

C'était la réalité. Ce même soir, la production par les Ballets russes de Monte-Carlo du *Labyrinthe* de Dalí s'ouvrait au Metropolitan Opera House. Il avait imaginé le ballet, basé sur l'histoire de Thésée et d'Ariane, en discutant avec son ami, le marquis de Cuevas, mécène des Ballets russes, et en avait dessiné les décors et les costumes au cours de l'été à Pebble Beach. La musique était de Franz Schubert et la chorégraphie de Massine, avec qui Dalí avait travaillé sur *Bacchanale* en 1939. Une reconstruction de l'une des toiles de fond est aujourd'hui suspendue dans le hall central de son théâtre-musée de Figueres. Elle montre le torse d'un géant aveugle debout dans la mer devant une île à la Böcklin. Son crâne est craquelé, sa tête penchée, comme s'il méditait, et une porte – l'entrée du labyrinthe – s'ouvre dans sa poitrine. Une des toiles de fond était basée sur *La Naissance de Vénus* de Botticelli. Dalí s'en était approprié les vagues à crêtes d'écume, et avait transporté la déesse vers le ciel, où ses gros seins et ses larges hanches figuraient des nuages. Le dessin était d'une crudité au-delà de toute description[1582].

*Labyrinthe* ne rencontra pas le succès auprès des critiques. Dalí lui-même ne l'aimait pas particulièrement. Mais on en disait du bien, et il fournit un lever de rideau utile à l'exposition commune de Dalí et de Miró qui devait débuter à New York[1583].

## LA RÉTROSPECTIVE DU MUSEUM OF MODERN ART

En 1929, à Barcelone, Dalí avait dit à un journaliste que son principal objectif, à l'époque, était la célébrité internationale[1584]. La rétrospective du MOMA, qui s'ouvrit le 18 novembre 1941, prouva que non seulement douze ans plus tard il avait atteint son but, mais que les Américains étaient impressionnés par le sens de la publicité qui l'avait aidé à y parvenir. « La réputation de Salvador Dalí a suscité bien des controverses pendant plus d'une décennie », commençait la préface prudente au catalogue de l'exposition, due à Monroe Wheeler, le directeur des expositions et des publications du musée. « L'opinion que nous avons de lui diffère de celle du public telle qu'elle transparaît dans la presse, ajoutait-il, quelque peu sur ses gardes, et aussi, dans une certaine mesure, de sa propre interprétation. » Conscient du fait que le sujet des toiles de Dalí pouvait être considéré comme choquant, ou arbitraire, Wheeler justifiait l'exposition en présentant Dalí comme un artiste particulièrement apte à exprimer « la psyché tourmentée d'aujourd'hui », la psyché d'une « époque troublée ». « Ne serait-il pas déraisonnable de notre part d'accueillir la réussite révolutionnaire dans les sciences, et de hausser les épaules devant une révolution dans le domaine de l'art ? La conduite de Dalí a pu être sans dignité, mais la part la plus grande de son art est du plus grand sérieux, pour nous pas moins que pour lui[1585]. »

Le MOMA n'avait pas de tels scrupules concernant la partie Miró de l'exposition commune. « La gaieté, le soleil, la santé – la couleur, l'humour, le rythme : voilà ce qui caractérise le travail de Joan Miró », commençait l'auteur de la monographie-catalogue, James Johnson Sweeney. « Passer de la section de Dalí à celle de Miró, c'est comme aller d'une salle sombre, solennelle – disons d'une pièce où sont étudiées des photographies cliniques – à la gaieté et à la lumière d'une chambre d'enfants », rêvassait Robert M. Coates dans le *New Yorker*[1586]. Cette double exposition avait clairement pour but d'illustrer la façon dont le surréalisme pouvait exprimer à la fois le côté sombre et le côté lumineux de l'âme humaine. Ou, comme le dit Edward Alden Jewell, de montrer « à quel point deux acteurs de la même pièce peuvent agir de façons divergentes » – la « pièce » en question étant le surréalisme[1587].

La peinture la plus ancienne de la rétrospective Dalí était *La Corbeille de pain* (1926). Ses périodes impressionniste et cubiste étaient complètement absentes. Parmi les œuvres clés exécutées en 1929, deux étaient exposées – *Les Plaisirs illuminés* et *Les Accommodations des désirs*. De 1930, *La Fontaine* et *Le Sentiment du devenir*. La toile la plus connue de Dalí en Amérique, *La Persistance de la mémoire* (1931), qui venait d'être anonymement donnée au musée, était présentée, ainsi que *Les Ombres de la nuit*, de la même année. Parmi les autres œuvres remarquables : *Moi-même à l'âge de dix ans quand j'étais un enfant sauterelle* (1933), *Gala et « L'Angélus » de Millet précédant l'arrivée imminente des anamorphoses coniques* (1933), *Le Fantôme de Vermeer de Delft, pouvant être utilisé comme table* (1934), *Portrait de Gala* (1935) – lui aussi donné anonymement au MOMA –, *Construction molle avec des haricots bouillis (La Prémonition de la guerre civile)*, ici daté de 1936, deux œuvres importantes prêtées par Edward James, *Sommeil* (1937) et *Impressions d'Afrique* (1938) ainsi qu'une autre, *Violettes impériales*, dont il avait fait don au MOMA, *Apparition d'un visage et d'un compotier sur une plage* (1938) ; et, de la collection privée de Dalí, *Le Spectre du sex-appeal* (1934), *Un bureaucrate atmosphérocéphalique moyen en train de traire une harpe criminelle* (1934), *Philosophie éclairée par la lumière de la lune et du soleil couchant* (1939), *Deux morceaux de pain exprimant le sentiment de l'amour* (1940) et *Vieillesse, adolescence, enfance* (1940). Aux quarante huiles s'ajoutaient le dessin de Dalí pour la couverture du *Second manifeste du surréalisme* et seize dessins effectués entre 1934 et 1940.

Le fait qu'Edward James ait prêté deux toiles récupérées difficilement en France laisse entendre que, en dépit de sa colère contre Dalí qui n'avait pas honoré leur contrat d'avant-guerre, il avait plus ou moins décidé de tirer un trait sur le passé.

Les articles sur l'exposition commune Miró-Dalí montrent que, indépendamment des préférences personnelles des critiques, c'est Dalí qui l'emporta. Personne ne pouvait nier sa capacité à troubler et à fasciner le public. « Si les Américains aiment se rebeller, ils aiment aussi être choqués, commenta Henry McBride, et le señor Dalí les a choqués plus profondément et plus souvent qu'aucun autre artiste moderne[1588]. » Robert M. Coates était d'accord, mais estimait que les tactiques de Dalí pour choquer étaient maintenant si vieilles qu'elles avaient perdu « une bonne part de leur impact ». Il considérait que la plupart des œuvres donnaient « une impression de creux », et que la virtuosité de Dalí était son plus gros handicap. Dalí se répétait. Coates était aussi mécontent du fait que Dalí avait réussi à persuader l'Amérique que lui, et lui seul, représentait le surréalisme. Ce raccourci ne favorisait pas l'appréciation des autres peintres surréalistes et de leurs styles différents – Lurçat, Tanguy et Masson, en France, par exemple, Peter Blume, Philip Evergood et James Guy aux États-Unis. Cela voulait dire aussi que les gens avaient du mal à faire la distinction entre « le surréalisme en tant qu'art et le surréalisme en tant que fredaine de Dalí, comme de suspendre des pianos dans les arbres ou d'organiser des peep-shows à l'Exposition internationale[1589] ». Peyton Boswell Jr., dans *Art Digest*, estimait que Miró n'entrait pas tout à fait « dans la conception que le profane se faisait du surréalisme telle qu'elle était exprimée par son leader reconnu », c'est-à-dire Dalí. Les motifs de

Miró étaient « plus légers, plus décoratifs de façon moderne, et cependant suffisamment surprenants par les symboles combinés de façon unique ». Dalí, lui, était branché sur

> vingt mille volts d'imagerie sans limites. Son expression artistique est malade, sadique, nihiliste, mais elle a indéniablement le don hypnotique d'exciter même ceux qui sont rassasiés par les mètres carrés et les mètres carrés de toiles réalisées dans la seule intention de violer le lin virginal... La voix de Dalí est une voix de son temps. Quand les temps changeront et que les humains redeviendront sains d'esprit, la vogue pour ces cauchemars peints de façon exquise et aux titres tentants changera avec eux. En attendant, il ne fait aucun mal de s'échapper un instant des tensions de l'hystérie mondiale en partageant nos soucis en présence des juxtapositions incongrues d'objets familiers faites par Dalí[1590].

L'essai de James Thrall Soby pour le catalogue de l'exposition comprenait le meilleur compte rendu en date de la vie et de l'œuvre de Dalí, en grande partie parce qu'il avait eu l'avantage de pouvoir lire le tapuscrit de *La Vie secrète* avant publication. Cela ne l'empêchait cependant pas de commettre une ou deux erreurs flagrantes : il disait de Picasso qu'il était « le compagnon catalan » de Dalí et, alors même qu'il n'avait jamais mis les pieds en Catalogne, se sentait libre de parler de « l'amour des Catalans pour la fantaisie et pour la sanctification de l'instant » ! Les observations de Soby à propos de l'influence sur Dalí des profondes perspectives de De Chirico ainsi que des silhouettes-meubles et des doubles images de Giovanni Battista Bracelli étaient originales et perspicaces. Il pensait que Dalí avait contribué considérablement à la réintégration de l'anecdote dans la peinture (ce qui était vrai), et estimait que sa posture contre l'art abstrait laissait sa marque (ce qui était faux). Quoi qu'il en soit, le « fait indubitable » était que Dalí était le plus célèbres des jeunes peintres alors en activité. Dix mille exemplaires de l'élégant catalogue furent imprimés (contre huit mille pour Miró), ce qui ajouta énormément à la réputation de Dalí en Amérique. En février 1942, à la fin de l'exposition, trois mois après Pearl Harbour et l'entrée en guerre des États-Unis, elle se mit en route pour une tournée de huit villes à travers le pays : Northampton, Cleveland, Indianapolis, San Francisco, Williamsburg, Utica, Detroit et Omaha[1591]. Nombre de gens qui ne connaissaient Dalí que par la presse populaire furent surpris de voir que, non content d'être un *showman*, c'était un peintre remarquable. La tournée fut un grand succès et généra des tonnes d'articles. Quand elle se termina, Dalí pouvait estimer qu'il avait eu raison de penser qu'à l'âge de trente-huit ans, il y serait arrivé. Au temps pour l'Académie San Fernando !

## *LA VIE SECRÈTE* FRAPPE L'AMÉRIQUE

En septembre 1942, Dalí lança une campagne de promotion de *La Vie secrète*, qui devait paraître simultanément à New York et à Londres. Pour le magazine *Click* il conçut un aperçu somptueux combinant photos truquées, bribes de commentaires et dessins. On voit Dalí écrire à sa « table symbolique » (une fille nue sans tête allongée sur le dos) ; une montre molle drape la tête de Gala ; des œufs au plat représentant des seins coupés paradent à travers l'une des pages ; et deux ballerines échappées des rêves de la veille de Dalí sautent sur son lit. Dalí porte sa moustache relevée. Il est sombre, élégant et incontestablement très beau[1592].

Il y eut aussi des « bonnes feuilles ». Début septembre, de Los Angeles, Dalí envoya un extrait publié en avant-première à sa sœur, alors que Gala et lui étaient installés à l'hôtel Beverly Hills, fréquenté par des stars de cinéma, comme Clark Gable. À la différence de leur père et de leur belle-mère, Anna Maria Dalí pouvait lire l'anglais, qu'elle avait commencé à étudier en 1935 à l'université de Barcelone. Elle faisait même de temps en temps des traductions, et entretenait l'espoir que Salvador lui permette de s'occuper de l'édition de *La Vie secrète* en espagnol, un espoir détruit par la parution de l'édition argentine, en 1944[1593]. Dalí demanda à sa sœur de ne pas s'inquiéter du passage sur la comète de Halley, dans lequel il prétend l'avoir frappée à la tête, alors qu'elle avait deux ans et lui six. Il voulait juste, lui expliquait-il, se présenter comme un enfant méchant. Plus loin dans le livre, lui assura-t-il, toute la famille était traitée avec beaucoup d'amour, « en effaçant complètement toutes les incompréhensions qui ont pu marquer nos vies dans le passé ». Dans la même lettre, un Dalí excité lui parlait de la Cadillac grand luxe que Gala et lui venaient d'acheter. Ils l'avaient prise pour aller dans l'Ouest, et s'apprêtaient à repartir pour New York. Il avait remplacé les vitres d'origine par des vitres de couleur conçues par lui-même, et fait mettre des poignées Louis XIV à la place des poignées standards. Ses peintures se vendaient si bien qu'il avait essayé de leur envoyer de l'argent, mais la situation internationale rendait cela impossible. En revanche, il ferait de son mieux pour leur faire transférer des fonds que Gala et lui avaient laissés à Lisbonne. Il espérait qu'ils pourraient retourner en Espagne au printemps prochain, et lui demandait d'écrire plus souvent[1594].

Dalí ne se sentait peut-être pas chez lui aux États-Unis, mais il s'en donnait à cœur joie. Pour couronner le tout, *La Vie secrète*, dès sa parution en octobre, fit un tabac, et suscita des dizaines d'articles. Formellement, le livre était superbe, grâce en grande partie à Caresse Crosby, qui était à juste titre remerciée par l'éditeur, Burton C. Hoffman, au dos de la page de titre (les remerciements disparurent dans les éditions ultérieures). La peinture de Dalí la plus célèbre en Amérique, *La Persistance de la mémoire*, était reproduite en couleurs sur la jaquette ; sur la quatrième de couverture, on pouvait voir une esquisse charmante de Gala nue, très fillette, à califourchon sur un petit bateau avec une tête d'aigle. La légende disait « Gala, celle qui avance » (Gala n'a jamais aimé s'attarder sur le passé). Le livre était relié en toile noire. Au centre de la couverture était collé un dessin à l'encre sur lequel, sur un fond rose[1595], un personnage assis, émacié, brandissait le crucifix qu'il tenait dans la main droite en direction de deux avions en plein combat. L'un d'eux, en flammes, était en train de plonger. Le message, en accord avec les dernières pages du livre, à propos de la recherche de Dieu par Dalí, était que le monde avait besoin d'une résurgence de la foi catholique.

Des centaines de dessins, de photos et de reproductions illustraient le texte, et sur le rabat les éloges de Dalí comprenaient trois citations parmi les plus célèbres : « L'imagination de Dalí me fait penser à un hors-bord continuellement en marche » (Picasso) ; « Je n'ai jamais vu un exemple plus parfait d'Espagnol. Quel fanatique » (Freud) ; « Le livre de Dalí donne une image étrange, follement drôle, agressive, offensive, fanatiquement provocante, et cependant involontairement magnifique. Recherchez la conscience : vous trouverez une intelligence qui respecte les traditions, et un cœur en quête de foi » (André Maurois).

Parmi les nombreuses photos de Dalí contenues dans le volume, celle de Philippe Halsman, qui montre le peintre avec les mots « VIE SECRÈTE » inscrits sur le front, est l'une des plus remarquables. Tous deux s'étaient bien entendus, notamment du fait

● Philippe Halsman, *Salvador Dalí, Spanish Painter. Making of Dalí Atomicus USA*, 1948.

de leur sens de l'humour loufoque. Dalí avait été impressionné par l'inventivité de Halsman en tant que photographe, comme le photographe l'avait été par le flot constant des idées de Dalí, et leur amitié les conduisait à une collaboration sporadique qui dura des décennies.

*La Vie secrète*, comme Dalí sans doute s'y attendait et l'espérait, suscita des réactions mitigées, mais même les critiques qui détestaient le livre ne pouvaient nier son originalité et son audace. De façon générale, l'ignorance de l'Espagne – et de la Catalogne – qui était celle des critiques leur rendait difficile d'évaluer l'exactitude du récit de Dalí concernant son passé. Chacun, ou presque, avait été sensible à l'humour du livre. Il y eut une exception, James Thurber, qui publia dans le *New Yorker* un papier spirituel, « La vie secrète de James Thurber ». « Ce que Salvie avait, enfant, et que nous n'avions pas, écrivait-il sardoniquement, était la scène parfaite, les caractères et les costumes parfaits pour sa petite révolte désespérée contre le propre, le conventionnel et le confortable[1596]. » Un commentateur anonyme de *Time* saisit aussi une part de son humour : l'autobiographie était « une jungle sauvage de fantaisie, de pose, d'éclats de rire, de confessions sadiques et narcissiques », « l'un des livres les plus irrésistibles de l'année[1597] ». De l'année ? « C'est un des livres les plus extraordinaires du siècle », estimait un autre critique[1598]. Un des critiques sentait que la vie secrète proposée par Dalí n'avait que peu à voir avec sa vie réelle (le livre était « peut-être le plus grand exploit d'obscurcissement volontaire de tous les temps[1599] »), et Malcolm Cowley, dans le *New Republic*, pensait que dans un siècle *La Vie secrète* fournirait « la preuve de l'effondrement de l'Europe occidentale – et pas au sens militaire du terme[1600] ». Clifton Fadiman, du *New Yorker*, considérait que le livre était un « cauchemar souriant ». Dalí était un garnement, « et si vous estimez que les garnements ne devraient pas être autorisés à écrire leurs Mémoires, vous feriez mieux de ne pas mettre le nez dans *La Vie secrète*[1601] ». Elsa Maxwell y mit le nez, et cela lui plut. « Lisez ce livre baudelairien, et laissez-vous aller à travers les labyrinthes de la névrose psychique », conseillait-elle[1602]. Sol A. Davidson, d'*Art Digest*, trouvait le livre à la fois schizophrène et sadique : il ressemblait au compte rendu écrit par un pensionnaire d'hôpital psychiatrique[1603].

Luis Buñuel, depuis 1941, travaillait au film documentaire commandé par le MOMA, et était curieux de voir ce que Dalí avait écrit au sujet de leur collaboration. Les quelques commentaires marginaux dans son exemplaire laissent entendre qu'il ne pensa pas grand bien du livre (« C'est un mensonge », griffonna-t-il à deux reprises). Le passage dans lequel Dalí affirme que l'anti-catholicisme de *L'Âge d'or* était dû au seul Buñuel n'est pas annoté. C'est pourtant lui qui suscita l'animosité qui devait forcer Buñuel à démissionner du MOMA au mois de juin suivant. Le passé politique de Buñuel était, à cette époque, examiné par les autorités de Washington, et il n'avait pas besoin du récit biaisé de Dalí sur la fabrication de *L'Âge d'or*, sans doute destiné à s'assurer que lui, Dalí, du moins, n'aurait pas de problèmes aux États-Unis[1604].

Si Buñuel ne pensa pas grand bien de *La Vie secrète*, George Orwell détesta le livre. Son long article « Au bénéfice du clergé : quelques notes sur Salvador Dalí » fut de loin, en Angleterre, la réaction contemporaine au livre la plus intéressante. Selon Orwell, Dalí était un être humain écœurant dont l'œuvre picturale, remarquable par son impeccable artisanat, avait une « grande valeur » comme symptôme de la décadence de la civilisation capitaliste. Il ne faisait aucun doute que l'œuvre soit perverse : « Le fait est qu'on trouve dans ce livre un assaut direct, indubitable, contre la santé mentale et la décence ; et même – dans la mesure où les images de Dalí tendent à empoisonner l'imagination comme une carte postale pornographique – contre la vie en soi. » Orwell le puritain, constitutionnellement incapable d'avoir de la sympathie pour Dalí, était obsédé par la pornographie (il y a dans l'article une autre allusion aux « cartes postales cochonnes »), et *La Vie secrète* lui paraissait tout simplement « un strip-tease effectué sous les feux roses de la rampe ».

Pour Orwell, les deux principales caractéristiques du livre sont « sa perversité sexuelle et sa nécrophilie », la coprophilie les suivant de près. En observant ses nombreuses illustrations, il est frappé par l'ubiquité des objets et des symboles sexuels, parmi lesquels « notre vieil ami l'escarpin à talon aiguille » (ainsi que Dalí se plaisait à le reconnaître, il s'agissait de l'un des fétiches « les plus actifs » de sa vie). Les béquilles et les bols de lait chaud, admettait Orwell, étaient la propre contribution originale de Dalí à la liste des perversités, comme son faible pour les ânes en putréfaction. Quant à l'insistance de Dalí sur le fait qu'il n'était pas homosexuel, Orwell avait des doutes. Qu'en était-il des « dessins efféminés de jeunes gens » ? Quand Dalí ne faisait pas des œuvres spécifiquement surréalistes, il avait tendance à glisser à nouveau dans ses manières édouardiennes, c'est-à-dire dans ses pastiches compulsifs de l'Art nouveau. Peut-être s'agissait-il après tout du style par lequel il disait le plus de lui-même. Orwell, étant donné sa propre expérience en Catalogne, ne pouvait manquer d'être profondément choqué par l'attitude de Dalí durant la guerre civile, et de remarquer que le peintre, « évitant astucieusement de prendre parti », avait, « comme un rat », abandonné la France au moment de l'invasion allemande, et avait fui le plus vite possible en Amérique, avec sa conversion au catholicisme dans son sac à malices, « passant d'un bond et sans l'ombre d'un repentir des *salons** à la mode de Paris au sein d'Abraham ». Il n'y a pas la moindre allusion à l'humour de Dalí, qui est l'une des caractéristiques fondamentales du livre. Et aucune appréciation de ses capacités d'écrivain. *La Vie secrète* « est un livre qui pue. S'il était possible de faire qu'un livre pue au sens littéral du terme, Dalí se plairait à cette idée. »

L'ironie veut que l'honnête tentative d'appréciation de *La Vie secrète* par Orwell se heurta à la rigidité ridicule de la censure britannique à l'époque. « Au bénéfice du clergé » fit une apparition fantôme en 1944 dans le *Saturday Books*, qui était déjà imprimé lorsque Hutchinsons, l'éditeur, décida de supprimer l'article sous prétexte d'obscénité. L'essai fut soigneusement retiré de chaque exemplaire. Ainsi était l'Angleterre il y a cinquante ans[1605].

## REYNOLDS ET ELEANOR MORSE

Lorsque l'exposition Dalí au MOMA partit sur les routes et atteignit le musée d'Art de Cleveland, le 6 mars 1942, Reynolds Morse, homme d'affaires de vingt-sept ans originaire de Denver, Colorado, fit la queue pour l'exposition en compagnie de sa fiancée, la vive Eleanor Reese. Morse, qui avait obtenu un diplôme de géologie avant d'aller à la Harvard School of Business Administration, avait vu en avril 1939 quelques reproductions de Dalí dans *Life*. Parmi elles, *Sommeil*, *L'Énigme de Hitler* et *L'Énigme sans fin*, qui l'avaient fasciné. Il était donc prédisposé à apprécier l'exposition, mais elle l'enthousiasma encore bien plus que sa fiancée et lui ne s'y attendaient. « Nous venions de nous fiancer, et nous avons découvert que nous avions une chose de plus en commun, une admiration dévorante pour la peinture de Dalí », écrivit quarante ans plus tard Eleanor Morse. « Nous étions impressionnés par son extraordinaire métier. La nostalgie de ses profondes perspectives nous séduisait. Ses sujets surréalistes inhabituels nous intriguaient. Bref, l'art de Dalí nous enchantait. » À l'exposition, les Morse achetèrent un exemplaire du catalogue de James Thrall Soby. Il devait devenir leur « bible Dalí »[1606].

Au cours des mois suivants, l'ami excentrique des Morse Charles Roseman acheta trois Dalí à la galerie George Keller et Bignou, à New York, et les rapporta triomphalement à Cleveland : *Moi-même à l'âge de dix ans quand j'étais un enfant sauterelle* (exposé au MOMA mais pas dans la tournée qui suivit), *Paranoïa* et *Le Moment sublime.* Aiguillonnés par son exemple, les Morse décidèrent qu'ils devaient avoir une toile de Dalí – mais cela leur prit un an, presque jour pour jour[1607].

La peinture qu'ils achetèrent fut *Araignée du soir, espoir*, la première toile exécutée par Dalí chez Caresse Crosby, en 1940. Dalí l'avait rebaptisée *Violoncelle mou, araignée, Grand Masturbateur*, comme nous l'avons vu, mais les Morse préféraient le titre d'origine, dont ils firent *Daddy Long-Legs of the Evening – Hope!* La toile fut achetée par téléphone à George Keller le 11 mars 1943, après que les Morse en eurent vu des photos dans *La Vie secrète*. Elle coûta au couple six cents dollars. « Avant de nous expédier l'œuvre, se rappelait Eleanor Morse, M. Keller nous téléphona pour nous demander si nous voulions aussi le cadre – un cadre en bois noir chantourné "d'époque" choisi par Dalí lui-même. Évidemment, nous étions d'accord. » Quand la facture arriva, les Morse, à leur grand dam, s'aperçurent que le cadre valait deux fois le prix de la toile : mille deux cent cinquante dollars[1608].

Peu après, le couple acheta un autre Dalí, *Réminiscence archéologique de « L'Angélus » de Millet* (1935)[1609] [voir cahier couleur page IX]. Puis, le 8 avril 1943, sur la suggestion de George Keller, ils écrivirent aux Dalí à New York pour leur demander un entretien. Il était temps de rencontrer le grand homme en personne. Gala répondit en français, proposant qu'ils se retrouvent soit à l'hôtel St. Regis le 13 avril, soit le lendemain à l'ouverture de l'exposition de portraits de personnalités Dalí, à la galerie Knoedler. Les Morse optèrent pour la première proposition, et la rencontre historique eut lieu au fameux bar de l'hôtel, le King Cole, avec son immense fresque murale due à Maxfield Parrish. Ce fut un tournant dans la vie d'Eleanor et de Reynolds Morse, et aussi, dans une certaine mesure, dans celle des Dalí[1610].

La franchise avec laquelle Reynolds Morse, lors de cette première rencontre, demanda à Dalí et à Gala pourquoi ils n'avaient pas d'enfants, question qui n'avait pas franchement le tact requis pour inaugurer une nouvelle relation, lui valut cette réponse :

> Il dit qu'il n'en avait pas parce qu'il redoutait la façon dont ils pouvaient tourner. Puis il raconta l'histoire d'un des fils de Picasso qu'on avait trouvé courant les rues de Paris, à moitié fou, et tout nu en dehors d'un slip sur lequel était peinte une tête de mort. « Si le fils d'un génie tel que Picasso peut être fou À CE POINT, imaginez comment pourrait être mon fils. »[1611]

Avant longtemps, les Morse achetèrent directement à Gala l'extraordinaire *Bureaucrate atmosphérocéphalique moyen en train de traire une harpe criminelle* (1933). Il leur coûta huit cents dollars. Morse hésitait sur le prix, mais Charles Roseman le rassura : « Allons, Ren, le titre à lui seul les vaut ! » s'exclama-t-il[1612]. Cette acquisition fut suivie par celle d'une aquarelle, *La Madone* (1943). Les Morse avaient maintenant le mors aux dents, et en quelques années ils constituèrent la plus grosse collection privée de Dalí du monde entier[1613].

Pour Gala, la réussite financière était un aphrodisiaque, et tandis que sa fortune et celle de Dalí croissaient elle se mit à avoir la réputation de rechercher des aventures sexuelles. Le 24 juin 1943, elle et Reynolds Morse déjeunèrent ensemble à New York. À ce moment-là, les Morse avaient acheté dix œuvres de Dalí, et voulaient savoir s'il restait quelque chose de disponible après l'exposition chez Knoedler. Après déjeuner, Gala amena Morse au St. Regis et lui proposa de voir une pochette, en sa possession, de dessins érotiques de Dalí. Elle entra les chercher dans la chambre, et l'appela. Morse fut totalement « subjugué » par ce qu'il vit. C'était comme regarder le carnet privé de Léonard de Vinci. Tandis qu'il examinait les dessins, il entendit Gala lui dire que tout le monde voulait faire l'amour avec elle. Il lui fallut un moment pour comprendre qu'elle se proposait à lui. Il déclina le plus poliment possible et, après avoir acheté deux dessins, se hâta vers les escaliers. Des années plus tard, il en riait encore : « J'ai eu la peur de ma vie. Elle disait que ça serait égal à Dalí, que chacun menait sa propre vie, et qu'ils n'étaient pas un couple au vrai sens du terme. Elle suggéra même que, si j'acceptais, nous pourrions arriver, détendus, à un arrangement financier pour mes achats. Je lui dis que j'aimais ma femme et ne pouvais lui être infidèle. Je crois qu'elle fut réellement blessée par mon rejet. J'étais horrifié. Elle aurait pu être ma mère[1614] ! » Eleanor Morse arriva à la conclusion que Gala n'était pas seulement snob, mais « cruelle, méchante et dure », conséquence sans doute du fait qu'elle était tartare. En tant que vendeuse, Gala était avide et ne savait pas vraiment apprécier les aspects plus subtils du marché. Quand quelqu'un protestait et disait qu'elle demandait trop, elle y voyait de la déloyauté envers la « cause dalinienne », et laissait entendre son sentiment aux Morse, s'ils étaient là, « par de légères pointes et des remarques perfides ». Le couple était étonné par le sacrifice volontaire qu'elle semblait avoir fait de ses sentiments maternels. Elle soupçonnait toujours des motivations cachées, et paraissait incapable d'imaginer que l'on puisse être honnête et honorable[1615].

Une des forces des Morse était qu'ils n'avaient pas honte d'admettre leur ignorance. Ils connaissaient peu de choses sur l'Espagne, et absolument rien sur la Catalogne. Mais ils étaient prêts à apprendre, et ils avaient très envie de le faire. Dalí les taquinait, mais ils s'en fichaient – tous deux avaient le sens de l'humour. À mesure qu'ils devenaient plus proches de lui, et achetaient toujours plus de ses toiles, leurs questions se firent plus insistantes. Parfois, cela rendait furieux Dalí, qui parlait encore à peine anglais. Il était irrité aussi par le fait qu'Eleanor qui, à la différence de Reynolds, connaissait un peu le français, ait un peu de mal à percer son épais accent catalan. Mais ils arrivèrent à l'entente cordiale, et durant les huit ans que les Dalí passèrent en Amérique les Morse les virent fréquemment, assistant à tous les vernissages du peintre, et continuèrent à acheter des œuvres. Peu à peu, en tant que mécènes, ils remplacèrent Edward James dans la vie des Dalí. Même s'ils n'avaient pas les immenses ressources de l'Anglais, leur soutien et leur intérêt passionné, ainsi que leur fortune, furent sans aucun doute importants pour les Dalí au cours des années 1940 et, de façon moindre, le restèrent ensuite.

La vision des relations humaines qu'avait Dalí était simple : les autres étaient là pour lui être utiles. S'ils voulaient être ses amis, c'était leur problème. Mais ils ne devaient pas s'attendre à la moindre réciprocité. Et ceux qui devaient lui être utiles étaient avant tout les riches. En Amérique, Dalí comprit rapidement que le meilleur moyen d'obtenir d'énormes sommes de ces gens fortunés était de les persuader de le laisser faire leur portrait. Son exposition chez Knoedler en 1943 en était un cas concret. Les visages des modèles assis avaient été inclus dans des scénarios daliniens rebattus, et remplis de trucs autrefois neufs, mais maintenant usés jusqu'à la corde, qui n'impressionnaient plus les critiques – ni même certains des clients. Le travail de démolition le plus subtil de l'exposition parut dans le *New York Sun* :

> Il n'y a aucune griserie dans ces portraits. Rien que du labeur, de l'artisanat laborieux et une infinité de détails. Rien de plus. Même les tentatives de se moquer de l'argent touché n'aboutissent à rien. Notre femme la mieux vêtue, Mrs Harrison Williams, est montrée en loques et pieds nus. Tous les enfants du bon Dieu ont des chaussures. Tous sauf Mrs Harrison Williams. Apparemment, il s'agit d'un cas extrême. Et ce n'est pas drôle. Le visage de la princesse Gourielli est gravé sur un flanc de montagne comme les monstruosités de Gutzom Borglum dans l'Ouest. Ça n'a rien d'intéressant. Mrs Dorothy Spreckels repose au-dessus des vagues dans une sorte d'oursin. Et ainsi de suite. Toute notre sympathie va à l'artiste. Tant d'efforts mériteraient d'être mieux dirigés[1616].

La princesse Gourielli était l'entrepreneuse en cosmétiques Helena Rubinstein qui, en plus de son portrait, commanda à Dalí trois fresques pour la salle à manger de son appartement de Manhattan. Dalí était fasciné par Rubinstein (dont le titre était faux), et des années plus tard il se rappelait leurs relations dans quelques-unes des pages les plus brillantes de ses *Aveux inavouables*. En 1942, Rubinstein « valait cent millions de dollars[1617] », affirmait Dalí. Avec « le caractère d'un corset impitoyable », elle avait voué sa vie au but d'être numéro un, ce qui ne pouvait manquer d'impressionner Dalí, comme l'impressionnait la façon dont elle volait effrontément aux autres les idées de ses fameux slogans (quand il était avec elle, Dalí prenait garde de ne pas trop parler). Curieusement, d'une certaine façon, elle avait l'esprit aussi peu pratique que lui : elle était capable de mener à la baguette des hommes et des femmes dans le monde entier, comme un dictateur, mais elle ne savait pas composer un numéro de téléphone. Tout au fond de son immense appartement (elle avait dû acheter tout l'immeuble parce que le propriétaire ne voulait pas le louer à des Juifs), elle avait une chambre à coucher où elle « nichait comme le Minotaure au cœur de son labyrinthe et attendait sa proie dans un immense lit transparent, dont les pieds et le baldaquin étaient fluorescents ». Dalí et Rubinstein se ressemblaient. Il n'avait jamais vu une personne couverte de tant de bijoux, entendu parler une personne si dépourvue de honte de sa richesse. Ses monologues en revenaient toujours à l'argent, combien elle en avait gagné et combien elle avait encore l'intention d'en gagner. L'argent était sa religion, son unique critère de succès. Dalí sentait qu'il aurait facilement pu faire d'elle sa « vestale », car elle le motivait pour faire des efforts encore plus grands afin d'assurer sa propre spectaculaire opulence[1618].

## LE « CLÉDALÍSME », LA « CLÉ » DE DALÍ : *VISAGES CACHÉS*

Encouragé par l'accueil polémique fait à *La Vie secrète*, et par ses ventes abondantes, Dalí décida d'écrire un roman dans lequel il exposerait ses vues sur la chute de la vieille Europe, et sur la résurrection spirituelle qu'il prétendait vouloir accompagner. À cette fin, tandis que la guerre faisait rage sur de multiples fronts, il se retira à l'automne 1943 dans le domaine du marquis de Cuevas, en Franconie, dans le New Hampshire (au milieu des montagnes, non loin de la frontière canadienne) et écrivit *Visages cachés* en quatre mois, affirmant travailler

« quatorze heures par jour ». Dalí lui-même fut impressionné par sa réussite, concluant qu'il était sans doute « l'artiste le plus acharné au travail de notre temps[1619] ».

Haakon Chevalier, informé par Dalí qu'il commençait à travailler à un roman, leur avait rendu, à Gala et à lui, une visite quelque peu sceptique dans le New Hampshire. Le traducteur de *La Vie secrète* découvrit, à sa grande surprise, qu'après l'achèvement du long premier chapitre, tout le roman était « net et clair » dans l'esprit de Dalí, avec la plupart des scènes anticipées dans le détail. Chevalier lut le premier chapitre avec une admiration croissante. « Je connaissais Dalí peintre et Dalí solipsiste ; j'apprenais maintenant à connaître Dalí romancier. » Voilà un artiste de réputation internationale « maintenant totalement préoccupé de problèmes de caractères, de situations, d'intensité dramatique – intéressé par la façon dont Balzac, Stendhal, Cervantès avaient résolu tel ou tel problème particulier ». C'était étonnant. L'esprit de Dalí se mouvait dans « un royaume totalement différent ». Et, sans surprise, Chevalier accepta de traduire le livre une fois qu'il serait achevé[1620].

Dans l'avant-propos du roman, Dalí expliquait que l'une des raisons qui l'avaient poussé à écrire *Visages cachés* était le désir de terminer la « trilogie passionnelle » des « ismes » inaugurée par le marquis de Sade. Le « sadisme » avait mené au « masochisme », mais il manquait toujours « le troisième terme du problème, celui de la synthèse et de la sublimation ». Dalí, en conséquence, l'avait inventé : le clédalísme. Ce terme était dérivé, ainsi qu'il l'expliquait, du nom de l'aristocrate protagoniste du roman, Solange de Cléda. Mais c'était mettre la charrue avant les bœufs. Des années plus tard, il expliqua à un ami que le clédalísme contenait la « clé » de Dalí – « clé-Dalí » – et que Solange de Cléda avait été créée pour l'incarner[1621].

Dans l'avant-propos de *Visages cachés*, Dalí écrivait :

> On peut définir le sadisme comme le plaisir procuré par la souffrance infligée à l'objet ; le masochisme, comme le plaisir procuré par la souffrance à laquelle vous soumet l'objet. Le clédalísme est le plaisir et la souffrance sublimés dans une identification toute transcendante avec l'objet. Solange de Cléda restaure la véritable passion normale : une sainte Thérèse profane ; Épicure et Platon brûlant d'une seule flamme d'un mysticisme féminin éternel[1622].

Le clédalísme développe la théorie du déni érotique, ou de la sublimation, formulée pour la première fois dans le « Saint Sébastien » de Dalí, une théorie à laquelle Dalí et Lorca avaient consacré beaucoup de discussions, d'efforts et d'encre[1623]. Que Solange de Cléda soit, du moins en partie, une version féminine de saint Sébastien est suggéré par Dalí dans le frontispice du roman, où l'héroïne nue est clouée, dans la posture du saint, à un emblème héraldique en chêne-liège appartenant à la famille de Grandsailles dont l'héritier, le comte Hervé, est le protagoniste masculin du roman. En dépit des éloges que fait Dalí de Solange de Cléda, qui meurt sans avoir pu consommer sa passion pour l'impitoyable ex-politicien Grandsailles (qui a bien des points communs avec le Dalí adolescent de *La Vie secrète* qui impose à sa petite amie un rigide « plan de cinq ans » d'abstinence), le roman semble reposer moins sur le « mysticisme féminin éternel » que sur le thème de l'impuissance masculine. Si l'on nous demande de croire que Grandsailles a possédé d'innombrables femmes, on ne le voit jamais en action ; et à un moment donné le comte, qui (comme Gala) est stérile, est assailli par ce qu'il appelle

« la récurrence de mon complexe d'impuissance[1624] ». Quels que soient les arguments ajoutés par le narrateur en faveur de la suprématie du refus sur l'assouvissement, il est impossible, en lisant le roman, de faire abstraction du rappel de l'honnêteté brutale de Dalí au sujet de ses déficiences sexuelles (« Je n'ai jamais trouvé grand plaisir à l'orgasme. Ce qui compte est tout ce qui le précède, et moins dans les actes que dans l'esprit[1625] », par exemple, ou « Pour moi l'orgasme total est un échec complet. Comme vous le savez j'évite toujours le contact physique. Un peu de voyeurisme, accompagné de masturbation, est plus que suffisant[1626] »).

Dans son avant-propos à *Visages cachés*, Dalí informe aussi son lecteur que sous la surface de la fiction, on doit trouver « la présence familière, permanente et vigoureuse des mythes essentiels de ma vie et de ma mythologie personnelle[1627] ». Une nouvelle preuve du thème du roman se trouve dans la page de titre, où, en guise d'épigraphe, Dalí a inscrit la première maxime des *Cogitationes privatae* de Descartes, « *Larvatus prodeo* », « J'avance masqué ». Comme ses journaux d'adolescence montrent que, à l'âge de seize ans, il avait déjà conçu sa vie comme une mascarade, la phrase latine nous invite à chercher le véritable visage du peintre-écrivain parmi les visages cachés dans le roman[1628].

L'un des plus persistants de ces visages est celui de Federico García Lorca, dont la présence en grande partie inavouée imprègne le livre. Dans l'avant-propos de l'auteur, nous sommes informés qu'en 1922 Lorca avait prédit à Dalí une carrière littéraire (en réalité, ils ne se sont rencontrés qu'un an plus tard), suggérant que son avenir serait dans le « pur roman ». Dalí rappelle aussi le projet d'un opéra avec Lorca, lancé en 1927 – un projet qu'il devait maintenant assumer seul –, et dans le prologue de l'édition espagnole du livre il est fait allusion à leur visite des ruines des Empúries[1629]. En même temps que sa reconnaissance des relations de Dalí avec le poète, le « visage caché » de Lorca nous fixe entre les lignes avec presque autant d'insistance qu'il le fait depuis les peintures dans lesquelles Dalí évoque son cher ami défunt. L'« Ode à Salvador Dalí », en particulier, continue à influer fortement sur la vision que Dalí a de lui-même. Dans le poème, Lorca remarque le refus apollinien de Dalí de se laisser aller aux émotions, sa recherche de l'équilibre et de la sérénité. Observant une rose « aussi tranquille et concentrée qu'une statue aveugle », le poète continue en louant la détermination de Dalí à être lui-même, comme une statue impassible. Dans *Visages cachés*, nous lisons que Veronica Stevens est « calme et concentrée comme une statue aveugle », une énigmatique note de bas de page commentant : « Federico García Lorca, parlant de son amie[1630]. » La citation revient plus loin, encore une fois appliquée à Veronica Stevens[1631]. Un autre vers de l'« Ode » célèbre la recherche commune à Dalí et à Lorca de la sobriété artistique : « Un désir de formes et de limites s'empare de nous » (« *un deseo de formas y limites nos gana* »). John Randolph, *alias* « Baba », l'aviateur héroïque qui a combattu du côté républicain au cours de la guerre civile, mais qui comprend maintenant son erreur, déclare :

> Moi aussi je me suis remis à croire à l'indéracinable force de la tradition et de l'aristocratie ; et mes illusions révolutionnaires du temps de la guerre d'Espagne m'apparaissent aujourd'hui comme un blé de printemps qui, dans ma vie, a été moissonné depuis longtemps. Une nouvelle soif de contours et de solidité commence à s'emparer de nous, et, lorsque je vole, ce n'est plus, comme autrefois, l'orgueilleuse révolte d'archanges en quête d'un chimérique paradis. Au contraire, je me sens envahi du désir de reconquérir

> la terre, la terre dans sa dureté, dans sa noblesse... désir de renoncement... pour retrouver la dignité d'un pied nu posé sur le sol. Je sais maintenant que l'Homme doit regarder le ciel avec humilité. Vous voyez, cette guerre est en train de faire de moi un catholique[1632].

Dans la mesure où les sentiments exprimés ici par « Baba » sont manifestement ceux de Dalí, qui à divers moments du roman s'identifie explicitement avec son personnage, son appropriation de la phrase tirée de l'« Ode » de Lorca est particulièrement poignante. Elle montre que, ainsi qu'il le pensait à l'époque, Lorca le pressait de revenir à la sérénité « classique » de sa période présurréaliste. Lorca, en fait, est considéré comme un complice dans le processus de « réformation » de Dalí.

D'autres images de Lorca flottent dans le texte sans être reconnues. Lorsque Betka affirme qu'elle n'aime pas la couleur verte, par exemple, Dalí ne peut s'empêcher de lui faire dire : « Vert – comme je te déteste – vert ! », allusion amusante aux dépens de l'un des vers les plus connus de Lorca, « *Verde que te quiero verde* » (« Vert, comme je t'aime »), dans sa « Romance somnambule », tandis que la description de l'aube dans sa « Romance de la peine noire » (les coqs qui picorent à la recherche d'un jour nouveau) lui est empruntée pour présider à l'exécution par les nazis de Pierre Girardin, le fidèle notaire de Grandsailles[1633].

Quant à Solange de Cléda, non seulement elle est imprégnée de l'un des aspects de Lorca qui frappaient le plus Dalí – son obsession de la mort et de la putréfaction, dont il donnait des représentations nocturnes à la Résidence des étudiants –, mais elle devient une réincarnation dalinienne de Soledad Montoya, l'héroïne de la « Romance de la peine noire », que Dalí avait déjà évoquée en 1937 dans sa « Métamorphose de Narcisse ». Comme Lorca, Solange est portée à réfléchir aux « moindres détails » de ses funérailles, à l'« étouffement et au poids des draps mortuaires », à la descente dans le tombeau et à « l'horrible apparition des premières gouttes de liquide, des baumes et des jus de sa propre décomposition ». Et, comme Soledad Montoya, cette folle victime de la passion inassouvie, elle se fait rabrouer par le narrateur : « Solange de Cléda, que fais-tu de ton corps ? Que fais-tu de ton esprit ? » Il est visible que la « Romance de la peine noire » fait maintenant partie de Dalí.

En 1928, avec le soutien sarcastique de Buñuel, Dalí avait déclaré mépriser les éléments « traditionnels » du *Romancero Gitano* de Lorca, mais on voit qu'en 1943 il s'était rétracté (même si, de façon caractéristique, il ne l'a jamais admis). De plus, en dehors de ses emprunts directs au recueil de poèmes le plus célèbre de Lorca, on perçoit dans tout *Visages cachés* le poids de son imagerie andalouse sur ce que Haakon Chevalier appelle la « prose luxuriante » de Dalí.

Si *Visages cachés* vise principalement à exposer et à explorer le clédalisme, tout aussi fondamentaux sont la mise en accusation par Dalí de la vieille Europe présentée comme déchirée par les dissensions politiques de la droite et de la gauche, ses prédictions et son démarchage en faveur de l'Europe nouvelle dont il veut nous faire croire qu'elle naîtra des cendres de l'ancienne. L'action du roman débute le 6 février 1934, le jour des émeutes fascistes à Paris (qui coïncidèrent avec la première tentative par Breton de chasser Dalí du mouvement surréaliste), nous mène dans les salons de l'aristocratie parisienne d'avant-guerre (Dalí écrit d'après son expérience), se transporte à Casablanca puis aux États-Unis et s'achève par le retour symbolique, en 1943, de Grandsailles exilé dans la France de Vichy et dans sa bien-aimée « plaine illuminée », le Creux de Libreux.

Le principal message du roman est explicité dans les dernières pages, alors que Solange de Cléda, après des années passées à attendre vainement le retour de Grandsailles (qui, à la suite d'une confusion d'identité, a épousé, en Amérique, Veronica Stevens), se prépare à mourir, seule comme toujours, dans son domaine voisin, alors que la forêt de chênes-lièges seigneurial, symbole de la tradition, de la force et de la résurrection perpétuelle, s'apprête à faire jaillir de nouvelles pousses :

> Dans la plaine du Creux de Libreux, les persistantes pluies de novembre laissèrent place, après les brumes, les neiges et les jours ensoleillés d'hiver, aux giboulées de mars. Sous le joug allemand, l'Europe retrouvait, à travers un commun partage de souffrances, son ancienne tradition de communauté catholique, et à Libreux revivait le Moyen Âge, avec son printemps de superstitions[1634].

La description par le narrateur de la vie des salons parisiens, que maintenant il méprisait, avait une dette évidente envers *Le Bal du comte d'Orgel*, de Radiguet, dont nous avons vu que Dalí l'avait lu dans les années 1920 (et qui lui avait été chaudement recommandé par Lorca). Dalí avait sûrement été ravi de découvrir, en s'installant à Paris, que le comte et la comtesse d'Orgel avaient pour modèles les amis de Caresse Crosby Étienne et Édith de Beaumont, dont il avait fait la connaissance, et il est évident qu'Hervé de Grandsailles doit quelque chose à ce « Diaghilev costumé », ainsi qu'on appelait de Beaumont[1635]. La Barbara Stevens de Dalí semble avoir eu davantage pour modèle la Hester Wayne de Radiguet (elle-même modelée sur Mary Hoyt Wiborg, une belle et riche Américaine de tendance lesbienne) que, comme on l'a prétendu, Daisy Fellowes, héritière de la fortune Singer[1636]. Cécile Goudreau, qui fume l'opium, est presque sûrement modelée sur Coco Chanel ; le peintre Christian Bérard apparaît sous son vrai nom ; « Alcan » est une anagramme presque transparente de « Lacan » (même si la ressemblance entre les deux médecins ne va pas plus loin) ; et il y a une allusion fugace au peintre Manuel Ángeles Ortiz, l'ami de Lorca. Il ne s'agit cependant pas d'un *roman à clé**, et il serait sans doute vain de chercher d'autres parallèles avec les relations parisiennes de Dalí et de Gala[1637]. Haakon Chevalier, pour qui le principal thème de *Visages cachés* est « l'amour dans la mort : un traitement en costumes modernes du vieux mythe éternel de Tristan et Yseult », eut l'impression qu'en traduisant le livre, ce qui suscita des discussions avec Dalí, il avait « beaucoup appris sur le processus créatif ». Il était convaincu que la « *Blitzkrieg* romanesque de Dalí sur le front littéraire » serait reconnue comme une « remarquable réussite[1638] ».

*Visages cachés* eut droit à beaucoup d'articles lorsque, avec une préface de Haakon Chevalier, il parut en août 1944, mais tout le monde n'était pas d'accord avec les louanges qu'il faisait du livre. Edmund Wilson fut sans doute le critique le plus distingué à attaquer le roman. Il le trouvait « stupéfiant », mais uniquement parce qu'il s'agissait de « l'un des romans les plus vieux jeu » parus depuis des années, « un pot-pourri des propriétés, des figures et des attitudes des phases les plus tardives et les plus faisandées de l'écriture romantique française ». C'était vrai : aucune trace ici de James Joyce ou de Gertrude Stein. La liste établie par Wilson des prédécesseurs de Dalí comprenait Balzac (*La Fille aux yeux d'or*), Villiers de l'Isle-Adam et, évidemment, Huysmans. Chose surprenante, il oubliait Lautréamont. Il était agacé par « l'incontrôlable tendance » des personnages de Dalí à s'écrire de longues lettres qui semblaient des versions burlesques de celles de *Werther* ou de *La Nouvelle Héloïse.* Et, conscient du « dédain gaiement moustachu » de Dalí pour les « anarchistes et les communistes et tout ce qu'ils essaient de faire », il le jugeait, sur la foi du roman, comme « un sale vieux royaliste français aussi snob que Barbey d'Aurevilly », un autre de ses modèles littéraires. Wilson voyait justement que si Dalí avait un faible pour John Randolph, l'aviateur et ancien républicain, il était séduit par le comte Hervé de Grandsailles. « Selon le point de vue de l'auteur, on fait la guerre pour sauver l'honneur de la vieille France – trahie par d'ignobles politiciens – contre les nazis parvenus et mal élevés », écrit Wilson.

Malgré toute cette hostilité, Wilson était prêt à reconnaître que Dalí était « un type très malin », et que le livre « pouvait être distrayant ». Et si la dernière partie du roman consistait en des « balivernes plus ou moins ornées », les premières incluaient des éléments qui « donnaient l'illusion du brillant ». Wilson appréciait la théorie selon laquelle Hitler était un masochiste héroïque, travaillant inconsciemment à sa défaite et à celle de son peuple, et il estimait que la description des relations entre Grandsailles et le notaire de campagne Girardin avait un éclat satirique. Mais son jugement final était que, au vu de ce roman, Dalí « n'était pas un écrivain ». Wilson prenait en compte l'excellente traduction de Haakon Chevalier. Remarquant la maladresse de certains passages, Wilson avait la sensation que Chevalier avait dû se trouver découragé « par l'hispano-français original et son orgie de verbiage gaspillé ». En conclusion, il disait que Dalí avait choisi de mauvais modèles littéraires, et que s'éloigner de son véritable métier, la peinture, avait été une erreur. C'était un article brillant, mais injuste et incomplet, car Wilson n'essayait même pas d'expliquer le thème du livre, et encore moins ce que Dalí voulait dire, ou avait pu vouloir dire, par « clédalísme »[1639].

En ce sens, aucun critique ne fit mieux, et la plupart des articles étaient extrêmement superficiels. Ils avaient aussi tendance à être très puritains : l'Amérique était en train de connaître l'un de ses périodiques basculements vers l'intolérance. Un des articles suggéra que, si tous les Français étaient comme Grandsailles, mieux vaudrait ne pas envoyer des Américains à la mort pour tenter de libérer la France des nazis[1640] ; un autre décrivait l'entourage du comte comme « un rebut fébrile de nymphomanes, de drogués, de lesbiennes et d'autres ratés peu recommandables, ainsi que de quelques paysans[1641] ». Dalí, qui comprenait encore très peu l'anglais, ne fit pas attention aux articles négatifs. Quand il apprenait qu'il en était paru un bon, il demandait à quelqu'un de le lui traduire. Il cita plus tard l'un d'eux avec délectation (sans en indiquer la source) :

> Son approche de la vie est une projection logique du mouvement décadent qui a commencé avec Poe, fut traduit en France par Baudelaire, évolua à travers Huysmans, et revint au monde de langue anglaise avec Aubrey Beardsley et les autres illustrateurs des Yellow Books.
> La guerre a fait taire la plus grande partie de la brillante folie du groupe de Transition ; et James Joyce a touché son plus large public à travers les drames de Thornton Wilder. Mais Dalí reste une pierre angulaire psychopathe dans la descente de l'Homme dans la planète de la pathologie[1642].

Aiguillonné par de tels encouragements, et se rappelant la prophétie de son père qu'il serait meilleur écrivain que peintre, Dalí pensait maintenant écrire un roman fondé sur la vie et les actions de Lídia, son amie paranoïaque de Cadaqués, qui se prenait pour l'héroïne de *La ben plantada* (« La belle plante »), le livre d'Eugenio d'Ors. Au cours de l'été 1945, il écrivit à sa famille, de Californie, une lettre enthousiaste pour lui annoncer la nouvelle. Le roman devait s'intituler *The True Well-Planted One*, et tous les détails en seraient authentiques. À une exception près : la mine de minéraux précieux que les fils de Lídia pensaient avoir localisée au cap de Creus se révélerait réelle à la fin du livre ! Dalí estimait que le roman serait « fabuleux », et qu'il pourrait avoir du succès en Espagne. Mais on n'entendit plus parler du projet. Ce fut la fin de la carrière de Dalí romancier[1643].

## DALÍ PUBLICITAIRE ET DÉCORATEUR

Au début des années 1940, Dalí et Gala s'étaient aperçus qu'il y aurait de l'argent à gagner en associant le nom du peintre à des produits commerciaux. L'une de leurs premières tentatives, en 1943, avait été une commande de Schiaparelli pour faire la publicité de sa gamme « Shocking Radiance », quatre huiles censées faire des miracles pour le corps, le visage, les lèvres et les paupières des femmes. Le dessin sous-botticellien de Dalí montrait un chérubin en train de verser de l'huile sur les seins d'une Vénus nue sortie d'une conque observant son visage dans un miroir[1644]. On le sollicita bientôt pour faire la publicité d'autres produits. Celle qu'il fit pour Bryan Hosiery connut un grand succès [cahier photo, page XI]. Au bout d'une élégante jambe gainée d'un bas, on y voyait un pied foulant une montre molle placée sur un socle craquelé où se trouve une grosse fourmi noire. On y trouvait aussi d'autres clichés daliniens : une plage infinie, des falaises dans le style de Creus, de minuscules silhouettes dans le lointain, et même une tête coupée dans le sable. L'annonce disait : « Une des séries d'illustrations faites par l'éminent surréaliste Salvador Dalí, inspirées par la beauté des bas fabriqués par Bryan. » Inspirées, en tout cas, par le goût de l'argent facile[1645]. Vint ensuite, en octobre 1944, une commande de dessins de cravates pour la McCurrach Organization Inc., sur la 5e Avenue. Dalí eut recours à une autre série de trucs usés : homards, téléphones, montres molles, fourmis. Néanmoins, l'annonceur s'extasiait : « Cette série d'œuvres de Dalí est d'une originalité rafraîchissante, et le génie de l'artiste produit des cravates d'un goût excellent[1646]. »

Un goût excellent était bien la dernière chose qui caractérisait le peintre, dont le but, ainsi qu'il l'avoua plus tard, était de crétiniser le public. Tandis que grossissait le flot des commandes, Dalí se mit à se prostituer de plus en plus. Pour le nouveau parfum Leigh, *Desert Flower*, il exécuta trois peintures, intitulées *Trilogie du Désert*, dans lesquelles il convoquait une fois de plus les vieux clichés surréalistes. Elles furent exposées, lors d'une soirée privée chez Knoedler, le 30 octobre 1946. Les critiques d'art ne furent pas impressionnés[1647].

Les illustrations de livres fournissaient une autre source d'argent facile – facile, car en général il s'agissait moins d'illustrations que de variations arbitraires sur des œuvres datant des années 1930[1648]. Au cours des huit ans que Dalí passa en Amérique, il produisit des dizaines d'« illustrations », destinées, entre autres, à *Souvenirs fantastiques* (1944) et au *Labyrinthe* (1945) de Maurice Sandoz, à *Macbeth* (1946), à *Don Quichotte* (1946), aux *Essais* de Montaigne (1947), à *Wine, Women and Words* de Billy Rose (1948), à *L'Autobiographie de Benvenuto Cellini*, de John A. Symonds (1948). Dans ces travaux, sur la même plage ou la même plaine répétitives, les mêmes accessoires reviennent constamment : Carolineta dansant avec ses cerceaux ; des béquilles, des clés, les fourmis, l'encrier, le père tenant un enfant par la main, l'enfant Dalí regardant *Le Spectre du sex-appeal*, etc. Dalí, en gros, ne cesse de refaire la même chose[1649].

Dalí bâcla aussi nombre de décors et de costumes pour des ballets. Juste après *Labyrinthe*, il avait commencé des dessins pour un ballet inspiré par *Roméo et Juliette*[1650]. Il s'agit peut-être du projet auquel il travailla avec Anne Green, la sœur de Julien, et qui comprenait une scène avec une troupe de cyclistes ayant des pierres sur la tête[1651]. Le projet n'aboutit pas, mais les cyclistes (qui avaient fait leur première apparition en 1929 dans *Les Plaisirs illuminés*, avant de revenir dans *Babaouo* trois ans plus tard) roulent encore une fois sur la toile de fond réalisée par Dalí pour *Colloque sentimental*, produit par le Ballet international, dont la première eut lieu au Théâtre international de New York le 30 octobre 1944. *Colloque sentimental* était inspiré par le petit poème du même nom de Paul Verlaine, dans *Fêtes galantes*, avec une musique de Paul Bowles et une chorégraphie d'André Eglevsky. Une fois encore, c'était le marquis de Cuevas, fou de ballets, qui, tirant sur les finances inépuisables de sa femme, une fille Rothschild, avait rendu la production possible, engageant Dalí pour les décors et les costumes.

Sur la toile de fond de Dalí, les cyclistes, certains drapés de voiles de mariée, d'autres de linceuls, passent en avançant et en reculant à côté d'un piano à queue dont l'intérieur est un bassin au tuyau qui goutte (on peut voir dans le piano, ainsi que dans les cyclistes, une allusion évidente à *Un chien andalou*). Paul Bowles dit qu'il fut désemparé quand il vit le décor de Dalí, qui lui semblait tout à fait inapproprié à la fois au poème de Verlaine et à la musique que lui-même avait composée pour le ballet :

> Il y avait des hommes aux très longues barbes roulant à bicyclette au hasard sur la scène, et une grosse tortue incrustée de lumières colorées… La marquise m'avait assuré maintes fois que ce ballet ne comprendrait aucune des fantaisies habituelles de Dalí ; il devait représenter l'essence de Verlaine, rien de plus… J'avais été dupé dans les grandes largeurs[1652].

Dalí, lui, était content de son travail – et d'une critique parue le 5 novembre dans le *New York Times*. L'auteur avait été très impressionné par la toile de fond de Dalí, et estimait que dans le travail pour la scène le peintre avait trouvé son véritable métier :

> Le fait devient clair. Dalí a plus besoin d'une scène que d'une galerie d'art. Son surréalisme (qui, encadré pour un mur, s'est depuis longtemps installé dans une routine) prospère dans les grands espaces. Là, sa sophistication, qui n'est plus un *dernier cri** bien mémorisé, acquiert un effet de préciosité qui, en un sens, est monumental.

Quelques semaines plus tard, Dalí citait ces mots avec satisfaction, mais il n'avait sûrement pas saisi leur signification profonde, qui était une mise au point sur le fait que ses peintures surréalistes étaient devenues la répétition d'un stéréotype[1653].

Deux mois plus tard, le Ballet international remonta la *Bacchanale* de Dalí, qui avait retrouvé son premier titre, *Tristan fou. Le Premier Ballet paranoïaque basé sur le mythe éternel de l'amour et de la mort*. Il s'ouvrit à New York le 15 décembre. Les toiles de fond de Dalí puisaient à nouveau dans son stock de clichés remontant aux années 1930 : béquilles, une brouette, cyprès dans le style de Böcklin, de la chair épluchée révélant de la brique, les falaises de Creus en arrière-plan. Dalí s'en prit à John Martin, le critique du *New York Times*, qui avait osé l'accuser de pratiquer un « iconoclasme délibéré » dans ses dessins, et pendant plusieurs semaines la controverse fit rage. Ce qui voulait dire de la publicité supplémentaire[1654].

Finalement, après cette succession fiévreuse de ballets vint *Café de Chinitas*, un « spectacle flamenco » basé sur une chanson folklorique andalouse à propos d'un toréador, que Lorca et son amie Encarnación López Júlvez, « La Argentinita », chanteuse et danseuse, avaient enregistrée dans les années 1930 pour HMV. On demanda à Dalí de dessiner les décors et les costumes. Sa toile de fond comportait quelques changements par rapport à la métaphore attendue assimilant les guitares aux corps des femmes. L'instrument avait donné naissance à la tête et aux bras d'une gitane. Les castagnettes qu'elle tenait dans les deux mains étaient les clous de la Crucifixion, qui la clouaient à la muraille. Du sang gouttait de ses bras – du sang suggérant celui du poète assassiné. Dalí affirma que cela avait beaucoup plu à tout le monde[1655].

Produit par le Ballet Théâtre, une fois encore grâce aux largesses du marquis de Cuevas, *Café de Chinitas* s'ouvrit à Detroit, avant d'être transporté au Metropolitan Opera House. Dalí était fier, il l'écrivit, d'avoir participé au « premier hommage » rendu en Amérique à son cher ami, et se rappelait que des membres de la famille de Lorca étaient présents lors de la première à New York[1656].

Peu après, Dalí écrivit chez lui. Il était heureux que la guerre semble tirer à sa fin, et était persuadé qu'avant peu Gala et lui pourraient rentrer en Europe en toute sécurité. Il parla à sa famille du portrait de Gala auquel il travaillait chaque jour depuis six mois. Il était peint « comme un Vermeer », et tous ceux qui le voyaient étaient « profondément émus ». Dalí raconta plus tard que *Galarina* [cahier couleur, page XI] lui avait pris cinq cent quarante heures, et que son titre était inspiré de *La Fornarina* de Raphaël. La toile, aujourd'hui au théâtre-musée Dalí de Figueres, est remarquable. Elle montre la muse dans une posture qui incarne sa volonté, son esprit de domination – résolument impudente, son sein nu comme un défi lancé. En repensant, en 1956, aux quatorze ans écoulés depuis qu'il la connaissait, Reynolds Morse écrivait qu'il ne l'avait jamais vue détendue. Avide, exigeante, critique, elle était « en partie tigresse, en partie martyre, en partie mère, en partie maîtresse et en partie banquière, un mélange curieux et inaccessible », et si « concentrée » sur la poursuite de ses intérêts et de ceux de Dalí qu'elle n'avait pas de vrais amis à elle. Le tableau dit tout[1657].

Le critique du *New York Times* pour *Colloque sentimental* avait dit à juste titre que les « peintures surréalistes » de Dalí étaient maintenant exécutées selon une simple formule. C'était aussi l'avis d'Edward James[1658]. Dalí avait besoin de nouveaux sujets et de nouvelles techniques s'il voulait continuer à intéresser le public américain. La réponse vint quand les Américains lâchèrent la bombe sur Hiroshima.

« L'explosion atomique du 6 août 1945 m'avait sismiquement ébranlé, affirme Dalí dans ses *Aveux inavouables*[1659]. Désormais, l'atome était mon sujet de réflexion préféré. Bien des paysages peints durant cette période expriment la grande peur que j'éprouvai à l'annonce de cette explosion. » À la suite de l'explosion de la bombe, Dalí, qui depuis les années 1920 professait un intérêt pour la science, se mit à explorer le potentiel pour sa peinture du monde des protons et des neutrons. C'est ainsi que commença sa « période atomique ».

## HITCHCOCK ET DISNEY

Mais il y eut d'abord un nouveau projet de film. En septembre 1945, Dalí se trouvait à Hollywood pour commencer son travail avec Alfred Hitchcock, qui lui avait confié le dessin de la séance de cauchemar dans *Spellbound* (*La Maison du docteur Edwardes*), son nouveau thriller psychologique, avec Gregory Peck et Ingrid Bergman. Pourquoi Dalí ? David O. Selznick, le producteur, pensa au début que Hitchcock avait embauché Dalí uniquement pour sa valeur publicitaire. Hitchcock lui parla franchement. Dans les films, en général, les rêves étaient flous, ce qui relevait du simulacre. Il en voulait un vivant, nettement dessiné. Dalí, avec ses longues perspectives, ses ombres noires, la fermeté de son imagerie, était, il en était persuadé, l'homme de la situation. C'est la raison pour laquelle il l'avait invité à y participer. Si Hitchcock avait pu faire comme il le voulait, il aurait tourné la séquence du rêve en plein soleil, et pas en studio, forçant ainsi le cameraman à obtenir « une image très dure[1660] ».

Dalí appréciait Hitchcock (« l'une des rares personnes que j'ai rencontrées récemment qui ait un certain mystère »), et se mit au travail avec plaisir, après s'être accordés sur un salaire de quatre mille dollars. Il était content de son scénario de cauchemar pour la séquence de la salle de bal : quinze « des pianos les plus lourds et les plus luxueusement sculptés possible » devaient être suspendus au plafond pour créer une impression de poids et de terreur. Mais on ne lui accorda pas le budget nécessaire :

> Je me suis rendu aux studios de Selznick pour tourner la scène avec les pianos. Et j'ai été stupéfait de ne voir ni les pianos ni les silhouettes découpées qui devaient représenter les danseurs. Mais juste à ce moment-là quelqu'un me montra de minuscules pianos en miniature suspendus au plafond et une quarantaine de nains vivants qui, selon les experts, devaient donner exactement l'effet de perspective que je désirais. J'ai cru rêver.

● Le réalisateur Alfred Hitchcock s'entretient avec Dalí lors du tournage de *Spellbound*, 1945.

● Salvador Dalí et Ingrid Bergman sur le plateau de *Spellbound*, 1945.

Ni Hitchcock ni Dalí n'aimèrent le résultat. La scène fut coupée, et d'autres changements furent effectués sans que le peintre en soit informé. C'était un peu comme ce qui s'était passé pour *Rêve de Vénus* quelques années plus tôt, et Dalí, de la même façon, fut mécontent[1661].

L'exposition de Dalí chez Bignou, *Toiles récentes de Salvador Dalí*, suivit très rapidement cet échec mineur, et dura du 20 novembre au 29 décembre 1945. Elle comprenait onze huiles, aquarelles et dessins non spécifiés dans le catalogue, et un choix d'illustrations pour *Le Labyrinthe* de Sandoz, *Don Quichotte* et *L'Autobiographie de Benvenuto Cellini*. Dalí, dans le catalogue, se vantait de ce que ces œuvres aient été réalisées « au cours de neuf mois consécutifs de réclusion totale[1662] ». Parmi les toiles, il y avait : *La Corbeille de pain* ; *Ma femme, nue, regardant son propre corps devenir escalier, trois vertèbres d'une colonne, ciel et architecture* ; *Idylle atomique et uranique mélancolique* ; *Apothéose d'Homère (Rêve diurne de Gala)* et *Galarina*. La peinture qui attira le plus l'attention fut *Idylle atomique et uranique mélancolique*, inspiré par Hiroshima. Comme *Apothéose d'Homère (Rêve diurne de Gala)*, il contenait une sélection de clichés daliniens provenant des années 1930 (une montre molle, une clé et un cylindre hérissés de petites cannes) et avait l'apparence d'une toile de fond pour un ballet sur la fission nucléaire, avec la présence de quelques joueurs de base-ball pour lui donner une saveur américaine.

*Ma femme, nue, regardant son propre corps devenir escalier, trois vertèbres d'une colonne, ciel et architecture*, d'autre part, était l'une des toiles les plus réussies et les plus originales que Dalí ait exécutées au cours de ses huit ans aux États-Unis. Trois ans plus tard, il la reproduisit en couleurs dans *50 secrets magiques*, ce qui laisse entendre qu'elle représentait pour lui l'une des plus pures expressions du nouveau classicisme qu'il proposait maintenant (symbolisé par la tête grecque fixée au mur, rappelant l'emblème de la Résidence des étudiants). La profonde perspective de la toile est, elle, dans la meilleure manière surréaliste de Dalí, alors que le dessin et les couleurs du pavillon en quoi se transforme le corps de Gala ont une dette inavouée envers la fantastique construction rose du *Jardin des délices* de Jérôme Bosch, que Dalí et Lorca avaient admiré ensemble au Prado.

Pour marquer l'ouverture de l'exposition, Dalí publia le premier numéro d'une parodie de journal, *Dalí News*, une entreprise hilarante dans laquelle il fut aidé et encouragé par son vieil ami de Figueres Jaume Miravitlles, qui, des années plus tôt, avait collaboré avec lui à *Studium*, le magazine de l'école. *Dalí News* (clin d'œil délibéré au *Daily News* de New York) avait pour sous-titre *Le Monarque des Dailies*[1663], et une note ironique expliquait qu'il comprenait le *Dalí Mirror* (le *Daily Mirror* était le rival par excellence du *Daily News*). Au-dessus du titre, on voyait une croix et un rouleau de parchemin sur lequel on lisait « GALA D'ABORD ». La moindre ligne des quatre pages de cette publication se référait aux faits et gestes, aux projets et aux miracles de Dalí. Et, comme dans tout journal qui se respecte, on y trouvait des annonces. « Souffrez-vous de misère intellectuelle "périodique" ? » :

> Dépression esthétique, fatigue, dégoût de la vie, dépression, médiocrité congénitale, crétinisme gélatineux, diamants dans les reins, impuissance, frigidité ?
> PRENEZ DU « DALÍNAL », LE FEU ARTIFICIEL DE l'ESPRIT QUI VOUS STIMULERA À NOUVEAU.

Le canard informait ses lecteurs de la perfidité avec laquelle Hollywood avait émasculé les idées de Dalí pour *Spellbound*, les assurait que la « prédiction » de *La Vie secrète* selon laquelle « les théories raciales du national-socialisme » seraient vaincues allait bientôt être avérée (le livre ne prédisait pas ça, loin de là), et annonçait que Dalí était « sur le point de signer » un contrat avec Walt Disney « pour produire en collaboration directe un nouveau film d'animation dans un nouveau média jamais essayé ». Pour l'instant, on ne pouvait en dire plus sur le film, mais les admirateurs américains des montres molles de Dalí pouvaient se rassurer : « Elles apparaîtront dans le film et, grâce à la virtuosité de Disney, et pour la première fois, on verra comment elles bougent[1664]. »

Juste avant l'ouverture de l'exposition Bignou, Dalí envoya un télégramme (en français) au *San Francisco Chronicle* pour donner quelques nouvelles brûlantes : son film avec Disney serait intitulé *Destino* (en espagnol). Il constituerait une fusion parfaite du dessin et de la photographie en Technicolor. Il arriverait à Hollywood le 15 janvier pour se mettre au travail[1665].

C'est ce qu'il fit, et il s'entendit bien avec Disney, qui le trouva débordant d'idées. Disney édicta une règle : le film devait durer six minutes et faire partie de ce qui s'appelait alors un *package film*, un film constitué de brefs épisodes. Dalí fut placé sous la supervision d'un animateur, John Hench, qui se rappellerait que Disney avait décidé de laisser le peintre faire les choses à son goût, et « on verra ce qui se passera[1666] ». Dans une interview pour le magazine *Arts*, au mois d'avril, Dalí donna un résumé de l'intrigue. La séquence d'ouverture, même s'il ne le disait pas, était basée sur sa toile de 1937 *Cygnes reflétant des éléphants*, une de ses tentatives les moins réussies dans la manipulation des images doubles :

> On commence par voir un jardin conventionnel semé de statues et au centre décoré par une fontaine qui représente un cygne. Puis le soleil disparaît. Le cou et les ailes du cygne deviennent le tronc et les oreilles d'un éléphant la tête en bas. L'éléphant se transforme à son tour en pyramide sur laquelle est gravée une tête de Chronos à côté de laquelle marche une jeune fille. Soudain la pyramide disparaît et le long triangle qu'elle occupait sur la toile montre maintenant la perspective d'une route.
> La fille s'arrête au bord de la route, et un instant plus tard on la voit chevauchant le dos d'un gros éléphant aux jambes d'araignée parmi toutes sortes de monstres. Puis le paysage se modifie et on voit à nouveau une pyramide, accompagnée cette fois par une église flottant sur un étang entouré de deux mains humaines dont surgissent deux cyprès. Autour de l'étang circulent des formes nues à bicyclette. Les formes nues finissent par disparaître dans l'étang.
> À cet instant une cloche sonne le glas. L'ombre de la cloche se fond à la silhouette de la jeune fille, et toutes deux se mettent à danser. La tête de Chronos sculptée sur la pyramide se libère de la pierre et se met aussi à danser, tout en essayant d'échapper à la pluie de monstres qui tombe du ciel tout autour. Chronos arrache les monstres de son corps, et à chaque fois un trou béant s'ouvre en lui[1667].

Comme le confirme l'un des dessins de Dalí pour le film, la séquence avec la cloche-fille tentait d'animer l'image de sa « cousine » Carolineta dansant avec un cerceau, qui était déjà apparue au moins cent fois dans son travail[1668]. Dalí dit à *Arts* qu'il avait « tout » mis dans ce film, « tout » signifiant la totalité de son arsenal d'objets surréalistes et d'hallucinations. Le reporter eut l'impression que *Destino* ne serait pas terminé avant longtemps. Dalí lui dit que le film valait tous ces efforts : mieux que la peinture ou l'écriture, il pouvait initier le public au monde surréaliste[1669].

Du film ne fut tournée qu'une seule séquence expérimentale de quinze secondes. Des années plus tard, John Hench la projeta à Reynolds Morse, qui la trouva très prometteuse. La séquence montrait « quelques précieuses secondes d'une double image dans laquelle une danseuse de ballet en forme de calice est coupée en deux, portée sur le dos de deux tortues, qui reviennent au centre de l'écran en restituant l'image originale[1670] ». Selon une autre source, la tête de la ballerine était « une balle de base-ball » à l'horizon[1671].

*Destino* était encore un projet de film de Dalí qui n'aboutit à rien. Au bout de quelques mois, Disney « changea d'avis à propos du futur succès du *package film* » et enterra le projet[1672]. Une partie du contrat voulait que le studio garde les dessins à l'encre et les huiles de Dalí. Ils n'ont jamais été exposés, et à cette date seule une poignée d'entre eux ont été reproduits[1673].

*Destino* a connu un épilogue. Hench et Dalí avaient collaboré à une scène de neige « stéréoscopique » comprenant deux demi-arches que le regard mêlait, rendant visible un visage humain. L'expérience ne fonctionna pas jusqu'au moment où Hench fit quelques ajustements à la neige. Il persuada *Vogue* de publier le résultat final dans le numéro de Noël du 1er décembre 1946. « Fidèle à lui-même, écrivit Morse dans son journal, Dalí prétendit que l'idée tout entière venait de lui, et qu'il l'avait exécutée lui-même[1674]. »

Seules une petite dizaine de lettres écrites par Dalí durant son séjour américain ont réapparu, mais il y en eut sans aucun doute beaucoup plus. Celles que nous possédons montrent qu'il était décidé à garder de bonnes relations avec les gens. Elles sont pleines de propositions pour les aider et de manifestations d'affection, et, pour prouver qu'il réussissait bien aux États-Unis, il envoyait de temps en temps une liasse de coupures de presse concernant ses activités. Dalí avait du mal à admettre, que ce soit pour lui-même ou vis-à-vis des autres, que *Destino* avait été un échec. À l'automne 1946, il informa sa famille que le projet avait été bloqué par des grèves à Hollywood (il ne laissait pas entendre que Disney avait changé d'avis) et que, en conséquence, il avait dû retarder son retour à Port Lligat[1675].

Les Dalí avaient signé avec une agence de façon à être informés de tout ce qui se publiait sur eux dans toute l'Amérique. Mais leur connaissance de l'anglais était encore mince et ils n'étaient pas capables de juger si les articles étaient favorables ou non. Mais ce qui leur importait le plus, c'était la longueur des articles plus que leur contenu[1676].

Si le nom de Dalí apparaissait partout aux États-Unis à cette époque, il fut à peine mentionné dans la presse espagnole entre 1940 et la fin de la guerre. Une percée significative se produisit cependant en septembre 1946 lorsque le magazine barcelonais *Destino* (Dalí fut frappé par la coïncidence) publia un article long et intelligent intitulé « Salvador Dalí vu de Cadaqués ». Signé « Tristán », il avait été écrit par le célèbre auteur catalan Josep Pla, admirateur de Dalí depuis qu'il avait assisté, un soir, à la conférence provocante donnée par Dalí en 1930 à l'Ateneu de Barcelone. En 1943, dans un article publié dans le même magazine, Pla avait évoqué la dette de Dalí envers son professeur de peinture à Figueres, Juan Núñez Fernández[1677], mais maintenant, après une visite au père du peintre à Es Llané, il se rendait compte de la nécessité d'un article plus détaillé. Dalí Cusí lui avait prêté un exemplaire dédicacé de l'édition américaine de *La Vie secrète*, et Pla avait trouvé le livre extraordinaire.

« Je soupçonne fort, et j'en suis même convaincu, que le moment est venu qu'on commence à parler de Salvador Dalí dans ce pays, sérieusement, avec de plus en plus de sérieux », entonnait-il, avant de laisser entendre qu'une misérable et provinciale « conspiration du silence » avait été tissée en Espagne autour du nom de Dalí. Le talent de Dalí était maintenant internationalement reconnu, insistait Pla. Il avait marqué son époque et le nier relevait d'un entêtement inutile.

Ensuite, Pla analysait *La Vie secrète*, qu'il avait « lue et relue » à Cadaqués. Il était convaincu, disait-il, que cet écrit était, dans sa teneur, authentiquement empordain par son ironie et son mélange de liberté intellectuelle et de « timidité biologique ». Seul un Catalan « doté des qualités et des défauts typiques de l'Empordà » pouvait l'avoir écrit. Dalí était un exemple du furieux individualisme de la région, particulièrement intense à Cadaqués, et comme tous les distingués produits de l'Empordà (y compris Pla lui-même), il était à la fois obstinément local et « frénétiquement cosmopolite ». De plus, estimait Pla, seuls les natifs de l'Empordà, accoutumés à la brutalité de la tramontane et à la lumière brillante qu'elle produit, étaient vraiment équipés pour comprendre Dalí. Quant au talent du peintre comme « stratège social international », Pla était persuadé que Dalí le tenait de sa mère, des Domènech de Barcelone, plus civilisés, plus sophistiqués que les Dalí. Ce don, pensait-il, était absolument prodigieux[1678].

L'article de Pla eut pour effet de stimuler chez Dalí un intérêt nouveau pour Barcelone, et de préparer le terrain pour son retour. Dalí en fut ravi, et demanda à sa famille d'en remercier l'auteur de sa part. Il leur dit qu'il espérait revenir en Espagne au printemps suivant, et que le musée d'Art moderne de Madrid prévoyait d'exposer sept ou huit toiles de sa collection privée. Elles seraient « les certificats historiques de mon activité spirituelle durant ces cinq années de guerre[1679] ». La famille fit passer cette information à *Destino*, qui, en novembre, annonça le retour imminent de Dalí en Espagne[1680]. Puis, en décembre, lorsque Dalí Cusí se retira de sa *notaría* et que fut donné un banquet sur invitation en son honneur à Figueres, *Destino* illustra son article par le splendide dessin au crayon que Dalí avait fait de son père en 1926. L'auteur de l'article, Manuel Brunet, était un journaliste et critique d'art barcelonais qui s'était installé à Figueres et était devenu ami avec la famille du peintre. Salvador Dalí Cusí était, écrivait-il, un produit typique de l'Empordà autant que son fils, et chaque soir au club ses « yeux glauques » étaient ceux d'un « Jupiter tonnant » :

> À l'origine, les Dalí viennent de Llers, et là résident peut-être le secret du notaire et le secret du peintre. Llers est un lieu de sorcières, disent les gens de l'Empordà, un lieu de sorcières dans tous les sens du mot. Il y a autant de sorcellerie dans la composition et la finition des actes écrits par Dalí le notaire qu'il y en a dans un tableau de Dalí l'artiste. Dans les deux prédomine la « furie dionysiaque » qui peut très bien être une conséquence de la tramontane, qui souffle à Llers avec une violence inouïe[1681].

Dalí Cusí, racontait Brunet, avait un timbre spécial, reproduit par le magazine, qu'il appliquait sur les documents légaux. Il portait les lettres capitales « G » et « T », signifiant « Gal » et « Teresa », ses parents, mais aussi « *Gràcies i torneu* », « Merci et revenez quand vous voulez ». Comme nous l'avons vu, Gal avait inscrit les mêmes initiales sur le bus tiré par des chevaux qu'il conduisait entre Cadaqués et Figueres avant que lui et sa famille fuient la tramontane. Dalí Cusí devait le savoir, mais il ne l'expliqua pas à Brunet, ni ne lui dit que son père était devenu fou, même s'il avait fui le vent redouté, et s'était suicidé en sautant d'un balcon à Barcelone.

## GALA, LÉDA ET LA VIERGE

> « Gala, la seule femme mythologique de notre temps. »
> Dalí, *Journal d'un génie*

Cela faisait quinze ans que Dalí avait rencontré Gala à Cadaqués. Avec ses encouragements, son soutien, son sens pratique et son don pour les affaires, il était devenu l'un des peintres les plus célèbres et les plus riches du monde. C'était une réussite commune remarquable.

Même Salvador Dalí Cusí devait admettre que le rôle de Gala avait été vital. Un jour, à la fin des années 1940, il montra à Roser Villar, future peintre, des coupures de presse à propos des triomphes de son fils en Amérique. « Sans Gala, Salvador aurait fini sous un pont à Paris », lui dit-il[1682].

Dalí lui-même n'était que trop heureux de reconnaître sa dette envers Gala. Au début des années 1930, il s'était mis à signer ses toiles « Gala-Salvador Dalí », comme s'ils n'étaient qu'une personne, et dès les années 1940 cette pratique était devenue habituelle[1683]. Dans *La Vie secrète*, cette dette était répétée, encore et encore. En 1944, il l'avait peinte et dessinée des dizaines de fois. Le dernier pas avait été franchi avec l'invention du « clédalísme » dans *Visages cachés*.

Si l'on retire l'initiale « c » de « clédalísme », on se trouve devant le mot « lédalísme », dans lequel Léda et Dalí se chevauchent. Tandis qu'il bricolait avec « clé » et « Dalí », il semble que le peintre ait soudain perçu cette signification supplémentaire, y sentant peut-être un nouvel exemple de la « chance objective » surréaliste. Dans la mythologie grecque, Léda, fille de Thestios, roi d'Étolie, était mariée à Tyndare, roi de Sparte. Séduite par Zeus sous la forme d'un cygne, elle devint mère de Castor et Pollux, les Dioscures (« fils de Zeus »), et peut-être aussi de la magnifique Hélène (plus tard Hélène de Troie). Comme le véritable nom de Gala était « Helena », il était facile de tirer la conclusion que Dalí et elle étaient des âmes jumelles, et en plus des âmes divines (en 1961, il signa une étude pour *La Bataille de Tétouan* « Pour Hélène, son Dioscure, Dalí[1684] »). Mais Dalí alla plus loin, et identifia Gala avec Léda elle-même, car pour lui, autant qu'âme sœur, elle était un substitut de sa mère morte. Et c'est en tant que telle qu'elle est mythifiée dans *Leda atomica*, dont l'étude inachevée fut montrée, en même temps que d'autres œuvres récentes, à la deuxième exposition Dalí à la galerie Bignou, entre le 25 novembre 1947 et le 3 janvier 1948. Dalí commenta alors :

> Pour autant que je sache – et je sais que je sais – dans *Leda atomica* la mer est représentée pour la première fois comme ne touchant pas la terre ; en fait, on pourrait facilement passer un bras entre la mer et le rivage sans être mouillé. C'est là que réside, je le crois, la qualité d'imagination qui a déterminé le traitement de l'un des plus mystérieux et éternels de ces mythes dans lesquels « l'humain et le divin » se sont cristallisés à travers l'animalité. Au lieu de la confusion de plumes et de chair à laquelle nous avons été habitués par l'iconographie traditionnelle de ce sujet, qui insiste sur l'enchevêtrement du cou du cygne et des bras de Léda, Dalí nous montre l'émotion libidineuse hiérarchisée, suspendue et comme flottant dans l'air, en accord avec la théorie moderne « rien ne se touche » de la physique intra-atomique.
> Léda ne touche pas le cygne ; Léda ne touche pas le piédestal ; le piédestal ne touche pas la base ; la base ne touche pas la mer ; la mer ne touche pas le rivage. C'est là que réside, je crois, la séparation des éléments, la terre et l'eau, qui est la racine du mystère créateur de l'animalité[1685].

De *Leda atomica*, terminé en 1949, Dalí dit plus tard qu'il « exaltait Gala comme la déesse de ma métaphysique[1686] ». Que Dalí ait mis dans cette toile énormément de réflexion et de travail est prouvé non seulement par l'étude inachevée montrée chez Bignou, mais par les esquisses détaillées, effectuées avec la collaboration du mathématicien roumain le prince Matila Ghyka, dans lesquelles les proportions et la disposition de la toile sont prévues avec une précision extrême[1687]. Mais si l'on peut admettre que l'œuvre terminée exalte en Gala la déesse métaphysique de Dalí, l'impression d'« espace suspendu » n'est pas rendue avec succès dans la façon dont Dalí montre la mer, qui semble collée à la terre plutôt que lévitant au-dessus. Le cygne, d'après un spécimen empaillé, ressemble plus à son modèle qu'à un vrai cygne[1688]. L'incapacité de Dalí à rendre le visage de Gala est tout aussi frappante. Dans l'étude, la ressemblance est minimale ; dans la toile achevée, elle n'est qu'approximative. Dalí ne devait jamais retrouver la magie de *Galarina*, et lorsqu'il essayait d'embellir Gala, d'adoucir ses traits, de la faire paraître plus jeune qu'elle n'était et, avant tout, agréable, le résultat était toujours insatisfaisant.

En même temps que l'étude pour *Leda atomica*, l'exposition Bignou montra quatorze autres huiles récentes, *La Corbeille de pain* de 1926 (« exposée à nouveau à la demande générale »), une gravure, des illustrations pour les *Essais* de Montaigne, pour *Pitching Horseshoes* de Billy Rose, pour *Macbeth*, et pour les *50 secrets magiques* de Dalí, qui allaient paraître, et, comme l'exposition précédente, des aquarelles et des dessins non spécifiés[1689].

Parmi les huiles, *Dématérialisation près du nez de Néron* (connue plus tard aussi sous le nom de *La Séparation de l'atome*) et *Équilibre intra-atomique d'une plume de cygne*, peintes toutes deux en 1947 avant l'achèvement de *Leda atomica*, étaient de nouvelles expérimentations de l'exploration de la physique atomique « rien ne se touche », un sujet dont Dalí explorait alors le potentiel au maximum[1690].

Au moment où Dalí se mit à travailler à *Leda atomica*, un concept connexe commençait à prendre forme. Ainsi que le montre son travail, Port Lligat et Cadaqués étaient toujours très présents à son esprit en Amérique. Il ne cessait de penser à son retour. Un jour il lui vint à l'esprit que Gala, aussi bien que Léda, était la déesse tutélaire de leur maison en Méditerranée. Évidemment ! Elle l'avait encouragé à acheter la cabane aux fils de Lídia, avait renoncé aux plaisirs de Paris pour l'accompagner dans sa retraite, avait œuvré à ses côtés pour rendre l'endroit habitable et pour l'agrandir, l'avait imprégné de sa présence, l'avait aidé avec le sexe. Qui, sinon elle, gouvernait ce lieu magique ?

De déesse tutélaire à madone de Port Lligat, il n'y avait qu'un petit pas. Des madones avaient commencé à apparaître chez Dalí en 1943[1691], mais la première spécialement dédiée à Port Lligat, et qui ne représentait pas encore Gala, date de 1946. Dalí l'utilisa comme frontispice de *50 secrets magiques*, et la légende disait « Madone de Port Lligat, aide-moi ! ». Gala ressemblait plus à une Madeleine qu'à une madone, et même si elle avait materné Dalí, elle n'avait pas donné beaucoup d'affection maternelle à sa fille Cécile. Pourtant, pour Dalí, l'idée de la présenter au monde comme la Vierge de Port Lligat devint de plus en plus irrésistible. Un autre facteur pesa sur cette résolution. À la fin des années 1940, l'Assomption de Marie était très discutée dans l'Église, et la délibération devait mener à la proclamation du dogme en 1950. Dalí, dont les antennes s'agitaient, sentit qu'il pouvait établir un rapport entre l'Assomption et la fission nucléaire. Le résultat en serait *La Madone de Port Lligat*[1692] [cahier photo, page XII].

## *50 SECRETS MAGIQUES*

Dalí sortit le deuxième numéro de *Dalí News* synchronisé avec l'exposition chez Bignou. James Thrall Soby estimait que « ça avait fait fuir les gens » à la galerie, même si personnellement, dit-il à Reynolds Morse, il admirait la persistance de Dalí dans « la mégalomanie à laquelle il est associé, et depuis si longtemps[1693] ». *Dalí News* était assurément mégalomane. Il reproduisait le premier chapitre des *50 secrets magiques* imminents (annoncés à voix forte ailleurs dans ses quatre pages), proclamait avec une vigueur nouvelle le retour supposé de Dalí au classicisme, poussait en avant *Leda atomica* et informait le grand public que le peintre travaillait maintenant à un opéra dans lequel tout, y compris la musique, serait sa propre création (il ne vit jamais le jour). *Dalí News* reproduisait le *Portrait de Pablo Picasso* (1947), un portrait à charge, au-dessus de la légende « L'ANARCHISTE[1694] », ainsi que son propre autoportrait, au-dessus d'une autre légende, « DALÍ EL SALVADOR ». Visiblement, Dalí était toujours aussi obsédé par son aîné. Parmi d'autres bribes de nouvelles daliniennes, le journal rapportait, en 1947, que plus de dessins humoristiques avaient été, en Amérique, consacrés à *La Persistance de la mémoire* qu'à tout autre sujet (l'un d'eux était reproduit, extrait du *New Yorker*). La toile était plus populaire d'année en année – la preuve, selon Dalí, qu'il avait prophétisé la fission nucléaire[1695].

Reynolds Morse, qui collectionnait maintenant Dalí depuis quatre ans, estima qu'il était temps de s'affirmer comme une autorité sur le peintre. Sa première tentative n'augura rien de bon. Dans un article publié par un journal de Cleveland, il écrivit : « La nouvelle exposition Salvador Dalí, qui vient de s'ouvrir à la galerie Bignou, à New York, prouve que Dalí est l'un des grands peintres romantiques de notre époque. Le chaos du surréalisme et la frénésie de la folie propre à Dalí ont disparu. Ils ont été remplacés par un nouveau classicisme, un nouveau romantisme[1696]. » À la galerie, les Morse avaient fait la connaissance de quelqu'un qui s'y connaissait beaucoup mieux qu'eux en peinture, et en Dalí : Edward James. Déclarant que le travail actuel de Dalí ne l'intéressait pas, James les avait emmenés voir une exposition de Leonora Carrington chez Pierre Matisse. Quand il ramena les Morse, Dalí était furieux : il ne voulait pas que les Morse aient de rapport avec son ancien collectionneur. Morse écrivit dans son journal : « Il faut insister sur un point : Dalí ne veut pas que ses admirateurs entretiennent des liens d'amitié. Dans le cirque Dalí, on est là pour être utilisé par le peintre comme un outil, pour être manipulé exclusivement par lui, et pour son propre bénéfice. La camaraderie entres ses aficionados est une chose dont ne veulent ni l'artiste ni sa femme, car elle les empêche de dominer complètement leurs courtisans[1697]. »

Magnifiquement éditée par la Dial Press, la traduction de *50 secrets magiques* par Haakon Chevalier parut début 1948. C'est, d'une certaine façon, un livre remarquable, un précis ironique de conseils pratiques et de fantaisie, dans lequel les plaisanteries et le sérieux sont combinés de manière telle qu'il est souvent difficile de distinguer quand Dalí veut être pris au sérieux et quand il veut nous faire éclater de rire. Cependant, malgré cette ambiguïté, le livre contient de nombreux conseils pratiques sur l'art de peindre, depuis le choix des pigments jusqu'au choix des pinceaux, et montre à quel point Dalí prend plaisir au matériel et au vocabulaire de son métier (il se gargarise de mots comme « gomme arabique », « poudre de pierre ponce », « essence de térébenthine rectifiée » ou « huile de lavande aspic », tandis que les noms des couleurs – jaune de Naples, ocre brûlé, bleu outremer, vert Véronèse, brun Van Dyck – le mettent au bord de l'extase).

Certains passages montrent Dalí à son plus spirituel et à son plus brillant, avec son don pour les anecdotes et ses généralisations incongrues (il a même réussi à glisser quelques dessins érotiques). La description du *ménage à trois** les unissant, Gala, lui et la Peinture, est hilarante, et son invention des bâtonnets « araneum » dans sa tête un exemple étonnant de son inventivité (les araignées, pour Dalí, sont les géomètres de la nature, et son « araneum », s'il était réalisable, nous permettrait de retrouver des souvenirs enfouis d'une façon moins hasardeuse que les *madeleines** de Proust). L'insistance de Dalí sur le retour au classicisme, annoncé lors de son atterrissage à New York huit ans plus tôt, est présente dans tout le livre, dans lequel il parle beaucoup de monarchie (absolue, évidemment) et de coupoles, symboles d'aspirations impérialistes. En ce qui concerne le catholicisme, Dalí, à la fin du livre, comme il l'a fait dans les dernières pages de *La Vie secrète*, confesse qu'il n'a pas la foi, mais laisse entendre qu'il la recherche sérieusement.

En février 1948, le journaliste barcelonais Carlos Sentís, qui avait vu Dalí à New York, publia dans *Destino* une « Lettre au père de Salvador Dalí ». Annonçant le retour imminent du peintre en Espagne, Sentís informait Dalí Cusí que son fils, qui n'avait pas peint le moindre paysage américain au cours de ses huit ans ininterrompus aux États-Unis, venait de terminer une toile représentant la Costa Brava. Il avait le mal du pays, et voulait parler avec les pêcheurs de Port Lligat, les voir étendre leurs filets sur la plage. Il ne pouvait rester plus longtemps loin de tout ça[1698].

C'était vrai. Dalí ne pouvait pas vivre sans Port Lligat. « Je ne suis chez moi qu'en ce lieu ; ailleurs, je campe[1699] », devait-il dire trente ans plus tard. Après huit ans en Amérique, Dalí ne parlait encore qu'à peine anglais. Gala s'en sortait mieux : le manager de Dalí ne pouvait le manager sans une connaissance pratique de la langue anglaise, et elle s'était employée à l'acquérir avec son énergie habituelle. Combien d'argent ils avaient gagné, où ils le conservaient et comment ils l'administraient reste un mystère. Mais ils en avaient amassé énormément, jour après jour, mois après mois. C'est certain. Aussi certain que le fait que, en 1948, Dalí était le peintre dont on parlait le plus en Amérique. Qui pouvait rivaliser avec lui ? Quant aux amis, Dalí avait toujours dit qu'il n'en avait jamais eu besoin. Pour amie, il avait Gala, et ça lui suffisait. Il préférait les courtisans, et grâce à son génie pour la publicité et pour vendre sa marchandise, il n'en manquait jamais en Amérique.

Début juillet 1948, une fois leurs biens accumulés rangés dans des dizaines de caisses et prêts à être expédiés à Barcelone en même temps que la Cadillac, les Dalí s'embarquèrent pour Le Havre. Dalí a dû sentir que, étant donné son retour hautement proclamé à l'orthodoxie, il était en position de force pour être accueilli à bras ouverts dans l'Espagne de Franco. Et il ne fait pas de doute qu'il avait soigneusement réfléchi à ce qu'il dirait à la presse espagnole après sa longue absence. Il est une chose dont il devait avoir pleinement conscience : dans l'Espagne conformiste qui avait, neuf ans plus tôt, émergé d'une terrible guerre civile, Salvador Dalí Domènech, le sauveur de l'art moderne, devrait bien regarder où il mettrait les pieds.

# XII. Un surréaliste renégat dans l'Espagne de Franco

[1948-1959]

## LE RETOUR DU FILS PRODIGUE

400● La maison-tour de Port Lligat où Dalí vécut et travailla de 1930 à 1982.

Le 21 juillet 1948, Dalí et Gala accostèrent au Havre et une semaine plus tard ils arrivaient par le train à Figueres, où ils rencontrèrent leur architecte, Emilio Puignau, qui les mit au courant des améliorations qu'il avait apportées à la maison de Port Lligat pendant leur longue absence[1700]. Puis ils se hâtèrent d'aller à Cadaqués, où ils s'installèrent provisoirement à Es Llané avec le père de Dalí, sa sœur Anna Maria et sa belle-mère (la « Tieta »). Le magazine barcelonais *Destino*, qui au cours des dernières années avait suivi la carrière de Dalí en Amérique, ne perdit pas de temps pour envoyer un écrivain et journaliste catalan bien connu, Ignacio Agustí, interviewer Dalí, l'observer avec sa famille et noter son plaisir à se trouver de retour dans le paysage qui le touchait le plus au monde. En couverture, *Destino* publia une photo de Dalí assis avec son père et montrant fièrement les *50 secrets magiques* récemment publiés[1701].

Pour Anna Maria Dalí, avec Gala sous le toit de son père, ce fut une période pénible. Elle n'avait pas l'intention de jamais lui pardonner d'avoir causé un tel malheur à la famille, et à cette époque elle travaillait déjà au livre dans lequel elle avait prévu de tout dire. Mais pour l'instant, elle gardait contenance et restait en paix.

Peu après, depuis le Ritz de Barcelone, Dalí écrivit à son père. La lettre, qui montre qu'ils avaient été ensemble à Figueres aussi bien qu'à Cadaqués, contenait une révélation remarquable concernant Gala, et prouve que Dalí savait qu'Anna Maria Dalí travaillait à son livre de souvenirs :

> Avant tout, merci de ton hospitalité. Pendant ces quelques jours passés à tes côtés, j'ai senti mon affection pour toi grandir autant que mon admiration pour ta formidable personnalité. Je regrette qu'Anna Maria ne m'ait pas montré ce qu'elle écrit, car si c'est comme ce que tu m'as dit à Figueres ça pourrait devenir quelque chose de très intéressant, mais comme je te l'ai dit ma sœur devrait y consacrer une heure par jour, systématiquement, une heure qui à la maison devrait être considérée comme sacrée afin que personne ne l'interrompe. Gala aimerait beaucoup voir ces écrits, non seulement parce qu'elle s'y connaît mille fois plus que moi en littérature, mais parce qu'elle pourrait les montrer à des éditeurs qui s'apprêtent à sortir sa propre autobiographie (à laquelle elle travaille depuis *quatre années consécutives*) et qui est déjà pressentie comme un futur best-seller aux États-Unis. Pour le dire en catalan, « au boulot ». Mais avant tout je veux qu'on me montre ce qu'Anna Maria écrit, même si je n'en vois qu'une petite partie. Bien des baisers à « Tieta » et pour vous tous l'affection d'un fils qui vous aime[1702].

Était-il vrai que Gala travaillait depuis des années à une autobiographie, et qu'elle avait déjà un éditeur en vue ? Il est difficile d'imaginer que la révélation de Dalí était un mensonge flagrant uniquement destiné à persuader Anna Maria Dalí de leur montrer ce qu'elle était en train d'écrire. Mais qui étaient les éditeurs, et qu'est devenu le manuscrit ? Aucune information ne nous est parvenue à ce sujet. Cependant, on ne serait pas surpris que les papiers de Gala existent et réapparaissent un jour, car lorsque Dalí écrivait à son père qu'elle s'y connaissait « mille fois mieux » que lui en littérature, il n'exagérait pas. Gala avait certainement lu beaucoup plus de fiction que lui. Et en ce qui concerne les relations, il était loin d'avoir son expérience. Il ne serait pas étonnant que des éditeurs américains aient ouvert les oreilles en entendant dire que la muse de Dalí avait l'intention de raconter son histoire.

À Barcelone, Dalí reprit contact avec ses oncles Anselm Domènech et Rafael Dalí, et surtout avec son cousin avocat, Gonzalo Serraclara, qu'il n'avait pas vu depuis sa dernière exposition à la Llibreria Catalònia en 1935. Gala apprécia Serraclara, et bientôt il agissait pour eux en représentant officieux et en conseiller légal. Quand les Dalí étaient à Paris ou à New York, c'est Serraclara qui portait le fardeau des constantes requêtes légales de Gala, dont la plupart concernaient des extensions de la maison de Port Lligat[1703].

Une grande excitation parcourut Barcelone quand la Cadillac flambant neuve de Dalí fut déchargée dans le port, alors que Serraclara avait été embauché par le père de Dalí pour s'occuper des formalités douanières[1704]. Gala, avec la détermination la caractérisant, avait appris à conduire en Amérique, elle conduisait bien, et sa petite taille, quand elle était perchée au volant, contrastait avec l'énorme véhicule. Un jour, Dalí la fit se garer juste devant la maison de son père, à Figueres. Au début des années 1950, il n'y avait encore que très peu de voitures en Espagne, et celles qu'on voyait tendaient à être modestes. Les habitants étaient en admiration devant le monstre rutilant. Par ce geste, Dalí avait sans doute l'intention de montrer qu'il avait obéi à la maxime de Freud, selon laquelle le véritable héros est le fils qui se dresse contre son père et en est vainqueur. Quant à Salvador Dalí Cusí, il était de toute évidence émoustillé par la voiture, et aimait que Gala l'emmène se promener dans la campagne. On ne sait exactement quelle fut la réaction d'Anna Maria Dalí devant la Cadillac et ce qu'elle représentait, mais on peut facilement l'imaginer[1705].

Au cours des mois qui suivirent, Dalí fit des efforts considérables pour convaincre les autorités espagnoles de son enthousiasme pour le général Franco et de son allégeance à l'Église catholique. Le 1er septembre, un hebdomadaire de Figueres, *Ampurdán*, publia une interview de lui. Dans une déclaration récente, Dalí avait laissé entendre son insatisfaction quant au « silence » entourant son retour dans sa patrie : il avait le sentiment de ne pas bénéficier de suffisamment de publicité. L'intervieweur se demanda si ce n'était pas lié à une certaine désapprobation de sa « production littéraire ». Dalí comprit immédiatement qu'il était fait allusion à l'édition argentine de *La Vie secrète*, interdite par le régime de Franco. Dalí expliqua que, dans le livre, il n'attaquait pas la religion, comme le pensaient certains, et qu'à cet égard il avait été « incompris ». Quant à sa conduite erratique par le passé, c'était terminé. « La raison me force à être catholique, aurait-il dit. Et de la même façon que bien des gens sont arrivés à la vérité religieuse par la physique, j'espère y parvenir par la métaphysique et l'art. Croyez-moi, c'est un de mes besoins les plus pressants. » Le contenu religieux de son œuvre actuelle, poursuivait-il, est de la plus pure orthodoxie catholique. En ce qui concernait la société contemporaine, il affirmait voir de tous côtés des signes d'une renaissance spirituelle, avec l'Église de Rome en fer de lance. Le catholicisme était en marche aux États-Unis, et Dalí exprimait une profonde admiration pour le cardinal Spellman, le prélat extrêmement influent de New York. L'un des clichés du régime de Franco étant que la mission de l'Espagne catholique était de sauver le monde du péché et de la dégradation, il n'est pas surprenant que le journaliste ait demandé à Dalí s'il croyait au « destin providentiel » du pays. « Bien sûr que j'y crois ! répondit Dalí. Et j'espère que vous soulignerez ça dans votre interview, parce que je suis convaincu que l'Espagne, ou, pour mieux dire, les nations de langue espagnole, ont une grande destinée commune. L'Espagne sera un exemple pour le monde et un lieu d'essor pour le catholicisme. » C'était plus ou moins ce que Dalí avait écrit à Buñuel en 1939 – en tout aussi grotesque[1706].

De telles déclarations rendaient malades bien des gens qui avaient connu Dalí dans les années 1920 et 1930 – et en particulier ceux qui avaient lutté pour la démocratie pendant la guerre civile, et qui continuaient à souffrir aux mains du régime brutalement répressif soutenu avec enthousiasme par l'Église catholique. Mais elles plaisaient beaucoup à son père. L'ancien athée, dont le basculement dans le catholicisme avait préfiguré celui de Dalí, prit son stylo et écrivit au journal. Il remercia le reporter de s'être concentré sur les œuvres et les intentions de son fils, et pas sur « les anecdotes de sa vie, qui ne mènent à rien et qui, pour cette raison, ne devraient pas apparaître dans la presse ». Son père choisissait maintenant de voir dans les excès commis par Dalí dans le passé une « maladie naturelle aux peintres qui cherchent à trouver pour l'art de nouveaux chemins menant à un horizon qui facilite de meilleures expressions de la beauté ». Dalí Cusí entreprenait ensuite de donner aux lecteurs d'*Ampurdán* une conférence sur l'art. Tous les « ismes », à commencer par le surréalisme, avaient échoué parce que l'art n'était pas amélioré par la destruction de ce qu'il y avait avant, mais par son *incorporation* : « À la place de l'automatisme, la technique ; à la place de la destruction, la construction ; ni réaction ni révolution : renaissance, foi, tradition. » On aurait cru lire une brochure phalangiste. « Telles sont, concluait-il, les tendances actuelles de mon fils, esquissées dans *La Vie secrète*. Le retour à la grâce, à la tradition, au classicisme : le seul moyen de sauver non seulement l'art, mais toute notre civilisation. » À la vue de cette lettre, on pouvait penser que les relations entre Dalí Cusí et son fils prodigue n'auraient pu être meilleures. Mais la tempête couvait[1707].

À l'automne, de Barcelone, Dalí écrivit à sa famille. Il venait de voir les épreuves, ou peut-être un exemplaire en service de presse, d'un livre intitulé *Mensonge et vérité de Salvador Dalí*, dû à un biologiste catalan du nom d'Oriol Anguera, et il était irrité :

> Comme je vous l'ai dit dans ma carte postale de Palamós, les trois jours passés avec vous étaient pleins de la merveilleuse atmosphère de Cadaqués, et nous vous sommes très reconnaissants de votre gentillesse envers nous. Ici nous n'avons pas arrêté un instant et tout le monde a été très agréable, le seul bémol est qu'un livre a été publié sans me consulter. Son provincialisme et son mauvais goût sont honteux, car ils y ont mis tout ce qu'ils avaient sous la main, dans une mixture épouvantable, mais le pire de tout est qu'ils ont reproduit plusieurs toiles, y compris certaines en couleurs, qui sont COMPLÈTEMENT FAUSSES et que je n'ai jamais peintes, et ils ont été jusqu'à imiter ma signature ! Et ce n'est pas tout, car avec une indiscrétion impardonnable ils ont osé reproduire une lettre intime de moi à Miravitlles ! Montserrat (« Celui qui ne fait pas le mal ne pense pas au mal ») a donné, pour être reproduites, TOUTES les peintures de Rafael faites par moi quand j'étais jeune et qui, en conséquence, sont maintenant « très mal cataloguées » et impossibles à reproduire plus tard dans le livre que Gudiol prépare, qui sera sérieux, bien fait et entièrement supervisé par moi[1708]. Tout ça me conduit à vous prier de ne prêter aucune peinture de moi en vue de reproduction sans me consulter d'abord, car la valeur de ces peintures pourrait s'en trouver gravement ébranlée. Tous les collectionneurs de tous les pays du monde me demandent maintenant la permission de

> reproduire les œuvres qu'ils ont de moi-même s'ils en sont propriétaires – c'est, en dehors d'autres considérations, une question de politesse. Il n'y a qu'ici que les gens prennent la liberté de reproduire mes œuvres (dont je ne peux perdre la propriété morale) sans même me le dire !
> Heureusement j'interviens à temps, et les fausses peintures peuvent encore être supprimées[1709].
> Je sais que d'autres livres se préparent et je vous prie de me faire savoir s'ils vous demandent quoi que ce soit. Je vais dire la même chose à oncle Anselm et aux autres qui ont des toiles de ma période adolescente.
> Un gros câlin pour vous tous de Dalí et Gala[1710].

Le livre d'Oriol Anguera montrait qu'il avait envers Dalí des sentiments mitigés, car il avait lu l'édition argentine de *La Vie secrète*, et il désapprouvait vivement son obsession du sexe et des excréments, qu'il considérait comme pseudo-freudienne (« J'ai vu des lettres de Dalí qui se terminent simplement par : "Merde, merde !" »). Il s'opposait aussi vivement au surréalisme, et Dalí a pu être justement ulcéré par son ignorance de ses commentaires sur le mouvement et ses adhérents. Mais à quoi s'attendait-il ? Le travail de Freud était banni de l'Espagne de Franco, l'ordre du jour était à la répression sexuelle, et le passé du peintre était considéré comme répréhensible. Dalí se rendait compte maintenant des efforts qu'il devrait faire pour que les gens croient qu'il avait vraiment changé.

## *LA MADONE DE PORT LLIGAT* ET AUTRES PITRERIES

La première « peinture religieuse » de Dalí, destinée à le mettre dans les petits papiers de l'Église et de l'État, fut *La Madone de Port Lligat*, à laquelle il avait commencé à penser en Amérique. Elle fut exécutée au cours du printemps et de l'été 1949. La composition de cette petite toile (48,9 × 37,5 cm) dérive visiblement des œuvres « atomiques » effectuées à partir de 1945, après Hiroshima, et notamment de *Leda atomica* et de *Dématérialisation près du nez de Néron*, mais les couleurs proviennent de la Renaissance italienne.

L'œuf qui pend au-dessus de la tête de la Vierge, suspendu par un fil qui sort d'une coquille de Vénus, a été emprunté par Dalí à la *Madone de Brera*, de Piero Della Francesca, qu'il avait reproduite l'année précédente dans *50 secrets magiques*. L'œuf de Piero, y disait-il, est « l'un des grands mystères de la peinture de la Renaissance[1711] ». Plus tard, Dalí expliqua que, comme les Anciens considéraient l'ellipse comme la forme la plus parfaite de la nature, l'œuf était un symbole très approprié de la Mère de Dieu[1712]. Et on peut ajouter qu'il représente aussi la fécondité. Dalí avait déjà placé un œuf aux pieds de Léda dans *Leda atomica* où, quoique cassé, il a comme ombre une ellipse régulière.

Le visage de la madone de Dalí est celui de Gala, bien reconnaissable même si elle est embellie. L'utiliser comme modèle pour la Mère de Dieu parut à certains la preuve ultime du cynisme du peintre. Mais une fois que Dalí eut décidé de faire d'elle une version costa-bravienne d'une sainte Marie de la Mer, il n'aurait pas été dans son caractère de changer d'avis. Dans *La Madone de Port Lligat*, la représentation de la Vierge, avec ce trou au milieu de son corps, vient directement du *Sevrage du meuble aliment* (1934), qui montre une nurse, avec un trou dans le dos, assise sur la plage devant la maison de Dalí. Ce qu'il a fait dans *La Madone de Port Lligat*, il l'expliqua plus tard, a consisté à « sacraliser » l'image plus ancienne[1713].

Dalí savait qu'il devait faire son maximum pour persuader le monde, et pas uniquement l'Espagne, de la sincérité de sa foi catholique. Il ne suffisait pas de produire une version « nucléaire » de la Vierge à l'Enfant. Depuis la période de sa collaboration avec Buñuel, il avait tenté de faire un retour dans le monde du cinéma. En vain, en dehors de la séquence du rêve de *Spellbound*. En juillet 1949, il annonça qu'il avait écrit le scénario d'un film, *La Brouette de chair*, qu'il allait diriger lui-même. « Exactement comme Rossellini représente le néoréalisme en Italie, dit-il à un journaliste de Barcelone, je vais tenter en Espagne le néomysticisme. » Le néomysticisme ? Le journaliste était déconcerté. Le néomysticisme, expliqua Dalí, était « l'incorporation au réalisme en général de la tradition mystique, qui est l'expression spirituelle typique de l'Espagne ». Le film démontrerait que le fétichisme primitif et l'amour délirant peuvent se transformer en un sentiment religieux. Mais pourquoi une brouette ? Dalí répondit que la brouette l'avait obsédé toute sa vie, et qu'il en avait peint des milliers. Dans son film, une femme « traumatisée parce qu'elle a été mêlée à un crime » cherche refuge dans une brouette, qui acquiert peu à peu pour elle pas moins de quatre-vingt-deux significations symboliques, depuis le cercueil et le lit nuptial jusqu'à la commode et au *prie-Dieu**. Dans l'une des scènes, une troupe de cyclistes (encore une !), chacun muni d'une ombrelle, plonge dans la mer depuis les falaises du cap de Creus ; dans une autre, une vieille femme sans cheveux, vêtue de l'« habit de lumière » des toréadors, frissonne à côté de l'étang de Vilabertran. *La Brouette de chair* devait occuper les pensées de Dalí pendant quatre ou cinq ans, mais ne dépassa jamais le stade de la parole et des vantardises[1714].

Au cours du deuxième été après son retour en Espagne, Dalí travailla aux décors et aux costumes commandés pour trois importantes productions programmées pour le mois de novembre suivant : le *Don Juan Tenorio* de Zorrilla (Madrid), la *Salomé* de Strauss (Londres) et *Comme il vous plaira* de Shakespeare (Rome). Il était particulièrement content de la commande de *Don Juan*, qui lui donnait l'occasion bienvenue de s'imposer de nouveau à Madrid. Dalí s'entendit très bien avec l'excentrique metteur en scène, Luis Escobar, et fournit des dessins qui, sans être au goût de tout le monde, suscitèrent l'impression désirée, puis la sensation. La première de *Don Juan* eut lieu de 1er novembre 1949. Devant le théâtre María Guerrero, après le spectacle, écrivit un critique, l'air résonnait de discussions bruyantes. Les décors étaient « monstrueux, fabuleux, fous, divins, insultants, suggestifs, incongrus ». La production produisit une telle impression qu'elle fut redonnée l'année suivante[1715].

Peu après, le 11 novembre, la version très controversée de *Salomé* par Peter Brook s'ouvrit à Covent Garden. Brook, qui admirait beaucoup Dalí, lui avait rendu visite à Port Lligat au cours de l'été pour récupérer les dessins, en était revenu plein d'excitation, et fut très déçu que le peintre ne vienne pas à Londres pour l'aider à la production (Brook avait dit à Gala qu'il serait difficile de respecter complètement ses idées s'il n'était pas là). Brook faisait l'expérience de ce que bien des gens, comme Edward James, avaient connu avant lui : Dalí n'avait aucun scrupule à revenir sur sa parole. Néanmoins, Brook le soutint lorsque les critiques s'acharnèrent sur ses dessins les plus fades et se plaignirent, entre autres choses, de ce que la scène imaginée par Dalí représentait « un canyon rocheux avec une tente et une route », à peine pertinent, et que l'un des meubles avait l'air d'« un placard à cocktails biblique[1716] ». Dans l'*Observer*, Brook expliqua qu'il avait choisi Dalí parce qu'il était le seul artiste qu'il connaissait au monde « dont le style naturel avait à la fois ce qu'on pourrait appeler la dégénérescence érotique de Strauss et l'imagerie de Wilde ». Quelques années plus tard, se rappelant la défection de Dalí, Brook songeait : « Ce genre de collaboration n'est tout simplement pas assez bonne. Dalí aurait dû continuer jusqu'au bout. Mais même quand il le fait, il lui arrive parfois de trouver que son empreinte n'est pas aussi forte qu'il le voudrait – et il décide alors de faire quelque chose de terrible pour l'augmenter. Il est trop difficile… Et maintenant c'est trop tard, il est trop vieux[1717]… »

Puis vint le tour des dessins de Dalí pour *Comme il vous plaira*, qui lui avaient été commandés par Luchino Visconti. Dalí avait conçu un ingénieux décor unique, dont l'éclairage brillamment inventif permettait de faire à la fois une chambre du palais et la forêt d'Arden.

Dalí et Gala allèrent à Rome, mais pas juste pour la première, le 26 novembre. Le peintre était si content de *La Madone de Port Lligat* qu'il pensait que ce serait un excellent pari de la montrer au pape et, en raison de son aspect non conventionnel, de recevoir un *nihil obstat* pontifical pour en faire une version beaucoup plus grande[1718]. Si Sa Sainteté approuvait la toile, l'orthodoxie catholique de Dalí pourrait difficilement être mise en doute, et sa cote auprès du régime de Franco croîtrait en conséquence. Il avait donc demandé une audience, et le 23 novembre 1949 Gala et lui furent mis en présence de Pie XII. Dalí avait *La Madone de Port Lligat* sous le bras. L'audience ne dura que dix minutes[1719].

Sur le moment, Dalí refusa de divulguer les observations du pape sur sa peinture, se débarrassant des journalistes qui l'attendaient dehors avec quelques généralités sur la nécessité pour l'art moderne d'être chrétien[1720]. De retour à Port Lligat, cependant, il dit à Emilio Puignau que Pacelli avait « adoré » son travail. Et quelques mois plus tard il informa un journaliste qu'il avait eu l'impression générale que le saint-père était en faveur d'une continuation dans la même veine[1721].

Dalí expliqua plus tard que l'une des principales raisons de sa visite au pape était de soulever le problème de son mariage avec Gala. Comme il avait maintenant rejoint le troupeau, leur mariage ne pourrait-il pas être béni ? Mais même le pape ne pouvait rien pour lui : Gala et Éluard avaient été mariés devant l'Église et d'un point de vue catholique leur divorce n'existait pas. De plus, le poète était encore vivant[1722].

Quand André Breton entendit parler de la visite de Dalí au pape, il fut écœuré, ce qui était prévisible. Il l'apprit à temps pour ajouter une note à la notice consacrée à Dalí dans une nouvelle édition de son *Anthologie de l'humour noir* : « Il va sans dire que la présente notice ne s'applique qu'au premier Dalí, disparu vers 1935 pour faire place à la personnalité mieux connue sous le nom d'"Avida Dollars", portraitiste mondain depuis peu rallié à la foi catholique, et à "l'idéal artistique de la Renaissance", qui se prévaut aujourd'hui des félicitations et encouragements du pape[1723]. »

L'anagramme forgée par Breton était une *trouvaille** brillante, et devint bientôt célèbre. Dalí en fut émoustillé, se l'appropria, et proclama que grâce à elle il gagnait encore plus d'argent. Un jour, cependant, il expliqua que c'était d'*or*, et pas de billets, qu'il avait envie. Ironiquement, l'adjectif au féminin, *avida*, rendait l'étiquette plus applicable à Gala, des deux de loin la plus avide. Gala avait besoin de beaucoup d'argent, plus il y en avait, mieux c'était. Et alors qu'elle pouvait se montrer pingre pour de petites choses, elle ne connaissait pas de limites quand il s'agissait de ses propres plaisirs. De plus, elle devenait une joueuse compulsive.

Le *Comme il vous plaira* de Visconti fut un succès, et les spectateurs qui remplissaient le théâtre Eliseo adorèrent les décors ingénieux de Dalí et les éléphants aux jambes grêles de l'une des toiles de fond. Il ne fait aucun doute que le travail de Dalí avait grandement contribué à la magie de la production, et l'exposition de ses dessins qui eut lieu en même temps à la galerie Dell'Obelisco attira les foules[1724].

Après leur voyage à Rome, Dalí et Gala partirent pour Paris puis s'embarquèrent pour New York, où ils arrivèrent fin novembre[1725]. Ainsi fut inauguré un emploi du temps rigide qui allait régler leur vie durant trente ans : printemps, été et automne à Port Lligat (avec de temps en temps une escapade à Barcelone, à Madrid ou en Italie), et hiver partagé entre Paris et New York. Généralement, les Dalí quittaient Port Lligat début décembre, et y retournaient en avril ou en mai. À Port Lligat, Dalí travaillait de l'aube au crépuscule, sauf les dimanches, ne prenant qu'à peu près une heure pour déjeuner et faire sa sieste habituelle. Les premières heures des soirées d'été étaient consacrées à recevoir les fans de plus en plus nombreux débarquant en foule pour rendre hommage au maître. Paris (toujours à l'hôtel Meurice) et New York (toujours à l'hôtel St. Regis) étaient essentiellement dévolus à la vie mondaine, aux affaires et à la promotion.

Pendant la première décennie de cette organisation, presque chaque année, le labyrinthe de Port Lligat était agrandi ou amélioré par Emilio Puignau pendant les absences du couple, croissant, dit Dalí, « exactement comme une structure biologique, par bourgeonnement cellulaire[1726] ». Au fur et à mesure que la maison s'agrandissait, il fallait de plus en plus d'aide pour la faire tourner. On embaucha des domestiques, et un robuste adolescent de Cadaqués, Arturo Caminada, quatorze ans, fut chargé de l'entretien du jardin et du bateau. Il devait rester trente-sept ans chez les Dalí, et se révéla leur serviteur le plus loyal.

## LE POINT DE VUE D'UNE SŒUR

En décembre 1949, Anna Maria Dalí, âgée maintenant de quarante et un ans, libéra ses sentiments longtemps retenus dans *Salvador Dalí vu par sa sœur*. Son père avait écrit quelques lignes d'introduction, reproduites en fac-similé, qui laissent entendre que les relations avec son fils étaient à nouveau tendues :

> Je me serais épargné beaucoup d'amertume si j'avais prévu que, vieil homme, je serais capable de lire ce livre qui reflète avec une fidélité absolue l'histoire de notre famille. Je me demande parfois si la main de ma défunte femme n'a pas guidé celle de notre fille à travers ces pages. Il doit en être ainsi, si elles m'apportent une telle satisfaction.

L'idée globale d'Anna Maria Dalí était que le surréalisme en général, et Gala (jamais nommée) en particulier, avait détruit Salvador Dalí et sa famille. Tandis qu'elle travaillait à son livre, il est visible qu'elle avait *La Vie secrète* à portée de main, et elle avait du mal à réfuter les affirmations de Dalí selon lesquelles il aurait été un enfant monstrueux et sadique. Dans la version que donne Anna Maria Dalí de ces premières années, tout est lumière et beauté. Salvador avait des crises, bien sûr, et insistait toujours pour obtenir ce qu'il voulait. Mais « malgré son terrible caractère, on ne pouvait s'empêcher de l'aimer[1727] ». Ce qui n'était pas surprenant car, comme son père, il avait très bon fond : « Leurs deux visages avaient la même expression d'intelligence et de bonté, la base fondamentale de leurs tempéraments exaltés[1728]. » Quant à l'exhibitionnisme de Dalí, il était vraiment tout à fait inoffensif : « Mon frère était affable et cordial, avec un grand sens de l'humour. C'est juste quand un désir anormal d'attirer l'attention s'emparait de lui qu'il devenait capable des choses les plus absurdes[1729]. »

Les pages émouvantes d'Anna Maria Dalí à propos de la maladie et de la mort de leur mère nous aident à comprendre l'horreur et l'incrédulité avec lesquelles la famille apprit ce que Dalí avait griffonné sur la peinture du Sacré-Cœur de Jésus. Comment avait-il pu faire une chose pareille ? Lui qui avait adoré sa mère ? Comme Anna Maria Dalí insiste sur le fait que Dalí était « facilement influençable », on ne peut douter de qui était à blâmer : « Son besoin d'attirer l'attention sur lui, sous l'impulsion d'une influence néfaste, fut la seule explication que nous pûmes trouver[1730]. » L'« influence néfaste », c'était Gala et ses amis surréalistes avec leurs « yeux enflammés[1731] ».

La haine d'Anna Maria Dalí pour le surréalisme tel qu'elle le comprenait faisait qu'elle était incapable de voir qu'il avait aidé Dalí à créer le meilleur de son œuvre. Mais son livre était aussi sérieusement contestable dans le récit qu'il faisait d'événements antérieurs à 1929. Alors que l'évocation de l'enfance à Cadaqués était charmante, la narration était aussi imprécise et confuse chronologiquement que celle de *La Vie secrète*, et manquait de toute documentation. En gros, c'était un récit courageux mais biaisé et tristement insuffisant des relations de Dalí et de sa famille dans l'époque précédant l'arrivée de Gala dans leurs existences.

Lorsque le livre parut, Dalí et Gala étaient à New York. Il les prit par surprise. Dalí lut avec une fureur croissante la version alternative qui était proposée de lui-même, et s'enflamma avec des lettres adressées en Espagne dans lesquelles il se plaignait de « l'hypocrisie » d'Anna Maria Dalí. À sa cousine Montserrat, il écrivit :

> Tu as vu la *complète* hypocrisie de ma sœur. Il me semble que c'est le devoir de la famille de lui conseiller de retirer PUBLIQUEMENT toutes les *faussetés* manifestes et chronologiques *que je lui ferai remarquer*. Si elle le fait, et « *me demande de lui pardonner* », je suis prêt à le faire, étant donné l'âge avancé de notre père. Je te prie de le dire à oncle Rafael, qui a toujours été le plus humain de tous[1732].

Dalí pensait sans doute à la réconciliation avec son père en 1935, que Rafael Dalí avait arrangée en son nom. Gonzalo Serraclara reçut une recommandation plus énergique :

> L'« hypocrisie » de ma famille, qui publie le livre sans m'en avertir, m'oblige à prendre des précautions et à récupérer *toutes les peintures* qui sont dans la maison de mon père. En même temps, elle m'oblige à publier TOUTE LA VÉRITÉ SUR LA QUESTION DE LA FAMILLE, que par *décence* j'ai voilée dans ma *Vie secrète*. En même temps je m'apprête à vous envoyer une note autobiographique à propos de l'affaire pour publication dans le livre préparé par Gudiol. Je veux maintenant que tous ceux que je connais en Espagne sachent que j'ai été mis dehors et que ce que j'ai réussi est dû à ma propre initiative et avec l'UNIQUE et héroïque abnégation de ma sublime Gala. JE NE VOUS DEMANDE PAS D'ENGAGER DES POURSUITES, NE VOUS INQUIÉTEZ PAS ! MAIS SI VOUS NE RÉPÉTEZ PAS MA VERSION, dont vous savez qu'elle est la vérité, que le pire vous arrive, et en particulier à votre conscience. *Bon jour**[1733] !

La « note autobiographique » de Dalí fut imprimée sur des cartes qu'il distribua largement :

> Mémorandum
> J'ai été chassé par ma famille en 1930 sans un centime à mon nom. Je suis parvenu à tout mon succès mondial uniquement avec l'aide de Dieu, la lumière de l'Empordà et l'héroïque abnégation quotidienne d'une femme sublime, mon épouse, Gala.
> Une fois que j'ai été célèbre, ma famille a accepté une réconciliation, mais ma sœur n'a pu résister à spéculer matériellement, et pseudo-sentimentalement, sur mon nom, vendant des peintures de moi sans ma permission et publiant des récits absolument faux sur des faits vérifiables de ma vie.
> Raison pour laquelle j'ai estimé de mon devoir d'avertir les collectionneurs et les biographes.
> Salvador Dalí. New York. 10 janvier 1950[1734].

Dalí soupçonnait, peut-être à juste titre, que s'il passait par les services postaux pour écrire à son père, Anna Maria Dalí intercepterait la correspondance. Il eut donc recours aux services d'une relation, un peintre de Cadaqués, Jaume Figueres :

> Maintenant vous avez vu que l'« hypocrisie » de ma famille atteint son *zénith**. Je vous prie de donner *de la main à la main* à mon père la lettre ci-jointe... car je soupçonne que sinon elle ne lui parviendra pas. Merci ! Nous serons de retour début mai[1735].

On doit présumer que Figueres donna la lettre, dans laquelle Dalí devait faire d'amers reproches à Anna Maria Dalí. On n'a pas trace de correspondance ultérieure entre père et fils, et le 30 janvier 1950 Dalí Cusí fit un nouveau testament dans lequel il instituait Anna Maria Dalí son unique héritière et lui donnait la maison d'Es Llané. En retour, elle devait lui verser jusqu'à sa mort une rente annuelle de huit mille pesetas, une bagatelle. Quant à Salvador, il recevait soixante mille pesetas[1736].

Au milieu de ce bruit et de cette fureur, Dalí eut une occasion splendide de faire la promotion de ses convictions catholiques récemment retrouvées. Début 1950 une commission pour la paix, basée à Paris et menée par Picasso et le « Doyen rouge » de Canterbury, annonça son désir de rencontrer le président américain Truman, son secrétaire d'État (Dean Acheson) et divers membres du Congrès. Le but de l'affaire : persuader les Américains de prendre l'initiative de mettre fin à la course à l'armement nucléaire avec l'Union soviétique. Dalí fut invité à se joindre au comité de réception, à New York. Sa réponse, ou plutôt sa riposte, parut en mars dans le *New York Times*, juste avant le refus par le département d'État de donner un visa à la délégation. Il ne pouvait être question qu'il ait quoi que ce soit à voir avec un tel comité, disait Dalí, dans la mesure où la violence et la doctrine de la violence étaient à la base de l'interprétation matérialiste de l'histoire. En tant que peintre, son unique aspiration était de peindre mieux chaque jour, combattant à sa façon le manque de spiritualité qui menaçait d'annihiler la « beauté artistique » du passé et du présent. Il fallait laisser les Nations unies s'occuper de la bombe atomique, et tous les anti-matérialistes devaient être au service de « la plus haute conscience morale d'aujourd'hui », représentée par le pape et « les autres leaders qui opposent les valeurs morales et spirituelles au matérialisme et à la violence de la doctrine marxiste[1737] ». L'agence de presse espagnole EFE fit en sorte que la lettre reçoive un maximum de publicité. Il n'est pas difficile de comprendre pourquoi, dans l'Espagne de Franco, les gens de gauche et les progressistes détestaient de plus en plus Dalí et lui en voulaient[1738].

À cette époque, le peintre donna à New York une interview à *Destino*, l'hebdomadaire barcelonais. Elle évoquait son catholicisme et son classicisme. Comme il l'avait fait si souvent, Dalí minimisait ses relations initiales avec André Breton, alléguant que dès le départ il avait su qu'il était destiné à le remplacer, avant tout à cause du « manque total de contenu spirituel » du mouvement. Il se rappelait une brève rencontre à New York avec Breton après qu'il avait été exclu du groupe, et faisait une réflexion joyeuse : « C'est moi, avec mon surréalisme méditerranéen et passionné, qui triomphais. Lui, l'auteur du premier *Manifeste*, échouait au milieu d'une indifférence complète. » Ce commentaire nous donne la mesure de la personne qu'était devenue Dalí. Trahir Breton n'était plus suffisant, il fallait le ridiculiser publiquement pour son manque de succès.

Le but principal de Dalí, pour l'instant, poursuivait-il, était de « surmonter les éléments matérialistes et athées du surréalisme et d'incorporer ses sources d'inspiration au mysticisme espagnol, en lui donnant un contenu chrétien et mystique ». Quant à *La Madone de Port Lligat*, il la considérait comme le « condensé » de son évolution en tant qu'artiste et du sérieux de son nouveau classicisme. Cet été à Port Lligat, il allait commencer sa deuxième version, beaucoup plus grande, de cette œuvre. La Vierge y serait entourée par des pêcheurs, et l'Enfant aurait une ouverture dans la poitrine contenant un morceau de pain blanc dans une panière, le « noyau vital et mystique de la peinture ». Dalí avait un autre projet majeur pour l'été, continuait-il : une commande du gouvernement italien pour illustrer *La Divine Comédie*. Il avait lu le chef-d'œuvre de Dante avec un intérêt passionné, disait-il, et avait découvert qu'il reflétait sa propre évolution spirituelle. Dans son esprit, le travail était déjà programmé[1739]. (Plus tard, Dalí devait dire qu'il n'avait jamais lu *La Divine Comédie*, et s'amusait à raconter l'histoire d'un érudit qui avait passé sa vie sur l'œuvre et qui, sur son lit de mort, avait dit à sa famille : « Dante m'emmerde ! »[1740])

Parmi ses autres réussites, Dalí était maintenant l'Espagnol le plus connu en Amérique. Il était donc naturel que, lorsque *Vogue* décida de publier un article sur le tourisme en Espagne, on fasse appel à lui. « En Espagne, guidé par Salvador Dalí » parut dans le numéro du 15 mai 1950 du magazine. L'itinéraire de Dalí pour un tour de quinze jours, illustré par des esquisses, démarrait sur les chapeaux de roues à Barcelone, où les visiteurs étaient enjoints de voir les merveilles de Gaudí (redécouvertes, évidemment, par Dalí lui-même) et la magnifique église gothique de Santa Maria del Mar, incendiée au cours de la guerre civile. Après un saut rapide sur la Costa Brava, et un autre vers les montagnes sacrées de Montserrat, Dalí guidait ses lecteurs vers Madrid, en leur recommandant de séjourner en chemin dans les paradors d'État. À Madrid, on leur proposait le Ritz – à la fois pour son excellence et la proximité du Prado. Dalí fournissait une brève liste des trésors les plus notables du musée. Parmi eux, *La Mort de la Vierge* de Mantegna, « la peinture du musée qui impressionnait le plus García Lorca » ; ses propres favoris, le *Portrait d'un cardinal* de Raphaël et « une petite scène familiale du même artiste » (non identifiée), ainsi que *Le Jardin des délices* (« la toile la plus admirable et la plus surréaliste jamais peinte par Jérôme Bosch »). Après Madrid suivaient deux jours à Tolède (avec des allusions voilées à Buñuel et à son ordre), l'Escurial (« que je considère comme le plus bel endroit du monde ») et l'Ávila de sainte Thérèse, suivi par une descente à couper le souffle sur l'Andalousie (que Dalí ne connaissait que par son séjour d'un mois à Malaga avec Gala dans les années 1930).

Ce printemps-là, les Dalí étaient de retour à Port Lligat, et le peintre s'attela immédiatement à sa nouvelle version de *La Madone de Port Lligat*, dont Emilio Puignau, dessinateur averti, avait déjà préparé le canevas. Dans sa tête, Dalí avait élaboré la toile jusqu'au moindre détail, et il montra à Puignau quelques dessins préparatoires. En se référant à Vélasquez et à Delacroix, il lui dit qu'il avait maintenant l'intention de peindre des œuvres de grandes dimensions[1741].

La seconde *Madone de Port Lligat* mesure 144 cm sur 96 cm et est de teintes aussi grises que la plus petite étude était de couleurs vibrantes. La tête de la madone est maintenant celle d'une Gala plus âgée, et notre attention est détournée de la Vierge par une surabondance d'éléments symboliques qui accompagnent son « décollement » atomique du trône. Il s'agit d'une toile confuse, dépourvue de la grâce de la précédente, et d'humeur étrangement prémonitoire, comme si Dalí avait voulu donner le sentiment de Port Lligat juste avant une tempête[1742].

Était-ce parce qu'il savait que son père n'en avait plus pour longtemps ? Il est tentant de le penser. Un jour, au cours de l'été, il entendit dire que Dalí Cusí était gravement malade et se hâta d'aller à Cadaqués, accompagné par Emilio Puignau en cas de scène avec Anna Maria Dalí. Mais elle les reçut poliment. Dalí passa une heure au chevet de son père. « Je crois que c'est la fin, mon fils[1743] », entendit Puignau.

Et ce fut la fin, car Dalí Cusí avait un cancer de la prostate. Il mourut quelques mois plus tard, le 21 septembre 1950. Dalí alla voir le cadavre, affirmant par la suite qu'il avait embrassé les lèvres de son père, mais malgré son catholicisme affiché il n'assista pas aux funérailles ni à la mise en terre dans le petit cimetière de Sant Baldiri, qui domine la mer derrière Port Lligat. Anna Maria était trop bouleversée pour être présente à la cérémonie, et la famille était représentée par Montserrat Dalí. Une tramontane particulièrement forte faisait rage, et deux fois elle fut soufflée au sol[1744].

Dalí fut profondément bouleversé par la mort de son père, la personne qui l'avait le plus obsédé au cours de sa vie, et selon Puignau il revécut ses peurs de la maladie et de la mort profondément ancrées en lui[1745]. Son état d'esprit ne fut sans doute pas amélioré par le dernier testament de Dalí Cusí qui, en accord avec la loi espagnole, fut ouvert quinze jours plus tard. Il avait été rédigé le 31 mai 1950. Comme la maison d'Es Llané était déjà, à cette date, au nom d'Anna Maria Dalí, le testament ne faisait référence qu'aux économies sur les comptes en banque de Dalí Cusí et à son maigre portefeuille d'actions, tout cela revenant à sa fille. Catalina, la « Tieta », la seconde épouse de Dalí Cusí, n'était pas mentionnée – il était entendu qu'Anna Maria Dalí s'occuperait d'elle. Quant à Salvador, au lieu des soixante mille pesetas prévues par le testament précédent, il recevait maintenant vingt-deux mille pesetas « pour le paiement total de ses droits légitimes », avec une provision pour dix mille pesetas supplémentaires au cas où ces droits seraient considérés comme contraires à la loi. En d'autres termes, il avait été une nouvelle fois virtuellement déshérité. On n'a pas trace de la réaction de Dalí à ce document, dont une copie lui fut envoyée au mois d'octobre, mais on peut imaginer sa rage. Il n'avait pas besoin de cet argent, mais apparemment lui et Gala, surtout Gala, estimaient qu'ils auraient dû avoir une part de la maison d'Es Llané. C'est sans doute le dernier testament de Dalí Cusí qui transforma en haine le mépris de Gala envers Anna Maria Dalí. À partir de ce moment-là, elle fit tout ce qui était en son pouvoir pour faire en sorte que Dalí ne pardonne jamais à sa sœur[1746].

Le testament ne réglait pas le problème des possessions de Dalí, en particulier des peintures et des dessins laissés à Figueres et à Cadaqués quand il avait été chassé de la famille en 1929. Dalí avait toujours maintenu que, malgré son bannissement, ses affaires étaient à lui. Il souleva à nouveau le problème avec Anna Maria Dalí, lui rappelant dans une lettre écrite du St. Regis :

> Chère Sœur,
>
> Le jour où notre père est mort (que Dieu lui ait pardonné) je t'ai excusée pour toutes les erreurs chronologiques intentionnelles de ton livre, étant donné que tous les documents sur cette période les réfutent suffisamment. Mais je n'aurais pu imaginer qu'après le pardon et le baiser que nous nous sommes accordés, tu aurais continué à soutenir, de mauvaise foi, que les peintures que, pour des raisons sentimentales, j'avais permis que tu gardes à la maison du vivant de Père t'appartenaient. La *seule* peinture que je t'ai donnée est le portrait de toi en train de coudre...
> Je veux que tu admettes la vérité, rien de plus. Sinon, c'est la loi, avec des preuves et des témoignages irréfutables, qui prendra soin de l'affaire.
> Je veux
> (1) Que tu admettes que la toile *Silhouette vue de dos*, vendue à Gudiol, a été prise dans ma maison sans ma permission, et sa vente ordonnée par mon père.
> (2) Une explication à propos de la seconde toile vendue à Gudiol.
> (3) Une liste complète de tous les autres dessins et toiles vendus, avec leur prix et l'endroit où on peut les trouver maintenant.
> (4) Une liste complète des toiles et dessins donnés en cadeau, je me souviens d'une donnée à [illisible], etc.
> (5) Le retour *inconditionnel* de mes œuvres, dont j'accepterai la liste ARBITRAIRE établie par toi, étant sous-entendu que tu ne vendras pas les autres sans me donner le premier choix.
> (6) Le retour des magazines et de l'*Enciclopedia Espasa*, que mon père m'a toujours promise.
> Si tu fais tout cela je donnerai à la « Tieta » la part de l'héritage qui me revient légalement et j'abandonnerai toutes les procédures légales concernant les tableaux[1747].

Le fait que Dalí était persuadé que sa famille avait pris des œuvres dans sa maison de Port Lligat est confirmé par une carte postale envoyée en décembre 1950 à Joaquim Cusí, le vieil ami de son père qui avait acheté quelques-unes des meilleures de ses premières œuvres, y compris la merveilleuse *Composition aux trois personnages (Académie néo-cubiste)*. Dalí dit à Cusí qu'il avait découvert dans un musée de New York vingt dessins venant de Port Lligat, « *via* Es Llané ». « N'est-il pas incroyable, écrivait-il, qu'encore aujourd'hui des obstacles à ma carrière viennent du même endroit, ma famille. » Une des toiles cédées par Anna Maria Dalí venait d'être revendue aux enchères. Dalí en était blême. On ne peut déterminer aujourd'hui si ces accusations étaient justifiées, et si sa famille avait vraiment pris des œuvres à Port Lligat[1748].

Gonzalo Serraclara agissait au nom de Dalí lors des absences de celui-ci, et mit un avocat en contact avec les exécuteurs testamentaires de Dalí Cusí, énonçant la position de Dalí vis-à-vis d'Anna Maria Dalí[1749]. Emilio Puignau a écrit que Dalí et Anna Maria Dalí aboutirent à un accord sur la question des tableaux, qui furent équitablement partagés entre eux. Puignau récupéra la part de Dalí et, selon lui, le peintre fut ravi de revoir ses œuvres[1750].

Deux ans plus tard, ces événements eurent une suite haute en couleur. Le 6 septembre 1952, Evarist Vallès Lopart, notaire à Figueres, arriva à Port Lligat à l'heure de la sieste de Dalí pour lui faire signer un document concernant l'accord avec Anna Maria Dalí. Dalí refusa de le voir, mais Vallès insista. Dalí, furieux, déchira le document et éjecta, physiquement, le notaire. En tant que fonctionnaire à qui il était fait violemment obstruction dans l'exercice de ses fonctions, Vallès mit immédiatement en route une procédure légale. Malade d'inquiétude à l'idée de passer une année en prison, Dalí fit appel à un potentat local, Miguel Mateu, ex-maire de Barcelone et ami proche du général Franco, qui intervint auprès du ministre de la Justice à Madrid. Les lettres de Dalí à Mateu sont rampantes et flagorneuses. Malgré un pareil allié il fut mis en liberté provisoire et on exigea de lui qu'il se présente aux autorités

● À Port Lligat en 1950.

deux fois par mois tout au long de la procédure. Il n'avait jamais souffert pareille indignité. Finalement, il fut absous après avoir signé une lettre d'excuses au Collège des notaires. L'avoir vu ainsi humilié suscita beaucoup de satisfaction chez ses adversaires. Dix-huit ans plus tard, il se demandait si son « action lamentable » n'avait pas un caractère œdipien. Peut-être était-ce son propre notaire de père qu'il avait, symboliquement, chassé de sa maison de Port Lligat[1751].

## MYSTICISME NUCLÉAIRE

Le 19 octobre 1950, à peine un mois après la mort de son père, Dalí fit à l'Ateneu de Barcelone une conférence qui marque le commencement de la plus scandaleuse campagne d'autopromotion de sa vie. Elle était destinée à montrer que non seulement il était revenu à la foi catholique, mais qu'il était devenu mystique. Il choisit délibérément le lieu, car c'était à l'Ateneu qu'il avait fait en 1930 sa profession de foi surréaliste la plus provocante, choquant nombre de ses membres. « Pourquoi j'étais sacrilège, pourquoi je suis devenu mystique » fut largement annoncé. L'énorme public, affamé des révélations de Dalí, comprenait des représentants des notabilités franquistes de la ville, et un bon nombre d'ecclésiastiques. Il commença par lancer une attaque furieuse contre l'écrivain Manuel Brunet, un natif de Vic installé à Figueres et qui, comme nous l'avons vu, avait écrit dans *Destino* un article louangeur au moment où Dalí Cusí avait pris sa retraite de notaire, en 1946. Brunet était devenu ami avec lui et avec Anna Maria Dalí, et Dalí, même s'il ne le disait pas dans sa conférence, le soupçonnait d'avoir aidé cette dernière à rédiger *Salvador Dalí vu par sa sœur*. D'où, en partie, son animosité. Dalí dit au public que Brunet avait été systématiquement son ennemi depuis des années, toujours à la recherche d'un exemple de sa conduite « sacrilège » dans le passé. Mais Brunet n'était pas seul : le monde était rempli de médiocrités qui avaient pour seul but de discréditer ceux qui semblaient avoir du succès. Dalí avait décidé de nommer de tels personnages, de façon générique, des *brunets*, et espérait que ce mot entrerait dans les dictionnaires (ce ne fut pas le cas).

Dans sa conférence de 1930, il avait gravement offensé une partie du public de l'Ateneu en exprimant son mépris pour le dramaturge catalan récemment décédé Àngel Guimerà. La réaction était maintenant similaire, en particulier lorsque Dalí fit la liste des différences entre Brunet et lui, qui allaient des vêtements, de la salive, des cravates et de l'intelligence... à leurs comptes en banque. Cette dernière moquerie fut jugée lamentable, à juste titre, par nombre des spectateurs[1752].

Dalí avait apporté, de Port Lligat, une grande fourche en bois à deux dents, qu'il brandit. Elle représentait, dit-il, le symbole exact de sa philosophie et de sa vie. Dent de gauche : le Dalí révolutionnaire et sacrilège de 1923, inspiré, dans son combat pour devenir un artiste, par « tous les anges ammoniacaux de la putréfaction ». Dent de droite : le Dalí mystique de 1950, le peintre de *La Madone de Port Lligat*, l'antithèse de l'autre. Le manche : symbole de l'unité de Dalí, de son extase. Unité et extase ? « L'extase est la dialectique, l'harmonie, des opposés, de deux Dalí antithétiques mais absolument authentiques », se hâta-t-il d'expliquer. Sans laisser le temps au public de digérer une telle définition *sui generis*, Dalí montra une diapositive de *La Madone de Port Lligat*, accompagnée par un « poème théologique » écrit, dit-il, alors qu'il était en train de la peindre. Puis vinrent d'autres observations sur le mysticisme. L'unité de l'univers telle que révélée par Einstein réactualisait sensationnellement, disait-il, « le sublime mysticisme de la Bible » et, en 1950, pour la première fois dans l'histoire de la science, la physique donnait la preuve de l'existence de Dieu. Le devoir de l'artiste, maintenant que Picasso (avec ses portraits de Dora Maar) avait conduit l'art au pire de la laideur, était de peindre à nouveau comme Raphaël, de revenir à la grande tradition de la Renaissance. C'était le message même que Dalí avait prêché pendant huit ans en Amérique, auquel, pour faire bonne mesure, s'ajoutait le mysticisme. Le mysticisme catholique, assura Dalí à l'Ateneu, allait connaître une floraison au cours des cinquante années suivantes, et les peintres espagnols devaient maintenant faire des tableaux religieux. Il relevait du devoir de l'Espagne de Valdés Leal, de Vélasquez et de Zurbarán de prendre la tête de ce combat afin d'arriver, une fois de plus, à l'« hégémonie de notre glorieuse tradition impérialiste[1753] ».

Parmi les gens présents qui avaient assisté à la conférence de Dalí en 1930, Sebastià Gasch était certainement le mieux armé pour mettre en doute la sincérité de la profession de foi du peintre. Il écouta, stupéfait, Dalí expliquer que, d'instinct, il avait toujours été religieux. Gasch qui, dès le départ, s'était opposé à ce qu'il considérait comme l'aspect le plus immoral du surréalisme (et s'était ce faisant attiré les foudres de Dalí) pouvait à peine en croire ses oreilles en entendant le converti au catholicisme répudier avec véhémence les idées que, dans cette même salle, il avait essayé de propager avec une intensité fanatique[1754].

Selon le maintenant indispensable Emilio Puignau, qui avait conduit Dalí depuis Port Lligat (Gala avait refusé non seulement d'aller à la conférence, mais de les laisser prendre la Cadillac), la soirée se passa bien. Il y eut quelques sifflets dans le fond, mais le sentiment général, malgré le mauvais goût des attaques contre Brunet, était à la satisfaction. Telle était l'atmosphère étouffante de l'Espagne de Franco en 1950[1755].

Du 27 novembre 1950 au 10 janvier 1951, la seconde version de *La Madone de Port Lligat* fut exposée à la galerie Carstairs, à New York, où elle fit une excellente publicité, de l'autre côté de l'Atlantique, au retour du peintre à la foi. Tous les critiques ne furent pas convaincus de la sincérité de l'œuvre qui, selon Reynolds Morse, suscita un « scepticisme considérable[1756] ».

Dalí préparait maintenant le *Christ de saint Jean de la Croix* qui, comme le dit son titre, devait beaucoup au remarquable dessin de la Crucifixion attribué au saint en question, et sur lequel l'attention de Dalí avait été attirée par un moine carmélite, le père Bruno de Froissart[1757]. À Beverly Hills, Jack Warner avait présenté Dalí à Russ Saunders, l'acrobate doublure à Hollywood, et des arrangements avaient été faits pour le photographier attaché à un panneau de bois dans la position du Christ crucifié de saint Jean de la Croix. De retour à Port Lligat au printemps 1951, Dalí montra les agrandissements, de la taille de la peinture qu'il prévoyait, à Emilio Puignau, à qui il demanda de schématiser un dessin de la Croix à la même échelle. Puignau fut abasourdi, mais suivit de son mieux les instructions de Dalí. Dalí fut ravi du résultat, et les dessins de Puignau furent transférés sur la toile[1758].

Dans la vaste peinture de Dalí (205 × 116 cm), le Christ est suspendu au-dessus de la baie de Port Lligat, telle qu'elle apparaît depuis la terrasse du peintre. Le même scénario devait se reproduire dans des dizaines de dessins et de toiles des années 1950, maintenant animés par la madone, le Christ et les pêcheurs locaux, ainsi que par une assemblée d'anges. L'un d'eux, dans *L'Ange de Port Lligat* (1952), est Gala[1759] qui apparaît de nouveau, en 1956, en *Sainte Hélène à Port Lligat*, portant un crucifix, un livre (non identifié) et arborant un décolleté tentateur. La plupart de ces œuvres frappent par leur kitsch[1760].

Puignau fut chargé, au cours des quelques années suivantes, d'effectuer le travail mécanique pour d'autres peintures « mystico-nucléaires » de Dalí, comme *Persistance de la mémoire corpusculaire* (1952-1954), *Assumpta Corpuscularia Lapislazulina* (1952-1953) et *Croix nucléaire* (1952). Cette dernière était particulièrement précise, avec ses neuf cent cinquante cubes en perspective. Puis, quand des reproductions en furent publiées, Dalí en donna un exemplaire à son talentueux assistant, avec la dédicace « Pour Emilio Puignau, qui a fait les cubes », mais c'est la seule fois que sa contribution fut reconnue. Quand Puignau ne put plus consacrer autant de temps à aider le maître dans les problèmes techniques engendrés par de telles œuvres, deux architectes stagiaires de Figueres, Ferrer et Jacomet, furent occasionnellement employés pour effectuer des dessins géométriques et des perspectives pour Dalí[1761].

En avril 1951, Dalí publia son *Manifeste mystique*, qui dérivait directement de la conférence qu'il avait donnée à l'Ateneu de Barcelone. Publié à la fois en français et en latin (sans doute pour lui prêter une apparence de sérieux spirituel), il proclamait l'arrivée de ce que Dalí appelait son « mysticisme paranoïaque-critique ». Le manifeste part de l'affirmation que l'art moderne est décadent, et que sa décadence « vient du scepticisme et du manque de foi, conséquences du rationalisme, du positivisme ainsi que d'un matérialisme dialectique et mécanique ». Cela étant, l'art moderne avait besoin d'être sauvé – et qui pourrait le faire mieux que le génie catalan ex-surréaliste dont le prénom signifie « sauveur » ?

Le « mysticisme paranoïaque-critique » de Dalí, explique-t-il, est principalement basé sur les avancées surprenantes de la science moderne, avant tout sur la « spiritualité métaphysique » de la mécanique quantique et sur le concept de forme comme résultat d'un processus contraignant, inquisitorial (« La liberté n'a pas de forme. N'importe quelle rose pousse en prison »). Pour Dalí, les plus beaux monuments du monde sont la petite église due à Bramante, à Rome, dite « Tempietto di San Pietro in Montorio » (1503) et le massif Escurial, œuvre de Juan de Herrera (1557). Tous deux sont des produits de l'« extase », allègue-t-il en revenant au thème de sa conférence à l'Ateneu, et représentent un modèle de perfection classique que les artistes modernes ont honte de contempler, préférant chercher leur inspiration dans la barbarie d'avant la Renaissance : les peintures des grottes, les fresques crétoises et romanes et ces « aberrations pour les déficients mentaux », les objets africains.

Donc, comment un artiste devient-il « mystique » ? Dalí nous dit que le postulant doit soumettre sa « rêverie mystique » (jamais définie) à un processus quotidien d'examen rigoureux, de façon à se façonner une « âme dermo-squelettique (les os à l'extérieur, la plus fine des chairs à l'intérieur) comme celle qu'Unamuno attribue à la Castille, où la chair de l'âme ne peut croître qu'en direction du ciel ». Il craint que ce conseil ne soit pas pratique à suivre. L'« extase mystique » qu'on doit obtenir par cette méthode, nous assure-t-il, est « "super-joyeuse", explosive, désintégrée, supersonique, ondulatoire et corpusculaire, ultra-gélatineuse, car elle est l'éruption esthétique du plus grand bonheur paradisiaque auquel l'humanité peut parvenir sur terre ».

Et que verra l'« artiste mystique » dans son extase ? Eh bien, peut-être la Vierge immaculée, « dorée et corpusculaire », de Port Lligat, telle qu'elle a été peinte par Dalí ; ou, qui sait, un enfant-ange sur la plage de Roses qui apparaît dans *Moi-même à l'âge de six ans, soulevant avec une extrême précaution la peau de la mer pour observer un chien dormant à l'ombre de l'eau* (1950) ; ou bien même se verra-t-il accorder une vision originale et personnelle, pas influencée par des images daliniennes. Mais quelle que soit l'expérience rapportée, l'« artiste mystique » doit la rendre dans le style de la Renaissance, car la Renaissance a posé, à jamais, les règles de la peinture. À cette fin les guides les plus fiables sont Pythagore, Héraclite, Vitruve, Luca Pacioli (dont Dalí admirait beaucoup *De divina proportione*) et saint Jean de la Croix, « le principal représentant dans la poésie du mysticisme espagnol militant que Dalí est en train de ressusciter ».

Le « mysticisme paranoïaque-critique » de Dalí avait beaucoup plus à voir avec la physique nucléaire et la théorie de la relativité qu'avec le mysticisme tel que l'entend l'Église romaine, en dépit de ce qu'affirme Michel Tapié dans une feuille volante, « À propos de la continuité dalinienne », insérée dans le *Manifeste mystique*. Tapié usait d'un vieux stratagème (que d'autres devaient appliquer à l'athée Luis Buñuel) pour soutenir que l'« obstination sacrilège » de la période surréaliste de Dalí était, en réalité, « une forme circonstancielle d'actes de foi, au sein d'un groupe oscillant entre la négation stérile et le sectarisme matérialiste[1762] ».

Des indications de la spiritualité naissante du jeune Dalí, perverties par les méchants surréalistes ! La prière déguisée en blasphème ! C'était aller trop loin, c'était trop ridicule. Dalí, pourtant, fut ravi de l'explication que donnait Tapié de sa trajectoire du matérialisme à une spiritualité supposée. En 1930, il avait égaré son public de l'Ateneu de Barcelone en affirmant que lorsque, sur sa peinture sur le Sacré-Cœur, il écrivait « Parfois je crache par plaisir sur le portrait de ma mère », il parlait de son activité dans ses rêves. Maintenant, il allait encore plus loin : « Il est possible, dans les rêves, de maudire des êtres qu'on respecte dans la vie éveillée. Et de rêver qu'on a craché sur sa mère. Dans plusieurs religions, l'acte de cracher a souvent un caractère sacré. » Une fois réveillé, donc, il n'avait jamais été tenté de cracher sur le portrait de sa mère, et quand il l'avait fait dans son sommeil, il s'agissait d'un geste profondément religieux. Dalí, comme d'habitude, ne se sentait pas responsable de ses mauvaises actions. Il avait toujours raison, ses actions étaient toujours justifiées[1763].

En août 1951, quelques mois après la parution du *Manifeste mystique*, Dalí fut interrogé par un journaliste barcelonais gentiment sceptique, Manuel del Arco, à propos de ses convictions religieuses[1764]. Le peintre était-il réellement catholique ? Oui, totalement, et d'autant mieux qu'il l'était devenu après un passé aussi turbulent. Se confessait-il, et recevait-il la sainte communion ? Oui. Pourquoi s'était-il montré sacrilège dans sa jeunesse ? Parce qu'il cherchait l'extase par des moyens matériels. Aujourd'hui tout avait changé, ajoutait Dalí, et maintenant il cherchait l'extase « en avançant sur le chemin de la perfection par des moyens spirituels ». De plus, il croyait en la résurrection de la chair[1765]. Et assister à la messe ? C'était « pénible », admettait Dalí, mais il se l'imposait pour atteindre la foi. Finirait-il en moine ? Non, dit Dalí. Il n'avait aucune aptitude à la sainteté : « On peut être un mystique et cesser d'en être un ; mais on ne peut pas être saint et ne plus l'être[1766]. » Cela disait bien les choses. Le mysticisme, pour Dalí, relevait de l'accomplissement personnel, et ne donnait aucune obligation. Pas de pitié. Pas de charité. Et, très visiblement, pas non plus d'amour. Dans tous les plaidoyers religieux de Dalí, le mot « amour » n'apparaît pas une seule fois. De plus, s'il était vrai qu'en août 1951 Dalí assistait à la messe et se confessait, cela devait bientôt changer. Il n'est pas fait référence à l'accomplissement de devoirs spirituels dans le journal que Dalí commença à tenir, de façon sporadique, en 1952, et qui fut publié douze ans plus tard sous le titre immodeste de *Journal d'un génie*. Et de proches associés du peintre ont dit qu'ils ne l'avaient jamais vu aller à la messe[1767].

En septembre 1951, prenant de courtes vacances loin de son « mysticisme nucléaire », Dalí accompagna Gala à Venise pour participer à un bal costumé somptueux donné pour les gens riches, beaux et célèbres par le millionnaire Charles de Beistegui.

Lorsque les invités descendaient de gondole devant le palais Labia, qui avait retrouvé pour l'occasion son ancienne splendeur, ils se trouvaient sous les regards d'une multitude de Vénitiens, incrédules, bouche bée. Les Dalí apparurent déguisés en géants hauts de sept mètres (leurs costumes avaient été dessinés par Gala et Christian Dior) et furent très applaudis, malgré la rude concurrence. Plus tard, Dalí se rappelait ce « Bal du siècle » avec délectation. Tous ceux qui étaient quelqu'un étaient là, d'Orson Welles à lady Churchill. « La ville était en ébullition et mon succès fut si grand que, vingt ans plus tard, il m'arrive encore d'en rêver certaines nuits », se souvient Dalí dans ses *Aveux inavouables*[1768].

Mais, en termes de publicité, le succès de Dalí à Venise ne fut rien comparé à celui de sa conférence « Picasso et moi », son troisième grand morceau de bravoure autopromotionnel au cours de ces mois, donnée au théâtre María Guerrero de Madrid le 11 novembre 1951. Elle eut énormément d'impact en Espagne et à l'étranger – à tel point qu'elle resta un des plus grands souvenirs de Dalí.

Ce soir-là, le théâtre María Guerrero, l'un des plus vénérables d'Espagne, était plein à craquer. La *crème de la crème** de la haute société madrilène était là, ainsi qu'une assemblée variée d'écrivains, de journalistes, d'artistes et de critiques. Tout le monde savait que, puisqu'il était question du « communiste » Picasso, *bête noire** du régime de Franco, Dalí aurait des choses explosives à dire. Il ne déçut pas son public. Le deuxième paragraphe de la causerie devint célèbre du jour au lendemain, et lui-même devait le citer pendant le restant de ses jours :

> Comme toujours, l'Espagne a le privilège de produire les plus grands contrastes ; en ce moment en la personne des deux artistes les plus antagonistes de la peinture contemporaine : Picasso et moi-même, votre humble serviteur. Picasso est espagnol, moi aussi ; Picasso a environ 74 ans, j'en ai environ 48. Picasso est connu dans tous les pays du monde, moi aussi. Picasso est communiste, *moi non plus*.

La conférence fut, d'abord et avant tout, un péan au génie de Dalí. Dalí et Picasso étaient tous deux des génies, évidemment, tout le monde le savait ; mais il en allait de même de Juan Gris, le Madrilène inventeur du cubisme avec Picasso. Comme c'était ridicule que le cubisme soit considéré comme un phénomène français, argumentait Dalí, quand il était évident qu'il découlait des arabesques compliquées de l'Alhambra, ressuscitées par un étrange atavisme dans la cervelle andalouse de Pablo Picasso né à Malaga ! Et Gris ? Le « Juan de Herrera du cubisme », comme l'appelait Dalí, avait donné un tour ascétique au cubisme « dionysiaque » de Picasso. C'était tout à son honneur. Mais comment se faisait-il que Gris soit à ce point inconnu dans son propre pays ? Dalí avait sa réponse provocante toute prête : c'était entièrement de la faute des *brunets*, les pathétiques critiques locaux. C'étaient eux, les responsables. Tous les génies espagnols, continuait Dalí, ont eu semblerait-il à lutter hautement contre l'indifférence et la médiocrité qui caractérisent leurs concitoyens. Quel meilleur exemple que le glorieux Caudillo ? « Avant *Franco*, dit-il en soulignant le mot, tous les politiciens et tous les nouveaux gouvernements n'ont fait qu'accroître la confusion, les mensonges et les désordres en Espagne. Franco a violemment rompu avec cette tradition de fausseté, imposant la clarté, la vérité et l'ordre dans un pays qui à l'époque connaissait la pire période d'anarchie de son histoire. Ça me paraît hautement original. » Cette eulogie suscita « de grands applaudissements » d'une partie du public[1769].

La conférence devint obscure quand, citant littéralement le *Manifeste mystique*, Dalí laissa entendre qu'il existait un lien entre l'« extase » de la morphologie de « forme inquisitoriale ». À ce moment-là, le public parut dérouté, même si la conclusion de Dalí, que le but de la peinture espagnole devait maintenant être de marier mysticisme et réalisme, parut avoir pour lui plus de sens. À la fin de sa conférence, Dalí lut à voix haute le texte du télégramme qu'il venait d'envoyer à Picasso :

> La spiritualité de l'Espagne d'aujourd'hui représente la principale opposition au matérialisme soviétique. Vous savez qu'en Russie ils purgent même la musique pour des raisons politiques. Ici nous croyons en la liberté totale et catholique de l'âme humaine. Vous savez donc que malgré votre communisme actuel nous considérons votre génie anarchique comme un héritage inséparable de votre empire spirituel, et votre œuvre comme un triomphe de la peinture espagnole. Dieu vous protège[1770].

Parmi ceux qui furent choqués par les louanges de Dalí envers Franco et son régime, et par ses remarques condescendantes sur Picasso, se trouvait le jeune peintre Antonio Saura. Il détestait Franco et ce qu'il représentait, avait été influencé par le surréalisme et pensait que Dalí incarnait la liberté. Et donc il était venu l'entendre. Mais la performance de Dalí le remplit de dégoût. « Sa moindre déclaration était une insulte à la liberté, à la lutte qu'une poignée d'entre nous continuait à mener contre tout espoir », se rappelait-il[1771].

La conférence représentait exactement ce que le gouvernement espagnol avait envie d'entendre, et Franco lui-même, dit-on, fut très content. Il commençait à voir que Dalí était utile, à un moment où le régime était attaqué par le monde démocratique et peinait à échapper à l'ostracisme que lui avaient imposé les Nations unies en 1946.

Parmi le public du théâtre María Guerrero ce soir-là se trouvait aussi le jeune critique d'art Rafael Santos Torroella, qui avait vu le peintre pour la première fois lors du retour des Dalí d'Amérique, en 1948. Santos Torroella, dont le père était un habituel thuriféraire de Dalí, était né à la frontière catalane, dans la ville de Portbou, en 1914. Il travaillait maintenant pour Cobalto, la maison d'édition de Barcelone, où il avait connu par la presse le livre d'Oriol Anguera sur Dalí. Cobalto, à l'origine, aurait dû sortir le livre d'Anna Maria Dalí, *Salvador Dalí par sa sœur*, et Santos Torroella avait fait la connaissance d'elle et de son père, allant jusqu'à séjourner chez eux à Es Llané. Même si le livre avait fini chez un autre éditeur, leur amitié avait duré, et fut encore renforcée quand Santos Torroella se mit à travailler sur un recueil de lettres de Lorca à des amis, qui contenait des extraits de la correspondance du poète avec Anna Maria Dalí. Le fait que Santos Torroella ait lui-même rencontré Lorca, et l'ait entendu réciter, servit à accroître ses relations avec la famille Dalí, qui se rappelait le poète avec une profonde affection[1772].

Le premier article de Santos Torroella sur Dalí parut juste avant la conférence « Picasso et moi », et son premier livre sur le peintre – il s'agissait plutôt d'un essai – quelques mois plus tard. Pour ce dernier, il fit d'abondantes recherches. Le livre, sobre mais enthousiaste, clair dans son exposition, était enrichi par l'expérience personnelle que le critique avait de l'Empordà. Santos Torroella, même s'il appréciait énormément Dalí à son meilleur, était parfaitement conscient des défauts de son caractère, et osait mettre en question la sincérité de son prétendu mysticisme. Il remarquait aussi la façon excessive dont, dans ses peintures, Dalí citait ses œuvres antérieures.

Santos Torroella sentait que l'amitié de Dalí et de Lorca avait été fondamentale pour tous deux, et qu'elle méritait une enquête approfondie. Ce petit livre posait les bases du corpus sur lequel Santos Torroella devait patiemment s'appuyer, et qui fait de lui une autorité mondiale sur Dalí aujourd'hui[1773].

La presse espagnole et la presse hispanophone dans le monde entier firent une publicité massive à la conférence de Dalí, qui fut aussi diffusée dans le « NO-DO », version espagnole de « Pathé News ». Tous les commentaires ne furent pas favorables, et le quotidien *Madrid*, adepte d'une ligne franquiste dure, manifesta sa fureur que quiconque puisse proposer une réhabilitation, même partielle, de Picasso, le « défenseur, le complice et le protecteur de ceux qui ont causé un million de morts en Espagne[1774] ».

Quelques mois plus tard, l'écrivain et journaliste Miguel Utrillo, l'un des principaux soutiens de Dalí à Madrid, publia un petit volume d'humeur, *Salvador Dalí y sus enemigos* (« Salvador Dalí et ses ennemis »), dans lequel non seulement il prenait le parti du peintre contre Manuel Brunet, mais il affirmait que ce dernier était l'auteur de *Salvador Dalí vu par sa sœur*, « un livre dont on se souviendra que comme exemple de ce que peut causer une féminité atrophiée[1775] ». L'attaque était aberrante et grossière. De façon plus utile, Utrillo nous renseignait sur les suites extrêmement polémiques de la conférence de Dalí, décrivant le banquet donné en l'honneur du peintre au Palace Hotel. Au cours de ce banquet, Eugenio Montes, le vieil ami de Dalí, s'était lamenté de l'absence de José Antonio Primo de Rivera, fondateur de la Phalange, le parti fasciste espagnol, exécuté par les républicains au début de la guerre. Il revenait à l'Espagne, disait Montes, d'être « le leader de la chrétienté, le leader de l'humanité[1776] ». La rhétorique nationaliste de la Phalange, en partie adoptée par Dalí, sonnait de plus en plus creux.

Ce mois de décembre, la galerie Alex Reid et Lefèvre de Londres exposa la seconde version de *La Madone de Port Lligat* et *Christ de saint Jean de la Croix*, donnant une occasion au public britannique de s'habituer aux produits du « nouveau mysticisme » de Dalí. Les réactions furent mélangées, surtout lorsqu'on annonça que la Glasgow Art Gallery avait acheté cette dernière toile pour une somme considérable[1777]. Lorsque l'exposition ferma, Dalí publia une déclaration intitulée « La situation actuelle de la peinture dalinienne ». « Il m'a fallu dix ans pour remporter ma bataille surréaliste, écrivait-il. Maintenant il me faut un an pour remporter ma bataille *classique, réaliste et mystique*. Tous les intellectuels d'extrême gauche sont rangés contre moi, bien sûr. Pour moi, j'ai le public intuitif, le courant nouveau de notre époque, les leaders de l'intelligence. Je gagnerai la bataille pour la peinture espagnole. » On ne pouvait douter que ce Dalí-là ait le don de la bravade[1778].

En Amérique, Dalí donna une série de conférences proclamant la bonne nouvelle de ce qu'il appelait maintenant le « mysticisme nucléaire », et Reynolds et Eleanor Morse l'accompagnèrent une partie du chemin. Personne ne prit la « bonne nouvelle » trop au sérieux. La manchette typique d'un journal était « Le public aime Dalí, beaucoup moins le "mysticisme"[1779] ». Au cours de son circuit, Dalí envoya un télégramme de condoléances ridicule et très promotionnel à la reine Élisabeth pour la mort de son père : « Acceptez le témoignage de ma profonde émotion ainsi que mon espoir et ma certitude que votre règne marquera l'accomplissement de la nouvelle renaissance des valeurs mystiques dans le monde. » Si Sa Majesté répondit, on n'a pas trace de sa réponse[1780].

« Mon actuel mysticisme nucléaire, écrivait Dalí en mai 1952, est juste le fruit, inspiré par le Saint-Esprit, des expériences démoniaques et surréalistes qui ont occupé la première partie de ma vie. » Tout cela paraissait parfaitement honnête. Quelques pages plus loin, Dalí envisageait le « mysticisme nucléaire » comme un mouvement qui balaierait le monde, et dans lequel le rôle de l'Espagne serait évidemment essentiel. D'autres pays y contribueraient :

> L'Amérique, grâce aux progrès inouïs de sa technique, fournira les preuves empiriques (disons même photographiques ou microphotographiques) de ce nouveau mysticisme.
> Le génie du peuple juif lui donnera involontairement, grâce à Freud et à Einstein, ses possibilités dynamiques antiesthétiques. La France aura essentiellement un rôle didactique. Elle rédigera probablement l'acte constitutif du « mysticisme nucléaire » grâce aux prouesses de son intelligence, mais encore une fois ce sera la mission de l'Espagne d'ennoblir tout par la foi religieuse et la beauté[1781].

Dalí ne peut pas avoir cru un mot de tout cela, et les entrées de son journal consacrées au « mysticisme nucléaire » diminuent après 1952 (de même que les affirmations sur la « mission suprême et glorieuse de l'Espagne » de renouveler son « immense tradition classique de réalisme et de mysticisme[1782] »). Il continua cependant quelques années à promouvoir le « mysticisme nucléaire », même s'il le faisait de façon de plus en plus sporadique, menant de féroces attaques contre le « réalisme socialiste », utilisant le mot « spirituel » jusqu'à l'épuisement, et lançant de temps en temps une pointe à Picasso[1783].

Pour Picasso, Dalí n'existait tout simplement pas. Il refusait de le mentionner dans sa conversation, de discuter à son sujet, d'entendre son nom et, avant tout, d'imaginer répondre à l'une de ses provocations. Au cours des années 1950, Fleur Cowles, l'une de ses premières biographes, lui demanda « si une feuille de papier vierge pourrait être utilisée pour exprimer son opinion sur Dalí ». Picasso, écrivit-elle, « refusa même cette façon d'admettre l'existence de Dalí ». Un tel refus de mordre à l'appât était la pire punition que Picasso pouvait infliger à son rival, et il le savait probablement[1784].

En novembre 1952, tandis qu'ils se préparaient pour leur migration annuelle à New York, les Dalí apprirent la mort de Paul Éluard. Il n'avait que cinquante-six ans. Dalí nota le décès du poète dans son journal, sans émotion particulière[1785]. Quant à Gala, il ne lui vint apparemment pas à l'esprit d'assister aux funérailles. Cet après-midi-là, ce fut une cérémonie émouvante au Père-Lachaise. Les amis communistes d'Éluard étaient là en force, avec Aragon et Picasso au premier rang, et lui firent des adieux de héros. Sa mort signifiait que Gala et Dalí pouvaient maintenant se marier à l'église. Pour faciliter cela, Gala demanda à sa fille d'obtenir pour elle une copie du certificat de mariage prouvant qu'Éluard et elle avaient fait un mariage catholique. Il fallut cependant six ans aux Dalí pour pouvoir être mariés par l'Église[1786].

Au mois de décembre de cette année-là, Dalí était de retour à la galerie Carstairs, à New York, avec six nouvelles toiles « religieuses » : *Assumpta Corpuscularia Lapislazulina*, *Nature morte évangélique*, *Croix nucléaire*, *Gala placidia*, *L'Ange de Port Lligat* et *Persistance de la mémoire corpusculaire*. Pour Dalí, *Assumpta Corpuscularia Lapislazulina* était la plus importante des six, et il se concentra sur elle dans le catalogue de l'exposition. La peinture, disait-il, était « à l'opposé de la bombe atomique. Au lieu de la désintégration de la matière, nous avons l'intégration, la reconstitution du réel et glorieux corps de la

Vierge au paradis. » Dalí soutenait non seulement qu'il avait fait un chef-d'œuvre, mais un chef-d'œuvre qui était le summum de toutes les expériences précédentes de l'art moderne :

> Cette peinture justifie aussi en elle-même tout effort expérimental dans l'art moderne, car j'ai réussi à mener toutes ces expériences vers une fin classique ; des expériences qui sinon seraient restées stériles, car la majorité des grands et courageux innovateurs retourne aujourd'hui à une inspiration archéologique ; seuls de rares jeunes et impétueux peintres abstraits continuent à mener « des expériences plastiques intéressantes » qui, malheureusement, sont destinées à rester de l'art décoratif, car elles ont pour fin une expression purement graphique. Il y a eu Seurat avec son divisionnisme, qui sans le savoir, a introduit la physique nucléaire ; il y a eu le cubisme ; et en particulier le grand génie futuriste, Boccioni, mais il s'exprime en termes de vitesse, d'automobiles et d'action. C'est infantile, et c'est en raison de ce manque de signification théologique et philosophique que toutes ces tentatives ont si vite péri.
> Mais toutes avaient prévu une chose qui devait être *la grande, incommensurable et catégorique innovation de notre époque – une nouvelle conception de la matière.* Celle de la PHYSIQUE NUCLÉAIRE[1787].

Dalí avait droit à sa propre vision de son travail, mais le fait est qu'*Assumpta Corpuscularia Lapislazulina* était juste une nouvelle variation sur la danse des protons et des neutrons qu'il avait commencé à explorer quelques années plus tôt, et il était typique de lui, étant donné le succès public du *Christ de saint Jean de la Croix*, qu'il ait incorporé cette image célèbre à sa nouvelle toile. En ce qui concerne le visage de Gala au pinacle du tourbillon atomique, il a au moins l'avantage, à la différence de la première *Madone de Port Lligat*, de la montrer plus ou moins telle qu'elle était à l'époque. « Si le surhomme de Nietzsche ne s'est pas encore matérialisé, une surfemme existe dans l'Assomption, commenta Dalí quelques années plus tard à propos de cette peinture. Elle se hisse vers les cieux, poussée par les anges de l'antimatière[1788]. »

La spiritualité nouvelle de Dalí ne l'empêcha pas de s'occuper, en 1954, d'une pièce en trois actes en alexandrins intitulée *Délire érotico-mystique*. Dalí se vantait de sa productivité, mais cette œuvre, qui devint *Martyr. Tragédie lyrique en trois actes*, devait l'occuper pendant deux décennies, et elle ne fut jamais achevée[1789]. À en juger par les fragments qui en ont été publiés, elle était ratée. Dalí, cependant, était persuadé qu'il s'agissait d'une percée en matière de drame érotique. Située à Delft l'année de la naissance de Vermeer, elle comptait trois personnages : une vierge de dix-neuf ans (qui était affamée de sexe), un prince meilleur pour la masturbation que pour la copulation, et un confesseur catholique. Au début des années 1970, Dalí devait fantasmer sur Catherine Deneuve, dans le rôle de la vierge, récitant quelques-uns de ses vers les plus choquants, tout en rougissant de honte[1790]. Les fragments montrent tout au moins que Dalí connaissait sur le bout des doigts le vocabulaire de l'érotisme en français (même s'il ne l'écrivait toujours pas correctement). Il est significatif qu'à l'époque il ait aussi travaillé aux *120 Journées de Sodome du divin marquis à l'envers*, un projet dont on ne sait rien de plus[1791].

La seule personne qui semble avoir taquiné Dalí à propos de son « mysticisme atomique », ou avoir essayé de le faire, est Malcolm Muggeridge, lorsqu'il interviewa le peintre en 1955 pour « Panorama », le programme de la BBC. À cette occasion, Dalí était dans une forme splendide, et parla dans un anglais beaucoup plus agile et distrayant que ce à quoi Muggeridge s'était attendu. « Rien n'est plus gai que la collision et l'explosion de conflits intra-atomiques, de physique nucléaire », expliqua le peintre, se référant à ses travaux du moment. « Les électrons, les mésons pi et les atomes, tout ça sautant et croupetant dans une sensation eu-ryth-mique absolument extraordinaire. » Muggeridge fit semblant d'être amusé. L'échange se poursuivit :

> Muggeridge : Maintenant, passons à tous vos gags merveilleux que nous connaissons, les taxis avec de la pluie à l'intérieur, et ainsi de suite. Allez-vous continuer avec ces gags ?
> Dalí, *d'un anglais débutant* : Eh, ça correspond à la première période de ma vie. Le moment de moi-même est très intéressant dans la psychanalyse, venant à Londres pour rencontrer le docteur Freud. Mais maintenant mon unique intérêt est à propos le progrès inouï des recherches nucléaires et de la physique nucléaire.
> Muggeridge : Et donc ils ont vraiment représenté une phase de votre carrière, ces gags que nous connaissons tous, et maintenant vous avancez, et toute votre vie sera au rythme des explosions atomiques ?
> Dalí : Exactement, une nouvelle sorte de, euh, de mysticisme atomique et nucléaire.
> Muggeridge : Eh bien merci beaucoup, c'est une phase fascinante, le mysticisme nucléaire[1792].

Comme l'a dit Dawn Ades à propos de la toile de Dalí *Assomption anti-protonique* (1956), le dogme chrétien, selon le « mysticisme nucléaire » de l'artiste, est devenu « une forme supérieure de science-fiction[1793] ».

## LE DALÍ DE REYNOLDS MORSE

L'édition par Dalí de *La Divine Comédie*, commandée par le gouvernement italien, était tombée à l'eau lorsque l'opposition de gauche, outragée qu'un artiste pro-Franco ait signé pour illustrer une des plus grandes œuvres italiennes, lança une opposition parlementaire. Le gouvernement de l'époque dut reculer, et Dalí récupéra ses cent vingt aquarelles[1794]. En mai 1954, il retourna à Rome pour les exposer dans la Sala dell'Aurora du palais Pallavicini, en même temps que vingt-quatre toiles et dix-sept dessins de diverses périodes de sa production[1795]. Dalí dit à un Espagnol monarchiste de sa connaissance qu'il éprouvait le besoin urgent de « re-naître » dans la Ville sainte. Il y parvint en organisant une conférence de presse, le 1er juillet, lors de laquelle il surgit soudain d'un « cube métaphysique ». Le cube était devenu une autre de ses obsessions, après qu'il avait lu le *Discours sur la forme cubique* de Juan de Herrera[1796].

Dalí, à Rome, fut interviewé pour un magazine de cinéma par son ami Miguel Utrillo, l'auteur de *Salvador Dalí y sus enemigos*. Il lui dit qu'il s'apprêtait à tourner, à Cadaqués et dans la campagne environnante, *La Brouette de chair*. Il dirigerait lui-même le film, et affirmait que le rôle principal serait tenu par Anna Magnani. Parmi les autres acteurs, il y aurait cent cygnes et plus de cent barbus ressemblant à Karl Marx, les pêcheurs de Port Lligat, et Dalí lui-même dans le rôle d'un peintre en bâtiment. Dans son journal, Dalí décrivait d'autres scènes ajoutées au scénario au fil des années, et expliquait que

Photographie prise par Brassaï de Dalí peignant dans son atelier à Port Lligat.

cinq des cygnes exploseraient grâce à des charges placées dans leurs boyaux, et que leur désintégration serait filmée au ralenti. Un nouvel exemple de son indifférence à la souffrance animale. Il semble n'y avoir aucune preuve qu'Anna Magnani ait été au courant du projet. Bref, comme c'était généralement le cas quand un Dalí tonitruant voulait entrer dans le monde du cinéma, l'idée n'aboutit pas[1797].

Reynolds et Eleanor Morse avaient fait le voyage de Rome pour aider Dalí à monter l'exposition au palais Pallavicini, qui comprenait six de leurs toiles. Morse était maintenant président de sa firme, l'Injectors Molding Supply Company, à Cleveland, et continuait à constituer sa collection. « Je me souviens de notre excitation, écrivit Eleanor, lorsque nous vîmes des affiches annonçant l'exposition, avec un agrandissement de notre *Fantôme de Vermeer*, collées partout dans Rome. » Un dimanche, Gala les emmena en promenade et leur montra l'atelier dans lequel Dalí, en 1938, avait travaillé dans le domaine de lord Berners, juste à côté du Forum. Puis les Morse partirent avant les Dalí pour leur première visite dans l'Empordà, s'installant dans l'hôtel de Port Lligat, infesté de mouches, derrière la maison labyrinthique du peintre[1798].

Ils furent éblouis par Cadaqués et Port Lligat. C'est là qu'était l'épicentre de l'univers de Dalí, la véritable source des œuvres qu'ils amassaient depuis dix ans. En y repensant, Morse écrivit, avec quelque prudence :

> Si étrange que ça puisse paraître aujourd'hui, en 1954, le surréalisme de Dalí était supposé ne représenter qu'un monde imaginaire rêvé peuplé d'hallucinations subconscientes. L'idée qu'un tel paysage, tel que nous le voyions, existait réellement et était une partie vivante du surréalisme de Dalí n'avait pas encore pénétré dans le monde décadent de l'art moderne à Paris et à New York[1799].

Presque malades d'excitation, les Morse explorèrent les falaises et les criques du cap de Creus, les ruelles étroites de Cadaqués, les petites routes de la plaine de l'Empordà, la plage immense de Roses. Ils montèrent et descendirent la Rambla de Figueres, s'assirent aux terrasses des cafés et se demandèrent dans quelle maison Dalí avait vécu avec sa famille. Ils tinrent à rendre visite à Anna Maria Dalí à Es Llané. Elle leur montra sa collection et leur fit part de sa vision bien arrêtée de Dalí et de l'horrible Gala. Puis, lorsque les Dalí revinrent de Rome, les Morse les virent à Port Lligat[1800].

Au cours des visites qui suivirent, tous les endroits importants pour Dalí furent explorés et photographiés par les Morse, depuis les métamorphoses rocheuses de Creus, les vestiges gréco-romains d'Empúries, le lac de montagne de Requesens et la forteresse en ruine au sommet du Montgrí (qui marque la limite sud de l'empire de Dalí), jusqu'au dolmen derrière Roses, au château de Quermançó, au bord de la plaine de l'Empordà, et au grand monastère roman de Sant Pere de Rodes, perché sur son aire dominant El Port de la Selva avec, à sa gauche, la petite chapelle en ruine de Santa Elena (Gala !) et, loin au-dessus, les restes de la forteresse de Sant Salvador (Dalí !). Est-ce que Sant Salvador était, ainsi que l'entendirent les Morse, le Montsalvat du *Parsifal* de Wagner ? Il faudrait une enquête ! L'ombre du mont Pení au crépuscule fut observée, savourée et reliée aux peintures de Dalí (« un ourlet ondulant de crépuscule », comme Morse la définit joliment un jour[1801]) ; on remarqua les oranges, les jaunes et les verts pâles des lichens sur les rochers de Creus ; on dégusta la nourriture et le vin locaux, oursins compris. L'enthousiasme des Morse pour le « Dalí-land », comme l'appela Morse, était inépuisable[1802].

Deux ans plus tard, au cours de l'été 1956, le couple était de retour à Cadaqués et Morse écrivit là le premier volume de *A Dalí Journal*, essayant d'assembler les événements des quatorze dernières années, et regrettant de n'avoir pas entrepris son journal plus tôt. À cette époque, Eleanor et lui commençaient à très bien connaître certains habitants du village. Ils s'aperçurent que, alors que Dalí était populaire à Cadaqués, personne n'avait un mot gentil pour Gala dont on disait, de plus, qu'elle n'hésitait pas à approcher les pêcheurs de Port Lligat quand elle avait envie de sexe[1803].

● À partir de 1954, Eleanor et Reynolds Morse étaient des habitués à Port Lligat.

Peu à peu, les Morse apprirent à mieux connaître Anna Maria Dalí, et achetèrent quelques Dalí de sa collection. Par elle, ils firent la connaissance du côté Domènech de la famille à Barcelone, à qui ils achetèrent aussi des œuvres. Morse se rappelait en 1993 que Dalí leur en voulait d'être devenus amis avec sa sœur et « considérait le fait de la mentionner comme un geste hostile et anti-Gala[1804] ».

Après chaque voyage au « Dalí-land », les Morse rentraient aux États-Unis pour poursuivre, avec une vigueur renouvelée, leur campagne afin de persuader le public américain que Dalí était un aussi grand génie que Picasso, sinon plus grand. Le fait de collectionner, d'interroger et de collecter tout ce qui concernait Dalí, l'effort de les comprendre, lui et son travail, à quoi s'ajoutait une affection grandissante, donnèrent lieu à une série de monographies et d'opuscules de Reynolds Morse, qui commença en 1954 avec un petit carnet à spirales sur les associations daliniennes de Cadaqués.

Étant donné que Reynolds Morse devait devenir le plus grand propagandiste de Dalí aux États-Unis, il est nécessaire de préciser que ses écrits sur le peintre, qui s'étendent sur quarante ans, ont de graves défauts. Le plus frappant est sa profonde ignorance du surréalisme, un mouvement que, comme Anna Maria Dalí, il considère comme « nihiliste » et destructeur[1805]. Morse a l'impression que les surréalistes constituaient un groupe de médiocrités parisiennes incompétentes, à commencer par André Breton (« l'esprit lent et pédant de Breton fut rapidement éclipsé par l'intelligence pénétrante de Dalí », écrivit-il en 1960[1806]). Ces gens, de façon évidente, n'avaient rien à apporter à Dalí. Le commentaire de Morse sur *Les Plaisirs illuminés* est très clair : « La plus complexe des œuvres surréalistes de Dalí, ce petit panneau, est la première déclaration des sentiments irrationnels et freudiens que les adhérents du mouvement étaient incapables d'exprimer à travers leurs manifestes variés, leurs diktats et leurs déclarations[1807]. » Parlant du *Jeu lugubre*, Morse va encore plus loin dans la même direction : « Dalí a exposé les motivations érotiques du surréalisme en le rattachant aux réalités de base. Ainsi il fouille toutes les illusions poétiques qui auraient pu donner refuge aux surréalistes. Ayant reçu un coup mortel, ils ont hâtivement exclu Dalí – trop tard, cependant, pour s'empêcher d'être eux-mêmes éclipsés par le jeune peintre de Barcelone[1808]. »

En 1993, cinquante ans après sa première rencontre avec Dalí au St. Regis, Morse était toujours aussi méprisant envers le surréalisme. « La mouche, écrivit-il dans *Animal Crackers*, fascinait Dalí comme elle n'a fasciné aucun peintre, et toujours pour des raisons qui étaient à des années-lumière du surréalisme[1809]. » Et dans le même livre il fit ce qui est peut-être sa déclaration la plus stupide :

> Les premières tentatives par Dalí d'image double dans son *Allégorie de l'air du crépuscule*, vers 1930, représentent une métamorphose fascinante. Ses œuvres dans cette veine ne furent pas appréciées par ses compères surréalistes, et passaient bien au-dessus de leurs têtes. Pour une seule raison. La transformation était l'épitomé de son surréalisme, mais étant donné qu'ils étaient SURRÉALISTES ils ont complètement loupé la contribution de Dalí, à la fois réelle et potentielle, à leur mouvement bancal, et une contribution inopportune, car dans la Grande Dépression des années 1930 le monde n'était pas d'humeur pour l'art sans raison discernable que chacun pouvait avaler en une bouchée[1810].

Un autre défaut majeur de tous les écrits de Morse sur Dalí est son acceptation sans le moindre esprit critique de la « méthode paranoïaque-critique », que, en dépit de sa détermination à « expliquer » Dalí à l'Américain moyen, il ne cherche jamais à élucider. La prétendue méthode est simplement tenue pour acquise. Ce manque est d'autant plus éclatant lorsqu'on nous demande de croire que dès 1929 elle « fonctionnait vraiment, même si sa définition littéraire n'avait pas encore été exprimée[1811] ». Pour Morse, en 1973, la « méthode » inexpliquée n'est « plus juste un concept littéraire promulgué par un clown surréaliste à moitié fou. Elle est devenue une méthode respectable de stimulation des idées à l'aide de rétroactions biologiques le long des canaux cérébraux aussi bien qu'un moyen d'éliminer les drogues hallucinogènes dangereuses[1812]. » Avec un peu de temps, lui viennent de nouvelles perspectives : « Le cubisme de Picasso et la méthode paranoïaque-critique de Dalí se révéleront les deux principales influences de l'art du XX^e^ siècle. » Même Dalí n'a jamais dit cela de sa méthode inexistante[1813].

Et il y a l'obsession de Morse pour la « continuité dalinienne », une expression empruntée à l'étude de Michel Tapié sur le peintre, en 1957. La « continuité dalinienne » signifie que Dalí ne cesse de se répéter, mais Morse n'envisage pas le fait que pareille répétition soit un défaut. Au contraire, il y voit une qualité. Si une rose apparaît dans deux toiles que quarante ans séparent, « l'importance de ces deux œuvres est accrue par une continuité dalinienne[1814] » ; « l'iconographie dalinienne et la continuité dalinienne, qui ne font qu'une, tissent d'œuvre en œuvre l'image de la nurse assise sur la plage[1815] » ; on trouve « un superbe exemple de "continuité dalinienne" » en comparant le personnage qui montre une ellipse dans *Guillaume Tell* (1930) et celui qui désigne l'œuf dans *Enfant géopolitique observant la naissance de l'homme nouveau* (1943) ; dans *La Fontaine* (1930), « un point blanc de lumière sacrée » au-dessus du Grail est « le même qui vingt-huit ans plus tard réapparaît comme une tache dans la voile de *Découverte de l'Amérique par Christophe Colomb* [cahier couleur, page XIII], réaffirmant ainsi le principe inexorable qui unifie tant d'œuvres de Dalí : la continuité dalinienne[1816] ! ». « Tout l'art de Dalí est unifié en une seule unité métaphysique par le phénomène de la continuité dalinienne, nous affirme-t-il, alors que dans l'immense catalogue de Picasso il n'y a rien qui ressemble, même de loin, à la réutilisation de certains symboles unissant les œuvres de Dalí de différentes périodes en une seule manifestation concaténée[1817]. »

Dans *L'Art dada et surréaliste* (1968), son livre séminal, William Rubin a conclu que Morse a plus écrit en apologiste de Dalí qu'en critique ou en historien d'art capable de risquer des jugements de valeur. Il n'avait pas tort[1818]. Le monumental *A Dalí Journal* de Reynolds Morse, cependant, est une réussite majeure. À sa publication, et sans trop de coupures, on l'espère (Morse peut se montrer dur envers l'entourage de Dalí), le journal sera la source la plus détaillée et la plus fiable sur les aspects pratiques, sur les grandeurs et les misères de la vie quotidienne de Dalí pendant quatre décennies. « Aujourd'hui, écrivait Morse en 1993, ce *Dalí Journal*, comme ma mère l'avait prophétisé il y a bien des années, m'a transformé en une sorte de mini-Boswell écrivant sur Dalí au lieu d'écrire sur Johnson. » Mrs Morse connaissait bien son fils. Le journal a une valeur inestimable, et le talent de Morse, sans aucun doute, est celui d'un chroniqueur dalinien[1819].

## LE RHINOCÉROS ET L'ADN

C'est probablement au début de 1950 qu'Emmanuel Looten, un poète flamand peu connu, a fait à Dalí le cadeau inattendu et « gélatineux » d'une corne de rhinocéros. « Cette corne me sauvera la vie ! » s'exclama Dalí sans savoir pourquoi[1820]. Dalí n'avait encore jamais eu l'occasion d'observer une corne de rhinocéros. Maintenant il en possédait une. C'était sûrement significatif ! Le rhinocéros s'ajouta à sa liste d'icônes obsessionnelles dans deux peintures faites la même année : la seconde version de *La Madone de Port Lligat* et *Rhinocéros en désintégration*[1821]. Puis, le 5 juillet 1952, Dalí sentit que la prédiction spontanément faite à Gala à la réception du cadeau se réalisait quand il s'aperçut que la peinture du Christ sur laquelle il travaillait était constituée de... cornes de rhinocéros ! Il n'y avait aucun doute là-dessus. « Vous auriez dû me voir tomber à genoux dans mon atelier, comme un vrai cinglé », écrivit-il dans son journal. Maintenant qu'il en avait eu la révélation, il commença à voir des cornes de rhinocéros dans toutes ses toiles, même dans celles qu'il avait faites des années auparavant. Comment avait-il pu ne pas remarquer leur présence plus tôt ? Il les voyait aussi à l'extérieur – au milieu des métamorphoses de micaschistes du cap de Creus et, en particulier, dans une saillie au sommet du rocher du Grand Masturbateur à Cullaró. Il était évident qu'il devait pleinement exploiter les cornes de rhinocéros et rattraper le temps perdu[1822].

Une des premières tentatives de Dalí dans ce genre nouveau fut *Jeune vierge autosodomisée par sa propre chasteté* (1954). Basée sur une photographie vue dans un magazine porno[1823], elle fut achetée, ce qui était naturel, par la collection *Playboy* (Los Angeles), car de toutes les toiles de Dalí à la gloire des fesses des femmes, c'est la plus franchement érotique. Dalí, pince-sans-rire, n'avait pas de mal à nier la nature phallique des cornes de rhinocéros dans son tableau : « La corne de rhinocéros vient de la licorne, symbole de chasteté, dit-il à Reynolds Morse. Paradoxalement, cette toile d'apparence érotique est la plus chaste de toutes[1824]. »

La corne de rhinocéros surgit dans une autre toile de cette année-là, *Dalí, nu, en contemplation devant cinq corps réguliers métamorphosés en corpuscules dans lesquels apparaît soudain la « Léda » de Léonard, chromosomatisée par le visage de Gala*. Les cornes s'accompagnaient d'un élément nouveau dans l'œuvre de Dalí, et qui devait rapidement devenir une icône : la molécule de l'ADN. En tant que petit-fils d'un homme paranoïaque qui s'était suicidé, Dalí ne pouvait manquer d'être intéressé par la transmission des facteurs héréditaires, et l'ADN l'excitait. Il avait été identifié en 1930, mais c'est seulement avec la publication, en 1953, par Francis Crick et James Dewey Watson du document montrant la structure en double hélice de la molécule qu'il s'empara de l'imagination populaire – et de celle de Dalí, comme l'illustre la toile.

Elle présente un cap de Creus stylisé. Un Dalí « hyper-réaliste » est agenouillé sur la plage, sa jambe gauche sous l'eau, et ses parties génitales quelque peu ridiculement dissimulées par un oursin géant suspendu. À côté de lui, sur la rive, est endormi le même chien qui était déjà apparu dans deux œuvres de 1950. La tête de Gala (pas du tout ressemblante) est formée par un tourbillon de molécules et par des cornes de rhinocéros entourées de molécules colorées[1825]. Reynolds Morse était prêt à acheter la toile quand Dalí y introduisit les molécules colorées, qu'il avait sans doute prévues dès le début. Le collectionneur fut horrifié. Il eut le sentiment que les boules de couleur ajoutaient de la confusion et « nuisaient à l'impact de cette grande œuvre avec Dalí agenouillé nu » :

> J'avais le sentiment qu'il s'agissait d'une œuvre vraiment majeure avant que Dalí ne décide de la « saboter ». Ce sont les termes dont je me servis devant Dalí avant de refuser d'acheter la version définitive, et alors qu'il faisait semblant de ne pas comprendre ma position audacieuse, je ne cédai pas. À la fin Gala s'en mêla. Elle dit que le prix qu'elle demandait pour l'œuvre était très élevé parce que Dalí avait passé tant d'heures à souffrir à genoux nu devant un miroir à essayer de capturer sa propre posture[1826].

● Dalí peint une version paranoïaque-critique de *La Dentellière* de Vermeer au zoo de Vincennes en mai 1955.

À peu près à l'époque où les molécules d'ADN se mirent à pulluler dans son œuvre, Dalí décida que *La Dentellière* de Vermeer était elle aussi composée de cornes de rhinocéros, et surprit l'équipe du Louvre par la « copie » qu'ils l'autorisèrent à faire d'après l'original, dans laquelle l'image devenait une explosion de cônes. Plus tard, Dalí commenta mystérieusement : « Ces cornes étant les seules du royaume animal construites selon une parfaite spirale logarithmique, comme dans cette peinture, c'est une perfection logarithmique qui guida la main de Vermeer quand il peignit *La Dentellière*[1827]. »

La nouvelle « rhinomania » de Dalí le conduisit à un projet de film destiné à remplacer *La Brouette de chair*. Il s'appelait *L'Aventure prodigieuse de la dentellière et du rhinocéros*, et Dalí prit pour travailler avec lui un photographe français de vingt-huit ans, de Nevers, Robert Descharnes. Plusieurs scènes du film furent tournées entre 1954 et 1961, dont l'une au zoo de Vincennes (où un rhinocéros réticent fut encouragé en vain à charger sur une reproduction de *La Dentellière*), mais il ne fut jamais terminé. Au fil des années, Robert Descharnes gagna de plus en plus la confiance de Dalí et de Gala, prit plus de dix-huit mille photos du couple et commença à étudier la vie et l'œuvre du peintre. Des années plus tard, il devait devenir le dernier secrétaire de Dalí[1828].

Dalí s'assura d'obtenir un maximum de publicité pour sa rhinomania. Le 17 décembre 1955, il arriva à la Sorbonne dans une Rolls-Royce décapotable remplie de choux-fleurs pour donner une conférence intitulée « Aspect phénoménologique de la méthode paranoïaque-critique ». Ce fut l'une des performances les plus brillantes de sa carrière, et les étudiants apprécièrent sa thèse solidement argumentée selon laquelle les choux-fleurs, les tournesols et les dos de rhinocéros ont en commun une morphologie basée sur les spirales logarithmiques[1829]. Un des spectateurs loua la capacité de Dalí comme démystificateur. « On a vraiment besoin de fantaisistes supérieurs pour nous permettre de rire de nos dieux familiers », écrivit Alain Jouffroy[1830].

Dalí raconta plus tard combien il avait été amusé, à la suite de ses investigations plus poussées, d'apprendre que le rhinocéros prend son temps pour copuler – une heure et demie, pour être précis. Il découvrit aussi que (comme lui) la bête faisait une fixation anale marquée et avait tendance à étudier ses selles. Au cours des années suivantes Dalí apprit d'autres particularités du rhinocéros, fut photographié par Philippe Halsman en grande conversation avec l'une de ces créatures, et envisagea même, avec Albert Skira, de lancer une revue intitulée… *Rhinocéros*[1831].

## DE NOUVEAUX PERSONNAGES

Le milieu des années 1950 vit l'arrivée sur la scène dalinienne de trois personnages qui, de façons différentes, devaient jouer des rôles significatifs dans la vie du peintre.

Le premier fut Isidor Bea, un dessinateur de scène de quarante-cinq ans, natif de Torres de Segre, dans la province de Lérida. Bea avait étudié la peinture et la scénographie à Barcelone, et après la guerre civile (dont il ne voulait pas parler) avait travaillé pour le dessinateur de plateau Francesc Pou avant de monter son propre studio, en compagnie de deux associés. Il était employé par les principaux théâtres de Madrid, et avait acquis une réputation considérable. À l'automne 1955, il reçut une commande étrange : peindre un plafond à Palamós basé sur un petit tableau de Salvador Dalí. Lorsque Dalí fut invité à voir le résultat, il fut fortement impressionné, et d'autant plus quand il apprit que cela n'avait pris à Bea qu'une seule journée. Il demanda à lui être présenté.

Bea était juste la personne qu'il fallait au moment où Dalí projetait une série de peintures de grand format, car, en tant que scénographe, il avait l'habitude de peindre des toiles de fond théâtrales, et avait un œil imparable pour la perspective. De plus, il était aimable, discret, totalement fiable, et il travaillait beaucoup. Dalí décida donc de l'engager. Il y eut dans les premiers temps quelques chipotages avec Gala, mais on arriva à un arrangement. Ce fut le début d'une collaboration qui devait durer trente ans. Bientôt, Bea aida Dalí à planifier son *Sacrement de la Cène* géant. Pour faciliter la tâche, une poulie spéciale fut installée à Port Lligat, qui permettait de hisser et d'abaisser la toile à travers une fente dans le plancher à la hauteur d'œil que désirait Dalí. Grâce à Bea, la peinture, qui mesurait 167 cm sur 295 cm, fut terminée avant le retour des Dalí à New York cet automne[1832].

« Je suis né peintre, mais peintre de décors », disait Bea peu avant sa mort :

> À Barcelone, on m'a appris la peinture classique, vous voyez, tous les trucs, les règles de base pour les différents styles et, évidemment, la perspective. Particulièrement la perspective, et la technique pour gonfler une petite image en une grande. Pour moi, c'est devenu une question purement mécanique. Très facile. Au début, il n'a pourtant pas été aisé pour moi de m'adapter au señor Dalí – il avait une très forte personnalité, une personnalité très contradictoire. Quand il était avec moi il était toujours absolument normal, mais dès qu'un journaliste arrivait, il commençait son spectacle.

Bea se rendit rapidement compte que Dalí et Gala fonctionnaient comme une société anonyme. « Il leur avait fallu longtemps pour arriver à la réussite, et une fois la réussite obtenue, ils n'étaient pas prêts à donner quoi que ce soit à quiconque. Ils étaient comme ça. Ils m'ont engagé comme assistant, et Dieu sait que je travaillais dur. J'étais une sorte de robot imprégné de l'esprit de Dalí. » Le premier été, Bea le passa à l'hôtel de Port Lligat, tout proche, puis Dalí fit construire une baraque pour lui juste à côté de chez lui. On attendait de lui qu'il travaille comme un esclave, tel Dalí, de l'aube au crépuscule, et le peintre ne lui accordait, à contrecœur, que ses dimanches, quand Bea insista sur le fait qu'il était catholique pratiquant et qu'il devait aller à la messe et se reposer[1833].

Au moment où Bea commença à travailler pour Dalí, le peintre avait déjà rencontré Peter Moore, qui, plus tard, devait devenir son secrétaire. Moore était né à Londres en 1919. Son père, John Moore, un Irlandais de Cork, creusait des tunnels et travaillait chez Vickers-Armstrongs sur le continent. Sa mère était une Irlandaise de Liverpool. Quand Moore était jeune, sa famille partageait son temps entre Ostende et Nice. Enfant unique, il s'entendait bien avec son père, qui était un personnage, et il devait lui être toujours reconnaissant de son souci qu'il parle le français couramment. « Si tu parles parfaitement le français, tu seras deux personnes à la fois, et tu apprendras deux fois plus », lui répétait-il. Moore le prit au mot, mais alla plus loin : à l'âge de dix ans, il ne parlait pas seulement français comme un Français, mais également un excellent italien grâce à la servante italienne qui travaillait chez eux à Nice, et un peu le flamand.

À quatorze ans, alors qu'il fréquentait une école privée à Nice, Peter Moore perdit ses deux parents dans un accident de voiture. Comme son père et sa mère n'avaient ni frère ni sœur, l'orphelin fut confié à un tuteur, M. Watkins. Et lorsqu'en 1938, âgé de près de vingt ans, il s'engagea dans le Royal Corps of Signals de l'armée britannique, il y trouva un second foyer. Il adora ça. « L'armée m'a donné confiance en moi, m'a endurci. Je dois tout à l'armée. Sans la guerre, j'aurais sans doute passé ma vie à travailler dans un pub irlandais. » Avec ses parents morts, sans parentèle, sans fiancée, sans lien aucun, le signaleur Moore était libre de vouer toute son énergie à l'armée.

Et il le fit avec beaucoup de succès. Parler un français parfait (il pouvait facilement passer pour un natif) était d'un intérêt particulier dans le Corps of Signals, et en peu de temps, avec l'arrivée de la guerre, Moore était caporal. En 1940 il alla à Cherbourg avec la force expéditionnaire britannique, et fut fait sergent suppléant. Puis, en 1942, il y eut l'accostage à Alger, où Moore fut nommé second lieutenant. Peu après, il fut engagé dans la « guerre psychologique », un étrange mélange moitié civil et moitié militaire, la réponse britannique à la Propagandastaffel allemande. C'était l'aile politique de l'armée. Tout était très compliqué parce qu'en Angleterre, évidemment, l'armée n'est pas censée se mêler de politique. Le patron de Moore était Duff Cooper, le ministre de l'Information. Moore affirme avoir participé à des missions secrètes et souvent dangereuses dont il préfère ne pas parler, et fut étonné quand une biographe de Dalí, des années plus tard, découvrit qu'à un moment donné il avait travaillé pour la 61st Teleprint Operating Unit, ultra-secrète[1834].

Au cours de son travail dans la guerre psychologique, il arriva à Moore d'avoir directement affaire à Winston Churchill, et il semble avoir été apprécié par le chef de guerre, car quand il fut libéré, en 1946, Churchill parla en sa faveur à sir Alexander Korda, qui était à la tête de la London Films, une organisation qui servait en partie de couverture aux activités d'espionnage en Europe. Korda lui fit passer un entretien à Londres, lui dit qu'il « avait entendu dire grand bien de lui » et lui proposa un travail : la direction de la London Films International à Rome, avec un salaire de cent cinquante livres par semaine (une somme astronomique à cette époque), plus une maison et une voiture. Moore accepta immédiatement et se trouva ainsi lancé dans le monde du cinéma, dirigeant l'organisation, dit-il, « de façon militaire ».

La décharge de Moore du War Office, datée du 1er novembre 1946, l'informait que, selon les termes de l'*Army Order* 128 de 1945, il était élevé au rang de capitaine honoraire, notification publiée dans le supplément du 22 novembre 1946 de la *London Gazette*. À partir de ce moment-là, Moore devait toujours se désigner comme « capitaine », persuadé qu'un rappel de son appartenance à l'armée augmenterait ses chances de succès dans le monde de l'entreprise. Il avait certainement raison, d'autant que son accent distingué qui sentait l'armée empêchait qu'on soupçonne que son père était un Irlandais parlant avec l'accent du terroir.

● Le célèbre acteur anglais Laurence Olivier en costume de Richard III posant pour le peintre aux studios de Shepperton en Angleterre en 1955.

En 1955, Korda produisait *Richard III* avec Laurence Olivier dans le rôle-titre, et décida de commander à Dalí un portrait de l'acteur, à des fins publicitaires. La peinture fut exécutée à Londres au mois de mai de cette année-là, et Dalí séjourna au Claridge. Dalí exigea son salaire de dix mille livres en lires italiennes, ce qui était difficile en raison du contrôle des changes, et Korda lui suggéra d'en parler à son représentant à Rome. Peter Moore n'avait jamais entendu parler de Dalí, et il déjeunait avec Orson Welles le jour où Dalí se présenta lui-même. Quand il lui tendit l'argent, Dalí dit qu'il avait une requête. Korda lui avait dit que Moore pouvait lui organiser un entretien privé avec le pape. Aurait-il cette gentillesse ? À cette époque, Moore supervisait l'installation au Vatican d'un circuit fermé de télévision française et avait fini par bien connaître le pape (qui s'intéressait à la télévision). Il était facile d'arranger la rencontre. En 1949, Dalí n'avait eu droit qu'à dix minutes. Cette fois, il parla pendant deux heures à Pacelli qui était libre à ce moment. Le lendemain, il exprima sa surprise que *L'Osservatore Romano* n'ait pas parlé de l'« audience ». Moore se rappelle : « Je lui ai dit : « Croyez-vous qu'à chaque fois que le pape parle avec son cuisinier ou son électricien, ça soit rapporté par les journaux ? Si vous voulez une audience officielle, il faut passer par l'ambassade d'Espagne[1835]. »

Homme du monde, raconteur, boucanier et bon vivant, l'élégant Peter Moore impressionna Dalí, notamment en raison de son passé militaire.

L'autre personne qui entra dans la vie de Dalí à cette époque était une femme. En février 1955, Dalí et Gala assistèrent au bal de charité donné chaque année à

New York par les Knickerbocker. C'était une affaire très sélecte : pour être invité, il fallait être soit célèbre, soit riche, soit de toute beauté. Nombre des invités étaient les trois à la fois. Au cours de la soirée, Dalí s'aperçut qu'il regardait, de l'autre côté de la salle, une blonde superbe en robe de soirée rouge. Elle avait ce corps grand, majestueux, tout en courbes, que les Espagnols disent « sculptural ». Incapable de détacher les yeux de sa vision, Dalí finit par se lever et par traverser la salle. « Je suis Dalí, dit-il. Je veux vous voir tous les jours pour le restant de ma vie. Qui êtes-vous ? »

La réponse de la femme en rouge le laissa sans voix – ce qui était rare pour lui, que peu de gens pouvaient se vanter d'avoir vu frappé de timidité à cette époque. Car il s'avéra que non seulement elle était espagnole (une éventualité qui n'avait pas traversé l'esprit de Dalí), mais qu'elle portait le nom exotique de Nanita Kalaschnikoff et était née à Madrid, à quelques pas de l'Académie San Fernando, et qu'elle était la fille d'un riche écrivain, très célèbre, de romans semi-pornographiques, Josè María Carretero, dont les livres s'étaient vendus par dizaines de milliers dans les années 1920 et 1930, et avaient été lus par Dalí, dans le dos de son père, quand il était adolescent.

Carretero, qui était mort en 1951, était de Montilla, en Andalousie, et écrivait sous le pseudonyme d'« El Caballero Audaz », « l'Homme qui ose ». Et en effet il osait, dans sa vie comme dans ses écrits. Géant selon les normes espagnoles (il mesurait près de deux mètres), il était déjà célèbre en Espagne et en Amérique du Sud quand Dalí était arrivé à Madrid en 1922, et avait une grande réputation, justifiée, de séducteur, de duelliste et de farceur. On dit que lorsqu'il entrait dans une pièce à Madrid, en faisant tournoyer sa cape, les dames manquaient de tomber en pâmoison et que leurs partenaires pâlissaient d'anxiété. Carretero était aussi bien connu par ses interviews de personnages célèbres dans la presse de Madrid. Dans ses Mémoires, Luis Buñuel parle de lui comme d'« un romancier du plus bas niveau[1836] », ce qui ne l'empêcha pas de puiser sans le dire dans un de ses livres, *La bien pagada*, pour *Belle de jour*[1837].

Dalí n'arrivait pas à croire que Nanita Kalaschnikoff était la fille d'un écrivain dont les histoires avaient sur lui un effet sexuel quand il était adolescent. Dans l'une d'elles, se rappela-t-il un jour, un corps de femme, quand il était pénétré, faisait « le bruit d'une pastèque ouverte à l'aide d'une fourchette. Et je me suis dit : "Si je dois ouvrir une pastèque avec mon petit machin, jamais je n'y arriverai."[1838] »

Le père de Nanita avait voulu l'appeler « Ambarina » (« Ambre ») à cause de sa peau pâle et de ses cheveux blonds, mais les autorités ecclésiastiques avaient refusé. Alors l'« Homme qui ose » l'avait appelée Maria Fernanda, du nom de l'actrice María Fernanda Ladrón de Guevara, qui était sa maîtresse à l'époque (« Nanita » était un diminutif de « Fernanda »).

En 1931, à l'avènement de la République espagnole, le père de Nanita, monarchiste et antidémocrate passionné, avait décidé qu'il ne pouvait plus vivre dans l'Espagne qui avait condamné Alphonse XIII à l'exil. De plus, il pensait avoir tué un célèbre aristocrate, le comte des Andes, dans son duel le plus récent (le treizième). Alors il avait pris avec lui sa famille et était parti en hâte à Paris. Nanita avait sept ans. Elle fut mise dans une école française, et elle apprit à parler le français couramment. Entre-temps, Carretero et sa femme s'étaient séparés : elle ne supportait plus ses constantes infidélités.

Adolescente superbe, Nanita Carretero attira le regard d'un peintre français, Jean-Gabriel Domergue, qui après avoir échoué comme paysagiste se tournait vers la mode. Nanita commença à lui servir de modèle, figura dans de nombreuses toiles et se trouva lancée dans le monde de la haute couture, de l'art et de la belle vie dans lequel elle devait naviguer, heureuse, jusqu'au restant de ses jours. Fêtée, adulée, adorée, poursuivie, elle prit rapidement conscience, ainsi qu'elle le dit un jour, de l'exactitude du dicton « *Anatomy is destiny* ». « L'un de mes professeurs était Simone de Beauvoir, se rappelait-elle. J'ai souvent pensé que j'aimerais être écrivain, mais je me sentais si particulière à cause de ma beauté que je n'étais jamais seule[1839]. »

Lorsque Nanita Carretero rencontra Dalí au bal des Knickerbocker, elle était mariée depuis dix ans avec Michel Kalaschnikoff, un aimable Russe éduqué en Angleterre qui travaillait à New York pour les joailliers Winston, et elle était mère de trois filles. Elle ne s'enflamma pas pour Dalí lors du bal (« Je le prenais juste pour un Espagnol cinglé qui faisait le fou »), mais c'était Dalí, et elle accepta de le revoir le lendemain. La deuxième rencontre se passa mieux. Dalí, très vite, devint fou de Nanita, et presque chaque soir jusqu'à son départ pour l'Europe quelques mois plus tard, il venait la chercher à son travail (le populaire magasin de cosmétiques Lilly Daché, sur la 53e Rue). À cause de son allure royale (accentuée par un nez majestueux), Dalí la surnomma bientôt « Louis XIV » ou, plus simplement, le « Roi ». Son mari prit ça avec sa bonne humeur habituelle.

Gala, surprise de la situation, décida vite que la superbe nouvelle venue représentait une menace pour sa relation avec Dalí, et soupçonna Nanita d'être lasse de son mari. Mais tel n'était pas le cas. Pour commencer, Gala était jalouse de ce que, à cause de leur passé madrilène, Nanita partageait avec Dalí beaucoup d'expériences en commun, dont elle était exclue. Tous les deux, c'est certain, exultaient en compagnie l'un de l'autre, parlant sans arrêt de l'Espagne, et chantant ensemble des bribes de leurs opérettes espagnoles préférées (tous deux en connaissaient les paroles par cœur). Ils furent ravis de découvrir, de plus, que leurs yeux étaient presque exactement de la même couleur, d'un vert gris. « Dalí appelait ça une symbiose, et nous plaisantions toujours de cette coïncidence », se rappelait Nanita. Une autre coïncidence : tous deux avaient eu des pères difficiles[1840].

Dalí était frappé par le fait que Nanita, même si elle était née à Madrid, se sentait profondément andalouse, car elle avait passé, enfant, toutes ses vacances d'été dans la maison de son père à Montilla. Il lui parlait souvent de Lorca, à qui il n'avait jamais rendu visite à Grenade, en dépit des invitations répétées du poète, lui disant qu'il avait été le meilleur ami de sa jeunesse, et tous deux récitaient des vers de ses poèmes. Quand Dalí vendait une toile, il levait les yeux au ciel et remerciait Federico, dont il était certain qu'il était intervenu pour lui. Il ne fait aucun doute que Dalí se mit à aimer Nanita Kalaschnikoff, si tant est qu'il ait été capable d'aimer quelqu'un, et qu'elle devint rapidement vitale à son bien-être. Nanita, de son côté, se mit à ressentir une véritable affection pour le « vrai » Dalí, l'homme privé, la personne séduisante qui se cachait sous ses épaisseurs de déguisements. Leur relation ne fut jamais ouvertement sexuelle, mais elle contenait un certain degré de complicité érotique que le peintre n'arrivait pas à éprouver avec Gala. Nanita était non seulement extrêmement sociable et agréable, mais sexuellement désinhibée. Et ça ne la gênait pas de poser nue pour Dalí. « Elle a joué un rôle important, elle a été la femme que Dalí aurait vraiment voulu épouser, dit Peter Moore avec emphase. Et évidemment, à la différence de Gala, elle était active, participait à ses petits jeux, ce que Gala refusait toujours de faire[1841]. »

## LES ALBARETTO

En avril 1956, alors qu'il rentrait en Europe sur le transatlantique *America*, Dalí écrivit en vitesse un petit opuscule en français, *Les Cocus du vieil art moderne*, un abrégé des idées développées dans ses conférences et ses brochures des six années précédentes. La thèse en était que toute la peinture moderne, ou presque toute, était à mettre aux ordures, et que maintenant seul était valide un art capable d'exprimer la découverte de « la discontinuité de la matière ». Le texte fut publié à Paris dans l'année, gonflé par l'article de 1933 en faveur de Gaudí, et que Dalí considérait comme l'une de ses contributions critiques les plus notables, « De la beauté terrifiante et comestible de l'architecture Modern'Style ». Après un bref séjour à Paris, les Dalí rentrèrent en Espagne, où, le 16 juin, le peintre s'entretint pour la première fois avec le général Franco. La rencontre eut lieu au Pardo, la résidence officielle du dictateur, en dehors de Madrid, et elle se passa bien. Il ne fait aucun doute que Dalí remercia avec effusion Franco de son décret, publié par le gouvernement quelques années plus tôt, protégeant Port Lligat et ses environs des développements touristiques. Puis, après avoir échangé des congratulations avec le Caudillo, il se hâta de rentrer chez lui pour se remettre à son habituelle besogne d'été[1842].

Il se trouva qu'à cette époque deux médecins de Turin, Giuseppe et Mara Albaretto, étaient en vacances à Llansá, tout près de Cadaqués. Ils y rencontrèrent le critique d'art Rafael Santos Torroella et sa femme Maite, qui rendaient fréquemment visite aux Dalí. Quand les Albaretto apprirent que le couple connaissait le peintre, et s'apprêtait à aller le voir, ils le supplièrent de les emmener. Ce fut le coup de foudre, du moins en ce qui concerne les Albaretto, et ils achetèrent sur-le-champ un dessin. Dalí sympathisa (et réciproquement) avec leur petite fille, Cristiana, et les invita à revenir le lendemain. Ainsi commença une aventure presque exactement parallèle à celle dans laquelle s'étaient embarqués Reynolds et Eleanor Morse en 1943. Les Santos Torroella virent la chose se produire sous leurs yeux : en quelques mois, les médecins italiens devinrent des collectionneurs de Dalí. Au cours des années qui suivirent, Dalí se mit à les traiter comme sa « famille italienne[1843] ».

L'argent des Albaretto venait surtout, apparemment, de Mara, dont le père était un riche industriel d'Imperia. À moins que ? La première vocation de Giuseppe Albaretto avait été la prêtrise. Éduqué par les Salésiens, il avait vu un jour un film sur les missionnaires, et avait décidé de suivre leur exemple, et de sauver des âmes. Mais il était fils unique, ses parents ne voulaient pas le perdre, et pour finir l'ordre l'avait persuadé qu'il répondrait mieux à son appel religieux « dans le monde ». Il obtint par conséquent un diplôme de dentiste, et pratiqua pendant deux ans. Mais ce n'était pas sa vocation. Il devint donc conseiller financier pour les Salésiens, s'investissant plus particulièrement dans le secteur des publications éducationnelles de l'ordre. Et il y gagna de l'argent[1844].

Giuseppe Albarreto, fougueux, sentimental et généreux, correspondait à l'idée que tous les Anglo-Saxons se font de l'Italien typique, aussi passionné par son catholicisme qu'il l'était par toute chose. Il n'était pas question qu'il se laisse embarquer par le « mysticisme nucléaire » de Dalí, et il décida de mettre sa vocation frustrée au service de la conversion à Dieu de l'âme du maître. Quant à Gala, il la considérait comme perdue pour l'Église. Mara était d'un tempérament plus paisible que son mari, même si elle défendait ses positions quand la situation l'exigeait. Bientôt les Albaretto virent fréquemment les Dalí quand ils étaient en Europe. « Quand nous avons vu Dalí pour la première fois, il n'avait pas de marchand pour s'occuper de sa production, se rappela Mara Albaretto, et le fait est qu'il était beaucoup plus connu en Amérique qu'en Europe. Nous avons eu la chance de le connaître au moment où ça s'est fait. Il n'y avait tout simplement pas de compétition sérieuse, et son œuvre était vraiment à un prix raisonnable[1845]. »

Dans le dos de Dalí, et surtout celui de Gala, les Albaretto devinrent amis avec Anna Maria Dalí, comme les Morse, et achetèrent de nombreux dessins et toiles qu'elle avait gardés à la mort de leur père. « Anna Maria Dalí avait toujours besoin d'argent, se souvient Mara Albarreto. En général les transactions se déroulaient à la Sala Gaspard, à Barcelone, « parce qu'Anna Maria Dalí ne voulait pas être vue en train de vendre des toiles[1846] ». Parmi les achats principaux des Albaretto, il y eut *Nature morte (Invitation au sommeil)*, représentant la tête de Lorca, et un charmant portrait d'Anna Maria elle-même, datant de 1925[1847].

## ENCORE DES PEINTURES GÉANTES

En novembre 1956, alors que l'automne catalan commençait à tourner au froid, les Dalí suivirent leur instinct migrateur et entreprirent leur balade annuelle à New York. Comme d'habitude, Dalí avait organisé tout un programme pour leur brève halte à Paris. Cette année, il comprenait du travail supplémentaire avec Robert Descharnes au film *L'Aventure prodigieuse de la dentellière et du rhinocéros*, et quelques canulars publicitaires liés aux quinze lithographies commandées par Joseph Foret pour son édition de *Don Quichotte*. Pour ces lithographies, Dalí utilisa une technique mêlée, qui impliquait qu'il remplisse un œuf d'encre avant de le casser au-dessus des pierres, qu'il grattait avec deux cornes de rhinocéros trempées dans l'encre, puis à l'aide d'un tromblon il jetait sur les pierres des clous enflammés. Il appela cette dernière invention le « bulletisme », et il existe une photographie de Max Ernst regardant avec une certaine appréhension Dalí viser sa cible[1848].

Quinze jours plus tard, Dalí était à New York. *Le Sacrement de la Cène* était dans les journaux car il avait été acheté par le millionnaire Chester Dale, peut-être le plus grand collectionneur américain des impressionnistes français. Pour Dale, Salvador Dalí représentait un nouveau départ. En 1954, il avait été si « soufflé » par *Corps hyper-cubique* qu'il l'avait acheté pour le Metropolitan Museum of Art[1849]. Maintenant, il venait de faire don du *Sacrement de la Cène* à la National Gallery of Art, à Washington. Là, en novembre 1956, l'immense toile fut scrutée par Paul Tillich. Le théologien distingué trouva l'œuvre sentimentale et banale, et on le cita disant que Jésus ressemblait à « un très bon athlète d'une équipe de base-ball ». La peinture devait causer des embarras à plusieurs conservateurs du musée, et fut déplacée dans un coin discret de la collection. Selon Sherman Lee, qui fut à la tête du musée d'Art de Cleveland, il s'agissait de « l'œuvre la plus surestimée » qui soit dans un musée américain[1850]. Quant à ce qu'en pensait Dalí, il dit à Alain Bosquet en 1965 que plus de cartes postales en furent vendues que de tout Léonard de Vinci et Raphaël réunis. Ce qui prouvait le triomphe de sa « stratégie », car son but avec de telles œuvres était de montrer qu'il était capable de peindre les toiles les plus populaires du monde[1851].

Dalí venait de commencer une autre toile géante, *Jacques le Majeur* (400 × 300 cm), représentant l'apôtre et saint patron de l'Espagne dont l'autel à Saint-Jacques-de-Compostelle était le but de l'un des plus fameux pèlerinages de l'Europe médiévale. Aujourd'hui au Canada, à la Beaverbrook Art Gallery de Fredericton, la toile, achevée en 1957, montre un saint Jacques nu montant de la mer sur un cheval apparemment propulsé par un pouvoir atomique afin d'aider les chrétiens espagnols à lutter contre l'invasion des

Maures. Le coursier est sûrement le plus disproportionné et le plus disgracieux jamais peint par Dalí, tandis que le Christ athlétique, les bras tendus vers le dôme du paradis (soigneusement conçu par Isidor Bea), est résolument kitsch.

*Jacques le Majeur* fut suivi par *Découverte de l'Amérique par Christophe Colomb* (1958), qui avait été commandé par Huntington Hartford, héritier d'A&P, l'empire de l'épicerie, peut-être parce que la galerie d'art qu'il construisait à New York était située au 2 Colombus Circle. Ce que Dalí avait surtout à l'esprit lorsqu'il peignit cette toile, c'est l'approche du tricentenaire de la mort de Vélasquez (en 1960). Les poteaux qui occupent la partie droite de la vaste toile (410 × 284 cm) font écho aux vingt-huit lances de *La Reddition de Bréda*, et Dalí a dit que le trou au centre de la voile supérieure du navire de Colomb était une référence à la clé dans la toile de Vélasquez – la clé de Bréda tendue aux conquérants espagnols par Justin de Nassau, le chef hollandais[1852].

Dalí se laissa persuader, ou se persuada lui-même, que Colomb était non seulement catalan, mais qu'il était de Gérone[1853]. Il y a donc dans la toile des allusions à Gérone, la ville symbolisée par son patron, saint Narcisse, qu'on voit en bas à gauche de l'œuvre. La présence des falaises du cap de Creus dans le coin en haut à gauche peut aussi se justifier de la même façon (si tant est que Dalí ait eu besoin d'une telle justification). Isidor Bea, qu'on voit de dos, servit de modèle pour le saint, sans nul doute en signe de reconnaissance pour le rôle vital qu'il jouait maintenant dans la production de ce genre de toiles immenses[1854].

Comme l'Espagnol a amené le catholicisme au Nouveau Monde, le thème de la « découverte » permit à Dalí d'inclure un autre portrait de Gala dans le rôle de la Vierge Marie, cette fois figurant sur une bannière en Immaculée Conception. Dalí cita une fois de plus le *Christ de saint Jean de la Croix*, et lui-même est le personnage moustachu à moitié chauve agenouillé sur le rivage brandissant un lourd crucifix d'argent. Évidemment, Dalí et Gala avaient de bonnes raisons d'être reconnaissants à l'Amérique. Elle les avait couverts de dollars et, avec une commande comme celle-là, elle continuait à le faire. Tandis que Dalí travaillait à cette peinture, il s'est sûrement rappelé que, même s'il avait découvert le Nouveau Monde, Colomb était mort dans la pauvreté. Dalí avait bien des fois répété, et devait continuer à le faire, que *lui* n'avait aucune intention de finir dans la même situation.

L'été précédent, à Port Lligat, Reynolds Morse avait eu la « témérité » d'objecter que l'oursin entouré d'anneaux au premier plan était trop lourd et devrait être retiré. Dalí fut extrêmement irrité par cette remarque. Pas question de l'enlever ! « Dans "le Colombus" moi-même est peint un very klar record de somesing que ne s'est pas encore passé... Si vous ne pas like "le Colombus" is seulement nécessaire que vous wait and see. Sou-daine vous être realize qu'il est devenir le plus important verk de me life[1855] ! » Qu'est-ce qui ne s'était pas encore passé ? Quand la toile fut exposée, Dalí expliqua que la forme de poire de l'oursin entouré d'anneaux faisait allusion à la Terre vue d'une navette spatiale américaine, et symbolisait la « science nucléaire[1856] ». Quelques années plus tard, il alla plus loin et se vanta de ce que l'oursin annonçait la lancée du premier satellite, qui avait eu lieu deux ans après[1857]. Eleanor Morse décida, en 1971, que Dalí avait pris littéralement au sérieux la promesse de John Kennedy que dans moins de dix ans l'Amérique aurait envoyé un homme sur la Lune, et que l'oursin célébrait à l'avance le grand événement qui devait avoir lieu le 21 juillet 1969. Même si elle avait raison, ça ne rendait pas la toile prophétique, mais tout au plus opportuniste[1858].

## LES JUMEAUX DIVINS

À cette époque, un autre personnage marqua la vie de Dalí : Pierre Roumeguère, psychanalyste et spécialiste en mythologie. Entre 1954 et 1958, Dalí eut, à Paris, des conversations fréquentes avec cet homme, qu'il appela plus tard « mon psychiatre préféré[1859] ». Les conversations furent enregistrées (mais jamais publiées). On ne sait si elles commencèrent à l'initiative de Dalí ou à celle de Roumeguère, même si les observations écrites du médecin à son « patient », ainsi qu'il appela un jour Dalí, révèlent une telle révérence inconditionnelle pour l'homme et pour l'artiste qu'on peut supposer qu'il en était à l'origine. Les plus anciennes de ces observations sont contenues dans un bref article, « La mystique dalinienne devant l'histoire des religions », qui montre la fervente admiration de Roumeguère pour *La Vie secrète*, dont il dit qu'il s'agit d'« un document incomparable et une authentique mine d'or, à coup sûr, pour les amateurs d'humour, pour les psychiatres, et pour les esthètes qui s'intéressent à la compréhension du mécanisme de la création artistique... un extraordinaire document humain à tous points de vue, comparable en importance scientifique à celui du président Schreber, le célèbre paranoïaque mystique dont nous a parlé Freud[1860]. »

Le 5 juin 1958, Roumeguère lut à Dalí la thèse selon laquelle Gala et lui étaient la réincarnation du mythe des Dioscures, Castor et Pollux, « nés des œufs divins de Léda[1861] » (avec Gala dans le rôle du mortel Castor, reprenant celui du premier Salvador, et Dalí dans celui de l'immortel Pollux). Dalí, quelques années plus tard, raconta à Alain Bosquet :

> Pour la première fois de ma vie j'ai connu, avec d'incomparables frissons, la vérité absolue sur moi-même : une thèse psychanalytique avait révélé le drame qui était à la base de la structure tragique de ma personnalité. Il était question de la présence inévitable, au fond de mon être, de mon frère mort, qui était si aimé de mes parents qu'à ma naissance ils me donnèrent son nom, Salvador. Le choc fut terrible, comme une révélation. De plus, il explique les terreurs qui m'assaillaient à chaque fois que je pénétrais dans la chambre de mes parents et que je voyais la photo de mon frère mort : un très bel enfant, couvert de dentelles délicates, dont l'image avait été si embellie que, par contraste, je passais toute ma nuit à rêver à ce frère idéal dans un état de totale putréfaction. Je n'arrivais à m'endormir qu'en pensant à ma propre mort et en me disant que j'étais dans mon cercueil, enfin au repos. Grâce à Pierre Roumeguère, j'ai été capable de prouver que pour moi un mythe archétypal, comme celui de Castor et Pollux, était une réalité viscérale[1862].

Les écrits suivants de Roumeguère sur Dalí montrent que, en ce qui concernait la mort du premier Salvador, il avait avalé la totalité de la version inexacte donnée dans *La Vie secrète* et que Dalí, sans aucun doute, lui avait répétée verbalement. Il croit sans la moindre hésitation que le premier Salvador est mort de méningite à l'âge de sept ans, trois ans et demi avant la naissance du futur peintre, alors qu'en réalité il est mort neuf mois avant la naissance de Salvador II, à l'âge de vingt-deux mois ; que les deux frères étaient l'image l'un de l'autre, le premier Salvador étant « le double et le jumeau de l'autre » ; et que les parents avaient inconsciemment commis un crime en donnant à Salvador le nom de son frère mort[1863]. Il invente même une voix maternelle avertissant Dalí que, s'il ne se couvrait pas avec un cache-col, il prendrait froid et mourrait de méningite comme son frère[1864]. De plus, il est clair que Dalí, malgré quatre ans de conversations, ne parla jamais au psychanalyste du suicide de son grand-père Gal, ni de sa crainte d'avoir hérité sa tendance paranoïaque. La conclusion de Roumeguère est grotesque : « Dalí est resté véritablement identifié avec un vrai jumeau mort ; il a à peine vécu, au mieux il a survécu, au bord de la folie en direction de laquelle il se sentait lucidement dériver au cours de l'été magnifique de Cadaqués, en 1929[1865]. »

Puis, évidemment, survint Gala, le miracle thérapeutique destiné à sauver Dalí du fantôme interne de son frère mort, pour le guérir de sa « psychose » (selon le mot de Roumeguère[1866]). Avant l'apparition du médecin français, Dalí avait déjà décidé, ainsi que le montrent *Leda atomica* et ses commentaires sur la toile, que Gala et lui étaient les jumeaux divins. Il n'avait pas besoin que Roumeguère le lui dise. Mais la confirmation pesa sur lui d'un énorme poids, car elle venait d'un « homme de science[1867] ». La thèse de Roumeguère à propos du premier Salvador collait parfaitement au schéma. Gala avait pris la place de Castor, écarté le spectre, et restauré l'harmonie. Elle était la réplique exacte de Dalí, comme l'avait été le premier Salvador, sa « jumelle vivante[1868] ».

Tout était net et clair – et branlant. Roumeguère affirma que la révélation du « secret » fut pour Dalí une libération et que pendant des années, dans un était d'« exultation jubilatoire », il en parla à tout le monde[1869]. Ce qui est sûrement vrai : Dalí en parla à *tout le monde*. En ce qui concerne sa libération, cependant, on peut se montrer plus sceptique. La plus grande réussite de Roumeguère, peut-on admettre, fut de fournir à Dalí un diagnostic convaincant de sa conduite erratique avant qu'il connaisse Gala, une conduite dont il se sentait encore moins responsable qu'avant. Après tout, comment aurait-on pu en vouloir à Dalí s'il n'était pas encore lui-même, mais plutôt une version nébuleuse, dépourvue de substance, de son frère mort – le frère dont la mort était symbolisée par le *Christ* de Vélasquez, dont une reproduction était accrochée au mur de la chambre parentale, en même temps qu'une photographie du premier Salvador ? On pourrait soutenir que, loin d'aider Dalí à se libérer, la « révélation » de Roumeguère ne servit qu'à renforcer les murs de sa prison mentale.

Sur la vague d'enthousiasme provoquée par la « découverte » de Roumeguère, Dalí décida que, six ans après la mort de Paul Éluard, il était temps pour Gala et lui de se marier religieusement. La cérémonie eut lieu le 8 août 1958, dans la plus stricte intimité (sans doute sur l'insistance de la discrète Gala), au sanctuaire de Notre-Dame-des-Anges, dans la montagne, à Sant Martivell, non loin de Gérone. Gala et Dalí passèrent d'abord par Gérone, en voiture (avec Gala au volant), où trois chapelains montèrent dans la Cadillac, et où quelques adversaires du peintre gribouillèrent sur les vitres « Picasso est meilleur que Dalí ». Au sanctuaire, le groupe fut accueilli par Francesc Vilà i Torrent, le prêtre de la paroisse de Fornells de la Selva, qui officia. Il n'y avait ni reporters ni photographes. C'était une sorte de miracle. Le lendemain, un ami de Dalí, Melitón Casals Casas, dit « Meli », le photographe de Figueres, prit la photo officielle du couple en tenue de mariage[1870].

L'application de Dalí à faire sa propre promotion et celle de son œuvre ne connut pas de cesse alors que la décennie tirait à sa fin, et chaque exposition hivernale à New York était l'occasion d'une nouvelle trouvaille. En décembre 1958, le catalogue de son exposition à la galerie Carstairs contenait un « Manifeste antimatière » dans lequel il proclamait qu'il avait enfin abandonné son exploration de l'inconscient. Il ne se préoccupait plus que de l'antimatière ! Il fut aussi question des *Cocus du vieil art moderne*, dont la publication en Amérique était programmée pour coïncider avec l'exposition. Une des toiles exposées chez Carstairs était *La Madone Sixtine* (aussi connue sous le titre d'*Oreille avec Madone*), qui avait été inspirée par une photo de Jean XXIII[1871]. Vue de près, disait Dalí, on aurait dit une peinture abstraite ; vue à deux mètres, la toile devenait la *Madone Sixtine* de Raphaël ; vue à quinze mètres, elle se métamorphosait en oreille d'ange. Dalí expliqua qu'elle était « peinte à l'antimatière, c'est-à-dire au moyen d'énergie pure ». Elle était constituée de centaines de points. Mais était-ce autre chose qu'un nouveau truc visuel ? Alors que son œil la parcourait, ainsi que d'autres toiles exposées, et se trouvait assailli par une rafale de mésons et de protons, la critique française Margaret Breuning avait des doutes[1872].

Maintenant que Gala et Dalí étaient mariés, il était temps d'obtenir une nouvelle audience papale. De plus, Dalí approuvait Jean XXIII, pas uniquement à cause de ses oreilles intéressantes, mais parce qu'il organisait un Concile œcuménique. L'audience eut lieu le 2 mai 1959, avec la publicité appropriée. Dalí dit au pape qu'il venait de recevoir une commande d'une cathédrale dans le désert d'Arizona. Porté par le vent de l'époque, il avait choisi de faire une « cathédrale œcuménique » qui « flotterait » à trente centimètres du sol sur un coussin de goudron. Le bâtiment aurait la forme d'une poire car au Moyen Âge, selon Dalí, ce fruit symbolisait la résurrection et l'unité morale du monde qui seraient représentées par le prochain Concile œcuménique. On ne sait ce que pensa le pape Jean de ce projet chimérique[1873].

Le même été, Dalí eut encore des idées nouvelles lorsqu'il reçut la commande de trois illustrations et de la couverture de la réédition en un exemplaire de *L'Apocalypse de Saint Jean* de Joseph Foret, qui devait être le livre le plus cher du monde. Il imagina faire exploser une bombe remplie de clous sur une plaque de cuivre qu'il aplatirait sur une autre avec le rouleau d'une machine à coudre Singer. Tout cela se ferait, évidemment, sous le regard des médias. Et ça commençait à porter sur les nerfs de beaucoup de gens[1874].

● Dalí utilise une arme pour créer un dessin pour la couverture de *L'Apocalypse de Saint Jean*. Le résultat final tient en un livre aux proportions démesurées et à la couverture de bronze. Le travail de sept peintres et écrivains dont Jean Cocteau et Foujita vint compléter l'œuvre d'art.

L'année se termina par la présentation, à Paris, du prototype de la nouvelle invention de Dalí, l'Ovocipède, un mode de transport individuel révolutionnaire consistant en une sphère de plastique transparent d'un mètre quarante de diamètre, propulsée par la simple pression sur le sol du pied du chauffeur. L'avantage de cet engin était que non seulement il permettait d'aller d'un endroit à un autre, mais qu'il donnait l'impression d'un retour utérin. Le canular avait été organisé par Foret pour promouvoir *L'Apocalypse de Saint Jean*. Dalí arriva déguisé en astronaute. Joséphine Baker et Martine Carol participèrent plus tard à une démonstration supplémentaire, pour faire plus de publicité. Que Dalí ait pu garder son visage impassible à la Buster Keaton dans une occasion pareille est difficile à croire, mais il y parvint. Il était maintenant un *showman* si consommé qu'il pouvait effectuer les performances les plus ridicules sans un battement de paupières. Dalí avait abandonné toute honte, du moins dans ses manifestations externes[1875].

.10
.10
.49
.49
.49
.49

# XIII. L'« amplification » des talents

[1960-1966]

## LE « CAPITAINE » PREND LA BARRE

Depuis que George Keller, de la galerie Bignou, avait pris sa retraite en 1948, Gala s'occupait elle-même des ventes de Dalí, uniquement en liquide. Mais la renommée de Dalí continuait à croître et les commandes à se multiplier, et il devenait très difficile de suivre. Les Dalí avaient besoin d'un manager professionnel. Mais qui choisir ? À la fin de l'année 1959, Dalí décida de contacter Peter Moore.

**442●** Le 6 mai 1964 à Paris. Dalí porte son *Veston aphrodisiaque* lors d'une réception qu'il donne afin que les journalistes prennent connaissance de ses derniers travaux.

Sir Alexander Korda était mort en janvier 1956, et avec lui la London Films. Il fallut à Moore quatre ans pour boucler la partie italienne de l'affaire. Lord Bernstein lui proposa un travail à la télévision, mais il refusa quand il s'aperçut qu'il lui demanderait de suivre des cours à Manchester. Peter Moore n'avait pas envie de reprendre des études. Au cours de ces années, il n'avait pas complètement perdu contact avec Dalí et, début 1960, le peintre lui envoya un billet en première classe sur TWA et le convoqua à New York, lui disant qu'il voulait le voir devenir son homme d'affaires et son « conseiller militaire ». « Dalí me dit que la moindre république bananière d'Amérique du Sud avait son conseiller militaire, et que, comme il était beaucoup plus important qu'elles, il en méritait un aussi », se souvient Moore en riant[1876]. Selon les termes du contrat, il ne toucherait pas de salaire pour mener les affaires de Dalí, mais il aurait une commission de dix pour cent sur chaque marché qu'il conclurait. Ça devait tout comprendre, excepté la vente des toiles et des dessins originaux, qui restaient la chasse gardée de Gala : sculptures, cravates, chemises, chaussures, parfums, décoration d'avions, puzzles, et tout ce à quoi Moore pourrait penser[1877].

Peter Moore accepta immédiatement la proposition, et affirme que ce premier week-end il fit pour cinq cent mille dollars d'affaires pour Dalí : « Je me suis dit : "Mon Dieu, je suis assis sur un tas d'or." Et ça s'est avéré être le cas. » Moore a un impressionnant bagou hérité de son père irlandais, et la somme est peut-être exagérée. Ou peut-être que non. Il dit qu'il fut surpris de découvrir que Gala et Dalí étaient tous deux antisémites, et qu'ils écartaient les marchands juifs de New York. Aux yeux de Moore, c'était complètement stupide. Les marchands s'étaient ligués contre Dalí, et ses toiles n'atteignaient pas les prix qu'elles méritaient. Moore décida de remettre de l'ordre là-dedans. Rapidement, il conçut que sa mission consistait à « amplifier » le talent de Dalí – et à multiplier proportionnellement les revenus du maître[1878].

Reynolds Morse, lui-même quelque peu antisémite, avait aussi remarqué les problèmes de Dalí avec les marchands d'art juifs de New York. Mais il leur attribuait une cause différente. En 1973, il écrivait qu'au cours des deux décennies précédentes « des facteurs tels que la prédominance des Juifs riches et puissants dans le domaine de la peinture ne pouvaient être mentionnés ». Selon Morse, cette prédominance avait eu pour conséquence « une discrimination prolongée de Dalí, qui était catholique, en faveur de Picasso, qui séparait religion et peinture ». L'accusation était ridicule. Si les marchands juifs de New York ne voulaient pas entendre parler de Dalí, c'est parce qu'il les avait offensés par ses remarques antisémites, et non pas parce qu'il se disait catholique romain. Qu'avaient-ils à faire de sa religion[1879] ?

Peter Moore se fit rapidement un avis très négatif de Gala en tant que vendeuse des peintures et des dessins de Dalí. C'était « une négociante nulle » qui en général vendait aux mauvaises personnes au mauvais prix, écrivit-il dans ses Mémoires inédits, *Soft Watches and Hard Times*. Elle se faisait sans cesse arnaquer, et obtenait des résultats désastreux[1880].

L'arrangement des Dalí avec le « Capitaine » le poussa à trouver de plus en plus de moyens de gagner sa commission de dix pour cent. Moore, avant tout, toucha des marchés multiples, qui commençaient à exploser au début des années 1960 « sous la pression, écrivit Morse en 1971, de la demande énorme, qui excédait leur production, d'œuvres des quelques artistes les plus célèbres ». À cette époque, à en croire Morse, « un promoteur persuada Dalí de signer une déclaration arrogante selon laquelle une simple reproduction portant sa signature devait coûter aussi cher qu'une gravure ou une lithographie originales, car le contenu artistique était le même ». On peut penser que le promoteur en question était Peter Moore. En pratique, cette déclaration signifiait que Dalí était prêt à faciliter la reproduction d'une aquarelle par n'importe quel moyen souhaité par l'éditeur, sans que lui-même ait à intervenir. On lancerait alors une édition limitée, dont Dalí signerait chaque exemplaire. Si ces reproductions étaient vendues comme des « originales », comme ce fut souvent le cas, cela relevait de la fraude. Quoi qu'il en soit, la porte était ouverte pour une escroquerie à grande échelle[1881].

Ce fut le commencement d'une pente glissante sur laquelle la réputation de Dalí en tant qu'artiste sérieux devait se précipiter avec une rapidité alarmante, et avec son consentement, au fil de la décennie. Le processus était alimenté par l'avidité de Gala : tout ce qui comptait, c'était le cash, payé d'avance, et le plus possible. Dans les années 1940, Dalí avait gagné beaucoup d'argent en produisant des publicités stupides pour Bryan Hosiery. Maintenant, vingt ans plus tard, beaucoup plus célèbre, il était en position de gagner des fortunes non seulement grâce à des publicités commerciales, depuis les vêtements de sport Jack Winter jusqu'au chocolat Lanvin, mais surtout grâce aux nouvelles techniques de reproduction.

Généralement, les Dalí insistaient pour être payés en liquide, sans poser de questions, prenant d'énormes risques en méprisant de façon affichée les lois des États-Unis, de la France et de l'Espagne, pays entre lesquels ils se déplaçaient constamment. Peut-être Gala se servait-elle de son regard à percer les murs pour démolir les résistances des douaniers tandis qu'elle traversait les zones « rien à déclarer » des trois pays, portant dans ses bagages d'énormes liasses de devises étrangères. Reynolds Morse participait à ces fraudes, sachant que s'il ne payait pas en liquide il n'aurait pas ses tableaux. « Soyez sûr, nous dit-il, en se rappelant un paiement effectué en 1965, que cent mille dollars en pesetas, ça faisait un sacré poids que j'ai aidé Gala à fourrer dans ses bagages[1882]. »

Comme les Dalí n'avaient aucune éthique professionnelle, ils avaient tendance à corrompre tous ceux qui traitaient avec eux. De plus, cela faisait partie du programme de Dalí, qu'il ne cessait de répéter : crétiniser le monde. Si les gens acceptaient de se laisser duper, c'était leur problème.

Peter Moore affirme qu'au cours de ses sept premières années avec Dalí, ses dix pour cent de commission lui rapportèrent deux cent trente mille dollars par an, hors taxes, et un million de dollars au cours des cinq années suivantes, alors que les divers marchés montaient. De son propre aveu, il fut plusieurs fois millionnaire en s'occupant des affaires de Dalí et des marchés qui y étaient liés[1883].

En février 1960, au moment où Peter Moore commençait à être le « conseiller militaire » de Dalí, *Découverte de l'Amérique par Christophe Colomb* fut montré lors d'une exposition privée chez French and Company, à New York, ce qui retarda l'ouverture de la Huntington Hartford Gallery of Modern Art. Au mois de mars, la toile avait été vue par plus de sept cents visiteurs. Cette toile gigantesque n'impressionna pas les critiques. Le directeur d'un musée estima qu'elle faisait reculer de cent ans l'art de la peinture, et le sentiment général fut qu'elle représentait un nouvel exercice dans l'art du kitsch. Mais Huntington Hartford était content : l'œuvre était au-delà de « ses plus grandes espérances[1884] ».

● « Non, cette chemise ne se repasse pas. » Dalí se spécialise dans la publicité, si banale qu'en soit l'objet, tant que le cachet satisfait la voracité de Gala.

L'une des premières affaires de publication conclues par Moore fut l'édition par Joseph Foret de *La Divine Comédie*, avec des gravures sur bois des cent une aquarelles que Dalí avait récupérées du gouvernement italien. Dalí, cependant, dans *Journal d'un génie*, se vante d'avoir lui-même persuadé Foret de lui payer le double du prix reçu des Italiens[1885]. Lors de la publication du livre, en mai 1960, les illustrations furent exposées au palais Galliera. Dalí apprécia le vernissage et l'adulation qu'il pensait percevoir autour de lui : « C'est une sensation extrêmement agréable que cette admiration qui monte en effluves magiques jusqu'à moi, cocufiant et recocufiant l'art abstrait qui s'en meurt d'envie[1886]. »

De retour à Port Lligat pour le printemps et l'été, Dalí se mit au travail sur sa prochaine toile géante, *Le Concile œcuménique* (400 × 300 cm), avec Isidor Bea suant tel un esclave à ses côtés, comme d'habitude. Jean XXIII avait annoncé le concile le 24 janvier 1959, quelques mois après avoir été élu pape. Dalí, toujours à l'affût d'une affaire, et décidé cette fois à être à la page, devait penser que le concile annoncé serait un excellent sujet pour une autre toile immense. Il inséra dans sa peinture un portrait de Gala, copié directement, décolleté compris, sur sa *Sainte Hélène à Port Lligat* (1956). Lui-même se tient dans le coin en bas à gauche, depuis lequel, représentant Vélasquez à son chevalet dans *Les Ménines*, il nous regarde avec presque un air de défi. En haut du tableau, se cachant le visage de son bras tendu, il y a Dieu le Père, montré comme un homme nu sans pénis ni testicules, encadré par un portique, ou une arche, classique. (Dans l'étude de Dalí pour la toile, *La Trinité*, il a des testicules. Peut-être ont-ils été supprimés pour éviter de choquer les acheteurs potentiels[1887].) Si la tête de Dieu est invisible, celles des deux silhouettes représentant le Fils et le Saint-Esprit sont bien montrées, et comptent sûrement parmi les plus laides dans les œuvres prétendument religieuses de Dalí. Peut-être ce qu'il y a de mieux dans la peinture est-il la scène dans laquelle les rochers de Creus se reflètent dans l'une des innombrables criques du cap[1888].

*Le Concile œcuménique*, terminé en décembre 1960, fut la dernière œuvre « religieuse » de Dalí en grand format, et on peut soutenir qu'il s'agit de l'une de ses pires dans ce genre. Le même mois, une Exposition surréaliste internationale fut organisée à la galerie D'Arcy, à New York, par André Breton, Marcel Duchamp, Édouard Jaguer et José Pierre. À la grande horreur de Breton, Dalí réussit à persuader Duchamp, le seul des quatre organisateurs à se trouver à New York, de lui permettre d'accrocher sa *Madone Sixtine* (ou *Oreille avec Madone*). Breton et ses amis de Paris publièrent immédiatement une brochure de protestation. Intitulée « Nous ne l'entendons pas de cette Oreille », elle reproduisait la tête de Gala d'*Assumpta Corpuscularia Lapislazulina*. Dans un spirituel détournement de la caricature de Mona Lisa par Marcel Duchamp, Gala arbore la moustache de Dalí, et sous ses mains croisées est fixée la légende de Duchamp « L.H.O.O.Q. » (« Elle a chaud au cul ») avec l'addition « comme toujours », entre guillemets. La brochure insistait sur le fait que Dalí avait été exclu du mouvement surréaliste vingt ans plus tôt, et que depuis les surréalistes ne voyaient plus en lui que « l'ex-apologue de Hitler, le fasciste, le peintre clérical et raciste et l'ami de Franco, qui avait ouvert l'Espagne comme champ d'exploitation du pire barbarisme jamais connu[1889] ». Reynolds Morse et consorts ont eu tendance à voir dans l'attitude de Breton envers l'ancien surréaliste une simple démonstration d'amertume, et même de jalousie, car Dalí avait « réussi » là où lui, le fondateur du mouvement, avait « échoué ». Rien ne pouvait être plus loin de la réalité. C'était une démonstration de dégoût, et de courage moral.

## UN MUSÉE DALÍ À FIGUERES

Le 8 novembre 1960, avant de partir pour leur séjour annuel à Paris et à New York, Dalí et Gala firent des testaments communs. Ils se nommèrent mutuellement uniques héritiers. Après leurs morts, leurs effets personnels devaient être divisés également entre Cécile Éluard et Lidia, la sœur de Gala. Tous les tableaux, dessins et autres « créations artistiques » devaient aller au Prado, et leurs biens immobiliers au département des Beaux-Arts du ministère de l'Éducation, à Madrid. Il n'était pas question de Figueres, ni de Cadaqués, ni de la Catalogne[1890].

Un mois plus tôt Figueres avait élu un nouveau maire, Ramon Guardiola Rovira, homme de loi et professeur de Gérone qui vivait dans la ville depuis 1951[1891]. Guardiola était énergique, intelligent, et s'intéressait aux beaux-arts. Il trouvait honteux que le musée de l'Empordà, inauguré à Figueres en 1945, ne possède pas un seul Dalí. Pas plus, de fait, qu'aucune institution locale. Guardiola estimait qu'il relevait de son devoir, en tant que maire, de remédier à cette situation[1892].

Au mois de mai suivant, quand les Dalí revinrent à Port Lligat, Guardiola se hâta d'aller les voir. Il suggéra qu'une salle spéciale du musée de l'Empordà soit consacrée au peintre et que, en retour, le peintre devait y contribuer par quelques œuvres car, selon lui, le peintre et la ville se devaient mutuellement quelque chose. Peu après, le photographe « Meli » (Melitón Casals Casas), que Dalí appréciait beaucoup, rendit visite à Guardiola avec un message du maître. Dalí, lui dit-il, avait d'autres projets. Il ne souhaitait pas une salle dans le musée de l'Empordà, mais tout un musée consacré à lui-même[1893].

Guardiola retourna immédiatement à Port Lligat, où Dalí lui dit que non seulement il voulait son propre musée à Figueres, mais qu'il en avait choisi le lieu : le Teatro Principal, qui avait été incendié à la fin de la guerre civile, en 1939, quand un contingent de soldats maures de Franco y avait bivouaqué et y avait mis soigneusement le feu. Si Figueres restaurait le bâtiment selon ses instructions, disait Dalí, il lui léguerait ses œuvres. De plus, Dalí avait déjà prévu mentalement comment il lancerait le projet. Une corrida se donnerait en son honneur à Figueres, au mois d'août. Ce serait une splendide occasion pour annoncer aux médias que Salvador Dalí Domènech, le sauveur de l'art moderne, allait avoir un musée dans sa ville natale. Guardiola était ravi. On forma un comité, et en quelques jours l'opération était en route[1894].

Le choix des ruines du Teatro Principal était inspiré, à tous points de vue, et Dalí, plus il y pensait, devait s'en apercevoir. Lui-même, plus tard, raconta qu'à l'origine l'idée lui avait été suggérée par la salle des Cariatides du palais royal de Milan, éventré pendant la guerre, alors qu'y avait lieu, en 1954, la suite de son exposition romaine de

*La Divine Comédie*[1895]. Terminé en 1850, le Teatro Principal de Figueres était de la taille somptueuse correspondant à son statut de ville de garnison. Depuis le début, les principales compagnies d'opéra du Liceu de Barcelone y étaient venues en tournée, ainsi que nombre de groupes de théâtre et de *zarzuelas* toujours en déplacement à travers l'Espagne. Quand Dalí était enfant, il s'agissait du seul théâtre de Figueres, et c'est là qu'il avait vu ses premières pièces, et autres spectacles. Et c'est là, dans le foyer du théâtre, maintenant un monceau de pierres noircies, qu'il avait pour la première fois exposé son travail : en 1918, avec Bonaterra et Montoriol, des peintres plus âgés ; puis seul, en 1919. Pour Dalí, qui dès l'âge de seize ans se voyait déjà comme un acteur dans la farce de la vie, l'idée d'avoir un musée qui avait été un théâtre a dû sembler hautement métaphorique, et même relever de la destinée. Même l'intervention des Maures a pu lui paraître providentielle, à lui qui avait toujours affirmé avoir des origines islamiques, car si les soldats n'avaient pas brûlé le théâtre, il n'aurait pas été disponible pour le plus grand projet qu'il ait jamais eu à ce jour.

Le 12 août 1961, la corrida et les autres cérémonies en l'honneur de Dalí se déroulèrent parfaitement. Il fit dans l'arène une entrée en fanfare avec sa Cadillac décapotable, effectua le tour de la *plaza* sous les applaudissements de la foule (un des costumes de géant du « Bal du siècle » de Beistegui, en 1951, avait été installé dans le véhicule pour produire plus d'effet). Les trois toréadors donnèrent un bon spectacle, surtout le célèbre Paco Camino, et un taureau de plâtre rempli de pétards explosa à la fin de la *fiesta*, au grand amusement du public. Une seule chose se passa mal. On avait assuré à Dalí que, selon ses vœux, un hélicoptère apparaîtrait par surprise, transportant le dernier taureau qu'il devait lâcher dans la baie de Roses, comme une offrande à Neptune. Mais une forte tramontane l'empêcha de décoller.

Ce soir-là, après le dévoilement d'une plaque sur la façade de la maison natale de Dalí, Calle Monturiol, et une réception somptueuse à l'hôtel de ville, arriva le moment le plus important de la journée lorsque, au milieu des ruines calcinées du Teatro Principal, Dalí annonça la création de son musée. Le site était prédestiné, dit-il à la foule, car c'est là qu'avait eu lieu sa première exposition. Mais rien ne devait être modifié, car le moindre centimètre des murs crasseux de l'endroit était en soi une peinture abstraite ! Ce serait le seul musée surréaliste du monde. Et il ne contiendrait pas d'originaux. Dalí installerait aux fenêtres d'immenses photographies de ses œuvres, recouvertes de plastique pour résister aux éléments. Les visiteurs ne seraient pas déçus : des photographies de tableaux, c'était mieux que de vrais tableaux ! Ceux qui s'intéressaient au travail de Dalí seraient forcés de venir à Figueres, car ce serait le seul endroit au monde où l'on pourrait voir la totalité de sa production. Et, quand ils n'étudieraient pas les photographies, ils pourraient regarder, par les larges fenêtres, l'activité du marché au poisson, juste derrière le bâtiment.

Malgré les sourires et les applaudissements, les dignes conseillers municipaux de Figueres ont dû se demander dans quoi ils se lançaient. Un musée sans toit, sans œuvres originales, exposant des centaines de photographies de peintures et de dessins de Dalí ! Ça ne semblait pas devoir être une grande attraction touristique, ni un centre pour les études daliniennes. C'est aussi ainsi qu'on voyait les choses à Madrid, et même si Dalí avait laissé entendre aux médias que le département des Beaux-Arts serait mêlé au projet, aucun membre de ce corps n'était présent officiellement à la réception[1896].

Dalí se rendit compte rapidement que le bâtiment devrait être complètement reconstruit, et pas laissé ouvert et exposé, comme il l'avait d'abord pensé, à la pluie et à la tramontane, et que s'il voulait que le « seul musée surréaliste du monde » obtienne une participation financière officielle, il faudrait qu'il contienne un corpus suffisant d'œuvres originales. Quoi qu'il en soit, dix ans passèrent avant que les travaux commencent, et encore, grâce à la ténacité presque surhumaine de Ramon Guardiola. Le musée resta présent à l'esprit de Dalí tout au long des années 1960, et ses plans ne cessèrent d'être modifiés. Mais Dalí avait une certitude : ce serait un théâtre-musée, pour rester dans l'esprit de la fonction originelle du bâtiment. Non seulement un lieu d'exposition, mais un lieu où se passaient des choses, où la perception des gens serait défiée et, si possible, modifiée.

● Ludmilla Tcherina et Dalí, 21e édition du Festival international du film à Venise, en 1961.

Dalí, le 12 août, avait annoncé qu'une semaine plus tard il serait à Venise, où, en tant qu'ambassadeur officieux de Figueres, il promettait de planter un figuier, symbole de la ville (dont elle tirait son nom). Dalí allait à Venise pour la première, à La Fenice, d'un spectacle qu'il avait conçu avec la collaboration de Maurice Béjart. Le programme consistait en une opérette, *La Dame espagnole et le chevalier romain*, adaptée par le compositeur Giulio Confalonieri de *Scipion en Espagne* d'Alessandro Scarlatti, suivie de *Gala*, que l'affiche décrivait comme « un nouveau ballet de Pierre Rhallys et Maurice Béjart », avec un décor de scène de Dalí. Ludmila Tcherina en était la vedette. Isidor Bea avait exécuté les cinq toiles de fond d'après les dessins de Dalí. Elles mesuraient neuf mètres sur sept, et il estima plus tard que sa contribution n'avait pas été suffisamment créditée[1897].

Peter Moore, qui se rendit à Venise avec les Dalí, fut impressionné par l'adresse de Bea, et s'aperçut très vite que le peintre était devenu dépendant de lui. Bea préparait les toiles de Dalí, et y appliquait la première et la deuxième couche. Puis il travaillait sur les perspectives. Les peintures « atomiques » de Dalí, avec des objets flottant dans l'espace, étaient en grande partie imaginées par Bea. Et Moore découvrit qu'il était aussi très bon pour les nuages, déjà considérablement avancés avant que Dalí les « finisse[1898] ».

Maurice Béjart n'avait pas trouvé plus facile de collaborer avec Dalí que Peter Brook en 1949. Il avait consulté le peintre à propos de représentations à Barcelone et à Port Lligat, mais à Venise il découvrit que Gala le tenait enfermé dans sa chambre jusqu'à ce qu'il ait terminé deux toiles commandées par de riches Américains[1899].

Le soir de la première, le 22 août 1961, Dalí était assis dans une loge au-dessus de l'orchestre, vêtu en gondolier, avec sur la tête une *barretina* rouge de Catalogne. Alors que le public attendait le début du spectacle, il se mit à asperger de peinture des toiles qu'il déchira pour libérer des dizaines de pigeons. Selon *Time*, les oiseaux terrifiés s'enfuirent en battant des ailes tout autour du théâtre, « cherchant sauvagement leur chemin ».

Dalí a pu trouver la scène amusante, mais c'était un nouvel exemple de son indifférence au sort des animaux. Au cours des années, il devait couvrir d'encre des grenouilles et des pieuvres pour voir quelles sortes de dessins il pouvait en tirer ; il aimait jeter des chats dans la piscine de Port Lligat, et se vantait d'avoir enfoncé des coquilles de noix dans les pattes avant de l'un d'eux, pour le voir boitiller ; il régalait ses invités de ses explications souvent répétées de la manière de faire cuire une dinde vivante sans la tuer ; et il lui arriva un jour d'amener des moutons terrorisés à un vernissage. Reynolds Morse commentait ce dernier exploit : « Nous trouvions la plaisanterie de mauvais goût, mais l'artiste sadique adorait ça, surtout que ça avait coûté un paquet d'argent à son client[1900]. »

Quand le rideau se leva sur *La Dame espagnole et le chevalier romain*, il révéla, dit *Time*, une « image effrayante de Dalí, le bout de ses moustaches à hauteur des sourcils, ses yeux perçants sur le public ». Tandis que l'image s'effaçait, l'héroïne apparaissait, « ses tresses longues de deux mètres soutenues par une béquille rouge ». De son sein, elle extrayait pour son prétendant « une montre dalinienne de la taille d'une tarte ». La toile de fond représentait un grand violon marchant sur des jambes effilées. Un de ses bras était tendu en direction d'un piano dont coulait du lait. Sur la scène il y avait un aveugle assis en train de regarder la télévision, une carcasse de bœuf accrochée au-dessus des têtes des chanteurs, avec une trompette fixée à son arrière-train (dans l'espoir qu'elle émette un pet ?), et huit acteurs laissaient tomber des brassées de porcelaine de Chine en bruyant accompagnement à l'orchestre. *Time* poursuivait :

> À travers toutes ces interférences, la mezzo-soprano Fiorenza Cossotto et la basse Lorenzo Alvary bataillent pour raconter la simple allégorie de Scarlatti, les efforts d'un centurion romain vieillissant pour gagner les faveurs d'une coquette catalane bien après que la chute de l'Empire romain a voué une telle quête à l'échec. Les chanteurs luttaient pour tenir un pari impossible. Trois autres tableaux daliniens tombèrent, chacun rempli des habituels symboles de Dalí : papillons, seins, montres molles et des légions de béquilles[1901].

Une fois *La Dame espagnole et le chevalier romain* terminé, Dalí sortit de son aile dans l'intervalle, arborant sa *barretina*, et s'arrêta à mi-chemin devant le rideau. Il se pencha comme pour regarder à travers un trou de serrure, fit un signe cabalistique, et reprit son chemin. Personne ne comprit de quoi il s'agissait[1902].

Puis vint *Gala*, là aussi sur une musique de Scarlatti. Le ballet commença dans l'obscurité avec une silhouette poussant un fauteuil roulant sur lequel était assis un paralytique muni d'une lampe torche. Puis arrivèrent d'autres paralytiques qui, jetant leurs béquilles, entreprirent de plonger des cadres de métal dans sept tonneaux remplis d'un liquide spécial pour faire « d'étranges bulles géométriques ». Lorsque Ludmila Tcherina apparut dans le rôle de la Femme (Gala), « elle se lança, écrivit *Time*, dans l'une des danses les plus érotiques qu'on ait vues depuis Minsky, vêtue d'un collant noir si serré qu'elle paraissait plus nue que nue ». On suppose qu'il fallait affirmer que la Gala de Dalí était une femme très sexy. À l'apothéose du ballet, Tcherina « émergeait comme la mère suprême, dans une robe du soir noir et blanc avec les seins peints couleur chair ». Son pouvoir nourricier était symbolisé par une cascade de « lait » – un dioxyde de carbone liquide qui tombait des poutres[1903]. Il n'est pas surprenant que le reporter du *Figaro littéraire* n'ait vu là-dedans qu'une simple parodie du surréalisme. Ce qui n'empêcha pas le ballet d'être rejoué à Bruxelles et à Paris l'année suivante[1904].

## *LA BATAILLE DE TÉTOUAN*

En 1860, les Espagnols avaient repris aux Marocains la ville nord-africaine de Tétouan. Fier de la contribution des Catalans à la victoire, le conseil général de Barcelone commanda quelques tableaux concernant l'événement et d'autres qui lui étaient liés à Marià Fortuny (1838-1874), un peintre dont, dans *La Vie secrète*, Dalí disait qu'il était « l'un des plus talentueux du monde ». *La Bataille de Tétouan*, toile inachevée de Fortuny, avait été commencée en 1862, et depuis 1920 cette toile gigantesque (300 × 972 cm) était exposée au musée d'Art moderne de Barcelone[1905]. En 1962, Dalí décida de peindre un commentaire ironique de la peinture, pour commémorer le centenaire de son exécution. Sa *Bataille de Tétouan* le montre lui-même ainsi qu'une Gala radieuse à la tête de la charge marocaine (copiée, apparemment, sur une photographie de *Life*[1906]), et semble suggérer que, malgré l'épée brandie avec panache par Prim, le général espagnol en haut à droite de la toile, les infidèles s'apprêtent à l'emporter. On se rappelle évidemment l'entrée du journal de Dalí, en 1921, quand, commentant les nouvelles de la guerre en Afrique, il écrivait : « Je me considère comme complètement maure. »

La toile de Fortuny repensée par Dalí est située dans un paysage plus empordain que marocain (comme c'était déjà le cas des *Impressions d'Afrique* de 1938), et le promontoire à l'horizon rappelle le cap Norfeu, entre Cadaqués et Roses. Dans la cabane au centre de la toile il semble y avoir une allusion à la *barraca* de Port Lligat achetée à Lídia en 1930. Plus qu'un hommage à Fortuny, la peinture est une nouvelle affirmation du progrès dans la vie des « jumeaux divins », Salvador Dalí et Gala Diakanoff. Et il est significatif que, plus tard, Dalí ait dédié les études préparatoires pour la toile « À Gala, de la part de son Dioscure[1907] ».

Le 15 octobre 1962, les deux toiles furent exposées côte à côte dans la Sala Tinell, à Barcelone. Dalí avait publiquement affirmé que sa peinture était le résultat d'une indigestion, et qu'il avait visé à produire l'œuvre la plus kitsch possible. Rafael Santos Torroella, qui suivait de près Dalí depuis maintenant dix ans, osa acquiescer dans le *Noticiero Universal*. La toile était une catastrophe, un pêle-mêle d'éléments disparates, y compris des autocitations, vraiment le produit d'une indigestion très sévère ! Elle révélait en Dalí un génie, dans le sens péjoratif du terme, et comme tant de ses œuvres celle-ci manquait de « l'émotion profonde et mystérieuse » qui caractérise l'art véritable. Dalí, qui prenait toujours très mal la critique, envoya au journal une réplique irritée[1908].

*La Bataille de Tétouan*, quoi qu'en ait pensé Santos Torroella, plut à Huntington Hartford (qui avait déjà acheté *Découverte de l'Amérique par Christophe Colomb*) quand Dalí l'invita à venir spécialement voir sa toile à New York. Il l'acheta pour sa galerie d'art moderne[1909].

L'automne 1962 fut aussi marqué par la publication du livre de Robert Descharnes, *Dalí de Gala*, intitulé *The World of Salvador Dalí* dans ses éditions anglaise et américaine. Selon Descharnes, en 1960, Dalí et lui avaient simultanément pensé faire un livre ensemble. Le résultat fut le premier beau-livre existant sur Dalí. En plus des observations de Descharnes, il comprenait des reproductions en couleurs d'une sélection représentative des toiles de Dalí, avec des commentaires enregistrés par le peintre (pas toujours très éclairants), et des photographies par Descharnes de Dalí, de Gala et de Port Lligat.

Descharnes connaissait Dalí depuis dix ans. Leur projet de film était tombé à l'eau, comme avaient tendance à le faire tous les projets de films de Dalí, mais le Français avait continué à fréquenter le couple. Descharnes avait l'esprit curieux, et se construisit peu à peu un fonds considérable de connaissances sur le passé de Dalí, mais il n'était que trop prêt à prendre Dalí au mot. En particulier, il avait avalé sans la critiquer la version donnée par le peintre de la mort de son frère (vingt après la parution de *La Vie secrète*, il nous répète que le premier Salvador est mort à sept ans), et accepta comme parole d'Évangile la thèse de Roumeguère sur Castor et Pollux. Et Descharnes n'était pas non plus un critique d'art. En parlant des commentaires de Dalí sur les couleurs des reproductions, il écrit : « Il n'y a pas d'explication des toiles, qui sont le produit du subconscient de Dalí, et dont lui-même ne peut dire le sens de manière rationnelle. » Mais seul un faible pourcentage des peintures reproduites peut être considéré comme le produit d'un subconscient automatique, et toutes pouvaient être « expliquées ». La force du livre réside dans la documentation graphique de Descharnes, parfois brillante, qui promène le lecteur dans le labyrinthe de Port Lligat, et dévoile le lien entre nombre des œuvres de Dalí et les paysages qui les ont inspirées. Les photographies en couleurs qu'a faites Descharnes de la baie de Port Lligat et des falaises et des rochers du cap de Creus étaient particulièrement marquantes.

Dalí et Gala furent contents du livre. Marie-Laure de Noailles organisa une fête pour sa publication, le 10 décembre 1962. Dalí en signa des exemplaires à la Hune, la célèbre librairie du boulevard Saint-Germain, utilisant pour l'occasion un nouveau procédé. Grâce à un système enregistrant les battements de son cœur relié à son bras droit, chaque signature « oscillogramme » exprimait une réaction personnelle au dédicataire. Il faut faire crédit à Dalí de son inlassable inventivité, surtout quand il s'agissait de vendre ses produits à bon prix[1910].

## L'ADN, LA GARE DE PERPIGNAN ET LA DÉRIVE CONTINENTALE

Depuis 1953, Dalí, apparemment convaincu que l'ADN était la clé de la vie (dans son rôle de transmetteur du code génétique à « chaque cellule vivante[1911] »), avait continué à incorporer dans ses peintures des représentations de la molécule, en grande partie comme il l'avait fait plus tôt avec les Grands Masturbateurs, les jarres, les hosties, et ainsi de suite. Vers la fin de l'année 1962, il commença une toile au titre impossible, *Galacidalacidesoxiribunucleicacid* (son plus long titre en un seul mot, comme il le disait fièrement). Le point de départ de cette toile géante (305 × 410 cm) était l'inondation qui ravagea le district du Vallès, près de Barcelone, au mois de septembre, causant la mort de centaines d'immigrants pauvres qui vivaient sur le lit à sec du Llobregat.

La peinture, sous-titrée *Hommage à Crick et Watson*, fut montrée pour la première fois à New York, chez Knoedler, en novembre 1963, en même temps que neuf œuvres nouvelles qui révélaient, selon un critique, que Dalí était très informé de la vie contemporaine, de la prostitution dans les endroits huppés à la *pop music* (cela faisait allusion à sa toile *Twist dans l'atelier de Vélasquez*[1912]). Des coupures de presse sur les récents Prix Nobel Crick et Watson étaient reproduites sur la couverture du catalogue, au-dessus d'une version dalinienne de la molécule d'ADN, et *Galacidalacidesoxiribunucleicacid* fut acheté par la New England Merchants National Bank de Boston pour cent cinquante mille dollars, selon la presse[1913].

La toile, exécutée dans le style tourbillonnant du *Concile œcuménique*, montre Gala au premier plan, au centre, le regard perdu sur le Vallès et son fleuve. La vague silhouette en haut à gauche, qui porte une tablette avec le titre de l'œuvre, représente, selon Dalí, le prophète Isaïe. Dieu préside la scène dans un nuage grossièrement peint en double image (qui rappelle la Vénus de Dalí pour une des toiles de fond de *Labyrinthe*). À l'intérieur de sa tête, on distingue les silhouettes du Christ et de la Vierge. Le bras droit de Dieu est tendu vers le bas en berceau et soutient le corps du Fils (dont le flanc gauche percé laisse couler un filet de sang). Lorsque la tête inversée du Christ devient soudain visible quand on scrute la toile, on a la même sensation de découverte qu'avec la tête de lapin dans *Le Jeu lugubre* de 1929 : Dalí est toujours spécialisé dans les « effets » optiques, dans la révélation soudaine que les choses ne sont pas seulement ce qu'elles semblent être.

« On sent le poids du corps et du sacrifice, non ? » dit Dalí à l'écrivain Carlton Lake tandis que tous deux regardaient la peinture. Un ami de la banque qui avait acheté la toile avait demandé à Lake d'essayer de découvrir ce qu'elle représentait. « C'est ce que je veux montrer, ajouta Dalí. Dieu emportant le Christ dans le ciel[1914]. » À côté du corps du Christ, Dalí avait inséré sa propre version « en bâtonnets et boules » de la structure en spirale de la molécule d'ADN, avec l'intention, dit-il à Lake, d'exprimer « le mouvement vers le haut du Christ vers les bras de Dieu[1915] ».

Lake se posait des questions à propos des cubes formés par les mitrailleurs arabes qui, apparemment, se tiraient dessus sur la droite du tableau. Après avoir expliqué ses propres origines arabes, et l'importance de la contribution des Maures à la civilisation espagnole, Dalí répondit que les Arabes, contrairement aux spirales de l'ADN, « représentent une sorte de destruction, comme des minéraux occupés à s'autodétruire ». Apparemment, il pensait à la guerre d'Algérie[1916].

Dalí, comme son père avant lui, se sentait obligé d'avoir sur chaque sujet des idées claires, « concluantes », à l'aide desquelles il pouvait écraser toute opposition verbale. Pour un esprit comme le sien, le dialogue était impensable, le but de la conversation étant de parler « aux » autres (ou « contre » eux), mais jamais « avec » eux. La parole existait pour convaincre, pas pour être convaincu. Et, pour Dalí, une partie du plaisir consistait à imposer aux autres des idées auxquelles lui-même ne croyait que par jeu. Crétiniser les autres était si agréable. Ç'avait été le cas avec son prétendu « mysticisme nucléaire », ça l'était maintenant avec l'ADN, et ça devait le devenir avec la gare de Perpignan.

En 1963, la gare de Perpignan et Dalí étaient de vieux amis. C'était la grande station ferroviaire la plus proche de Port Lligat, et leur point de départ chaque automne à Gala et à lui, après des mois de dur labeur, pour les plaisirs de Paris, « ses fêtes gastronomiques, ses célébrations érotiques[1917] ». En général, ils se contentaient d'y déposer leurs bagages et les toiles de Dalí, et continuaient vers Paris en Cadillac. Mais il leur arrivait de monter à bord du train. Quoi qu'il en soit, la gare marquait leurs adieux à l'Espagne. Perpignan était une frontière, non seulement entre la France et l'Espagne, mais entre le Dalí privé et le Dalí public. Là, après des mois d'isolement, il était immanquablement reconnu par des gens qui ne le connaissaient pas personnellement. « C'est Dalí ! Regardez, c'est Dalí ! » Ça lui montrait à quel point il était célèbre, et combien il aurait de succès, une fois de plus, à Paris et à New York au cours de la saison.

Mais la gare de Perpignan était plus que ça. Au fil des années, Dalí avait remarqué qu'il lui venait toujours des idées brillantes à proximité de la ville, une « accélération d'intelligence[1918] ». Les idées commençaient à le picoter au Boulou, sur la frontière, et se faisaient si intenses alors que la gare approchait que, affirmait Dalí, il se produisait une « éjaculation mentale ». Ça continuait tandis que Gala s'occupait des bagages. Puis, alors qu'ils partaient, l'excitation commençait à diminuer, et le temps qu'ils arrivent à Lyon elle avait tout à fait disparu. Il devait y avoir une explication à ce phénomène.

Le 19 septembre 1963, Perpignan procura à Dalí une expérience particulièrement intense qu'il décrivit dans *Journal d'un génie* :

> Eh bien, ce 19 septembre, j'ai eu à la gare de Perpignan une sorte d'extase cosmogonique plus forte que les précédentes. J'ai eu une vision exacte de la constitution de l'univers. L'univers, qui est l'une des choses les plus limitées qui existent, serait, toutes proportions gardées, semblable par sa structure à la gare de Perpignan, à la seule différence près que là où se trouve le guichet, il y aurait dans l'univers cette structure énigmatique dont la reproduction gravée m'intriguait depuis plusieurs jours[1919].

De fait, la gravure en question, reproduite par Dalí, est énigmatique. Datant sans doute du XVIIIe siècle, elle montre la sculpture d'un garçon vêtu de façon classique vue de trois côtés différents. Il semble tirer l'urne qui, posée sur un socle, lui a aspergé deux doigts. Il est difficile d'imaginer le rapport subconscient perçu par Dalí entre la sculpture et la gare de Perpignan.

D'autres révélations devaient lui venir à la gare de Perpignan. C'est là, affirmait Dalí, que, le 17 novembre 1964, il découvrit la possibilité de peindre dans la troisième dimension « en pressant sur la surface d'une peinture à l'huile des motifs microscopiques en forme de lentilles paraboliques comme celles des yeux d'une mouche », cela pour produire « le phénomène stéréoscopique de la moire, dont mon ami le docteur Oster a trouvé l'équation, résultant en un nouveau réalisme illusionniste et paralysant ». En fait, les yeux de mouche conduisaient Dalí vers de plus grandes réussites dans le champ de l'illusion d'optique[1920].

En ce qui concerne les dates, Dalí n'est jamais fiable, et c'est donc sans doute en 1965, et pas en 1966, qu'il a découvert que le mètre standard, « la mesure de la terre », a été établi par Pierre Méchain juste au nord de Perpignan en une ligne droite de douze kilomètres de long entre Vernet et Salses. C'était une preuve de plus de ce que la zone avait d'unique. Dalí était ravi :

> Je pris alors un taxi et je fis lentement le tour de la gare en la scrutant comme s'il s'agissait d'un monument ésotérique dont je devais chercher les significations. Le soleil couchant flambait et son ruissellement de lumière embrasait les façades et tout particulièrement la verrière centrale de la gare qui semblait devenir le point d'une explosion atomique. Je distinguai autour de la gare une aura immaculée qui formait un cercle parfait : c'étaient les câbles métalliques du tramway qui cernaient l'édifice et lui composaient dans la lumière une couronne scintillante. Mon sexe se dressa de joie et d'extase : je tenais la vérité, je la vivais. Tout devenait une évidence fulgurante. Le point central de l'univers était devant moi[1921].

Dalí étant ce qu'il était, sa nouvelle vision de l'univers exigeait une expression picturale. *La Gare de Perpignan* (295 × 406 cm), exécutée en 1965, fut exposée chez Knoedler en décembre. L'invitation au vernissage, écrite dans un anglais douteux, exprimait l'idée que l'œuvre était « sa meilleure peinture à ce jour ». Elle montrait

> Gala regardant Dalí dans un état d'antigravitation dans le travail de l'art « Pop-op-yes-Pompier » dans lequel on peut contempler les deux personnages « angoissants » de *L'Angélus* de Millet dans un état d'hibernation atavique sortant d'un ciel qui peut soudain exploser en une gigantesque

croix de Malte juste au cœur de la gare de Perpignan où doit commencer à converger tout l'univers[1922].

L'œuvre était indubitablement un *tour de force** technique, et une fois de plus le talent d'Isidor Bea pour manier les perspectives avait été mis à contribution. Mais pourquoi le retour du couple « angoissant » de *L'Angélus* de Millet ? En 1963, Dalí avait publié le manuscrit retrouvé du *Mythe tragique de « L'Angélus » de Millet*, laissé à Arcachon en 1940, et la réaction des critiques avait été encourageante[1923]. Cela explique sans doute la présence du couple dans la toile, accompagné de brouettes et de nombreux sacs de pommes de terre. Sur le panneau de droite de la fresque imaginée par Dalí à la gare de Perpignan, une silhouette d'homme s'apprête à pénétrer une femme penchée sur l'un de ces sacs. *Dar por saco* (« mettre en sac ») était une alternative commune de l'expression courante en Espagne *dar por culo* (« sodomiser »), et il apparaît clairement que Dalí, ici, joue avec ce concept.

L'explication finale de la mystérieuse aura de Perpignan vint peu après, quand Dalí décida qu'il y a des millions d'années un grand cataclysme avait eu lieu dans la baie de Biscaye, partageant le continent en deux. Grâce à Perpignan, ce « lieu sacré » au centre de l'univers, l'Europe était restée solide. Sinon, disait Dalí, nous aurions été en Australie et aurions cohabité avec les kangourous – et rien n'aurait pu être plus désagréable.

La gare de Perpignan devait demeurer d'un grand secours pour Dalí durant tout le reste de sa vie et, comme ses phrases emblématiques « La seule différence entre Dalí et un fou, c'est que Dalí n'est pas fou » ou « Picasso est un communiste, moi non plus », devait être traînée encore et encore à travers conférences, émissions de radio, apparitions à la télévision et articles. En particulier le passage sur les kangourous, qui ne manquait jamais de susciter les rires.

## GALA ET WILLIAM

En août 1966, Gala la muse, la Vierge de Port Lligat, avait atteint l'âge de soixante-douze ans. Obsédée par l'idée d'enlaidir, elle se teignait les cheveux depuis des années (bientôt elle porterait une perruque) et commençait à penser au lifting. Avec chaque année qui passait, et à chaque nouvelle ride, sa faim de jeunes gens semblait augmenter. De plus, maintenant que Peter Moore poussait de plus en plus haut le prix des objets Dalí, elle avait à sa disposition des fonds virtuellement illimités pour recruter des amants. Elle en avait besoin. « Les garçons de Gala coûtent une fortune », a dit Mara Albaretto, ajoutant qu'une partie de l'argent qu'elle et son mari lui donnaient pour les commandes de Dalí était dépensée sans que le peintre le sache[1924].

Tous les hommes-jouets de Gala n'étaient pas simplement là pour l'argent, ou pour la promesse d'une carrière dans le cinéma, ou dans l'espoir de devenir pilote de course. Tous n'étaient pas comme Éric Samon, qui organisa le vol de la voiture de Gala par ses complices pendant qu'il dînait avec elle au restaurant[1925]. Certains, au contraire, semblent avoir été sincèrement fascinés par elle en tant que femme, et l'avoir aimée. C'est le cas de William Rothlein, un jeune toxicomane de vingt-deux ans sur lequel Gala est tombée un jour à New York. Estomaquée par ce qu'elle a perçu comme une ressemblance avec le jeune Dalí qu'elle avait connu, elle l'a emmené au St. Regis, l'a lavé, lui a donné un beau costume et peu après est revenue avec lui en Espagne[1926].

Rothlein faisait ressortit l'instinct maternel de Gala, réprimé jusque-là avec succès, et l'attirait sexuellement, et au moment où elle le présenta aux Albaretto, en 1963, elle donnait tous les signes d'une folle passion. Gala, qui aimait voyager (Dalí détestait ça de plus en plus), était allée en Italie avec William en Cadillac, arrivant à Turin après un passage par le casino de Monte-Carlo. Mara Albaretto, qui à ce moment-là était proche de Gala, comprit rapidement que William était différent de ses autres jeunes amants. Il ne faisait pas de doute que le couple ne se contentait pas de faire l'amour, mais qu'il s'aimait profondément. Un jour, intriguée, elle interrogea William. Jusqu'à leur arrivée en Italie, dit-il, ils n'avaient pas fait grand-chose, juste de petits baisers. Mais à Vérone (où en général, sur la tombe de Roméo et Juliette, Gala faisait jurer à ses amants un amour éternel) un miracle se produisit. Maintenant, ils faisaient tout ! Gala, disait William, était fantastique au lit ! Quant à Gala, elle confia à Mara que William était l'amant le plus performant qu'elle ait jamais connu – à l'exception de Paul Éluard ! À cet égard, dit-elle clairement, Dalí était absolument impuissant[1927].

Mara Albaretto conserve de nombreuses lettres de Gala dans lesquelles elle parle de William. Celle qui suit est typique (Gala et Dalí venaient d'arriver à Madrid) :

> Mon cher ami, chère Mara,
> Je n'ai aucune nouvelle de vous ni de William et je suis inquiète. Écrivez-moi ou envoyez-moi un télégramme dès que possible, s'il vous plaît. Nous sommes arrivés aujourd'hui et resterons environ une semaine – et ensuite Port Lligat pour quelques jours. Mais, je vous en prie, donnez-moi des nouvelles de vous, de William et de tout ce qui se passe en rapport avec lui. Je vous embrasse tendrement, votre Gala.

Le brouillon d'un télégramme de William à Gala, écrit en lettres capitales, est encore plus éloquent :

> MA CHÈRE GALA,
> JE NE COMPRENDS RIEN STOP JE T'AIME STOP JE NE ME DROGUE PAS STOP JE NE BOIS PAS STOP JE SUIS COMPLÈTEMENT PERDU STOP JE T'AIME STOP JE SUIS FOU STOP TÉLÉGRAPHIE-MOI OU TÉLÉPHONE-MOI IMMÉDIATEMENT STOP J'AI BESOIN DE TOI STOP JE T'AIME – JE SUIS MALADE STOP TOUT EST BIEN ENTRE TOI ET MOI STOP LA RAISON POUR LAQUELLE JE NE T'AI PAS TÉLÉPHONÉ NI TÉLÉGRAPHIÉ C'EST PARCE QUE JE SUIS FOU STOP JE T'AIME STOP NE ME QUITTE PAS STOP JE NE VEUX PAS M'EN ALLER – JE T'ATTENDS ICI.

En 1964, apparemment, Dalí était persuadé que Gala allait le quitter pour William. En général, quand elle partait avec ses garçons, il était content de se trouver sans sa muse pour une semaine, voire pour quinze jours, débarrassé de sa présence dominatrice. Puis il commençait à s'ennuyer, et elle lui manquait. Cette fois il ne s'agissait pas d'ennui, mais de la crainte d'être abandonné. Mara Albaretto conserve une lettre pathétique de Dalí à Gala, dans laquelle il la supplie de lui revenir. Elle commence ainsi : « Ma chère Olivette

● Salvador Dali et Marcel Duchamp jouant aux échecs dans le film *Autoportrait mou* de Salvador Dali de Jean-Christophe Averty, 1966. Photographe Robert Descharnes.

j'ai très besoin de toi, reviens vite, je t'en prie. » Gala ne répondit pas à cet appel, et Dalí fut si déconcerté qu'il lui devint presque impossible de travailler[1928].

La passion de Gala pour William commença à se faner après que les Albaretto eurent persuadé Fellini, qui tournait alors *Juliette des esprits*, de prendre le temps de faire passer un bout d'essai au jeune homme. Quand Rothlein échoua, la mante religieuse décida que l'heure était venue d'éliminer le petit dernier de sa collection de mâles. Mais leur liaison dura encore un moment. Rien, apparemment, n'en filtra dans la presse espagnole sévèrement censurée, mais en Italie il fallut une intervention rapide des Albaretto, qui achetèrent les photographes, pour empêcher qu'un article à sensation ne paraisse dans un magazine. Quelques-unes des images interdites montrent Gala et William sortant ensemble d'un restaurant romain et essayant d'échapper aux paparazzis.

Peter Moore, inquiet de l'effet sur Dalí du béguin de Gala pour William, se sentit soulagé lorsque, en 1966, la muse lui ordonna de mettre Rothlein dans un avion avec un aller simple pour New York. Avant cet envol, les Albaretto s'emparèrent de la correspondance de Gala et de William, de peur que ce dernier ne décide de la vendre à la presse à sensation.

Cet épisode est typique de la façon de vivre et d'aimer de Gala. Seule sa succession de garçons l'empêchait de ressentir la peur de vieillir. Et dès qu'elle commençait à se lasser de l'un d'eux, elle se servait de son étonnant sex-appeal, de son charme, de son pouvoir et de son argent pour en acquérir un autre.

Un témoin privilégié de ce que Gala était prête à faire pour rester jeune et sexuellement vigoureuse au cours de ses années de déclin fut un médecin de trente-huit ans arrivé à Cadaqués en 1960, et qui y demeura jusqu'à la fin de sa vie. Pendant plus de dix ans, Manuel Vergara vit régulièrement les Dalí quand ils se trouvaient à Port Lligat, et on attendait de lui que, quoi qu'il soit en train de faire, il passe immédiatement, n'importe quand, de nuit comme de jour, pour alléger leurs moindres maux. Des maux qui étaient constants, car tous les deux étaient obsédés par leur santé et le contactaient pour le plus petit rhume – au tarif forfaitaire de mille pesetas par an ! On ne sait à ce jour comment Vergara parvint à cet arrangement tacite et, s'il espérait un paiement en nature – disons un dessin, ou une petite peinture –, il en fut pour ses frais, car tout ce qui se matérialisa jamais fut une dédicace illustrée dans un livre. Jovial, franc, réfléchi, le médecin fut toujours étonné par la vitalité et l'appétit sexuel de Gala, ainsi que par sa personnalité dominatrice. Dès qu'elle voulait quelque chose, elle s'employait à l'obtenir avec la détermination la plus complète. Quant à Dalí, il avait peur de tout. Vergara était aussi le médecin d'Anna Maria Dalí, et se trouvait ainsi en position de comparer le frère et la sœur. Il ne fait aucun doute que chacun d'eux était « vraiment spécial » dans ses idiosyncrasies, et qu'ils se ressemblaient beaucoup[1929].

La nymphomanie de Gala, dont tout le monde à Cadaqués était très conscient, poussa Dalí à s'entourer lui-même de très belles personnes, la plupart d'allure androgyne, afin de donner l'impression qu'il était, lui aussi, sexuellement actif. Mais Dalí ne baisait personne. Il était, et resterait toujours, le Grand Masturbateur honteux.

Honteux ? Rares étaient ceux qui l'auraient soupçonné au milieu des années 1960, alors que Dalí continuait à subjuguer le monde par ses performances publiques, et que Peter Moore continuait à le rendre de plus en plus riche. De plus les intervieweurs, en dépit des obsessions érotiques évidentes répandues dans son œuvre, ne posaient quasiment pas de questions à Dalí sur sa sexualité. L'écrivain et journaliste français Alain Bosquet, dont le petit livre *Entretiens avec Salvador Dalí* fut publié en 1966, est une exception à la règle. Au cours de ces bavardages très variés, enregistrés à Paris à l'automne 1965, juste avant que Dalí et Gala partent pour leur séjour annuel à New York, Bosquet demanda soudain à Dalí s'il avait jamais éprouvé de la honte. « Très souvent », répondit Dalí.

> J'étais un enfant très timide, particulièrement en société, en présence de gens d'une classe sociale supérieure à la mienne. Je rougissais terriblement quand je devais me découvrir devant eux. Au cours de mes premières visites à Marie-Laure de Noailles, j'étais toujours terrifié à l'idée de commettre un faux pas. Maintenant ça a changé : c'est moi qui intimide les gens[1930].

Il est dommage que Bosquet n'ait pas poussé plus loin l'investigation, au lieu de passer à un tout autre sujet. S'il l'avait fait, et fait avec sensibilité, il aurait pu découvrir que derrière son extérieur exhibitionniste, Dalí était toujours le petit garçon à la timidité morbide qui perdait contenance quand il se sentait soudain exposé. D'ailleurs, intimider les autres, leur donner le sentiment d'être diminués, est un moyen défensif bien connu cliniquement. Aucune renommée au monde n'aurait pu libérer Dalí de ses névroses, à moins d'un changement complet de personnalité. Et il n'en a jamais été question.

● Dalí regarde deux modèles, debout sur une plaque de verre, exécuter une sardane, la danse nationale de Catalogne.

## QUELQUES COMMANDES POUR LES ALBARETTO

Quand l'inondation monstre toucha l'intérieur des terres, à Barcelone, en septembre 1962, Dalí avait déjà peint une autre huile, *Christ du Vallès*, un complément à *Galacidalacidesoxiribunucleicacid*. La toile montre un Christ décharné suspendu dans les nuages au-dessus du paysage inondé, et fut achetée par Mara et Giuseppe Albaretto. Cet achat conduisit à une série de commandes du couple pour des illustrations à l'aquarelle, qui devaient occuper le peintre pendant plusieurs années. La première, en 1963, était pour une édition de la Bible – cent une illustrations. Giuseppe Albaretto, le prêtre frustré, a affirmé qu'il avait effectué cette commande pour amener le peintre à Dieu. « L'âme de Dalí était en danger parce que sa femme était une sorcière, dit Albaretto en 1995. Il était complètement dominé par elle. J'ai donc fait tout mon possible pour le pousser à méditer sur la religion catholique. » Pour trouver des sujets d'illustration, Dalí n'avait d'autre choix que de lire soigneusement la Bible, du moins en partie, surtout le Nouveau Testament. Albaretto soutient que ce processus le « transforma », mais les illustrations sont conventionnelles, et on lève un sourcil, sceptique[1931].

Alors qu'il travaillait sur la Bible, Dalí annonça qu'il allait illustrer *Les Mille et Une Nuits*. Giuseppe Albaretto n'était pas enthousiaste : il connaissait son homme, et craignait qu'il ne produise des œuvres érotiques. Mais Dalí insista, et Albaretto signa la commande. Gala interdit à Dalí de consulter un exemplaire du livre, de peur que ça ne lui ôte sa spontanéité, et ces cent illustrations, pour la plupart des aquarelles, quelque peu dans l'esprit de Gustave Moreau, sont parmi les œuvres les plus colorées et les plus spontanées qu'il ait jamais produites. Comme l'avait craint Giuseppe Albaretto, elles exsudent l'érotisme. Quel thème plus plaisant qu'un harem maure pour Dalí le voyeur à l'atavisme arabe ? Ses visions sont remarquables, ainsi qu'on pouvait s'y attendre, par leur insistance sur le postérieur des femmes. Mara Albaretto, qui avait observé que quatre-vingt-dix pour cent des femmes peintes par Dalí sont représentées de dos, se rappelle que Dalí fit ces illustrations avec beaucoup plus d'enthousiasme que celles de la Bible. Au temps pour le prosélytisme de son mari[1932].

Dalí prit aussi beaucoup de plaisir aux cent illustrations qu'il fit pour une édition de *L'Odyssée* (1966-1970) projetée par les Albaretto, ce qui n'est pas surprenant si l'on songe à son identification passionnée avec la Méditerranée et ses mythes. Ces peintures ne relèvent pas du grand art, mais elles ont une fraîcheur qui manque dans tant d'œuvres de Dalí à l'époque, et sont heureusement dépourvues des clichés répétitifs qui encombrent son travail commercial. Isidor Bea y mit la main, ainsi que le reconnaît librement Giuseppe Albaretto, et s'occupa des détails mécaniques qui ennuyaient Dalí.

Parmi les autres illustrations faites pour les Albaretto, il y en a quarante-six destinées à *Don Quichotte* (1964-1968). Elles sont plutôt conventionnelles, mais l'une est intéressante en ce sens que Dalí y a mêlé une vue de la baie de Port Lligat avec celle de Cadaqués, comme pour faire une synthèse idéale des deux endroits les plus chers à son cœur. En ce qui concerne ses illustrations pour *Hamlet* (1967), Dalí était tellement à court d'idées qu'on y retrouve, proliférants, toutes ses vieilles obsessions (y compris les montres).

## LE DALÍ DE CARLTON LAKE

Le lendemain du jour de sa rencontre avec Dalí, chez Knoedler, en novembre 1963, Carlton Lake accepta l'invitation du peintre à participer à sa réunion habituelle du dimanche soir au St. Regis (réunion qui se tenait avant que Dalí sorte dîner avec quelques amis choisis). Là, au King Cole, Dalí l'avait présenté à Carlos Alemany, le joaillier argentin, à Joseph Foret, l'éditeur parisien (qui essayait alors sans succès de soulever l'intérêt des Américains pour son édition d'un exemplaire unique de *L'Apocalypse de saint Jean*), et à Albert Field.

Field, un enseignant de Manhattan, avait fait la connaissance de Dalí vingt-deux ans plus tôt lors de l'exposition au MOMA, et avait été vivement impressionné par son mélange de maîtrise technique, de talent de dessinateur et de capacité à déranger. Le personnage de Dalí lui-même l'avait impressionné, et il lui avait signé un autographe. En quelques jours, peut-être même en quelques heures, Field avait décidé de limiter son intérêt pour la peinture exclusivement à Dalí, et bientôt, inspiré par l'excellent catalogue de James Thrall Soby, s'était lancé dans une tentative de mettre en fiches l'œuvre du peintre. Il avait découvert sa vocation.

En 1948, quand Dalí et Gala étaient rentrés en Espagne, Field avait entrepris le premier de ses nombreux voyages en Europe, où il se consacra, avec une énergie obsessionnelle, à traquer les peintures et les dessins de Dalí, et les gens qui le connaissaient ou étaient en affaires avec lui. Comme les Morse, il était un visiteur fréquent à Port Lligat, et aimait parcourir l'Empordà à la recherche de références daliniennes. Les fiches prenaient de l'ampleur.

Avant longtemps, Field avait acheté l'une des plus anciennes peintures de Dalí, *Paysage*, et le minuscule *Portrait de Gala* (1931), qui avait appartenu à Paul Éluard. Puis, en 1954, Dalí avait fait de lui son « cataloguiste officiel », sans aucun doute étonné par l'application de l'Américain qui endurait de bon gré le martyre pour mettre de l'ordre dans le chaos causé par l'insouciance bénie avec laquelle, au fil des années, l'artiste avait fréquemment modifié le titre de ses œuvres, ou les avait imparfaitement datées.

En 1963, lorsqu'il fit sa connaissance, Field était un habitué saisonnier de la cour des dimanches de Dalí au King Cole et prenait plaisir à son statut particulier d'ami et de collaborateur du peintre. Lake remarqua qu'il s'exprimait « de façon précise et méticuleuse ». Quand il évoqua son projet de « catalogue complet », Field observa ironiquement : « Je m'attends à un long travail. » Ce fut le cas. *Le Catalogue officiel des œuvres graphiques de Salvador Dalí* ne devait paraître qu'en 1966, et il restait des peintures et des dessins non traités[1933].

Carlton Lake avait été pendant des années le critique d'art, à Paris, du *Christian Science Monitor*, et il parlait français couramment. Il était très intelligent, il jugeait bien des caractères, il connaissait l'art moderne, et il était un excellent écrivain, doté d'un humour mordant. Dalí ouvrit bien ses oreilles quand Lake lui dit qu'il préparait un livre sur Picasso, avec la collaboration de Françoise Gilot, l'ancienne maîtresse du peintre. Il aurait pu les ouvrir encore plus grandes si Lake lui avait dit que, pendant la nuit, il avait décidé qu'il se pourrait aussi qu'il écrive quelque chose sur *lui*. La première idée de Lake était un long article, qui se transforma en livre. Le fait qu'il avait sur lui un magnétophone est attesté non seulement par une transcription détaillée de l'éblouissant monologue de Dalí le lendemain matin au dix-septième étage du St. Regis, mais aussi par toutes les conversations qui devaient constituer le noyau d'*In Quest of Dalí* (« En quête de Dalí »). Sur la quatrième de couverture de l'édition poche, l'éditeur avait reproduit un extrait d'article révélateur : « L'approche par la conversation directe suggère qu'un magnétophone fut utilisé de façon que la succulence de camembert des pensées de Dalí puisse ressortir avec toute sa saveur. » Considérations d'éthique mises à part, la méthode de Lake non seulement en faisait un livre facile à écrire, mais garantissait une exactitude absolue. Le résultat fut un jalon dans les annales de la biographie de Dalí, Dalí *pris sur le vif** comme jamais.

Lors de leur première séance au St. Regis, Dalí donna à Lake une longue conférence sur ce qu'il aimait appeler l'« art pompier », la peinture académique, « démodée », du XIX^e^ siècle, incarnée par Bouguereau, Meissonier et Gustave Moreau, dont il se faisait maintenant le champion en réaction contre l'art abstrait. Chaque année, quand Dalí revenait de Port Lligat pour rappeler au monde son existence, il arrivait à Paris avec une nouvelle lubie. Cette année-là, c'était Meissonier et la peinture narrative. Les gens demandent de la substance dans l'art, soutenait Dalí, et le *pop art* leur donnait au moins quelque chose à regarder. Mais le *pop art* était clinquant. Il y avait de la nostalgie pour les choses, pour les objets solides et bien faits. La société en avait assez des peintres dépourvus de *métier**. Dalí dit à Lake qu'il faisait une toile « basée sur le principe scientifique de la moire », un matériau dont il considérait qu'il avait un grand potentiel pour son travail. Pour « une extension du *trompe-l'œil** ? » demanda pertinemment Lake. Oui, c'était ça. Dalí était toujours à la recherche d'astuces techniques, de moyens de tromper le regard du spectateur. Il travaillait aussi à une grande toile basée sur l'image du dollar (*Apothéose du dollar*) car « après Mme Dalí c'est ce que j'aime le plus, parce que je suis un mystique ». Et Mr Lake savait sûrement qu'au Moyen Âge les mystiques avaient souvent été des alchimistes, des alchimistes qui vouaient tous leurs efforts à transformer le plomb en or. C'est l'or que Dalí aimait, pas les billets de banque. En ce qui concerne l'image du dollar, le grand précurseur était, *évidemment*, Vélasquez, dont les coups de pinceau étaient toujours composés de deux lignes verticales et d'une ligne incurvée. C'est-à-dire de dollars[1934].

Pour *Apothéose du dollar*, Dalí avait clairement en tête l'anagramme trouvée par Breton, « Avida Dollars ». Car, comme l'avait fait l'anagramme, il estimait que l'image du dollar accroissait ses revenus. Quand il eut terminé la toile, dit-il, « mes affaires allèrent de mieux en mieux. En ce qui concerne la célébrité, mes comptes bancaires et l'influence de mes idées sur l'art, j'étais le Roi du Monde[1935]. »

La transcription de Carlton Lake montre Dalí au summum de son éclat, de son dogmatisme, de ses provocations, de son apparente logique, un formidable adversaire dialectique contre lequel le plus audacieux devait baisser les bras. On n'est pas étonné que, lorsque Lake, quelques semaines après, retourna à Paris pour continuer à travailler sur Picasso, il ait définitivement décidé d'écrire un livre sur son cadet[1936]. Cinq mois plus tard, en mai 1964, juste après le soixantième anniversaire du peintre, Lake reprit contact avec Dalí au Meurice, et pendant huit bonnes journées ne le quitta pas, le magnétophone garantissant que pas un de ses mots n'était perdu.

Le moment était propice. Pour commencer, une énorme exposition surréaliste rétrospective, organisée par Patrick Waldberg, et à laquelle André Breton s'opposait, s'était ouverte le 13 avril à la galerie Charpentier. Dalí était représenté, entre autres, par le crucial *Jeu lugubre*. Ensuite, on parlait toujours de l'analyse « paranoïaque-critique » par Dalí de *L'Angélus* de Millet, texte paru quelques mois plus tôt. Et quelques jours plus tard sortirait son mégalomane *Journal d'un génie*.

Pour toutes ces raisons, Dalí était plus en vue que jamais et le Meurice grouillait littéralement de badauds, de journalistes, d'équipes de télévision, de top-modèles, d'éditeurs et de marchands d'art, tous menés avec une douce autorité par Peter Moore, et parfois invectivés par Gala, dans l'une de ses terrifiantes imitations d'un lion de Sibérie. Moore, « un petit homme mince d'une quarantaine d'années aux cheveux bruns ondulés, avec une fine moustache », portait, la première fois que Lake le vit, « un costume gris sombre moulant, une boutonnière rouge, et tenait en laisse un ocelot au collier de pierres précieuses ». Le « conseiller militaire » apparaît dans ces pages comme un parfait gentleman, mais on ignore si Lake lui a jamais parlé[1937].

Il n'eut pas non plus de conversation avec « Louis XIV », la « blonde sculpturale entre deux âges dont les cheveux étaient richement coiffés façon XVIII^e^ siècle », qui les accompagna un soir à une fête à Montmartre. Un autre membre du groupe affirma à Lake qu'il s'agissait d'une amie très particulière de Dalí. S'il avait développé une relation avec elle et découvert qu'elle était Nanita Kalaschnikoff, la seconde femme dans la vie de Dalí, son livre aurait pris une autre dimension. Mais Lake était pressé, et on ne pouvait attendre de lui qu'il discerne en huit jours qui était qui au sein de la cour de Dalí au Meurice. La composition de l'entourage de Dalí à Paris et à New York changeait sans cesse, comme un kaléidoscope. De nouveaux membres arrivaient, avec ou sans invitation, recevaient un surnom approprié et étaient à la mode pendant quelques semaines. Puis ils disparaissaient, parfois sans jamais refaire surface. Ou bien il leur arrivait de réapparaître au bout de quelques années, transformés. Au Meurice, Lake fit la connaissance de la « Tortue », de la « Baronne » et de « Ginesta », qui avait la langue la plus érotique de Paris (« Ginesta » était le nom générique donné par Dalí aux femmes préraphaélites génériques). Mais, hélas, on ne vit pas « Nefertiti ».

Robert Descharnes, qui avait pris confiance en lui depuis son *World of Salvador Dalí*, occupait maintenant une place prééminente dans le système de Dalí. Il dit à Lake qu'il organisait pour l'automne une exposition Dalí à Tokyo. Dalí et Gala ne voulaient pas faire le voyage au Japon – ils avaient peur de l'avion, et par bateau ça prendrait trop longtemps. « Ainsi, dit Descharnes, ça repose entièrement sur moi du début à la fin. Et ça n'a pas été facile de réunir tous ces tableaux. » L'exposition se déroula comme prévu, passant de Tokyo à Nagoya et Kyoto, et l'expérience de Descharnes, qui l'avait montée, devait faire de lui plus tard quelqu'un de bien utile[1938].

*In Quest of Dalí* est de portée étroite, mais d'une profondeur considérable, et aucun autre travail publié ne nous en apprend autant sur l'esprit de Dalí, ni sur l'incroyable énergie qu'il mettait dans chaque minute de ses journées. Son mode de vie est si fou qu'à lire le récit de Lake, on se sent épuisé. S'agit-il d'un cirque, avec Dalí en Monsieur Loyal ? D'un spectacle de variétés permanent ? C'est tout ça, et encore plus. Quand la scène passe du Meurice à un autre lieu de Paris, disons une discothèque à Montmartre, la Cadillac décapotable avec ses plaques de New York est à la porte, prête à convoyer le cercle des intimes. Le menu fretin doit suivre comme il peut. Dalí apparaît comme un suprême égoïste, totalement indifférent aux difficultés et à la gêne des autres. Mais il est sauvé par son extrême intelligence, et par ses idées inépuisables.

Avant le retour de Dalí et de Gala en Espagne, à la mi-mai 1964, Lake dit au peintre qu'il allait écrire un livre sur lui : un long article de magazine ne suffirait pas. Dalí parut content[1939]. Mais Lake commença par retourner à Picasso. Son livre coécrit avec Gilot parut au mois de novembre, et obtint un succès immédiat. Picasso essaya de le faire saisir, il y eut une pression du Parti communiste français, nombre de supporters de Picasso signèrent un manifeste, et Lake devint *persona non grata* dans bien des cercles artistiques. Au printemps 1965, Lake revit Dalí à New York et fut victime d'une attaque frontale. Quel droit avaient-ils, lui et Gilot, la « concierge », de jeter de la boue sur un génie ? De plus, le livre était rempli de bêtises. Lake se rendit compte rapidement que la plupart des attaques de Dalí tenaient au fait que son nom n'y était pas cité une seule fois. Gilot, de fait, n'avait jamais entendu Picasso mentionner Dalí – et elle avait une mémoire d'éléphant. Chaque fois que le livre de Lake et Gilot surgissait dans la conversation, Dalí parlait du livre de Brassaï sur Picasso. Voilà un vrai livre ! La raison, évidemment, en était que c'était le seul où Picasso paraissait avoir conscience de Dalí.

Dalí était irrité aussi parce que dans l'édition américaine de *Journal d'un génie*, son appendice sur les pets avait été supprimé. C'était la faute des protestants. Dans les

● Le peintre lisant son autobiographie *La Vie secrète de Salvador Dalí.*

pays catholiques, on pouvait péter tout son saoul, la preuve en étant que même dans l'Espagne de Franco son livre n'avait pas été touché par la censure. Ce qui n'était pas le cas en Amérique. Dalí, lui-même un grand péteur, était scandalisé.

Lorsque Lake revit Dalí au Meurice au printemps, il commençait à se fatiguer des vantardises et de la mégalomanie du peintre, et de plus il savait que le matériau pour la plus grande partie du livre était déjà en boîte. Un jour, le peintre sortit une photo montrant « un mince modèle masculin d'environ vingt ans aux cheveux bruns bouclés et, à côté de lui, Dalí avec une veste lourdement passementée et une moustache noire frisée ». Le modèle devait jouer le jeune Dalí dans un film. « L'un des plus beaux garçons que j'aie jamais vus. Tout le monde le pense. Même Fellini », expliqua Dalí. Quelques jours plus tard, Lake aperçut Gala en compagnie du jeune homme de la photographie. Apparemment, personne ne lui avait dit qu'il s'agissait de William Rothlein. Et Lake ne soupçonnait pas non plus qu'il était l'amant de Gala[1940].

Lake commençait maintenant à voir à travers le masque de Dalí. Un jour, il lui posa une question à propos des livres écrits à son sujet jusque-là, disant que lui-même les trouvait très superficiels. Dalí lui répondit : « Le livre de Fleur Cowles est un désastre. Un travail de secrétaire. Et le livre de Morse n'est rien du tout. Rien. » Il parlait sans doute de *Dalí: A Study of His Life and Work* (« Dalí, une étude de sa vie et de son œuvre ») (1958), publié un an avant la biographie de Cowles. Lake lui demanda alors sournoisement : « Et *La Vie secrète de Salvador Dalí* ? » Dalí était pris au dépourvu :

> Il parut surpris. « Mais c'est moi qui l'ai écrit », dit-il.
> Peut-être, dis-je, mais aussi théâtraux que puissent être certains passages, il n'était pas absolument convaincant : tous ces récits hautement imaginaires d'épisodes « critiques » de l'enfance et de l'adolescence que l'on ne peut considérer – pour dire les choses poliment – que comme des métaphores trop longues. Je lui dis que je voulais le voir juste comme il était – sans la façade littéraire.
> Il a rougi, puis il a acquiescé. « Ça m'intéresse, dit-il. C'est pour ça que je vous parle aussi franchement que je le fais. »[1941]

Dalí, pour une fois, pris au dépourvu ! Le rougissement soudain de la honte ! Il y a dans le livre d'autres moments où Lake remarque une réaction similaire quand Dalí est momentanément coincé ou défié. Il se sent brutalement exposé, pris la main dans le sac – et il répond par un commencement de rougeur[1942]. Lake remarqua aussi autre chose. Un fabuleux top-modèle suédois d'un mètre quatre-vingts aux jambes infiniment longues se trouvait parmi les hôtes du Meurice pendant les huit jours qu'il y passa avec Dalí. Personne ne parvenait à détacher les yeux d'elle, ou d'elles. Dalí voulait que la fille participe, nue, à l'un de ses canulars, mais Yvonne avait des doutes. « Et mes seins ? » demanda-t-elle. « Ah ! dit Dalí en levant les sourcils et en baissant les paupières simultanément. Il faut *absolument* qu'on les voie[1943] ! » La fermeture momentanée des paupières remarquée par Lake était très typique de Dalí quand il se sentait soudain déconcerté, ainsi qu'on peut le voir au cours de certaines de ses apparitions télévisuelles. C'était un geste calculé pour parer à son embarras, à sa panique subite. Comme le montre le livre de Lake, Dalí, même s'il donnait l'impression du contraire, était toujours en proie à des accès de honte. Et il n'est pas étonnant que l'auteur ait conclu, d'accord avec l'un des membres les plus agréables de la cour de Dalí à l'époque, une jeune femme du nom de Marina Lussato, que le principal problème du peintre était une névrose sexuelle écrasante.

Le grand finale du livre de Lake est une description de la rétrospective majeure de Dalí qui s'ouvrit le 18 décembre 1965 à la Huntington Hartford Gallery of Modern Art, et dura jusqu'au 28 février 1966. Une équipe de la BBC couvrit les préparatifs de l'exposition, et le film constitue un pendant fascinant au récit de Lake sur Dalí fin 1966. Le peintre-*showman* eut du mal à s'entendre avec la présentatrice du film, la dramaturge Jane Arden, qui remarqua que, en dépit de son intérêt pour les mathématiques et pour la physique de haut niveau, les gens que fréquentait Dalí étaient « vraiment d'un niveau intellectuel très bas ». Arden était non seulement aussi attirante que la majorité des femmes qui constituaient la cour de Dalí, mais elle était aussi beaucoup plus intelligente. Dalí, mal à l'aise, écarta la plupart de ses questions, mais devint enragé quand elle se fit un peu plus insistante, lui dit qu'il n'avait besoin que de lui-même et de Gala, et entama l'un de ses monologues les plus stéréotypés (« Dalí love le money car Dalí est un mystique, il transmute everything en or », « En réalité il pas interested du tout en peinture et littérature, exclusivement interested en cybernétique, en physique des quantiques et en biologie »). Arden ne fut pas impressionnée par les factotums de Dalí, ni par la session fastueuse au cours de laquelle il signa des exemplaires de *Journal d'un génie*, tandis que Peter Moore rôdait avec un ocelot sur les épaules. Moore expliqua aux caméras que Dalí appréciait d'avoir à son service quelqu'un qui avait participé à la « guerre psychologique » et s'était spécialisé « dans le ramollissement, pourrait-on dire, de l'esprit de l'ennemi, leur faisant penser qu'ils avaient perdu la guerre ». Selon Moore, quand Dalí avait besoin de lui pour quoi que ce soit, il disait : « Faites venir la Guerre psychologique. » Dans ces images, Moore, qui avait alors quarante-sept ans, apparaît comme un charmant aventurier, quelque peu infantile, qui ne croit pas vraiment dans la chance qu'il a eue de devenir le bras droit de Dalí. Ce n'était sûrement pas une personne susceptible de refréner l'appétit de Dalí, ni le sien propre, pour l'argent facile, ni d'avoir le moindre scrupule à faire des affaires avec des éditeurs malhonnêtes. En fait, ce qui est à porter à son crédit, Moore, qui trente ans plus tard conservait son charme juvénile et sa *joie de vivre**, ne tenta jamais de le nier[1944].

La rétrospective Huntington Hartford était une rétrospective à grande échelle, le noyau des œuvres exposées provenant des collections de Morse et d'Edward James, avec des objets importants appartenant à Dalí et à Gala. Le catalogue de l'exposition énumérait cent soixante-dix tableaux, cinquante-neuf dessins, gouaches et aquarelles, dix estampes et dix-huit collages, objets d'art et sculptures. Parmi les peintures les plus importantes faites au cours des quinze dernières années, on trouvait *Christ de saint Jean de la Croix* (venu de Glasgow), *Apothéose du dollar* et, évidemment, la fierté du musée, *Découverte de l'Amérique par Christophe Colomb*. Mais aucune d'elles n'atteignait la merveille qu'était le minuscule *Spectre du sex-appeal*, de 1934, qui parut à Carlton Lake « plus monumental que la plupart des toiles monumentales que je voyais de tous côtés[1945] ».

Les visiteurs devaient prendre l'ascenseur jusqu'au cinquième étage du musée pour redescendre à travers les onze galeries de l'exposition. Lake fit le trajet trois fois, pendant trois jours successifs. Il eut le sentiment de mieux comprendre Dalí, et il n'aima pas son travail en dehors de la grande période surréaliste qui allait de 1929 au milieu des années 1930. De tous les côtés, il voyait Dalí se répéter. Par exemple, la double image de la tête de Voltaire (qui avait fait sa première apparition en 1929) était partout ; Dalí donnait l'impression de ne pas pouvoir l'abandonner.

Le *trompe-l'œil** avait été original en 1935, mais Lake trouva pathétique que Dalí, en 1965, le travaille encore jusqu'à écœurement. À travers toute l'exposition, on avait l'impression que Dalí cherchait tout au plus à impressionner ; on ne ressentait aucune chaleur. Une phrase flottait dans l'esprit de Lake tandis qu'il parcourait l'exposition. Elle provenait du texte dans lequel le fabricant de vêtements de sport Jack Winter, qui avait commandé sa publicité à Dalí, affirmait à ses clients potentiels que « l'astucieuse manipulation par le peintre de toutes les écoles de peinture avait assurément captivé le monde ». C'était ça, de la *manipulation*. Depuis leur première rencontre chez Knoedler, Dalí n'avait cessé de répéter à Lake que l'art véritable devait reproduire fidèlement ce que l'artiste voit dans le monde extérieur. Cependant, il biaisait tout à son avantage, ne représentait rien tel que c'était, ne pouvait pas laisser les choses être elles-mêmes. Dalí était une victime des « exigences du carcan de ses habitudes compulsives de *trompe-l'œil** », et toutes ses qualités étaient gâchées « afin de faire de chaque toile majeure une médiatique anthologie exhibitionniste de Dalí ». Il y avait un écart aveuglant entre ce que Dalí disait aimer et ce qu'il faisait. Pourquoi ? Simplement parce qu'il lui fallait se montrer. Et aussi parce qu'il n'avait rien à dire. Lake sentait qu'il y avait dans sa peinture « une absence totale de contenu émotionnel ». « On peut juste supposer que Dalí ne sentait rien – et donc nous non plus. »

Lake ne manqua pas de remarquer ce qu'aucun autre critique n'osait suggérer : « toute la gamme des affleurements narcissiques et invertis » apparents dans les œuvres exposées. Il les trouva d'abord dans *La Fontaine* (1930), où « une silhouette masculine idéalisée est à genoux devant une autre, celle qui est debout tendant une main en protestation et se couvrant les yeux de sa main droite ». Puis, dans *Méditation sur la harpe* (1932-1933) et *La Mémoire de la femme-enfant* (1932) ; et dans *Cardinal, cardinal* (1934), remarque-t-il, les seins de Gala sont nus, soulignant sa féminité, alors que son short étriqué « est gonflé sur le devant, d'une façon extraordinaire pour une femme ». Mais ce qui perturba le plus Lake, et ce n'est pas surprenant, ce fut *Deux adolescents* (1954), toile dans laquelle les parties génitales des jeunes gens inclinés

> sont soigneusement exposées, le pénis rose et luisant, chaque poil pubien amoureusement dessiné. La bouche du garçon est ouverte et des dents ont été soulignées d'un blanc plus clair pour prendre la lumière, comme sur une photographie ou sur une boîte de chocolats italiens. Sur la droite, un garçon brun sans visage dans le même goût, du même style, ressemble à un mannequin de mode, sa main droite sur son épaule et sa jambe gauche tirée vers le bas, l'orteil délicatement planté dans le sol[1946].

Lake estimait, à juste titre, que ces images révélaient une obsession pour la fellation. Mais ce qui le faisait le plus grincer des dents, cependant, c'était « la technique affichée du maquilleur : les lumières et les reflets. C'était la vente forcée incarnée[1947]. »

Quant à l'*Hommage à Meissonier*, il s'agissait d'« une tentative de platitude si réussie que sans la signature de Dalí, elle n'aurait pu que forcer la porte d'une galerie d'art moderne ». Dans cette œuvre qui, après tout, étant donné le prosélytisme de Dalí en faveur de Meissonier, aurait au moins dû être digne, il « semblait parodier toutes les bavures, tous les jets, tous les frottis de l'art moderne que lui et son hôte (Huntington Hartford) détestent. Ça ne faisait aucun doute : Dalí le peintre n'était pas à la hauteur de Dalí le *showman.* »

Lors de sa dernière descente, Lake jeta un ultime coup d'œil à *Apothéose du dollar.* « C'était tellement chargé et diffus, écrit-il, si gratuitement et délibérément déroutant, que j'y ai vu un parfait symbole pictural de notre âge de l'inflation. Du moins en ce domaine, me suis-je dit, Dalí était bien de son temps, une sorte de grand prêtre de l'exhibitionnisme comme art ultime. » Lake concluait en disant que la période post-surréaliste de Dalí ne tenait pas toute seule, qu'il lui fallait « le contexte dynamique de sa vie quotidienne sans cesse réinventée pour trouver un sens ». Le dilemme de Dalí, selon lui, c'était qu'il avait « joué son rôle historique de peintre, mais ne pouvait supporter la pensée qu'il n'avait plus d'importance ». Il continuait donc à produire ce qu'il savait être des croûtes. Lake terminait son livre ainsi : « "Ma peinture est la chose la moins importante à mon sujet", m'avait dit Dalí plus d'une fois. Comme je l'avais déjà observé, il y avait toujours un grain de vérité dans tout ce que disait Dalí, si absurdes qu'aient pu paraître, au premier abord, ses affirmations. Celle-là, me suis-je dit, ne fait pas exception à la règle[1948]. »

De façon générale, les critiques furent du même avis que Lake (même s'ils ne remarquèrent pas, ou ne mentionnèrent pas, les « affleurements invertis » qui l'avaient si profondément affecté). La réaction du *New York Times* était typique : les bonnes œuvres exposées étaient noyées sous « les dizaines d'absurdités soignées qui depuis si longtemps servent à Dalí de substitut du talent qu'il a galvaudé[1949] ».

Un tel article, dans un tel journal, a dû secouer Reynolds Morse, sinon Dalí, qui déclara qu'il « n'avait jamais été mieux présenté[1950] ». Cette exposition signifiait énormément pour Morse, notamment pour la publicité qu'elle faisait à sa collection. Selon un article, elle valait deux millions de dollars, et représentait l'« expédition la plus coûteuse arrivée à New York par camionnette[1951] ». Le 19 décembre, une « Soirée avec Salvador Dalí » se tint dans le musée. Morse parla du maître, devenant ainsi, il l'écrivit plus tard, « le seul collectionneur-critique au monde à donner une conférence sur un artiste vivant plus âgé, l'artiste étant présent dans le public ». Le programme incluait une projection d'*Un chien andalou*[1952].

L'« Hommage à Dalí » de Morse, ou du moins la version de sa causerie reproduite dans une réédition du catalogue de l'exposition, était d'une naïveté confondante. Il avait principalement pour but d'établir que le Dalí post-surréaliste non seulement n'était pas le moins du monde inférieur au Dalí surréaliste, mais qu'il était meilleur. Il en avait aussi un autre : celui de démontrer (une fois de plus) que Dalí était un génie absolu. Nous apprenons qu'« à lui seul Dalí a fait plus que personne au monde pour endiguer les marées irrésistibles du nihilisme au XX^e^ siècle » ; que dans *La Vie secrète* le peintre « explique lucidement ses obsessions dans un style qui fait de Dalí l'égal de Proust et de Joyce » ; et que, lorsque Dalí lui a dit avoir vu un ange à Port Lligat, Morse « n'a ni ri ni douté. On ne peut imaginer à quel point les gens tardent à se rendre compte du génie de Dalí. » On a le sentiment qu'avec un ami comme Reynolds Morse, Dalí n'avait pas besoin de passer autant de temps à se faire des ennemis. La conférence de Morse nous révèle aussi que, malgré la position solitaire et héroïque de Dalí contre le nihilisme, des photographies largement diffusées venaient d'être publiées le montrant apparemment en train d'insérer un pinceau dans l'anus d'un cochon dans un night-club miteux. En ce qui concernait les activités commerciales de Dalí, Morse les estimait hautement louables (« C'est tout à son honneur qu'il soit devenu très riche par une application astucieuse de son dynamisme à un nombre de projets incroyablement élevé »). Et si, grâce à Dalí, Morse en était arrivé à croire à des anges à Port Lligat, il acceptait maintenant le fait que Dalí soit un inventeur hors pair. Car « qui d'autre que Dalí aurait pu concevoir un moyen de photographier la substance de la pensée à travers les terminaisons nerveuses de l'œil humain » ? Il n'y avait que Dalí pour le faire, Dalí le génie qui, en plus de ses autres dons à l'humanité, « a rendu le bon goût de l'aristocrate palpable à l'homme du commun ». Quant à Gala, à qui Morse consacrait le préambule de son « Hommage à Dalí », elle avait tout sacrifié pour le peintre, à tel point que « ses grandes qualités poétiques à elle » avaient forcément été « masquées par son rôle de directrice financière de l'entreprise Dalí ». Morse nous affirme sérieusement qu'« aujourd'hui le plus grand mérite de Gala est la barrière d'impénétrabilité et d'altruisme derrière laquelle les névroses de Dalí ont été nourries et entretenues au point de devenir vendables[1953] ».

Naturellement, Morse ne pouvait s'empêcher d'attaquer les critiques d'art, ni d'abaisser Picasso d'un cran ou deux. Et de temps en temps, nous bénéficions de grands mots destinés à faire forte impression : « Il était évident que Dalí s'approchait d'une crise presque férine », « En fait, certaines de ses peintures les plus proprioceptives datent de ses années de dissident, entre 1934 et 1939 ».

Dalí s'inquiétait toujours des révélations de Lake et de Gilot sur Picasso et décida finalement, quoi qu'il ait pu dire à Lake à propos de sa liberté d'écrire son livre, de demander à en voir le manuscrit avant publication. Quand Lake refusa, Dalí le menaça de « punitions obscènes[1954] ». On ne sait comment il réagit à la parution du livre, en 1969, mais il n'est pas difficile de l'imaginer. Morse estimait que Lake avait traité « superficiellement » son sujet, et compara défavorablement le livre à la biographie de Picasso par Roland Penrose. Lake, écrivait Morse, voyait Dalí comme « une espèce de Joueur de flûte sans but entouré entre New York et Paris par une horde de commères et de sycophantes, alors que la dévotion de Penrose pour Picasso donne de nouvelles profondeurs à son œuvre et à sa vie[1955] ». La comparaison était injuste, car les deux livres répondaient à des visées très différentes. De plus, si le Dalí de Lake est un Joueur de flûte, il n'est certainement pas sans but. Au contraire, il a un but, qu'il poursuit impitoyablement : la volonté de se mettre en avant, son plaisir et sa publicité, et peu importe aux dépens de qui, Reynolds Morse compris.

# XIV. Amanda Lear et autres extravagances

[1966-1975]

*LA PÊCHE AUX THONS (HOMMAGE À MEISSONIER)* ;
LOUIS PAUWELS

468 ● Dalí aux arènes de Las Ventas de Madrid avec Amanda Lear, 1er juin 1973.

Il y a à côté de Roses une crique qui s'appelle l'« Almadrava ». Ce mot, issu de l'arabe, désigne un lieu où les thons sont pêchés et massacrés. L'*almadraba* la plus célèbre d'Espagne se trouvait à Zahara de los Atunes, près d'Algésiras, et Cervantès l'a immortalisée dans sa « nouvelle exemplaire », *Rinconete et Cortadillo*. Celle de Roses, qui a survécu jusqu'au XXe siècle, était moins fameuse nationalement que sa sœur andalouse (rares étaient les thons rouges qui s'aventuraient si loin au nord), mais, pour l'Empordà, elle constituait une merveille locale.

Dalí a écrit en 1967 qu'il avait connu l'*almadraba* grâce à son père qui, « avec un don narratif digne d'Homère », avait fait naître pour lui une vision de la mer bleue tournant au rouge au milieu de la frénésie des thons s'agitant et de leurs massacreurs. Pour accompagner son récit, le notaire lui avait montré un dessin de la pêche aux thons dû à un peintre suédois non identifié[1956]. Plus tard, Dalí dit à Reynolds Morse que, enfant, il avait vu le sanglant carnage de ses propres yeux, mais ça paraît peu probable au regard de ce qu'il avait déclaré plus tôt[1957]. Ce qui est sûr, c'est que l'*almadraba* de Roses et le souvenir du dessin suédois anonyme furent le point de départ d'une toile immense (304 × 404 cm) que Dalí commença à l'automne 1966 et termina la saison suivante.

*La Pêche aux thons* était un sinistre *tour de force**, et fut reconnue comme tel lorsqu'elle fut exposée pour la première fois à Paris en novembre 1967 dans le cadre d'un « Hommage à Meissonier » (le sous-titre de la toile) organisé au Meurice. Dans le catalogue de l'exposition (qui comprenait un dessin préliminaire de la fille nue de la toile insistant effrontément sur ses fesses[1958]), Dalí écrivait que le tableau était son plus ambitieux à ce jour. Il avait été stimulé après avoir lu, dans Teilhard de Chardin, que l'univers était fini et limité, qu'il ne s'agissait pas de l'espace infini que les gens imaginent souvent, et que c'était ce qui rendait possible l'énergie. Le cosmos converge vers un point unique et, en ce qui concernait Dalí, pour l'instant il convergeait vers cette peinture dans laquelle il avait tenté de concentrer sa « terrifiante énergie », dont les victimes et les tueurs de cette mêlée sanglante étaient un exemple[1959].

*La Pêche aux thons* fut achetée par Paul Ricard, connu pour son pastis, qui, dit-on, arriva à Port Lligat avec son yacht pour jeter un œil sur quelques aquarelles et se trouva prêt à payer deux cent quatre-vingt mille dollars pour une toile monstre. Peu après, elle fut volée, ce qui fit plaisir à Dalí car le vol suscita une publicité massive. Puis on la retrouva intacte : apparemment, le voleur avait simplement voulu prouver, ce en quoi il avait réussi, qu'il était capable de s'enfuir avec une toile aussi immense sous le bras[1960].

Alors que Dalí travaillait à *La Pêche aux thons*, au cours des étés 1966 et 1967, il reçut la visite de l'écrivain français Louis Pauwels, qu'il connaissait depuis une quinzaine d'années. C'était la première fois que Pauwels venait à Port Lligat, et il fut très impressionné par le cap de Creus : il se rendit compte que Dalí ne pouvait être pleinement compris en dehors du paysage extraordinaire qui avait façonné sa pensée. Pauwels enregistra ses conversations avec Dalí et les utilisa pour un livre de monologues daliniens, *Les Passions selon Dalí*, qui fut publié en mars 1968. Le livre, qui comprend quelques commentaires de Dalí sur le texte, n'a pas l'authenticité de celui de Carlton Lake car, comme Pauwels s'en explique dans sa préface, il avait mis en « langage simple » ce qui n'était sûrement pas simple à l'origine, de façon que les phrases soient courtes, concises et cohérentes comme ne l'étaient jamais les phrases écrites par Dalí. Le livre n'est donc pas une transcription de ce que Dalí a vraiment dit, mais une réécriture de ses commentaires et de ses déclarations (« C'est le Dalí intérieur tel que je l'ai vu », expliqua Pauwels ailleurs[1961]). Il nous fournit néanmoins des vues utiles et révèle en Dalí un personnage convaincu que ce qui compte, c'est sa personnalité totale et « viscéralement prophétique », pas uniquement sa peinture. Il l'avait déjà dit à Alain Bosquet : « La peinture n'est rien en comparaison de la magie qui irradie continuellement de ma personne[1962]. » Le Dalí de Pauwels insiste sur le fait qu'il est « un homme qui a une vision du monde et de la cosmogonie et qui est habité par un génie capable d'apercevoir la structure totale des choses ». Il est « le seul peintre classique et impérialiste » au monde et, « bâclées ou non », ses peintures incorporent et ordonnent le plus grand nombre possible d'éléments dérivant de sa connaissance et de sa sensibilité. C'est ainsi que, clairement, Dalí avait choisi de se voir[1963].

Le livre confirme à quel point Dalí se sentait intensément catalan, quoi qu'il ait pu dire parfois de son « hispanité ». « Mes génies sont catalans, mon propre génie vient de Catalogne, pays de l'or et de l'ascèse », nous affirme-t-il[1964]. Les autres Espagnols considèrent les Catalans comme les radins du pays (comme les Écossais de l'Espagne), ainsi que le montrent les milliers de blagues sur ce sujet, et c'est un fait que la Catalogne est la seule partie de l'Espagne où les gens ne paient pas de tournées, par exemple ; et on a déjà fait allusion au fait qu'il y a en Catalogne plus de banques d'épargne que dans le reste de l'Espagne. À propos de sa propre réticence à se séparer de son argent, Dalí la mettait sur le compte du fait qu'il était catalan.

Sur l'insistance de Dalí, Pauwels inclut en appendice un passage ironique sur la Catalogne écrit par Francesc Pujols, un philosophe catalan peu connu que le peintre admirait beaucoup. Il arrivait souvent à Dalí de paraphraser ce passage au cours de dîners dont les hôtes étaient pliés de rire :

> Nous n'en serons sans doute pas témoins nous-mêmes, car nous serons déjà morts et enterrés, mais il est certain que ceux qui viendront après nous verront les Rois du Monde se prosterner devant la Catalogne. Et c'est alors que les lecteurs de ce livre (enfin, si des exemplaires en survivent) se rendront compte que j'ai eu raison depuis le début. Regarder les Catalans, ce sera regarder le sang de la vérité ; leur serrer la main, ce sera serrer la main de la vérité. Nombre de Catalans pleureront de joie ; il leur faudra s'essuyer les yeux avec des mouchoirs. Parce qu'ils sont catalans, toutes leurs dépenses, où qu'ils aillent, leur seront payées. Ils seront si nombreux que les gens n'auront pas assez de place pour les loger chez eux, alors ils les logeront dans des hôtels, ce qui est le plus beau cadeau à faire à un Catalan qui voyage.
> En dernière analyse, quand on y réfléchit, mieux vaudra être un Catalan qu'un millionnaire. Et comme les apparences sont trompeuses, même si un Catalan est aussi ignorant qu'un âne, les étrangers le prendront pour un savant, en possession de la vérité. Quand la Catalogne sera Reine et Maîtresse du monde, notre réputation sera telle, et l'admiration que nous inspirerons si illimitée, que beaucoup de Catalans n'oseront pas dire d'où ils viennent et se feront passer pour des étrangers.

L'une des qualités communes à Pujols et à Dalí est que tous deux étaient ce que les Espagnols appellent des *cachandos* : ironiques, pince-sans-rire, jamais tout à fait sérieux.

Dalí aimait beaucoup l'ambiguïté qu'il y a à être à la fois espagnol et catalan, et il tirait une grande joie d'avoir une telle chance, irritant ce faisant beaucoup de nationalistes catalans.

Ces derniers étaient aussi scandalisés par son monarchisme, qui ressort très fortement du livre de Pauwels. En 1947, Franco avait promulgué une loi de succession qui définissait l'Espagne comme une monarchie, et prévoyait que le successeur du dictateur serait un roi. Elle ne contenait cependant aucune allusion à la monarchie des Bourbons, et si Franco avait eu un fils, c'est à lui que serait revenu de tenir les rênes. Le Caudillo n'était résolu qu'à une seule chose : que l'héritier légitime du trône, don Juan de Bourbon et Battenberg, fils du roi Alphonse XIII (mort à Rome en 1941), ne soit jamais roi. En 1949, le fils de don Juan, Juan Carlos, était venu en Espagne pour faire ses études sous la tutelle de Franco. Franco aimait de plus en plus le garçon, et en 1966 on pensait généralement qu'il en ferait son successeur. Dalí le pensait certainement aussi, et en 1969 Franco lui donna raison.

Dalí pensait aussi, ainsi que le montre le livre de Pauwels, que la monarchie à venir serait absolue, et pas constitutionnelle, et plus médiévale que moderne, droit divin compris, évidemment. Il paraissait inconcevable à Dalí, comme à beaucoup d'admirateurs de Franco, que l'arrivée de la monarchie puisse signifier un retour à la démocratie. La monarchie était parfaitement adaptée aux notions d'hérédité sur lesquelles Dalí travaillait depuis sa découverte de l'ADN. D'ailleurs, pour lui, Crick et Watson avaient « légitimé » la monarchie héréditaire comme système idéal. C'était une simple question de biologie[1965].

Dalí, alors, était un fervent monarchiste. Et comme la coupole, ainsi qu'il le disait à tout le monde à l'époque, est le symbole de la monarchie, il s'ensuivait que son musée à Figueres devait être surmonté d'un dôme (et non pas ouvert aux éléments, comme il l'avait d'abord proposé). Dans des magazines américains, Dalí avait vu les structures géodésiques dessinées par Buckminster Fuller, et été très impressionné. C'est une chose comme ça qu'il voulait pour Figueres. Mais Fuller n'était pas disponible. Quand Dalí entendit parler d'un jeune et brillant architecte espagnol, Emilio Pérez Piñero, spécialisé dans de semblables structures articulées, il le contacta. Ils se comprirent immédiatement, et Piñero reçut la commande du dessin de la « couverture monarchique » du théâtre-musée. Mais il faudrait attendre son installation pendant de longues années. Aujourd'hui, son dôme transparent et articulé est l'un des principaux points de repère de Figueres.

## AMANDA LEAR

Quelque six ans auparavant, Dalí s'était mis à fréquenter le Carrousel, à Paris, peut-être le plus célèbre drag-club du monde. Il y fut fasciné par l'une des principales stars du cabaret, April Ashley, un travesti anglais dévastateur dont le vrai nom était George Jamieson. Selon Ashley, le peintre vint chaque soir, pendant six semaines, assister à son spectacle, l'inonda de cadeaux, et voulut la peindre nue, comme « Hermaphrodite ». Mais elle ne se laissa pas impressionner, refusa sa proposition et, selon ses propres mots, « le refila à Alain[1966] ».

Alain, c'était Alain Tap, qui se produisait au Carrousel sous le nom de scène de « Peki d'Oslo ». Dans son autobiographie *April Ashley's Odyssey* (« L'odyssée d'April Ashley »), magnifique de franchise, Ashley se rappelle que Tap, dont la famille franco-orientale vivait en Provence, lui dit être étudiant en art et lui montra quelques cartes postales qu'il avait peintes pour survivre à Paris. « Je lui ai dit : "Mais, mon chéri, elles sont superbes – tu dois rester tel que tu es, tu dois développer ton talent, tu ne dois pas te gâcher dans un cabaret."[1967] »

● Le Français Alain Tap, plus tard Peki d'Oslo et, finalement, Amanda Lear, avec April Ashley à Milan, vers 1966.

Tap, qui était aussi un polyglotte doué, resta au Carrousel, et Ashley reproduit dans son livre une photo qui les montre tous les deux en train de manger des spaghettis à Milan, lors d'une tournée, en 1959. Tap, entre-temps, lui avait confié qu'il était décidé à se faire opérer pour changer de sexe. Ashley aussi, qui subit cette opération douloureuse à Casablanca en mai 1961, à l'âge de vingt-cinq ans. Tap était parmi ceux qui vinrent l'accueillir à Orly.

Au moment où Alain Tap, *alias* Peki d'Oslo, apparut à Chelsea en 1965, après un bref passage par le Chez Nous Club, à Berlin, lui aussi avait subi son « opération Pussycat », comme il disait, mais seulement après, selon Ashley, « de terribles hésitations ». Tous deux étaient restés en contact par lettres et par téléphone depuis l'époque du Carrousel, et Ashley est amusante lorsqu'elle raconte l'arrivée à Londres de Peki, maintenant transsexuelle, qui fut engagée au Raymond's Revue Bar, à Soho, pour un numéro de « fouet et cuir ». À cette époque, sa principale ambition, se souvient Ashley, était de devenir la fière détentrice d'un passeport britannique. Elle l'obtint en épousant un Écossais nommé Mr Lear, choisi au hasard dans un bar et qui reçut cinquante livres pour se soumettre à la cérémonie au bureau d'état civil de Chelsea. Devenue Mrs Amanda Lear, pas moins, Peki, qui apparemment ne revit jamais son mari, demanda immédiatement le bienheureux document à la couverture bleu sombre qui proclamerait son statut de citoyenne britannique. « À sa beauté et à son mystère d'Eurasienne s'ajoutait maintenant un sens du style en vogue, raconte Ashley. Elle devint l'une des modèles préférées d'Ossie Clark et gravita vers le monde de la *pop music*, en particulier vers Brian Jones, des Rolling Stones. » Elles perdirent rapidement contact, Amanda ne téléphonant que lorsqu'elle avait besoin d'une adresse – ou lorsqu'elle était déprimée (ce qui était souvent le cas). Finalement, lorsque Lear se plongea au cœur du monde de la pop, ayant des liaisons avec David Bowie et Bryan Ferry, Ashley n'entendit plus parler d'elle. Elle en arriva à la conclusion qu'Amanda était profondément mal à l'aise avec son identité sexuelle, qu'elle était l'une de ces transsexuelles qui sont terrifiées à l'idée d'être découvertes. « Elle avait la structure osseuse, mais elle manquait de courage. Même quand elle est devenue la reine du disco en Europe, on l'entendait dans sa voix – une souris prise au piège[1968]. »

Le récit par April Ashley du mariage d'Amanda n'est pas une invention, comme quiconque peut l'apprendre par un simple coup de téléphone au bureau d'état civil de Chelsea. Le mariage eut lieu le 11 décembre 1965. Le certificat prouve que le marié était Morgan Paul Lear, un étudiant en architecture de vingt ans. La mariée était Amanda Tap, modèle de mode, vingt-six ans, fille d'André Tap, capitaine retraité de l'armée française[1969].

Dans son livre, Amanda Lear ne mentionne pas qu'elle a connu Dalí au Carrousel, et elle situe leur première rencontre en 1965, chez Castel, à Paris. L'été suivant, même si elle n'en parle pas non plus, elle le vit à Barcelone. Amanda se produisait alors (toujours sous le nom de « Peki d'Oslo ») au New York, un night-club de la Carrer dels Escudellers, où, se servant à son avantage de ses longues jambes et de sa voix rauque, elle enthousiasmait le public par une étonnante imitation de Marlene Dietrich (qui, selon April Ashley, avait été une habituée du Carrousel). Amanda séjournait au Mesón Castilla, en haut de la Rambla, présentant un passeport français et enregistrée sous le nom d'Alain Tap[1970]. Elle fut repérée au New York par certains amis de Dalí, parmi lesquels Sue Guinness et un jeune marchand d'art de Barcelone, Ignacio de Lassaletta. Ignorant que Dalí connaissait déjà Amanda, ils le poussèrent à aller la voir. C'est ce qu'il fit, et peu après elle apparut à Cadaqués. Dans le carnet d'autographes de Lassaletta, elle laissa un charmant souvenir de leur rencontre[1971].

Aujourd'hui Amanda Lear nie platement avoir été Peki d'Oslo, ou avoir connu un jeune Espagnol du nom d'Ignacio de Lassaletta[1972]. Comme, à la différence d'April Ashley, elle n'a pas choisi de rendre publique sa transidentité ni d'assumer ses incarnations précédentes, il pourrait paraître indélicat d'insister là-dessus. Mais cette insistance est justifiée par le fait que le récit publié par Lear de ses relations avec Dalí est fondamentalement faussé par son refus de parler franchement de son identité. De plus, il ne fait aucun doute que la fascination qu'elle suscitait chez Dalí était liée au fait qu'il savait qu'il s'agissait d'un garçon devenu une fille. « La transsexualité d'Amanda participait à l'attirance que Dalí avait pour elle », a insisté Nanita Kalaschnikoff, qui connaissait et appréciait Lear[1973]. « Il adorait collectionner les bizarreries. » Dalí, pour sa part, aimait surprendre les gens en leur révélant le parcours sexuel d'Amanda. Des années plus tard, il montra à Luis Romero, l'un de ses biographes, une photo de Lear dans un magazine. « Elle vous plaît ? » demanda-t-il. « Pas mal ! » répondit Romero. Dalí éclata de rire et s'exclama : « Eh bien, c'est un homme ! » Romero fut déconcerté, ce qui est compréhensible. Ainsi que le furent nombre de gens qui avaient vu Amanda nue dans la piscine de Dalí ou dans son atelier, et qui ne pouvaient croire que cette somptueuse créature n'avait pas toujours été une femme. Isidor Bea était l'un de ceux pour qui il n'y avait aucun doute – et il la vit pendant longtemps[1974].

● Dalí à côté d'Amanda Lear, avec Nanita Kalaschnikoff (à gauche, premier plan), les jumeaux Myers et d'autres *beautiful people* au Lido, à Paris.

Il est évident que Dalí éprouva rapidement une affection sincère pour Amanda. Non seulement elle était d'une beauté renversante, mais elle était intelligente, vive, elle apprenait vite et, comme le fait justement remarquer April Ashley, elle était douée pour les langues. Elle aimait la peinture, et voulait s'instruire. Elle posait des questions, et Dalí, comme Francis Fitzgerald avec Zelda, prenait autant de plaisir dans son nouveau rôle de professeur qu'il en avait à être vu en public en compagnie d'une protégée aussi spectaculaire. Ses apparitions avec elle le faisaient se sentir bien, viril – il pouvait passer pour son amant –, et pendant des années, tandis qu'Amanda progressait du statut de modèle et de fille à la Mary Quant à celui de « reine du disco en Europe », il prenait plaisir à se montrer sporadiquement en sa compagnie (c'était toujours sporadique) et à l'exhiber. Amanda, qui voulait à tout prix pousser sa carrière – elle était presque aussi ambitieuse que lui –, n'était que trop heureuse de lui obéir : étant donné l'immense célébrité de Dalí, il ne pouvait y avoir meilleure publicité que d'être considérée comme sa maîtresse, surtout dans l'Espagne répressive de Franco (« Histoire d'amour à Cadaqués », titra un magazine[1975]). Mais il y avait plus que ça. Amanda avait besoin d'une figure paternelle aussi bien que de quelqu'un qui l'aide à devenir célèbre, et Dalí, qui avait trente-cinq ans de plus qu'elle, remplissait ce rôle à la perfection. Ils étaient bien assortis.

Dalí, rapidement, se rendit compte que Lear notait leurs conversations. « Faites attention à ce que vous dites à Amanda, tout finit dans son journal », avertit-il un jour Peter Moore[1976]. Nanita Kalaschnikoff se souvient qu'après une soirée de moments plaisants et de conversations, Dalí plaisanta : « Bon, Amanda a maintenant assez de matériau pour son devoir du soir, allons-y[1977]. » Ces notes posèrent la base du *Dalí d'Amanda* (1984), un pêle-mêle de faits et de fiction presque aussi indigne de confiance que *La Vie secrète*. Dans ce livre, Amanda proclame qu'elle est la fille unique d'une mère russo-mongole, ce qui est possible (cela expliquerait son apparence orientale) et d'un père anglais, ce qui est de la poudre aux yeux. Le livre ne dit pas les noms de ses parents, ni ne fournit aucun détail sur leur vie, en dehors du fait qu'ils avaient divorcé. Nous restons dans le brouillard quant à la date et au lieu de naissance d'Amanda. Il n'y a aucune référence à son enfance, ni à son changement de sexe. Tout ce qu'on nous dit, c'est que lorsqu'elle rencontra Dalí, en 1965, l'année de la mort de son père, elle étudiait à Londres dans une école d'art non spécifiée où elle tomba sous le charme du surréalisme. Ensuite, elle dit que l'école d'art en question ne se trouvait pas à Londres : le prête-plume avait mal compris – c'était l'École des beaux-arts de Paris. Et ainsi de suite[1978].

Lear affirme que le soir où elle rencontra Dalí à Paris, la compagnie se composait de John et Dennis Myers (deux beaux jumeaux anglais installés à Cadaqués), de Nanita Kalaschnikoff et de Dado Ruspoli, un prince italien réputé pour avoir un des plus gros pénis d'Europe. Comme Kalaschnikoff dix ans plus tôt à New York, Lear ne se prit pas d'amitié pour Dalí lors de leur première rencontre : elle le trouvait effronté et ridicule. Mais le lendemain, après avoir participé à sa « cour des miracles », comme elle l'appelle, à l'hôtel Meurice (qui se tenait quotidiennement chaque soir de cinq à huit heures), elle commença à changer d'avis. Bientôt, comme Nanita à Manhattan, elle fut accrochée. Un jour, Dalí lui envoya un appel radio depuis le transatlantique qui l'emmenait à New York. « Le fait d'être appelée du milieu de l'océan était exactement le genre de folie calculée pour impressionner une jeune Anglaise », commente ironiquement Amanda. Une jeune Anglaise, bien sûr[1979] !

Le récit de Lear sur le modus vivendi de Dalí à Paris est bien informé, et informatif. Elle remarqua bien vite, par exemple, que la suite de Dalí au Meurice était toujours ornée de nards aux parfums très lourds. Pourquoi ? L'artiste le lui expliqua : quand on presse entre ses doigts les douces fleurs blanches, elles exsudent un fluide qui ressemble au sperme. Dalí lui dit immédiatement qu'il était impuissant. Elle nota son obsession pour les cancans, notamment à propos de l'aristocratie et de la royauté : il voulait connaître tous les détails de la vie privée des gens célèbres et, en ce qui concernait sa propre cour, exactement qui faisait quoi à qui, et à quelle fréquence. Il lui expliqua que pour lui l'être idéal était l'hermaphrodite, raison pour laquelle il donnait des noms de femmes aux éléments mâles de son élégant entourage, et *vice versa*, ce qui conduisait le non-initié à penser que tous les courtisans étaient des travestis. Lear découvrit que les courtisans utilisaient un argot spécial inventé par Dalí : « limousine », par exemple, signifiait « pénis », et « machine à coudre », « copulation ».

Et Gala, qui approchait maintenant des quatre-vingts ans ? Apparemment, elle commença par trouver Amanda intolérable, sa jeunesse, sa taille (un mètre soixante-seize) et son glamour soulignant cruellement son propre déclin. Dans les archives de la Fondation Gala-Salvador Dalí, à Figueres, figurent des dizaines de photographies de groupe sur lesquelles Gala et Amanda apparaissent toutes les deux. Sur nombre d'entre elles,

Gala a coupé non seulement son propre visage, mais celui de sa rivale : la vue des deux ensemble lui était devenue insupportable. Peu à peu, cependant, elle en arriva à accepter Amanda, et même à la traiter avec une certaine déférence. Obsédée qu'elle était par ses propres histoires d'amour, elle comprenait que pendant ses absences Dalí soit accompagné par quelqu'un qu'il appréciait vraiment, mais qui ne soit pas une menace pour la stabilité de leurs vies. Donc, elle était d'accord.

Le livre d'Amanda Lear est chronologiquement chaotique, un pot-pourri d'épisodes non datés souvent largement séparés dans le temps, mais réunis dans l'intérêt de la fluidité narrative (on dit que son ami Roger Peyrefitte joua le rôle de prête-plume). C'est une revanche sur le Tout-Paris et le Tout-Londres. Des noms célèbres zigzaguent dans tous les sens, comme des chauves-souris par un soir d'été, et, à l'exception de Dalí et de Gala, les caractères sont mal dessinés. Mais, cousus dans les replis de la narration, on trouve quelques bijoux. Grâce à Lear, nous apprenons par exemple que, si dans les années 1960, Dalí était jaloux de Buñuel, il aimait cependant montrer à ses visiteurs une copie usée d'*Un chien andalou* (gonflant la projection de courts-métrages de Chaplin, de Harry Langdon et de Buster Keaton). Arturo Caminada manipulait le vieux projecteur. Lear confirme que Dalí avait l'oreille musicale, et qu'il fredonnait, ou chantait, des chansons du folklore catalan ; qu'il connaissait par cœur le répertoire de la sardane (même s'il avait souvent prétendu le mépriser) ; et qu'il avait à sa disposition tout un chapelet de proverbes catalans. L'un de ses favoris était *Prometre no fa povre* (qui signifie en gros : « Une promesse ne coûte rien »), qu'il considérait comme une bonne formulation du radinisme catalan – ce prétendu caractère national dont il affirmait être fier d'être un exemple. Parmi les autres détails révélateurs, nous trouvons l'infaillible détermination de Dalí de crétiniser son entourage ; son habitude de porter des pull-overs crasseux, qu'il détestait changer ; sa conviction que sa sœur Anna Maria Dalí était devenue lesbienne ; sa superstition ; et son obsession pathétique de Picasso, révélée par la ridicule vantardise selon laquelle lui et son aîné fréquentaient, dans la jeunesse de Dalí, les mêmes bordels à Barcelone, que tous deux, encore ensemble, rendaient souvent visite à Juan Gris à Paris (impossible, car Gris mourut en 1927, avant que Dalí s'installe dans la capitale française). Nous apprenons que la servante Rosa cachait toujours la collection de Dalí de magazines pornographiques et de godemichés ; qu'il aimait réciter des passages du *Don Juan* de Zorrilla, qu'il avait appris par cœur à la Résidence des étudiants ; et que, enfant, sa pantomime préférée était la populaire *Ventafocs*.

Mai 1968 fut un mois important pour Dalí, et Amanda était là pour prendre part à la fête. D'abord, le livre de Pauwels sortit, puis un volume de luxe, *Dalí de Draeger*, qui connut rapidement cinq ou six éditions et rapporta tant d'argent à Dalí, à l'éditeur (Charles Draeger) et à Peter Moore que le « Capitaine » en glousse encore. À cette époque, Dalí exhibait Amanda autant qu'il le pouvait, et elle resta assise à côté de lui (qui se trouvait sur un trône) pendant toute la réception donnée par Draeger. Les journaux à cancans réagirent en conséquence : Amanda, la cerise sur le gâteau de l'entourage de Dalí, son « nouvel amour[1980] ».

Évidemment, quand éclata la révolte des étudiants, Dalí voulut s'en mêler, et écrivit rapidement un manifeste intitulé *Ma révolution culturelle*, daté du 18 mai 1968, imprimé à toute vitesse et distribué dans les facultés. Sa tendance, comme on pouvait s'y attendre, était d'affirmer que la seule véritable opposition aux valeurs bourgeoises se trouvait dans le retour à la tradition, à une « aristocratie de l'esprit », qui devait être obtenue par l'application de sa méthode paranoïaque-critique (que Dalí n'expliquait toujours pas), « singulièrement bien adaptée, me semble-t-il, à la nature joyeusement irrationnelle des événements actuels ». Parmi ses suggestions les plus concrètes, il proposait de transformer l'UNESCO, le « siège du super-ennui », en un bordel appelé le « ministère de la Crétinisation publique ». L'effervescent Pierre Argillet, qui avait commencé à publier les dessins de Dalí au début des années 1960, joua un rôle fondamental pour hâter la sortie de *Ma révolution culturelle*. Argillet, fervent admirateur d'André Breton, avait essayé de le persuader, en 1965, d'accepter une réconciliation avec Dalí, le suppliant de prendre en compte ce qu'il avait écrit sur lui dans *Journal d'un génie* : « Or Breton est tout ce qu'on voudra, mais c'est avant tout un homme intègre et rigide comme une croix de saint André[1981]. » Breton, qui possédait toujours *Guillaume Tell* (et continuait à l'admirer), y avait réfléchi, avant de décider qu'une telle réconciliation n'était pas possible. Selon Argillet, sa décision mortifia Dalí. Un an plus tard, Breton était mort[1982].

Après la sortie de *Ma révolution culturelle*, Dalí décida qu'il n'aimait pas l'humeur de Paris, et Gala et lui « s'enfuirent » (le mot est d'Amanda Lear) en Espagne dans leur nouvelle Cadillac bleue[1983].

Amanda Lear assista à l'incorporation dans l'entourage de Dalí d'un Colombien de vingt-deux ans, Carlos Lozano, qui avait travaillé avec le Living Theatre en Californie. En avril 1969, Lozano avait atterri à Paris, et quelques jours plus tard l'acteur Pierre Clémenti l'avait emmené à l'un des célèbres « thés » de Dalí au Meurice. Dalí, selon Lozano, devint si entiché de lui qu'il ignora les autres invités et factotums. C'était compréhensible, car le nouveau venu aurait pu être pris pour une version hippie d'un jeune dieu aztèque. Mince et la peau sombre, avec des cheveux longs noirs comme de la poix, des dents étincelantes, un rire contagieux et un contact facile, la divinité arborait des couleurs psychédéliques, utilisait des parfums exotiques et se promenait torse nu. L'ambassadeur espagnol le prit pour une fille et lui baisa la main. Dalí demanda à Lozano de revenir le lendemain, et le traita bientôt comme l'un de ses protégés particuliers[1984].

Dalí s'arrangea pour que Lozano ait un rôle dans *Hair*, qui rencontrait alors un grand succès à Paris[1985], et un soir Gala et lui emmenèrent Amanda Lear au spectacle. Elle ne fut pas aussi impressionnée par Carlos que Dalí l'était (mais elle ne fut pas aussi dégoûtée que Gala, qui au début le trouva répugnant). Au cours des quelques jours suivants, Lear put observer Carlos de près au Meurice, et conclut qu'il n'avait pour lui que ses tenues voyantes et sa posture. Mais elle était injuste. Il avait aussi une tête, et une sensibilité[1986].

Carlos Lozano était surpris par Dalí et sa cour, et avait du mal à croire à la chance qu'il avait. Les dîners dans les restaurants les plus coûteux, la conversation étonnante de Dalí, les visites des musées et des galeries, et, bien sûr, les photographes et le glamour – tout était différent de ce qu'il avait connu jusque-là, même en Californie. Comme Amanda Lear et Louis Pauwels, il s'aperçut rapidement que, en ce qui concernait la beauté physique, la préférence de Dalí allait « aux types androgynes, angéliques », et en particulier aux garçons qui ressemblaient le plus possible à des filles (« Voir une bite se dresser d'un corps souple, presque féminin, fait le délice de mes yeux », avait dit Dalí à Pauwels[1987], tandis que Peter Moore, qui connaissait mieux que personne ses préférences sexuelles, a dit que « Dalí voulait un garçon avec des seins[1988] »). Lozano découvrit aussi que Dalí était un voyeur déchaîné, et qu'il détestait être touché par quiconque – homme, femme ou enfant. Les tentatives de Lozano de communiquer avec le maître *via* le langage corporel furent un flop : Dalí « s'écartait timidement ». En ce qui concernait les tentatives de contact physique de Dalí, « quand il voulait quelque chose il s'agrippait à vous ». Lozano, lui-même un gay insouciant, était persuadé que Dalí avait des tendances fondamentalement homosexuelles. Visiblement, il éprouvait d'énormes difficultés à les admettre, sans parler de s'y laisser aller. Mais qu'il préférait le corps masculin au corps féminin ne fait aucun doute[1989].

Au début, Lozano fut surpris, mais pas choqué, de voir que Dalí dépendait exclusivement de la masturbation, qu'il était tout à fait prêt à pratiquer ouvertement au cours des jeux érotiques qu'il aimait organiser pour ses plaisirs voyeuristes. Bientôt, Lozano en personne participait à ces séances, et il fut même chargé de trouver des jeunes gens suffisamment androgynes pour se joindre à eux. Des années plus tard, il en riait encore : « Ayant moi-même été fourni, je devins un fournisseur[1990]. » Les « orgies » de Dalí n'étaient pas véritablement orgiaques au sens dionysien du terme, car il les planifiait jusqu'au moindre détail, et ne cessait d'intervenir pour dire aux acteurs quoi faire, quoi arrêter de faire (il adorait les interrompre à l'instant où ils arrivaient à l'orgasme, par exemple), ou comment faire un tout petit peu mieux ce qu'ils étaient en train de faire. Il était le maître tout-puissant d'une cérémonie érotique, et personne ne connaissait les directives de mise en scène qui allaient suivre. Il s'agissait parfois de sodomie hétérosexuelle, et Dalí parla à Louis Pauwels d'une fille qui l'avait subie récemment, qui hurlait : « Je fais ça pour le divin ! Uniquement pour le divin Dalí[1991] ! »

En temps normal, les rites étaient moins exigeants. Robert Whitaker, un photographe australien qui connut bien Dalí à la fin des années 1960, était présent à Port Lligat lorsque l'artiste invita de jolies filles à poser nues dans son sanctuaire tandis que, faisant semblant de les dessiner, il se masturbait derrière son chevalet. Quand apparut Susie, la jolie femme de Whitaker, en 1972, « la première chose que fit Dalí fut de lui lancer un vibromasseur et de lui demander si elle se masturbait ». Ceux qui ont participé aux soirées libidineuses de Dalí ont tendance à être un peu réservés à leur propos aujourd'hui, mais Carlos Lozano représente une exception rafraîchissante. Il ne lui fallut pas longtemps pour découvrir que Dalí était complexé par la taille de son pénis, ni que son plus grand plaisir consistait à persuader des garçons de quitter leur pantalon et de se masturber pendant qu'il les regardait (ou se masturbait lui-même)[1992].

Carlos Lozano fit une autre découverte. C'est que Dalí non seulement se bourrait constamment de pilules, mais qu'il avait recours aux antidépresseurs. Selon Lozano, le peintre continua à en prendre au cours des douze ans qu'il le fréquenta. Cette révélation est de grande importance et montre que Dalí, alors qu'il avait convaincu le monde entier qu'il avait vaincu ses inhibitions, ne trompait pas son subconscient. Dalí ne consommait jamais d'alcool, ce qui était sans doute raisonnable pour quelqu'un dont toute la vie était menée par la vigilance, par le désir de ne pas se faire surprendre, par le déploiement de son intelligence à son plus haut niveau. Mais l'alcool, comme Dalí le savait après ses expériences à Madrid dans les années 1920, et plus tard à Paris, avait l'avantage de le soulager temporairement de sa timidité, de sa conscience de soi, et d'autres réactions similaires. C'était un dilemme. Peut-être les antidépresseurs (on ne sait pas exactement desquels il s'agissait) aidaient-ils Dalí à alléger ses sentiments de honte sans mettre en danger le self-control essentiel à sa survie[1993].

Le livre d'Amanda Lear, qui fut réédité en 1994 presque mot pour mot sous un nouveau titre et sans mentionner sa première version[1994], peut être vu comme une métaphore du monde de confusion, d'ambiguïté et de folie que Dalí créait délibérément autour de lui. À ce propos, un épisode ressort particulièrement : le récit que fait Lear de la proposition de Dalí d'être uni à elle par un « mariage spirituel » devant l'Église. Nous sommes amenés à croire que, à cette fin, un ermite fut consulté au sanctuaire de Rocacorba, une montagne boisée à près de mille mètres au-dessus du niveau de la mer, à l'intérieur des terres, près de Gérone. S'il est aujourd'hui impossible d'atteindre le sommet de cette éminence en 4×4, à cause de l'état épouvantable de la piste qui commence à Pujarnol, à neuf kilomètres du sanctuaire, on peut imaginer les difficultés qu'a dû connaître Arturo Caminada au volant d'une Cadillac basse, au début des années 1970. Lear raconte que, lorsque la voiture ne put aller plus loin, elle et Dalí effectuèrent la fin de l'ascension à dos d'âne et à pied. Ils étaient épuisés, ce qui n'est pas surprenant, lorsqu'ils arrivèrent au sanctuaire. Le sage portait une longue barbe d'ermite. Dalí était content : le « mariage spirituel » était possible, mais ils devaient consulter un certain moine au monastère de Sant Pere de Roda. Lear ne donne pas plus d'informations. Cet épisode a-t-il vraiment eu lieu tel qu'il est décrit ? Un âne a-t-il porté Dalí et Amanda dans la dernière montée vers le monastère, et les a-t-il redescendus ? On ne saura sans doute jamais si toute l'affaire était une brillante invention d'Amanda Lear, ou si elle a quelque fond de vérité[1995].

En 1970, Amanda était devenue une habituée des étés à Cadaqués, accompagnant Dalí à des corridas à Barcelone et à des réceptions le long de la Costa Brava. Dès que le couple apparaissait, il était le point de mire des touristes et des gens du cru, et la liaison faisait les choux gras des échotiers. Le journal de Gérone *Los Sitios* publia un papier. Son auteur, Enric Sabater Bonay, était de Corçà, une ville de la basse Empordà, où son père était garagiste. Né le 20 novembre 1936, quatre mois après le début de la guerre civile, Sabater était très ambitieux, et doué de multiples talents. C'était un bon footballeur (à dix-sept ans, il jouait dans l'équipe junior de Gérone), un photographe compétent et un pilote d'avion consommé. Un séjour en Suisse avait stimulé son don inné pour les langues. À son retour en Catalogne, il menait plusieurs activités de front : chauffeur d'une station de radio, employé d'une agence de voyages, attaché de presse du développement touristique de l'Empuriabrava, près de Roses. Sabater avait du charme, avec sa peau sombre, et il plaisait aux femmes. Avant tout, il possédait le flair catalan pour gagner de l'argent[1996].

Sa colonne de cancans dans *Los Sitios* lui donnait accès aux gens célèbres qui passaient leurs vacances sur la Costa Brava ; leur style de vie affûta sa détermination à réussir. Comme il avait Dalí sous la main, il aurait été stupide de ne pas cultiver cette relation. Leur première rencontre eut lieu en 1968, quand Dalí donna à Sabater une interview pour *Los Sitios*. Ils s'entendirent bien, et Sabater devint un visiteur régulier de Port Lligat, accepté non seulement par Dalí et Gala, mais par Peter Moore, qui, dit-il, se montra charmant avec lui pendant les premiers jours. Moore ne pouvait pas se douter qu'avant peu, Sabater aurait entrepris de le pousser vers la sortie[1997].

## GÉRARD DOU ET LA « NOUVELLE STÉRÉOSCOPIE »

Gérard Dou (1613-1675), le portraitiste et peintre de genre hollandais, élève du jeune Rembrandt et contemporain de Vermeer, était l'un des maîtres célébrés dans la collection de livres d'art Gowans, régal de Dalí enfant. Ces scènes de la vie domestique, souvent éclairées à la bougie, ont du charme, et on comprend que, du vivant de Dou, elles aient été si populaires.

Au printemps 1969, une exposition Dou se tint au Petit Palais, à Paris, et Dalí s'y rendit avec Amanda Lear. Là, Lear fut frappée par une toile dans laquelle une aiguière d'or donnait l'impression de se détacher en relief. D'après la description de Lear, il paraît possible que l'œuvre soit *Servante à une fenêtre*, dans lequel Dou capture astucieusement la lumière sur le broc[1998]. Dalí fut impressionné et chercha à trouver une reproduction de l'œuvre dans une librairie d'occasion qu'il fréquentait, rue du Mont-Thabor. Ils achetèrent un livre sur Dou, mais il ne contenait pas l'image en question. Cependant, le volume leur réservait une surprise.

Lear remarqua que non seulement il y avait deux versions d'une même peinture, mais qu'elles étaient légèrement différentes. Dalí vérifia, et vit qu'elle avait raison. Peut-être était-ce délibéré ? Peut-être Dou voulait-il qu'elles soient vues côte à côte ? Peut-être recherchait-il un effet en trois dimensions ? Grâce à Amanda, une nouvelle idée se mit à parcourir Dalí. À Port Lligat, lui rappela-t-il, il avait une paire de lunettes à anaglyphe, avec des verres colorés (l'un en bleu, l'autre en rouge), objet courant au début du siècle, et qui permettait au spectateur de voir une image photographique en trois dimensions. En conséquence de sa perspicacité, Dalí dit à Amanda qu'il allait maintenant essayer d'inventer un système permettant d'appliquer le même principe à la peinture. Dalí ne paraît pas avoir mentionné à cette occasion le « théâtre magique » de Trayter, son professeur, mais il est difficile de douter qu'il s'en souvint tandis qu'il commençait à aborder la possibilité d'expérimenter la troisième dimension[1999].

Peu après, Dalí dit à Luis Romero qu'il était persuadé que Dou était « le premier peintre stéréoscopique » et que ses paires de tableaux presque identiques devaient être vues à travers un dispositif optique dont on ne savait rien. Ce n'était pas une coïncidence, selon Dalí, si le contemporain de Dou, le scientifique Cornelis Drebbel, qui avait travaillé à Leyde, avait inventé un appareil considéré comme le premier microscope. Il était clair que Leyde était un centre de recherches optiques. Du point de vue de la logique dalinienne, tout cela était parfaitement cohérent[2000].

On ne sait si Dou se mêlait de peinture optique, et ça paraît hautement improbable. Mais c'était sans importance. Dalí avait trouvé une nouvelle variante de *trompe-l'œil** avec laquelle s'amuser, et allait s'y appliquer sérieusement au cours des quelques années suivantes. Certains de ses résultats, pas particulièrement intéressants, se trouvent exposés au théâtre-musée de Figueres.

Ravi par la découverte d'Amanda, Dalí la récompensa en l'emmenant à la feria de Séville. Ils y descendirent en Cadillac (Gala était déjà partie), s'arrêtant à Lyon et à Avignon pour manger dans les meilleurs restaurants. Amanda raconte qu'elle somnolait sur son épaule tandis que la voiture fonçait vers le sud et que lorsqu'elle se réveillait elle voyait Dalí qui la regardait et lui caressait les cheveux. À Séville, ils furent rejoints par Nanita Kalaschnikoff, et un fragment de film d'actualité montre Dalí se réjouissant devant la caméra tandis que, flanqué par deux beautés dans une carriole à cheval ouverte, il est interrogé par un reporter. Ricardo Sicre, un aventurier à l'ascension fulgurante qui avait donné à Dalí des cours d'anglais à New York, se trouvait aussi à Séville pour les fêtes, et son yacht, *The Rampager*, était l'un des plus luxueux de la Méditerranée. Nanita Kalaschnikoff jugeait Sicre repoussant, et ne comprenait pas la fascination qu'il exerçait sur Dalí. Selon Kalaschnikoff, ce que Dalí préférait faire à Séville était visiter l'hôpital de la Charité pour y voir le tombeau de Miguel Mañara, dont la croyance populaire fait l'inspirateur du *Burlador de Sevilla* de Tirso de Molina. À l'entrée du bâtiment se trouve le lieu que Mañara avait choisi pour sa sépulture (contre son vœu, il fut enterré à l'intérieur). Sur son épitaphe – il désirait que tout le monde marche dessus – on lit :

« Ici reposent les os et les cendres de l'homme le plus mauvais qui ait jamais vécu. Priez pour lui. » Dalí adorait ça, et encore plus le célèbre tableau de Juan de Valdés Leal qui avait inspiré la scène de l'évêque au début de *L'Âge d'or*, et qu'il n'avait vu jusque-là que par des reproductions : *Finis Gloriae Mundi* (1672), qui donne le frisson, connu à la Résidence des étudiants sous le titre *L'Évêque en pourriture*[2001].

## LE TORÉADOR HALLUCINOGÈNE

Dalí, à la différence de Picasso, n'était pas un véritable aficionado, mais il lui arrivait d'assister à une corrida. Après avoir durement travaillé pour établir dans l'esprit des étrangers sa position de plus grand peintre espagnol, il ne pouvait manquer de fréquenter la « *fiesta* nationale » du pays. De plus, les corridas avaient l'avantage supplémentaire de générer une publicité gratuite, en particulier quand il les organisait lui-même, comme tel avait été le cas à Figueres en 1961, lorsque l'hélicoptère n'avait pu arriver pour le bouquet final. Les Morse assistèrent à au moins quatre corridas avec Dalí. « Gala aimait l'attention des matadors qui se découvraient devant elle, écrivit Reynolds Morse, et Dalí adorait les murmures d'adulation de la foule autour de lui. » Mais le mot « adulation » ne convient pas : Dalí ne fut jamais adulé en Espagne. Mais il était célèbre. Et les gens célèbres sont fréquemment regardés lors des corridas, surtout lorsque, comme Dalí, ils sont assis au premier rang[2002].

Dalí devait mépriser ceux qui disent des corridas qu'elles sont un sport cruel. Il ne s'agit pas d'un sport. La corrida est la survivance du rituel méditerranéen de la fertilité, qui trouve ses racines dans l'Antiquité. Il s'agit d'un sacrifice. Et, ce qui est plus évident, c'est une affaire de courage. Il s'y mêle certainement une certaine cruauté, de la part du *picador*, et quand le *torero* bâcle son travail, mais ce n'est pas intentionnel.

Depuis le début du XIX^e^ siècle, la corrida a alimenté la littérature et la peinture espagnoles, de Goya à Picasso. Dalí ne pouvait ignorer ce fait, ni, en tant que peintre, y rester étranger. De plus, le grand « Chant funèbre pour Ignacio Sánchez Mejías » écrit par Lorca en 1934 lorsque son ami Ignacio Sánchez Mejías mourut après avoir été encorné, était un poème que Salvador Dalí avait retenu presque aussi bien que l'« Ode à Salvador Dalí ». Il était surtout obsédé par le contraste frappant du soleil et de l'ombre dans le cri de douleur de Lorca :

*Oh blanco muro de España!*
*Oh negro toro de pena!*

(littéralement « Oh mur blanc de l'Espagne ! Oh taureau noir de l'angoisse ! »), et il lui arriva un jour de penser à son patio de Port Lligat en termes de clair-obscur[2003]. Il n'était donc pas entièrement surprenant que, lorsqu'il apprit l'assassinat de Lorca, il réagisse avec un « Olé » de corrida : Lorca, comme Sánchez Mejías, n'avait pu échapper à son destin, et était mort en faisant face à l'adversaire[2004].

Rétrospectivement, il paraît inévitable que Dalí ait éprouvé enfin le besoin de consacrer une grande toile au thème de la corrida, avec Lorca comme fil conducteur – parmi d'autres. Le point de départ lui vint début 1968 quand un jour, à New York, chez un fournisseur de matériel artistique, il se retrouva à regarder fixement l'étiquette d'une boîte de crayons. Soudain, en se penchant sur la boîte, il vit dans le torse de la Vénus de Milo le visage d'un toréador. C'était une double image toute prête[2005]. Reynolds Morse considère cette révélation comme « paranoïaque-critique », mais il ne semble pas nécessaire de faire appel à la paranoïa. Nous savons que Dalí avait tendance à « voir des images dans les taches sur les murs », ainsi que l'avait recommandé Léonard de Vinci. Cette fois, il vit un visage, un visage triste, dans le torse de la Vénus de Milo, comme il avait perçu celui de Picasso dans une photographie d'un village africain[2006].

Dalí commença à peindre *Le Toréador hallucinogène* à Port Lligat au printemps 1969, après avoir travaillé sur de nombreuses esquisses préparatoires. La toile mesurait 398,8 × 299,7 cm, presque exactement la même taille que *Jacques le Majeur*, *Découverte de l'Amérique par Christophe Colomb* et *Le Concile œcuménique*.

Le motif central du tableau est la double image que Dalí avait distinguée sur l'étiquette de la boîte de crayons. L'écrivain Luis Romero, qui passait une partie de l'année à Cadaqués, avait connu Dalí en 1951 à l'époque du *Manifeste mystique* (qui ne l'avait pas convaincu), et depuis il avait fréquenté régulièrement le peintre[2007]. Pendant des années, il avait projeté un livre sur Dalí, mais le luxueux *Dalí de Draeger* avait retardé son projet. Dalí arriva alors avec une nouvelle proposition : pourquoi ne pas écrire un livre centré sur la grande toile dans laquelle il se lançait, et dont il entendait qu'elle soit comme « une anthologie de toute son œuvre » ? Dalí estimait que, dans la mesure où son tableau mesurait douze mètres carrés, Romero devait diviser son étude en douze parties. Romero était d'accord, et le contrat fut signé. Il fallut cependant attendre six ans pour que soit publié l'inestimable *Todo Dalí en un rostro* (« Tous les visages de Dalí »)[2008].

Grâce surtout à Romero, mais aussi au photographe Melitón Casals Casas (« Meli ») et à Reynolds Morse, la fabrication du *Toréador hallucinogène*, qui occupa quinze mois, est bien documentée. Presque chaque composant de l'« anthologie » picturale de Dalí a été analysé et classifié, depuis la chaise cubiste dans le coin en bas à gauche (empruntée à la *Nature morte sur une chaise* de Juan Gris, 1917), les « particules anatomiques » aux couleurs vives indiquant le coup d'épée fatal dans la nuque du taureau, le bouton de braguette indiscret d'Henri Matisse sur le ventre de la Vénus, la larme dans l'œil du toréador (« prémonitoire », expliqua Dalí, parce que le *torero* sait qu'il va mourir[2009]) et la femme sur un matelas dans une crique du cap de Creus (une allusion à la scandaleuse occupation par le Club Méditerranée du front de mer rocheux de Tudela) jusqu'au chien « invisible » au milieu en bas (copié sur la photographie expérimentale célèbre d'un dalmatien par R. C. James[2010]), à la femme en prière de *L'Angélus* de Millet (vue comme une ombre sur Vénus), aux mouches de Gérone, à la photo séminale du taureau mort ou en train de mourir et à la redécouverte de l'enfant Dalí venu du *Spectre du sex-appeal* (1934).

Reynolds Morse vit évidemment dans toute la toile une suprême et fascinante réussite de « continuité dalinienne ». Ainsi de la braguette :

> Elle est vue juste au-dessus de la jambe ombrée de Vénus qui se transforme en cravate de toréador. La progression du retour au trou dans la voile supérieure de *Colomb*, au trou dans *Appareil et main* (1927) et finalement au seuil de la porte du fond dans *Les Ménines* nous fournit le lien avec la tradition, si souvent omise dans l'art « moderne ». Si la peinture de Dalí représente une sorte de renaissance du XX^e^ siècle, il s'agit aussi d'une sorte d'aventure dans l'espace, dans le temps, et dans l'usage intelligent de la grande sagesse de ses précurseurs.

Malgré la continuité dalinienne, Morse rejetait la possibilité que le chien au milieu en bas ait quelque chose à voir avec *Un chien andalou*. Grosse erreur, car Dalí lui-même griffonna sur un morceau de papier, tandis que Romero travaillait à son livre : « Le Chien andalou, en visite à la crique Perona. » La Cala Perona (qui se prononce localement « Prona ») se trouve à la pointe extrême nord du cap de Creus[2011]. Comme pour Dalí et Buñuel, le « chien andalou » du film était Lorca, et comme Lorca avait visité Creus avec Dalí, la référence au poète semble claire, en particulier en raison du grand nombre d'autres éléments qui, dans la toile, font allusion à lui et à son « Chant funèbre pour Ignacio Sánchez Mejías ».

Dalí dit à Romero que le toréador était un mélange composite de son frère mort et d'un groupe d'amis disparus : Pierre Batcheff (vedette d'*Un chien andalou*), le prince Alexis Mdivani, René Crevel et Lorca[2012]. Il est possible que le vert inhabituel de la cravate du toréador soit une allusion au vers fameux de Lorca « Vert, comme je t'aime, vert » (« Romance somnambule »), tandis que la rose à son revers peut se référer au rôle central de la fleur dans l'« Ode à Salvador Dalí ». C'est ici que le témoignage de Carlos Lozano devient intéressant. Lorsque Dalí retourna à Port Lligat au printemps 1969 pour commencer à travailler à la toile, Lozano lui envoya, de Paris, une carte postale affectueuse avec une rose rouge. Lorsque, cet été-là, il visita l'atelier, il fut étonné et ravi de s'apercevoir que Dalí l'avait intégrée à sa peinture. « Dalí était comme ça, il utilisait tout ce qui se trouvait à portée de sa main, se rappelait-il. Il voyait soudain le potentiel latent de ce qui était posé là, et il s'en servait. En ce sens, il était si créatif que je me sentais moi-même complètement emporté, et ça a duré pendant des années[2013]. »

Les arcades de l'arène, en haut de la toile, exécutées à la manière de De Chirico, rappellent une arène romaine (en Espagne, les arches ont presque toujours des arcades néomauresques). Ce détail fait immédiatement penser au « Chant funèbre » de Lorca, dans lequel le défunt Ignacio, dont la tête est « dorée par la brise de l'Andalousie romaine », est imaginé en train de gravir au clair de lune les degrés de l'arène, en quête de l'aube, de son « profil assuré », de son beau corps. Mais il n'y a ni aube, ni profil, ni corps. Juste le sang répandu sur le sol, que Lorca implore la lune de recouvrir de sa blanche lumière de jasmin. Au centre exact de l'arche de Dalí se trouve une arcade qui, à la différence des autres, ne jette pas d'ombre. Flanqué par deux anges, c'est sûrement le seuil à travers lequel l'âme du défunt Ignacio, et par extension celle du toréador de Dalí, va monter au ciel.

L'association avec Lorca est soulignée par le fait qu'il y a dans la peinture un croissant de lune, à mi-hauteur sur la gauche. Romero a fait remarquer que l'œuvre de Dalí est presque exclusivement éclairée par le soleil, et que la lune y apparaît très rarement[2014]. C'est vrai. Lorca, d'un autre côté, est essentiellement un poète lunaire, et Dalí le pensait tel. La présence de la lune ici est sûrement une nouvelle preuve que Dalí avait le « Chant funèbre » en tête, et que Lorca est le protagoniste caché de la toile.

Gala est aussi présente, elle apparaît tel un fantôme sur les marches de l'arène et se voit saluée par Dalí qui, comme il l'expliquait dans une esquisse préliminaire, « est devenu un jeune toréador rêvant d'offrir à Gala le taureau de sa révolution culturelle[2015] ». C'est là l'une des plus laides représentations de la muse jamais effectuées par Dalí, et son expression contraste brutalement avec celle du toréador, noble et mélancolique. Était-ce intentionnel de la part de Dalí ? On ne peut écarter cette possibilité. Les relations entre Gala et Dalí s'étaient beaucoup tendues après sa liaison avec William Rothlein, et ne devaient pas s'améliorer.

Reynolds Morse, en 1970, acheta *Le Toréador hallucinogène*, juste avant qu'il soit achevé. Ensuite, tandis que l'artiste produisait de moins en moins de bon travail, les achats de Morse se limitèrent à quelques objets « daliniens ». Ce fut la fin de près de trente ans de collectionnite[2016].

## LE CHÂTEAU DE GALA ET LE MUSÉE DE DALÍ

Enric Sabater, touche-à-tout, se montrait maintenant utile à Dalí de bien d'autres façons qu'en tant que photographe ou que journaliste. Un des plus grands services qu'il lui rendit au départ consista à l'aider à trouver le château promis à Gala depuis des années comme résidence d'été. La propriété idéale devait se situer assez loin de Port Lligat pour que Gala s'y sente réellement indépendante, mais pas trop pour ne pas rendre impossible une communication physique. Pour aider à la recherche, le permis de pilote de Sabater fut bien utile, et il commença à scruter la région, prenant le maximum de photographies aériennes. Un jour, en 1969, il survola un manoir médiéval en ruine avec un jardin entouré de murs, dans le village de Púbol, en basse Empordà, non loin de sa ville natale de Corçà, et ça lui sembla une possibilité intéressante. Lorsque Sabater arriva avec les agrandissements, Dalí travaillait dans son atelier. « Dalí a tout arrêté et a commencé à dire : "Gala ! Gala ! Gala ! Gala !", se souvient Sabater, qui parlait couramment anglais, mais parfois faisait des fautes de grammaire. Aussitôt il était déjà amoureux, juste de voir une photo, je n'ai jamais compris ça[2017]. »

Les négociations pour l'achat du manoir de Púbol furent entreprises immédiatement, et Giuseppe Albaretto se souvient fièrement que la liasse de billets de cent dollars qu'il venait de remettre à Dalí pour ses illustrations de *L'Odyssée* servit d'acompte. « On vient de s'en servir pour Púbol », lui dit un Emilio Puignau tout excité[2018]. Dès l'achat de Púbol, Gala fit clairement comprendre à Puignau que tout devait être prêt pour leur retour en Espagne l'été suivant. Elle ne tolérerait pas de retard. Il avait « carte blanche », et pouvait prendre en leur absence toutes les décisions nécessaires, mais le manoir restauré devait être prêt à temps. C'était une tâche quasiment impossible, mais Puignau était un architecte consommé, et après les modifications qu'il avait apportées à Port Lligat, il connaissait ses clients par cœur. Il promit qu'il ferait pour le mieux.

● Dalí et Enric Sabater, Port Lligat, 1968.

Pendant sept mois, Puignau dirigea des équipes de maçons et de décorateurs et essaya de garder son sang-froid tandis qu'il recevait de Gala lettre exigeante sur lettre exigeante. En mai 1970, au retour des Dalí, la ruine avait été transformée, ou presque. Ne manquaient que les touches finales, et les meubles à choisir[2019]. Les Dalí furent ravis de la réussite de Puignau, et donnèrent une petite fête « familiale » pour inaugurer le refuge de Gala. Le photographe français Marc Lacroix était là pour marquer l'événement. Gala, se souvient-il, quand elle prit possession de son domaine[2020], était excitée comme une petite fille. Un couple d'habitants de Púbol, Joaquim et Dolors Xicot, fut embauché comme gardiens et, l'été suivant, lorsque Gala s'installa, Dolors fit aussi office de cuisinière[2021].

Pendant dix ans, Púbol devait servir de nid d'amour à Gala, un lieu secret derrière de hauts murs auquel Dalí, comme il aimait à s'en vanter, n'avait accès que sur invitation de la muse. On ne saura jamais la véritable histoire de la période que Gala passa là pendant ces dix ans. Les lèvres de Joaquim et Dolors Xicot sont scellées, les garçons qui allaient et venaient n'ont pas laissé de témoignages (même s'il existe des photos de certains d'entre eux), et il n'y avait pas de livre d'or. Même si Dalí a apporté sa contribution personnelle au décor de Púbol, peignant le plafond du grand hall et fournissant quelques effets voyants de *trompe-l'œil**, ainsi que ce qu'on peut considérer, dans le jardin, comme une piscine d'un kitsch effroyable, il consacrait à l'époque la plus grande part de son énergie à convaincre les autorités de Madrid de prendre en charge les travaux du théâtre-musée de Figueres. Ils traînaient les pieds, il y avait des problèmes infinis de financement, et les changements ministériels avaient encore compliqué les choses. Le 10 octobre 1968, Dalí avait obtenu une seconde audience avec le général Franco, et lui avait expliqué le projet en détail. Apparemment, le Caudillo vieillissant avait exprimé son intérêt, et dit que Dalí allait « faire de Figueres La Mecque de l'art contemporain ». Dalí ne s'attendait pas à ce qu'il prononce une phrase pareille, et exprima sa gratitude[2022]. Le même jour, Peter Moore, persuadé que Madrid retardait délibérément les choses, proposa d'organiser un financement privé du musée – et de le diriger. En collaboration avec le photographe « Meli » et Luis Durán Camps, le propriétaire du célèbre hôtel Durán – le QG de Dalí à Figueres, juste à côté de la Rambla –, Moore avait préparé un plan pour installer un restaurant dans le bâtiment et pour prêter sa collection personnelle de Dalí. Mais le maire Ramon Guardiola lui dit fermement que pour le moment les intentions du ministère du Logement à Madrid, qui avait pris le projet en charge, lui semblaient correctes. On n'avait pas besoin des services du « Capitaine »[2023].

Au bout de deux ans, la situation n'avait toujours pas progressé, et Dalí commençait à perdre patience. Le 1er avril 1970, il donna une conférence de presse au musée Gustave-Moreau, à Paris, pour annoncer la création de son musée. Pourquoi le 1er avril ? Parce que, ainsi que l'expliqua Dalí, il agissait toujours au contraire des autres, et ce qu'il allait dire aujourd'hui n'était pas une plaisanterie. Et pourquoi le musée Gustave-Moreau ? D'abord parce qu'il s'agissait de l'un des musées que Dalí admirait le plus au monde et qu'il recommandait toujours à ses amis, et ensuite parce qu'il considérait Moreau comme « le plus glorieux des peintres érotiques et scatologiques », un peintre-alchimiste qui, comme lui-même, convertissait en or son matériau de base[2024]. Il dit qu'il avait acheté un château pour Gala ; qu'il avait suggéré au président de la République que la France crée un musée du Surréalisme ; que son tarif actuel pour une minute de publicité était maintenant de dix mille dollars ; et que (comme il l'avait dit quelques années plus tôt à Carlton Lake) il étudiait la possibilité de se faire plonger en hibernation. Dalí était plus brillant et provocant que jamais, et Carlos Lozano, vêtu ce soir-là comme un personnage sorti d'une toile de Gustave Moreau, se souvient de ce jour comme d'un « grand jour ». Interrogé sur le « théâtre-musée » et sur les œuvres dont il le doterait, Dalí répondit qu'il donnerait plus d'œuvres que Picasso n'en avait donné à son musée de Barcelone. Comme toujours, il pensait beaucoup à Picasso[2025].

Finalement, après un conseil des ministres qui se tint le 26 juin 1970 au château de Perelada, qui appartenait au millionnaire Miguel Mateu, un allié de Dalí, la décision de bâtir le musée reçut le feu vert[2026]. Les travaux commencèrent le 13 octobre 1970 et, maintenant que le projet était enfin devenu réalité, Dalí se mit à penser sérieusement à sa structure, à son contenu et à son fonctionnement général.

Enric Sabater parlait maintenant régulièrement de Dalí et de son entourage dans sa rubrique de *Los Sitios*, le journal local. Le 14 juin, il rapporta que Dalí venait de faire don au musée de *Nature morte à Cadaqués avec une guitare molle*. Dalí expliqua que l'œuvre reflétait ses relations avec Lorca et fit ce qui était apparemment sa première déclaration sur la fusion de sa tête et de celle du poète dans ses toiles des années 1920. « La peinture a la particularité d'être aussi le portrait d'un de nos amis, dit-il à Sabater, mais l'*ombre* du buste est l'*ombre* qui correspond à ma propre ombre, c'est-à-dire qu'il s'agit en quelque sorte de l'ombre d'un autoportrait. » Dans la même interview, Dalí lui dit que, comme il n'avait pas d'enfants, tous ses biens iraient au musée de Figueres. Ce qui signifiait en pratique qu'il pensait déjà à modifier son testament[2027].

En juillet, quelques semaines plus tard, Sabater rencontra pour la première fois Amanda Lear, qui accompagnait Dalí et Gala à une fête à S'Agaró. Sabater prit beaucoup de photos, dont certaines illustrèrent sa colonne dans *Los Sitios*, et quelques jours après il les montra à Dalí et à Amanda Lear à Port Lligat. Elles leur plurent, et tous deux encouragèrent Sabater à en prendre plus. Peu à peu, Sabater devenait indispensable[2028].

Au cours de ces premières années de leurs relations, Sabater passa beaucoup de temps avec Dalí dans son atelier, et fut étonné par la résistance de Dalí au travail. Dès sept heures du matin, Dalí était à son chevalet, et y restait jusqu'au moment du déjeuner. Puis venait l'heure de la sieste, et ensuite une autre session de travail. Il ne se détendait que pendant quelques heures, le soir. L'emploi du temps était invariable, à une exception près : lorsque Gala s'apprêtait à partir se balader en Italie, sa destination habituelle, avec un de ses amants, Dalí téléphonait à Amanda ou à Nanita Kalaschnikoff, qui arrivaient quelques jours plus tard et restaient une semaine ou deux. Alors, et alors seulement, Dalí s'accordait un break[2029].

Si Amanda Lear, comme le montre son livre, avait eu rapidement des doutes à propos de Sabater, lui-même n'avait pas une très haute opinion d'elle. Elle était agréable, attirante, se souvint-il en 1996, mais c'était avant tout un jouet que Dalí faisait venir quand Gala était partie pour l'été avec son petit ami du moment. À la maison et à Cadaqués, elle était généralement surnommée la « Pisseuse », car quand elle sortait avec Dalí elle lui demandait toujours quelques pesetas pour aller aux toilettes. Selon Sabater, elle était payée soixante dollars de l'heure afin de poser pour Dalí, et il affirme qu'il a encore quelques-uns de ses reçus[2030].

L'opinion de Sabater sur le rôle d'Amanda est injustement méprisante. Quand Dalí réalisa, en 1971, le numéro spécial Noël de l'édition française de *Vogue*, il le dédia à Gala et fit d'elle et de Púbol les vedettes du show. Mais il tira aussi beaucoup d'Amanda, qui apparut sur nombre de photos de Robert Descharnes et de David Bailey. Amanda n'était pas un simple modèle stipendié ; elle était beaucoup plus importante que ça.

Amanda n'avait jamais vu Dalí aussi heureux que lorsqu'elle lui rendit visite à Port Lligat au cours de l'été 1972 : le musée avançait bien, et il était excité par les plans de l'architecte Emilio Pérez Piñero pour le dôme géodésique destiné à couvrir le vieux théâtre ; Gala était heureuse, installée à Púbol, et il ne l'avait plus sur le dos ; et Dalí était persuadé qu'à la mort de Franco, la transition se passerait bien avec la monarchie de Juan Carlos. Dès qu'il avait rencontré Amanda, Dalí lui avait dit qu'il était monarchiste. Maintenant, il aurait un vrai roi à qui rendre hommage ! Isidor Bea avait été malade, et il était en convalescence à Barcelone, Amanda le remplaçait donc à l'atelier[2031].

Un jour, Gala invita Dalí et Amanda à Púbol. L'atmosphère fut assez tendue, et Gala souligna bien qu'elle ne leur montrerait pas ses appartements privés. Amanda trouva les lieux quelque peu spartiates. Gala répliqua que Port Lligat était trop baroque, trop « surchargé ». Cette horrible piscine pour hippies ! « Tu as les goûts d'un plouc provincial de Figueres », aboya-t-elle à Dalí. À leur départ, Dalí dit, peut-être pour plaisanter, « Reviens vite, Galuchka, tu me manques ! *Baby come back to me.* » « Jamais, je suis trop heureuse ici, répondit Gala. Reste avec ton Amanda[2032] ! »

En mai 1973, lorsque la London Weekend Television arriva en Espagne pour une émission sur Dalí, Russell Harty, l'affable présentateur d'« Aquarius », eut le droit d'entrevoir Gala à Púbol, la muse apparaissant quelques secondes à une fenêtre de son nid d'amour médiéval. Dalí dit à Harty comme il était heureux, lui, un masochiste, de n'avoir accès au château qu'après réception d'une invitation écrite.

À cette époque, comme Harty s'en rendit compte, les pensées de Dalí étaient centrées sur son théâtre-musée de Figueres. Le maître lui en fit faire le tour. Il s'adressa à la caméra d'un ton emphatique : « Toute mon ambition est de reconstruire ici ma première période d'adolescence à Figueres et Cadaqués. Tous mes anciens souvenirs et événements érotiques ont eu lieu exactement en cet endroit et pour cette raison il est l'endroit le plus légitime pour que mon musée existe. » Harty monta sur l'échafaudage pour voir Dalí travailler au plafond et, remarquant qu'il peignait une béquille, lui en demanda la signification :

> Dalí : C'est seulement un homme qui porte une béquille pour un drapeau.
> Harty : Vous aimez beaucoup les béquilles.
> Dalí : Oui, car c'est un symbole d'impuissance.
> Harty : D'impuissance ?
> Dalí : Oui, all le great people qui realize un achievement sensationnel sont impuissants. Napoléon, tout le monde. Le people qui est pas impuissant fait enfants, embryons, et pas plus. Mais immédiatement que le sexe marche avec extrême difficulté, vous créez fantastique musique, architecture et invasions, invasions impériales.
> Harty : C'est exact.

Comme Dalí s'incluait lui-même dans le cercle de ceux pour qui le sexe fonctionnait avec une extrême difficulté, le « C'est exact » impassible de Harty, qui mit fin à l'échange, doit rester comme une occasion ratée unique dans l'histoire des interviews télévisées. En 1973, la télévision britannique aurait pu obtenir Dieu sait quelle réponse de Dalí à une question précise sur son impuissance, mais Harty l'a ratée. Peut-être parce que, après tant de jours passés avec Dalí, il était si épuisé mentalement que ses réflexes ne fonctionnaient plus à leur vitesse normale[2033].

## LE SCANDALE DES FEUILLES BLANCHES

Au début des années 1960, excité par la possibilité d'argent facile offerte par les multiples marchés à sa disposition, Dalí avait adopté le procédé douteux consistant à mettre une signature originale sur des reproductions de son travail effectuées par d'autres mains. C'était tellement plus facile que de produire des gravures ou des lithographies originales !

Aux alentours de 1965, Dalí franchit un pas supplémentaire dangereux : il se mit à signer des feuilles blanches de papier pour lithographies ! Dans *Soft Watches and Hard Times*, Peter Moore déclare que tout commença en 1965, quand l'un des éditeurs français de Dalí (Pierre Argillet, selon une note de Reynolds Morse) le persuada de signer quelques feuilles blanches pour pouvoir mettre les épreuves en vente même si le peintre ne venait pas à Paris comme prévu pour les signer. Selon Moore, Argillet paya à Dalí dix dollars supplémentaires par signature, et comme Dalí était capable de signer près de mille feuilles par heure, ça voulait dire qu'il pouvait gagner de l'argent à une vitesse phénoménale en se contentant de mettre son nom sur un morceau de papier. « La première fois, écrit Moore, Dalí signa dix mille feuilles qui nous rapportèrent cent mille dollars. Tout ça en billets de cent dollars. "Ça paiera nos dépenses en Amérique", annonça fièrement Dalí[2034]. »

Signer des feuilles blanches devint pour Dalí une seconde nature et parfois, lorsqu'il rentrait au St. Regis après dîner, il demandait à Moore de le laisser en expédier d'autres « au cas où il soit possible que nous ne revenions pas là d'ici un an[2035] ».

Dans ses Mémoires inédits, Moore n'accepte aucune responsabilité que ce soit dans la conduite de Dalí, et il ne laisse pas entendre qu'il chercha à refréner son appétit d'argent. Après tout, il touchait une commission de dix pour cent. Dalí était si pingre qu'il finit par signer des feuilles blanches sans que son « conseiller militaire » le sache, pour éviter d'avoir à le payer. Cependant Moore, rusé, réalisa vite ce qui se passait, et il intervint[2036].

La situation lui échappa avant peu, et la demande de tirages de Dalí alla croissant. Selon Moore, les feuilles présignées étaient stockées chez des éditeurs fiables. Mais, évidemment, il y avait toujours des opérateurs peu scrupuleux « qui conservaient des piles de feuilles blanches ». Le résultat, selon Moore, fut que « dans des endroits aussi éloignés que Paris, Barcelone et New York, il y a des milliers de feuillets vierges de papier d'Arches et de papier Japon portant la signature authentique de Salvador Dalí. Ce papier est stocké dans des hangars obscurs ; il sera utilisé pour des rééditions des livres de Dalí. Parfois, c'est fait sans l'approbation de l'artiste, et parfois sans même qu'il le sache[2037]. »

Luis Romero a déclaré que ce que Dalí préférait faire, c'était *signer* – feuilles blanches, tirages, livres, peu importe. « Encore, encore, encore... » disait-il en gesticulant. Selon Romero, Dalí ne se préoccupait pas de connaître le tirage, ni de savoir si les plaques étaient détruites après l'impression, de ce qui leur arrivait. Tout ce qu'il voulait, c'était signer de plus en plus d'exemplaires, et gagner de plus en plus d'argent[2038].

La situation des feuilles blanches devait devenir chaotique avant que Moore ne quitte le service de Dalí, en 1974. Cette année-là, la douane française arrêta une camionnette qui venait d'Andorre, et découvrit qu'elle contenait quarante-cinq mille feuilles de papier pour lithographies blanches signées par Salvador Dalí. Les feuilles étaient au nom de Jean Lavigne, un éditeur d'art parisien qui vivait alors à Palm Beach, en Floride. Lavigne argua qu'importer de telles feuilles en France n'allait contre aucune loi, et la cargaison fut autorisée à continuer jusqu'à Paris. Elle venait sans doute de Port Lligat[2039].

Emilio Puignau, l'architecte de Dalí et parfois son comptable, en connaissait certainement plus que quiconque sur sa routine quotidienne à Port Lligat. Il était profondément dérangé par ce qu'il voyait maintenant :

> Comme j'étais un témoin de première main de leurs relations, je peux jurer que M. Moore s'est toujours conduit correctement avec Dalí. Il y a cependant un domaine qui a été beaucoup discuté, répété, et même critiqué. Je fais référence aux centaines de feuilles blanches utilisées pour reproduire du travail de Dalí.
> Dans sa cahute dans cette petite rue, juste là, il y avait plusieurs boîtes de ces feuilles, une table, et Dalí assis à la table. Je me souviens bien de toutes ces journées que Dalí passait à signer de façon complètement automatique : quelqu'un posait une feuille sur la table, Dalí signait, et pendant qu'il l'écartait quelqu'un d'autre en mettait une autre à sa place, et ainsi de suite, on se serait cru dans une imprimerie.
> Je ne comprenais pas que Dalí se soumette à cette tâche fatigante et fastidieuse, qui n'avait rien à voir avec son art. Je lui ai dit, une seule fois, que je ne comprenais pas ce qu'il faisait, et j'ai osé lui dire : « Si vous signez toutes ces feuilles blanches, ils pourront tout mettre dessus, tout ce qui ressemble à du Dalí. » Il m'a répondu : « J'ai déjà été payé de ce qu'ils me proposaient pour ce travail. Ce qu'ils pourront en faire ne me concerne pas. »
> Dalí était réellement Avida Dollars.
> Quant à l'argent que le « Capitaine » se faisait là-dessus, il est le seul à le savoir, même s'il peut toujours dire à ceux qui l'ont poursuivi « Que celui qui n'a jamais péché me jette la première pierre »[2040].

Moore ne cache pas le fait qu'à l'instigation de Dalí il vendait des feuilles blanches portant la signature du peintre. Mais combien ? Le 22 octobre 1981, époque à laquelle l'affaire était devenue un scandale international, il devait déclarer que, sans l'autorisation expresse de Dalí, il avait vendu quinze mille feuilles blanches présignées à Gilbert Hamon, trois mille cinq cents à Klaus Cotta, neuf mille cinq cents à Carlos Galofre, sept mille cinq cents à Jacques Carpentier. Un total de trente-cinq mille cinq cents. Il jura qu'aucune feuille blanche ne restait en sa possession. Sa déposition fut contresignée par Gala[2041].

Aucun de ces hommes n'était réputé pour son éthique stricte, comme le montre Lee Catterall (que Peter Moore refusa de rencontrer) dans *The Great Dalí Art Fraud & Other Deceptions* (« La grande arnaque de Dalí et autres supercheries)[2042], Hamon, un vendeur d'œuvres graphiques né à Alger en 1924 et installé à Paris, était avant tout un grossiste qui vendait les droits de reproduction à des éditeurs, et qui plus tard devait avouer devant les tribunaux qu'il avait fait des faux[2043] ; Klaus Cotta importait en Espagne, *via* Barcelone, des films et des programmes de télévision[2044] ; Carlos Galofre tenait une galerie à côté du musée Picasso, à Barcelone, et à un moment donné s'était spécialisé dans la vente de tirages portant de fausses signatures de Dalí[2045] ; Jacques Carpentier, un autre éditeur d'art de Paris, était l'associé d'Hamon[2046]. Ailleurs, Moore a évoqué une autre expédition de vingt-deux mille feuilles blanches signées par Dalí qui, après avoir été stockées à Genève, étaient allées à Galofre, Hamon et un autre obscur revendeur, Pierre Marcand, dont les activités sont bien rapportées par Catterall[2047].

Après la mort de Gala, Reynolds Morse dit que, lorsqu'on lui dit qu'Hamon était un escroc, elle s'exclama : « Ce sont TOUS des escrocs ! Quelle importance ! Ils nous paient en cash, alors quelle différence ça fait ? Dalí a peint ces œuvres. Il peut en vendre les droits à qui il veut, et autant de fois qu'il veut. » Morse n'avait aucun doute sur le fait que la corruption avait commencé avec Dalí et Gala eux-mêmes[2048].

Moore a écrit que, au cours de son mandat, qui dura jusqu'en 1974, « il n'y eut pas une seule fraude », et que c'est son successeur, Enric Sabater, qui « possède les clés de l'énigme[2049] ». Ce qui est clair, cependant, c'est que toute l'affaire des feuilles blanches présignées a été mise en route au temps de Moore, et que, étant donné les éditeurs impliqués, ni Dalí ni Moore ne pouvaient être certains qu'elles seraient utilisées honnêtement. Dalí, bien sûr, s'en fichait, comme lui-même le disait : il avait été payé d'avance. Et, sous l'ère de Moore, il commença à détruire de cette façon sa propre réputation d'artiste.

L'emprise d'Enric Sabater sur Gala et Dalí fut observée, dès le début des années 1960, avec inquiétude, par Emilio Puignau, l'« administrateur domestique » du peintre à Cadaqués[2050]. Selon Peter Moore, Dalí voulait maintenant que Sabater soit là le matin, et lui l'après-midi. Mais, comme il vit que ce n'était pas faisable, il décida que le Catalan devrait partir. Moore supplia Dalí de ne pas le chasser[2051]. Gala, elle, était déterminée à ce que Sabater le remplace, et elle dit à Moore : « Il prendra une commission de cinq pour cent au lieu de vos dix pour cent, il a meilleure allure que vous, il est plus jeune que vous et *lui* parle catalan. » Moore dit qu'il répondit : « C'est l'homme que vous cherchez ! C'est une bonne idée ! » Moore avait déjà gagné une fortune grâce à Dalí, et il pensait à le quitter. De plus, il ne se sentait pas bien. Il avait décidé de partir sans heurts quand le moment viendrait. Un jour, il fut approché par le cousin du peintre, Gonzalo Serraclara, qui lui dit que Sabater avait déjà été deux fois accusé de vol. Dalí devait en être informé. Moore estimait qu'il valait mieux que Dalí l'apprenne lui-même, mais apparemment il laissa filtrer la rumeur. « Dalí a répondu qu'il aimait les voleurs », dit-il[2052].

Ni Moore ni Sabater ne sont forts sur les dates, mais il semble clair qu'en 1972 Sabater faisait déjà des affaires pour les Dalí et pour lui-même, empiétant sur Moore. Le « Capitaine » était sur le chemin de la sortie, mais celle-ci devait encore prendre quelques années.

## DU BARRY ET « JÉSUS CHRIST SUPERSTAR »

Un autre affairiste était déjà entré, à cette époque, dans la vie des Dalí. Jean-Claude Du Barry était un Gascon bel homme, amical et amusant, qui prétendait descendre de Mme Du Barry, la maîtresse de Louis XV. Il dirigeait une agence de mannequins à Barcelone et il raconte qu'il rencontra pour la première fois Dalí en 1968 dans le hall de l'hôtel Ritz. Peu après, Du Barry commença à fournir au couple de superbes « saints Sébastien » et « Ginestas » pour satisfaire leurs besoins exigeants : ouvertement physiques dans le cas de Gala, artistiques et voyeuristes dans celui de Dalí[2053].

Les amis de Du Barry, y compris Dalí, l'appelaient souvent « Vérité », et il était heureux d'être reconnu pour sa franchise (on prétend que les Gascons savent dire ce qu'ils pensent). Il proclamait de plus que, comme tous les Gascons, il était loyal envers ses amis[2054]. Selon Amanda Lear, Du Barry amusait Dalí par son accent français provincial, ses histoires cochonnes et ses manières en général libidineuses[2055]. En ce qui concerne Gala, elle était flattée par ses attentions. « À Jean-Claude, mon bonissime ami », dédicaça-t-elle un des volumes de Paul Éluard qu'elle tira pour lui de sa collection privée[2056].

Luis Romero, qui croisa plusieurs fois Du Barry au Ritz de Barcelone et à Port Lligat, remarqua que les modèles qui l'accompagnaient étaient toujours spectaculaires[2057]. « Au bout d'un an j'ai compris quel genre de filles voulait Dalí, dit un jour Du Barry. Il voulait avant tout des filles superbes, grandes, blondes, avec de longues jambes et des traits réguliers[2058]. » Reconnaissant des services qu'il lui rendait, Dalí appelait Du Barry son « officier de culs[2059] ».

En 1973, Gala n'avait plus besoin de jolis garçons fournis par Du Barry car, après une liaison sérieuse avec un étudiant d'Aix-en-Provence, Michel Pastore, qui faisait des séjours prolongés à Púbol[2060], elle avait rencontré le grand amour de sa vie. Il s'appelait Jeff Fenholt, et était connu après avoir joué le rôle-titre dans *Jésus Christ Superstar*. Il avait de longs cheveux auburn et, selon Amanda Lear, « Gala le trouvait beau et admirait son talent ». Enric Sabater fut invité un jour chez lui pour Thanksgiving. Après dîner, Fenholt lui donna un portrait encadré de Jésus. « Prends-le, Enric, c'est moi », lui aurait-il dit[2061].

Bientôt, Gala et Fenholt se virent régulièrement, et pendant sept ans il fut un fréquent visiteur, l'été, à Púbol, où, pour encourager sa carrière, Gala avait fait installer un piano à queue et un équipement électronique. Il aimait jouer de la guitare la nuit, et faisait tellement de tapage qu'il empêchait tout le monde de dormir. Un soir, peu après la rencontre de Gala et de Jeff, Amanda Lear se trouvait à Port Lligat avec Dalí quand tous deux arrivèrent. Dalí embrassa Jeff et lui recommanda de ne pas couper ses longs cheveux. Jeff parlait peu, semblait arrogant et, ignorant Gala, fixa Amanda de ses yeux noirs (plus tard, il devait essayer de coucher avec elle, mais Amanda affirme qu'elle n'en a jamais parlé à Gala)[2062].

Cette liaison coûta à Gala une fortune, et non seulement elle acheta à Fenholt une maison à Long Island, estimée à un million deux cent cinquante mille dollars, mais elle lui donna des peintures de Dalí. Gala montra un jour à Reynolds Morse un télégramme qu'elle venait de recevoir de Fenholt : « Besoin de 38 000 $ ou mourrai. » Morse refusa de lui apporter l'argent, comme le voulait Gala. Qu'elle fasse passer elle-même de l'argent au noir par la douane si elle le voulait, c'était son problème. Mais il n'était pas question qu'il s'en mêle[2063].

Lorsque Dalí découvrit les dépenses que Gala faisait pour Fenholt, il devint, apparemment, enragé, et il ne fait pas de doute que l'entichement durable de Gala pour l'acteur fut l'un des facteurs qui conduisirent le peintre à un déclin progressif à la fin des années 1970 et au début des années 1980.

Fenholt devint plus tard un prêcheur télévisuel en Californie, et nia qu'il y ait eu quoi que ce soit de sexuel dans sa relation avec Gala. Comme Dalí, elle était juste une amie. Comment aurait-il pu coucher avec une vieille femme affligée d'un cancer de la peau ? C'était impensable[2064].

## L'INAUGURATION DU THÉÂTRE-MUSÉE

En 1971, inspiré par le Prix Nobel britannico-hongrois Dennis Gabor, Dalí s'était mis à expérimenter les hologrammes, Gabor lui donnant quelques conseils. En 1972, chez Knoedler, Dalí avait montré quelques compositions holographiques et quelques autres résultats de ses recherches visuelles. Dans *Time*, le critique Robert Hughes en personne les fit passer par pertes et profits : pour lui, l'artiste, qui ne faisait maintenant plus que se répéter, avait « simplement utilisé un nouveau médium pour transmettre son vieux maniérisme[2065] ». La critique de Hughes était assez juste – Dalí était maintenant essentiellement dans les illusions d'optique –, et ça ne voulait pas dire que le peintre s'intéressait vraiment aux hologrammes. Il était intéressé par les rhinocéros et l'ADN, comme il l'avait été quelques années plus tôt, et comme il continuait à l'être par la stéréoscopie. Les hologrammes, tout simplement, étaient la nouvelle obsession en 3D d'un artiste qui avait toujours proclamé son excitation devant les dernières percées scientifiques.

Knoedler était maintenant la principale base d'exposition de Dalí à New York. En 1973, il fit publier par la galerie une déclaration sur l'importance de son œuvre dans les hologrammes (un jour, affirmait-il, ils seraient reconnus par l'histoire de l'art[2066]), et, entre le 6 mars et le 6 avril 1974, il y tint une nouvelle exposition. Les Morse, qui avaient des doutes sur les plus récentes directions que prenait Dalí, étaient sur place pour l'aider à fermer l'exposition. Ils eurent l'impression que Dalí et Peter Moore, cet « astucieux aventurier irlandais », avec son « tempérament chaud », étaient sur le point de se séparer. Peu après, une fois que Reynolds, muni de grosses liasses de dollars, eut fait le tour de New York pour payer les dépenses extravagantes de Gala, sa femme et lui les accompagnèrent, Gala et lui, jusqu'à Cannes, à bord du *France*, qui effectuait sa dernière traversée. Gala passa une heure à attendre impatiemment Jeff Fenholt, mais « Jésus Christ Superstar » n'apparut pas. Au cours de la traversée, Morse et Dalí parlèrent d'un livre sur le rôle des animaux dans l'œuvre du peintre, Dalí insistant sur le titre envisageable d'*Animal Crackers*. Au cours du voyage, Morse trouva Moore impossible, et il était persuadé que l'aide de camp de Dalí était jaloux de leur proximité avec l'artiste. Morse avait ses propres raisons d'être en colère contre Moore. Pour commencer, le « conseiller militaire » répandait l'histoire selon laquelle Dalí et lui s'étaient rencontrés par hasard dans les urinoirs du St. Regis. Puis il y avait le problème de *Découverte de l'Amérique par Christophe Colomb*, qui lui restait encore sur le cœur. La galerie de Huntington Hartford n'avait pas bien marché, et en 1970 il l'avait fermée et avait vendu certaines de ses toiles. *Découverte de l'Amérique* fut mis aux enchères le 10 mars 1971. Dans *A Dalí Journal*, Morse rapporte que lui et Moore devaient acheter conjointement la toile, mais que Moore, « psychotique et menteur », fit monter les enchères et lui « laissa le bébé sur les bras[2067] ». L'histoire de Moore est différente. Selon lui, le prix estimé du tableau était de vingt-sept mille dollars, ce qu'il considérait comme ridiculement bas. Ne venait-il pas de vendre six lithographies à une certaine Mrs Lucas pour cinquante mille dollars ? Elle serait furieuse que cette immense toile ne vaille pas plus. Donc Moore engagea quelques amis afin qu'ils se mettent en compétition pour la toile et fassent monter le prix jusqu'à atteindre cent mille dollars. Le stratagème fonctionna, et Reynolds Morse, qui espérait avoir la toile pour vingt-sept mille dollars, fut furieux. Néanmoins, il paya – et se plaignit amèrement à Dalí. « C'était ridicule, se rappelle Morse. J'avais fait de sa collection une fortune. C'était un putain de millionnaire, et il ne savait que se plaindre[2068]. » Moore, cela dit, n'en était pas moins jaloux des relations du couple avec Dalí, et n'éprouvait pour Reynolds que du mépris. Il le jugeait ennuyeux, ignorant et grande gueule. Les deux hommes étaient parfaitement incompatibles[2069].

Quand Dalí atterrit à Cannes, le 30 avril 1974, il dut être heureux de découvrir que les librairies mettaient au premier plan *Comment on devient Dalí* (paru en anglais sous le titre *The Unspeakable Confessions of Salvador Dali*, « Les confessions inavouables de Salvador Dalí »), d'André Parinaud. « Comment se libérer de son père », « Comment devenir érotique tout en restant chaste », « Comment être catalan », « Comment devenir super-snob », « Comment faire l'amour avec Gala » – les têtes de chapitre donnaient le ton du livre. L'introduction de Parinaud montrait qu'il avait assemblé une grande variété de sources, et avait dû être un lecteur méfiant, qui s'était lancé dans son livre avec un certain scepticisme. Il avait tenté de suivre les idées de Dalí à travers « ses écrits, ses Mémoires, le témoignage de ses intimes et de ses amis », et il était satisfait du résultat : « Conversations, interviews enregistrées, enquête, toutes les techniques d'analyse ont été utilisées pour situer les déclarations daliniennes dans leur propre contexte et cadre de références. » Ce qu'étaient « toutes les techniques d'analyse » n'est pas clair, de même que ne sont pas identifiées dans le texte les diverses sources enregistrées par Parinaud. Le résultat était chaotique, ce qui n'a pas empêché les critiques d'admirer le livre – ni les futurs biographes de se reposer trop lourdement sur lui. Parinaud avait un certain statut (son livre sur Breton était bien connu) et *Comment on devient Dalí* était une publicité excellente.

À cette époque, Dalí pensait beaucoup au théâtre-musée de Figueres[2070], et de Cannes il téléphonait à Ramon Guardiola pour lui donner des instructions. Le 2 mai, lorsqu'il arriva à Figueres et fit don au musée de l'une de ses possessions les plus précieuses, *La Corbeille de pain*, Guardiola (qui n'était plus maire, mais était toujours associé de près au projet) savait que la bataille était gagnée[2071]. Cela faisait maintenant treize ans qu'il avait entrepris de transformer le rêve de Dalí en réalité. Il avait dû traverser des océans de paperasse, et il avait connu bien des revers ; mais ses efforts allaient être récompensés. Il ne restait plus qu'à mettre les dernières touches aux statuts de la fondation et à finaliser la composition du bureau. Le 20 mai, Dalí, qui venait d'avoir soixante-dix ans, se rendit en voiture à Madrid en compagnie de Guardiola et de Gonzalo Serraclara. Là, il eut des entretiens avec Franco, le prince Juan Carlos et d'autres autorités, pour s'assurer que le musée ouvrirait bien comme prévu au mois de septembre[2072].

Au cours du trajet vers Madrid, Guardiola se rendit compte que Dalí avait des soucis avec sa prostate. Chaque année il faisait un check-up aux États-Unis, et on lui disait que tout allait bien. Mais maintenant il lui fallait uriner deux fois pendant la nuit, et il était sûr que quelque chose n'allait pas[2073]. Dès qu'il rentra chez lui, il se rendit à Barcelone pour consulter le docteur Antonio Puigvert, l'un des meilleurs spécialistes d'Espagne pour la prostate et la hernie. Puigvert diagnostiqua une hernie, pas un problème de prostate, et pratiqua l'opération le 3 juin. Tout se passa bien, et Dalí put rentrer à Port Lligat le 17. Il paraissait de bonne humeur, mais certains détails indiquent qu'il avait été plus secoué que prévu par l'opération[2074].

Avant celle-ci, Dalí et Gala avaient pris la précaution de rédiger des testaments communs radicalement nouveaux par lesquels, après une provision destinée à Cécile Éluard et à Lidia, la sœur de Gala, toutes leurs possessions artistiques devaient maintenant aller non pas au Prado, comme indiqué en 1960, mais au théâtre-musée de Figueres, sous l'égide du Patrimoine national[2075].

Le 27 septembre, le conseil municipal de Figueres accepta les statuts de la Fondation de service public du théâtre-musée Dalí[2076]. Le lendemain vit l'ouverture officielle du bâtiment, même s'il n'était pas encore terminé. Le carton d'invitation avait été dessiné par Dalí et montrait une vue imaginaire du bâtiment depuis la place à côté. La coupole de Pérez Piñero était surmontée par une boule et une croix (qui en réalité ne sont pas à cet endroit), et des flammes semblaient sortir du dôme et aller dans toutes les directions. Exactement au centre du sol se trouvait une porte avec les contours d'une silhouette ; quiconque connaissait le travail de Dalí aurait pu reconnaître une double allusion aux *Ménines* et au *Mariage de la Vierge* de Raphaël. L'invitation était de « Gala et Salvador Dalí et, en leur nom, de l'honorable conseil municipal de Figueres[2077] ».

Figueres était plein à craquer pour la grande occasion, avec beaucoup de hippies vêtus de façon voyante. Des majorettes, des danseurs, des musiciens et un éléphant se produisirent dans les rues, et même la formidable tramontane ne parvint pas à atténuer la bonne humeur de la foule qui attendait l'arrivée de Dalí et de sa muse dans la Cadillac décapotable. Après la cérémonie officielle à la mairie, au cours de laquelle le ministre du Logement donna le bâtiment au conseil municipal tandis que Dalí recevait la médaille d'or de Figueres, le couple marcha quelques mètres jusqu'au théâtre-musée, où plus d'un millier d'invités s'impatientaient, car tout avait du retard.

Âgée de quatre-vingts ans et les faisant bien, malgré les liftings et la perruque noire, Gala portait une brassée de nards à l'odeur suave, et parut quelque peu éblouie en pénétrant dans le bâtiment avec Dalí[2078]. Ils étaient accompagnés par Amanda Lear, superbe dans la robe de mousseline marron clair que Dalí lui avait offerte pour l'occasion. Gala avait fait venir Jeff Fenholt de New York. Tandis qu'ils se frayaient un chemin vers l'entrée du théâtre-musée, « Jésus Christ Superstar » fut laissé en arrière dans la cohue. Amanda entendit Gala crier frénétiquement « Jeff ! Jeff ! ». « Ne t'inquiète pas, il nous rattrapera », la rassura Dalí. Dès qu'il fut en sécurité à l'intérieur, Jeff ne cessa de disparaître, ce qui n'est pas surprenant étant donné l'étalage de jeunes femmes somptueuses réunies ce soir-là sous le dôme articulé d'Emilio Pérez Piñero. Avant peu, Gala, blanche de jalousie, lui mit la main dessus et l'expédia à Púbol.

Quelques-uns des collages d'Amanda Lear étaient exposés, et, selon elle, furent très admirés tandis que la toile inachevée de Dalí *Roger délivrant Angélique*, qui célébrait ses formes anguleuses, dominait l'immense hall. Amanda était fière d'être aux côtés de Dalí dans ce moment de gloire, de même qu'elle était fière d'avoir modestement participé aux diverses phases du développement du musée[2079].

Les réactions au musée furent mélangées, mais le sentiment général fut qu'il manquait d'œuvres importantes, quelles que soient les affirmations de Dalí selon lesquelles il s'agissait d'un « théâtre de la mémoire », destiné à émoustiller le subconscient des visiteurs et à le mener à des découvertes intérieures inattendues. Dalí dit un jour à Reynolds Morse (dont le propre musée Dalí s'était ouvert à Cleveland en 1971) qu'il avait l'intention de placer un « vomitorium » à l'extérieur, pour qu'en partant les gens puissent vomir à l'aise. Telle ne fut pas exactement la réaction des critiques au théâtre-musée, mais on avait certainement l'impression que pour l'instant, à quelques exceptions près, comme *Le Spectre du sex-appeal*, le musée faisait prendre des vessies pour des lanternes[2080].

La personne la plus déçue ce soir-là au théâtre-musée était Ramon Guardiola. Il considérait que Dalí aurait dû être accompagné non seulement par les autorités locales et madrilènes, mais par des artistes, des écrivains et des artistes de stature internationale, dont aucun ne se montra. Cette occasion avait été destinée principalement à satisfaire les intérêts et les perspectives des politiciens, pas pour honorer le désir exprimé par Dalí que le théâtre-musée devienne l'un des « centres spirituels » de l'Europe. Aux yeux de Guardiola, l'inauguration avait été médiocre et mal organisée. S'il l'avait prise en charge, il ne fait aucun doute que ça se serait mieux passé[2081].

## ANTONI PITXOT ; *ÊTRE DIEU*

**495** ● Dalí chez lui à Port Lligat, en 1974, posant sous le portrait de José Antonio Primo de Rivera, fondateur du parti fasciste Falange Española et fusillé en 1936.

En 1972 fit son entrée dans la vie de Dalí un personnage qui devait avoir une grande importance au cours des dernières années du peintre. Il s'agit d'Antonio Pichot Soler, le fils du violoncelliste Ricard Pichot Gironès que, en 1920, Dalí avait peint en train de pratiquer à Es Sortell, à Cadaqués. Antonio était né à Figueres en 1934, juste de l'autre côté de la place par rapport à la maison des Dalí, et avait hérité du tempérament artistique ainsi que de la beauté frappante de sa remarquable famille. Comme son frère aîné Ramon, il avait décidé très tôt d'être peintre. Tous deux suivirent consciencieusement les traces de leur oncle, Ramon Pichot Gironès, le grand ami de Picasso, dont les toiles impressionnistes tardives avaient inspiré Dalí lors de son séjour au Molí de la Torre, en 1916.

Antonio Pichot avait été élevé principalement à San Sebastián, dans le nord de l'Espagne, où, par une coïncidence surprenante, son professeur de peinture fut Juan Núñez Fernández, le maître qui avait enseigné à Dalí à Figueres et qu'il considérait comme une des influences les plus vitales sur son développement artistique. En 1964, après avoir épousé Leocadia Pla, Pichot était retourné en Empordà. Tandis qu'il s'immergeait dans la vie et dans la culture locales, il avait décidé d'adopter l'orthographe catalane de son prénom et de son nom.

Antoni Pitxot entendait parler de Dalí depuis son enfance, et il lui avait rendu visite en famille plusieurs fois avant la guerre civile. Mais ce n'est qu'en 1972, lorsqu'un jour Dalí arriva dans son atelier de Cadaqués en compagnie d'Amanda Lear, que commença leur amitié. Dalí connaissait Ramon, le frère d'Antoni, mais n'était pas particulièrement intéressé par sa peinture. Lorsqu'il entendit dire qu'Antoni était plus original, et peignait à partir des pierres de Cadaqués, il voulut voir son travail. D'où sa visite à Es Sortell. Dalí aima ce qu'il vit, et invita Antoni à l'aider pour le théâtre-musée. Bientôt, Pitxot alla chaque semaine à Figueres[2082].

Dalí était enchanté de pouvoir favoriser la carrière d'un neveu de son bien-aimé Pepito Pichot et, lorsqu'il décida d'exposer des artistes catalans au premier étage du musée, Pitxot fut son premier choix. Bientôt le travail de Pitxot devint une particularité permanente (et inexpliquée) du musée, ce qui causa la surprise des visiteurs et quelques ressentiments parmi les peintres locaux. Pitxot aida Dalí pour quelques agrandissements du bâtiment, et en 1977 il était devenu un personnage clé de l'entourage de Dalí[2083].

En 1972, l'année de sa rencontre avec Pitxot, Dalí avait commencé à travailler à un « opéra-poème », avec lui-même dans le rôle du protagoniste, intitulé *Être Dieu*. Le romancier catalan Manuel Vázquez Montalbán fut chargé d'écrire le livret, et le compositeur Igor Wakhévitch la musique. La plupart des projets d'opéras, de films ou de ballets de Dalí avaient échoué, mais celui-là se passa un peu mieux et, en 1974, il fut enregistré à Paris, même s'il lui fallut dix ans pour sortir (sous forme de compact-disc[2084]). Le thème de cette œuvre mégalomane est que Dalí est presque Dieu – mais pas tout à fait. Après tout, s'il était *vraiment* Dieu, comme ne cesse de nous l'affirmer le chœur, il ne serait pas Dalí, et ça n'irait pas du tout. De plus, Gala est là pour lui rappeler qu'il est humain, et apparaît à la fin de l'œuvre pour lui tendre une « main rédemptrice ».

L'un des fils rouges de l'œuvre est fortement antidémocratique, et dans l'un de ses monologues Dalí défend passionnément José Antonio Primo de Rivera, le fondateur de la Phalange, et se moque des systèmes électoraux qui permettent aux « crétins » de voter. L'éloge de la monarchie absolue confirme, même en l'absence d'allusion à la

situation politique en Espagne, que Dalí était inquiet à propos de la succession du général Franco vieillissant.

Au cours des séances d'enregistrement, il y eut pas mal d'improvisation. Le livret est en français, mais le catalan et l'espagnol percent fréquemment, avec de temps en temps un peu d'anglais. Aucun autre enregistrement n'a aussi bien capturé les riches inflexions de la voix de Dalí, et à l'écouter chanter des bribes de chansons paillardes catalanes, ou réciter le virelangue préféré de son enfance (que lui avait appris sa grand-mère maternelle, Maria Anna Ferrés), on se rend compte du charme et de l'humour qui mitigeaient son égoïsme obsessionnel. En dépit de telles grâces salvatrices, une seule écoute de l'œuvre, qui dure plus de deux heures, est amplement suffisante. Et il paraît peu probable que, sans la participation de Dalí, l'« opéra-poème » ait jamais été joué.

## LE DÉPART DE PETER MOORE

Avec Gala insistant pour qu'Enric Sabater le remplace complètement, et la faible résistance de Dalí, le « conseiller militaire » savait que tôt ou tard, et sans doute plus tôt que plus tard, il irait son propre chemin. Il décida donc de se retirer. On était en 1974.

Il avait d'autres bonnes raisons de se retirer. Moore avait gagné de l'argent, beaucoup d'argent, et il avait une tumeur qui réclamait son attention urgente. « Quand j'ai quitté Dalí, j'avais trente-deux millions de dollars en banque », déclara-t-il en mai 1993, ajoutant qu'un jour Dalí lui avait demandé combien ça faisait en pesetas ! Une estimation prudente montre que Moore avait mis de côté trois millions de dollars pour lui[2085]. Il s'était fait beaucoup d'ennemis. L'un d'eux était Robert Descharnes, ou, ainsi que Moore aimait l'appeler, « Robert Sans Charme ». Pour le photographe français, Moore n'avait que du mépris. Un jour la femme de Moore, Catherine Perrot, la jeune Suissesse qu'il avait épousée en 1971, offrit un thé aux deux fils de Descharnes. « Où est le voleur ? Où sont toutes les filles ? » demanda l'un d'eux. Moore revint peu après, apprit ces paroles, et lorsque Descharnes passa prendre les garçons, le jeta dans l'escalier. C'est du moins sa version de l'épisode[2086].

L'une des dernières affaires conclues par Moore pour Dalí était un contrat selon lequel le peintre devait produire l'illustration de soixante-dix-huit cartes de tarot pour un *James Bond*. Lorsque Dalí traîna, et que le producteur se retira, un éditeur américain du nom de Lyle Stuart entra en scène. Dalí, encore une fois, ne fournit pas son travail, Stuart entreprit une action en justice et trois cent mille dollars se trouvèrent bloqués sur le compte du peintre à la National City Bank. Un accord fut négocié selon lequel, entre 1976 et 1977, Dalí devait signer dix-sept mille cinq cents feuilles blanches pour les illustrations du tarot. En fait, il en signa trois mille de plus que nécessaire, et elles furent vendues à Léon Amiel, l'éditeur de livres d'art et d'estampes. On ne sait ce qu'il en a fait, et très probablement Dalí s'en fichait[2087].

Comme Moore, Enric Sabater, qui fut alors embauché, ne toucha jamais de salaire et travaillait à la commission. Une commission de cinq pour cent, ainsi que l'affirme Peter Moore ? Sabater est indigné : « Je suis né ici, je suis catalan, et je ne pense pas qu'un Catalan pourrait accepter moins qu'un Anglais ! Je touchais plus de dix pour cent, car Mr Moore ne gérait que les contrats pour les gravures, et pour les émissions de télévision, mais jamais pour les tableaux, jamais[2088]. »

Peter Moore avait toujours fait attention de séparer les affaires et la vie privée. « Dès le départ, j'ai fait un pacte avec Dalí, se souvient-il. Pas de familiarité, pas de déjeuners, pas de dîners... » Il ne l'invita donc pas à son mariage avec Catherine Perrot, en 1971. Dalí en fut étonné, nota Catherine, et un an plus tard fit une chose complètement inhabituelle pour lui : non seulement il lui offrit un cadeau de mariage, la toile *La Triple Image* (1939), mais il la signa pour elle. Dalí avait dit et répété à Moore combien il aimait semer la confusion autour de lui, et crétiniser les gens. Mais il n'essaya jamais de le faire avec son « conseiller militaire », pour qui il avait sans aucun doute énormément de respect[2089].

Enric Sabater n'éleva pas une telle barrière entre sa vie et les Dalí. « Le fait est, dit-il en 1996, que sans que j'y aie eu un mérite particulier, j'ai vécu avec eux, déjeuné et dîné avec eux, et voyagé avec eux, presque chaque jour, pendant une douzaine d'années. » Comme Dalí et Sabater étaient tous deux empordains, non seulement ils conversaient en catalan local, mais ils partageaient un passé commun. Ce qui était important. Et avec Gala il n'y avait aucun problème de communication, car Sabater maîtrisait bien le français[2090]. En quelques années, Sabater se retrouva dans la catégorie des multimillionnaires, roulant en Maserati et dirigeant un empire qui s'étendait à travers quatre continents. Le fait est qu'en tant qu'homme d'affaires et magouilleur, il reléguait Peter Moore au rang de novice.

Aujourd'hui, Peter Moore repense avec quelque nostalgie aux années qu'il a passées avec Dalí, et regrette de n'avoir pas prêté plus d'attention à ce que disait le maître (à la différence de Reynolds Morse, Moore ne tenait pas de journal). « Je n'ai jamais vraiment connu Dalí parce que ça ne m'intéressait pas ! dit-il. Je n'ai jamais essayé de faire de ma vie une vie à la Dalí. La seule chose que j'ai faite, quand je suis entré dans la vie de Dalí, c'est de l'argent. J'étais content de mes rapports avec Dalí, bien sûr, mais je ne prenais pas ça trop au sérieux. Après tout, j'avais mangé et dormi chez Churchill, et même *lui*, je ne le prenais pas très au sérieux. Je me suis toujours demandé combien de temps ça durerait. Je me suis fait plus d'argent avec Dalí que le président des États-Unis[2091]. »

Nanita Kalaschnikoff confirme que Moore se conduisait bien avec Dalí. « Peter Moore adorait Dalí, a-t-elle dit. C'est sûr qu'il avait des faiblesses et qu'il était un peu aventurier, mais il admirait Dalí et il ne l'a jamais dupé. Et c'était un gentleman. Et s'il était resté, quelqu'un aurait veillé sur Dalí. Son départ fut une tragédie[2092]. »

Moore n'a jamais prétendu comprendre grand-chose à l'art, mais il savait ce qu'il aimait. Lorsqu'il quitta Dalí, il avait acquis plusieurs œuvres, non seulement de Dalí lui-même, mais aussi d'autres artistes. Elles devaient former la base du musée qu'il ouvrit à Cadaqués en 1978 à l'hôtel Miramar, où Gala et Éluard avaient séjourné en 1929. On a dit que Dalí était jaloux du musée de Moore à Cadaqués, qu'il avait l'impression qu'il avait été monté contre son propre théâtre-musée. C'est absurde. Dalí le visita, l'approuva, et dit à Moore qu'il craignait qu'avec ce musée il ne perde tout ce qu'il avait gagné comme « conseiller militaire[2093] ».

Mais Moore ne perdit pas tout son argent dans l'aventure, il était trop intelligent pour ça. En ce qui concerne les moyens par lesquels il l'avait gagné, il insiste aujourd'hui pour affirmer qu'ils étaient légitimes : il était bon en affaires, certainement, mais pas malhonnête. Et les feuilles blanches ? Il nie avec véhémence avoir fait du trafic avec elles avant ou après qu'il eut quitté le peintre. Mais étant donné le style de vie du maître et sa détermination à corrompre ceux qui l'entouraient, quiconque était son homme d'affaires était presque enclin à abaisser son niveau d'éthique : l'énorme quantité d'argent en jeu rendait impossible de conserver toute son intégrité. On peut dire en faveur de Moore que sa présence et ses bonnes manières ont eu sur Dalí et sur son entourage une certaine influence civilisatrice. Quoi qu'il en soit, ce qui suivit devait être bien pire.

# XV. Le déclin

[1975-1982]

## TEMPÊTE SUR LE SYSTÈME

500 ● Salvador Dalí et trois jeunes femmes devant l'objectif de Herve Donnezan, 1973.

Le 27 septembre 1975, le général Franco malade exécuta les dernières de ses innombrables victimes, quinze supposés terroristes dont trois étaient réputés appartenir à l'organisation terroriste basque, l'ETA. Il agit ainsi sous le feu de la critique mondiale, et, étant donné le catholicisme supposé du régime, plusieurs appels à la clémence du pape Paul VI furent particulièrement médiatisés.

Le gouvernement espagnol réagit vivement aux protestations étrangères, et le 1er octobre eurent lieu à travers tout le pays des manifestations pro-Franco (avec des pénalités sévères contre les travailleurs qui n'y participaient pas). La plus importante se tint à Madrid, Plaza de Oriente, où des bus remplis de participants conduits des villes environnantes, et même de province, gonflaient l'immense foule. *Le Monde* estima que deux cent mille personnes encombrèrent la place, mais les autorités dirent qu'elles étaient un million[2094]. Les bannières anti-européennes étaient en évidence, comme les chemises bleues des phalangistes et les saluts fascistes. Les cris de « Franco ! Franco ! Franco ! » sortirent de milliers de gorges jusqu'à l'apparition au balcon du palais du petit dictateur, accompagné du prince Juan Carlos de Bourbon, le successeur qu'il s'était choisi, « rigide et impassible ». Portant des lunettes noires, le Caudillo fit un discours de sept minutes d'un mince filet de voix à peine audible à cause d'un système de haut-parleurs déficient. Il fut rappelé plusieurs fois, pleurant d'émotion. Ce soir-là, les Espagnols virent la manifestation à la télévision et entendirent Franco mettre les protestations étrangères sur le compte d'un sinistre complot marxo-maçonnique, promettre que l'armée et les forces de l'ordre feraient leur devoir et affirmer qu'il était clair que les Espagnols retrouvaient leur importance dans le monde[2095].

Il y avait eu quelques graves incidents au cours de la journée. Trois policiers avaient été abattus à Madrid, et des étrangers, y compris des journalistes, se firent cracher dessus, menacer et ridiculiser[2096]. La situation était particulièrement tendue au Pays basque. Les travailleurs se mirent en grève à Guipúzcoa et Vizcaya, et à San Sebastián la police, sortant de ses attributions et accroissant ainsi son impopularité, empêcha la célébration d'une messe de requiem pour les hommes exécutés. Un journaliste français parla d'une situation « prérévolutionnaire[2097] ».

Les Espagnols opposés à la dictature se sentirent encouragés par les réactions internationales. Mexico demanda que l'Espagne soit exclue des Nations unies. Amnesty International accusa l'Espagne « d'usage massif et systématique de la torture ». Les syndicats français organisèrent une « Journée d'action et de boycott envers l'Espagne », et manigancèrent à Paris une panne d'électricité massive. En signe de soutien, Air France interrompit ses vols vers Madrid et Barcelone, le Sénat et l'Assemblée nationale levèrent la séance et une foule en colère se rassembla devant l'ambassade d'Espagne. En Angleterre, le personnel au sol de Heathrow vota le boycott d'Iberia Airlines ; il y eut une minute de silence au Sénat italien ; la Finlande et l'Autriche rappelèrent leurs ambassadeurs ; et la CEE conseilla de rompre ses discussions avec l'Espagne à propos de son entrée dans le marché commun[2098].

L'Agence France-Presse demanda à Dalí son opinion concernant les exécutions et leurs suites. Il répondit que, selon lui, le rassemblement à Madrid et les protestations étrangères étaient « le plus gros cadeau qui aurait pu être fait à notre Généralissime Franco », et il continua ainsi :

> Le succès qu'il a eu aujourd'hui, avec une foule de deux millions de personnes acclamant en lui le plus grand héros de l'Espagne (soutenu par tout le

peuple espagnol) n'aurait pu advenir sans ces incidents. L'hostilité des autres pays l'a rajeuni de trente ans en une seconde. C'est un être merveilleux. Cela garantit que la monarchie qui s'approche sera une totale réussite. Nous verrons que l'Espagne est un pays où, dans quelques mois, il n'y aura plus de terrorisme parce que les terroristes auront été liquidés comme des rats. Il faudrait trois fois plus d'exécutions. Mais pour l'instant il y en a assez eu.

Dalí en profita pour dérouler sa conception bien connue de la liberté : « Personnellement, je suis contre la liberté. Je suis pour la Sainte Inquisition. La liberté est de la merde, et c'est pour ça que tous les pays où il y a un excès de liberté échouent. Lénine l'a dit : "La liberté ne sert à rien."[2099] »

Le matin suivant, le jeudi 2 octobre, Dalí atténua quelque peu sa déclaration précédente. Il expliquait maintenant qu'il était contre toutes les formes de terrorisme et, en principe, contre toutes les formes de peine de mort. Mais, comme celle-ci existait dans certains pays, « [il n'avait] pas à [s]e mêler de la façon dont la loi est appliquée ». En ce qui concernait l'avenir de l'Espagne, ce serait une erreur d'y introduire le système démocratique. « Comme tous les Espagnols, j'attends le règne du prince Juan Carlos, le futur roi d'Espagne. » En d'autres termes, il attendait la monarchie absolue[2100].

Les remarques de Dalí suscitèrent un nouveau tollé, et le metteur en scène Alejandro Jodorowsky, qui avait espéré le faire signer pour le rôle de l'empereur de la Galaxie dans son adaptation de *Dune*, le roman de Frank Herbert, annonça qu'il avait changé d'avis. « Il serait honteux d'utiliser maintenant dans mon travail un homme qui dans son exhibitionnisme masochiste réclame la mort ignoble d'êtres humains », expliqua Jodorowsky[2101].

Les protestations suscitées par les exécutions et par les commentaires de Dalí ne furent que très peu rapportées par la presse censurée de Franco, mais elles furent très largement diffusées par les radios en langue espagnole opérant en Europe, notamment par le BBC World Service (qui était très écouté en Espagne). Dalí se rendit compte que cette fois il était allé trop loin, et lorsque des graffitis d'insulte furent gribouillés sur les murs de sa maison de Port Lligat, que des pierres furent jetées contre ses fenêtres et qu'il commença à recevoir des menaces de mort par lettres et par télégrammes, il décida de quitter le pays sans délai[2102].

Il y fut encouragé par Enric Sabater, maintenant totalement chargé des affaires de Dalí, qui venait d'acquérir une licence de détective privé et un pistolet. On a souvent dit que cette arme terrifiait Dalí, et donnait à Sabater encore plus de pouvoir sur lui. Telle était l'opinion d'Amanda Lear : Sabater encourageait les peurs de Dalí, pour se donner le rôle de protecteur[2103]. Aujourd'hui, Sabater nie cela avec véhémence, et affirme que le pistolet était une idée de Dalí. Au cours des années suivantes, il devait le sortir de temps en temps, notamment quand un Hollandais cinglé fit irruption dans la maison et menaça les domestiques, mais il n'appuya jamais sur la détente[2104].

À Barcelone, les Dalí prirent un vol pour Genève, accompagnés par Sabater et Amanda Lear. Dalí appréhendait son premier voyage par avion, et Amanda lui donna du Valium pour le calmer. En conséquence, le vol lui plut beaucoup, et il annonça qu'il voyagerait désormais par avion. Puis, le 10 octobre, les Dalí et Sabater s'envolèrent pour New York, et s'installèrent une fois de plus au St. Regis. Là, ils s'aperçurent que tout le monde était au courant des commentaires de l'artiste sur les exécutions, qui avaient été largement rapportés par la presse américaine. L'avocat de Dalí, Arnold Grant, était profondément inquiet de la situation. Plus connu comme le mari de Bess Myerson, qui avait été Miss Amérique, Grant craignait particulièrement que le scandale n'affecte le prix des œuvres de Dalí (une inquiétude d'autant plus compréhensible que Dalí ne le payait pas en liquide, mais en œuvres d'art[2105]). Sabater expliqua à Reynolds Morse que les Dalí et lui étaient d'abord passés par Genève. Pourquoi ? Morse soupçonna Gala (maintenant âgée de quatre-vingt-un ans) d'avoir quitté l'Espagne avec une épaisse et illégale liasse de billets, comme de coutume, destinés à un compte suisse[2106].

Dalí se mit alors à dire à l'Amérique qu'il n'avait exprimé son approbation des exécutions, ni n'en avait demandé d'autres. Oui, il était favorable à l'Inquisition ; oui, il détestait la liberté et soutenait Franco ; mais il était contre la peine de mort (on pouvait tuer un innocent) et contre l'avortement (on ne pouvait priver le monde d'un génie, peut-être un autre Dalí)[2107]. Rares furent ceux qui crurent à ce désaveu, tout au moins pas les républicains espagnols en exil à New York qui attendaient avec impatience la mort de Franco pour pouvoir rentrer dans leur patrie avec bonne conscience. C'était le cas d'Eugenio Granell, un peintre surréaliste plus jeune, de Galice, ami de Breton. Dalí, dit-il, « était profondément méprisé par tous les intellectuels et artistes sérieux » ; et le sentiment général parmi la communauté anti-Franco de New York était selon lui que le « génie des années 1930 s'était transformé en clown[2108] ».

Convaincu que les « communistes » et l'ETA avaient soif de revanche, l'artiste terrorisé devint de plus en plus dépendant d'un Sabater armé, et au cours des mois suivants il montra rarement son visage en public. Reynolds Morse pensait que Dalí était brisé. « Sabater jouait à fond des menaces communistes », concluait-il, et cette affaire affectait Dalí « plus que tout ce que nous avions vu en trente-deux ans ». Morse s'aperçut que Dalí suivait anxieusement le déclin de Franco, et qu'il « semblait vieillir dans les mêmes proportions que le Généralissime[2109] ».

De plus, il était visible que Franco était gravement malade, et que, malgré les précautions du dictateur pour assurer sa succession monarchique, l'Espagne pourrait bien se trouver à l'orée d'une nouvelle période de troubles, et peut-être au bord d'une nouvelle guerre civile. Dalí, qui, en dépit de sa « conversion » au catholicisme, dans les années 1950, avait rarement mis les pieds dans une église, se mit à se rendre chaque jour à la cathédrale St. Patrick, non loin du St. Regis, afin de prier pour le rétablissement du Caudillo. Sabater fut surpris de l'y voir se signer et s'agenouiller. Chaque jour il faisait téléphoner anxieusement à la résidence de Franco à Madrid pour s'enquérir de sa santé. Et quand, le 20 novembre, on apprit qu'il était mort, Dalí manqua de s'évanouir. Sans doute craignait-il l'échec de la monarchie, et l'arrivée au pouvoir de la gauche, ce qui l'empêcherait à jamais de rentrer chez lui[2110].

Heureusement pour Dalí, et pour l'Espagne, le roi Juan Carlos de Bourbon, habilement conseillé, montra qu'il était un vainqueur, et pilota avec une adresse consommée le passage délicat de l'Espagne de la dictature à la monarchie constitutionnelle. La « Transition », comme on dit en Espagne, devait culminer avec la Constitution de 1978, qui mettait en avant le concept de réconciliation nationale, instaurait une monarchie constitutionnelle et retirait à l'Église catholique ses anciennes prérogatives de religion d'État.

Les trois années menant à la promulgation de la Constitution furent chargées de tensions et de périls, et le risque restait grand que les franquistes mécontents, furieux que Juan Carlos n'ait pas tenu ses promesses au dictateur, n'organisent un coup d'État pour remettre les pendules à l'heure. Lorsqu'il le revit, le docteur Manuel Vergara, le médecin de Dalí à Cadaqués, fut frappé par son déclin. « La mort de Franco terrifiait Dalí, se souvint-il en 1996. Et le pistolet de Sabater aussi. Il vivait constamment en état de peur. J'essayais de le secouer, "Allons, Salvador, au nom du ciel, vous n'avez rien à craindre, soyez un homme", ce genre de choses. Ça lui remontait le moral pour une journée, puis ça recommençait[2111]. »

L'année 1975 ne vit pas seulement la mort de Franco et l'avènement d'une nouvelle Espagne démocratique, mais un changement majeur dans la vie professionnelle de Dalí et de Gala. Il fut suscité principalement par la dépression nerveuse de leur avocat, Arnold Grant, qui fut forcé de prendre sa retraite. La place de Grant revint à un jeune et astucieux avocat du Wisconsin, Michael Ward Stout, qui avait fait la connaissance de Dalí lors d'un cocktail donné par le peintre au St. Regis. Stout admirait Motherwell et Rauschenberg, et il fut présenté à Dalí quelque peu contre son gré : l'art de Dalí ne l'inspirait pas, ni ses performances publiques, et le peintre, parmi les amis de Stout dans les arts visuels, était vu comme « une espèce de traître, un ancien génie commercial qui ne s'intéressait qu'à l'exploitation de ses capacités à se vendre ». Néanmoins, la soirée se passa bien. Dalí trouva Stout, qui avait trente-deux ans, fascinant (son visage poupin et sa calvitie précoce lui rappelaient son père), et il fut particulièrement intéressé par le fait qu'il était spécialisé dans les droits de copyright. Stout devint l'avocat des Dalí à New York, et devait bientôt travailler pour eux sur le plan international. L'une de ses premières tâches, et des plus faciles, consista à démêler un problème d'affaires pour Gala[2112].

Stout en vint à apprécier Dalí, sinon son art. Mais il n'accepta jamais de dessin, ni rien d'autre, en guise de rémunération, comme l'avait fait Arnold Grant. Ainsi que n'importe quel avocat new-yorkais digne de ce nom, il faisait payer ses consultations à l'heure (selon certains, il les faisait payer au quart d'heure), quels que soient les services qu'il fournissait. Gala, qui au départ faisait de la résistance, finit par accepter ce système, même si elle continua à ergoter sur les factures[2113].

À New York, Stout rencontra non seulement Enric Sabater, mais aussi Peter Moore. Il vit immédiatement qu'ils avaient des personnalités très différentes. Il sentit que Moore, avec son charme et sa personnalité flamboyante, avait été parfait pour Dalí dans les années 1960. Mais lorsque Dalí était entré dans les années 1970 et était devenu de plus en plus dépendant, Moore n'était plus aussi utile. « Enric, au cours de ses premières années, était bien meilleur pour réserver une table au restaurant, aller chercher la limousine sous la pluie, organiser le voyage en avion. » Il était aussi doué pour les affaires. Selon Stout, cependant, Dalí n'avait *pas* besoin du revolver de Sabater : il était dans un état d'agitation continuelle, et même si Sabater faisait de son mieux pour le protéger, son style de protection effrayait Dalí encore plus[2114].

Il ne fallut pas longtemps à Stout pour s'apercevoir que les affaires des Dalí étaient un chaos, notamment en ce qui concernait leurs impôts. À cette époque, Dalí affirmait qu'il était résident permanent aux États-Unis, et que lui et sa femme avaient la *green card*[2115]. Les Dalí avaient toujours payé des impôts en Amérique, mais ils n'avaient jamais correspondu aux énormes revenus de l'artiste, dont il touchait la plus grande partie en liquide. Pendant des années, Gala avait promené illégalement de l'argent – et le faisait de plus en plus. Peu après que Stout eut pris les choses en main, l'Internal Revenue Service (IRS) se jeta sur les Dalí, et entama une enquête criminelle sur la situation financière du couple (il semble qu'ils furent alertés par le fait que Dalí avait viré Harry Bach, qui était depuis longtemps leur comptable, et connu pour son honnêteté[2116]). De fait, une enquête de l'IRS était une affaire sérieuse, et Stout embaucha pour s'en occuper une firme d'avocats spécialisés uniquement dans les « problèmes d'impôt internationaux les plus compliqués ». Après des négociations longues et complexes, on arriva pour les années 1976-1977 à un accord avec les autorités fédérales, enfin persuadées que les Dalí devaient maintenant être considérés comme des « étrangers non-résidents ». Mais à partir de ce moment-là, l'IRS n'allait plus jamais relâcher sa surveillance sur eux[2117].

La position de Michael Stout dans l'entourage des Dalí devint de plus en plus compliquée et ambivalente lorsqu'il commença à travailler pour Sabater aussi bien que pour Dalí. Il affirma plus tard avoir tenté d'éviter cette situation, mais avoir subi l'insistance des deux hommes. Cette double allégeance devait se révéler l'une des clés de l'embrouillamini caractéristique des années de déclin de Dalí, avec au centre du sac de nœuds Sabater qui bâtissait un empire[2118].

L'une des premières opérations majeures montées par Stout fut la création d'une société à responsabilité limitée en Espagne pour Dalí, Sabater et la femme de Sabater. Elle fut lancée sous le nom de « Dasa Ediciones » (« Da » pour Dalí, « Sa » pour Sabater) et enregistrée à Gérone le 31 mai 1976[2119]. Stout participa aussi à la création d'une compagnie offshore pour Sabater (et peut-être pour Dalí) à Curaçao, où on ne payait pas d'impôts. Elle s'appelait « Dalart Naamloze Vennootschap » (Dalart SA.) et était spécialisée dans la vente de bijoux et autres objets dessinés par Dalí, ainsi que dans les droits de reproduction de son travail[2120].

Pendant ce temps, tandis que l'Espagne poursuivait son chemin vers une complète démocratie, Dalí fut mis plusieurs fois au courant de l'hostilité envers lui de nombre de Catalans. Il fut profondément perturbé lorsque, en février 1976, une bombe fut déposée sous son siège habituel au restaurant Via Veneto de Barcelone (Dalí était alors à New York[2121]), et tout autant quand, quelques mois plus tard, il ne fut pas autorisé à participer à une exposition, à Gérone, en l'honneur de l'écrivain et historien Carles Rahola, exécuté par les fascistes en 1939[2122].

À cette époque, en Espagne, Dalí faisait profil bas, attendant que la situation s'améliore. La consolidation progressive de la démocratie le soutenait, et quand la cote de Juan Carlos et de la reine Sophie monta, il ne laissa pas passer l'occasion d'exprimer sa dévotion au couple royal, et rendit visite au roi, en tant que défenseur de Dalí, se posant comme potentiel peintre de cour. Sa confiance se trouva justifiée car, protocole mis à part, Juan Carlos et Sophie éprouvaient tous les deux une certaine affection pour le peintre, et devaient plusieurs fois, au cours des années suivantes, aller le voir de façon informelle.

Le processus de démocratie en Espagne n'était pas sans rencontrer de sérieux problèmes. Les forces ultra-conservatrices et néofascistes du pays étaient scandalisées par les changements mis en place et, le 24 janvier 1977, à Atocha, un escadron d'assassins tua cinq avocats de gauche à Madrid. Un demi-million de personnes descendirent dans les rues pour protester. En mars 1977, les syndicats d'État contrôlés par Franco furent abolis. Puis, le 9 avril, alors que la plus grande partie de l'armée était en congé, le gouvernement légalisa le Parti communiste. Les pires craintes de l'extrême droite avaient été confirmées. L'establishment militaire fut indigné (certains secteurs, fidèles à la tradition espagnole, préparaient déjà un *coup d'État**), et plusieurs ministres du cabinet démissionnèrent. Ce fut l'un des moments les plus dangereux de la transition vers la démocratie. Dalí regardait de près, avec inquiétude, ce qui se passait. Mais il prit garde de rien dire[2123].

Son état d'esprit ne s'améliora pas quand, en juin 1977, il s'aperçut qu'il avait à nouveau du mal à uriner. Toujours inquiet à l'idée d'avoir un cancer de la prostate, la maladie qui avait tué son père, il téléphona, paniqué, à Antonio Puigvert, le chirurgien de Barcelone qui avait opéré sa hernie en 1974. Puigvert refusa raisonnablement de venir spécialement à New York (il connaissait son homme) mais envoya un assistant pour aider Dalí à se préparer au vol pour l'Espagne. L'équipe de la TWA se montra coopérative, et isola quatre sièges à l'arrière pour que le maître soit tranquille. Sabater se souvient : « Toutes les heures pendant ce vol interminable je devais aider Dalí à aller aux toilettes, à quitter son pantalon, à vider la sonde que le docteur avait fixée, à la remettre. Je n'oublierai jamais ce voyage. Ce fut un enfer. Il semblait interminable[2124]. »

Lorsque Dalí arriva à Barcelone, le docteur Puigvert remarqua qu'il y avait en Dalí quelque chose de bizarre. Soudain, il comprit : il était drogué. Il apparut qu'il avait pris dix comprimés ou plus par jour, prescrits indépendamment par différents médecins pour des douleurs réelles ou imaginaires. Peut-être y avait-il parmi eux les antidépresseurs que Carlos Lozano avait vu Dalí avaler. Puigvert fit désintoxiquer Dalí. Puis il s'occupa de sa prostate. Il n'y eut pas de complications. L'artiste fut soulagé et dès lors il appela Puigvert son « Ange de pipi ». Mais il ne lui donna jamais la peinture qu'il lui avait promise en paiement. Au temps pour la gratitude dalinienne[2125].

Après quelques semaines de repos, Dalí fut autorisé à rentrer chez lui. Quand il quitta la clinique, il paraissait très secoué, mais lorsque l'écrivain Josep Pla le vit au mois de juillet à Cadaqués, il le jugea « magnifique, plein de santé, extrêmement animé[2126] ». Pla, empordain comme lui (quoique de la basse Empordà), était un fan de Dalí depuis la guerre, et avait écrit le meilleur livre sur Cadaqués. Dalí admirait Pla, si tant est qu'il puisse admirer un contemporain. Et lorsque l'écrivain lui proposa un livre, insistant sur ses racines locales, accompagné de quelques illustrations par l'artiste, Dalí accepta. Intitulé *Salvador Dalí. Obres de museu* (« Salvador Dalí. Œuvres de musée »), le livre de Pla fut publié par les Dasa Ediciones en 1981, avec le logo de Sabater.

Tandis que Dalí récupérait à Port Lligat, le musée Goya de Castres, dans le Tarn, organisa une exposition d'été de ses quatre-vingts gravures d'après les *Caprices* de Goya, exécutées, sur la suggestion de Peter Moore, entre 1973 et début 1977 sur des héliogravures préparées spécialement à Paris[2127]. Ces adaptations en couleurs ont un certain intérêt, et même du charme. Puisant dans ses expérimentations d'écolier, quand il transformait les illustrations de ses cahiers de textes en créations nouvelles, Dalí utilisa les puissantes gravures de Goya comme véhicules de ses obsessions secrètes. Développant la moindre touche sexuelle ou scatologique des originaux, et leur substituant ses propres légendes pour remplacer celles de Goya (à une ou deux exceptions près), les œuvres sont pimentées de béquilles, de montres molles, de pénis éjaculant (y compris celui d'un pendu), de vagins, de fesses de femmes délectables et de Grands Masturbateurs (y compris une variété volante). L'une des variations les plus intéressantes est la numéro 8. La plaque de Goya montre une jeune femme apparemment morte vêtue d'une robe élégante portée par deux silhouettes sinistres, encapuchonnées, au-dessus de la légende « Ils l'ont emmenée ». Le viol ou la violence sont suggérés. La légende rappela à Dalí les premiers vers de la plus célèbre ballade de Lorca, « La Femme infidèle », qui commence ainsi : « Et je l'ai emmenée à la rivière / pensant qu'elle était vierge / mais elle avait un mari ». La scène de copulation racontée par le gitan de Lorca est unique dans la poésie espagnole par sa verve et la richesse de son imagerie, et Dalí savait sûrement le poème par cœur. La nouvelle légende emprunte les mots de Lorca « à la rivière pensant qu'elle était vierge », et dans l'espace derrière le groupe de Goya est introduit un monstre mâle grotesque qui contemple la scène brutale à l'arrière-plan. Il a un gros pénis remarquablement mou. S'agit-il d'une allusion crue à l'impuissance hétérosexuelle de Dalí et de Lorca ? Cette plaque, quoi qu'il en soit, est une nouvelle preuve de l'emprise sur Dalí de Lorca et de son œuvre[2128].

Même si à la fin de 1977 Dalí était remis de son opération de la prostate, il était en mauvaise forme générale lorsqu'il passa le cap de son soixante-treizième anniversaire. Gala, malgré ses dix ans de plus, se portait mieux. Le docteur Manuel Vergara s'occupait maintenant d'elle depuis dix-sept ans, et était étonné de sa détermination à continuer de vivre à plein régime. Ce qui, avant tout, signifiait à plein Fenholt. Les visites de « Jésus Christ Superstar » à Púbol étaient devenues moins fréquentes, et le but de Gala, en plus du fait de rester éternellement jeune, était maintenant de passer le plus de temps possible à New York[2129].

Le mode de vie de Dalí et de Gala, depuis des années, exigeait un flux constant de liquide à leur disposition. Comme Dalí était prêt à faire quasiment n'importe quoi pour de l'argent payé immédiatement, son œuvre graphique continuait à être sa principale source de revenus. Sabater n'était que trop content de le laisser agir à sa guise. Morse nota dans son journal que le tarif courant pour une seule reproduction était de cent mille dollars, Sabater gardant pour lui l'original et les droits pour d'autres éditions de la même œuvre. Grâce à cet arrangement, il était de plus en plus riche[2130].

Afin de réduire les impôts des Dalí, ou pour leur permettre d'éviter les taxes, quelles qu'elles soient, Sabater, au cours de l'été 1977, s'arrangea pour que tous deux deviennent citoyens monégasques. Ce fut une grosse erreur. Les Dalí ne restèrent pas le temps requis dans la principauté, et ce stratagème ne leur posa que plus de problèmes, plus tard, quand ils tentèrent de régulariser leur situation en Espagne[2131].

Selon Morse, Dalí, à cette époque, avait forcé Sabater à acheter à Peter Moore le bail du bâtiment devant le théâtre-musée de Figueres. Moore avait espéré y vendre une ligne de « merdes » de Dalí, mais maintenant les lieux allaient revenir à celui qui était responsable de cette merde, Enric Sabater. Dans la boutique, Sabater prévoyait de commercialiser les reproductions des œuvres de Dalí par les Dasa Editiciones. Reynolds Morse fut scandalisé : l'association de Dalí avec son propre homme d'affaires avait créé « un jeu de ballon entièrement nouveau et encore plus douteux, de quelque qualité que fût sa peinture ». Pendant ce temps, Gala aspergeait Jeff Fenholt d'énormes quantités d'argent. « Voilà ce dont est faite la véritable fiction, écrivit Morse dans son journal. Un gangster catalan rendu incroyablement riche par l'exploitation du peintre le plus célèbre du monde ! Un paysan catalan regardant une femme russe de quatre-vingt-dix ans et quelques prodiguant en une seule fois plus de liquide à un jeune amant-protégé que, il y a dix ans, il n'aurait pensé en gagner dans toute sa vie ! » Un buste de l'amant-protégé orna bientôt la « pièce ovale » de Port Lligat où, selon Morse, il était vénéré par une Gala déclinante.

## LA RÉTROSPECTIVE POMPIDOU

Le 9 mai 1979, deux jours avant son soixante-quinzième anniversaire, Dalí entra à l'Académie des beaux-arts de l'Institut de France, à laquelle il avait été élu un an plus tôt comme membre associé. Il s'était fait faire un uniforme spécial pour l'occasion, d'inspiration convenablement napoléonienne et son énorme épée en or de Tolède, qu'il avait dessinée lui-même, dont la garde représentait le cygne de Léda surmontant la tête de Gala (son épée lui avait été offerte par une foule d'amis et d'admirateurs).

La veille de l'investiture, une réception se tint au Meurice. Dalí et Nanita Kalaschnikoff entretinrent la compagnie en chantant et en dansant des passages de *La Cour de Pharaon*, leur *zarzuela* préférée. Amanda Lear, d'un coup d'avion, arriva à la fête, et s'envola aussitôt que les photographes furent partis[2132]. Dalí, pour la cérémonie à l'Institut, avait puisé dans une liste ridicule de noms célèbres. Aucun d'eux ne vint. Même Reynolds Morse n'était pas là. Mais Eleanor, si. Elle alla d'abord au Meurice pour aider Dalí à se préparer, et regarda Nanita Kalaschnikoff lui couper les cheveux et le peigner. Seule Nanita, pensa-t-elle, pourra s'occuper de Dalí à la mort de Gala[2133].

Le titre du discours d'investiture de Dalí était « Gala, Vélasquez et la Toison d'or » ; quant à son thème, personne ne savait trop. Improvisant à partir de ses notes, Dalí passa de Vélasquez et de l'ADN à Descartes, à Leibniz, au mathématicien René Thom, à la gare de Perpignan et au peintre américain hyperréaliste Richard Estes, dont il parla avec enthousiasme. Une fois de plus, Dalí fit la louange de la peinture académique, soutenant qu'elle pavait la voie à un nouveau classicisme. Il fit une remarque sur les poils pubiens comme Toison d'or, ce qu'une partie du public trouva déplacé, et insista, avec le soutien de son « ami » Michel de Montaigne, sur le fait que le devoir de l'artiste consistait à rendre le local universel. Il termina par un vibrant « Vive la gare de Perpignan et Figueres ! ». La presse fut partagée. Un des collègues académiciens de Dalí, Michel Déon, espéra qu'il allait maintenant mettre de côté certaines de ses « clowneries » les plus grotesques. Il était né avec tous les talents qu'aurait souhaités n'importe quel artiste ; pourquoi donc toutes ces pitreries ? Déon reconnaissait que, hélas, il était beaucoup trop tard pour qu'on puisse espérer que Dalí changerait maintenant, car l'artiste avait élevé la mystification au niveau d'un dogme[2134].

Dans le sillage de son investiture, Dalí dit au reporter espagnol Antonio Olano que son « art était de la merde », remarque que Reynolds Morse jugea plus choquante que ses commentaires sur les exécutions au Pays basque. Dalí s'attribuait probablement le rôle de l'alchimiste, qui transforme en or le matériau de base. Mais quelles qu'aient été ses intentions, ses mots suscitèrent en Espagne énormément de critiques et de moqueries, comme il le découvrit sans doute à son retour chez lui quelques jours plus tard[2135].

Il s'aperçut aussi que des ennuis se préparaient à Figueres, où, le 15 juin, le premier conseil municipal socialiste vota pour rendre son nom d'origine à la place Gala-Salvador-Dalí, nommée ainsi sous Franco, située devant le musée. La décision fut révoquée sous la pression nationale et internationale, mais il est probable que Dalí n'oublia jamais cette gifle[2136].

De retour à Port Lligat, fou de joie après son investiture aux Beaux-Arts, Dalí termina la toile *À la recherche de la quatrième dimension*, commencée l'année précédente, et peut-être sa dernière œuvre de quelque importance. Malgré la présence en fil rouge de clichés daliniens – la montre molle, la miche de pain sur la tête de quelqu'un –, la peinture prouve que Dalí était toujours maître de sa technique[2137].

Pour célébrer le soixante-quinzième anniversaire de Dalí, et son accession à l'Académie française des beaux-arts, la télévision espagnole fit trois émissions sur sa vie et son œuvre. Structurée autour d'un long entretien avec Paloma Chamorro filmé au cours de deux journées successives au St. Regis avant que Dalí se rende à Paris, l'émission évitait volontairement les sujets de controverse, comme le scandale des feuilles blanches,

Une vue de la scénographie irréelle pensée pour la rétrospective consacrée à Salvador Dalí au Centre Pompidou à Paris, en janvier 1980.

et les opinions anti-Dalí étaient exclues. La plupart des questions de Chamorro au maître étaient centrées sur un terrain familier et, en conséquence, suscitaient des réponses toutes faites. Mais il y eut quelques moments mémorables : son interprétation d'une chanson de *La Cour de Pharaon*, sa demande qu'une jeune fille à la voix pure récite le célèbre sonnet de Quevedo sur l'anus et surtout, peut-être, sa réponse à un test d'associations de mots que Chamorro proposa par surprise le premier jour du tournage.

Au « Marcel Duchamp ? » de Chamorro, Dalí répliqua sans hésiter : « Baleine ! » Pourquoi « baleine » ? Il y avait pensé pendant la nuit. Le lendemain, Chamorro l'interrogea sur la peinture stéréoscopique à laquelle il travaillait, *La Main de Dalí retirant une Toison d'or en forme de nuage pour montrer à Gala l'aurore toute nue très, très loin derrière le soleil.*

Les deux panneaux, inspirés par *Le Port d'Ostie*, de Claude Lorrain (musée du Prado), étaient à côté d'eux durant leur conversation, parfaitement visibles pour le spectateur. Dalí comprenait-il ce qu'ils avaient d'irrationnel ? Tout ce qu'il savait, répondit-il, c'est que s'il avait décidé de peindre l'aube, ça avait quelque chose à voir avec le nom de Claude Lorrain. Puis, se rappelant la « baleine » de la veille, il fit soudain une association avec un incident survenu à Venise, en 1961, lors de la production de son ballet, *Gala*. Onassis avait promis d'obtenir une baleine sur le dos de laquelle Dalí effectuerait une entrée triomphale dans la cité, dit-il. Ça s'était révélé impossible, mais une baleine était bien apparue lors de la première, le public distinguant sa forme dans un morceau de décor froissé dont Dalí avait demandé qu'il soit roulé et stocké au-dessus de la scène, presque hors de vue ! Dalí avait été y jeter un coup d'œil, et avait été estomaqué quand il s'était aperçu que le morceau de décor ressemblait vraiment à une baleine. Alors il dit à Chamorro que, s'étant rappelé cet incident, il était certain qu'avant peu il découvrirait ce qui, dans le nom de Claude Lorrain, l'avait inspiré pour peindre une œuvre stéréoscopique basée sur *Le Port d'Ostie*. Cette séquence fournit un aperçu inhabituel sur le fonctionnement de l'esprit de Dalí et prouve que, bien qu'il ait pu dire le contraire, les libres associations continuaient de le fasciner.

Ces émissions sont intéressantes aussi par l'opportunité qu'elles donnent d'observer en gros plan les tics faciaux de Dalí en présence d'une caméra de télévision. Quand il s'apprête à dire une chose destinée à être choquante, ou osée, il ferme un instant les yeux : sans doute un mécanisme de défense. Carlton Lake, quelques années plus tôt, avait déjà noté un fait similaire. Et une fois qu'il a parlé, souvent il cligne des yeux pour voir qui le regarde, comme un enfant qui cherche l'approbation. On a, une fois de plus, l'impression que Dalí pourrait facilement être désarçonné par une question inattendue, que la plus grande partie de sa performance a été soigneusement préparée pour que ça ne se produise pas[2138].

Après avoir fait de Dalí un « immortel », la France fit un pas de plus et l'honora par ce qui fut sans doute, à cette date, sa rétrospective la plus complète. Elle se tint au Centre Georges-Pompidou et, constituée d'une grande variété de sources, dura du 18 décembre 1979 au mois d'avril 1980. Elle attira plus d'un million de visiteurs avant de passer à la Tate Gallery, à Londres[2139]. Les organisateurs n'avaient pas respecté les vœux de Dalí pour l'agencement de l'exposition, qui devait à l'origine se tenir au Grand Palais[2140]. L'artiste avait souhaité que ses œuvres couvrent les murs d'une seule immense galerie, « comme dans les "salons" du dernier siècle, afin que le public, d'un seul coup d'œil, puisse voir tout Dalí[2141] ». Rien n'aurait pu être plus éloigné de la conception de Dalí que le fouillis chaotique d'œuvres occupant le cinquième étage du Centre Georges-Pompidou.

Dalí et Gala arrivèrent à Paris quelques jours avant l'ouverture, et se rendirent droit à l'exposition où, selon Reynolds Morse, l'artiste déclara : « Je n'avais jamais compris que j'avais eu le temps de peindre autant[2142]. » Le rez-de-chaussée du Centre Georges-Pompidou avait été transformé en « kermesse héroïque », une sorte de pot-pourri de symboles daliniens avec des additions parisiennes. Au plafond était suspendu un assortiment d'imitations de saucisses *butifarra* de dimensions gigantesques. De façon quelque peu arbitraire, elles représentaient la Catalogne, et, sans aucun doute, l'obsession de Dalí pour le mou et le mangeable. Une Citroën dans le style Maigret (la France ?) était accrochée au-dessus d'une cuiller de trente mètres inspirée par celles figurant dans *Symbole agnostique* (1932) ainsi que dans d'autres œuvres. Des radiateurs de la voiture, de l'eau coulait dans la cuiller. Il y avait une reproduction d'une entrée Art nouveau du métro de Paris. Et ainsi de suite. Dalí, plus tard, dit qu'il n'aimait pas la cuiller.

Le 17 décembre, le jour de l'inauguration officielle, il y eut une grève au Centre Georges-Pompidou, et personne ne put entrer, pas même Dalí et Gala. Dalí ne parut pas particulièrement vexé, et selon un récit, exprima même son soutien aux piquets de grève. Gala, elle, était furieuse et, plus tard dans la journée, fit une grande scène au Meurice, s'en prenant à Pontus Hultén, le commissaire de l'exposition, coupable d'avoir « imposé » à Dalí pareille « indignité ». Quelques jours plus tard, les Dalí décollaient pour New York[2143]. On a souvent répété que, fâché, Dalí ajouta la phrase qui figure à la fin de *La Vie publique de Salvador Dalí*, volume qui accompagna le catalogue de l'exposition, et qui parut en avril 1980 (« En ce 18 décembre 1979 prend fin, jusqu'au prochain scandale, la vie publique de Salvador Dalí[2144] »). Mais cette déclaration, qui fait écho à celle qui apparaît à la première page du volume (« Ici commence la vie publique de Salvador Dalí »), avait sans doute été écrite plusieurs mois plus tôt.

L'exposition Pompidou était centrée sur la période surréaliste de Dalí, et comprenait cent vingt toiles, deux cents dessins et plus de deux mille documents. Elle ignorait quasiment les trente-cinq dernières années de sa production, et ne couvrait pas assez en détail la période cruciale des années 1925-1930. Mais elle était très impressionnante.

Avant de s'envoler pour la voir, Reynolds Morse reçut la visite à Cleveland, le 6 mars 1980, de Michael Stout. Ils parlèrent pendant dix heures de la situation de Dalí. Stout n'était plus uniquement l'avocat de Dalí, mais, étant donné les absences de plus en plus fréquentes de Sabater, il devenait sa « nurse ». Stout dit à Morse que, en dehors de Nanita Kalaschnikoff, Dalí avait peu d'amis, et qu'il en était réduit à « ses travestis, ses modèles minables, et à ses dîners à trois mille dollars du dimanche soir chez Trader Vic's avec ses pédés et ses *freaks* aux drôles de costumes, ses compagnons stipendiés et ses pique-assiette, tous extrêmement creux, mais affamés[2145] ».

● Dalí et Antoni Pitxot i Soler.

Morse fut stupéfié par la quantité et la qualité des œuvres exposées au Centre Georges-Pompidou. Certaines des meilleures venaient des collections de Dalí et de Gala, et avaient été prises par Sabater dans des dépôts à New York et à Paris. Quant aux prêts d'Edward James, ils étaient « le suprême produit des dernières véritables années de Dalí au summum de sa créativité avant que l'épisode des vitrines de Bonwit Teller ne fasse de lui, par accident, un amuseur professionnel ». Morse avait des réserves sur les quelques dernières œuvres exposées. Selon lui, elles montraient trop visiblement la main d'Isidor Bea – et peut-être d'autres collaborateurs. Morse réfléchissait sur le fait que Dalí avait réussi à se rendre aussi célèbre tout en gardant pour lui tant de ses œuvres majeures. « Aucun autre peintre n'a été sous les feux des projecteurs avec aussi peu de preuves artistiques que Salvador Dalí. C'est, d'une certaine façon, un signe de génie[2146]. »

Le catalogue de l'exposition à Beaubourg, conçu et édité par Daniel Abadie, était relié en toile, d'après un dessin de « robe déchirée » que Dalí avait effectué pour Elsa Schiaparelli en 1932. La première partie, *Salvador Dalí*, comprenait, au milieu des reproductions, une anthologie de textes de Dalí, et une demi-douzaine d'essais sur son œuvre. Le plus important d'entre eux, dû à José Pierre et fondé sur leur correspondance, analysait en profondeur les relations du peintre avec Breton. La deuxième partie, *La Vie publique de Salvador Dalí*, était une tentative ambitieuse destinée à établir certains faits sur la trajectoire et l'incessante activité de l'artiste (très différente, comme le dit le titre, de sa « vie secrète ») et incluait nombre de documents originaux et de photographies inédites, ainsi qu'une bibliographie comportant près de deux mille cinq cents entrées. La recherche présidant à l'exposition et au catalogue était remarquable, et ce dernier demeure une source majeure d'informations sur la vie et l'œuvre de Dalí.

Morse en était maintenant arrivé non seulement à ne pas apprécier Sabater, « le valet mielleux et empressé devenu maître », mais à ne plus du tout lui faire confiance, et il voyait de tous côtés des signes de ses machinations. Si Moore selon lui s'était mal conduit, Sabater était bien pire. Morse soupçonnait qu'une partie des œuvres sorties des « réserves » seraient « perdues » quelque part entre Beaubourg et la Tate Gallery ; et que, comme elles ne figuraient dans aucun inventaire, le secrétaire ne serait jamais interrogé. Morse lui-même avait refusé de prêter des œuvres pour l'exposition, mais s'aperçut cependant que quelques-unes étaient reproduites dans le catalogue sans qu'il soit crédité. D'autres étaient vendues sans son autorisation sous forme de posters. Il se sentait franchement puni de son absence de coopération[2147].

Robert Descharnes, qui avait participé activement aux préparatifs de l'exposition, à laquelle il avait contribué par un essai dans le catalogue[2148], confia à Morse sa profonde inquiétude concernant la dépendance croissante de Dalí à Sabater. Tandis qu'ils parcouraient l'exposition, il lui suggéra qu'ils s'organisent pour soutenir Dalí dans ces moments critiques. Morse se montra enthousiaste, et proposa diverses catégories de membres. Le Comité d'amis pour sauver Dalí devint bientôt une réalité. Selon son papier à en-tête, ses membres étaient Arturo Caminada, Benjamín Castillo (un ami du peintre, de Figueres), Robert Descharnes, Nanita Kalaschnikoff, Eleanor et Reynolds Morse, Antoni Pixtot et Gonzalo Serraclara. Le « Comité d'amis pour sauver Salvador Dalí, dit l'en-tête, est une organisation internationale non lucrative créée uniquement pour préserver le bien-être physique et la sauvegarde artistique de Salvador Dalí[2149]. »

## SALE PÉRIODE

En février 1980, alors que la foule continuait à s'amasser à la rétrospective Dalí de Beaubourg, Dalí et Gala furent atteints d'une forte grippe au St. Regis et se trouvèrent, surtout Dalí, épuisés physiquement et mentalement. « Même s'il avait subi deux opérations, écrit Albert Field, il n'avait jamais été longuement malade, et craignait de ne pas se remettre. Pour le calmer, Gala, sans supervision médicale, lui donna du Valium et d'autres sédatifs. Dans une certaine mesure, ses craintes s'en trouvèrent allégées, mais les médicaments le rendaient léthargique le matin. » Cette fatigue devint « une nouvelle source de malaise » et, toujours sans en parler aux médecins, Gala se mit à donner à Dalí « des doses inconnues d'un ou de plusieurs types d'amphétamines ». Selon Field, cette administration irrégulière d'« excitants » et de « calmants » causa à Dalí « un dommage cérébral irrémédiable », et suscita dans sa main des tremblements incontrôlables qui se mirent à l'obséder, car ils l'empêchaient de travailler[2150].

Étant donné les absences fréquentes d'Enric Sabater, de plus en plus accaparé par son empire commercial en expansion, le couple en demanda de plus en plus à Michael Stout qui, au moment d'une grève à l'hôtel, fut quelque peu consterné de se voir jouer le rôle de majordome[2151]. Heureusement pour l'avocat, et pour les Dalí, la toujours serviable Nanita Kalaschnikoff était là. Elle avait un besoin urgent de retourner en Espagne, mais Dalí n'arrêtait pas d'insister pour qu'elle reste à New York jusqu'à sa guérison. Il se mettait à pleurer, lui prenait les mains et la suppliait de ne pas l'abandonner : « Si tu pars, je tomberai gravement malade, insistait-il. Ne t'en va pas ! » Finalement, « Louis XIV » fut contrainte de partir, mais elle promit de rejoindre les Dalí dès qu'ils seraient rentrés en Europe[2152].

Peu après, elle reçut un coup de téléphone du peintre. Gala et lui ne pourraient-ils pas passer leur convalescence chez elle, dans sa maison de Torremolinos ? Nanita répondit qu'elle n'avait tout simplement pas de place. Ne serait-ce pas une bien meilleure idée d'aller à la clinique Incosol (une clinique de convalescence de luxe), juste à côté, à Marbella ? Des amis à elle y avaient séjourné, et elle avait très bonne réputation.

Elle irait les voir tous les jours, et ils bénéficieraient de soins médicaux de première classe. Dalí et Gala trouvèrent que c'était une excellente idée[2153].

Le 20 mars, accompagnés par Sabater, les Dalí prirent un DC-8 d'Iberia Airlines en direction de l'Espagne, le peintre allongé dans un compartiment séparé. Nanita Kalaschnikoff alla immédiatement le voir à Incosol. Elle fut profondément choquée par son apparence : « Quand j'avais quitté New York il paraissait bien, mais trois semaines après c'était un désastre. La peau sur les os. C'était la faute de ce monstre de Sabater[2154]. » Incosol fut hermétiquement fermée aux dizaines de journalistes qui se pressaient sur les lieux, mais une fuite de la clinique confirma les impressions de Nanita Kalaschnikoff : Dalí arrivait à peine à marcher, et il était profondément déprimé. Son état lamentable était-il vraiment la faute de Sabater ? Pas uniquement, car on apprit que Gala avait « amélioré » les prescriptions des médecins en administrant à Dalí des comprimés et des sirops sortis de son armoire à pharmacie personnelle. Son « traitement » comprenait des doses excessives de Valium[2155].

Les Dalí occupaient toute une suite à Incosol, et Sabater une autre. Chaque journée coûtait une fortune. Ils y restèrent jusqu'à la mi-avril, lorsqu'un avion privé les conduisit à Gérone, où Arturo Caminada les attendait avec la Cadillac pour les ramener à Port Lligat[2156]. Quelques jours plus tard, le couple reçut la visite de Michael Stout, qui, le 26 avril, fit aux Morse un rapport téléphonique. À Port Lligat, on lui avait dit qu'il ne pourrait pas voir Dalí, mais malgré les gardes armés il était entré dans la maison. Stout, en tant qu'avocat à la fois de Dalí et de Sabater, était dans une situation impossible, et incapable, pensait Morse, de comprendre jusqu'à quel point Sabater avait sapé l'assurance de Dalí. Morse lui-même n'avait aucun doute : les agissements de Sabater avaient transformé Dalí en « une masse tremblante de gelée » ; on ne voyait jamais le secrétaire sans son pistolet automatique glissé dans sa ceinture ; et il s'était arrangé pour que le téléphone de Dalí soit sur écoute. Dalí et Gala confièrent tous les deux à Stout qu'ils s'inquiétaient des affaires de Sabater. Cependant Gala, avec ses demandes constantes d'argent liquide, était beaucoup plus à blâmer que Sabater de la situation qui s'était créée[2157].

Le rapport de Stout sur la condition de Dalí alarma tellement Morse que quinze jours après il s'envolait pour l'Espagne pour le rencontrer, le 16 mai, en compagnie de Robert Descharnes, à l'hôtel del Ampurdán, à Figueres. Le Comité d'amis pour sauver Dalí s'était mis en action. Il ne comprenait pas Peter Moore, considéré comme trop peu fiable pour être mêlé à l'opération de secours[2158]. Avant de se rendre à Port Lligat, les trois hommes virent Sabater, qui, comme d'habitude, portait son arme. Il parut plutôt amical, mais Morse n'avait maintenant plus aucune confiance en lui. Selon lui, Dalí avait peu à peu été forcé de reconnaître que « Sabater avait vraiment monté la plus grosse escroquerie qu'on ait jamais vue contre le plus grand escroc du monde de l'art[2159] ». Mais si Morse pensait maintenant que Dalí était le plus grand escroc du monde de l'art, que fallait-il penser de ses tyranniques tentatives pour établir que l'œuvre post-surréaliste du peintre égalait ce qu'il avait fait auparavant ?

Après la rencontre à l'hôtel del Ampurdán, Morse essaya de voir Dalí, mais il fut repoussé par « Gala, la vieille femme de fer russe grippe-sou », qui en sa présence fit venir l'une des domestiques et lui demanda si elle avait couché avec Arturo Caminada. La fille éclata en sanglots, mortifiée. Arturo était sorti de la maison en furie, un peu plus tôt, en voyant Gala injurier Dalí, ce qu'il avait été incapable de supporter. Gala dit à Morse qu'il « était parti », mais évidemment le serviteur le plus loyal de Dalí était de retour quelques heures plus tard. Morse n'avait jamais autant détesté Gala, et il partit sans avoir vu Dalí. Il écrivit dans son journal : « Si j'avais dû en cet instant, le couteau sur la gorge, décider qui sauver, ça aurait très certainement été Arturo, et pas son maître ni sa maîtresse[2160]. »

Le lendemain, Dalí fut examiné par un neurologue de Barcelone, Manuel Subirana. Il estima que Dalí souffrait non pas de problèmes physiques, mais de problèmes psychiques. Selon Morse, le docteur « ne pouvait rien obtenir qui soit médicalement exploitable de la part d'un homme qui avait passé toute sa vie professionnelle à mentir[2161] ».

Pendant ce temps, Morse et Stout avaient tenté de convaincre Sabater de quitter volontairement le service de Dalí, pour son propre bien ainsi que dans l'intérêt du peintre. « Je lui ai dit que personne ne le poursuivrait s'il se contentait de comprendre et de partir, écrivit-il dans son journal le 16 mai. Après tout, il avait eu l'énorme charge de s'occuper du maître pendant la période critique de son passage du sommet de la grandeur au commencement de la sénilité et d'une dépression nerveuse. » À la fin, Sabater sembla acquiescer, et entreprit de confier immédiatement Dalí à la clinique du docteur Puigvert, à Barcelone, pour un check-up complet. Deux fois cette nuit-là Morse demanda à Dieu de délivrer Dalí des « forces démoniaques de Gala ». La muse, maintenant âgée de quatre-vingt-six ans, s'était résolument transformée en sorcière, et en voulait profondément à Dalí de ce que ses névroses l'empêchaient, elle, de vivre pleinement sa vie. « Combien de gens se rendent-ils compte à quel point elle est profondément méchante, quand ils regardent son visage sublime dans des œuvres comme *La Madone de Port Lligat* ? » se demandait Morse[2162].

Serait-il possible que Gala, en gavant Dalí de mixtures de comprimés sortis de sa pharmacie personnelle, ait en fait voulu l'empoisonner ? On ne peut entièrement écarter cette possibilité.

En dépit du fait qu'il n'avait jamais été payé pour ses opérations de la hernie et de la prostate, le docteur Puigvert, informé par Morse, se rendit à Port Lligat et persuada Dalí d'entrer dans sa clinique. Le 21 mai 1980, le jour où Dalí fut transporté à Barcelone, eut lieu une autre discussion, cette fois lourde de conséquences, entre Morse, Stout et Descharnes. Elle se déroula à l'heure de la sieste, sur la place de l'ancienne cathédrale, et Morse nous en fait le récit :

> Stout dit qu'il ne pouvait plus passer son temps à servir de nurse aux Dalí. J'ai dit que je n'étais pas prêt non plus à tenter de leur servir de gardien. Ce qui ne laissait plus que Robert Descharnes ou Antoni Pitxot. Nous suppliâmes Robert de se charger de cette basse besogne ingrate. Il répondit que Dalí lui avait déjà coûté une petite fortune. Nous lui dîmes qu'il serait bien payé pour le temps qu'il consacrerait à Dalí, et qu'il pourrait engager un avocat pour protéger les droits de Dalí. S'il payait l'avocat cent mille dollars par an, et prenait cent mille dollars pour lui, il resterait encore plusieurs millions pour Dalí et Gala. Robert renâclait à accepter ce travail, mais avec le vide laissé par Sabater, qui d'autre pouvait le faire ? J'avais le sentiment qu'il s'agissait d'une décision fatidique, et peut-être pas la meilleure, car Robert n'est pas bon en affaires et il est incapable de prendre une décision quand c'est nécessaire. Il est timoré et ne cesse de procrastiner, de pinailler sur des détails – tout pour lui éviter de prendre fermement une décision.

> Stout et moi avions tous deux des réserves sur le fait de demander à un Français de prendre le relais, mais il n'y avait tout simplement pas de candidat espagnol ou catalan capable ne fût-ce que de comprendre à peu près leur concitoyen[2163].

Il fut donc décidé que, le moment venu, Robert Descharnes succéderait à Enric Sabater. Comme avec Moore et Sabater, cependant, les Dalí refusèrent de verser un salaire à leur nouveau secrétaire, leur entêtement conduisant à encore plus de chaos dans leurs affaires et, selon Morse, à encore plus de corruption[2164].

En cette journée mouvementée où Dalí entra à la clinique Puigvert, Morse, Descharnes et Stout consultèrent quelques avocats de Barcelone à propos de la situation légale en Espagne de Dalí et Gala. L'un d'eux, Ventura Garcés, dit que le couple ne pouvait plus continuer à vivre sans résidence fixe, et que le stratagème de Monaco ne fonctionnerait que s'ils y passaient quatre mois par an. Ventura Garcés insista sur le fait que quelqu'un devait avoir le pouvoir d'agir en leur nom en Espagne, surtout en matière fiscale. C'était un miracle que Gala, habituée à franchir les douanes avec d'énormes quantités d'argent non déclaré, n'ait pas encore été repérée[2165].

À la clinique Puigvert, Dalí fut examiné par Joan Obiols, professeur de psychiatrie à l'université de Barcelone, et par le neurologue Luis Barraquer. Manuel Subirana, qui avait vu Dalí quelques années plus tôt à Port Lligat, était aussi présent. La conclusion, une fois de plus, fut que les problèmes du peintre étaient essentiellement d'ordre psychologique, Subirana estimant qu'il souffrait d'« un état dépressif de nature mélancolique ». Dalí reçut donc « un intense traitement antidépressif ». Il sembla fonctionner. Quant à Puigvert lui-même, il déclara peu après que depuis dix ans Dalí développait une forme lente d'artériosclérose[2166].

Morse insista pour aller voir Dalí à la clinique. Lorsqu'il entra dans la chambre 417, il put voir Dalí dans les toilettes, nu en dessous de la ceinture. Arturo et l'infirmière l'aidèrent à boitiller jusqu'à sa chambre, où il s'assit dans un fauteuil, tremblant, essoufflé et à peine capable de parler. Morse saisit les mots « Pas la famille ! Je ne veux voir personne de ma famille ! Pas Gonzalo ! Pas Serraclara ! Ma famille me déteste ! ». Morse fut horrifié par l'état physique de Dalí. Il avait les bras et les jambes d'une maigreur effrayante, et il semblait avoir rétréci de près de quinze centimètres. Son bras droit « semblait trembler de l'épaule au poignet ». Dalí murmura que Gala allait bientôt le quitter pour Jeff Fenholt, et que lui-même allait mourir. Sabater resta là tout le temps, espionnant les conversations quand il ne répondait pas au téléphone à des reporters réclamant à grands cris des nouvelles de Dalí. Sabater, selon Morse, « exultait visiblement dans sa position d'unique porte-parole du peintre le plus célèbre du monde[2167] ».

Reynolds Morse ne devait jamais revoir Dalí. Le 26 mai, à son retour à Cleveland, il écrivit à Peter Moore pour le mettre au courant de la situation, étant donné que lui et les autres n'avaient pu le voir à Cadaqués. Il dit à Moore que, selon lui, il n'y avait qu'un seul moyen d'aider le couple : c'était de passer un « accord amiable » avec eux pour leur propre protection.

> Nous avons bien démontré qu'avec les soins sans tendresse de Gala et les méthodes terroristes de Sabater, Dalí n'est plus que l'ombre de lui-même. Nous nous inquiétons de ce que les revenus que Sabater touche de Dalí

soient six fois plus élevés que ceux de son patron, et de ce qu'il augmente le compte des dépenses qu'ils paient jusqu'à près de cent mille dollars par an. La mauvaise gestion des affaires daliniennes par Sabater est horrifiante, et va de l'absence d'invitation à Pompidou de qui que ce soit de Figueres à des manigances afin que soient publiés par Pompidou des livres sur lesquels Dalí ne touche rien. Il n'existe que deux moyens pour neutraliser Sabater et Jeff Fenholt. Si nous y parvenons, il y a quelque espoir que nous puissions monter un fidéicommis, et que les affaires des Dalí retrouvent un certain ordre de façon qu'ils puissent vivre où et comme ils le souhaitent. La plus grave omission de Sabater dans sa gestion des affaires est son échec complet à déposer un dossier pour l'amnistie proposée par les impôts du gouvernement espagnol. Les Dalí devraient être résidents espagnols, mais Sabater les a dupés en leur faisant croire que Monaco était un moyen de s'en sortir, alors que tel n'est pas le cas, pour des questions d'impôts. Il faudrait aussi faire un testament valable dans tous les pays où ils ont fait des affaires. Tout ça pourrait être fait facilement, sauf que la pauvre Gala est vraiment sénile, incapable de dire la vérité, et, pire que tout, complètement sans amis. Et avec Dalí en état d'épuisement total, les vrais amis ne peuvent rien faire. Je trouve très sage qu'étant donné les circonstances vous vous soyez tenu à l'écart, car nous avons pu, en traitant avec l'ennemi, non seulement mettre Dalí dans une clinique à Barcelone, mais aussi le voir. À cette distance, je n'ai pas de moyen ni de raison d'activer un plan d'action avant que ne se produise une véritable crise, mais Stout a posé les bases d'un plan pour protéger Dalí. Tout son monde s'est tout bonnement effondré à cause de l'incompétence de Sabater et de sa mauvaise gestion des affaires daliniennes. Le pauvre Sabater est un malade, incapable de dire la vérité, et dans ces affaires il est dépassé par les événements. Et comme l'univers privé de Dalí est le sujet de toutes les conversations, et que même les marchandes de poisson connaissent les dernières nouvelles avant qu'elles ne se soient diffusées, je ne crois pas qu'il faille déguiser les faits de cette affaire essentiellement tragique. Le principal maintenant est de trouver le moment approprié pour joindre les Dalí, les aider dans leurs affaires d'impôts extrêmement complexes, monter un fidéicommis, faire que l'amnistie espagnole soit étendue, étant donné leur sénilité et la négligence de Sabater, arrêter les terribles ponctions sur leur argent déversées dans les puisards de Fenholt, etc. Descharnes servirait de secrétaire pendant un an, et ça aiderait[2168].

La référence à Robert Descharnes est à souligner. Visiblement, à la suite des discussions à Barcelone, il a accepté d'être le secrétaire de Dalí. Mais il ne devait pas être facile de persuader les Dalí de se passer des services d'Enric Sabater.

L'entrée du 21 mai 1980 du journal de Morse, sur laquelle se base sa lettre à Peter Moore, montre qu'il ne doutait pas du rôle de Gala dans l'accès de Sabater au statut de milliardaire :

Nous avons tous eu le sentiment que Gala a rendu Sabater riche par sa politique de paiement. Au cours des quelques dernières années, elle fixait

> le prix d'une aquarelle destinée à être lithographiée par un client. Sabater la payait en liquide, qu'il récupérait du client, puis il lui vendait les droits de reproduction dans son propre pays, tout en gardant pour lui ceux de l'œuvre originale. Puis lorsqu'ils passaient dans un autre pays, Sabater vendait à nouveau les droits de reproduction pour CE pays à un autre client, si bien qu'il se faisait cinq cent mille dollars contre cent mille pour Dalí, et qu'il terminait avec la seule chose qui eût de la valeur : l'aquarelle originale. C'est malin, non[2169] ?

Dalí aimait parler avec Joan Obiols, le psychiatre, dont tout le monde dit qu'il s'agissait d'un homme aimable et intelligent. Quand l'artiste eut l'autorisation de regagner Port Lligat, au mois de juin, Obiols alla le voir là-bas une fois par semaine. Mais il se passa alors quelque chose de grotesque. Le 17 juillet, tandis qu'il parlait à Gala, un whisky à la main, le médecin tomba soudain, mort d'une crise cardiaque. Gala devint hystérique, et convoqua Antoni Pitxot. À son arrivée, il la trouva qui hurlait. Dalí se tenait dans un autre endroit du labyrinthe, et ne savait pas ce qui s'était passé. Selon le docteur Puigvert, qui arriva en hâte de Barcelone, personne ne dit à Dalí la vérité sur l'impossibilité qu'Obiols revienne[2170].

Obiols fut remplacé par un autre psychiatre, Ramón Vidal Teixidor, qui avait connu Dalí à la clinique Puigvert. Vidal se cassa une jambe au cours de sa première visite à Port Lligat, et il sembla que Dalí représentait un danger pour les psychiatres[2171].

L'un des journalistes les plus insistants pour couvrir l'affaire Dalí était à l'époque le correspondant d'*El País* à Barcelone, Alfons Quinta. Début septembre, Quinta publia un compte rendu ironique sur la situation financière de Dalí, qui remplissait deux pages du plus important et du plus influent quotidien de Madrid. Il avait enquêté sur l'accession de Sabater au statut de multimillionnaire, et calculé qu'en cinq ans il avait amassé plus de mille millions de pesetas. Quinta fournissait des détails sur les sociétés et les propriétés de Sabater, expliquait comment, pour des raisons d'évasion fiscale, il s'était arrangé pour qu'ils soient, légalement sinon *de facto*, résidents de Monaco, et attirait l'attention sur le chaos régnant au théâtre-musée de Figueres dont le contenu était si indigne que de nombreux touristes s'en allaient dégoûtés, se sentant floués. Quinta, cependant, commettait une grave erreur : il sous-estimait grandement la quantité et la qualité des œuvres de la collection privée de Dalí et de Gala pas encore installées dans le musée. Quelques mois plus tard, *Cambio 16*, l'hebdomadaire madrilène, publia un inventaire de soixante-dix d'entre elles. Leur valeur était incalculable[2172].

Peu après, Quinta évoqua la situation de Dalí vis-à-vis du fisc espagnol. Depuis 1978, Dalí n'avait fait aucune déclaration, qu'il s'agisse de ses biens ou de ses revenus, soutenant que, étant donné sa situation de résident à Monaco, il n'avait pas à le faire, et que de toute façon, ses revenus étaient générés uniquement en dehors de l'Espagne. Le fisc savait que, sur ce dernier point, il mentait. Sous les lois d'imposition beaucoup plus contraignantes mises en place à partir de 1980, les Espagnols résidant à l'étranger devaient faire chaque année une déclaration de leurs propriétés en Espagne. Et, s'ils passaient plus de six mois de suite dans le pays, ce que Dalí venait de faire, ils devaient aussi déclarer leurs revenus. Dans les deux cas, Dalí devait maintenant remplir une déclaration. Son manquement à le faire, sans doute sur les conseils de Sabater, devait déterminer, dans l'avenir, des négociations avec le gouvernement à propos de ses biens[2173].

Dans la presse espagnole comme dans la presse internationale, une campagne considérable était en train de se monter contre Sabater. Il était accusé non seulement d'avoir bâti une fortune aux dépens de Dalí et de Gala, mais d'avoir empêché les amis du peintre de lui rendre visite, des accusations qu'il persistait à nier. Une des principales épines dans le pied de Sabater était James M. Markham, le correspondant du *New York Times* à Madrid, qui transmit la plus grande partie des informations publiées sur Dalí à la presse espagnole. En disant à ses lecteurs, le 12 octobre 1980, que Sabater était maintenant « multimillionnaire », Markham fournissait des détails sur ses diverses sociétés offshore. L'une de ses deux luxueuses résidences sur la Costa Brava avait un circuit de télévision interne, une piscine climatisée toute l'année et même un étang à homards. Il possédait aussi un yacht, deux voitures et, l'été, donnait des fêtes somptueuses auxquelles participaient « des cheiks arabes du pétrole et des personnalités du show-business[2174] ».

Dalí décida alors qu'après sept mois d'absence de la scène publique, il était temps pour lui de faire un come-back. Et quel lieu était plus adapté pour une conférence de presse internationale que son propre théâtre-musée ? Elle eut lieu dans l'après-midi du 24 octobre 1980, et plus de cent journalistes espagnols et étrangers y assistèrent. Tandis qu'un Sabater bronzé guidait les reporters et donnait des ordres, l'entrée de Dalí fut délibérément retardée afin de susciter le maximum d'impatience. Il finit par apparaître, sur fond de *Tristan et Isolde*, suivi de Gala, qui distribuait aux photographes des rameaux de nard. Dalí avait vieilli de façon incroyable et semblait épuisé, grotesque parodie de l'homme qui avait été interviewé par Paloma Chamorro l'année précédente. Il commença par les mots « Me voilà ! », un écho intentionnel à ceux qu'avait prononcés Josep Tarradellas, président du gouvernement catalan en exil, lors de son retour triomphal à Barcelone après la mort de Franco. Le peintre frappa alors trois fois sur la table avec sa canne, et embrassa Gala. Il portait son fameux manteau en peau de léopard (Dalí n'était pas un sympathisant de la cause animale !) et, sur la tête, une *barretina* catalane rouge. Gala s'assit à côté de lui, ressemblant à la maquerelle retraitée d'un bordel parisien de l'ancien monde, son visage craquelé enduit de maquillage, ses lèvres d'un rouge choquant, sa perruque maintenue en place par son serre-tête habituel violet à la Minnie Mouse. Dalí affirma à l'assistance qu'il travaillait maintenant trois heures par jour. « Vous voyez comme ma main tremble ? » demanda-t-il en levant son bras droit. Soudain, le tremblement s'arrêta. « Maintenant elle ne tremble plus ! » marmonna-t-il. Il continua en expliquant, d'une voix faible, qu'il avait frôlé la mort mais qu'il n'avait plus peur de mourir parce qu'il avait découvert, à son grand soulagement, que Dieu était minuscule. Cette découverte l'avait persuadé d'abandonner l'idée de se faire mettre en hibernation. Les journalistes français, plus confiants et effrontés que leurs confrères espagnols, se montrèrent étrangement obséquieux en cet après-midi pluvieux à Figueres. La plupart de leurs questions étaient stupides. Dalí répondait de façon laconique, dans un mélange indéterminé de français, de catalan et d'espagnol. Il y avait de temps en temps une étincelle de l'ancien feu – et il prouva qu'il pouvait encore réciter sans se tromper des virelangues catalans compliqués.

La *pièce de résistance** de l'après-midi fut le dévoilement du dernier don de Dalí au théâtre-musée, une toile récente intitulée *Le Cheval très joyeux*. Elle montrait une carcasse en train de se désintégrer dans la campagne empordaine. Mais est-ce que c'était *bien* un cheval ? demanda un journaliste français. Est-ce que ce ne serait pas une mule ? « Je ne suis pas sûr que vous puissiez voir que c'est un cheval, répondit Dalí. Mais vous voyez certainement que c'est pourri. » Dalí dévoila alors son projet le plus récent : le modèle d'une sculpture géante représentant un cheval qu'avec l'aide de la cybernétique il avait prévu d'exécuter en Roumanie. Personne ne fut impressionné. Quelques minutes plus tard, Sabater emmena Dalí et Gala dans la Cadillac bleue avec ses plaques d'immatriculation monégasques[2175].

Les autorités espagnoles avaient espéré que l'exposition de Beaubourg, après son passage à la Tate Gallery de Londres (14 mai-29 juin), pourrait être transportée à Madrid et à Barcelone. Quand cela se révéla impossible, elles décidèrent d'organiser une rétrospective nationale majeure en Espagne. Ça servirait de leçon aux Français ! À cette fin, un accord préalable fut signé à Port Lligat le 22 novembre 1980. Dalí et Gala acceptèrent de prêter assez d'œuvres originales de leur collection privée pour former le noyau de l'exposition, et son inauguration à Madrid fut fixée à novembre 1981, ce qui était ambitieux. Elle devait rapidement être reportée à 1982 – et finalement à 1983[2176].

Depuis plusieurs mois maintenant, les Dalí s'occupaient à rédiger des brouillons de leurs testaments communs, et Sabater, plus tard, affirma qu'il avait joué un rôle primordial pour les convaincre de le faire, lors de leur dernier séjour à New York[2177]. Le 12 décembre 1980, les documents terminés furent signés en présence de Ramon Coll, le notaire de Llansá, une petite station balnéaire de l'autre côté du cap de Creus, juste après El Port de la Selva. Les nouveaux testaments stipulaient qu'à leurs morts la moitié de leur collection de tableaux reviendrait à l'État espagnol, et la moitié « au peuple catalan *via* son gouvernement régional, ou toute autre institution qui le représenterait », et pressaient les bénéficiaires de s'assurer que les œuvres seraient montrées dans des musées qui leur permettraient d'être appréciées « par tous les Espagnols, sans exception ». Ils comprenaient des provisions légales à propos de la répartition supposée complexe des œuvres entre les légataires. Les deux testaments différaient sur quelques points marginaux : Gala fit une tentative brutale pour exclure sa fille Cécile, alléguant qu'elle avait déjà hérité « plus que suffisamment » à la mort de Paul Éluard (une exclusion qui devait se révéler impossible au regard de la loi espagnole), tandis que Dalí ajoutait deux clauses qui ne figuraient pas dans le testament de sa femme. La première était : « Je recommande au gouvernement catalan de garder particulièrement à l'esprit l'affection que j'ai toujours eue pour mon musée à Figueres. » Étant donné que Dalí était obsédé par son musée, c'était parfaitement logique. Mais la seconde clause était particulièrement bizarre. Dalí, disait-elle, « déclare catégoriquement qu'il n'a jamais eu, et n'a toujours pas, de secrétaire ni d'homme de confiance ». Qu'est-ce que ça signifiait ? On peut penser, comme Sabater n'était pas dans la pièce, que Dalí voulait faire comprendre au notaire, et mettre sur papier, qu'il avait maintenant des doutes sérieux quant à l'intégrité de Sabater. Il est aussi probable que Sabater avait déjà annoncé son intention de quitter le service du peintre à la fin de l'année. Quoi qu'il en soit, Dalí était visiblement très perturbé[2178].

Après avoir fait leurs testaments, Dalí et Gala se hâtèrent d'aller passer Noël à Paris. Sabater, cependant, insista pour qu'ils l'accompagnent d'abord à Genève, apparemment pour organiser le stockage dans le port franc qu'était la ville des œuvres exposées à Beaubourg et à la Tate Gallery, afin d'éviter tout problème futur pour leur transport en Espagne. Apparemment, il y eut aussi avant Noël un voyage à Monaco pour régler les formalités nécessaires afin de renoncer à la nationalité monégasque, de façon que les Dalí puissent demander leur résidence fiscale et légale en Espagne (Sabater avait prévenu en septembre les autorités espagnoles du changement qui allait se produire dans le statut du couple)[2179].

À Paris, Dalí et Gala occupèrent leur suite habituelle au Meurice. L'Agence France-Presse rapporta que, malgré sa maladie, le peintre n'avait pas perdu sa vitalité.

Sa sculpture de cheval devait maintenant faire trente-cinq kilomètres de long, et Dalí montra au journaliste sa dernière œuvre, contenue dans une grande boîte noire. Intitulée *L'Incendie de l'école d'Athènes*, elle prouvait une fois de plus que la fascination de Dalí pour la stéréoscopie et autres effets optiques était toujours aussi vive. Cette fois, le truc consistait à fusionner deux toiles de Raphaël, *L'École d'Athènes* et *L'Incendie du Borgo*, de telle façon que les flammes de la seconde engouffrent les philosophes en train de discuter dans la première. Dalí dit que cette œuvre exprimait sa conception des trous noirs. Si l'année précédente Dalí avait quitté Paris en affirmant « La peinture sera stéréoscopique ou ne sera pas » (une glose de la formule de Breton « La beauté sera convulsive ou ne sera pas »), elle devait maintenant être cybernétique[2180].

L'image de Dalí globalement optimiste donnée par l'Agence France-Presse se trouva contredite dans le numéro de *Elle* du même mois de janvier, par le docteur Pierre Roumeguère, qui apparemment avait rendu visite au peintre. « À la vérité, Dalí a perdu la volonté de vivre, disait-il. Nous assistons à un suicide. Tout simplement parce que Gala a cessé de veiller sur lui. Elle a quatre-vingt-six ans, elle n'a plus que deux ou trois heures de lucidité par jour, et elle s'en sert pour penser à Jeff. » Dalí, disait-il, était en train de mourir comme un bébé abandonné. Ce diagnostic n'était peut-être pas très loin de la vérité[2181].

À peu près à ce moment-là, Gala téléphona à Emilio Puignau. Elle lui dit que Dalí et elle ne resteraient plus très longtemps à Paris, posa des questions sur Port Lligat, et l'informa que Dalí n'était pas bien du tout. Puignau était désolé, et se rendit à Paris. Il trouva Gala consternée : Dalí ne voulait voir personne, il avait du mal à marcher, n'avait plus les idées claires ; il était pris d'accès de panique, et il lui arrivait d'avoir des sautes d'humeur épouvantables ; les médecins ne parvenaient pas à trouver quel était son problème. Gala elle-même était déprimée et elle déclinait physiquement. Quand Puignau monta à l'étage pour voir Dalí, il n'en crut pas ses yeux : son apparence et son expression ne ressemblaient en rien à ce qu'il avait pu voir précédemment. Il se jeta dans les bras de Puignau. « Je suis fini, je suis désespéré ! s'exclama-t-il. Vous le savez sans doute déjà : ils m'ont tout volé[2182] ! »

Ça paraissait de la paranoïa – et ça ressemblait aux articles des journaux sur les ratiocinations de son grand-père Gal avant qu'il ne se suicide, en 1886. Sabater s'était sans doute fait beaucoup d'argent depuis qu'il connaissait les Dalí, mais dire que lui, ou d'autres marchands, lui avaient tout volé était une énorme exagération. De toute façon, Enric Sabater avait démissionné de son poste de secrétaire et de marchand de Dalí le 31 décembre 1980. Mais il avait accepté de rester pour l'instant avec eux en tant qu'ami et collaborateur, et il était toujours installé au Meurice[2183]. En février, il dit laconiquement à un reporter : « Le caractère de M. Dalí est très difficile, et même insupportable. Pas toujours, bien sûr. Il peut aussi se monter agréable et charmant. Mais pour être resté avec lui autant que je l'ai fait, il faut être de l'Empordà, et être un peu touché par la tramontane. » « Dalí est un grand masochiste », terminait-il[2184].

## SABATER TIRE SA RÉVÉRENCE

Gala s'occupait maintenant des affaires de Dalí elle-même, avec l'aide de Jean-Claude Du Barry, le Gascon jovial qui depuis dix ans fournissait au couple un flux continu de superbes jeunes gens pour animer les soirées à Port Lligat et à Púbol. Impressionnés par le talent de Du Barry pour les affaires, les Dalí l'avaient autorisé, au cours de l'été 1980, à monter pour eux quelques affaires lucratives dans le dos de Sabater. Maintenant, ils en voulaient encore plus[2185].

Au début de 1980, à l'instigation de Gala, Du Barry mit au point de nombreux contrats irréguliers pour l'exploitation de l'œuvre de Dalí, ramenant au Meurice des marchands louches qui avaient été associés avec Dalí des années plus tôt. « J'ai commencé par appeler de vieux clients de Dalí, des gens avec qui Sabater avait complètement rompu, déclara Du Barry en novembre suivant, et je leur ai dit : "Si vous voulez faire des affaires avec Dalí, appelez-moi." » Ils voulaient faire des affaires, et Du Barry mit sur pied rapidement pour un million deux cent mille dollars de contrats, empochant dans le processus de grasses commissions[2186]. « La situation ainsi créée était complètement chaotique », se rappelait Michael Stout[2187]. Mais le Gascon n'occupa pas longtemps le poste, car Robert Descharnes arrivait sur ses talons, et s'apprêtait à le supplanter. Début octobre 1980, sentant la rupture avec Sabater imminente, et sur le conseil d'Antoni Pitxot, Dalí avait téléphoné à Descharnes à Paris pour lui demander de l'aide[2188]. Descharnes avait réagi rapidement, et pris contact au nom de Dalí avec une société de gestion des droits d'auteur, la SPADEM (Société de la propriété artistique des dessins et modèles), si bien qu'à son arrivée à Paris pour Noël, Dalí rencontra un représentant important de la SPADEM, Jean-Paul Oberthür, et décida d'engager (ou se laissa persuader de le faire) l'agence pour gérer ses droits. Un accord fut signé le 6 janvier 1981, et le 27 février une lettre où figurait la signature de Dalí porta le nouvel accord à la connaissance des « amis, collectionneurs, musées, éditeurs et autres bénéficiaires » ayant des droits de reproduction de son œuvre. Il leur était demandé de fournir à la SPADEM les détails de leurs contrats. Reynolds Morse fut indigné : le contrat de la SPADEM était un vrai fouillis, et la lettre était si mal rédigée qu'elle en devenait insultante pour ses destinataires[2189].

Descharnes et Sabater étaient tous les deux présents quand Dalí signa avec la SPADEM. Sabater exprima sa volonté de collaborer avec l'agence et d'envoyer une liste complète des activités qu'il avait entreprises au nom de Dalí, avec des copies des contrats. Mais il ne tint pas sa promesse[2190]. La SPADEM se chargea d'abord des droits graphiques, puis de la totalité des copyrights d'art de Dalí. Mais l'agence devait rapidement commencer à couler, et cinq ans après elle fit faillite dans des circonstances encore mal définies[2191].

Au cours de ces mois passés au Meurice, Dalí était sérieusement inquiet pour sa main droite, qui tremblait plus que jamais. Début février il fut examiné par le docteur François Lhermitte, une autorité mondiale sur Parkinson, qui ne fut pas d'accord avec le diagnostic établi par d'autres praticiens attribuant ses tremblements à cette maladie[2192]. Une semaine plus tard, le 17 février 1981, Dalí fit irruption à l'aube dans la suite de Sabater au Meurice, criant pour demander de l'aide. Il avait un œil au beurre noir. Sabater le suivit et trouva Gala allongée sur le sol de la chambre. Il était visible qu'elle souffrait mais, stoïque, elle ne se plaignait pas. Il apparut que Dalí, dans un accès de rage, l'avait arrachée à son lit. Un médecin diagnostiqua deux côtes cassées, des bleus assez sévères sur ses bras et sur l'une de ses jambes. Elle fut emmenée en ambulance à l'Hôpital américain de Neuilly. Il ne faisait aucun doute que Dalí et elle s'étaient violemment disputés, peut-être parce que Gala était décidée à repartir à New York pour voir Jeff Fenholt, et que Dalí éprouvait une terreur incommensurable que les dépenses astronomiques de Gala pour l'amour de sa vie ne les réduisent rapidement à la pauvreté. Les Albaretto avaient assisté à une scène similaire avec un Dalí livide hurlant : « Tu as dépensé une fortune pour tes garçons, alors que je n'ai presque rien dépensé pour Amanda[2193] ! »

Le 13 mars 1981, Alfons Quinta, d'*El País*, publia un rapport détaillé sur l'état chaotique du marché des œuvres graphiques de Dalí et sur l'affaire des feuilles blanches. Maintenant que Dalí n'était plus capable de signer son nom correctement, lui et ses associés n'avaient rien trouvé de mieux que d'imaginer une empreinte du pouce ! Des contrats avaient déjà été signés par ce procédé, notamment avec Gilbert Hamon, « le plus grand distributeur d'œuvres graphiques de Paris ». Quinta révélait que, tandis que Dalí continuait à toucher de grosses sommes en liquide payées immédiatement pour l'exploitation de ses dessins de bijoux et de petites sculptures, les marchands, notamment un certain Isidro Clot Fuentes, gagnaient cent fois plus que lui. Clot Fuentes, insinuait Quinta, était de mèche avec Sabater, dont l'empire commercial « s'étendait maintenant sur le monde entier ». Il ne fait aucun doute que ce reportage fut lu avec intérêt par les autorités espagnoles[2194].

Le 18 mars, les relations maintenant orageuses des Dalí avec Sabater prirent fin lorsque le peintre diffusa un communiqué à l'Agence France-Presse : « Je déclare que pendant des années, et surtout depuis ma maladie, on a de bien des façons abusé de ma confiance, mon testament n'a pas été respecté. C'est pourquoi je fais tout pour clarifier cette situation, et Gala et moi reprenons une fois de plus notre liberté. » Sabater n'était pas directement mentionné – mais l'ancien secrétaire comprit le message. Deux jours plus tard, il quittait le Meurice, profondément offensé. Selon James Markham, l'hôtel confisqua brièvement une Daimler-Benz que Sabater avait laissée au garage pour régler ses ardoises extravagantes[2195].

De retour en Espagne quelques heures plus tard, Sabater nia vigoureusement avoir jamais trompé Dalí, et insista sur le fait que le peintre avait rectifié sa déclaration à l'Agence France-Presse, disant à l'agence espagnole EFE que ses critiques ne visaient personne en particulier. En ce qui concerne ses propres affaires au nom de Dalí, elles avaient pris fin en mars 1980. Depuis cette date, les contrats n'avaient plus rien à voir avec lui. Son amitié avec les Dalí était intacte[2196].

Sabater, cependant, ne revit jamais les Dalí, et c'est Robert Descharnes qui prit en main le secrétariat du peintre. Tout laisse supposer que Dalí fut très soulagé par le changement. Descharnes devait affirmer que c'était lui qui avait convaincu Dalí de retourner en Espagne le plus tôt possible, et c'est probablement vrai. À travers Jacques Verdeuil, l'avocat de Dalí à Paris, le contact avait été pris avec les autorités espagnoles, et en juin 1981 un influent avocat madrilène, Miguel Domenech Martínez, avait été engagé pour commencer à travailler sur les affaires compliquées d'impôts et de résidence de Dalí et de Gala[2197].

Domenech était l'homme idéal pour ce travail. Beau-frère du Premier ministre Leopoldo Calvo-Sotelo, vice-président du parti du centre, l'UCD, qui était au pouvoir, il avait beaucoup de charme, connaissait tous les gens qu'il fallait et, à travers Sotelo, avait l'oreille de la Couronne, ce qui, dans le cas de Dalí, était vital. À Paris, Domenech assura à Gala et à Dalí que tout serait fait pour faciliter leur retour en Espagne, et que le roi et la reine avaient exprimé leur intérêt personnel pour ce sauvetage. Le gouvernement avait fait de même. Tout cela avait dû faire très plaisir aux Dalí[2198].

Gala était décidée à repartir à New York dès qu'elle serait remise du tabassage de Dalí. Mais pour une fois elle n'obtint pas satisfaction, et ni elle ni le peintre ne devaient jamais retourner en Amérique[2199].

## LA MORT DE GALA

Le 6 juillet 1981, Dalí et Gala, accompagnés de Robert Descharnes, prirent un vol de Paris à Perpignan dans un avion de location. Arturo Caminada les attendait avec la Cadillac, et bientôt toute la compagnie fonçait vers le sud, par l'autoroute. Ce devait être la dernière fois qu'ils franchissaient la frontière espagnole. Dalí était rentré chez lui pour de bon[2200].

Dalí était si réconforté par son retour à Port Lligat, libéré de Sabater, que trois jours après son arrivée il peignit *Les Anges exterminateurs*. L'épée de l'ange, expliqua-t-il aux journalistes, contenait une allusion au vers « jusqu'à ce que mon épée resplendisse » du poète catalan d'avant-garde Salvat-Papasseit, qu'il avait beaucoup admiré dans les années 1920. Ce que voulait dire Dalí, c'était qu'il ne reprendrait pas sa vie publique avant d'être complètement remis[2201].

L'opération « Que Dalí se sente désiré » était pour de bon lancée. Tout d'abord, il reçut la visite de Jordi Pujol, le président de la généralité de Catalogne. Puis, le 15 août, vinrent le roi Juan Carlos et la reine Sophie. Les photographies publiées le lendemain montraient Dalí dans un état physique pitoyable, et la rumeur courut que Gala l'avait récemment blessé avec sa chaussure[2202]. Cependant, la visite eut un puissant effet tonique, et lança le peintre dans une extase de ferveur royaliste. « J'ai toujours été anarchiste et monarchiste, expliqua-t-il. Je suis monarchiste parce que la monarchie signifie l'ordre, et que l'anarchie du peuple, de ceux d'entre nous qui sont au-dessous, est protégée par l'ordre qui règne au-dessus. La monarchie représente l'ordre parfait[2203]. »

Les reporters s'aperçurent que Dalí, à l'époque, se préoccupait principalement de son théâtre-musée de Figueres, qui était devenu, après le Prado, le musée le plus populaire d'Espagne, et attirait plus de deux mille visiteurs par jour. En ce qui concernait la peinture, Dalí était toujours aussi dogmatique : il affirma qu'il avait été le premier peintre à appliquer dans son travail les progrès de la cybernétique, et qu'on ne pouvait plus créer de chefs-d'œuvre sans avoir recours aux ordinateurs[2204].

Chaque automne, depuis des dizaines d'années, Dalí et Gala avaient fait leurs bagages avant de quitter Port Lligat pour Paris, puis New York, heureux de savoir qu'ils reviendraient au printemps. Mais ce n'était plus possible, et ils se préparaient maintenant à passer le premier hiver de leur vie à Port Lligat. Hors saison, l'endroit est déprimant : déprimant quand la pluie tombe sur les rochers noirs, déprimant quand la froide tramontane souffle du nord, en grondant, et enferme chez eux les habitants de Cadaqués pendant d'interminables journées. Dalí et Gala étaient vieux et malades, et se chamaillaient constamment. Ils devaient souvent penser à la mort. C'était vraiment l'hiver du mécontentement.

Dans un long reportage publié au mois de novembre dans le *New York Times Magazine*, James Markham faisait le point sur l'état de Dalí. À la base, il s'était amélioré et « contre toute attente », l'artiste faisait un come-back. La principale raison de cette amélioration, selon Markham, était le départ de Sabater qui, en cinq ans, s'était élevé de « sycophante dans l'entourage de Dalí à la dimension d'un Raspoutine qui, en dominant l'artiste, s'était rendu plusieurs fois multimillionnaire ». Markham avait l'impression que la chute de Sabater « expliquait en un sens la timide renaissance de Dalí », tandis que l'arrivée de Robert Descharnes représentait une « présence apaisante » dans sa vie, un facteur vital dans l'atmosphère « ouatée » qui baignait maintenant Port Lligat. Mais il était injuste de mettre sur le dos de Sabater tous les maux qui s'étaient abattus sur Dalí car, ainsi qu'il le reconnaissait lui-même, le centre de la corruption était l'artiste en personne. Dalí avait commencé à signer des feuilles blanches bien avant que Sabater n'ait pris ses affaires en main[2205].

Un autre signe que Dalí était maintenant cajolé par Madrid survint en janvier 1982 lorsque le roi Juan Carlos lui remit la plus prestigieuse décoration espagnole, la grande croix de l'ordre de Charles III. Dalí était ravi[2206].

Pendant ce temps, Gala avait connu de graves problèmes de vésicule et fut transportée en hâte à la clinique Platón de Barcelone, où le docteur Ignacio Orsolà l'opéra le 30 décembre 1981. Elle se remit de façon satisfaisante, mais le 24 février 1982, de retour à Port Lligat, elle subit un nouveau désagrément, lorsqu'elle tomba dans l'escalier (selon certains, ce fut Dalí qui la poussa) et se blessa à la jambe ; puis, deux jours plus tard, elle glissa dans sa baignoire, et l'un de ses fémurs se cassa comme une brindille. Elle souffrait beaucoup et fut conduite dans une clinique privée de Figueres, où les médecins décidèrent que l'opération nécessaire devait être pratiquée à Barcelone. Gala, une fois de plus, fut admise à la clinique Platón[2207].

L'opération eut lieu le 2 mars 1982, et ce fut encore le docteur Orsolà qui s'en chargea. Même si les médecins exprimèrent leur satisfaction initiale, il y eut bientôt des complications sérieuses : une vive irritation de la peau et des plaies horribles. Gala aurait pu mourir à tout instant, mais encore une fois elle s'en tira[2208]. Dalí lui rendit visite au moment de l'opération, mais ne la revit pas avant son retour à Port Lligat, fin avril. Entre-temps, le 20 mars, il reçut la récompense la plus importante de Catalogne, la médaille d'or du Gouvernement catalan[2209].

De retour chez elle, Gala ne mangeait rien, ses yeux avaient perdu le regard pénétrant célébré par Éluard, et souvent elle délirait. Quand on lui demandait pourquoi elle refusait de manger, elle répondait : « Pourquoi prendre cette peine ? » Elle n'avait jamais eu l'habitude d'appeler Nanita Kalaschnikoff, mais maintenant elle ne cessait de lui téléphoner pour lui dire à quel point elle se sentait mal, à quel point Dalí et elle étaient malheureux[2210].

À la mi-mai, le prêtre de la paroisse de La Pera, Joaquim Goy, fut appelé pour lui administrer les derniers sacrements. Benjamí Artigas, le maire du village, le conduisit à Port Lligat. Descharnes, Domenech, Pitxot, Gonzalo Serraclara (le cousin de Dalí) et le peintre lui-même étaient du cortège. Gala réagit à peine, et ne dit pas un mot, mais le prêtre comme le docteur Vergara eurent l'impression qu'elle luttait encore[2211].

Obligé de regarder en face le fait que Gala était mourante, Dalí ordonna à Emilio Puignau de préparer une tombe pour eux deux dans la crypte de Púbol. Pour eux deux ? Puignau fut étonné : il avait toujours supposé, peut-être naïvement, que le peintre demanderait à être enterré au cimetière de Sant Baldiri, près de son père. Benjamí Artigas n'eut aucun mal à obtenir des autorités les autorisations nécessaires : Dalí était Dalí[2212].

Cécile Éluard, informée par les médias que sa mère était mourante, fit une dernière tentative pour la voir, et se rendit à Port Lligat début juin. Dalí et Gala refusèrent tous deux de la voir. Cécile retourna à Paris, inconsolable. C'était la cruauté ultime[2213]. Apparemment, à peu près à cette époque, Amanda Lear reçut un appel téléphonique de Gala. Elle était malade et désespérée, dit-elle, et elle toussait beaucoup. Quant à Dalí, il refusait de manger. Qu'adviendrait-il de lui une fois qu'elle serait partie ? Elle supplia Amanda de s'occuper de lui[2214].

Gala mourut le 10 juin 1982, aux alentours de 6 heures du matin. Il y avait là le docteur Vergara, le docteur José María Cos (de la clinique Puigvert), Arturo Caminada et Robert Descharnes[2215]. Antoni Pitxot était reparti environ trois heures plus tôt. Dalí lui avait demandé s'il pensait que Gala allait mourir. « Je crois », avait répondu Pitxot. Dalí était devenu pensif, et avait demandé à Pitxot et au docteur Vergara de placer un paravent entre son lit et celui de Gala, pour qu'il puisse rester seul avec ses pensées[2216].

Gala avait clairement exprimé son vœu non seulement d'être enterrée à Púbol mais, si possible, de mourir là-bas, ce qu'elle avait écrit[2217]. Cela posait un problème. Si on annonçait que la mort s'était produite à Port Lligat, le juge voudrait voir le corps avant qu'il ne soit transporté. Il y aurait des délais, des tonnes de paperasse. L'entourage de Dalí décida donc de déplacer le corps secrètement. De cette façon, ses deux vœux seraient respectés, du moins en apparence. Il revint au docteur Vergara d'organiser cette opération illégale. Il téléphona à Carles Pongilupi Pagés, son collègue de Corçà. « Gala est morte. Est-ce que vous signerez un papier affirmant qu'elle est morte à Púbol ? » Pongilupi était d'accord. Gala fut mise verticalement à l'arrière de la Cadillac, comme si elle était encore en vie, et emballée dans une couverture. Puis, vers 11 heures du matin, Arturo Caminada lui fit faire son dernier voyage à Púbol. Une infirmière passa le trajet à côté du cadavre, afin que, si pour une raison ou pour une autre la voiture était arrêtée par la police, ils puissent expliquer qu'ils conduisaient en toute hâte la señora Dalí à l'hôpital quand, soudain, elle était morte[2218].

Mais la Cadillac ne fut pas arrêtée. Peu après, Arturo téléphona à Nanita Kalaschnikoff pour lui dire que Gala était morte et qu'il avait transporté son cadavre à Púbol. « C'est la première fois que la señora Dalí a voyagé avec moi sur le siège arrière, et pas à l'avant », dit-il tristement[2219].

Le porte-parole de Dalí dit aux médias que Gala avait été emmenée à Púbol « dans un coma irréversible », et qu'elle avait expiré peu après son arrivée[2220]. Le certificat de décès déclarait qu'Helena Diakanoff Devulina était morte d'une « crise cardiaque » à 14 h 15 au château de Púbol, le 10 juin 1982[2221]. Apparemment, dans son premier brouillon, le docteur Pongilupi Pagés avait écrit « artériosclérose sénile », mais Dalí, qui visiblement avait été consulté, avait objecté à cette formulation. Le docteur avait été accompagné à la mairie de La Pera par Miguel Domenech, dont le certificat de décès dit qu'il était le « représentant » de la défunte[2222]. Comme Gala, officiellement, était morte à Púbol, le glas ne fut pas sonné pour elle par la cloche de la petite église de Sant Baldiri, juste au-dessus de Port Lligat, à côté du cimetière. Une ironie violemment anti-poétique[2223].

Après avoir déposé le corps à Púbol, Caminada revint à Port Lligat. Puis il conduisit Dalí et Antoni Pitxot au village. La Cadillac s'arrêta une fois de plus à l'entrée du château de Gala aux alentours de 19 h 30. Selon un récit, Dalí, minuscule silhouette voûtée à l'arrière de la voiture, avait avec lui son tableau *Les Trois Énigmes glorieuses de Gala* et une photographie qu'il aimait du roi Juan Carlos et de la reine Sophie : il voulait que tous deux soient exposés à Púbol[2224]. Entre-temps Robert Descharnes et Miguel Domenech étaient arrivés. La Garde civile et la police locale installèrent un cordon pour séparer le château de la foule qui s'amassait. Il y eut à 20 h 30 une rapide conférence de presse, au cours de laquelle Domenech déclara que Dalí était bouleversé, mais gardait sa dignité et sa lucidité. L'enterrement de Gala aurait lieu le lendemain après-midi[2225].

Le lendemain matin, le 11 juin, *El País* mit en question la véracité du document officiel concernant le lieu de la mort de Gala. « Il semble ne faire aucun doute que Gala était déjà morte lorsque la Cadillac a quitté la résidence du peintre à Port Lligat, et que le trajet fut organisé pour éviter la paperasse requise pour le transport d'un cadavre[2226]. » Malgré ce que l'opération, dont tout le monde fut bientôt au courant, avait d'illégal, aucune enquête officielle ne fut ouverte : la loi avait été enfreinte, mais l'État ne pouvait se permettre de heurter Dalí – et ferma les yeux.

Gala fut embaumée par une équipe de médecins de Barcelone. Selon Antoni Pitxot, c'est Dalí qui avait donné les instructions : il voulait que le corps de sa muse résiste au temps le plus longtemps possible[2227]. Ensuite, elle fut allongée dans son cercueil dans sa bien-aimée robe rouge Dior. Elle avait dit à Mara Albaretto, et sans doute à Dalí, qu'elle voulait qu'elle lui serve de linceul[2228].

Le service funéraire dans la crypte, conduit par Joaquim Goy, commença vers 18 heures le 11 juin, et dura une demi-heure. Dalí n'y descendit pas, et pria Antoni Pitxot de rester avec lui dans la chambre de Gala où, afin de ne pas penser à ce qui se passait en dessous, il discuta d'affaires sans importance[2229]. Assistèrent au service Robert Descharnes, Miguel Domenech, Arturo Caminada, Emilio Puignau, le docteur José María Cos, les domestiques Joaquim et Dolors Xicot, et quelques autres serviteurs[2230]. Le seul membre de la famille dont la présence avait été autorisée par Dalí était son cousin Gonzalo Serraclara. À son grand dam, pas même Montserrat Dalí, que son cousin aimait tant, n'eut la permission d'y assister[2231].

Selon Serraclara, Dalí se rendit à la tombe quelques heures après l'inhumation. Non seulement le peintre ne semblait pas ému, mais il tint à lui faire remarquer : « Regarde, je ne pleure pas. » Serraclara attribua cette attitude au fait que depuis des mois Dalí et Gala se disputaient et que, pour l'artiste, sa mort était un soulagement. Mais on ne sait ce que Dalí éprouvait réellement en cet instant[2232].

Quelques jours après, sous une puissante impulsion, Dalí descendit seul difficilement dans la crypte aux petites heures du matin. Les infirmières le trouvèrent là, tremblant de terreur, et le persuadèrent de retourner dans sa chambre. Dalí, plus tard, parla à Pitxot de l'horreur de cette visite au tombeau ; il avait trébuché sur les débris mortuaires laissés par les maçons et était tombé à genoux. Cette visite lui laissa une impression si terrible qu'il ne la renouvela jamais[2233].

L'Espagne fut grandement soulagée que Gala soit morte avant Dalí. Si Dalí était mort avant elle, pensaient beaucoup de gens, elle aurait pu partir à l'étranger et déshériter un pays auquel elle n'avait jamais manifesté beaucoup d'affection (même si les attentions du roi et de la reine lui faisaient plaisir). Le 12 juin 1982, on apprit que, selon un acte signé par Gala et Dalí le 11 novembre 1977, la célèbre collection privée de Gala devait, à sa mort, revenir à Dalí tant qu'il était vivant, avant de passer au théâtre-musée de Figueres[2234]. Le testament qu'elle avait rédigé en 1980 apportait à cela une modification : si Dalí survivait à Gala, les peintures appartenant à Gala devaient, à la mort de Dalí, être partagées également entre l'État espagnol et la Catalogne. La répartition semblait juste[2235].

Cécile, la fille de Gala, fut choquée d'apprendre que sa mère avait tenté de la déshériter complètement. Cependant, parfaitement consciente que selon la loi espagnole un enfant ne peut être totalement exclu du testament de ses parents, elle entama immédiatement une procédure légale. Un accord mitigeant l'ultime cruauté de Gala fut trouvé avec le gouvernement espagnol[2236].

Après la mort de Gala, le gouvernement et la Couronne redoublèrent d'attentions pour le peintre. La première surprise fut un appel de la Maison royale informant Dalí que le roi Juan Carlos avait décidé de le faire marquis de Púbol. Toute sa vie, Dalí avait révéré l'aristocratie, et maintenant il allait en faire partie. Cependant, ce titre ne le satisfaisait pas complètement, et il réussit à se faire nommer marquis de Dalí et Púbol. Le changement de son statut social fut annoncé le 20 juillet 1982[2237].

Un autre geste suivit immédiatement, le 27 juillet : l'achat par le gouvernement, pour cent millions de pesetas, de deux œuvres majeures choisies personnellement par l'artiste : *Petites cendres* et *Arlequin*. En accord avec Dalí, l'argent fut placé sur son compte bancaire à Figueres pour l'entretien domestique de Púbol, le paiement des factures médicales, etc. Selon Miguel Domenech, Dalí, terrifié à l'idée de se trouver à cours de liquide, fut très reconnaissant de la transaction. En retour, il fit don à l'État des *Trois Énigmes glorieuses de Gala* (1982), son plus vaste tribut à sa femme[2238].

# XVI. La fin

[1982-1989]

## DERNIÈRES ŒUVRES À PÚBOL

« Si Gala devait disparaître, personne ne pourrait la remplacer. C'est totalement impossible. Je serais complètement seul », avait déclaré Dalí en 1966, avant d'ajouter une note plus positive : « Si Gala mourait, j'aurais beaucoup de mal à le supporter. Je ne sais pas comment je ferais. Mais j'y arriverais. Je continuerais à profiter de la vie, car mon amour de la vie est plus fort que tout[2239]. » Maintenant que c'était arrivé, Dalí commença à s'effondrer. « Quelles que soient leurs différences, quelles que soient leurs disputes, ils étaient vitaux l'un pour l'autre », a commenté Mara Albaretto. « Gala était le pilier, la force de volonté. Et maintenant elle était morte. Il a cessé de manger. C'était un appel au secours[2240]. »

528 Dalí à la sortie du restaurant Ledoyen à Paris en 1980.

Les assistants de Dalí dirent aux reporters que, une fois absorbé le choc de la mort de Gala, Dalí avait prévu de rentrer chez lui et de se remettre à peindre[2241]. Apparemment, c'est bien ce qu'il avait envisagé, mais des ennuis commencèrent à survenir avec l'équipe de domestiques qu'il avait amenée de Port Lligat. Ils osèrent demander des vacances durement méritées et, furieux, Dalí les renvoya. Paquita, la femme d'Arturo Caminada, fut engagée à leur place. Puis, un jour, Dalí annonça qu'il avait l'intention de rester à Púbol[2242].

Il ne remit jamais les pieds à Port Lligat. Deux de ses anciens amis, le critique d'art Rafael Santos Torroella et son biographe, Luis Romero, ont déclaré publiquement qu'à partir de ce moment-là Port Lligat fut non seulement abandonné, mais virtuellement pillé. « Il y avait à l'intérieur une multitude d'œuvres de toutes sortes, des dessins ou des esquisses, des manuscrits, d'innombrables documents, des objets et des œuvres d'autres artistes, des choses intimes et Dieu sait quoi encore. Est-ce que quelqu'un s'est installé là ? » écrit prudemment Romero en 1984[2243]. « Personne n'a fait l'inventaire de ce qu'il y avait dans la maison, et d'autres se le sont approprié », insista-t-il cinq ans plus tard, ajoutant une note énigmatique :

> Il est incompréhensible qu'avant d'entrer dans la maison abandonnée par son propriétaire, de la fouiller pour emporter en France diverses caisses au contenu non spécifié – comme ça a été raconté dans la presse – sous prétexte qu'il s'agissait de documents ou d'œuvres qui avaient besoin d'être photographiés, aucun inventaire détaillé n'ait été dressé en présence des autorités ou d'une personne de confiance. Il a été déclaré que les caisses ont traversé la frontière. Leur contenu est-il revenu ? Qui peut le prouver[2244] ?

Il ne fait aucun doute que Romero visait Robert Descharnes. Interrogé par la BBC en 1994, Rafael Santos Torroella se montra plus explicite : Descharnes et sa famille occupèrent la maison de Dalí au cours de l'été 1982, et on le vit emporter plusieurs caisses. Quand un voisin l'interrogea à ce sujet, Descharnes répondit que Dalí l'avait autorisé à transporter des documents à Paris, pour les photographier. « Pourquoi ne lui avez-vous pas dit qu'ici, la lumière est meilleure qu'à Paris pour les photos ? » répliqua le voisin. Santos Torroella est persuadé que tous les documents ne sont pas revenus en Espagne[2245].

Une entrée du journal de Reynolds Morse confirme les doutes de Luis Romero et de Rafael Santos Torroella : « Descharnes continue à paraître faux et dangereux, et certainement pas le "brave type" studieux et minaudant qu'il est en surface. Il nous a maintenant, Eleanor et moi, complètement discrédités auprès de Dalí, tout en niant l'avoir fait. Il a passé deux semaines dans la maison de Dalí sans aucun témoin, alors que les gens du coin prenaient note de ses allées et venues avec des valises de matériel "emprunté" à Port Lligat[2246]. »

Étant donné la situation, Santos Torroella tenta de faire sceller et garder la maison. Le juge de La Bisbal y semblait favorable, mais dit qu'un membre de la famille de Dalí devrait faire une déclaration. Le lendemain, Santos Torroella y retourna avec Gonzalo Serraclara, le cousin de Dalí qui, comme lui, fut scandalisé de ce qui se passait à Port Lligat. Une fois encore, le juge se montra bien disposé. Mais le lendemain, quand Santos Torroella et Serraclara revinrent, il refusa de les recevoir. Ils en conclurent qu'il avait subi une pression venant de Púbol[2247].

C'était probablement le cas. Peu avant sa mort, en 1950, le père de Dalí avait fait jurer à Gonzalo Serraclara de travailler à réconcilier son fils et Anna Maria Dalí. Quand Serraclara avait essayé de le faire, Dalí était entré en fureur, lui avait dit qu'il se mêlait de ce qui ne le regardait pas, et lui avait dit de partir. Antoni Pitxot se souvenait de cet épisode comme d'un incident très désagréable. On peut imaginer que Dalí fut furieux quand il apprit que Serraclara, encouragé par Santos Torroella, essayait maintenant de faire sceller la maison de Port Lligat[2248].

La colère de Dalí était compréhensible car, comme paraît l'établir le journal inédit de Reynolds Morse, Descharnes avait l'autorisation de Dalí pour photographier à Paris les documents nécessaires pour son livre monumental, *Salvador Dalí. L'Œuvre et l'Homme*, dont la publication fut retardée pour coïncider avec le quatre-vingtième anniversaire de Dalí, en 1984. Morse, cependant, avait des réserves concernant les motivations de Descharnes : « Il continuait à entretenir le doute sur ce qu'il faisait vraiment, qui consistait, comme nous, de l'intérieur, le savions, à alimenter ses propres "archives" afin de se garder de la ruine, exactement comme Moore et Sabater l'avaient fait avant lui[2249]. »

Il n'est pas à l'honneur des autorités catalanes de ne pas avoir fait garder la maison de Port Lligat. D'autres gens y pénétrèrent en 1982 et même plus tard, et leurs pillages devaient donner naissance à un marché noir des documents de Dalí, marché noir qui prospère encore aujourd'hui. Déjà célèbre pour ses trafiquants et ses contrebandiers, Cadaqués était à la hauteur de sa réputation.

Une fois Gala morte, et sa santé à lui déclinante, Dalí avait décidé qu'il ne quitterait plus l'Espagne. Depuis l'automne précédent, son avocat espagnol, Miguel Domenech, travaillait en contact étroit avec le gouvernement sur la situation de l'artiste concernant sa résidence et ses impôts. Sans doute soulagées que Gala soit morte la première, les autorités ne demandaient qu'à coopérer : résoudre les affaires de Dalí serait dans l'intérêt de tout le monde.

Le 9 août 1982, Dalí accorda à Domenech et à Descharnes le pouvoir de mandataires aux États-Unis, afin d'entreprendre toutes les actions nécessaires pour « mener à bien l'inventaire détaillé de la totalité des effets, des droits, de l'argent, des parts, des dessins, des tableaux ou de quoi que ce soit d'autre » appartenant à Gala ou à lui. À cette fin, Descharnes et Domenech avaient le pouvoir d'examiner « les comptes d'investissement, les comptes courants ou de crédit, les coffres, les banques, les lieux, les établissements publics ou privés, ou entrepôts, où ces biens pourraient être stockés, et de signer toutes les requêtes, suppliques ou documents publics ou privés nécessaires ». La propriété devait être administrée de la façon, quelle qu'elle soit, que les mandataires jugeraient convenable. Pour finir, les mandataires devaient dresser un rapport strict et légal des actions entreprises au nom de Dalí[2250].

À New York, déclara plus tard Domenech, les comptes des Dalí à l'agence de la 5^e^ Avenue de la City Bank se révélèrent contenir quelque un million deux cent mille dollars en 1981-1982. Il y avait aussi un montant non spécifié à la Chase de Manhattan. En ce qui concerne l'Europe, un compte à la banque Pictet de Genève contenait trois millions de dollars, et il y avait une somme bien moindre à la Banque hispano-américaine de Figueres[2251].

Dalí établit alors un nouveau testament par lequel il laissait tous ses biens à la nation espagnole « avec la requête fervente de conserver, divulguer et protéger ses œuvres d'art ». La Catalogne, qui selon le testament précédent devait partager les biens à égalité avec Madrid, n'était plus mentionnée, pas plus que le théâtre-musée de Figueres. Quelqu'un, peut-être Miguel Domenech, avait-il fait pression sur Dalí pour qu'il modifie son testament ? Ce dernier dit que non. L'artiste, affirme-t-il, décida des changements sans être le moins du monde influencé, rempli de gratitude envers le roi et la reine pour la considération qu'ils lui avaient manifestée. Et sans doute le soulagement de ce que le gouvernement se soit montré accommodant a-t-il joué un grand rôle[2252].

Le document fut signé à Púbol le 20 septembre 1982, devant José María Foncillas Casaus, le notaire public de La Bisbal. Les témoins étaient Joaquim Xicot (le majordome de Dalí) et un villageois de Púbol, Narcís Vila Vila. Il est peu probable que l'un ou l'autre des deux ait compris la gravité de la situation – ce qui, selon le maire du village, Benjamí Artigas, explique qu'ils aient été choisis. Mais choisis par qui ? Sans doute, pense Artigas, par Dalí lui-même après consultation de Miguel Domenech[2253]. Ce dernier n'était pas présent cet après-midi-là. Ni Antoni Pitxot, ni Robert Descharnes. Depuis un certain temps, Pitxot avait tenté de persuader Dalí de léguer ses propriétés de Port Lligat et de Púbol à sa fondation de Figueres, mais ses suggestions avaient été accueillies par le silence. Lorsque, le 23 septembre, Dalí lui dit qu'il avait fait un nouveau testament, Pitxot se demanda quels changements y avaient été apportés. Mais l'artiste ne lui donna pas de détails[2254].

Deux mois plus tard, en novembre 1982, les socialistes de Felipe González remportèrent une victoire écrasante aux élections générales. Miguel Domenech était le beau-frère non seulement de Leopoldo Calvo-Sotelo, l'ancien Premier ministre centriste, mais aussi du nouveau ministre des Affaires étrangères, Fernando Morán. Il était d'ailleurs un ami intime du futur ministre de la Culture Javier Solana. Ces circonstances garantirent dès le départ que la communication entre les conseillers de Dalí et le nouveau gouvernement de Felipe González se passait au mieux.

Les enquêtes portant sur les situations financière et fiscale de Dalí avançaient lentement, et le peintre, en ce qui concerne les impôts, ne devint résident espagnol à plein temps qu'en 1985. Cependant, il ne devait jamais effectuer de remboursement d'impôts. Les socialistes se montrèrent aussi « compréhensifs » avec Dalí que leurs prédécesseurs du centre et, après la mort du peintre, Domenech reconnut qu'il avait été décidé de « ne pas embêter Dalí pendant les dernières années de sa vie[2255] ».

À l'automne 1982, Dalí pensait non seulement à son testament, mais aussi à Luis Buñuel, avec lequel il essayait depuis longtemps de reprendre des relations. Le 6 novembre, il lui envoya un télégramme à Mexico : « CHER BUÑUEL TOUS LES DIX ANS JE T'ENVOIE UNE LETTRE AVEC LAQUELLE TU N'ES PAS D'ACCORD MAIS J'INSISTE, CE SOIR J'AI PENSÉ À UN FILM QU'ON POURRAIT FAIRE EN DIX JOURS PAS À PROPOS DU DÉMON NI DE PHILOSOPHIE MAIS À PROPOS DE « NOTRE PROPRE PETIT DÉMON » ; VIENS ME VOIR A PÚBOL SI TU VEUX. JE T'EMBRASSE. DALÍ. » Dalí avait oublié de mettre son adresse complète et envoya immédiatement un autre télégramme. Buñuel fit alors une chose inhabituelle : il décida de répondre. Il avait sans doute appris la mort de Gala et peut-être sentait-il qu'il était temps de faire un geste minimal de réconciliation. Parmi les papiers conservés dans les archives de Buñuel à Madrid, on trouve un brouillon manuscrit de son télégramme : « J'AI REÇU TES DEUX CÂBLES, BONNE IDÉE POUR LE FILM PETIT DÉMON MAIS JE ME SUIS RETIRÉ DU CINÉMA IL Y A CINQ ANS ET MAINTENANT JE NE SORS PLUS. DOMMAGE. BAISERS. » Selon Antoni Pitxot, Dalí fut très affecté par le message de Buñuel[2256].

Ce doit être en ce même mois de novembre que Dalí téléphona au photographe et réalisateur espagnol Luis Revenga pour lui demander son aide. Ils avaient fait connaissance deux ans plus tôt alors que Revenga réalisait un documentaire sur Picasso, et s'étaient bien entendus. Maintenant Dalí voulait qu'il tourne la fin du film qu'il projetait avec Buñuel pour pouvoir l'envoyer à ce dernier à Mexico. Revenga, muni d'une caméra, se hâta de se rendre à Púbol où, ressemblant à un cadavre galvanisé, Dalí interpréta pour lui une version émouvante d'une chanson catalane, « La Fille du marchand », battant des bras et gonflant les yeux :

*La filla del marxant*
*diuen que és la més bella*
*no és la més bella, no,*
*que altres n'hi ha sens ella...*

La fille du marchand
on dit que c'est la plus belle
mais ce n'est pas la plus belle, non,
parce qu'il n'y en a pas d'autres...

Ayant terminé sa performance, Dalí, épuisé, s'effondra dans un fauteuil. À ce moment-là, horrifié par son apparence, Antoni Pitxot, qui venait maintenant presque tous les jours s'occuper du peintre, s'interposa entre Dalí et la caméra. Le tournage cessa[2257].

Le film prévu découlait, dans une certaine mesure, du *Babaouo* vainement tenté en 1932. Il devait s'ouvrir et se terminer dans une station de métro assaillie par une tempête de neige souterraine. Un personnage moitié nain moitié « petit démon » gesticulait tout seul en chantant « La Fille du marchand », encore et encore. Les trains passaient, leurs roues balayées par la neige[2258].

Quand Dalí, en 1939, avait refusé de lui prêter de l'argent, Buñuel avait juré de ne plus jamais collaborer avec le peintre. Il ne revint jamais sur sa décision et mourut au Mexique le 29 juillet 1983, neuf mois après la dernière et pathétique tentative de Dalí pour reprendre contact. Comme Buñuel le lui avait si souvent rappelé, selon le proverbe espagnol, « l'eau qui a passé le moulin ne peut pas faire tourner la roue ».

Dalí était maintenant dans un état physique catastrophique, et avait de plus en plus de mal à contrôler le tremblement de sa main droite. Il était incapable de réaliser les petits détails caractéristiques de ses meilleures peintures, et ne pouvait plus que tapoter sur ses toiles avec un gros pinceau. Elda Ferrer, l'une des infirmières engagées à Púbol en 1983, reçut l'ordre de son recruteur de dire aux journalistes que Dalí travaillait toujours. Elle le pensait en assez bonne condition. Mais elle changea d'avis en voyant Dalí : il voulait désespérément peindre, mais il n'était plus capable de tenir un pinceau[2259]. Une autre fois, Ferrer raconta que Dalí parlait à peine, sanglotait constamment et passait des heures à faire des bruits d'animaux. Il avait des hallucinations et se prenait pour un escargot. « En deux ans, dit-elle, je n'ai compris qu'une phrase cohérente : "Mon ami Lorca."[2260] » Un homme pour qui la représentation était tout n'aurait pu connaître pire destin. Il avait spectaculairement perdu son allure, et ne pouvait se montrer en public. Il avait perdu sa voix magnifique. Il avait perdu sa capacité de peindre.

Les dernières toiles de Dalí traduisent son horreur de la mort, et réaffirment sa dette envers Vélasquez et Michel-Ange. Elles manifestent aussi l'intervention d'autres mains. Bea, après la mort de Dalí, reconnut qu'il l'avait aidé, mais refusa obstinément de fournir des détails sur sa contribution[2261].

En 1982, Dalí exécuta deux *pietàs*. Le fond de l'une est une *calma blanca* à Port Lligat, et à travers les trous que sont les seins de la Vierge (Dalí n'a pas renoncé aux effets optiques) on voit des scènes miniatures de rochers et de mer[2262]. L'autre était inspirée par la *Pietà di Palestrina*, la sculpture de Michel-Ange, et, en comparaison, est un barbouillage très grossier[2263]. Certaines de ses dernières œuvres montrent que l'imagination de Dalí était toujours hantée par *Les Ménines*. Dans l'une d'entre elles, *Derrière la fenêtre, à gauche, dont sort une cuiller, Vélasquez agonisant* (1982), le nain bouffon Sebastiàn de Morra, festonné d'œufs au plat, est assis tristement sur le patio de l'Escurial ; sur une autre, il est remplacé par l'infante Marguerite[2264]. Les œufs au plat ne sont pas le seul motif dalinien éprouvé qui peuple ces toiles éreintées. Les béquilles y abondent ; les « bâtonnets » (*bastoncillos*) qui ont commencé à planer, sous forme de cylindres, en 1926 reparaissent dans deux toiles ; et on voit plusieurs variations sur le corps lacéré de saint Sébastien. La plus intéressante parmi les dernières peintures est *Nous arriverons plus tard, vers cinq heures* (ou *Le Camion de déménagement*, 1983), dont Dalí parla en détail avec Antoni Pitxot et le jeune critique d'art Ignacio Gómez de Liaño. Exécutée à grands coups de pinceau, elle montre l'intérieur d'un camion de déménagement vu depuis le siège conducteur. En l'observant, Gómez de Liaño se rappela la recommandation d'André Breton : « Je demande, pour ma part, à être conduit au cimetière dans un camion de déménagement[2265]. » Cette peinture sembla confirmer que les pensées de Dalí étaient maintenant toujours tournées vers la mort[2266].

Selon Robert Descharnes, la dernière peinture de Dalí fut *Queue d'aronde et violoncelles*, exécutée en mai 1983. Il est difficile d'envisager qu'à cette date Dalí ait pu tracer seul les lignes occupant le centre de la toile, sans parler de celles de la caisse de résonance du « violoncelle », ni des détails de l'instrument lui-même, en haut à gauche de l'œuvre. Antoni Pitxot, pourtant, a affirmé que, parfois, quand ses mains cessaient de trembler, Dalí était encore capable de peindre fermement, comme le prouve la toile en question. Pitxot était présent une partie du temps alors que Dalí y travaillait, et reconnaît que Bea l'a sans doute aidé pour certains détails mécaniques[2267]. Quoi qu'il en soit, *Queue d'aronde et violoncelles* a été terminé trop tard pour figurer dans la rétrospective Dalí qui s'ouvrit au Musée espagnol d'art contemporain de Madrid (MEAC) le 15 avril 1983. Une grande bannière suspendue au plafond proclamait que l'exposition (la réponse espagnole à celle de Beaubourg) était intitulée *Œuvres de Salvador Dalí de 1914 à 1983*. À la demande expresse de Dalí, c'est le prince Felipe, le fils du roi, qui l'inaugura. Dalí lui-même était trop déprimé pour faire le voyage à Madrid et envoya un message par lequel il faisait les louanges de la famille royale et, avec le plus mauvais goût possible, attaquait sa propre famille, affirmant qu'elle avait constitué l'« obstacle majeur » à sa carrière artistique. C'était exactement ce qu'il avait dit en 1950, dans le mémorandum pervers qu'il avait fait circuler lorsque Anna Maria Dalí avait publié son livre à elle[2268]. Le ressentiment de Dalí à l'époque était si bouillonnant qu'au mois d'août il s'assura qu'Anna Maria Dalí n'aurait rien de ses biens en signant un document expliquant pourquoi elle avait été exclue de son testament. En la présence d'Antoni Pitxot, d'Arturo Caminada et de Robert Descharnes, il fut signé devant le notaire de La Bisbal[2269].

Dans leur introduction au catalogue, les curateurs, Robert Descharnes et Ana Beristain, faisaient remarquer que nombre des œuvres antérieures à 1929 exposées n'avaient jamais été montrées. Elles prouvaient que Dalí, avant son arrivée en France, « avait déjà intégré le code personnel qui venait changer tant d'aspects du surréalisme français[2270] ». L'observation était valable, mais les critiques s'aperçurent rapidement que, si l'exposition était beaucoup plus forte que celle de Beaubourg en ce qui concernait la première production de Dalí, la décennie commençant en 1929 était si mal représentée que la rétrospective était lamentablement inégale[2271].

Il était vrai que très peu des meilleures toiles surréalistes de Dalí étaient exposées. *Le Grand Paranoïaque* était une exception, ainsi que *Le Grand Masturbateur*, qui connut un immense succès auprès du public. Mais même ces toiles ne pouvaient compenser l'absence de peintures merveilleuses comme *Les Premiers Jours du printemps*, *Le Jeu lugubre*, *Les Plaisirs illuminés*, *Banlieue de la ville paranoïaque-critique* ou *Cannibalisme d'automne*.

Le luxueux catalogue en deux volumes de l'exposition avait été conçu avec beaucoup de négligence, et était loin de valoir celui de Beaubourg, que ce soit en matière d'exactitude factuelle, de transcription des documents ou de pertinence des essais. Pour Rafael Santos Torroella, en fait, il s'agissait presque d'une honte nationale, et pour lui le principal responsable en était Robert Descharnes. Santos Torroella en concluait que les prétentions du Français à une intégrité universitaire avaient été balayées lorsque, après le départ de Sabater, il était devenu le secrétaire de Dalí[2272].

Jusqu'à sa fermeture, le 29 mai, l'exposition attira quelque deux cent cinquante mille visiteurs, et se déplaça à Barcelone, au palais de Pedralbes, où son ouverture eut lieu le 10 juin, coïncidant avec le premier anniversaire de la mort de Gala. Dalí resta à Púbol, ordonna qu'une brassée de nards soit posée sur la tombe de Gala – et refusa de parler d'elle. Antoni Pitxot dit à la presse que de nombreux spécialistes avaient examiné Dalí, mais qu'il n'y avait pas de crise, qu'il s'agissait juste de check-up de routine. Pendant ce temps, on avait rehaussé les murs du jardin pour éviter les curieux potentiels. Lorsque Edward James arriva au mois d'août, pensant qu'il pourrait voir Dalí, on ne le laissa pas entrer. Robert Descharnes lui écrivit une lettre d'excuses au mois d'octobre, disant qu'Arturo Caminada avait mal transmis son nom à Dalí. Lui-même était arrivé trois jours plus tard et avait tenté de contacter James, mais il était trop tard : il avait déjà quitté son hôtel de Gérone. Dalí, écrivait Descharnes, était triste en apprenant ce qui s'était passé. Maintenant, en octobre, il était plongé dans une profonde dépression. James ferait-il l'honneur au peintre de rejoindre le bureau honoraire de la nouvelle Fondation Gala-Salvador Dalí[2273] ?

Descharnes avait raté James parce que ses propres visites à Púbol étaient sporadiques. Une fois ou deux par mois, il prenait l'avion à Paris, passait à peu près une semaine au « château », et repartait. Les visites de Miguel Domenech étaient tout aussi erratiques. La tâche de s'occuper quotidiennement du vieil homme était laissée à Arturo Caminada et à sa femme, aux Xicot, à un groupe d'infirmières et de médecins, et, de plus en plus, à Antoni Pitxot qui venait en voiture de Cadaqués, plusieurs fois par semaine, pour tenir compagnie à Dalí. Ils parlaient en catalan, et vu les origines familiales de Pitxot et son propre métier de peintre, ils ne manquaient jamais de sujets de conversation. Alors que la parole de Dalí devenait de plus en plus difficile à comprendre, seul Pitxot était capable de se montrer à la hauteur de Caminada pour décrypter ce qu'il voulait dire.

Caminada n'était pas un homme cultivé, et il revint à Pitxot de copier un texte dicté par Dalí le 31 octobre 1983 : « La plus importante découverte de ma méthode paranoïaque-critique : la gare de Perpignan. » Que cette gare d'apparence innocente ait maintenant surpassé *L'Angélus* de Millet en termes de signification paranoïaque-critique était un signe que le cerveau de Dalí, sinon son corps, fonctionnait encore de façon efficace[2274].

Un autre signe était l'immense intérêt qu'il portait à l'extension de son théâtre-musée. La tour Gorgot, qui faisait autrefois partie des fortifications médiévales de Figueres, était collée au musée et avait été achetée conjointement par le conseil municipal et le gouvernement catalan. Fasciné par les tours depuis son enfance, Dalí fut ravi par cette nouvelle acquisition et la rebaptisa « tour Galatée », en l'honneur de sa défunte muse. Il affirma qu'il en ferait un bâtiment « unique au monde ». Peut-être, en lui prêtant le nom de Gala, se rappelait-il que dans les premiers temps du surréalisme, avant qu'il la rencontre, elle avait été surnommée la « Tour », eu égard à son mystère. La tour Galatée, Dalí l'affirmait maintenant au monde entier, représenterait « toutes les énigmes[2275] ».

La Fondation Gala-Salvador Dalí fut formellement constituée le 23 décembre 1983, devant le notaire public de La Bisbal, José María Foncillas Casaus, qui un an plus tôt avait présidé à la signature du nouveau testament de Dalí. Dans le préambule du document, Dalí expliquait que son désir avait toujours été qu'un maximum de ses œuvres restent en Espagne, où l'on pourrait les voir et les étudier ; et que son intention avait toujours été de faire de Figueres, sa ville natale, une « Mecque de la culture en Espagne et dans le monde » (ce qui était plus ou moins ce que lui avait suggéré Franco). Le premier pas avait été la création du théâtre-musée. « Mais maintenant, continuait Dalí, je souhaite arriver à la sublimation et au pinacle de mes désirs par la création d'une fondation dont la résonance et la projection, transcendant les frontières de la Patrie, seront la source des infinis bénéfices culturels que, avec amour, je souhaite à l'Espagne, à la Catalogne, à l'Empordà et à ma chère ville de Figueres. » Avant d'entrer dans les détails, Dalí expliquait que la nouvelle Fondation Gala-Salvador Dalí, à la différence de la précédente, serait une institution privée[2276].

Quelques jours plus tard, Dalí demanda au conseil municipal de Figueres, d'abord quelque peu déconcerté, d'envisager l'opportunité de dissoudre l'ancienne fondation et d'intégrer ses fonctions dans la nouvelle, promettant que s'il y consentait de nombreux bénéfices s'ajouteraient à ceux du théâtre-musée, non seulement la donation de toutes les œuvres que Dalí avait déposées dans la fondation d'origine et des six cent vingt et une qu'il venait de donner à la nouvelle, mais de bien plus encore. Le conseil municipal conclut qu'il appréciait la vision que Dalí avait de Figueres comme d'une Mecque de l'art, et vota unanimement son accord.

Le roi et la reine acceptèrent l'invitation à en être des mécènes honoraires. Le comité d'honneur proposé par Dalí comprenait Edward James, Raymond Barre (ancien Premier ministre français), Julien Green, le biologiste espagnol et Prix Nobel Severo Ochoa, le mathématicien René Thom et le président catalan, Josep Tarradellas. Parmi ceux qui étaient invités à se joindre au bureau, il y avait en premier lieu Antoni Pitxot, Miguel Domenech et Robert Descharnes (trio que la presse surnommait déjà la « Troïka »), l'aimable cousin de Dalí, Gonzalo Serraclara, l'ancien maire de Figueres Ramon Guardiola (sans qui le théâtre-musée ne serait jamais devenu une réalité) et des représentants du Parlement autonome catalan, du gouvernement de Madrid et d'autres corps publics.

La Fondation Gala-Salvador Dalí fut officiellement inaugurée à Figueres le 27 mars 1984, et présentée le lendemain en grande pompe lors d'une cérémonie à Madrid. Dalí avait dicté un message loufoque à l'intention du roi et de la reine : « Vos Majestés : l'Espagne est une épine sanglante ; le roi, une sublime couronne de l'Espagne. Sainte Thérèse et Nietzsche pensaient que toute œuvre, pour être universelle, devait être écrite en lettres de sang. Notre sang et celui de Gala[2277]. »

S'occuper de Dalí à cette époque était un cauchemar, comme le confirment les notes inscrites dans le registre quotidien par Carme Barris, l'une des infirmières. Chaque repas était une bataille : Dalí refusait de manger et repoussait furieusement les plats, comme un enfant, même ceux préparés spécialement pour lui par l'un des meilleurs restaurants de la région, l'hôtel del Ampurdán, à Figueres, qu'Arturo Caminada allait chaque jour chercher avec la Cadillac. Il traitait épouvantablement les infirmières, leur crachait souvent dessus, et refusait de coopérer avec les médecins. Le 2 avril 1984, Carme Barris écrivait : « Dalí s'est réveillé à minuit, très énervé, et a demandé un comprimé ; quand on le lui a apporté, il l'a recraché. Il a fini par accepter de prendre un demi-comprimé à condition que le docteur prenne l'autre moitié[2278]. »

Tandis qu'il approchait de son quatre-vingtième anniversaire, le 11 mai 1984, la dépression dont souffrait Dalí s'accrut. C'est ainsi que, patraque, il refusa de recevoir les membres du comité d'honneur de la nouvelle fondation, qu'il avait choisis lui-même, lorsqu'ils arrivèrent à Púbol[2279]. Le jour de son anniversaire, il reçut des messages de félicitations du monde entier, mais ça n'améliora pas son humeur. Au contraire, il se sentit encore plus déprimé. Une jeune journaliste d'*ABC*, Blanca Berasátegui, fut autorisée à voir brièvement Dalí. Elle eut l'impression qu'on veillait extrêmement bien sur lui, et que les rumeurs qui commençaient à courir selon lesquelles il était reclus contre son gré étaient fausses. Dalí, tout simplement, voulait qu'on le laisse seul avec ses pensées. Elle découvrit qu'il était en train de lire *Paraboles et catastrophes*, de René Thom, et l'excellente monographie de Ramon Guardiola sur le théâtre-musée de Figueres, qui venait de sortir. Robert Descharnes était en ébullition : son énorme monographie *Salvador Dalí. L'Œuvre et l'Homme* était sur le point de paraître, dit-il à Berasátegui, et il était persuadé qu'avec ses mille deux cents reproductions et une grande partie de matériel inédit, il s'agirait du travail le plus important jamais publié sur le génie[2280].

Descharnes avait bénéficié d'un accès privilégié à Dalí et à ses archives (notamment à l'album de coupures de presse réunies par le père du peintre, qui lui ont épargné beaucoup de recherches). Mais il faut avouer qu'un tel accès n'a pas compensé son ignorance (et, apparemment, son indifférence) à la culture espagnole en général, et en particulier à la culture catalane, qui transparaît dans tout le livre. Il ne l'a pas empêché non plus de commettre des erreurs importantes concernant la vie et l'œuvre de Dalí, comme l'a montré Santos Torroella dans trois articles dévastateurs, et bien relayés, sur les éditions française et espagnole du livre. Ils fustigeaient non seulement le Français, mais son éditeur de Barcelone, Tusquets, pour avoir affirmé sur la jaquette du volume que Descharnes était « communément considéré comme la meilleure autorité sur l'œuvre de Dalí ». Santos Torroella citait une observation sur la sexualité infantile de Dalí qui faisait paraître ridicule la « meilleure autorité ». « Depuis la masturbation exprimée dans de nombreuses toiles jusqu'à l'autosodomie, avait écrit Descharnes, son enfance est fortement présente. » Autosodomie ? Santos Torroella n'avait jamais pensé que le Dalí des tendres années était capable de telles acrobaties sexuelles[2281].

Les hostilités avaient commencé par une lettre ouverte dans laquelle Santos Torroella critiquait Descharnes pour le catalogue chaotique d'une récente exposition Dalí à Ferrare, la première organisée sous l'égide de la nouvelle Fondation Gala-Salvador Dalí. Les trois articles ajoutèrent de l'huile sur le feu, et firent de l'éminent critique et spécialiste de Dalí le principal adversaire de Descharnes en Espagne. Elles rendirent aussi Santos Torroella *persona non grata* à la fondation[2282].

Malgré la dépression de Dalí, il y eut cet été-là des jours où soudain il rayonnait. Lors de l'une de ces journées, il déclara qu'il voulait organiser une exposition en l'honneur de son professeur du lycée de Figueres, Juan Núñez Fernández, la personne à laquelle, affirmait-il, sa carrière devait le plus. C'était une impulsion généreuse – mais le projet n'alla pas plus loin[2283].

La publication de la monographie luxueusement illustrée de Robert Descharnes augmenta beaucoup le scepticisme déjà latent en Espagne concernant l'authenticité des dernières peintures de Dalí, dont plusieurs étaient reproduites. Pour un vieil ami de Dalí, le peintre catalan J. J. Tharrats, maintenant écarté de Púbol, ces tableaux étaient non seulement mauvais, mais très différents de ce que Dalí avait fait jusque-là. De fait, on ne pouvait pas du tout les considérer comme de Dalí[2284]. Robert Descharnes rejeta cette allégation : toute sa vie Dalí avait utilisé des techniques différentes, et si son état physique dans sa vieillesse avait rendu nécessaire un changement de technique, personne n'avait le droit de douter de l'authenticité des œuvres qui en avaient résulté[2285].

Descharnes n'expliquait pas comment un artiste dont le bras droit tremblait violemment avait pu exécuter une œuvre aussi précise que *Queue d'aronde et violoncelles*, qui selon lui était la dernière toile de Dalí. Au cours des années suivantes le scepticisme devait augmenter, en particulier lorsque la Fondation Gala-Salvador Dalí commença à proclamer qu'entre juillet 1982 et la mi-1983 l'artiste avait produit une centaine d'œuvres[2286]. L'éditeur Eduard Fornés, un spécialiste de Dalí, acceptait l'idée que le peintre, peut-être pour des raisons thérapeutiques, ait pu dans une certaine mesure participer à leur élaboration. Mais l'intervention d'autres mains était indéniable, et il était donc inexact d'« affirmer qu'au cours de l'ultime stade de sa vie Dalí était capable de produire un corpus aussi important et aussi volumineux qu'ils veulent nous le faire croire[2287] ». Luis Romero était du même avis. « C'était mauvais, ça ne ressemblait à rien de ce qu'il avait fait avant, dit-il. De plus, si quand Dalí se portait bien et était optimiste, il lui fallait parfois des mois pour finir un tableau, comment aurait-il pu en peindre cent alors qu'il était presque toujours malade et incapable de rien faire ? Je n'y crois pas[2288]. »

Seul un très petit pourcentage de ces prétendues cent toiles a été exposé depuis 1984, et le reste n'a jamais été disponible pour les chercheurs. Le scepticisme de Luis Romero, de Tharrats, de Fornés et d'autres spécialistes de Dalí semble parfaitement justifié.

## UN FEU DANS LA NUIT

Dalí avait toujours redouté la mort, et maintenant il craignait de plus en plus la nuit. Il avait du mal à s'endormir, et restait des heures allongé dans le noir, appuyé sur des oreillers, seul avec ses pensées. Seul... mais théoriquement il pouvait avoir de la compagnie sur demande. À la manche droite du smoking qu'il exigeait maintenant de porter par-dessus son pyjama, les assistants de Dalí avaient fixé un câble qui se terminait sur une sonnette en forme de poire. Quand il sentait qu'il avait besoin de quelque chose, ou qu'il voulait déranger l'infirmière de service à quelques pièces de sa chambre, ou voulait parler à quelqu'un, il appuyait avec insistance sur la sonnette. Avec tant d'insistance, à vrai dire, que la sonnerie avait rendu folles une succession d'infirmières qui, malgré leurs salaires anormalement élevés, s'étaient succédé avec une rapidité compréhensible, incapables de supporter le bruit, les crises de l'artiste, ses cris, ses crachats, le fait qu'il souille son lit ou tente de leur griffer le visage. Souvent, lorsque la sonnette retentissait au milieu de la nuit, Dalí voulait juste s'assurer que l'infirmière de garde était bien là. Il est vraisemblable que celle-ci ignorait parfois la cloche et que, épuisée par ses exigences, elle laissait le vieil homme à ses propres démons. Selon Arturo Caminada, il arrivait que l'appareil soit déconnecté pour empêcher la clochette de sonner, et quand Dalí découvrait ce qui se passait, il insistait pour qu'il soit rebranché. Finalement, dit Caminada, la cloche qui rendait fou (et qui rendait impossible que qui que ce soit, nuit et jour, se repose dans le château) avait été remplacée par une lampe spéciale qui, activée par le système, lançait un éclair dans la pièce des infirmières[2289]. Il y avait toujours, à n'importe quelle heure, deux infirmières présentes dans le château, une de garde, et l'autre qui se reposait, ou qui dormait, avant de reprendre son service. La seule condition était que l'une d'elles soit toujours responsable du peintre[2290].

Le 30 août 1984, juste avant l'aube, le lit de Dalí commença à fumer. La pièce était mal ventilée et il fallut un certain temps, peut-être une demi-heure, avant que les flammes apparaissent. Au fur et à mesure que la pièce se remplissait de fumée et que le lit devenait de plus en plus chaud, Dalí prenait conscience de ce qui se passait. Il a dû appuyer frénétiquement sur la sonnette, mais elle n'était plus connectée. Il a dû essayer de hurler. Mais personne n'est venu à son secours. Il se jeta hors du lit, étouffant, et commença à ramper vers la porte menant au couloir. Puis, au pied du lit, il s'évanouit[2291].

Carme Fábregas était l'infirmière de service cette nuit-là. Elle faisait sa visite de routine pour vérifier que tout allait bien. Elle s'aperçut que de la fumée passait sous la porte et se précipita pour appeler le policier de garde, Fortunato Golpe Bañuls. Puis, par une fenêtre donnant sur la cour intérieure, elle appela Descharnes[2292]. Golpe Bañuls fonça vers la chambre de Dalí et ouvrit la porte, libérant un nuage de fumée noire. Il parvint jusqu'au lit, mais Dalí n'était pas dedans. Puis Descharnes arriva. Il y avait maintenant des flammes. Enroulés dans des serviettes humides, tous deux découvrirent Dalí sur le sol, à moitié conscient, et le tirèrent hors de la pièce[2293].

Pendant ce temps, l'autre infirmière dans la maison, Carme Barris, qui était en train de dormir[2294], appela les pompiers et les médecins de Gérone. Descharnes et Golpe Bañuls, aidés par les deux infirmières, portèrent Dalí dans la bibliothèque, où il hurla à Fábregas : « Salope ! Criminelle ! Assassine ! Je t'ai appelée sans que tu viennes ! » Malgré les insultes de Dalí, elle lui fit du bouche-à-bouche tandis que Barris effectuait un massage cardiaque. Pendant ce temps, Golpe alerta le poste de la Garde civile du village voisin de Flaçà[2295].

Tout le château risquait de prendre feu. On mit donc Dalí dans la voiture de Carme Fábregas qui le conduisit à une centaine de mètres de là pendant qu'on attendait l'arrivée des pompiers. On ne sait si Dalí continua à l'insulter, mais ça paraît probable étant donné la situation[2296]. Quand les pompiers arrivèrent, il leur fallut plus de vingt minutes pour maîtriser le feu, qui fut éteint peu après 7 heures du matin. La chambre de Dalí était presque entièrement détruite[2297].

Selon Emilio Puignau, qui vint en voiture de Cadaqués dès qu'il apprit ce qui s'était passé, la première chose que lui dit Dalí fut : « Ah, vous arrivez ! C'était ma faute ! » Puignau conclut que l'usage incessant de la sonnette par Dalí avait provoqué un court-circuit. La chaleur avait été si intense que le cadre d'un des tableaux dans sa chambre avait presque fondu[2298].

Les blessures de Dalí, des brûlures au premier et au second degré à sa jambe droite, ne furent pas considérées comme sérieuses par les praticiens locaux qui furent les premiers à l'examiner et à le soigner. Pitxot et Descharnes furent interrogés par la télévision espagnole. Pitxot, d'habitude très détendu devant les caméras, était visiblement nerveux : « Il y a eu ce matin un petit feu dans... dans la chambre de notre ami Dalí, déclara-t-il avec un sourire forcé. Et les pompiers ont même dû venir ! Mais nous sommes tous très contents de... de pouvoir dire... dire que, eh bien, que... que tout va bien, que Dalí se porte relativement bien, il... pour l'instant il se repose, il a eu très peur[2299]. »

Tout était loin d'aller bien. Vingt-quatre heures après l'incendie, sur le conseil du médecin habituel de Dalí, Juan García San Miguel, qui était arrivé à Púbol quelques heures plus tard, et de José Visa Miracle, un spécialiste des brûlures appelé de Barcelone, il fut décidé de transférer le peintre à la clinique Pilar, dans la capitale catalane[2300]. Dalí était ferme. Il n'irait à Barcelone qu'à une seule condition : qu'on le conduise d'abord au théâtre-musée de Figueres. C'était sans doute de la folie d'accéder à sa requête, qui ajouterait soixante-cinq kilomètres au trajet jusqu'à la clinique, et qui ferait perdre trois heures d'un temps peut-être vital. Mais la « Troïka », qui savait à quel point le musée et son avancée étaient essentiels pour le bien-être de Dalí, lui permit, à tort ou à raison, de faire comme il le voulait[2301]. Accompagné par Antoni Pitxot et par une infirmière, Dalí fut conduit à Figueres par Arturo, en Cadillac, et porté dans le musée sur une civière. Il était environ 10 heures du matin en ce 31 août, près de quatorze heures après l'incendie.

Parmi ceux qui attendaient Dalí au théâtre-musée, il y avait le photographe Melitón Casals Casas (« Meli »), le maire de Figueres, Marià Lorca, et l'ancien maire, Ramon Guardiola. Ils eurent l'impression que Dalí leur disait adieu. L'artiste inspecta le travail effectué depuis sa dernière visite, en particulier le bateau jaune de Gala sur son pilier, et déclara que la tour Galatée était terminée. Puis, vers 10 h 45, il repartit pour Barcelone en ambulance[2302].

Lorsque Dalí entra dans la clinique Pilar, on l'entendit murmurer encore et encore : « Martyr ! Martyr ! » Les infirmières pensèrent qu'il se croyait martyrisé. Il semble cependant qu'il exprimait son anxiété à l'idée que le manuscrit de son drame érotique, *Martyr*, qu'il gardait tout le temps sur lui, ait pu partir en flammes. Ce n'était heureusement pas le cas[2303].

Un rapport médical officiel publié le lendemain disait que les brûlures de Dalí, situées sur la jambe droite, les fesses et le périnée, touchaient dix-huit pour cent de son corps. Évoquant l'état de malnutrition du peintre (il ne pesait que quarante kilos), Miguel Domenech dit aux reporters combien il avait été difficile, depuis deux ans, de persuader Dalí de manger[2304].

Le 4 septembre, Anna Maria Dalí insista pour rendre visite à son frère à la clinique. Cela faisait plus de trente ans qu'ils ne s'étaient pas vus, et elle était sans doute la dernière personne que le peintre avait envie de voir franchir le seuil de la chambre 401. Il ne fait pas de doute qu'il lui cria de partir, ni qu'il a même ajouté « Vieille lesbienne ! », comme on l'a raconté, et qu'il a essayé de la frapper. Dalí fut si affecté par cette visite que, quelques semaines plus tard, il signa un document légal dans lequel il exposait les raisons de la mise à l'écart de sa famille. Quant à Anna Maria Dalí, elle donna à la presse un récit plus libre de cette rencontre[2305].

Selon ses médecins, l'état de Dalí était maintenant « stable ». Puis, le 5 septembre, ils annoncèrent qu'ils devaient pratiquer une longue et difficile greffe de peau sans laquelle l'artiste ne survivrait pas, étant donné une infection certaine. Ils admettaient qu'il s'agissait d'une opération à hauts risques[2306]. Le 6 septembre, Dalí assura devant un notaire public, et en présence des médias, qu'il était d'accord pour l'opération. Ses proches donnèrent aussi leur approbation[2307]. L'opération débuta le 7 septembre à 9 heures, et dura plus de six heures. Les chirurgiens étaient optimistes : grâce aux six greffes de peau, il semblait que Dalí s'en sortirait. Au cours des deux jours suivants, il y eut un peu de fièvre, ainsi que des problèmes respiratoires. Mais Dalí se battait[2308].

Tandis que d'autres informations arrivaient concernant l'incendie, on eut l'impression grandissante que l'entourage de Dalí était coupable de graves négligences. Rafael Santos Torroella demanda publiquement une enquête judiciaire sur ce qui s'était passé, et sur le contrôle exercé par Pitxot, Descharnes et Domenech sur l'artiste malade[2309]. Certains journalistes allèrent jusqu'à suggérer que Dalí avait été « kidnappé » par ses collaborateurs, qui l'empêchaient de voir sa famille et ses amis. Les membres de la « Troïka », blessés de ces accusations, répondirent en disant que, une fois la santé de Dalí rétablie, ils se défendraient eux-mêmes légalement devant leurs accusateurs. Xavier Corberó, un jeune sculpteur ami de Dalí, soutint les trois hommes. Il était persuadé, dit-il, que si jamais Dalí avait demandé à le voir, Antoni Pitxot lui aurait téléphoné immédiatement. Mais Dalí était vieux et décrépit, et il ne voulait pas que ses amis le voient dans cet état lamentable, lui qui, en public, avait toujours brillé. À sa place, Corberó aurait réagi exactement de la même façon. Il est difficile de ne pas être d'accord avec cette analyse de la situation[2310].

Le 7 septembre, le jour de l'opération, une enquête officielle fut ouverte par José Isidro Rey Huidobro, le juge de La Bisbal, afin de déterminer comment le feu avait commencé et à qui devaient être imputées les éventuelles responsabilités. Aujourd'hui, l'épais dossier peut être consulté dans les bureaux du magistrat de la ville[2311].

La veille du jour où commença l'enquête, le juge reçut la visite de Gonzalo Serraclara, le cousin de Dalí, accompagné par Rafael Santos Torroella. Sans accuser personne en particulier, Serraclara dit au juge que lui et d'autres membres de la famille de Dalí avaient le sentiment que le feu était la conséquence de négligences de la part de l'entourage de l'artiste et que, de plus, il y avait des irrégularités dans la façon dont on traitait ses affaires[2312]. Au cours des jours et des semaines qui suivirent, le juge interrogea Descharnes, Domenech et Pitxot, les infirmières Carme Fábregas et Carme Barris, les médecins qui avaient vu Dalí, Arturo Caminada, le jardinier, les pompiers, le policier Golpe Bañuls et, pour finir, Dalí lui-même.

Plusieurs dépositions établirent clairement que le système électrique fourni à Dalí pour appeler les infirmières n'était pas seulement ancien, mais extrêmement dangereux. Caminada dit au juge que si au départ Dalí ne pressait le bouton que pour appeler les infirmières, c'était peu à peu devenu pour lui un jouet. Il s'en servait même quand des gens étaient assis auprès de lui, et il l'avait soumis à de tels abus qu'il avait grillé et dû être remplacé. Cette situation s'était renouvelée. En conséquence, Caminada s'était assuré qu'il y avait toujours un système de remplacement disponible. Tout l'entourage de

Dalí connaissait la situation, insista Caminada. Il dit au juge qu'il avait prévenu Dalí qu'il risquait de mettre le feu à son propre corps, et qu'il devait changer de dispositif, mais que le peintre avait obstinément refusé de l'écouter[2313].

Sur cette obstination, tous ceux qui furent interrogés étaient d'accord : on ne pouvait l'emporter sur Dalí. Antoni Pitxot dit qu'il devenait fou furieux quand il était contrarié. Quant au temps qu'il leur avait fallu pour conduire Dalí à la clinique, Pitxot insista sur le fait que Dalí était inflexible : il n'avait accepté d'être transporté à Barcelone que s'il était autorisé à passer d'abord par son musée de Figueres. Selon Pitxot, prendre une telle décision avait été « héroïque[2314] ».

Dalí lui-même déclara que, juste avant que le feu prenne, il s'était servi continuellement de l'alarme, essayant en vain d'attirer l'attention. Selon lui, c'était cet usage insistant de l'alarme qui avait mis le feu au lit. Dans sa dernière déclaration au juge, il exonérait son entourage de toute responsabilité pour ce qui s'était passé[2315].

Le juge ne demanda pas à Carme Fábregas, l'infirmière, si elle avait vu les flashes de la lampe et n'avait pas réagi, et il est impossible de le savoir. Dans sa déclaration, elle affirma que Dalí pouvait se montrer extrêmement difficile, et que souvent il criait après les membres de son entourage, les traitant de « fils de pute » et de voleurs. Il arrivait que, lorsque ça se produisait, Arturo Caminada éclate en sanglots[2316]. Fábregas dit plus tard à la radio que, si Dalí avait été son père, elle aurait pris soin qu'il soit conduit à l'hôpital après qu'il avait été brûlé, ajoutant que dans sa maison elle n'aurait jamais gardé un système électrique aussi vétuste[2317]. Elda Ferrer, qui avait quitté le service de Dalí avant l'incendie, se rappelait qu'elle-même avait souvent fait remarquer que l'installation était très dangereuse, mais que personne ne l'avait écoutée[2318].

On demanda au docteur García San Miguel, qui s'occupait de Dalí depuis mai 1983, son opinion sur l'état physique du peintre. Il répondit que selon lui il ne souffrait physiquement d'aucune maladie particulière. Cependant, d'un point de vue psychiatrique, il avait « une personnalité psycho-pathologique avec une tendance très marquée à la dépression ». Quant aux mains tremblantes de Dalí, San Miguel expliqua que l'hypothèse de la maladie de Parkinson avait rapidement été écartée : le tremblement était avant tout la conséquence du grand âge, et empirait en cas d'excitation. De l'artériosclérose ? Oui, mais modérément, plus ou moins ce qu'on attendait d'une personne de son âge.

San Miguel confirma que, vu l'extrême entêtement de Dalí, ses assistants lui donnaient en général ce qu'il voulait en fait de médicaments, avec la seule exception du LSD « qu'il demandait afin qu'il lui inspire des images pour sa peinture ». Dalí avait toujours publiquement déclaré qu'il ne prenait pas de drogues, mais les déclarations de San Miguel suggèrent qu'il n'était pas opposé à l'idée d'un usage occasionnel. De l'avis de San Miguel, Dalí était tout à fait lucide. Mais il devait reconnaître qu'il avait une personnalité qui s'exprimait par des « actions agressives, des insultes et une tendance à se cacher dans l'obscurité[2319] ».

Les autorités judiciaires de Gérone, la capitale de la province, décidèrent de mener parallèlement une enquête complète sur « toute la situation de Dalí ». Un professeur de médecine légale de Séville, Luis Frontela, fut chargé de la tâche. Son rapport ne fut pas terminé avant février 1985. Frontela concluait, comme avant lui le juge de La Bisbal, que l'incendie avait été causé par une installation électrique défectueuse et par l'usage excessif que Dalí faisait du bouton de sonnette. Curieusement, il ne blâmait pas les assistants de Dalí de ne pas avoir insisté pour rénover le système vétuste. À la suite du rapport de Frontela, le dossier fut refermé[2320].

Cependant, il est évident qu'il y avait eu des négligences. Étant donné le danger que Dalí ne mette le feu à son lit, on aurait dû au moins installer un extincteur. Mais ça n'avait pas été fait. En ce qui concerne le remplacement du système électrique, une variante dans le style d'un babyphone, par exemple, aurait pu facilement être installée, qui aurait fourni à Dalí un micro au lieu d'une sonnette. Mais dans le dossier de La Bisbal, rien n'indique que personne ait jamais réfléchi à ce sujet. Et, de ça, la « Troïka » est en partie responsable.

Dalí resta à la clinique Pilar jusqu'au 17 octobre 1984 lorsque, sous les flashes des appareils et au milieu d'une foule de journalistes, Arturo Caminada arriva avec la Cadillac pour le ramener à Figueres.

## ENTRETIEN DANS LA TOUR GALATÉE

Selon Robert Descharnes, Dalí, juste avant l'incendie, lui avait dit qu'il voulait passer le printemps et l'automne à Port Lligat, l'hiver dans la tour Galatée, et l'été à Púbol. Il était donc assez naturel, comme l'hiver approchait, que Dalí soit maintenant installé dans l'extension du théâtre-musée, où les préparatifs pour l'accueillir avaient été menés à toute vitesse pendant qu'il était à la clinique.

La tour Galatée devait être la dernière demeure de Dalí. Malgré ce qu'il avait prévu, il ne remettrait jamais les pieds à Púbol, ni à Port Lligat. Les cinq dernières années de sa vie devaient être enveloppées d'encore plus de mystère que les deux années passées dans le château de Gala. De temps en temps, il faisait passer un communiqué que lui avaient préparé ses aides de camp, ou il annonçait qu'il écrivait un poème. Mais l'époque où il s'était délecté, pendant des dizaines d'années, d'interviews télévisées était bien finie. De plus, son apparence physique, déjà choquante, empira lorsque les médecins, désespérés par son refus de s'alimenter, l'équipèrent d'un ridicule tube nasal gastrique menant directement à son estomac. Cet appareil rendait sa parole encore plus incohérente, et lui asséchait douloureusement la gorge.

Mais sa tête restait claire, et à ce stade de mon récit on me pardonnera peut-être de donner un témoignage personnel. Pendant des années j'avais essayé d'obtenir un entretien avec Dalí, sans résultat. Enric Sabater m'avait permis d'être présent à la conférence de presse du Maestro, au théâtre-musée, le 24 octobre 1980, mais je n'avais pu parler personnellement au peintre. Quelques mois plus tard, quand je téléphonai à Port Lligat dans l'espoir d'obtenir une interview, Gala m'invita à rencontrer Dalí au Meurice quelques semaines plus tard, mais ça s'était révélé impossible. J'avais alors renoncé. Lorsque le premier volume de ma biographie de Lorca fut publié en 1985, j'en ai quand même envoyé un exemplaire à Dalí, et plus tard j'ai téléphoné à Antoni Pitxot pour savoir s'il l'avait reçu. Pitxot se montra extrêmement courtois et me dit qu'il avait apprécié le livre, dans lequel j'avais longuement traité de la relation entre lui et Lorca. Il me dit qu'il ferait son possible pour que le peintre accepte de me recevoir.

Le silence dura plusieurs mois, puis, le 15 janvier 1986, Pitxot me téléphona de la tour Galatée pour m'apprendre que Dalí venait de lui dire qu'il voulait me voir immédiatement. « Si vous ne venez pas aujourd'hui, il se pourrait qu'il change d'avis », me dit Pitxot. À 18 heures ce soir-là, après avoir pris un avion de Madrid à Barcelone et avoir foncé sur l'autoroute dans une voiture de location, je fus conduit par Pitxot, à travers un dédale d'antichambres, dans la salle où le peintre devait me recevoir.

À l'extrémité d'une chambre impériale, vêtu des pieds à la tête d'une robe de chambre de soie blanche retenue par une chaîne en or, et coiffé de sa célèbre *barretina* catalane rouge, était assis l'homme qui, enfant, aimait être habillé en roi. Ce fut une vision imposante. Et une expérience imposante de m'approcher de cette silhouette fantasmagorique, au bout d'un interminable tapis rouge.

L'aspect physique de Dalí était vraiment épouvantable. Le beau visage s'était creusé, la bouche autoritaire pendait, et de son nez sortait un fouillis de tubes de plastique. Après qu'une main tremblante eut agrippé la mienne, Pitxot s'assit d'un côté du trône tandis que je prenais place de l'autre, posant le magnétophone sur la table à côté de nous. Me fixant de ses yeux larmoyants bleu mer d'une terrible intensité, Dalí se mit à parler très vite dans un murmure presque inintelligible, mélange d'espagnol et de catalan, rendu encore plus difficile à comprendre par le battement fiévreux de sa main droite sur l'accoudoir de son fauteuil.

Une fois mon oreille accoutumée à la voix de Dalí, je saisis, avec l'aide de Pitxot, qu'il me disait à quel point Federico García Lorca l'avait aimé. L'amour que le poète lui avait porté avait été intensément physique, dit-il. Il n'était pas question d'une simple affection. Dalí avait essayé de lui rendre sa passion, mais en avait été incapable. Au lieu de ça, Lorca avait fait l'amour en présence de Dalí, ainsi que nous l'avons vu plus tôt, avec la maigre mais très séduisante Margarita Manso. Il continua en rappelant l'obsession du poète pour la mort, et sa célèbre mise en scène, étape après étape, de son agonie, de son enterrement et de sa putréfaction, à Grenade. Gala fut à peine mentionnée : c'est à Lorca que pensait Dalí. Je suis parti avec l'impression qu'il percevait son amitié avec le poète comme l'une des expériences fondamentales de sa vie.

Je suis parti aussi avec l'impression que très peu de gens, en fait peut-être seulement Antoni Pitxot et Arturo Caminada, étaient capables de comprendre ce que disait Dalí. L'enregistrement est la preuve que, en 1986, vu son énorme difficulté à articuler, et la tendance qu'il avait toujours eue à monologuer, il était maintenant impossible pour quiconque d'avoir une conversation satisfaisante avec le peintre[2321].

## DEMART PRO ARTE BV

Les droits de Dalí étaient gérés par la Société de la propriété artistique des dessins et modèles (SPADEM), à Paris. Étant donné les changements dans la loi française introduits en 1985, et sans doute aussi parce que la SPADEM fonctionnait mal, les conseillers de Dalí, en particulier Robert Descharnes, lui recommandèrent de rompre ses liens avec l'organisation et de confier ses copyrights à une compagnie créée spécialement à cette fin.

Ainsi naquit la Demart Pro Arte BV, basée à Amsterdam, avec Descharnes pour directeur. Un an plus tard, le 11 juin 1986, Dalí confia ses copyrights à la Demart jusqu'au 11 mai 2004, date de son centième anniversaire. Le contrat fut préparé par Miguel Domenech, qui dit qu'à l'époque Dalí, Pitxot et lui subissaient une « terrible pression » d'un Descharnes maintenant avide de pouvoir. Selon Domenech, il dressa le contrat aussi lentement et aussi difficilement que possible, de façon à gagner du temps et à s'assurer que le document contenait suffisamment de vérifications et de contrôles pour modérer les ambitions du Français : une validité soumise à l'approbation de l'administration espagnole compétente, un audit annuel, des clauses de pénalité en cas de manque de respect pour l'esprit du testament de Dalí, et ainsi de suite[2322].

Étant donné la large gamme de conséquences qui seraient inévitablement engendrées par le contrat, qui donnait à une compagnie étrangère le droit d'administrer les royalties de Dalí pendant dix-huit ans, il doit sembler inconcevable qu'un notaire public n'ait pas été convoqué pour assister aux signatures et pour témoigner que Dalí était en pleine possession de ses moyens lorsqu'il apposa la sienne, tremblante, à côté de celle de Descharnes[2323]. La présence d'un tel notaire n'était pas exigée par la loi espagnole, mais elle aurait pu prêter un air de sérieux à la cérémonie. L'affidavit par lequel, plus d'un an après, Miguel Domenech et l'avocat français Jacques Sinard attestaient que les signatures de Dalí et de Descharnes étaient authentiques est à peine une compensation[2324].

Même quand il était bien, Dalí n'avait jamais montré le moindre intérêt pour les contrats, ni aucune compréhension de leurs petites lignes. Ce qu'il voulait, c'étaient des avances en liquide. Il est donc difficile de croire que, malgré les tentatives de Domenech de lui expliquer le contrat, il ait pu en comprendre la nature exacte, et ses conséquences potentielles. Le peintre, de plus, était à l'époque en très mauvaise condition physique. Un mois plus tard, lorsque les médecins s'aperçurent que son cœur ne fonctionnait plus bien, un pacemaker lui fut installé en toute hâte[2325].

Ni Miguel Domenech ni Antoni Pitxot n'étaient présents à la tour Galatée lors de la signature du contrat Demart, le 13 juin 1986. Pitxot laissa entendre, dix ans plus tard, que Descharnes s'était délibérément arrangé pour qu'il soit absent ce jour-là[2326].

Le gouvernement socialiste non seulement ne harcelait pas Dalí à propos de la situation chaotique de ses impôts, mais il accorda son *nihil obstat* au contrat Demart une fois que l'avocat espagnol de la compagnie, José Briones, eut soumis au fisc, en septembre 1986, une liste des biens de Dalí en Espagne et à l'étranger[2327]. En février 1987, Dalí reçut une lettre de Carlos Solchaga, ministre de l'Économie et des Finances. « Cher Maître, commençait-elle, je suis heureux de pouvoir vous confirmer l'autorisation de régulariser la situation des biens acquis à l'étranger avant votre retour en Espagne. Ainsi que l'autorisation de la cession provisoire de vos droits à la société hollandaise Demart Pro Arte[2328]. » Commentant cette lettre, l'éditeur catalan Eduard Fornés a écrit : « Il est difficile d'imaginer comment un ministre des Finances espagnol a pu autoriser une compagnie étrangère à gérer les droits du peintre, et ainsi renoncer à un héritage qui aurait dû être administré par la Fondation Dalí. » Oui, c'est vraiment difficile[2329].

Le 6 octobre 1987, la Demart fit paraître un communiqué annonçant que la compagnie était maintenant opérationnelle. Robert Descharnes, le directeur, était « une autorité de réputation mondiale », en même temps « délégué aux relations nationales et internationales » de la Fondation Gala-Salvador Dalí. Cela semblait faire de lui l'homme idoine pour diriger la compagnie[2330].

Mais tout le monde ne pensait pas ainsi. Dans une lettre à Jordi Pujol, le Premier ministre catalan, l'année suivante, Jean-Paul Oberthür, l'ancien directeur de la SPADEM, expliqua ses doutes sur la Demart. Si la compagnie était honnête, demandait-il, pourquoi était-elle basée à Amsterdam et pas en Espagne, de préférence à la Fondation Gala-Salvador Dalí ? Pourquoi avait-elle besoin d'un bureau à Genève ? Était-ce une façon d'éviter ou de réduire la taxation ? Pourquoi un notaire n'avait-il pas été témoin de la signature du contrat par Dalí et Descharnes ? De plus, est-ce que ce n'était pas un fait que les droits garantis par Dalí à la Demart s'opposaient à la clause numéro 4 des statuts de la fondation, qui établissait qu'elle avait pour but de « promouvoir, encourager, divulguer, mettre en valeur, protéger et défendre dans le territoire de l'État espagnol et dans les autres États la production artistique, culturelle et intellectuelle de Salvador Dalí » ? Était-il vraiment crédible que Dalí ait pu souhaiter que sa propre fondation perde une partie de ses droits et de ses prérogatives ? Étant donné que le gouvernement autonome catalan était représenté dans le bureau de la fondation, pourquoi ces questions n'avaient-elles pas été soulevées publiquement ? La lettre d'Oberthür posait ces diverses questions de manière extrêmement courtoise. Mais pour autant qu'on sache, il ne reçut pas de réponse de Jordi Pujol[2331].

Reynolds Morse était un bon *businessman* et était convaincu que Robert Descharnes n'en était pas un[2332]. Descharnes devait argumenter que, dans ces années-là, tout le revenu de la compagnie passait en frais juridiques pour lutter contre les faussaires du monde entier. Un jour, la Fondation Gala-Salvador Dalí accepta de la Demart, en guise de royalties, un envoi de lithographies de Dalí de second ordre. Elles furent mises sur le marché. « Ce sont des escrocs, s'exclama Santos Torroella à la télévision, qui sortent des œuvres de Dalí auxquelles Dalí n'a aucunement contribué pas même ne serait-ce qu'en les griffant de son ongle. N'importe où, ce serait considéré comme une malhonnêteté. Et l'organisatrice de cette malhonnêteté, non seulement ici mais dans le monde entier, est la compagnie Demart. Et, comme je l'ai déjà dit dans un journal de Madrid, je ne parviens pas à comprendre comment ils ont le droit de faire ça avec l'accord des autorités espagnoles[2333]. »

Après la mort de Dalí, la direction par Descharnes de la Demart Pro Arte BV ainsi que sa personnalité fuyante furent la source de problèmes interminables avec la Fondation Gala-Salvador Dalí et le gouvernement espagnol. Finalement, en 1995, le ministère de la Culture publia un décret transférant les copyrights de Dalí à la fondation, décision ratifiée par la Haute Cour espagnole en mars 1997 après un appel infructueux de Descharnes[2334].

## LA MORT

Le 27 novembre 1988, Dalí fut admis à l'hôpital de Figueres sur le conseil de son médecin, Juan García San Miguel. Le peintre avait un accès de grippe aggravé par des complications cardiaques et pulmonaires. Il devait être placé en observation. Le directeur de l'hôpital, le docteur Carles Ponsatí, dit que si tout se passait bien Dalí serait de retour à la tour Galatée moins d'une semaine plus tard[2335].

Tout ne se passa pas bien, et l'après-midi suivant les médecins décidèrent de faire immédiatement transporter Dalí à la clinique Quirón, à Barcelone. Il y fut conduit dans une ambulance de soins intensifs si large qu'elle ne put être garée à la porte de la clinique. En conséquence, Dalí fut scruté par le public tandis qu'il était porté sur une civière, le long de la rue, sur plusieurs mètres. Les reporters munis de leurs appareils étaient prêts à capter cette vision pathétique. Un rapport médical publié à minuit déclarait que Dalí souffrait d'« une grave insuffisance cardio-respiratoire causée par l'infection et de trombo-embolismes pulmonaires ». Les médecins estimaient que la guérison du peintre serait, au mieux, « très difficile ». Dalí, entre-temps, avait demandé qu'une télévision soit installée dans sa chambre. Selon un membre de son entourage, « le malin vieillard la veut pour voir ce qu'on raconte sur sa santé[2336] ».

Il y eut beaucoup à suivre. Les bulletins des télévisions et des radios du monde entier parlaient constamment de Dalí. Des unités mobiles bloquaient les accès réservés aux ambulances. Les journaux mettaient à jour leurs dossiers sur la vie et l'œuvre du peintre. Et il y avait un flot de visites d'hommes politiques et autres notables – il y en eut tant que la clinique dut imposer des restrictions. Parmi les visiteurs, on vit le chef du gouvernement catalan, Jordi Pujol, et le maire socialiste de Barcelone, Pasqual Maragall (qui pendant des années avait attendu en vain que Dalí le nomme membre de sa fondation, afin de clarifier les relations du peintre avec la capitale de la Catalogne). « Ses yeux sont brillants et observateurs, avec une grande vitalité, dit Antoni Pitxot. C'est signe de ce qu'il veut continuer à vivre[2337]. »

Apparemment, Dalí voulait continuer à vivre, et bientôt les médecins notèrent une amélioration. Il voulait aussi voir le roi, qui à ce moment-là se trouvait en visite privée à Barcelone. Harcelée par le peintre, la fondation prépara à toute vitesse deux éditions luxueuses de quatre textes écrits entre 1985 et 1988, que Dalí brûlait de présenter au monarque : « L'alchimie de mon amour », en hommage à la reine Sophie, « Élégies à Gala », « Ode à la monarchie » et un péan au roi et à la reine intitulé « Laureada[2338] ».

Don Juan Carlos se plia aux vœux de Dalí. La visite eut lieu le 5 décembre, et le nouvel occupant de la chambre 655, qui avait été le matin même transféré de l'unité de soins intensifs, fut rehaussé sur son lit pour l'occasion. Quelques minutes avant l'arrivée du roi, Dalí demanda à Arturo Caminada de mettre de l'ordre dans sa moustache, qui était un peu ébouriffée. Très excité, il donna à Juan Carlos deux exemplaires de son livre de poèmes et lui promit qu'il se remettrait bientôt à peindre. C'est du moins ainsi qu'Antoni Pitxot interpréta les marmonnements incohérents du peintre, que le roi, comme le montre clairement le reportage télévisé, était incapable de comprendre. À son départ, Juan Carlos dit qu'il avait trouvé le peintre « très bien si l'on tient compte de la gravité de son état ». Peut-être savait-il que Dalí le regardait à la télévision[2339].

Pendant ce temps, à Turin, Giuseppe et Mara Albaretto avaient fait quelques déclarations polémiques, blâmant la « Troïka » pour ce qu'ils considéraient comme « une honteuse spéculation » sur l'œuvre de Dalí, et faisant remarquer que, contrairement à la croyance générale, Dalí et Gala, au cours de la dernière année de leur relation, en étaient arrivés à se détester[2340]. Interviewé par un magazine espagnol, Albaretto exprima l'opinion selon laquelle l'État espagnol devait intervenir immédiatement pour protéger le peintre des trois « anges gardiens » dont il était persuadé qu'ils empêchaient le peintre de voir ses véritables amis[2341].

L'amélioration de l'état de Dalí semblait se poursuivre. « Il a cessé de regarder la télévision et d'écouter la radio, déclara Marià Lorca, le maire de Figueres. Ça veut dire qu'il commence à se sentir mieux[2342]. » S'il n'écoutait pas la radio, Dalí écoutait de la musique, en particulier un enregistrement chez Maxim's de la *Serenata* et des *Millions d'Arlequins*, de Toselli. « Mettez le Maxim's », ordonnait-il à ses serviteurs. Il demandait aussi des tangos et des *cuplés* de sa jeunesse[2343].

Le 14 décembre, Dalí fut autorisé à quitter la clinique Quirón et à rejoindre la tour Galatée. Mais presque immédiatement il y eut une nouvelle frayeur quand, le 22 décembre, il fut de nouveau admis à l'hôpital de Figueres après avoir souffert d'une « légère hémorragie gastrique ». Cependant, l'alerte fut brève, et le jour de Noël il était de nouveau installé dans sa tour[2344].

Puis, aux petites heures du mercredi 18 janvier 1989, il fut de nouveau admis à l'hôpital de Figueres, avec une insuffisance cardiaque sérieuse, aggravée par une pneumonie. Toute la journée et le lendemain, son état parut stable. Selon Robert Descharnes, qui donna une interview à la radio espagnole le soir du 19 janvier, Dalí était parfaitement lucide et avait demandé à entendre les enregistrements de chez Maxim's. Marià Lorca était revenu en toute hâte de l'étranger. Après sa visite à Dalí, il se montra pessimiste : « Je ne l'ai jamais vu plus mal[2345] », déclara-t-il.

Quant à Arturo Caminada, il était tellement persuadé que Dalí était mourant qu'il téléphona ce soir-là à Joaquim et Dolors Xicot, à Púbol, afin de leur demander de commencer à faire des préparatifs pour l'enterrement dans la crypte. Les Xicot et le maire de La Pera, Benjamí Artigas, se mirent courageusement au travail : on appela de La Bisbal un technicien pour faire marcher le chauffage, et Artigas dirigea une équipe pour nettoyer les environs du château. Le moment que Púbol attendait était arrivé, et il n'y avait pas de temps à perdre[2346].

Le 20 janvier le prêtre de la paroisse, Narcís Costabella, administra les derniers sacrements. « Dalí fut grandement réconforté de recevoir les sacrements, dit-il. On le voyait dans son regard[2347]. » Tandis que la vie de Dalí s'en allait, et que les bureaux de l'*Empordà*, l'hebdomadaire de Figueres, étaient transformés en un QG *ad hoc* pour la presse internationale, deux femmes qui avaient été importantes dans la vie du peintre essayèrent en vain d'arriver jusqu'à son chevet : sa petite amie d'adolescence, Carme Roget, la victime du « plan de cinq ans » de *La Vie secrète*, et la cousine préférée de Dalí, Montserrat. « Je ne saurai jamais s'il ne voulait pas me voir, ou s'ils ne lui permettaient pas de me voir », dit cette dernière. Quant à sa sœur Anna Maria Dalí, une fracture du fémur l'empêcha de quitter Cadaqués, ce qui était peut-être préférable, car elle savait que l'entrée de la chambre lui aurait presque certainement été refusée, Dalí s'opposant constamment à l'idée de la revoir[2348].

À midi le samedi 21 janvier, la mort de Dalí étant maintenant imminente, le maire Marià Lorca donna une conférence de presse. Il avait à ses côtés Robert Descharnes, Miguel Domenech et le conseiller municipal de Figueres responsable de la culture, Francesc Calvet. Lorca fit une annonce sensationnelle. Le 1er janvier, dit-il, Dalí l'avait fait venir à son chevet à la clinique Quirón de Barcelone et, ordonnant que tous les autres sortent de la chambre, lui avait dit qu'il voulait être enterré sous le dôme du théâtre-musée, et non plus à Púbol à côté de Gala. Dalí lui avait demandé de ne divulguer à personne son dernier vœu. En quittant la chambre, il avait désobéi pour la première fois de sa vie aux ordres de l'artiste, et informé immédiatement Pitxot et Domenech, qui se trouvaient à l'extérieur. « Je ne l'ai pas dit à Descharnes car il était à Paris », ajouta Lorca. Mais on peut supposer qu'il téléphona au secrétaire de Dalí immédiatement après. Lorca dit à *La Vanguardia* qu'il avait aussi prévenu Jordi Pujol, le Premier ministre catalan[2349].

Lorca informa la presse que le dernier vœu de Dalí serait respecté, et que les préparatifs pour l'enterrement dans le théâtre-musée étaient en train. Descharnes, Domenech et le conseiller à la culture opinèrent de la tête, mais ne dirent rien. Lorca continua en alléguant qu'à partir du moment où Dalí avait quitté la clinique Quirón et avait été installé dans la tour Galatée, il avait espéré persuader le peintre d'exprimer sous forme écrite son désir d'être enterré à Figueres, mais que le moment propice ne s'était jamais présenté[2350]. Il y avait à la conférence de presse une absence notable : Lorca expliqua qu'Antoni Pitxot « avait dû sortir », mais était en « accord total » avec la décision d'enterrer Dalí dans le musée[2351].

Robert Descharnes dit à *El País* que jusqu'à une époque très récente il avait entendu Dalí répéter son désir d'être enterré à Púbol, à côté de Gala, « avec le visage recouvert », un désir précisé dans un document signé en présence d'un notaire. Mais, Dalí étant ce qu'il était, un changement de dernière minute était tout à fait crédible. Après tout, le peintre se sentait totalement identifié à son théâtre-musée de Figueres[2352].

Le document dont parle Descharnes n'a pas été publié et il ne figure dans aucun dossier du notaire de La Bisbal. Le maire de La Pera, Artigas, affirme cependant avoir le document en sa possession, et être prêt à le présenter quand viendra le bon moment[2353].

La requête explicite de Dalí qu'à sa mort son visage soit recouvert est d'un extraordinaire intérêt. Le plus grand exhibitionniste de la Terre avait tellement honte de son apparence physique au cours de ses dernières années qu'il refusait de se regarder dans un miroir, et voulait qu'aucun de ses anciens amis ne le voie. Il apparaissait maintenant qu'il avait pris des dispositions légales pour qu'à sa mort son visage soit recouvert. Cela rappelle *Visages cachés*, le masque par lequel l'aviateur John Randolph dissimulait au monde l'horreur de ses traits déformés.

Trois ans plus tard, Robert Descharnes changea quelque peu son fusil d'épaule, et écrivit qu'il avait été extrêmement mécontent de la décision d'enterrer Dalí à Figueres. Non seulement Dalí lui avait répété « une infinité de fois » son désir d'être enterré à Púbol à côté de sa muse, mais il avait même prévu pour eux, dans la crypte, un mausolée élaboré, inspiré du « tombeau des Carmélites » dans la cathédrale de Nantes. Étant donné cette insistance, écrivait Descharnes, lui et Arturo Caminada avaient persuadé Dalí, au cours des dernières années de sa vie, de dicter un document par lequel il demanderait explicitement à être enterré à côté de Gala. Descharnes ne croyait donc pas que Dalí avait changé d'avis. « La ville de Figueres, pleine d'impatience, voulait s'accrocher à son génie », écrivit-il. En d'autres termes, elle avait volé le corps. Mais si l'insatisfaction de Descharnes était arrivée aux oreilles de Lorca, de Pitxot et de Domenech au cours des semaines précédant la mort de Dalí, elle n'avait jamais atteint la presse. Et lui-même ne l'avait jamais clairement exprimée immédiatement après[2354].

Avant la mort de Gala, le peintre avait fait promettre à Antoni Pitxot qu'il ne serait pas enterré dans le même cimetière que son père, à Cadaqués, mais qu'on l'inhumerait plutôt au cimetière de Figueres[2355]. Après la mort de Gala, il avait plusieurs fois précisé à Pitxot qu'il aimerait être enterré dans son musée, malgré son insistance habituelle pour l'être à Púbol, à côté de Gala[2356]. Cependant, que Dalí ait changé d'avis ne surprit pas autrement Pitxot. « Le dernier désir de Dalí d'être enterré sous sa coupole, à Figueres, me semble merveilleux, dit-il aux reporters. Plus j'y pense, plus je suis persuadé que Dalí nous disait son vrai désir, et qu'il voulait être au centre de son musée de Figueres, qu'il aimait tant[2357]. » En 1995, Antoni Pitxot confirma qu'il était dans une pièce adjacente quand Marià Lorca était sorti avec la nouvelle que Dalí voulait être enterré dans son théâtre-musée. « Nous avons demandé à Dalí s'il souhaitait ratifier sa décision devant un notaire public, se rappelait Pitxot. Mais il a répondu que non, qu'il suffisait d'en avoir informé le maire[2358]. » Étant donné que la parole de Dalí était devenue si indistincte qu'apparemment même Caminada ne comprenait plus ce qu'il disait, il aurait été prudent, de la part de Pitxot et de Marià Lorca, de répéter immédiatement, devant un notaire assermenté, ce que Dalí venait de leur dire. En ne le faisant pas, ils ont fait le lit de spéculations qui durent encore aujourd'hui.

Dalí, ainsi que le révéla prudemment plus tard Marià Lorca, lui avait dit le même jour qu'il voulait apporter quelques modifications à son testament – mais l'ancien maire refusa de révéler lesquelles. Dalí voulait-il modifier la clause selon laquelle il laissait tout à l'État espagnol, sans référence explicite à la Catalogne ? Peut-être. José Gómez de la Serna, un notaire public qui connaissait bien Dalí et avait été témoin de deux de ses testaments, se rendit disponible en permanence au cas où le peintre voudrait le voir. Mais, selon l'entourage de Dalí, il n'exprima jamais un tel désir[2359].

La personne la plus affectée par le changement de plan concernant l'enterrement de Dalí fut sans aucun doute Arturo Caminada, qui se sentit grandement trahi par Lorca, Pitxot, Descharnes et Domenech. Caminada, plus tard, continua d'affirmer que le plus profond désir du maître, celui d'être enterré avec Gala, avait été délibérément négligé au dernier moment par les autorités de Figueres. Il était persuadé que, si Dalí avait vraiment changé d'avis, c'est lui, et pas la « Troïka », qui aurait été le premier à le savoir. Il était sûr que si on lui avait caché le nouvel arrangement, c'est que les quatre hommes savaient qu'il aurait immédiatement protesté publiquement, et peut-être même interrogé Dalí en personne[2360].

Les habitants de Púbol apprirent par la radio le changement de plan pour l'enterrement de Dalí. Le maire Artigas n'en fut pas informé officiellement. Personne dans le village ne pouvait croire que Dalí, s'il avait changé d'avis, se soit confié au maire de Figueres. Artigas avait recours à une image footballistique : il s'agissait d'une « action irrégulière » de la part de Lorca, et un but avait été injustement marqué contre Púbol. « Le señor Dalí l'aurait dit d'abord à Arturo, ou au señor Pitxot », insistait Dolors Xicot. Son mari Joaquim et elle sont toujours aussi convaincus que Figueres, en la personne de son maire Lorca, a volé le cadavre de l'artiste[2361].

L'annonce des plans pour l'enterrement de Dalí, bien en vue sous sa coupole, constitua une bonne histoire pour les médias : Dalí, l'acteur-né, le grand exhibitionniste, devait continuer à jouir dans la mort des feux des projecteurs, auxquels il avait constamment aspiré, et dans lesquels il avait évolué au cours de sa vie. Lors de l'ouverture du théâtre-musée, Dalí avait proclamé, avec sa grandiloquence coutumière : « Je veux qu'il soit le centre spirituel de l'Europe. À partir d'aujourd'hui, le centre spirituel de l'Europe est situé au centre perpendiculaire de la coupole du musée. » Apparemment, maintenant qu'il avait décidé de reposer pour toujours au cœur du « centre spirituel de l'Europe », tout ça paraissait avoir du sens[2362].

Figueres bourdonnait de rumeurs et de discussions. Pourquoi la « Troïka » n'avait-elle pas insisté pour que Dalí ratifie devant notaire son souhait d'être enterré dans son théâtre-musée ? Dalí, en dépit de ce qu'avait dit Lorca, avait dû avoir des moments de lucidité entre le 1er décembre et le mois de janvier, au cours desquels ses dernières volontés auraient pu être validées légalement. N'était-il pas possible que le maire, pensant aux bénéfices économiques pour Figueres, ait en fait suggéré à Dalí qu'il *préférerait* peut-être être enterré dans le théâtre-musée, et ait choisi d'interpréter son marmonnement, ou son geste, comme un consentement ? Et ainsi de suite.

Il n'y avait pas de consensus parmi les proches et associés de Dalí depuis plusieurs dizaines d'années. Gonzalo Serraclara était persuadé que Dalí ne pouvait avoir décidé lui-même de ne pas être enterré à côté de Gala. Peter Moore est encore plus direct : « Il n'a pas changé d'avis, ils ont changé son avis, il n'avait plus d'avis quand il a changé d'avis[2363]. » D'autres amis étaient persuadés qu'au fil des années, et en particulier au cours des cinq dernières, quand il vivait dans la tour Galatée, le musée était devenu pour lui plus important que Púbol : son changement d'avis correspondait à son désir de s'identifier pleinement, pour finir, avec sa ville natale. Ils soupçonnaient aussi que ses relations tendues avec Gala, au cours de la dernière année, avaient joué leur rôle. Rafael Santos Torroella, par exemple, dit à un journaliste : « Dalí a inventé le mythe de Gala. Peut-être ne l'aimait-il pas. Elle était sa protection contre son père. Leur relation a toujours été mouvementée. Il avait dit qu'il voulait être enterré à Púbol le visage recouvert, mais le changement qu'il a dicté au dernier moment était dalinien[2364]. »

S'adressant à un autre reporter, le même critique se rappela que Dalí s'était décrit comme « le roi des cocus ». Il était donc logique que le peintre ait voulu être enseveli dans son musée, dans la mesure où Gala avait réservé Púbol exclusivement pour ses activités érotiques avec d'autres partenaires[2365]. « Avec sa passion pour les dieux-humains, pour les pharaons, il était naturel que comme eux, il ait voulu être enterré avec ses jouets et traverser l'éternité avec eux », commenta quelqu'un d'autre[2366]. « Au cours des dernières années, Gala et lui étaient toujours à couteaux tirés, déclara Nanita Kalaschnikoff en 1995. Et pour lui Púbol ne représentait rien, c'était juste un endroit pour Gala et ses garçons. Dalí avait toujours été obsédé par son enfance, par Figueres et Cadaqués. Il aimait avant tout son musée, et je suis persuadée qu'il voulait y être enterré. C'était son centre, son rêve, il savait que s'il était enterré là il aurait plus de visiteurs et que les gens ne cesseraient de penser à lui[2367]. » Reynolds Morse était d'avis que, après les constantes disputes avec Gala au cours des dernières années, il était naturel que Dalí ait finalement choisi son théâtre-musée[2368].

Alors que la controverse faisait rage à propos de sa dernière demeure, Dalí mourut à 10 h 15 le lundi 23 janvier 1989, en présence de Miguel Domenech, Marià Lorca et Arturo Caminada. Jusqu'à la fin, il avait continué de murmurer : « Je veux rentrer à la maison », et avait écouté sa musique préférée. Sur sa table de chevet se trouvaient *Qu'est-ce que la vie ?* d'Erwin Schrödinger et son exemplaire usé des *Impressions d'Afrique* de Raymond Roussel, l'un de ses livres favoris[2369]. Selon le compte rendu médical officiel, la cause de la mort était « une insuffisance cardiaque, associée à une pneumonie, et progressant irréversiblement vers une grave insuffisance respiratoire et des troubles cardio-respiratoires[2370] ».

Quelques jours plus tôt, Caminada avait prédit avec justesse la date de la mort du maître. « Dalí mourra lundi prochain, avait-il dit, car c'est le jour où la lune commence à décroître[2371]. » Arturo était arrivé à l'hôpital à 8 heures du matin. « Je lui ai pris la main, elle était très chaude, et il m'a regardé de ses yeux magnifiques. Puis il les a fermés, dit-il. J'ai continué à lui tenir la main. Puis une chaleur étrange a pénétré son corps et il a rouvert les yeux, mais cette fois il regardait la mort, pas moi. » « Gala et lui étaient ma famille, ajouta Caminada avec une profonde tristesse. Maintenant j'ai besoin de repos[2372]. »

Le corps du peintre fut conduit presque immédiatement à la tour Galatée et allongé sur son lit. Cette nuit-là, tandis que les arrangements pour l'enterrement se poursuivaient fiévreusement, Dalí fut embaumé, comme Gala l'avait été six ans plus tôt. Le médecin chargé de l'embaumement, qui savait que Dalí avait souffert d'artériosclérose, craignait que ses artères ne supportent pas la pression des plus de sept litres de formol qui devaient être injectés. À sa grande surprise, il les trouva en tout à fait bon état. Fallait-il laisser le pacemaker ? Il fut décidé qu'étant donné l'intérêt de Dalí pour les avancées de la science et de la technologie, le gadget qui avait permis à son cœur de mieux fonctionner devait être laissé[2373].

## L'ENTERREMENT

Dalí fut enveloppé d'une simple tunique de soie beige sur laquelle des religieuses locales avaient brodé une grosse couronne d'or (rappelant le statut de noble récemment acquis par le peintre) et un « D ». Miguel Domenech expliqua que la tunique n'avait pas de signification particulière, Dalí ayant porté des vêtements semblables durant sa vie[2374].

La mort de Dalí faisait maintenant, bien sûr, la une de la presse internationale. Figueres croulait sous les reporters, et des messages de condoléances venus du monde entier arrivaient aux autorités espagnoles. Une *capilla ardiente* (« chapelle ardente ») fut installée dans l'un des halls de la tour Galatée, et fut ouverte au public le 25 janvier à 8 heures. Les journalistes furent autorisés à entrer deux heures avant. À la tête du cercueil ouvert se trouvait un rideau mauve contre lequel était accrochée la croix processionnelle de Figueres. L'embaumeur, le docteur Narcís Bardalet, était content de son travail, et raconta aux reporters qu'il avait voulu donner l'impression que le peintre était endormi et que, avec un peu de chance, la momie resterait dans un état correct au moins deux cents ans. Il est certain que Dalí était magnifique, quoique un peu pâle. Son visage n'était presque pas ridé, son expression était sereine, et les pointes de sa moustache soigneusement taillée étaient relevées vers le haut, signe de confiance. Il avait les mains croisées sur le ventre. Sa main droite était cachée, et seuls trois doigts de la gauche sortaient du linceul blanc. Les ongles étaient résolument sales. Arturo Caminada trouvait Dalí « très joli », mais insistait sur le fait que le maître n'aurait pas aimé être exposé aux regards du public. Dalí, expliqua-t-il, avait déclaré qu'il ne voulait ni fleurs ni photographes, et qu'il souhaitait que son visage mort soit recouvert. Aucun de ces souhaits n'avait été respecté. Le lendemain, les journaux racontèrent que quelque quinze mille citoyens avaient défilé dans la salle pour jeter un dernier regard à l'enfant le plus célèbre et le plus extravagant de Figueres[2375].

Pendant ce temps, des dissensions s'élevaient au sein de la fondation. On s'était mis d'accord sur le fait qu'aucune photo ne serait autorisée avant l'embaumement, mais maintenant on murmurait que Robert Descharnes n'avait pas obéi à la règle, et avait pris une photo exclusive qu'il s'apprêtait à vendre à *Paris Match*. Descharnes refusa de dire à un reporter s'il était ou non coupable, et lui répondit par un cryptique : « Pourquoi ne prendrais-je pas une photo d'un ami pour la conserver[2376] ? » Auprès d'un autre, il nia franchement l'avoir fait. Pendant ces moments-là, l'ingérence indiscrète de Descharnes et ses interventions tapèrent sur les nerfs de beaucoup. Il se conduisait comme s'il avait été la seule personne habilitée à prendre des décisions au nom de Dalí. Le fait qu'il était français empirait les choses, et il y avait dans l'air des marmonnements chauvins, notamment sur le fait qu'il possédait les copyrights de Dalí. Le sentiment était répandu que les héritiers des biens de Dalí, dont on pensait encore qu'il s'agissait de l'administration centrale et de l'administration catalane, annuleraient le contrat Demart sous prétexte qu'il n'était pas rempli. Miguel Domenech dit aux journalistes que c'était tout à fait possible[2377].

La chapelle improvisée fut fermée le 26 janvier à 15 heures. Arturo Caminada regarda une dernière fois Dalí et, en pleurant, lui recouvrit le visage d'un linge en dentelle[2378]. Le couvercle du cercueil fut alors vissé. À 16 h 35, la procession funéraire, conduite par Jorge Semprún, le ministre de la Culture, par Jordi Pujol, le Premier ministre catalan, et par quelques notabilités politiques de moindre importance, émergea de la tour Galatée. Il pleuvait et la place était pleine à craquer. Il y avait des reporters et des caméras de télévision partout. Derrière le cercueil, porté par quatre employés du théâtre-musée vêtus d'uniformes resplendissants dessinés par l'artiste, marchait la minuscule et frêle silhouette de sa cousine Montserrat Dalí, enveloppée dans un manteau de fourrure. Il n'y avait pas grand chemin à faire – il suffisait de traverser la place pour arriver à l'église de Sant Pere, où Dalí avait été baptisé.

Le côté Domènech de la famille n'avait pas été invité aux funérailles, soit intentionnellement, soit à la suite d'un énorme oubli, et quand ils arrivèrent à l'église on leur refusa l'entrée. Il y eut une scène tendue, et finalement on les laissa y pénétrer. Felipe Domènech, le cousin de Dalí, se plaignit immédiatement après dans une lettre à *La Vanguardia*, et aujourd'hui encore le sang des membres de la famille bouillonne quand ils se rappellent la façon dont ils ont été snobés, cet après-midi-là, à Figueres. Leur colère contre Robert Descharnes et Miguel Domenech, qui avaient apparemment refusé leur présence après la cérémonie, est sans limites[2379].

C'est Narcís Costabella, qui quelques jours plus tôt avait administré les derniers sacrements, qui officia pour le service funéraire en catalan. À la fin, quelques mots furent ajoutés en espagnol et en français. Si quiconque s'attendait à une manifestation surréaliste, il s'était bien trompé : ce fut une cérémonie lugubre et sérieuse, et le bref sermon n'avait pas une once d'humour tandis que le prêtre s'étendait sur la contribution de « notre frère Salvador » au monde de l'art. Les seuls sur le premier banc à montrer ouvertement leur émotion étaient Jordi Pujol, qu'on vit de temps en temps se tamponner les yeux, et Antoni Pitxot. Cachés derrière au milieu du public, et hors du champ des caméras, il y avait cependant quelques amis proches de Dalí qui vécurent là un moment particulièrement émouvant. Nanita Kalaschnikoff était venue de Marbella accompagnée par une amie française de Dalí, Miette, et par Carlos Lozano, qui fut horrifié par la présence de tant d'« hommes gris » qui n'avaient jamais connu Dalí. Reynolds et Eleanor Morse, les yeux humides, avaient l'impression d'avoir été traités avec un manque de respect choquant par l'entourage de Dalí. Peter et Cathy Moore étaient là eux aussi, ainsi que les Albarreto et Michael Stout. Quant aux absents, on ne vit pas Enric Sabater (Stout fut cité disant qu'il avait été trop froussard pour se montrer), ni Amanda Lear, ni Pierre Argillet qui, furieux du refus de Robert Descharnes de le voir quelques heures plus tôt[2380], était rapidement rentré dans son château des environs de Paris où, par une nuit de Saint-Jean, il devait mettre en scène une étonnante extravagance surréaliste en l'honneur de Dalí et de son œuvre. Mais l'absence la plus notable était celle d'Anna Maria Dalí, qui était restée chez elle sous prétexte que son fémur lui rendait tout déplacement impossible. Elle annonça qu'elle ferait dire une messe à Cadaqués à la mémoire de son frère, à laquelle seuls les véritables amis du peintre seraient invités.

Le vœu de l'artiste qui ne voulait pas de fleurs fut respecté. La vidéo des funérailles montre cependant qu'une fois la tombe scellée, une branchette fut posée, presque subrepticement, sur la pierre tombale. Il s'agissait de camomille, qui pousse à profusion à Port Lligat[2381].

Quelques jours après, dans une déclaration à *La Vanguardia*, Enric Sabater expliqua qu'il s'était tenu à l'écart des funérailles non pas par lâcheté, mais par respect pour Dalí. Le peintre n'aurait pas aimé la cérémonie organisée à la fondation, dit-il, et Arturo Caminada était la seule personne à avoir respecté le vœu du maître de ne pas être vu mort. Sabater dit qu'il assisterait à la messe organisée par Anna Maria Dalí à Cadaqués : « Je considère que c'est celle que le señor Dalí aurait préférée, car sa famille et ses amis seront là, sans les gens qui désirent apparaître dans les médias[2382]. »

Comme il l'avait promis, Sabater assista à la messe à Cadaqués le 30 janvier. Il dit à un journaliste qu'il allait écrire un livre sur ses relations avec Dalí, et qu'il jetterait quelques pavés dans la mare. Puis il disparut. On dut attendre six ans pour entendre à nouveau parler de lui, et son livre, s'il l'a écrit, n'a jamais été publié[2383].

Même avant la mort de Dalí, on s'intéressait plus au contenu de son testament qu'à ses bilans médicaux. La loi espagnole exige que quinze jours se passent avant la lecture des testaments, mais deux hebdomadaires populaires espagnols, *Cambio 16* et le journal à scandale *Interviú*, eurent accès au document (on n'a jamais su comment). « DALÍ DÉSHÉRITE LA CATALOGNE », proclamait la une de *Cambio 16* le matin du 30 janvier. L'intérieur du journal donnait de nombreux détails. À Barcelone et à Figueres dominaient la fierté blessée et la colère[2384], tandis qu'à Madrid la satisfaction perçait : la capitale allait acquérir une exceptionnelle collection d'excellents Dalí (elle n'avait alors que quatre toiles), et sans avoir à verser une peseta. Les nouvelles n'auraient pu être meilleures. En Catalogne, la mauvaise humeur débordait. Max Cahner, le ministre de la Culture catalan, traita le gouvernement central de « force d'occupation » qui avait volé la Catalogne, et Jordi Pujol, le Premier ministre catalan, dit : « Nous savons que nous avons été trompés, mais nous ignorons par qui[2385]. »

Les Catalans sont de bons négociateurs, habitués aux compromis. Lorsque le contenu du testament fut annoncé officiellement, ils lancèrent une enquête pour voir ce qu'on pouvait faire[2386]. Jorge Semprún, le ministre de la Culture éclairé de Felipe Gonzáles, fit tous les efforts possibles pour aboutir à une conciliation. Le compromis, évidemment, favorisait Madrid, qui se tailla la part du lion, en s'attribuant notamment *Le Grand Masturbateur*. Les Catalans n'admirent jamais complètement que le testament n'avait pas été trafiqué par Madrid afin de les déshériter. En 1994, Jordi Pujol déclara à la télévision : « Nous avons été trompés, et nous savons par qui. » Il continuait en impliquant Miguel Domenech et le gouvernement central dirigé par son beau-frère, Leopoldo Calvo-Sotelo. Au cours des sept ans passés avant la mort de Dalí, disait Pujol, Domenech ne lui avait jamais laissé entendre qu'il y avait eu le moindre changement depuis le testament de 1980, dont tout le monde savait qu'il partageait équitablement l'héritage entre Madrid et la Catalogne[2387].

Non seulement le testament de Dalí ne laissait rien de particulier à la Catalogne, mais il ne laissait rien non plus à ceux qui avaient été les plus proches de lui, ou qui l'avaient servi le plus fidèlement, ou qu'il appréciait le plus. Arturo Caminada entrait mieux que quiconque dans toutes ces catégories – et ne reçut pas une peseta, malgré la rumeur, publiée dans la presse, selon laquelle Dalí l'avait pourvu[2388]. Des années plus tôt, Peter Moore avait donné à Caminada une petite voiture, car il estimait injuste que le serviteur le plus fidèle de Dalí fasse toujours à bicyclette les allers et retours à Cadaqués. « Pourquoi lui donnez-vous une voiture alors que je vais le rendre riche ? » avait demandé Dalí, ajoutant qu'il comptait prendre soin de lui dans son testament[2389].

Arturo n'arrivait pas à croire que, après près de quarante ans auprès de Dalí, il ait pu être exclu de l'héritage. Emilio Puignau l'accompagna à La Bisbal, où le notaire, Foncillas Casaus, leur montra le testament. Il n'y avait aucun doute. Rien. De retour dans la voiture, choqué, Caminada dit à Puignau : « Le señor Dalí n'a jamais aimé personne. » En guise de consolation, il fut engagé par la Fondation Gala-Salvador Dalí afin de s'occuper de la maison vide de Port Lligat. Mais ce ne fut pas une consolation. Il mourut moins de deux ans après, le 14 décembre 1990, âgé seulement de cinquante-sept ans. Durant ces deux ans, il garda sa dignité et refusa d'être interviewé par des journalistes – il connaissait plus de secrets que personne au monde sur la vie domestique de Dalí. Caminada est enterré au cimetière de Cadaqués, et les gens du coin attribuent sa mort à son cœur brisé[2390].

Anna Maria Dalí, elle aussi, dut être blessée que Dalí, pour finir, n'ait pas fait dans son testament un geste de réconciliation. À Figueres, on pensait généralement qu'elle le contesterait, mais elle ne l'a jamais fait. Après la messe qu'elle fit dire pour son frère à Cadaqués, elle se retira dans sa maison d'Es Llané et mourut un an plus tard. Elle avait attendu le dernier moment pour dire au docteur Vergara qu'elle avait un cancer du sein. « Qu'avez-vous fait là, Anna Maria ? » lui avait-il demandé, atterré. « Après l'opération, elle a refusé de manger, comme Salvador, et s'est laissée mourir peu à peu. Tous deux sont morts de ce que j'appelle le syndrome de Dalí. Les Dalí étaient un peu paranoïaques, sentaient une menace tout au fond d'eux-mêmes. Soudain, comme ça, ils lâchaient pied[2391]. »

# Épilogue

Les deux tiers de ce livre sont consacrés aux premières trente-six années de la vie de Dalí. Cette structure s'est imposée d'elle-même, au fil de ma recherche. L'œuvre de Dalí, après son départ en Amérique en 1940, est devenue, quoique certains aient pu penser à l'époque, de plus en plus répétitive et pleine de clichés. La chroniquer de façon rigoureuse aurait été extrêmement fastidieux, pour moi comme pour le lecteur. Il fallait évidemment raconter l'histoire, mais il était impératif de la comprimer. Les biographes à venir inverseront-ils la tendance, et trouveront-ils plus d'intérêt à la production et à la vie de Dalí tard dans sa carrière ? J'en doute. Mais je peux me tromper.

Dalí aimait voir en lui un génie complet, universel. « Moi qui suis à notre époque le génie à la spiritualité la plus vaste, l'authentique génie des temps modernes », nous dit-il confidentiellement dans la préface de *Journal d'un génie* (1964)[2392]. Quatre ans plus tard, parlant à Louis Pauwels, il se définissait apparemment comme « un homme ayant une vision du monde et une cosmogonie et habité par un génie capable d'entrevoir la complète structure des choses ». Cependant, Dalí n'a pas prétendu constamment être un génie de la peinture. En 1979, il a déclaré à la télévision espagnole : « Je suis un très mauvais peintre parce que je suis trop intelligent pour être un bon peintre. Pour être un bon peintre, il faut être un peu bête. » Il ajouta alors qu'il était bien meilleur comme écrivain.

Dalí n'était pas un génie total. Sa compréhension si souvent proclamée des progrès scientifiques était pour le moins précaire, ainsi qu'il lui est arrivé de le reconnaître. Son mysticisme, « nucléaire » ou autre, était à peine plus qu'une escroquerie. Son écriture est souvent embrouillée et confuse, même revue par André Breton, Haakon Chevalier et Gala. Il n'était pas un poète, et il le savait. Son affirmation étrange sur la gare de Perpignan et la séparation des continents, si elle était drôle à l'époque, semble aujourd'hui pathétique. Il avait certainement le sens de l'humour ; c'était un excellent conteur ; il faisait souvent de bonnes blagues et trouvait fréquemment des bons mots (Mondrian : « Piet ? *Niet!* »). Mais les histoires, les blagues et les bons mots étaient usés jusqu'à la corde, tandis qu'il les répétait encore et encore au cours des dîners, à la radio, à la télévision, dans les interviews des magazines (« Picasso est... communiste. Moi non plus » ; « La seule différence entre Dalí et un fou, c'est que DALÍ N'EST PAS FOU » – c'est devenu lassant). Plusieurs observateurs ont remarqué que Dalí avait tendance à s'entourer de gens intellectuellement médiocres. C'est vrai. De tels parasites ne le contrariaient pas. Ils avaient pour unique fonction de paraître éblouis, et ils paraissaient éblouis. Il n'a jamais été question qu'ils défient l'homme derrière le masque de l'exhibitionniste. Aucun véritable intellectuel n'aurait supporté les bouffonneries de Dalí, ni ses ratiocinations. Et Ramon Guardiola n'aurait pas dû s'étonner de l'absence quasi totale de véritables artistes et écrivains à l'inauguration du théâtre-musée.

J'ai soutenu que derrière le masque se dissimulait un être qui avait honte. Peut-être n'ai-je pas bien plaidé ma cause. On peut dire de la honte qu'elle est le moins connu des sentiments humains parce qu'elle se cache à elle-même (c'est la « double honte » de Helen Merrell Lynd). Quelqu'un qui a honte ne peut admettre publiquement qu'il a honte. Comment donc sonder ses profondeurs ? Que la honte soit un composant majeur de Dalí est plus explicite dans *La Vie secrète* que lui-même ne le pensait, ou n'avait l'intention de le révéler, et on en trouve de nouveaux indices dans *Visages cachés*, au titre significatif. Mais ce sont ses toiles et ses dessins qui en fournissent le plus de preuves, à partir du *Jeu lugubre*. Là, Dalí met au jour sa propre honte, et l'offre aux regards.

Aucun autre peintre dans l'histoire n'a fait ça, et on peut même penser qu'en décrivant la honte, et en nous forçant à contempler ses sources et les souffrances qu'elle induit, Dalí a accompli sa plus grande contribution à la civilisation.

Dalí a gardé tenacement son masque toute sa vie durant, ou presque, et ce faisant il s'est montré cruellement insensible aux exigences de la décence et de l'honnêteté. Sa pose le forçait à tordre la vérité, et même parfois de trahir ceux qui se croyaient ses amis. Elle impliquait qu'il minore sa dette envers Breton et le surréalisme, ou qu'il nie avoir contribué au contenu anticlérical de *L'Âge d'or*, ou qu'il se fasse passer pour un mystique catholique. Ça voulait dire prostituer son talent. Ça voulait dire frauder.

« Le señor Dalí n'aimait personne », commentait tristement Arturo Caminada en s'apercevant qu'après une vie de dévouement il n'avait pas reçu une peseta. Il est impossible d'aimer quelqu'un qui n'aime personne. Dalí était admiré, porté aux nues, adulé ; choyé par les riches et les puissants, et même par des rois. Mais comme sa constitution ne lui permettait pas d'exprimer de la tendresse, il en recevait peu en retour. Tandis qu'il était allongé dans la tour Galatée, qu'il attendait la fin, bardé de tuyaux, se rappelait-il la prédiction de son père, qu'il mourrait seul, pauvre, sans ami ? Selon Miguel Domenech, son avocat, Dalí, au cours des dernières années, devait toujours être rassuré quant à sa richesse.

Et Gala ? Reynolds Morse a écrit que c'est elle qui a fait de Dalí « le géant qu'il est devenu ». C'est sans doute en partie la vérité. Elle l'a aidé à assumer, du moins pour un temps, ses anxiétés sexuelles, et son courage, son sens pratique et son ambition dévorante ont été vitaux pour le lancer sur le chemin du succès, et pour l'y maintenir. Si elle n'était pas entrée dans sa vie au moment où elle y est entrée, les choses auraient sûrement été différentes. Le problème, c'est que Gala demeure une énigme, malgré les trois livres qui ont été publiés sur elle. Si l'autobiographie à laquelle Dalí, en 1949, a affirmé qu'elle avait travaillé pendant quatre ans voyait le jour, nous en apprendrions plus sur elle, peut-être même beaucoup plus. Ce qui est vrai aussi du journal que, selon Amanda Lear, Gala tenait (en russe). Mais jusque-là il n'est pas question de trésor caché. La destruction des lettres de Gala à Éluard (sauf les premières, heureusement) n'arrange pas les choses, ni le fait que, pendant plus de cinquante ans, elle a obstinément refusé de parler aux journalistes de ses relations avec Dalí. Il est triste de penser que nous n'en saurons peut-être jamais davantage sur cette femme secrète.

Ainsi, à la fin du voyage, quel est le bilan, maintenant que l'acteur est mort, les clowneries et les pitreries terminées, que les négociations n'enflamment plus Paris et New York ? Il est évident qu'en ce qui concerne la peinture de Dalí, ses œuvres exécutées entre 1926 et, approximativement, 1938 sont ses plus grandes réussites, magnifiques et sublimes, et celles qui lui valent notre admiration et, oui, notre gratitude. Quant à ses écrits, il reste une dizaine d'articles théoriques, l'essai sur *L'Angélus* de Millet, et surtout *La Vie secrète de Salvador Dalí*. Tout cela accompli avant ses quarante ans.

Et tout a été fait sous l'influence du surréalisme, qui a commencé à s'exercer sur lui avant l'apparition de Gala et la rencontre avec Breton. Rétrospectivement, on peut dire que le surréalisme, avec son désir de sonder, de libérer et d'exprimer les profondeurs de la psyché aussi bien que d'*épater le bourgeois**, était exactement le stimulus dont avait besoin le jeune Dalí. Son obsession pour les détails minutieux et le don qu'il avait pour les exécuter l'avaient préparé à être le Meissonier des rêves. Et le programme surréaliste de subversion morale était fait pour attirer profondément quelqu'un qui détestait l'Église et l'État, et était convaincu, comme Freud, que le véritable héros est le fils qui s'oppose à son père, et l'emporte sur lui. Et vaincre Salvador Dalí Cusí était certainement une entreprise de dimension épique.

Dalí était au sommet de son art quand il partageait les idéaux surréalistes, quand il appliquait leur programme en suivant à la lettre la loi bretonienne, et contribuait activement aux activités du groupe et à sa détermination à changer le monde. L'expérience surréaliste a endigué son égotisme, inspiré ses efforts les plus généreux et, brièvement, l'a rendu plus ouvert aux autres et à leurs besoins.

Durant les douze années environ qu'il a passées dans l'orbite des surréalistes, Dalí a créé des images d'horreur, de déséquilibre mental et d'aliénation sexuelle sans pareilles chez les autres peintres. Son scénario de base, une plage de cauchemar, avec son assortiment féerique de bois flotté, d'ombres violentes et de contours précis, ses perspectives profondes, son aridité et ses présences humaines angoissées – tout ça peint laborieusement, dans le moindre détail –, est l'une des icônes les plus dérangeantes et les plus inoubliables de notre époque, comme Hitchcock l'a rapidement compris. Elle continuera certainement à hanter l'humanité.

Ce scénario est aussi un hommage à l'Alt Empordà que Dalí a admirée frénétiquement depuis son enfance, et à laquelle il restera à jamais associé : Cadaqués, Port Lligat et la sauvagerie minérale du cap de Creus, l'étrange théâtre d'illusions d'optique qui lui a appris qu'une chose peut en être une autre et où, un jour du printemps de 1925, Anna Maria et Lorca avaient mâché leurs sandwiches sous l'« Aigle ».

Dalí n'a jamais pu oublier Lorca, dont la présence pénètre son œuvre, et dont le fantôme l'accompagne jusqu'à la fin. Peut-être sa plus grande tragédie est-elle de ne pas avoir été capable d'aimer suffisamment le poète avant qu'il ne soit trop tard.

# Remerciements

Je remercie tout d'abord Faber and Faber qui, à travers les personnes de Matthew Evans, Robert McCrum et Julian Loose, ont cru suffisamment en moi pour me donner les moyens de réaliser ce livre. Il a pris plus de temps que prévu, et je suis reconnaissant à Faber de leur patience.

Au sommet de cette liste doit apparaître aussi Antoni Pitxot, directeur du théâtre-musée Dalí à Figueres, sans la généreuse complicité duquel je n'aurais jamais bénéficié des confidences de Dalí en 1986. Il m'a été constamment d'un immense secours tandis que je travaillais à cette biographie.

Ce livre est dédié à la grande autorité sur Dalí, Rafael Santos Torroella, et à sa femme Maite. Il ne pourrait en aller autrement : non seulement Santos Torroella a suggéré que je fasse suivre ma biographie de Lorca par une biographie de Dalí, mais, tandis que je bataillais sur le livre, il a toujours été prêt à m'aider grâce à sa vaste connaissance du peintre et de son univers. Maite non plus ne m'a jamais fait défaut : son esprit clair, son excellente mémoire et sa juste appréciation des gens n'ont cessé d'être d'une importance vitale. Quant à mon épouse, Carole, à qui le livre est aussi dédié, elle a une fois de plus supporté avec courage le poids de mes hauts et de mes bas de biographe, et a confirmé son statut de meilleure critique. Je lui ai promis de ne plus jamais m'embarquer dans un travail d'une telle ampleur.

Un merci particulier à Ute Körner, mon agent littéraire, et à son assistante Guenny Rodewald : leurs encouragements ont eu pour moi une valeur inestimable.

J'ai une énorme dette envers l'ancien secrétaire et « conseiller militaire » de Dalí, le capitaine Peter Moore, et envers sa femme Catherine. Ils ont été la générosité même, et ont supporté avec une énorme patience mes interminables questions, demandes de documents et autres requêtes.

Nanita Kalaschnikoff, la femme la plus importante pour Dalí après Gala, a été une merveilleuse collaboratrice. D'interminables discussions avec elle, au fil des années, à Marbella, à Londres, à Figueres, à Cadaqués et à Paris, m'ont aidé à comprendre bien des facettes de la personnalité de Dalí qui, sans elle, m'auraient échappé.

Ce livre aurait été beaucoup moins riche sans la collaboration généreuse de Reynolds et Eleanor Morse, et de l'équipe du musée Salvador Dalí de St. Petersburg, Floride, où Marshall Rousseau, Joan Knopf, Peter Tush et Carol Butler m'ont apporté une aide infaillible. Au musée, Reynolds Morse m'a accordé le rare privilège de consulter son monumental *Dalí Journal*, qui, à sa publication, sera notre principale source d'informations de première main concernant l'artiste et son univers compliqué. La bibliothèque et la collection de coupures de presse des Morse m'ont aussi apporté une aide inestimable.

Tout comme l'aide et les encouragements prodigués au Musée national centre d'art Reine Sofía (MNCARS) à Madrid par Miguel del Valle Inclán et Antonio Majado, qui ont répondu à mes incessantes demandes de photocopies avec une efficacité et une générosité sans faille. Ce sont des collaborateurs de ce genre qui justifient parfois la vie angoissante des biographes.

D'autres amis m'ont aidé à Madrid. José Bello, dont la mémoire, à quatre-vingt-dix ans, était étonnante, fut un puits d'informations concernant Dalí, Lorca, Buñuel et l'époque de la Résidence des étudiants (l'actuel directeur de la Résidence, José García Velasco, a été pour moi plusieurs fois un hôte parfait, et merci aussi à Ana Gutiérrez). Angeles Vian Herrero, bibliothécaire de la faculté des beaux-arts à l'Universidad Complutense, m'a montré des dossiers relatifs aux années que Dalí a passées à l'Académie royale des beaux-arts de San Fernando. La Hemeroteca Municipal a été formidable, comme d'habitude, et je suis particulièrement reconnaissant à Matilde López Adán. Alberto et Conchita Reig Tapia m'ont aidé de plus d'une façon. José Gómez de la Serna a mis à ma disposition ses compétences de notaire public, m'a appris à localiser les testaments de Dalí, et la ministre de la Culture, Carmen Alborch, a gagné ma profonde gratitude en priant les autorités concernées de répondre à mes demandes.

Je suis redevable à Miguel Domenech Martínez, l'avocat de Dalí, qui dans un long entretien m'a aidé à mieux comprendre divers aspects des complications légales entourant le retour définitif des Dalí en Espagne, au début des années 1980.

En passant par la côte est de l'Espagne, je dois remercier la Fondation Gala-Salvador Dalí à Figueres, et en particulier Fèlix Fanés, alors directeur du Centre d'études daliniennes, qui m'a permis de travailler dans les archives avant qu'elles soient officiellement ouvertes aux chercheurs, et à sa collègue Montserrat Aguer. Je suis également reconnaissant à Ramón Boixadós, à Ana Beristain, à Margarita Ruiz Combalía et à Luis Peñuelas. J'ai déjà mentionné Antoni Pitxot.

De même, à Figueres, une aide importante m'a été fournie à la Bibliothèque municipale Fages de Climent, où Mari Angels Vayreda et Maria Luïsa Vidal ont veillé à tous mes besoins de recherche avec une sollicitude qui allait bien au-delà de la simple efficacité professionnelle. Narcís Oliveras i Terradas et sa femme ont compensé une déficience notable de la bibliothèque en me permettant gracieusement de travailler sur leur unique et complète collection de l'*Empordà Federal*. Erika Serna i Coba, bibliothécaire de l'Arxiu Històric Comarcal, m'a fait bien des faveurs. Il en va de même d'Eva Astarloa, de l'Arxiu Històric Municipal. Maria Asunció Trayter m'a conduit au stéréoscope appartenant à son ancêtre Esteban Trayter, et qui avait tant impressionné Dalí enfant. Alicia Viñas m'a fait visiter le musée de l'Empordà, et m'a fait rencontrer sa tante Carme Roget, la première petite amie de Dalí adolescent. Josep Maria Joan Rosa m'a accompagné au Molí de la Torre, la résidence des Pichot. Alfons Romero s'est révélé une mine d'informations sur la ville natale de Dalí. L'hôtel Durán, le pied-à-terre de Dalí à Figueres, m'a procuré du repos, et je suis reconnaissant à Luis Durán, à sa femme et à son équipe de plusieurs heures d'agréable conversation à propos de Dalí, de Figueres, de la tramontane et d'autres sujets, y compris celui des vins de la région. L'historien Antoni Egea Codina m'a aidé à recueillir des informations concernant les premiers Dalí à Llers. À Cadaqués, Rosa Maria Salleras m'a fourni des informations fascinantes à propos du jeune Dalí, et de son horreur des sauterelles. L'expérience de première main qu'avait Carlos Lozano de la cour de Dalí à Paris et à Cadaqués a été inestimable. Pere Vehí a généreusement partagé avec moi sa vaste connaissance de Dalí, et ses remarquables archives (je n'oublierai jamais les heures passées au bar Boyà, où quelque chose qui ressemble à la folie dalinienne s'empare du chercheur imprudent). Entre autres faveurs, c'est lui qui m'a permis de prendre contact avec Enric Sabater, le deuxième secrétaire de Dalí et l'un des hommes les plus fuyants que j'aie pu rencontrer. Je lui adresse mes remerciements pour cela, et pour d'autres services.

En ce qui concerne la structure géologique du cap de Creus, avec ses métamorphoses qui ont tant influencé Dalí, je suis redevable à Miguel Angel Casares López, qui s'est donné beaucoup de mal pour me faire une liste de lectures.

Tout près, à Roses, Kiko Fransoy Molina, du cadastre, n'a jamais failli quand je l'assaillais de demandes de photocopies concernant les propriétés de Dalí.

Barcelone, évidemment, a été un autre centre important d'opérations. La contribution à mes recherches de feu Montserrat Dalí, la cousine préférée de Dalí, a été immense. Non seulement elle m'a fourni la petite empreinte d'histoire familiale, mais elle m'a aidé aussi à comprendre les sentiments de Dalí sur la Catalogne et sur l'Espagne. Je me souviens avec un immense plaisir d'elle et notamment des déjeuners prolongés et fructueux aux Tres Portes. Plus tard, Eulalia Maria Bas i Dalí, sa fille, a généreusement mis à ma disposition des documents de famille. Le parent de Dalí Gonzalo Serraclara de la Pompa, lui aussi, a été une inestimable source d'informations. Sans lui, je n'aurais jamais compris les années barcelonaises du père du peintre. En ce qui concerne le côté maternel de la famille, les connaissances, les archives et la générosité de Felipe Domènech Biosca ont été fondamentales.

Toujours à Barcelone, l'éditeur Eduard Fornés a été un allié vital. Aux Archives diocésaines, le père Leandre Niqui Puigvert a été d'une aide décisive en me permettant de retrouver la trace des papiers ecclésiastiques concernant le second mariage de Salvador Dalí Cusí (merci aussi au père Josep Maria Martí Bonet). L'équipe de l'Arxiu Històric de la Ciutat (Casa de l'Ardiaca) s'est montrée courtoise et efficace, malgré des conditions de travail difficiles. Maria Lluïsa Bachs Benítez s'est révélée assidue dans la recherche du certificat de mariage de Salvador Dalí Cusí et de Felipa Domènech, ainsi que d'autres documents, et Víctor Fernández Puertas m'a été d'une grande aide en m'envoyant ses plus récentes découvertes dans le champ des études daliniennes. Je lui suis aussi reconnaissant de m'avoir dirigé vers le musée Abelló à Mollet del Vallès, dont les archives Dalí, alors en large majorité inédites, devaient se révéler d'un grand intérêt pour mes recherches. Mes remerciements sincères à la fois à Joan Abelló Prat et à sa secrétaire, Victoria Pérez. Ainsi qu'à Lluís Permanyer, qui m'a procuré des informations utiles et un enregistrement de son interview essentielle avec Dalí, et qu'à Josep Playà i Maset, auteur d'un excellent petit livre sur Dalí et l'Empordà, et Dalí en tant qu'Empordain, que j'ai toujours gardé sous la main afin de ne pas me tromper sur des détails. À la bibliothèque de Catalogne, le directeur, Manuel Jorba, et son équipe ont été charmants et efficaces.

Au sud de Barcelone, à Sitges, autrefois le foyer de *L'Amic de les Arts*, María Saborit a été une hôtesse charmante à la Bibliothèque populaire Santiago Rusiñol. Je me souviens avec nostalgie d'avoir travaillé dans la salle Miquel Utrillo, avec sa collection complète de *Destino*.

À la « famille italienne » de Dalí, Giuseppe et Mara Albaretto et leur fille Cristiana, je dois une compréhension plus profonde non seulement de Dalí, mais des relations de Gala avec William Rothlein. Ce fut un privilège d'être reçu dans leur maison de Turin, et de voir une partie de leur collection.

Un merci tout particulier à Michael Dibb et à Louise Allen, dont les encouragements furent inestimables tandis que nous travaillions ensemble aux deux films Omnibus sur Dalí réalisés pendant l'écriture de ce livre. Faire des interviews pour le projet Omnibus m'a rapproché de personnages clés du monde de Dalí, et les commentaires de Mike et de Louise sur ces personnages, dont nous avons fini par apprécier un grand nombre, étaient toujours pertinents. De même que ceux de Chris Swain, le monteur du film.

Durant ces cinq années de recherches, mon vieil ami Eutimio Martín, à Aix-en-Provence, a toujours été présent, gardant un œil sur les nouvelles publications en France, me faxant des articles et me suggérant fréquemment de nouveaux champs à explorer. Eutimio a organisé la localisation du certificat de mariage de Dalí et de Gala à Paris et a fini par en obtenir une copie, une opération très difficile qui a requis l'assistance de Gérard Dufour, de la faculté d'Aix-en-Provence, et d'Antonio Portanet. Un grand merci à tous les trois. Je n'aurais jamais imaginé qu'en France il y ait encore autant de paperasse.

Mon récit de la collaboration de Dalí et de Buñuel aurait été beaucoup moins satisfaisant sans les livres et la collaboration d'Agustín Sánchez Vidal, qui est sans aucun doute l'autorité mondiale sur le metteur en scène.

À la Fondation Edward James, à West Dean, dans le Sussex, l'archiviste Sharon-Michi Kusunoki s'est montrée la courtoisie incarnée.

À Paris, Didier Schulmann et Nathalie Schoeller ont fait en sorte que je puisse voir les catalogues surréalistes du Centre Georges-Pompidou, et Yves Péret, alors directeur de la Bibliothèque littéraire Jacques-Doucet, et son assistant M. Bertonnier m'ont été utiles tandis que je passais des journées à me frayer un chemin dans les lettres de Dalí à Breton. À la National Gallery of Scotland, à Édimbourg, j'ai été traité avec la même courtoisie tandis que je lisais attentivement l'autre moitié de la correspondance ; j'en remercie en particulier Patrick Elliott.

À New York, Michael Stout m'a généreusement accordé, ainsi qu'à l'équipe d'Omnibus, une grande partie de son temps et de sa connaissance des dernières années de Dalí.

C'est un plaisir de remercier Dawn Ades, David et Judy Gascoyne, Michael Raeburn et Marilyn McCully pour leur partage d'informations.

Donald S. Lamm, mon éditeur américain, m'a fait des commentaires très utiles au stade des épreuves.

J'espère que ceux dont les noms suivent, qui m'ont aidé d'une façon ou d'une autre, me pardonneront de ne pas expliquer ce que je dois à chacun. Merci à tous et à chacun – et à toute personne que j'aurais pu oublier par inadvertance.

Bernard Adams, Conxa Alvarez (bibliothèque de l'Université de Barcelone), John Anderson, Narcís-Jordi Aragó, Manuel Arroyo, Benjamí Artigas, April Ashley, Henriette Babeanu, Francisco Badia, Àngel Baró i Noguer, Joella Bayer, feu Isidor Bea, Blanca Berasátegui, Josep Maria Bernils, Jesús Blázquez, Juan Manuel Bonet, Juan et Michèle Borrás, Domingo Bóveda (du collège La Salle, Figueres), Juan Luis Buñuel, Humphrey Burton, Pere Buxeda, José Luis Cano, Juan Caño Areche, Màrius Carol, Narcís Castella Calzada, Cate Arries, Elizabeth et David Challen, François Chapon, William Chislett, Louis Adrean (du musée d'Art de Cleveland), Carmina Virgili (du Colegio de España, Paris), Cathy Coleman, Miguel et Carola Condé, Jesús Conte, Xavier Corberó, Fleur Cowles, Peter Crookston, feu Anna Maria Dalí Domènech, Andrew Dempsey, José Díaz, James Dickie, feu Felipe Domènech Vilanova, Carlos Dorado, Luis Durán, Cécile Éluard, Isidre Escofet, Ramón et Sara Estalella, Alberto Estrada Vilarasa, Duncan Fallowell, José Fernández Berchí, Luis Ignacio Fernández Posada, Firmo Ferrer, Mosén Xabier Ferrer, Albert Field, Miquel Figueres i Xuclà, Dolores Devesa (de la Filmoteca Nacional, Madrid), Joan Florensa, Raimundo Fortuny Marqués, José Luis Franco Grande, Paul Funge, la Fondation Federico García Lorca à Madrid, Tomás García García, Pere Garriga Camps, Daniel Giralt-Miracle, Montserrat Gómez, Thomas Glick, Emilio Gómez G. Mallo, feu Maruja Gómez G. Mallo, Carlos Gonzales, María Luisa González, feu Jean-Éric Green, feu Julien Green, David et Marie-Jeanne Harley, Linda Ashton (du Harry Ransom Humanities Research Center, université du Texas à Austin), L. P. Harvey, Edmond de La Haye Jousselin, Miguel Hernández, Michael D. Higgins, Miquel Horta, Frank Hunter, Rafael Inglada, Enric Jardí, Xavier Jiménez, feu Paz Jiménez Encina de Marqina, Allen Josephs, Richard Kidwell, Marc Lacroix, Carlton Lake, Michael Lambert, Donald Lamm, John Liddy, Mark Little, Tomás Llorens, Bernabé et Cecilia López García, Ana-Galicia López López, Anja Louis, Juan de Loxa, feu Peter Luddington, Rosa Maria Malet, señor et señora Marín Asensio, Josep Maria Marques (de l'Archivo Diocesano, Gérone), José María Martínez Palmer, feu Juan Ramón Masoliver, George Melly, Quim Miró, César Antonio Molina, Sean et Rosemary Mulcahy, Billy O. Hanluain, Helen Oppenheimer, Karl Orend, Enrique et María Dolores Orio Trayter, Guillermo de Osma, Inés Padrosa Gorgot, Pandora, Juan Pérez de Ayala, José Pierre, Justo Polo, Emilia Pomés Palomer, Jaume Pont Ibáñez, Fernando Pérez Puente, María Carmen García-Redondo Pasual (de la RTE), Luis Revenga, Edward C. Riley, Luis Romero, Robert Royal, señor Romeu (de la librairie Casa del Libro à Barcelone), Francesc Ros, Luis Saiz, Christopher Sawyer-Lauçanno, Teresa Serraclara Pla, Norio Shimizu, Béatrice et Georges de La Taille, Xavier Tarraubella, Andréu Teixidor de Ventós, Joan Tharrats, Hugh Thomas, Clifford Thurlow et Iris Gioia, Javier Tomeo, Mosén Pedro Travesa, Joan Trayter, Gillian Varley (de la Victoria and Albert Museum Library), Chelsea E. Vaughn, Dr Manuel Vergara, Jaume Vidal Oliveras, Joan Vives, Robert Whitaker, Marian White (de la Tate Gallery Library), Phil Wickham (du British Film Institute), Jordi Xargayño Teixidor, Joaquim et Dolors Xicot, Carlos A. Rodriguez Zapata.

L'auteur voudrait aussi remercier la Compañia General Fabril Editora, Buenos Aires, pour *La arboleda perdida. Libros I y II de memorias*, de Rafael Alberti ; Change International/Équivalences, Paris, pour *Dali : Inédits de Belgrade*, par Branko Aleksić ; les éditions Gallimard, Paris pour « *Angelus* » ; Paidos, Buenos Aires, pour *Dalí desnudado*, par Alain Bosquet ; les éditions Gallimard, pour *Le Surréalisme et la peinture, nouvelle édition revue et corrigée 1928-1965* et *Œuvres complètes*, 4 volumes, par André Breton ; les éditions Robert Laffont, Paris, pour *Mon dernier soupir*, par Luis Buñuel ; The Ecco Press, New York, pour *The Passionate Years*, par Caresse Crosby ; Dasa Edicions, F. L. pour *The Secret Life of Salvador Dalí* ; Quartet Books, Londres, pour *The Unspeakable Confessions of Salvador Dalí*, par Salvador Dalí ; Random House UK Ltd. pour *The Diary of a Genius*, par Salvador Dalí, traduit par Richard Howard ; les éditions Gallimard pour *Lettres à Gala* et *Œuvres* complètes, 2 volumes, par Paul Éluard ; le Museum of Modern Art, New York, pour *Fantastic Art, Dada, Surrealism*, édité par Alfred H. Barr Jr., essais par Georges Hugnet ; Paragon House, New York, pour *In Quest of Dalí*, par Carlton Lake ; les héritiers de Federico García Lorca pour les extraits de l'œuvre de Lorca : « Oda a Salvador Dalí » ; « Thamar y Amnón » (*Romancero gitano*) ; « Muerto de amor » (*Romancero gitano*) ; « Oda a Walt Whitman » ; et « Panorama ciego de Nueva York » (*Poeta en Nueva York*) par Federico García Lorca dans *Obras Completa*, et extraits de *Epistolaria completo*, copyright © héritiers de Federico García Lorca. Traduction en anglais par Ian Gibson, copyright © Ian Gibson et héritiers de Federico García Lorca. Droits réservés. Pour des informations concernant les droits et les autorisations des œuvres de Federico García Lorca, contacter William Peter Kosmas, Esq., 77 Rodney Court, 6/8 Maida Vale, London w9 ITJ. Black Sparrow Press pour « Explosion of the Swan, Salvador Dalí on Federico García Lorca », par Gerard Malanga, from *Sparrow*, 35 ; Editorial Juventud, Barcelone, pour *Vivencias con Salvador Dalí*, par Emilio Puignau ; Editorial Planeta, Barcelone, pour *Lorca-Dalí. Una amistad traicionada*, par Antonina Rodrigo ; Editorial Juventud pour *El mundo de ayer*, par Stefan Zweig ; la British Broadcasting Corporation pour l'interview de Dalí par Malcolm Muggeridge, dans « Panorama » ; la London Weekend Television pour « Hello Dalí! », dans « Aquarius ».

1. Beya i Martí, *passim*.

2. Les volumes reliés en vélin contenant les registres paroissiaux de Llers étaient conservés, lorsque je les ai consultés, à la résidence du prêtre (*casa parroquial*) de la nouvelle ville. Mosén Pere Travesa, prêtre de la paroisse en 1993, m'a dit que les registres les plus anciens avaient été perdus lors de l'un des nombreux conflits entre la France et l'Espagne.

3. *Arxiu Historic de Girona*, *Protocolos notariales de Figueres*, vol. 16, 12 avril 1558 ; aux mêmes archives, *Protocolos de Figueres*, vol. 571. Merci à l'historien don Antonio Egea d'avoir généreusement attiré mon attention sur ces documents.

4. Lake, p. 21 ; Byron, p. 186, pour Dalí Mamí.

5. Lear, p. 180.

6. Dalí, dans Descharnes, *The World of Salvador Dalí*. Pour d'autres références, voir *JG*.

7. Lake, p. 21.

8. *VS*.

9. Annuaire du gouvernorat de Tunis, 1996, p. 402 ; consultations à l'ambassade algérienne, Madrid, 1996. Merci à mes amis Bernabé et Cecilia López d'avoir exploré pour moi l'annuaire marocain.

10. *Diccionari de la llengua catalana*, Barcelone, Enciclopèdia Catalana, S.A., 1982.

11. Pour Dalí « sauveur » de l'art moderne, voir *VS* ; *AI* ; *Manifeste mystique*. Pour Dalí et « délice », voir *AI* ; *JG* ; Dalí et Pauwels *Les Passions selon Dalí* ; Lear, *L'Amant Dalí*, p. 204.

12. *Llibre de Nupcias de la Iglesia Parroquial de Santa Julia y Sta Basilissa de la Vila de Llers*.

13. Je ne suis pas parvenu à trouver trace de la naissance de Pere Dalí Raguer dans les registres paroissiaux de Llers. Son certificat de décès nous apprend qu'il est mort le 17 février 1830 à l'âge de quarante-cinq ans – ou quarante-huit, l'écriture n'est pas claire (*Llibre 3º de obits 1814-1854*, f. 103 v.).

14. Remerciements à don Joan Vives, natif de Llers, qui m'a fait visiter les vestiges de la ville et m'a fait remarquer la maison des Dalí. Pour des informations utiles sur l'histoire et le destin de Llers, voir Beya i Martí.

15. *Llibre de baptismes de la Parroquial Igla de Cadaqués, Bisbat de Girona, que comensa lo dia quatre Janer del Any 1801, y fineix dia 25 Juliol de 1825*, 24 janvier 1804, f. 23 v.

16. *Libro de Desposorios de la parroquia de Cadaqués*, livre 3, f. 238. Le mariage eut lieu le 1er juillet 1817.

17. *Llibre de baptismes de la Parroquial Igla de Cadaqués, Bisbat de Girona, que comensa lo dia quatre Janer del Any 1801, y fineix dia 25 Juliol de 1825*, f. 139. Salvador Manuel Sebastià Dalí Cruanyes fut baptisé le 19 janvier 1822.

18. *Libro de Desposorios de la parroquia de Cadaqués*, livre 3, f. 341 v. Le mariage eut lieu le 12 juillet 1843.

19. Certificat de naissance de Gal Josep Salvador Dalí, petit-fils de Josep Viñas, *Libro 7º de bautismos, 1825-1851*, 2 juillet 1849, f. 188 v.

20. Pla et Dalí, *Obres de museu*, p. 61.

21. Rahola y Tremols, p. 9 ; Pla, « Cadaqués », p. 11-12.

22. Ferrer, *Cadaqués des de l'arxiu*, p. 17.

23. Pla, « Cadaqués », p. 80-81.

24. Ferrer, *Cadaqués des de l'arxiu*, p. 16-33.

25. *Ibid.*, p. 43.

26. Registres paroissiaux de Cadaqués, *Libro 7º de bautismos, 1825-1851*, 30 mars 1846.

27. *Ibid.*, 2 juillet 1849, f. 188.

28. Merci à don Gonzalo Serraclara de m'avoir procuré la date de naissance de sa grand-mère, Catalina Berta ; Teresa Cusí Marcó était née à Roses le 13 juillet 1841 (*Empordà*, Figueres, 18 juillet 1995, p. 31).

29. Aniceta Francisca Ana mourut le 8 septembre 1872. Registres paroissiaux de Cadaqués, *Libro de obitos*, livre 5, f. 60.

30. Salvador Dalí Cusí fut baptisé le 3 novembre 1872. Registres paroissiaux de Cadaqués, *Libro IX de bautismos de la Iglesia Parroquial de Cadaqués, años 1867-1884*, f. 89.

31. Rafael Dalí Cusí fut baptisé le 1er février 1874. Le document affirme que ses parents n'étaient liés que par un mariage civil. *Libro IX de bautismos de la Iglesia Parroquial de Cadaqués, años 1867-1884*, f. 105.

32. Registres paroissiaux de Cadaqués, *Libro 5 de Desposorios de la parroquia de Cadaqués*, f. 55 et verso. La cérémonie religieuse eut lieu le 25 mars 1874.

33. Conversation avec doña Montserrat Dalí, Barcelone, 26 novembre 1992.

34. *JGA*, p. 145.

35. Registre cadastral, Roses, propriété nº 651 (Cadaqués).

36. Conversation avec la peintre doña Roser Villar, Figueres, 28 juin 1886.

37. Cette information pittoresque nous a été fournie par don Luis Durán, à l'hôtel Durán, à Figueres, en janvier 1993.

38. Díaz i Romañach, p. 12-13.

39. Teixidor Elies, p. 166.

40. À partir d'ici, les mots et expressions en italique suivis d'un astérisque sont en français dans le texte original.

41. Lomas, p. 34 ; Romero et Ruiz, p. 73.

42. Cité par Teixidor Elies, p. 496.

43. Conversations au sujet de Gal avec doña Montserrat Dalí, Barcelone, 1991-1992.

44. Les informations de ce paragraphe viennent essentiellement de *Barcelona*, de Hughes, p. 325-327. Pour la citation, *ibid.*, p. 322.

45. On trouve une copie du *bachillerato* de Salvador Dalí Cusí dans son dossier de l'université de Barcelone.

46. On trouve une copie du *bachillerato* de Rafael Dalí Cusí dans son dossier de l'université de Barcelone.

47. Conversation au sujet de Gal avec doña Montserrat Dalí, Barcelone, 1991-1992.

48. Détails dans Serraclara.

49. Conversation au sujet de Gal avec doña Montserrat Dalí, Barcelone, 1991-1992.

50. Gibson, « Un paranoico en la familia? ».

51. *Ibid.* ; registre civil de Barcelone, 1886, n° 899.

52. Conversation au sujet de Gal avec doña Montserrat Dalí, Barcelone, 26 novembre 1992.

53. Don Gonzalo Serraclara m'a affirmé que, bien qu'ils aient été des amis intimes, Salvador n'avait jamais abordé avec lui le sujet de Gal. Et doña Montserrat Dalí m'a dit qu'il ne lui en avait jamais parlé non plus.

54. Dalí et Pauwels, p. 24.

55. Conversation enregistrée avec doña Montserrat Dalí, Barcelone, 26 novembre 1992.

56. Concernant le fait qu'Oller admet qu'il s'agit d'un roman à clé, voir l'introduction par Carmen Arnau de l'édition mentionnée dans la bibliographie.

57. Dossier de Salvador Dalí Cusí à l'université de Barcelone.

58. Dossier de Rafael Dalí Cusí à l'université de Barcelone.

59. Vayreda, « Com és Salvador Dalí? », p. 13.

60. *La Vanguardia*, Barcelone, 14 décembre 1896, p. 1.

61. Ce compte rendu des personnalités des deux frères vient principalement de nombreuses conversations avec doña Montserrat Dalí, et des souvenirs de Josep Pla dans « Salvador Dalí, una noticia » (dans *Homenots*) ; *Obres de museu* ; et, de façon sporadique, d'autres ouvrages.

62. Conversations enregistrées avec doña Montserrat Dalí, Barcelone, 1991-1992.

63. Dossier de Salvador Dalí Cusí à l'université de Barcelone.

64. Lettre de Salvador Dalí Cusí à sa mère et à la famille Serraclara, datée du 6 novembre 1911. Je suis reconnaissant à doña Montserrat Dalí de m'avoir donné accès à ce document d'une inestimable valeur biographique dans lequel don Salvador insiste sur le fait que son père, Gal, a laissé à sa mort la somme nécessaire pour subvenir à l'entretien de sa famille et à l'éducation de ses enfants.

65. Pour ce récit, je suis Hughes, p. 421-422.

66. *La Vanguardia*, Barcelone, 14 décembre 1896, p. 1.

67. Hurtado, p. 32.

68. Conversation téléphonique avec don Antoni Pitxot, Cadaqués, juillet 1993.

69. Dossier de Josep Pichot à l'université de Barcelone.

70. Conversation avec don Antoni Pitxot, 1993 ; Pla, *Vida de Manolo*, p. 75-76 ; Pla, « Cadaqués », p. 98.

71. Montero Alonso, p. 10-11, 49-50, 96.

72. Sur le certificat de mariage de son fils Ricardo, en 1919, on peut lire qu'Antonia Gironès, décédée, était née à Figueres (registre civil, Figueres, section 2, livre 43, f. 118). Cela m'a été confirmé par don Antoni Pitxot lors de nos nombreuses conversations.

73. Le recensement des habitants (*padrón de habitantes*) de Figueres en 1900 indique que, cette année-là, Josep Pichot Gironès et Angeleta Gironès Bofill habitaient déjà en ville, 4, Calle Barceloneta. Selon le document, ils étaient nés respectivement en 1869 et 1871.

74. Conversation avec don Antoni Pitxot, Cadaqués, 1993. Doña Anna Maria Dalí soutenait aussi énergiquement ce point de vue (voir Guillamet, *Vent de tramuntana, gent de tramuntana*, p. 114).

75. Doña Montserrat Dalí m'a affirmé que, si son oncle Salvador avait toujours voulu retourner à Cadaqués, son père, comme Gal, avait juré de ne jamais y vivre, à cause de la tramontane. Peut-être craignait-il lui aussi les effets du vent sur ses émotions. En 1935, Rafael se rendit à Cadaqués et écrivit à sa fille : « Sans la tramontane, mon village serait un paradis. » Archives de la fille de Montserrat Dalí, doña Eulalia Maria Bas i Dalí, Barcelone.

76. Le Collège des notaires de Barcelone nous a aimablement fournie la date de l'intégration de Dalí Cusí. Le reste des renseignements concernant ses différents postes se trouve dans son dossier au ministère de la Justice, à Madrid.

77. Le certificat de mariage (paroisse de Santos Justo y Pastor, Barcelone) dit qu'elle a été baptisée dans la paroisse de San Jaime le 26 avril 1874. Je dois le récit de la rencontre des amoureux à don Gonzalo Serraclara, Barcelone, 26 mai 1993.

78. Il est mort le 6 octobre 1887. Copie de son certificat de décès aimablement fournie par les archives diocésaines de Barcelone. Merci à l'archiviste, le père Leandre Niqui Puigvert, et au directeur, le père Josep Maria Martí Bonet.

79. *AMD*, p. 36, 86-87.

80. *Ibid.*, p. 86.

81. Tel est l'avis aujourd'hui de la famille Domènech. Conversation avec don Felipe Domènech Vilanova et avec son fils, don Felipe Domènech Biosca, Barcelone, 24 octobre 1993.

82. Conversation avec don Felipe Domènech Biosca, Barcelone, 1993 ; *AMD*, p. 36.

83. Conversation avec don Felipe Domènech Biosca, Barcelone, septembre 1993.

84. *Ibid.*

85. *Ibid.* ; *AMD*, p. 36.

86. Copie du certificat de mariage gracieusement fournie par les Archives diocésaines de Barcelone.

87. Détails tirés de Romero et Ruiz, p. 20.

88. *Ibid.*, p. 76 ; Teixidor Elies, p. 295.

89. Pour des précisions sur le Sport, voir Teixidor Elies, p. 57-62.

90. Certificat de naissance du premier Salvador Dalí, reproduit par Rojas, p. 298-299.

91. Certificat de décès du premier Salvador Dalí, reproduit par Rojas, p. 300-301.

92. « Cronica local », *El Regional*, Figueres, 9 août 1903, n° 893 ; archives des enterrements à la mairie de Figueres.

93. Reynolds Morse, cité dans le catalogue *Surrealism in the Tate Gallery Collection* ; Morse, *The Dalí Adventure*, p. 212.

94. Certificat de naissance reproduit par Rojas, p. 302-303.

95. Je remercie mon ami Víctor Fernández de m'avoir fourni une copie du certificat de baptême.

96. *VS*, p. 2.

97. *AI*, p. 12.

98. La toile est reproduite dans *DOH*, p. 361.

99. Dans sa biographie de Dalí, Meryle Secrest a affirmé que les parents de Dalí (peut-être surtout don Salvador) étaient « absolument convaincus que leur fils mort était ressuscité » et avaient fait en sorte de mettre cette idée dans la tête « de la jeune âme flexible » (p. 21). Rien ne soutient une affirmation aussi ridicule. Secrest affirme que, en appelant le bébé du nom de son frère, les Dalí défiaient les

conventions et appelaient une sorte de malédiction sur l'enfant. « Dans cette partie de l'Espagne, il n'est pas traditionnel de donner à un enfant le nom de son père, et encore moins le nom d'un enfant mort », nous affirme-t-elle, avant d'ajouter : « À vrai dire, on voit ça comme une malédiction, car on pense que le destin du mort sera celui du deuxième fils » (*ibid.*). C'est parfaitement faux. En Catalogne, comme dans le reste de l'Espagne, les enfants reçoivent souvent le prénom de leur père et, même s'il n'est pas courant qu'un enfant soit appelé du nom de son défunt prédécesseur, il ne s'attache à cette pratique aucune superstition particulière, surtout si ce nom est courant dans la famille. S'il y avait eu de telles craintes, il aurait été inconcevable que les Dalí agissent de cette façon. Secrest affirme que Felipa Domènech était « violemment opposée » à cette reprise de prénom, pensant que la vie de son second fils avait ainsi été « mise en péril ». Cette affirmation ne repose sur aucune source. Si Felipa avait été si violemment opposée à ce choix, il est difficile d'imaginer que même don Salvador Dalí Cusí, avec toute sa force de persuasion, aurait pu l'y contraindre.

100. *AMD*, p. 9-22 et *passim*.

101. Dalí, *Ninots. Ensatjos sobre pintura*, cité par Dalí, Anna Maria, *Noves imatges de Salvador Dalí*, p. 75.

102. *AMD*, p. 12.

103. Maria Anna Ferrés et sa fille Catalina apparaissent pour la première fois dans le registre de la ville (*Padrón de habitantes*) en 1911, f. 177. Selon cette archive, elles vivent depuis un an au 20, Calle Monturiol (Arxiu Històric Municipal, mairie de Figueres).

104. *Padrón de habitantes*, mairie de Figueres, 1906, f. 109.

105. Dalí, Anna Maria, *Noves imatges de Salvador Dalí*, p. 34, 40.

106. Lear, *Le Dalí d'Amanda*, p. 183.

107. *VS*, p. 5-6. La date de naissance d'Ursula Matas, le 12 juin 1890, est donnée par le *Padrón de habitantes*, mairie de Figueres, 1906, f. 109. Celui de 1910, f. 176, ne mentionne plus la famille Matas au 20, Calle Monturiol.

108. *AMD*, p. 11-12.

109. *VS*, passage absent de la version de Déon.

110. *Ibid.*, p. 54.

111. *AMD*, p. 19-20.

112. *VS*, chap. 5. Anna Maria Dalí se souvient aussi que Llúcia racontait des histoires à Salvador (*AMD*, p. 36).

113. Reproduit en couleurs dans *MEAC*, I, n° 11, p. 20. Pour Llúcia, voir Jiménez et Playà i Maset, « Dalí vist des de l'Empordà – Llúcia Gispert de Montcanut », *Hora Nova*, p. 39.

114. *AMD*, p. 9 pour les paroles.

115. *Ibid.*, p. 12-14.

116. *Ibid.*, p. 16.

117. Conversation avec doña Nanita Kalaschnikoff, Marbella, 13 septembre 1995 ; Lear, *Le Dalí d'Amanda*, p. 159.

118. *AI*, p. 35 ; Bernils i Mach, *Figueres*, p. 77 ; *AMD*, p. 35.

119. *VS*, p. 12. On vit la comète la nuit du 20 mai 1910. Selon *La Veu de l'Empordà*, 22 mai 1910, elle n'était pas visible de Figueres, à cause d'un orage.

120. *AI*, p. 30.

121. *VS*, p. 1.

122. *Ibid.*, p. 32.

123. *Ibid.*, p. 33.

124. *Ibid.* Don Pere Buxeda, possesseur d'une magnifique collection de vieilles photographies de Figueres, en possède une qui représente une partie de la collection d'œuvres romanes de Trayter. Quant à l'information concernant le mauvais caractère de Darwin, de Lafayette et de Trayter, je la dois à mon amie doña Maria Asunción Trayter Sabater, petite-fille du professeur (Figueres, octobre 1993).

125. Dalí, « La vérité sur le mythe de Guillaume Tell. Toute l'histoire de mon exclusion du groupe surréaliste », p. 179. Dalí répète ce paragraphe presque mot pour mot dans *JG*, p. 20.

126. Lorsque les commentaires de Dalí sur son père furent reproduits dans un article de *La Vanguardia*, sa fille, María Trayter Colls, enseignante dévouée comme son père, écrivit au journal une lettre irritée (15 avril 1972), insistant sur le fait qu'il n'avait jamais été athée, et que nombre de ses anciens élèves, encore vivants, pouvaient l'attester.

127. Conversation avec doña Maria Asunción Trayter Sabater, Figueres, octobre 1993.

128. Pour l'athéisme et la libre-pensée de don Salvador, voir *VS*, p. 33 ; *JG*, p. 20.

129. *VS*, p. 33.

130. *Ibid.*, p. 36.

131. *Ibid.*

132. Un grand merci à mon amie doña Maria Asunción Trayter Sabater, qui m'a permis de retrouver la trace du stéréoscope, qui est maintenant en la possession de don Enrique Orio Trayter, de Barcelone. Ce dernier m'a montré l'instrument et m'a permis de m'en servir.

133. *VS*, p. 37.

134. *Ibid.*, p. 41.

135. *Ibid.*, p. 38.

136. *Ibid.*, p. 45.

137. Lynd, par exemple, insiste particulièrement sur cet aspect de la honte. Voir p. 24, 33, 50, 64 et *passim*.

138. *VS*.

139. Lynd, p. 67.

140. *VS*, p 41-42.

141. *Ibid.*

142. Romero, *Dedálico Dalí*, p. 10.

143. Conversation avec don Gonzalo Serraclara de la Pompa, Barcelone, 9 mai 1992. M. Serraclara a refusé de me laisser lire cette correspondance, qui comprend une cinquantaine de lettres, m'affirmant que lui-même avait l'intention de la publier. Il est mort en 1996 sans l'avoir fait.

144. On trouve une photographie de ces arbres dans *VS*.

145. *AMD*, p. 16.

146. *Ibid.*, p. 16-17.

147. Conversation avec don Gonzalo Serraclara de la Pompa, Barcelone, 26 mai 1992.

148. *VS*, p. 11.

149. *Ibid.*, p. 14.

150. Conversation téléphonique avec don Antoni Pitxot, qui était né dans cette maison, 28 août 1993. Anna Maria Dalí l'a aussi décrite comme un paradis à Joan Guillamet, citée par Gómez de Liaño, « En la casa del arte », p. 26.

151. Ma source concernant ces fausses couches est doña Paz Jiménez Encina, la fille de Lluís Pichot, 20 août 1983, Madrid.

152. *VS*, p. 62.

153. Palau i Fabre, p. 60. Don Antoni Pitxot m'a confirmé cette information lors de nos nombreuses conversations.

154. Les détails de l'achat se trouvent dans le registre cadastral de Roses, propriété n° 1236 (Cadaqués), qui dit qu'il a eu lieu en 1908. Il est cependant possible que l'acquisition ait été effectuée plus tôt (à cette époque, comme me l'ont affirmé les autorités de Roses, l'achat était inscrit quelques années après la vente réelle). Selon Palau, qui tenait ses informations des Pichot, la maison d'origine fut construite en 1899, sur des plans de Miquel Utrillo. Il n'a pas été possible de corroborer cette date, mais comme on sait que Pepito Pichot ne s'installa à Figueres qu'en 1900, elle semble improbable.

155. Palau i Fabre, p. 60 ; conversation avec don Antoni Pitxot, Cadaqués, 1993 et 1994.

156. Stein, *The Autobiography of Alice B. Toklas*.

157. Richardson, *A Life of Picasso*, I. Une magnifique photo de Germaine Gargallo, aux alentours de 1900, est reproduite par Richardson, p. 162.

158. Reproduit en couleurs, *MEAC*, I, p. 24 ; *DOH*, p. 29.

159. Mes remerciements à don Antoni Pitxot, avec qui j'ai observé cette photographie dans sa maison de Cadaqués en 1993, et qui, au fil des années, m'a donné des informations sur sa famille.

160. Palau i Fabre, p. 60-61.

161. Les informations concernant l'étable viennent de la femme qui faisait la cuisine pour les Dalí à l'époque, et m'ont été transmises par son gendre, Miquel Figueres, ex-maire de Cadaqués. Doña Rosa Maria Salleras, au cours de nos conversations, m'a confirmé que la maison de son père et celle de don Salvador Dalí ont été toutes deux louées puis achetées à Pepito Pichot.

162. Conversations avec doña Rosa Maria Salleras, Cadaqués, 1993.

163. *VS*.

164. Dalí et Pauwels, p. 232-233 ; Bofarull i Terrades, p. 57.

165. *AI*, p. 164.

166. *VS* ; Dalí dans Descharnes, *The World of Salvador Dalí*, p. 49.

167. Conversations avec doña Paz Jiménez Encina, Madrid, 20 août 1983 ; Dalí, Anna Maria, *Noves imatges de Salvador Dalí*, p. 24. Lluís Marquina Pichot était né le 25 mai 1904.

168. Conversations avec Antoni Pitxot, Cadaqués, 1983.

169. Pour la visite de Picasso à Cadaqués en 1910, je me suis servi du numéro spécial « Picasso à Cadaqués » du journal barcelonais *Negre + gris*, n° 10, automne 1985 ; voir aussi Tharrats, « Picasso entre nosaltres », dans *Cent anys de pintura a Cadaqués*, p. 59-70. Pour le dicton empordain, voir Daudet, « Mágico Dalí », p. 47.

170. Bernils i Mach, *Els Fossos, 75 anys d'història*, p. 7-15.

171. *Ibid.*, p. 15-20 ; Jiménez et Playà, « El collegi La Salle » ; conversation avec doña Montserrat Dalí, Barcelone, novembre 1992.

172. Selon don Joan Vives, qui entra à Els Fossos peu après la sortie de Dalí, les élèves qu'on entendait parler catalan dans la cour de récréation devaient porter une petite pierre ronde, la « parleuse » (conversation avec don Joan Vives, Figueres, 25 janvier 1993).

173. Jiménez et Playà, « El collegi La Salle ».

174. Mes remerciements au principal, frère Domingo Bóveda, qui m'a aimablement fourni une photocopie d'un document concernant l'époque de Dalí à Els Fossos découvert à Béziers à l'occasion du soixante-quinzième anniversaire de l'école de Figueres.

175. Dalí, « Reflexions. El sentit comú d'un germà de Sant Joan Baptista de La Salle » ; Dalí, *50 Secrets of Magic Craftsmanship*.

176. *VS*, p. 51.

177. Merci au frère Leoncio Gascón pour le tour plein d'enseignements qu'il m'a fait faire de l'établissement en 1993.

178. *VS*, p. 52 et note.

179. La première annonce parut le 6 juillet 1912, la dernière le 17 août suivant.

180. *AMD*, p. 22. La maison est toujours debout : elle a été sauvée de la démolition dans les années 1950 grâce à l'intervention de la señora Abadal, la femme du promoteur, qui faisait ses dévotions devant une statue de saint Guillaume logée dans une *hornacina*, une « niche », placée dans l'un de ses angles. Un énorme bâtiment a été élevé presque contre le balcon bien-aimé d'Anna Maria Dalí. Le señor Abadal a restreint de façon drastique le balcon en saillie de l'appartement des Matas, de façon à l'adapter au nouveau bâtiment, et les balustrades de pierre qui faisaient envie à Salvador Dalí ont disparu.

181. *VS*, p. 57-58.

182. Je dois l'information selon laquelle il n'y avait pas d'autres enfants dans la maison aux propriétaires actuels, le señor et la señora Carbó. Pour la cape, la couronne et le sceptre, et pour la passion de Dalí pour le déguisement, voir *VS*, p. 56.

183. *VS*, p. 57. La référence porte sur la toile intitulée *La Source*, reproduite p. 41 du volume consacré à Ingres (numéro 47).

184. Dalí, Anna Maria, *Noves imatges de Salvador Dalí*, p. 74-75. Cette « forêt », peut-être appelée « la Forêt » en hommage à Watteau, était sans doute dans les environs de Figueres. Peut-être s'agit-il du bois qui, grâce à la générosité de Pepito Pichot et de deux autres notabilités locales, Joaquín Cusí Fortunet et Marian Pujulá Vidal, devint le « parc » municipal Bosc de Figueres. Les « Frères » en question sont presque certainement les Maristes, dont Dalí fréquentait l'école en même temps que l'institut.

185. Dans l'ordre de publication : Rubens, Van Dyck, Rembrandt, Raphaël, Reynolds, Teniers le Jeune, les chefs-d'œuvre des premiers peintres flamands, Titien, Hals, Murillo, Wouwerman, Vélasquez, Holbein, Véronèse, Raeburn, Del Sarto, le Corrège, Bronzino, Watteau, Botticelli, Fra Angelico, le Tintoret, Poussin, le Pérugin, Michel-Ange, Goya, Dürer, Gainsborough, Lotto, Luini, Greuze, Carpaccio et Giorgione, Hogarth, Giotto, Moretto, Romney, Orcagna, Gérard Dou, Boucher, Constable, un volume comprenant Masaccio, Uccello, Veneziano et Del Castagno, Jan Steen, Claude, Morland, Lippi, De Hooch et Vermeer, Ingres, Hoppner, Gozzoli, Metsu, Nattier, Lawrence.

186. Les documents concernant l'enterrement de Teresa Cusí m'ont été aimablement montrés par sa petite-fille, doña Montserrat Dalí, propriétaire de la tombe dans laquelle elle est elle-même aujourd'hui inhumée.

187. Article signé « Puvis » sur l'exposition, dans *Empordà Federal*, Figueres, n° 113, 17 mai 1913, p. 2. À la mort de son père, Anna Maria Dalí hérita de la peinture.

188. Rodrigo, *Lorca Dalí. Una amistad traicionada*, p. 47-48.

189. *VS*.

190. Gibson, *Federico García Lorca*, p. 88.

191. Conversation avec doña Rosa Maria Salleras, Cadaqués, 1993.

192. La peinture d'Albert Field est reproduite en couleurs dans Romero, *Psicodálico Dalí*, p. 10, où, suivant *VPSD* (n° 344, p. 5), elle est datée de 1910. *MEAC*, plus prudemment, la date des « environs de 1914 ». La peinture du capitaine Peter Moore, exposée au musée Perrot-Moore de Cadaqués, est reproduite en couleurs dans *Dalí à Perpignan. La Collection Salvador Dalí du musée Perrot-Moore, Cadaqués*. Les autres peintures sont reproduites en couleurs dans *MEAC*, nos 2-5, p. 16-17. La peinture n° 2, intitulée *Paysage*, représente la plaine de l'Empordà, vue, apparemment, du sommet du Molí de la Torre, la propriété de Maria Pichot à deux pas de Cadaqués.

193. Reproduite dans Descharnes et Néret, p. 12.

194. Conversation avec le capitaine Peter Moore, Cadaqués, 1993.

195. Playà i Maset, p. 40.

196. *VS*.

197. Certificat de décès dressé le 23 décembre 1914, registre civil de Barcelone, district de Llotja, n° 1078. Récit de Dalí à Edward James dans EJF. Les toiles sont *Apparition de ma cousine Carolineta sur la plage de Roses (Pressentiment fluide)* (1933) et *Apparition de ma cousine Carolineta sur la plage de Roses* (1934).

198. Daudet, « Mágico Dalí », 1971, p. 30.

199. Conversation avec doña Nanita Kalaschnikoff, Marbella, 15 septembre 1995. Dalí avait raconté la même histoire au journaliste Lluís Permanyer en 1978, en lui demandant de ne pas la reproduire en détail dans son interview pour *Playboy* (« El pincel erótico de Dalí ») de façon à ne pas blesser sa sœur, Anna Maria Dalí. Un jour, cependant, l'ariste situa cet épisode en 1929, affirmant qu'il avait eu lieu cinq jours après qu'il eut terminé *Le Jeu lugubre*, ce qui semble peu probable. Merci au señor Permanyer de m'avoir fourni une copie de l'enregistrement de sa conversation avec Dalí.

200. Conversation avec doña Rosa Maria Salleras, Cadaqués, 1995 ; *AI*, p. 26.

201. La visite de Tixier fut largement rapportée dans *Alt Empordà*, Figueres, 27 avril, 4 et 11 mai 1912.

202. Miravitlles, « Dalí i l'aritmètica », p. 32.

203. La date de l'examen d'entrée, le 2 juin 1916, est fournie par la deuxième page du certificat de *bachillerato* de Dalí, conservé au lycée de Figueres. Dalí se rappelle l'examen d'entrée dans *Les cançons dels dotze anys* (1922), manuscrit inédit conservé à la Fondation Gala-Salvador Dalí, Figueres.

204. Documents au bureau cadastral de Figueres, lot n° 695. Un grand merci à don Josep Maria Juan Rosa, qui m'a accompagné au Molí de la Torre, et a mené une enquête en mon nom auprès des nouveaux propriétaires.

205. *Empordà Federal*, Figueres, 17 janvier 1914, p. 3.

206. *Les cançons dels dotze anys. Versus em prosa i em color*, carnet daté de 1922.

207. Conversation téléphonique avec don Antoni Pitxot, Cadaqués, 1995.

208. *VS*, p. 65-66.

209. *Les cançons dels dotze anys. Versus em prosa i em color*, carnet daté de 1922.

210. Reproduite dans *MEAC*, II, p. 16 ; Descharnes et Néret, p. 13.

211. *VS*, p. 67 ; conversation avec don Antoni Pitxot, Cadaqués, 1995.

212. En 1924, les Frères maristes déménagèrent au village de Portós, à vingt kilomètres au sud de Figueres. L'école ferma au moment de la guerre civile et ne rouvrit jamais. Apparemment, les archives n'ont pas survécu. Romero et Ruiz, p. 34.

213. Les notes du *bachillerato* de Dalí se trouvent dans son dossier à la faculté des beaux-arts, Universidad Complutense, Madrid.

214. Détails empruntés à Montserrat Vayreda et Ramon Reig, dans le catalogue *Juan Núñez Fernández*.

215. *Catálogo general de la calcografía nacional*, Real Academia de Bellas Artes, 1987, nos 5778 et 5779.

216. Romero et Ruiz, p. 34.

217. Une photographie du diplôme est reproduite dans Morse, *Pablo Picasso, Salvador Dalí: A Preliminary Study in Their Similarities and Contrasts*, p. 8.

218. *AMD*, p. 51-52.

219. *VS*, p. 108.

220. Daudet, « Mágico Dalí », 8 mars 1970, p. 33.

221. Je suis très reconnaissant à mon amie Alicia Viñas, directrice du musée de l'Empordà, pour m'avoir procuré des photos de la collection prêtée par le Prado et m'avoir appris comment elle était arrivée à Figueres.

222. Notice nécrologique reproduite dans le catalogue *Juan Núñez Fernández*, p. 31-32.

223. Vallès i Rovira, I, p. 35 ; conversations avec doña Alicia Viñas, Figueres, 1994.

224. *VS*, passage absent de la version de Déon.

225. *JGA*.

226. Dalí, « Dalí par Dalí ».

227. Un choix varié de ces dessins est reproduit dans le catalogue *Dalí à Perpignan*. D'autres sont reproduits dans *DOH*, p. 15 et dans Romero, *Todo Dalí en un rostro*, p. 13. Dalí lui-même a reproduit son nez-perroquet dans *50 Secrets of Magic Craftsmanship*.

228. Une copie du *bachillerato* de Dalí se trouve dans son dossier à la faculté des beaux-arts, Universidad Complutense, Madrid.

229. *JGA*, *passim*.

230. Miravitlles, « Dalí i l'aritmètica », p. 32 ; *id.*, « Una vida con Dalí », p. 5.

231. Passage absent de l'édition française.

232. Je suis très reconnaissant à Michael Lambert, l'autorité sur les criquets, de m'avoir aidé à identifier l'espèce en question, sur la base à la fois de ses représentations dans l'œuvre de Dalí et de sa répartition.

233. Dalí, « … L'alliberament dels dits… », p. 6.

234. Conversation avec Rosa Maria Salleras, Cadaqués, 1993.

235. Jiménez et Playà i Maset, « Dalí vist des de l'Empordà – Jaume Miravitlles ». D'autres témoins de sa phobie des criquets sont cités par Rojas, p. 94, note 10.

236. Voir, par exemple, les souvenirs d'Alexandre Deulofeu, le mathématicien excentrique dont le père possédait une pharmacie en face de chez les Dalí (Deulofeu, « El complex dalínià », p. 24). Rojas, p. 94, note 10, mentionne d'autres témoins.

237. *JGA*.

238. *VS*.

239. Teixidor Elies, p. 189-196 ; Romero et Ruiz, p. 16-17, 72-73.

240. *Empordà Federal*, Figueres, 1er juin 1918.

241. Dalí, *Ninots. Ensatjos sobre pintura*, 1922, reproduit par Dalí, Anna Maria, *Noves imatges de Salvador Dalí*, p. 27-28.

242. Giralt Casadesús, « L'exposició d'artistes empordanesos ».

243. Jiménez et Playà i Maset, « Dalí vist des de l'Empordà – Jaume Miravitlles », *Hora Nova* ; Miravitlles, « Una vida con Dalí ».

244. Guillamet, « *Studium*, la revista del jove Dalí ».

245. « Puvis », « Notes d'art. L'exposició de la Societat de Concerts », *Empordà Federal*, Figueres, n° 414, 11 janvier 1919.

246. Reproduit dans *DOH*, p. 18.

247. Dalí, *Ninots. Ensatjos sobre pintura*, 1922, reproduit par Dalí, Anna Maria, *Noves imatges de Salvador Dalí*, p. 28.

248. *Ibid.*

249. *DOH*, p. 26.

250. Dalí, Anna Maria, *Noves imatges de Salvador Dalí*, p. 14.

251. *Studium*, Figueres, n° 2, 1er février 1919, p. 4.

252. *Studium*, Figueres, n° 6, 1er juin 1919, p. 5.

253. *AMD*, p. 65.

254. Lear, *L'Amant Dalí*, p. 92.

255. *VS*, passage absent de la version de Déon ; Dalí, « La vérité sur le mythe de Guillaume Tell. Toute l'histoire de mon exclusion du groupe surréaliste », p. 21.

256. *Ibid.*, p. 22.

257. Dalí, dans *VS*, mentionne que son père avait obtenu une médaille d'espéranto. En 1904, Dalí Cusí publia un article sur ce sujet dans le journal *Espero de katalanujo* (*Empordà*, Figueres, 31 octobre 1995, p. 44), et une note parue dans *La Veu de l'Empordà* en septembre 1913, « Figueres pro esperanto », mentionne que le notaire, qui était à l'époque à la tête du Casino Menestral, était un *esperantista* confirmé.

258. Les volumes 2, 3, 10 et 11 du journal, édités par Fèlix Fanés, ont été publiés sous le titre *Un diari: 1919-1920. Les meves impressions i records intims*, Barcelone, Edicions 62, 1994 (*Journal d'un génie adolescent*, traduit du catalan par Patrick Gifreu, Anatolia/Le Rocher, 2000).

259. *JGA*, p. 57-58.

260. Dalí, *Ninots. Ensatjos sobre pintura*, 1922, reproduit par Dalí, Anna Maria, *Noves imatges de Salvador Dalí*, p. 28-29.

261. *JGA*, *passim*.

262. *Ibid.*, p. 25.

263. *Ibid.*, p. 38.

264. *Ibid.*, p. 50.

265. *Ibid.*

266. *Ibid.*, p. 55.

267. *L'Hora*, Barcelone, n° 38, 25 septembre 1931, p. 7 ; Miravitlles, *El ritme de la Revolució*, p. 13-14.

268. Il y a une bonne reproduction du portrait dans *MEAC*, I, p. 27 ; *DOH*, p. 26, fournit une photo en couleurs de la jarre en céramique. Jiménez et Playà i Maset (« Dalí vist des de l'Empordà ») affirment que six photos des peintures murales, des jarres peintes et des assiettes ont été conservées.

269. *Empordà Federal*, Figueres, 28 septembre 1912, p. 3 ; *Empordà Federal*, Figueres, 6 avril 1918, p. 3.

270. Giralt-Miracle, « Caminos de las vanguardias. Recorrido de una exposición », p. 45.

271. Oliver Belmás, p. 291 ; Giralt-Miracle, « Caminos de las vanguardias. Recorrido de una exposición », p. 45 ; Ghiraldo, p. 201-205. *El futurisme*, donné en conférence à l'Ateneu de Barcelone en 1904, fut publié en plaquette en 1905. La couverture est reproduite dans *AC. Las vanguardias en Catalunya* (voir bibliographie, section 3, p. 44).

272. *Empordà Federal*, Figueres, 7 juin 1919.

273. Miravitlles, « Una vida con Dalí », p. 5.

274. *JG*, p. 20 ; pour l'amitié d'Alomar et de don Salvador Dalí, voir *AMD*, p. 53.

275. On se souvient dans la famille Pichot de la dispute entre le notaire et Alomar (conversations avec don Antoni Pitxot, Cadaqués, 1995). L'allusion d'Alomar à Dalí a été publiée dans *Mirador*, Barcelone, 22 mai 1929, et collée par Salvador Dalí Cusí dans son album de coupures de presse, conservé à la Fondation Gala-Salvador Dalí.

276. *JGA*, p. 115.

277. Dalí, *Tardes d'estiu*, p. 23.

278. Jiménez et Playà i Maset, « Dalí vist des de l'Empordà – L'amistat amb Ramon Reig », *Hora Nova*, p. 39.

279. Pour la toile de Núñez *El Lago de Vilabertran*, voir sa reproduction en couleurs dans le catalogue *Juan Fernandez Núñez* (voir bibliographie, section 3), n° 50. *Le Clocher de Vilabertran* est reproduit par Descharnes et Néret, I, p. 22 ; *Le Lac de Vilabertran* dans *DOH*, p. 22.

280. Traduit littéralement, le titre de l'œuvre en français pourrait être « Comme d'habitude ».

281. Lear, *L'Amant Dalí*, p. 222.

282. Teixidor Elies, p. 34-36.

283. *JGA*, p. 90.

284. *JGA*, p. 67.

285. *JGA*, non repris dans la traduction utilisée.

286. Au sujet de la vision de la masturbation et de ses effets par l'establishment britannique du XIXe siècle, Acton, *The Functions and Disorders of the Reproductive Organs* (voir bibliographie, section 6) constitue une lecture épouvantable ; pour les relations de cause à effet entre la masturbation et l'homosexualité selon le corps médical, voir Jerez-Farrán, « García Lorca y *El Paseo* de Buster Keaton: alegoría del amor homosexual sublimado ».

287. Dalí et Pauwels, p. 51-53.

288. Cette remarque fut faite par doña Nanita Kalaschnikoff alors qu'elle regardait pour la première fois *Jeune fille de Figueres*, en compagnie de l'auteur et de don Antoni Pitxot, au théâtre-musée de Figueres, 5 août 1995. Dalí commente aussi le scénario du clocher dans Permanyer, « El pincel erótico de Dalí », p. 162.

289. Miravitlles, « Notes a l'entorn de l'art d'avanguarda », p. 321.

290. *JGA*, non repris dans la traduction utilisée.

291. *AI*, p. 89.

292. Conversation avec don Carlos Lozano, Cadaqués, 29 juin 1996.

293. Lynd, p. 136.

294. Permanyer, « El pincel erótico de Dalí », p. 161.

295. *Ibid.* Dalí parla aussi de ces images à Luis Romero, et de l'horreur de l'appareil génital féminin qu'elles firent naître en lui (*Dedálico Dalí*, p. 57).

296. *JGA*.

297. Interview de doña Carme Roget, Figueres, 23 septembre 1993, accompagnée par sa nièce, doña Alicia Viñas, directrice du musée de l'Empordà, à Figueres. Dans *VS*, Dalí, qui ne mentionne jamais Carme par son nom, se contredit et dit que leur *coup de foudre** mutuel eut lieu lors d'un cours de philosophie donné *extra muros* par l'un des jeunes professeurs du lycée. Au cours de notre longue conversation, doña Carme m'expliqua qu'elle n'avait pas suivi ce cours, mais qu'elle avait accepté, à un moment donné, d'aller au lycée pour aider à la traduction d'un livre espagnol en français, une langue qu'elle connaissait bien car elle avait été élevée par des nonnes françaises. Elle pense que c'est peut-être la première fois qu'elle remarqua Dalí.

298. *JGA*.

299. *JGA*, *passim*. La page évoquant les fantasmes américains de Dalí est datée du 23 janvier 1920 et se trouve dans la collection de don Pere Vehí, Cadaqués.

300. *JGA*, p. 113-114.

301. *Ibid.*, p. 106-108.

302. Cette lettre et une autre similaire datée du 28 septembre 1920, à Figueres, sont conservées à l'Arxiu Històric Comarcal, à Figueres, et leur traduction en espagnol a été publiée par Albert Arbós (voir bibliographie, section 6).

303. Lettre conservée à l'Arxiu Històric Comarcal, à Figueres, traduction en espagnol publiée par Albert Arbós (voir bibliographie, section 6).

304. *JGA*, p. 156-157. Avec son inattention habituelle, Anna Maria Dalí, dans *Noves imatges de Salvador Dalí*, p. 12-13, dit que cette évocation date de 1917.

305. Lettre conservée à l'Arxiu Històric Comarcal, à Figueres, traduction en espagnol publiée par Albert Arbós (voir bibliographie, section 6). Un grand merci à don Eduard Fornés pour m'avoir fourni une copie de l'original.

306. Conversation avec doña Carme Roget, Figueres, 23 septembre 1993.

307. *VS*, p. 111.

308. Conversation avec doña Carme Roget, Figueres, 23 septembre 1993.

309. *JGA*, p. 48.

310. Fèlix Fanés, note 318 dans *JGA*, p. 237.

311. *JGA*, p. 131-132.

312. Liste des peintures de Dalí dans Dalí, *Ninots. Ensatjos sobre pintura*, 1922, reproduit par Dalí, Anna Maria, *Noves imatges de Salvador Dalí*, p. 29-30.

313. Merci à don Antoni Pitxot de m'avoir transmis la phrase de son oncle Pepito sur la décadence de l'impressionnisme, qu'il avait entendue de Dalí lui-même quand, plus tard, il lui avait offert le livre en question : *Boccioni, futurista. Pittura, scultura, futuriste (dinamismo plastico), con 51 reproduzioni quadri sculture di Boccioni-Carrà-Russolo-Balla-Severini-Soffici*, Edizione Futuriste di « Poesia », Milan, Corzo Venezia, 1914.

314. Lettre non datée à Gasch, reproduite dans le livre de ce dernier, *L'expansió de l'art català al món*, p. 146.

315. Santos Torroella, *La trágica vida de Salvador Dalí*, p. 44.

316. Vallès i Rovira, p. 329 ; *JGA*, *passim* ; Subias, sous la République, devint commissaire aux arts du gouvernement catalan. C'est lui qui initia la procédure qui fit du grand monastère bénédictin de Sant Pere de Rodes un monument national.

317. Joan Subias, « Cartells. A Salvador Dalí Domènech », *Alt Empordà*, Figueres, 2 mai 1921, p. 1. Pour quelques reproductions d'œuvres de Nogués, voir *El noucentisme. Un projecte de modernitat* (catalogue, voir bibliographie, section 3), p. 129-130, 142-143,183-185, 294-298. Pour les critiques, voir la note de Fèlix Fanés dans *JGA*. Le désaveu de Dalí apparaît dans *Ninots. Ensatjos sobre pintura*, 1922.

318. Vallès i Rovira, p. 223-224 ; Teixidor Elies, p. 165-167, 498-500.

319. Miravitlles, « Encuentros en mi vida, Dalí y Buñuel ». Selon « Met », c'est Dalí qui lui fit lire la poésie de Salvat-Papasseit, qu'ils finirent par connaître par cœur.

320. *Alt Empordà*, Figueres, « La pàgina literaria », 17 janvier 1920.

321. Ces dessins sont reproduits dans le catalogue *Dalí en los fondos de la Fundación Gala-Salvador Dalí* (voir bibliographie, section 1). Ils comprennent des couvertures pour la traduction par Maurici de *Pour la musique. Poèmes* de Léon-Paul Fargue (p. 145), et pour les volumes de poèmes de Maurici, *Estrelles caigudes* et *Poems amb ocells*.

322. Catalogue *Miró, Dalmau, Gasch* (voir bibliographie, section 3), p. 156-157 ; Borràs, p. 171-172.

323. *AC. Las vanguardias en Catalunya* (catalogue, voir bibliographie, section 3 ), p. 156-157. La couverture du catalogue Dalmau est reproduite dans le catalogue *Miró, Dalmau, Gasch* (voir bibliographie, section 3), p. 51.

324. Vidal i Oliveras, p. 51.

325. *JGA*, p. 161. Certaines illustrations sont reproduites dans *AC. Las vanguardias en Catalunya* (catalogue, voir bibliographie, section 3 ), p. 156-157.

326. Entrée à la fin du carnet de notes inédit *Les cançons dels dotze anys* (1922), Fondation Gala-Salvador Dalí, Figueres.

327. Conversation avec doña Carme Roget, Figueres, 23 septembre 1993. Les détails sur la tombe m'ont été fournis par doña Montserrat Dalí, Barcelone, 1993. Avis d'obsèques dans *Alt Empordà*, Figueres, 12 février 1921 et *La Veu de l'Empordà*, Figueres, même jour. Certificat de décès de Felipa Domènech, registre civil, Barcelone. Dalí a noté le 22 octobre dans son journal que sa mère n'allait pas bien – peut-être un premier indice de la tragédie imminente (*JGA*, p. 161).

328. Conversation avec doña Montserrat Dalí, Barcelone, 1993.

329. *VS*, p. 118.

330. Pepito Pichot mourut le 5 juillet 1921. Son avis d'obsèques fut publié le 9 juillet dans l'*Empordà Federal*, à Figueres, et un article louangeur sur le défunt parut dans le même journal le 16 juillet.

331. Journal inédit d'octobre 1921. Fondation Gala-Salvador Dalí, Figueres.

332. *JGA*.

333. Entrée à la fin du carnet de notes inédit *Les cançons dels dotze anys* (1922), Fondation Gala-Salvador Dalí, Figueres.

334. *L'Hora*, Barcelone, nº 38, 25 septembre 1931, p. 7.

335. « Jak », « De la Rússia dels Soviets. Un museu de pintura impressionista a Moscou », *Renovació Social*. Reproduit dans *L'alliberament dels dits. Obra catalana completa*, p. 7-8. L'unique exemplaire de ce périodique est conservé à la bibliothèque municipale Fages de Climent, Figueres, et porte la signature manuscrite de Martí Vilanova, l'un des meneurs du groupe.

336. « C » (Carlos Costa), « De arte. En las “Galeries Dalmau” », *La Tribuna*, Barcelone, p. 1.

337. Voir, par exemple, Eusebio Corominas, « Arte i Letras. Salon Parés. Galeries Dalmau », dans *El Diluvio*, Barcelone, 21 janvier 1922.

338. « Exposició d’obres d’art organitzada par l’Associació catalana d’estudiants », *Catalunya Gráfica*, Barcelone, 10 février 1922, sans pagination ; Santos Torroella, *Salvador Dalí i el saló de Tardor*, p. 6, note 3.

339. *Empordà Federal*, Figueres, n° 574, 21 janvier 1922.

340. *Empordà Federal*, Figueres, n° 597, 1er juillet 1922. Le portrait de Torres est reproduit en couleurs dans *MEAC*, II, p. 25. Ceux de Miravitlles en noir et blanc, par Jiménez et Playà i Maset, « Dalí, el fútbol i la Unió Esportiva Figueres », p. 78-79.

341. Voir par exemple *Empordà Federal*, Figueres, 6 mai 1922, p. 1 : « Il sera le peintre-poète de notre mer, qui dans les criques du cap de Creus et sur la Costa Brava acquiert des tonalités si intenses que seul un peintre de grandes possibilités techniques… »

342. Dalí, *Ninots. Ensatjos sobre pintura*, musée Abelló, Mollet del Vallès (Barcelone).

343. Réflexions à la fin du carnet de notes inédit *Les cançons dels dotze anys* (1922), Fondation Gala-Salvador Dalí, Figueres.

344. Cité par Fèlix Fanés dans *JGA*.

345. Le meilleur compte rendu en anglais sur l’Institution libre d’enseignement est celui que donne J. B. Trend dans *The Origins of Modern Spain*. En espagnol, il s’agit de *La Institución Libre de Enseñanza y su ambiente. Los orígenes*, de Jiménez-Landi.

346. García de Valdeavellano, « Un educador humanista: Alberto Jiménez Fraud y la Residencia de Estudiantes », p. 13-15 ; Jiménez Fraud, p. 435-436.

347. Pritchett, p. 129.

348. Crispin, p. 41.

349. *Ibid.*, p. 40-41.

350. Sur l’absence de vin, *BMDS*, p. 78-79.

351. Trend, *A Picture of Modern Spain*, p. 36.

352. *AMD*, p. 82-83.

353. Glendinning, « The Visual Arts in Spain », p. 522.

354. Eugenio d’Ors, « Las obras y los días », *El Día Gráfico*, Barcelone, 19 octobre 1924, p. 6 (en espagnol, « *une farsa desarticulada, blanducha y fofa* »).

355. On trouve une copie de ce document dans le dossier de Dalí à la faculté des beaux-arts, Universidad Complutense, Madrid.

356. *VS*.

357. La lettre se trouve au musée Abelló, Mollet del Vallès (Barcelone). Publiée par Fernández Puertas, « Las cartes de Salvador Dalí al seu oncle Anselm Domènech al Museu Abelló ».

358. Dalí, « Poesia de l’útil standarditzat », p. 176.

359. Rodrigo, *Lorca Dalí. Una amistad traicionada*, p. 18-21.

360. *VS*, p. 125.

361. *Ibid.*, p. 130-131.

362. Conversation avec don José Bello, Madrid, 14 octobre 1992.

363. Moreiro, p. 21.

364. *Ibid.*

365. Conversations avec don José Bello, Madrid, 1978-1993.

366. *BMDS*, p. 61.

367. *Ibid.*, p. 64 ; Santos Torroella, *Dalí residente*, p. 28.

368. *BMDS*, p. 62-64.

369. *Ibid.*, p. 78.

370. Dans une lettre adressée à Joan Xirau, son ami de Figueres, citée par Rodrigo, *Lorca Dalí. Una amistad traicionada*, p. 26.

371. Videla, p. 1-8.

372. Dans une lettre adressée à Joan Xirau, son ami de Figueres, citée par Rodrigo, *Lorca Dalí. Una amistad traicionada*, p. 25.

373. Gómez de la Serna, *Greguerías. Selección 1940-1952*. Dans l’espagnol original : « *Conferencia: la más larga despedida que se conoce* » ; « *Aquella mujer me miró como a un taxi desocupado* » ; « *El arco iris es la cinta que ses pone la Naturaleza después de haberse lavado la cabeza* ».

374. Candamo, p. 79.

375. *BMDS*, p. 72.

376. La présence de Dalí au Pombo est attestée par un croquis de Barradas reproduit par Ramon Gómez de la Serna dans sa *Sagrada cripta*, p. 253.

377. Santos Torroella, *Dalí residente*, p. 30-31.

378. Les détails sur la vie de Barradas proviennent des catalogues *Barradas/Torres-García* et *Rafael Barradas* (voir bibliographie, section 3).

379. Santos Torroella, *Dalí residente*, p. 31.

380. Plusieurs de ces œuvres se trouvent dans la collection Estalella, à Madrid, et sont reproduites en noir et blanc dans le catalogue *Ramón Estalella y su tiempo* (voir bibliographie, section 3), p. 77-79 et dans le catalogue *Salvador Dalí: The Early Years* (voir bibliographie, section 1), p. 98-99. *Scène de cabaret* (collection François Petit, Paris) est reproduit en couleurs dans le catalogue *Salvador Dalí: The Early Years*, p. 100, ainsi qu’une autre scène madrilène, elle aussi en couleurs, p. 98.

381. *Les Premiers Jours du printemps* (collection Estalella, Madrid), situés à Figueres, sont reproduits en couleurs dans Santos Torroella, *Dalí residente*, p. 29.

382. Certificat de décès de Maria Anna Ferrés dans le registre civil de Figueres.

383. *AMD*, p. 89.

384. Les documents concernant la dispense sont conservés aux Archives du diocèse de Gérone. Je suis très reconnaissant à don Leandre Niqui Puigvert, conservateur des Archives épiscopales de Barcelone, de m’avoir dirigé vers les autorités épiscopales de Gérone. Sans son aide, je n’aurais pu trouver où et quand le couple s’était marié. Je suis aussi reconnaissant à don Leandre des recherches qui ont abouti à la découverte du certificat de mariage.

385. Conversation avec doña Montserrat Dalí, Barcelone, 1992. L’anecdote m’a été confirmée dans une lettre de sa fille, doña Eulalia Maria Bas i Dalí, Barcelone, 28 octobre 1993.

386. Etherington-Smith, p. 42.

387. Conversations avec doña Montserrat Dalí, Barcelone, 1993.

388. Certificat de mariage.

389. « Hostes Selectes », *Empordà Federal*, Figueres, n° 623, 30 décembre 1922, p. 3.

390. Voir par exemple M. A. Cassanyes, « Sobre l’exposició Picàbia i la conferéncia de Breton », *La Publicitat*, Barcelone, 22 novembre 1922, p. 3.

391. Breton, *Œuvres complètes*, I, p. 291-308.

392. Borràs, p. 236-237, décrit l'exposition et identifie, en en reproduisant certaines, les peintures exposées.

393. La préface et la conférence de Breton furent reproduites dans *Les Pas perdus* (*Œuvres complètes*, I, p. 280-283).

394. Moreno Villa, *Vida en claro*, p. 107.

395. Gasch, *L'expansió de l'art català al món*, p. 145.

396. *VS*, passage absent de la version de Déon.

397. *Ibid.*

398. Conversation avec don José Bello, Madrid, 19 octobre 1994.

399. Alberti, p. 19-20.

400. « Dalí in New York ».

401. Dalí, « En el cuartel numeru 3 de la Residencia d'Estudians. Cunciliambuls d'un grup d'avanguardia ».

402. Stein, *The Autobiography of Alice B. Toklas*.

403. Rodrigo, *Lorca Dalí. Una amistad traicionada*, p. 21.

404. Moreiro, p. 19.

405. *VS*, p. 129.

406. *Ibid.*

407. Un bref compte rendu de la visite du roi est paru le 4 mars 1923 dans *ABC*, Madrid (« *El monarca pronuncia un interesante discurso con motivo de la inauguración de una biblioteca* », p. 15). Il n'est pas fait mention de Dalí.

408. *BMDS*, p. 85-89.

409. Conversation avec doña María Luisa González, Madrid, 8 avril 1982.

410. Alberti, p. 222 ; *SVBLD*, p. 79-80.

411. Dalí, « ... sempre, per damunt de la música, Harry Langdon ».

412. Lettre de la collection privée de don Pere Vehí, Cadaqués.

413. *VS*.

414. *Ibid.*

415. Lear, *Le Dalí d'Amanda*, p. 165 ; Dalí dans l'émission « Imágenes », 6 juin 1979 (voir bibliographie, section 7).

416. Dalí, « Skeets [*sic*] arbitraris. De la fira ».

417. Santos Torroella, « The Madrid Years », p. 84.

418. Faculté des beaux-arts, Universidad Complutense, Madrid. Document reproduit dans *VPSD*, document n° 371, p. 15 et dans *MEAC*, II, p. 171.

419. Document conservé dans le dossier de Dalí à la faculté des beaux-arts, Universidad Complutense, Madrid. Voir note 418.

420. Francisco Alcántara, « La vida artística. Las oposiciones a cátedra de Pintura al Aire Libre de la Escuela de San Fernando », *El Sol*, Madrid, 10 octobre 1923, p. 4.

421. *Heraldo de Madrid*, 18 octobre 1923, p. 5 ; *El Sol*, Madrid, 18 octobre 1923, p. 8.

422. On lit dans le *Heraldo de Madrid* : « Un groupe d'étudiants de l'Académie des beaux-arts protestent, au nom de leurs compagnons, contre la décision du jury chargé de pourvoir la chaire de peinture en plein air. Les étudiants maintiennent que le jury n'a pas pris une décision raisonnable car il a déclaré vacant un poste pour lequel il existait un candidat valable. »

423. La lettre de Dalí à Rigol a été publiée pour la première fois, traduite en espagnol par Rodrigo, dans *Lorca Dalí. Una amistad traicionada*, p. 32-36. Je suis reconnaissant à don Rafael Santos Torroella pour la photocopie du document dans son catalan original. Le dossier de Rafael Calatayud à la faculté des beaux-arts, Universidad Complutense, Madrid confirme qu'il a été exclu en 1923-1924, mais, contrairement à celui de Dalí, ne contient pas d'autre information en la matière.

424. Document reproduit dans *DOH*, p. 35.

425. Moreiro, p. 19.

426. Commentaires de Salvador Dalí Cusí sur l'expulsion définitive de son fils dans son album de coupures de journaux (Fondation Gala-Salvador Dalí, Cadaqués).

427. Document inédit conservé dans le dossier de Dalí, faculté des beaux-arts, Universidad Complutense, Madrid.

428. *Ibid.* Dans *AMD*, p. 96, Anna Maria Dalí affirme que c'est la seconde épouse du notaire, Catalina Domènech, qui arriva à Madrid pour enquêter sur ce qui s'était passé. Il est difficile de croire que la « Tieta » ait été capable d'interroger « des étudiants, des professeurs et des employés » sur ce qui s'était passé. Peut-être avait-elle accompagné son mari à Madrid.

429. *VS*, p. 150.

430. *AI*, p. 68 ; *AMD*, p. 100. Pour les informations sur la gravure, Michler et Löpsinger, p. 126, n° 1.

431. La première référence sur Dalí à l'Académie libre, qui était située dans le Pasaje de la Alhambra (qui n'existe plus), apparaît dans Rodrigo, *Lorca Dalí. Una amistad traicionada*, p. 36, qui ne fournit pas de source. À partir de Rodrigo, elle a été reprise par d'autres écrivains, y compris par Rafael Santos Torroella, d'habitude prudent (*Dalí residente*, p. 39, 55, 74, note 1).

432. Rivas Cherif, p. 7.

433. *ABC*, Madrid, 16 mai 1924.

434. *Diario de Gerona*, 22 mai 1924, cité par Clara, « Salvador Dalí, empresonat per la dictadura de Primo de Rivera », p. 53 ; *El Día Gráfico*, Barcelone, 25 mai 1924.

435. *Justicia Social*, Barcelone, 31 mai 1924 ; *El Autonomista*, Gérone, 13 juin 1924. Aucune collection de ces publications ne semble avoir survécu. Les articles en question se trouvent dans l'album de coupures de journaux de Salvador Dalí Cusí, comme celui qui parut dans *La Veu de l'Empordà*, Figueres, 14 juin 1924.

436. « Empresonaments », *Justicia Social*, Barcelone, 14 juin 1924. *La Veu de l'Empordà*, Figueres, 14 juin 1924 (voir la note précédente) ; Clara, « Salvador Dalí, empresonat per la dictadura de Primo de Rivera », p. 53.

437. Dalí Cusí donna son avis sur la question dans une interview à l'*Empordà Federal*, Figueres, 2 juin 1923.

438. Salvador Dalí Cusí, « Al Sr. Procurador de la República Española, Fiscal del Tribunal Supremo », *Empordà Federal*, Figueres, 9 mai 1931 ; *VS*.

439. *VS*, p. 151 ; Arco, p. 54.

440. Document conservé dans le dossier de Dalí, faculté des beaux-arts, Universidad Complutense, Madrid.

441. La photo est reproduite dans *Poesía*, « *número monográfico dedicado a la Residencia de Estudiantes* » (voir bibliographie, section 6, à *Poesía*), p. 80-81 et *Buñuel! La mirada del siglo* (catalogue, voir bibliographie, section 3), p. 298 ; pour les représentations de *Don Juan Tenorio* à la Résidence, *SVBLD*, p. 86-91.

442. Antonio Marichalar, article sur *El nuevo glosario: Los diálogos de la pasión meditabunda* d'Eugenio d'Ors, dans *Revista de Occidente*, Madrid, I, n° 4, octobre 1923, p. 126.

443. Ruiz-Castillo Basala, p. 108-109.

444. Article dans *La Voz*, Madrid, 10 juin 1922.

445. Valenciano Gayá.

446. *BMDS*, p. 282.

447. Moreno Villa, *Vida en claro*, p. 111.

448. James Strachey, dans la note de l'éditeur aux *Trois essais sur la théorie sexuelle* (Freud, *The Standard Edition of the Complete Psychological Works*), p. 126.

449. Le livre est daté de 1923, mais n'a pas de colophon. Gonzalo Lafora, qui écrivit à son sujet un article dans *Revista de Occidente*, Madrid, VI, n° 16, octobre 1924, p. 161-165, dit qu'il était paru « quelques mois » auparavant.

450. La plus grande partie de la bibliothèque de Dalí resta dans la maison familiale après que son père l'a désavoué, et ne lui a pas été rendue. Aujourd'hui, l'héritière d'Anna Maria Dalí a encore les volumes suivants : *Totem et tabou* ; *Introduction à la psychanalyse* ; *Psychopathologie de la vie quotidienne* ; *L'Avenir d'une illusion* ; *L'Interprétation du rêve* et *Psychologie de la vie amoureuse*.

451. Merci à mon ami Pere Vehí, de Cadaqués, pour m'avoir fourni les détails des annotations de Dalí.

452. Breton, *Œuvres complètes*, I, p. 1332.

453. Vela.

454. Lautréamont, chronologie dans Lautréamont, *Œuvres complètes*.

455. *Ibid.*

456. Breton, *Œuvres complètes*, I, p. 300-301.

457. Cet extrait parut dans *Prometeo*, Madrid, n° 9, juillet 1909, p. 69-78. L'édition de la Biblioteca Nueva n'est pas datée. Il n'est donc pas possible d'établir avec certitude sa date de publication. Le livre est certainement paru avant 1924, car il apparaît dans le catalogue de l'éditeur publié à la fin de *Feu Mathias Pascal*, de Pirandello, sorti la même année dans la même collection. Les allusions bibliographiques au prologue de Ramón Gómez de la Serna suggèrent qu'il fut écrit en 1920. Je n'ai trouvé aucun article sur le livre dans la presse espagnole de l'époque.

458. Lorca lut *Los raros* dans l'édition parue en 1908 à Barcelone, par les soins de Maucci. Pour la référence à Lautréamont dans *Impressions et paysages*, voir García Lorca, *Obras completas*, III, p. 43-45.

459. Lettre de don José Bello à l'auteur, Madrid, 17 mars 1996.

460. Lettre reproduite dans Gibson, *Federico García Lorca*, I, p. 401.

461. Rodrigo, *Lorca Dalí. Una amistad traicionada*, p. 39.

462. Playà i Maset, *Dalí de l'Empordà*, p. 15-16.

463. *AMD*, p. 107.

464. Jardí, p. 306-309.

465. Dalí et Pauwels, p. 24.

466. *VS*, p. 207.

467. Photo conservée à la Fondation Gala-Salvador Dalí, Figueres.

468. Manuscrit conservé à la Fondation Gala-Salvador Dalí, Figueres.

469. *AMD*, p. 102.

470. *Ibid.*, p. 103-104.

471. García Lorca, *Epistolario*, I, p. 121.

472. *AMD*, p. 103-104.

473. Aragon, *Chroniques*, p. 238. © Éditions Stock.

474. *BMDS*, p. 76.

475. Le manifeste fut publié dans la revue *Alfar*, La Corogne, n° 51, juillet 1925, p. 68 et a été reproduit par Brihuega, p. 114-118.

476. *ABC*, Madrid, 29 mai 1925. La photo est reproduite dans *SDFGL*, p. 129 et dans *DOH*, p. 35.

477. Moreno Villa, « Nuevos artistas », p. 80.

478. *MEAC*, II, p. 173.

479. Moreno Villa, « La jerga profesional ».

480. Santos Torroella, *Dalí. Epoca de Madrid* ; *id.*, « Salvador Dalí en la primera exposición de la Sociedad de Artistas Ibéricos ».

481. Santos Torroella, « The Madrid Years », p. 85.

482. L'article avec le commentaire de Lorca se trouve dans l'album de coupures de journaux de Salvador Dalí Cusí (Fondation Gala-Salvador Dalí, Figueres). Il était paru dans *Buen Humor* (Madrid, 21 juin 1925). Le numéro suivant du magazine, le 28 juin 1925, reproduisait *Baigneur*, qui représente Juan Xirau, l'ami de Dalí à Figueres, avec qui il avait collaboré pour *Studium*.

483. La toile est reproduite, avec un commentaire détaillé, par Santos Torroella dans *Dalí. Epoca de Madrid*, p. 28-34.

484. Moreno Villa, « La Exposición de "Artistas Ibéricos" ».

485. Manuel Abril, dans *Heraldo de Madrid*, 16 juin 1925, p. 3.

486. Eugenio d'Ors, « Glosas », *ABC*, Madrid, 3 juin 1925.

487. Jean Cassou, « Lettres espagnoles », *Mercure de France*, Paris, n° 655, 1er octobre 1925, p. 233-234.

488. De nombreuses coupures de journaux se trouvent dans l'album de Salvador Dalí Cusí (Fondation Gala-Salvador Dalí, Figueres).

489. Lettre conservée dans l'album de Salvador Dalí Cusí (Fondation Gala-Salvador Dalí, Figueres).

490. Dossier de Dalí à la faculté des beaux-arts, Universidad Complutense, Madrid.

491. *SDFGL*, p. 16.

492. Alberti, p. 176.

493. Lettre de Salvador Dalí Cusí à Manuel Menéndez, secrétaire de l'Académie (11 septembre 1925), conservée dans son dossier à la faculté des beaux-arts, Universidad Complutense, Madrid.

494. *SDFGL*, p. 19.

495. Catalogue reproduit dans *ibid.*, p. 122.

496. *Ibid.*, p. 24, 122.

497. Des extraits de certains des articles sont reproduits dans *AMD*, p. 117-120.

498. *VS*, p. 156.

499. *VS*, passage absent de la version de Déon.

500. Ce télégramme se trouve dans l'album de coupures de journaux de Salvador Dalí Cusí (Fondation Gala-Salvador Dalí, Figueres). On y lit : « Une accolade pour ton tableau de Vénus. Federico. »

501. Cipriano Rivas Cherif, « Divagaciones de un aprendiz de cicerone. "Venus y un marinero" », *Heraldo de Madrid*, 21 janvier 1926.

502. Lettre de Buñuel à Lorca (2 février 1926), Fondation Federico García Lorca, Madrid.

503. *SDFGL*, p. 36.

504. Lettres reproduites par Santos Torroella, *La miel es más dulce que la sangre*, p. 239-240.

505. *SDFGL*, p. 127, col. 3, note 1 ; Rodrigo, *Memoria de Granada*, p. 223.

506. *VS*, p. 156.

507. *Ibid.* Il se peut que Dalí soit arrivé avec la lettre de Lorca à Ángelez Ortiz dans sa poche (Rodrigo, *Memoria de Granada*, p. 223).

508. Fernández Puertas, « Anselm Domènech, l'oncle de Salvador Dalí Domènech », p. 74-76.

509. *VS*, p. 156.

510. *Ibid.*, p. 157.

511. *Ibid.*

512. Zervos, « Œuvres récentes de Picasso » comprend deux photos montrant des œuvres assemblées dans un coin de l'atelier de l'artiste.

513. Alley, p. 13.

514. Il n'est pas fait allusion à la visite dans *Conversations avec Picasso*, de Brassaï, où Picasso affirme avoir vu pour la première fois des toiles de Dalí à Barcelone plus tard cette année-là.

515. *AMD*, p. 120-121.

516. *SDFGL*, p. 32, 124-126.

517. Rodrigo, *Memoria de Granada*, p. 223.

518. Miró, *Ceci est la couleur de mes rêves. Entretien avec Georges Raillard*, Paris, Éditions du Seuil, 1977. Non vu. Cité par Rosa Maria Malet dans des documents rendus disponibles à la RTE (télévision espagnole) pour un projet d'émissions sur le surréalisme par Juan Caño et Ian Gibson.

519. James Johnson Sweeney, « Joan Miró: Comment and Interview », *Partisan Review*, New York, vol. 15, n° 2, février 1948. Non vu. Cité par Rosa Maria Malet dans les documents mentionnés à la note précédente.

520. Minguet Batllori, p. 65.

521. Breton, *Le Surréalisme et la peinture*, p. 393 *sqq*.

522. *LRS*, n° 6, 1er mars 1926, annonce sur la couverture.

523. Penrose, *Miró*, p. 44. La liste des artistes de la galerie était donnée dans une publicité parue en couverture de *LRS*, n° 7, 15 juin 1926.

524. Penrose, *Miró*, p. 44.

525. Conversation avec doña María Luisa González, Madrid, 28 novembre 1991 ; *BMDS*, p. 226.

526. Dalí, Anna Maria, *Noves imatges de Salvador Dalí*, p. 116 ; *SDFGL*, p. 34.

527. Cachet de la poste sur une carte envoyée de Cadaqués par Salvador et Anna Maria Dalí à Lorca (Santos Torroella, *Dalí residente*, p. 40 et note).

528. Fernández Puertas, « Anselm Domènech, l'oncle de Salvador Dalí Domènech », p. 76.

529. *SDFGL*, p. 16, 20, 32.

530. García Lorca, *Obras completas*, I, p. 953-957.

531. Jean Cassou, « Lettres espagnoles », *Mercure de France*, Paris, n° 673, 1er juillet 1926, p. 235-236.

532. Bosquet, *Entretiens avec Salvador Dalí*.

533. Gibson, « Con Dalí y Lorca en Figueres », p. 11.

534. Ontañón et Moreiro, p. 122.

535. Le dossier de Margarita Manso, comme celui de Dalí, se trouve à la faculté des beaux-arts, Universidad Complutense, Madrid.

536. Conversation avec doña Maruja Mallo, Madrid, 15 mai 1979.

537. *Ibid.*

538. *SDFGL*, p. 36.

539. *Ibid.*, p. 57.

540. *Ibid.*

541. García Lorca, *Obras completas*, I, p. 441.

542. *Ibid.*, p. 421.

543. Les notes de Dalí se trouvent dans son dossier à la faculté des beaux-arts, Universidad Complutense, Madrid.

544. Rapport du conseil de discipline de San Fernando dans le dossier de Dalí à la faculté des beaux-arts, Universidad Complutense, Madrid.

545. Les sept pages de commentaires de Dalí Cusí sur l'expulsion de son fils, datées du 20 novembre 1926, se trouvent dans son album de coupures de journaux (Fondation Gala-Salvador Dalí, Cadaqués).

546. Document conservé dans le dossier de Dalí à la faculté des beaux-arts, Universidad Complutense, Madrid.

547. *VS*, p. 17.

548. Rodrigo, *Lorca Dalí. Una amistad traicionada*, p. 85.

549. Une copie du document intitulé « Junta de profesores, reunidos en consejo de disciplina et día 23 de junio 1926, a las siete de la tarde » se trouve dans le dossier de Dalí à la faculté des beaux-arts, Universidad Complutense, Madrid.

550. Lettre conservée à la Fondation Gala-Salvador Dalí, Figueres.

551. Album de coupures de journaux de Salvador Dalí Cusí, Fondation Gala-Salvador Dalí, Figueres.

552. *VS*, p. 155, abrégé dans la version de Déon.

553. Dalí, *Un diari: 1919-1920*, p. 85. Passage non traduit dans *JGA*.

554. Pedro Rodríguez, « Dalí vuelve a casa. "Soy el primer distribuidor, a escala mundial, del libro *Camino*..." », *Los Sitios*, Gérone, 12 juillet 1970.

555. Fernández Almagro.

556. Santos Torroella, « The Madrid Years », p. 84.

557. *JG*, p. 86.

558. *Ibid.*, p. 86-87 ; *AI*, p. 16.

559. Malanga.

560. La toile est maintenant en la possession de doña Josefina Cusí, la fille de Joaquim Cusí Furtunet. Mes efforts pour la voir ont été vains, malgré l'intervention de proches de doña Josefina, une millonnaire qui a maintenant plus de quatre-vingt-dix ans.

561. Santos Torroella, « The Madrid Years », p. 88.

562. García Lorca, *Epistolario*, I, p. 167.

563. Beurdeley, p. 84.

564. Savinio, *Nueva enciclopedia*, p. 369.

565. Freud, *Conférences d'introduction à la psychanalyse*, dans *The Standard Edition of the Complete Psychological Works*, vol. 15, p. 154.

566. *SDFGL*, p. 44.

567. *Ibid.*, p. 42. La maison des Salisach était en face de celle des Dalí sur la plage d'Es Llané. « Papini » est sans doute le prolifique écrivain Giovanni Papini (1881-1956), célèbre pour ses volte-face idéologiques.

568. Santos Torroella a été le premier à remarquer cette ressemblance. Voir *La miel es más dulce que la sangre*, p. 224.

569. *On Classic Ground: Picasso, Léger, De Chirico and the New Classicism, 1910-1930* (catalogue, voir bibliographie, section 3), p. 219.

570. Santos Torroella, *La miel es más dulce que la sangre*, p. 110.

571. Reproduit dans *DOH*, p. 49 ; *MEAC*, II, p. 59.

572. Quiconque est sceptique quant à cette identification doit consulter la monographie séminale de Santos Torroella, *La miel es más dulce que la sangre*, qui remarque la présence mêlée des têtes du peintre et du poète dans quelque cinquante toiles et dessins de cette période.

573. Dalí, Anna Maria, *Noves imatges de Salvador Dalí*, p. 94.

574. Musée Salvador Dalí de Floride. Reproduit dans *Salvador Dalí: The Early Years* (voir bibliographie, section 1), p. 128.

575. Santos Torroella, « The Madrid Years », p. 89.

576. *Ibid.*

577. Photographie conservée à la Fondation Federico García Lorca, Madrid.

578. Huile sur cuivre, dimensions inconnues, collection privée (Carles Noguer Cusí, Barcelone), reproduite en noir et blanc dans *DOH*, p. 56, où elle est datée de 1925, dans *Salvador Dalí: The Early Years* (catalogue, voir bibliographie, section 1), datée de 1926 (ce qui semble moins probable). Pour un compte rendu de la participation de Dalí au Salon d'automne, voir Santos Torroella, *Salvador Dalí i el saló de Tardor*.

579. La toile se trouve au musée Salvador Dalí de Floride et est reproduite en couleurs dans *Salvador Dalí: The Early Years* (catalogue, voir bibliographie, section 1), p. 128 ; *The Salvador Dalí Museum Collection* (catalogue, voir bibliographie, section 1), n° 24 (où elle est intitulée *Femme couchée*) ; *DOH*, p. 67, etc.

580. Pour des reproductions en couleurs de *Nature morte au clair de lune*, voir *DOH*, p. 69 et *Salvador Dalí: The Early Years* (catalogue, voir bibliographie, section 1), p. 164 ; pour *Mannequin de Barcelone*, voir *DOH*, p. 68 et *Salvador Dalí: The Early Years*, p. 161.

581. Gasch, *L'expansió de l'art català al món*, p. 139-140.

582. *Id.*, « De galeria en galeria », *AA*, n° 2, mai 1926, p. 5.

583. *Id.*, « Les exposicions », *AA*, n° 14, 31 mai 1927, p. 40.

584. *Id.*, « De galeria en galeria », *AA*, n° 8, novembre 1926, p. 4.

585. *Id.*, « Salvador Dalí », *La Gaseta de les Arts*, Barcelone, n° 60, 1er novembre 1926, reproduit dans Gasch, *Escrits d'art i d'avantguarda (1925-1938)*, p. 67-70.

586. Gasch, *L'expansió de l'art català al món*, p. 142.

587. *Ibid.*, p. 143-144.

588. Cassanyes, p. 30.

589. *SDFGL*, p. 46.

590. Foix.

591. Une reproduction en noir et blanc de cette toile, intitulée *Femmes étendues sur le sable*, se trouve dans *DOH*, p. 67.

592. Gasch, « Salvador Dalí », *AA*, n° 11, 28 février 1927, p. 16-17.

593. Pour la découverte par Tanguy de De Chirico, voir Biro et Passeron, p. 396 ; Pierre, « Le peintre surréaliste par excellence », p. 43 ; pour la découverte par Breton de la même toile, *ibid.*

594. Reproduit dans *DOH*, p. 76.

595. Santos Torroella, *La miel es más dulce que la sangre*, p. 107. Légende : « La tête solitaire est celle de García Lorca. »

596. Buñuel, « Recuerdos literarios del Bajo Aragón », dans Sánchez Vidal (éd.), *Obra literaria*, p. 241 ; pour les souvenirs des ânes morts qu'avait José Bello, voir *SVBLD*, p. 26-28.

597. Dalí, *Le Mythe tragique de « L'Angélus » de Millet*, p. 101, note 1.

598. Miró, « Je rêve d'un grand atelier ».

599. *AI*, p. 72.

600. *Ibid.*

601. *SDFGL*, p. 48.

602. *Ibid.*, p. 52.

603. « La bouche peinte des mannequins de tailleurs » est une référence au poème de Lorca « Árbol de canción » dédié à Anna Maria Dalí et inclus dans *Canciones* (*Obras completas*, I, p. 335).

604. *SDFGL*, p. 58-60.

605. Rafael Moragas, « Durante un ensayo, en el Goya, de *Mariana Pineda*, cambiamos impresiones con el poeta García Lorca y el pintor Salvador Dalí », *La Noche*, Barcelone, 23 juin 1927, p. 3.

606. Gibson, *Federico García Lorca*, p. 480.

607. *Ibid.*, p. 479-482.

608. Gasch, « F. G. Lorca », *AA*, n° 15, 30 juin 1927, p. 50.

609. García Lorca, *Cartas a sus amigos*, p. 8-11.

610. Le dessin est reproduit en couleurs dans *Federico García Lorca. Dibujos* (voir bibliographie, section 3), n° 112, p. 152.

611. Ce commentaire a été fait devant Descharnes, *The World of Salvador Dalí*, p. 21 ; le dessin est reproduit en couleurs dans *Federico García Lorca. Dibujos* (voir bibliographie, section 3), n° 114, p. 153 et dans Romero, *Todo Dalí en un rostro*, n° 277, p. 220.

612. García Lorca, *Cartas a sus amigos*, p. 10.

613. Montanyà, « Superrealisme », *AA*, n° 16, 31 juillet 1927, p. 3-4.

614. *Id.*, « Panorama », *AA*, n° 16, 31 juillet 1927, p. 55.

615. Gasch, « Intermezzo Caustic », *AA*, n° 15, 30 juin 1927, p. 50.

616. « Informacions artístiques », *ibid.*

617. « Informacions literàries », *ibid.*, p. 48.

618. *SDFGL*, p. 46. Le terme est à nouveau utilisé p. 93.

619. Le sous-titre « Ironie » et le paragraphe d'ouverture sont empruntés presque mot pour mot à Alberto Savinio, « "Anadioménon". Principi di valutazione dell'Arte contemporanea », *Valori Plastici*, Rome, I, nos 4-5, 1919.

620. Il s'agit peut-être d'une allusion à *La Jeune Femme à la fenêtre* (1925).

621. En fait, c'est Savinio (voir note 619) qui l'a dit, et pas le narrateur : « *In fondo, non è che une ragione de nudità – per conseguenze di morale.* »

622. En catalan comme en espagnol, *contar* signifie à la fois « compter » et « conter ».

623. La référence au chapiteau brisé et au dallage blanc et noir suggère que Dalí a en tête le délicieux saint Sébastien de Mantegna, qui se trouve au Musée royal de Vienne. Le saint Sébastien du même artiste qui se trouve au Louvre, et dont le saint est moins attirant, a pu être vu par Dalí lors de son séjour à Paris en avril 1926.

624. Dalí avait admiré le « bleu métallique vénéneux » de Patinir au Prado (*VS*).

625. Dalí commet une erreur sur la date. La toile fut exécutée en 1918.

626. « Dinah » (« Quoi de mieux ? ») était l'un des grands succès du quartet américain The Revelers, mentionné ailleurs par le peintre.

627. Acteur et metteur en scène américain (1880-1940).

628. Le peintre cubiste polonais Louis Marcoussis (1878-1941), qui vivait à Paris.

629. Star de cinéma américaine (1890-1963), dont Dalí admirait beaucoup les moustaches.

630. En anglais dans l'original.

631. La référence paraît se rapporter à *Il tattilismo*, de Marinetti, publié en 1921.

632. Ce paragraphe de deux phrases n'était pas dans le texte de *L'Amic de les Arts*, mais apparut dans la traduction publiée par Lorca (dans *Gallo*, Grenade, 1928), où je l'ai pris. La référence aux bouches des mannequins rappelle immédiatement ce que Dalí avait écrit à Lorca sur son volume de poèmes *Canciones* : « Quand je lis ton "orange et citron", je ne sens pas la bouche peinte des mannequins de tailleur. »

633. *VS*.

634. García Lorca, *Cartas a sus amigos*, p. 32, reproduite dans García Lorca, *Epistolario*, II, p. 69.

635. *AA*, n° 17, 31 août 1927, p. 73.

636. Cette lettre, qui se trouve à la bibliothèque de Catalogne, à Barcelone, a été reproduite pour la première fois par Fernández Puertas, « Una carta obligada ».

637. Je suis extrêmement reconnaissant au professeur Dawn Ades de m'avoir fourni une photocopie du catalogue. Pour mémoire, les toiles exposées étaient :

*1. La Lueur ressemblante.*
*2. Premier message.*
*3. Second message.*
*4. Troisième message.*
*5. Leur ventre blanc m'avait frappé.*
*6. Bélomancie.*
*7. Mort guettant sa famille.*
*8. Une couleur, une fleur, une personne présente (coll. Roland Tual).*
*9. Vite ! Vite ! (coll. Mme J. T.).*
*10. Elberfeld (coll. Paul Éluard).*
*11. Je suis venu comme j'avais promis. Adieu (coll. Janine Kahn).*
*12. L'Anneau d'invisibilité (coll. Nancy Cunard).*
*13. Essai sur les erreurs populaires.*
*14. Argent potable.*
*15. Fumier à gauche, violettes à droite.*
*16. Finissez ce que j'ai commencé.*
*17. Un grand tableau qui représente un paysage.*
*18. Il faisait ce qu'il voulait (coll. André Breton).*
*19. Tous ces détails étaient exacts.*
*20. Extinction des lumières inutiles.*
*21. Le 4 juin je ne vois plus.*
*22. Maman, Papa est blessé.*
*23. Je m'en vais, venez-vous ?*

José Pierre affirme comme un fait, sans aucune preuve, que Dalí vit le catalogue de l'exposition (*Yves Tanguy. Rétrospective 1925-1955*, p. 53). Le même auteur fournit des détails sur les trois toiles reproduites dans le catalogue (*ibid.*, p. 61). La couverture et la page faisant la liste des œuvres sont reproduites dans l'édition allemande du catalogue (voir bibliographie, section 3). L'édition du catalogue du Centre Georges-Pompidou reprend la préface de Breton à l'exposition de 1927 (p. 92-93).

638. Ades, *Dalí*, p. 45.

639. Pierre, « Le peintre surréaliste par excellence », p. 53.

640. *Ibid.*

641. Secrest, p. 87.

642. Reproduction absente de la version Déon de *VS*.

643. *SVBLD*, p. 116.

644. Santos Torroella, *Dalí residente*, p. 176-177.

645. Romero, *Todo Dalí en un rostro*, p. 172, n° 213.

646. Nous savons par Eugenio d'Ors que Lídia employait déjà cette phrase quand il fit sa connaissance, en 1911 (*La verdadera historia de Lídia de Cadaqués*, p. 34).

647. Santos Torroella, *La miel es más dulce que la sangre*, p. 75 ; *VS*, passage absent de la version de Déon.

648. García Lorca, *Obras completas*, I, p. 531.

649. Santos Torroella, *La miel es más dulce que la sangre*, p. 75, note 9.

650. Voir par exemple ses commentaires sur le sujet dans Permanyer, « El pincel erótico de Dalí ».

651. Moorhouse, p. 32.

652. *SVBLD*, p. 158.

653. *Ibid.*, p. 159. Le nom du village, dont l'étymologie n'a aucun rapport avec « dégoûtant », fut changé plus tard en « Valderrubio ».

654. *SVBLD*, p. 162.

655. Combalía, *El descubrimiento de Miró*, p. 83, note 4. Gasch a fait référence à cette lettre dans « Les fantaisies d'un reporter », p. 108.

656. Massot et Playà, « Sis anys de correspondència entre Miró i Dalí », p. 36.

657. Gasch, « Les fantaisies d'un reporter », p. 108.

658. Voir la fin de l'article de Gasch sur Miró publié dans *La Gaseta de les Arts*, Barcelone, n° 39, 15 décembre 1925 : « Pour conclure, il faudrait souligner que l'œuvre de Joan Miró représente, dans la peinture moderne, l'effort le plus important et le plus original depuis Picasso. Cette affirmation paraîtra gratuite à beaucoup. Mais elle ne vient pas de moi. Miró a eu la grande chance de l'entendre lui-même de la bouche du peintre de Malaga. »

659. *SDFGL*, p. 67.

660. Santos Torroella, *Salvador Dalí i el saló de Tardor*, p. 32-33, note 21.

661. Dalí, « La fotografia pura creació de l'esperit ».

662. Ades, « Morphologies of Desire », p. 142.

663. Pour les dates, voir Santos Torroella, *Dalí residente*, p. 193, note 8 ; *AA*, n° 17, 31 août 1927, p. 73.

664. Gasch, « Max Ernst ».

665. *Id.*, « Cop d'ull sobre l'evolució de l'art modern », p. 93.

666. *Id.*, « Del cubismo al superrealismo », *GL*, n° 20, 15 octobre 1928, p. 5. La version de cet article dans son catalan original (*Nova Revista*, Barcelone, n° 7, juillet 1927) ne contient pas la phrase sur l'immoralité.

667. *Id.*, « L'exposició colectiva de la Sala Parés », *AA*, n° 19, 31 octobre 1927, p. 95.

668. *Id.*, « Comentaris. Al marge d'un article de Rafael Benet », *AA*, n° 22, 28 février 1928, p. 166-167. Il était de plus en plus évident que la plus grande objection de Gasch au surréalisme provenait de son agressif rejet de Dieu et de sa sexualité explicite. Voir, en particulier, son article « André Breton : le surréalisme et la peinture » où nous lisons : « J'accepte la partie saine, poétique, du surréalisme. Mais je rejette catégoriquement son composant maladivement sadique, sa pédérastie, sa saleté constante, toute la puanteur des drogues et des bordels qu'exhale le surréalisme littéraire. »

669. Dalí, « Els meus quadros del saló de Tardor ».

670. Massip.

671. Pour Gasch, « Del cubismo al superrealismo », art. cit., p. 5, Foix est « le poète surréaliste catalan » ; pour Montanyà, « Un "nou" poeta català » (Sebastià Sànchez-Juan), *GL*, n° 22, 15 novembre 1927, p. 3, il est « le surréaliste catalan (un surréaliste avec les plus nobles préoccupations esthétiques) ».

672. *SDFGL*, p. 66.

673. *Ibid.*, p. 165.

674. Dalí, « Film artístico, film antiartístico ».

675. *Dalí joven. 1918-1930* (catalogue, voir bibliographie, section 1), p. 33.

676. *Ibid.*

677. *Ibid.*, p. 29-30.

678. *AA*, 29 février 1928, p. 164.

679. Cité dans *SVBLD*, p. 166-167.

680. *SDFGL*, p. 80-81.

681. Des extraits en sont parus dans *LRS*, n° 4, 15 juillet 1925, p. 26-30 ; n° 6, 1er mars 1926, p. 30-32 ; n° 7, 15 juin 1926, p. 3-5 ; n° 9, 1er octobre 1927, p. 36-43.

682. « Aujourd'hui, 12 février 1928, à minuit, le garçon a terminé son service militaire », note Salvador Dalí Cusí dans son album, Fondation Gala-Salvador Dalí, Figueres. Voir la bibliographie pour des détails sur la publication de « Nous límits de la pintura ».

683. Breton, *Le Surréalisme et la peinture*, dans *Œuvres complètes*, IV, p. 405.

684. Dalí, « Nous límits de la pintura » (première partie), p. 167.

685. *Ibid.*

686. Dalí, « Realidad y sobrerrealidad ».

687. *SDFGL*, p. 89-90.

688. Breton, « Le surréalisme et la peinture », *LRS*, nos 9-10, 1er octobre 1927, p. 42 : « C'est ainsi que Max Ernst a commencé à interroger la substance des objets, à lui donner toute licence pour décider, à nouveau, de leur ombre, de leur attitude et de leur forme » (*Le Surréalisme et la peinture*, dans *Œuvres complètes*, IV, p. 383). Voir Dalí, « Nous límits de la pintura » : « Le procédé hautement complexe et dérangeant de l'instant où ces objets, sans avertir, commencent à marcher, ou se mettent à penser qu'il serait convenable de modifier la projection de leur ombre » (deuxième partie, p. 186).

689. *SDFGL*, p. 90. Même exemple dans « Realidad y sobrerrealidad ».

690. Breton, *Le Surréalisme et la peinture*, dans *Œuvres complètes*, IV, p. 404.

691. Dalí, « Nous límits de la pintura », troisième partie, p. 195.

692. Selon Breton, *Œuvres complètes*, I, p. LIV, l'impression du *Surréalisme et la peinture* fut achevée le 11 février 1928.

693. Santos Torroella, *« Los putrefactos » de Dalí y Lorca*, p. 95.

694. En mai 1928, Gasch fit une chronique irritée sur le livre dans « André Breton. *Le Surréalisme et la peinture* ».

695. *SVBLD*, p. 164.

696. Gasch, *L'expansió de l'art català al món*, p. 150.

697. La Fondation Bernat Metxe fut fondée en 1920 afin de promouvoir la traduction en catalan d'œuvres écrites en latin et en grec classique.

698. Gasch, *L'expansió de l'art català al món*, p. 150.

699. *Ibid.*

700. Lettre de Gasch à Dalí, décembre 1927.

701. Gasch, *L'expansió de l'art català al món*, p. 152.

702. *Ibid.*, p. 153.

703. *AA*, 30 avril 1928, p. 152.

704. La sardane, danse nationale de la Catalogne, est un symbole aussi important que la Vierge de Montserrat.

705. Dalí, « Per al "meeting" de Sitges ».

706. *La Veu de l'Empordà*, Figueres, 26 mai 1928, p. 5-6.

707. *Ibid.* Un long compte rendu parut aussi dans *Sol Ixent*, Cadaqués, 2 juin 1928, p. 5-6.

708. *VS*, passage absent de la version de Déon.

709. Descharnes, *Dalí*, p. 64.

710. Ades, *Dalí*, p. 60.

711. Santos Torroella, *Salvador Dalí i el saló de Tardor*, p. 11.

712. Les deux œuvres sont reproduites dans *DOH*, p. 75.

713. Ricardo Baeza, « Los *Romances gitanos* de Federico García Lorca », *El Sol*, Madrid, 29 juillet 1928, p. 2.

714. García Lorca, *Obras completas*, III, p. 977.

715. Dalí, « Realidad y sobrerrealidad ».

716. Référence à l'excellent poète Pedro Salinas, ami de Lorca.

717. *SDFGL*, p. 88-94.

718. García Lorca, *Epistolario*, II, p. 113.

719. Santos Torroella, *Salvador Dalí i el saló de Tardor*, p. 12.

720. Il semble probable qu'il s'agisse de la toile exposée en Floride, dans la Salvador Dalí Collection Museum, reproduite en couleurs dans le catalogue sous le numéro 31 (voir bibliographie, section 1).

721. Santos Torroella, *Salvador Dalí i el saló de Tardor*, p. 12.

722. *Ibid.*, p. 13-14.

723. *Ibid.*, p. 15.

724. *Ibid.*, p. 20.

725. *Ibid.*, p. 18-19.

726. « Les exposicions d'art. El Saló de Tardor. À darrera, Salvador Dalí retira els seus quadros del Saló », *La Nau*, Barcelone, 6 octobre 1928. La note du comité fut aussi imprimée dans *La Publicitat*, Barcelone, 6 octobre 1928, p. 5 (« Une obra de Salvador Dalí es retirada del Saló de Tardor »).

727. Santos Torroella, *Salvador Dalí i el saló de Tardor*, p. 20-21.

728. *La Publicitat*, Barcelone, 17 octobre 1928, p. 4.

729. *Ibid.*, p. 4-5.

730. *Ibid.* ; *La Publicitat*, Barcelone, 24 octobre 1928, p. 6.

731. Pla, dans *La Veu de Catalunya*, cité par Gasch, *L'expansió de l'art català al món*, p. 153.

732. Santos Torroella, *Salvador Dalí i el saló de Tardor*, p. 24.

733. *Ibid.*, p. 25-27.

734. *Ibid.*, p. 27-29.

735. *Ibid.*, p. 29-30.

736. *Ibid.*, p. 32-34.

737. Francisco Madrid, « El escandalo del "Salón de Ottoño" de Barcelona. Salvador Dalí, pintor de vanguardia, dice que todos los artistas actuales estan putrefactos », *Estampa*, Madrid, 6 novembre 1928, p. [8].

738. *SVBLD*, p. 186.

739. *Ibid.*

740. *BMDS*, p. 124-125.

741. Sánchez Vidal, « The Andalusian Beasts », p. 193.

742. *VS*, p. 158.

743. Lear, *L'Amant Dalí*, p. 190 ; Aub, p. 547-548.

744. *SVBLD*, p. 184.

745. Lettre de Buñuel à Dalí, 24 juin 1929, musée Abelló, Mollet del Vallès (Barcelone). En 1934, huit ans avant la publication de *La Vie secrète*, furieux que son nom ait disparu des crédits d'*Un chien andalou* et de *L'Âge d'or*, Dalí écrivit à Buñuel : « Sans moi ces films ne seraient pas, rappelle-toi tes projets d'avant-garde et Gómez de la Serna, juste au moment où j'écrivais le premier jet d'*Un chien andalou*, dans lequel le *Film surréaliste* a été inventé pour la première fois. » Cette indignation sonne juste (lettre de Dalí à Buñuel, citée dans *SVBLD*, p. 248-250). Le témoignage de Jaume Miravitlles, l'ami de Dalí, qui participa au film, est aussi pertinent. Selon lui, si la réalisation d'*Un chien andalou* est incontestablement due à Buñuel, l'idée originale venait indéniablement de Dalí : il était « la mère » du film. Buñuel, écrivait Miravitlles, le lui a confirmé dans une lettre (Miravitlles, « Encuentros en mi vida, Dalí i Buñuel », 8 juillet 1977 et *Més gent que he conegut*, p. 160).

746. Lettre de Buñuel à Pepín Bello (Paris, 10 février 1929), reproduite dans *SVBLD*, p. 189-191. Le professeur Sánchez Vidal m'a confirmé par écrit que Buñuel avait écrit « *la marista* » et non pas « *el marista* » (lettre à l'auteur, 20 décembre 1995).

747. J. Puig Pujades, « Un film a Figueres. Una idea de Salvador Dalí i Luis Buñuel », *La Veu de l'Empordà*, Figueres, 2 février 1929, reproduit par Santos Torroella, *Dalí residente*, p. 237-240.

748. Buñuel interviewé par Tomás Pérrez Turrent et José de la Colina dans *Contracampo*, Madrid, n° 16, octobre-novembre 1980, p. 3-4. L'interview est reproduite dans *Buñuel por Buñuel*, des mêmes auteurs, p. 23-26.

749. *LRS*, n° 12, 15 décembre 1929, p. 34.

750. Rodrigo, *Lorca Dalí. Una amistad traicionada*, p. 214-215, reproduit le récit suivant sur le système de Buñuel, que lui avait fait Anna Maria Dalí des décennies après l'événement, et donc pas forcément fiable. Il semble que ce qu'Anna Maria se rappelle ici est la façon dont Buñuel polissait la version précédente faite avec le peintre. « Luis était très méthodique et aimait vraiment son travail. Chaque jour, après le déjeuner, il s'installait dans le petit salon avec sa machine à écrire, son paquet de Lucky Strike et sa bouteille de White Label. Il était complètement absorbé dans son travail, et travaillait sur sa machine jusqu'au moment où il avait réussi à traduire de façon plastique une scène ou une idée. Alors il faisait une pause, fumait une autre cigarette, et buvait une gorgée de whisky avec un réel plaisir. Il appelait Salvador pour qu'il commente ce qu'il venait d'écrire ; ils en parlaient pendant un moment et, après une autre cigarette, pour digérer la discussion, il se remettait à son travail sur sa machine à écrire. »

751. Lettre citée dans *SVBLD*, p. 203.

752. Bataille.

753. Reproduit dans *DOH*, p. 47.

754. Dalí, « La meva amiga i la platja », dans « Dues proses » : « Mon amie aime la morbidité dormante des lavabos et la finesse des plus minces lames de scalpel sur les pupilles, dilatées par l'extraction de la cataracte. »

755. Aranda, p. 85, note 2.

756. Santiago Ontañón à Max Aub, dans Aub, p. 320.

757. Dans « To Spain, Guided by Dalí », p. 94, Dalí dit que *La Mort de la Vierge* est la toile du Prado qui avait le plus impressionné Lorca, qui affirmait qu'elle avait été peinte « à la lumière d'une éclipse ».

758. Aranda, p. 85.

759. Pour les mains et les yeux tranchés dans la peinture européenne, voir le catalogue *Buñuel! Auge des Jahrhunderts* (voir bibliographie, section 3). Sánchez Vidal, *El mundo de Luis Buñuel*, p. 69, reproduit *Le Musée d'une nuit*, de Magritte (1927), dont la main coupée est très semblable à celle d'*Un chien andalou*. La même autorité a attiré notre attention sur un poème de Benjamin Péret admiré par Buñuel et Dalí, « Les Odeurs de l'amour », dans *Le Grand Jeu* (1928), où la connexion entre l'œil et le rasoir est explicitée : « S'il est un plaisir / c'est bien celui de faire l'amour / le corps entouré de ficelles / les yeux clos par des lames de rasoir » (Péret, *Œuvres complètes*, I, p. 167).

760. Bataille.

761. Buñuel, « Recuerdos literarios del Bajo Aragón », dans Sánchez Vidal (éd.), *Obra literaria*, p. 241 ; pour Pepín Bello, voir *SVBLD*, p. 27-28.

762. Conversation téléphonique avec don Agustín Sánchez Vidal, Saragosse, 3 mai 1985.

763. Freud, *The Standard Edition of the Complete Psychological Works*, vol. 5, p. 398, note 1 ; *La interpretación de los sueños*, vol. 2, p. 213.

764. Buñuel, « Notes on the Making of *Un chien andalou* », p. 153.

765. Cet ami était Angel del Río. Pour l'éclat de colère de Lorca, voir Sánchez Vidal (éd.), *Obra literaria*, p. 32 ; *BMDS*, p. 193.

766. Sánchez Vidal (éd.), *Obra literaria*, p. 32.

767. Aranda, p. 65-66, note.

768. Aub, p. 59.

769. Durgnat, p. 23.

770. García Lorca, *Obras completas*, II, p. 277-280. Lors de sa première publication dans *Gallo*, Grenade, n° 2, avril 1928, p. 120, le morceau était daté de « juillet 1925 ».

771. *SDFGL*, p. 32.

772. Aub, p. 105.

773. Pour une exploration intéressante du contenu homosexuel latent de *La Balade de Buster Keaton*, de Lorca, je suis reconnaissant à Carlos Jerez-Farrán de m'avoir envoyé son article, « García Lorca y *El Paseo* de Buster Keaton ».

774. *LRS*, n° 12, 15 décembre 1929, p. 35.

775. Gibson, « Con Dalí y Lorca en Figueres ».

776. *BMDS*, p. 22.

777. *AI*, p. 94.

778. J. Puig Pujades, « Un film a Figueres. Una idea de Salvador Dalí i Luis Buñuel », art. cit., reproduit par Santos Torroella, *Dalí residente*, p. 237-240.

779. « Buñuel y Dalí en el Cineclub », *GL*, 1er février 1929, p. 6.

780. *SVBLD*, p. 189-191.

781. « Un número violento de *L'Amic de les Arts* », *GL*, 1er février 1929, p. 7.

782. Lettre de Buñuel à Dalí, datée du 22 mars 1929. Collection de don Pere Vehí, Cadaqués.

783. Miravitlles, « Notes a l'entorn de l'art d'avanguarda », p. 321.

784. *LRS*, n° 8, 1er décembre 1926, p. 13.

785. *BMDS*, p. 123.

786. Première publication dans *SVBLD*, p. 193-198.

787. *BMDS*, p. 133.

788. L'impression du roman fut achevée le 25 mai 1928 (Breton, *Œuvres complètes*, I, p. LIV).

789. Dalí, « La dada fotogràfica ».

790. *BMDS*, p. 123-124.

791. La commune d'origine de Joan Miró, près de Tarragone.

792. « Revistas », *GL*, 1er avril 1929, p. 7. La rumeur a été confirmée par *Mirador*, la revue de Barcelone, bien informée, dont le correspondant à Paris, Domènec de Bellmunt, écrivit le 18 avril 1929 que Dalí était arrivé pour monter l'ultime magazine d'avant-garde.

793. Cité dans *Poesía. Revista ilustrada de información poética*, Madrid, nos 18 et 19 (1984), monographie consacrée à la Résidence des étudiants, p. 124.

794. On a la preuve que la toile fut vendue à la duchesse de Lerma dans l'album de coupures de journaux de don Salvador Dalí Cusí, Fondation Gala-Salvador Dalí, Figueres, où une lettre de Dalí, envoyée de la Résidence des étudiants et datée du 4 mai 1929, affirme que *Le miel est plus doux que le sang* a été acheté par la duchesse pour sept cents pesetas (vol. 2, f. 38). Il a souvent été soutenu que la toile avait été ensuite achetée par Coco Chanel, mais aucun document ne soutient cette allégation. Doña Ana Beristain, du Musée national centre d'art Reine Sofía, Madrid, conservatrice de l'exposition *Salvador Dalí: The Early Years*, m'a dit en 1994 que la famille de la duchesse de Lerma ignorait où l'œuvre se trouvait.

795. Reproduit dans *MEAC*, II, p. 79.

796. A. García y Bellido, « Los nuevos pintores españoles. La exposición del Botánico », *GL*, n° 56, 1er avril 1929, p. 1. Une lettre dans l'album de coupures de journaux de don Salvador Dalí Cusí, Fondation Gala-Salvador Dalí, Figueres, révèle que la toile a été vendue à la duchesse pour mille pesetas.

797. Antonio Méndez Casal, « Crítica de arte. Comentarios des actual momento », *Blanco y Negro*, Madrid, 7 avril 1929.

798. Collection de don Pere Vehí, Cadaqués.

799. *SVBLD*, p. 203.

800. *BMDS*, p. 109.

801. *VS*, p. 158.

802. Déclarations de Denise Tual dans l'émission de la BBC « Arena. The Life and Times of Don Luis Buñuel » (pour les détails, voir bibliographie, section 7).

803. *VS*.

804. « Chronique », *Documents*, Paris, n° 4, septembre 1929, p. 216 ; *VS*.

805. Pere Artigas, « Un film d'en Dalí », *Mirador*, Barcelone, I, n° 17, p. 6.

806. *VS*, p. 158.

807. *BMDS*, p. 126-127.

808. *AI*, p.138.

809. Maxime Alexandre, *Mémoires d'un surréaliste*, Paris, La Jeune Parque, 1968, p. 181, cité par Gateau, *Paul Éluard et la peinture surréaliste*, p. 156.

810. Fernández et Kobuz, p. 82.

811. Sadoul, *Rencontres*, p. 138. Un texte antérieur de Sadoul montre qu'il confond la première d'*Un chien andalou* au Studio des Ursulines, en juin 1929, et la diffusion publique du film au Studio 28, à partir du mois d'octobre (Sadoul, préface à *Viridiana* de Buñuel, voir Sadoul, bibliographie).

812. *VS*, p. 167.

813. Voir l'utile « Index des symboles » dans Freud, *The Standard Edition of the Complete Psychological Works*, vol. 24, p. 173-176.

814. Dalí et Pauwels, p. 32-33.

815. *VS*.

816. Moorhouse, p. 35.

817. *Ibid.*

818. Morla Lynch, p. 310.

819. Francisco Lucientes, « Hurra a la vanguardia! El ruidoso "jazz" artístico del Botánico », *Heraldo de Madrid*, 22 mars 1929.

820. Sylvester, p. 120-121.

821. Dalí, « Documental-París-1929 », 23 mai 1929.

822. Second volume, non relié, de coupures de journaux de Salvador Dalí Cusí (Fondation Gala-Salvador Dalí, Figueres).

823. Sylvester, p. 181.

824. Dalí, « Documental-París-1929 », 7 mai 1929.

825. *VS*, p. 167.

826. Éluard, *Lettres à Gala*, p. 56 ; Gateau, *Paul Éluard ou le Frère voyant*, p. 163-164.

827. *VS*, p. 167.

828. *Ibid.*, p. 168.

829. *Ibid.*, p. 167.

830. Second volume, non relié, de coupures de journaux de Salvador Dalí Cusí (Fondation Gala-Salvador Dalí, Figueres), f. 40. Le médecin était le docteur Charles Brzezicki, 88 *bis*, avenue Parmentier, Paris 11e.

831. L'invitation à la première est reproduite par García Buñuel, p. 80.

832. Louis Chavance, « Les influences de *L'Âge d'or* », *La Revue du cinéma*, Paris, n° 19, 1er février 1931, p. 48.

833. *BMDS*, p. 128.

834. « *Un chien andalou* », *D'ací i d'allà*, Barcelone, août 1929, p. 273.

835. André Delons, « *Un chien andalou*. Film de Buñuel », *Variétés*, Bruxelles, 15 juillet 1929, p. 22.

836. J. Bernard Brunius, « *Un chien andalou*. Film par Luis Buñuel », *Cahiers d'art*, Paris, n° 5, 1929, p. 230-321.

837. *Le Merle*, Paris, 28 juin 1929, cité par Murcia, p. 121.

838. Montes.

839. La *jota* est la danse nationale d'Aragon. L'Èbre traverse Saragosse, la capitale régionale.

840. Musée Abelló, Mollet del Vallès (Barcelone).

841. Bouhours et Schoeller, p. 32.

842. *BMDS*, p. 198.

843. Bouhours et Schoeller, p. 31.

844. *Ibid.*

845. Aub, p. 62 ; voir aussi *BMDS*, p. 138-139.

846. Etherington-Smith, p. 124 ; Bouhours et Schoeller, p. 32-33.

847. O. B. (Oswell Blakeston), « Paris Shorts and Longs », *Close Up*, Londres, août 1929, p. 143-144.

848. Gold et Fitzdale, p. 279.

849. *Ibid.*, p. 284, note.

850. *Ibid.*

851. Prince Jean-Louis de Faucigny-Lucinge interviewé par Patrick Mimouni dans son émission pour la télévision française, « Charles et Marie-Laure de Noailles », 1990.

852. *Ibid.*

853. Aub, p. 336, interview de Charles de Noailles.

854. *BMDS*, p. 138.

855. Dalí, « Documental-París-1929 », 28 juin 1929, p. 1.

856. *VS*, p. 168.

857. Moorhouse, p. 38.

858. Bataille, « Le *Jeu lugubre* ».

859. Ades, p. 73.

860. Santos Torroella, *Dalí residente*, p. 129-130.

861. Livre d'art Gowans, n° 47, *The Masterpieces of Ingres*, Londres et Glasgow, Gowans and Gray, 1913, p. 43.

862. *SVBLD*, p. 189-191.

863. Moorhouse, p. 38.

864. *Ibid.*

865. Ades, p. 75.

866. *Ibid.*

867. *Ibid.*, p. 76.

868. Bataille, « Le *Jeu lugubre* ».

869. *VPSD*, p. 150.

870. Swinburne, *Atalanta in Calydon*, 1865.

871. *AMD*, p. 141.

872. Sylvester, p. 181.

873. *Sol Ixent*, Cadaqués, 15 août 1929, p. 10.

874. Thirion, p. 192.

875. *AI*, p. 109.

876. Éluard, *Lettres à Gala*, p. 103.

877. *VS*, p. 178.

878. Paul Lorenz, éditeur de *Plaisirs de Paris*, à Eleanor et Reynolds Morse, tel que me l'a raconté Mrs Eleanor Morse à St. Petersburg, Floride le 16 juillet 1996.

879. Permanyer, « El pincel erótico de Dalí », p. 163 ; voir aussi Dalí et Pauwels, p. 266 : « Pour être érotique, un visage de femme doit être désagréable de façon acceptable. »

880. Passage extraite d'*Au défaut du silence*, 1925, Éluard, *Œuvres complètes*, I, p. 165.

881. Conversation avec doña María Luisa González, Madrid, 2 novembre 1991.

882. Conversation avec doña Nanita Kalaschnikoff, Marbella, été 1996.

883. Navarro Arisa, p. 19.

884. Doña Nanita Kalaschnikoff insiste sur le fait que Dalí disait toujours que la mère de Gala était juive (conversations avec doña Nanita Kalaschnikoff, 1994-1995). Mme Cécile Éluard, lors de mon entretien avec elle à Paris le 25 février 1995, niait fermement cette allégation. Si quelqu'un dans la famille était juif, disait-elle, c'était le compagnon d'Antonina.

885. Vieuille, p. 17-18.

886. Conversation avec Mme Cécile Éluard, Paris, 25 février 1995.

887. McGirk, p. 12.

888. Vieuille, p. 11.

889. McGirk, p. 12-13.

890. La sœur de Gala, dans McGirk, p. 14-15.

891. *Ibid.*, p. 13-14.

892. *Ibid.*, p. 19.

893. Éluard, *Lettres à Gala*, p. 374.

894. *Ibid.*, p. 373, 379-380, 382, 384-389, 391, 393.

895. *Ibid.*, p. 387.

896. *Ibid.*, p. 389.

897. *Ibid.*, p. 392.

898. *Ibid.*, p. 391.

899. *Ibid.*, p. 392-393.

900. McGirk, p. 37. La confidence est due au peintre Henri Pastoureau.

901. Il y a une excellente reproduction en couleurs de la toile dans Gimferrer, *Max Ernst o la dissolució de la identitat*, p. 45.

902. Vieuille, p. 60-61 ; *LRS*, n° 15, 15 octobre 1925, p. 28. Il semble que la toile ait été détruite par les nazis (Vieuille, p. 61).

903. Une sélection de ces dessins a été reproduite dans *Pleine marge*, Paris, n° 6, décembre 1987, p. 33-37. Pour « Gala la Gale », conversation avec David Gascoyne, île de Wight, 1994.

904. Voir par exemple les photos publiées dans *Éluard. Livre d'identité*, de Valette.

905. Gateau, *Paul Éluard ou le Frère voyant*, p. 166-167.

906. McGirk, p. 105.

907. Éluard, *Lettres à Gala*, p. 316.

908. Patrick Waldberg, *Max Ernst chez Paul Éluard*, cité par Vieuille, p. 58. Pour la « Tour », voir Vieuille, p. 61-62.

909. Éluard, *Lettres à Gala*, p. 72.

910. Lear, *Le Dalí d'Amanda*, p. 249.

911. Éluard, *Lettres à Gala*, p. 60.

912. *Ibid.*, p. 64.

913. *Ibid.*, p. 62.

914. *Ibid.*, p. 67.

915. *Ibid.*, p. 60, 97.

916. *Ibid.*, p. 77 ; Gateau, *Paul Éluard ou le Frère voyant*, p. 167.

917. McGirk, p. 1-2. Aucune source fournie.

918. *VS*, p. 179.

919. *BMDS*, p. 116 ; Aub, p. 62.

920. Aub, p. 63-64.

921. *VS*, p. 178.

922. Aub, p. 63.

923. Gateau, *Paul Éluard et la peinture surréaliste*, p. 157.

924. Sylvester, p. 181-182. La toile est reproduite en couleurs p. 183.

925. Santos Torroella, « El extraño caso de "El tiempo amenazador" ».

926. Sylvester, p. 181.

927. *VS*, p. 180.

928. *Ibid.*

929. Dalí, *Le Mythe tragique de « L'Angélus » de Millet*, p. 100.

930. Éluard, *Lettres à Gala*, p. 86-90.

931. Aub, p. 64 ; *BMDS*, p. 116.

932. Conversation avec Mme Cécile Éluard, Paris, 25 février 1995 ; Quiñonero.

933. Manuscrit de *VS*, Fondation Gala-Salvador Dalí, p. 212.

934. Romero, *Dedálico Dalí*, p. 56.

935. Le premier testament, daté du 5 août, fut signé à Figueres en présence du notaire Salvador Candal y Costa ; le second, aussi à Figueres, en présence du notaire Martin Mestres y Borrella. Tous deux sont conservés aux archives notariales de Figueres. Merci à la ministre de la Culture, doña Carmen Alborch, de m'avoir permis de les consulter, ainsi que d'autres testaments de la famille, et au notaire responsable des archives, don Raimundo Fortuny i Marqués, ainsi qu'à mon bon ami, le notaire don José Gómez de la Serna, dont les commentaires détaillés sur les testaments m'ont été d'un immense secours.

936. Éluard, *Lettres à Gala*, p. 89.

937. *VS*, p. 192.

938. Descharnes, *Dalí*, p. 68.

939. Permanyer, « El pincel erótico de Dalí ».

940. *VS*, p. 188.

941. *AI*, p. 113.

942. Moorhouse, p. 40.

943. Descharnes, *Dalí*, p. 68.

944. La toile est reproduite dans *DOH*, p. 95.

945. Pour une brillante discussion sur cette toile, voir Gee. Quelques années plus tôt, Dalí avait pu en voir une reproduction dans *LRS*, n° 4 (juillet 1925, p. 133). Dawn Ades, dans *Dalí*, p. 70, nous rappelle qu'Éluard avait aussi des De Chirico. Mais c'est le tableau d'Ernst « qui semble avoir le plus envoûté Dalí ».

946. *Dada, Surrealism and Their Heritage* (catalogue, voir bibliographie, section 3), p. 113.

947. Voir Janis, « Painting as a Key to Psychoanalysis ».

948. Ades, p. 65.

949. Dalí, *Le Mythe tragique de « L'Angélus » de Millet*, p. 57.

950. Descharnes, *The World of Salvador Dalí*, p. 154. Pour d'autres références aux galets de Confitera, *ibid.*, p. 52, 54, 56, 62-63, 132, 160.

951. On trouve une bonne reproduction de la toile dans *Salvador Dalí: The Early Years* (catalogue, voir bibliographie, section 1), p. 182.

952. Pour Mauclaire et le Studio 28, voir Bouhours et Schoeller, p. 31, note 2. Une copie du programme du Studio 28 donnant des détails sur les programmations se trouvait dans l'exposition *Buñuel! La mirada del siglo*.

953. Dalí, « *Un chien andalou* », p. 6. Une longue citation de l'article de Dalí se trouve reproduite dans *GL*, 1er novembre 1929, p. 5, qui annonce que le film sera bientôt projeté à Madrid.

954. Gasch, « Les obres recents de Salvador Dalí » ; voir aussi *La Nau*, Barcelone, 30 octobre 1929 ; A. F., « L'argument de *Un chien andalou* », *La Publicitat*, Barcelone, 30 octobre 1929 ; *La Noche*, Barcelone, 30 octobre 1929 (Guillermo Díaz Plaja) ; Joan Margarit, « Entorn d'*Un chien andalou* », *Mirador*, Barcelone, 21 novembre 1929, p. 6.

955. *VS*, p. 192.

956. La première référence au titre *La Bête andalouse* apparaît dans une lettre de Buñuel à Charles de Noailles, datée du 15 mars 1930 (Bouhours et Schoeller, p. 63).

957. Bouhours et Schoeller, p. 118, note 1.

958. Conversation avec doña María Luisa González, Madrid, 1994.

959. *BMDS*, p. 268. L'édition en question doit être celle qui a été publiée à Berlin en 1904 par le sexologue Iwan Bloch, sous le pseudonyme d'Eugen Dühren. Il n'y en eut que cent quatre-vingts exemplaires. L'achevé d'imprimer était faux : « Paris, Club des Bibliophiles. »

960. *BMDS*, p. 268-270.

961. Dans *VS*, Dalí dit que les toiles ont été vendues entre six mille et douze mille francs.

962. Dalí ne parle pas de leur réunion dans *VS*. Quelques détails se trouvent dans *AI*, p. 109.

963. Dalí, « No veo nada, nada en torno del paisaje. Poema ». Cette coupure ne se trouve pas (peut-être est-ce volontaire) dans l'album de don Salvador Dalí Cusí.

964. Dalí, « Posició moral del surrealismo » ; Arco, p. 65-66.

965. Breton, dans *Point du jour* (*Œuvres complètes*, II, p. 306-308).

966. E. Tériade, « Les expositions », *L'Intransigeant*, Paris, 25 novembre 1929. L'article se trouve dans l'album de Dalí Cusí. Cité dans *VPSD*, p. 22.

967. « Le Rapin », *Comœdia*, Paris, 2 décembre 1929.

968. Flouquet, « Salvador Dalí. Galerie Goemans, 49 rue de Seine », *Monde*, Paris, 30 novembre 1929 ; « Les lettres. Meridians », *La Publicitat*, Barcelone, 6 décembre 1929, p. 5.

969. *VS*.

970. « Cronica local » dans *El Eco de Sitges*, n° 2268, 24 novembre 1929, p. 3. La même information était rapportée quelques jours plus tard dans *La Gaseta de Sitges*, n° 22, 1er décembre 1929, p. 5 (« Cap de la vila »).

971. *BMDS*, p. 139-140.

972. *AMD*, p. 142.

973. Eugenio d'Ors, « El juego lúgubre y el doble juego », *GL*, 15 décembre 1929, p. 3. Anna Maria Dalí pensait que d'Ors avait publié aussi l'article dans *La Vanguardia* de Barcelone (Aub, p. 359), mais tel n'est pas le cas. Il est cependant probable qu'il ait été publié quelque part avant sa parution dans *La Gaceta Literaria*.

974. Santos Torroella, *La trágica vida de Salvador Dalí*, p. 3.

975. *SDFGL*, p. 95.

976. Bouhours et Schoeller, p. 37.

977. *Ibid.*, p. 40. La présence des deux amis à Cadaqués fut dûment rapportée par *Sol Ixent*, le bimensuel local, le 15 décembre.

978. *VS*.

979. Bouhours et Schoeller, p. 40. Pour la présence de Buñuel à Madrid, voir « Boletín del Cineclub », *GL*, 15 décembre 1929, p. 5 et Alberti, p. 283.

980. *VS*, p. 197.

981. Bouhours et Schoeller, p. 44.

982. Le scénario était paru d'abord dans *La Revue du cinéma*, Paris, n° 5, 15 novembre 1929, p. 2-16, dans des circonstances que Buñuel rappelle dans *BMDS*, p. 130-132. La traduction de l'espagnol, attribuée à Maxime Zvoinski, correspond presque mot pour mot à celle publiée dans *LRS*.

983. *LRS*, n° 12, 15 décembre 1929, p. 34.

984. Breton, *Entretiens*, dans *Œuvres complètes*, III, p. 530.

985. *Id.*, *Second manifeste du surréalisme*, dans *Œuvres complètes*, I, p. 793.

986. *Ibid.*, p. 791.

987. Le frontispice est reproduit dans *Salvador Dalí. Rétrospective, 1920-1980*, p. 133. Pour des détails sur la publication du *Second manifeste* sous forme de livre, voir Breton, *Œuvres complètes*, I.

988. Un jeu surréaliste, consistant à inscrire des phrases ou des dessins sur un papier plié, chacun ignorant ce qu'a inscrit le joueur précédent. L'exemple qui a donné son nom au jeu est : « Le cadavre – exquis – boira – le vin nouveau. »

989. La transcription du scénario par Dalí est disponible à la Scottish National Gallery of Modern Art, Édimbourg. Elle a été publiée par Dawn Ades (voir bibliographie, section 6).

990. *VS*.

991. Éluard, *Lettres à Gala*, p. 90-91. Une photo de l'hôtel se trouve dans *VPSD*, p. 23.

992. *Ibid.*, p. 90-92. Cachet de la poste du 16 janvier 1930.

993. *VS*, p. 192 ; *AI*, p. 105 *sqq*.

994. *BMDS*, p. 227.

995. *Ibid.*, p. 264.

996. Bouhours et Schoeller, p. 48-49.

997. *VS*, p. 209.

998. Lettre conservée dans les archives Noailles, Centre Georges-Pompidou, Paris.

999. Bouhours et Schoeller, p. 59-60.

1000. Lettre reproduite dans *VPSD*, p. 23.

1001. Lettres conservées à la Filmoteca Nacional, Madrid, et transcrites et publiées pour la première fois, accompagnées de photocopies, dans *SVBLD*, p. 237-244. La partie de la correspondance due à Buñuel est inconnue.

1002. Bouhours et Schoeller, p. 60.

1003. Sánchez Vidal, « The Andalusian Beasts », p. 197.

1004. Allusion au film de Lubitsch (1925), sur lequel a écrit Buñuel (*GL*, 1^er^ avril 1927).

1005. Filmoteca Nacional, Madrid, documents R. 305 et R. 307. Une photocopie de R. 305 est reproduite dans *SVBLD*, p. 238.

1006. Filmoteca Nacional, Madrid, document R. 306. Photocopie dans *SVBLD*, p. 239.

1007. Filmoteca Nacional, Madrid, document R. 308.

1008. Ma transcription de la bande-son. Apparemment, l'exclamation répétée six fois était dite par Paul Éluard. Pour le texte complet du scénario, voir mon livre *Luis Buñuel. La forja de un cineasta universal, 1900-1938* (Madrid, Aguilar, 2013), p. 282-290).

1009. *BMDS*, p. 140.

1010. *SVBLD*, p. 246.

1011. Bouhours et Schoeller, p. 59-60.

1012. *Ibid.*, p. 177.

1013. Maur, p. 196.

1014. Pour la date de départ, voir Éluard, *Lettres à Gala*, p. 421, note 3 à la lettre 71.

1015. *VS*.

1016. Registre cadastral de Roses, propriété (*finca*) n° 1714, vol. 1157, f. 101.

1017. *Ibid.*, f. 102. Ce document montre que l'acte de vente fut signé à Figueres le 20 août 1930, en présence du notaire public Francisco Lovaco y de Ledesma.

1018. Miravitlles, *Contra la cultura burguesa*, p. 55.

1019. Il semble qu'un mot manque dans la phrase « *parallelament als procediments* ». Le sens général suggère la « démoralisation ».

1020. Tout ce paragraphe est une glose de *Totem et tabou*, de Freud, dans *The Standard Edition of the Complete Psychological Works*, vol. 13, p. 60.

1021. Le texte indique « *familiars* », ce qui semble être une coquille. Mais quel est le mot juste ?

1022. Dalí se laisse aller à la colère contre le dramaturge catalan que Gasch et Montanyà l'avaient poussé à censurer lorsqu'ils écrivaient la version finale du « Manifeste anti-arts » en 1928.

1023. Nous avons vu qu'il avait écrit « Parfois je crache par plaisir sur le portrait de ma mère ».

1024. *Dormeuse, cheval, lion invisibles*. Une photographie du dessin, irrémédiablement endommagé peu après, est publiée dans *DOH*, p. 100.

1025. Dalí, bientôt, préférerait parler d'« images hypnagogiques ».

1026. Ce texte fut imprimé dans *Hélix*, Vilafranca del Penedès, n° 10, mars 1930, p. 4-6. Il est reproduit en fac-similé par Molas, p. 364-368. Le manuscrit, qui nous aiderait à améliorer les erreurs de lecture, est inconnu.

1027. Miravitlles, *Contra la cultura burguesa*, p. 55.

1028. Gasch, *L'expansió de l'art català al món*, p. 156.

1029. *La Publicitat*, Barcelone, 23 mars 1930, p. 156. Je n'ai trouvé aucune référence à la conférence dans *La Vanguardia*, *La Noche* et *El Día Gráfico*.

1030. *VS*.

1031. *Ibid.*

1032. Dalí, « La chèvre sanitaire », datée du 13 août 1930, et reprise dans *La Femme visible*.

1033. « Autour de 1933 », si l'on en croit Ades, p. 121.

1034. Dalí à Paloma Chamorro, en 1979, dans l'émission de télévision espagnole « Imágenes » (voir bibliographie, section 7).

1035. *JG*, p. 202.

1036. Ades, p. 122.

1037. Freud, *The Standard Edition of the Complete Psychological Works*, vol. 16, p. 308.

1038. Roudinesco, p. 156-157.

1039. *VS*. Dalí a l'impression que Lacan l'a contacté après avoir lu le prologue à son essai sur *L'Angélus*, dans *Minotaure*, en 1933, mais le récit que fait Roudinesco d'une rencontre antérieure est plus convaincant.

1040. Permanyer, « Cuando Dalí no era divino ni arcangélico ».

1041. *Dalí joven (1918-1930)* (voir bibliographie, section 1), p. 39-40.

1042. Bouhours et Schoeller, p. 66, 177.

1043. *Salvador Dalí: The Early Years* (catalogue, voir bibliographie, section 1), p. 44.

1044. Bouhours et Schoeller, p. 66.

1045. *Sol Ixent*, Cadaqués, n° 164, 5 mai 1930, p. 6.

1046. Jalousement gardé pendant des dizaines d'années par Anna Maria dans une boîte à biscuits, le film se trouve maintenant à la Filmoteca de Catalunya, à Barcelone.

1047. Descharnes, *The World of Salvador Dalí*, p. 156 ; *DOH*, p. 92.

1048. Éluard, *Lettres à Gala*, p. 99-100.

1049. Intitulé « Homenaje à Góngora », il est daté de 1927, et très semblable à d'autres effectués cet été-là, quand Lorca était à Cadaqués.

1050. *VS*.

1051. Éluard, *Lettres à Gala*, p. 99-104.

1052. *La Unión Mercantil*, Malaga, 15 avril 1930, « Notas de sociedad », p. 15.

1053. Lacuey, p. 125.

1054. García ; conversation téléphonique avec don Tomás García, 16 mai 1995 ; *VS*.

1055. Cano, p. 70-71.

1056. García, p. 9-10.

1057. Sánchez Rodríguez, « 1930: Salvador Dalí, a Torremolinos. Come e perché fallisce il progetto di pubblicare a Malaga una rivista del surrealismo spagnolo », p. 176-177.

1058. *Ibid.*, p. 170.

1059. Altolaguirre, « Gala y Dalí, en Torremolinos ».

1060. Cano, p. 70-71.

1061. Carmona, p. 11.

1062. Aleixandre se trouvait à Malaga à cette époque. Son départ est noté par *La Unión Mercantil* le 10 mai 1930, p. 12.

1063. Carmona, p. 6-7 ; Cano, p. 69-70.

1064. *VS* ; Carmona, p. 10-11 ; Cano, p. 69.

1065. Santos Torroella, « "Las rosas sangrantes" y la imposible descendencia de Dalí ». *Les Roses sanglantes* sont reproduites dans *DOH*, p. 107.

1066. Éluard, *Lettres à Gala*, p. 99-113.

1067. *La Unión Mercantil*, Malaga, 22 mai 1930, « Notas de sociedad », p. 12.

1068. Giménez Caballero, « Dalí! Querido Dalí! ». Le film original se trouve à la Filmoteca Nacional, Madrid.

1069. Moreiro, p. 21.

1070. Natalía Jiménez de Cossío, dans *Poesía. Revista ilustrada de información poética*, Madrid, n^os^ 18-19, 1983.

1071. Aranda, p. 104.

1072. Voir Sánchez Vidal, « De *L'Âge d'or* à la ruée vers l'or », p. 19-21.

1073. *BMDS*, p. 140.

1074. *VPSD*, p. 23.

1075. Bouhours et Schoeller, p. 74.

1076. *Ibid.*, p. 80.

1077. Éluard, *Lettres à Gala*, p. 115.

1078. *Ibid.*, p. 116-117 et p. 126, note 3.

1079. *Ibid.*, p. 116.

1080. *Ibid.*, p. 117-118.

1081. *Ibid.*, p. 120.

1082. Santos Torroella reproduit cette photo dans *Salvador Dalí, corresponsal de J. V. Foix*, p. 49.

1083. Dalí, « La chèvre sanitaire », dans *La Femme visible*, p. 21-34.

1084. Dalí, « Intellectuels castillans et catalans – Expositions – Arrestation d'un exhibitionniste dans le métro ».

1085. Éluard, *Lettres à Gala*, p. 123-124.

1086. Bouhours et Schoeller, p. 83.

1087. *BMDS*, p. 142.

1088. Bouhours et Schoeller, p. 82-84.

1089. Cocteau, « La vie d'un poète », *Le Figaro*, 9 novembre 1930, p. 6.

1090. Bouhours et Schoeller, p. 82 ; « Notas del puerto », *La Prensa*, New York, 3 novembre 1930, p. 8 ; lettre de Juan Vicéns à León Sánchez Cuesta, Paris, 29 octobre 1928 (archives Sánchez Cuesta, Résidence des étudiants, Madrid). Cette lettre montre que Buñuel était accompagné par l'humoriste espagnol Antonio de Lara (« Tono ») et par sa femme, Leonor.

1091. Sánchez Vidal (éd.), *Obra literaria*, p. 32 et *BMDS*, p. 193.

1092. Conversation avec don Rafael Alberti, Madrid, 4 octobre 1980.

1093. Catalogue reproduit dans *Salvador Dalí: The Early Years* (catalogue, voir bibliographie, section 1), p. 47.

1094. Le manuscrit des notes de programme de Dalí se trouve dans les archives Noailles (Centre Georges-Pompidou). Il est reproduit dans Bouhours et Schoeller, p. 84 et 86-87. Pour le texte, voir *Salvador Dalí* (catalogue Pompidou), p. 100.

1095. Selon Bouhours, les mots « avec Buñuel » furent ajoutés par André Breton. Voir Sánchez Vidal, « The Andalusian Beasts », p. 200.

1096. Note de Dalí : « Majorquins : habitants de l'île de Majorque (Espagne). »

1097. Note de Dalí : « On voit aussi dans ce film, parmi d'autres choses, un aveugle maltraité, un chien battu, un enfant tué presque gratuitement par son père, une vieille femme giflée au visage, etc. »

1098. Ce récit est compilé d'après la brochure de quatre pages « L'affaire de *L'Âge d'or* » (reproduite dans *Salvador Dalí* (catalogue Pompidou), p. 115 et en fac-similé dans García Buñuel, entre les p. 80 et 81) et d'après la lettre de Dalí aux Noailles écrite le lendemain. La protestation du public est reproduite dans Bouhours et Schoeller, p. 103.

1099. Jean-Placide Mauclaire, l'étudiant en médecine fondateur du Studio 28 en 1928.

1100. Bouhours et Schoeller, p. 92-94.

1101. *La Revue du cinéma*, Paris, supplément au n° 8, 1^er^ mars 1930. Pour la censure à l'époque, voir George Altman, « La censure contre le cinéma », *La Revue du cinéma*, n° 19, 1^er^ février 1931, p. 36-37.

1102. Coupures reproduites par Bouhours et Schoeller, p. 174.

1103. *Ibid.*

1104. Jean-Paul Dreyfus, « *L'Âge d'or*, par Louis Buñuel, scénario de Louis Buñuel et Salvador Dalí », *La Revue du cinéma*, Paris, n° 17, 1er décembre 1930, p. 55-56.

1105. Léon Moussinac, « Notre point de vue. *L'Âge d'or* », *L'Humanité*, Paris, 7 décembre 1930, p. 2.

1106. Louis Chavance, « Les influences de *L'Âge d'or* », *La Revue du cinéma*, Paris, n° 19, 1er février 1931, p. 48-50.

1107. Bouhours et Schoeller, p. 94.

1108. Détails tirés de « L'affaire de *L'Âge d'or* » (voir note 1098). Pour Chiappe, voir Andrews, p. 78.

1109. Coupures reproduites par Bouhours et Schoeller, p. 175.

1110. *Ibid.*, p. 105 ; *BMDS*, p. 142.

1111. Le texte intégral du programme est reproduit dans *Salvador Dalí* (catalogue Pompidou), p. 110-114. Il est signé par Maxime Alexandre, Aragon, Breton, René Char, René Crevel, Dalí, Éluard, Péret, Sadoul, Thirion, Tristan Tzara, Pierre Unik et Albert Valentin.

1112. *BMDS*, p. 296-297.

1113. « Protesta surrealista contra Luis Buñuel », *ABC*, Madrid, 10 décembre 1930.

1114. E. G. C. [Ernesto Giménez Caballero], « El escándalo de *L'Âge d'or* en Paris. Palabras con Salvador Dalí ».

1115. Pour les illustrations, voir *VPSD*, p. 24 ; pour le texte de présentation, Breton, *Œuvres complètes*, I, p. 1632.

1116. Éluard, *Œuvres complètes*, II, p. 827-828.

1117. Le testament fut signé en présence du notaire de Figueres Francisco Lovaco y de Ledesma et est conservé aux Archives notariales de la ville. Mes remerciements au notaire actuel don Raimundo Fortuny i Marqués de m'en avoir fourni une copie.

1118. *André Breton. La Beauté convulsive* (voir bibliographie, section 3), p. 195 ; Leiner, p. XV.

1119. Les deux affiches sont reproduites en couleurs dans le catalogue Stuttgart *Salvador Dalí, 1904-1989* (voir bibliographie, section 1), p. 84-85. Voir les détails du projet dans Thirion, p. 267-268.

1120. Jackson, p. 30-34.

1121. « Au feu ! » est reproduit dans Nadeau, *Histoire du surréalisme*, II, p. 184-186.

1122. Je suis reconnaissant au Musée national centre d'art Reine Sofía, Madrid, de m'avoir fourni la photocopie du catalogue, dont un extrait est reproduit dans *VPSD*, p. 26.

1123. *VS*.

1124. *Ibid.*

1125. Moorhouse, p. 20.

1126. *AI*, Permanyer, « El pincel erótico de Dalí » ; Romero, *Dedálico Dalí*, p. 57.

1127. *AI*, passage absent de l'édition française.

1128. Je suis reconnaissant à Peter Tush, du musée Salvador Dalí, St. Petersburg, Floride, de m'avoir fourni une transcription de ces légendes et d'autres détails fins de la peinture. On peut raisonnablement entendre dans « Chienalie » « chien sur le lit » et y voir une allusion à la scène d'*Un chien andalou* où le protagoniste se matérialise soudain sur le lit. « Chanasie » pourrait juste se référer au « chien assyrien » du poème effrayant de Lorca « Paisaje con dos tumbas y un perro asirio » (« Paysage avec deux tombes et un chien assyrien »), écrit à New York et peut-être envoyé au peintre.

1129. *VS*.

1130. Santos Torroella, « Giménez Caballero y Dalí », p. 55 ; *JGA*, p. 98.

1131. Santos Torroella, « Giménez Caballero y Dalí », p. 56 ; Giménez Caballero, *Yo, inspector de alcantarillas*, p. 70.

1132. La peinture est reproduite dans le livre d'art Gowans n° 41 (*The Masterpieces of Paolo Uccello (1397-1475), Domenico Veneziano (c. 1400-1461), Masaccio (1401-1428) and A. Del Castagno (?-1457)*), p. 13-15, ce qui fait que Dalí a pu être familier avec elle depuis l'enfance ; elle est aussi reproduite dans *LRS*, n° 8, décembre 1926, p. 276, où il l'a probablement vue.

1133. Ernst, « Danger de pollution », *LSASDLR*, n° 13, décembre 1931, p. 22-25.

1134. Voir, par exemple, *The Font*, 1930 (catalogue Morse, n° 36) ; le frontispice de *La Femme visible*, 1930 (*DOH*, p. 105) ; le frontispice du *Second manifeste du surréalisme*, 1930 (*Salvador Dalí, 1904-1989*, catalogue Stuttgart, p. 80) ; *Dessin érotique*, 1931 (*Salvador Dalí*, catalogue Pompidou, p. 168, n° 98) ; *Paul-Gala*, dessin, 1932 (*Salvador Dalí, 1904-1989*, catalogue Stuttgart, p. 86).

1135. Levy, *Memoir of an Art Gallery*, *passim*.

1136. *Ibid.*, p. 70-71 ; *VS*.

1137. En réalité, Dalí n'avait pas les yeux noirs, mais gris-vert.

1138. Levy, *Memoir of an Art Gallery*, p. 72.

1139. *Art News*, New York, 16 janvier 1932.

1140. Levy, *Memoir of an Art Gallery*, p. 76-83.

1141. *Ibid.*, p. 72.

1142. *VS*.

1143. Giménez Caballero, « Robinson habla de arte, teatro », *GL*, n° 112, 15 août 1931, p. 10.

1144. Crevel, *Lettres de désir et de souffrance*, p. 320-322 ; Éluard, *Lettres à Gala*, p. 145.

1145. Buot, p. 30.

1146. Crevel, *Lettres de désir et de souffrance*, p. 320-322 ; « Benvinguda », *Empordà Federal*, Figueres, 15 août 1931.

1147. Buot, p. 302-303.

1148. Thirion, p. 207.

1149. *DOH*, p. 108.

1150. Secrest, p. 131.

1151. Buot, p. 305.

1152. *Ibid.*

1153. Guzmán, p. 411.

1154. « A la recerca d'una nova moral », *L'Hora. Setmanari d'avançada*, Barcelone, n° 35, 25 septembre 1931, p. 7.

1155. Le synopsis de la conférence publié dans *LSASDLR*, n° 3, décembre 1931, p. 35-36, diffère considérablement de celui qui fut publié dans *L'Hora*, et semble une version très révisée de ce qui y a été dit. Pour le récit de Crevel, voir Crevel, *Lettres de désir et de souffrance*, p. 334.

1156. Voir la note précédente. José Ortega y Gasset et le docteur Gregorio Marañón étaient deux des leaders intellectuels de la République.

1157. Miravitlles, *Contra la cultura burguesa*.

1158. Biro et Passeron, p. 306.

1159. *LRS*, n° 1, 1er décembre 1924, p. I.

1160. Breton, *Introduction au discours sur le peu de réalité*, dans *Œuvres complètes*, II, p. 277.

1161. *LRS*, n° 11, 15 mars 1928, p. 8.

1162. Dalí, « Revista de tendències anti-artistiques ».

1163. Thirion, p. 295.

1164. *LSASDLR*, n° 3, décembre 1931, p. 22.

1165. *Ibid.*, p. 36.

1166. Une excellente photographie en couleurs de cet objet surréaliste, l'un des plus troublants qui soient, est reproduite dans *André Breton. La Beauté convulsive* (voir bibliographie, section 3), p. 284.

1167. *Ibid.*, p. 286 (noir et blanc).

1168. Dalí, « Objets surréalistes ».

1169. Santos Torroella (éd.), *Salvador Dalí, corresponsal de J. V. Foix*, p. 64-65.

1170. Dalí, « The Object as Revealed in Surrealist Experiment ».

1171. Lettre postée de Cadaqués, 3 octobre 1932. Fonds Breton, bibliothèque Jacques-Doucet, Paris.

1172. Dalí, « Objets psycho-atmosphériques-anamorphiques ».

1173. *LSASDLR*, n° 4, décembre 1931, p. 31-36.

1174. Éluard, *Lettres à Gala*, lettre 126, note, pour la citation des *Mémoires d'un surréaliste*, d'Alexandre ; Breton, *Œuvres complètes*, II, p. 23 et *Conversations: The Autobiography of Surrealism*, p. 131.

1175. Thirion, p. 315.

1176. « Tandis qu'Aymard-Maurras sont libres... Louis Aragon inculpé de "provocation au meurtre" pour un poème exaltant la lutte du prolétariat parisien », *L'Humanité*, 17 janvier 1932, p. 3.

1177. « L'inculpation d'Aragon », *L'Humanité*, 9 février 1932, p. 2.

1178. Breton, *Œuvres complètes*, II, p. 23. Le récit pas tout à fait exact de l'« affaire Aragon » par Dalí se trouve dans *AI*, p. 145.

1179. Lettre postée de Cadaqués, 5 mars 1943. Fonds Breton, bibliothèque Jacques-Doucet, Paris.

1180. Voir Aleksić.

1181. *Ibid.*, p. 55-60.

1182. Levy, *Memoir of an Art Gallery*, p. 73.

1183. Santos Torroella (éd.), *Salvador Dalí, corresponsal de J. V. Foix*, p. 58-61. Pour les souvenirs de Valentine Hugo, voir Romero, *Dedálico Dalí*, p. 70. Le cadavre exquis est reproduit dans Aleksić, frontispice.

1184. Gasch, « L'esperit nou », *La Publicitat*, Barcelone, 15 avril 1932.

1185. Gasch, *L'expansió de l'art català al món*, p. 156.

1186. Feu doña Caritat Gasch, la veuve du critique, nous a refusé de consulter les lettres de Dalí à son mari. Celles de Gasch à Dalí semblent avoir disparu. Il n'en subsiste que quelques-unes (Fondation Gala-Salvador Dalí, Figueres).

1187. *La Publicitat*, Barcelone. Voir Santos Torroella (éd.), *Salvador Dalí, corresponsal de J. V. Foix*, p. 64.

1188. Dalí, *Le Mythe tragique de « L'Angélus » de Millet*, p. 101.

1189. Fragment publié par Aleksić, p. 41-52 ; Santos Torroella (éd.), *Salvador Dalí, corresponsal de J. V. Foix*, p. 85-86.

1190. Éluard, *Lettres à Gala*, lettre 148, note 1 ; *VS*, p. 152.

1191. « Prière d'insérer » à l'édition de 1978 de la transcription du film, Barcelone, Editorial Labor, p. 10.

1192. Lear, p. 54.

1193. *Dictionnaire abrégé du surréalisme*, p. 202.

1194. Ades, p. 202.

1195. Éluard, *Lettres à Gala*, lettre 145, note 5 ; Santos Torroella (éd.), *Salvador Dalí, corresponsal de J. V. Foix*, p. 74, note 1 ; Bouhours et Schoeller, p. 158 ; *André Breton. La Beauté convulsive* (voir bibliographie, section 3), p. 205.

1196. Santos Torroella (éd.), *Salvador Dalí, corresponsal de J. V. Foix*, p. 69, note 5.

1197. Lettre postée de Cadaqués, 3 octobre 1932. Fonds Breton, bibliothèque Jacques-Doucet, Paris.

1198. Santos Torroella (éd.), *Salvador Dalí, corresponsal de J. V. Foix*, p. 78-81.

1199. Éluard, *Lettres à Gala*, lettre 145, note 6. Une traduction française de l'article est reproduite dans *Salvador Dalí* (catalogue Pompidou), p. 215-220.

1200. Crosby, p. 136. L'illustration est reproduite dans *Devour the Fire: The Selected Poems of Harry Crosby*, introduction par Sy M. Kahn, Berkeley, Twowindows Press, 1983, p. VII.

1201. *In Transition: A Paris Anthology*, Londres, Secker and Warburg, 1990, p. 223.

1202. Crosby, p. 191-197.

1203. *Ibid.*, p. 174-177. Pour plus d'informations sur les Crosby, voir Conover et Wolff dans la bibliographie.

1204. Levy, *Memoir of an Art Gallery*, p. 131.

1205. *VS*, p. 253.

1206. *Ibid.*, p. 254.

1207. *Ibid.*

1208. Faucigny-Lucinge interviewé par la BBC pour l'émission « Arena. Dalí », 1986 (voir bibliographie, section 7).

1209. Green, « Los años mágicos », p. 8-9.

1210. Green, *Œuvres complètes*, IV, p. 209 ; *id.*, « Los años mágicos », p. 8. Pour des détails sur cette exposition peu connue de Dalí chez Pierre Colle, voir Santos Torroella (éd.), *Salvador Dalí, corresponsal de J. V. Foix*, p. 87.

1211. Green, *Œuvres complètes*, IV, p. 209 ; *id.*, « Los años mágicos », p. 8.

1212. Éluard, *Lettres à Gala*, p. 433, note 1.

1213. *VPSD*, p. 32.

1214. Green, *Œuvres complètes*, IV, p. 226-227.

1215. Peinture reproduite dans *DOH*, p. 143.

1216. Green, « Los años mágicos », p. 9.

1217. Informations sur la pochette de la reproduction en fac-similé de la revue de Skira, *Minotaure*, vol. 2 (voir bibliographie, section 8).

1218. *VPSD*, p. 32.

1219. Skira, p. 67.

1220. *JG*, p. 35.

1221. Lettre non datée, archives Skira, Genève, citée par Mason, p. 27.

1222. Télégramme de Dalí à Skira, *ibid.*

1223. *Ibid.*

1224. Lettre non datée, archives Skira, Genève.

1225. Mason, p. 8-10, 62-63 ; Michler et Löpsinger, p. 128.

1226. Porcel, p. 204.

1227. Reproduite par Mason, p. 51.

1228. *Ibid.*, p. 50-56.

1229. *VS*.

1230. Dalí, *Le Mythe tragique de « L'Angélus » de Millet*, p. 17.

1231. Santos Torroella (éd.), *Salvador Dalí, corresponsal de J. V. Foix*, p. 91.

1232. Lacan, « Le problème du style et la conception psychiatrique des formes paranoïaques de l'expérience ».

1233. Dalí, *Le Mythe tragique de « L'Angélus » de Millet*, p. 17.

1234. *Ibid.*, p. 89.

1235. *Ibid.*, p. 57.

1236. *Ibid.*, p. 51.

1237. Notes du catalogue de l'exposition tenue pour lancer l'édition de Skira des *Chants de Maldoror*, reproduites dans *Salvador Dalí* (catalogue Pompidou), p. 331-332, et incluses en appendice dans Dalí, *Le Mythe tragique de « L'Angélus » de Millet*, p. 93-97.

1238. Les meilleures reproductions de la série complète des illustrations se trouvent dans *Salvador Dalí* (catalogue Pompidou) et dans Michler et Löpsinger, p. 128-134.

1239. Conversation avec doña Nanita Kalaschnikoff, Figueres, août 1995.

1240. *VPSD*, p. 34-35.

1241. Un grand merci au musée Salvador Dalí de Floride de m'avoir fourni une photocopie du catalogue. La lettre ouverte de Dalí à Breton est reproduite dans *Salvador Dalí* (catalogue Pompidou), p. 178-180.

1242. Georges Hilaire, dans *Beaux-Arts*, Paris, 30 juin 1933, cité dans *VPSD*, p. 34-36.

1243. Lettre postée de Cadaqués, 29 juillet 1933. Fonds Breton, bibliothèque Jacques-Doucet, Paris.

1244. Santos Torroella (éd.), *Salvador Dalí, corresponsal de J. V. Foix*, p. 108.

1245. Dalí, « De la beauté terrifiante et comestible de l'architecture Modern, Style », p. 69.

1246. M. A. Cassanyes, « El pintor Modest Urgell », *La Publicitat*, Barcelone, 8 octobre 1933, reproduit en espagnol par Santos Torroella (éd.), *Salvador Dalí, corresponsal de J. V. Foix*, p. 179-180.

1247. *Ibid.* Lettre datée du 15 septembre 1933.

1248. Green, *Œuvres complètes*, IV, p. 267.

1249. Levy, *Memoir of an Art Gallery*, p. 75.

1250. Santos Torroella (éd.), *Salvador Dalí, corresponsal de J. V. Foix*, p. 118.

1251. Le catalogue de l'exposition donne la liste suivante (j'ai signalé par un astérisque les œuvres déjà exposées chez Colle) :
1. *La Nostalgie du cannibale (Image instantanée)**
2. *Coiffure dérangée par un beau temps permanent**
3. *Présence instantanée d'une pantoufle hypnagogique atmosphérocéphalique et une bouche crânienne**
4. *Moi-même à l'âge de dix ans quand j'étais un enfant sauterelle**
5. *Atavismes au crépuscule (Phénomènes obsessionnels)**
6. *Un bureaucrate atmosphérocéphalique moyen en train de traire une harpe criminelle**
7. *Architecture surréaliste**
8. *Le Cerveau photographique-atmosphérique**
9. *Gala et « L'Angélus » de Millet précédant l'arrivée imminente des anamorphoses coniques**
10. *L'Homme invisible*
11. *L'Énigme de Guillaume Tell*
12. *L'Angélus de l'après-midi*
13. *Portrait énigmatique de Gala*
14. *Souvenir sentimental* (prêté par Emilio Terry)
15. *Convalescence d'un cleptomane*
16. *Remords*
17. *Effet surréaliste*
18. *Hémorragie nécessaire*
19. *Le Jour prolongé*
20. *Illusions diurnes*
21. *Vie hétérosexuelle*
22. *À la mémoire d'un jeune enfant*
23. *La Sensation de la vitesse*
24. *La Fontaine*
25. *Paysage surréaliste (prêté par Mrs Harry Crosby)*
26. *Tentation de saint Antoine*, par Jérôme Bosch

1252. Levy, *Memoir of an Art Gallery*, p. 75.

1253. Lewis Mumford, cité dans *MEAC*, II, p. 100.

1254. Santos Torroella (éd.), *Salvador Dalí, corresponsal de J. V. Foix*, p. 117.

1255. Catalogue reproduit dans Santos Torroella (éd.), *Salvador Dalí, corresponsal de J. V. Foix*, p. 117.

1256. Cassanyes avait déjà dit son admiration pour *L'Énigme de Guillaume Tell* dans « El pintor Modest Urgell », art. cit.

1257. M. A. Cassanyes, « Dalí o l'antiqualitat », *La Publicitat*, Barcelone, 22 décembre 1933. Reproduit en espagnol dans Santos Torroella (éd.), *Salvador Dalí, corresponsal de J. V. Foix*, p. 177-179.

1258. J. C. [Just Cabot], « Una exposició i un llibre », *Mirador*, Barcelone, nº 257, 4 janvier 1934, p. 7.

1259. Lettre non datée de Breton, National Gallery of Scotland, Édimbourg.

1260. Brassaï, p. 41-42.

1261. *La Nouvelle Revue française*, Paris, nº 246, 1er mars 1934, p. 565. Cité dans Éluard, *Lettres à Gala*, lettre 190.

1262. Stein, *Everybody's Autobiography*, p. 11-12.

1263. *Ibid.*, p. 17-18.

1264. Brassaï, p. 44.

1265. Fonds Breton, bibliothèque Jacques-Doucet.

1266. Dalí, « L'énigme de Salvador Dalí », dans *Vingtième siècle*, décembre 1974, cité dans *Salvador Dalí* (catalogue Pompidou).

1267. Lettre datée du 25 janvier 1934, National Gallery of Scotland, Édimbourg.

1268. Éluard, *Lettres à Gala*, p. 191.

1269. Copie du certificat de mariage fournie par le parquet du tribunal de grande instance de Paris, 10 décembre 1996. Je suis très reconnaissant à mes amis Eutimio Martín, Antonio Portunet et Gérard Dufour des grands efforts qu'ils ont faits pour convaincre les autorités françaises de me donner une copie du certificat.

1270. *VPSD*, p. 37.

1271. *Ibid.*, p. 255.

1272. Lettre de Breton à Dalí, 3 février 1934, National Gallery of Scotland, Édimbourg.

1273. Hugnet, *Pleins & déliés*, p. 256-257.

1274. Éluard, *Lettres à Gala*, p. 459.

1275. Lettre de Breton à Dalí, 3 février 1934, National Gallery of Scotland, Édimbourg.

1276. Jean, p. 220-223 ; Éluard, *Lettres à Gala*, lettre 198, p. 459-460 ; Hugnet, *Pleins & déliés*, p. 25-27.

1277. *Crónica del Siglo XX*, Barcelone, Plaza y Janés, 1986, p. 469 ; « France », *Encyclopedia Britannica*, IX, p. 638.

1278. Éluard, *Lettres à Gala*, p. 229-230.

1279. National Gallery of Scotland, Édimbourg, pour la lettre de Breton ; fonds Breton, bibliothèque Jacques-Doucet pour la réponse de Dalí.

1280. *VPSD*, p. 37 ; Levy, *Memoir of an Art Gallery*, p. 299.

1281. Lettre de Dalí à Breton, expédiée de Cadaqués le 17 avril 1934, fonds Breton, bibliothèque Jacques-Doucet ; *La Publicitat*, Barcelone, 14 avril 1934, p. 2.

1282. Joan Tomás, « El poeta García Lorca i l'escenògraf Manuel Fontanals venen de fer una revolució a Buenos Aires », *La Publicitat*, Barcelone, 13 avril 1934, p. 1, 6.

1283. Il n'a pas été possible de voir l'original de ce texte, transcrit sans indication de source par Rodrigo, *Lorca Dalí. Una amistad traicionada*, p. 225.

1284. *Documents 34*, Bruxelles, juin 1934, p. 33-35.

1285. Santos Torroella (éd.), *Salvador Dalí, corresponsal de J. V. Foix*, p. 1131 ; Éluard, *Lettres à Gala*, p. 240.

1286. Je suis très reconnaissant au Victoria and Albert Museum de m'avoir fourni une photocopie du catalogue de l'exposition, le seul que je suis parvenu à localiser. Pour la probabilité que Dalí ait séjourné chez James, voir Etherington-Smith, p. 211.

1287. Purser, p. 6.

1288. Cité par Purser, p. 6.

1289. George Melly à l'auteur, à l'arrière d'un taxi parisien, 1er août 1995.

1290. Lowe, *passim.*

1291. Secrest, p. 164.

1292. Cité dans *VPSD*, p. 139.

1293. Santos Torroella, *La miel es más dulce que la sangre*, p. 195-219.

1294. Éluard, *Lettres à Gala*, p. 247-248.

1295. *José María Sert* (voir bibliographie, section 3), p. 61 ; Etherington-Smith, p. 212-213.

1296. Santos Torroella (éd.), *Salvador Dalí, corresponsal de J. V. Foix*, p. 133.

1297. *Ibid.*, p. 131-132. Les lettres de Dalí à Buñuel furent publiées pour la première fois dans *SVBLD*, p. 247-250.

1298. Pérez Galán, *passim.*

1299. Jackson, p. 30.

1300. Jackson, p. 148-168. Pour l'arrière-plan du soulèvement d'octobre, voir aussi le chapitre « The Bienio Negro » dans Brenan, p. 265-297.

1301. Santos Torroella (éd.), *Salvador Dalí, corresponsal de J. V. Foix*, p. 138 et appendice E.

1302. *Ibid.*, p. 56, 140, 216.

1303. J. C. [Just Cabot], « Abans d'anar a Nova York. Una estona amb Dalí », *Mirador*, Barcelone, 18 octobre 1934, reproduit dans Santos Torroella (éd.), *Salvador Dalí, corresponsal de J. V. Foix*, p. 215-218.

1304. Merci à Eulalia, la fille de doña Montserrat Dalí, de m'avoir procuré une photocopie de cette lettre.

1305. Dalí Cusí parlait toujours du « garçon », alors que Dalí avait alors trente ans.

1306. Santos Torroella (éd.), *Salvador Dalí, corresponsal de J. V. Foix*.

1307. Carte postale de Dalí à Anselm Domènech, postée de New York le 13 décembre 1934. Musée Abelló, Mollet del Vallès (Barcelone). Reproduite, avec quelques erreurs de transcription, par Fernández Puertas, « Las cartes de Salvador Dalí al seu oncle Anselm Domènech al Museu Abelló », p. 70.

1308. Pour les premiers dessins, voir *Salvador Dalí* (catalogue Pompidou), p. 304. On peut lire sans difficulté la date de certains de ces dessins. Pour le récit inexact que donne Dalí des événements de Barcelone et la genèse des peintures, voir *VS*, p. 251.

1309. Read, « Bosch and Dalí ».

1310. Douglas Goldring, « Artists and Pictures », *The Studio*, Londres, janvier 1935, p. 36.

1311. Anthony Blunt, « The Beaver and the Silk-Worm », *The Spectator*, Londres, 2 novembre 1934.

1312. Clive Bell, « The Zwemmer Gallery », *New Statesman and Nation*, Londres, 22 décembre 1934, p. 398.

1313. Pour la date de départ du bateau, voir *La Prensa*, New York, 14 novembre 1934 (« Vapores que llegan », dernière page) et *The New York Times*, 14 novembre 1934, p. 41. Pour son arrivée à New York, *ibid.* et *The New York Times*, 15 novembre 1934, p. 22.

1314. *VS*, p. 256.

1315. *AI*, p. 218.

1316. Crosby, p. 331.

1317. « Vapores que llegan », art. cit.

1318. Crosby, p. 331.

1319. *VPSD*, p. 41.

1320. Santos Torroella (éd.), *Salvador Dalí, corresponsal de J. V. Foix*, p. 139.

1321. Cité par *VPSD*, p. 40.

1322. Levy, *Memoir of an Art Gallery*, p. 99.

1323. Cité dans *VPSD*, p. 49. Original non vu.

1324. Aurelio Pego, « Un pintor catalán en Nueva York », *La Vanguardia*, Barcelone, 22 janvier 1935, p. 9.

1325. Fernández Puertas, « Las cartes de Salvador Dalí al seu oncle Anselm Domènech al Museu Abelló », p. 70.

1326. National Gallery of Scotland, Édimbourg.

1327. Lettre non datée dans le fonds Paul Éluard, musée de Saint-Denis, Saint-Denis, cité dans *Salvador Dalí* (catalogue Pompidou), p. 300.

1328. *La Prensa*, New York, 12 décembre 1934, p. 4, 6.

1329. « "Not a Madman!" – Dalí », *Art Digest*, New York, 1er janvier 1935, p. 1.

1330. Un synopsis de la conférence est donné dans *La Prensa*, New York, 9 janvier 1935, p. 4.

1331. « Salvador Dalí dio en el Museo de Arte Moderno otra de sus conferencias », *La Prensa*, New York, 14 janvier 1935 ; « Dalí Proclaims Surrealism a Paranoiac Art », *Art Digest*, New York, 1er févier 1935, p. 10 ; *VPSD*, p. 43. La citation est empruntée à Levy, *Surrealism*, p. 7.

1332. Santos Torroella (éd.), *Salvador Dalí, corresponsal de J. V. Foix*, p. 143.

1333. Invitation reproduite dans *VPSD*, p. 43.

1334. *Sunday Mirror*, New York, 24 février 1935, p. 10-11, reproduit dans *VPSD*, p. 42-43 ; Crosby, p. 331-332 ; *VS*, p. 262.

1335. *VS*, p. 262.

1336. Lettre datée du 5 mars 1935 à Cadaqués, archives personnelles de doña Eulalia Maria Bas i Dalí, fille de doña Montserrat Dalí, avec tous mes remerciements.

1337. Conversation avec doña Montserrat Dalí, Barcelone, 28 février 1992, en présence de sa fille Eulalia et de don Rafael et doña Maite Santos Torroella. Anna Maria Dalí, quelques années plus tôt, avait donné la même version de l'histoire à Santos Torroella, qui l'avait racontée à cette occasion.

1338. Archives personnelles de doña Eulalia Maria Bas i Dalí, fille de doña Montserrat Dalí, avec tous mes remerciements. La carte postale de Rafael Dalí à sa fille, provenant des mêmes archives, est datée du 7 mars 1935.

1339. Le testament et le document qui s'y rattache ont été signés en présence du notaire de Figueres, Jesús Solís de Ecénarro. Merci au ministère de la Culture espagnol de m'avoir autorisé à en obtenir une copie des Archives notariales de Figueres, et au notaire en charge, don Raimundo Fortuny i Marqués, pour sa collaboration désintéressée.

1340. Le testament est daté du 10 septembre 1936. Archives notariales de Figueres.

1341. Les testaments sont datés du 12 mai 1937 ; 19 novembre 1937 ; 17 juillet 1942 ; 20 décembre 1944 ; 17 octobre 1947 ; 6 novembre 1948 ; 17 juillet 1949 ; 30 janvier 1950 ; 31 mai 1950. Archives notariales de Figueres.

1342. Carte envoyée à Dalí et Gala de Prague, le 30 mars 1935, et signée de Breton, de sa femme Jacqueline et de Paul Éluard. Fonds Breton, bibliothèque Jacques-Doucet ; Éluard, *Lettres à Gala*, lettre 206.

1343. Éluard, *Lettres à Gala*, lettre 207 ; Breton, « Le château étoilé », *Minotaure*, Paris, n° 8, 15 juin 1936, p. 29.

1344. Conversation avec David Gascoyne, île de Wight, 22 mars 1994.

1345. *Ibid* ; voir aussi Gascoyne, « À propos du suicide de René Crevel ».

1346. Santos Torroella (éd.), *Salvador Dalí, corresponsal de J. V. Foix*, p. 147-149.

1347. La mallette et son contenu sont conservés à la bibliothèque Jacques-Doucet, B'-III-12. Je remercie son ancien conservateur, M. François Chapon, de les avoir signalés à mon attention.

1348. Pour le voyage à Londres, voir la carte à Anselm Domènech postée le 5 juillet 1935. Bibliothèque de Catalogne, Barcelone (selon Lowe, p. 124, James embarqua pour Barcelone le 21 juillet 1935).

1349. Breton, *Qu'est-ce que le surréalisme ?*, dans *Œuvres complètes*, II, p. 255.

1350. Lettre d'Edward James à Diana Abdy, 20 octobre 1935, EJF.

1351. *La Publicitat*, Barcelone, 2, 3, 4 août 1935 ; *Crónica*, Barcelone, 11 août 1935.

1352. *VS*, p. 267.

1353. EJF.

1354. *Dalí* (catalogue Rotterdam, voir bibliographie, section 1), n° 49.

1355. Des photographies montrant ces bâtiments se trouvent dans le livret *Palamós 1995 Festa Major*.

1356. Dalí et Pauwels, p. 24.

1357. *Dalí* (catalogue Rotterdam, voir bibliographie, section 1), n° 49.

1358. Pour le don de la cloche, conversation avec don Antoni Pitxot, Figueres, 5 août 1995 ; Dalí commenta aussi le scénario du beffroi masturbatoire auprès de Permanyer, « El pincel erótico de Dalí », p. 162.

1359. Conversation avec don Antoni Pitxot, Figueres, 5 août 1995.

1360. Edward James à Diana Abdy, 20 octobre 1935, EJF.

1361. *L'Humanitat*, Barcelone, 1er octobre 1935, p. I.

1362. García Lorca, *Obras completas*, III, p. 661.

1363. Les dessins et les commentaires de Dalí sont reproduits dans Descharnes, *The World of Salvador Dalí*, p. 21.

1364. Dalí, « Les morts et moi ».

1365. Edward James à Diana Abdy, 20 octobre 1935, EJF.

1366. Dalí, « Les morts et moi ».

1367. *Ibid.*

1368. Santos Torroella (éd.), *Salvador Dalí, corresponsal de J. V. Foix*, p. 150-153.

1369. Cité par Lowe, p. 126-127.

1370. EJF.

1371. Lowe, p. 126-127.

1372. *VS*, p. 265.

1373. Cossart, p. 218.

1374. *SDFGL*, p. 97. L'écrivain Max Aub (1903-1972) écrivit plus tard un livre, *Conversaciones con Buñuel*, qui contient des informations importantes sur Dalí.

1375. Lettre non datée de Dalí à James, EJF.

1376. Lettre de Gala à James, postée de Cadaqués, 11 mai 1936, EJF.

1377. Correspondance entre les Dalí et James, EJF.

1378. Merci à la National Gallery of Scotland de m'avoir fourni une photocopie du catalogue de l'exposition, qui se trouve dans l'album de coupures de journaux de David Gascoyne.

1379. Santos Torroella (éd.), *Salvador Dalí, corresponsal de J. V. Foix*, p. 155.

1380. Buck, introduction au catalogue *The Surrealist Spirit in Great Britain* (voir bibliographie, section 3).

1381. *Ibid.*

1382. Penrose, *Scrap Book: 1900-1981*, Londres, Thames and Hudson, cité par Etherington-Smith, p. 245.

1383. Le quatrième numéro de l'*International Surrealist Bulletin*, Londres, Curwen Press, septembre 1936, donne un récit succinct de l'événement.

1384. Lettre de Gala et Dalí à James, EJF. Pour le détail des fêtes dans la maison, Etherington-Smith, p. 244-245, qui ne cite pas ses sources.

1385. Breton, *Œuvres complètes*, III, p. 659 *sqq*.

1386. Voir note 1384.

1387. Read (éd.), *Surrealism*, p. 19.

1388. *International Surrealist Bulletin*, Londres, Curwen Press, septembre 1936. Pour les menaces fascistes contre l'exposition, voir Buck, introduction au catalogue *The Surrealist Spirit in Great Britain* (voir bibliographie, section 3).

1389. Catalogue de l'exposition, p. 16-17.

1390. Breton, *What Is Surrealism?* (1936), p. 82.

1391. Read (éd.), *Surrealism*, p. 59.

1392. Dalí, « Le surréalisme spectral de l'Éternel féminin préraphaélite ».

1393. Read (éd.), *Surrealism*, p. 240-242.

1394. Santos Torroella (éd.), *Salvador Dalí, corresponsal de J. V. Foix*, p. 155-158, 220-221.

1395. Les titres des dessins n'étaient pas fournis par le catalogue. Les peintures étaient les suivantes :
1. *Midi ?* (1936)
2. *Apparition de la ville de Delft* (1936)
3. *Le Spectre du sex-appeal* (1936)
4. *L'automobile fossile du cap de Creus* (1936)
5. *Construction molle avec des abricots bouillis* (1936)
6. *Mélancolie diurne* (1936)
7. *Cité des tiroirs* (1936)
8 et 9. *Couple à la tête pleine de nuages* (1936)
10. *Portrait géodésique de Gala* (1936)
11. *Portrait de Gala avec deux côtes d'agneau en équilibre sur l'épaule* (1934)
12. *L'Homme invisible* (1929-1933)
13. *Tête de Gala dont les cheveux donnent naissance à une branche d'olivier* (1934)
14. *Écho morphologique* (1936)
15. *Table-soleil* (1936)
16. *Un bureaucrate atmosphérocéphalique moyen en train de traire une harpe criminelle* (1934)
17. *Crâne avec appendice lyrique* (1936)
18. *Anthropomorphisme, extraplat* (1936)

19. *Horizon oublié* (1936)
20. *Image hypnagogique de Gala* (1936)
21. *Monument impérial à la femme-enfant* (1929)
22. *Le Sevrage du meuble aliment* (1934) (prêté par Mme Jocelyn Walker, Londres)
23. *Intérieur de l'Île des morts* (1935) (prêté par M. Peter Watson, Londres)
24. *Fontaine de Böcklin* (1934) (prêté par le prince de Faucigny-Lucinge, Paris)
25. *Fine harpe moyenne invisible* (1934) (prêté par le vicomte de Noailles, Paris)
26. *Faubourg de la ville paranoïaque-critique* (1935) (prêté par M. Edward James, Londres)
27. *Calme blanc* (1935) (prêté par M. Edward James, Londres)
28. *Portrait d'Emilio Terry* (1934) (prêté par M. Emilio Terry, Paris)
29. *Métamorphose végétale* (1935) (prêté par M. Cecil Beaton, Londres)

1396. *VS*, p. 280 ; voir aussi Descharnes, *Dalí de Gala*, Lausanne, Edita, 1962, cité par *DOH*, p. 189.

1397. « Reali$m in Surrealism. Modernists Are Not Priceless Asses », *Star*, Londres, 2 juillet 1936.

1398. *The Studio*, Londres, n° 112, septembre 1936, cité par Etherington-Smith, p. 247. Pour la vente rapide de douze toiles, voir *Standard*, Londres, 25 juin 1936, cité par Secrest, p. 165 ; T. W. Earp, *The Daily Telegraph*, Londres, 1er juillet 1936, cité par Secrest, p. 165.

1399. « Reali$m in Surrealism. Modernists Are Not Priceless Asses », art. cit.

1400. « Surrealist in Diving Suit. Helmet Gets Stuck », *Daily Mail*, Londres, 2 juillet 1936.

1401. Conversation avec David Gascoyne, île de Wight, 22 mars 1994.

1402. EJF.

1403. Lowe, p. 133.

1404. Le contrat est dans EJF.

1405. Lettre non datée citée par Etherington-Smith, p. 249-250. Dalí, dans *VS*, p. 289, dit qu'il dînait au Savoy quand il apprit la nouvelle du soulèvement ; Puignau, p. 20, dit que Dalí et Gala se trouvaient à Port Lligat quand ils lurent la nouvelle, et qu'ils rentrèrent en hâte à Paris, mais il est impossible que tel ait été le cas.

1406. EJF.

1407. *BMDS*, p. 202-203.

1408. *VS*, p. 282.

1409. Voir Gibson, *The Assassination of Federico García Lorca*.

1410. Dalí, « Les morts et moi ».

1411. *VS*, p. 282.

1412. Lowe, p. 133.

1413. *Ibid.* ; lettre de Dalí à Breton, fonds Breton, bibliothèque Jacques-Doucet.

1414. Lettres de Gala à Edward James, EJF.

1415. Fonds Breton, bibliothèque Jacques-Doucet.

1416. Levy, *Memoir of an Art Gallery*.

1417. Hugnet, « In the Light of Surrealism », *Fantastic Art, Dada, Surrealism* (catalogue, voir bibliographie, section 3), p. 45-46.

1418. Fonds Breton, bibliothèque Jacques-Doucet. Enveloppe oblitérée de Québec, 28 décembre 1936. La lettre est écrite sur un papier à lettres à l'en-tête du Canadian Pacific Hotel, Château Frontenac, Québec.

1419. « Frozen Nightmares », *Time*, New York, 26 novembre 1934.

1420. « Marvelous and Fantastic », *Time*, New York, 12 décembre 1934.

1421. *AI*, p. 224.

1422. E. A. J. [Edward Alden Jewell], « The New Dalís Again », *The New York Times*, 20 décembre 1936.

1423. Les toiles suivies d'un astérisque avaient été prêtées par Edward James :
1. *Moment de transition*
2. *Le Grand Rêveur de Dalí*
3. *Trois jeunes femmes surréalistes tenant dans leurs bras les peaux d'un orchestre*
4. *Cannibalisme d'automne**
5. *Printemps nécrophile*
6. *La négresse de Harlem en voyage en Catalogne se regarde dans un miroir invisible*
7. *L'Homme à la tête d'hortensia bleu*
8. *Chimiste soulevant avec précautions l'épiderme d'un piano à queue*
9. *Tête de femme en forme de bataille*
10. *Le Pain sur la tête, et l'enfant prodigue avec son père*
11. *Un trombone et un canapé faits de salive*
12. *Banlieue de l'après-midi « paranoïaque-critique » (dans les faubourgs de l'histoire européenne)**
13. *Couple à la tête pleine de nuages**
14. *Spectre de la chaise de Vermeer*
15. *Midi ?* (1936)
16. *Construction molle avec des haricots bouillis* (1936) *(La Prémonition de la guerre civile)*
17. *Mélancolie diurne* (1936) (collection privée, Londres)
18. *Portrait géodésique de Gala* (1936) (collection Gala Dalí)
19. *Table-soleil* (1936)*
20. *Un rêve met la main sur l'épaule d'un homme*

1424. E. A. J. [Edward Alden Jewell], « The New Dalís Again », art. cit.

1425. *Art News*, New York, 2 janvier 1937, cité dans *VPSD*, p. 60.

1426. « The Battle of the Surrealists », *The New York Sun*, 19 décembre 1936.

1427. Dalí dans Descharnes, *Dalí de Gala* (1962), cité dans *DOH*, p. 223.

1428. « Fifth Ave. Crowd Stops to View Dalí Window », *New York Weekly Telegraph*, 26 décembre 1936.

1429. Levy, *Surrealism*, p. 160.

1430. *Ibid.*, p. 23.

1431. Fonds Breton, bibliothèque Jacques-Doucet.

1432. Copie conforme du document dans EJF.

1433. Dalí, « Surrealism in Hollywood ».

1434. *DOH*, p. 158.

1435. Dalí, « Surrealism in Hollywood ».

1436. Dessin reproduit dans *Salvador Dalí* (catalogue Pompidou), p. 358 ; photographie dans *DOH*, p. 158.

1437. Lettre de Dalí à Edward James, postée le 19 février 1938. Les Dalí vivaient au Jardin d'Allah, 8159 Sunset Boulevard, Hollywood. EJF.

1438. Fonds Breton, bibliothèque Jacques-Doucet.

1439. EJF. Apparemment, Dalí donna le brouillon à Edward James pour qu'il le traduise en anglais. On ne sait s'il fut envoyé à Harpo.

1440. Le tapuscrit du scénario, apparemment acheté à Mme Cécile Éluard, se trouve au Centre Georges-Pompidou.

1441. Dalí à Éluard, dans Éluard, *Lettres à Gala*, p. 476-455.

1442. Reproduites dans *Salvador Dalí* (catalogue Pompidou), p. 286 et 288.

1443. Freud, *Obras completas*, IV, p. 255.

1444. *Ibid.*, XII, p. 60.

1445. Santos Torroella, *La miel es más dulce que la sangre*, p. 153.

1446. Dalí dans *Dalí*, catalogue Rotterdam (voir bibliographie, section 1), n° 50.

1447. García Lorca, « Panorama ciego de Nueva York », *Obras completas*, I, p. 483 :
*Es una cápsula de aire donde nos duele todo el mundo,*
*Es un pequeño espacio vivo al loco unisón de la luz,*
*Es una escala indefinible donde las nubes y rosas olvidan*
*El griterío chino que bulle por el desembarcadero de la sangre.*
*Yo muchas veces me he perdido para buscar la quemadura que mantiene despiertas las cosas*
*y solo he encontrado marineros echados sobre las barandillas*
*y pequeñas criaturas del cielo enterradas bajo la nieve.*
Traduction Pierre Darmangeat (*Poésie, III 1926-1936*, Poésie/Gallimard, n° 30, 1968).

1448. Santos Torroella, *La miel es más dulce que la sangre*, p. 149.

1449. Pierre, « Breton et Dalí », p. 140.

1450. EJF.

1451. EJF. Document cité par Etherington-Smith, p. 258-260.

1452. *Ibid.*, p. 260.

1453. Invitation reproduite dans *Salvador Dalí* (catalogue Pompidou), p. 62. Mes efforts pour localiser le catalogue de l'exposition sont restés vains. Selon Mme Evelyne Pomey, en charge de la documentation lors de l'exposition au Centre Georges-Pompidou, il semble que peut-être aucun catalogue n'ait été imprimé (communication de Mme Nathalie Schoeller, Centre Georges-Pompidou, 11 avril 1996).

1454. Lettre de Dalí à James, printemps 1937, EJF ; copie d'une lettre d'Edward James à Dalí, datée du 31 août 1937, EJF.

1455. Critiques de Breton dans Éluard, *Lettres à Gala*, p. 282-283.

1456. Lettre de Dalí à Edward James, EJF.

1457. Lowe, p. 139 ; Éluard, *Lettres à Gala*, p. 282-283.

1458. Conversations avec doña Rosa Maria Salleras, Cadaquès, 1994-1996.

1459. Jean, p. 280-286.

1460. *Ibid.* ; *AI*, p. 236.

1461. Jean, p. 282.

1462. *AI*, p. 233.

1463. *Ibid.*, p. 234.

1464. Définition apparue dans Dalí, « Les pantoufles de Picasso ».

1465. Dalí, *El mito trágico del « Angelus » de Millet* (édition Tusquets), p. 10.

1466. Lettre de Dalí à James, EJF.

1467. Pour des reproductions en couleurs, voir Moorhouse, p. 90 et *DOH*, p. 241. Romero, *Todo Dalí en un rostro*, p. 203, procure un détail utile du groupe des images doubles. Lettre de Dalí à James, EJF.

1468. *Cahiers G.L.M.*, Paris, n° 7, 1938, p. 4.

1469. Jones, p. 642-643.

1470. *VS*, p. 23.

1471. Dalí à Edward James, EJF.

1472. Cowles, p. 291-293.

1473. *LSASDLR*, n° 5, 13 mai 1933, p. 10-11. Reproduit dans Breton, *Les Vases communicants*, dans *Œuvres complètes*, II, p. 210-213.

1474. Cowles, p. 294. La traduction par Richard Friedenthal paraît quelque peu approximative, mais il n'a pas été possible de voir l'original.

1475. Cité par Lowe, p. 144, sauf les commentaires de Freud, ajoutés par Etherington-Smith, p. 179, dans sa traduction de la lettre dont je n'ai pu voir l'original.

1476. Fonds Breton, bibliothèque Jacques-Doucet, cité par Pierre, p. 137.

1477. *VS*, p. 24 ; Cowles, p. 293.

1478. *VS*, p. 274-275.

1479. *VS*, p. 289.

1480. *Ibid.* Toile reproduite dans *DOH*, p. 221.

1481. Etherington-Smith, p. 282.

1482. « The Geological Foundations of Venusberg », cité dans *DOH*, p. 227.

1483. Les deux toiles sont reproduites dans *DOH*, p. 238.

1484. Santos Torroella, « El Reina Sofía se equivoca con Dalí », p. 38.

1485. Fonds Breton, bibliothèque Jacques-Doucet.

1486. Archives Breton, National Gallery of Scotland, Édimbourg.

1487. Breton, « Des tendances les plus récentes de la peinture surréaliste », *Œuvres complètes*, IV, p. 526.

1488. Invitation reproduite dans *VPSD*, p. 73. Indications de Dalí sur la photographie strobocopique dans *50 Secrets of Magic Craftsmanship*.

1489. *New York Post* (voir note suivante).

1490. « Surrealist Dalí Explains Fury for His Art; Never Meant to Smash 5th Ave. Window. Couldn't Bear Sight of Expurgated Version of His Work », *New York Post*, 17 mars 1939 ; voir aussi « Dalí's Display », *Time*, New York, 27 mars 1939 ; *VS*, p. 290-292.

1491. *New York Post*.

1492. *Paris-Soir*, 18 mars 1939, cité par Éluard, *Lettres à Gala*, note 1 à la lettre 249, p. 183-184 ; *Daily News*, New York, 17 mars 1939, cité dans *VPSD*, p. 74 ; *Time*, New York, 27 mars 1939 ; *VS*, p. 290-291 ; Dalí, *Carta abierta a Salvador Dalí*, p. 31 ; Dalí, « Declaration of the Independence of the Imagination and the Rights of Man to His Own Madness ».

1493. Le catalogue donne la liste suivante :

Peintures

1. *Débris d'une automobile donnant naissance à un cheval aveugle mordant un téléphone*
2. *Gala*
3. *L'Énigme de Hitler*
4. *Téléphone dans un plat avec trois sardines grillées*
5. *L'Abîme de la réflexion*
6. *Espagne*
7. *Violettes impériales*
8. *Femmes-chevaux*
9. *Tristan triste*
10. *L'Énigme sans fin ; Mandoline, plat à fruits avec des poires, trois figues sur une table ; Table ; Animal mythologique ; Le Grand Crétin borgne ; Lévrier ; Philosophe incliné ; Plage du cap de Creus avec une femme assise reprisant une voile vue de dos, et bateau*
11. *Plage enchantée avec trois Grâces*
12. *Apparition d'un visage et d'un compotier sur une plage*
13. *Excentricité mélancolique*
14. *Rencontre de la psychanalyse et de la morphologie*
15. *L'image disparaît*
16. *Le Simulacre transparent de l'image fausse*
17. *Saint Jérôme*
18. *Palissades d'après-midi*
19. *Sommeil*
20. *Le Corridor de Palladio du déguisement dramatique*
21. *Le Moment sublime*

Dessins

1. *Portrait de Gala*
2. *Portrait du Dr Freud*
3. *Portrait d'une femme qui marche*
4. *Portrait imaginaire de Lautréamont*
5. *Portrait de Harpo Marx*

1494. *Life*, New York, 18 avril 1939, cité dans *VPSD*, p. 75.

1495. EJF.

1496. Un brouillon de *Rêve de Vénus*, de la main de Dalí, écrit en français, se trouve dans EJF.

1497. EJF.

1498. Mémorandum d'Edward James, EJF.

1499. « Throngs Dazed by a Glimpse of World of Dalí. Exhibit at Fair Has Diving Girls Milk a Frustrated Cow as Giraffe Explodes », *Herald Tribune*, New York, 16 juin 1939.

1500. Le brouillon du télégramme et une copie de la lettre, datée du 21 juin 1939, se trouvent dans EJF. Pour le récit de Dalí, voir *VS*, p. 293. *VPSD*, p. 76-83, reproduit des photographies des esquisses préparatoires de *Rêve de Vénus*.

1501. Trois cartons de coupures de presse se trouvent dans EJF.

1502. Norman Siegel, « Dalí and "Dollies" Make the *Dream of Venus* an Out-Standing Fair Exhibit », *Press*, Cleveland, 18 juillet 1939.

1503. Pas d'une danse afro-américaine à la mode à l'époque.

1504. « World's Fairs. Pay As You Enter », *Time Magazine*, Chicago, 26 juin 1939.

1505. Le texte complet de la « Déclaration » est fourni par Levy, *Memoir of an Art Gallery*, p. 219-221. La couverture, qui représente la *Vénus* de Botticelli avec une tête de poisson, est reproduite dans *VPSD*, p. 84.

1506. *SVBLD*, p. 283-284.

1507. Archives Luis Buñuel, ministère de la Culture, Madrid.

1508. Ville natale de Buñuel, en Aragon.

1509. Archives Luis Buñuel, ministère de la Culture, Madrid.

1510. Conversation avec don Juan Luis Buñuel, Madrid, 1995.

1511. Breton, « Des tendances les plus récentes de la peinture surréaliste », dans *Œuvres complètes*, IV, p. 526.

1512. Lettre de Gala à Edward James, 5 août 1939, EJF.

1513. EJF.

1514. *VS*, p. 296.

1515. EJF.

1516. *Ibid.*

1517. Levy, *Memoir of an Art Gallery*, p. 168.

1518. Témoignage écrit à Vieuille de Leonor Fini, p. 181 ; Secrest, p. 175.

1519. Etherington-Smith, p. 293.

1520. EJF.

1521. *Ibid.*

1522. *Ibid.*

1523. *Ibid.*

1524. Lowe, p. 149 ; Etherington-Smith, p. 295.

1525. EJF.

1526. *VPSD*, p. 88.

1527. EJF.

1528. *Ibid.*

1529. Conover, p. 73.

1530. Vieuille, p. 181 ; Secrest, p. 175.

1531. « La bandera del Reich ondea en la frontera francoespañola », *Pueblo*, Madrid, 28 juin 1949, p. 2.

1532. *VS*, p. 300.

1533. Voir Rodríguez-Puértolas, p. 347-348.

1534. Etherington-Smith, p. 305.

1535. Bosquet, *Dalí desnudado*, p. 13.

1536. *VS*, passage absent de la version de Déon.

1537. EJF.

1538. Carlos Sentís, « Castillos en España y el fácil neo-americanismo », *Destino*, Barcelone, 17 août 1940, p. 1-2.

1539. « Secretos a voces », *Destino*, Barcelone, 24 août 1940.

1540. *VS*, p. 301.

1541. *VPSD*, p. 88.

1542. Photo de l'arrivée du couple à New York dans le *New York Post*, 16 août 1940, reproduite dans *DOH*, p. 231.

1543. *New York Post*, 16 août 1940.

1544. Etherington-Smith, p. 307.

1545. John White, « A Day with Dalí. Or – The Cow in the Library », *Times Herald*, Washington, 23 février 1941, reproduit dans *DOH*, p. 260.

1546. *Ibid.* ; Crosby, p. 337.

1547. Lettre inédite dans la collection de don Pere Vehí, Cadaqués.

1548. Parke Rouse Jr., « Spiders – That's What Fascinates Dalí Most About Virginia », *Richmond Times-Dispatch*, 6 avril 1941.

1549. Nin.

1550. *Ibid.*

1551. Etherington-Smith, p. 311 ; Lowe, p. 185-186.

1552. Chevalier rapporte ses difficultés avec le texte dans une note de la version américaine de *La Vie secrète*.

1553. Ces épreuves est conservé à la Fondation Gala-Salvador Dalí, Figueres. Il est écrit sur du papier à lettres à en-tête du Beverly Hills Hotel and Bungalows, Beverly Hills, Californie (« *11 acres of sunshine for 12 months of playtime in the heart of Residential Los Angeles* »). Le tapuscrit porte des corrections manuscrites de Gala.

1554. Le manuscrit et des épreuves sont conservés à la Fondation Gala-Salvador Dalí, Figueres.

1555. *VS*.

1556. *Ibid.*

1557. *Ibid.*

1558. *Ibid.*

1559. *Ibid.*

1560. *Ibid.*

1561. *Ibid.*

1562. *Ibid.*

1563. *Ibid.*

1564. *Ibid.*

1565. *Ibid.*

1566. Il semble probable que Dalí ait pu connaître aussi *La nueva catolicidad* (1933) de Giménez Caballero (voir bibliographie).

1567. *VS*, passage absent de la version de Déon.

1568. *Ibid.*, passages absents de la version de Déon.

1569. Reproduit dans *VPSD*, p. 89.

1570. Morse, *Dalí: A Study of His Life and Work*, p. 51.

1571. Cité par Etherington-Smith, p. 315.

1572. Correspondance Edward James-Julien Levy, citée par Etherington-Smith, p. 314.

1573. Levy, *Memoir of an Art Gallery*, p. 255.

1574. Henry McBride, « The Classic Dalí. Not So Very Different from Dalí the Surrealist », *The New York Sun*, 26 avril 1941.

1575. Sawin, p. 151-152.

1576. Nicolas Calas, « Anti-Surrealist Dalí: I Say His Flies Are Ersatz », *View*, New York, juin 1941.

1577. Photos du studio de Carmel dans Morse, « Romantic Ampurdán », p. 209.

1578. Morse, *Dalí: A Study of His Life and Work*, p. 56.

1579. Levy, *Memoir of an Art Gallery*, p. 255 ; *DOH*, p. 258 ; « Dalí Out West », *Art Digest*, New York, 1er octobre 1941 ; « Dalí in California », *Art Digest*, 1er novembre 1941.

1580. Etherington-Smith, p. 317-320. Un extrait du film a été diffusé sur la BBC, dans l'émission « Arena. Dalí » (voir bibliographie, section 7).

1581. Inez Robb, « Dalí's Daffy Day », *The American Weekly*, New York, 8 octobre 1941.

1582. *VPSD*, p. 94-95 ; *DOH*, p. 258, 276 ; Descharnes et Néret, I, p. 343-345.

1583. « Richard Wagner Reported Killed », *Dalí News*, New York, 20 novembre 1945, reproduit dans *VPSD*, p. 116.

1584. Madrid, « El escándalo del "Salón de Otoño" ».

1585. Soby, p. 7.

1586. Robert M. Coates, « The Art Galleries. Had Any Good Dream Lately? », *The New Yorker*, 29 novembre 1941.

1587. Sweeney, *SD. Paintings Drawings Prints*, p. 13 ; Edward Allen Jewell, « Melange. From the Antipodes to Surrealism », *The New York Times*, 23 novembre 1941.

1588. Henry McBride, « Dalí and Miró », *The New York Sun*, 21 novembre 1941.

1589. Robert M. Coates, « The Art Galleries. Had Any Good Dream Lately? », art. cit.

1590. « Peyton Boswell's Comments: Mr Dalí Goes to Town », *Art Digest*, New York, 1er décembre 1941.

1591. Morse, *Dalí: A Study of His Life and Work*, p. 57.

1592. « The Secret Life of Dalí by Dalí », *Click*, New York, septembre 1942, reproduit dans *VPSD*, p. 103.

1593. Anna Maria Dalí publia une traduction en espagnol de la nouvelle de Maurice Baring « The Flute of Chiang Luang », dans *Destino*, Barcelone, n° 429, 6 octobre 1945 ; lettre de Salvador à Anna Maria dans la collection privée de don Pere Vehí, Cadaqués.

1594. Lettre inédite, collection privée de don Pere Vehí, Cadaqués.

1595. Dessin reproduit en couleurs dans Fornés, *Dalí y los libros*, p. 40.

1596. *The New Yorker*, 27 février 1943, cité par Secrest, p. 183.

1597. « Not So Secret Life », *Time*, New York, 28 décembre 1942.

1598. Benjamin De Casseres, coupure qui se trouve dans l'album d'articles sur *La Vie secrète* réunis par Gala et conservés à la Fondation Gala-Salvador Dalí.

1599. *Nation*, New York, 6 février 1943.

1600. Cité par Etherington-Smith, p. 326.

1601. *Ibid.*

1602. « Elsa Maxwell's Party Line », *The Dallas Texas Herald*, 24 janvier 1943.

1603. Cité dans *VPSD*, p. 104.

1604. *SVBLD*, p. 365 ; l'exemplaire de *La Vie secrète* appartenant à Buñuel se trouve dans les archives Buñuel, ministère de la Culture, Madrid.

1605. Orwell, p. 195.

1606. Morse, *The Dalí Adventure*, p. III ; Morse, Eleanor, « My View », p. XXV ; *MDJ*, I ; conversations avec Mr et Mrs Reynolds Morse, Espagne et Floride, 1995-1996.

1607. Communication écrite avec Mrs Eleanor Morse, 31 mai 1996 ; dans *MDJ*, vol. 1.

1608. Communication écrite avec Mrs Eleanor Morse, 31 mai 1996 ; voir aussi Morse, Eleanor, « My View ». Reynolds Morse, « Reminiscences and Reassessments », dit que la toile coûta mille deux cents dollars et le cadre mille huit cent cinquante.

1609. Communication écrite de Mrs Eleanor Morse, 31 mai 1996.

1610. Copie d'une lettre de Gala gracieusement fournie par Mrs Morse.

1611. Morse, *The Dalí Adventure*, p. III.

1612. Communication écrite de Mrs Eleanor Morse, 31 mai 1996.

1613. Morse, Eleanor, « My View », p. XXV ; *MDJ*, I.

1614. *MDJ*, I, p. 421-423. Conversation avec Mr Reynolds Morse, musée Salvador Dalí, Floride, 16 juillet 1996.

1615. *MDJ*, I.

1616. *The New York Sun*, 16 avril 1943.

1617. *AI*, p. 251.

1618. *AI*, p. 251 *sqq*.

1619. Chevalier, « Préface du traducteur à *Visages cachés* » ; Dalí, préface à *Visages cachés*, p. 7.

1620. Chevalier, « Salvador Dalí as Writer ».

1621. Cet ami était Carlos Lozano. Conversation avec don Carlos Lozano à Cadaqués, 6 août 1995.

1622. Dalí, *Hidden Faces*, p. 9.

1623. *SDFGL*, p. 127, note 7.

1624. *Ibid.*, p. 148.

1625. Dalí et Pauwels, p. 241.

1626. Permanyer, « El pincel erótico de Dalí », p. 164.

1627. Dalí, *Hidden Faces*, p. 9.

1628. En 1972, Dalí assista à un « dîner intime » donné par Guy de Rothschild à Paris pour cent cinquante invités, qui devaient porter un masque, ce que Dalí refusa. « Ma tête est mon masque », expliqua-t-il (*UD*, p. 44).

1629. Dalí, *Rostros ocultos*, Barcelone, Planeta, 1974, p. 10.

1630. Dalí, *Hidden Faces*, p. 96.

1631. *Ibid.*, p. 242.

1632. *Ibid.*, p. 276.

1633. *Ibid.*, p. 385.

1634. *Ibid.*, p. 441-442.

1635. Gold et Fitzdale, p. 238.

1636. *Ibid.* ; Etherington-Smith, p. 334.

1637. Selon Secrest, p. 184, Bettina Bergery pensait que Solange de Cléda « était un mélange de Roussy Sert et d'[elle-même] ». C'était aussi ridicule que de penser que Gala apparaissait dans l'intrigue sous la forme d'une étudiante du Quartier latin. Pour Etherington-Smith, p. 133, Solange de Cléda est une combinaison de Bettina Bergery, de Caresse Crosby et de Laure de Noailles. Il n'y a pas de preuve non plus de cette affirmation.

1638. Chevalier.

1639. Wilson.

1640. Harrison Smith, « Salvador Dalí in Your Bathtub », *The Saturday Review*, New York, 24 juin 1944.

1641. « Dalí's Love-in-Death », *Newsweek*, New York, 12 juin 1944.

1642. *Dalí News*, New York, 20 novembre 1945, reproduit dans *VPSD*, p. 118.

1643. Lettre inédite, collection de don Pere Vehí, Cadaqués.

1644. *VPSD*, p. 105.

1645. *Ibid.*, p. 106.

1646. *Ibid.*

1647. « 3 New Dalí Paintings "Interpret" Perfume », *The New York Times*, 31 octobre 1946 ; *VPSD*, p. 121.

1648. Pour une vue différente, du moins en ce qui concerne les illustrations de Dalí pour *Souvenirs fantastiques* de Sandoz, voir Thomas Sugrue, « In a Fortunate Collaboration », *New York Herald Tribune Weekly Book Review*, 31 décembre 1944.

1649. Les illustrations de Dalí pour *Souvenirs fantastiques* de Sandoz sont reproduites dans *VPSD*, p. 107-111 ; *ibid.* pour son *Labyrinthe*, p. 114-115 ; *ibid.* pour trois des illustrations de *Macbeth*, p. 122 ; *ibid.* pour la couverture de Rose, *Wine, Women and Words*.

1650. Certains de ces dessins sont reproduits dans *DOH*, p. 272-273 ; voir aussi Descharnes et Néret, I, p. 352-353.

1651. Green, « Los años mágicos ».

1652. Paul Bowles, *Without Stopping*, Londres, Hamish Hamilton, 1972, non vu, cité par Etherington-Smith, p. 346.

1653. « Richard Wagner Reported Killed », *Dalí News*, art. cit., reproduit dans *VPSD*, p. 117.

1654. *VPSD*, p. 113 ; *DOH*, p. 274-275 ; Descharnes et Néret, I, p. 368-371 ; pour Dalí à propos de la controverse, voir *Dalí News*, New York, 20 novembre 1945, reproduit dans *VPSD*, p. 117.

1655. *VPSD*, p. 114 ; Descharnes et Néret, I, p. 362-363 ; Dalí dans *Dalí News*, New York, 20 novembre 1945, reproduit dans *VPSD*, p. 117.

1656. Reproduction en fac-similé d'une note de Dalí dans *Les Morts et moi*, Editorial Mediterrània, Barcelone.

1657. *MDJ*, I, 1942-1956 ; reproduit dans *DOH*, p. 297.

1658. Lowe, p. 186.

1659. *AI*, p. 265.

1660. Dalí, « Arena. Dalí », 1986 (voir bibliographie, section 7).

1661. « Movies. Spellbound », *Dalí News*, New York, 20 novembre 1945, reproduit dans *VPSD*, p. 117.

1662. Fondation Gala-Salvador Dalí, Figueres.

1663. « Le monarque des quotidiens ».

1664. *VPSD*, p. 116-119.

1665. Alfred Frankenstein, « Dalí "Stops Experimenting" – But He's Still Enigmatic », *San Francisco Chronicle*, 19 novembre 1945.

1666. Etherington-Smith, p. 356.

1667. A. Frankenstein dans *Arts*, Paris, 14 avril 1946, cité dans *VPSD*, p. 120.

1668. Le dessin, ainsi que d'autres issus du film, est reproduit dans *DOH*, p. 310-311.

1669. Etherington-Smith, p. 356.

1670. Morse, « A Walt Disney Interlude », *MDJ*.

1671. Etherington-Smith, p. 357.

1672. *Ibid.*

1673. *DOH*, p. 309-311 ; Descharnes et Néret, I, p. 393.

1674. *MDJ*, II ; la couverture de *Vogue* est reproduite par Descharnes et Néret, I, p. 395.

1675. Lettre dans la collection privée de don Pere Vehí, Cadaqués.

1676. Conversation avec Mr Reynolds Morse, Floride, 15 juillet 1996.

1677. Josep Pla, « Calendario sin fechas », *Destino*, Barcelone, 29 mai 1943, p. 8.

1678. « Tristán », « Salvador Dalí visto desde Cadaqués ».

1679. Lettre non publiée, collection privée de don Pere Vehí, Cadaqués.

1680. « Salvador Dalí », *Destino*, Barcelone, 9 novembre 1946.

1681. Brunet, « Despedida al notario ».

1682. Conversation avec doña Roser Villar, Figueres, 28 juin 1996.

1683. Dalí signa *La Persistance de la mémoire* « Olive Salvador Dalí 1931 », voir *DOH*, p. 114 ; peut-être la première toile signée « Gala-Salvador Dalí » est-elle *Rencontre de l'illusion et de l'instant arrêté. Œufs sur le plat présentés dans une cuiller* (1932, reproduit dans *DOH*, p. 127).

1684. Détails de la dédicace dans Descharnes, *The World of Salvador Dalí*, p. 199.

1685. « The Dalí Exhibition at the Bignou Gallery. Notes for the Study *Leda atomica* », *Dalí News*, New York, 15 novembre 1947, reproduit dans *VPSD*, p. 125.

1686. *AI*, p. 267.

1687. *Dalí. Arquitectura* (catalogue Barcelone, voir bibliographie, section 1), p. 152-153 ; Descharnes et Néret, II, p. 551-552.

1688. Morse, *Dalí's Animal Crackers*, p. 229.

1689. Fondation Gala-Salvador Dalí, Figueres.

1690. Reproduit dans *DOH*, p. 306-307.

1691. Descharnes et Néret, I, p. 362.

1692. Descharnes, *The World of Salvador Dalí*, p. 182.

1693. Etherington-Smith, p. 355.

1694. Reproduit dans *DOH*, p. 308.

1695. Le numéro est reproduit intégralement dans *VPSD*, p. 124-127.

1696. Coupure de presse reproduite dans Morse, *The Dalí Adventure*.

1697. *MDJ*, I.

1698. Carlos Sentís, « Carta al padre de Salvador Dalí », *Destino*, Barcelone, 28 février 1948.

1699. *AI*, p. 159.

1700. Puignau, p. 29-30.

1701. Agustí.

1702. Lettre non datée, collection de don Pere Vehí, Cadaqués.

1703. Nombre de lettres de Gala à Gonzalo Serraclara se trouvent à la bibliothèque de Catalogne, Barcelone, et proviennent de la collection de don Eduard Fornés.

1704. Gonzalo Serraclara dans la vidéo réalisée par Giuseppe et Mara Albaretto, début 1989.

1705. Pour le parcage de la Cadillac, conversation avec don Joan Vives, Figueres, 25 janvier 1993.

1706. Miguel Alabrús, « Extraordinarias declaraciones de Salvador Dalí », *Ampurdán*, Figueres, 1er septembre 1948.

1707. « Une carta del padre del pintor Dalí », *Ampurdán*, Figueres, 15 septembre 1948.

1708. Allusion à la cousine de Dalí, Montserrat, la fille de son oncle Rafael. Le critique d'art José Gudiol, qui fut plus tard l'amant de Montserrat, ne sortit jamais son livre sur Dalí.

1709. Les fausses peintures furent supprimées, ainsi que la lettre de Dalí à Miravitlles.

1710. Lettre non datée, collection de don Pere Vehí, Cadaqués.

1711. Dalí, *50 Secrets of Magic Craftsmanship*.

1712. Arco, p. 37-38.

1713. Descharnes, *The World of Salvador Dalí*, p. 175.

1714. Arco, p. 17-19.

1715. Juan Luca de Tena, cité par *Crónica de Madrid*, Barcelone, Plaza y Janés, p. 460.

1716. « Art in Three Mediums », *The Sphere*, Londres, 19 novembre 1949, p. 287.

1717. Cowles, p. 197-202.

1718. Morse, *Dalí: A Study of His Life and Work*, p. 62.

1719. Arco, p. 122.

1720. Massip, p. 3.

1721. Puignau, p. 32 ; Arco, p. 79.

1722. Arco, p. 68.

1723. Breton, *Œuvres complètes*, II, p. 1152.

1724. Photos dans *VPSD*, p. 128-129. Les dessins furent reproduits dans l'édition de *Comme il vous plaira* de la Folio Society, introduction de Peter Brook, Londres, 1953.

1725. *VPSD*, p. 131.

1726. Descharnes, *The World of Salvador Dalí*, p. 26.

1727. *AMD*, p. 16.

1728. *Ibid.*, p. 38.

1729. *Ibid.*, p. 50.

1730. *Ibid.*, p. 138.

1731. *Ibid.*, p. 136.

1732. Archives de don Eduard Fornés, bibliothèque de Catalogne, Barcelone.

1733. *Ibid.*

1734. Reproduit dans *VPSD*, p. 132.

1735. Archives de don Eduard Fornés, bibliothèque de Catalogne, Barcelone.

1736. Testament signé à Figueres en présence du notaire Raimundo Negre Balet. Merci à don Raimundo Fortuny i Marqués, notaire à Figueres, de m'avoir procuré une copie du document.

1737. Massip, p. 3.

1738. Voir par exemple *ABC*, Madrid, 24 mars 1950.

1739. Massip, p. 5.

1740. *AI*, p. 307.

1741. Puignau, p. 38-39.

1742. Reproduite dans *DOH*, p. 325.

1743. Puignau, p. 41-42.

1744. Le certificat de décès de Salvador Dalí Cusí dit qu'il est mort d'une « carcinomatose généralisée » (registre civil, Cadaqués) ; l'information concernant la visite de Dalí à son père vient de doña Emilia Pomés, dont la mère était la gouvernante des Dalí à Cadaqués ; conversation avec doña Montserrat Dalí, Barcelone, 1er mai 1992.

1745. Puignau, p. 42.

1746. Le testament de Dalí Cusí fut signé, comme le précédent, en présence de Raimundo Negre Balet, notaire de Figueres. Merci une fois encore à don Raimundo Fortuny i Marqués, notaire à Figueres, de m'en avoir procuré une copie. Selon l'inscription à la fin du document, une copie en fut faite pour Dalí le 14 octobre 1950 ; pour l'espoir qu'avaient Dalí et Gala d'hériter de la maison, ma source est la famille Albaretto (conversations avec les docteurs Giusepppe et Mara Albaretto, Turin, 24 octobre 1995).

1747. Archives de don Eduard Fornés, bibliothèque de Catalogne, Barcelone.

1748. Carte postale inédite datée de New York, 15 décembre 1959, collection de don Pere Vehí, Cadaqués.

1749. Lettre de Gonzalo Serraclara à Dalí, 4 décembre 1951, bibliothèque de Catalogne.

1750. Puignau, p. 43-45.

1751. Documents à l'Arxiu Històric, Gérone (département de la Culture, Generalitat de Catalunya) ; pour l'intervention de Miguel Mateu et la correspondance de Dalí avec ce dernier, dossier au Castell de Perelada, Gérone (merci à la bibliothécaire, doña Inés Padrosa Gorgot) ; pour le récit contemporain de Dalí, *JG*, p. 78 ; Puignau, p. 47-50 ; pour l'aspect œdipien de l'affaire, Daudet, « Mágico Dalí », p. 46.

1752. Arco, p. 26, 92.

1753. Dalí, « Por qué fui sacrílego, por qué soy místico », tapuscrit daté du 30 octobre 1931, à Barcelone, bibliothèque de Catalogne, Barcelone.

1754. Gasch, *L'expansió de l'art català al món*, p. 163.

1755. Puignau, p. 53-56.

1756. Morse, *Dalí: A Study of His Life and Work*, p. 63.

1757. *DOH*, p. 533 ; illustration, *ibid.*

1758. Puignau, p. 59-62 ; *DOH*, p. 318.

1759. *Dalí* (catalogue St. Petersburg, voir bibliographie, section 1), nos 79-80.

1760. *Ibid.*, n° 86.

1761. Puignau, p. 62-64, avec une photo en couleurs de *Croix nucléaire* et la dédicace de Dalí.

1762. Reproduit dans *VPSD*, p. 134.

1763. Descharnes, *The World of Salvador Dalí*, p. 18.

1764. Arco, p. 61, 114.

1765. *Ibid.*, p. 22.

1766. *Ibid.*, p. 24.

1767. Le capitaine Peter Moore, secrétaire de Dalí dans les années 1960 et au début des années 1970, affirme qu'il n'a jamais assisté à la messe (conversations avec le capitaine Moore, Cadaqués, 1995-1998). Doña Nanita Kalaschnikoff, une de ses rares amies intimes, dit la même chose (conversations avec doña Nanita Kalaschnikoff, Paris et Marbella, 1994-1995).

1768. *AI*, p. 271. Photos des costumes des Dalí dans *VPSD*, p. 135.

1769. Le « texte complet » de la conférence imprimé par Utrillo, p. 25-33, contient des indications sur les réactions du public.

1770. Utrillo, p. 37.

1771. Antonio Saura, « La playa desierta de Salvador Dalí », *El País*, Madrid, 9 octobre 1982, p. 36-37.

1772. Conversations avec don Rafael Santos Torroella, Barcelone, Cadaqués et Madrid, 1990-1996 ; Jiménez et Playà i Maset, « Dalí vist des de l'Empordà », n° VIII.

1773. Santos Torroella, « Con Salvador Dalí en Portlligat », *Correo Literario*, Barcelone, 1er septembre 1951, reproduit dans *id.*, *La trágica vida de Salvador Dalí*, p. 21-27 ; *id.*, *Salvador Dalí*.

1774. *Madrid*, cité par Utrillo, p. 50.

1775. Utrillo, p. 15, 19-21, 101.

1776. *Ibid.*, p. 70.

1777. Etherington-Smith, p. 384.

1778. Pour l'exposition chez Alex Reid et Lefèvre, *MEAC*, II, p. 128 ; pour la déclaration de Dalí, Santos Torroella, *Salvador Dalí*, p. 56.

1779. Utrillo, p. 47.

1780. *Ibid.*, p. 55.

1781. *JG*, p. 38.

1782. *Ibid.*

1783. Dalí, « Authenticité et mensonges », *Arts*, 1er mai 1952, cité dans *VPSD*, p. 136.

1784. Cowles, p. 264, note 1.

1785. *JG*, p. 84.

1786. Conversation avec Mme Cécile Boaretto, Paris, 25 février 1995.

1787. Catalogue dans la collection de don Pere Vehí, Cadaqués.

1788. Descharnes, *The World of Salvador Dalí*, p. 182.

1789. *JG*, p. 133.

1790. Lear, p. 62-63.

1791. *JG*, p. 143.

1792. « Panorama », BBC, 4 mai 1955.

1793. Ades, p. 175.

1794. *AI*, p. 204.

1795. *MDJ*, I ; *VPSD*, p. 139 ; *MEAC*, II, p. 130 ; trois des illustrations pour *La Divine Comédie* sont reproduites dans *DOH*, p. 330-331, et quatre autres dans Descharnes et Néret, II, p. 449.

1796. Juan Cortés Cavanillas, « Salvador Dalí, el disparate genial », *Ideal*, Grenade, 23 juin 1983.

1797. Miguel Utrillo, « Dalí hará cine », *Cine Mundo*, Madrid, 5 juin 1954 ; *JG*, p. 200.

1798. *MDJ*, I ; Morse, Eleanor, « My View », p. XXVII-XXVIII ; Morse, *Animal Crackers*, p. 3.

1799. Morse, *Salvador Dalí: A Panorama of His Art*, p. 159.

1800. Conversation avec Mr et Mrs Reynolds Morse, Madrid, Ritz Hotel, 23 octobre 1993.

1801. Morse, *Salvador Dalí: A Panorama of His Art*, p. 127.

1802. Morse, « Romantic Ampurdán », dans *Salvador Dalí: A Panorama of His Art*, p. 205-214.

1803. *MDJ*, I.

1804. Morse, *Animal Crackers*, p. 95.

1805. Morse, *A Dalí Primer*, p. 31.

1806. Morse, *A New Introduction to Salvador Dalí*, p. 22.

1807. Morse, *Dalí: A Study of His Life and Work*, p. 25.

1808. *Ibid.*

1809. Morse, *Animal Crackers*, p. 115.

1810. *Ibid.*, p. 135-136.

1811. *UD*, p. 170.

1812. *Ibid.*, p. 203.

1813. Morse, *Pablo Picasso, Salvador Dalí: A Preliminary Study in their Similarities and Contrasts*, p. 24.

1814. Morse, *Salvador Dalí: A Panorama of His Art*, p. 137.

1815. *Ibid.*, p. 164.

1816. *Ibid.*, p. 150.

1817. Morse, *Pablo Picasso, Salvador Dalí: A Preliminary Study in their Similarities and Contrasts*, p. 24.

1818. Rubin, p. 220.

1819. Morse, *Animal Crackers*, p. VIII.

1820. *JG*, p. 53.

1821. Descharnes et Néret, II, n° 965, p. 437.

1822. *JG*, p. 53 ; pour la corne au sommet du rocher du Grand Masturbateur, voir Morse, *Salvador Dalí: A Panorama of His Art*, p. 193.

1823. Descharnes et Néret, II, p. 480.

1824. Morse, *Dalí: A Study of His Life and Work*, p. 144-145.

1825. Reproduite dans *DOH*, p. 338.

1826. Morse, *Animal Crackers*, p. 72.

1827. Descharnes, *The World of Salvador Dalí*, p. 54. La toile est reproduite à la p. 55, ainsi que dans *DOH*, p. 348.

1828. Robert Descharnes était né le 1er janvier 1926 à Nevers (Juzgado de Instrucción de La Bisbal, Gérone ; Diligencias Previas núm. 1875, Año 1984, folio 25) ; *DOH*, p. 323 et rabat arrière pour le nombre de photos.

1829. Le texte de la conférence est reproduit dans *VPSD*, p. 144.

1830. *Ibid.*, p. 146.

1831. Dalí et Pauwels, p. 248 ; pour les photos de Halsman de Dalí avec un rhinocéros, voir le catalogue *Dalí fotògraf, Dalí en els seus fotògrafs* (voir bibliographie, section 1), p. 52-53.

1832. Carol, « El escenógrafo de Portlligat ».

1833. Conversation enregistrée avec don Isidor Bea, Cadaqués, 10 août 1995.

1834. Secrest, p. 205.

1835. Les derniers paragraphes résultent de dizaines d'heures de conversation avec le capitaine et Mrs Peter Moore, à Cadaqués et à Madrid, et par téléphone, entre 1991 et 1996. Je suis profondément reconnaissant au capitaine Moore de m'avoir à ce point facilité l'accès à des informations sur sa vie et sur ses relations avec Salvador Dalí, y compris à des photocopies de son certificat de naissance, de ses papiers de démobilisation et de sa correspondance privée. Sans sa collaboration, ce livre aurait été beaucoup moins riche.

1836. *BMDS*, p. 72.

1837. Conversation avec doña Nanita Kalaschnikoff, Marbella, 14 septembre 1995.

1838. Permanyer, « El pincel erótico de Dalí ».

1839. Conversation avec doña Nanita Kalaschnikoff, Marbella, 14 septembre 1995.

1840. *Ibid.*

1841. Conversation avec le capitaine Peter Moore, Cadaqués, 1er décembre 1993.

1842. Photo de Dalí avec Franco dans *VPSD*, p. 136 ; le décret fut proclamé le 9 octobre 1953 (Playà i Maset, *Dalí de l'Empordà*, p. 32).

1843. Conversations avec don Rafael Santos Torroella et sa femme Maite, Barcelone et Cadaqués, 1995-1996 ; conversations avec les docteurs Mara et Giuseppe Albaretto, Turin, 1995.

1844. Conversation avec les docteurs Mara et Giuseppe Albaretto, Londres, 2 mars 1994.

1845. *Ibid.*

1846. *Ibid.*

1847. Le portrait est reproduit dans *Salvador Dalí. La vita è sogno* (catalogue Turin, voir bibliographie, section 1).

1848. *VPSD*, p. 147-148.

1849. Secrest, p. 214.

1850. *Ibid.*, p. 216.

1851. Bosquet, *Dalí desnudado*, p. 17.

1852. Morse, *Salvador Dalí: A Panorama of His Art*, p. 194-195.

1853. Descharnes, *The World of Salvador Dalí*, p. 68.

1854. Conversation enregistrée avec don Isidor Bea, Cadaqués, 10 août 1995.

1855. Morse, *Salvador Dalí: A Panorama of His Art*, p. 195.

1856. *VPSD*, p. 156.

1857. Descharnes, *The World of Salvador Dalí*, p. 70.

1858. *Ibid.*

1859. Roumeguère, « Canibalismo y estética » ; *AI*, p. 297.

1860. Roumeguère, « La mystique dalinienne devant l'histoire des religions », dans *JG*, p. 304-308.

1861. *JG*, p. 201.

1862. Bosquet, *Dalí desnudado*, p. 39-40.

1863. Roumeguère, « The Cosmic Dalí ».

1864. *Ibid.*, p. V.

1865. *Ibid.*, p. VII.

1866. *Ibid.*, p. VI.

1867. Bosquet, *Dalí desnudado*, p. 40.

1868. Roumeguère, « The Cosmic Dalí », p. VII-VIII.

1869. Roumeguère, « Canibalismo y estética ».

1870. Playà i Maset, *Dalí de l'Empordà*, p. 23-24.

1871. *DOH*, p. 355.

1872. *VPSD*, p. 151 ; la toile est reproduite dans *DOH*, p. 355.

1873. *VPSD*, p. 151.

1874. *Ibid.*, p. 152 ; *DOH*, p. 357.

1875. *VPSD*, p. 153 ; *DOH*, p. 325.

1876. Conversations avec le capitaine Peter Moore, Cadaqués, 1995-1996.

1877. Interview du capitaine Peter Moore dans « Arena. Dalí » voir bibliographie, section 7).

1878. Conversation filmée avec le capitaine Peter Moore, Cadaqués, 6 août 1995 ; conversation téléphonique à Cadaqués, 26 août 1996.

1879. Morse, *Pablo Picasso, Salvador Dalí: A Preliminary Study in their Similarities and Contrasts*, p. 36.

1880. Exemplaire appartenant à Reynolds Morse du tapuscrit de *Soft Watches and Hard Times*, musée Salvador Dalí, St. Petersburg, Floride.

1881. « Mise à jour » de Morse, *A New Introduction to Salvador Dalí*, p. 13-14.

1882. Morse, *Animal Crackers*, p. 297. La toile était *Le Concile œcuménique*.

1883. Conversation avec le capitaine Peter Moore, Cadaqués, 27 octobre 1995.

1884. Morse, *Salvador Dalí: A Panorama of His Art*, p. 194 ; Secrest, p. 215.

1885. *AI*, p. 204.

1886. *JG*, p. 221.

1887. Reproduite en noir et blanc dans Morse, *Salvador Dalí: A Panorama of His Art*, p. 197.

1888. Reproduite dans *DOH*, p. 361 ; Descharnes et Néret, II, p. 530.

1889. *VPSD*, p. 157.

1890. Testaments faits devant le notaire de Figueres, Raimundo Negre Balet. Je remercie le notaire don Raimundo Fortuny i Marqués de m'en avoir procuré une copie.

1891. Vallès i Rovira, I, p. 158.

1892. Guardiola Rovira, p. 13.

1893. *Ibid.*

1894. *Ibid.*, p. 14.

1895. Romero, *Todo Dalí en un rostro*, p. 254.

1896. Le récit des festivités du jour est emprunté à Guardiola Rovira, p. 62-79 ; Playà i Maset, *Dalí de l'Empordà*, p. 26-28.

1897. Un exemplaire de l'affiche du spectacle se trouve au musée Salvador Dalí, St. Petersburg, Floride ; conversation avec don Isidor Bea, Cadaqués, 10 août 1995.

1898. Moore, *Soft Watches and Hard Times*, p. 53-54.

1899. Etherington-Smith, p. 409.

1900. « Dalí v Scarlatti », *Time*, New York, 1er septembre 1961 ; Morse, *Animal Crackers*, p. 35, 45, 46, 183, 211, 238.

1901. « Dalí v Scarlatti », art. cit.

1902. *Ibid.*

1903. *Ibid.*

1904. Etherington-Smith, p. 159 ; *ibid.*, p. 59, pour une photo de Ludmila Tcherina dans le ballet.

1905. *Catàleg de pintura segles XIX a XX. Fons des Museu d'Art Modern*, Ajuntament de Barcelona, I, 1987, p. 406.

1906. Morse, *Animal Crackers*, p. 142.

1907. Peinture reproduite dans *DOH*, p. 363 ; la peinture et quelques études dans Descharnes et Néret, II, p. 538-541.

1908. Santos Torroella, « Arte y no arte de Salvador Dalí en su homenaje a Fortuny ».

1909. Secrest, p. 195.

1910. *VPSD*, p. 160.

1911. *AI*, p. 153.

1912. Vivien Raynor, *Arts*, Paris, janvier 1964, cité dans *VPSD*, p. 161.

1913. Couverture du catalogue reproduite dans *VPSD*, p. 161.

1914. Lake, p. 29.

1915. *Ibid.*

1916. *Ibid.*, p. 21.

1917. *AI*, p. 191.

1918. Dalí et Pauwels, p. 214.

1919. *JG*, p. 246.

1920. Dalí, « Résumé of History and of the History of Painting ».

1921. *AI*, p. 192.

1922. *VPSD*, p. 165.

1923. *Ibid.*, p. 161.

1924. Conversation avec le docteur Mara Albaretto, Turin, 25 octobre 1995.

1925. *Ibid.*

1926. McGirk, p. 127, date de 1963 la rencontre de Gala et de Rothlein, mais ce n'est pas prouvé.

1927. Conversation avec le docteur Mara Albaretto, Turin, 23 octobre 1995.

1928. *Ibid.*

1929. Conversation avec le docteur Manuel Vergara, Cadaqués, 6 août 1996.

1930. Bosquet, *Entretiens avec Dalí*, p. 86-87.

1931. Conversation avec le docteur Giuseppe Albaretto, Turin, 25 octobre 1995.

1932. Conversation avec le docteur Mara Albaretto, Turin, 25 octobre 1995, tout en regardant des diapositives de la série.

1933. Lake, p. 30-40 ; Field, article sans titre dans *MEAC*, II, p. 18-21 ; Field, *The Official Catalog of the Graphic Works of Salvador Dalí*, p. 7-8.

1934. *Ibid.*, p. 41-42.

1935. *Dalí à Perpignan* (catalogue, voir bibliographie, section 1), commentaire à l'illustration 89.

1936. Lake, p. 75.

1937. *Ibid.*, p. 229.

1938. *Ibid.*, p. 81 ; *VPSD*, p. 200-201.

1939. Lake, p. 182.

1940. *Ibid.*, p. 222, 263.

1941. *Ibid.*, p. 202.

1942. *Ibid.*, p. 239.

1943. *Ibid.*, p. 163.

1944. « Dalí in New York » (voir bibliographie, section 7).

1945. Lake, p. 300.

1946. *Ibid.*, p. 301.

1947. *Ibid.*, p. 302.

1948. *Ibid.*, p. 305.

1949. Cité par Secrest, p. 215.

1950. *Ibid.*

1951. Morse, *The Dalí Adventure*, photo n° 56.

1952. *Ibid.*, légende de l'illustration 61, qui reproduit le programme.

1953. Morse, « Homage to Dalí », dans le catalogue *Salvador Dalí: His Art, 1910-1965* (voir bibliographie, section 1).

1954. Secrest, p. 215.

1955. Morse, *Pablo Picasso, Salvador Dalí: A Preliminary Study in their Similarities and Contrasts*, p. 24.

1956. Morse, « Hommage à Meissonier », dans Descharnes et Néret, II, p. 567.

1957. Morse, *Animal Crackers*, p. 237.

1958. Fornés, *Dalí y los libros*, p. 67 ; Descharnes et Néret, II, p. 567.

1959. Morse, « Hommage à Meissonier », dans Descharnes et Néret, II, p. 567.

1960. Secrest, p. 195.

1961. *Les Nouvelles Littéraires*, cité dans *VPSD*, p. 167.

1962. Dalí et Pauwels, p. 108 ; Bosquet, *Entretiens avec Dalí*, p. 26.

1963. Dalí et Pauwels, p. 108.

1964. *Ibid.*, p. 125.

1965. *Ibid.*, p. 182.

1966. Conversation téléphonique avec April Ashley, San Diego, Californie, 10 mars 1997 ; Fallowell et Ashley, *passim*.

1967. *Ibid.*

1968. *Ibid.*, p. 178-180, 240-241.

1969. Copie du certificat de mariage fournie par le bureau d'état civil de Chelsea.

1970. Conversation avec l'actuelle directrice de l'hôtel, señora Quinto, et señora Angels Torres, qui toutes deux se rappellent bien Amanda Lear ; pour Dietrich au Carrousel, conversation téléphonique avec April Ashley, San Diego, Californie, 10 mars 1997.

1971. Conversations avec don Ignacio de Lassaletta, Barcelone, juillet et août 1996, et avec Sue Guinness (lady Moyne), Cadaqués, 7 août 1996.

1972. Conversation avec Amanda Lear, Saint-Rémy-de-Provence, 2 juillet 1996.

1973. Conversation avec doña Nanita Kalaschnikoff, Marbella, 23 juillet 1995.

1974. *El Tiempo*, Madrid, supplément spécial sur la mort de Dalí, 23 janvier 1989, p. 8 ; conversation avec don Isidor Bea, Cadaqués, 10 août 1995.

1975. « Love Story en Cadaqués », *Turismo y Vida*, Madrid, octobre 1971.

1976. Conversation téléphonique avec le capitaine Peter Moore, Cadaqués, 10 août 1993.

1977. Conversation avec doña Nanita Kalaschnikoff, Marbella, 8 mai 1996.

1978. Conversation avec Amanda Lear, Saint-Rémy-de-Provence, 2 juillet 1996.

1979. Lear, p. 29.

1980. *Ibid.*, p. 85 ; *VPSD*, p. 168.

1981. *JG*, p. 90.

1982. Argillet.

1983. Lear, p. 87.

1984. Conversation avec don Carlos Lozano, Cadaqués, 29 juin 1996.

1985. *Ibid.*

1986. Lear, p. 140-143.

1987. Dalí et Pauwels, p. 239.

1988. Conversation avec le capitaine Peter Moore, Cadaqués, 26 octobre 1993.

1989. Conversation avec don Carlos Lozano, Cadaqués, 29 juin 1996.

1990. *Ibid.*

1991. Dalí et Pauwels, p. 160-161.

1992. Conversation téléphonique avec Robert Whitaker, 17 mars 1997 ; Clifford Thurlow, *Sex, Surrealism, Dalí and Me: The Memoirs of Carlos Lozano*, autobiographie inédite.

1993. *Ibid.*

1994. Lear, *L'Amant Dalí. Ma vie avec Salvador Dalí*, Paris, Michel Lafon, 1994.

1995. Lear, p. 207-208.

1996. Carol, *Dalí*, p. 110 ; conversation avec don Enric Sabater, Calella de Palafrugell, 30 juin 1996.

1997. Conversation avec don Enric Sabater, Calella de Palafrugell, 30 juin 1996.

1998. Livre d'art Gowans, n° 38, 1910, p. 37.

1999. Lear, p. 149-155 ; sur les anaglyphes et leurs connotations à la Résidence des étudiants, voir *SVBLD*, p. 72-74.

2000. Romero, *Todo Dalí en un rostro*, p. 160.

2001. Conversation avec doña Nanita Kalaschnikoff, Grenade, 7 juin 1996.

2002. Morse, *Animal Crackers*, p. 32.

2003. *JG*.

2004. Pour un récit de la mort de Sánchez Mejías, voir ma biographie *Federico García Lorca: A Life*, p. 387-391.

2005. Morse, *Salvador Dalí: A Panorama of His Art*, p. 198, 202.

2006. *Ibid.*, p. 198.

2007. Romero, *Todo Dalí en un rostro*, p. 145, 311, note 15.

2008. *Id.*, *Torero allucinogen*, p. 5.

2009. *Id.*, *Todo Dalí en un rostro*, p. 189.

2010. Morse, *Salvador Dalí: A Panorama of His Art*, p. 200.

2011. Conversation avec Mr Reynolds Morse, Floride, 15 juillet 1996 ; Romero, *Todo Dalí en un rostro*, p. 93.

2012. Romero, *Todo Dalí en un rostro*, p. 171-182.

2013. Conversation avec don Carlos Lozano, Cadaqués, 29 juin 1996.

2014. Romero, *Todo Dalí en un rostro*, p. 225.

2015. *Ibid.*, p. 217.

2016. *MDJ*, 15 mai 1979.

2017. Conversation avec don Enric Sabater, Calella de Palafrugell, 30 juin 1996.

2018. Conversations avec les docteurs Giuseppe et Mara Albaretto, Turin, 23 octobre 1995.

2019. Puignau, p. 103.

2020. Conversation avec Marc Lacroix, Perpignan, juin 1996.

2021. Puignau, p. 112-114.

2022. Guardiola Rovira, p. 131.

2023. *Ibid.* ; « J'ai écrit une proposition au maire d'alors, Guardiola, en lui proposant de louer le vieux théâtre avec M. Durán pour en faire un musée-théâtre exposant ma collection de Dalí. Le conseil municipal, alors, a décidé d'avancer des fonds et de dégager les décombres datant du passage des hommes de Franco » (capitaine Peter Moore, dans une communication écrite à l'auteur) ; conversation téléphonique avec don Luis Durán, le propriétaire actuel de l'hôtel, 19 janvier 1997.

2024. Dalí et Pauwels, p. 132-133.

2025. Guardiola Rovira, p. 151-152.

2026. *Ibid.*, p. 157.

2027. Enric Sabater, « Este será el primer cuadro que Dalí donará a su museo », *Los Sitios*, Gérone, 14 juin 1970, p. 7.

2028. *Los Sitios*, Gérone, 14 juin 1970, p. 8 ; Lear, p. 156, 164.

2029. Conversation avec don Enric Sabater, Calella de Palafrugell, 30 juin 1996.

2030. *Ibid.*

2031. Lear, p. 201-203.

2032. *Ibid.*, p. 205-206.

2033. « Hello Dalí! » (voir bibliographie, section 7).

2034. Moore, p. 152. La note de Morse se trouve dans sa copie du tapuscrit, conservée au musée Salvador Dalí, St. Petersburg, Floride.

2035. *Ibid.*

2036. *Ibid.*, p. 152-153.

2037. *Ibid.*, p. 153.

2038. Luis Romero dans l'émission de la télévision espagnole « El Enigma Dalí » (voir bibliographie, section 7).

2039. Alfons Quinta, « Dalí ha firmado papeles en blanco que facilitan la reproducción incontrolada de su obra », *El País*, Madrid, 13 mars 1981, p. 1, 28-29.

2040. Puignau, p. 255-256.

2041. Document diffusé dans l'émission de la télévision espagnole « Documentos TV. Pintar después de morir » en 1989 (voir bibliographie, section 7).

2042. Catterall, p. 4.

2043. *Ibid.*, p. 60-61 ; Field, *The Official Catalog of the Graphic Works of Salvador Dalí* (voir bibliographie, section 2), p. 247.

2044. Catterall, p. 60-61.

2045. *Ibid.*, p. 273.

2046. *Ibid.*, p. 61, 283.

2047. *Ibid.*, *passim* ; Carol, *Dalí*, p. 120.

2048. *MDJ*, XII.

2049. Réponse écrite du capitaine Peter Moore à l'une de mes questions.

2050. Puignau, p. 155-156.

2051. Conversation avec le capitaine Peter Moore, Cadaqués, 7 août 1996.

2052. Conversation téléphonique avec le capitaine Peter Moore, Cadaqués, 1er décembre 1993 ; conversation avec le même, Cadaqués, 7 août 1993.

2053. Màrius Carol, « Jean-Claude Du Barry, "Los franceses no hemos sabido reivindicar a Salvador Dalí para Francia" », *La Vanguardia*, Barcelone, 27 janvier 1989, p. 43 ; Puignau, p. 127.

2054. *UD*, p. 105-108 ; Màrius Carol, « Jean-Claude Du Barry, "Los franceses no hemos sabido reivindicar a Salvador Dalí para Francia" », art. cit.

2055. Lear, p. 175.

2056. Bona, p. 383.

2057. Romero, *Dedálico Dalí*, p. 269.

2058. Secrest, p. 203.

2059. *UD*, p. 104.

2060. *Ibid.*, p. 98, 103.

2061. McGirk, p. 140-141.

2062. Lear, p. 248-249.

2063. *MDJ*, 19 mai 1980.

2064. Lettre au musée Salvador Dalí, St. Petersburg, Floride de D. John Hendrickson, avocat de Fenholt, pour protester contre une allusion aux relations de l'acteur avec Gala publiée dans les « Notes sur l'exposition » de l'exposition *Galuchka: Dalí's Russian Muse*.

2065. Etherington-Smith, p. 435-436 ; *VPSD*, p. 178.

2066. « Déclaration de Salvador Dalí, 3 avril 1978, à la galerie Knoedler ». Merci à mon ami Frank Hunter de m'avoir procuré une copie de ce document.

2067. *MDJ*, vol. 11.

2068. Conversation téléphonique avec le capitaine Peter Moore, Cadaqués, 26 août 1996.

2069. Morse, *Animal Crackers*, p. VIII-IX ; conversations avec le capitaine Peter Moore, Cadaqués, 1995-1996.

2070. Guardiola Rovira, p. 247.

2071. *Ibid.*

2072. *Ibid.*, p. 247-252.

2073. *Ibid.*, p. 252.

2074. *Ibid.*, p. 254-256.

2075. Vœux affirmés à Cadaqués le 1er juin 1974 devant José Gómez de la Serna, notaire de Llansá. Merci à don Luis Ignacio Fernández Posada de m'avoir procuré des copies de ces documents.

2076. Le texte des statuts est donné par Fornés, *Les contradiccions del cas Dalí*, p. 11-30.

2077. Invitation reproduite par Romero, *Todo Dalí en un rostro*, p. 262.

2078. Romero, *Aquel Dalí*, p. 176-179, comprend quelques photos de l'événement prises par Josep Postius.

2079. Lear, p. 242-243.

2080. *MDJ*, 18 mars 1979.

2081. Guardiola Rovira, p. 283-284.

2082. Conversation téléphonique avec don Antoni Pitxot, Cadaqués, 18 janvier 1997 ; voir aussi Lear, *Le Dalí d'Amanda*, p. 250.

2083. Conversation avec don Enric Sabater, Calella de Palafrugell, 30 juillet 1996.

2084. Dalí, *Être Dieu*, Distribucions d'art surrealista, Barcelone, DCD-5000l-3.

2085. Conversation avec le capitaine Peter Moore, Cadaqués, 9 mai 1993.

2086. *Ibid.*

2087. Catterall, p. 45-47 ; « Demandado en USA. Una editorial reclama a Dalí la entrega de 78 gouaches », *Diario de Barcelona*, 30 janvier 1975.

2088. Conversation avec don Enric Sabater, Calella de Palafrugell, 30 juin 1996.

2089. Conversation avec le capitaine et Mrs Moore, Cadaqués, 7 mars 1994.

2090. *Ibid.*

2091. Conversation téléphonique avec le capitaine Peter Moore, Cadaqués, 25 novembre 1993.

2092. Conversation avec doña Nanita Kalaschnikoff, Marbella, 11 janvier 1995.

2093. Conversation avec le capitaine Peter Moore, Cadaqués, 9 novembre 1991.

2094. *Le Monde*, Paris, 3 octobre 1975, p. 2.

2095. *Le Figaro*, Paris, 2 octobre 1975 ; *Le Monde*, Paris, 2 octobre 1975, p. 1.

2096. *Le Monde*, Paris, 2 octobre 1975, 3 octobre 1975.

2097. *Le Monde*, Paris, 2 octobre 1975.

2098. *Ibid.* ; « La campaña extanjera. La "Jornada de Protesta" causa perturbaciones en los transportes y en el suministro de electricidad de París », *La Vanguardia*, Barcelone, 3 octobre 1975, p. 24.

2099. « Salvador Dalí : Franco est un être merveilleux », *Le Monde*, Paris, 3 octobre 1975. Consultés aussi : « Salvador Dalí : Franco est merveilleux », *Le Figaro*, Paris, 2 octobre 1975 ; *La Vanguardia*, Barcelone, 3 octobre 1975, p. 24 ; « Dalí: Bring Back the Inquisition », *New York Post*, 2 octobre 1975.

2100. *Le Monde*, Paris, 3 octobre 1975 ; « La campaña extanjera. La "Jornada de Protesta" causa perturbaciones en los transportes y en el suministro de electricidad de París », art. cit.

2101. « Dalí Speaks His Mind and Loses His Job », *San Francisco Examiner*, 10 octobre 1975.

2102. « La casa de Dalí, apedreada », *Tele-Express*, Barcelone, 4 octobre 1975 (non vu) ; Sandra Lee Stuart, « Dalí Denies He Called for Liquidations », *Times Advertiser*, Trenton, New Jersey, 12 octobre 1975.

2103. Lear, p. 262.

2104. Conversation avec don Enric Sabater, Calella de Palafrugell, 30 juin 1996.

2105. Catterall, p. 46 ; *MDJ*, octobre 1975.

2106. Pour la date de l'arrivée à New York, voir *The New York Times*, 11 octobre 1975 ; *MDJ*.

2107. *The New York Times*, 11 octobre 1975.

2108. Sandra Lee Stuart, « Dalí Denies He Called for Liquidations », art. cit.

2109. *MDJ*, octobre 1975.

2110. *Ibid.*, 28 octobre 1980, 22 mai 1980, etc. ; *UD*, p. 48-49.

2111. Conversation avec le docteur Manuel Vergara, Cadaqués, 6 août 1996.

2112. Conversation avec Michael Stout, New York, 11 juillet 1996.

2113. *Ibid.*

2114. *Ibid.*

2115. *Ibid.*

2116. Alfons Quinta, « La compleja y tortuosa situación financiera de Dalí », *El País*, Madrid, 4 septembre 1980, p. 23.

2117. Conversation avec Michael Stout, New York, 11 juillet 1996.

2118. *MDJ*, 27 octobre 1979, 14 mars 1980, etc.

2119. Alfons Quinta, « La compleja y tortuosa situación financiera de Dalí », art. cit.

2120. *Ibid.*

2121. *MDJ*, 15 septembre 1981.

2122. Playà i Maset, *Dalí de l'Empordà*, p. 30-31.

2123. Gibson, *Fire in the Blood*. p. 52.

2124. Conversation avec don Enric Sabater, Calella de Palafrugell, 30 juin 1996.

2125. Vila-San-Juan, p. 228-230.

2126. Pla, *Obres de museu*, p. 181.

2127. Michler et Löpsinger, p. 252 ; conversation téléphonique avec le capitaine Peter Moore, Cadaqués, 30 août 1996.

2128. *Les Caprices de Goya de Salvador Dalí*, Hambourg, galerie Levy, 1977.

2129. Conversation avec le docteur Manuel Vergara, Cadaqués, 6 août 1996.

2130. *MDJ*, 27 octobre 1979.

2131. Carol, p. 114.

2132. Antonio D. Olano, « Salvador Dalí "Mi pintura es una m..." », *La Gaceta Ilustrada*, Madrid, 20 mai 1979, p. 100-102.

2133. *MDJ*, 14 mai 1979.

2134. Dalí fit dans *Le Figaro* de ce matin-là un commentaire de son discours, voir *VPSD*, p. 194, qui donne quelques brefs extraits du discours lui-même ; pour des photos de l'événement, *ibid.*, p. 195. Un extrait plus complet du discours est donné dans *DOH*, p. 420.

2135. *MDJ*, 20 mai 1979 ; Antonio D. Olano, « Salvador Dalí "Mi pintura es una m..." », art. cit.

2136. Playà i Maset, *Dalí de l'Empordà*, p. 31.

2137. Gómez de Liaño, p. 32.

2138. Les trois émissions, écrites, réalisées et présentées par Paloma Chamorro, furent montrées dans « Imágenes », RTE, Madrid, les 30 mai, 6 juin et 13 juin 1979.

2139. *The Guardian Weekly*, 15 octobre 1995, commentant l'exposition Cézanne, dit que l'exposition Dalí à Paris a été vue par huit cent quarante mille personnes.

2140. *MDJ*, 21 mars 1980.

2141. *DOH*, p. 419.

2142. *MDJ*, 22 mars 1980.

2143. Alvaro Martínez-Novillo, « El largo proyecto de una exposición antológica », *El País*, Madrid, « Artes », 9 avril 1983, p. 2 ; selon Reynolds Morse, *MDJ*, 22 mars 1980, une Gala de plus en plus paranoïaque considérait Hultén et Daniel Abadie comme « de sales communistes », et pensait qu'ils avaient volontairement provoqué la grève.

2144. Màrius Carol, « Las otras muertes de Salvador Dalí », *La Vanguardia*, Barcelone, 24 janvier 1989, p. 50 ; Romero, *Dedálico Dalí*, p. 261.

2145. *MDJ*, 8 mars 1980.

2146. *Ibid.*, 12 mars 1980.

2147. *Ibid.*

2148. *Salvador Dalí* (catalogue Pompidou, voir bibliographie, section 1), p. 3.

2149. *MDJ*, 22 mars 1980 ; une feuille du papier à lettres est glissée par Reynolds Morse dans son exemplaire de *Soft Watches and Hard Times*, les Mémoires inédits de Peter Moore, archives du musée Salvador Dalí, St. Petersburg, Floride.

2150. Field, *The Official Catalog of the Graphic Works of Salvador Dalí*, p. 227.

2151. Conversation avec Michael Stout, New York, 11 juillet 1996.

2152. Secrest, p. 240-241 ; conversation avec doña Nanita Kalaschnikoff, Cadaqués, 25 août 1995.

2153. Conversation téléphonique avec doña Nanita Kalaschnikoff, Paris, 4 septembre 1996.

2154. Conversation téléphonique avec doña Nanita Kalaschnikoff, Marbella, 10 janvier 1995.

2155. Conversation avec Albert Field, New York, 11 juillet 1996.

2156. *UD*, p. 53-56.

2157. *MDJ*, 26 avril 1980.

2158. Note manuscrite glissée par Reynolds Morse dans son exemplaire de *Soft Watches and Hard Times*, les Mémoires inédits de Peter Moore, archives du musée Salvador Dalí, St. Petersburg, Floride.

2159. *MDJ*, 13 mai 1980.

2160. *Ibid.*, 16 mai 1980.

2161. *Ibid.*, 18 mai 1980.

2162. *Ibid.*

2163. *Ibid.*, 21 mai 1980.

2164. *Ibid.*, 30 octobre 1980.

2165. *Ibid.*, 23 mai 1980.

2166. James Markham, *The New York Times*, 12 octobre 1980 ; *UD*, p. 56.

2167. *MDJ*, 22 mai 1980.

2168. Archives personnelles du capitaine Peter Moore, Cadaqués.

2169. *MDJ*, 21 mai 1980, 23 h 45.

2170. Vila-San-Juan, p. 232.

2171. *UD*, p. 56-57 ; Secrest, p. 241 ; conversation avec don Antoni Pitxot, Figueres, 29 juin 1996.

2172. Alfons Quinta, « La compleja y tortuosa situación financiera de Dalí », art. cit. ; Albert Arbós, « Los tesoros ocultos de Dalí », *Cambio 16*, Madrid, 23 mars 1981.

2173. Alfons Quinta, « Salvador Dalí no ha efectuado declaración de renta o patromonio a la Hacienda española », *El País*, Madrid, 18 septembre 1980.

2174. James Markham, *The New York Times*, 12 octobre 1980.

2175. Ce récit est basé sur les notes que j'ai prises lors de la conférence de presse, la première fois que j'ai vu Dalí et Gala en personne. Étant donné le grand nombre de journalistes présents, cet événement a été largement couvert par les presses espagnole et étrangère.

2176. « Retrasos de una exposición », *El País*, Madrid, 14 janvier 1981, p. 20 ; Alvaro Martínez-Novillo, « El largo proyecto de una exposición antológica », art. cit.

2177. Émission de la télévision espagnole « El Enigma Dalí » (voir bibliographie, section 7).

2178. Le texte du testament de Gala est reproduit dans Fornés, *Les contradiccions del cas Dalí*, p. 137-139. Je suis reconnaissant au señor Fornés de m'avoir procuré une copie de celui de Dalí. Pour la date à laquelle Sabater a quitté le service des Dalí, voir son interview dans *El País*, Madrid, 29 janvier 1989.

2179. *UD*, p. 61 ; Romero, *Dedálico Dalí*, p. 268 ; « Dalí y Gala anularán su residencia en Mónaco », *La Vanguardia*, Barcelone, 14 septembre 1980, p. 5.

2180. « Dalí proyecta en París un gigantesco homenaje al filósofo Spinoza », *El País*, Madrid, 14 janvier 1981, p. 20.

2181. *Elle*, Paris, 26 janvier 1981, cité par Bona, p. 416 ; « Dalí, abandonado por Gala, se deja morir de amor », *Noticiero Universal*, Barcelone, 28 janvier 1981.

2182. Puignau, p. 163-164.

2183. *El País*, Madrid, 29 janvier 1989, p. 56.

2184. Albert Arbós, « Los tesoros ocultos de Dalí », art. cit.

2185. *UD*, p. 105-108 ; Secrest, p. 242.

2186. James Markham, « Dalí Untangles His Life », *The New York Times Magazine*, 22 novembre 1981.

2187. Conversation avec Michael Stout, New York, 11 juillet 1996.

2188. *UD*, p. 61.

2189. Document reproduit dans Fornés, *Les contradiccions del cas Dalí*, p. 177-181 ; *MDJ*, 3 avril 1981.

2190. Francisco Mora, « Enrique Sabater: "Desde noviembre hasta aquí han abusado de Dalí" », *Correo Catalán*, Barcelone, 22 mars 1981 ; *UD*, p. 61-62.

2191. Romero, *Dedálico Dalí*, p. 269-279 ; Fornés, *Les contradiccions del cas Dalí*, p. 186.

2192. *UD*, p. 62.

2193. *Ibid.*, p. 63 ; Romero, *Dedálico Dalí*, p. 268-269 ; conversation avec les docteurs Mara et Giuseppe Albaretto, Turin, 24 octobre 1995.

2194. Alfons Quinta, « Dalí ha firmado papeles en blanco que facilitan la reproducción incontrolada de su obra », art. cit.

2195. James Markham, « Dalí Untangles His Life », art. cit. Selon une source, Sabater remit sa démission écrite le 12 mars 1881, sur quoi Gala lui cracha au visage (Carol, p. 131).

2196. Francisco Mora, « Enrique Sabater: "Desde noviembre hasta aqí han abusado de Dalí" », art. cit.

2197. Robert Descharnes interviewé par Josep Playà, dans *La Vanguardia*, Barcelone, 30 septembre 1994 ; Carol, p. 143-144 ; conversation enregistrée avec don Miguel Domenech, Madrid, 19 février 1997.

2198. Conversation enregistrée avec don Miguel Domenech, Madrid, 19 février 1997.

2199. Robert Descharnes interviewé par Josep Playà dans *La Vanguardia*, Barcelone, 30 septembre 1994.

2200. Romero, *Dedálico Dalí*, p. 270.

2201. *El País*, Madrid, 27 août 1981, p. 17 ; on trouve dans *DOH*, p. 421, une photo en noir et blanc de la toile avec Dalí et Gala.

2202. *UD*, p. 77.

2203. *El País*, Madrid, 27 août 1981, p. 17.

2204. *Ibid.*

2205. James Markham, « Dalí Untangles His Life », art. cit.

2206. *DOH*, p. 419, 424.

2207. *UD*, p. 79.

2208. *Ibid.*, p. 79-80.

2209. *Ibid.*, p. 80 ; photographie de l'événement dans *DOH*, p. 422.

2210. Conversation avec doña Nanita Kalaschnikoff, Marbella, 30 mai 1996.

2211. *UD*, p. 81

2212. *Ibid.* ; Puignau, p. 173.

2213. Conversation avec Mme Cécile Éluard, Paris, 25 février 1995 ; Puignau, p. 174.

2214. Lear, p. 285-286.

2215. *UD*, p. 82 ; Descharnes, « La Solitaria de Púbol ».

2216. Conversation téléphonique avec don Antoni Pitxot, Cadaqués, 30 août 1995 ; conversation avec le docteur Manuel Vergara, Cadaqués, 6 août 1996.

2217. Pour le désir de Gala d'être enterrée à Púbol, conversation avec don Antoni Pitxot, Cadaqués, 30 août 1995, et avec les docteurs Mara et Giuseppe Albaretto, Turin, 23 octobre 1997 ; Robert Descharnes, *La Vanguardia*, Barcelone, 22 janvier 1989, p. 58.

2218. Conversation avec le docteur Manuel Vergara, Cadaqués, 6 août 1996.

2219. Conversation téléphonique avec doña Nanita Kalaschnikoff, Marbella, 29 août 1995.

2220. *La Vanguardia*, Barcelone, 11 juin 1995, p. 6.

2221. Copie du certificat de décès de Gala gracieusement fournie par la mairie de La Pera (Gérone).

2222. *UD*, p. 182-183.

2223. Conversation téléphonique avec le capitaine Peter Moore, Cadaqués, 25 août 1995.

2224. *El Periódico*, Barcelone, 12 juin 1982, p. 18.

2225. *Ibid.*, 11 juin 1982.

2226. *El País*, Madrid, 11 juin 1982.

2227. Conversation téléphonique avec don Antoni Pitxot, Cadaqués, 30 août 1995 ; *La Vanguardia*, Barcelone, 12 juin 1982, p. 18.

2228. Antoni Pitxot (*ibid.*, p. 25) affirme qu'elle fut ensevelie dans une tunique blanche, mais c'est faux.

2229. Conversation téléphonique avec don Antoni Pitxot, Cadaqués, 30 août 1995.

2230. *UD*, p. 84.

2231. Conversation avec don Gonzalo Serraclara, Barcelone, 26 mai 1993 ; conversation avec doña Montserrat Dalí, Barcelone, 10 juin 1992.

2232. Conversation avec don Gonzalo Serraclara, Barcelone, 26 mai 1993.

2233. Conversation téléphonique avec don Antoni Pitxot, Cadaqués, 30 août 1995.

2234. *El Periódico*, Barcelone, 12 juin 1982, p. 17.

2235. Le testament de Gala est reproduit dans Fornés, *Les contradiccions del cas Dalí*, p. 137-139.

2236. *Ibid.*, p. 135.

2237. *UD*, p. 170-171.

2238. *Ibid.*, p. 171 ; conversation avec don Miguel Domenech, Madrid, 19 février 1997 ; pour les dates de l'achat par le gouvernement, la source est un acte signé par Dalí, et conservé à l'office notarial de La Bisbal (Gérone).

2239. Dalí et Pauwels, p. 62-63.

2240. Conversation avec le docteur Mara Albaretto, Turin, 25 octobre 1995.

2241. *La Vanguardia*, Barcelone, 12 juin 1995, p. 25.

2242. Puignau, p. 176.

2243. Romero, *Aquel Dalí*, p. 35.

2244. Romero, *Dedálico Dalí*, p. 62.

2245. Conversation avec don Rafael Santos Torroella, Port Lligat, 5 juin 1994.

2246. *MDJ*, vol. 9, 9 janvier 1984.

2247. Conversation avec don Gonzalo Serraclara, Barcelone, 26 mai 1993.

2248. Conversation avec don Gonzalo Serraclara, Barcelone, 26 mai 1993 ; conversation avec don Antoni Pitxot, Cadaqués, 5 août 1995 ; Gonzalo Serraclara à *El País*, Madrid, 4 septembre 1984, p. 20.

2249. *MDJ*, 13 octobre 1983.

2250. Office notarial de La Bisbal (Gérone). Merci au notaire don José María Martínez Palmer de m'avoir procuré une copie du document.

2251. Miguel Domenech interviewé par la télévision espagnole pour « El Enigma Dalí » (voir bibliographie, section 7).

2252. Le testament est reproduit dans Fornés, *Les contradiccions del cas Dalí*, p. 221-222 ; interview enregistrée de Miguel Domenech, Madrid, 19 février 1997.

2253. Jesús Conte, « Com Dalí va desheretar Catalunya », *Set Dies*, Barcelone, 12 octobre 1990 ; conversation téléphonique avec don Benjamí Artigas, La Pera, 29 octobre 1996.

2254. Carol, p. 189.

2255. Miguel Domenech interviewé par la télévision espagnole pour « El Enigma Dalí » (voir bibliographie, section 7).

2256. Les télégrammes de Dalí et le brouillon de celui de Buñuel se trouvent aux archives Luis Buñuel, ministère de l'Éducation et des Sciences, Madrid ; Antoni Pitxot, prologue à Carol, p. 10.

2257. *UD*, p. 13-15 ; je suis profondément reconnaissant à don Luis Revenga de m'avoir montré la vidéo, à Madrid, le 25 septembre 1996. La date du tournage a posé problème. Selon Antoni Pitxot, il eut lieu le 7 novembre 1982 (Carol, p. 9). Le señor Revenga le situe au début de 1983.

2258. Antoni Pitxot, prologue à Carol, p. 9-10 ; conversation avec don Luis Revenga, Madrid, 25 septembre 1996.

2259. Elda Ferrer interviewée par la télévision espagnole pour « El Enigma Dalí » (voir bibliographie, section 7).

2260. Secrest, p. 17.

2261. Émission de la télévision espagnole « Documentos TV. Pintar después de morir », 1989 (voir bibliographie, section 7).

2262. Reproduite dans *DOH*, p. 431.

2263. Reproduite dans *ibid.*, p. 435.

2264. Reproduites dans *ibid.*, p. 432-433.

2265. Breton, *Manifeste du surréalisme*, dans *Œuvres complètes*, I.

2266. Gómez de Liaño, « "Llegaremos más tarde, hacia las cinco" » ; la toile est reproduite dans *DOH*, p. 436.

2267. *DOH*, p. 439 ; conversation téléphonique avec don Antoni Pitxot, Cadaqués, 18 juin 1987.

2268. *El País*, Madrid, 15 avril 1983, p. 27.

2269. Document signé le 31 août 1983 en présence de José María Foncillas Casaus, notaire de La Bisbal.

2270. *MEAC*, I, p. 15.

2271. Voir, par exemple, F. Calvo Serraller, *El País*, Madrid, 18 avril 1983, p. 35.

2272. Santos Torroella, « La ceremonia daliniana de la confusión ».

2273. *El País*, Madrid, 11 juin 1983, p. 29 ; Purser, p. 183 ; lettre de Robert Descharnes à Edward James, 11 octobre 1983, EJF.

2274. Texte reproduit dans *DOH*, p. 423.

2275. *Ibid.*

2276. Je suis profondément reconnaissant au notaire actuel, don José María Martínez Palmer, de m'avoir envoyé une photocopie de ce document.

2277. La lettre de Dalí, 28 décembre 1983, à Marià Lorca, maire de Figueres, pour l'informer du changement et la réponse favorable du maire sont reproduites dans Fornés, *Les contradiccions del cas Dalí*, p. 66-69 ; *ibid.*, p. 70-84, pour d'autres documents concernant la même fondation ; pour l'inauguration en elle-même, et le message de Dalí pour la présentation à Madrid, voir *El País*, Madrid, 29 mars 1984, p. 26 et Romero, *Dedálico Dalí*, p. 283. « L'Espagne est une épine qui saigne » : Dalí insistait sur le fait que l'étymologie du mot *España* venait du latin *espina*. En fait, le mot a une racine ibérienne qui signifie « remplie de lapins ».

2278. Carol, p. 144, 148-149 ; pour la longue liste des médecins qui s'occupèrent de Dalí, *ibid.*, p. 149-150.

2279. Romero, *Dedálico Dalí*, p. 283.

2280. Berasátegui.

2281. Santos Torroella, « Descharnes y el estilo "cárcel de papel" ».

2282. Santos Torroella, *ibid.* et « Nuevas puntualizaciones al libro de Robert Descharnes », « La ceremonia daliniana de la confusión » et « Carta abierta a monsieur Robert Descharnes. La exposición de Salvador Dalí en Ferrara ».

2283. Nuria Munárriz, « Dalí, el voluntario escondido de Púbol », *Diario 16*, Séville, « Cuadernos del Mediodía », 1er juin 1984, p. 20.

2284. J. J. Tharrats interviewé pour l'émission de la télévision espagnole « El Dominical. Todos los hombres de Dalí », 1984 (voir bibliographie, section 7).

2285. *Ibid.*

2286. Berasátegui, p. VI.

2287. Eduard Fornés interviewé pour l'émission de la télévision espagnole « Documentos TV. Pintar después de morir », 1989 (voir bibliographie, section 7).

2288. Luis Romero interviewé pour l'émission de la télévision espagnole « El Enigma Dalí » (voir bibliographie, section 7).

2289. *UD*, p. 209-211 ; pour le témoignage de Caminada lors de l'enquête, le 12 septembre 1984, dans « Juzgado de Instrucción de La Bisbal, Diligencias previas nº 1875 Año 1984, Registro General nº 1879/84. Sobre: INCENDIO en el castillo de Púbol, resultando lesionado SALVADOR DALÍ en Púbol ».

2290. « Relación de personas relacionadas de alguna forma con Salvador Dalí en el castillo de Púbol », liste incluse dans « Juzgado de Instrucción de La Bisbal, Diligencias previas nº 1875 Año 1984, Registro General nº 1879/84. Sobre : INCENDIO en el castillo de Púbol, resultando lesionado SALVADOR DALÍ en Púbol », f. 40.

2291. *UD*, p. 211-212.

2292. *Ibid.*, p. 212.

2293. *Ibid.*, p. 212-213.

2294. « Relación de personas relacionadas de alguna forma con Salvador Dalí en el castillo de Púbol ».

2295. *UD*, p. 213.

2296. *Ibid.*

2297. *Ibid.*, p. 214.

2298. Puignau, p. 182.

2299. Émission de la télévision espagnole « El Enigma Dalí » (voir bibliographie, section 7).

2300. *El País*, Madrid, 1er septembre 1984.

2301. Déclaration de Miguel Domenech à *El País*, Madrid, 5 septembre 1984.

2302. *El País*, Madrid, 1er septembre 1984 ; *UD*, p. 219-220.

2303. Ignacio Gómez de Liaño, introduction à son édition de Dalí, *Martyr. Tragédie lyrique en III actes* (voir bibliographie, section 5), p. 13.

2304. *El País*, Madrid, 2 septembre 1984, p. 24.

2305. *El País*, Madrid, 6 septembre 1984, p. 21 ; *El País*, Madrid, 28 juin 1985, p. 37. En ce qui concerne la visite à la clinique d'Anna Maria Dalí et le récit à la presse, *UD*, p. 219-220.

2306. Document reproduit dans Fornés, *Les contradiccions del cas Dalí*, p. 147 ; voir aussi *El País*, Madrid, 6 septembre 1984, p. 1.

2307. Document notarié reproduit dans Fornés, *Les contradiccions del cas Dalí*, p. 148-151.

2308. *UD*, p. 218-219.

2309. *El País*, Madrid, 4 septembre 1984, p. 20.

2310. *El País*, Madrid, 9 septembre 1984, p. 35.

2311. « Juzgado de Instrucción de La Bisbal, Diligencias previas nº 1875 Año 1984, Registro General Nº 1879/84. Sobre: INCENDIO en el castillo de Púbol, resultando lesionado SALVADOR DALÍ en Púbol. »

2312. *Ibid.*, f. 20.

2313. *Ibid.*, f. 65, 82.

2314. *Ibid.*, f. 61, v.

2315. *Ibid.*, f. 80, 117.

2316. *Ibid.*, f. 62.

2317. *El País*, Madrid, 8 septembre 1984, p. 21.

2318. Elda Ferrer interviewée pour l'émission de la télévision espagnole « El Enigma Dalí » (voir bibliographie, section 7).

2319. « Juzgado de Instrucción de La Bisbal, Diligencias previas nº 1875 Año 1984, Registro General nº 1879/84. Sobre: INCENDIO en el castillo de Púbol, resultando lesionado SALVADOR DALÍ en Púbol », f. 54-55.

2320. *El País*, Madrid, 7 septembre 1984, p. 22 ; 1er février 1985, 12 février 1986 ; Fornés, *Les contradiccions del cas Dalí*, p. 145.

2321. Mon interview de Dalí a été publiée dans *El País*, Madrid, 16 janvier 1986.

2322. Conversation enregistrée avec don Miguel Domenech, Madrid, 19 février 1997.

2323. Contrat reproduit dans Fornés, *Les contradiccions del cas Dalí*, p. 186-192.

2324. Reproduit dans *ibid.*, p. 193-194.

2325. *El País*, Madrid, 14 juillet 1986 ; *Ya*, Madrid, 15 juillet 1986, p. 33.

2326. Conversation avec don Antoni Pitxot, Torre del Moli, Figueres, 29 juin 1996.

2327. Jesús Conte, « El Estado quiere arrebatar a Descharnes el negocio de Dalí », *Cambio 16*, Madrid, n° 899, 20 février 1989, p. 30-31.

2328. La lettre fut montrée, et ce paragraphe mis en avant dans l'émission de la télévision espagnole « El Enigma Dalí » (voir bibliographie, section 7).

2329. Fornés, *Les contradiccions del cas Dalí*, p. 177.

2330. *Ibid.*, p. 209-216.

2331. Lettre reproduite dans Fornés, *Les contradiccions del cas Dalí*, p. 209-216.

2332. *MDJ*, 29 août 1981.

2333. Descharnes dans l'émission de la télévision espagnole « Documentos TV. Pintar después de morir », 1989 (voir bibliographie, section 7).

2334. Voir *La Vanguardia*, Barcelone, 14 mars 1997 ; *ABC*, Madrid, même date.

2335. *ABC*, Madrid, 29 novembre 1988 ; *Diario 16*, Madrid, 29 novembre 1988, p. 31.

2336. *El País*, Madrid, 30 novembre 1988, p. 40.

2337. *Ibid.*

2338. *Empordà*, Figueres, 25 janvier 1989, p. 19.

2339. *ABC*, Madrid, 6 décembre 1988, p. 43 ; *Diario 16*, Madrid, 6 décembre 1988, p. 27. Un extrait du reportage de la télévision est visible dans l'émission de la télévision espagnole « El Enigma Dalí » (voir bibliographie, section 7).

2340. *Diario 16*, Madrid, 6 décembre 1988, p. 27.

2341. *Interviú*, Madrid, n° 660, du 3 au 9 janvier 1988, p. 86-90.

2342. *Diario 16*, Madrid, 6 décembre 1988, p. 27.

2343. Conversation avec don Antoni Pitxot, Cadaqués, 5 août 1995.

2344. *El País*, Madrid, 24 décembre 1988, p. 28 ; *El País*, Madrid, 26 décembre 1988, p. 38 ; *Diario 16*, Madrid, 26 décembre 1988, p. 34.

2345. *El País*, Madrid, 20 janvier 1989, p. 32.

2346. *El Periódico*, Barcelone, 24 janvier 1989, p. 4 ; *El País*, 27 janvier 1989, p. 36 ; le señor et la señora Xicot m'ont confirmé que c'est Arturo Caminada qui leur avait téléphoné, Púbol, 20 octobre 1995.

2347. *El País*, Madrid, 24 janvier 1989.

2348. Conversation avec doña Carme Roget, Figueres, 23 septembre 1993 ; *El País*, Madrid, 24 janvier 1989, p. 24.

2349. « Salvador Dalí sigue muy grave y ya se preparan sus funerales », *El Periódico*, Barcelone, 22 janvier 1989 ; « Dalí desea ser enterrado en su museo de Figueres, bajo la cúpula geodésica », *La Vanguardia*, Barcelone, 22 janvier 1989, p. 89 ; Carol, p. 11-12.

2350. « Salvador Dalí sigue muy grave y ya se preparan sus funerales », art. cit.

2351. *Ibid.* ; James Markham, « Dalí's Gift to Spain: No Homage to Catalonia », *The New York Times*, 12 février 1989, rapporte que les instructions de Dalí à Lorca furent données le 1er décembre 1988 ; selon *Diario 16*, Madrid, 22 janvier 1989, p. 9, « Pitxot n'avait pas pu arriver à temps ». Un an après la mort de Dalí, Lorca dit à *El País*, Madrid, 21 janvier 1990, p. 26 : « Je suis entré dans la chambre. Il y avait une infirmière et quelques autres personnes. Dalí leur a fait signe à tous de sortir, m'a fait venir à son côté et m'a dit : "Je veux être enterré sous le dôme du musée." Je lui ai demandé de répéter ce qu'il avait dit parce qu'il était très difficile de le comprendre, même si c'était plus facile pour nous qui en avions l'habitude. Alors j'ai répété ses paroles et je lui ai dit : "Señor Dalí, c'est bien ce que vous m'avez dit ?" Il a acquiescé et ajouté : "Ne le dites à personne." Pitxot était là quand je suis sorti, et je le lui ai dit. Je crois que c'est la seule fois où je n'ai pas obéi à Dalí. Nous l'avons dit aussi à Domenech. »

2352. *El País*, Madrid, 23 janvier 1989, p. 26.

2353. Conversation avec don Benjamí Artigas, Púbol, 30 juin 1996.

2354. Descharnes, « La solitaria de Púbol ».

2355. Conversations avec don Antoni Pitxot, Cadaqués, 1996-1997.

2356. Carol, p. 183.

2357. *La Vanguardia*, Barcelone, 25 janvier 1989, p. 39.

2358. Conversation avec don Antoni Pitxot, Figueres, 5 août 1995.

2359. *Ibid.*

2360. Conversation avec l'ancien maire de Cadaqués, don Isidre Escofet, un ami proche de Caminada, Cadaqués, 21 octobre 1995.

2361. *Cambio 16*, Madrid, 30 janvier 1989, p. 17 ; *El País*, Madrid, 27 janvier 1989, p. 36 ; *La Vanguardia*, Barcelone, 25 janvier 1989, p. 39 ; conversation avec le señor et la señora Xicot, Púbol, 20 octobre 1996 ; pour le maire Artigas, voir aussi Descharnes, « La solitaria de Púbol ».

2362. Playà i Maset, *Dalí de l'Empordà*, p. 34.

2363. Conversation avec le capitaine Peter Moore, Cadaqués, 7 août 1996.

2364. *Diario 16*, Madrid, 24 janvier 1989, p. 37.

2365. *El Periódico*, Barcelone, 24 janvier 1989, p. 3.

2366. *La Vanguardia*, Barcelone, 24 janvier 1989, p. 45.

2367. Conversation avec doña Nanita Kalaschnikoff, Cadaqués, 6 août 1995.

2368. *La Vanguardia*, Barcelone, 26 janvier 1995, p. 45.

2369. *La Vanguardia*, 23 janvier 1989, p. 29.

2370. *ABC*, Madrid, 24 janvier 1989, p. 29.

2371. *El Periódico*, Barcelone, 24 janvier 1989, p. 4.

2372. *El País*, Madrid, 24 janvier 1989, p. 24.

2373. Carol, p. 182.

2374. *ABC*, Madrid, supplément spécial Dalí, 24 janvier 1989, p. I.

2375. *El País*, Madrid, 25 janvier 1989, p. 31 ; *Diario 16*, Madrid, 25 janvier 1989, p. 27 ; *La Vanguardia*, Barcelone, 25 janvier 1989, p. 39 ; émissions de la télévision espagnole.

2376. *El País*, Madrid, 25 janvier 1989, p. 31 ; *ABC*, Madrid, 25 janvier 1989, p. 53.

2377. *Ibid.* ; Màrius Carol, « Todo apunta a que Descharnes dejará de gestionar los derechos de la obra de Dalí », *La Vanguardia*, Barcelone, 25 janvier 1989, p. 38.

2378. Un enregistrement vidéo de ce moment émouvant est visible dans l'émission de la télévision espagnole « El Enigma Dalí » (voir bibliographie, section 7).

2379. Lettre de Felipe Domènech, *La Vanguardia*, Barcelone, 29 janvier 1989, p. 7 ; conversation téléphonique avec don Felipe Domènech Biosca, fils de ce dernier, à Barcelone, 30 septembre 1996.

2380. Màrius Carol, « Retrato de grupo, con ausencia de Sabater », *La Vanguardia*, Barcelone, 26 janvier 1989, p. 43.

2381. Conversation téléphonique avec doña Nanita Kalaschnikoff, Paris, 29 août 1995.

2382. Màrius Carol, « El ex secretario Enrique Sabater afirma que asistirá al funeral que Cadaqués dedicará a Dalí », *La Vanguardia*, Barcelone, 28 janvier 1989, p. 40.

2383. *La Vanguardia*, Barcelone, 31 janvier 1989, p. 50.

2384. Jesús Conte, « Dalí nombra heredero universal de sus bienes al Estado español », *Cambio 16*, Madrid, n° 287, 6 février 1989, p. 33-36. Le journal parut six jours avant la date de publication annoncée en couverture (conversation téléphonique avec don Jesús Conte, Barcelone, 22 octobre 1996).

2385. *El País*, Madrid, 4 février 1989, p. 32.

2386. *Tribuna*, Madrid, 16 mars 1992.

2387. Jordi Pujol dans l'émission de la télévision espagnole « El Enigma Dalí » (voir bibliographie, section 7). Dans deux lettres écrites en 1986 aux autorités catalanes, Domenech disait que, selon une déclaration publique de Dalí, il avait formellement légué ses biens à l'Espagne et à la Catalogne (Fornés, *Les contradiccions del cas Dalí*, p. 217).

2388. « El testamento hace referencia al mayordomo », *La Vanguardia*, Barcelone, 27 janvier 1989, p. 43.

2389. Conversation téléphonique avec le capitaine Peter Moore, à Cadaqués, 25 novembre 1993.

2390. *Ibid.* ; *La Vanguardia*, Barcelone, 27 janvier 1989, p. 43. Date de la mort de Caminada gracieusement fournie par la mairie de Cadaqués.

2391. Conversation avec le docteur Manuel Vergara, Cadaqués, 6 août 1996.

2392. *JG*, p. 15.

# Abréviations

*AA* : *L'Amic de les Arts*, Sitges.
*AI* : Salvador Dalí, *Comment on devient Dalí. Les Aveux inavouables de Salvador Dalí* (avec André Parinaud), Robert Laffont, 1973.
*AMD* : Anna Maria Dalí, *Salvador Dalí visto por su hermana*, Barcelone, Juventud, 1949.
*BMDS* : Luis Buñuel, *Mon dernier soupir*, Paris, Robert Laffont, 1982.
*DOH* : Robert Descharnes, *Dalí. La obra y el hombre*, Barcelone, Tusquets/Edita, 1984.
EJF : Edward James Foundation, West Dean, Chichester.
*JG* : Salvador Dalí, *Journal d'un génie*, édition par Michel Déon, Paris, Gallimard, « Idées », 1974.
*JGA* : Salvador Dalí, *Journal d'un génie adolescent*, édition par Fèlix Fanés, traduction du catalan par Patrick Gifreu, Monaco, Anatolia/Le Rocher, 2000.
*GL* : *La Gaceta Literaria*, Madrid.
*LRS* : *La Révolution surréaliste*, Paris.
*LSASDLR* : *Le Surréalisme au service de la révolution*, Paris.
*MDJ* : Reynolds Morse, *A Dalí Journal*, musée Salvador Dalí, St. Petersburg, Floride, inédit.
*MEAC* : *400 obras de Salvador Dalí de 1914 a 1983*, 2 vol., Madrid, ministère de la Culture, 1983.
*SDFGL* : Rafael Santos Torroella (éd.), *Salvador Dalí escribe a Federico García Lorca [1925-1936], Poesía. Revista ilustrada de información poética*, Madrid, n^os^ 27-28, avril 1987.
*SVBLD* : Agustín Sánchez Vidal, *Buñuel, Lorca, Dalí: el enigma sin fin*, Barcelone, Planeta, 1988.
*UD* : Màrius Carol *et al.*, *El último Dalí*, *El País*, Madrid, 1985.
*VPSD* : *La Vie publique de Salvador Dalí*, Paris, Centre Georges-Pompidou, 1975.
*VS* : Salvador Dalí, *La Vie secrète de Salvador Dalí*, traduction par Michel Déon, Paris, La Table ronde, 1952.

Autres traductions de Dalí utilisées :
*Visages cachés*, Paris, Phébus, « Libretto », 2019.
*Comment on devient Dalí. Les Aveux inavouables de Salvador Dalí*, Paris, Robert Laffont, 1973.

# Crédits iconographiques

(*Les pages indiquées en chiffres romains correspondent au cahier hors texte.*)

Pour les images représentant Salvador Dalí :
© Droits à l'image de Salvador Dalí réservés. Fundació Gala-Salvador Dalí, Figueres, 2024
© Adagp, Paris, 2024 : p. 143, 168, 204, 296
© Successió Miró / Adagp, Paris 2024 : p. 126.
© Man Ray 2015 Trust / Adagp, Paris 2024 : p. 287, 341
© Salvador Dalí, Fundació Gala-Salvador Dali / Adagp, Paris 2024 : p. 54, 90, 119, 130, 134, 147, 154, 160, 163, 185, 209, 216, 268, 312, 337, 345, 364, 371, 376, 390 bas, 424, 440, 442, 509, I-XIV (sauf *L'Angélus* de Jean-François Millet et la publicité *Chocolat Lanvin*)

© Alamy Banque d'Images / Arie Storm : p. 30 ; Heritage Image Partnership Ltd : p. 45
© Alamy Stock Photo / ARCHIVIO GBB : p. 85, 116 ; Dom Slike : p. 115 bas ; Keystone Press : p. 468
© Alamy Banque D'Images / Moviestore Collection Ltd : p. 180

© Aurimages / Everett : p. 222, 390 haut ; Topfoto : p. 442

© Bridgeman Images : p. 457, III [1925], V, VIII [1931], XII [1949], XIII
© Bridgeman Images / AISA p. VI ; Boltin Picture Library : p. 126 ; Christie's Images : p. 209, 325 ; Collection Bourgeron : p. 345 ; Everett Collection : p. 312, 371 ; Farabola : p. 400, 448 ; Fine Art Images : p. IX [1934], XI [1944] ; Iberfoto : p. VI [1929] ; Kary H. Lasch / Booxencounters : p. 313, 413 ; Keystone / Zuma : p. 432 ; Leonard de Selva : p. XI [1944] ; Luisa Ricciarini : p. 143, IV [1926] ; M. C. Esteban / Iberfoto : p. III [1925] ; Photo Josse : p. IX [1857] ; Prismatic Pictures : p. 347 ; PVDE : p. 42 ; René Saint-Paul. All rights reserved 2024 : p. 429 ; Selznick international Pictures / Vanguard Films / United Artists / Diltz : p. 390 bas ; SSPL / NMEM / Archives du Daily HeraldSSPL / UIG : p. 462 ; Tallandier : p. 46

© Disney / Courtesy Taj Collection / Gamma Rapho : p. 256

© Getty Images / Bettmann : p. 364 ; Gianni Ferrari : p. 445 ; Keystone : p. 509 ; Pierre Vauthey / Sygma : p. 440 ; Weegee (Arthur Fellig) / International Center of Photography : 4e de couverture

© Centre Pompidou, MNAM-CCI Bibliothèque Kandinsky, Dist. GrandPalaisRmn / image de la Bibliothèque Kandinsky : p. 296
© Centre Pompidou, MNAM-CCI Bibliothèque Kandinsky, Dist. GrandPalaisRmn / Fonds général photo : p. 351
© Centre Pompidou, MNAM-CCI, Dist. GrandPalaisRmn / image Centre Pompidou, MNAM-CCI : p. 341
© Centre Pompidou, MNAM-CCI, Dist. GrandPalaisRmn / Philippe Migeat : p. 216
© Centre Pompidou, MNAM-CCI / Philippe Migeat / Dist. GrandPalaisRmn : p. 287
© GrandPalaisRmn / Jean-Gilles Berizzi © Estate Brassaï – GrandPalaisRmn : p. 424
© GrandPalaisRmn / Michèle Bellot © Estate Brassaï – GrandPalaisRmn : p. 268
© Ministère de la Culture – Médiathèque du patrimoine et de la photographie, Dist. GrandPalaisRmn / Francis Apesteguy : p. 528
© Tate, Londres, Dist. GrandPalaisRmn / Tate Photography : p. X

© Digital image, The Museum of Modern Art, New York / Scala, Florence : p. 138, 168

© Anna Rikwind / Moderna Museet-Stockholm : p. 225
© Archivo Fotográfico Museo Nacional Centro de Arte Reina Sofía : p. 88, 134
© Archivo Fundación Federico García Lorca – Centro Federico García Lorca, Granada : p. 115 haut, 119, 128, 160, 185
© Carlo Chinca : p. 495
© Collection privée : p. 17, 130, 163, 472, XIV-XV [1968], XV [1972]
© Dalí Museum, St Petersburg, Floride : p. 203, 204 / © David Deranian, 2022 : p. 54, 147
© Fundació Gala-Salvador Dali : p. 35, 37, 93, 104, 154, 219, 473, 511, I, II [1922 et 1923], III [1924], VII [1929], XII [1952], XVI
© Hervé Donnezan / Saif Images : p. 500
© Ian Gibson : p. 14, 18, 44, 48
© Manuscripta : p. 483
© Museo Casa de los Tiros de Granada : p. IV [1927]
© Museo del Juguete de Cataluña / Figueres [MJC/F]. Archivo Josep Maria Joan Rosa : p. 90
© Philippe Halsman Magnum Photos : p. 376
© photo R. Descharnes / © Descharnes & Descharnes sarl 2024 : couverture, p. 426, 456
© Photograph by Cecil Beaton, Camera Press London : p. 337
© Succession Picasso 2024 : p. 138

© Yann Girault / Courtoisie Million : p. XV [1969]

## 1 – CATALOGUES DES EXPOSITIONS DALÍ
(par ordre chronologique)

New York : Museum of Modern Art, *Salvador Dalí. Paintings Drawings Prints*, 19 novembre 1941-11 janvier 1942, catalogue par James Thrall Soby.

New York : Gallery of Modern Art, *Salvador Dalí: His Art, 1910-1965*, 18 décembre 1965-28 février 1966.

Rotterdam : musée Boymans-Van Beuningen, *Dalí*, 21 novembre 1970-10 janvier 1971.

Paris : Centre Georges-Pompidou, *Salvador Dalí. Rétrospective, 1920-1980*, 18 décembre 1979-21 avril 1980, catalogue par Daniel Abadie. Un volume d'accompagnement, *La Vie publique de Salvador Dalí*, est paru en avril 1980.

Londres : Tate Gallery, *Salvador Dalí*, 14 mai-29 juin 1980, catalogue par Simon Wilson.

Perpignan : Palais des rois de Majorque, *Dalí à Perpignan. La Collection Salvador Dalí du musée Perrot-Moore, Cadaqués*, août-septembre 1982.

Madrid : Musée espagnol d'art contemporain (MEAC), *400 obras de Salvador Dalí de 1914 a 1983*, 2 vol., 15 avril-29 mai 1983. L'exposition est passée de Madrid au palais royal de Pedralbes à Barcelone. Publié simultanément par le ministère de la Culture, Madrid et la Generalitat de Catalunya, Barcelone. Versions en castillan et en catalan. Introduction par Ana Beristain et Robert Descharnes.

Barcelone : Centre culturel de la Caixa de pensions, *Dalí fotògraf, Dalí en els seus fotògrafs*, juin-juillet 1983.

Stuttgart/Zurich : Stuttgart, Staatsgalerie, et Zurich, Kunsthaus, *Salvador Dalí, 1904-1989*, 13 mai-23 juillet 1989 et 18 août-22 octobre 1989 respectivement, catalogue par Karin von Maur, Stuttgart, Verlag Gerd Hatje, 1989.

Clermont-Ferrand : musée Bargoin, *Musée Bargoin-Clermont-Ferrand. Dalí. 1989-1990*, 18 novembre 1989-21 janvier 1990, catalogue par Pierre Argillet.

St. Petersburg : musée Salvador Dalí de St. Petersburg (Floride), *Dalí*, préface d'A. Reynolds Morse, introduction par Robert S. Lubar, 1991. Exposition permanente.

Francfort : Schirn Kunsthalle, *Picasso-Miró-Dalí und der Beginn der spanischen Moderne 1900-1936*, 6 septembre-10 novembre 1991.

Valence : IVAM, Centre Julio González, 3 décembre 1992-7 février 1993, *Dalí verdadero/grabado falso. La obra impresa 1930-1934*, catalogue par Rainer Michael Mason.

Séville : Fondation Fondo de Cultura de Séville, *Dalí en los fondos de la Fundación Gala-Salvador Dalí*, 27 avril-4 juillet 1993.

Figueres : theâtre-musée Dalí, texte de J. L. Giménez-Frontín, Barcelone, Tusquets/Electa, 1994. Exposition permanente.

Londres : Hayward Gallery (South Bank Centre), *Salvador Dalí: The Early Years*, 3 mars-30 mai 1994.

Madrid : Musée national centre d'art Reine Sofía, *Dalí joven (1918-1930)*, 18 octobre 1994-16 janvier 1995.

Barcelone : La Pedrera, Barcelone, Fondation Gala-Salvador Dalí et Fondation Caixa de Catalunya, *Dalí. Arquitectura*, 19 juin-25 août 1996.

Cadaqués : musée de Cadaqués, *Salvador Dalí. Antològica sobre paper, 1916-1980*, juillet 1996.

Turin : palais Bricherasio, *Salvador Dalí. La vita è sogno*, novembre 1996-mars 1997.

## 2 – CATALOGUES RAISONNÉS

Field, Albert, *The Official Catalog of the Graphic Works of Salvador Dalí*, New York, The Salvador Dalí Archives, 1996.

Michler, Ralf et Löpsinger, Lutz W. (éd.), *Salvador Dalí: Catalogue Raisonné of Etchings and Mixed-Media Prints, 1924-1980*, préface de Robert Descharnes, Munich, Prestel-Verlag, 1994.

## 3 – AUTRES CATALOGUES D'EXPOSITION
(par ordre alphabétique de noms ou de titres d'exposition)

*AC. Las vanguardias en Catalunya, 1906-1939. Protagonistas, tendencias, acontecimientos*, Barcelone, La Pedrera, 1992.

*Rafael Barradas*, Madrid, galerie Jorge Mara, 1992.

*Barradas/Torres-García*, Madrid, galerie Guillermo de Osma, 1991.

*André Breton. La Beauté convulsive*, Paris, Centre Georges-Pompidou, 1991.

*André Breton y el surrealismo*, Madrid, Musée national centre d'art Reine Sofía, 1991.

*Buñuel! Auge des Jahrhunderts*, texte de Yasha David, Bonn, Kunst-und Ausstellungshalle der Bundesrepublik Deutschland, 1994.

*Buñuel! La mirada del siglo*, édition par Yasha David, Musée national centre d'art Reine Sofía, 1996.

*Cubismo*, Madrid, galerie Multitud, 1975.

*Los Cuerpos perdidos. Fotografía y surrealistas*, Madrid, Fondation « La Caixa », 1995.

*Dada and Surrealism Reviewed*, par Dawn Ades, avec une introduction de David Sylvester et en supplément un essai d'Elizabeth Cowling, Londres, Arts Council of Great Britain, 1978.

*Dada, Surrealism and Their Heritage*, par William Rubin, New York, Museum of Modern Art, 1968.

*Dada y constructivismo*, Madrid, Musée national centre d'art Reine Sofía, 1989.

*Max Ernst: A Retrospective*, Londres, Tate Gallery en association avec Prestel, 1991.

*Max Ernst. Obra gráfica y libros ilustrados (Colección Lufthansa)*, introduction par Werner Spiers, Barcelone, Lufthansa Promoción Cultural, 1992.

*Ramón Estalella y su tiempo*, Madrid, Centre culturel Conde Duque, 1990.

*Fantastic Art, Dada, Surrealism*, édition par Alfred H. Barr Jr., essais de Georges Hugnet, New York, Museum of Modern Art, 3e éd., 1947.

*La Femme et le surréalisme*, Lausanne, Musée cantonal des beaux-arts, 1987.

*Futurismo, 1909-1919. Exhibition of Italian Futurism*, Newcastle upon Tyne, Northern Arts and the Scottish Arts Council, 1972.

*Federico García Lorca. Dibujos*, édition par Mario Hernández, Madrid, Musée espagnol d'art contemporain, 1986.

*Literatura y compromiso político en los años treinta*, Valence, Diputación Provincial, 1984.

*The Magic Mirror: Dada and Surrealism from a Private Collection*, par Elizabeth Cowling, Édimbourg, Scottish National Gallery of Modern Art, 1988.

*Magritte*, Madrid, Fondation Juan March, 1989.

*Miró, Dalmau, Gasch. L'aventura per l'art modern, 1918-1937*, Barcelone, Centre d'art Santa Mònica, 1993.

*Miró en las colecciones del Estado*, Madrid, Musée national centre d'art Reine Sofía, 1987.

*José Moreno Villa [1887-1955]*, édition par Juan Pérez de Ayala, Madrid, ministère de la Culture, 1987.

*El noucentisme. Un projecte de modernitat*, Barcelone, Centre de culture contemporaine, 1994.

*Juan Núñez Fernández (1877-1963)*, Figueres, musée de l'Empordà, 1987.

*On Classic Ground: Picasso, Léger, De Chirico and the New Classicism, 1910-1930*, par Elizabeth Cowling et Jennifer Mundy, Londres, Tate Gallery, 1990.

*Orígenes de la vanguardia española: 1920-1936*, Madrid, galerie Multitud, 1974.




# Bibliographie

*Pabellón Español Exposición Internacional de París 1937*, Madrid, Musée national centre d'art Reine Sofía, 1987.
*Benjamín Palencia y el Arte Nuevo, Obras 1919-1936*, Barcelone, Centre culturel Bancaixa/ministère de la Culture, 1994.
*Picasso/Miró/Dalí. Évocations d'Espagne*, Charleroi, palais des Beaux-Arts, 1985.
*Picasso, 1905-1906. De la época rosa a los ocres de Gósol*, Barcelone, Ajuntament de Barcelone, 1992.
*Los Pichot. Una dinastía de artistas*, Madrid, Centre culturel Conde Duque, 1992.
*Regards sur « Minotaure. La Revue à tête de bête »*, Genève, musée d'Art et d'Histoire, 1987.
*José María Sert (1874-1945)*, Madrid, ministère de la Culture, 1987.
*La Sociedad de Artistas Ibéricos y el arte español de 1925*, Madrid, Musée national centre d'art Reine Sofía, 1995.
*Surrealism in the Tate Gallery Collection*, Londres, 1988.
*Surrealisme a Catalunya, 1924-1936. De « L'Amic de les Arts » al Logicofobisme*, Barcelone, Generalitat de Catalunya, 1988.
*El surrealismo en España*, Madrid, galerie Multitud, 1975.
*El surrealismo en España*, Madrid, Musée national centre d'art Reine Sofía, 1994.
*El surrealismo entre el viejo y el nuevo mundo*, Las Palmas de Gran Canaria, Centre atlantique d'art moderne, 1989.
*The Surrealist Spirit in Great Britain*, recherches et texte de Louisa Buck, Londres, Whitford and Hughes, 1988.
*Yves Tanguy. Rétrospective 1925-1955*, Paris, Centre Georges-Pompidou, 1982. Introduction par José Pierre.
*Yves Tanguy. Retrospektive 1925-1955*, Baden-Baden, Staatliche Kunsthalle Baden-Baden, 1983.
*Treinta artistas españoles de la Escuela de París*, Madrid, Centre culturel Conde Duque, 1984.
*Modest Urgell 1839-1919*, Madrid, Fondation Caixa de Catalunya, 1992.
*La vanguardia en Cataluña, 1906-1939*, Barcelone, Fondation Caixa de Catalunya, 1992.
*Ver a Miró. La irradiación de Miró en el arte español*, Madrid, Fondation Caixa de Catalunya, 1993.

## 4 – CORRESPONDANCES

(par ordre chronologique de publication)

Santos Torroella, Rafael (éd.), *Salvador Dalí, corresponsal de J. V. Foix, 1932-1936*, Barcelone, Editorial Mediterrània, 1986.
— *Salvador Dalí escribe a Federico García Lorca [1925-1936], Poesía. Revista ilustrada de información poética*, Madrid, n^os^ 27-28, avril 1987.
— « Las cartas de Salvador Dalí a José Bello Lasierra », *ABC*, Madrid, supplément littéraire, 14 novembre 1987, p. ix-xv.
— *Dalí residente*, Madrid, Publicaciones de la Residencia de Estudiantes, 1992.
Bouhours, Jean-Michel et Schoeller, Nathalie (éd.), *L'Âge d'or. Correspondance Luis Buñuel-Charles de Noailles. Lettres et documents (1929-1976)*, Les Cahiers du Musée national d'art moderne, hors-série, Paris, 1993.
Fanés, Fèlix, « Joan Miró escribe a Salvador Dalí. El breve encuentro de los artistas catalanes en Figueres y su ambivalente relación posterior », *El País*, Madrid, supplément « Babelia », 25-26 décembre 1993, p. 6, 11.
Massot, Josep et Playà, Josep, « Sis anys de correspondència entre Miró i Dalí », *Revista de Girona*, Gérone, n° 164, mai-juin 1994, p. 36-41.
Fernández Puertas, Víctor, « Las cartes de Salvador Dalí al seu oncle Anselm Domènech al Museu Abelló », *Revista de Catalunya*, Barcelone, n° 104, février 1996, p. 57-73.

## 5 – ŒUVRES DE DALÍ

(par ordre chronologique)

« Los grandes maestros de la pintura », *Studium*, Figueres, « Goya », n° 1, 1er janvier 1919, p. 1 ; « El Greco », n° 2, 1er février 1919, p. 3 ; « Leonardo da Vinci », n° 4, 1er avril 1919, p. 3 ; « Miguel Angel », n° 5, 1er mai 1919, p. 3 ; « Velázquez », n° 6, 1er juin 1919, p. 3.
« Capvespre » (poème), *Studium*, Figueres, n° 2, 1er février 1919, p. 5.
« Divagacions. Cuan els sorolls s'adorman » (poème), *Studium*, Figueres, n° 6, 1er juin 1919, p. 3.
*Un diari: 1919-1920. Les meves impressions i records íntims*, édition par Fèlix Fanés, Fondation Gala-Salvador Dalí, Edicions 62, Barcelone, 1994.
*A Dalí Journal. 1920*, traduction par Joaquim Cortada i Perez du livre 6 du journal de Dalí « Impressions and Private Memoirs », impression privée par Stratford Press en édition limitée pour la Fondation Reynolds Morse, Cleveland, 1962.
*Tardes d'estiu*, 16 pages d'un roman, musée Abelló, Mollet del Vallès (Barcelone), 1920 ? ; publié par Victor Fernández dans une édition limitée à 600 exemplaires, *Cave Canis*, Barcelone, 1996.
Journal inédit de 10 pages, octobre 1921, Fondation Gala-Salvador Dalí, Figueres.
« Jak », « De la Rússia dels Soviets. Un museu de pintura impressionista a Moscou », *Renovació Social*, Figueres, année I, n° 1, 26 décembre 1921.
*Ninots. Ensatjos sobre pintura. Catalec dels cuadrus em notes* (1922), manuscrit inédit de 16 pages (incomplet), musée Abelló, Mollet del Vallès (Barcelone).
*Les cançons dels dotze anys. Versus em prosa i em color* (1922), manuscrit inédit, Fondation Gala-Salvador Dalí, Figueres.
« En el cuartel numeru 3 de la Residencia d'Estudians. Cunciliambuls d'un grup d'avanguardia », 2 pages manuscrites, 1923 ?, musée Abelló, Mollet del Vallès (Barcelone).
« Skeets [*sic*] arbitraris. De la fira », *Empordà Federal*, Figueres, n° 646, 26 mai 1923, p. 2.
« Sant Sebastià », *L'Amic de les Arts*, Sitges, n° 16, 31 juillet 1927, p. 52-54.
« Reflexions. El sentit comú d'un germà de Sant Joan Baptista de La Salle », *L'Amic de les Arts*, Sitges, n° 17, 31 août 1927, p. 69.
« Federico García Lorca: exposició de dibuixos colorits (Galeries Dalmau) », *La nova revista*, Barcelone, vol. 3, n° 9, septembre 1927, p. 84-85.
« La fotografia pura creació de l'esperit », *L'Amic de les Arts*, Sitges, n° 18, 30 septembre 1927, p. 90-91.
« Els meus quadros del saló de Tardor », *L'Amic de les Arts*, Sitges, n° 19, 31 octobre 1927, page additionnelle.
« Dues proses. La meva amiga i la platja. Nadal a Brusselles (conte antic) », *L'Amic de les Arts*, Sitges, n° 20, 30 novembre 1927, p. 104.
« Nous límits de la pintura », *L'Amic de les Arts*, Sitges, n° 22, 29 février 1928, p. 167-168 ; n° 24, 30 avril 1928, p. 185-186 ; n° 25, 31 mai 1928, p. 195-196.
« Poesia de l'útil standarditzat », *L'Amic de les Arts*, Sitges, n° 23, 31 mars 1928, p. 176-177.
« Per al "meeting" de Sitges », *L'Amic de les Arts*, Sitges, n° 25, 31 mai 1928, p. 194-195.
« Poema de les cosetes », *L'Amic de les Arts*, Sitges, n° 27, 31 août 1928, p. 211.
« Realidad y sobrerrealidad », *La Gaceta Literaria*, Madrid, 15 octobre 1928, p. 7.
« La dada fotogràfica », *La Gaseta de les Arts*, Barcelone, 2e année, n° 6, février 1929, p. 40-42.
« ... sempre, per damunt de la música, Harry Langdon », *L'Amic de les Arts*, Sitges, n° 31, 31 mars 1929, p. 3.
« ... L'alliberament dels dits... », *L'Amic de les Arts*, Sitges, n° 31, 31 mars 1929, p. 6-7.
« Revista de tendències anti-artistiques », *L'Amic de les Arts*, Sitges, n° 31, 31 mars 1929, p. 10.
« Documental-París-1929 », *La Publicitat*, Barcelone, 26 avril 1929, p. 1 ; 28 avril 1929, p. 1 ; 23 mai 1929, p. 1 ; 7 mai 1929, p. 1 ; 16 juin 1929, p. 6 ; 28 juin 1929, p. 1.
« No veo nada, nada en torno del paisaje. Poema », *La Gaceta Literaria*, Madrid, n° 61, 1er juillet 1929, p. 6.
« *Un chien andalou* », *Mirador*, Barcelone, n° 39, 24 octobre 1929, p. 6.
« *Un chien andalou* » (avec Luis Buñuel), *La Revue du cinéma*, Paris, n° 5, 15 novembre 1929, p. 2-16 et *La Révolution surréaliste*, Paris, n° 12, 15 décembre 1929, p. 34-37, traduction anglaise par Buñuel et Dalí, *Un chien andalou*, Londres, Faber and Faber, 1994, p. 1-11.
*L'Âge d'or*, avec Luis Buñuel, 1929-1930, scénario de tournage publié dans *L'Avant-scène du cinéma*, Paris, juin 1963, p. 28-50.

« Por qué fui sacrílego, por qué soy místico », 1930, tapuscrit avec corrections manuscrites, bibliothèque de Catalogne, Barcelone.

*La Femme visible*, Paris, Éditions surréalistes, 1930.

Scénario non publié pour un documentaire sur le surréalisme, 1930 ?, popularisé par Dawn Ades dans *Studio International. Journal of the Creative Arts and Design*, Londres, vol. 195, nº 993/4, 1982, p. 62-77.

« Posició moral del surrealismo », *Hélix*, Vilafranca del Penedès, nº 10, mars 1930, p. 4-6 ; reproduit en fac-similé par Molas, *La literatura catalana d'avantguarda* (voir plus bas, section 6), p. 364-368.

« L'âne pourri », *Le Surréalisme au service de la révolution*, Paris, nº 1, juillet 1930, p. 9-12.

« Intellectuels castillans et catalans – Expositions – Arrestation d'un exhibitionniste dans le métro », *Le Surréalisme au service de la révolution*, Paris, nº 2, octobre 1930, p. 7-9.

*L'Amour et la Mémoire*, Paris, Éditions surréalistes, 1931.

« Objets surréalistes », *Le Surréalisme au service de la révolution*, Paris, nº 3, décembre 1931, p. 16-17.

« Rêverie », *Le Surréalisme au service de la révolution*, Paris, nº 4, décembre 1931, p. 31-36.

« Vive le surréalisme ! Roman surréaliste (extrait) », *Nadrealizam danas i ovde*, Belgrade, juin 1932, p. 17, reproduit par Branko Aleksić, *Dalí. Inédits de Belgrade* (voir ci-dessous, section 6), p. 43-52.

« Réponse » à une enquête sur le désir, *Nadrealizam danas i ovde*, Belgrade, juin 1932, p. 31, reproduit par Branko Aleksić (voir ci-dessus), p. 55-61.

*Babaouo. C'est un film surréaliste* (couverture). Page de titre : *Babaouo. Scénario inédit. Précédé d'un abrégé d'une histoire critique du cinéma et suivi de « Guillaume Tell », ballet portugais*, Paris, Éditions des Cahiers libres, 1932 (le colophon indique que l'impression a été achevée en juillet 1932).

« The Object as Revealed in Surrealist Experiment », *This Quarter*, « Numéro surréaliste », Paris, septembre 1932, p. 197-207.

« Objets psycho-atmosphériques-anamorphiques », *Le Surréalisme au service de la révolution*, Paris, nº 5, 15 mai 1933, p. 45-48.

« Notes-communications », *Le Surréalisme au service de la révolution*, Paris, nº 6, 15 mai 1933, p. 40-41.

*Interprétation paranoïaque-critique de l'image obsessionnelle de « L'Angélus » de Millet*, prologue : « Nouvelles considérations générales sur le mécanisme du phénomène paranoïaque du point de vue surréaliste », *Minotaure*, Paris, nº 1, 1er juin 1933, p. 65-67.

*Le Mythe tragique de « L'Angélus » de Millet. Interprétation « paranoïaque-critique »*, 1932-1935 ?, Paris, Jean-Jacques Pauvert, 1963.

« Cher Breton : l'exposition de mes peintures... », lettre ouverte à Breton en introduction au catalogue de l'exposition Dalí chez Pierre Colle, Paris, 19-29 juin 1933, datée par Dalí « 12 juin 1933 », reproduite dans *Salvador Dalí* (catalogue Pompidou, voir ci-dessus, section 1), p. 178-180.

« De la beauté terrifiante et comestible de l'architecture Modern' Style », *Minotaure*, Paris, nos 3-4, décembre 1933, p. 69-76.

« Le phénomène de l'extase », *Minotaure*, Paris, nos 3-4, décembre 1933, p. 76-77.

« Les nouvelles couleurs du sex-appeal spectral », *Le Surréalisme au service de la révolution*, Paris, nº 5, mai 1934, p. 20-22.

« *L'Angélus* de Millet », préface au catalogue d'exposition pour le lancement de l'édition de Dalí des *Chants de Maldoror* à la librairie Quatre Chemins, Paris, 13-25 juin 1934, reproduite dans *Salvador Dalí* (catalogue Pompidou, voir ci-dessus, section 1), p. 331-339.

« New York Salutes Me », grand format, New York, novembre 1934, reproduit dans *La Vie publique de Salvador Dalí*, catalogue (voir section 1, ci-dessus), p. 41.

« Honneur à l'objet ! », *Cahiers d'art*, Paris, nos 1-2, 1935, p. 33-36.

« Analyse de *L'Escalier de l'Amour et Psyché* », *Cahiers d'art*, Paris, nos 1-2, 1935, p. 37.

« Analyse du *Veston aphrodisiaque* de Salvador Dalí », *Cahiers d'art*, Paris, nos 1-2, 1935.

« Les pantoufles de Picasso », *Cahiers d'art*, Paris, nos 7-10, 1935, p. 208-212.

« Crazy Movie Scenario by M. Dalí, the Super-Realist », *American Weekly*, New York, 7 juillet 1935.

*La Conquête de l'irrationnel*, Paris, Éditions surréalistes, 1935, paru simultanément en anglais, traduction par Julien Levy, New York.

« Le surréalisme spectral de l'Éternel féminin préraphaélite », *Minotaure*, Paris, nº 8, 15 juin 1936, p. 46-49.

« I Defy Aragon », *Art Front*, New York, mars 1937.

« Surrealism in Hollywood », *Harper's Bazaar*, New York, juin 1937, p. 68, 132.

« Métamorphose de Narcisse », Paris, Éditions surréalistes, 1937, et simultanément dans une traduction anglaise par Julien Levy, New York.

« Declaration of the Independence of the Imagination and the Rights of Man to His Own Madness », New York, 1939. Le texte complet du tract est reproduit dans Levy, *Memoir of an Art Gallery* (voir ci-dessous, section 6), p. 219-222.

« Les idées lumineuses. "Nous ne mangeons pas de cette lumière-là" », *Cahiers d'art*, Paris, nos 1-2, 1940, p. 24-25.

*The Secret Life of Salvador Dalí*, New York, Dial Press, 1942.

*Hidden Faces*, traduction par Haakon Chevalier, Londres, Nicholson and Watson, 1947 ; édition espagnole, *Rostros ocultos*, Barcelone, Planeta, 1974.

*50 Secrets of Magic Craftsmanship*, New York, Dial Press, 1948.

« To Spain, Guided by Dalí », *Vogue*, New York, 15 mai 1950, p. 54-55, 57, 94.

« Por qué fui sacrílego, por qué soy místico », conférence donnée à l'Ateneu de Barcelone, 4 pages dactylographiées datées du 30 octobre 1950, avec corrections manuscrites, peut-être dues à Gala, bibliothèque de Catalogne, Barcelone.

*Manifeste mystique*, Paris, Robert J. Godet, 1951 ; reproduit dans *Salvador Dalí* (catalogue Pompidou, voir ci-dessus, section 1), p. 372-374.

« Picasso y yo », conférence donnée au théâtre María Guerrero, Madrid, 11 novembre 1951, publiée en fac-similé dans *Mundo hispánico*, Madrid, nº 46, 1952, p. 37-42. L'édition moderne le plus facilement disponible se trouve dans Dalí, *Por qué se ataca a La Gioconda?*, p. 228-232.

« La vérité sur le mythe de Guillaume Tell. Toute l'histoire de mon exclusion du groupe surréaliste », *La Table ronde*, Paris, nº 55, juillet 1952, p. 21-38. « The Myth of William Tell (The Whole Truth About My Expulsion from the Surrealist Group) », traduction par Eleanor Morse et inclus dans Dalí, *The Tragic Myth of « Millet's Angelus »*, The Salvador Dalí Museum, St. Petersburg, Floride, p. 177-207.

« Les morts et moi », *La Parisienne*, Paris, nº 17, mai 1954, p. 52-53, édition en fac-similé du manuscrit, Barcelone, Editorial Mediterrània, 1991.

*Martyr. Tragédie lyrique en III actes*, 1954 ? On ne connaît que le premier acte, publié par Gómez de Liaño dans *El Paseante*, Madrid, nº 5, 1987.

Avec Philippe Halsman, *Dalí's Moustache* (1954), Paris, Flammarion, 1994.

« Aspects phénoménologiques de la méthode paranoïaque-critique », conférence donnée à la Sorbonne, 17 décembre 1955, reproduite dans *La Vie publique de Salvador Dalí* (catalogue d'exposition, voir ci-dessus, section 1), p. 144-145.

*Les Cocus du vieil art moderne*, Paris, Fasquelle, 1956.

*Journal d'un génie*, Paris, Éditions de la Table ronde, 1964 ; édition anglaise, *The Diary of a Genius*, Londres, Hutchinson, 1966 ; édition espagnole, *Diario de un genio*, Barcelone, Tusquets, 1983.

« Résumé of History and of the History of Painting », *Salvador Dalí: His Art, 1910-1965* (catalogue d'exposition, voir ci-dessus, section 1), p. 13-15.

*Lettre ouverte à Salvador Dalí*, Paris, Albin Michel, 1966 ; édition espagnole, *Carta abierta a Salvador Dalí*, Buenos Aires, Ultramar, 1976.

« Ma révolution culturelle », tract, Paris, 18 mai 1968.

*Dalí par Dalí*, préface du docteur Roumeguère, Paris, Draeger, 1970. Les références correspondent à l'édition

américaine *Dalí by Dalí*, traduction par Eleanor Morse, New York, Harry Abrams, 1972.
*Oui*, Paris, Denoël, 1971.
*Comment on devient Dalí. Les Aveux inavouables de Salvador Dalí, récit présenté par André Parinaud*, Paris, Robert Laffont, 1973 ; édition espagnole, *Confesiones inconfesables, recogidas por André Parinaud*, Barcelone, Bruguera, 1973 ; édition américaine, *The Unspeakable Confessions of Salvador Dalí, to André Parinaud*, traduction du français par Harold J. Salemson, New York, William Morrow, 1976.
*Les Caprices de Goya de Salvador Dalí*, Hambourg, galerie Levy, 1977.
*Por qué se ataca a La Gioconda?*, Madrid, Siruela, 1994. La meilleure édition des articles et des poèmes de Dalí en espagnol.
*L'alliberament dels dits. Obra catalana completa*, présentation et édition par Fèlix Fanés, Barcelone, Quaderns Crema, 1995.

## 6 – LIVRES ET PRINCIPAUX ARTICLES

Abadie, Daniel, « Les obsessions déguisées de Salvador Dalí », dans *Salvador Dalí* (catalogue Pompidou, voir ci-dessus, section 1), p. 11-15.
Acton, William, *The Functions and Disorders of the Reproductive Organs*, Londres, Churchill, 5ᵉ éd., 1871.
Ades, Dawn, *Dalí*, Londres, Thames and Hudson, « World of Art », 1982, rééd. 1990.
— Introduction au scénario inédit de Dalí pour un documentaire sur le surréalisme, *Studio International. Journal of the Creative Arts and Design*, Londres, vol. 195, n° 993/4, 1982, p. 62.
— « Morphologies of Desire », dans *Salvador Dalí: The Early Years* (catalogue d'exposition, voir ci-dessus), p. 129-160.
Agustí, Ignacio, « Bienvenida a Salvador Dalí », *Destino*, Barcelone, 14 août 1948, p. 3-5.
Alberti, Rafael, *La arboleda perdida. Libros I y II de memorias*, Buenos Aires, Losada, 1945.
Aleksić, Branko, *Dalí. Inédits de Belgrade* (1932), Paris, Change International/Équivalences, 1987.
Alexandrian, Sarane, *L'Aventure en soi. Autobiographie*, Paris, Mercure de France, 1990.
Alley, Ronald, *Picasso: « The Three Dancers »*, Londres, Tate Gallery (« Tate Modern Masterpieces »), 1986.
Altolaguirre, Manuel, « Gala y Dalí, en Torremolinos », *Diario 16*, « Culturas », 1ᵉʳ septembre 1985, p. ii.
Andrews, Wayne, *The Surrealist Parade*, New York, New Directions, 1990.
Apollinaire, *Œuvres poétiques*, Paris, Gallimard, « Bibliothèque de la Pléiade », 1959.
— *Œuvres en prose complètes*, Paris, Gallimard, « Bibliothèque de la Pléiade », 2 vol., 1991, 1993.
Aragon, Louis, « Fragments d'une conférence », *La Révolution surréaliste*, Paris, n° 4, 15 juillet 1925, p. 23-25.
Aranda, J. Francisco, *Luis Buñuel. Biografía crítica*, Barcelone, Lumen, 2ᵉ éd., 1975.
Arbós, Albert, « Aquellos amores de Dalí y Pla », *Cambio 16*, Madrid, n° 542, 19 avril 1982, p. 44-51.
Arco, Manuel del, *Dalí al desnudo*, Barcelone, José Janés, 1952.
Argillet, Pierre, « Dalí-Breton », dans le catalogue *Dalí*, musée Bargoin, Clermont-Ferrand, 1989-1990, s. p.
— « Les Hippies », *ibid.*
Aub, Max, *Conversaciones con Buñuel, seguidas de 45 entrevistas con familiares, amigos y colaboradores del cineasta aragonés*, prologue de Federico Alvarez, Madrid, Aguilar, 1985.
Bataille, Georges, « Le *Jeu lugubre* », *Documents*, Paris, n° 7, décembre 1929, p. 369-372. Reproduit dans *Salvador Dalí* (catalogue Pompidou, voir ci-dessus, section 1), p. 150-153.
Berasátegui, Blanca, « En Púbol con el genio escondido », *ABC*, Madrid, « Sábado Cultural », 12 mai 1984, p. vi-viii.
Bernils i Mach, Josep Maria, *Els Fossos, 75 anys d'història, 1909-1984*, Figueres, 1984.
— « Dalí, a la presó », *El Perdrís. Revista cultural de « L'Empordà »*, Figueres, n° 4, 12 juin 1987.
— *Figueres*, Figueres, Editorial Empordà, 3ᵉ éd., 1994.
Beurdeley, Cécile, *L'Amour bleu*, traduction du français par Michael Taylor, Rizzoli, New York, 1978.
Beya i Martí, Pere, *Al terraprim de l'Alt Empordà. Llers. El passat, en la vida local*, Figueres, édition privée, 1992.
Biro, Adam et Passeron, René (éd.), *Dictionnaire général du surréalisme et de ses environs*, Fribourg, Office du Livre, 1982.
Bockriss, Victor, « A Dalirious Evening », *Exposure*, Los Angeles, octobre 1990, p. 60-63.
Bofarull i Terrades, Manuel, *Origen dels noms geogràfics de Catalunya*, Barcelone, Editorial Millà, 1991.
Bona, Dominique, *Gala*, Paris, Flammarion, 1995.
Bonet Correa, Antonio (éd.), *El surrealismo*, Madrid, Universidad Menéndez Pelayo and Cátedra, 1983.
Borràs, Maria Lluïsa, *Picabia*, Barcelone, Polígrafa, 1985.
Bosquet, Alain, *Entretiens avec Salvador Dalí*, Paris, Pierre Belfond, 1966.
— *Dalí desnudado*, Buenos Aires, Paidos, 1967.
— « Les peintres du rêve », *Magazine littéraire*, Paris, n° 213, décembre 1984, p. 58-60.
Bouhours, Jean-Michel et Schoeller, Nathalie (éd.), *« L'Âge d'or ». Correspondance Luis Buñuel-Charles de Noailles. Lettres et documents*, Paris, Centre Georges-Pompidou, « Les Cahiers du Musée national d'art moderne », 1993.
Brassaï, *Conversations avec Picasso*, Paris, Gallimard, 1964.
Brenan, Gerald, *The Spanish Labyrinth: An Account of the Social and Political Background of the Spanish Civil War*, Cambridge University Press, 1960.
Breton, André, « Des tendances les plus récentes de la peinture surréaliste », *Minotaure*, Paris, nᵒˢ 12-13, mai 1930, p. 16-21.
— *What Is Surrealism?*, traduction par David Gascoyne, Londres, Faber and Faber (« Criterion Miscellany n° 43 »), 1936.
— [Anonyme, avec Paul Éluard], *Dictionnaire abrégé du surréalisme*, Paris, galerie des Beaux-Arts, 1938 ; reproduction en fac-similé, Paris, José Corti, 1980.
— *Le Surréalisme et la peinture, nouvelle édition revue et corrigée 1928-1965*, Paris, Gallimard, 1965, rééd. 1979.
— *Œuvres complètes*, Paris, Gallimard, « Bibliothèque de la Pléiade », 4 vol., 1988, 1992, 1999, 2008.
— *What is Surrealism? Selected Writing*, édition par Franklin Rosemont, Londres, Pluto Press, 1989.
— *Conversations: The Autobiography of Surrealism*, avec André Parinaud et d'autres, traduction et présentation par Mark Polizotti, New York, Paragon House, 1993. Il s'agit d'une traduction d'*Entretiens*, publié en 1952.
Brihuega, Jaime, *Manifiestos, proclamas, panfletos y textos doctrinales (Las vanguardias artísticas en España, 1910-1931)*, Madrid, Cátedra, 1982.
Brunet, Manuel, « Picasso en Barcelona. Una conversación con el gran pintor », *Heraldo de Madrid*, Madrid, 12 octobre 1926, p. 4.
— M. B. [Manuel Brunet], « Despedida al notario don Salvador Dalí y Cusí », *Destino*, Barcelone, n° 491, 14 décembre 1946, p. 7.
Bullejos, José, *España en la Segunda República*, Madrid, Ediciones Júcar, 1979.
Buñuel, Luis, « Notes on the Making of *Un chien andalou* », dans *Art in Cinema*, édition par Frank Stauffacher, San Francisco Museum of Art, 1947, traduction par Grace L. McCann Morley, reproduit par Arno Press, Inc., 1968.
— *Mon dernier soupir*, Paris, Robert Laffont, 1982.
— *Obra literaria*, introduction et notes d'Agustín Sánchez Vidal, Saragosse, Ediciones de Heraldo de Aragón, 1982.
Buot, François, *René Crevel. Biographie*, Paris, Grasset, 1991.
Buxeda, Pere, *L'Ahir de Figueres*, Figueres, 1992.
Byron, William, *Cervantes: A Biography*, New York, Doubleday, 1978.
Calvo Serraller, Francisco, « Salvador Dalí y la vanguardia artística española de los años veinte », dans *400 obras de Salvador Dalí de 1914 a 1983* (catalogue Madrid, voir ci-dessus, section 1), II, p. 9-15.

— « El vaivén artístico de una dinastía », dans *Los Pichot. Una dinastía de artistas* (catalogue d'exposition, voir ci-dessus, section 3), p. 49-71.
Candamo, Luis G. de, « Estalella en su paisaje cultural », dans *Ramón Estalella y su tiempo*, Madrid, Centre culturel Conde Duque, 1990, p. 69-83.
Cano, José Luis, *Los cuadernos de Adrián Dale (memorias y relecturas)*, Madrid, Orígenes, 1991.
Carmona, Darío, « Anecdotario de Darío Carmona. (Apuntes de una conversación de Darío Carmona con José María Amado) », introduction à l'édition en fac-similé de la revue de Malaga *Litoral*, Francfort, Detlev Avvermann et Madrid, Turner, 1975.
Carol, Màrius, *Dalí. El final oculto de un exhibicionista*, Barcelone, Plaza y Janés, 1990.
— « El escenógrafo de Portlligat. Muere Isidoro Bea, el hombre que durante treinta años colaboró con Dalí », *La Vanguardia*, Barcelone, « Revista », 19 mars 1996, p. 2.
Carol, Màrius, Navarro Arisa, Juan José et Busquets, Jordi, *El último Dalí*, Ediciones *El País*, Madrid, 1985.
Cassanyes, M. A., « L'espai en les pintures de Salvador Dalí », *L'Amic de les Arts*, Sitges, n° 13, 30 avril 1927, p. 30-31.
Catterall, Lee, *The Great Dalí Art Fraud and Other Deceptions*, New Jersey, Barricade Books Inc., 1992.
Cernuda, Luis, « Gómez de la Serna y la generación poética de 1925 », dans *Estudios sobre poesía española contemporánea*, Madrid, Guadarrama, 1957.
Chadwick, Whitney, *Women Artists and the Surrealist Movement*, Londres, Thames and Hudson, 1991.
Chevalier, Haakon, « Salvador Dalí as Writer: Surrealism Takes to the Typewriter », *Saturday Review*, New York, 15 avril 1944.
Clara, Josep, « Salvador Dalí, empresonat per la dictadura de Primo de Rivera », *Revista de Girona*, n° 162, janvier-février 1993, p. 52-55.
Combalía, Victoria, *El descubrimiento de Miró. Miró y sus críticos, 1918-1929*, Barcelone, Destino, 1990.
— « Los años 20-30. El impacto del primer Miró », dans *Ver a Miró* (voir ci-dessus, section 3), p. 20-43.
Comfort, Alex, *The Anxiety Makers*, New York, Delta, 1970.
Conover, Anne, *Caresse Crosby: From Black Sun to Roccasinibalda*, Santa Barbara, Capra Press, 1989.
Cossart, Michael de, *The Food of Love: Princesse Edmonde de Polignac (1865-1943) and Her Salon*, Londres, Hamish Hamilton, 1978.
Cowles, Fleur, *The Case of Salvador Dalí*, Londres, Heinemann, 1959.
Crevel, René, *Dalí ou l'anti-obscurantisme*, Paris, Éditions surréalistes, 1931.
— *Lettres de désir et de souffrance*, préface de Julien Green, présentation et annotations par Éric Le Bouvier, Paris, Fayard, 1996.
Crispin, John, *Oxford y Cambridge en Madrid. La Residencia de Estudiantes, 1910-1936, y su entorno cultural*, Santander, La Isla de los Ratones, 1981.
Crosby, Caresse, *The Passionate Years*, Londres, Alvin Redman, 1955.
Dalí, Anna Maria, *Salvador Dalí visto por su hermana*, Barcelone, Juventud, 1949.
— *Noves imatges de Salvador Dalí*, prologue par Jaume Maurici, Barcelone, Columna, 1988.
Daudet, Elvira, « Mágico Dalí », *ABC*, Madrid, supplément du dimanche, 1er mars 1970, p. 41-47, 8 mars 1971, p. 28-33.
Descharnes, Robert, *The World of Salvador Dalí*, New York and Evanston, Harper and Row, 1962.
— *Dalí*, traduction par Eleanor R. Morse, Londres, Thames and Hudson, 1985.
— *Dalí. La obra y el hombre*, Barcelone, Tusquets/Edita, 1984 (traduit sous le titre *Salvador Dalí. The Work, the Man*, New York, Harry Abrams, 1984).
— « La solitaria de Púbol », *ABC*, Madrid, 12 juin 1992, p. 64.
Descharnes, Robert et Néret, Gilles, *Salvador Dalí, 1904-1989. L'Œuvre peint*, Cologne, Benedikt Taschen, 2 vol., 1993.
Deulofeu, Alexandre, « El complex dalínià », *Revista de Girona*, n° 68, 3e trimestre 1974, p. 23-26.
Díaz i Romañach, Narciso, *Roses, una vila amb història*, Roses, Ajuntament, 1991.
Domènech [Ferrés], Anselm, *La llibreria Verdaguer i el renaixement català*, Barcelone, 1933.
Drummond, Phillip, « Surrealism and *Un chien andalou* », dans Luis Buñuel et Salvador Dalí, *Un chien andalou*, Londres, Faber and Faber, 1994, p. v-xxiii.
Ducasse, Isidore, *voir* Lautréamont, comte de.
Durgnat, Raymond, *Luis Buñuel*, Berkeley, University of California Press, 1967, édition révisée et augmentée en 1977.
Egea Codina, Antoni, *Llers. Els homes i els fets*, tiré à part d'*Annals de l'Institut d'Estudis Empordanesos*, Figueres, 1979-1980.
« Eleanora » [Adelina Bello Lasierra], *Novísimo testamento*, Madrid, Editorial Barlovento, 1988.
Éluard, Paul, *Lettres à Gala (1924-1948)*, édition par Pierre Dreyfus, préface de Jean-Claude Carrière, Paris, Gallimard, 1984.
— *Œuvres complètes*, Paris, Gallimard, « Bibliothèque de la Pléiade », 2 vol., 1968.
Erben, Walter, *Joan Miró, 1893-1983. Mensch und Werk*, Cologne, Benedikt Taschen, 1988.
Ernst, Jimmy, *A Not-So-Still Life: A Memoir*, New York, St Martin's/Marek, 1984.
Ernst, Max, *Écritures*, Paris, Gallimard, 1970.
Etherington-Smith, Meredith, *Dalí*, Londres, Sinclair-Stevenson, 1992.
Fallowell, Duncan et Ashley, April, *April Ashley's Odyssey*, Londres, Jonathan Cape, 1982 ; Londres, Arena Books, 1983.
Fanés, Fèlix, « Retrato del artista adolescente. El amor, los amigos, la política y la pintura vistos con el desparpajo y la inteligencia de un estudiante de 15 años », Madrid, « Babelia » (supplément à *El País)*, n° 68, 30 janvier 1993, p. 7-8.
Fernández, Jean et Kobuz, Patrick, « Conversación con Louis Aragon », *Poesía*, Madrid, ministère de la Culture, n° 9, automne 1980, p. 81-90.
Fernández Almagro, Melchor, « Por Cataluña », *La Epoca*, Madrid, 17 juillet 1926, p. 1.
Fernández Puertas, Víctor, « Anna Maria Dalí vista pel seu germà », *Hora Nova*, Figueres, 8-14, 15-21, 22-28 août 1995.
— « Una carta obligada », *Hora Nova*, Figueres, 29 août-4 septembre 1995, p. 19.
— « Anselm Domènech, l'oncle de Salvador Dalí Domènech », *Revista de Catalunya*, Barcelone, n° 97, 1995, p. 61-81.
— « Las cartes de Salvador Dalí al seu oncle Anselm Domènech al Museu Abelló », *Revista de Catalunya*, Barcelone, n° 104, février 1996, p. 57-73.
Ferrer, Firmo, *Cadaqués des de l'arxiu*, Barcelone, Montagud Editores, 1991.
Ferrerós, Joan, « L'Institut i la ciutat », annexé à l'édition en fac-similé de *Studium*, Figueres, Edicions Federals, 1993, p. 49-54.
Field, Albert, article sans titre sur la relation avec Dalí, *MEAC*, II, p. 18-21.
Foix, J. V., « Presentació de Salvador Dalí », *L'Amic de les Arts*, Sitges, n° 10, 31 janvier 1927, p. 3.
Fornés, Eduard, *Dalí y los libros*, Barcelone, Mediterrània, 1985.
— *Les contradiccions del cas Dalí*, Barcelone, Llibres de l'Avui, 1989.
Freud, Sigmund, *Psicopatología de la vida cotidiana (olvidos, equivocaciones, torpezas, supersticiones y errores)*, traduction de l'allemand par Luis López-Ballesteros y de Torres, Madrid, Biblioteca Nueva, 1922.
— *Una teoría sexual y otros ensayos. Una teoría sexual. Cinco conferencias sobre psicoanálisis. Introducción al estudio de los sueños. Más allá del principio del placer*, traduction de l'allemand par Luis López-Ballesteros y de Torres, Madrid, Biblioteca Nueva, 1922.
— *La interpretación de los sueños*, traduction de l'allemand par Luis López-Ballesteros y de Torres, Madrid, Biblioteca Nueva, 1923.
— *The Standard Edition of the Complete Psychological Works*, traduction par James Strachey, en collaboration avec Anna Freud, Londres, The Hogarth Press, 24 vol., 1966-1974.
García, Tomás, *Y todo fue distinto*, édition par Angel Caffarena, Malaga, Publicaciones de la Librería Antigua El Guadalhorce, 1990.
García Buñuel, Pedro Christian, *Recordando a Luis Buñuel*, Saragosse, Disputación y Ayuntamiento de Zanougoza, 1985.
García Gallego, Jesús, *La recepción del surrealismo en España (1924-1931)*

*(La crítica de las revistas literarias en castellano y catalán)*, Grenade, Antonio Ubago, 1984.
— *Bibliografía y crítica del surrealismo y la Generación del veintisiete*, Malaga, Centre culturel de la Generación del 27, 1989.
García Lorca, Federico, *Cartas a sus amigos*, édition par Sebastià Gasch, Barcelone, Cobalto, 1950.
— *Epistolario*, édition par Christopher Maurer, Madrid, Alianza, 2 vol., 1983.
— *Obras completas*, Madrid, Aguilar, 22e éd., 3 vol., 1986.
García Márquez, Gabriel, « Tramontana », dans *Doce cuentos peregrinos*, Madrid, Mondadori, 1992, p. 177-186.
García de Valdeavellano, Luis, « Un educador humanista: Alberto Jiménez Fraud y la Residencia de Estudiantes », introduction à Alberto Jiménez Fraud, *La Residencia de Estudiantes. Viaje a Maquiavelo*, Barcelone, Ariel, 1972.
Garriga Camps, Pere, « El jove Dalí de la "Pairal" » (1), *Empordà*, Figueres, 3 février 1993, p. 25.
— « El jove Dalí de la "Pairal" » (2), *Empordà*, Figueres, 10 février 1993, p. 25.
Gasch, Sebastià, « Max Ernst », *L'Amic de les Arts*, Sitges, n° 7, octobre 1926, p. 7.
— « Cop d'ull sobre l'evolució de l'art modern », *L'Amic de les Arts*, Sitges, n° 18, 30 septembre 1927, p. 91-93.
— « Les fantaisies d'un reporter », *L'Amic de les Arts*, Sitges, n° 20, 30 novembre 1927, p. 108-109.
— « André Breton. *Le Surréalisme et la peinture* », *La Veu de Catalunya*, Barcelone, 15 mai 1928. Reproduit dans *Escrits d'art* (voir ci-dessous), p. 101-105.
— « Belleza y realidad », *La Gaceta Literaria*, Madrid, n° 49, 1er janvier 1929, p. 4.
— « Les obres recents de Salvador Dalí », *La Publicitat*, Barcelone, 16 novembre 1929, p. 5. Reproduit dans *Escrits d'art* (voir ci-dessous), p. 116-123.
— « Salvador Dalí », dans *L'expansió de l'art català al món*, Barcelone, impression privée, 1953, p. 139-163.
— *Escrits d'art i d'avantguarda (1925-1938)*, Barcelone, Edicions del Mall, 1987.
Gascoyne, David, *A Short History of Surrealism*, Londres, Cobden-Sanderson, 1935.
— « À propos du suicide de René Crevel », *Europe*, numéro spécial René Crevel, Paris, nos 79-80, novembre-décembre 1985, p. 90-94.
— *Collected Journals, 1936-42*, Londres, Skoob Books Publishing, 1991.
Gateau, Jean-Charles, *Paul Éluard et la peinture surréaliste*, Genève, Droz, 1962.
— *Paul Éluard ou le Frère voyant*, Paris, Laffont, 1988.
Gee, Malcolm, *Ernst, « Pietà or Revolution by Night »*, Londres, Tate Gallery (« Tate Modern Masterpieces »), 1986.
Gérard, Max, *Dalí de Draeger*, Paris, Le Soleil noir, 1968 ; références à l'édition espagnole, Barcelone, Blume, 9e éd., 1980.
— *Dalí... Dalí... Dalí...*, préface du docteur Roumeguère, Paris, Draeger, 1974 ; références à l'édition espagnole, Barcelone, Blume, 1985.
Ghiraldo, Alberto, *El archivo de Rubén Darío*, Buenos Aires, Losada, 1945.
Gibson, Ian, « Con Dalí y Lorca en Figueres », *El País*, Madrid, 26 janvier 1986, supplément du dimanche, p. 10-11.
— *Federico García Lorca*, traduction de Françoise et Xavier du Sorbier, Seghers, 1990.
— *Fire in the Blood. The New Spain*, Londres, Faber and Faber/BBC Books, 1992.
— « Un paranoico en la familia? El extraño caso del abuelo paterno de Salvador Dalí, un "infeliz demente" que se suicidó en Barcelone en 1886 », *El País*, Madrid, supplément « Babelia », 10 avril 1993, p. 2-3.
— « Salvador Dalí: The Catalan Background », dans *Salvador Dalí: The Early Years* (catalogue d'exposition, voir ci-dessus, section 1), p. 49-64.
Giménez Caballero, Ernesto, *Yo, inspector de alcantarillas (Epiplasmas)*, Madrid, Biblioteca Nueva, 1928.
— « El escándalo de *L'Âge d'or* en Paris. Palabras con Salvador Dalí », *La Gaceta Literaria*, Madrid, n° 96, 15 décembre 1930, p. 3.
— « Robinsón habla de arte, teatro. Salvador Dalí. Teatro de Bali », *La Gaceta Literaria*, n° 112, 15 août 1931, p. 10.
— « El comunismo español y madame Éluard », *La Gaceta Literaria*, n° 117, 1er novembre 1931, p. 6.
— *La nueva catolicidad. Teoría general sobre el Fascismo en Europa; en España*, Madrid, « La Gaceta Literaria », 2e éd., 1933.
— *Roma madre*, Madrid, Ediciones Jerarquía, 1939.
— *Memorias de un dictador*, Barcelone, Planeta, 1979.
— « Dalí! Querido Dalí! Gala te ha devorado! ya medio cráneo », *Diario 16*, Madrid, 26 février 1981, supplément, p. x.
Gimferrer, Pere, *Max Ernst o la dissolució de la identitat*, Barcelone, Ediciones Polígrafa, 1975.
— *Giorgio De Chirico*, Barcelone, Ediciones Polígrafa, 1988.
Giralt Casadesús, R., « L'exposició d'artistes empordanesos », Figueres, *Alt Empordà*, « Fulla artística », n° VI, juin 1918, p. 1.
Giralt-Miracle, Daniel, « Caminos de las vanguardias. Recorrido de una exposición », dans *AC. Las vanguardias en Catalunya* (voir ci-dessus, section 3), p. 60-117.
Glendinning, Nigel, « The Visual Arts in Spain », dans P. E. Russell (éd.), *A Companion to Spanish Studies*, Londres, Methuen, 1973, p. 473-542.
Gold, Arthur et Fitzdale, Robert, *Misia: The Life of Misia Sert*, Londres, Macmillan, 1980.
Gómez de la Serna, Ramón, *La sagrada cripta de Pombo (Tomo IIº, aunque independiente del 1º, pudiendo leerse el IIº sin contar con el 1º)* [1924], édition en fac-similé, Editorial Trieste, Madrid, 1986.
— *Ismos* [1930], Madrid, Guadarrama (« Punto Omega »), 1975.
— *Greguerías. Selección 1940-1952*, Madrid, Espasa-Calpe, 1952.
— *Dalí*, Madrid, Espasa-Calpe, 1977.
Gómez de Liaño, Ignacio, « Le théâtre Dalí de la mémoire », dans *La Vie publique de Salvador Dalí* (catalogue d'exposition, voir ci-dessus, section 1), p. 182-185.
— *Dalí*, Barcelone, Ediciones Polígrafa, 1982.
— « "Llegaremos más tarde, hacia las cinco". Dalí visto por Pitxot », dans *400 obras de Salvador Dalí de 1914 a 1983* (catalogue d'exposition, voir ci-dessus, section 1), I, p. 254-257.
— « Odisea Dalí », *ibid.*, II, p. 21-43.
— « En la casa del arte », dans *Los Pichot. Una dinastía de artistas* (catalogue d'exposition, voir ci-dessus, section 3), p. 15-45.
Green, Julien, *Œuvres complètes*, Paris, Gallimard, « Bibliothèque de la Pléiade », vol. 4, 1975.
— « Los años mágicos », *Blanco y Negro*, Madrid, 26 février 1989, p. 8-10.
— *La Fin d'un monde. Juin 1940*, Paris, Éditions du Seuil, 1992.
Guardiola Rovira, Ramon, *Dalí y su museo. La obra que no quiso Bellas Artes*, Figueres, Editora Empordanesa, 1984.
Guillamet, Jaume, « *Studium*, la revista del jove Dalí », introduction à l'édition en fac-similé de *Studium*, Edicions Federals, Figueres, 1993, p. 5-11.
Guillamet, Joan, *Vent de tramuntana, gent de tramuntana*, Barcelone, Editorial Joventut, 1992.
Guzmán, Eduardo de, *1930. Historia política de un año decisivo*, Madrid, Ediciones Tebas, 1973.
Halsman, Philippe, avec Salvador Dalí, *Dalí's Moustache: A Photographic Interview* (1954), Paris, Flammarion, 2e éd., 1994.
Hernández, Mario, « Garcia Lorca y Salvador Dalí: del ruiseñor lírico a los burros podridos (Poética y epistolario) », dans Laura Dolfi (éd.), *L'imposible/posible di Federico García Lorca*, Naples, Edizioni Scientifiche Italiane, 1989, p. 267-319.
Hernández, Patricio, *Emilio Prados: la memoria del olvido*, Saragosse, Prensas Universitarias, 2 vol., 1988.
Hughes, Robert, *Barcelona*, New York, Knopf, 1992.
Hugnet, Georges, introduction à *Petite anthologie poétique du surréalisme* [édité anonymement par Éluard et Breton], Paris, Éditions Jeanne Bucher, 1934, p. 7-42.
— *Pleins & déliés. Témoignages et souvenirs, 1926-1972*, La Chapelle-sur-Loire, Guy Authier Éditeur, 1972.
Hurtado, Amadeu, *Quaranta anys d'advocat. Història del meu temps, 1894-1930*, Barcelone, Edicions Ariel, 2e éd., 1969.
Jackson, Gabriel, *The Spanish Republic and the Civil War*, New Jersey, Princeton University Press, 1965.

James, Edward, *Swans Reflecting Elephants: My Early Years*, édition par George Melly, Londres, Weidenfeld and Nicolson, 1982.
Janis, Harriet, « Painting as a Key to Psychoanalysis », *Art and Architecture*, New York, février 1946.
Jardí, Enric, *Eugeni d'Ors*, Barcelone, Aymà, 1967.
Jean, Marcel, en collaboration avec Arpad Mezei, *The History of Surrealist Painting*, traduction du français par Simon Watson Taylor, Londres, Weidenfeld and Nicolson, 1960.
Jerez-Farrár, Carlos, « García Lorca y *El Paseo* de Buster Keaton: alegoria del amor homosexual sublimado », New York, *Romance Review*, vol. 88, n° 4, 1er novembre 1997.
Jiménez, Xavier et Playà i Maset, J., « Dalí vist des de l'Empordà », série de quinze articles publiés de janvier à décembre 1984 dans *Hora Nova*, Figueres. Ceux dont ce livre tire ses informations sont, par ordre de parution : « Joan Butchacas », n° 348, 24-30 janvier, p. 9 ; « Pere Garriga Camps », n° 353, 28 février-5 mars, p. 8 ; n° 354, 6-12 mars, p. 6 ; n° 356, 20-26 mars, p. 8 ; « L'amistat amb Ramon Reig » et « Llúcia Gispert de Montcanut », n° 361 (« Fires de Santa Creu », supplément, mai), p. 39 ; « El collegi La Salle », n° 365, 29 mai-4 juin, p. 6 ; « Jaume Miravitlles », n° 370, 4-10 juillet, p. 13.
— « Dalí, el fútbol i la Unió Esportiva Figueres », *Revista de Girona*, Gérone, juin 1986, p. 75-82.
Jiménez Fraud, Alberto, *Historia de la universidad española*, Madrid, Alianza, 1971.
Jiménez-Landi, Antonio, *La Institución Libre de Enseñanza y su ambiente. Los orígenes*, Madrid, Taurus, 1973.
Jones, Ernest, *Sigmund Freud*, édité et abrégé par Lionel Trilling et Steven Marcus, Harmondsworth, Penguin Books, 1974.
Kaufman, Gershen, *The Psychology of Shame: Theory and Treatment of Shame-Based Syndromes*, Londres, Routledge, 1993.
Lacan, Jacques, « Le problème du style et la conception psychiatrique des formes paranoïaques de l'expérience », *Minotaure*, Paris, n° 1, 1er juin 1933, p. 68-69.
— « Motifs du crime paranoïaque. Le crime des sœurs Papin », *Minotaure*, Paris, nos 3-4, 15 décembre 1933, p. 25-28.
— *De la psychose paranoïaque dans ses rapports avec la personnalité*, Paris, Éditions du Seuil, 1975.
Lacuey, J., *Torremolinos*, Torremolinos, Batan, 1990.
Lake, Carlton, *In Quest of Dalí* [1969], New York, Paragon House, 1990.
Larraz, Emmanuel, *Le Cinéma espagnol des origines à nos jours*, préface de Luis García Berlanga, Paris, Les Éditions du Cerf, 1986.
Lautréamont, comte de (pseud. d'Isidore Ducasse), *Los cantos de Maldoror par el conde de Lautréamont*, traduction par Julio Gómez de la Serna, prologue de Ramón Gómez de la Serna, Madrid, Biblioteca Nueva, s. d. [1921 ?].
— *Les Chants de Maldoror. Lettres. Poésies I et II*, Paris, Gallimard, 1973.
— *Œuvres complètes*, Gallimard, « Bibliothèque de la Pléiade », 2009.
Lear, Amanda, *L'Amant Dalí. Ma vie avec Salvador Dalí*, Paris, Michel Lafon, 1994.
Leiner, Jacqueline, « Les chevaliers du Graal au service de Marx », introduction à l'édition en fac-similé du *Surréalisme au service de la révolution* (voir ci-dessous, section 8).
Levy, Julien, *Surrealism*, New York, The Black Sun Press, 1936.
— *Memoir of an Art Gallery*, New York, G. P. Putnam's, 1977.
Lomas, John (éd.), *O'Shea's Guide to Spain and Portugal*, Édimbourg, Adam and Charles Black, 7e éd., 1885.
Lowe, John, *Edward James: A Surrealist Life*, Londres, Collins, 1991.
Lynd, Helen Merrell, *On Shame and the Search for Identity*, New York, Harcourt, Brace and World, 1958.
Madrid, Francisco, « El escándalo del "Salón de Otoño" de Barcelona. Salvador Dalí, pintor de vanguardia, dice que todos los artistas actuales están putrefactos », *Estampa*, Madrid, n° 45, 6 novembre 1928, p. [9].
Malanga, Gerard, « Explosion of the Swan », Salvador Dalí on Federico Garcia Lorca and Three Poems, *Sparrow 35*, Santa Rosa, Californie, Black Sparrow Press, août 1975.
Martínez Nadal, Rafael, *Federico García Lorca. Mi penúltimo libro sobre el hombre y el poeta*, Madrid, Editorial Casariego, 1992.
Mason, Rainer Michael, *Dalí verdadero/grabado falso. La obra impresa 1930-1934* (catalogue d'exposition, voir ci-dessus, section 1).
Massip, José María, « Dalí hoy », *Destino*, Barcelone, n° 660, 1er avril 1950, p. 1, 4-5.
Maur, Karen von, « Breton et Dalí, à la lumière d'une correspondance inédite », dans *André Breton. La Beauté convulsive*, Paris, Centre Georges-Pompidou (catalogue d'exposition, voir ci-dessus, section 3), p. 196-202.
McGirk, Tim, *Wicked Lady: Salvador Dalí's Muse*, Londres, Hutchinson, 1989.
Minguet Batllori, Joan M., « Joan Miró en el arte español. Una aproximación cronológica (1918-1983) », dans *Ver a Miró* (catalogue d'exposition, voir ci-dessus, section 3), p. 63-83.
Miravitlles, Jaume, « Notes a l'entorn de l'art d'avantguarda. Miró-Dalí-Domingo », *La Nova Revista*, Barcelone, n° 24, décembre 1928, p. 318-323.
— *Contra la cultura burguesa*, Barcelone, Edicions « L'Hora », 1931.
— *El ritme de la Revolució*, Barcelone, Edicions « Documents », 1933.
— « Encuentros en mi vida, Dalí y Buñuel », *Tele/eXpres*, Barcelone, 1er juillet 1977, p. 2 et 8 juillet 1977, p. 2.
— « Dalí i l'aritmètica », *Revista de Girona*, Gérone, n° 68, 3e trimestre, 1974, p. 31-35.
— *Gent que he conegut*, Barcelone, Destino, 1980.
— *Més gent que he conegut*, Barcelone, Destino, 1981.
— « He visto llorar a Gala », *La Vanguardia*, Barcelone, 11 juin 1982, p. 6.
— « Una vida con Dalí », dans *400 obras de Salvador Dalí de 1914 a 1983* (catalogue d'exposition, voir ci-dessus, section 1), II, p. 5-9.
Miró, Joan, « Je rêve d'un grand atelier », *Vingtième siècle*, Paris, n° 2, mai-juin 1938, p. 25-28.
Molas, Joaquim, *La literatura catalana d'avantguarda, 1916-1938. Selecció, edició i estudi*, Barcelone, Antoni Bosch, 1983.
Molina, César Antonio, *La revista « Alfar » y la prensa literaria de la época (1920-1930)*, La Corogne, Ediciones Nos, 1984.
Montero Alonso, José, *Vida de Eduardo Marquina*, Madrid, Editora Nacional, 1965.
Montes, Eugenio, « *Un chien andalou* (film de Luis Buñuel y Salvador Dalí, estrenado en "Le Studio des Ursulines", Paris) », *La Gaceta Literaria*, Madrid, n° 60, 15 juin 1929, p. 1.
Moore, Peter, *Hard Times and Soft Watches*, Mémoires inédits.
Moorhouse, Paul, *Dalí*, Wigston (Leicester), Magna Books, 1990.
Moreiro, José María, « Dalí, en el centro de los recuerdos », *El País Semanal*, Madrid, 23 octobre 1983, p. 15-21.
Morelli, Gabriele (éd.), *Trent'anni di avanguardia spagnola. Da Ramón Gómez de la Serna a Juan-Eduardo Cirlot*, Milan, Edizioni Universitarie Jaca, 1987.
Moreno Villa, José, « Nuevos artistas. Primera exposición de la Sociedad de Artistas Ibéricos », *Revista de Occidente*, Madrid, III, n° XXV, juillet-août-septembre 1925, p. 80-91.
— « La jerga profesional », *El Sol*, Madrid, 12 juin 1925, p. 5.
— « La Exposición de "Artistas Ibéricos" », *La Noche*, Barcelone, 12 juin 1925, p. 4.
— *Vida en claro*, Mexico, El Colegio de México, 1944.
Morla Lynch, Carlos, *En España con Federico García Lorca*, Madrid, Aguilar, 1958.
Morris, C. B., *Surrealism and Spain: 1920-1936*, Cambridge, Cambridge University Press, 1972.
— *This Loving Darkness: The Cinema and Spanish Writers, 1920-1936*, Oxford, Oxford University Press, 1980.
Morse, A. Reynolds, *Dalí: A Study of His Life and Work*, avec une introduction spéciale de Michel Tapié, Greenwich, Connecticut, New York Graphic Society, 1958.
Morse, Eleanor, « My View », dans Morse, *Salvador Dalí: A Panorama of His Art* (voir ci-dessus, p. XXV-XXXVI).
— *A New Introduction to Salvador Dalí*, Beachwood, Cleveland, Fondation Reynolds Morse, 1960 ; « Updating Supplement », *The Decade 1971-1961*

(*sic*), Beachwood, Cleveland, The Salvador Dalí Museum, 1971.
— *A Dalí Primer*, Cleveland, Fondation Reynolds Morse, 1970.
— *The Draftsmanship of Salvador Dalí*, Cleveland, The Salvador Dalí Museum, 1970.
— *Pablo Picasso, Salvador Dalí: A Preliminary Study in Their Similarities and Contrasts*, Cleveland, The Salvador Dalí Museum, 1973.
— (avec Eleanor R. Morse), *The Dalí Adventure: 1943-1973*, Cleveland, The Salvador Dalí Museum (1973), éd. augmentée, 1974.
— « Reminiscences and Reassessments », voir ci-dessus, p. III-XXIV.
— « Romantic Ampurdán », voir ci-dessus, p. 205-214.
Murcia, Claude, *Luis Buñuel. « Un chien andalou », « L'Âge d'or ». Étude critique*, Paris, Nathan, « Synopsis », 1994.
Nadeau, Maurice, *Histoire du surréalisme*, II : *Documents surréalistes*, Paris, Éditions du Seuil, 1948.
— *The History of Surrealism*, introduction par Roger Shattuck, New York, Collier Books, 1967.
Navarro Arisa, Juan José, « Gala Dalí. Los secretos de una musa », *El País Semanal*, Madrid, n° 182, 14 août 1994, p. 10-19.
Naville, *Le Temps du surréel. L'Espérance mathématique. Tome I*, Paris, Galilée, 1977.
Nin, Anaïs, *The Diary of Anaïs Nin. Volume Three. 1939-1944*, édition et préface par Gunther Stuhlmann, New York, Harcourt Brace, 1969.
Olano, Antonio D., *Dalí, secreto*, Barcelone, Círculo de Lectores, 1975.
Oliver Belmás, Antonio, *Este otro Rubén Darío*, Barcelone, Editorial Aedos, 1960.
Oller, Narcís, *La febre d'or* [1890-1892], Barcelone, Edicions 62, 2 vol., 1993.
Ontañón, Santiago et Moreiro, José María, *Unos pocos amigos verdaderos*, préface de Rafael Alberti, Madrid, Fondation Banco Exterior, 1988.
Oriol Anguera, A., *Mentira y verdad de Salvador Dalí*, Barcelone, Cobalto, 1948.
Ors, Eugenio d', « El juego lúgubre y el doble juego », *La Gaceta Literaria*, Madrid, n° 72, 15 décembre 1929, p. 3.
— *La verdadera historia de Lídia de Cadaqués*, illustrations et jaquette de Salvador Dalí, Barcelone, José Janés, 1954.
— *La ben plantada, seguida de Galería de Noucentistes*, préface d'Enric Jardí, Barcelone, Editorial Selecta, 8e éd., 1980.
Orwell, George, « Benefit of Clergy: Some Notes on Salvador Dalí » [1944], dans *The Collected Essays, Journalism and Letters of George Orwell*, vol. 3, Harmondsworth, Penguin Books, 1971, p. 185-195.
Palau i Fabre, Josep, *Picasso i els seus amics catalans*, Barcelone, Aedos, 1971.
Pastoureau, Henri, « Soirées chez Gala en 1933 et 1934 », *Pleine marge. Cahiers de littérature, d'arts plastiques et de critique*, Paris, n° 6, décembre 1987, p. 39-43.
Pauwels, Louis et Dalí, Salvador, *Les Passions selon Dalí*, Paris, Denoël, 1968.
— *The Passions According to Dalí*, traduction par Eleanor Morse, The Salvador Dalí Museum, St. Petersburg, Floride, 1985.
Pella y Forgas, *Historia del Ampurdán. Estudio de la civilización en las comarcas del noreste de Cataluña*, Barcelone, Luis Tasso y Serra, 1883 ; reproduction en fac-similé, Olot, Aubert Impressor, 2e éd., 1980.
Penrose, Roland, *Picasso: His Life and Work*, Londres, Gollanz, 1958.
— *80 años de surrealismo, 1900-1981*, Barcelone, Ediciones Polígrafa, 1981.
— *Miró*, Londres, Thames and Hudson, « World of Art », 1988.
Péret, Benjamin, *Œuvres complètes*, 5 vol., Paris, Association des amis de Benjamin Péret, Eric Losfeld et librairie José Corti, 1969-1989.
Pérez Galán, Mariano, *La enseñanza en la Segunda República Española*, Madrid, Cuadernos para el Diálogo, 2e éd., 1977.
Pérez Turrent, Tomás et Colina, José de la, *Buñuel por Buñuel*, Madrid, Plot, 1993.
Permanyer, Lluís, « Salvador Dalí, a través del cuestionario "Marcel Proust" », *Destino*, Barcelone, 6 avril 1962.
— « Cuando Dalí no era divino ni arcangélico », *La Vanguardia*, Barcelone, 7, 12 avril et 5, 6 mai 1972.
— « El pincel erótico de Dalí. Reportaje por Lluís Permanyer », *Playboy*, Barcelone, n° 3, janvier 1979, p. 73-74, 160-164.
Pierre, José, « Breton et Dalí », dans *Salvador Dalí* (catalogue Pompidou, voir ci-dessus, section 1), p. 131-140.
— « Le peintre surréaliste par excellence », dans *Yves Tanguy* (catalogue d'exposition, voir ci-dessus, section 1), p. 42-61.
Piers, Gerhart et Singer, Milton B., *Shame and Guilt: A Psychoanalytic and a Cultural Study*, New York, W. W. Norton, 1971.
Pla, Josep, *Vida de Manolo contada per ell mateix* [1927], dans *Tres artistes*, Barcelone, Destino, *Obra completa*, vol. 14, 2e éd., 1981, p. 7-297.
— *Costa Brava. Guia general y verídica*, prologue d'Alberto Puig, Barcelone, Destino, 1941.
— [sous le pseud. de « Tristán »], « Salvador Dalí visto desde Cadaqués », *Destino*, Barcelone, 28 septembre 1946, p. 3-5.
— et Salvador Dalí, *Obres de museu*, Figueres, Dasa Ediciones, S. A., 1981.
— « Salvador Dalí, una noticia », dans *Homenots. Quarta sèrie*, Barcelone, Destino, *Obra completa*, vol. 29, 2e éd., 1985, p. 159-201.
— « Cadaqués », dans *Un petit món del Pirineu*, Barcelone, Destino, *Obra completa*, vol. 27, 2e éd., 1981, p. 7-212.
— « Pa i Raïm » et « Contraban », dans *Contraban i altres narracions*, Barcelone, Edicions 62, 1992.
Playà i Maset, Josep, *Dalí de l'Empordà*, Barcelone, Editorial Labor, « Terra Nostra », 1992.
— et Victor Fernández, « Buñuel escribe a Dalí. Dos cartas inéditas del cineasta aclaran aspectos de *Un chien andalou* y de las pugnas intelectuales de los años 20 », *La Vanguardia*, Barcelone, « Cultura y espectáculos », 1er avril 1966, p. 25.
*Poesía*, Madrid, n° 18-19, 1983, numéro monographique consacré à la Résidence des étudiants (1910-1936) à l'occasion du centenaire de la naissance de son directeur, Alberto Jiménez Fraud (1883-1964), relatant sa vie et les activités qui y ont eu lieu.
Porcel, Baltasar, « Con Salvador Dalí en su Teatro-Museo bajo la sombra místico-aurífera y el eco de Ramón Gómez de la Serna », épilogue de Goméz de la Serna, *Dalí* (voir ci-dessus), p. 196-212.
Pritchett, V. S., *Midnight Oil*, Harmondsworth, Penguin Books, 1974.
Puccini, Dario, « La "Oda a Salvador Dalí" nella storia poetica de Lorca », dans *Il segno del presente. Studi di letteratura spagnola*, Turin, Edizioni dell'Orso, 1992, p. 89-108.
Puignau, Emilio, *Vivencias con Salvador Dalí*, prologue de Luis Romero, Barcelone, Editorial Juventud, 1995.
Purser, Philip, *Poeted: The Final Quest of Edward James*, Londres, Quartet Books, 1991.
« Puvis », « Notes d'art. L'exposició de la Societat de Concerts », *Empordà Federal*, Figueres, n° 414, 11 janvier 1919, p. 3.
Quiñonero, Juan Pedro, « Cécile Éluard. El surrealismo llama a la memoria », *Blanco y Negro*, Madrid, 20 mars 1988, p. 62-66.
Rahola i Escofet, Gaietà et Rahola i Sastre, Josep, *La marina mercant de Cadaqués*, Gérone, Editorial Dalmau Carles, Pla, S. A., 1976.
Rahola y Tremols, Federico, *Antiguas comunidades de pescadores de Cabo de Creus*, Barcelone, Imprenta de la Casa Provincial de Caridad, 1904.
Read, Herbert, « Bosch and Dalí », *The Listener*, Londres, 14 décembre 1934.
— (éd.), *Surrealism*, avec une introduction de l'éditeur et des contributions d'André Breton, Hugh Sykes Davies, Paul Éluard et Georges Hugnet, Londres, Faber and Faber, 2e impr., 1937.
Revenga, Luis, « Imágenes de un enigma: Dalí », dans *400 obras de Salvador Dalí de 1914 a 1983* (catalogue d'exposition, voir ci-dessus, section 1), II, p. 50-61.
Rey, Henri-François, *Dalí en su laberinto. Ensayo comentado por Dalí*, Barcelone, Editorial Euros, 1975.
Richardson, John, *A Life of Picasso*, I : *1881-1906*, Londres, Jonathan Cape, 1991.
— *A Life of Picasso. Volume II : 1907-1917*, Londres, Jonathan Cape, 1996.
Rivas Cherif, Cipriano, « El caso de Salvador Dalí », *España*, Madrid, n° 413, 14 mars 1924, p. 6-7.
Rodrigo, Antonina, *García Lorca en Cataluña*, Barcelone, Planeta, 1975.

— *Lorca Dalí. Una amistad traicionada*, Barcelone, Planeta, 1981.
— *Memoria de Granada: Manuel Ángeles Ortiz y Federico García Lorca*, Barcelone, Plaza y Janés, 1984 ; 2e éd., Fuente Vaqueros (Grenade), maison-musée Federico García Lorca, 1984.
— *García Lorca, el amigo de Cataluña*, Barcelone, Edhasa, 1984.
Rodríguez Puértolas, Julio, *Literatura fascista española*, I : *Historia*, Madrid, Akal, 1986.
Rojas, Carlos, *El mundo mítico y mágico de Salvador Dalí*, Barcelone, Plaza y Janés, 1985.
Romero, Alfons et Ruiz, Joan, *Figueres*, Gérone, *Quaderns de la Revista de Girona*, n° 34, 1992.
Romero, Luis, *Todo Dalí en un rostro*, Barcelone, Editorial Blume, 1975.
— *Aquel Dalí*, photographies de Josep Postius, Barcelone, Argos Vergara, 1984.
— *Dedálico Dalí*, Barcelone, Ediciones B, 1989.
— *Torero allucinogen*, Barcelone, Editorial Mediterrània, 1990.
— *Psicodálico Dalí*, Barcelone, Editorial Mediterrània, 1991.
Roudinesco, Élisabeth, *Jacques Lacan. Esquisse d'une vie, histoire d'un système de pensée*, Paris, Fayard, 1993.
Roumeguère, Pierre, « La mystique dalinienne devant l'histoire des religions », dans *JG*, édition par Michel Déon, Paris, Gallimard, « Idées », 1974.
— « The Cosmic Dalí. The "Royal Way" of Access to the Dalínian Universe », préface à *Dalí by Dalí* (voir *Dalí par Dalí* ci-dessus, section 5), p. III-IX.
— « Canibalismo y estética. Del canibalismo paranoico de la gastro-estética hacia una Estética Biológica. La oralidad, vía imperial de acceso al universo dalíniano », préface à Max Gérard, *Dalí... Dalí... Dalí* (voir ci-dessus).
Rubin, William S., *Dada and Surrealist Art*, New York, Harry N. Abrams, [1968].
Rucar de Buñuel, Jeanne, avec Marisol Martín del Campo, *Memorias de una mujer sin piano*, Madrid, Alianza, 1990.
Ruiz-Castillo Basala, José, *El apasionante mundo del libro. Memorias de un editor*, Madrid, Biblioteca Nueva, 1979.
Sade, marquis de, *Les 120 Journées de Sodome*, préface de Jean-François Revel, Paris, Jean-Jacques Pauvert, 1972.
Sadoul, Georges, *Rencontres*, I : *Chroniques et entretiens*, Paris, Denoël, 1984.
— Préface à Buñuel, *Viridiana. Scénario et dialogues. Variantes. Dossier historique et critique*, Paris, Pierre Lherminier Éditeur, « Filméditions », 1984.
Sahuquillo, Angel, *Federico García Lorca y la cultura de la homosexualidad masculina. Lorca, Dalí, Cernuda, Gil-Albert, Prados y la voz silenciada del amor homosexual*, Alicante, Institut de culture Juan Gil-Albert et Diputación d'Alicante, 1991.
Sánchez Rodríguez, Alfredo, « 1930: Salvador Dalí, a Torremolinos. Come e perché fallisce il progetto di pubblicare a Malaga una rivista del surrealismo spagnolo », dans Morelli, (éd.), *Trent'anni di avanguardia spagnola* (voir ci-dessus), p. 165-177.
Sánchez Vidal, Agustín (éd.), *Luis Buñuel. Obra literaria*, Saragosse, Ediciones de Heraldo de Aragón, 1982.
— *Luis Buñuel, Obra cinematográfica*, Madrid, Ediciones J. C., 1984.
— *Buñuel, Lorca, Dalí: el enigma sin fin*, Barcelone, Planeta, 1988.
— « La nefasta influencia del García », dans Laura Dolfi (éd.), *L'imposible/posible di Federico García Lorca*, Naples, Edizione Scientifiche Italiane, 1989, p. 219-228.
— *El mundo de Luis Buñuel*, Saragosse, Caja de Ahorros de la Inmaculada, 1993.
— « The Andalusian Beasts », dans *Salvador Dalí: The Early Years* (catalogue d'exposition, voir ci-dessus, section 1), p. 193-207.
— « De *L'Âge d'or* à la ruée vers l'or », traduit de l'espagnol par Jean-Pierre Sánchez, dans Jean-Michel Bouhours et Nathalie Schoeller (éd.), *L'Âge d'or. Correspondance Luis Buñuel-Charles de Noailles* (voir ci-dessus, section 4), p. 11-26.
Santos Torroella, Rafael, *Salvador Dalí*, Madrid, Afrodisio Aguado, 1952.
— « Arte y no arte de Salvador Dalí en su homenaje a Fortuny », *Noticiero Universal*, Barcelone, 17 octobre 1962. La réaction de Dali, « Dalí no digiere a Dalí », et la réponse de Santos Torroella, *ibid.*, 24 octobre 1962. Reproduit dans Santos Torroella, *La trágica vida de Salvador Dalí* (voir ci-dessous), p. 51-58.
— *La miel es más dulce que la sangre. Las épocas lorquiana y freudiana de Salvador Dalí*, Barcelone, Planeta, 1984.
— « Carta abierta a monsieur Robert Descharnes. La exposición de Salvador Dalí en Ferrara », *La Vanguardia*, Barcelone, 2 septembre 1984, p. 30.
— « Descharnes y el estilo "cárcel de papel" », *La Vanguardia*, Barcelone, 27 septembre 1984, p. 38.
— « Nuevas puntualizaciones al libro de Robert Descharnes. Dalí fue un modélico alumno de instituto », *La Vanguardia*, Barcelone, 25 octobre 1984.
— « La ceremonia daliniana de la confusión », *La Vanguardia*, Barcelone, 6 juin 1985, p. 33.
— *Salvador Dalí i el saló de Tardor. Un episodi de la vida artística barcelonina el 1928*, Barcelone, Reial Acadèmia Catalana de Belles Arts de Sant Jordi, 1985.
— « "Las rosas sangrantes" y la imposible descendencia de Dalí », *ABC*, Madrid, 26 novembre 1987.
— « Giménez Caballero y Dalí: influencias recíprocas y un tema compartido », *Anthropos. Revista de documentación científica de la cultura*, Barcelone, n° 84, 1988, p. 53-56.
— « Barradas y el *clownismo*. Con Dalí y García Lorca al fondo », dans *Rafael Barradas* (catalogue d'exposition, voir ci-dessus, section 1), Madrid, galerie Jorge Mara, 1992, p. 25-33.
— « El extraño caso de "El tiempo amenazador" », *ABC*, Madrid, supplément « *ABC* de las artes », 14 août 1992, p. 32-33.
— *Dalí residente*, Madrid, Publicaciones de la Residencia de Estudiantes, Conseil des investigations scientifiques, 1992.
— « El Reina Sofía se equivoca con Dalí », *ABC*, Madrid, supplément « *ABC* de las artes », 2 octobre 1992, p. 36-38.
— « La trágica vida de Dalí », *Diario 16*, Madrid, supplément « Culturas », 25 septembre 1993, p. 2-4.
— « The Madrid Years », dans *Salvador Dalí: The Early Years* (catalogue d'exposition, voir ci-dessus, section 1), p. 81-89.
— *« Los putrefactos » de Dalí y Lorca. Historia y antología de un libro que no pudo ser*, Madrid, Residencia de Estudiantes, 1995.
— *Dalí. Epoca de Madrid. Catálogo razonado*, Madrid, Residencia de Estudiantes, 1994.
— « Salvador Dalí en la primera exposición de la Sociedad de Artistas Ibéricos. Catalogación razonada », dans *La Sociedad de Artistas Ibéricos y el arte español de 1925* (catalogue d'exposition, voir ci-dessus, section 3, p. 59-66).
— *La trágica vida de Salvador Dalí*, Barcelone, Parsifal, 1995.
Savinio, Alberto, *Nueva enciclopedia*, traduction par Jesús Pardo, Barcelone, Seix Barral, 1983.
Sawin, Martica, *Surrealism in Exile and the Beginning of the New York School*, Cambridge, Massachusetts, MIT Press, 1995.
Secrest, Meryle, *Salvador Dalí*, New York, E.P. Dutton, 1986.
Serraclara, Gonzalo, *La nueva inquisición. Proceso del diputado Serraclara y sucesos ocurridos en Barcelona el día 25 setiembre de 1869*, Barcelone, Librería de I. López, 1870.
Shattuck, Roger, *The Banquet Years. The Origins of the Avant Garde in France. 1885 to World War I*, New York, Vintage Books, édition révisée, 1968.
Skira, Albert, *Vingt ans d'activité*, Paris, Skira, 1948.
Soby, James, « Salvador Dalí », dans *Salvador Dalí. Paintings Drawings Prints* (catalogue d'exposition, voir ci-dessus, section 1).
Stein, Gertrude, *The Autobiography of Alice B. Toklas* (1933), Londres, Penguin Books, 1966.
— *Everybody's Autobiography* (1937), Londres, Virago, 1985.
Sylvester, David, *Magritte*, Londres, Thames and Hudson en association avec la Menil Foundation, 1992.
Teixidor Elies, P., *Figueres anecdòtica segle XX*, Figueres, sponsorisé par l'Excm. Ajuntament, 1978 ; « Pòrtic », par Montserrat Vayreda i Trullol.
Terry, Arthur, *Catalan Literature*, Londres, Ernest Benn, 1972.
Tharrats, Joan Josep, *Cent anys de pintura a Cadaqués*, Barcelone, Ediciones del Cotal, 1981.

— (éd.), numéro spécial « Picasso a Cadaqués », *Negre + gris*, Barcelone, n° 10, automne 1985.
Thirion, André, *Révolutionnaires sans révolution*, Paris, Le Pré aux Clercs, 1988.
Torre, Guillermo de, *Hélices. Poemas*, Madrid, Editorial Mundo Latino, 1923.
— *Literaturas europeas de vanguardia*, Madrid, Caro Raggio, 1925.
— *Historia de las literaturas de vanguardia*, Madrid, Ediciones Guadarrama, 1965.
Trend, J. B., *A Picture of Modern Spain, Men and Music*, Londres, Constable, 1921.
— *The Origins of Modern Spain*, Cambridge, Cambridge University Press, 1935.
Ultra Violet, « Dallying with Dalí », *Exposure*, Los Angeles, octobre 1990, p. 56-59.
Utrillo, Miguel, *Salvador Dalí y sus enemigos*, Sitges-Barcelone, Ediciones Maspe, 1952.
Valdivielso Miquel, Emilio, *El drama oculto. Buñuel, Dalí, Falla, García Lorca y Sánchez Mejías*, Madrid, Ediciones de la Torre, 1992.
Valenciano Gayá, L., *El doctor Lafora y su época*, Madrid, Ediciones Morata, 1977.
Valette, Robert D., *Éluard. Livre d'identité*, Paris, Tchou, 1967.
Vallès i Rovira, Carles, *Diccionari de l'Alt Empordà (històric, geogràfic, biogràfic, gastronòmic, folkòric...)*, Gérone, Carles Vallès Editor, 2 vol., 1984-5.
Vayreda, Maria dels Angels, « Com és Salvador Dalí? », *Revista de Girona*, Girona, n° 68, 1974, p. 11-14.
Vela, Fernando, « El suprarealismo », *Revista de Occidente*, Madrid, vol. 6, n° XVIII, décembre 1924, p. 428-434.
Vidal i Oliveras, Jaume, « Josep Dalmau. El primer marxant de Joan Miró », dans *Miró, Dalmau, Gasch* (catalogue d'exposition, voir ci-dessus, section 3), p. 49-74.
— *Josep Dalmau. L'aventura per l'art modern*, Manresa, Fondation Caixa de Manresa, 1988.
Videla, Gloria, *El ultraísmo. Estudios sobre movimientos poéticos de vanguardia en España*, Madrid, Editorial Gredos, « Biblioteca románica hispánica », 1963.
Vieuille, Chantal, *Gala*, Faver, Lausanne et Paris, 1988.
Vila-San-Juan, F., *Dr Antonio Puigvert. Mi vida... y otras más*, Barcelone, Planeta, 1981.
Vinci, Léonard de, *Leonardo on Painting*, édition par Martin Kemp, New Haven et Londres, Yale University Press, 1989.
Waldberg, Patrick, *Surrealism*, Londres, Thames and Hudson, 1965.
— « Salvador Dalí », dans le catalogue du musée Boymans-Van Beuningen de Rotterdam (voir section 1, ci-dessus), p. 34-37.
Wilson, Edmund, « Salvador Dalí as a Novelist », *The New Yorker*, 1er juillet 1944.
Wolff, Geoffrey, *Black Sun: The Brief Transit and Violent Eclipse of Harry Crosby*, New York, Random House, 1976.
Zerbib, Mónica, « Salvador Dalí: "Soy demasiado inteligente para dedicarme sólo a la pintura" », *El País*, « Arte y Pensamiento », 30 juillet 1978, p. I, VI.
Zervos, Christian, « Œuvres récentes de Picasso », *Cahiers d'art*, Paris, n° 5, juin 1926, p. 89-93.
— *Pablo Picasso*, Paris, Éditions « Cahiers d'art », 1952, vol. 5 et 7.
Zweig, Stefan, *El mundo de ayer*, Barcelone, Editorial Juventud, 1968.

## 7 – ÉMISSIONS DE TÉLÉVISION
(consultées en vidéo)

1955 : « Panorama », Dalí interviewé par Malcolm Muggeridge, BBC, Royaume-Uni, 4 mai 1955.
1966 : « Dalí in New York », BBC, Royaume-Uni, produit et réalisé par Jack Bond, présenté par Jane Arden.
1973 : « Aquarius Hello Dalí! », London Weekend Television, Royaume-Uni, produit et réalisé par Russell Harty, dirigé par Bruce Gowers, édité et introduit par Humphrey Burton.
1979 : trois émissions sur Dalí dans « Imágenes », RTE (deuxième chaîne), Espagne, écrit, réalisé et présenté par Paloma Chamorro, produit par Jesús González, 30 mai 1979, 6 juin 1979, 13 juin 1979.
1984 : « Informe Semanal La máscara se trasluce », TVE, Espagne, 30 juin 1984.
1984 : « Arena. The Life and Times of Don Luis Buñuel », BBC, Royaume-Uni, produit par Alan Yentob, réalisé par Anthony Wall.
1984 : « El Dominical Todos los hombres de Dalí », TVE, Espagne, 16 septembre 1984.
1986 : « Arena. Dalí », BBC, Royaume-Uni, en association avec la Demart, produit par Adam Low.
1989 : « Documentos TV Pintar después de morir », TVE, Espagne, 25 septembre 1989.
1993 : « El Enigma Dalí », TVE, Espagne, 1993, scénario par Juan Manuel Sáenz, réalisé par Jordi Lladó, pas diffusé avant le 7 août 1994.

## 8 – ÉDITIONS EN FAC-SIMILÉ DES PRINCIPAUX MAGAZINES AUXQUELS IL EST FAIT RÉFÉRENCE

*L'Amic de les Arts*, Sitges, 1926-1929, Sabadell, Editorial Ausa, [1990].
*La Gaceta Literaria*, Madrid, 1927-1932, 3 vol., Vaduz/Liechtenstein, Topos Verlag, 1980.
*Gallo. Revista de Granada*, 1928, Grenade, Editorial Comares, 1988.
*Littérature*, Paris, 1919-1921, Paris, Jean-Michel Place, 1978.
*Littérature*, Paris, nouvelle série, 1922-1924, Paris, Jean-Michel Place, 1978.
*Minotaure*, Paris, 1933-1939, Paris, Éditions Albert Skira, s. d.
*Nord-Sud*, Paris, 1917-1918, Paris, Jean-Michel Place, 1980.
*La Révolution surréaliste*, Paris, 1924-1929, Paris, Jean-Michel Place, 1975.
*Studium*, Figueres, 1919, Figueres, Edicions Federals, 1989.
*Le Surréalisme au service de la révolution*, Paris, 1930-1933, Paris, Jean-Michel Place, 1976.
*391*, Barcelone-New York-Zurich-Paris, 1917-1924, Paris, Le Terrain vague, 1960.
*Troços* [puis *Troçoo*], Barcelone, 1916-1918, Barcelone, Leteradura, 1977.
*Ultra*, Madrid, 1921-1922, Madrid, Visor, 1993.
*Verso y prosa*, Murcie, 1927-1928, Murcie, CHYS, Galeráe de Arte, 1976.

# Index des noms propres

*Les nombres en italique se réfèrent aux illustrations.*

# Index des noms communs

● *L'Homme au porron*, détrempe sur carton, 50 × 32 cm. Remarquable pour son usage audacieux de la couleur et sa technique quasiment expressionniste dans la représentation du visage joyeux du buveur tandis qu'il soulève sa jarre en verre – le porrón espagnol dont on se sert généralement pour boire en Catalogne. **[vers 1921]**

[1929]

VI

[1929]

● *Petites cendres*,
huile sur panneau de bois contreplaqué, 64 × 48 cm.
Cette toile est une anthologiedes obsessions de Dalí à l'époque. **[1927]**

● *Le Grand Masturbateur*,
huile sur toile, 110 × 160 cm.
La silhouette du masturbateur est en partie inspirée par une formation rocheuse du cap de Creus.
(Voir photographie page 14) **[1929]**

● *Les Premiers Jours du printemps*,
huile et collage sur panneau, 49,5 × 64 cm.
Dalí emporta cette œuvre à Paris en 1929. Robert Desnos, dit-il, fut profondément impressionné. Elle marque l'entrée de Dalí dans l'orbite des surréalistes. **[1929]**

[1929]

[1931]

● *La Persistance de la mémoire*, huile sur toile, 24 × 33 cm. Il s'agit peut-être de la peinture la plus célèbre de Dalí, grâce à l'avènement des montres molles. **[1931]**

● *Le Spectre du sex-appeal*, huile sur toile, 18 × 14 cm. Dalí au meilleur de son talent de miniaturiste, dans cette toute petite toile où il exprime ses angoisses sexuelles. **[1934]**

[1934]

[1934]

● *Réminiscence archéologique de « L'Angélus » de Millet*, huile sur toile, 31,7 x 39,4 cm. Sans doute l'hommage le plus manifeste du peintre à l'œuvre de Jean-François Millet. **[1934]**

● Jean-François Millet, *L'Angélus*. Cette toile, l'une des obsessions de Dalí sa vie durant, inspira son essai critique le plus original. Dalí alla jusqu'à soumettre le tableau aux rayons X révélant la présence du cercueil d'un enfant dans la première version du tableau, recouvert d'un panier dans sa version finale. **[1857-1859]**

[1857]

● *Métamorphose de Narcisse*,
huile sur toile, 50,8 × 73,3 cm.
C'est la peinture que Dalí emporta à Londres pour la montrer à Freud. Elle appartenait auparavant à Edward James. **[1936]**

[1936]

● *Galarina*, huile sur toile, 64,1 × 50,3 cm. Peut-être l'hommage le plus honnête de Dalí à sa muse. **[1944]**

● Publicité pour la marque de bas Bryans. Le texte en haut à gauche indique : « L'une des illustrations de l'éminent surréaliste Salvador Dalí, inspiré par la beauté de Bryans… » **[1945]**

[1944]

[1945]

[1949]

● *La Madone de Port Lligat*,
première version,
huile sur toile, 49,5 × 38,3 cm.
La variation atomique de Dalí sur l'Assomption, avec Gala en déesse tutélaire de Port Lligat. **[1949]**

● *Galatée aux sphères*,
huile sur toile, 65 × 54 cm. **[1952]**

● *Découverte de l'Amérique par Christophe Colomb*,
huile sur toile, 410 × 284 cm.
Dalí et Gala avaient toutes les raisons d'être reconnaissants envers l'Amérique, qui les avait couverts d'argent. Ici, sous les traits de Colomb, le peintre s'agenouille sur le rivage, brandissant un crucifix d'argent. Gala, sur la bannière, apparaît une fois de plus en Vierge Marie. **[1958-1959]**

[1952]

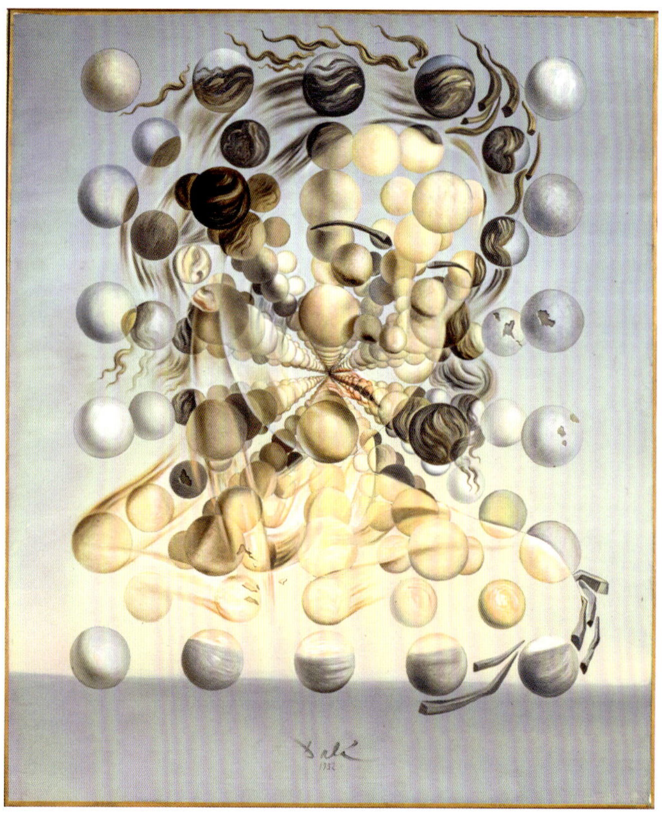

[1958]

● Publicité pour le chocolat Lanvin. Salvador Dalí met encore son image et son art au service d'une annonce publicitaire. **[1968]**

● Publicité pour Perrier. **[1969]**

● Publicité anglaise pour Datsun. **[1972]**

[1969]

[1968]

[1972]

"6:10"
© Salvador Dali 1972
New Datsun 610 Wagon.
An original portrait by Salvador Dali.
Salvador Dali, leader of surrealism, master of the unexpected. We wanted a man with unusual vision and insight to portray this new Datsun 610, to capture the very spirit of the product itself. This portrait, an Original by Salvador Dali, makes that kind of statement.
The 610 Wagon is a Datsun Original. A luxury economy car. Five wide doors for maximum accessibility. New 1800 cc overhead cam engine. New power assist front disc brakes. Plus comforts that may surprise you for a wagon at this price: handsome vinyl-trimmed interior, fully reclining bucket seats, full carpeting, tinted glass. And, a big cargo area that can accommodate just about anything you can dream up to carry. The Datsun 610 Wagon. Interpreted with unusual candor by Salvador Dali, designed for those who demand unusual value in their automobiles. Drive a Datsun . . . then decide.
Own a Datsun Original.
From Nissan with Pride

● *Saint Sébastien*, huile sur panneau de bois contreplaqué, 200 × 100 cm. Dalí ne s'est jamais libéré de son obsession pour saint Sébastien, toujours associé à sa relation avec Lorca. **[1977]**